# HANS-JÜRGEN JAKOBS

# WEM GEHÖRT DIE WELT?

## Die Machtverhältnisse im globalen Kapitalismus

In Zusammenarbeit mit dem Handelsblatt Research Institute und den internationalen Korrespondenten und Redakteuren des »Handelsblatts«, Holger Alich, Mathias Brüggmann, Alexander Busch, Astrid Dörner, Wolfgang Drechsler, Markus Fasse, Klaus Ehringfeld, Thomas Hanke, Carsten Herz, Joachim Hofer, Axel Höpner, Thomas Jahn, Moritz Koch, Peter Köhler, Martin Kölling, Regina Krieger, Tanja Kuchenbecker, Sandra Louven, Mathias Peer, Axel Postinett, Stephan Scheuer, Frank Sieren, Daniel Schäfer, Katharina Slodczyk, Frederic Spohr, Helmut Steuer, Urs Wälterlin, Britta Weddeling, Frank Wiebe

KNAUS

MIX
Papier aus verantwor-
tungsvollen Quellen
FSC       FSC® C014889
www.fsc.org

Verlagsgruppe Random House FSC® N001967

3. Auflage
Copyright © der Originalausgabe 2016
beim Albrecht Knaus Verlag, München,
in der Verlagsgruppe Random House GmbH,
Neumarkter Straße 28, 81673 München
Infografiken: illuteam 43
Bildredaktion: Anna Merten
Redaktion: Christof Blome
Cover: Favoritbuero München
Innengestaltung und Satz: Oliver Schmitt
Druck und Einband: Pustet, Regensburg
Printed in Deutschland
ISBN 978-3-8135-0736-2

www.knaus-verlag.de

# Inhalt

# Wem die Welt wirklich gehört

Die Geschichte beginnt mit dem Mann, den sie »Joe« nannten. Mit jenem Schweizer Manager, der für einige Jahre das Gesicht der Deutschen Bank war und damit auch das Gesicht der deutschen Wirtschaft. Einer der maßgeblichen Männer der späten Deutschland AG also, der mithelfen sollte, den neuen Geist des amerikanischen Investmentbankings in die Bundesrepublik zu bringen. Der in der Finanzkrise 2007/2008, symbolisiert durch die Lehman-Pleite, zusammen mit anderen Geldinstituten, der Zentralbank und der politischen Führung, eine ökonomische Kernschmelze verhindert hat. Und der dann, im Herbst 2011, nicht das werden konnte, was er werden wollte: Aufsichtsratsvorsitzender *seiner* Deutschen Bank. Josef (»Joe«) Ackermann, der mächtige Vorstandchef, scheiterte.

Was war passiert? Wer hatte die Mittel und die Macht, Ackermanns Wechsel in den Aufsichtsrat zu verhindern? Mit anderen Worten: Wer hatte noch mehr Macht als Joe Ackermann? Oder anders gefragt: Wer bestimmt die Geschicke der Deutschen Bank wirklich?

Die Suche nach einer Antwort führt schnell auf die Spur des weltweit größten Vermögensverwalters, der über die unvorstellbar große Summe von 4,9 Billionen Dollar (4.900.000.000.000) disponiert. Das entspricht dem Anderthalbfachen der Wirtschaftsleistung des Exportweltmeisters Deutschland. Dieses Bruttoinlandsprodukt (BIP), der Wert der gesamten Industrieproduktion und aller erbrachten Dienstleistungen der viertgrößten Wirtschaftsnation der Welt, ist rechnerisch nur ein Teil des verwalteten Vermögens einer einzigen Finanzfirma. Im Vergleich zur Wirtschaftsleistung der Schweiz bringt diese Firma das Siebenfache, im Vergleich zu Österreich das Dreizehnfache in den Wirtschaftskreislauf ein. Der Schlüssel für die Nichtnominierung Ackermanns lag, das ergaben Recherchen, bei der Firma Blackrock in New York und bei deren Chef Lawrence (»Larry«) Fink. Der mächtige Chef der Deutschen Bank, auf dessen Wort in der Finanzkrise Premierminister, Staatspräsidenten und eine Bundeskanzlerin gehört hatten, war in Manhattan durchgefallen. Ackermann, einst auch Präsident des Weltbankenverbands, hatte nicht das Plazet einer geheimnisumwitterten Kapitalfirma gefunden, die weltweit an Hunderten Aktiengesellschaften beteiligt ist, die wie selbstverständlich bei allen Konzernen des Deutschen Aktienindex (Dax) mitmischt und die selbstredend auch bei der Deutschen Bank in Frankfurt mit einem Anteil von sechs Prozent einer der größten und wichtigsten Großaktionäre ist. Und die in der Schweiz zum Beispiel bei Swiss Re (vier Prozent) und Glencore (7,5 Prozent) sowie in Österreich bei der Erste Group Bank (vier Prozent) mitmischt.

»Larry« stoppte »Joe«, das ist die schlichte Wahrheit hinter der Personalie.

Fink verhinderte Ackermann. Es ging nicht darum, dass der Blackrock-Stratege den Deutschbanker persönlich nicht schätzte oder sogar offen ablehnte. Nein, die Regeln, die sich der gewaltige Kapitalverteiler aus New York und seine Gleichgesinnten gegeben haben, sehen nun einmal den direkten Wechsel eines Firmenchefs in den Aufsichtsrat nicht vor. Wo immer sie so etwas stoppen können, verhindern die Gewaltigen des weltweiten Finanzkapitalismus eine solche Personalie. In diesem System zählten Ackermanns Wünsche so viel wie aktuell ein Sparbuch bei der Vermögensbildung.

Mit diesem Fall wurde klar: Hier gibt es ein Netzwerk der Macht in der Weltwirtschaft, eine Riege ganz neuer Kapitalisten, einen Klub der wirklich Einflussreichen, der seit der Lehman-Pleite immer mehr Macht erlangt hat und weiter erlangt. Und, was mindestens genauso bemerkenswert ist, dieses Netzwerk gibt sich seine eigenen Spielregeln – und setzt sie, wo immer möglich, auch durch. In der Öffentlichkeit sind diese neuen Kapitalisten weitgehend unbekannt, auch wenn sie mit ihren Entscheidungen über Hunderte Milliarden, ja Billionen von Dollar ganze Unternehmen, Märkte und sogar Volkswirtschaften bewegen. Hinter dem Rücken großer Teile der Bevölkerung und der Öffentlichkeit hat sich so eine Phalanx von Finanzfirmen eine dominante Stellung in der globalisierten Wirtschaft erarbeitet. Sie trifft dort auf das geballte Kapital von Staaten wie China, von arabischen Fürstentümern und russischen Oligarchen, die ebenfalls in der Wirtschaft expandieren wollen, sowie auf die Milliarden von Pensionsfonds und von großen Familienunternehmer-Dynastien, denen es um neue Produkte und neue Märkte geht, die andererseits aber auch ihr Geld zwecks Vermögensanlage teilweise Spezialisten wie Larry Fink überlassen.

Dieser über Finanzmärkte gesteuerte *Neokapitalismus* spiegelt einen geostrategischen Wettbewerb, bei dem Geld den Charakter einer Waffe bekommen hat. Wer sind die Protagonisten dieser weltweiten Auseinandersetzung um Märkte, Rohstoffe, Firmen? Welche Ziele verfolgen sie? Wie transparent agieren sie? Wie stabil ist dieses System? Wie sehr kann es Krisen abfedern? Oder verstärkt es Ausschläge nach oben und unten? Vergrößert es am Ende die Risiken?

Dieses Buch will über die wahren Herren des Geldes und damit die wirklich Wichtigen dieser Welt aufklären. Während die politisch Mächtigen tagtäglich die Schlagzeilen bestimmen, haben die meisten von uns von den Handelnden im Neokapitalismus noch nie gehört. Denn Diskretion ist das oberste Motto dieses Gewerbes. »Wem gehört die Welt?« – ein »wirklich« ist immer mitzudenken – stellt dar, wie viel Kapital an welcher Stelle angesammelt ist, wer darüber nach welchen Kriterien verfügt und wie die Entscheider denken. Welche Eigentümer stehen hinter den einzelnen Märkten und ihren »Champions«? Dieses Buch stellt die zugespitzte Frage nach den wirklichen Strippenziehern, nach jenen wenigen dominanten Figuren, von deren Klugheit und Umsicht, Launen und Idiosynkrasien, womöglich auch Angst oder Gier, das Wohlergehen oder auch das »Schlechtergehen« von so vielen auf diesem Erdball abhängt.

Im Lichte der alltäglichen Berichterstattung über Wirtschaft stehen zumeist die obersten Angestellten des Systems, die Vorstandschefs. In der angelsächsisch geprägten Konzernökonomie firmieren sie als Chief Executive Officer (CEO). Vieles in dieser Sphäre des Erwerbsstrebens ist transparent: ihr Gehalt, ihre Boni, ihre Rentenansprüche, ihre Firmenpolitik, ihr Vorleben. Von den meisten Aufsichtsräten allerdings weiß das breite Publikum schon deutlich weniger. Und über die Eigentümer schließlich ist in der Öffentlichkeit oft sehr wenig bekannt. Über diejenigen also, die die Kapelle bezahlen, nach deren Musik das Saalpublikum tanzt, über die Chefs der Chefs. Das ist fatal in einem System, in dem der Faktor Kapital übergewichtig und extrem dynamisch geworden ist, in dem Anlageentscheidungen global in Nanosekunden automatisch fallen, gesteuert von Computerprogrammen und Algorithmen.

Diese breite Dokumentation wirtschaftlicher Macht will für mehr Transparenz sorgen. Dabei geht es nicht allein um die Beschreibung des Faktischen, sondern auch um Hinweise darauf, wer im Kampf der Kräfte die Oberhand gewinnen könnte: privates Investorenkapital, Staatskapitalismus oder das alte oder neue Vermögen erfolgreicher Dynastien? Die USA mit ihren wirtschaftlichen Hauptattraktionen Wall Street und Silicon Valley? Die Volksrepublik China als Sinnbild einer gelenkten politischen Macht, die Wirtschaft als Zone der Eroberung strategisch nutzt und deren Unternehmen im Jahr 2016 wie nie zuvor als Aufkäufer von Firmen auf den Weltmärkten unterwegs sind, von Hotels, Hollywood, Industrie 4.0 bis Fußball? Oder das uneinig-vereinte Europa mit seinen vielen Traditionsunternehmen und Patriarchen?

Dieses Buch stellt 200 der einflussreichsten Kapitaleigner und Macher des Neokapitalismus vor mit Foto und einem kurzen Essay. Dabei geht es nicht allein um schiere Größe, sondern auch um Macht in Schlüsselbereichen. So wird dem anonymen Kapital, das man sonst im Dunkeln nicht sieht, ein Gesicht gegeben. Entscheidend war die Verfügungsgewalt, also das Stimmrecht, das jemand mobilisieren kann. Vorstandsvorsitzende kamen in Betracht, wenn sie im Zusammenspiel mit Aktionärsgruppen eine prägende Rolle spielen. Eine Kurzbeurteilung der 200 Akteure und ihrer Institutionen nach fünf Kriterien – Nachhaltigkeit, Unbestechlichkeit, Steuerehrlichkeit, Humanität, Transparenz – gibt eine Einordnung. Das Urteil von Nichtregierungsorganisationen ist hier eingeflossen.

Im *ersten Teil* des Buchs werden die großen Akteure klassifiziert: Wie ist der Faktor Kapital organisiert? Wer sind die Schlüsselfiguren bei Vermögensverwaltern (»Asset Management«), Pensionsfonds, Staatsfonds, Private-Equity-Firmen, Hedgefonds, Banken, Versicherungen und großen Unternehmervermögen? Welche Strategien werden hier verfolgt?

Im *zweiten Teil* geht es darum, wer sein Kapital wie verwendet. Wie wirken sich die Investments in den einzelnen Märkten aus? Wer beherrscht welche Länder? Und wie ist die Beziehung zu den großen Aktionären? Tabellen und Statistiken sowie Grafiken illustrieren die Dimension der Macht. Die Geschichte schreibt sich mit jeder neuen Bilanz von alleine fort, doch die Strukturen der Macht bleiben.

Das klassische oder auch neoklassische Modell der Marktwirtschaft beruht – idealtypisch, nicht als Beschreibung der Wirklichkeit – auf Annahmen wie jener der vollständigen Information. Transparenz soll in diesem Modell dem Handelnden die Grundlage für Entscheidungen bieten. »Wem gehört die Welt?« ordnet sich diesem Orientierungsrahmen zu. Das Buch will mehr Informationen bieten, damit Entscheidungen und Handlungen besser werden und damit ein Verständnis für die globalen Zusammenhänge von Wirtschaft wächst. Auch deshalb werden im *dritten Teil* in einem ausführlichen Essay Schlussfolgerungen aus der Analyse gezogen und politische Empfehlungen ausgesprochen. Redaktionsschluss war Mitte Oktober 2016.

Die Politik hat den Banken nach der Finanzkrise 2007/2008 eine maximale Transparenz verordnet – doch die weiten Finanzlandschaften jenseits der Kreditinstitute sind von diesem Gebot weitgehend unberührt geblieben. Sie firmieren als »Shadow-Banking«. Das ist der blinde Fleck des Neokapitalismus. Die nächste Krise wird, so sage ich voraus, in diesem Sektor entstehen. Je besser Banken kontrolliert wurden, desto stärker wanderten Bankgeschäfte in andere Finanzsektoren ab. Auch darüber schafft dieses Buch Transparenz, wo es bisher nur Vermutungen gab.

Manch einer hat mich in den letzten Monaten gefragt: Müsste es nicht statt »Wem gehört die Welt?« besser »Wer verändert die Welt?« heißen? Sind es nicht Innovationen und Erfindungen, die ausschlaggebend für unsere Zukunft sind? Ja, lautet die Antwort, sicher, sie prägen neue Märkte, aber ohne die großen Kapitalgeber, die sich aus Investments Rendite versprechen, bleiben sie Idee. Bleiben sie Pläne ohne Perspektive. Wer Aufklärung über den globalen Kapitalismus der neuen Zeit will, muss nach dem Eigentum fragen. Am Ende hat Macht, wer über Geld disponiert. Und die 200 hier vorgestellten Akteure versammeln zusammen mehr als 40 Billionen Dollar (40.000.000.000.000) – das sind 60 Prozent des Bruttoinlandsprodukts (BIP) der Welt oder fast das Dreifache des BIP der EU.

Die Explosion der Daten und Informationen droht einherzugehen mit immer größer werdenden Wissenslücken, wenn all die Details nicht mehr eingeordnet, erklärt und interpretiert werden können. Ein Projekt wie dieses Buch, das sich diesem Defizit entgegenstellt, ist nur mit der Unterstützung vieler kluger und kundiger Menschen zu verwirklichen. 20 Auslandskorrespondenten und 30 Fachredakteure des »Handelsblatts« haben mit Informationen, Zulieferungen und Beiträgen, aber auch in vielen Debatten mit mir, zum Gelingen des Buchs beigetragen. Die Kollegen des Handelsblatt Research Institute haben in akribischer, verdienstvoller Kleinarbeit Daten gesammelt und geordnet. Viele der veröffentlichten Fakten waren vorher unbekannt. Viele Zusammenhänge blieben bisher unbeleuchtet. Die vielen Zahlen erlauben nun erstmals eine Bewertung der Machtverhältnisse im globalen Kapitalismus. Erstmals vereinigt dieses Buch auch das Wissen um die Investoren und Kapitalgeber und ermöglicht so einen Vergleich – und eine Bewertung. Diesen Erkenntnissen zugrunde liegen nicht zuletzt rund 300 Gespräche, die meine Kollegen und ich führen durften.

Und Larry Fink, der große Magier aus Manhattan? Er hat auch über seine Ideen, seine Macht und seine Möglichkeiten gesprochen. Zur Sache mit Joe Ackermann, damals im Herbst 2011, hatte er sich zuvor noch nie geäußert. Es existierten nur Gerüchte. Nun sagte der Chef von Blackrock jedoch frank und frei: »Es ist ja bekannt, dass wir damals dagegen waren.«

Als der Mächtige von Manhattan, der längst eine Art Präsident des Weltfinanzmarkts ist, dies erklärte, sickerte in der Finanzbranche durch, dass Larry Fink nunmehr auch gegen den seit 2012 bis 2017 amtierenden Aufsichtsratschef der Deutschen Bank, den Österreicher Paul Achleitner, große Bedenken hat. Das lenkt den Blick auf das katarische Herrscherhaus Al-Thani, dem mittlerweile größten Aktionär der Bank. Die Katarer dementierten eine baldige Ablösung Achleitners und schoben Treueschwüre nach. Wie auch immer: Die Verantwortung für die Dauerkrise der deutschen Großbank liegt bei den beiden Großgesellschaftern. Der Aktienkurs des Finanzinstituts leidet seit Jahren unter Prozessen, Skandalen und Rechtsunsicherheiten, hohe Abschreibungen waren nötig. Je tiefer aber der Kurs sinkt, umso stärker büßen die Beteiligungen von Kapitalismus-Potentaten wie Blackrock oder Al-Thani an Wert ein. Eine Wende muss her. Das treibt die Strategen im Hintergrund, die wahren Machthaber der Deutschen Bank, die nur noch ihrem Namen nach »deutsch« ist und in der ausländische Investoren den Ton angeben. Warum rufe ich gerade die Geschichte von Josef Ackermann und der Deutschen Bank hier im Vorwort zum Zeugen auf? Der Grund ist einfach: Die Geschehnisse in den Zwillingstürmen an der Frankfurter Taunusanlage erzählen exemplarisch die Geschichte des neuen Kapitalismus und seiner Treiber. Sie ist ein Paradebeispiel dafür, wem heute viele bedeutende Unternehmen, wem die Welt wirklich gehört. Oder, wie erklärte es mir ein Manager der Deutschen Bank mit großer Deutlichkeit in einem Nebensatz: »Es fällt hier im Haus keine wesentliche Entscheidung gegen den Willen von Blackrock.«

*München/Düsseldorf im September 2016, Hans-Jürgen Jakobs*

# TEIL 1

## DAS KAPITAL UND SEINE MACHER

# VERMÖGENS-VERWALTER

| | | Gründung | Land | Verwaltetes Vermögen in Mrd. US$, 2014 | Börsennotierung | Größte Anteilseigner |
|---|---|---|---|---|---|---|
| 1 | **Blackrock** Larry Fink | 1988 | USA | 4652 | ja | PNC Financial Services: 21,1% Norges Invest: 5,7% Wellington Management Group: 6% |
| 2 | **Vanguard** John Bogle | 1975 | USA | 3148 | nein | Im Besitz der Fonds, die den Teilhabern gehören |
| 3 | **State Street** Joseph »Jay« Hooley | 1793 | USA | 2448 | ja | Sun Life Financial: 9,1% T Rowe Price Associates: 7,8% Vanguard: 5,7% |
| 4 | **Fidelity Investments** Abigail Johnson | 1946 | USA | 1974 | nein | Familie Johnson (Edward): 49% |
| 5 | **Capital Group** Robert W. Lovelace | 1931 | USA | 1397 | nein | Familie Lovelace: 10% Rest im Besitz der Partner |
| 6 | **Amundi** Yves Perrier | 2010 | F | 1053 | ja | Credit Agricole: 75,5% Fidelity: 2,23% ABC Group (Tochter von Agricultural Bank of China): 2% |
| 7 | **Northern Trust** David H. B. Smith | 1889 | USA | 934 | ja | Northern Trust: 9,1% Wellington: 7,2% T Rowe Price: 6,3% |
| 8 | **Wellington Management** Brendan Swords | 1928 | USA | 914 | nein | Im Besitz der Partner |
| 9 | **Franklin Resources** Gregory E. Johnson | 1947 | USA | 880 | ja | Familie Johnson: 34% Sun Life Financial: 5,7% Vanguard: 4,2% |
| 10 | **Invesco** Martin L. Flanagan | 1935 | USA | 792 | ja | Blackrock: 6,7% Vanguard: 6,6% JP Morgan Chase: 5,1% |

**Banken + Versicherungen**

| | | Land | Verwaltetes Vermögen |
|---|---|---|---|
| | **Allianz (Allianz Global Investors, Pimco)** Oliver Bäte | D | 2189 |
| | **JP Morgan Chase** James Dimon | USA | 1749 |
| | **Bank of New York Mellon** Gerald Hassell | USA | 1710 |

# Larry Fink
## Blackrock

Chauffeur oder doch lieber Hubschrauber? Das sind Alltagsfragen des Lebens, wenn man im Four Seasons Hotel in Genf steht und nach Davos muss, gut 420 Straßenkilometer entfernt. Laurence Douglas Fink, den alle nur »Larry« nennen, ist überall in der weltweiten Community des Geldes ein gern gesehener Gast, und das jährliche Davoser Weltwirtschaftsforum in den Schweizer Bergen ist ein Pflichttermin für ihn. Manager, Unternehmer, Banker, Großanleger, Politiker, Ökonomen – sie alle haben begriffen, dass der Amerikaner so etwas ist wie der unerklärte Präsident der Weltfinanzgemeinde, der Oberste der Ober-Kapitalisten, der Gesetze und Geschicke des Kapitalismus mehr bestimmt als viele andere. Mit ihm schwebt sozusagen eine andere Form von »Helikopter-Money« in die Volkswirtschaften des Erdballs.

Das alles ist zwangsläufige Folge der größten Zahl, die ein Einzelner in die Weltwirtschaft einbringt: 4,9 Billionen Dollar (30. Juni 2016). So viel Vermögen verwaltet Blackrock, jene Firma, die der Finanzregent 1988 mitgegründet hat. Aus einer ehemaligen Klitsche in Manhattan wurde eine ökonomische Macht, die sich bewusst in Midtown New York angesiedelt hat und nicht an der Wall Street, denn Mister Fink will mit den Winkelzügen dort so wenig zu tun haben wie mit der Boston Tea Party. Den Eindruck erweckt er jedenfalls. Fink stilisiert sich als ordnungspolitische Kraft, als verantwortungsvoller Verweser eines Finanz-Imperiums, der schon immer der Demokratischen Partei die Stange gehalten hat. Von daher dürfte es »Larry« am allerwenigsten überrascht haben, dass er früh als möglicher Kandidat für das Amt des Finanzministers in einem Regierungskabinett von Hillary Clinton galt. Fink wird es als verdiente Anerkennung für sein gesellschaftspolitisches Wirken empfunden haben, ähnlich dem Jahresgehalt von 28,6 Millionen Dollar (2015) sowie dem David Rockefeller Award des New Yorker Museum of Modern Art, den er im April 2016 bekam. Fink (geb. 2. November 1952), aufgewachsen in Kalifornien, sitzt im Aufsichtsrat des MoMa und durfte sich vor Toulouse-Lautrec-Bildern über wohlwollende Reden freuen, er sei »definitiv ein New Yorker« geworden.

Was begründet die Macht des Larry Fink, des CEO und Chairman von Blackrock? Zum einen, dass er an allen Ecken und Linien des Weltwirtschaftssystems als aktiver Spieler dabei ist, und zum anderen, dass er zu allem eine Meinung hat, zu Negativzinsen (schädlich) genauso wie zu Wachstum (bedroht) und Beschäftigung (labil durch die Digitalisierung). Seine Firma Blackrock ist mit 13.000 Mitarbeitern tatsächlich so etwas wie ein großer schwarzer Felsen in einer Landschaft, der noch die Wirbelsturmschäden der letzten großen Finanzkrise von 2007/2008 anzusehen sind. Diese Krise hat Banken geschwächt und Blackrock gestärkt. Finks Betrieb macht jetzt einfach viel von dem, was Banken früher gemacht haben. So vergibt die »Felsenfirma« Kredite an Firmen, hält Aktien an quasi allen wichtigen Konzernen weltweit, besitzt ein wichtiges Datenanalysesystem (Aladdin), vertreibt Geldmarktfonds, kauft Anleihen, investiert in Immobilien und berät Regierungen sowie Notenbanken.

Das ist ziemlich viel globale Bedeutung (Interessenskonflikte inklusive) für einen, der als Sohn einer Englischlehrerin und eines Schuhhändlers groß wurde, in Los Angeles Politik studierte und dort 1976 seinen Master of Business Administration (MBA) machte. Das Handwerk des Finanzingenieurs lernte Fink an der Wall Street bei der Bank First Boston (längst in Credit Suisse aufgegangen), wo er mit Optionspapieren und Hypotheken höchst erfolgreich war, 1986 aber die Zinsentwicklung falsch einschätzte und seinem Arbeitgeber so 100 Millionen Dollar Verlust einbrachte. Es folgte der Schritt in die Selbstständigkeit (zusammen mit drei Kollegen), zunächst bis 1994 unter dem Schutzschild der Private-Equity-Firma Blackstone, dann unter dem Dach der Bank PNC Financial in schönster Autarkie. 1999 ging Blackrock an die Börse. Die Zukäufe des Fondsgeschäfts von Merrill Lynch (2006) sowie der börsennotierten Fonds der britischen Barclays-Bank (2009) machten Finks Kreation endgültig zum weltgrößten Vermögensverwalter.

Von übergroßer »Macht« will der CEO jedoch nichts wissen. Er sagt lieber Sätze, die rund geschliffen sind wie Kieselsteine: »Grundsätzlich spielen wir bei Unternehmensentscheidungen eine konstruktive und maßvolle Rolle«, heißt es dann. Oder: »Eine Großbank ist systemisch, wir nicht.« Oder: »Wachsen die Kapitalmärkte weiter, werden auch wir weiter wachsen.«

Und doch kontrolliert Fink das System auf mannigfaltige Art. Da sind zum Beispiel die langen Briefe, die er einmal im Jahr weltweit an die Chefs großer Unternehmen schickt. 2016 gingen 750 Brandbriefe raus, in denen Fink wie immer langfristige Strategien und eine Abkehr vom Quartalsdenken einforderte. Auf die Fink-Post antworteten 200 Adressaten, und 300 Mal gab es Gespräche mit den Investmentteams von Blackrock. Angesichts der riesigen Machtfülle wundert es nicht, wenn sich die mächtigsten Vorstandchefs großer Unternehmen auf dem jährlichen Treffen der Weltelite in Davos bei ihm die Klinke in die Hand drücken. Auf den Gängen der Konferenz ist Larry Fink munter plaudernd mit dem Goldman-Sachs-Präsidenten Gary Cohn zu sehen, und den vorbeilaufenden Ex-Siemens-Boss Peter Löscher begrüßt er mit einem freundlichen »Hi Peter«.

Bemerkenswert ist auch, dass Stuart Gulliver im Jahr 2011 rasch von London nach New York jettete, um sich der Unterstützung von Larry Fink bei der Kür zum Chef der Großbank HSBC zu versichern. Kein wichtiger CEO oder Finanzvorstand auf der Welt kann es sich leisten, den Kontakt zu Fink und seiner Truppe nicht zu pflegen oder sogar abreißen zu lassen. Bei Störungen und Vertrauensverlust kann es zu Reduktionen der Aktienpakete oder zu Diskussionen über das richtige Management (sprich zum Chefwechsel) kommen. »Ändere ich etwas mit meinen Briefen und Einlassungen?«, fragt sich Fink selbst. Seine Replik: »Wahrscheinlich nicht. Trotzdem halte ich es für wichtig, mich zu melden, um auf Dauer zu einem Umdenken zu kommen.«

Lässt man die Koketterie einmal weg, folgt daraus nur, dass sich Fink als Veränderer begreift, der sich alle Zeit nimmt, die nötig ist, bis er sich durchgesetzt hat. Das betrifft und besorgt alle Chefs und Top-Manager der 30 Firmen im Elitekreis der deutschen Wirtschaft, dem Deutschen Aktien-Index (Dax). Blackrock ist überall bei den einzelnen Werten ein bedeutender Aktionär, und zwar mit nennenswerten Paketen. Zum Beispiel bei Bayer (7,0 Prozent), Daimler (5,2 Prozent), BASF (6,2 Prozent), VW (knapp vier Prozent) oder Siemens (5,6 Prozent). Wie eine stattliche Spinne sitzt Finks Firma im System, und nichts kennzeichnet die wirkliche Macht mehr als die Tatsache, dass Blackrock bei den beiden wichtigsten Finanz-Institutionen des Landes – der Deutschen Bank und der Allianz – mit 6,2 Prozent beziehungsweise 5,4 Prozent der größte oder zweitgrößte Aktionär ist.

Ein großer Teil dieser Investitionen sind nicht ganz freiwillig entstanden. Denn als weltgrößter Anbieter sogenannter passiver Investments muss Blackrock hohe Anteile an jedem Unternehmen des Deutschen Aktienindex besitzen – einfach um den Index nachzubilden. Und so ist der schwarze Riese mittlerweile, automatisch, mit eben jenen 6,2 Prozent an der Deutschen Bank beteiligt. Seine aktiven Fonds besitzen schon seit längerer Zeit keine Anteile mehr am kriselnden deutschen Bankenprimus. Aber welchen Unterschied macht das?

In den Davoser Bergen hat Fink die Eigenarten der passiven Investments einmal so beschrieben: »Der Nachteil daran ist, dass man einen Haufen mieser Unternehmen besitzt. Man muss sich also als passiver Investor noch stärker mit diesen Firmen auseinandersetzen.«

Und so handelt Blackrock auch. Offen bekennt Larry Fink heute, dagegen votiert zu haben, dass Josef Ackermann im Mai 2012 direkt von der Spitze des Vorstands an die Spitze des Aufsichtsrats wechseln durfte: »Dagegen haben wir uns seinerzeit ausgesprochen.« Andere konkrete Personalien in Unternehmen oder Strategien mag er öffentlich nicht kommentieren. Er sei ja »nur Verwalter«, kokettiert er. Aber jeder auf den Kapitalmärkten weiß, dass Fink 2012 half, seinen

Freund Anshu Jain ganz oben bei der Deutschen Bank zu platzieren, dass er ihn dann aber drei Jahre später nicht mehr stützte. Jain lieferte nicht, vor allem keinen guten Aktienkurs. Er dümpelte weiter bei niedrigen 26 Euro. Diese Sprache versteht in den Finanzzentren jeder, und so sagte Larry Fink zum Fall Jain nach dessen Abgang eher lapidar, er sei »mit vielen Leuten befreundet« und, ja, ganz sicher, Anshu werde »wieder irgendwo einen guten Posten finden«.

In der Terminologie des Finanzmarkts gehört Blackrock zu den »Schattenbanken«. Je stärker die offiziellen Banken nach dem jüngsten Crash reguliert wurden, umso besser florierten Finks Geschäfte. Das ist nicht frei von Ironie, schließlich hatte der Blackrock-Chef in den 1980er Jahren bei First Boston selbst jene Hypothekenpapiere ersonnen, die zum Crash 2007/2008 erheblich beigetragen haben. Das viele Geld, über das Fink nun disponiert, stammt von Versicherungen, Pensionsfonds, Stiftungen, Staatsfonds und Family Offices und sucht Anlage in einem Markt, der mit »Anlagenotstand« noch schmeichelhaft beschrieben ist.

Tatsächlich ist das viele Geld schon jetzt weit gestreut. In den USA ist Blackrock mit einem Anteil von 5,7 Prozent Großaktionär von Apple. Hier machte Fink einmal eine Ausnahme von der Regel, niemanden direkt in den Aufsichtsrat von Beteiligungsunternehmen zu schicken, und delegierte seine Direktorin Sue Wagner in das Board. Selbstverständlich ist Blackrock auch bei anderen US-Riesen wie Microsoft (5,8 Prozent), Exxon Mobil (6,0 Prozent) oder General Electric (5,7 Prozent) entscheidend dabei.

Augenscheinlich ist aber, wie sehr der größte Vermögensverwalter und Klassenprimus der Finanzbranche mit anderen Geldhäusern vernetzt und verwoben ist. So besitzt Blackrock an der Großbank JP Morgan Chase stolze 6,6 Prozent, am drittgrößten Vermögensverwalter State Street 5,1 Prozent und an der Nummer elf, T. Rowe Price, 5,9 Prozent (alle diese Firmen sind umgekehrt auch, mit geringeren Sätzen, an Blackrock beteiligt). Tatsächlich hält die US-Firma zwar immer nur Minderheiten-Anteile, aber die addieren sich zum Teil über mehrere Fonds hinweg. Und: Die Fima übt hinter den Kulissen systematisch Einfluss aus. Das läuft über eine Crew aus 30 Leuten, die in New York, San Francisco, London, Tokio und Hongkong arbeiten. Dieses Corporate Governance and Responsible Investment Team soll weltweit für Ordnung sorgen. Und zwar für Ordnung bei den Unternehmen, an denen die aktiven und passiven Fonds von Blackrock beteiligt sind – aber auch für Abstimmung innerhalb der Fondsgesellschaft. Überall auf der Welt sollen dieselben Prinzipien vertreten und mit einer Stimme gesprochen werden.

»Wir sind langfristige Investoren, und deswegen sind wir am Aufbau langfristiger Beziehungen interessiert«, sagt Amra Balic, Teamleiterin für Europa. »Wenn Sie gleich an die Öffentlichkeit gehen und über ihre Diskussionen mit dem

Management berichten, dann können sie zu 100 Prozent davon ausgehen, dass der Gesprächsfaden abreißt.«

So reden Blackrock-Vertreter nicht bei Hauptversammlungen – stimmen aber durchaus gegen die Vorschläge der Verwaltung, wenn Diskussionen im Vorfeld nichts eingebracht haben. In Großbritannien hat die mächtige Finanzfirma einige Male gegen Vergütungspakete von Top-Managern votiert. Doch das reicht kritischen Aktionsgruppen wie SumOfUs nicht – Blackrock tue noch viel zu wenig gegen die Selbstbedienung. Da ist es ein Hintertreppenwitz der Geschichte, dass Finks eigenes Top-Gehalt von 28,6 Millionen Dollar einige der Blackrock-Aktionäre auf der Hauptversammlung zu Demonstranten werden ließ. Fink sei »überbezahlt«, wettert der Multimillionär und Philanthrop Steve Silberstein, er habe sich sein Jahresgehalt um zwei Millionen Dollar angehoben, während der Konzerngewinn nur um zwei Prozent wuchs.

Ist das alles nun brisant und bedrohlich? Larry Fink verweist darauf, lediglich »Treuhänder« zu sein. Wenn seine vielen Billionen in nur einem Produkt steckten, »dann wären wir zu groß, doch dieses Geld gehört uns nicht«. Und zwei Drittel steckten in börsennotierten und anderen Indexfonds und würden also nicht aktiv gemanagt: »Das erzeugt für mich kein systemisches Risiko.« Die New Yorker sind die größten Anbieter im Indexfonds-Geschäft, allein mehr als eine Milliarde Dollar steckt in »iShares«, dem einst von Barclays übernommenen Geschäft, was in Europa zu rund 50 Prozent Marktanteil führt. Der ganze Markt dort verdoppelt sich nach internen Analysen bis 2021 auf eine Billion Dollar.

Ein Unwohlsein in der Politik, im Publikum und auch im Finanzmarkt bleibt. Die Übermacht fällt einigen Regulatoren negativ auf. Sie sorgen sich zum Beispiel um Geldmarktfonds, bankähnliche Geschäfte im Reich von Blackrock. Im Zentrum solcher Befürchtungen steht auch die Backrock-eigene Software Aladdin, die viele Vermögensverwalter zur Verwaltung ihrer Portfolios einsetzen. Rund 14 Billionen Dollar laufen über dieses System, einer Art SAP für Investoren. 20.000 Nutzer in Banken, Versicherungen und Fonds sehen die Finanzwelt gewissermaßen mit den Augen von Blackrock. 6000 Computer bereiten am Standort East Wenatchee im Staat Washington die Daten auf. Die Gefahr heißt: Herdentrieb. Sogar Carl Icahn, ein hartgesottener Hedgefonds-Spezialist, konzedierte öffentlich in einem TV-Streitgespräch mit Fink: »Ihr Unternehmen ist extrem gefährlich!«

Blackrock beantwortet solche Anwürfe mit Lobbying. Gleich nach der Finanzkrise hat der umtriebige Larry Fink die Blackrock-Partnerin Barbara Novick zum Kopf eines speziellen Teams gemacht, das in Washington gezielt Interessen von Investoren vertritt. Mrs. Novick gelang es zum Beispiel, Pläne für eine Neuregelung des Derivatehandels so zu verändern, dass die Sicherheiten der Investoren besser geschützt sind. Die Lady arbeitet meist verschwiegen. Nach dem 13-Milliarden-Deal zwischen US-Regierung und der Bank JP Morgan aber, bei dem es um Entschädigung für faule Immobilienkredite ging, protestierte sie öffentlich: Die Investoren seien in die Verhandlungen nicht eingebunden gewesen. Ihr Job ist es auch zu verhindern, dass Blackrock in den USA als »systemrelevant« eingestuft und mit höheren Auflagen belegt wird. Novicks Stellungnahme für die Wertpapieraufsicht SEC folgt der Grundlinie: Strengere Regeln für einzelne Geschäftsbereiche sind okay, aber dann für alle Fonds und nicht nur für die großen Gesellschaften.

Gerne heuert Blackrock bekannte Persönlichkeiten an wie den heutigen Vice Chairman Philipp Hildebrand, einst Schweizer Notenbankchef, oder den ehemaligen CDU/CSU-Fraktionschef Friedrich Merz, nun Aufsichtsratschef der Deutschland-Tochter von Blackrock. Prominenz sichert Kontakte. Schließlich gehen Larry Finks Ambitionen noch viel weiter. Blackrock soll ganz andere Dimensionen erreichen, und dazu setzt er auch auf die Hilfe der Politik. Seine Botschaft, die er unermüdlich bei jedem öffentlichen Auftritt vorträgt: Amerika muss mehr sparen. »Seid nett zu euren Kindern, denn von denen seid ihr finanziell abhängig«, sagt er.

Der durchschnittliche Amerikaner geht mit 12.000 Dollar Vermögen in Rente – viel zu wenig. Finks Vorbild ist Australien. Dort müssen die Arbeitgeber per Gesetz bis zu neun Prozent der Löhne und Gehälter in Sparpläne einzahlen. Fink: »Als Folge werden die Australier künftig im Rentenalter zu den reichsten Menschen weltweit gehören.« Es wäre ein Traum für seine Fondsgesellschaft, wenn dieses Beispiel Schule machen würde.

Aber auch Larry Fink, der große Chairman, versteht, dass sich die Finanzaufsicht nun intensiver mit Schattenbanken beschäftigen will. Er glaube, eine tiefere und umfassendere Regulierung von Fonds sei richtig: »Wenn ich auf der Seite der Aufsichtsbehörde säße, würden mich viele in der Branche nicht mögen. Denn ich würde sogar weitaus aggressiver vorgehen, als viele denken, um zu verhindern, dass einzelne Fonds eine Gefahr für das Finanzsystem werden.« Wen er meint, sind kleinere, ins Risiko verliebte Fonds, aber natürlich nicht Blackrock. Selbst scheue man ja das Risiko, weil man so viel zu verlieren habe. Der deutschen Finanzaufsicht BaFin jedoch war die Transparenz bei Blackrock nicht groß genug: Deshalb lehnte die Behörde eine Beteiligung der Amerikaner an der deutschen BHF-Bank ab.

Nichts zu verlieren mit dem Finanzhelfer Blackrock? Selbst für Fink ist längst nicht alles großartig gelaufen. 2006 zum Beispiel schlitterte ein großes Immobilienprojekt in Manhattan in die Pleite; Blackrock hatte in das Stuyvesant-Town-Peter-Cooper-Village rund 5,4 Milliarden Dollar investiert, die eigenen Kunden verloren viel Geld, zum Beispiel der kalifornische Pensionsfonds CalPERS (500 Millionen Dollar). Und Blackrock muss sich um die eigenen Aktienanlagen und neue konkurrierende Computermodelle kümmern. Im Frühjahr 2016 holte Blackrock Mark Wiseman, den Chef des Canada Pension Plan Investment Boards, des größten Pensionsfonds des Landes. Er gilt als Kandidat für den Chefposten. Dass sich Flops nicht wiederholen, dafür will Mitgründer und President Rob Kapito sorgen:»Larry«, kommentiert er,»steht halt gerne im Scheinwerferlicht, und ich kümmere mich gerne um das Geschäft und die Kunden.«

**Nachhaltigkeit** ✘ ✘ ✘ ✘ ⊠
Fink führt eine Kampagne gegen das Quartalsdenken. Spezielle Fondspapiere berücksichtigen das.

**Unbestechlichkeit** ✘ ✘ ✘ ⊠ ⊠
Klare Politik gegen Korruption. Die italienische Aufsichtsbehörde ging 2014 gegen einen Blackrock-Fondsmanager wegen Verdachts auf Insiderhandel vor.

**Steuerehrlichkeit** ✘ ✘ ✘ ⊠ ⊠
Als Barclays Global Investors 2009 an Blackrock verkauft wurde, tolerierte der US-Vermögensverwalter eine Konstruktion über Luxemburg, bei der steuerlich ein Verlust erzielt wurde.

**Humanität** ✘ ✘ ⊠ ⊠ ⊠
Arbeitsbedingungen erkennbar kein Top-Kriterium bei Investitionen.

**Transparenz** ✘ ✘ ✘ ⊠ ⊠
Blackrock fühlt sich größter Transparenz verpflichtet. Die hohe Vergütung für CEO Fink stößt bei einzelnen Aktionärsgruppen auf Ablehnung.

# John Bogle
## Vanguard

Manchmal braucht man Pech, um Erfolg zu haben. So erging es John Bogle. Er machte, nach eigenem Eingeständnis, einen schweren Fehler als Präsident der Fondsfirma Wellington, indem er eine unsinnige Fusion förderte. Die Folge: Bogle wurde im Januar 1974 gefeuert.

Aber in seiner nächsten Funktion fiel ihm ein Clou ein, der die ganze Branche verändern und ihn berühmt machen sollte: Bogle startete 1976 den ersten großen Indexfonds. Das Konzept hat nach einem langsamen Start einen bis heute ungebrochenen Siegeslauf angetreten. Das Muster: Der Investor kauft nicht mehr einzelne Aktien, sondern gleich einen ganzen Aktienindex, also zum Beispiel in Deutschland den Dax.

Der Erfinder sann auf einen attraktiven Namen – und verfiel auf ein berühmtes englisches Schlachtschiff: Vanguard. Später wurde daraus der Name der gesamten Fondsgesellschaft, und das Logo, ein Segelschiff, passte auch dazu. Die originale »Vanguard« hatte übrigens bei einer Seeschlacht in Ägypten zu einer vernichtenden Niederlage für Napoleon beigetragen. Der Name entspricht dem französischen Wort »Avantgarde«, damit ist die Vorhut beim Militär gemeint. Genau das wollte Bogle mit seinen Fonds sein: Avantgarde, Wegbereiter für eine ganz neue Art der Geld-Anlage.

Der Finanzexperte hatte schon als Student in Princeton eine Arbeit über ein Thema geschrieben, das in den letzten Jahren in der Öffentlichkeit eine immer größere Rolle spielt: Aktive Fonds-Manager schlagen häufig den Aktien-Index nicht, sondern hinken ihm bestenfalls hinterher. Das ist nicht erstaunlich, wenn man an die Effizienz der Märkte glaubt, also davon ausgeht, dass auf Dauer niemand schlauer als der Markt ist, weil alle dieselben Informationen haben. Der Ökonom Eugene Fama hat sich mit diesem Konzept in den 1970er Jahren beschäftigt – und Bogle beeinflusst. Der einfache Grundgedanke: Wenn alle versuchen, den Markt zu schlagen, kommt im Durchschnitt doch nur wieder der Durchschnitt des Marktes heraus. Geht man davon aus, dass überdurchschnittliche Ergebnisse eher zufällig zustande kommen und daher langfristig keinen Bestand haben, dann sind langfristig vor allem die Kosten entscheidend für den Erfolg der Geld-Anlage. Und wie schafft man einen möglichst kostengünstigen Fonds?

Indem man auf aktives Management, auf Research und aufs Umschichten der Bestände verzichtet. Stattdessen bildet ein Indexfonds nur passiv einen Aktienindex nach. Der erste Fonds dieser Art stützte sich auf den Standard & Poor's 500, den wichtigsten Aktienindex der Welt, der die großen amerikanischen Titel beinhaltet. Das empfanden die Wall-Street-Banker als »unamerikanisch«, was sie auf Poster drucken ließen.

Das also war die Idee des John Bogle (geb. 8. Mai 1929), der sich selbst als Kind der Weltwirtschaftskrise sieht. Seine 1974 entstandene Firma Vanguard stieg zu einer der angesehensten und einflussreichsten Investmentfirmen auf; Bogle selbst wurde von »Fortune« als einer der vier Investments-Giganten des 20. Jahrhunderts gewürdigt. 22 Jahre war er CEO, nahm dann nach Herzproblemen die Rolle des Senior Chairman ein und gründete schließlich auf dem Vanguard-Campus im Mavern, Pennsylvania, das Bogle Financial Markets Research Center. Der Veteran hat zehn Bücher verfasst.

Die Geschäfte des weltweit größten Emittenten von Investmentfonds führt heute F. William McNabb III. – als CEO und Chairman. Das verwaltete Vermögen liegt bei weit mehr als drei Billionen Dollar und verzeichnet hohe Zuwächse; das ist Rang zwei hinter Blackrock in der Kategorie der Asset Manager. 25 Millionen Investoren haben hier ihr Geld liegen. Eigentümer sind die Aktionäre der einzelnen Fonds, die zum Teil an der Börse gelistet sind. Ein stattliches Portfolio zeigt die Spannweite der Vanguard Group: Microsoft (6,3 Prozent), Apple (6,0 Prozent), Blackrock (4,4 Prozent), State Street (5,7 Prozent), Exxon Mobil (6,5 Prozent), General Electric (6,2 Prozent). Die amerikanische Corporate-Welt ist ohne Vanguard nicht denkbar. Im Durchschnitt halten Vanguards Investoren fünf Prozent der börsennotierten Firmen Amerikas und ein Prozent an der Börsenwelt im Ausland. Firmenchef McNabb sieht sich als Langzeit-Investor: »Wir bleiben länger Investoren bei einem Unternehmen als die sogenannten aktiven Investoren«, sagt er: »Die können eine Aktie verkaufen, wenn ihnen die Geschäftspolitik nicht gefällt. Wir müssen sie behalten und haben dadurch umso mehr Interesse, Einfluss auf das Unternehmen zu nehmen.«

In einer immer globaleren Organisation will McNabb die Idee des Gründers Bogle in die Welt tragen, noch ist die Kundenbasis zu 95 Prozent amerikanisch. Aber aus der Provinz will er mit seinem Team nicht raus. »Nicht in einer Million Jahren« denke er daran, die Firma von einem Vorort von Philadelphia nach New York zu verfrachten: »We are not Wall Street, we serve Main Street.« Man sei nicht die Wall Street, man helfe dem Mann auf der Straße. Und der reagiert: Zwischen Juni 2015 und Juni 2016 zogen Anleger rund 317 Milliarden Dollar aus aktiv gemanagten Fonds ab, in die Indexfonds flossen mehr als 370 Milliarden.

Vanguard ist mit seinen 14.000 Mitarbeitern längst nicht mehr die einzige Fondsgesellschaft, die passive Fonds anbietet. Rivale Blackrock offeriert sogar mehr als 700 börsennotierte Fonds, sogenannte ETFs (Exchange Traded Funds), Vanguard dagegen nur 70. Aber der Firmenname steht wie kein anderer für dieses Segment. Das Unternehmen bietet auch aktiv gemanagte Fonds an (Anteil am Gesamtgeschäft: 30 Prozent), die ebenfalls relativ kostengünstig sind. Das Volumen beträgt 280 Milliarden Dollar. Bogles Firma verzichtet auf den ansonsten üblichen Ausgabe-Aufschlag, eine Gebühr, die der Anleger vorweg bezahlt. Sie dient dazu, die Vertriebsleute zu bezahlen. Viele Vanguard-Fonds sind an der Börse notiert und werden dort gekauft, statt über Finanzberater vertrieben. Das ist der Haupttrumpf der Vanguard-Leute im Wettbewerb ums Geld: niedrige Kosten. Der Anteil der Gebühren am Vermögen von Vanguard sank von 0,68 Prozent (1983) auf 0,18 Prozent, der Durchschnitt in der Industrie liegt bei 1,01 Prozent.

Im Frühjahr 2015 hat Vanguard einen eigenen Robo-Advisor gestartet, also eine automatisierte Vermögensverwaltung. Sie ist noch billiger als die zuvor bestehende Vermögensverwaltung, die auf persönlichen Kontakten beruht. Allerdings können die Kunden, die Robo-Advisor nutzen, zusätzlich per Telefon menschliche Berater anrufen. Diese Kombination soll dazu dienen, die maschinengesteuerte Anlage älteren Kunden schmackhaft zu machen. Viele andere Robo-Advisor sprechen vor allem jüngere Anleger an, die mit Computern aufgewachsen sind. Der gute Ruf von Vanguard wurde auch durch Empfehlungen des Großinvestors Warren Buffett gefördert. Er riet zwecks Altersanlage öffentlich zu einem simplen Rezept: 10 Prozent kurzfristige Staatsanleihen und 90 Prozent Vanguards Fonds der 500 Top-Firmen Amerikas (S&P 500). »Jeder glaubt an seinen eigenen Nimbus«, findet Bogle: »Es gibt so viel Glück in diesem Geschäft. Für mich ist es meistens schwer, an irgendeine Mystik zu glauben.«

**Nachhaltigkeit** ✖ ✖ ✖ ⊗ ⊗
Kein Kriterium für einen passiven Investor. Allenfalls mittelbar von Bedeutung, wenn sich »grüne« Ideen in den Großkonzernen, die die Indizes bilden, stärker ausbreiten. Vanguard bietet spezielle Fonds für verantwortliches Wirtschaften an.

**Unbestechlichkeit** ✖ ✖ ✖ ✖ ⊗
Keine Vorfälle bekannt.

**Steuerehrlichkeit** ✖ ✖ ✖ ⊗ ⊗
Der Whistleblower David Danon, von 2008 bis 2013 bei Vanguard, setzte die US-Finanzverwaltung auf die Spur. Hohe Steuerforderungen stehen zur Diskussion, da sich die Firma mit ihrer speziellen Konstruktion gewissermaßen künstlich arm rechne. Der Fall ist kompliziert und umstritten, in einem Fall hat sich Vanguard mit rund zwei Millionen Dollar verglichen.

**Humanität** ✖ ✖ ⊗ ⊗ ⊗
Kein Anlagekriterium.

**Transparenz** ✖ ✖ ✖ ⊗ ⊗
Sehr unvollständig. Vanguard nennt nicht aktuell die Besitzer ihrer ETFs, sondern mit großer Verzögerung, kritisiert das »Wall Street Journal«.

# Joseph »Jay« Hooley

## State Street

Das Segelschiff im Logo symbolisiert zweierlei: Heimat und Anspruch. Natürlich erinnert das Schiff an die Entstehung der State Street Corporation im Jahr 1792 – damals, als der Standort Boston als Hafenstadt bedeutend wurde. Zum anderen steht das Firmenzeichen für den Aufbruch in die Welt, für globale Geschäfte. Und doch: Außerhalb der Finanzbranche ist das Unternehmen von der US-Ostküste kaum bekannt.

Dabei ist der Konzern ein wahrer Koloss. In der Geldindustrie hat er sich als Verwahrer, Manager und Betreuer von fast 30 Billionen Dollar Vermögen unverzichtbar gemacht. Das sind immerhin elf Prozent des Weltvermögens; die Daten darüber werden von State Street betreut, analysiert und aufbereitet. Als Depotbank hat es die Firma mit einem Vermögen von 27 Billionen Dollar zu tun. Man verwaltet in Deutschland beispielsweise ein 500 Milliarden Euro schweres Fondsvolumen von Allianz Global Investors und der DekaBank. Aktiv gemanagt werden über State Street Global Advisors wiederum rund 2,3 Billionen Dollar (Stand Ende März 2016). Für 2015 standen Gesamterträge von 10,4 Milliarden Dollar in den Büchern, 43 Prozent kommen von 100 Märkten außerhalb der USA.

An der Spitze dieses mächtigen Verbunds regiert ein Frühaufsteher. Joseph »Jay« Hooley (geb. 1957) kam 1986 in das Bostoner Unternehmen, das er zwischen 1988 und 2000 verlassen hat; seit 2010 ist er Vorstandschef. Jeden Werktag steht der Top-Manager um 4:30 Uhr auf, um kurze Zeit später die Geschicke im Hauptquartier für weltweit 32.000 Mitarbeiter in 100 Ländern zu lenken. Vielleicht kommt die Lust an der frühen Bettflucht daher, dass er sein erstes Geld mit Zeitungsaustragen verdient hat.

Schon in Hooleys Kindheit war State Street Bestandteil des Alltags. Der Chef ist mit Erzählungen über Geld groß geworden – schließlich hatte sein Vater selbst 30 Jahre für die Firma mit dem Clipper im Logo gearbeitet. »Die Firma war in meiner Jugend stets Thema beim gemeinsamen Abendessen«, erinnert sich Hooley. Der Vater vermittelte auch jene Werte, die dem Angestellten beim Aufstieg bis in die Chefetage halfen: »Integrität, hartes Arbeiten, Disziplin, Beharrlichkeit.« Es ist das klassische Rüstzeug der weißen amerikanischen Mittelschicht. Solche

Tugenden wurden seit den Pilgervätern von Generation zu Generation weitergetragen.

Joseph Hooley beherzigte auch den väterlichen Ratschlag, immer neugierig zu sein und sich stets auf Neues einzulassen. Diese Furchtlosigkeit prägt ihn heute noch – zum Beispiel in harten Verhandlungen, wenn Pensionskassen oder andere institutionelle Investoren um niedrigere Gebühren feilschen. Und: Der Furchtlose aus Boston steigt auch ohne Zögern herab in die Fluten des Atlantiks – in einem Eisenkäfig. Dort kann er Haie »Auge in Auge« beobachten. »Es ist eine Herausforderung, und es klingt so einfach, aber man ist am Ende wirklich froh, dass die Stäbe stabil sind und man wieder heraufgezogen wird«, schmückt Hooley diese Anekdote im Frankfurter Büro von State Street aus.

Wer es unter diesem »Finanzhai« zu etwas bringen will, der muss Kundenservice ernst nehmen. Schaumschläger bleiben bei Hooley auf der Strecke, weiß ein langjähriger Weggefährte. Schließlich begann Mister State Street seine Karriere selbst mit dem Verkauf von Staubsaugern sowie als Kundenbetreuer der Telefongesellschaft AT&T. »Das war eine Lektion, die ich nie vergessen habe«, bekennt Hooley. Die größte Herausforderung für State Street war die Finanzkrise 2007/08. »Glücklicherweise sind wir da in sehr guter Verfassung herausgekommen«, resümiert der vierfache Familienvater. Die Firma erhielt – gegen Aktien – kräftige Staatshilfen. Danach war Hooley als Vorsteher einer systemrelevanten Finanzinstitution in den höchsten Politikkreisen gefragt; zu US-Präsident Barack Obama hat er einen direkten Draht gepflegt. Der Chef verbringt so viel Zeit wie möglich mit allen Mitarbeitern, über alle Hierarchiestufen hinweg. Hooleys Philosophie: »Entscheidend ist zu akzeptieren, dass die Menschen unterschiedlich sind. Wichtig ist, nicht darauf zu schauen, wie man aufgewachsen ist und wie man aussieht. Es geht darum, zuzuhören und zu schauen, was man auf den Tisch bringt, um Probleme zu lösen – Geschäfte zu machen bedeutet auch, Probleme zu lösen.« Hooley merkt an, dass man Individualität schätzen sollte, auch die von Außenseitern. Mit diesem Thema beschäftigt sich sein Lieblingsfilm, »Einer flog über das Kuckucksnest« mit Jack Nicholson.

Hooley, ein passionierter Golfer und Angler, liebt große Sport-Ereignisse. Alle Mannschaften aus Boston können mit seiner Unterstützung als Fan rechnen, egal, ob es sich um Basketball, American Football oder Baseball handelt. Im Beruf weiß er nur zu genau, dass die größte Bedrohung für State Street aus dem Internet erwächst. Zahllose Fintechs klopfen die Geschäftsmodelle der Mega-Konzerne wie State Street ab und suchen nach schwachen Gliedern in der Wertschöpfungskette. Hooley investiert für sein Technologieprogramm Global Exchange mehr als eine Milliarde Dollar; dafür jettet er um die Welt und schaut beispielsweise beim chinesischen Online-Anbieter Alibaba vorbei, um zu sehen, was die potenzielle Konkurrenz so treibt. Big Data ist sein Thema. In 50 Jahren werde sich die Welt beim historischen Rückblick nicht für die Finanzkrise 2008 interessieren, erklärt er – sondern dafür, wie Technologie das Finanzsystem revolutioniert hat.

Seine Firma gehört knapp 700 institutionellen Investoren, die meisten Anteile haben die kanadische Lebensversicherungsgruppe Sun Life Finance sowie die US-Vermögensverwalter T. Rowe Price und Vanguard. Und State Street selbst gehört zu den drei größten Aktionären von Bank of America, JP Morgan und Citigroup; bei der Bank Wells Fargo ist man Nummer vier. Und natürlich ist der Finanzier aus Boston in der Firmenwelt eine Größe, mit Beteiligungen an Microsoft (3,9 Prozent), Apple (3,9 Prozent), Exxon Mobil (4,5 Prozent) oder Johnson & Johnson (5,3 Prozent). Größte Tat von State Street war 1993 die Erschaffung des ersten amerikanischen börsennotierten Indexfonds (ETF); die Erfindung von Vanguard-Gründer John Bogle erfuhr so eine marktgerechte Verstärkung. Mit dieser beliebten Spezies der ETFs können Indices der Kapitalmärkte jederzeit an der Börse gehandelt werden, zum Beispiel der Dax in Deutschland oder S&P 500 in den USA. Aber Hooley weiß auch, dass die große Auseinandersetzung um die Märkte von morgen gerade erst begonnen hat. »Wäre es ein Football-Spiel, befänden wir uns im ersten Viertel. Es liegt noch ein langer Weg vor uns.«

### Nachhaltigkeit ✖ ✖ ✖ ⊠ ⊠
Es gibt eigene Anstrengungen im Unternehmen (»Green your team«), die sich auf Geschäftspartner erstrecken.

### Unbestechlichkeit ✖ ✖ ⊠ ⊠ ⊠
State Street hat strikte Anti-Korruptions-regeln. Im Januar 2016 verkündete die US-Börsenaufsicht, dass die State Street Bank and Trust Company 12 Millionen Dollar zahlt: Die Firma hatte Cash und Mittel für politische Kampagnen eingesetzt, um Aufträge des Pensionsfonds von Ohio zu bekommen.

### Steuerehrlichkeit ✖ ✖ ✖ ✖ ⊠
Wird im Unternehmen hoch bewertet. Keine Auffälligkeiten.

### Humanität ✖ ✖ ⊠ ⊠ ⊠
Spielt bei der Anlage von Geldern in Firmen keine Rolle.

### Transparenz ✖ ⊠ ⊠ ⊠ ⊠
State Street weist eine lange Reihe von Gerichtsprozessen wegen zu hoher Gebühren für Klienten auf. Ein britischer Pensionsfonds und ein arabischer Staatsfonds fühlten sich betrogen. State Street zahlte in zwei Fällen 50 Millionen Dollar.

# Abigail Johnson

## Fidelity Investments

Abigail Johnson (geb. 19. Dezember 1961) ist eine zurückhaltende, fast scheue Frau, die enorm viel Einfluss hat. Sie ist Chefin der amerikanischen Fondsgesellschaft Fidelity Investments, die rund 2,1 Billionen Dollar (Mitte 2016) für ihre Kunden anlegt, darunter etwa die Hälfte in Aktien, und damit erheblichen Einfluss auf die Verwendung des Kapitals amerikanischer Sparer hat. Hinzu kommt noch Fidelity Worldwide mit knapp 300 Milliarden Dollar. Das ist eine rechtlich selbstständige Schwestergesellschaft, die für das Geschäft außerhalb Amerikas, vor allen in Europa, zuständig ist. Dort ist Johnson Vorsitzende.

Die Johnsons sind eine Familie mit Sinn für Tradition. Das zeigen schon die Namen. Abigails Vater heißt Edward Crosby Johnson III. Er ist der Sohn von Edward Crosby Johnson II., der Fidelity 1946 in Boston gegründet hat. Im Oktober 2014 übernahm Abigail (genannt »Abby«) den Chefsessel – und nicht ihr jüngerer Bruder, der natürlich Edward C. Johnson IV heißt. Aber ihr Vater, der 37 Jahre lang Präsident war, blieb lange Zeit immer noch Präsident der Firma, also ihr oberster Kontrolleur. Erst im November 2016 wurde öffentlich, dass die Tochter auch das Präsidentenamt übernimmt. In der Szene hat Edward (»Ned«) Johnson III. den Ruf eines mutigen Könners, der bei einem Vermögensbestand von fünf Milliarden übernommen und bei zwei Billionen abgegeben hat. Der Technik-Fan, dessen Unternehmen als erste Fondsfirma 1995 eine Website startete, handelte impulsiv, wo seine Tochter analytisch vorgeht. Nach ihrer Amtsübernahme überprüfte sie erst einmal die Kosten und stellte das Geschäft mit Unternehmensbeteiligungen in der Tochter Devonshire Investors infrage. Neun Firmen mit 17.000 Mitarbeitern gehören dazu, etwa die britische Telekommunikationsfirma Colt oder auch eine Tomatenfarm in Maine, die dem Vater sehr am Herzen lag.

Die Familie hat ihr Unternehmen fest im Griff: Ihr gehören knapp die Hälfte der Anteile, den Rest (51 Prozent) teilen sich die Angestellten. Fidelity ist mehr als nur eine Fondsgesellschaft. Die Firma arbeitet auch als Broker, Kunden können dort also Depots mit ihren eigenen Wertpapieren führen. Rechnet man das gesamte Vermögen zusammen, das im Hause in irgendeiner Art verwaltet wird, also auch das der Fremdkunden, kommt man sogar auf ein Volumen von fünf Billionen Dollar.

Abigail Johnson pflegt die Tradition ihres Vaters und Großvaters – und tritt in der Öffentlichkeit nur selten in Erscheinung. Eitelkeiten in der Öffentlichkeit lehnt die Fidelity-Chefin ab, die laut »Forbes« zu den 20 mächtigsten Frauen der Welt gehört. Eine Ausnahme bildet ein Video, in dem sie Moira Forbes kurz nach ihrem

Amtsantritt ein Interview gab. Im korrekten blauen Hosenanzug spricht sie dort mit der Ausstrahlung einer strengen, aber doch verständnisvollen Schuldirektorin über ihre Karriere. Im Hintergrund ist biederes Mobiliar zu sehen. Das Interview ist eine Art Gespräch unter Töchtern: Moira hat mit dem konservativen Verleger Steve Forbes ebenfalls einen mächtigen Vater. Abigail Johnson beweist dabei viel Humor und Selbstbewusstsein. Professionelle Geldanlage ist ihrer Meinung nach ein guter Beruf für Frauen, »weil es dabei auf die Intelligenz ankommt«. Dabei ist  die Geldbranche ausgesprochen männlich. Nur zehn Prozent der Investmentfonds und zwei Prozent der Hedgefonds werden von Frauen geleitet.

Abigail Johnson ist als Chefin ebenso eine Rarität wie Fidelity als Familienbetrieb im Asset-Management-Geschäft. Eine kurze Zeit war sie bei Booz Allen Hamilton gewesen, ehe sie zwei Jahre die Harvard Business School besuchte. In Vaters Firma startete sie 1988 als Analystin.

»Fidelity« heißt auf Deutsch »Treue«. Kaum eine Marke zielt direkter auf das Vertrauen der Kunden ab und bringt zum Ausdruck, was der von seinem Geldverwalter erwartet: eine Art Treuhänder für ihn zu sein. Mit dieser Marke, einer der bekanntesten der Finanzbranche weltweit, hat die Familie Johnson den Aufstieg Amerikas zur Wohlstandsgesellschaft seit der Nachkriegszeit begleitet. Mit den riesigen Summen in ihren aktiven Fonds hat sie zahlreiche Stimmen in den Hauptversammlungen großer Aktiengesellschaften. Ihre Kauf- und Verkaufsentscheidungen bestimmen mit über die Kursverläufe und damit auch darüber, in welchen Bereichen der Wirtschaft zu welchen Konditionen investiert wird. Öffentliche Kommentare von Fondsmanagern spielen häufig eine wichtige Rolle für die Reaktion der Börse. Kein anderer Bereich ist so wichtig für die Bildung und die Verwendung von Finanzkapital wie die Vermögensverwaltung. Dabei investiert Fidelity auch gezielt in neue Unternehmen, die noch nicht an der Börse notiert sind, und ist in diesem Bereich einer der größten Investoren. Die klassischen Fondsgesellschaften werden in diesem Bereich Konkurrenten der kleineren Venture-Capital-Gesellschaften, die bisher den Markt beherrschten.

Im März 2016 war Facebook mit 2,41 Prozent des Vermögens mit Abstand der größte Aktienbrocken. Auf den folgenden Plätzen finden sich in der Aufstellung von Bloomberg 2016 Google (1,96 Prozent A-Aktien und 1,64 Prozent stimmrechtslose C-Aktien), Apple (2,19 Prozent) und Amazon (1,63 Prozent) und Microsoft (1,21 Prozent) – die ganze Herrlichkeit von der amerikanischen Westküste also. Auch auf den folgenden Plätzen sieht man jede Menge bekannter amerikanischer Namen mit hohen Börsenbewertungen. Ausländische Aktien spielen aufs Ganze gesehen nur eine untergeordnete Rolle.

Die Spezialität der Firma waren leistungsstarke aktive Fonds wie der Fidelity Magellan Fund, der allerdings von 106 Milliarden Dollar in 1999 auf 14 Milliarden (2016) fiel. Auch der jetzt größte Fonds, Fidelity Contrafund (Juni 2016: 108 Milliarden), muss Abflüsse verzeichnen. Grundsätzlich treffen die Manager solcher Investmentfonds ihre Entscheidungen eigenständig, es gibt keine zentralen Vorgaben für Käufe oder Verkäufe. Das liegt allein schon daran, dass verschiedene Fonds ihre Ziele jeweils unterschiedlich definieren, etwa höhere oder niedrigere Risiken eingehen. Auf der anderen Seite verfügt Fidelity über eigene Analysten. Hinzu kommt, dass verschiedene Fonds ähnlich gestrickte Steuerungs- und Kontrollsysteme nutzen. Daher stellt sich immer wieder die Frage, inwieweit der Einfluss der Fondsgesellschaften auf die Märkte doch einer zentralen Beeinflussung unterliegt. Klar ist: Firmen wie Fidelity gehen mit ihren klassischen Investmentfonds keine strategischen Beteiligungen ein mit dem Ziel, die Geschäftspolitik einzelner Unternehmen nachhaltig zu beeinflussen. Dazu sind die Anteile in der Regel zu klein, weil die Fonds ihre Vermögen möglichst weit streuen, um die Risiken zu verteilen.

Fidelity bietet inzwischen auch Indexfonds an und reduziert die Gebühren hierfür. Abigail Johnson hatte sich lange skeptisch gegeben. Zudem entwickelt ihre Fondsgesellschaft einen eigenen Robo-Advisor und hat die bisherige Zusammenarbeit mit Betterment, einem Spezialisten auf diesem Gebiet, gekündigt. Aber der größte Teil Geschäfts läuft noch nach traditionellem Muster ab – in der Hoffnung, dass die Kunden Fidelity die Treue halten. Abigail Johnsons eigenes Vermögen wird auf rund 13 Milliarden Dollar geschätzt.

**Nachhaltigkeit** ✖ ✖ ✖ ⊠ ⊠
In der eigenen Firma legt Fidelity Wert auf eine »green line«. Für die eigenen Investments gibt es keine diesbezüglichen Kriterien.

**Unbestechlichkeit** ✖ ✖ ✖ ✖ ⊠
Die Mitarbeiter der Familienfirma werden auf korrektes Verhalten mit einem Code eingeschworen.

**Steuerehrlichkeit** ✖ ✖ ✖ ✖ ✖
Keine Auffälligkeiten.

**Humanität** ✖ ✖ ✖ ⊠ ⊠
Obwohl von einer Frau geführt, gibt es im Netz Debatten über eine angebliche weiße Männerkultur.

**Transparenz** ✖ ✖ ✖ ⊠ ⊠
Fidelity wurde zu einer Million Dollar Buße verurteilt, weil die Firma nicht verhindert habe, dass eine ehemalige Brokerin im Namen von Fidelity Kunden betrog. Ansonsten fordert die Firma oft Branchentransparenz ein, vor allem bei den Gebührenrechnungen für Kunden.

# Robert W. Lovelace
## Capital Group

Wer Märkte erobern will, muss reden und darf nicht schweigen. Das ist das Problem der Capital Group aus Los Angeles. Den Vermögensverwaltern wäre es am liebsten, sie könnten in völliger Anonymität weitermachen, es hat ja auch so zu einem stattlichen Vermögen von 1,4 Billionen Dollar geführt. 2000 hatte es noch bei 560 Milliarden gelegen. Die Folge ist Platz fünf in der Liste der Größten der Branche. Aber da ist auf der anderen Seite der enorme Wettbewerbsdruck im Stammland USA, und da sind die Chancen in Europa, vor allem im wohlhabenden Deutschland. Das führt dazu, dass doch immer mehr über den Spezialisten aus Kalifornien, seine 7500 Mitarbeiter und die Produkte (»American Funds«) bekannt wird.

Robert (»Rob«) Lovelace (geb. 1962) zum Beispiel zeigt sich: Er ist Portfoliomanager, Mitglied der Geschäftsführung der Holding Capital Group Companies – und vor allem als Enkel des Firmengründers ein wichtiger Teilhaber. Seiner Familie gehören zehn Prozent der Anteile. Der Präsident der Tochterfirma Capital Research and Management Company stieg 1985 ins Gewerbe ein, er hatte an der Princeton University einen Abschluss in Mineralwirtschaft (Geologie) gemacht. Schon immer war die Capital Group bei deutschen Großkonzernen gut vertreten. Bei rund zwei Dritteln der 30 Firmen des Deutschen Aktienindex ist Lovelaces Laden dabei, zum Beispiel bei Infineon (5,1 Prozent), Bayer (2,9 Prozent) und Deutsche Post (3 Prozent). Und sogar bei fast allen 50 wichtigen Firmen des europäischen Aktienbarometers Stoxx sind die Spezialisten vertreten, etwa mit drei Prozent beim Pharmariesen Novartis. Die Beteiligung an Credit Suisse stieg von 3,01 Prozent (Mai 2015) auf 5,05 Prozent (August 2016). In den USA fallen Investments bei Microsoft (4,9 Prozent) oder Home Depot (9,2 Prozent) auf. Mitarbeiter sind stolz darauf, als privates Unternehmen intensive persönliche Kontakte zu den Vertretern wichtiger Staats- und Pensionsfonds oder großer Family Offices aufzubauen.

Das ist der Stil, den Jonathan Bell Lovelace geprägt hat. Er gründete die Capital Group 1931 in Los Angeles, mitten in der ökonomischen Depression. Als Mitarbeiter einer Investmentbank hatte er den Crash 1929 rechtzeitig gewittert. Im Ersten Weltkrieg gehörte er zu einer Artillerie-Abwehreinheit, die früh in Frankreich ein deutsches Kampfflugzeug abschoss. Lovelace, der 1979 starb, entdeckte das Geschäft mit den US-Pensionskassen und setzte auf die Kraft der eigenen Research-Gruppe. Sie ist auch heute darauf genormt, im Meer der vielen Anlagechancen das Richtige zu finden. »Letztlich müssen wir sicherstellen, dass die Kunden Geld für ihre Pensionierung haben, und das schaffen wir nur, indem wir mit einem langfristigen Horizont investieren«, sagt Gründerenkel Rob Lovelace. Die Capital Group ist zu 100 Prozent ein aktiver Investor, vom Boomgeschäft der passiven Indexfonds hält man hier nichts – obwohl die weltweit bekannten MSCI-Aktiendizes hier miterfunden wurden. Es gibt die schöne Anekdote von der Krankenschwester, die vor dem Tod von Firmengründer Jonathan Bell Lovelace noch alles über die Geheimnisse des erfolgreichen Investierens wissen wollte. Nun, man dürfe nicht gierig sein, lautete die Antwort, und man müsse sich den Märkten anpassen: »Wenn die Märkte nach oben gehen, passe dich an und verkaufe. Wenn die Märkte nach unten gehen, passe dich auch an – und kaufe.«

Die starke Expansion der Capital Group ist auf Jon B. Lovelace zurückzuführen, den Sohn des Gründers. Bis zu seinem Tod im November 2011, im Alter von 84 Jahren, trieb er im eigenen Betrieb das voran, von dem sowohl Kunden als auch Investitionsobjekte lebten: die Globalisierung. Dabei wurde ein 1958 entstandenes System perfektioniert, das intern »The Capital System« heißt: Um ein Portfolio kümmern sich gleich mehrere unterschiedlich spezialisierte Fondsmanager. Viele treffen also Entscheidungen. Beim bekanntesten Fonds des Hauses, »New Perspective Fund«, mischt Lovelace im Siebener-Team selbst mit. Der Fonds verwaltet Kundengelder von mehr als 50 Milliarden Dollar. Vorstandschef der gesamten Unternehmung ist seit Mitte 2015 Tim Armour; er kam 1983 ins Unternehmen.

In Deutschland gehen die Amerikaner erst jetzt dazu über, Privatanleger anzusprechen. Die 1,3 Milliarden Euro Kundengelder kommen von Großinvestoren. »Deutschland ist für unsere Expansionsstrategie in Europa ganz klar ein Schlüsselmarkt«, erklärt Kevin Clifford, Vorstand der Capital Group. Nach der Finanzkrise waren die Amerikaner hier schon mal gescheitert. In IT-Systeme, Vertrieb und Portfoliomanagement wird nun eine Milliarde Dollar investiert. 2015 eröffnete ein Frankfurter Büro. Lovelaces Gruppe tut also einiges, um enttäuschende Ergebnisse vor einigen Jahren sowie deutliche Abflüsse, bedingt durch billigere Indexfonds, vergessen zu machen.

**Nachhaltigkeit** ✘ ✘ ✘ ⊗ ⊗
Sieht sich als Langfrist-Investor. Hat seit 2010 die UN Principles of Responsible Investment anerkannt.

**Unbestechlichkeit** ✘ ✘ ✘ ✘ ⊗
Keine Vorfälle.

**Steuerehrlichkeit** ✘ ✘ ✘ ⊗ ⊗
Keine Erkenntnisse.

**Humanität** ✘ ✘ ⊗ ⊗ ⊗
Kein Kriterium für Anlageentscheidungen.

**Transparenz** ✘ ⊗ ⊗ ⊗ ⊗
Sehr eingeschränkt. Capital Group öffnet sich langsam.

# Yves Perrier

## Amundi

Von »Krise« will Yves Perrier lieber nicht reden.
Er bevorzugt das Wort »Transformation«. Das
Wachstum der 1990er und 2000er Jahre sei auf
Pump erzeugt worden, und jetzt sei die Schuldenquote so hoch wie nach dem Ende des Zweiten Weltkriegs. Die Volkswirtschaften bräuchten
reales Wachstum, Inflation und Zeit, fährt der
Chef von Amundi fort, Europas größtem Vermögensverwalter. Er rechnet mit zehn Jahren,
um von den Problemen wegzukommen.

Ins Amundi-Bürohochhaus in Paris, ganz in
der Nähe des Tour Montparnasse, kommen täg-
lich Dutzende Besucherteams, die auch von Wachstum, Inflation und Zeit träumen – und die vor allem Geld anlegen oder Geld erhalten wollen von Perriers
Firma mit dem schönen Kunstnamen. Der wird überall verstanden, und die ersten
beiden Buchstaben stehen zudem für das ganze Metier, für Asset Management.

Amundi ist in dieser Welt ein relativ neuer Spieler: Erst 2010 entstanden als
Joint Venture der französischen Großbanken Crédit Agricole und Société Générale, im November 2015 dann an der Börse gelandet, bewertet mit 6,6 Milliarden
Euro – und nun ein europäischer Angreifer in einem von US-Firmen beherrschten Markt, dem größten der Welt, wie Perrier anmerkt. Er selbst hat die Kraft
des 75-Prozent-Aktionärs Crédit Agricole hinter sich (Bilanzsumme: 1,5 Billionen
Euro). Die genossenschaftliche Finanzorganisation lancierte Mitte 2016 eine neue
Lebensversicherung für Arbeitnehmer in Firmen, deren Prämien Amundi anlegen darf. Von dem rund 1,1 Billionen Dollar großem Vermögen der Asset-Management-Firma liegen 400 Millionen der beiden französischen Gründungsge-
sellschafter in Anleihen.

Société Générale ist als Gesellschafter nicht mehr dabei. Die Bank nutzte den
Börsengang und versilberte einen 20-Prozent-Anteil. Von den ausgegebenen
Aktien landeten zwei Prozent bei der chinesischen Agriculture Bank of China;
mit dieser vom Staat gelenkten Großbank hat Amundi ein Joint Venture aufge-
setzt für den Wachstumsmarkt Asien. Im Konferenzzimmer hängt ein gerahmtes
Bild mit chinesischen Schriftzeichen, ein Geschenk der Freunde aus Peking zum
geglückten Börsengang. In Asien sowie im Mittleren Osten und in Europa will
Vorstandschef Perrier (geb. 1954) wachsen – und zwar durch Zukäufe. Nach der

Bawag PSK Invest in Österreich und der irischen Bank Kleinwort Benson Investors sind nächste Objekte fest eingeplant. An der Pariser Fondslegende Carmignac, auf Reiche und Superreiche spezialisiert, sei er aber nicht interessiert, erklärt Perrier: »Unsere verwalteten Vermögensgelder kommen zum großen Teil aus dem Westen, unsere neuen Zuflüsse hauptsächlich aus Asien.« Um 40 Milliarden Euro soll das verwaltete Vermögen jährlich zulegen.

Die USA überlässt Perrier strategisch den amerikanischen Großformationen vor Ort, auch wenn Amundi durch den Kauf der auf Anleihen spezialisierten Firma Smith Breeden selbst präsent ist. Als großen Vorteil gegenüber der US-Konkurrenz nennt der Vorstandschef den Teamgedanken (»Hier gibt es nur einen Star, das Unternehmen selbst«), man hänge nicht vom Genie von Einzelkünstlern ab, deren Eingebungen Superprofite, aber auch Superprobleme bescheren könnten. Er nennt Bill Gross, einst Star bei Pimco, nun Sternchen bei Janus Capital. Perrier selbst hätte mit 17 Jahren Profifußballspieler werden können, entschied sich aber für Business Schools. Er hat sowohl bei Société Générale als auch bei Crédit Agricole gearbeitet.

Mit der Geldpolitik hadert der Chef von Amundi, es gebe keinen Unterschied mehr zwischen kurz- und langfristigen Zinsen, warum solle dann jemand langfristig anlegen?, schimpft er. Er sieht den Finanzsektor unter Druck – »das alles zwingt uns, die Kunden anders zu erziehen«. Acht bis zehn Prozent Rendite seien »völlig unrealistisch«, manche Leute lebten aber »noch in der Vergangenheit«. Die eigene Firma machte 2015 bei Einnahmen von 1,657 Milliarden Euro einen Nettogewinn von 528 Millionen, was auch an der günstigen Kostenstruktur liegt, offenbar eine Folge der engen Zusammenarbeit mit dem eigenen Großaktionär. Über niedrige Kosten und niedrige Gebühren werde der Wettbewerb zunehmend ausgetragen, erklärt Perrier und ärgert sich über Banken, die bei der Finanzierung zu hohe Zinsen verlangten. Gegen den Negativtrend der Minuszinsen navigiert Amundi mit einem neuen Fokus auf »reale Vermögenswerte«, also Immobilien, Infrastruktur, Kreditvergabe und Private Equity. Was er vermisst: Eine klare politische Botschaft für Reformen – »Anleger fürchten nichts so sehr wie Unsicherheit«.

**Nachhaltigkeit** ✗ ✗ ✗ ✗ ✗
Aktiengesellschaften werden auch nach Kriterien wie Umwelt und sozialer Verantwortung bewertet. Der französische Vermögensverwalter will eine Reduzierung von $CO_2$-Emissionen und ist hier im Gespräch mit NGOs sehr aktiv.

**Unbestechlichkeit** ✗ ✗ ✗ ✗ ᵛ
Klare Anti-Korruptionspolitik, keine Vorfälle.

**Steuerehrlichkeit** ✗ ✗ ✗ ✗ ᵛ
Keine Auffälligkeiten.

**Humanität** ✗ ✗ ✗ ✗ ᵛ
Klarer Blick auf Menschenrechte und Arbeitsbedingungen.

**Transparenz** ✗ ✗ ✗ ✗ ✗
Durch Börsengang klare Struktur. Beziehung zur Muttergesellschaft Crédit Agricole wird offengelegt.

# David H. B. Smith
## Northern Trust

Dieser Kriminalfall passte so gar nicht zur der feinen Finanzinstitution von Chicago. Ein Berater von Northern Trust, dem siebtgrößten Vermögensverwalter der Welt, hatte sich einfach bei den Anlage-Geldern einiger Profis der nationalen Eishockey-Liga bedient. Die Sportler dachten, ihre Dollars würden in Immobilienprojekte fließen, aber der Mann von Northern Trust dirigierte das Geld zusammen mit einem Komplizen auf eigene Konten. Gesamtverluste für die Aktiven vom Eishockey: 13,5 Millionen Dollar. Ein Angestellter der Finanzfirma, der auf das Debakel frühzeitig aufmerksam machte, wurde erst abgebügelt und dann entlassen. Nach seinen Erzählungen bekam er zu hören: »Du willst uns verklagen? Nur zu, wir haben alle Ressourcen der Welt.«

16.000 Menschen arbeiten weltweit für Northern Trust, 7000 allein in Chicago. Ein Vermögen von immerhin mehr als 900 Milliarden Dollar wird hier betreut, die Firma gilt als eine der besten Adressen für Reiche, Stiftungen und Pensionsfonds, die sich um Geldvermehrung bemühen. 2014 feierte sie den 125. Geburtstag. Man konzentriere sich auf Aktien, besonders in entwickelten Märkten wie USA, Europa und Großbritannien, erklärt Vorstandschef Rick Waddell (geb. 1954) die Strategie. Die größte Akquisition der Geschichte gelang mit dem Kauf der britischen Baring Asset Management's Financial Group. Aber auch die Geschäfte in Florida laufen gut. Waddell, ein begeisterter Golfer, ist erst der neunte Chef in der Firmengeschichte. In der Institution von Chicago setzt man auf Kontinuität. Northern Trust ist an der Börse Teil von S&P 500.

Im Hintergrund wirkt die Familie Smith, deren Aktienbesitz im Wert von fünf Milliarden Dollar bei Northern Trust liegt. Byron Lafin Smith hatte die Firma 1889 gegründet. An ihr hält die Dynastie rund zehn Prozent, 14 Prozent liegen bei aktuellen und früheren Angestellten. In den Gremien sitzt David H. B. Smith (geb. 1967), der Ururenkel des Gründers. Der Repräsentant der alteingesessenen Familie ist Anwalt und ein Fan freier Märkte, er hat neun Jahre für die US-Börsenaufsicht SEC gearbeitet. Dann folgte er in der Verantwortung bei Northern Trust dem Onkel Harold B. Smith jr. Seine Mission: auf jeden Fall unabhängig bleiben und nicht als Anhängsel eines Finanzkonglomerats enden. Das ist die klassische Motivation eines Familienunternehmens. Die Dynastie engagiert sich auch bei dem Mischkonzern Illinois Tool Works (ITW), wo sie rund zwölf Prozent der Anteile hält. Jedes Jahr wird sie zu privaten Präsentationen von den CEOs von Northern Trust und ITW gebeten. Dann zeigen die Manager dort, mit welchen Ideen sie die Märkte bewegen wollen. Harold B. Smith jr. war bis zu seinem Rücktritt als ITW-Präsident im Jahr 1981 das letzte Familienmitglied in einer Chefposition gewesen. »Wir suchen keine Publizität«, lautete seine Ansage.

Bisher glich das Selbstbild dem Image einer Schweizer Bank mitten in den USA. Die Idylle hat durch den Untreueskandal rund um die Eishockey-Cracks empfindlich gelitten. Auch belasteten die wechselhaften Entwicklungen an der Börse mit vielen Kursrückgängen das Geschäft. Die Gebühreneinnahmen sanken auf unerwartete Tiefstände. Im Februar 2016 verkündete Firmenchef Waddell, die Gehälter erst einmal einzufrieren. Seine Begründung: »Wir müssen ein bisschen abgebrühter sein, wie wir unsere Ressourcen und unser Kapital einsetzen.«

**Nachhaltigkeit** ✘✘✘✘⊗
Großes Umweltbewusstsein. Will Schadstoffemissionen selbst senken, entwickelte das Programm Partners Think Green mit. Mitglied der UN Environment Programme Finance Initiative.

**Unbestechlichkeit** ✘✘⊗⊗⊗
2009 Rechtsstreit mit einigen Pensionskassen wegen hoher Gebühren und riskanter Investitionen. Einigung bei 60 Millionen Dollar. Northern Trust hat Barack Obama, den prominentesten Sohn der Stadt Chicago, unterstützt.

**Steuerehrlichkeit** ✘✘✘⊗⊗
In Ermittlungen der französischen Justiz gegen einen Kunsthändler und die Royal Bank of Canada taucht eine Offshore-Firma von Northern Trust auf den Guernsey Islands auf.

**Humanität** ✘✘✘⊗⊗
Keine Auffälligkeiten.

**Transparenz** ✘✘✘⊗⊗
Nur bedingt gewährleistet. Eishockeyprofis wurden um ihr investiertes Geld betrogen – der Finanzberater kam ins Gefängnis.

# Brendan Swords
## Wellington Management

Juli 1929 war kein besonders guter Zeitpunkt, einen Investmentfonds zu starten. Der Crash an den Börsen kündigte sich an, doch Walter L. Morgan wollte es dennoch wissen. Mit 100.000 Dollar, von Freunden und Verwandten zusammengeliehen, startete Industrial Power & Securities Co. Das Projekt war von Anfang an ein Erfolg, und Morgan erklärte später, er hätte es sich nie träumen lassen, dass dieses Geschäft einmal so groß werden würde. Das war 1991, da war der Mann schon 91 und 20 Jahre in Rente. Die glückliche Entwicklung hatte unter anderem damit zu tun, dass der Absolvent der Princeton-Universität den Namen änderte: Wellington heißt seine Erfindung jetzt, benannt nach dem eisernen Herzog, der Napoleon in Waterloo schlug. Wellington aus Boston wurde ein Markenname der Finanzanlage und gehört mit einem verwalteten Vermögen von 914 Milliarden Dollar zu den Top Ten in seinem Markt. Bei den wichtigsten Firmenbeteiligungen fallen Merck & Co., Bristol-Myers Squibb und Microsoft auf. In Deutschland hielt man 2016 knapp zehn Prozent am Oberurseler Dachbaustoff-Spezialisten Braas Monier.

Der Vermögensverwalter ist verschlossen wie eine bretonische Auster und kommt ohne eine strahlende Leitfigur aus, die im Deutungswettstreit am Finanzmarkt durch besonders originelle Statements auffällt. Die Firma wird in aller Stille von rund 130 Partnern dirigiert, wobei die Investmentprofis klar dominieren. Brendan Swords fungiert unter Gleichen als CEO. Er preist die eigene Firmenkultur, die die Vorteile eines Finanzmultis mit denen einer kleinen, unabhängigen Firma verbinde. Die Partner seien angespornt vom Mantra »Client, firm, self« – erst der Kunde, dann die Firma, zuletzt das eigene Interesse. Sie alle sind froh, dass Wellington die als negativ empfundenen Folgen des Börsengangs von 1960 kompensieren konnte und dass die Firma seit 1979 nicht mehr an der Börse gelistet ist, sondern als eine der letzten Partnergesellschaften in diesem Markt daherkommt. Damals gab es einen Management-Buy-out. Swords preist nun das Eigentümermodell, das die Ressourcen eines globalen Vermögensverwalters mit dem »familiären Charakter« einer unabhängigen Partnerschaft verbinde.

Einst arbeitete auch Vanguard-Gründer John Bogle hier. Er war 1951 vom kinderlos gebliebenen Gründer Morgan angeworben und 1970 zu seinem Nachfolger gemacht worden. Dann aber war Bogle in wichtigen Fragen mit den Mitstreitern über Kreuz, die Aktienkrise 1973/74 erwischte die Firma voll, und das Genie an der Spitze musste gehen. Viele Jahre betreute Wellington etliche Fonds von Bogles neuem Arbeitgeber Vanguard. Vom Start weg hatten Investmentprofis den

Ton bei Wellington angegeben. Rund die Hälfte des Geldes wird in amerikanische Aktien angelegt, 40 Prozent in Anleihen sowie der Rest in internationalen Aktien. Wellington wurde bekannt für ihre Kundenservice-Division, für das permanente Betreuen der sensiblen Klientel, und setzte damit Branchenstandards. In den 2000er Jahren ließen die Anstrengungen etwas nach, das rasche Wachstum führte zu großem Personalaustausch. Zuletzt sollen die Gewinne prozentual nicht mehr die Höhe von 2001 erreicht haben; damals ging das Fachblatt »Institutional Investor« von 300 Millionen Dollar Vorsteuergewinn bei 600 Millionen Einnahmen aus. Eine große Figur aber bleibt Gründer Walter L. Morgan auch in der Rückschau: Er starb 1998, fünf Wochen nach seinem 100. Geburtstag. »Aktien sind immer ein Spiel«, sagte er, »der Spaß kommt, wenn man versucht, vor den anderen zu liegen.«

**Nachhaltigkeit** ✖✖⬚⬚⬚
Erkennbar kein Entscheidungskriterium.

**Humanität** ✖✖✖⬚⬚
Keine Auffälligkeiten.

**Unbestechlichkeit** ✖✖✖⬚⬚
Keine Vorfälle.

**Steuerehrlichkeit** ✖✖✖⬚⬚
Keine Auffälligkeiten.

**Transparenz** ✖⬚⬚⬚⬚
Unzugänglich. Sogar das Geburtsdatum des CEO ist ein Geheimnis. Die Börsenaufsicht SEC beschäftigte sich 2004 mit der Firma.

# Gregory E. Johnson
## Franklin Resources

Mit zwölf Jahren schon gelangte Gregory (»Greg«) Johnson ins Geldgeschäft. In den Sommerferien sortierte der Schüler im Unternehmen seiner Familie die Post und trug Briefe aus. Da wurde ihm klar, dass er eines Tages an wichtiger Stelle agieren wolle. Und tatsächlich: Heute ist Johnson (geb. 28. Juni 1961) CEO, President und Chairman von Franklin Resources Inc., einer börsennotierten Fondsfirma, die auch als Franklin Templeton Investments bekannt ist. Und die mit einem betreuten Vermögen von 880 Milliarden Dollar (2014) zu den Großen der

Branche gehört. Der Betriebsgewinn ist hoch: von 100 eingenommenen Dollar sind rund 37 Profit. Wichtige Beteiligungen sind Facebook, Amazon und Apple. Franklin besteht auf aktiven Investments, auch wenn passive Indexfonds für Abflüsse sorgen. Vorsichtig tastet man sich an aktiv gemanagte Börsenindexfonds heran. In einer Landschaft mit steigenden Zinsen würden aktiv gemanagte Fonds besser abschneiden, glaubt Greg Johnson. Aus der einst von seinem Großvater in einem Ein-Zimmer-Büro in New York gegründeten Finanzklitsche ist ein in San Mateo, Kalifornien, sitzender Global Player der Vermögensverwaltung geworden. Der schätzt zwei Prinzipien besonders: Sparsamkeit und Vorsicht. Das bleibt auch angesichts von Büros in fast drei Dutzend Ländern und Kunden in mehr als 180 Nationen unverändert.

Das Geschäft startete 1947. Rupert H. Johnson, ein interessierter konservativer Finanzmann, hatte die Idee. Er liebte den amerikanischen Gründungsvater Benjamin Franklin so sehr, dass der Name seines Start-ups bald feststand. Enkel Greg bekam in jungen Jahren vom Firmengründer oft zehn Dollar für das Vorlesen einer Franklin-Biografie. Aber Rupert, der Gründer, zog sich schon früh zurück und genoss mit seiner Frau das Leben in Florida. Mit 24 übernahm sein Sohn Charles B. Johnson 1957 das Kommando; er sollte es 56 Jahre nicht mehr loslassen. Der jüngere Bruder des Chefs, Rupert Johnson jr., stieß 1965 zu Franklin, und gemeinsam brachte man die eigene Kreation dann 1971 an die Börse. Nach drei Jahren als Wirtschaftsprüfer bei Coopers & Lybrand wiederum gesellte sich Greg Johnson, der heutige Chef, dazu. Zwischen 1986 und 2003 nahm der Filius viele Aufgaben wahr, ehe er offiziell Co-CEO wurde. Seine Idee war, alternative

Investments zu entdecken und zur Investition vorzuschlagen, also etwa Beteiligungen an Firmen. Er sieht eine Konsolidierung seiner Branche voraus, bedingt durch den Siegeszug der Indexfonds. Es handle sich inzwischen ja um reife Märkte.

Das Vermögen von Seniorchef Charles B. Johnson wird auf rund fünf Milliarden Dollar geschätzt. Er finanzierte 2016 der Yale University zwei Studentenresidenzen, die großzügigste Gabe, die Yale je erhalten hat. Familie Johnson hält insgesamt 34 Prozent der Anteile an Franklin Resources.

**Nachhaltigkeit** ✖✖✖✖✖
Fühlt sich als »Corporate Citizen«, Eigentum verpflichtet. Zitiert gerne Benjamin Franklin: »Do well by doing good.«

**Unbestechlichkeit** ✖✖✖✖✖
Anti-Korruptions-Regeln. 2004 Probleme mit den Aufsichtsbehörden, weil einem Investor aus Las Vegas Sonderdeals auf Kosten anderer Investoren gestattet wurden. Franklin zahlte 50 Millionen Dollar.

**Steuerehrlichkeit** ✖✖✖✖✖
Keine Vorfälle.

**Humanität** ✖✖✖✖✖
Kein Anlagekriterium.

**Transparenz** ✖✖✖✖✖
Börsennotiertes Unternehmen.

# PENSIONSKASSEN

| | | Gründung | Land | Verwaltetes Vermögen in Mrd. US$, 2014 |
|---|---|---|---|---|
| 1 | **Social Security Trust Funds** Carolyn W. Colvin | 1937 | USA | **2789** |
| 2 | **Government Pension Investment Fund** Norihiro Takahashi | 2001 | Japan | **1144** |
| 3 | **National Pension Service** Moon Hyung-pyo | 1987 | Südkorea | **430** |
| 4 | **Federal Retirement Thrift** Michael Kennedy | 1986 | USA | **422** |
| 5 | **Stichting Pensioenfonds ABP** Corien Wortmann-Kool | 1922 | NL | **419** |
| 6 | **California Public Employees' (CalPERS)** Marcie Frost | 1932 | USA | **297** |
| 7 | **National Social Security Fund** Xie Xuren | 2000 | China | **247** |
| 8 | **Canada Pension Plan** Mark Machin | 1966 | Kanada | **228** |
| 9 | **Pensioenfonds Zorg en Welzijn** Peter Borgdorff | 1969 | NL | **215** |
| 10 | **Central Provident Fund** Ng Chee Peng | 1955 | Singapur | **208** |

QUELLE: Towers Watson

# Carolyn W. Colvin
## Social Security Trust Funds

Auch die USA bleiben von den Folgen des demo-grafischen Wandels nicht verschont. Obwohl die Bevölkerung längst nicht so schnell altert wie in Deutschland, wachsen die Finanzlücken im amerikanischen Sozialsystem. Neben den Krankenversicherungen Medicare und Medicaid gilt die Sorge vor allem der Staatsrente, der Social Security. 2034 sind die Reserven der Rentenkassen aufgebraucht.

Das Programm, von Präsident Franklin Roosevelt eingeführt, ist die tragende Säule des amerikanischen Sozialstaats. Es bietet eine Alters-und Hinterbliebenenrente; außerdem versichert es gegen Berufsunfähigkeit. Social Security finanziert sich durch eine Sondersteuer, die Social Security Tax. In guten Zeiten reichten die Einnahmen aus, um Rücklagen zu bilden und in den Social Security Trust Funds anzusparen. Doch die guten Zeiten neigen sich dem Ende entgegen, von 2020 an droht ein Defizit, nach und nach würden die Trust Funds austrocknen. Ohne Rücklagen könnte die Rentenkasse von 2034 an nur noch drei Viertel des versprochenen Pensionsniveaus auszahlen. Daher sind Reformen unvermeidlich. Nur welche? Darüber werden sich Republikaner und Demokraten in Washington nicht einig.

In seiner langen Wirkungszeit hat der 1937 gegründete Fonds etwa 19 Billionen Dollar eingenommen und 16,1 Billionen ausgezahlt. Derzeit belaufen sich die Reserven auf 2,8 Billionen Dollar. Bei Social Security handelt es sich um die größte Pensionskasse der Welt. Das Geld wird ausnahmslos in amerikanische Staatsanleihen investiert – allerdings in eine Sonderform, zu der Privatinvestoren keinen Zugang haben. Die Staatsanleihen für die Trust Funds schwanken nicht im Wert, können also nie mit Verlust verkauft werden. Außerdem zahlen diese Sonderstaatsanleihen höhere Zinsen, derzeit sind es vier Prozent im Jahr.

Carolyn W. Colvin fiel 2013 die Aufgabe zu, die Rentenkassen in eine ungewisse Zukunft zu führen, zunächst kommissarisch, dann von 2014 an fest. Als Chefin der Social Security Administration leitet sie eine der größten Behörden der USA mit mehr als 60.000 Bundesangestellten. Die Afroamerikanerin stammt aus Maryland, wurde in ärmlichen Verhältnissen groß und hat im staatlichen Gesundheitswesen Karriere gemacht. Sie begann als Typistin. Für ihren Job als

Washingtons Rentenkassenmanagerin unterbrach die Expertin (geb. 1942) ihren eigenen Ruhestand. Dem Social Security and Medicare Boards of Trustee stand bis 2016 der langjährige US-Finanzminister Jack Lew vor. Das Advisory Board wird von Henry J. Aaron angeführt, dem einstigen Chef des Economic Studies Program am Brookings Institut.

Das Renteneintrittsalter wurde bereits an die demografische Entwicklung angepasst; für Amerikaner, die 1960 oder später geborgen wurden, beträgt es 67 Jahre. Derzeit beziehen Social-Security-Empfänger im Schnitt 1270 Dollar monatlich. Vor allem die Republikaner haben lange auf Einsparungen gedrungen. Präsident George W. Bush scheiterte jedoch mit dem Vorhaben, Social Security zu privatisieren. In ihrem Parteiprogramm fordert die Partei weiterhin, den Bürgern mehr »Kontrolle über ihre Investments« zu geben. Zudem wird immer wieder eine weitere Erhöhung des Renteneintrittsalters diskutiert. Der republikanische Präsidentschaftskandidat Donald Trump allerdings hat erkannt, dass die marktliberalen Vorstellungen des konservativen Establishments an der Basis auf wenig Gegenliebe stoßen. Er verspricht, das Programm in seiner bisherigen Form zu bewahren. Dafür müssten wohl allerdings die Steuern steigen. Diesen Weg favorisieren auch die Demokraten. Sie wollen vor allem Großverdiener stärker belasten.

### Nachhaltigkeit ✖ ✖ ✖ ⊗ ⊗
Wegen der Beschränkung auf US-Staatsanleihen ist die umweltpolitische Nachhaltigkeit nicht direkt zu bewerten. Sie ist unter anderem abhängig vom klimapolitischen Kurs Washingtons. Nicht nachhaltig ist die finanzielle Lage der Rentenkassen.

### Unbestechlichkeit ✖ ✖ ✖ ✖ ⊗
Die Behörde hat sich hohe ethische Standards gesetzt. Sie unterhält ein eigenes Ermittlungsbüro, um Korruptionsfälle aufzuklären. Bürger sind aufgerufen, verdächtiges Verhalten von Social-Security-Mitarbeitern zu melden. Immer wieder werden zudem Betrugsvorwürfe gegen Social-Security-Bezieher erhoben.

### Steuerehrlichkeit ✖ ✖ ✖ ✖ ⊗
Dient als staatlicher Fonds der Gesamtfinanzierung öffentlicher Aufgaben.

### Humanität ✖ ✖ ✖ ✖ ✖
Social Security ist ein Eckpfeiler des amerikanischen Sozialsystems und spielt eine entscheidende Rolle bei der Linderung der Altersarmut in den USA.

### Transparenz ✖ ✖ ✖ ⊗ ⊗
Als Behörde unterliegt die Social Security Administration der Aufsicht des Kongresses und veröffentlicht regelmäßig Berichte über Rücklagen und Zukunftsaussichten.

# Norihiro Takahashi

## Government Pension Investment Fund (GPIF)

Der Chef des zweitgrößten Pensionsfonds der Welt ist süchtig – nach Büchern. 80 Exemplare lese er pro Jahr, verriet Norihiro Takahashi Journalisten im Jahr 2015. Damals war noch nicht absehbar, dass dieser Mann im April 2016 die Leitung von Japans Government Pension Investment Fund (GPIF) übernehmen würde, der immerhin ein Vermögen von mehr als 1,1 Billionen Dollar verwaltet.

Tatsächlich ist die Frage, ob Takahashi die erste Wahl für den Posten war. Sein Amtsvorgänger, der Notenbanker Takahiro Mitani, hatte den geplanten Ruhestand aufschieben müssen, weil den Medien zufolge sich kein Nachfolgekandidat finden lassen wollte. Yasuhisa Shiozaki, Minister für Gesundheit, Arbeit und Wohlfahrt und für die Überwachung des GPIF verantwortlich, versuchte dementsprechend, alle Zweifel an Takahashi auszuräumen: »Er hat einen extrem hohen Bekanntheitsgrad im Markt.« Der Herr der Pensionskasse hatte mehrere Jahre als Investmentchef der Norinchukin Bank gearbeitet, der Zentralbank der land- und forstwirtschaftlichen Kooperativen. In Japan ist das keine schlechte Adresse: Die 1923 gegründete Bank ist einer der größten institutionellen Anleger des Landes und wird wegen seines langen Engagements im Ausland auch »Japans größter Hedgefonds« genannt. Takahashis Leistung war es, das riesige Vermögen der Bank mit hoher Performance durch die Wirren der Weltfinanzkrise gesteuert zu haben. Mit dieser Erfahrung ist er zumindest krisenerprobt. Doch ein globaler Player ist Takahashi dennoch nicht, wie ein Blick in seinen Lebenslauf zeigt. Er ist eher ein bodenständiger Apparatschik.

Takahashi (geb. 2. November 1957) wuchs fernab aller Metropolen in der Präfektur Ehime auf der Insel Shikoku auf. Somit wird er in Japans Establishment wie sein Aufseher, der Minister Shiozaki, der Ehime-Gruppe zugerechnet. Landsmannschaftliche Verbindungen spielen noch immer eine Rolle in der Nation. Im März 1980 schloss Takahashi sein Jura-Studium an der Tokio-Universität ab, aus der Japans Ministerien und Großbanken ihren Nachwuchs rekrutierten. Takahashi entschied sich für die Norinchukin Bank und machte Karriere – nach dem für das Land typischen Rotationsprinzip mit vielen unterschiedlichen Jobs. Doch der Sprung nach ganz oben blieb ihm verwehrt. Stattdessen wurde er 2015

Präsident von JA Mitsui Leasing, einem Joint Venture der starken japanischen Landwirtschaftsgenossenschaft und dem Handelshaus Mitsui.

Als Japans Oberinvestor ist Takahashi in einer schwierigen Lage. Er muss nicht nur dafür sorgen, dass die Gelder der heutigen und künftigen japanischen Rentner sich mehren – er muss auch die Jahrhundertreform des GPIF von einem passiven zu einem aktiveren Investor vollenden, ihn also auf ein Niveau mit anderen Pensionsfonds bringen. Bis vor wenigen Jahren war der GPIF mit wenigen Mitarbeitern in einem schlichten Bürogebäude im Regierungsbezirk untergebracht. Die Anlagen waren sehr stark auf japanische Staatsanleihen fixiert. Eigene Anlageprofis beschäftigte der GPIF nicht, das Vermögensmanagement übernahmen Privatfirmen. Doch Ministerpräsident Shinzo Abe verordnete dem Fonds nach seinem Amtsantritt Ende 2012 einen radikalen Charakterwechsel. Die Anlagestrategie sollte grundlegend zugunsten von in- und ausländischen Aktien verschoben werden, um höhere Erträge zu erwirtschaften (und nach Ansicht von Experten den japanischen Aktienmarkt zu beflügeln). Außerdem galt es, den Fonds professionell und transparent zu führen, um die wachsenden Risiken der Strategie zu begrenzen.

Schon die neuen Zielwerte für die verschiedenen Anlageformen zeigen den Umfang der Herausforderung. Der Anteil japanischer Staatsanleihen am Vermögen wurde von 60 auf 38 Prozent gesenkt, der für japanische Aktien von 12 auf 23 Prozent erhöht. Der Anteil ausländischer Anleihen stieg von 11 auf 14 Prozent, der von ausländischen Aktien von 12 auf 23 Prozent. »Die erste Stufe, die Reallokation des Vermögens, ist mehr oder weniger abgeschlossen«, meint Hiromichi Shirakawa, Chefvolkswirt der Credit Suisse in Japan. Nun gehe es um anspruchsvolleres Vermögensmanagement

Wie Takahashi dies angehen will, verriet er japanischen Medien. Er favorisiere, die Erträge langfristig zu erhöhen. Dabei werde er die gesetzliche Bandbreite, die Zielwerte bei japanischen Aktien um neun Prozentpunkte zu verschieben, nutzen, um »dynamisch zu reagieren«. Sein Ziel sei, über einen langen Zeitraum durchschnittlich einen realen Gewinn von 1,7 Prozent pro Jahr zu erzielen. »Daher will ich, dass wir eine Organisation werden, die in Daten- und Wirtschaftsanalyse Spitzenklasse ist«, so Takahashi. Das Team für die Analyse soll auf 40 Mitglieder verdoppelt werden. Gegen die wachsenden Wechselkursrisiken will er die Anlagen zuerst gegenüber dem Dollar und dem Euro teilweise absichern.

Ein weiteres Problem ist, dass der Japan-Fonds intransparenter ist als andere Kapitalstellen dieser Art in der Welt. Der Einfluss der Politik ist groß. So weiß auch Takahashi, bei wem er sich wie für seinen Posten zu bedanken hat. Wegen des Einbruchs der Aktienmärkte verbuchte der GPIF für das Ende März 2016 abgelaufene Bilanzjahr 2015 einen Verlust von sage und schreibe mehr als fünf Billionen Yen (54 Milliarden Euro) – doch die Präsentation der Jahresbilanz wurde in die Zeit nach der Oberhauswahl im Juli 2016 gelegt. Kritiker sehen darin den Versuch, den Gegnern von Ministerpräsident Abe im Wahlkampf keine Munition zu liefern. Für April bis Juni 2016 gingen Experten erneut von mehr als 40 Milliarden Dollar Verlust aus. Der Kursverfall an Japans Aktienbörse hatte GPIF voll getroffen. Zum letzten Mal davor hatte GPIF im Krisenjahr 2009 einen Verlust gemeldet, damals von 9,7 Billionen Yen.

In dieser misslichen Lage muss Fonds-Chef Takahashi alles mobilisieren. So verklagt er den durch einen Buchhaltungsskandal geschwächten Toshiba-Konzern auf 900 Millionen Yen, umgerechnet 8,6 Millionen Dollar – das ist die Höhe der Verluste seit dem Einstieg von GPIF beim Konzern im Jahr 2009. Im Fall Olympus war die Strategie von Erfolg gekrönt. Der Kamerahersteller, der Bilanzen gefälscht hatte, verglich sich 2016 mit dem japanischen Fondsriesen, der 38 Millionen Dollar gefordert hatte.

**Nachhaltigkeit** ✖✖✖▨▨
Unterschrieb im September 2015 die United Nations Principles for Responsible Investment. Keine größeren »grünen« Vorzeigeobjekte.

**Unbestechlichkeit** ✖✖✖▨▨
Enge Verbindung mit Japans Regierung. Keine Korruptionsfälle bekannt.

**Steuerehrlichkeit** ✖✖✖▨▨
Keine Vorkommnisse.

**Humanität** ✖✖✖✖▨
Sicherung der Pensionsgelder steht zu 100 Prozent im Mittelpunkt.

**Transparenz** ✖✖▨▨▨
Relativ undurchsichtig. Verzögerte Berichterstattung der Zahlen fürs Fiskaljahr 2015.

## Moon Hyung-pyo
### National Pension Service (NPS)

Für seine Karriere sah es Mitte 2015 schlecht aus. Die Mers-Krankheit war in Südkorea ausgebrochen, und mit den Gegenmaßnahmen war das Volk unzufrieden. Und so wurde der Gesundheitsminister Moon Hyung-pyo im August gefeuert. Im Januar 2016 war er auf der Bühne zurück – freilich nicht als Politiker, sondern als Chef des National Pension Service (NPS), des drittgrößten nationalen Pensionsfonds der Welt. Er verwaltet immerhin 430 Milliarden Dollar. Bürgerrechtsgruppen kritisierten, hier sei eine »Fallschirmlösung« gefunden worden für jemanden, der seine Inkompetenz schon bewiesen habe. Der Jobwechsler hatte sich allerdings früh als Rentenexperte profiliert. Angesichts der Überalterung der koreanischen Gesellschaft hatte er zum Beispiel im Oktober 2013 einen höheren Rentenbeitrag der Arbeitnehmer für den NPS ins Spiel gebracht sowie eine Verrentung erst mit 67. Moon Hyung-pyo folgte auf die nur kurzzeitig agierende NPS-Chefin Lee Won-hee, die Knall auf Fall den im Oktober 2015 zurückgetretenen Ökonomen Choi Kwang ersetzte. Der hatte zwar in den USA studiert und promoviert, doch den Reichtum des Fonds mehrte er seit Amtsantritt im Mai 2013 für den Geschmack der Regierung nicht genügend.

Für den neuen Chef ist das ein ähnlicher Schleudersitz wie seine alte Position im Ministerium. Die Rettung soll der neue Chef-Investor bringen: Kang Myounwook kümmert sich nun um die Altersgroschen von 22 Millionen Landsleuten. Kang ist international erfahren, er war beim britischen Fonds Schroder Investment Management sowie bei der niederländischen Bank ABN Amro, bevor er an der Spitze von Meritz Asset Management in Seoul wirkte – von 2008 bis 2013 als Chef, danach als Berater. Kang gilt als guter Kommunikator mit Investoren, der Regierung und den Medien. Und genau dies braucht die Regierung an dieser Stelle, nachdem der Streit über die Investitionsstrategie offen ausgebrochen war und den Führungswechsel bewirkte. Der Fondschef muss von daher ganz einfach mit seinem neuen Chef, dem ehemaligen Minister, harmonieren. Einen zweiten Reinfall kann sich die Regierung kaum leisten.

Der politische Auftrag ist klar, er ist in eine Zahl gekleidet: nicht 4,6 Prozent Rendite wie 2015, sondern mindestens 5 Prozent Rendite pro Jahr ist das Ziel. Im

Gegensatz zu seinem größeren, noch konservativeren japanischen Äquivalent hat sich der NPS zwar schon früh auf »alternative Investitionen« eingelassen, auf riskantere Anlagen mit höherem Renditepotenzial, wozu ausländische Immobilien wie das Sony Center in Berlin oder der Flughafen Gatwick bei London zählen. Doch die Jagd nach Geldvermehrung ist alles andere als einfach in Zeiten fallender Zinsen von Staatsanleihen. Überall gibt es ein Dilemma: So kann der NPS seinen Anteil an südkoreanischen Aktien nicht aggressiv vergrößern, weil er sonst wegen seiner Größe den Markt leer kaufen könnte. Insgesamt bleiben rund drei Viertel der NPS-Investments im eigenen Land. Dabei macht der Anteil Koreas am internationalen Kapitalmarkt nur zwei Prozent aus. Was also bleibt dem neuen Führungsduo? Es will den Anteil alternativer Investitionen bis 2017 von 10,7 Prozent auf 11,9 Prozent erhöhen und einen kleinen Teil der Gelder (maximal 0,5 Prozent) an Hedgefonds zum Spielen geben. Außerdem darf er den Anteil an ausländischen Werten von 24 Prozent auf 35 Prozent im Jahr 2021 erhöhen. Darüber hinaus wird der NPS verstärkt in Schwellenländern investieren. Den Beginn machten 2016 unter anderem unterbewertete Anleihen in Indien und alternative Investitionen in Lateinamerika.

Die derzeitige Lage an den globalen Finanzmärkten macht die Aufgabe zur Riesenherausforderung. Ein ebenfalls großes Risiko birgt die für Februar 2017 geplante Verlegung des NPS-Hauptquartiers weg von Seoul in die 200 Kilometer entfernte Provinzstadt Jeonju. Viele Mitarbeiter verlassen den NPS daher bereits. Investment-Chef Kang ist sich des Problems bewusst: »In der Operation eines Fonds sind Menschen am wichtigsten«, gab er zu Protokoll. Er wirbt damit, dass Finanz-Talente den NPS als Durchlauferhitzer für ihre Karriere ansehen. Er selbst kann den Regeln zufolge auch nur maximal drei Jahre bleiben.

**Nachhaltigkeit** ✖ ✖ ✖ ⊠ ⊠
2014 wurde Nachhaltigkeit als Ziel formuliert, doch längst geht es vor allem um Kostensenkungen und eine höhere Rendite.

**Unbestechlichkeit** ✖ ✖ ✖ ⊠ ⊠
Keine Vorfälle.

**Steuerehrlichkeit** ✖ ✖ ✖ ✖ ⊠
Erfüllt eine staatliche Aufgabe und will das Geld der Bürger mehren und sichern.

**Humanität** ✖ ✖ ✖ ⊠ ⊠
Im Vordergrund stehen Sorgen, die erwirtschafteten Gelder könnten in ein paar Jahren für den Altersbedarf der Koreaner nicht reichen.

**Transparenz** ✖ ✖ ✖ ⊠ ⊠
Starke Einflussnahme der Politik, noch wenig Selbstständigkeit des Fonds. Hohe strategische Unsicherheit. Kostensituation unklar.

# Michael Kennedy
## Federal Retirement Thrift Investments Board

Nicht vielen Menschen wird der Name Michael Kennedy im Zusammenhang mit Finanzgeschäften etwas sagen. Der Afroamerikaner ist ein Mitglied der guten Gesellschaft von Atlanta, aktiv zum Beispiel im dortigen Harvard Business Club, und er arbeitet im Hauptberuf als Senior Client Partner für die Beratungsfirma Korn Ferry. Kennedy begann seine Karriere im Investment-Management der Großbank JP Morgan, war später Vice President in der Corporate Finance Group von GE Capital und leitete eine eigene Consultingfirma für Venture-Capital.

Zu seinem wichtigsten Job aber ernannte ihn 2011 der US-Präsident Barack Obama höchstpersönlich: Kennedy leitet als Vorsitzender den fünfköpfigen Verwaltungsrat des Federal Retirement Thrift Investments Boards – das ist die größte amerikanische Pensionskasse für öffentliche Bedienstete und die weltgrößte Einrichtung dieser Art. Die Kasse steht auch Mitgliedern der Streitkräfte offen. Hier ist die Beteiligungsrate mit 44 Prozent deutlich niedriger als in der staatlichen Verwaltung (90 Prozent). 4,8 Millionen Amerikaner legen Geld über den »Thrift Savings Plan« an, insgesamt wachen die 230 Mitarbeiter der 1986 eingerichteten Agentur über ein Vermögen von rund 430 Milliarden Dollar. Gemanagt wird die Organisation vom Executive Director Greg Long. Das Geld legt der Spezialist in mehreren Fonds an – beispielsweise für US-Staatsanleihen, für Anleihen generell, für US-Aktien, für kleinere Börsenwerte und für internationale Aktien. Geredet wird von »G, F, C, S, I und L Fonds«. Long arbeitet dabei mit vielen Finanzfirmen zusammen, vor allem aber mit Blackrock, dem größten Vermögensverwalter der Welt; er platziert die Gelder aus dem Thrift-Sparplan. Stolz präsentiert der zuständige Investmentspezialist der Thrift-Organisation in internen Sitzungen, bei welchen Fonds Blackrock gerade wieder stärker als der jeweilige Index war und wie man bei drei Fonds von der lockeren Geldpolitik der Zentralbanken profitiert habe.

Blackrock-Chef Larry Fink antichambriert seit einiger Zeit in Washington, dass noch mehr öffentliche US-Pensionsgelder langfristig investiert werden sollten – natürlich zum großen Teil über seine eigene Firma Blackrock. Die Finanz-Eminenz unterstützte im US-Wahlkampf die Demokratin Hillary Clinton, wohl wissend, dass der Präsident der Vereinigten Staaten den Chef des Thrift Investment Boards bestimmt.

Ein Plus des von Kennedy kontrollierten Fonds sind die niedrigen Gebühren. Sie machen gerade mal 0,29 Prozent des Volumens aus. Ein Prozent des Einkommens der öffentlich Beschäftigten wird automatisch an die Thrift-Pensionskasse transferiert, ergänzt durch den ebenfalls einprozentigen Beitrag der Arbeitgeber. Maximal können zehn Prozent des Gehalts angelegt werden, durch entsprechende Förderungen von Arbeitgeber und Agentur. Die legen auf das Ersparte noch etwas drauf. In der US-Politik wird diskutiert, dieses Vorsorgemodell noch auszuweiten und es für andere Anleger zu öffnen.

**Nachhaltigkeit** ✘✘✗✗✗
Keine Orientierung an ökologischen, sozialen und politischen Kriterien.

**Unbestechlichkeit** ✘✘✘✗✗
Keine Korruptionsfälle bekannt.

**Steuerehrlichkeit** ✘✘✘✗✗
Einnahmen finanzieren die Alterssicherung von Beschäftigten im öffentlichen Dienst.

**Humanität** ✘✘✘✗✗
Wichtige Sozial-Institution. Kein Fokus auf Kinder- oder Sklavenarbeit in investierten Firmen.

**Transparenz** ✘✘✘✘✗
Offene Darstellung der Aktivitäten mit Veröffentlichung von Sitzungsprotokollen.

# Corien Wortmann-Kool

## Stichting Pensioenfonds ABP

Tempo, keine Zeit verlieren, schnell sein. Die Niederländerin Corien Wortmann-Kool wird energisch, wenn es um das neue, nachhaltige Rentensystem ihres Staats geht. Nur mit Geschwindigkeit gelinge es, politische Unterstützung zu bekommen. Was den von ihr geleiteten Stichting Pensioenfonds ABP angeht, plädiert sie dafür, dass neue Regeln den Pensionssparern die Wahl ermöglichen sollten, ob sie mehr oder weniger Pensionszuwachs haben und ob sie früher oder später in Rente gehen wollen.

Mit einem Vermögen von 419 Milliarden Dollar (2014) ist die Pensionskasse der niederländischen Beamten und Angestellten des öffentlichen Dienstes eine der größeren Nummern im internationalen Kapitalmarkt – und weltweit der fünftgrößte Pensionsfonds. Ja, ABP habe mit den Geldern der insgesamt 2,8 Millionen Mitglieder Kaufkraft, konzediert Wortmann-Kool, aber deren Wirkung hänge vom Zinsniveau, Entwicklungen im Finanzmarkt und dem gesellschaftlichen Rahmen ab. Tatsächlich leidet der ABP unter dem Niedrigzins. Im April 2016 musste die ABP-Chefin mitteilen, dass die eigene Finanzlage »weiter besorgniserregend« sei. Sogar eine Reduktion der Pensionen für die eigene Klientel im Jahr 2017 sei möglich. Dazu kommt es, wenn das eigene Vermögen weniger als 90 Prozent der Pensionsverpflichtungen ausmacht. Ende Mai 2016 lag die Quote gerade mal bei 91,9 Prozent.

Insgesamt verteilen sich die Assets der Holländer vor allem auf Anleihen (16,5 Prozent), Kredite (16 Prozent), Aktien (30,2 Prozent), Immobilien (10,3 Prozent), Private Equity (5 Prozent) und auch Hedgefonds (5,3 Prozent). Das meiste Geld von Wortmann-Kools Fonds bekam 2014 der französische Staat (25,8 Milliarden Euro) vor der Bundesrepublik (13,5 Milliarden) und Italien (11,6 Milliarden). Beim Aktienbesitz stechen Apple (1,2 Milliarden) und Samsung Electronics (1,1 Milliarden) hervor. Der in Herleen sitzende Fonds ist 1996 privatisiert worden und streut das Geld über den Investmentarm APG.

Wortmann-Kool (geb. 27. Juni 1959) begann im Januar 2015 bei ABP. Sie ist ein »political animal«. Die studierte Politikwissenschaftlerin arbeitete acht Jahre im niederländischen Verkehrsministerium und saß dann zehn Jahre für die Christdemokratische Partei im Europäischen Parlament. Im Wirtschafts- und Finanzausschuss setzte sie sich für Stabilitätsregeln (»Six pack«) und die Bankenunion ein – eine Erfahrung, die Mehrwert für ABP bedeute, sagt sie. Schließlich eröffneten die gemachten Erfahrungen ein besseres Verständnis dafür, was Europa tue. Wortmann-Kool ist weiterhin im Parlament eine der Vizepräsidenten der konservativen EPP-Gruppe und sitzt im Aufsichtsrat der Versicherung Aegon. Renditechancen sieht sie in Infrastrukturprojekten im Rahmen des Juncker-Plans, der insgesamt 315 Milliarden Euro vorsieht. Bei einer Einigung mit der Regierung in Den Haag über das Rentensystem sei man bereit, in den nächsten fünf Jahren zusätzliche sechs Milliarden Euro in Nachhaltigkeitsprojekte zu investieren, etwa in Biotech-Start-ups oder Wärmenetze, kündigte Wortmann-Kool an. 2016 steckte sie 300 Millionen Euro zusätzlich in niederländische Jung-Unternehmen. Schon vorher hatte sie 200 Millionen in einem Start-up-Fonds namens Inkef gesteckt.

Im Herbst 2015 hatte sich ihre Organisation ABP für eine radikal neue Investmentpolitik entschieden. Es geht jetzt um »responsible investment«, um verantwortliches Investieren – was bis 2020 eine Reduktion der mit $CO_2$ verbundenen Geldanlagen um 25 Prozent vorsieht. Und: Das Portfolio mit Posten, die zu einer besseren und saubereren Zukunft beitragen, soll von 29 Milliarden auf 58 Milliarden Euro wachsen. Das werde, glaubt Wortmann-Kool, langfristig den meisten Wert schaffen.

ABP hat klare Vorstellungen, wer kein Geld bekommt: Waffenhersteller sowie solche Firmen und Staaten, die gegen UN-Normen verstoßen. So flogen 2014 Petro China, Walmart und Tepco von der Liste: Sie hätten die UN Global Compact Principles verletzt – jenen Pakt zwischen Konzernen und UN, der die Globalisierung ökologischer und sozialer machen soll. Für das eigene Machtbewusstsein spricht, dass ABP stets sein Stimmrecht auf Hauptversammlungen ausübt. »Als ein großer Investor können wir die Entscheidungen in jenen Unternehmen beeinflussen, in die wir investieren«, heißt es unverblümt bei ABP: »Wir halten es für wichtig, diesen Einfluss auszuüben.«

### Nachhaltigkeit ✗✗✗✗✗

ABP ist in Umweltfragen sehr aktiv. So legt der Pensionsfonds in Gesprächen mit NGOs eine Liste mit Umweltkriterien vor, die bei Investments bis 2020 eine Rolle spielen. Hält aber den sofortigen Totalausstieg aus Öl- und Minenaktien für unklug.

### Unbestechlichkeit ✗✗✗✗✗

Wichtiger Punkt in Gesprächen, etwa mit Schweizer Banken und Pharmakonzernen.

### Steuerehrlichkeit ✗✗✗✗✗

Die Arbeit von ABP kommt letztlich dem Staatshaushalt zugute.

### Humanität ✗✗✗✗✗

Hoher Stellenwert. ABP kritisierte Firmen in Katar wegen der vielen Unfälle auf WM-Baustellen. Erstritt bei Samsung Schadensgelder für Mitarbeiter, die im Werk an Leukämie erkrankten.

### Transparenz ✗✗✗✗✗

Vorbildlich. Alle Investments aufgeführt, ausführlicher Responsible Investment Report.

## Marcie Frost
### California Public Employees' Retirement System
### (CalPERS)

Es hat ein wenig gedauert, bis die neue Chefin gefunden war. Erst hatte die alte abgedankt, dann war ein Interimschef eingesetzt worden, ehe schließlich am 14. Juli 2016 die endgültige Lösung verkündet wurde: Marcie Frost (geb. 1964) übernimmt CalPERS, den mächtigen Pensionsfonds aus Kalifornien. Der investiert 300 Milliarden Dollar im Auftrag von rund 1,8 Millionen öffentlichen Angestellten des US-Staates Kalifornien. Mehr als die Hälfte des Geldes ist in Aktien angelegt, was eine Menge Einfluss bedeutet. Weil es hier um die Alters- und überwiegend auch Krankheitsvorsorge geht, ist die Klientel gut organisiert. Doch mit einer Rendite von zuletzt 2,4 Prozent enttäuschte CalPERS.

Da steht Marcie Frost, die im Oktober 2016 offiziell begann, von Anfang an unter Druck. Als Executive Director des Washington State Department of Retirement Systems, der Pensionskasse für 700.000 öffentliche Angestellte des US-Staats Washington, hat sie 2015 immerhin 4,9 Prozent Rendite geschafft. Das lag an Investments in Immobilien und Private Equity. Über ihre drei Jahre im Staat Washington hinweg erreichte Frost übrigens jährlich 11,3 Prozent, was den CalPERS-Wert von 10,9 Prozent leicht übertrifft. Auf ihrer Antritts-Pressekonferenz stellte die Neue sogleich Änderungen in Aussicht: »Ich denke nicht, dass man Private Equity ignorieren kann.« Die niedrigen Zinsen für Staatsanleihen ließen keine andere Wahl, sagte Marcie Frost.

So wird also bald mehr öffentliches Geld in der amerikanischen Marktwirtschaft mitspielen. Bei CalPERS kamen Geld und Politik schon immer zusammen, weil sich die jeweilige Regierung intensiv um die Pensionsgelder kümmerte. Der Fonds ist fest in die Verwaltung des Staats Kalifornien eingebunden; die Politik kann direkte Vorgaben machen. Ein Gesetz vom Oktober 2015 schreibt CalPERS und CalSTRS, dem Pensionsfonds der kalifornischen Lehrer, beispielsweise vor, sich von Unternehmen zu trennen, die Kohleminen betreiben. Damit wird der Fonds ein Mittel im Kampf gegen den Klimawandel.

In den 1980er Jahren haben sich CalPERS und andere öffentliche Investoren der USA aus Südafrika zurückgezogen, um so ihre Distanz zur rassistischen Politik des weißen Regimes dort auszudrücken. Dieser Boykott hatte eher symbolisches Gewicht. Aber die Vorgabe ethischer Richtlinien bei der Geldanlage ist ein weltweiter Trend – und Institutionen wie CalPERS sind dabei Vorreiter und Schwergewichte. Selbst wenn ihr Einfluss nicht immer direkt an den Kursen abzulesen ist, hat ihre Stimme in Hauptversammlungen und in der Öffentlichkeit Gewicht.

Anne Stausboll, die im Juni zurückgetretene Chefin des Fonds, fühlte sich dem Ziel der Nachhaltigkeit persönlich verpflichtet. Sie bekleidete einflussreiche Positionen in mehreren entsprechenden Organisationen.

CalPERS ist aber durch die Verquickung von Politik und Geld selbst schon in negative Schlagzeilen geraten. Im Frühjahr 2002 gab es Berichte über ein 100-Millionen-Dollar-Investment des Fonds in eine Immobilienfirma, die zu den größten Wahlkampfspendern von Gray Davis gehörte, dem damaligen Gouverneur von Kalifornien. Außerdem schwelte im Fonds jahrelang ein Korruptionsskandal. Immer wieder verzögerte sich das Strafverfahren gegen den früheren CalPERS-Chef Fred Buenrostro, der mehr als 250.000 Dollar Bestechungsgeld von Alfred Villalobos genommen haben soll. Villalobos repräsentierte etliche Beteiligungsgesellschaften und verdiente selbst angeblich 50 Millionen Dollar Provision dafür, dass er Milliarden Dollar von CalPERS bei seinen Kunden platzierte. Kurz vor seinem Prozess erschoss er sich im Januar 2015.

Stausboll übernahm den Chefsessel nach einer kurzen Zwischenperiode; sie war unter Leitung von Buenrostro bereits seit 2008 Chef-Investorin des Fonds gewesen. In ihrer Amtszeit hat sie aufsehenerregende Entscheidungen getroffen. Während viele Groß-Investoren versuchten, ihr flaues Depot durch riskante Investments bei Hedgefonds abzurunden, hat sich CalPERS daraus sehr früh zurückgezogen. Der Aufwand lohne sich nicht, so die Begründung. Außerdem übte Stausboll Druck auf die Beteiligungsgesellschaften aus: Sie wollte dort einfachere und niedrigere Gebühren durchsetzen. CalPERS war Mitte 2016 im Bereich Private Equity bereits mit knapp 30 Milliarden investiert.

Diesen Wert also will Marcie Frost bald schon ausbauen. Der Job wird mit 300.000 Dollar im Jahr belohnt, mit maximal 40 Prozent Bonus; Stausboll war mit mehr als 600.000 Dollar nach Hause gegangen. Die jährlich 7,5 Prozent Rendite, die CalPERS eigentlich braucht, um alle Ansprüche ihrer Rentensparer zu decken, sind utopisch. Das weiß auch die neue Chefin und macht Anleihen beim American Football: »Das wäre, als ob man die Super Bowl 30 Jahre in Folge gewinnt.«

**Nachhaltigkeit** ✖✖✖✖✖
CalPERS ist sehr intensiv an der Meinungsbildung rund um Öko-Themen beteiligt, etwa bei einer Studie der Unternehmensberatung Mercer.

**Unbestechlichkeit** ✖✖✖✖✖
Skandal um den früheren Vorstandschef Buenrostro, der Bestechungsgeld genommen haben soll.

**Steuerehrlichkeit** ✖✖✖✖✖
Der Fonds blieb stumm in der öffentlichen Debatte über die »Panama Papers«.

**Humanität** ✖✖✖✖✖
Hohen Werten und politischen Vorgaben verpflichtet.

**Transparenz** ✖✖✖✖✖
Zu oft verschlossen.

# Xie Xuren

## National Social Security Fund (NSSF)

Alternde Gesellschaften stellen Pensionssysteme in vielen Ländern vor große Herausforderungen. Aber in keinem Staat haben sie so gewaltige Dimensionen wie in der Volksrepublik China. Das liegt an statistischen Entwicklungen: Die Lebenserwartung für fast 1,4 Milliarden Menschen steigt dank eines besseren Lebensstandards kontinuierlich an. Zudem hat die oft drakonisch umgesetzte Ein-Kind-Politik fast vier Jahrzehnte lang die Alterspyramide künstlich verzerrt. Das Ergebnis: Chinas arbeitende Bevölkerung sinkt seit 2012 kontinuierlich, und daran wird auch die Umwandlung der Geburtenkontrolle in eine Zwei-Kind-Politik im Jahr 2015 nichts mehr ändern können.

Das alles ist das Umfeld für Xie Xuren – den Mann, der die Zukunft von Chinas Pensionären sichern soll. Der ehemalige Finanzminister gilt als Macher und hat es in seinem Ministeramt geschafft, durch einen Umbau vieler Steuerregeln die Staatseinnahmen deutlich zu steigern. Gleichzeitig hat Xie Xuren (geb. Oktober 1947) die Steuerlast für Bauern erleichtert. Seit 2013 steht das ehemalige Mitglied im Zentralkomitee der Kommunistischen Partei dem Rat vor, der die Arbeit des im Jahr 2000 gegründeten Pensionsfonds National Social Security Fund (NSSF) lenkt. Ende 2015 konnte er dabei über umgerechnet 247 Milliarden Dollar entscheiden. Der Betrag speist sich aus Erlösen, die aus dem Verkauf von Staatsbetrieben anfallen, sowie aus anderen Regierungszuwendungen.

Enge staatliche Vorgaben schränken die Investitionsmöglichkeiten des NSSF jedoch stark ein. Sechs Jahre nach Gründung bekam der Fonds immerhin die Erlaubnis, 20 Prozent seines Kapitals im Ausland anzulegen. Diese Quote schöpften die Chefs des NSSF bislang jedoch erst zu etwas mehr als einem Drittel aus. Der größte Teil des Kapitals wird weiterhin innerhalb Chinas angelegt. Seit Mai 2016 gelten zudem Regulierungen, wonach Aktien maximal 40 Prozent des Vermögens ausmachen dürfen. Der NSSF hält seit Jahren Anteile an Firmen, die an den chinesischen Börsen in Shenzhen und Shanghai gelistet sind. Zuletzt weitete der NSSF sein Portfolio stärker auf junge chinesische Unternehmen aus, zum Beispiel auf Ant Financial, den Finanzarm von Alibaba. Seit 2015 darf der Fonds zudem bis zu 20 Prozent seines Kapitals in Schuldpapiere von Provinzregierungen und Firmen stecken; vorher hatte der Anteil bei zehn Prozent gelegen.

Für 2015 gab der Fonds eine Steigerung seiner Kapitalerträge um rund 15 Prozent bekannt. Damit lag der Wert deutlich über dem Durchschnitt von 8,5 Prozent pro Jahr, die der NSSF seit Gründung bis zum Jahr 2014 ausgewiesen hatte. Der Fonds wird jedoch zunehmend in eine Zwitterrolle gedrängt. Auf der einen Seite soll er – zwecks Sicherung der Rente – die Ertragsraten weiter steigern; dazu hat Xie internationale Finanzberater von State Street Global Advisors, Blackrock und Alliance Bernstein eingeladen. Auf der anderen Seite wird der Fonds – ähnlich wie der Staatsfonds SAFE – auch stärker national in die Pflicht genommen, um Chinas Schuldenproblem zu entschärfen.

In den kommenden Jahren könnte dem NSSF eine Schlüsselrolle bei der seit Jahren geplanten Privatisierung von einem Teil der mehr als 150.000 Staatsbetriebe zukommen. Diese könnte neue Einnahmen für den Fonds schaffen. Auf der anderen Seite müsste er für die Absicherung von Beamten und Angestellten aufkommen, die durch den Umbau ihre Arbeit verlieren dürften. Das könnte den Fonds – und damit Xie Xuren – stark aufwerten.

**Nachhaltigkeit** ✗✗⬡⬡
Die Kommunistische Partei setzt auf mehr Umweltschutz. Bei den Investmentkriterien des NSSF ist davon nichts zu sehen. Es geht um maximalen Mehrwert.

**Unbestechlichkeit** ✗✗✗⬡
Behörden prüften 2014 in ihrem Kampf gegen »Prinzlinge«, wie viel der Sohn von Xie Xuren bei der chinesischen Tochter von Morgan Stanley verdiente.

**Steuerehrlichkeit** ✗✗✗⬡
Im Mittelpunkt steht eine Verbesserung der öffentlichen Finanzen.

**Humanität** ✗✗⬡⬡
Der Fonds kann beim Umbau hin zu einer leistungsfähigeren Volkswirtschaft helfen.

**Transparenz** ✗✗⬡⬡
Eher dürftige Informationen über das Portfolio und die Anlagestrategie. Der NSSF hängt ganz von Regierungsentscheidungen ab.

## Mark Machin
### Canada Pension Plan Investment Board (CPPIB)

Er war gerade ein Jahr im Amt als CEO des Canada Pension Plan Investment Board (CPPIB), da erzählte Mark Wiseman kanadischen Journalisten eine besondere Geschichte. Sie handelte von seinem Besuch im New Yorker Luxus-Bekleidungsgeschäft Bergdorf Goodman an der Fifth Avenue Mitte der 1990er Jahre. Wiseman habe sich nach einem Anzug umgesehen, den Luxusladen aber ohne Einkaufstüte verlassen. »Ich konnte es mir nicht leisten, und vermutlich kann ich es immer noch nicht«, behauptete er im Oktober 2013. Aber wenn's für einen Anzug nicht reicht, dann vielleicht für den ganzen Laden: Im selben Monat übernahm der kanadische Pensionsfonds zusammen mit dem US-Investor Ares Management LLC für sechs Milliarden Dollar die Nobelkaufhauskette Neiman Marcus Group – zu der auch Bergdorf Goodman und weitere Luxus-Ketten gehören.

Die Episode zeigt die ganze Macht des Canada Pension Plans (CPP), der für 18 Millionen Kanadier über rund 230 Milliarden Dollar Vermögen disponiert und dessen Investment Board unabhängig Geld anlegt. Der Board kann jene Gelder des CPP nutzen, die aktuell nicht benötigt würden, um Leistungen aus der staatlichen Pensionskasse zu zahlen, in die alle Arbeitnehmer und Arbeitgeber Kanadas mit Ausnahme von Quebec (hat seine eigene Pensionskasse) einzahlen. Das CPPIB wurde 1997 geschaffen, nachdem deutlich geworden war, dass die Beiträge der Kanadier in den Pensionsplan nicht ausreichen würden, um die Leistungen dauerhaft zu sichern. Das Mandat des Boards: das Geld der Kanadier so zu investieren, dass es möglichst großen langfristigen Nutzen bringt.

Wiseman wurde im Juni 2016 vom Vermögensverwalterriesen Blackrock, der für viele Pensionsfonds arbeitet, für eine Top-Führungsposition abgeworben. Er setzt wurde er durch Mark Machin (geb. 1966), der im März 2012 nach 20 Jahren bei Goldman Sachs (zuletzt in Asien) zur kanadischen Finanzinstitution gestoßen war. Der ausgebildete Mediziner zeigte sich glücklich darüber, die Rolle zu einer Zeit zu übernehmen, in der seine Organisation »in der Welt immer wichtiger« werde. Im Juni stellte er sich, zusammen mit dem scheidenden Chef Wiseman, in neun Orten den Bürgern vor. Er versprach, sich die Kosten (32 Dollar von

100 Dollar Erlös) anzuschauen – und weiter aktiv investieren zu wollen und keinesfalls passiv über Indexfonds, was billiger käme.

Die Leistung der kanadischen Investmentprofis hilft, dass die Rentenbeiträge nicht erhöht werden müssen. Das Vermögen des Fonds hat sich von Ende 2011 bis Frühjahr 2016 um fast 80 Prozent gesteigert; die Gewinnrate auf das eingesetzte Kapital lag 2015 bei 3,4 Prozent. CPPIB investiert viel stärker selbst direkt in Märkte als andere Pensionsfonds der Welt, die gern dritte Finanzfirmen beauftragen. Bereits unter Wisemans Vorgänger David Denison hatte sich die Institution als globaler Investor positioniert. Inzwischen werden 81 Prozent des Vermögens außerhalb Kanadas investiert. Das Geld steckt in Mautstraßen, in Gewerbeimmobilien sowie vielfach in US-Unternehmen, zum Beispiel in der Ölfirma Longpoint, der Pharmaladenkette Walgreens Boots Alliance, dem Medienkonzern Time Warner oder der Bank of America, aber auch im Agrobusiness. Hier erwarben die Kanadier 40 Prozent der Firma Glencore Agri mit deren kanadischer Tochter Vittera. Und vom deutschen Reisekonzern TUI erstanden sie zusammen mit der Private-Equity-Firma Cinven die spanische Hotelbeds Group für zusammen mehr als 1,1 Milliarden Dollar. Die kanadische Pensionskasse ist weltweit anerkannt. Sie darf auch die chinesische Zentralregierung in allen Fragen der Alterssicherung beraten.

**Nachhaltigkeit** ✖✖✖✖✖
Wichtiger Punkt für den kanadischen Fonds. Zusammen mit anderen Investoren drängt CPPIB zum Beispiel Exxon und Chevron zu mehr Maßnahmen für Klimaschutz.

**Unbestechlichkeit** ✖✖✖✖✖
Starkes Anti-Korruptions-Bekenntnis. Bei einem Investment in Mexiko räumt CPPIB ein, es könne zu Korruption kommen.

**Steuerehrlichkeit** ✖✖✖✖✖
Englische Gewerkschaften kritisieren, dass CPPIB sich mit 25 Prozent am Einkaufscenter Westfield Stratford City in London beteiligt hat, das nur 0,5 Prozent Steuern zahlt. Die Kanadier sagen, sie täten nichts Unrechtes.

**Humanität** ✖✖✖✖✖
Wichtiges Kriterium für CCPIB bei der Investitionsentscheidung.

**Transparenz** ✖✖✖✖✖
Volle Zahlentransparenz. Jährlicher Nachhaltigkeitsreport tief gegliedert.

# Peter Borgdorff
## Pensioenfonds Zorg en Welzijn (PFZW)

Das wünschen sich viele Firmenchefs: Ein weißes Blatt nehmen und aufzeichnen, wie man das eigene Unternehmen neu bauen würde, wenn man doch bloß mal so könnte, wie mal wollte. Peter Borgdorff hat das getan, zusammen mit fünf Führungskräften. Sie konferierten mehr als 2000 Stunden, erstellten Studien und produzierten 600 Seiten an Dokumenten. Die ganze Übung hieß »White Sheet of Paper«. Heraus kam im Jahr 2014 ein Plan mit elf Initiativen und einer klaren Entscheidung des niederländischen Pensioenfonds Zorg en Welzijn (PFZW): Hedgefonds sind bei der Geldanlage auszusparen.

»Was wir bei Hedgefonds gesehen haben, war, dass sie nicht wie versprochen Erträge lieferten und dass sie unsere Erwartungen an Transparenz nicht erfüllten«, kommentiert Borgdorff. Der erfahrene Direktor (geb. 1953) verfügt über 215 Milliarden Dollar Anlagevermögen, das über die separat agierende PGGM investiert wird. Auf die anfallenden Kosten hat Borgdorff ein besonderes Augenmerk: PFZW war der erste Fonds, der alle Kosten der Vermögensverwaltung im Jahresbericht gezeigt hat.

Die von Borgdorff geleitete zweitgrößte niederländische Pensionskasse deckt den Gesundheits- und Wohlfahrtssektor ab; sie weist seit 1969 eine durchschnittliche Rendite von mehr als acht Prozent auf. Bevor Borgdorff im Jahr 2007 zu dem Unternehmen in Zeist stieß, hatte er für VB gearbeitet, den niederländischen Pensionsverband. Der Mann ist gut vernetzt. Das sieht man auch daran, dass er mit Pensionsfondsmanagern anderer Organisationen als Schlagzeuger in einer Band (The Defined Benefits) spielt, die bei Wohltätigkeitsveranstaltungen auftritt.

Seine erste Pflicht sei es, sich um die Pensionen zu kümmern, sagt Borgdorff. Aber PFZW sei andererseits auch ein Teil der Gesellschaft, da die jährlich anzulegenden fünf Milliarden Euro der Bürger aus der Gesellschaft kommen. Seine neue Strategie zielt auf »Impact Investment«. Das soll Nachhaltigkeit in der Wirtschaft stärken und $CO_2$-Emissionen reduzieren. Seine Fondsmitglieder wollten, dass ihr Pensionskapital »zu einer besseren Welt beiträgt, anstatt sie aufzubrauchen«, kommentiert er. Schon 2020 sollen Investments in gesellschaftlich wünschenswerte Projekte (Medizin, Wasser, Umwelt) von fünf Milliarden auf 20 Milliarden Euro steigen, während Anlagen mit Kohle-Verbindung laut Plan um die Hälfte zurückgehen. Auch ist vorgesehen, das Geld tendenziell stärker im eigenen Land einzusetzen, wohl primär in Infrastrukturprojekten. PFZW ist kritisiert worden, hier zu wenig zu tun und zu stark auf internationale Märkte ausgerichtet zu sein. Der Fonds soll eben nicht nur die Altersvorsorge von zwei Millionen Bürgern schützen, sondern auch industriepolitisch wirken und den Unternehmen des Landes helfen.

Das eigene Vermögen machte im Frühjahr 2016 nur noch rund 88 Prozent der Verbindlichkeit aus. Die niederländische Zentralbank sah voraus, dass PFZW im Jahr 2017 seine Pensionszahlungen reduzieren muss. Es geht Borgdorff in dieser Situation bei der Geldanlage um die richtige Balance. Deshalb hat er die Unterscheidung nach Anlageklassen ersetzt durch Betrachtungen der Einnahmenströme. Kommt das Geld aus Zinsgewinnen, Dividenden, Kursgewinnen oder Inflationsentwicklung? Aktien machen knapp ein Drittel des Vermögens aus, alternative Investments (Infrastruktur, Immobilien, Private Equity) knapp ein Fünftel. Für den neuen Kurs suchte PFZW neue Manager. Erklärtermaßen wollen Borgdorffs Leute einen »Wechsel der Mentalität in der Industrie« – das soll zu einer Welt mit weniger Umweltschäden und besseren Zukunftsaussichten führen. Der PFZW-Chef hat erkennbar hohe Ambitionen: »Die Finanzkrise 2008 hat uns gelehrt, dass die Asset-Management-Industrie uns nicht sagen sollte, was zu tun ist – man sollte seine eigenen Regeln und Überzeugungen haben.«

**Nachhaltigkeit** ✗✗✗✗✗
Die eigene Strategie wurde darauf ausgerichtet. Große Ziele – noch fehlen große Erfolge.

**Unbestechlichkeit** ✗✗✗✗✗
Bei der Geldanlage kein Thema.

**Steuerehrlichkeit** ✗✗✗✗✗
Das Wirtschaften des Fonds kann die öffentliche Haushaltslage verbessern.

**Humanität** ✗✗✗✗✗
Im Vergleich zur Konkurrenz von ABP kein Bekenntnis.

**Transparenz** ✗✗✗✗✗
Weniger detaillierter Nachweis eigener Aktivitäten, aber vorbildliche Kostenaufstellung.

# Ng Chee Peng

## Central Provident Fund (CPF)

 Er war Admiral und kümmert sich nun ums Geld: So sieht die Karriere des Ng Chee Peng (geb. 1970) im Stadtstaat Singapur aus. Der Chef der Pensionskasse Central Provident Fund (CPF) hat im englischen Oxford studiert (Philosophie, Politik, Wirtschaft) und einen Master of Public Administration an der Harvard University gemacht. Nach drei Jahren als Chef der Marine von Singapur (2011 bis 2014) wacht Ng Chee Peng nun über die Altersgelder der Bürger. Bei diesem Rentensystem handelt es sich um keine Versicherung, sondern um einen verpflichtenden Sparplan. Zwecks Altersvorsorge müssen Arbeitnehmer einen Teil ihres Gehalts in den CPF einzahlen – und bekommen den individuell angesparten Betrag im Alter als Rente ausgezahlt. Geringverdiener fürchten jedoch, dass ihre CPF-Ersparnisse im Ruhestand nicht reichen. In einer Rangliste des Allianz-Konzerns über die Einkommensverhältnisse von Rentnern kommt das reiche Singapur nur auf Platz 40 von 48 Ländern.

Ex-Admiral Ng muss Kritik an der Verzinsung kontern: Sein Fonds investiert das Guthaben (rund 200 Milliarden Dollar) in Staatsanleihen, die Singapurs Regierung für diesen Zweck ausgibt. Das erbringt den Zwangssparern einen Mindestzins von 2,5 Prozent. Doch der Staat hat mit diesen Altersrücklagen, die über den Staatsfonds GIC international angelegt werden, in den vergangenen Jahrzehnten eine deutlich höhere Rendite erzielt. Der Staat will für sich vorsorgen – und die Bürger wollen Geld fürs Alter.

**Nachhaltigkeit** ✖✖☒☒☒
Umweltaspekte spielen keine Rolle.

**Unbestechlichkeit** ✖✖✖☒☒
Keine Korruptionsvorgänge erkennbar.

**Steuerehrlichkeit** ✖✖☒☒☒
Der Fonds soll für bessere Staatsfinanzen sorgen.

**Humanität** ✖✖☒☒☒
Ebenfalls kein Thema.

**Transparenz** ✖☒☒☒☒
Mangelnde Transparenz des CPF brachte die Einwohner von Singapur wiederholt zu Demonstrationen auf die Straße. Die Verwendung der Gelder und der Staatseinfluss sind unklar.

# STAATSFONDS

| | Gründung | Land | Verwaltetes Vermögen in Mrd. US$, Ende 2015 | Linaburg-Maduell-Transparency-Index* |
|---|---|---|---|---|
| **1 Norges Invest** Yngve Slyngstad | 1996 | Norwegen | 825 | 10 |
| **2 Abu Dhabi Investment Authority** Khalifa bin Zayed al Nahyan | 1976 | VAE – Abu Dhabi | 773 | 6 |
| **3 China Investment Corporation** Ding Xuedong | 2007 | China | 747 | 8 |
| **4 SAMA Foreign Holdings** Mohammed bin Salman | k.A. | Saudi-Arabien | 632 | 4 |
| **5 Kuwait Investment Authority** Anas Khaled Al-Saleh | 1953 | Kuwait | 592 | 6 |
| **6 State Administration of Foreign Exchange** Pan Gongsheng | 1997 | China | 474 | 4 |
| **7 Hongkong Monetary Authority** Norman T. L. Chan | 1993 | China Hongkong | 442 | 8 |
| **8 Government of Singapore Investment Corporation** Lee Hsien Loong | 1981 | Singapur | 344 | 6 |
| **9 Qatar Investment Authority** Abdullah bin Mohammed bin Saud Al-Thahi | 2005 | Katar | 256 | 5 |
| **10 Temasek Holdings** Ho Ching | 1974 | Singapur | 194 | 10 |
| **11 Investment Corporation of Dubai** Mohammed bin Rashid Al Maktoum | 2006 | VAE Dubai | 183 | 5 |
| **12 Abu Dhabi Investment Council**\*\* Khalifa bin Zayed Al Nahyan | 2007 | VAE – Abu Dhabi | 110 | k.A. |
| **13 Australian Government Future Fund** Peter Costello | 2006 | Australien | 95 | 10 |
| **14 Korea Investment Corporation** Sung-Soo Eun | 2005 | Südkorea | 85 | 9 |

\* Der Linaburg-Maduell-Transparency-Index wurde vom Sovereign Wealth Fund Institute entwickelt, basierend auf zehn Kriterien, bei deren Erfüllung jeweils ein Punkt vergeben wird.
QUELLE: Sovereign Wealth Fund Institute
\*\* siehe Seite 75.

# Yngve Slyngstad
## Norges Bank Investment Management
## (Norges Invest)

Es konnte einem schwindelig werden beim Blick auf die Homepage des Statens pensjonsfond utland: Eine große Ziffer flimmerte auf dem Display, als gelte es, einen neuen Rekord im Sport zu verkünden. Hier meldete der größte Staatsfonds der Welt, Norges Bank Investment Management (Norges Invest), sekündlich den aktuellen Marktwert aller Beteiligungen. Im Juli 2016 lag er bei rund 825 Milliarden Dollar. Fondschef Yngve Slyngstad (geb. 3. November 1962) ist damit auf den Kapitalmärkten ein zentraler Akteur. Er hat in Paris (Politik), Kalifornien (Ökonomie) und Oslo (Recht) studiert und ist von Anfang an bei dem 1998 gegründeten Fonds dabei. Seit 2008 steht er an der Spitze.

In lokaler Währung sind es mehr als 7000 Milliarden norwegische Kronen, die sein Fonds verwaltet – verteilte man das Geld auf die fünf Millionen Einwohner des Landes, würde jeder Norweger zum Kronen-Millionär. In Norges Invest fließen die Einnahmen aus dem staatlich kontrollierten Öl- und Gasgeschäft. Und weil die Preise nach 2014 stark gesunken sind, kommen auf Norges Invest immer wichtigere Aufgaben zu. Der Fonds wurde eingerichtet, um den Wohlfahrtsstaat auch nach Versiegen der Öl- und Gasquellen noch finanzieren zu können. Der Ölfonds soll zudem den Staatshaushalt in der Balance halten. Derzeit werden reale Erträge von vier Prozent im Haushalt eingeplant. Darüber hinaus zog die norwegische Regierung im ersten Quartal 2016 erstmals in der Geschichte von Norges Invest Geld für den löchrigen Staatshaushalt ab – insgesamt 2,7 Milliarden Euro.

»Unser Ziel ist es, die bestmögliche Rendite bei einem akzeptablen Risiko zu erzielen«, sagt Slyngstad nüchtern. Seit 1998 beträgt die durchschnittliche Rendite 5,6 Prozent. Ob er damit zufrieden sei, will Fonds-Chef Slyngstad nicht kommentieren. Er kann nicht, wie viele andere Fondsmanager, völlig frei entscheiden, wie er das Kapital anlegt. Der Ölfonds steht unter der Verwaltung der norwegischen Zentralbank, die wiederum die Anlage-Richtlinien vom norwegischen Finanzministerium erhält. Und die sahen bis 2007 vor, dass Slyngstad und seine Mannschaft 60 Prozent des Kapitals in ausländischen Aktien und 40 Prozent in Anleihen anlegen durften. 2010 ist dieser Anleihen-Anteil auf 35 Prozent reduziert worden. Die frei gewordenen fünf Prozent werden in Immobilien angelegt. Diversifizierung soll das Anlagerisiko verringern.

Erste Immobilienkäufe wurden 2011 in Großbritannien getätigt, später kamen Immobilien in den USA und Frankreich dazu. Noch gibt man sich am Bankplassen 2 in Oslo, dem Sitz von Norges Invest und der norwegischen Zentralbank, sehr bedeckt, was die weitere Immobilien-Anlagestrategie betrifft. Fonds-Chef Slyngstad erklärt auf Nachfrage, weitere Käufe in Großbritannien, Deutschland und Frankreich seien geplant. In San Francisco kaufte er für 450 Millionen Dollar zwei Gebäudekomplexe. Es ist schwer, von ihm konkrete Aussagen zu erhalten. Das hängt damit zusammen, dass der Fonds eben enormen Einfluss auf die Finanzmärkte hat. Slyngstad will »Good Governance«, eine ethisch korrekte Wirtschaft und keinen Wildwestkapitalismus. Hier zählt der Kant'sche Imperativ mehr als Milton Friedmans Radikalökonomie (»The business of business is business«).

Wegen der Schuldenkrise und den damit verbundenen geldpolitischen Lockerungen hat sich der Fonds seit 2012 immer mehr vom Euro abgewendet, sieht aber auch Dollar, Pfund und Yen kritisch. »Die vier größten Währungen haben in Bezug auf die Staatsverschuldung, die private Verschuldung, die unkonventionelle Geldpolitik und die demografische Entwicklung in diesen Ländern strukturelle Probleme«, begründet Slyngstad die Abkehr. Stattdessen setzt Norges Invest auf festverzinsliche Papiere aus Ländern wie der Türkei, Russland und Taiwan. Auch mexikanische Staatsanleihen zählen zu den Hauptinvestitionen.

Der norwegische Staatsfonds ist in 78 Ländern der Welt aktiv. Nur in seiner Heimat darf er nicht investieren, um eine Überhitzung der norwegischen Wirtschaft zu vermeiden. Die Milliarden aus dem Öl- und Gasgeschäft stecken derzeit in mehr als 9000 Unternehmen, dem Fonds gehören 1,3 Prozent sämtlicher auf der Welt ausgegebenen Aktien. In Europa liegt dieser Anteil sogar bei 2,3 Prozent. Zu den größten Investments zählen Nestlé mit knapp 2,5 Prozent und Shell mit zwei Prozent. Mitte 2016 hielt der Fonds Anteile an mehr als 200 deutschen Unternehmen im Wert von 29 Milliarden Euro und ist mit einem Gesamtanteil von 4,1 Prozent der zweitgrößte Investor in Dax-Unternehmen hinter Blackrock. Zu den einzelnen Werten zählen Daimler (2,6 Prozent), BASF (3,0 Prozent), Linde (6,6 Prozent), BMW (3,0 Prozent) und Siemens (2,0 Prozent). Wie breit sich die Norweger aufgestellt haben, zeigt ihre Beteiligung an Borussia Dortmund. An dem Fußballklub halten sie knapp 0,2 Prozent. Von »Trophy Assets« hält Fonds chef Slyngstad allerdings nichts. Seine Leute gelten in der angelsächsisch geprägten Finanzwelt als Outsider, als ernsthafte Experten mit bildungsbürgerlichem Habitus (Bärte, Pullover). »Man hat das Gefühl, es sei eine Auszeichnung, von denen genommen zu werden«, sagt ein Finanzchef.

Die Macht des Fonds haben Länder und Unternehmen zu spüren bekommen: In den vergangenen Jahren hat er wegen der politisch vorgegebenen ethischen

Anlagestrategie für Schlagzeilen gesorgt. So hat der Finanzausschuss des norwegischen Parlaments, unter dessen Aufsicht der Pensionsfonds steht, einstimmig beschlossen, dass sich der Fonds aus Energie- und Bergbau-Unternehmen zurückziehen muss, wenn das Kohlegeschäft mehr als 30 Prozent der Aktivitäten und Gewinne ausmacht. Kohleverstromung gilt als Klimakiller. Für Slyngstad ist der Exit auch ökonomisch klug – irgendwann würden politische Regulierungen greifen und die betroffenen Konzerne schädigen.

Auch Waffen und Tabak sind als Anlagefelder seit Längerem tabu. So stieg der Fonds aus Rüstungsunternehmen wie Textron aus und verkaufte seine Anteile an Barrick Gold, weil der kanadische Grubenkonzern Umweltschäden in Kauf nehme. Durch den Ausstieg aus Tabakkonzernen wie Philip Morris entgingen den Norwegern Gewinne von fast zwei Milliarden Dollar. Auch Anteile an Boeing und Honeywell wurden abgestoßen, weil die Unternehmen an der Herstellung von Atomwaffen beteiligt sind. Sogar Siemens stand wegen der Korruptionsaffäre unter besonderer Beobachtung. Und seit dem Abgasskandal steht VW erkennbar in der Kritik der Norweger. Sie sind mit mehr als einem Prozent einer der größten Einzelaktionäre des Autobauers. Das Aktienpaket hat drastisch an Wert verloren, Norges Invest kündigte eine Klage gegen das Management an. Bei der Hauptversammlung verweigerten die Kantianer des Kapitalismus sogar die Entlastung des alten Vorstands. Die Führungsstruktur des Konzerns sei »komplex und problematisch«, teilte der Fonds mit.

Die Kritik kommt nicht von ungefähr. Einst war der Staatsfonds ein eher stiller Teilhaber an Unternehmen, heute tritt er deutlich selbstbewusster auf. »Bei unserer Größe haben wir eine große Verantwortung für eine gute Unternehmensführung«, begründet Fonds-Chef Slyngstad den Rollenwechsel. Das betrifft auch Firmen wie den brasilianischen Konzern Petrobas, der durch Korruption auffiel. Prompte Reaktion des Ölfonds aus Oslo: ausgemustert.

**Nachhaltigkeit** ✕✕✕✕✕
Keine Investments in Firmen, die mehr als 30 Prozent der Aktivitäten und Gewinne mit Kohle machen. Ausgelistet wurden auch vier asiatische Konzerne wie Posco aus Südkorea, die Urwald abholzen, um Ölpalmen anzupflanzen.

**Unbestechlichkeit** ✕✕✕✕✕
Ausschluss von Firmen, die bestechen.

**Steuerehrlichkeit** ✕✕✕✕✕
Investments in deutsche Immobilien wie die »Welle« in Frankfurt laufen über eine Luxemburger Tochter. Das sei einfacher zu handhaben, sagt der norwegische Fonds –

und spart Steuern. Im norwegischen Parlament drängen viele Politiker darauf, dass Norges Invest künftig Firmen, die sich um Steuern drücken, das Geld entzieht.

**Humanität** ✕✕✕✕✕
Keine Investments in Firmen mit Kinderarbeit. 2015 zog sich Norges Invest aus sozialen, politischen und ökologischen Gründen aus insgesamt 73 Firmen zurück.

**Transparenz** ✕✕✕✕✕
Offene Darstellung der Investments. Starke Präsenz auf Hauptversammlungen. NGOs loben, dass sich Norges als »universal owner« begreife.

# Khalifa bin Zayed al Nahyan
## Abu Dhabi Investment Authority (ADIA)

Beim ältesten Sohn des Emirs von Abu Dhabi, einem der wichtigsten Herrscher des Nahen Ostens, galt lange Zeit das »Prinz-Charles-Syndrom«. Da ist einer also Kandidat für höchste Aufgaben und voller Ehrgeiz – und muss doch warten und warten bis zur Thronbesteigung. Bereits während seines Studiums an der Königlich Britischen Militärakademie Sandhurst im Jahr 1966 wurde Khalifa bin Zayed al Nahyan mit gerade einmal 18 Jahren als Repräsentant seines Vaters im Osten des Emirats eingesetzt. Drei Jahre später wurde er dann Kronprinz und Chef der Streitkräfte Abu Dhabis. Nach Gründung der Vereinigten Arabischen Emirate (VAE) 1971 stieg er unter seinem Vater Zayed zum Premierminister Abu Dhabis auf; seit den späten 1980er Jahren wiederum leitet Scheich Khalifa den Obersten Öl-Rat der VAE. Bereits in den 1990er Jahren führte er operativ die Amtsgeschäfte seines Vaters. Offizieller Nachfolger als Präsident der Emirate und als Emir von Abu Dhabi wurde Khalifa aber erst nach dessen Tod im Jahr 2004.

Aller Reichtum des Landes entspringt den Ölquellen. Bis heute ist Abu Dhabi mit 2,9 Millionen Barrel pro Tag (2015) der viertgrößte Ölförderer der OPEC. Die Einnahmen hieraus wollen sorgsam angelegt und vermehrt sein, und das hat ADIA, die Abu Dhabi Investment Authority, zur Macht in der Weltwirtschaft werden lassen. Es ist die Königliche Hoheit selbst, die über den weltweit zweitgrößten Staatsfonds wacht. Die 1976 von seinem Vater gegründete ADIA verfügt über ein Anlagevermögen von fast 800 Milliarden Dollar. Die Gründung war eine Revolution, denn damals investierten die Petro-Staaten am Golf fast ausschließlich in Gold, später auch in US-Staatsanleihen – im Gegenzug für amerikanische Sicherheitsgarantien. ADIA wird nach Angaben des Sovereign Wealth Funds Institutes (SWFI) zwar von Abu Dhabis Regierung kontrolliert, tritt aber rechtlich unabhängig auf. Demnach werden 80 Prozent der Vermögenswerte von externen Managern verwaltet. Immerhin konnte der Fonds über 30 Jahre gerechnet durchschnittliche Renditen von 7,51 Prozent im Jahr erzielen. Der Wert einiger Beteiligungen stürzte im Zuge der Weltfinanzkrise regelrecht ab, beispielsweise der 2007 für 7,5 Milliarden Dollar erworbene Anteil von 4,9 Prozent an der Citigroup.

Auch dies erklärt, warum Scheich Khalifa (geb. 25. Januar 1948) als Chairman des Boards of Directors von ADIA verfügt hat, das Anlagerisiko durch verstärktes Setzen auf Indexfonds sowie auf Immobilien zu reduzieren. »Etwas mehr als die Hälfte« der Vermögenswerte sind nach Angaben von ADIA in Indexfonds angelegt. Bisher hält die ADIA bis zu zehn Prozent ihres Vermögens in Cash. Das sehen die eigenen Investmentregeln vor. 32 bis 42 Prozent sind in Papieren aus Industrienationen investiert, zehn bis 20 Prozent in Emerging Markets, ebenso viel in Staatsanleihen, fünf bis zehn Prozent in Immobilien. Ziel, so ADIA, sei es, »stabile Gewinne auf lange Sicht« zu erzielen. Allerdings werde verstärkt auf »mittelfristige taktische Möglichkeiten« gesetzt. Die Investmentstrategie sei »nicht einfach basiert auf Asset-Klassen oder auf geografische Auswahl«, vielmehr würden bestimme Sektoren oder ausgewählte Themen immer stärker eine Rolle spielen. Weil das Emirat aufgrund fallender Ölpreise ein Staatsdefizit hat, kamen die Herrscher von Abu Dhabi auf die Idee, sich die fehlenden Milliarden von ihren Staatsfonds ADIA zu holen.

CEO und Managing Director von ADIA ist seit dem Tod seines älteren Bruders im Jahr 2010 Scheich Hamed bin Zayed al Nahyan, einer der Halbbrüder des VAE-Präsidenten und ADIA-Chairmans. Scheich Hamed leitet auch den Rat des Kronprinzen und war zuvor Verwaltungsratschef von Etihad Airways. Diese 2003 vom Emir gegründete Fluggesellschaft aus Abu Dhabi ist neben Emirates aus Dubai und Qatar Airways aus Doha einer der großen Angreifer im Markt. Mit ihnen mischen die Golfstaaten eine etablierte Branche auf.

Dabei ist ADIA nicht der einzige Staatsfonds in den Emiraten. 2007 spaltete sich das Abu Dhabi Investment Council ab, mit vormaligen ADIA-Tochterfirmen wie Abu Dhabi Commercial Bank oder National Bank of Abu Dhabi. 110 Milliarden Dollar hat das Land hier geparkt. Der Wüstenstaat hat noch, so die Analyse des SWFI, Ende 2015 geschätzte 67 Milliarden Dollar bei Mubadala angelegt sowie 68 Milliarden Dollar im Fonds International Petroleum Investment Company (IPIC), der bisher in internationale Öl- und Gaskonzerne investiert hat. Gespeist werden ADIA und IPIC aus Haushaltsüberschüssen der Vereinigten Arabischen Emirate und aus dem Export von Öl. Die Abu Dhabi National Oil Company verfügt über die siebtgrößten Ölreserven der Welt, 94 Prozent der Vorkommen der VAE liegen in Abu Dhabi. Der mächtige Kronprinz Scheich Mohammed will beide Fonds zwecks Schaffung von »Synergien« fusionieren; er führt das große Wort im familiären Verwaltungsrat. IPIC-Boss Scheich Mansour bin Zayed al Nahyan, Eigner des Fußballklubs Manchester City, soll die neue größere Einheit organisieren. Noch einmal 196 Milliarden sind bei der Investment Corporation of Dubai verfügbar, 15 Milliarden Dollar liegen zusätzlich bei der Emirates Investment Authority. Am Ende der vom Kronprinzen angestoßenen Reformen könnte der Zusammenschluss all dieser Staatsfonds stehen, mutmaßen Insider.

Letztlich bestimmt Khalifa bin Zayed al Nahyan über alles – über das Öl und über das Geld. In den über Kabelsysteme verbreiteten Botschaften der US-Botschaft in Abu Dhabi, die auf Wikileaks veröffentlicht wurden, wird er als »distanzierte und uncharismatische Person« bezeichnet. So wirkte der Machthaber ganz und gar nicht, als die Bremer Lürssen Werft ihm 2013 eine 94.000 PS starke und 180 Meter lange Motorjacht (ein Airbus A380 bringt es nur auf knapp 73 Meter) auslieferte. Damit überholte er den russischen Jetset-Oligarchen Roman Abramowitsch; der Eigentümer des Fußballklubs FC Chelsea hatte bis dahin die längste Yacht der Welt. Ein Leben im Superlativ: Nach dem arabischen Monarchen ist auch das bisher höchste Hochhaus der Welt benannt. Es handelt sich um den »Burj Khalifa« in Dubai, der eigentlich »Burj Dubai« hatte heißen sollen. Doch in der Weltfinanzkrise musste Abu Dhabi der 1001-Märchen-Glitzerstadt mit Milliarden-Geldspritzen helfen. Der Dank war die Erwähnung des Emirs im Namen. So ist er mit dem 828-Meter-Turm (Kosten: 1,5 Milliarden Dollar) in der Wüstenstadt am Golf quasi unsterblich geworden.

Solche Hilfsgelder sind ein Leichtes für den Monarchen. Scheich Khalifa soll laut den Enthüllungspapieren »Panama Papers« mehr als 30 Briefkastenfirmen auf den Virgin Islands besitzen – und allein in Londons Nobelstadtteilen Mayfair und Kensington Luxusimmobilien für 1,7 Milliarden Dollar. Das Herrscherhaus wird von »Forbes« auf 150 Milliarden Dollar geschätzt. Und so zirkuliert das Geld der Familie überall. Sultan Bin Khalifa Bin Zayed al Nahyan beispielsweise, der älteste Sohn des Präsidenten der Emirate und Chef von Abu Dhabi Capital, gab 100 Millionen Euro für zehn Prozent in der Holding des deutschen Finanzinvestors Lars Windhorst aus.

»In diesem Teil der Welt verschwimmen die Grenzen zwischen Politik und eigenem wirtschaftlichen Interesse«, sagte Robert Palmer von der NGO Global Witness im Zuge der »Panama Papers«-Untersuchungen. Auch Mitglieder der Herrscherhäuser von Saudi-Arabien, Kuwait, Katar und Bahrain tauchten in den enthüllten Daten der panamaischen Kanzlei Mossack Fonseca sowie den »Swiss Leaks«-Papieren und den »Offshore Leaks«-Dokumenten auf.

**Nachhaltigkeit** ✘ ✘ ✘ ⊠ ⊠
Eher an nachhaltigen Renditen interessiert als an Umweltschutz. Hier wurden erst spät die Richtlinien verschärft.

**Unbestechlichkeit** ✘ ✘ ✘ ✘ ⊠
Keine aktuellen Vorfälle von Korruption.

**Steuerehrlichkeit** ✘ ⊠ ⊠ ⊠ ⊠
Der Herrscher von Abu Dhabi hält seine vielen Londoner Liegenschaften über Offshore-Firmen etwa in Panama.

**Humanität** ✘ ✘ ⊠ ⊠ ⊠
Kein Kriterium für Investitionen. Schlechte Bedingungen für ausländische Arbeiter in Abu Dhabi.

**Transparenz** ✘ ✘ ✘ ✘ ⊠
Richtet sich ganz nach den »Santiago Principles« der Staatsfonds, die Transparenz vorschreiben. Einige Auszeichnungen deswegen.

# Ding Xuedong
## China Investment Corporation (CIC)

Der Aufstieg von Ding Xuedong zu einem der einflussreichsten Entscheider der chinesischen Finanzszene beginnt mit einem Missgeschick im Jahr 2013. Da erlebt die zweitgrößte Volkswirtschaft der Welt gerade einen nur alle zehn Jahre zelebrierten Führungswechsel. Xi Jinping ist auf dem Volkskongress im März zum Staatspräsidenten gekürt worden. Kurz darauf wird der angesehene Chef des chinesischen Staatsfonds CIC (China Investment Corporation), Lou Jiwei, zum Finanzminister berufen. Und für dessen alten Job findet sich erst mal niemand.

Drei Monate ist die CIC führungslos. Dann wird Ding Xuedong als neuer Chairman bekannt gegeben. Chinesische Banker sind überrascht: Ding ist bis zu diesem Zeitpunkt weitgehend unbekannt. Der promovierte Ökonom hatte fast seine gesamte Karriere im Finanzministerium verbracht, ohne großartig aufzufallen. Vor seinem Wechsel zur CIC fungierte Ding als Vizegeneralsekretär beim Pekinger Staatsrat, dem chinesischen Kabinett.

Aber all jene, die dem Newcomer wenig zutrauten, hatten Ding unterschätzt. Nach nur einem Jahr im Amt nutzte der Karrierebeamte eine weitere Personalrochade in Chinas komplexem Netz der Staatsbanker – und weitete seine Macht noch aus. Zusätzlich zu seinem Chefposten beim CIC schaffte er es, Chairman bei Chinas führender Investmentbank, der China International Capital Corporation (CICC), zu werden. Deren ehemaliger Chef Jin Liqun war kurzfristig zum Präsidenten über die Asiatische Investmentbank für Infrastruktur (AIIB) auserkoren worden. Das US-Magazin »Forbes« listete Ding prompt auf Platz 42 der einflussreichsten Menschen der Welt. Ding Xuedong ist mit dem CIC Herr über 747 Milliarden Dollar aus Pekings Schatz an Devisenreserven; gestartet war der Fonds in Peking 2007 mit nur 200 Milliarden Dollar. Große Büros in Hongkong und Toronto folgten. Längst sitzen die eigenen Spezialisten in New York, wo CIC im Mai 2016 für 700 Millionen Dollar knapp die Hälfte der Anteile an einem Wolkenkratzer im Wall-Street-Bezirk kaufte. Im Beratergremium sitzen die Ex-Wall-Street-Größe John Mack oder Bierkönig Jorge Paulo Lemann.

Heute leitet Ding den drittgrößten Staatsfonds der Welt. Viel mehr Macht kann man als Spitzenbeamter nicht haben. Mitarbeiter beschreiben ihn als Aktenfresser. Er sei akribisch, habe aber kein Charisma wie Vorgänger Lou Jiwei. Auf Konferenzen gibt sich der Geldmanager Chinas zurückhaltend, geradezu schüchtern. Er spricht selten ein paar Worte Englisch. Wenn er angespannt ist, kommt in seinem Chinesisch der lispelnde Akzent seiner Heimatprovinz Jiangsu durch.

Ganz wie ein klassischer Anleger hat Chinas Zentralregierung erkannt, dass sie ihr Geld lieber breit streuen und nicht zu viel Kapital in niedrig verzinste US-Staatsanleihen stecken sollte. Das ist Dings Hauptaufgabe. Er ließ in England Anteile am Airport Heathrow und am Wasserversorger Thames Water kaufen. In Russland hat sich CIC für rund zwei Milliarden Dollar am Düngemittelriesen Uralkali beteiligt, in Frankreich an Eutelsat und in den USA am Einkaufszentrumseigentümer General Growth Properties sowie an der Immobilienfirma Rose Properties. In China wiederum stieg der Fonds bei der iKang Health Group ein und vermittelte einen Schiffsdeal der staatlichen Shipbuilding Corporation mit dem Kreuzfahrtunternehmen Carnival Corporation.

Die Strategie ist, das Kapital je hälftig aufzuteilen in öffentlich gehandelte Finanzprodukte (Anleihen, Aktien) und Langzeit-Investments in Firmen. Damit setzt der Chef von CIC weitgehend die Arbeit seines Vorgängers fort. Dessen Resultate hatten jedoch Mitte 2014 den Rechnungshof alarmiert. Zwischen 2008 und 2013 habe es an Sorgfalt gefehlt, monierten die Prüfer. Sechs Investments seien unprofitabel gewesen. Offenbar hatte CIC anfangs zum Beispiel wenig Glück mit US-Bankaktien gehabt. Auch bei Geschäften in Kanada mit der angeschlagenen Minengesellschaft South Gobi Resources sowie mit Teck Resources, Penn West Petroleum und Sunshine Oilsands hatte man wenig Fortüne. South Gobi konnte versprochene Zahlungen an CIC nicht leisten. Von Ende 2015 an verlegte sich Ding Xuedongs Truppe dann stärker auf US-Investments.

2011 hatte der Return on Investment bei allen Engagements von CIC bei immerhin acht Prozent gelegen, 2012 dann bei 10,6 Prozent. Das wurde in den Jahren danach nicht mehr ganz erreicht. 2014 stieg der Profit um 2,5 Prozent auf 89 Milliarden Dollar. Ein Teil des Geldes von CIC steckt mittelbar – über die Staatseinheit Central Huijin – in den vier größten chinesischen Banken. Central Huijin ist formal eine Tochtergesellschaft von CIC, de facto aber ein Großaktionär, der sich operativ nicht einmischt. Gut 40 Prozent des CIC-Vermögens liegen in börsennotierten Aktien, davon zumeist in Finanztiteln. Anleihen spielen eine immer geringere Rolle. Und CIC beteiligte sich als Geldgeber beispielsweise bei der Rettung des Rohstoffhändlers Noble Group des gescheiterten Gründers Richard Elman. Dafür bekam man einen zweiten Sitz im Aufsichtsrat. Nach der Privatisierung des Hafens von Melbourne übernahm CIC ein Fünftel der Anteile. Staats- und Pensionsfonds sind Mitgesellschafter.

In seinen Reden setzt Ding wenig eigene Akzente und orientiert sich lieber an Floskeln der chinesischen Führung. Mit CIC gab er sich zurückhaltend. Doch im

September 2016 offenbarte der Finanzmanager, dass CIC im Jahr 2018 der größte Staatsfonds der Welt sein soll, mit dann einer Billion Dollar Vermögen. Der Fonds setzt auf Minderheitsbeteiligungen und mischt sich kaum in die Geschicke der Unternehmen ein, an denen er Beteiligungen hält. CIC-Chefinvestor Li Keping erklärt: »Wir streben keine direkte Kontrolle der Unternehmen in unserem Portfolio an.« Er lobt Deutschland, das sehr offen für ausländische Investoren sei. Nur der Einstieg in den deutschen Mittelstand sei so schwierig.

Der Fonds meidet das Risiko. Das hat CIC zwar vor Skandalen bewahrt – dafür wird dem Verantwortlichen jedoch vorgeworfen, eine einfallslose Anlagestrategie zu verfolgen und zu langsam auf internationale Veränderungen zu reagieren. Nach außen hin hatte die Investmentbank CICC – das zweite Einsatzgebiet des Ding Xuedong – mehr Erfolg. Ihr gelang 2015 der seit Jahren geplante Börsengang in Hongkong. Den Crash an Chinas Börse im Sommer 2015 hatte Doppelchef Ding abgewartet, um dann in einer Phase der Erholung im November zuzuschlagen. Mit dem Aktiendebüt konnte das einstige Joint Venture mit Morgan Stanley, der China Construction Bank und anderen Partnern Erlöse von insgesamt 811 Millionen Dollar erzielen. Das registrierte die Zentralregierung in Peking mit Wohlwollen.

**Nachhaltigkeit** ✖ ✖ ✖ ▢ ▢
Mit Engie (Frankreich) gibt es ein Joint Venture für mehr Energieeffizienz und grüne Energie. CIC sieht sich als Langzeit-Investor, der auf Nachhaltigkeit achtet.

**Unbestechlichkeit** ✖ ✖ ✖ ✖ ▢
Der Aufstieg von CIC-Chef Ding Xuedong beruht auf guten politischen Kontakten in höchste Gremien. Dort zieht man seit Jahren eine Anti-Korruptions-Kampagne durch. Befördert wird nur, wer »sauber« ist.

**Steuerehrlichkeit** ✖ ✖ ✖ ✖ ▢
Keine Verstöße bekannt.

**Humanität** ✖ ✖ ▢ ▢ ▢
Bei Geldanlagen von CIC spielen erkennbar Arbeitsbedingungen keine große Rolle.

**Transparenz** ✖ ✖ ✖ ▢ ▢
CIC gehört dem Forum of Sovereign Wealth Funds an und betont die Wichtigkeit von Transparenz. Es fehlen detaillierte Informationen über Investments.

## Mohammed bin Salman
### SAMA Foreign Holdings/PIF

Die kleinen Nachbarstaaten und ihre Erfolge hatten den Petro-Riesen Saudi-Arabien schon seit Langem beschäftigt. Da war der Zwergstaat Katar mit seinem Einstieg bei Konzernen wie VW, Deutsche Bank oder Sainsbury's sowie mit dem Einwerben der Fußball-WM 2022. Da waren die Vereinigten Arabischen Emirate mit ihrem Staatsfonds ADIA, der zeitweise als größter der Welt galt. Doch was war mit Saudi-Arabien? Das Land galt vielen als arg konservativ, langweilig und wegen der gewaltigen Öleinnahmen eher als träge.

Die ökonomische Macht des Königs – seit Januar 2015 amtiert Salman bin Abdulaziz Al Saud – war bisher auf die Saudi Arabian Monetary Agency (SAMA) konzentriert gewesen. Sie war Zentralbank, Bankenaufsichtsbehörde, Verbraucherschutzamt und Staatsfonds in einem. Seit Mai 2016 wird die Institution von dem in den USA ausgebildeten Ökonomen Ahmed Abdulkarim Alkholifey geleitet, der lange auch beim Internationalen Währungsfonds (IWF) gearbeitet hat. Seiner SAMA Foreign Holdings stehen 598 Milliarden Dollar zur Verfügung; das ist der viertgrößte Staatsfonds der Welt. Hier sollen auch Pensionsgelder öffentlicher Bediensteter gut angelegt werden. Das Kapital liegt in Anleihen, Aktien und Kassenbeständen. Verglichen aber mit den Möglichkeiten des Landes und der Aufstellung anderer Länder ist Alkholifeys Kassengewalt medioker. Aufgrund der Budgetprobleme des Staates war SAMA vom dritten Quartal 2014 an sogar gezwungen, sich vor allem aus internationalen Anleihen etwas zurückziehen. Der Wert der ausländischen Anleihen von SAMA fiel 2015 um 108 Milliarden Dollar; es verblieb ein gesamter Anleihenbestand von 423 Milliarden. Man griff gewissermaßen in die Vorräte, um die Verhältnisse zu stabilisieren. Cash war King in Riad.

Doch jetzt hat es die Vormacht am Golf auf andere Größenverhältnisse abgesehen. Der Antreiber der größten Volkswirtschaft Arabiens ist Vizekronprinz Mohammed bin Salman. Der amtierende Verteidigungsminister und mögliche Nachfolger des Königs hat seinen ambitionierten Umbauplan »Vision 2030« getauft – so nennt Katar seine Reformen auch. Doch der Saudi-Kronprinz ist radikaler als der kleine Bruder. Nach Arbeitsaufnahme im April 2015 blickte er erst einmal in ein gewaltiges Haushaltsloch von 200 Milliarden Dollar. Riad verbrannte wegen des drastisch abgestürzten Ölpreises seine in den fetten Jahren reichlich angehäuften Währungsreserven schneller als mit Benzin getränktes Papier. Beim gleichen Ausgabenniveau wie 2015 wäre das Königreich – der größte Ölexporteur der Welt – 2017 pleite gewesen. Prinz Mohammeds Reaktion: Nicht Panik, sondern Provokation. Er kürzte den Staatshaushalt um ein Viertel und strich die massiven Subventionen von Benzin, Strom und Wasser. Zudem will er nun erstmals eine Mehrwertsteuer einführen und Abgaben auf Luxuswaren sowie die Unternehmensbesteuerung erhöhen.

»Vision 2030« sieht den Aufbau neuer Wirtschaftszweige vor. Die hierfür nötigen Milliarden-Investitionen sollen aus Privatisierungserlösen des staatlichen Ölriesen Saudi Aramco finanziert werden. 2018 sollen bis zu fünf Prozent von Aramco an die Börse. Das wäre der weltgrößte Börsengang – und würde das Initial Public Offering (IPO) von Alibaba 2014 in den Schatten stellen. Chinas Internethändler schaffte 25 Milliarden Dollar. Saudi Aramco wird gerade auf das IPO vorbereitet; schon jetzt steht der Konzern mit einer täglichen Förderkapazität von zwölf Millionen Barrel (je 159 Liter) einsam an der Weltspitze. Fadel Gheit, Analyst bei Oppenheimer, glaubt, der Wert des Konzerns sei mindestens 15-mal so hoch wie der von Exxon Mobil, also gut fünf Billionen Dollar.

Mit diesem Geld soll – so die Fantasie – der weltgrößte Staatsfonds entstehen. Für diese Rolle ist aber nicht die bisherige Geldmacht SAMA Foreign Holdings vorgesehen. SAMA soll sich unter der neuen Führung auf die Rolle als Zentralbank beschränken. Den Teil des Staatsfonds wird der ebenfalls zum Herrscherhaus gehörende Public Investment Fund (PIF) übernehmen. Über zwei Billionen Dollar soll er verfügen können. »Es können aber sogar mehr werden«, verrät Energieminister Khalid Al-Falih. Er ist als neuer Energieminister und Verwaltungsratschef von Saudi Aramco einer der wichtigsten Helfer beim Verwirklichen der königlichen Vision.

Zwei Billionen Dollar für den PIF wäre nicht nur wegen der Summe eine Revolution. Bislang hat dieser Fonds lediglich 160 Milliarden Dollar unter seinen Fittichen. Er ist am amerikanischen Taxi-Angreifer Uber und an Koreas Stahlriesen Posco beteiligt. Mit den zwei Billionen könnte sich PIF bei Konzernen wie Apple, Google, Microsoft und Warren Buffetts Investmentgesellschaft Berkshire Hathaway im großen Stil einkaufen. Doch nur die Hälfte des gigantischen Anlagevermögens soll ins Ausland fließen, um mit den so erzielten Dividenden den saudischen Staatshaushalt unabhängiger von den Öleinnahmen zu machen. Die andere Hälfte soll den industriellen Umbau des Königreichs fördern und einen Mittelstand in der Wüste erblühen lassen. »Die Investmenterträge und nicht mehr das Öl werden die Hauptquelle unserer Staatseinnahmen«, ist Prinz Mohammed sicher.

Die königliche Revolte im Führungsstaat des sunnitischen Islams findet in schwierigen Zeiten statt: Das Wirtschaftswachstum war mit 1,5 Prozent im ersten

Quartal 2016 im Vergleich zum Vorjahr so niedrig wie seit der Finanzkrise nicht mehr; der Nicht-Ölsektor schrumpfte sogar um 0,7 Prozent. Zwei Drittel der Arbeitnehmer beschäftigt bisher der Staat – und der Großteil der in der Privatwirtschaft Beschäftigten sind bisher »Expats«, also Bauarbeiter oder Verkäufer aus Indien, Pakistan und Bangladesch. Ein Drittel der Jugendlichen im 30-Millionen-Volk war 2016 arbeitslos. Prinz Mohammed hat diese »tickende Zeitbombe« erkannt und baut den Staat entschlossen um. Energieminister Al-Falih betont, es gehe bei der »Vision 2030« nicht in erster Linie um Makroökonomie, um den Bau von Eisenbahnen, Häfen und Industriestädten – im Mittelpunkt stehe, »Saudi-Arabien zu einem lebenswerteren Land zu machen für junge Menschen und die Lebensqualität hier zu verbessern«. Sein Ziel: »Junge Saudis und junge Talente aus aller Welt zum Leben hier einladen.« Die neue Strategie soll Saudi-Arabien – über den Kapitalmarkt – fit machen für die große Konkurrenz am Persischen Golf, den Iran.

**Nachhaltigkeit** ✖✖✖▨▨
Spielt bisher keine Rolle bei den Geldanlagen der Saudis. Sie leben vom Öl, nicht von erneuerbaren Energien.

**Unbestechlichkeit** ✖✖✖▨▨
Keine Korruptionsfälle bekannt.

**Steuerehrlichkeit** ✖✖✖▨▨
Der Staatsfonds ist eine Art Riesenstaatskasse.

**Humanität** ✖✖▨▨▨
Kein Kriterium bei der Geldanlage. Viele Berichte über schlechte Arbeitsbedingungen für Fremdarbeiter in Saudi-Arabien.

**Transparenz** ✖✖▨▨▨
Bisher kaum gewährleistet. Der Staatsfonds soll erst in neuer Struktur unabhängiger werden.

# Anas Khaled Al-Saleh
## Kuwait Investment Authority (KIA)

Die Machthaber von Kuwait waren ihrer Zeit voraus. Bereits 1953 beschlossen sie, einen Teil ihrer Öleinnahmen auf dem internationalen Kapitalmarkt anzulegen. Das Geld sollte sich vermehren und Rendite bringen. In London entstand das Kuwait Investment Board, heute Kuwait Investment Office. Es ist nunmehr Teil der Kuwait Investment Authority (KIA), des mächtigen Dachs über mehrere Staatsfonds. Insgesamt kommen die Kuwaitis so auf 592 Milliarden Dollar Anlagevermögen. Nur vier Staatsfonds auf der Welt sind größer.

Zum Vermögen gehört der Kuwait Future Generations Fund. Er legt jährlich mindestens zehn Prozent der Öleinnahmen des Landes an. Geleitet wird die KIA von Anas Khaled Al-Saleh (geb. 1972), dem Vorsitzenden des Verwaltungsrats, der zugleich Finanz- und Ölminister des Landes ist. Er hat an der Portland University in den USA studiert und war unter anderem sowohl Chairman als auch Managing Director der Kuwait Invest Holding Company. Im Verwaltungsrat der KIA sind viele Größen des Staates präsent, darunter der Staatssekretär des Finanzministers, der Chef der kuwaitischen Notenbank und fünf Investmentprofis. Das Management führt der Vorstandschef Bader Mohammad Al-Saad an: Er war zuvor beim Kuwait Financial Centre, der National Bank of Kuwait sowie der Kuwait Petroleum Corporation in führender Position.

Es gehe nur um wirtschaftliche Ziele, nicht um politische oder außenpolitische Interessen, schwören die Macher von KIA. Doch der fallende Ölpreis sorgt für Druck. Erstmals seit zwei Jahrzehnten plante Kuwait Mitte 2016, sich über Anleihen zehn Milliarden Dollar auf den internationalen Finanzmärkten zu leihen. Geld muss her, auch durch den Verkauf wenig überzeugender Firmenanteile. So stellte KIA einen Anteil von 4,8 Prozent an der französischen Nuklear-Gruppe Areva zum Verkauf. 2010 erst hatten die Kuwaitis dafür immerhin 676 Millionen Dollar bezahlt – doch seitdem fielen die Kurse bei dem französischen Unternehmen (Staatsanteil: 87 Prozent) um 90 Prozent. In der Heimat Kuwait wiederum sollen sechs von zehn noch staatlichen Firmen privatisiert werden. Hierfür gibt es einen neuen Staatsfonds, dessen Volumen mit 100 Millionen Dollar angesetzt wird.

Für Deutschland haben die Investoren aus dem Morgenland ein besonderes Faible. So wurde im Jahr 2014 der Einstieg ihres Landes bei Daimler-Benz vier Jahrzehnte vorher mit einem Festakt in Stuttgart groß gefeiert. Mit 6,8 Prozent ist Kuwait der größte Einzelaktionär des deutschen Traditionsautomobilbauers; einst hatte der Wüstenstaat ein Paket der Quandt-Familie in Höhe von 14 Prozent übernommen. Der Wert der Beteiligung stieg von eingangs 329 Millionen Dollar auf fünf Milliarden Dollar (Mitte 2016). Ungeachtet aller Höhen und Tiefen der eigenen Unternehmensgeschichte sei Kuwait »der verlässlichste Partner« geworden, lobte Daimler-Aufsichtsratschef Manfred Bischoff. Bei der Geburtstagsfeier kündigte Anas Al-Saleh weitere Beteiligungen in der Bundesrepublik an. Frühere Engagements wie bei Metallgesellschaft oder Hoechst haben sich mit dem Verschwinden dieser Firmen als eigenständige Player relativiert.

Zu den bekannt gewordenen Investments von KIA gehört der Kauf des London City Airports in der Nähe des Bürozentrums Canary Wharf, wo der Staatsfonds-Holding einige Häuser gehören. Ein Teil der Investments läuft über die 2013 eingesetzte Wren House Infrastructure Management, eine Firma für Infrastruktur-Investitionen. Zu Großbritannien, das das Land 1961 in die Unabhängigkeit entlassen hat, unterhält Kuwait noch immer besonders enge Beziehungen. Die sollen unter der Entscheidung für den Brexit nicht leiden, versichert Anas Al-Saleh, der Öl- und Finanzminister: Es handele sich um ein langfristiges, hochqualitatives Investment. Als die staatlichen Investoren aus Kuwait im Jahr 2013 den 60. Geburtstag ihres Kuwait Investment Offices in London feierten, bezifferten sie die Höhe der britischen Besitztümer mit 24 Milliarden Dollar. Hierzu zählen Anteile an BP, Vodafone und HSBC. Im Frühjahr 2015 mussten dann einige Spezialisten von London nach Kuwait zurückgehen – wegen schlechter Investments und Unregelmäßigkeiten in der Buchhaltung.

**Nachhaltigkeit** ✖ ✖ ✖ ✖ ✖
Keine ausdrückliche Betonung dieser Ziele.

**Unbestechlichkeit** ✖ ✖ ✖ ✖ ✖
Keine Korruptionsfälle bekannt.

**Steuerehrlichkeit** ✖ ✖ ✖ ✖ ✖
Fonds sorgt für Staatseinnahmen.

**Humanität** ✖ ✖ ✖ ✖ ✖
Reformen zur Verbesserung der Lage ausländischer Arbeitnehmer in Kuwait inklusive eines Mindestlohns.

**Transparenz** ✖ ✖ ✖ ✖ ✖
Die Investments von KIA sind dem Staat Kuwait gegenüber total transparent. Nach außen weniger.

## Pan Gongsheng
### State Administration of Foreign Exchange (SAFE)

Die Gründung des Staatsfonds China Investment Corporation (CIC) im Jahr 2007 erschütterte das staatliche Devisenamt der Volksrepublik in seinen Grundfesten. Seit 1978 war die State Administration of Foreign Exchange (SAFE) für die zentrale Steuerung des Devisenmarkts zuständig gewesen und für die rasant wachsenden Währungsreserven der chinesischen Zentralbank – nun jedoch musste sie einen großen Teil der Verantwortung für die Investments des chinesischen Währungsschatzes an CIC abgeben. Der Wandel war das Ergebnis eines erbit

terten Streits zwischen Finanzministerium und Zentralbank. Am Ende setzte sich das Ministerium durch. Das Argument: China müsse seine Devisen im Ausland aktiver steuern und brauche deshalb einen stärker von marktwirtschaftlichen Anlagestrategien getriebenen Staatsfonds. SAFE musste sich der Anordnung beugen.

Die düpierte Behörde reagierte ihrerseits mit einer neuen Strategie: Im Jahr 2008 leiterten die Beamten Minderheitsbeteiligungen an einer Reihe multinationaler Konzerne an, beispielsweise an BP, Total, Rio Tinto, Barclays, Tesco und RBS. In den Nachwirkungen der Euro-Krise stieg SAFE dann bei acht italienischen Großkonzernen ein, darunter Fiat Chrysler Automobiles, Telecom Italia und Generali. In der Bundesrepublik hält die Behörde seit 2011 eine dreiprozentige Beteiligung am weltgrößte Rückversicherer Munich Re. Ein großer Teil des Anlagevermögens von insgesamt 474 Milliarden Dollar wird in US-Staatsanleihen angelegt. So viel Feuerkraft macht SAFE zum sechsgrößten Staatsfonds der Welt.

Die Konkurrenz zwischen SAFE und CIC dauert bis heute an. Dabei gewinnt CIC jedoch die Kontrolle über einen immer größeren Teil der Devisenreserven. Während der Staatsfonds eng mit dem Finanzministerium verwoben ist, bleibt SAFE mit der Zentralbank verflochten. Der SAFE-Chef hat fast immer auch das Amt des Vizegouverneurs der Notenbank inne. Das gilt auch für den amtierenden Leiter Pan Gongsheng (geb. 1963), einen westlich orientierten Fachmann, der einige Zeit in London gearbeitet hat. Der in Peking promovierte Ökonom hatte sich bei den chinesischen Großbanken Industrial and Commercial Bank of China (ICBC) sowie der Agricultural Bank of China (ABC) nach oben gearbeitet; beide

Institute brachte er an die Börse, was ihm zwischenzeitlich einen gewissen Starruhm bescherte. 2012 wechselte er zur Notenbank, der People's Bank of China. Pan ist ein Insider der regierenden Kommunistischen Partei, der auch den Wall-Street-Jargon gut versteht. Das macht ihn in Peking wertvoll.

Seine Erfahrung aus der Zeit bei den chinesischen Geschäftsbanken soll SAFE zu mehr Dynamik verhelfen. Gleichzeitig bekommt das Devisenamt eine immer größere Rolle beim Umgang mit den Reformen in Chinas Finanzsystem. Es soll die chinesischen Banken stabilisieren, in deren Bilanzen der Anteil fauler Kredite kontinuierlich gestiegen ist. Deshalb hat 2015 der von SAFE kontrollierte Fonds Wutongshu Investment Plattform Co. damit begonnen, Bankbeteiligungen zu kaufen – darunter auch Anteile von ICBC, dem alten Arbeitgeber des Ende 2015 berufenen Fondschefs Pan.

**Nachhaltigkeit** ✗✗✗⬚⬚
SAFE hat sich der Strategie des Staates angepasst, nachhaltig wachsen zu wollen – ohne besondere Akzente zu setzen.

**Unbestechlichkeit** ✗✗⬚⬚⬚
Die US-Bank JP Morgan, die bei Börsengängen in China recht häufig dabei war, stellte für ihre Dependance in Hongkong Söhne und Töchter wichtiger Chinesen ein. Auf der Liste mit 150 VIPs steht auch Pan Gongsheng.

**Steuerehrlichkeit** ✗✗✗✗⬚
Verbessert den Staatshaushalt.

**Humanität** ✗✗⬚⬚⬚
Kein Entscheidungskriterium bei Investments.

**Transparenz** ✗⬚⬚⬚⬚
Die Geldstrategie und das Portfolio bleiben weitestgehend im Unklaren. SAFE wirkt wie eine Behörde aus vergangener Zeit.

# Norman T. L. Chan
## Hongkong Monetary Authority

Die wohlhabende Metropole Hongkong gehört zwar seit 1997 zur Volksrepublik China, doch die ehemalige britische Kolonie genießt weiterhin währungspolitische Unabhängigkeit. Der Hongkong-Dollar ist seit 1983 zu einem festen Kurs an den Dollar gebunden – und die Hongkong Monetary Authority soll als Quasi-Zentralbank mit ihrem umgerechnet 442 Milliarden Dollar schweren Fonds die finanzielle Stabilität wahren. So verfügt sie über den siebtgrößten Staatsfonds der Welt und hat damit finanzkapitalistische Macht.

Das macht Fondschef Norman T. L. Chan (geb. 1954) jedoch noch lange nicht zu einem aktiven oder gar aggressiven Investor. Der Karrierebeamte ist vielmehr ein akribischer Bürokrat. 40 Jahre seines Berufslebens hat er in der Hongkonger Verwaltung verbracht, seit Oktober 2009 steuert er den Fonds. Sicherheit hat dabei für ihn höchste Priorität. Der Vorstandschef hält mehr als drei Viertel des Kapitals in sehr liquiden Anlageformen, vorrangig US-Staatsanleihen. Damit kann die Behörde kurzfristig auf Wechselkursschwankungen reagieren.

Der studierte Soziologe Chan steht jedoch in der Kritik, mit dieser Fonds-Strategie nur sehr geringe Profite zu erwirtschaften. Für 2015 musste er sogar ein Minus von 0,6 Prozent melden. Im Vorjahr lag das Plus bei 1,4 Prozent. Das zwingt den sicherheitsbewussten Chan dazu, schrittweise etwas größere Risiken einzugehen. Zwar wächst der Umfang des Kapitals im »Long-Term Growth Portfolio« (LTGP) kontinuierlich, um bessere Erträge für die Staatsfonds zu schaffen – mit umgerechnet 18 Milliarden Dollar machte LTGP jedoch Ende 2015 nur einen kleinen Teil des gesamten Portfolios aus. Geld fließt unter anderem in Immobilien in internationalen Metropolen wie London und Los Angeles oder in Aktienfonds von Schwellenländern.

Ein neuer Fonds soll Chan künftig zusätzlichen finanziellen Spielraum geben. Die Hongkonger Verwaltung richtete 2015 den sogenannten Future Fund ein, um den Behörden langfristig ein finanzielles Polster für die wachsenden Renten- und Pensionsansprüche der alternden Bevölkerung zu geben. Umgerechnet 28 Milliarden Dollar wurden dafür locker gemacht. Chan genießt große Freiheiten dabei, wie er das Geld anlegt. Einzige Bedingung: hohe Profite. Dafür hat die Verwaltung zugesagt, für mindestens zehn Jahre das Geld nicht anzufassen – außer Chans Organisation gerät in Zahlungsschwierigkeiten. Im Jahr 2016 standen Gewinnen im Anleihengeschäft einige Verluste mit Aktien gegenüber. Der Verwaltung in Hongkong konnte die Organisation Hongkong Monetary Authority Investment Portfolio im ersten Quartal sechs Milliarden Hongkong-Dollar zahlen, im gesamten Vorjahr waren es 46 Milliarden gewesen.

**Nachhaltigkeit** ✖ ✖ ✖ ⬡ ⬡
Umweltkriterien spielen bei Investments kaum eine Rolle.

**Steuerehrlichkeit** ✖ ✖ ✖ ⬡ ⬡
Steigert die finanzielle Handlungsfähigkeit der Hongkonger Verwaltung.

**Unbestechlichkeit** ✖ ✖ ⬡ ⬡ ⬡
Der Fondschef Chan schickte den Lebenslauf seines Sohnes persönlich an die Niederlassung von JP Morgan, wo dieser sich um eine Praktikantenstelle beworben hatte. Der Fall kollidierte mit den internen Richtlinien.

**Humanität** ✖ ✖ ⬡ ⬡ ⬡
Kein Kriterium für Anlageentscheidung.

**Transparenz** ✖ ✖ ✖ ✖ ⬡
Chan exponiert sich im Kampf gegen Geldwäsche, ein größer werdendes Problem in Hongkong. An der Transparenz der Investments könnte noch gearbeitet werden.

# Lee Hsien Loong
## Government of Singapore Investment Corporation (GIC)

Sein Staat wurde immer reicher, die Ersparnisse erbrachten aber nur marginale Renditen. Das missfiel Lee Kuan Yew, dem so autoritären wie merkantilen Staatsgründer von Singapur. Und so schuf er 1981 den Staatsfonds Government of Singapore Investment Corporation, heute auf den Kapitalmärkten nur als GIC bekannt und geachtet. Er sollte das wachsende Vermögen des Stadtstaates auf den globalen Finanzmärkten anlegen. Inzwischen ist GIC zu einer der weltweit größten Investmentgesellschaften aufgestiegen.

Gelenkt wird die Finanzfirma von Chairman Lee Hsien Loong (geb. 10. Februar 1952), Premierminister Singapurs und ältester Sohn des im März 2015 verstorbenen Lee Kuan Yew. Praktischerweise ist er mit Ho Ching verheiratet, der Geschäftsführerin der Temasek Holdings, des zweiten Singapur-Staatsfonds. Zu den Schmuckstücken im Portfolio von GIC zählt ein Anteil von 6,38 Prozent an der Schweizer Großbank UBS (Stand: Mitte 2016); nur die US-Großbank JP Morgan Chase hält dort mit 9,14 Prozent mehr Aktien. Bekannt wurde auch ein Engagement von GIC bei der amerikanischen Citigroup. Zudem kauften Singapurs Vermögensverwalter Anteile am Marktforscher Nielsen und an Chinas größtem Betreiber von Atomkraftwerken, CGN Power. Geld verlor der Fonds mit Immobilien in New York (Stuyvesant Town).

Die US-Analysefirma Sovereign Wealth Fund Institute geht davon aus, dass GIC mehr als 340 Milliarden Dollar verwaltet. Aus der exakten Summe macht Singapur ein Staatsgeheimnis: Es seien jedenfalls mehr als 100 Milliarden Dollar. Details will die Regierung von Lee Hsien Loong nicht nennen; eine Veröffentlichung der Daten würde das Land aus ihrer Sicht für Angriffe von Währungsspekulanten verwundbarer machen.

In den vergangenen zwei Jahrzehnten erzielte der Fonds, der nur außerhalb Singapurs investieren darf, nach eigenen Angaben eine jährliche inflationsbereinigte Rendite von durchschnittlich 4,9 Prozent. Verlustreiche Geschäfte – wie der UBS-Einstieg mitten in der Finanzkrise – haben das Management dennoch unter Rechtfertigungsdruck gebracht. Die Regierung betont, auf konkrete Kaufentscheidungen keinen Einfluss auszuüben. Vorgegeben sind die Rahmenbedingungen: begrenztes Risiko durch ein breites Portfolio und Investitionen mit einem langfristigen Horizont. Auch den UBS-Anteil in der Schweiz will man »viele Jahre« halten.

Vielleicht hat GIC-Frontmann Lee Hsien Loong, einst auch Brigadegeneral in der Armee, längst neue strategische Ziele und lässt beispielsweise verstärkt in Internet-Aktien investieren. Der Bewunderer Amerikas traf bei einer US-Reise Anfang 2016 etliche Silicon-Valley-Größen, darunter Facebook-Chef Mark Zuckerberg. In dessen sozialem Netzwerk hat der erste Mann von Singapur, der einst auf der Universität Cambridge als Mathematik-Genie galt, ein Lösungsprogramm für Sudoku veröffentlicht.

**Nachhaltigkeit** ✖✖☒☒☒
GIC zeigt hier kein besonderes Engagement.

**Unbestechlichkeit** ✖✖✖☒☒
Klar formulierter Verhaltenskodex. Keine auffälligen Korruptionsfälle.

**Steuerehrlichkeit** ✖✖✖☒☒
Einnahmen dienen dem Staatshaushalt.

**Humanität** ✖☒☒☒☒
Qualität von Arbeitsbeziehungen kein Investmentkriterium.

**Transparenz** ✖☒☒☒☒
Nur wenige Zahlen werden bekanntgegeben. Geheimniskrämerei ist Strategie. Weil die wichtige GIC-Beteiligung UBS mit Geldwäschevorwürfen rund um einen malaysischen Staatsfonds auffiel, musste sich die Aufsichtsbehörde Singapurs mit der Schweizer Bank beschäftigen.

# Abdullah bin Mohammed bin Saud Al-Thani
## Qatar Investment Authority (QIA)

Die Geschichte des Morgenlandes am Persischen Golf, das zum Übermorgenland wurde, begann mit einer Enttäuschung: »Als wir vor gut 40 Jahren das North-Dome-Feld vor unserer Küste entdeckten, waren wir traurig. Es war zwar das größte Gasfeld der Welt, aber eben ein Erdgasvorkommen«, erinnert sich Abdullah bin Hamad Al Attiyah, langjähriger Energieminister Katars. »Erdgas wollte damals kaum jemand haben – es waren die Jahre der Ölkrise und der rasant steigenden Rohölpreise.« Mit Öl wäre Reichtum sicher gewesen, aber mit Gas?

Es kam anders als erwartet seit 1971, dem Jahr des Gas-Funds im Meer. Katar, auf einer Saudi-Arabien vorgelagerten Halbinsel im Persischen Golf gelegen, hatte sich mit seinen damals 115 000 Einwohnern gerade vom Patronat der Briten gelöst, eine Mitgliedschaft in den Vereinigten Arabischen Emiraten abgelehnt und war unter den skeptischen Augen der Emiratis und des großen Bruders Saudi-Arabien unabhängig geworden – und nun wuchs das Fürstentum zu einer neuen Macht heran.

Doch das Emirat Katar hat auf dem Weg zum Gewinn viel Kritik abbekommen: Seit Erhalt der Austragungsrechte für die Fußball-WM 2022, wegen der Unterstützung der Moslembrüder in Ägypten und der Förderung der Gegner des syrischen Diktators Bashar Al-Assad. Die Behandlung der insgesamt circa 1,5 Millionen Gastarbeiter, von denen mehr als 1000 zumeist aus Nepal und Indien stammende Männer auf Baustellen gestorben sein sollen, brachten das kleine Land in Verruf – obwohl die Praxis dort kaum anders ist als in den umliegenden Staaten.

Der weltgrößte Flüssiggas-Produzent, dieses kleine Stückchen Hügelland, das von Süden nach Norden gerade mal 180 Kilometer misst, hat sich einen Platz auf der Weltkarte erobert und damit als Zwerg ökonomische Riesen wie Saudi-Arabien oder die Vereinigten Arabischen Emirate in den Schatten gestellt. Es ist inzwischen das Land mit dem – kaufkraftbereinigt – höchsten Pro-Kopf-Einkommen der Welt und hat sowohl einen US-Militärstützpunkt wie auch offizielle Repräsentanzen der afghanischen Taliban und der palästinensischen Hamas. Mit dem Fernsehsender Al-Dschasira hat Katar einen Rivalen für CNN und die BBC aufgebaut, mit der Doha-Runde eine Reform der Welthandelsorganisation WTO angestoßen und will bis 2030 zur »Welthauptstadt des Sports« werden.

Dass die Ambitionen nicht Luftschlösser aus 1001 Nacht sind, beweisen prunkvolle Namen: Katar hat investiert beim Ölkonzern Shell (2,1 Prozent der in London notierten Aktien), bei den Handelshäusern Harrods (100 Prozent), Sainsbury's (25 Prozent), Printemps (100 Prozent), El Corte Ingles (10 Prozent) und beim Roh-

stoffgiganten Glencore (8,9 Prozent). Das alles läuft über den 2005 gegründeten Staatsfonds Qatar Investment Authority (QIA), der insgesamt mit Werten von mehr als 250 Milliarden Dollar gefüllt ist. Damit ist er der neuntgrößte Staatsfonds der Welt. QIA hält bedeutende Anteile an den Banken Barclays (6,3 Prozent), Credit Suisse (4,9 Prozent), Dexia-BIL (90 Prozent), KBL (100 Prozent), Agricultural Bank of China (13,9 Prozent der in Hongkong notierten Aktien), bei Industriegrößen wie Lagardère (12,8 Prozent), Siemens (3,0 Prozent), Veolia und Vinci (je 3,9 Prozent), Iberdrola (9,9 Prozent), London Stock Exchange (10,2 Prozent), Arcor (10,4 Prozent) und natürlich bei Volkswagen. Am Wolfsburger Autohersteller disponieren die Katarer 17 Prozent der Stimmrechte und sind drittgrößter Aktionär; in den Aufsichtsrat entsendeten sie im Juni 2016 die Ingenieurin Hessa al Jaber, Katars Ministerin für Informations- und Kommunikationstechnologie. An der Muttergesellschaft der noblen Londoner Canary Wharf – Songbird Estate – ist QIA beteiligt. Auch ist der Fonds verbunden mit der Qatar Islamic Bank, an der er ein Sechstel der Anteile hält. Der Ableger Qatar Sports Investments besitzt den Fußballspitzenklub Paris Saint-Germain. Und 2016 ist QIA besonders durch Investitionen in Bürotürme (Singapur, Los Angeles) aufgefallen; in den Jahren zuvor wurde in europäische Hotels investiert.

Der Mann, der dies alles als CEO der QIA managt, ist seit Dezember 2014 Scheich Abdullah bin Mohammed bin Saud Al-Thani (geb. 30. Juli 1980), er entstammt der Herrscherfamilie des Landes. Vorher war er Aufsichtsratschef und zuletzt auch Vorstandsvorsitzender des katarischen Telekomkonzerns Ooredoo gewesen. Seine Ernennung sollte ein Zeichen setzen, nachdem Scheich Tamim bin Hamad Al-Thani gut ein Jahr zuvor das Amt des Emirs, also des Staatschefs von Katar, von seinem kranken und amtsmüden Vater übernommen hatte. Der junge Emir wollte durch die Umbesetzung der QIA-Führung eigene Vertraute an die Macht bringen.

Und QIA-Chef Scheich Abdullah steuert den Fonds, der bisher vor allem auf europäische Standardwerte und Banken gesetzt hat, in neue Märkte: Vor allem Asien und die USA stehen nun im Fokus des Mannes, der auch schon Chef des Gerichtshofs des Emirs war. Für zehn Milliarden Dollar wurde zusammen mit Chinas Staatsfinanzunternehmen CITIC ein Asien-Investmentfonds aufgebaut. Und als Scheich Abdullah in New York im noblen St. Regis Hotel zur Eröffnung einer QIA-Repräsentanz in Amerika redete, kamen viele Große des Gewerbes: Stephen Schwarzman (Blackstone), Larry Fink (Blackrock), Hedgefonds-Aktivist

Bill Ackman und US-Handelsministerin Penny Pritzker. Sie lobte Scheich Abdullahs Ankündigung, die amerikanischen QIA-Investitionen von bis dato sieben Milliarden Dollar zu verfünffachen, als Katars »eindeutigen Vertrauensbeweis« in die weltgrößte Volkswirtschaft. So haben sich die Verhältnisse heute umgedreht.

Das gilt auch für die Verhältnisse in Katar selbst: Unter dem alten Emir Scheich Hamad bin Khalifa Al-Thani hatte vor allem sein Cousin das Sagen: Scheich Hamad bin Jassim bin Jaber Al-Thani, genannt »HBJ«. Er war 1992 Außenminister und 2007 zusätzlich Premierminister Katars geworden – und hatte auch noch QIA vorgestanden. Im Mai 2014 stieg der reiche Scheich über seine Paramount Services mit 1,75 Milliarden Euro bei der Deutschen Bank ein. Er und sein Cousin, der abgetretene Emir, hielten zusammen zunächst mehr als sechs Prozent; Mitte 2016 stockten sie ihre Anteile an der »Deutschen« über Paramount Services und Supreme Universal auf insgesamt knapp unter zehn Prozent auf. Damit waren sie Mitte Juli 2016 plötzlich der größte Einzelaktionär des bedeutendsten deutschen Geldhauses, noch vor Blackrock. Die beiden Scheichs bei der Deutschen Bank eint eines, ein Bewusstsein für wahre Machtverhältnisse: »Vielleicht lenke ich das Land, aber er besitzt es«, sagte der Emir von Katar vor seiner Abdankung über seinen Cousin »HBJ«.

**Nachhaltigkeit** ✖✖☒☒☒
Exzellenz und Integrität sind die Hauptziele, keine umweltbewussten Investments.

**Unbestechlichkeit** ✖✖☒☒☒
Klare Anti-Korruptionsansage Katars. 2013 wurde publik, dass die britischen Behörden untersuchen, ob Barclays mehrere Milliarden an Qatar Investment Authority geliehen hat, damit der Partner Aktien der Bank kaufen konnte – Barclays vermied es so, nach der Finanzkrise vom Staat übernommen zu werden.

**Steuerehrlichkeit** ✖✖✖☒☒
Einnahmen aus dem Staatsfonds helfen dem Staatshaushalt. Der ehemalige Premier und jetzige Deutsche-Bank-Großaktionär Hamad bin Jassim bin Jaben Al-Thani fiel mit einer Briefkastenfirma auf den Bahamas auf.

**Humanität** ✖✖☒☒☒
In der Vergangenheit oft Klagen über unmenschliche Arbeitsbedingungen in Katar. Reformen sollen ab Dezember 2016 greifen.

**Transparenz** ✖✖☒☒☒
Viele Beteiligungen sind nicht bekannt. Die Investments von Qatar litten oft unter Vorwürfen, das Emirat finanziere den IS-Terrorismus – was die Verantwortlichen strikt bestritten.

## Ho Ching
### Temasek Holdings

Es erleichtert natürlich die Geschäfte, wenn der eigene Mann Premierminister ist. Aber Ho Ching (geb. 27. März 1953) ist selbst eine Machtfigur, sie kontrolliert große Teile der Wirtschaft im südostasiatischen Stadtstaat Singapur. Das gelingt ihr über Temasek Holdings: Seit mehr als einem Jahrzehnt steht Ho Ching an der Spitze des staatlichen Investmentarms. Die Gesellschaft, die Singapurs Finanzministerium gehört, ist unter anderem Mehrheitseigentümer der Fluggesellschaft Singapore Airlines sowie von Singtel, einem der asiatischen Telekomriesen.

Zudem hält Temasek, dessen Portfolio Ende März 2016 einen Wert von mehr als 189 Milliarden Dollar hatte, Anteile an Südostasiens größter Bank DBS (29,8 Prozent) sowie an der China Construction Bank (5,1 Prozent) und der chinesischen Großbank ICBC (zwei Prozent). Man ist auch in Thailand, Indonesien, Malaysia oder Australien aktiv, dort zum Beispiel bei Virgin Australia mit 20,1 Prozent. Beteiligt ist Temasek außerdem mit knapp 25 Prozent an A.S. Watson, dem Einzelhandelsarm des Mischkonzerns Hutchison Whampoa aus Hongkong, der wiederum Gesellschafter in einigen europäischen Parfüm- und Drogerieketten ist, zum Beispiel beim Familienunternehmer Dirk Rossmann (40 Prozent). Mittelbar steckt also Staatsgeld aus Singapur in dessen Drogeriemärkten. Natürlich hat Temasek auch die Mehrheit am Nahverkehrsunternehmen SMRT von Singapur, das es im Herbst 2016 ganz übernehmen und von der Börse nehmen wollte.

Zusätzlich zu den Beteiligungen in Asien baute Ho Ching die Aktivitäten von Temasek in Europa aus. Die Investmentfirma wurde unter ihrer Führung zum größten Aktionär der britischen Bank Standard Chartered (Anteil: 15,8 Prozent). Unglücklich über die Art, wie diese geführt wurde, forderte Temasek mehr unabhängige Aufsichtsräte und begleitete den Chefwechsel im Frühjahr 2015 auf Bill Winters wohlwollend. Temasek erwarb 2013 auch einen Anteil am Essener Chemiekonzern Evonik Industries AG der RAG-Stiftung; Mitte 2016 hielten die Investoren aus Singapur drei Prozent. In Paris beteiligte sich Temasek – genau wie der börsennotierte Family Office FFP der Peugeots – mit 5,5 Prozent an der Investmentfirma Tikehau, die günstige Firmen in Europa sucht.

Seit Hos Amtsantritt im Jahr 2004 zeigt sich Temasek aufgeschlossener in

Sachen Öffentlichkeitsarbeit. 2015 meldete der Fonds einen Wertanstieg von mehr als 19 Prozent im Vergleich zum Vorjahr; 2016 allerdings mussten minus neun Prozent eingeräumt werden. Seit der Gründung als Holding-Gesellschaft für Singapurs Staatsfirmen im Jahr 1974 sei im Schnitt eine jährliche Rendite von 15 Prozent erzielt worden, erklärt der Staatsfonds. Der Ökonom Christopher Balding, der an der HSBC Business School in der chinesischen Metropole Shenzhen lehrt, hält die Zahlen jedoch für unglaubwürdig. »Temasek behauptet nicht nur, besser abzuschneiden als der Markt«, kommentiert er, »sondern dass es den Markt über 40 Jahre lang kontinuierlich um eine enorme Summe schlägt.« Das Geschäftsjahr 2015/16 (Ende März) schloss Temasek mit einem Gewinn von acht Milliarden Singapur-Dollar ab, umgerechnet sechs Milliarden Dollar. Im Jahr darauf fielen rund 17 Milliarden US-Dollar Verlust an, das erste Minuserlebnis nach sieben Jahren.

Zweifel an den Zahlen äußert auch die Opposition in Singapur. Sie sieht zudem einen möglichen Interessenskonflikt in der Ehe der Temasek-Chefin mit dem Premier. Abgelöst werden sollte Ho bereits 2009. Die Übergabe an ihren designierten Nachfolger, den US-Manager Charles Goodyear, scheiterte jedoch wegen Meinungsverschiedenheiten in letzter Minute. Die Suche nach einem geeigneten Ersatz blieb seither ergebnislos. Als Ho Ching von April bis Oktober 2015 ein Sabbatical nahm, wurde sie durch Lee Theng Kiat ersetzt, der danach zum CEO des überaus expansiven Ablegers Temasek International aufstieg.

Den von ihrem Mann gelenkten Staatsfonds GIC hat Ho Ching übrigens auf einem Feld schon geschlagen: Temasek stieg 2015 mit einem Vermögen von rund 35 Milliarden Dollar zur größten Immobilienfirma Singapurs auf.

**Nachhaltigkeit** ✖✖▨▨▨
Es geht um nachhaltige Gewinne, nicht um Umweltschutz.

**Humanität** ✖▨▨▨▨
Arbeitsqualität kein Kriterium für Investitionen.

**Unbestechlichkeit** ✖✖✖▨▨
Keine Korruptionsvorfälle.

**Transparenz** ✖✖✖▨▨
Genannte Wirtschaftsdaten erscheinen noch eher als PR-Nummer. Insgesamt aber Bemühen um Öffentlichkeit.

**Steuerehrlichkeit** ✖✖✖▨▨
Einnahmen helfen dem Staatshaushalt.

## Mohammed bin Rashid Al Maktoum
### Investment Corporation of Dubai (ICD)

Ende der 1970er Jahre ist das World Trade Center das erste moderne Bauwerk in Dubai gewesen. Heute fällt es kaum mehr auf. Dubai ist eine der modernsten Städte der Welt – und ein globaler Experimentierkessel. Nach der Fast-Pleite inmitten der weltweiten Finanzkrise 2007/08 ist Dubai wieder voller Visionen: Scheich Mohammed bin Rashid Al Maktoum, der Herrscher des Emirats, hat neue Baupläne und will das Meidan-Projekt aus dem Boden stampfen. Dazu gehören ein gut 700 Meter hohes Wohngebäude, eine gigantische Shoppingmall, eine 1,2 Kilometer lange Indoor-Skipiste, 9 Kilometer Strandpromenade sowie 5,3 Kilometer überdachte Rad- und Joggingwege. Bis 2030 will der Scheich auf jedem Dach seines Emirats Solarmodule installieren; dafür baut er einen Solarpark mit 5000 Megawatt Kapazität auf – der größte der Welt, versteht sich. Die Kosten für das gesamte Solarprogramm belaufen sich auf 27 Milliarden Dollar. Dubai, das die Expo 2020 ausrichten wird, will damit zu einer emissionsfreien Stadt werden.

Wohl nichts steht so sehr als Synonym für Dubais Aufstieg zur Weltgeltung wie die Fluggesellschaft Emirates: 1985 startete die Airline aus Dubai mit gerade einmal zwei geleasten Maschinen. Heute betreibt sie die größte Flotte von Airbus-A380-Jumbos weltweit und fliegt mit mehr als 230 Großraumflugzeugen 151 Destinationen an. 254 weitere Maschinen stehen in den Orderbüchern. Emirates ist zu einer der weltweit größten Airlines aufgestiegen und findet gerade in den umliegenden Hauptstädten Abu Dhabi (Etihad) und Doha (Qatar Airways) ambitionierte Nachahmer. Emirates ist auch das Kronjuwel in der Investment Corporation of Dubai (ICD). Chairman hier ist Scheich Mohammed bin Rashid Al Maktoum (geb. 15. Juli 1949) persönlich, der auch als Premierminister der Vereinigten Arabischen Emirate amtiert.

Der Staatsfonds verwaltet 196 Milliarden Dollar und steht damit an Nummer elf der internationalen Rangliste. Es gibt 33 wichtige Beteiligungen, zumeist im Finanzsektor. Neben Emirates und der kleineren Billig-Airline Flydubai sind dort auch Anteile an den lokalen Großbanken Emirates NDB, Dubai Islamic Bank, Noor Bank, HSBC Middle East Finance Company sowie der Commercial Bank of Dubai und der Börse Dubai gebündelt. Hinzu kommen die Ölgesellschaft Emirates

National Oil Company (ENOC), Emirates Global Aluminium, der Immobilien-gigant Emaar, das 1,5 Milliarden Dollar teure Luxushotel Atlantis The Palm, der globale Marktführer Dubai Duty Free und andere Firmenanteile. Ein Drittel der Vermögenswerte von ICD liegen im Finanzsektor, knapp 20 Prozent in der Transport-Branche, gut 17 Prozent im Energie- und Industriesektor sowie 16 Prozent in Immobilienfirmen. ICD ist in 30 Ländern engagiert und baut derzeit ein Atlantis Luxusresort in China auf. Gerade der Immobilienriese Emaar, Erbauer des mit 828 Metern bisher höchsten Gebäudes der Welt (der »Burj Khalifa« in Dubai), ist in vielen anderen Ländern unterwegs.

Scheich Mohammed bin Rashid Al Maktoum sieht die globalen Expansions-pläne des Fonds auch als »Motor für Dubais Zukunft«. Dubai sei »eine Erfolgs-story mit Echo auf der ganzen Welt«. In Kürze werde Dubai »Hauptstadt der islamischen Wirtschaft« werden, ist sich der Emir sicher. Nicht nur Emirates und Dubai Ports, als einen der weltgrößten Hafenbetreiber, hat Al Maktoum zu Weltgeltung gebracht. Mit einer Milliarden-Spende aus der Privatschatulle hat der Herrscher zudem eine Stiftung aufgebaut, die sich vor allem der Bildung islami-scher Jugendlicher verschrieben hat. Der Emir hat den Traum, aus dem relativ liberalen Dubai einen Vorposten der islamischen Welt zu machen.

**Nachhaltigkeit** ✘✘✘✕✕
Wird als Faktor für Investitionsentschei-dungen in Dubai wichtiger. Riesiges Solarprogramm.

**Unbestechlichkeit** ✘✘✘✕✕
Keine Korruptionsfälle bekannt.

**Steuerehrlichkeit** ✘✘✘✘✕
Fondseinnahmen fließen in den Staats-haushalt.

**Humanität** ✘✘✘✕✕
Neue Arbeitsgesetze (gültig seit Januar 2016) sollen für bessere Arbeitsbedin-gungen sorgen.

**Transparenz** ✘✘✘✕✕
Starke Öffnung des Emirats. Islamische Werte werden inzwischen stärker betont.

## Peter Costello
### Australian Government Future Fund

Elf Jahre Schatzkanzler eines G20-Staates zu sein, das ist eine besondere Leistung. Der australische Liberale Peter Costello hat das von 1996 bis 2007 geschafft und dabei den Staatshaushalt einigermaßen in Balance gehalten. In dieser Zeit kamen der Politiker und die Regierung auf die Idee, die drohenden staatlichen Zahllasten durch die zu erwartenden Pensionen der öffentlichen Bediensteten von 2020  an durch einen Fonds zu finanzieren: den Australian Government Future Fund. Er startete mit umgerechnet rund 40 Milliarden Dollar aus dem Überschuss des Staatshaushalts im Jahr 2006 sowie aus dem Verkauf von Anteilen an der Telefonfirma Telstra.

Der Fonds war also, wenn man so will, Costellos Baby. Mit der Zeit wurden hier viele andere Fonds (für Bauen, Erziehung, Behindertenpflege, Medizinforschung) untergeparkt. Nach Ende seiner politischen Karriere kümmerte sich Costello (geb. 14. August 1957) dann einfach direkt darum: Im Dezember 2009 wurde der einstige Schatzkanzler Hüter des Schatzes der Australier – zunächst als wichtiges Mitglied des Aufsichtsrats (»Board of Guardians«), dann vom 11. Januar 2014 an als Chairman dieses »Zukunftsfonds«. Es hat seitdem viel Hoffnung, aber auch ein bisschen Ärger gegeben, zum Beispiel weil die Spezialisten der US-Finanzfirma Northern Trust von Singapur aus die operative Steuerung übernahmen, was mit dem neuen finanzpolitischen Selbstbewusstsein der Australier nicht zu vereinbaren war. Das Fondsvermögen ist auf 95 Milliarden Dollar angewachsen, die durchschnittliche Rendite lag Ende März 2016 bei 7,4 Prozent. Das klingt nach einem Erfolg, doch bedauerlicherweise liegt die Höhe der Renten-Verpflichtungen 2020 jetzt nicht mehr bei 109 Milliarden Dollar wie 2006, sondern bei 130 Milliarden Dollar. Eine Lücke tut sich auf. Noch mehr stürzte die Australier in Sorge, dass die Mittel des Fonds im ersten Quartal 2016 erstmals seit Mitte 2012 wieder sanken – um 0,9 Prozent.

Der Jurist Costello, der jahrelang dem unabhängigen Beratergremium der Weltbank vorstand, traut weder der Weltkonjunktur noch der Geldpolitik und bunkerte 2016 mehr als 20 Prozent des Fondsvolumens in der Kasse. Motto: Bloß kein Risiko! Nur 6,5 Prozent flossen in australische Aktien, 23 Prozent dagegen in ausländische Aktien, zumeist in entwickelten Industriestaaten. Das macht viele Beobachter in Australien wenig glücklich, die sich mit den Milliarden aus der Schatzkasse eine Stimulierung der eigenen Wirtschaft versprechen.

Costello hat 2008 einen Bestseller veröffentlicht, »The Costello Memoirs«, und fungiert auch als Aufsichtsratschef der börsennotierten Fernsehfirma Nine Entertainment. Die von der Regierung verkündete freigebige Rentenpolitik hatte Costello im Laufe der ersten Jahreshälfte 2016 dazu veranlasst, das Gespräch mit den Verantwortlichen über die mittelfristigen Ziele zu suchen. Er wunderte sich, dass der Staat seine Anleihen mit nur noch 2,2 Prozent Zins verkaufe, man von ihm aber rund 5,5 Prozent erwarte. »Gelüstet es der Regierung danach, dass wir Risiken eingehen?«, fragte sich Costello. Die Antwort gab er selbst: »Ich glaube nicht.«

Immerhin beteiligte sich Future Fund mit dem australischen Investmentfonds QIC an dem privatisierten Hafen von Melbourne.

**Nachhaltigkeit** ✖✖☒☒☒
Keine expliziten Ziele. 2013 schloss der Fonds Tabakproduzenten von der Anlageliste aus.

**Unbestechlichkeit** ✖✖✖✖☒
Keine Vorkommnisse.

**Steuerehrlichkeit** ✖✖☒☒☒
Der Fonds taucht in der Liste jener Organisationen auf, die Steuersparmodelle in Luxemburg nutzen.

**Humanität** ✖✖☒☒☒
Kein explizites Kriterium. In der Öffentlichkeit starke Kritik an einem Großinvestment in 15 Firmen, die mit der Produktion von Nuklearwaffen für die USA, Großbritannien, Frankreich und Indien zu tun hatten.

**Transparenz** ✖✖✖☒☒
Regelmäßige konkrete Darstellung der Finanzlage.

# Sung-Soo Eun

## Korea Investment Corp. (KIC)

Für den Verwalter eines Staatsfonds gibt sich Shinwoo Kang gerne unkonventionell. Bei Interviews erscheint der Chef-Investor der Korea Investment Corporation (KIC) schon mal mit breiten gelben Hosenträgern, auf denen Cowboys Rodeo reiten. Aber dies sollte nicht von seiner Qualifikation ablenken. Bereits vor seiner Berufung im Juni 2016 galt Shinwoo Kang im Staatsfonds als feste Größe. In seiner mehr als 30-jährigen Karriere in der Vermögensverwaltung hat er nicht nur die Fonds bekannter Firmen verwaltet – zuletzt als CEO von Hanwha Asset Management, der zu einem der größten südkoreanischen Firmenkonglomerate gehört. Er legte auch im Steuerungsausschuss des KIC gemeinsam mit dem Finanzminister, dem Notenbankchef und anderen Finanzexperten aus der Privatwirtschaft die Investitionsrichtlinien fest, nach denen er sich nun selbst zu richten hat.

Und natürlich redete KIC-Chef Sung-Soo Eun eine Menge mit, der frühere Weltbank-Direktor, der für 14 Regionen in Asien zuständig war; er ist erst im Januar zum Staatsfonds dazugestoßen. Zuvor hatte Sung-Soo-Eun im südkoreanischen Ministerium für Strategie und Finanzen gearbeitet. Die Karriere des KIC-Chefs begann 1984 im Ministerium für internationale Beziehungen; später bereitete er G20-Treffen vor und arbeitete im International Finance Bureau. KIC bleibe ein »disziplinierter Investor« mit Langfrist-Perspektive, versichert der Vorstandschef. Er plant eine neue radikale Offenheit und eine Generalüberholung des Fonds. 200 Milliarden Dollar soll er schwer werden – eine Verdoppelung gegenüber dem heutigen Niveau. Es gibt bereits einige hoffnungsvolle Partnerschaften, etwa mit der Investment Corporation of Dubai. In Berlin kaufte KIC zusammen mit Brookfield den Immobilienkomplex am Potsdamer Platz, und an der Ölfracking-Firma Osum Oil Sands hält der Staatsfonds aus Korea knapp zehn Prozent.

Sung-Soo Euns Vorgänger Ahn Hong-Chul musste Ende 2015 gehen, nachdem er versucht hatte, einen 19-Prozent-Anteil am Baseball-Team der Los Angeles Dodgers zu erwerben. Doch das Risiko erschien zu hoch, da zehn Jahre lang die US-Investmentfirma Guggenheim Partners mitkassiert hätte. Ahn wurde von seinen Kritikern genüsslich vorgerechnet, er erziele hohe Ausgaben und geringe

Erträge. Zunächst weigerte er sich zu gehen; das änderte sich, als Beamte in seinem Büro erschienen. Noch schlimmer waren die Erfahrungen der Koreaner in der Finanzkrise, als sie viel Geld mit der US-Investmentbank Merrill Lynch verloren.

Nun versucht KIC den Generalwandel. Auch der Risikovorstand Seungje Hong und der operative Chef-Organisator Sangjoon Kim sind neu im Amt. Er wolle sein Bestes geben und die Moral der Angestellten heben, erklärte Kang bei seiner Vorstellung. Nun muss er sich als Mehrer des staatlichen Vermögens beweisen, das sich Ende 2015 auf 92 Milliarden Dollar belief. Der KIC ist recht jung, er wurde mit Geldern der Regierung, der Notenbank und anderen Institutionen 2005 gegründet.

Bei Niedrig- oder Minuszinsen für Regierungsanleihen sowie Kapriolen an den globalen Finanz- und Rohstoffmärkten wachsen die Herausforderungen. Es wird erwartet, dass der neue Investment-Verantwortliche die bisherige jährliche Durchschnittsrendite von 3,23 Prozent seit 2005 hebt und nicht senkt. Der KIC verschiebt aktuell Kapital aus traditionellen Anlageklassen wie Aktien oder Anleihen in alternative Investments und »andere Werte« wie inflationsgebundene Anleihen, Rohstoffe, Bargeld und hybride Anlagen. Aktien machten bereits 2015 nur noch 40 Prozent und Anleihen 34 Prozent des Portfolios aus, während der Anteil alternativer Investments und anderer Anlagen um vier beziehungsweise fünf Punkte auf je 12,4 Prozent in die Höhe schnellte.

30 Prozent der »traditionellen Werte« werden in der Regel an Vermögensverwalter abgegeben, um höhere Renditen zu erzielen. Der Staatsfonds KIC investiert eher konservativ. Kang dürfte allerdings mittelfristig wahrscheinlich noch stärker ins Risiko gehen. Aber er soll seinen Job nicht alleine machen. KIC-Chef Eun hat bereits angekündigt, das Research-Team werde ausgebaut, um vor allem bei ausländischen Anlagen die Spreu vom Weizen zu trennen.

**Nachhaltigkeit** ✖ ✖ ✖ ⊗ ⊗
Wird hier vor allem finanztechnisch verstanden, als Langzeit-Investment.

**Unbestechlichkeit** ✖ ✖ ✖ ⊗ ⊗
Keine Unregelmäßigkeiten erkennbar.

**Steuerehrlichkeit** ✖ ✖ ✖ ⊗ ⊗
Kein Thema in dem koreanischen Staatsfonds.

**Humanität** ✖ ⊗ ⊗ ⊗ ⊗
Kein Kriterium bei der Geldanlage.

**Transparenz** ✖ ✖ ⊗ ⊗ ⊗
Noch gibt es Mängel, wie der geplatzte Deal mit den LA Dodgers beweist. Ziel ist mehr Offenheit.

# PRIVATE EQUITY

| | | Gründung | Land | Verwaltetes Vermögen in Mrd. US$, 2015 | Fundraising letzte 5 Jahre in Mrd. US$ | Größte Anteilseigner |
|---|---|---|---|---|---|---|
| 1 | **Blackstone** Stephen A. Schwarzman | 1985 | USA | **333** | 60 | Stephen A. Schwarzman: 45,5% Jonathan D. Gray: 8% Hamilton E. Kames: 6,3% |
| 2 | **Carlyle** David M. Rubenstein / William E. Conway | 1987 | USA | **193** | 25,7 | David M. Rubenstein: 19,3% William E. Conway: 18,3% Daniel A. D'Aniello: 18,3% |
| 3 | **Apollo Global Management** Leon D. Black | 1990 | USA | **162** | 24,1 | Leon D. Black: 33,3% Joshua Harris: 33,3% Marc J. Rowan: 33,3% |
| 4 | **KKR Kohlberg Kravis Roberts** Henry R. Kravis / George R. Roberts | 1976 | USA | **102** | 35,2 | 100% liegen bei Henry R. Kravis und George R. Roberts und Partner |
| 5 | **CVC Capital Partners** Steve Koltes, Donald Mackenzie, Rolly van Rappard | 1981 | UK | **80** | 23,5 | Ca. 70 Anteilseigner, ein Drittel gehört den 6 Gründungspartnern |
| 6 | **Texas Pacific Group** David Bonderman / James Coulter | 1992 | USA | **75** | 20,7 | Im Besitz der Partner |
| 7 | **Bain Capital** John P. Connaughton | 1984 | USA | **75** | 17,6 | Im Besitz der Partner |
| 8 | **Warburg Pincus** Timothy F. Geithner, Charles R. Kaye, Joseph P. Landy | 1939 | USA | **50** | 28,6 | Im Besitz der Partner 5% Marc Ladrait de Lacharrière (Senior Strategy Partner) |
| 9 | **Advent International** Peter A. Brooke | 1984 | USA | 33 | 27 | Im Besitz der Partner |
| 10 | **EnCap Investments** David B. Miller, Gary R. Petersen, D. Martin Phillips und Robert L. Zorich | 1988 | USA | 28 | 21,1 | Im Besitz der Partner |

QUELLE: Unternehmensangaben, PEI, P&I

# Stephen A. Schwarzman
## Blackstone

Stephen A. Schwarzman, den viele für einen ungehobelten Typen halten, kann sehr höflich sein. Auf einer Veranstaltung im New Yorker Hyatt-Hotel im Jahr 2014 lobte er die deutsche Unternehmerin Nicola Leibinger-Kammüller: »Ich nehme an vielen deutsch-amerikanischen Veranstaltungen teil, aber das war die beste Rede, die ich jemals gehört habe.« Dabei hatte sich die Chefin der Firma Trumpf recht kritisch über die USA geäußert. Die etwas konfusen Ausführungen der deutschen Verteidigungsministerin Ursula von der Leyen auf derselben Veranstaltung bedachte Schwarzman mit freundlichem Schweigen. Der Gründer und Chef der Finanzgesellschaft Blackstone hatte allen Grund zur Höflichkeit. Seine Firma ist auch in Deutschland aktiv, so wie in allen großen Märkten der Weltwirtschaft. Derzeit ist sie zum Beispiel mit 45 Prozent am legendären Kamera-Hersteller Leica beteiligt, als Partner des früheren Waldorflehrers Andreas Kaufmann, der reich geerbt hat. Beim Outdoor-Spezialisten Jack Wolfskin sind die Amerikaner seit 2011 dabei und mussten schon 75 Millionen Euro Kapital nachschießen. Beim Folienhersteller Klöckner Pentaplast traten sie sogar als Eigentümer und Berater auf.

Im Vergleich zu anderen Fondsgesellschaften und den meisten Vermögensverwaltern mischen sich Private-Equity-Häuser wie Blackstone weitaus stärker in die Führung von Firmen ein. Nirgendwo sonst, außer bei inhaber- oder familiengeführten Unternehmen, ist die Verfügung über Kapital so deutlich mit Entscheidungsbefugnissen verbunden. Sogar bei der börsennotierten Deutschen Telekom, wo Blackstone von 2006 an für einige Zeit mit 4,5 Prozent zweitgrößter Gesellschafter nach dem Bund war, stiftete man Unruhe; für die Amerikaner saß Lawrence Guffey im Aufsichtsrat. Vergeblich forderte Blackstone intern, in Schwellenländern wie Malaysia zu investieren. Ein Global Player, so wie Schwarzman, wollte der Bonner Konzern nicht sein. Resigniert gab der US-Titan auf.

Heute weiß der Blackstone-Chef nur zu gut, dass es in Deutschland immer noch Vorbehalte seiner Branche gegenüber gibt. Sie war hier einst als »Heuschrecken«-Plage gescholten worden. Deshalb gibt sich der mächtige Finanzmann Deutschen gegenüber freundlich – und wohl auch, weil sein Reich in Wahrheit längst dem zuweilen schmutzigen Private-Equity-Geschäft entwachsen ist. Es wäre ein großer Fehler, Blackstone als reine Beteiligungsfirma zu sehen. Im Jahr 2015 hatte Schwarzman fast 340 Milliarden Dollar an Vermögenswerten unter seinen Fittichen; das ist weit mehr, als die nächsten Rivalen aufweisen können. Davon wurden in der Sparte Private Equity Ende 2015 nur gut 94 Milliarden Dollar verwaltet, also gerade mal 25 Prozent.

Die Geschäfte sind weitaus vielfältiger geworden. So lag allein das Volumen der Kredite bei knapp 80 Milliarden Dollar. Blackstone ist also auch eine Bank. Beteiligungsgesellschaften vergeben Kredite in der Regel nicht aus ihrer eigenen Bilanz, sondern durch Kreditfonds, die sich direkt bei Investoren refinanzieren. Dadurch übernehmen diese Unternehmen Funktionen eines klassischen Geldinstituts, sie sind Teil der Schattenbanken. Allerdings sind sie kaum mit früheren Privatbanken vergleichbar, bei denen Bankiers mit ihrem Privatvermögen gehaftet haben und häufig mit ihren Kunden zusammen Geld investierten. Dafür sind die Summen zu gering, die Schwarzman persönlich riskiert.

Enorm zugelegt hat bei Blackstone das Immobiliengeschäft – nach dem Kauf des Equity Office Properties Trust (2007) für 39 Milliarden Dollar. Mitte 2016 ist Schwarzman zu seinem Wohlgefallen der weltgrößte Immobilienbesitzer, die niedrigen Zinsen wirkten wie ein Antriebsstoff für weitere Zukäufe. Andere Finanzfirmen können da nicht mehr mithalten. Zusammengenommen kamen Blackstones Immobilien 2015 auf einen Wert von 135 Milliarden Euro, nur die kanadische Brookfield Asset Management schaffte mit 137 Milliarden etwas mehr. Seitdem legte Schwarzmans Firma weiter zu. Niemand hat in den USA und in Indien mehr Bürofläche als Blackstone. Der für Immobilien verantwortliche Manager Jonathan Gray wurde früh als Nachfolger Schwarzmans auserkoren. Er hat sein Meisterstück mit dem Kauf der Hilton Hotels (2007) für 26 Milliarden Dollar gemacht, die er erst von der Börse holte, dann im Dezember 2013 dorthin zurückführte und Mehrwert erzielte. Zu Schwarzmans Imperium gehören heute 50.000 Mietshäuser, die Einheit soll 2017 an die Börse. Und Blackstone kaufte, mit Unterstützung der Bank Wells Fargo, dem Industrieriesen General Electric ein riesiges Immobilien-Portfolio über insgesamt 23 Milliarden Dollar genauso ab wie für 5,3 Milliarden das Großobjekt »Stuyvesant Town« in Manhattan, woran Blackrock gescheitert war. In Deutschland wurde Anfang 2016 ein ganzes Bündel von Logistik-Grundstücken erstanden. Als Nächstes peilte Blackstone den Kauf von 100 Büroimmobilien von Office First an, dem alten Kern der insolvent gegangenen Firma IVG.

Das Stammgeschäft Private Equity steht für eine zeitweise Beteiligung an Unternehmen, die in privatem Eigentum stehen, die also nicht öffentlich an der Börse notiert sind. Mehr als 90 Firmen führt Blackstone im Portfolio. Hin und wieder hat Schwarzman auch Aktienpakete von börsennotieren Konzernen erworben. Zusätzlich gibt es noch ein vitales Hedgefonds-Geschäft; es macht mehr als ein Fünftel des Geschäfts aus. Damit bietet die Gruppe praktisch den ganzen Bereich der alternativen Investments an.

Blackstone ist selbst seit 2007 an der Börse notiert, musste aber in den acht Monaten nach einem Kurshoch im Mai 2015 einen Kursrückgang von 50 Prozent erleben. Die Firma weist sehr schwankende Gewinne aus. Im Jahr 2012 waren es nach Steuern gut 800 Millionen, dann stieg der Gewinn auf 3,7 Milliarden Dollar

2014 und ging 2015 wieder zurück auf 1,6 Milliarden. Das ist aber nur der Gewinn der Gesellschaft selber, nicht der ihrer Fonds. Die Private-Equity-Branche ist umstritten, auch weil das Berechnen von Gebühren – jenseits der Standardgebühr von zwei Prozent – oft undurchsichtig ist. Von dem Gewinn 2014 entstammten immerhin 58 Prozent den »performance fees«, das sind erfolgsabhängige Größen (jeweils 20 Prozent vom Gewinn des Investments). Der fette Ertrag entsprach dem Gewinn, den Blackrock und T. Rowe Price zusammen gemacht hatten; freilich haben die beiden großen Vermögensverwalter mehr als 15-mal so viele Vermögenswerte wie Blackstone.

Stephen Schwarzman, der CEO und Chairman, ist mit einem Vermögen von knapp zehn Milliarden Dollar tatsächlich so etwas wie der »King of Wall Street«, zu dem ihn Zeitungen machten. Und so einer ist nicht immer höflich. Pläne der US-Regierung unter Präsident Barack Obama, die Manager von Private-Equity-Firmen und Hedgefonds härter zu besteuern, verglich er mit Hitlers Einmarsch in Polen 1939. Das nahm der Gefolgsmann der Republikanischen Partei später zurück, die Pläne wurden auch nicht umgesetzt. Sein Verhältnis zur Politik ist von der Präferenz für starke Persönlichkeiten geprägt, Oligarchen würde er für gute US-Präsidenten halten. Und die enge Beziehung zu Mitt Romney, Präsidentschaftskandidat 2012, erklärt er damit, die beiden hätten bei einem gemeinsamen Investment das 24-Fache des Einsatzes zurückbekommen: »Im Finanzgeschäft ist das die Art, wie man sich Freunde macht.«

Schwarzman und andere Manager der Branche profitieren von einer Regelung, wonach der Teil ihrer Bezüge, der sich aus erfolgsabhängigen Gebühren speist, den »performance fees«, wie Kapitalerträge besteuert wird – statt wie Arbeitseinkommen. Diese Bezüge werden als »Carried Interest« bezeichnet. Der Begriff geht zurück auf die alte Seefahrt, bei der Kapitäne einen Teil des Gewinns der Waren, die sie transportieren, als Vergütung bekamen. Langfristige Kapitaleinkünfte werden in den USA mit bis zu 20 Prozent deutlich weniger besteuert als Arbeitseinkünfte mit bis zu knapp 40 Prozent. Das führt zu einem logisch nicht nachvollziehbaren Bonus für Manager, die zum Teil ein Vielfaches von dem verdienen, was die Chefs der größten US-Banken bekommen.

Für Stephen Schwarzman (geb. 14. Februar 1947) ist Gehalt eine Frage der Ehre. Mehr Einkommen, mehr Status, mehr Vermögen, ein höherer Aktienkurs, das alles ist für ihn Ausdruck eines geglückten Wettbewerbs. Er will geschätzt werden, weil er erfolgreich ist und deswegen reich. Auf die Bemerkung eines Journalisten, mit 150 Millionen Dollar auf dem Konto würde er nicht mehr arbeiten, antwortete Schwarzman prompt: »Das ist vielleicht der Grund, weshalb Sie nie 150 Millionen haben werden.« Und tatsächlich: Schwarzman kassierte im Jahr 2015, einschließlich der Kapitalerträge, die sagenhafte Summe von 800 Millionen Dollar. Von einem Umsatz in dieser Höhe können die meisten Mittelständler nur träumen. Der weitaus größte Teil davon, rund 640 Millionen, kam durch die Dividende auf seinen Blackstone-Anteil von rund 20 Prozent zustande. »Carried Interest« machte 88 Millionen aus.

Schon in den Jahren zuvor hatte Schwarzman in ähnlicher Dimension kassiert. Allein das zeigt seine Bedeutung für die Finanzbranche. Das ist ohne Frage ein steiler Aufstieg für den Sohn eines Einzelhändlers aus Philadelphia, der an der Yale University und der Harvard Business School studierte und später Karriere bei der inzwischen fallierten Investmentbank Lehman Brothers machte. Mit 31 war er dort Managing Director und avancierte zum weltweiten Chef für Mergers & Acquisitions. Vor allem aber schloss er bei Lehman enge Freundschaft mit seinem Chef Peter Peterson, einst Handelsminister unter US-Präsident Richard Nixon. Das Adressbuch des gut vernetzten konservativen Politikers und die Wendigkeit des Finanzingenieurs ergaben eine markttaugliche Kombination. 1985 machte sich das Duo selbstständig, mit vier Angestellten und 400.000 Dollar Startkapital. Beim Börsengang 2007 kassierte Schwarzman 684 Millionen Dollar, Gefährte Peterson kam auf knapp 1,9 Milliarden. Der Veteran ging in den Ruhestand und erfreute sich der Veröffentlichung des Buchs »Mr. Nanny« seiner Tochter Holly, die den Stress reicher New Yorker Finanzkreise beschrieb, 20 Millionen Dollar im Jahr auszugeben.

Seit Gründung hat Blackstone Unternehmen im Wert von 200 Milliarden Dollar gekauft und verkauft. Skandale blieben nicht aus. So nahm sich der Fernsehsender CNN des Unternehmens Sea-World an, auch eine der vielen Beteiligungen Blackstones. Der Film hieß »Blackfish« – nicht als Anspielung auf Schwarzmans Firma, sondern weil die Indianer an der US-Westküste die Orcas so nennen. Die Dokumentation spießte die Tierquälerei auf, die Sea-World mit gefangenen Walen betrieb, und beschrieb den tödlichen Unfall einer Trainerin. Schwarzman kommentierte, die Dame habe alle geltenden Sicherheitsvorkehrungen außer Acht gelassen. Die Aussage war nicht nur herzlos, sondern offenbar Unsinn. Blackstone, nicht Schwarzman persönlich, zog sie anschließend zurück.

Der omnipotente Firmenchef verbindet alles, was seine Branche auszeichnet: eine interessengesteuerte Weltsicht, viel Geschäftssinn, Diplomatie, Machtallüren, Glanz und Gloria, und auch Großzügigkeit. Die ehrwürdige Fassade der New York Library am Bryant Park trägt seinen Namen, weil er die Renovierung bezahlt hat. An der Tsinghua Universität in Peking etablierte er mit 100 Millionen Dollar ein Stipendiatenprogramm (»Schwarzman Scholars«), ganz im Bewusstsein, der chinesische Traum sei genauso wie der amerikanische: Jeder kann es schaffen. Und natürlich leistet sich Schwarzman demonstrativ den letzten Luxus der Superreichen, erlesene Kunst. Als er ein »Blackboard«-Gemälde von Cy Twombly für seine Wohnung brauchte, setzte er einfach den weltgrößten Kunsthändler Larry Gagosian in Bewegung, der ein Exemplar in Korea organisierte. So sehen heute im Weltkapitalismus Insignien des Erfolgs aus: Schwarzmans 37-Millionen-Dollar-Apartment in New York gehörte einst John D. Rockefeller, es gibt eine Strandvilla in Florida sowie Häuser auf Long Island, in St. Tropez und auf Jamaika.

Der Mann will nun mal Maßstäbe setzen: Blackstone sei nicht einfach per se ein Geschäft, es sei eine »Mission, der beste zu sein«. Mit seiner Party zum 60. Geburtstag ist ihm das 2007 gelungen. 1500 Gäste versammelten sich an der feinen Upper Eastside von New York, mit Rod Stewart und Patti Labelle als Entertainer. Das kostete drei Millionen. In diesem Jahr zeigte sich Schwarzman in Bestform, ganz nach seiner alten kämpferischen Devise: »Ich will Krieg und keine Serie von Scharmützeln.« Weil Schwarzman seinen Betrieb als »limited partnership« definiert, haben Mitaktionäre nichts mitzureden. Der Zeitpunkt für den Börsengang 2007 war gut gewählt: Kurz danach brach die Finanzkrise aus, bei der die Banken im Mittelpunkt standen, nicht aber Beteiligungsfonds oder Hedgefonds.

Stephen Schwarzman weiß, wem er sein Glück zu verdanken hat. Sechs Monate im Jahr sitzt er im Flugzeug, um zu institutionellen Investoren zu reisen, also zu den Chefs wichtiger Pensionsfonds oder Staatsfonds wie in Abu Dhabi. Seine besten Kunden sind Groß-Investoren, die einen Teil ihres Vermögens abseits von der Börse investieren wollen, in manchen Fällen auch reiche Privatleute. Ein besonderes Zeichen – nach all der ausgiebigen Trophäenjagd – will der Primus der Finanzszene offenbar noch setzen. Im Frühjahr 2016 wurde bekannt, dass Schwarzman an einem Business-Buch arbeitet. Memoiren wären in diesem Fall vermutlich besser zu lesen – und auch verkaufsträchtiger.

### Nachhaltigkeit ✗ ✗ ✗ ✗ ⬡
Die Umwelt zu schützen, sei entscheidend wichtig, der Fokus liegt auf Nachhaltigkeit.

### Unbestechlichkeit ✗ ✗ ✗ ⬡ ⬡
Keine Vorfälle bekannt. Blackstone unterstützt politische Parteien.

### Steuerehrlichkeit ✗ ✗ ⬡ ⬡ ⬡
»Luxembourg Leaks« zeigte, wie Blackstone die eigene Steuerlast minimierte.

### Humanität ✗ ✗ ⬡ ⬡ ⬡
Ethische Prinzipien formuliert. Qualität der Arbeitsbeziehungen für Investments untergeordnet. Kritik an der Beteiligungsfirma Sea World wegen Tierquälerei.

### Transparenz ✗ ✗ ⬡ ⬡ ⬡
Die Börsenaufsicht monierte »monitoring fees«, Blackstone zahlte im Oktober 2015 eine Strafe von zehn Millionen Dollar und erstattete betroffenen Investoren 29 Millionen. Die Park Hill Group fiel durch Gaunereien eines ehemaligen Blackstone-Partners auf, Schwarzman war an der Firma beteiligt. 85 Millionen Dollar zahlte Blackstone an Investoren, die geklagt hatten, es seien vor dem Börsengang 2007 negative Entwicklungen verschwiegen worden.

# David M. Rubenstein
## Carlyle

Seine größte Sorge war lange Zeit, dass alle Welt seine Firma für einen Knotenpunkt der amerikanischen Militär- und Verteidigungsindustrie halten könnte. Das ist – nach Irakkrieg und NSA-Affäre – international nicht besonders geschäftsfördernd. Und es stimmt ja auch: In den ersten Jahren nach der Gründung im Jahr 1987 kamen verdammt viele Aufträge für Carlyle aus dem Rüstungssektor. David M. Rubenstein und seine Mitgründer William E. Conway jr. und Daniel A. D'Aniello hatten die Idee gehabt, rund um den militärisch-industriellen Komplex  eine Beteiligungsfirma zu bauen, bei der und für die sie ihr politisches Netzwerk in Washington so richtig nutzen konnten. So wurde ihre Firma Carlyle groß, jene Kreation, die sie im gleichnamigen New Yorker Hotel so oft beredet hatten.

Rubenstein kannte die Politik gut, schließlich hatte er von 1977 bis 1981 im Team des US-Präsidenten Jimmy Carter gearbeitet. Sehr scheu, aber diszipliniert trat er schon damals auf. Er sollte dort die Inflation bekämpfen, sie stieg allerdings auf über 15 Prozent. Der Anwalt stand den Demokraten nahe, doch die Politiker, die dann für Carlyle arbeiteten, entstammten dem Lager der Republikaner. So wie Ex-Außenminister James Baker oder Ex-Verteidigungsminister Frank Carlucci. Oder Fred Malek, früher stellvertretender Vorsitzender des Republican National Committee, der Rubensteins Start-up anfangs beriet.

Auch als Rubenstein (geb. 11. August 1949) größer und mächtiger wurde, hielt er Kontakt zum demokratischen Ex-Präsidenten Carter. Intensiver waren die Kontakte zu George W. Bush, der vor seinem Gouverneursamt in Texas für Carlyle im Aufsichtsrat von Caterair saß. Und als Bill Clinton Präsident war, heuerte Rubenstein rasch alte Getreue seiner Regierung an. Ein Ideologe ist der Gründer von Carlyle nicht, eher ein Nutzer der Möglichkeiten. Auch ist Rubenstein nicht mit Spenden an die Parteien aufgefallen: Er wolle nicht auf diese Art politisch involviert werden und fühle sich auch nicht genötigt, Erklärungen abzugeben, ein Demokrat oder ein Republikaner zu sein: »Ich sehe mich selbst als Amerikaner.« Sicher ist: Wann und wo immer er im Kongress in Washington auftaucht, gibt es ein großes »Hallo«. Es habe aber nie eine politische Beeinflussung durch Carlyle gegeben, behauptet Rubenstein, das Thema habe sich jedoch zum Imageproblem entwickelt.

Längst ist die Private-Equity-Firma dem Militärwesen entwachsen. Sie kauft und verkauft alles, was Geld bringt – von Öl-Raffinerien bis zu Eisenbahnen. In den vergangenen Jahren dealte Rubenstein beispielsweise mit Dunkin' Brands, mit einer Lebensversicherung aus China, sowie Hertz. 2007 stieg der Staatsfonds Mubadala aus Abu Dhabi mit 7,5 Prozent bei den Partnership Units von Carlyle ein und baute den Anteil später aus; auch der kalifornische Pensionsfonds Cal-PERS war Großinvestor. Vier Jahre später kaufte Rubensteins Firma 60 Prozent des niederländischen Dachfonds Alpinvest, der Pensionsfonds verwaltet. Heute ist Carlyle mit einem verwalteten Vermögen von fast 200 Milliarden Dollar die Nummer zwei des Gewerbes.

Seit 2012 notiert Carlyle an der Börse, 81 Millionen von insgesamt 325 Millionen eigener Aktien werden dort gehandelt. Doch der Kurs fiel 2015 um die Hälfte, 2016 dümpelte er vor sich hin. Es gibt nicht viele wie den Investor Okumus Fund Management, der an eine Wende glaubt und 100 Millionen in Carlyle-Aktien investierte. Das gab dem Kurs aber weit weniger Auftrieb als jene 200 Millionen Dollar, die Carlyle selbst im Februar 2016 für den Kauf eigener Papiere ausgab. Der Kurs sollte um jeden Preis nach oben gehen. Der Fall des Ölpreises, die globalwirtschaftliche Unsicherheit, die Debatten über zu hohe Gebühren – all das hat dem Börsenwert Carlyles geschadet.

Für Rubenstein (geschätztes Vermögen 2,2 Milliarden Dollar) ist Carlyle ein Ausweis des Erfolgs. 2011 kassierte er 140 Millionen Dollar, so viel wie seine beiden Mitgründer auch. Mehr als 90 Prozent entstammten den Investorenprofiten. Er selbst hält in Partnership Units 19,3 Prozent der Aktien, Conway und D'Aniello besitzen je 18,3 Prozent. 2014 bekam Rubenstein übrigens ein Grundgehalt von 275.000 Dollar. Das wirkt in diesen Zusammenhängen fast so bescheiden wie die Verhältnisse, aus denen er stammt. Sein Vater arbeitete bei der Post in Baltimore, die Mutter blieb zu Hause. In seiner Jugend war Rubenstein ein Bücherwurm, der sich eifrig in der öffentlichen Bibliothek mit Nachschub versorgte. Er wollte lesend nach oben kommen. Von dieser Angewohnheit blieb, dass er auch heute vier bis fünf Bücher in der Woche sowie täglich mindestens ein halbes Dutzend Zeitungen liest. Die Anstrengungen haben sich gelohnt: Rubenstein gehört zu den 0,1 Prozent ganz oben.

Auf einem Fachkongress in Montreal offenbarte Rubenstein im März 2016 folgende Selbstwahrnehmung: »Ich bin nicht brillant. Ich bin erkennbar nicht gut aussehend. Ich habe keine großen athletischen Fähigkeiten. Ich habe nicht viel Charme. Also wie habe ich das geschafft? Der meiste Teil meiner Karriere war mehr mit Fehlern als mit Erfolgen gefüllt.« Er habe eben Glück gehabt. Wichtig sei es, Mitarbeiter zu engagieren, die intelligent, aber nicht zu intelligent seien (»Genies kann ich nicht gebrauchen«) und die sich gerne philanthropisch betätigten. Denn er habe erkannt: »Gute Philanthropen leben länger, und wenn ihre

Zeit gekommen ist, werden sie im Himmel an einem besonderen Ort herzlich begrüßt.«

Allerdings stellt Rubenstein selbst die Wichtigkeit von »Carried Interest« heraus, der Gewinnbeteiligung bei Firmenkäufen: »Die Idee von Private Equity ist doch, ein paar clevere Leute zu haben, die Firmen kaufen und weiterentwickeln, um dann 20 Prozent Carried Interest zu verdienen. Da spielt die Musik, damit wollen wir unser Geld verdienen«, erzählte er in größter Ehrlichkeit dem »Manager Magazin«. Auch Steuerschlupflöcher sind Teil des Erfolgskonzepts von Carlyle. Das gesparte Geld spendet Rubenstein, der größte Anteilseigner, bevorzugt Institutionen, die er kennengelernt hat, so wie die Duke University und die University of Chicago. Fast nationale Bedeutung bekam er, als er 7,5 Millionen Dollar zur Restaurierung des von einem Erdbeben beschädigten Washington Monument gab.

Die Affäre um Edward Snowden erinnerte die Welt daran, dass Carlyle noch immer im politischen Geschäft stark ist. Der auskunftsfreudige Datenspezialist hatte sein Wissen über den US-Geheimdienst National Security Agency (NSA) als Mitarbeiter für Booz Allen erworben, einer Tochter der Carlyle Group. Sie dient mit ihren Mitarbeitern und Services der US-Regierung, vor allem in Fragen der Verteidigung und der Geheimdienste. Rubenstein hatte 2008 rund 2,5 Milliarden Dollar für Booz Allen bezahlt, das wenig einträgliche internationale Geschäft abgetrennt und in den USA stark auf Leistungsbeteiligung der Mitarbeiter gesetzt, ganz nach dem Motto »You got to eat what you killed«. 2010 ging Booz Allen an die Börse und erbrachte Carlyle einen dicken Erlös. Seit einem Verkauf im Mai 2016 hält Carlyle nur noch 11,3 Prozent.

Rubenstein ist ein Künder, Förderer und Spender der Globalisierung, der seine Zeit in allerlei Gremien verbringt. Er ist zum Beispiel Chairman des Advisory Boards der Tsinghua University School of Economics and Management in Peking. Beim Essen mit dem Staatspräsidenten Xi Jinping brachte er eine Glückskeksweisheit als angebliches chinesisches Sprichwort ein: »Eine Reise von 1000 Meilen beginnt mit dem ersten Schritt«, woraufhin Xi nur sagte: »Ich glaube nicht, dass das ein chinesisches Sprichwort ist.«

Aber auch im Großreich des umtriebigen Investors ist nicht alles von imposanter Grandeur. Dem Carlyle-Hedgefonds Claren Road Asset Management entnahmen Investoren beispielsweise von 2014 an sechs Milliarden Dollar; im Februar 2016 standen nur noch zwei Milliarden zu Buche. Das ist nicht so schlimm wie das Schicksal des Kreditfonds Carlyle Capital Corporation, den die Firma 2007 an die Börse brachte – und der im März 2008 liquidiert werden musste. Gläubiger blieben auf ihrem Geld sitzen. Zur Liste der Misserfolge gehört auch, dass Rubenstein ein Gespräch mit dem damals noch unbekannten Harvard-Studenten Mark Zuckerberg ablehnte. Andererseits schaffte das eigene Immobiliengeschäft 2015 eine Traumrendite von 27 Prozent (gegen 13 Prozent der eigenen Hauptfonds).

Rubenstein will noch ein wenig weitermachen. Der Mann, der in zahlreichen US-Boards sitzt und bei TV-Talkshows punktet, prägt Carlyle noch immer. Er liebe seinen Job und die vielen philanthropischen Projekte, er glaube, dass das menschliche Immunsystem herunterfahre, »wenn man im Sand sitzt und dann all die Bazillen und Keime eindringen können«. Für die meisten Reichen sei es viel schwieriger, Geld auf intelligente Weise zu spenden, als es zu verdienen, bekannte er einmal in der »Frankfurter Allgemeinen«. So gab Rubenstein 4,5 Millionen Dollar für die Pandas im Zoo von Washington, die von China geliehen sind – die Gabe hilft der Völkerverständigung. Die Anerkennung in Form von Namensschildchen oder Gebäudebezeichnungen wie »David Rubenstein Atrium« am New Yorker Lincoln Centre registriert er mit größtem Wohlwollen. Und Rubinstein findet auch, dass er lieber spendet, als seinen Kindern mit einem zu großen Erbe zu viele Selbstfindungsprobleme zu bereiten.

**Nachhaltigkeit** ✖✖✖ ☒☒
Selbstverständnis als »Unternehmensbürger«, der mit Investments nachhaltige Projekte fördert. Erfolg ist aber durch maximalen Cashflow bedingt.

**Unbestechlichkeit** ✖✖ ☒☒☒
2009 zahlte die Carlyle Group in New York 20 Millionen Dollar. Sie hatte jahrelang insgesamt 13 Millionen an einen politischen Mittelsmann gezahlt, der Gelder des New Yorker Pensionsfonds für Carlyle einwarb. Die Finanzfirma ist politisch extrem gut vernetzt, insbesondere mit Größen der Republikanischen Partei.

**Steuerehrlichkeit** ✖✖ ☒☒☒
Schleuste die Steuerlast über eine Luxemburger Tochter unter ein Prozent. Ein Deal von Carlyle über eine Tochter in Hongkong

war für Chinas Regierung ein Anlass, die Steuergesetze zu verschärfen.

**Humanität** ✖✖✖ ☒☒
Großes Engagement des Carlyle-Gründers Rubenstein in sozialen und kulturellen Projekten. Erstand 2007 in England für 21,3 Millionen Dollar eine 710 Jahre alte Kopie der Magna Charta, die heute in den amerikanischen National Archives ist. Intern und bei Carlyle-Beteiligungen hoher Leistungsdruck.

**Transparenz** ✖✖✖ ☒☒
Früher extrem geheimnisvoll, inzwischen viel offener und börsennotiert. Wie Konkurrenten wurde auch Carlyle der Preisabsprachen beschuldigt. Die Firma regelte den Fall 2014 mit der Zahlung von 115 Millionen Dollar.

# Leon D. Black
## Apollo Global Management

So gut wie jeder kennt das Gemälde »Der Schrei« von Edvard Munch. Es existiert in vier Versionen, nur eine davon kam je in eine Auktion. Sie wurde 2012 in New York von einem norwegischen Immobilien-Unternehmen für knapp 120 Millionen Dollar, einen außerordentlich hohen Preis, an einen anonymen Käufer veräußert. Wenig später nannte das »Wall Street Journal« unter Berufung auf Experten der Kunstszene seinen Namen: Leon Black.

Black ist einer der Milliardäre, die ihr Geld mit Hedgefonds oder Beteiligungsgesellschaften gemacht haben und die seit einigen Jahren zu den wichtigsten Sammlern im Kunstmarkt gehören. Ihr Einfluss geht weit darüber hinaus, einzelne Bilder oder Skulpturen in ihren Privatbesitz zu übernehmen. Weil sie über scheinbar unerschöpfliche Geldquellen verfügen, treiben sie die Preise hoch und machen es anderen Sammlern und Museen schwer, mitzuhalten. Black stellte den »Schrei« allerdings zeitweise dem Museum of Modern Art in New York zur Verfügung. Mit insgesamt 106 Millionen Dollar setzte er sich auch in einem bitteren, mit Anwälten und Gerichten geführten Streit um die Picasso-Skulptur »Büste einer Frau (Marie-Thérèse)« durch, auf die auch Mitglieder der katarischen Königsfamilie mittelbar Anspruch erhoben hatten. Einen fast 400 Jahre alten babylonischen Talmud ersteigerte er Ende 2015 für 9,3 Millionen Dollar.

Black ist nicht nur in der Kunstszene eine außergewöhnliche Gestalt. Seine Firma Apollo gehört mit 170 Milliarden Dollar Volumen zu den größten alternativen Vermögensverwaltern weltweit. Dabei entfiel Ende 2015 der Löwenanteil mit 121 Milliarden auf Investitionen in Kredite. Der Mann aus New York ist der Sohn des polnischen Emigranten Eli M. Black, der die United Brands Company als CEO geleitet hat. Leon Black (geb. 31. Juli 1951) studierte Philosophie und Geschichte am Dartmouth College und machte seinen MBA in Harvard. Danach arbeitete er zehn Jahre lang bei Drexel Burnham Lambert. Dieses Geldhaus wurde durch seine Führungskraft Michael Milken berühmt dafür, mit Hochzins-Anleihen Übernahmen von Unternehmen zu finanzieren. Mit zweifelhaften Geschäften trieb er die Firma in den Bankrott und handelte sich selber eine zehnjährige Gefängnisstrafe ein, die später auf knapp zwei Jahre reduziert wurde.

Black gründete Apollo 1990 quasi aus der Erbmasse seines früheren Arbeitgebers heraus. Er übernahm zum Teil dessen Darlehen und Anleihen. Im Nachgang zur großen Sparkassenkrise der 1980er Jahre, bei der massenhaft Kreditgeber ausfielen, gab es einen großen Bedarf an Finanzierungen. Kredite werden vor allem in den USA nicht nur von Banken vergeben und in den Büchern gehalten. Sie werden verbrieft und gehandelt, danach landen sie häufig bei Großinvestoren. Oder das Geld wird unmittelbar über Anleihen eingesammelt. Dabei gilt: Je höher das Risiko, desto höher der Zins. Die Papiere mit den höchsten Risiken gelten als »Junk«, als Abfall, können aber ein sehr profitables Geschäft sein. Beteiligungsgesellschaften wie Apollo kaufen mitunter die Kredite angeschlagener Firmen günstig auf und hoffen auf Sanierung. Oder sie bringen die Firmen unter ihren Einfluss und treiben die Sanierung selber aktiv voran.

Leon Blacks Vermögen wird auf 4,5 Milliarden Dollar geschätzt. Er hat gute Jahre hinter sich. So kassierte der CEO und Mitgründer für das Jahr 2013 exakt 546,3 Millionen Dollar an Dividenden und Fondserträgen. Für 2014 fielen 330,6 Millionen an. Seine Ambition ist riesengroß, sein Stil zuweilen fast hemdsärmelig. So tönte er 2013 auf einer Konferenz, Apollo verkaufe alles, »was nicht niet- und nagelfest ist«. Drei Jahre später klang er ziviler: Er pflanze Samen für künftige Verkäufe. Apollo hat 2016 zum Beispiel ADT Corp. gekauft, die auf private Sicherheit spezialisiert sind, oder den Lebensmittelhändler Fresh Market. Größere Beteiligungen sind Claire's, Caesars Entertainment Corporation oder Norwegian Cruise Line. Black glaubt an Finanzgeschäfte in Europa und kaufte eine Versicherung in Portugal, eine Bank in Slowenien und eine Kreditkarten-Gesellschaft in Irland. Negativ im eignen Portfolio schlagen zahlreiche Energiefirmen durch. Nachdem der Aktienkurs von Apollo stark gefallen war, kündigte Black im Februar 2016 einen Kauf der eigenen Aktien für 250 Millionen Dollar an, und er war in den ersten acht Monaten einer der emsigsten Firmenkäufer: elf Deals, fast zwölf Milliarden Dollar ausgegeben.

**Nachhaltigkeit** ✗ ✗ ✗ ✗ ✗
Apollo betont die Wichtigkeit von ökonomischen, sozialen und politischen Kriterien bei den eigenen Investments.

**Unbestechlichkeit** ✗ ✗ ✗ ✗ ✗
Vorwürfe am Dartmouth College: Treuhänder wie Black würden für ihre Spenden so belohnt, dass das College in deren Firmen investiert. Diffuse Geschäftsbeziehung mit dem Pensionsfonds CalPERS, was zu Prozessen führte.

**Steuerehrlichkeit** ✗ ✗ ✗ ✗ ✗
Auf zwölf Seiten listet Apollo seine Ableger in Steuerparadiesen wie den Cayman Islands auf. Das Portal Ethical Consumer vergibt deshalb wegen exzessiver Steuervermeidung die schlechteste Note.

**Humanität** ✗ ✗ ✗ ✗ ✗
Immer wieder Klagen von Arbeitnehmern in Firmen, die Apollo übernommen hat, wegen des gestiegenen Drucks und schlechterer Bedingungen.

**Transparenz** ✗ ✗ ✗ ✗ ✗
Unterstützt die »Walker Guidelines« für mehr Transparenz. Unklare Berechnung und Verwendung von Gebühren, auch für Vertriebsmitarbeiter.

# Henry R. Kravis
## Kohlberg Kravis Roberts (KKR)

»Schulden können sehr wertvoll« sein, sagt Jonathan Pryce in der entscheidenden Szene. »Sie zwingen ein Unternehmen zur Disziplin.« Pryce spielt in dem Film »Barbarians at the Gate« mit leicht mafiosem Charme den Investor Henry Kravis und bringt dessen Philosophie auf den Punkt. Trotz aller Schauspielkunst kann er nicht ganz die Wirkung des kühlen, fast diabolischen Lächelns imitieren, das vor allem Bilder des jugendlichen Kravis ziert.

Der Spielfilm dramatisiert den bekanntesten Coup von Kravis: Die Übernahme von RJR Nabisco im Jahr 1988 für mehr als 30 Milliarden Dollar – damals ein Rekordwert. Die »Barbaren vor dem Tor«, das waren Kravis und seine Mitstreiter bei der Firma Kohlberg Kravis Roberts Co. Das Imperium, auf das sie es abgesehen hatten, war Nabisco mit seinen vielen Tabak- und Süßwaren-Marken. Wie im späten Rom setzten sich am Ende die Barbaren durch. Konzernchef Ross Johnson versuchte vergeblich, das Unternehmen selber zu übernehmen. Kravis stach ihn aus, der Chef musste gehen.

Kravis und Johnson waren nicht nur einfach Gegner in einem Übernahmekampf. Sie standen auch für eine unterschiedliche Art von Kapitalismus, für jeweils andere Phasen der amerikanischen Wirtschaftsgeschichte. Der Buchhalter Johnson hatte sich als Marketingspezialist nach oben gearbeitet. Er liebte sein Unternehmen, seine Produkte, seine Kunden, seine Mitarbeiter, und vor allem liebte er persönlichen Luxus. Kravis dagegen liebte und liebt bis heute vor allem eines: Effizienz. Er rechnet nicht in Umsatzgrößen, sondern schaut auf den Einsatz und die Verzinsung des Kapitals. Nur Verachtung hat er übrig für Konzernchefs, die die Firma als ihr Eigentum betrachten und keine Ausgabendisziplin kennen. Ironischerweise sollte sich die Sache Nabisco am Ende für KKR kaum rentieren, der Konzern war schwer verkäuflich.

Dass Henry Kravis (geb. 6. Januar 1944) seinen Gegnern als »Barbar« galt, hatte auch damit zu tun, dass er mit barbarischen Waffen kämpfte: riskanten, hochverzinslichen Anleihen. Damit war es möglich, blitzschnell riesige Summen aufzubringen – ein gutes Instrument, um mit dem Geld anderer Leute die Unternehmen anderer Leute unter Kontrolle zu bringen. Kein Geringerer als Donald

Trump rühmte Kravis: »Er war allen anderen voraus darin, Geld aufzutreiben.« So wurde Kravis zu einem Pionier der Private-Equity-Branche, die abseits der Börse in Firmen investiert oder sie kauft, um sie von der Börse zu nehmen. Nach Sanierung oder Zerschlagung werden die Objekte – denen häufig die hohe Verschuldung beim Kaufdeal aufgebürdet wird – weiterverkauft. Es war Kravis, der eine neue Zeit für Großunternehmen einleitete. Sie sind seither jederzeit verwundbar durch Attacken aus dem Kapitalmarkt.

1976 hatte Kravis die Firma mit seinem Cousin George Roberts und dem Chef der beiden in der Investmentbank Bear Sterns, Jerome Kohlberg, gegründet. (Kohlberg ging 1987 wieder, er starb 2015). Die Firma nahm nach dem Nabisco-Deal eine flotte Entwicklung und brachte 2010 einen 30-Prozent-Anteil an die Börse. Heute ist KKR mit einem Beteiligungsvermögen von mehr als 100 Milliarden Dollar die Nummer vier der Branche. Die Stimmrechte gehören zu 100 Prozent Kravis, Roberts und den Partnern. Zu den rund 100 Firmen, bei denen KKR mitmischt, gehören Fujian Sunner Development, die größte Hühnerfarm Chinas. Aus der Vergangenheit ragen Investments bei Sun Microsystems, Legg Mason und Alliance Boots heraus. In Europa ist KKR zum Beispiel beim Fußballklub Hertha BSC, bei der spanischen Energiefirma Acciona (Anteil: 33,3 Prozent), bei thetrainline.com und den Digitalaktivitäten des Schweizer Ringier-Verlags aktiv und kaufte die Verteidigungselektroniksparte von Airbus. Den Küchengerätehersteller WMF verkaufte KKR an die französische SEB-Gruppe (Krups, Moulinex, Rowenta). Insgesamt arbeiten mittelbar fast eine Million Menschen für KKR. Das klassische Private Equity macht nur noch 40 Prozent des Geschäfts aus, der Rest verteilt sich auf Immobilien, Kreditgeschäfte und Hedgefonds-Geschäfte. So nahm KKR deutschen Banken wie der NordLB faule Schiffskredite in Milliardenhöhe ab. Die herkömmlichen Geldinstitute zögen sich aus vielen Geschäften zurück, weil sie nicht genug verdienen, analysiert Kravis, »wir gehen da hinein, weil wir den Bedarf sehen«.

Im ersten Quartal 2016 machte die Firma überraschend eine halbe Milliarde Dollar Verlust. Das lag hauptsächlich an einer 2007 – kurz vor Ausbruch der Finanzkrise – eingegangenen Beteiligung an First Data. Der Gesellschaft, die in der Abwicklung von Zahlungsverkehr groß ist, hatte KKR fast 23 Milliarden Dollar Schulden aufgebürdet, um den Deal zu finanzieren. Beim Börsengang im Oktober 2015 wurde First Data jedoch mit 14 Milliarden geringer bewertet als gedacht, die Firma sammelte nur 2,6 Milliarden an der Börse ein. KKR und seine Investoren blieben zu 60 Prozent Eigentümer. Die Schulden wurden also reduziert, aber nicht stark genug.

Henry Kravis, der sich als »Industrieller« sieht, hat ein geschätztes Vermögen von 4,2 Milliarden Dollar. Er stammt aus Tulsa, Oklahoma, wo sein Vater als Ingenieur in der Ölbranche arbeitete. In der Politik ist er als eifriger Unterstützer der

Republikanischen Partei aufgefallen. In einem Interview mit Bloomberg analysierte Kravis, dass sich heute jeder mit Private Equity beschäftige, von Staatsfonds bis Stiftungen: »Heutzutage gibt es überall Geld.« Er zeigte sich überrascht, dass es mittlerweile 500 Private-Equity-Firmen in China gibt. Eines der wichtigen Dinge sei, dass KKR ihn und seinen Cousin Roberts überleben soll. So wie bei Goldman Sachs gebe es eine Kultur und Werte – deshalb könne die Firma viele, viele Jahre existieren.

### Nachhaltigkeit ✗✗✗✗✗

KKR hat Nachhaltigkeit als Schlüsselfaktor für das eigene Wachstum definiert. Unterschrieb 2009 als eines der ersten privaten US-Unternehmen die United Nations Principles for Responsible Investments. Startete das »Green Portfolio Programm«.

### Unbestechlichkeit ✗✗✗✗✗

KKR erklärt, auf Korruption sei bei Investments in Ländern wie Indien stets zu achten. 2012 ging die Firma eine Partnerschaft mit Transparency International ein.

### Steuerehrlichkeit ✗✗✗✗✗

Die Staatsanwaltschaft New York begann 2012 mit Untersuchungen, inwieweit Einnahmen aus Gebühren nicht als Einkommen, sondern bei den Fonds versteuert werden; dort ist der Steuersatz niedriger.

### Humanität ✗✗✗✗✗

China Labour Watch beschuldigte KKR 2009, von Billigarbeit zu profitieren.

### Transparenz ✗✗✗✗✗

Mitte 2015 beschuldigte die US-Börsenaufsicht SEC die Firma, 17 Millionen Dollar sogenannter Broken-Deals-Ausgaben (für Flüge und Anwälte bei nicht zustande gekommenen Geschäften) treuwidrig seinen Flaggschiff-Fonds aufgebürdet zu haben. KKR zahlte 30 Millionen Dollar.

# Steve Koltes

## CVC Capital Partners

Wo Steve Koltes verhandelt, geht es um die großen Dinge, um die Mega-Deals dieser Welt. Aber er weiß immer, dass es die kleinen Dinge sind, die den Ausschlag geben können. So war es beim Poker um Sunrise, den größten privaten Telekommunikationsanbieter in der Schweiz. Da lobte das damalige Management die Gesellschaft in höchsten Tönen, aber Kaufinteressent Koltes verließ sich nicht auf Marketing-Talk und PowerPoint-Weisheiten, sondern schüttelte ein ganz persönliches Ass aus dem Ärmel: Er rief seinen Sohn an und stellte die Telefonanlage auf »Laut«. Der Filius kritisierte ungefiltert die Tarifstruktur und den Service des Übernahmekandidaten. Die Gegenseite war verblüfft, musste Schwächen eingestehen, und Koltes konnte später einen lukrativen Deal an Land ziehen. »Bodenhaftung heißt bei mir, die Dinge einfach zu halten. Firmen muss man selbst erleben, sie sind nicht Zahlen auf einem Stück Papier«, sagt der Top-Manager.

Koltes (geb. 9. März 1956) agiert – rechtlich gesehen – von Luxemburg aus, hat seinen Lebensmittelpunkt mit seiner deutschen Frau in der Schweiz, fühlt sich aber in London ebenso heimisch wie in New York. Der Kosmopolit ist Mitgründer von CVC Capital Partners, der Nummer fünf im globalen Beteiligungsgeschäft. Zusammen mit den anderen Gründungsgesellschaftern hält er ein Drittel der Anteile, der Rest liegt bei 70 Partnern. Der Private-Equity-Konzern ist bei über 60 Unternehmen engagiert, die zusammen 400.000 Beschäftigte zählen und 120 Milliarden Dollar umsetzen. Zu den bekannten Marken im Sortiment zählen die Parfümeriekette Douglas. Die Automobil-Rennserie Formel 1 wurde an den Medientycoon John Malone verkauft. Nur in China verlieren fünf von acht Beteiligungen Geld, etwa an der Restaurantkette South Beauty.

Der Mann mit dem halb langen, grau gewellten Haar startete seine Karriere 1980 als 23-Jähriger bei der Citicorp in New York. Viel mehr als klassisches Banking reizte ihn die Finanzierung von jungen Unternehmern; »Venture Capital«, Wagniskapital, sah er als »risikoreich, unternehmerisch und zukunftsweisend« an. Schließlich hat ihm die schillernde Figur von Bill Comfort, dem Chef des damaligen Risikokapitalgebers Citicorp Venture Capital, sehr imponiert, er war eine Art Mentor. »Großbanken sind politisch und bürokratisch, aber innerhalb dieses Kolosses gab es ein kleines unternehmerisches Team, das wie ein Eigentümer agiert hat«, erinnert sich Koltes. 1993 machte sich die Truppe von sechs Leuten als CVC Capital Partners Europe selbstständig

Zu seinen erfolgreichsten Deals zählen in Deutschland die Käufe des Energiedienstleisters Ista und des Messtechnikunternehmens Elster.»Ista hat uns das Sechsfache des Kapitaleinsatzes gebracht und Elster das 4,5-Fache – zusammen haben sie Gewinne von über vier Milliarden Euro generiert.« Sein größter Erfolg war der Rückversicherer Alhermij, eine Transaktion, die bis heute nur Insidern etwas sagt.»Die Gesellschaft haben wir 1994 gekauft und nur ein Jahr später für das Sechsfache wieder verkauft. So schnell ging das damals!«, sagt Koltes. Richtig schlecht lief es dagegen mit dem Automobilzulieferer Metzeler, einem Spezialisten für Karosserie-Dichtungen.»Eine schwierige Branche, nicht unbedingt zu empfehlen.« CVC geht auch mit Pensionsfonds auf Firmenjagd: Im November 2015 erstand man mit dem Canada Pension Plan Investment Board den amerikanischen Tierfutterhersteller Petco für 4,6 Milliarden Dollar.

Mittlerweile stehen für Koltes die Deals und das Tagesgeschäft nicht mehr im Vordergrund:»Meine Energie verwende ich dafür, junge, motivierte und hochintelligente Leute für uns zu gewinnen und für sie eine Plattform zu schaffen, damit sie ihre Fähigkeiten entfalten können.« Mit dem Wechsel des früheren Goldman-Sachs-Starbankers Alexander Dibelius zu CVC wird er künftig noch mehr die Fäden im Hintergrund ziehen. Dibelius' erster Deal: 60 Prozent des Sportwettenanbieters Tipico für 850 Millionen Euro.

Heute schon ist Koltes die graue Eminenz der Branche. Er wagt Selbstkritik und nennt die hohen Gebühren (»management fees«) für Investoren in Höhe von bis zu zwei Prozent des gebundenen Kapitals »hässlich«. Auf der Bühne wirkt er mehr wie ein MIT-Professor, der sich auch durch provokante Fragen nicht aus der Ruhe bringen lässt. Seine Lebensweisheit ist einfach, aber einprägsam:»Bei jedem Erfolg und bei jedem Scheitern spielt die menschliche Komponente immer die größte Rolle. Sie ist wichtiger als der Preis, die Finanzierung, der Markt.«

**Nachhaltigkeit** ✘ ✘ ✕ ✕ ✕
Es geht um nachhaltige Wertschöpfung, nicht um nachhaltige Umweltpolitik.

**Unbestechlichkeit** ✘ ✘ ✕ ✕ ✕
Bernie Ecclestone zahlte Gerhard Gribkowsky, Vorstand der Bayerischen Landesbank, offenbar Geld, damit Formel-1-Anteile des Instituts auf CVC übergingen. Der Banker gestand Korruption.

**Steuerehrlichkeit** ✘ ✘ ✕ ✕ ✕
Die Zentrale von CVC Capital Partners sitzt am Steuervorzugsort Luxemburg.

**Humanität** ✘ ✘ ✘ ✕ ✕
Die Qualität der Arbeitsbeziehungen ist kaum ein Thema bei CVC-Investments.

**Transparenz** ✘ ✘ ✘ ✕ ✕
Regelmäßige Berichte. Fast drei Jahre lang blieb unbemerkt, dass CVC 2007 die Kontrolle über Dywidag Systems International wieder abgegeben hatte.

# David Bonderman
## Texas Pacific Group

Für jemanden, der alles haben kann, ist es schwer, auf etwas zu verzichten, über das die wichtigsten Konkurrenten verfügen. So ist das bei David Bonderman (geb. 27. November 1942), dem Mitgründer und Chairman der Texas Pacific Group (TPG). Der Multimilliardär ließ zu seinem 60. Geburtstag im Jahr 2002 den Rocksänger John Mellencamp und die Rolling Stones in Las Vegas auftreten; zum 70. musizierte dann, wiederum in Las Vegas, der Ex-Beatle Paul McCartney. Beide Events wurden von Späßen des inzwischen verstorbenen Schauspielers Robin Williams begleitet. Bondermans Privatflugzeug ziert ein unauffälliges Initialien-Paar »DB«, und seine Farm in Texas ist so weitläufig, dass sie intern nur »Bonderosa« genannt wird, frei nach der imposanten Ponderosa in der TV-Serie »Bonanza«. Allein sein Family Office Wildcat Capital legt fast zwei Milliarden Dollar an, unter anderem in Sorrento Therapeutics, eine auf Krebsbehandlungen spezialisierte Biotechfirma in San Diego. Bei so viel Bedeutung kann man sich schon fragen, warum es andere Größen der Private-Equity-Szene wie Blackstone, KKR, Carlyle und Apollo an die Börse geschafft haben, die eigene Erfindung TPG aber nicht.

Genau daran arbeiten der Jurist Bonderman und sein jüngerer Mitgesellschafter James Coulter, ein ehemaliger Investmentbanker von Lehman Brothers, mit eiserner Vehemenz – die noch größer zu werden scheint, je schwieriger sich die Verhältnisse im Beteiligungsmarkt und speziell bei der eigenen Firma TPG gestalten. Die im Jahr 1992 entstandene Kapitalgruppe sitzt im texanischen Fort Worth und in San Francisco, weitab vom Treiben am Finanzplatz New York, und unterhält 17 Büros in der ganzen Welt. Die Härte und den Blick fürs Geschäft hat sich Bonderman in seinem Job als Manager beim texanischen Milliardär Robert Bass geholt. Dort entstand das Projekt einer eigenen Private-Equity-Firma, die schon 1993 – mit der Übernahme von Continental Airlines – einen ersten Knüller hatte. Insgesamt hat sie seit Gründung rund 300 Investments abgeschlossen. Über die Jahre hat Bonderman einen höchst eigenwilligen Stil gepflegt: Er schließt das Tragen unterschiedlicher Socken und eines verschwitzten grauen Sweatshirts bei Konferenzen ein.

Für ihre Börsenpläne haben Bonderman und CEO Coulter im Oktober 2015 Jon Winkelried in die operative Zentrale nach San Francisco geholt, einen ehemaligen leitenden Angestellten der Investmentbank Goldman Sachs. Jetzt soll er die Vorteile der eigenen Firma vermitteln: 70 Milliarden Dollar verwaltetes Vermögen, Neigung zum kontrollierten Risiko, ausgewiesene Expertise. Vor allem geht es um den Charme eines neuen Fonds über 10,5 Milliarden Dollar, den der

Bonderman-Betrieb im Mai 2016 aufgelegt hat. Der Oregon Public Employees Retirement Fund und das Washington State Investment Board gehören zu den Geldgebern. Der Auftritt hatte freilich lange auf sich warten lassen, der letzte Fonds war kurz vor der Finanzkrise 2008 lanciert worden.

Aber es gibt auch Dinge, über die Bonderman und seine Truppe nicht so gerne reden: zum Beispiel über den Flop bei der Casinogesellschaft Caesars Entertainment (ein Teil der Firma ging pleite) sowie die Niederlage beim texanischen Energieversorger Energy Future Holdings (früher TXU), der trotz des vielen Gelds von TPG und anderen Investoren im Frühjahr 2014 Insolvenz anmeldete. TPG büßte rund 1,4 Milliarden Dollar Kapital ein, die Wette auf steigende Gaspreise war nicht aufgegangen. Und da ist noch die Affäre rund um den ehemaligen PR-Mann Adam Levine, der sich mit internen Dokumenten in der Presse und bei der US-Börsenaufsicht SEC meldete. Levine schilderte zahlreiche Regelvergehen, die TPG energisch bestritt. Das Unternehmen verklagte den Whistleblower wegen Diebstahls. Ruchbar wurde auch, dass ein TPG-Partner für das Management beim übernommenen Joghurthersteller Chobani doppelt kassierte – einmal über die allgemeine »management fee« von zwei Prozent, einmal über eine spezielle Gebühr für seine Arbeit vor Ort bei der Firma.

In Deutschland war es auch das Wirken von TPG beim Armaturenhersteller Grohe, das den SPD-Politiker Franz Müntefering von »Heuschreckenplage« reden ließ. Bondermans Firma hatte an der Spitze eines Investorengremiums 2004 die Firma vom Private-Equity-Branchenfreund BC Partners übernommen, der wiederum 1999 Eigentümer geworden war. Was einst eine florierende Familienfirma war, wurde zum Krisenfall. TPG begleitete Sanierung und Umbau, im September 2013 übernahm die japanische Lixil-Gruppe.

Stolz sind sie bei Bonderman & Co. auf die Einheit TPG Growth, die die eingesammelten sieben Milliarden Dollar unter anderem in Trendunternehmen wie Uber (wo Bonderman im Aufsichtsrat sitzt), Airbnb und Spotify anlegte, aber auch in Krankenhäusern auf Sri Lanka, Privatschulen in Marokko oder Telekommunikationstürmen in Birma. Zum Firmenglück der Gegenwart gehört der Aufbau des Film- und Fernsehstudios STX Entertainment sowie das Engagement bei der in Hollywood gut angesehenen Künstleragentur Creative Artists Agency. In jüngster Zeit waren Deals bei Firmen wie Lynda.com, Pharmaceutical oder Petco Animal Supplies erfolgreich. Der TPG-Fonds aus 2008 kommt auf eine jährliche Rendite von zwölf Prozent, der vorletzte aus 2006 auf 5,2 Prozent.

Das Stammgeschäft Private Equity macht inzwischen weniger als 40 Prozent der Aktivitäten aus. Seit September 2013 gehört beispielsweise auch ein Hedgefonds zum Unternehmen, TPG Public Equity Partners mit 1,3 Milliarden Dollar. Bonderman sieht sich als alternativer Vermögensverwalter.

Und der Börsengang, Bondermans großer Traum? Der TPG-Gründer ist respektiert in der Branche und sitzt in etlichen Aufsichtsräten, zum Beispiel als Verwaltungsratschef der Ryan Holdings des irischen Billigfliegers Ryanair, aber der ganz große Coup fehlt noch. Der Tag könnte kommen, an dem der Börsengang sowohl für die Märkte als auch für Firma sinnvoll ist, bestätigte sein Gefährte Coulter im Mai 2016: »Jetzt ist dieser Moment nicht da.«

**Nachhaltigkeit** ✖ ✖ ✖ ⌗ ⌗
Wichtiger Faktor bei der Prüfung von Unternehmen. Die NGO Ethical Consumer kritisiert, dass davon bei der TPG-Beteiligung Chobani (Joghurthersteller) konkret zu wenig zu spüren sei.

**Unbestechlichkeit** ✖ ✖ ⌗ ⌗ ⌗
Probleme in Russland, nachdem sich TPG mit der vom Staat dominierten Bank VTB zusammengetan hatte, um die Kontrolle über die Handelskette Lenta zu erlangen. Dabei sollen Offizielle geschmiert worden sein. TPG-Besitzer Bondermann unterstützte den demokratischen Politiker Harry Reid mit mehr als einer Million Dollar in Nevada zu einer Zeit, als dort die TPG-Beteiligung Caesar's Entertainment ums Überleben kämpfte.

**Steuerehrlichkeit** ✖ ✖ ⌗ ⌗ ⌗
In Australien verlangte der Fiskus 2009 rund 620 Millionen Dollar von TPG, nachdem die Firmenbeteiligung Myer an die Börse gegangen war. Mittels eines Schattenreichs an Briefkastenfirmen in Steueroasen seien Steuern verschoben worden.

**Humanität** ✖ ✖ ⌗ ⌗ ⌗
Erkennbar keine sehr relevante Bedingung für Investitionen. In 50 Aufsichtsräten von Non-Profit-Unternehmen vertreten.

**Transparenz** ✖ ⌗ ⌗ ⌗ ⌗
Firmenreich kaum transparent. Unklare Gebührenstruktur. Zusammen mit KKR und Blackstone zahlte TPG 325 Millionen Dollar in einem Rechtsstreit – die drei Private-Equity-Firmen sollen Preise abgesprochen haben.

# John P. Connaughton
## Bain Capital

Die ersten Jahre von Bain Capital sind ein Mythos. Er handelt von Supergewinnen und einer speziellen Geschäftstaktik, dem »Bain Way«. Zurückzuführen ist das alles auf einen Mann, der als republikanischer Präsidentschaftskandidat 2012 weltweit bekannt wurde: Mitt Romney. Er war Vizechef in der Beratungsfirma Bain & Company in Boston gewesen, als er dort zusammen mit zwei Partnern eine Idee entwickelte: unterbewertete Firmen kaufen, sie anschließend mit Mitteln der gehobenen Beratung auf Effizienz trimmen, neue Märkte erobern und dann am Ende dank Verkauf oder Börsengang kassieren.

1984 war es so weit – Romney startete im Alter von 37 Jahren, mit moralischer Unterstützung von Beraterlegende Bill Bain und mit dem Geld zweier Mitstreiter von Bain & Co., seine eigene Private-Equity-Firma. Investoren freilich konnte der Consultant aus Boston kaum finden, und so zog er Geld aus dunklen Quellen an. Der erste externe Investor war der inzwischen verstorbene, ein wenig zwielichtige Londoner Finanzmann Sir Jack Lyons, der über eine Briefkastenfirma in Panama 2,5 Millionen Dollar spendierte. Weitere zwei Millionen Dollar kamen vom schillernden Medienunternehmer Robert Maxwell. Nach dessen Tod 1991 wurde entdeckt, dass er Hunderte von Millionen Dollar Pensionsgelder seiner Firma gestohlen hatte. Und schließlich investierten einige Geschäftsleute aus El Salvador – Kaffee-Exporteure, Autohändler, Luxushotelbesitzer, Börsenbetreiber – insgesamt neun Millionen Dollar in Bain Capital, wieder über Panama-Firmen. Durch Investments dieser Art konnten sie in Ruhe abwarten, wie sich der brutale Bürgerkrieg zu Hause entwickeln würde.

So kam von den 37 Millionen Dollar, über die Start-up-Unternehmer Romney verfügen konnte, ein Drittel von außerhalb den USA. Noch verblüffender war die unglaubliche Rate von durchschnittlich 173 Prozent Jahresrendite für den ersten Investmentfonds der jungen Firma – über eine Dekade hinweg gerechnet. Romneys System, auf Consultants und Harvard-Absolventen zu setzen, bewährte sich. Auch heute noch schauen sich bei Bain Capital spezialisierte Analysten monatelang mögliche Übernahmeobjekte an. Später beschäftigt sich dann ein Team von rund 70 internen Beratern damit, den Beteiligungsfirmen in konkreten Fragen zu helfen.

Der überzeugte Mormone Mitt Romney war ein sehr reicher Mann, als er sich Ende 1999 aus dem Tagesgeschäft zurückzog, um die Olympischen Winterspiele in Salt Lake City 2000 zum Erfolg zu machen. Noch reicher wurde er, als er seine Anteile an Bain Capital 2002 verkaufte – während seines Wahlkampfes, an dessen

Ende er zum Gouverneur von Massachusetts gewählt wurde. Heute wird sein Vermögen auf rund 250 Millionen Dollar geschätzt. Mit den erfolgreichen ersten 15 Jahren seines Unternehmens protzte Romney dann 2012 beim Versuch, Barack Obama zu schlagen. An diese ersten 15 Jahre erinnerten sich später auch die neuen Verantwortlichen von Bain Capital – und zwar mit Wehmut. Denn mit der Zeit schwand die Fortüne, Deals wurden schwieriger, Konkurrenten hatten den »Bain Way« kopiert. Es war aber Romneys sagenhaftes Händchen für den Extra-

profit gewesen, das Stiftungen, reiche Familien und Pensionsfonds gelockt hatte. Gerne erzählte man sich in diesen Kreisen von der Vervierfachung des Einsatzes bei der Fast-Food-Kette Burger King, die Bain Capital im Jahr 2002 zusammen mit der Texas Pacific Group und einer Goldman-Sachs-Tochter für rund 1,5 Milliarden Dollar gekauft hatte.

Insbesondere die Jahre nach der Finanzkrise 2007/08 erlebte die Bostoner Finanzfirma als schwere Prüfung. Teuer eingekaufte Beteiligungen bei Konsumtiteln wie Toys'R'Us oder Guitar Center büßten an Wert ein. Auch die Radiokette Clear Channel Communications (heute iHeart Media) tut sich schwer, die 24 Milliarden Dollar von Bain Capital aus dem Juli 2008 wieder ordentlich zurückzuverdienen. Die Finanzfirma bastelte schließlich am Geschäftskonzept – und verkündete im April 2016 den Aufstieg zweier Top-Mitarbeiter zum Führungsduo: John Connaughton (geb. 1966) und Jonathan Lavine (geb. 1967) wurden zu Co-Managing-Partners von Bain Capital erhoben. Sie sind nun verantwortlich für 75 Milliarden Dollar betreutes Vermögen. Insbesondere Connaughton bekam damit Macht, schließlich verantwortet er auch das eigentliche Private-Equity-Kerngeschäft. Der Experte ist wie Lavine noch von Mitt Romney eingestellt worden, Connaughton gilt sogar als enger Freund des Gründers. Auch er war selbstverständlich zuvor bei der Harvard Business School und der Beratung Bain aktiv gewesen. Sein Sozius lenkt den Ableger Sankaty Advisors, der seit 1997 Kredite ausleiht. So übernahm die Firma mal zusammen mit Starwood Capital einen Großkredit von 800 Millionen Euro der spanischen BFA Bankia Group, zu einem Teil besichert mit Hotels in Spanien. Die Sankaty-Fonds firmieren jetzt als Bain Capital Credit; der firmeneigene Hedgefonds Brookside (gegründet 1996) heißt dagegen inzwischen Bain Capital Public Equity. Erkennbar soll die Stammmarke genutzt werden.

Seit Gründung hat Bain Capital mehr als 280 Investments abgeschlossen, zum Beispiel beim Outdoor-Ausrüster Jack Wolfskin in Deutschland oder bei Sensata

Technologies (elektronische Sensoren). Acht bis zehn Prozent der investierten Gelder kommen jeweils von eigenen Partnern. Elf globale Fonds wurden mit den Jahren in den USA, vier in Europa und drei in Asien auf die Beine gestellt. Zu den wirtschaftlichen Erfolgen von Bain Capital der letzten Jahre gehört das Engagement bei der Krankenhauskette HCA. Im Oktober 2015 musste aber der 2004 gegründete Absolute-Return-Capital-Hedgefonds der Firma nach drei Verlustjahren schließen. Und in Indien verlor Bain Capital mit einer 31-Prozent-Beteiligung bei der Firma Lilliput rund 60 Millionen Dollar; die Spezialisten aus Boston verklagten daraufhin die Wirtschaftsprüfer von Ernst Young (EY) mit der Begründung, die Bücher seien inkorrekt gewesen. Man einigte sich am Ende auf Zurückzahlung von 35 Millionen Dollar.

Bain Capital wurde in der Wirtschaft bekannt durch die Strategie, bei Firmenauktionen stets am Anfang utopisch hohe Preise zu nennen und somit eine exklusive Verhandlungsposition zu erlangen. Dann, bei näheren Gesprächen, entdeckten die Bain-Leute regelmäßig alle möglichen Mängel und drückten den Preis. Oft machten die Verkäufer notgedrungen mit, um nicht noch einmal – imageschädigend – neu ausschreiben zu müssen. Negativ für Bain Capital sind alte Vorurteile aus der Zeit, als sich Gründer Romney in der Republikanischen Partei für die US-Präsidentschaftswahl durchsetzen musste. Seine Gegenkandidaten moserten öffentlich, das Geschäftsmodell von Bain Capital beruhe doch nur auf dem Geld reicher Leute, die auf legalem Weg eine Firma ausplündern wollten. Auch erschienen in der Presse jede Menge Geschichten von Arbeitern, die in den von Bain Capital übernommenen Firmen entlassen wurden. Die Regel ist das nicht, oft erhöhen Bain-Capital-Beteiligungsfirmen das Kapital. Aber Klischees halten sich lange.

**Nachhaltigkeit** ✘ ✘ ✘ ⌧ ⌧
Die normalen Regeln des Business anzuwenden genüge, sagt Bain Capital: Nachhaltige Konzepte würden sich am Ende lohnen.

**Unbestechlichkeit** ✘ ✘ ✘ ✘ ⌧
Keine auffälligen Vorfälle.

**Steuerehrlichkeit** ✘ ✘ ⌧ ⌧ ⌧
Das Investment in die irische Pharmafirma Warner Chilcott lief über eine Steuersparkonstruktion in den Niederlanden. Das Gründungskapital der Firma kam aus dunklen Quellen, oft über Panama.

**Humanität** ✘ ✘ ✘ ⌧ ⌧
Der Ableger Bridgespan kümmert sich um soziale Projekte.

**Transparenz** ✘ ⌧ ⌧ ⌧ ⌧
Kaum vorhanden. Erfolg der einzelnen Fonds schwer vergleichbar, diffuse Kostenstruktur. Erst mit dem Hervorheben zweier Partner als Chefs ist eine gewisse Publizität verbunden. Altaktionäre der übernommenen Firma HCA klagten, Bain Capital habe sich mit anderen Interessenten abgestimmt, um den Übernahmepreis niedrig zu halten. In einem Vergleich zahlte Bain Capital 54 Millionen Dollar.

# Timothy F. Geithner
## Warburg Pincus

Timothy Geithner wurde immer wieder mal eine Vergangenheit bei der bekannten Investmentbank Goldman Sachs angedichtet, die auf verborgenen Wegen Einfluss auf die Politik ausübt. Und viele Bürger glauben das. Dabei hatte der Mann, als er noch im öffentlichen Dienst stand, niemals zuvor für ein großes privates Unternehmen gearbeitet. Erst im März 2014 wurde er Geschäftsmann und wechselte zur Beteiligungsgesellschaft Warburg Pincus, wo er den Status eines »President« hat und in der Executive Management Group sitzt.

Er ist nun Galionsfigur einer Firma, die auf Eric M. Warburg aus der bekannten Bankiersfamilie zurückgeht, die heute noch eine mehr als 200 Jahre alte Privatbank in Hamburg betreibt; die Vorfahren waren bereits seit dem 16. Jahrhundert Bankiers in Bologna. Der deutsche Jude Warburg war vor den Nazis in die USA geflohen, diente in der U.S. Army und war nach Kriegsende unter anderem an der Vernehmung von Hermann Göring beteiligt. 1939 gründete er in New York die E.M. Warburg & Co., die er 1966 mit dem Unternehmen des Investmentbankers Lionel Pincus zusammenschloss.

Seit dieser Zeit ist Warburg Pincus als Investor ein Unternehmer auf Zeit. Es war Pincus, der als operativer Chef bis 2002 seinen Betrieb nach Europa und Asien brachte. Der Wert der Beteiligungen in mehr als 120 Firmen liegt heute bei mehr als 40 Milliarden Dollar. Zum Kranz der Investments gehören Firmen wie PayScale, Evercare, Kalyan Jewellers, Avtec oder das Modegeschäft Reiss. Das Kapital für neue, weitere Unternehmungen stammt aus einem Fonds, der 2013 rund elf Milliarden Dollar einsammelte. 2015 wurde ein Fonds über 13,4 Milliarden Dollar aufgelegt. Im Laufe des Jahres 2016 sammelten die New Yorker zudem zwei Milliarden Dollar für einen China-Fonds. Im Reich der Mitte ist Warburg Pincus am Vermögensverwalter China Huarong Asset, am Autoverleiher Car Inc. sowie an einem privaten Krankenhaus in Peking beteiligt. Warburg Pincus war früh dabei gewesen, mit einem Energiefonds 2014 den Fracking-Boom in Nordamerika zu unterstützen.

Geithner (geb. 18. August 1961) bringt seine Kontakte, sein Wissen, seine Ideen ein. Sein Netzwerk ist immens, schließlich hat er die amerikanische Wirtschaftsgeschichte geprägt wie nur wenige andere. Sein erster Job war, für Henry Kissinger bei Kissinger Associates zu arbeiten. Von 2003 an leitete er die Fed New York, den mächtigsten regionalen Ableger der US-Notenbank, und von 2009 bis 2013 war er als Finanzminister der USA eine starke Stütze im Kabinett des Barack Obama. So umfassten seine beiden großen Ämter die Finanzkrise mit all ihren Tiefen, staatlichen Rettungsaktionen und weiteren Aufräumarbeiten. Seine Anti-Krisen-Politik, die mit 700 Milliarden Dollar für US-Banken und billigem Geld für alle verbunden war, hat Geithner im Buch »Stress Test« dargelegt. Für das Wirken bei Warburg Pincus hat ihn die Großbank JP Morgan Chase mit einer generösen Kreditlinie ausgestattet, um Millionen in die eigenen Fonds zu investieren. Den Kredit zeigte er dem Staat New York an. Insgesamt sind die Partner der Privat-Equity-Firma mit 800 Millionen Dollar dabei. Als Minister hatte Geithner einschneidende Maßnahmen gegen US-Banken blockiert, was ihn in Konflikt zum Beispiel mit der linken Demokratin Elizabeth Warren brachte. Kritiker merken an, auch als New Yorker Aufseher habe er es an Härte gegen Banken wie JP Morgan fehlen lassen. »Ich bin nie ein Regulierer gewesen«, sagte er zu US-Senatoren. »Das Gras wird zerdrückt, wenn Elefanten fallen«, schreibt er in seinem Buch.

Warburg Pincus gehört seinen Partnern. Fünf Prozent hält der französische Milliardär Marc Ladreit de Lacharrière, der als »Senior Strategic Partner« auftritt; dessen Holding Fimalac ist unter anderem mit 20 Prozent an der Ratingagentur Fitch beteiligt. Als Co-CEOs fungieren bei Warburg Pincus die Manager Charles R. Kaye und Joseph P. Landy. Das deutsche Geschäft des Unternehmens wird von London aus betreut, wo der einstige Deutsche-Telekom-Chef René Obermann als einer der Partner agiert. Sein erster Deal war der Mehrheitserwerb am Technologieunternehmen Inexio Mitte 2016. Als Senior Advisor tritt Stefan Krause auf, der als Finanzchef bei BMW und Deutsche Bank gewirkt hat. Warburg Pincus sammelt gerne große Namen. In Deutschland ist man etwa an IPAN, Blue Yonder und der Kontron AG beteiligt.

**Nachhaltigkeit** ✘✘✘✗✗
Warburg Pincus fühlt sich dem verantwortlichen Investieren verpflichtet.
Man schuf ein »Green Council«, um die Einhaltung von ökologischen, sozialen und politischen Normen im eigenen Beteiligungsportfolio zu überwachen. Doch die Firma investierte stark ins umstrittene Fracking.

**Unbestechlichkeit** ✘✘✘✘✗
Keine Korruptionsfälle. Allerdings enge Verbindung zwischen Wall Street und Politik bei President Geithner.

**Steuerehrlichkeit** ✘✘✗✗✗
Nutzte spezielle Steuerregelungen Luxemburgs, die Steuersätze auf unter ein Prozent herunterschleusen.

**Humanität** ✘✘✗✗✗
Qualität der Arbeitsbedingungen erkennbar kein Top-Kriterium bei Investitionsentscheidungen.

**Transparenz** ✘✘✗✗✗
Nur rudimentäre Informationen.

# HEDGEFONDS

| | Gründung | Land | Verwaltetes Vermögen in Mrd. US$, Mitte 2015 | Größte Anteilseigner |
|---|---|---|---|---|
| **1** **Bridgewater Associates** Ray Dalio | 1975 | USA | **103,6** | Dalios Anteil soll bis 2022 zwischen 10% bis 20% liegen |
| **2** **AQR Capital Management** Clifford S. Asness | 1998 | USA | **45,6** | Im Besitz der Partner |
| **3** **Man Group** Luke Ellis | 1783 | UK | **44,4** | Silchester International Investor: 8,6% UBS: 5% Blackrock: 4,2% |
| **4** **Och-Ziff Capital Mgmt.** Daniel S. Och | 1994 | USA | 37,9 | Daniel S. Och: 62,2% der Stimmrechte (Class B-Aktien) Dubai International Capital: 6,3% T. Rowe Price: 3,3% |
| **5** **Millennium Mgmt.** Israel Englander | 1989 | USA | 30,4 | Mehrheitsanteile bei Israel Englander |
| **6** **Winton Capital Mgmt.** David Harding | 1997 | UK | 29,8 | David Harting: 56% Familie Murgian: 18% Affiliated Managers Group (AMG): 9,9% |
| **7** **Brevan Howard Asset Mgmt.** Alan Howard | 2002 | USA | 27,0 | Keine Angabe |
| **8** **Renaissance** Jim Simons | 1982 | USA | **27,0** | James H. Simons: über 25% Henry B. Laufer: 10–25% |
| **9** **Elliott Management** Paul Elliott Singer | 1977 | USA | **26,8** | Im Besitz der Partner |

**Die reichsten Hedgefondsmanager**

| | | Vermögen in Mrd. US$ |
|---|---|---|
| **1** | George Soros, Soros Fund Management | **24,2** |
| **2** | Ray Dalio, Bridgewater | **15,4** |
| **3** | Jim Simons, Renaissance | **14** |
| **4** | Steve Cohen, Point 72 | **11,4** |
| **5** | John Paulson, Paulson & Co. | **11,2** |

# Ray Dalio
## Bridgewater Associates

Das muss erst einmal einer schaffen: mit einer eigenen Publikation das Handeln seiner Angestellten zu bestimmen. Oder, anders ausgedrückt, dem eigenen Unternehmen eine Art Bibel als ethische Basis aufzudrücken. Ray Dalio (geb. 1. August 1949), einer der Superkapitalisten der Weltwirtschaft, hat das geschafft. Alle 1500 Mitarbeiter seines Hedgefonds Bridgewater Associates müssen die 126 Seiten seiner »Principles« kennen. Ein Anspruch, der an die »Principles of Economics« des Ökonomen Alfred Marshall erinnert, lange Zeit das Standardwerk für Volkswirtschaftsstudenten. Nach 35 Jahren im Geschäft beschloss Dalio 2011, so die Richtung vorzugeben. Und dazu gehört »absolute Wahrheit«, über sich selbst und die eigenen Wünsche, auch über Fehler und Schwächen. Jeder soll »radikal transparent« sein und zum Beispiel alle Sitzungen protokollieren und die Protokolle mit allen teilen. Alles wird aufgezeichnet. Niemand soll in Dalios Reich der 210 Prinzipien Geheimnisse haben. Jeder soll sagen, was er denkt.

Diese Einstellung hat das Mittelklasse-Kind aus Queens, New York, weit kommen lassen. Seine in der Nähe des Städtchens Westport, Connecticut, sitzende Firma ist mit einem betreuten Vermögen von mehr als 100 Milliarden Dollar bei Weitem der Hedgefonds-Marktführer und mehr als doppelt so groß wie der nächstfolgende Anbieter, AQR Capital Management. Der Hauptfonds »Pure Alpha« hat seit Gründung 1991 rund 45 Milliarden Dollar Gewinn eingefahren (durchschnittliche Jahresrendite: mehr als 13 Prozent), das schaffte kein anderer Hedgefonds. Das oberste Managementteam von Bridgewater hält die Anteile, wobei der Löwenanteil auf den Gründer Dalio fällt, der auch künftig (bis 2022) zwischen 10 und 20 Prozent besitzen wird. In der Einkommensstatistik der amerikanischen Hedgefonds-Größen lag Dalio 2015 mit 1,4 Milliarden Dollar auf dem dritten Rang.

Der Weg in die Finanzwelt war vorgezeichnet, als sich der noch kleine Dalio Anfang der 1960er Jahre mit Golfschläger-Tragen sein Taschengeld verdiente und auf dem Golfplatz mitbekam, wie jeder über den damaligen Börsenboom redete. Der Junge kaufte Aktien von Northeast Airlines, hatte damit Glück, kam Anfang der 1970er Jahre schnell auf Rohstoff-Papiere, als die noch niemand handelte, und wurde so nach seinem Studium in Harvard schnell im Finanzgeschäft zum gesuchten Experten. Allerdings war er für Wall-Street-Brokerfirmen viel zu rebellisch – und flog raus. Da gründete der Sohn eines Jazzmusikers 1975 sein eigenes Unternehmen.

Anfangs beriet er Farmer, die ihre Ernten über Termingeschäfte absichern wollten – das war ja seine Spezialität. Zehn Jahre später begann Bridgewater zu investieren. Der erste Auftrag kam vom Pensionsfonds der Weltbank, viele andere Pensionsfonds folgten. Was immer Dalio heute anpackt, ob er in den Düngemittelhersteller Potash oder in den Disney-Konzern investiert – sofort ist es eine Nachricht in der Finanzwelt und ein Tipp für Anleger. Er selbst verfolgt einen »Risk-Parity-Ansatz«, bei dem es darum geht, mithilfe von Computerprogrammen möglichst viele voneinander unabhängige Erfolg versprechende Investments zu finden. Dalios »Heiliger Gral« besteht aus mindestens 15 guten, unkorrelierten Investments. Sein zentrales Produkt ist der 1991 aufgelegte »Pure Alpha Fund«, der unabhängig vom Auf und Ab der Anlageklassen Renditen schöpfen will – basierend auf eigenen Investmentideen. Dalio: »Ich nehme eine logische Wette, teste sie für alle bekannten Zeiten und Länder, und das ist dann mein Alpha.« Eine andere Strategie dagegen verfolgt er, wieder auf der Basis von Big Data, bei seinem »All Weather Fund« und dessen »Risikoparität«. Hier sollen Marktrenditen abgeschöpft werden. Doch 2013 gab der Fonds zeitweise um mehr als zehn Prozent nach, weil auch inflationsgesicherte Anleihen an Wert verloren – sie hätten nach Branchen-Spekulationen, die US-Notenbank würde die laxe Geldpolitik beenden und Zinsen wieder erhöhen, eigentlich steigen müssen. Dalio änderte das Modell. Aber wie gut ist das Modell bei den nächsten unerwarteten Entwicklungen?

Immerhin legte »All Weather« im ersten Halbjahr 2016 um zehn Prozent zu. Diese Aufwärtsentwicklung war auch nötig, weil der Flaggschiff-Fonds »Pure Alpha« mit einem Rückgang um zwölf Prozent so schlecht war wie seit 1995 nicht. Solche Nachrichten will keiner hören, der große Pläne hat und zum Beispiel mit einer neuen Dependance in China Geschäfte machen will. Und es gibt in Ray Dalios Welt die neuen Zukunftsmärkte, die auf Big Data setzen. David Ferrucci, zuvor bei IBM für die Entwicklung des Großrechners »Watson« zuständig, übernahm im Februar 2016 bei Bridgewater die neugegründete Abteilung für künstliche Intelligenz. Einen Monat später heuerte Jon Rubinstein, Entwickler des Apple-Musikgeräts iPod, als Co-CEO an; er soll die Computeranalysen weiter verbessern. Und dann folgte der Eintritt von Microsoft-Veteran Craig Mundie als Co-Chairman. 99 Prozent seiner Entscheidungen treffe der Computer, »nach meinen Regeln«, doziert Dalio: »Das Gehirn ist ein Computer, und der Computer ist ein Gehirn.«

Um Reichtum geht es Ray Dalio nach eigenen Aussagen nicht. Er hätte auch Schachspieler werden können. »Ich liebe das Spiel. Ich liebe es, seitdem ich mit zwölf Jahren angefangen habe zu investieren. Geld ist nur das, was man kriegt, wenn man das Spiel beherrscht.« Dass er Reichtum angehäuft hat (sein persönliches Vermögen wird auf 15 Milliarden Dollar taxiert), sei »mehr Zufall als Ziel« gewesen, man fühle »sich wirklich nicht besser, nur weil man reich ist«.

Dalio, der Spieler, schwört im Übrigen seit Jahrzehnten auf Transzendentale Meditation, was er sich bei den nach Indien reisenden Beatles in den 1960er Jahren abgeschaut haben will. Und was sagt er dazu, dass Kritiker seine Organisation für eine »Sekte« halten, mit ihrer totalen Transparenz und dem Fokussieren auf ihn, den Gründer? Stimmt nicht, behauptet er. Eine Sekte sei ja eine Organisation, der Menschen blind folgten, Ziel von Bridgewater hingegen sei es, unabhängiges Denken anzuregen. »Wir wollen eine Meritokratie der Ideen«, führt Ray Dalio aus, und dazu sei die eigene Firmenkultur wichtig, weil sie eine Ehrlichkeit fördere, die sonst nicht existiere: »Sie eliminiert eine Politik der Hinterzimmer.«

**Nachhaltigkeit** ✖✖▨▨
Kein besonderer Schwerpunkt.

**Unbestechlichkeit** ✖✖✖✖▨
Keine Korruptionsvorfälle bekannt.

**Steuerehrlichkeit** ✖✖✖▨▨
Bridgewater bekommt rund 22 Millionen Dollar vom Staat Connecticut, auch durch Steuererlass, und gibt damit Umzugspläne auf.

**Humanität** ✖✖▨▨
Qualität von Arbeitsbeziehungen kein Thema für Bridgewater-Investments.

**Transparenz** ✖✖✖▨▨
Intern setzt Firmenchef Dalio auf radikale Transparenz. Nach außen ist er verschlossener.

# Clifford S. Asness

## AQR Capital Management

Der Mann, der in der Hedgefonds-Industrie Maßstäbe setzte, hat die Kraft der Gebühren entdeckt. Die spielten für die Rendite eine große Rolle, sagt Cliff Asness: »Kein Investment-Gewinn ist groß genug, dass er nicht durch eine Gebühr für den Kunden schlechtgemacht werden kann.« Üblicherweise verlangt die Hedgefonds-Industrie zwei Prozent der Anlagesumme und 20 Prozent des Gewinns vom Kunden. Die von Asness geführte und mitgegründete AQR Capital Management jedoch verlangte günstigere Preise. Insgesamt verfügt die Firma über ein Vermögen von 159 Milliarden Dollar; 46 Milliarden davon liegen in Hedgefonds. Auch für seine Kunden spielen die Kosten eine immer größere Rolle.

Asness (geb. 17. Oktober 1966) ist der Akademiker unter den Fondsmanagern, einer, der immer die Debatte sucht wie in einem Hörsaal. Er wurde in New York geboren, studierte an der University of Pennsylvania und machte seinen Doktor an der University of Chicago Booth School of Business. Wenig hatte in Asness' Jugend darauf hingedeutet, dass er ein Star in der Wissenschaft werden könnte, doch in Chicago gelang ihm als Assistent des späteren Wirtschaftsnobelpreisträgers Eugene Fama, der die Effizienz von Märkten studierte, der große Durchbruch. Er legte dar, dass es für einen Investor gut sei, zwei Strategien zu verbinden: die des »Value«, des Werts, und die des »Momentums«, des günstigen Augenblicks. Der erste Ansatz zielt darauf ab, in der Firmenwelt etwas Unbekanntes, Unterbewertetes zu entdecken, um dann an der Wertsteigerung teilzuhaben; der zweite Ansatz bedeutet, im Boom einer Aktie dabei zu sein, ehe sie wieder fällt. Die Risiken sind beim ersten lange Wartezeiten, beim zweiten Blasenbildung.

Das Wissen machte sich die Investmentbank Goldman Sachs zunutze, die den marktfindigen Akademiker als Managing Director zur eigenen Vermögensverwaltung holte. Hier entwickelte er den berühmten »Global Alpha Fund«, einen Hedgefonds auf Basis vieler computergestützter Daten. Zum Einsatz kam einer der ersten »Quants« – Rechenprogramme, die ganz darauf ausgerichtet sind, in jeder Situation für Rendite zu sorgen. Den in Dollar gemessenen Mehrwert seines Konzepts gönnte sich Asness dann aber lieber selbst als Goldman Sachs und gründete mit einigen Bankkollegen – David G. Kabiller, Robert J. Krail und

John M. Liew – 1998 die Firma AQR Capital Management. Sie sitzt in Greenwich, Connecticut, und hat rund 700 Mitarbeiter. Die Idee ist, mit Erkenntnissen der Finanztheorie und mithilfe des Computers erfolgreich Geld zu investieren. Viele Jahre funktionierte das, aber im April 2015 erlitt auch AQR Capital Management einen Rückschlag. Plötzlich gab es keine stabilen Trends für Rohstoffe, Devisen und Anleihen mehr, und mit dieser Trendwende riss zum Beispiel die Erfolgsserie des Fonds für Managed Futures. Erfolgreich ist dagegen der »Style Premia Alternative Fund«, der innerhalb eines Jahres zehn Prozent zulegte.

Cliff Asness nimmt schwierige Situationen mit einer Mischung aus Sarkasmus, Stoizismus und Humor. Immer wieder mischt er sich pointiert in politische und fachliche Debatten ein. Er ist ein manischer Nutzer des Kurznachrichtendiensts Twitter. 2012 trat er in der Dokumentation »Ayn Rand & the Prophecy of Atlas Shrugged« auf und gab dabei der US-Regierung die Schuld an der Finanzkrise. Zu viel Regulierung schade der Branche, findet Asness, der regelmäßig für die republikanische Partei spendet. Er setzt gerne Gegenmeinungen und fiel durch permanente Kritik an US-Präsident Barack Obama auf, aber auch mit seiner Total-Ablehnung des Politikers Donald Trump, dessen wirtschaftspolitische Ideen eine »Katastrophe« für die USA seien. »Aufmerksamkeit ist gut, aber Aufmerksamkeit, weil du lächerlich oder verrückt bist, ist es nicht.«

Finanzspieler wie AQR treten als spekulative Akteure auf Märkten auf, die Anomalien, besondere Entwicklungen, nutzen wollen – zum Beispiel beim Essener RWE-Konzern, der 2016 die Abspaltung des Zukunftsgeschäfts mit erneuerbaren Energien beschlossen hat. Die Asness-Leute gingen von Kursverlusten der Aktie für die alte RWE aus. Im August 2016 zeigten sie den Besitz von 1,11 Prozent der RWE-Aktien auf, die sie später gewinnbringend verkaufen wollten. So kann ein Hedgefonds mit der Energiewende Geschäft machen.

**Nachhaltigkeit** ✖ ✖ ▨ ▨ ▨
Kein Investment-Kriterium und Debattenthema.

**Unbestechlichkeit** ✖ ✖ ✖ ▨ ▨
Im August 2015 feuerte AQR den eigenen Chefhändler, der in seiner früheren Firma vertrauliche Informationen für einen Dark Pool missbraucht hatte. Der Ex-Arbeitgeber zahlte 20 Millionen Dollar Strafe.

**Steuerehrlichkeit** ✖ ✖ ▨ ▨ ▨
Der Erfolgsfonds »AQR Style Premia Lm Master Account« ist unter den Gesetzen der Steueroase Cayman Islands organisiert.

**Humanität** ✖ ✖ ▨ ▨ ▨
Kein Anlagekriterium.

**Transparenz** ✖ ✖ ▨ ▨ ▨
Eingeschränkte Verfügbarkeit von Daten. Intern intensive Diskussion um die richtige Strategie.

# Luke Ellis
## Man Group

Schlechte Leistungen mag Luke Ellis nicht akzeptieren. Das Börsenchart der Man Group, mit der betrüblichen Entwicklung nach 2008, ärgert ihn. Er ist schon im Weggehen, da kommt er zurück und knickt das Blatt mit der Kurve dort, wo auf der Zeitachse 2013 steht, als er Präsident wurde. Ab da zeigt der Kurs wieder aufwärts, jedenfalls für eine gewisse Zeit, und Ellis lächelt: »So sieht das doch viel besser aus.«

Der Mann hat also ein gewisses verkäuferisches Talent. Das braucht er auch für den Job des Vorstandschefs, den er im Juli 2016 überraschend bekam, nachdem Amtsinhaber Emmanuel (»Manny«) Roman, ein manischer Bücherleser, lieber den Sanierer des US-Fondshauses Pimco aus dem Allianz-Konzern geben wollte. Schon 2012 hatte Ellis als aussichtsreicher Kandidat für den Chefposten beim größten börsennotierten Hedgefonds der Welt gegolten, doch den Zuschlag bekam sein guter Freund Roman. Die beiden hatten eng zusammengearbeitet, um die Finanzfirma aus der Krise zu führen. Ellis war zuletzt für das Management der insgesamt vier Investmenteinheiten zuständig, aus denen die Man Group besteht.

Analysten und Investoren erwarten, dass Ellis kurzerhand Romans Strategie fortsetzt. Sie sieht gezielte Zukäufe vor, um den Hedgefonds auf ein breiteres Fundament zu stellen. Ellis – ein Mann des Weiter-so? Nicht ganz. Er hat in seinem Leben schon mal bewiesen, dass er radikale Schnitte machen kann, zumindest vorübergehend. Für mehr als ein Jahr zog er sich 2007 aus der Finanzwelt auf seine Farm zurück und widmete sich Schweinezucht und Landwirtschaft. Dafür gab es private Gründe. Auf einer Party hätte ihm ein Freund gratuliert, er sei in einer Position, sich mit 50 in den Ruhestand verabschieden zu können – da habe seine Frau entgegnet, zum Zeitpunkt der Pensionierung werde »wohl keiner mehr im Haus sein«. Das habe ihm zu denken gegeben. Er verbrachte mehr Zeit mit Frau und den drei Kindern.

Das Leben als Schweinezüchter im südenglischen Sussex gefiel dem Finanzmann. »Wahrscheinlich ist es eine der besten Erfahrungen mit Schweinen, wenn sie auf ihrem Rücken liegen und schlafen und man ihnen dabei den Bauch krault«, berichtete er. Doch lange hielt es ihn nicht auf dem Bauernhof. Ende 2009 stieg er wieder voll ins Hedgefonds-Geschäft ein – er habe den Überzeugungskünsten Romans nicht widerstehen können. Ellis kümmerte sich zunächst um eine der Problemsparten und dann um den von der Man Group übernommenen Hedgefonds FRM, den er selbst vor seinem Agro-Ausflug groß gemacht hatte.

Seine berufliche Karriere hat Luke Ellis nach dem Mathematik- und Wirtschaftsstudium in Bristol bei der japanischen Bank Nomura eingeleitet. Später ging er zur US-Großbank JP Morgan. Der Hedgefonds-Job sei »intellektuell bereichernd«, findet er. Seine Frau habe sich wieder daran gewöhnen müssen, dass er nicht mehr so viel zu Hause ist.

Die Man Group geht auf die Gründung einer Brokerfirma durch James Man im Jahr 1783 zurück. Mehr als 44 Milliarden Dollar Vermögen werden hier in Hedgefonds betreut – Geld von Anlegern, die das Risiko und eine höhere Rendite suchen. Ex-Firmenchef Roman ist gelungen, woran seine Vorgänger teilweise scheiterten: Der Hedgefonds hat sich ein Standbein in den USA geschaffen, die institutionelle Kundenbasis deutlich vergrößert (die als stabiler gilt) und durch eine ganze Reihe von Zukäufen das Geschäft ausgebaut. So ist die Man Group deutlich unabhängiger geworden von der einst glänzenden, dann problematischen Sparte AHL: Dort entscheiden Computer-Algorithmen über Investitionen.

Auf Basis mathematischer Formeln suchen die Rechner im riesigen Datenstrom, den die Kapitalmärkte produzieren, nach Signalen für Preistrends, die sich für einige Tage, Wochen oder Monate gewinnbringend nutzen lassen. Vor der Finanzkrise erreichte AHL mit diesem System noch eine Rendite von mehr als 30 Prozent. Danach waren die Zeiten vorbei. Aufgrund der Eingriffe der Politik und der Notenbanken taten sich die Rechner schwer, noch klare Trends zu erkennen. Das führte zu massiven Mittelabflüssen bei der Man Group und einem Einbruch des Aktienkurses.

Unter Emmanuel Roman zogen Kunden deutlich weniger Geld ab. Anfang 2016 waren die Abflüsse vor allem im Vergleich zu einigen großen Namen in der Branche eher gering. Die Krisensparte AHL nahm zudem wieder Fahrt auf. Das Unternehmen sei in einer deutlich besseren Verfassung, sagen Analysten und Investoren übereinstimmend. Größter Aktionär bei der Man Group ist der Investmentfonds Silchester International Investors mit 8,6 Prozent, hinter dem der wohlhabende Londoner Finanzmann Stephen C. Butt steckt, der allein 2015 rund 19 Millionen Pfund aus seinen unternehmerischen Aktivitäten kassierte. Er löste in der Rolle als größter Aktionär die Firma Odey Asset Management des britischen Investors Crispin Odey ab. Maßgeblich beteiligt sind außerdem UBS (5 Prozent) und Blackrock (4,2 Prozent). Die Teachers Insurance and Annuity Association (TIAA) hielt vier Prozent und ist jetzt noch mit 1,5 Prozent dabei. Die Finanzorganisation aus New York kümmert sich um die Altersvorsorge von 3,9 Millionen Menschen, die in der Forschung, in der Kultur, in der Medizin oder in akademischen Berufen arbeiten.

Bei der Man Group steht jetzt ein Ausbau der Geschäfte in den USA an – dabei will sie nicht nur in Aktien, Währungen und Rohstoffe investieren, sondern auch in Kredite. Wenn zum Beispiel Banken Portfolios verkaufen, weil diese zu viel Eigenkapital binden, wolle die Man Group diese Kredite übernehmen – wenn der Preis stimme.

Neu-Chef Ellis schwört zudem auf eine Software, die nach den Ideen des »Maschinellen Lernens« gebaut ist und die große Datenmengen in eine Investment-Strategie verarbeitet. Er selbst habe bereits als Sechsjähriger gelernt, bei Kartenspielen oder Pferdewetten nach Mustern zu suchen. Überall suche er danach, bei Menschen, in Informationen, in Daten – ohne Maschinen klappe das nicht. Sein Leitsatz: »Wer Muster erkennen kann, der kann damit auch Geld verdienen.«

**Nachhaltigkeit** ✖✖☒☒☒
Es geht um rentable Investments, nicht um die Umwelt.

**Unbestechlichkeit** ✖✖✖☒☒
Keine erkennbaren Vorfälle von Korruption. Die Chefs fielen als Großspender der englischen Konservativen auf.

**Steuerehrlichkeit** ✖✖☒☒☒
Die Man Group arbeitet branchentypisch mit Firmen in Steuerparadiesen.

**Humanität** ✖✖☒☒☒
Kein Anlagekriterium. Die Man Group sponsert den renommierten Booker-Literaturpreis.

**Transparenz** ✖✖✖☒☒
Gute Informationslage im börsennotierten Unternehmen. Scharfe Proteste auf der Hauptversammlung 2016 gegen die Gehaltsmodelle.

# Jim Simons

## Renaissance

Bart, wuschelige Haare an den Schläfen: Er sieht aus wie ein Mathematik-Professor. Das war Jim Simons (geb. 1938) auch in seinem früheren Leben. Zusammen mit seinem Kollegen Shiing-Shen Chem hat er in den 1970er Jahren eine mathematische Theorie entwickelt, die später Basis des String-Konzepts in der theoretischen Physik war; dabei geht es um die Struktur der Materie. Heute fördert der Sohn eines Schuhfabrikanten aus Newton, Massachusetts, über eine Stiftung den Mathematikunterricht an öffentlichen Schulen sowie die physikalische Grundlagenforschung.

Simons hatte in den 1960er Jahren aber noch andere interessante Jobs. Er knackte Codes für den US-Geheimdienst NSA. Danach stand er im Dienst des amerikanischen Institute for Defense Analyses, eine Beratungsorganisation der Regierung. Als er seinen Chef, General Maxwell Taylor, 1968 wegen dessen Eintreten für den Vietnamkrieg öffentlich kritisierte, wurde er gefeuert. Seiner Karriere als Wissenschaftler tat das keinen Abbruch. Im Jahr 1976 bekam Simons den Oswald-Veblen-Preis für Verdienste in der mathematischen Disziplin der Topologie. Doch diese Meriten waren nur Vorbereitung zu seinem nächsten Beruf – der ihm rund 15 Milliarden Dollar an persönlichem Reichtum einbrachte.

»Mit Ende 30 war ich die Mathematik etwas leid, außerdem hatte ich wenig Geld«, erzählte Simons 2015 bei einem »Ted-Talk«, einem seiner seltenen öffentlichen Auftritte. Der Mann ist notorisch schüchtern. 2006 hatte er in einem Interview aus George Orwells »Farm der Tiere« zitiert: »Gott gab mir einen Schwanz, um die Fliegen zu verjagen. Aber am liebsten hätte ich weder Schwanz noch Fliegen.« So in dieser Art halte er es auch mit Publizität, erklärte Simons. Er begann jedenfalls, konsequent an den Kapitalmärkten zu handeln – mit Erfolg, der aber vor allem auf Glück beruhte. Dann hatte der Seitenwechsler die Idee, die im Jahr 1982 zur Gründung des Hedgefonds Renaissance Technology führte: Mathematik systematisch zur Analyse der Finanzmärkte einzusetzen, um damit Geld zu verdienen – viel Geld. Für die Gebühr vom Kunden forderte Simons fünf Prozent vom Volumen plus 44 Prozent vom Gewinn. Die Kunden ließen sich darauf ein.

Im Prinzip war Simons Idee nicht neu. Aber die einfachen Modelle, die früher noch funktionierten, hatten nach seiner Meinung in den 1980er Jahren ausgedient.

Er scharte einen Stab hoch qualifizierter Programmierer, Mathematiker und Physiker um sich und sammelte so viel wie möglich an Informationen, die irgendetwas mit Kursentwicklungen zu tun haben könnten – einschließlich der Wetterdaten. In diesem Wust suchte er nach Mustern. Und leitete daraus Investment-Strategien ab. Weil diese Muster sich immer wieder ändern, ist die Analyse eine Aufgabe ohne Ende. Simons wurde zum Vorreiter einer mathematisch gestützten, weitgehend über Computer umgesetzten Geldanlage. Es war ein früher Triumph der »Quants«, jener quantitativen Analysen, die mithilfe mathematischer Formeln Geld investieren. Und Simons nahm »Big Data« vorweg: »Am Anfang haben wir die Daten noch von Hand gesammelt, die gab es in keinem Computer«, sagt er.

Renaissance verwaltet 27 Milliarden Dollar mit nur 290 Mitarbeitern. Die Webseite des Hedgefonds enthält als einzige nennenswerte Information Job-Angebote. Gesucht werden unter anderem Leute mit Doktortitel in »Computer-Wissenschaften, Mathematik, Physik, Statistik oder einer verwandten Disziplin.« Außerdem wichtig: »ein intensives Interesse, quantitative Analysen zur Lösung schwieriger Probleme anzuwenden«. Chairman Simons stellte sich im »Ted-Talk« auch der Frage, ob es sinnvoll sei, dass sich so viel Talent ausgerechnet in einer Branche sammelt, wo es nur um Geld geht. Antwort: »Die Branche ist doch noch ziemlich klein. Ich habe keine Sorge, dass der nächste Einstein einen Hedgefonds gründet.« 2015 verdiente Simons laut »Institutional Investor« 1,7 Milliarden Dollar – das war mehr, als die Zentralafrikanische Republik erwirtschaftete. Die Summe hob ihn zusammen mit Citadel-Chef Kenneth Griffin, der genauso viel verdiente, auf die Spitzenposition der Hedgefonds-Branche.

**Nachhaltigkeit** ✘✘☒☒☒
Kriterien zur Geldanlage unter ökologischen Gesichtspunkten sind nicht bekannt. Co-CEO Robert Mercer bezweifelt das Phänomen des Klimawandels.

**Unbestechlichkeit** ✘✘☒☒☒
Simons ist ein Anhänger und Spender der Demokratischen Partei – sowohl über Renaissance Technologies als auch über Euclidean Capital, seinem Family Office. Co-CEO Robert Mercer dagegen unterstützte die Republikaner. Auf der Liste der politischen Hauptspender, erstellt vom Center for Responsive Politics, nahm Mercer im Juni 2016 mit 18,5 Millionen Dollar den ersten Platz ein – sein Arbeitgeber Simons mit 11,5 Millionen den fünften.

**Steuerehrlichkeit** ✘✘☒☒☒
Der US-Senat kritisierte, Renaissance Technologies lasse mithilfe komplexer Optionspapiere die hohen Handelsprofite im Tagesgeschäft als langfristige Kapitalgewinne erscheinen. Die Firma habe so mehr als sechs Milliarden Dollar an Steuern gespart. Der Lobby-Report von Renaissance Technologies für 2015 nennt »Steuerthemen bezüglich Hedgefonds« als eines der wichtigsten Anliegen.

**Humanität** ✘✘☒☒☒
Für das Investment waren solche Fragen bisher erkennbar nicht relevant.

**Transparenz** ✘✘☒☒☒
In der Finanzkrise kamen Irritationen auf, weil ein Fonds von Renaissance für aktuelle und frühere Mitarbeiter sowie ihre Familien 2008 um 80 Prozent stieg, während ein Fonds für Außenstehende 16 Prozent verlor.

## George Soros
### Soros Fund Management

Immer wieder Karl Popper. Kaum eine Rede, kaum ein Interview mit dem finanzgewaltigen George Soros, ohne dass der berühmte britische Philosoph eine Rolle spielt. Der Investor hatte Anfang der 1950er Jahre bei ihm in London studiert, das sei sein »Mentor« gewesen, erklärt er. Die »offene Gesellschaft« Poppers ist das Leitbild des George Soros, der diese Idealgesellschaft mit seinen Stiftungen überall auf der Welt verwirklicht sehen will – beispielsweise in der Europäischen Union, an deren inneren Leiden der Wohltäter schon äußerlich leidet, sowie in der Ukraine oder in Russland, wo die Soros-Institutionen 2015 verboten wurden.

Soros ist ein Philosoph, der aus Verlegenheit reich geworden ist, der wie Popper Annahmen über Menschen und Märkte macht und sie mit Geld meistens erfolgreich testet. Er nennt sich selbst einen »finanzwirtschaftlichen, philosophischen und philanthropischen Spekulanten«. Eigentlich gehe es gar nicht um Geld. Ein erfolgreicher Spekulant müsse halt die Welt verstehen, in der wir leben. Erkenntnistiefe bemisst sich in dieser Logik in Geldgrößen, und vermutlich deshalb, vielleicht auch wegen seiner Kaltschnäuzigkeit, hat es Soros auf ein Vermögen von fast 25 Milliarden Dollar gebracht – das einerseits in der alles andere als perfekten Welt des großen Geldes täglich neu gemehrt werden will (was die Welt schlechter machen kann), das andererseits aber für gute Zwecke eingesetzt wird, um die Welt zu verbessern, was Soros seine »eigentliche Leidenschaft« nennt. Das Werk Soros' ist also ein permanenter Widerspruch, der sich gut rentiert.

Viele kennen die Lebensgeschichte des als György Schwartz geborenen Ungarn (geb. 12. August 1930), dessen jüdische Familie die Nazizeit in Budapest nur mit gefälschten Papieren überlebte und die 1946 vor den neuen kommunistischen Machthabern nach London übersiedelte. Soros hat aus dieser Zeit mitgenommen, stets mit dem Schlechtesten zu rechnen, denn hätte sein Vater nicht so gedacht, wäre die Familie ohne die gefälschten Pässe verloren gewesen. In England arbeitete er nach dem Studium an der London School of Economics für eine kleine Handelsbank, wollte 500.000 Dollar in fünf Jahren verdienen und dann Privatier werden, fand sich jedoch von 1956 an in New York rasch in einer Tretmühle wieder, die ihn immer neue Deals machen ließ. 1969 startete Soros, seit acht

Jahren US-Staatsbürger, zusammen mit Jim Rogers seine eigene Firma mit der Spezialität Hedgefonds, wie dem in der Steueroase Curacao gehaltenen Quantum Funds, dessen Wert bis 1997 im Schnitt um 35 Prozent pro Jahr wuchs. Dass Soros 1992 erfolgreich gegen das britische Pfund spekulieren konnte und es so aus dem Europäischen Währungssystem drängte, führt er auf fundamentale Schwächen der Währung und der britischen Wirtschaft zurück und auf die Tatsache, dass er genügend Unterstützer gefunden hatte, die mit ihm wetteten.

Die Aktion, die ihm einen Profit von einer Milliarde Dollar einbrachte, hat den Mythos des George Soros begründet, auch wenn ihm manche Dinge missglückt sind, wie 1999 eine Spekulation gegen den Euro oder Geschäfte in Russland nach der Liberalisierung des Telefonmarkts. »Es war schmerzhaft, als ich merkte, dass ich umso mehr arbeiten musste, je mehr Geld ich besaß. Es musste ja schließlich verwaltet werden«, offenbart Soros: »Um diesem Dilemma zu entkommen, habe ich begonnen, mein Geld in eine Stiftung einzubringen. Dann machte auch das Geldverdienen wieder Sinn.« Das war 1979. Der Open Society Fund und die Soros Foundation entstanden. Aus dem Spiel des Geldmachens war ein zweites Spiel geworden, das des Sinnstiftens. »Ein gescheiterter Philosoph versucht es mal wieder«, betitelte Soros einen Vortrag. Der Investor transferiert die Hälfte seiner persönlichen Jahreseinnahmen steuerfrei an das eigene Stiftungswesen; insgesamt dürften so mehr als neun Milliarden Dollar zusammengekommen sein. 1300 Leute arbeiten für seine Dachgesellschaft Open Society Institute in New York.

Natürlich ist auch die Soros Fund Management LLC, seine Kapitalfirma, weiter im Einsatz. Sie sitzt in der Seventh Avenue in New York und wird von seinem Sohn Robert Daniel Soros (geb. 1964) als Präsident und stellvertretender Chairman geleitet. Der Junior hat weniger durch spektakuläre Deals oder Einschätzungen als vielmehr durch eine hässliche Scheidungsschlacht von sich reden gemacht. Jonathan Soros dagegen, ein jüngerer Sohn des Finanzmagnaten, hat die Firma verlassen und sich selbstständig gemacht. Andrea Soros Colombel kümmert sich in einer Stiftung um die tibetische Kultur, während der jüngste Sohn Alexander Soros eifrig spendet und eine philanthropische Stiftung gegründet hat. Bei der väterlichen Soros Fund Management tritt David K. Wassong inzwischen als Managing Director auf; als Chef-Investor wirkt Ted Burdick. Sein Team kümmere sich um die weltweiten Geldanlagen, versichert George Soros, er selbst habe sich aus dem operativen Tagesgeschäft zurückgezogen. Es bleibt aber sein Geld, das in der Firma steckt.

Dass der Spekulantenphilosoph in seiner Firma bei wichtigen Entscheidungen nicht um Rat gefragt wird, ist wenig glaubhaft. 2013 gab er zu, Einfluss darauf genommen zu haben, dass seine Soros Fund Management mit Währungsverkäufen den japanischen Yen schwächte und Gold verkaufte. Doch das seien Ausnahmen gewesen. Seit Jahren wettert Soros gegen den Sparkurs der Deutschen in

Europa und fordert Euro-Anleihen für Investitionen in Südeuropa. Seine Analysen, die von einem Zerfall der Europäischen Union ausgehen, dürften eine Rolle gespielt haben, als Soros Fund Management LLC nach der Brexit-Entscheidung mit 100 Millionen Euro gegen die Deutsche Bank wettete. In Spanien besitzt die Soros-Firma 25 Prozent der Baufirma Fomento de Construcciones y Contratas, alles in Abstimmung mit Hauptaktionärin Esther Koplowitz.

Soros kennt einen Grundgedanken Poppers nur zu genau, wonach Fakten von Statements darüber beeinflusst werden können. Der Hedgefonds-Gründer redet am liebsten über das von ihm angeregte und mitfinanzierte Institute of New Economic Thinking, das die Fehlbarkeit der Märkte beklagt (Soros hat auch hierüber ein Buch geschrieben) und die Arbeit des französischen Ökonomen Thomas Piketty (»Das Kapital im 21. Jahrhundert«) finanzierte. Dessen Analyse über die wachsende soziale Ungleichheit trifft die Wahrnehmung des Spenders. Und Soros fühlt, dass man ihm seit der Finanzkrise 2007/08 weltweit mehr Gehör schenkt, dass er nicht einfach nur ein Geschäftsmann ist, der mit extremen Wetten extrem viel Geld macht. Zur Pointe der Geschichte gehört, dass Soros just nach dem Sommer 2007 mit Wetten auf fallende Märkte rund drei Milliarden Dollar verdient hat.

Im US-Wahlkampf mischt George Soros seit einiger Zeit mit. Er setzte ein Zeichen, als er 2004 über verschiedene Gruppen mehr als 26 Millionen Dollar in den Kampf gegen den Präsidenten George W. Bush steckte – als »einmalige Notwendigkeit, um die Missgeschicke der USA im Ausland zu korrigieren«. Damit war er, typisch für sein Leben, wieder mal der Erste. Mit stolzen Gaben kann stets die Demokratische Partei rechnen, Soros hat sich schon immer als Fan von Hillary Clinton dargestellt. Sie habe »jede Menge Erfahrung« gesammelt und besitze »noch so viel Energie«, lobt er.

### Nachhaltigkeit ✗ ✗ ✗ ✗ ⊗
Soros finanziert die Climate Policy Initiative im Kampf gegen den Klimawandel und unterstützt die Friends of the Earth. Soros Fund Management investiert auch in erneuerbare Energien.

### Unbestechlichkeit ✗ ✗ ⊗ ⊗ ⊗
Über Spenden enge Verzahnung mit der Demokratischen Partei in den USA.

### Steuerehrlichkeit ✗ ✗ ⊗ ⊗ ⊗
Der erfolgreichste Soros-Hedgefonds »Quantum« wurde im Steuerparadies Curacao gestartet. Soros Finance Inc. sitzt in Panama, Soros Holdings Limited wurde auf den British Virgin Islands gegründet, und Soros Capital entstand in Bermuda.

### Humanität ✗ ✗ ✗ ⊗ ⊗
Soros setzt sich in seinen Stiftungen für eine Verbesserung der Welt ein und dafür, Finanzmärkte nicht sich selbst zu überlassen. Eine Stiftung unterstützt das International Consortium of Investigative Journalists, das Wirtschaftsskandale aufdeckt.

### Transparenz ✗ ⊗ ⊗ ⊗ ⊗
Die Soros Fund Management LLC ist völlig intransparent. Transparent sind nur die Wohltaten, über die Soros berichtet. In Frankreich musste er wegen Insidergeschäften 2,2 Millionen Euro zurückzahlen.

# Steven A. Cohen

## S.A.C. Capital / Stamford Harbor Capital

Früher konnte Steven A. Cohen (geb. 11. Juni 1956) machen, was er wollte. Er galt als Zauberer der Finanzmärkte – einer, der wie ein Alchemist aus Finanzinformationen Geld machte. 2013 ging er mit 2,3 Milliarden Dollar Gewinn nach Hause. Doch inzwischen muss sich der amerikanische Hedgefonds-Manager von Amts wegen fragen lassen, was es mit seiner Stamford Harbor Capital L.P. so auf sich habe. Wie genau seine Rolle dort aussehe, schließlich ist er ja als Eigentümer der Finanzfirma aus Stamford, Connecticut, aufgeführt. Für all diese Details interessieren sich die Spezialisten der US-Börsenaufsicht SEC, und zwar aus gutem Grund: Erst im Januar 2016 haben sie nach einem Insider-Skandal einen Vergleich mit Cohen getroffen. Danach darf er zwei Jahre lang bei keinem registrierten Fonds in führender Rolle wirken. Das werde er nicht tun, versicherte Cohen, er werde bei Stamford Harbor nicht selbst aktiv werden. Gemäß dem Agreement mit der SEC muss eine unabhängige Beratungsfirma bei allen Unternehmen, die Cohen direkt oder indirekt kontrolliert, über seine Passivität wachen.

Ist das jetzt die Ouvertüre zum großen Comeback des Steven A. Cohen? Der Finanzmann hatte 1992 in Stamford eine Hedgefonds-Firma ins Leben gerufen, die in der Branche einen Ruf wie Donnerhall hatte: S.A.C. Capital, benannt nach den Initialen des Gründers. Cohen erfasse beim Betrachten einer Aktienkurve, was da los sei, glaubten viele in der Branche; der altmodische Typ des »Tape Readers« lebe hier fort, der einst anhand des Kurstickerbands Trends erfasste. Diese Kunst und andere Fertigkeiten haben ihn mit 11,4 Milliarden Dollar Vermögen in den Geldadel der Finanzbranche erhoben. Sein Anwesen in Greenwich bei New York umfasst Golf- und Basketballplatz sowie ein Haus mit 30 Zimmern; ein Platz zum Glücklichwerden für Cohen, seine zweite Frau und sieben Kinder.

Zwei Jahrzehnte lang machte seine S.A.C. Capital durchschnittlich im Jahr rund 30 Prozent Rendite, was Superreiche, Pensionskassen und Staatsfonds anlockte. Nur im Finanzkrisenjahr 2008 erwischte es auch ihn, die Firma machte Verlust. Den Investor mit dem kahlen Charakterkopf zeichnet die Gelassenheit eines Strategen aus, der jährliche Renditen zwischen 60 Prozent und 13 Prozent hinnimmt wie den Wetterbericht. Zu Spitzenzeiten arbeiteten 1200 Leute für ihn, fast 100 davon Portfoliomanager. Sie erlebten den Chef nie brüllend oder jauchzend, stets nur als kühlen Experten, der Neuigkeiten und Anschauungen mitteilt. Den Handelsraum hält Cohen konstant bei niedriger Temperatur, mancher bewegt sich hier im Fleecepullover. Die Kühle soll einer möglichen Ermüdung vorbeugen.

Der Eigentümer von S.A.C. Capital gab so gut wie nie Interviews – doch dann kam 2012 die Geschichte mit Mathew Martoma auf, einem seiner Angestellten. Der hatte das bekommen, was für Aktiendeals immer gut ist: vertrauliche Informationen. Nur darf der Tippgeber nicht bekannt werden. Im Fall Martoma aber war klar, dass ein Insider der Pharmafirmen Elan und Wyeth geplaudert hatte. Aus der Hoffnung auf ein neues Alzheimer-Medikament werde nichts, offenbarte der Mann, die klinischen Tests seien negativ ausgefallen. S.A.C. verkaufte die Aktien

der beiden Pharmafirmen rechtzeitig – und machte damit sogar noch mehr als 80 Millionen Dollar Gewinn. Hätte der Hedgefonds mit dem Verkauf bis nach der Veröffentlichung der schlechten Neuigkeiten gewartet, wären fast 200 Millionen Dollar Verlust möglich gewesen.

Der New Yorker Staatsanwalt Preet Bharara, zuständig für den Finanzdistrikt und versessen auf Erfolge im Kampf gegen unzulässigen Insiderhandel, nahm sich der Sache an. »Der Mann sprengt die Wall Street«, titelte »Time Magazine«. Er wies dem jungen Biomediziner und S.A.C.-Rechercheur Martoma nach, einen Bonus von 9,4 Millionen Dollar kassiert zu haben. Am Ende musste der Mann für neun Jahre ins Gefängnis. S.A.C. Capital bekannte sich 2013 schuldig und zahlte insgesamt 1,8 Milliarden Dollar zur Schadensregulierung – noch nie in der US-Finanzgeschichte war so viel Geld in einem Insiderfall gezahlt worden. Eigentümer Cohen aber wurde bei einer Einigung im Januar 2016 lediglich für zwei Jahre gesperrt – er darf in dieser Zeit nur das eigene Geld verwalten. Eine direkte Beteiligung an dem Insidergeschäft war ihm nicht nachzuweisen, auch wenn Martoma mit seinem Chef über die erlangten Informationen geredet hatte. Der Eigentümer schloss aus der Affäre, dass der alte Firmenname verbrannt sei. Er hielt sich in Finanzfragen an Point72 Asset Management, sein Family Office.

Steven A. Cohen, den alle »Stevie« nennen, hat den Zwischenfall leicht verwunden. Der Sohn eines Kleiderfabrikanten und einer Klavierlehrerin aus Great Neck bei New York liebte schon immer das Risiko. Hunderte Dollar verdiente er sich während der Schulzeit mit Pokerspielen, wenn er nicht die Finanzseiten der Zeitungen studierte; später studierte er an der Wharton School der University of Pennsylvania, war aber eher von den Bildschirmen mit den Börsenkursen im lokalen Brokerhaus interessiert. 1992 zog es ihn mit seinem Hedgefonds dann nach New York. Einer größeren Öffentlichkeit ist Steven A. Cohen ohnehin nicht mit seinen Finanzdeals bekannt geworden, sondern durch seine exaltierten Kunstkäufe. Für acht Millionen Dollar erwarb er in den 2000er Jahren einen in

Formaldehyd versenkten Tigerhai von Damien Hirst. Aber auch Andy Warhols »Superman«, Roy Lichtensteins »Popeye«, ein Madonnenbild von Edvard Munch, Wasserlilien von Monet, »Woman III« von Willem de Kooning, Jackson-Pollock-Werke und ein Selbstporträt Manets hatten es ihm angetan. Den Manet verkaufte er 2010 – in bester Händlermanier – für stolze 33 Millionen Dollar. Eine Alberto-Giacometti-Skulptur ersteigerte er für mehr als 100 Millionen Dollar, und weil das Gewerbe so schön ist, kaufte sich der unermüdliche Mr. Cohen bei Sotheby's ein: Seine Point72 Asset Management ist seit März 2016 nach dem Zukauf von 3,2 Millionen Aktien mit 5,5 Prozent an dem Auktionshaus beteiligt.

Wenn sich Steven A. Cohen im Januar 2018 am Markt bei seinen Kunden vermutlich mit Stamford Harbor Capital zurückmeldet, wird er womöglich ganz neue Erkenntnisse gewonnen haben. Der Investor steckte 250 Millionen Dollar in einen Fonds der Firma Quantopian aus Boston, dessen Investitionsentscheidungen auf einem Computerprogramm basieren, das Finanzamateure weltweit nebenbei in ihrer Freizeit geschaffen haben.

**Nachhaltigkeit** ✖✖ ✖✖✖
Es geht um Renditen von bis zu
60 Prozent, nicht um den Klimawandel.

**Steuerehrlichkeit** ✖✖ ✖✖✖
Cohen nutzt die Steuerparadiese Bermuda
und Anguilla.

**Unbestechlichkeit** ✖✖ ✖✖✖
Eine kommerzielle Strategie, Insider-
informationen auszunutzen und
Tippgeber zu bezahlen, konnte Cohen
vom Staatsanwalt nicht nachgewiesen
werden.

**Humanität** ✖✖ ✖✖✖
Die Mitarbeiter frieren in einem sehr
kühl gehaltenen Handelsraum. Bei der
Geldanlage sind Arbeitsbedingungen kein
vordringliches Thema.

**Transparenz** ✖ ✖✖✖✖
Völlig intransparent.

# John Paulson
## Paulson & Co.

Stellen Sie sich vor, jemand wettet auf den Untergang der Welt – und wird damit auch noch reich! Genau das hat John Paulson getan. Er verdiente persönlich im Jahr 2007 rund vier Milliarden Dollar mit dem »größten Geschäft aller Zeiten«, wie es ein Reporter des »Wall Street Journal« bezeichnete. Er wettete damals auf den Zusammenbruch des US-Immobilienmarktes. Der fand dann tatsächlich statt und führte zur weltweiten Finanzkrise, die 2008 ihren Höhepunkt erreichte. Ohne das Eingreifen von Regierungen und Notenbanken hätte sie zum Zusammenbruch des Finanzsystems geführt, mit unabsehbaren Folgen.

Was Paulsons Wette (Codename Abacus) in den Augen seiner Kritiker besonders perfide machte, war die Art, wie er sie einfädelte. Er bat eine ganze Reihe von Banken, allen voran Goldman Sachs, Wertpapiere zu schaffen, auf deren Niedergang er wetten konnte. Das Spiel funktionierte nur dadurch, dass die Banken diese Papiere, in denen Bündel von Immobilienkrediten verbrieft wurden, an Investoren verkauften. Anders wären sie nicht in den Handel gekommen, und Paulson hätte auch nicht auf ihren Niedergang wetten können.

Technisch gesehen ist eine solche Wette mit Credit Default Swaps (CDS) möglich. Diese Papiere versprechen dem Käufer eine Wertsteigerung, wenn bestimmte andere Papiere an Wert verlieren. Eigentlich waren sie zur Absicherung von Investoren gedacht, aber sie haben sich zu beliebten Spekulationsobjekten entwickelt. In der Finanzkrise spielten sie eine verhängnisvolle Rolle. Einige Verkäufer dieser CDS, allen voran der Versicherungskonzern AIG, haben sich damit übernommen und erlitten hohe Verluste.

Paulson und Goldman Sachs haben bestritten, dass die Papiere von vornherein so konstruiert waren, dass ein Wertverlust abzusehen war. Fest steht aber offenbar, dass Paulson auf die Gestaltung der Papiere Einfluss nahm, dass er von Anfang an vom Niedergang des Immobilienmarkts überzeugt war und dass die Papiere ihren Käufern Verluste bescherten. Bear Stearns, eine Bank, die selber in der Finanzkrise als eigenständiges Geldhaus unterging, lehnte es aus ethischen Gründen ab, sich an dem Geschäft zu beteiligen. Andere, vor allem Goldman Sachs, waren weniger pingelig. Goldman zahlte später eine halbe Milliarde Dollar Strafe wegen Täuschung der Investoren. Paulson, der zusammen mit seinem Manager Paolo Pellegrini die Sache ausgeheckt hatte, kam ungeschoren davon. Ja, er wurde noch nicht einmal von der Börsenaufsicht SEC vernommen. Paulson hatte ja selber auch keine der zweifelhaften Papiere an die Investoren verkauft.

Der Finanzjongleur aus New York (geb. 14. Dezember 1955) ist auf große Wet-

ten spezialisiert. Entsprechend räumt er manchmal riesige Gewinne ab – und greift schon mal daneben. Im Jahr 2010 verdiente er fünf Milliarden Dollar, 2013 aber schrumpfte das Vermögen seiner Fonds dagegen erheblich und damit seine Einnahmen. 2015 blieb unterm Strich ein schwaches Jahr. Paulsons persönliches Vermögen liegt bei 11,2 Milliarden Dollar. Ein Teil davon dient als Sicherheit für Kredite seiner Fonds.

Paulson hatte nach dem Wirtschaftsstudium bei der Boston Consulting Group gearbeitet, ehe er zu einigen Wall-Street-Firmen wechselte und sich 1994 selbstständig machte. Nach der Finanzkrise investierte er zeitweise in Gold. Spötter sahen darin einen neuen Versuch, auf den Crash des Finanzsystems zu wetten. Manchmal wettet er aber auch auf positive Entwicklungen. So gehört Paulson zu den wenigen privaten Investoren, die sich in Griechenland engagiert haben, in der Hoffnung auf Besserung. Doch die 6,6 Prozent an der börsennotierten Piräus Bank, die er Ende 2014 für 655 Millionen Euro kaufte, verloren innerhalb von anderthalb Jahren rund 90 Prozent ihres Werts. Auch Spekulationen auf lange Höhenflüge bei den US-Pharmafirmen Valeant und Allergan gingen nicht auf. Sein Geld steckt außerdem in der maroden Insel Puerto Rico, die zu den USA gehört und die er als »Singapur der Karibik« preist. Hier beteiligte er sich an der größten Bank der Insel, Banco Popular, und steckte mehr als eine Million Dollar in ein Strand-Resort. Außerdem kaufte Paulson die legendäre Klavierfirma Steinway & Sons – ein wenig in der Erinnerung, dass sich seine Eltern einst für die beiden klavierspielenden Schwestern zu Hause keinen Steinway leisten konnten. Zu seinen anderen Beteiligungen gehören beispielsweise der Hotelbetreiber Extended Stay America (23 Prozent) und die OneWest Bank (25 Prozent).

Paulsons Vermögen verkleinerte sich im Frühjahr 2016 geringfügig, weil er seinen schwächelnden Fonds Geld zuschießen musste. Das war ungewöhnlich für den Mann, den »Bloomberg«-Herausgeber John Micklethwait eine »Art Rockstar unter den Hedgefonds-Managern« nennt. Die Strategie, die Paulson favorisiert, heißt »event driven«. Es geht also nicht um Trends, die aus Börsencharts oder ähnlichen Kurven abzulesen sind, sondern um außerordentliche Ereignisse wie Übernahmen von Unternehmen. Häufig ziehen dabei die Kurse der Firma an, die übernommen wird, während die Aktien des Übernehmers nachgeben. Für den Hedgefonds heißt das: die Aktie des Angegriffenen kaufen und auf einen Kursverlust des Angreifers wetten. Aber »events« gibt es eben auch bei Staaten oder in Kapitalmärkten.

Paulson ist ein eifriger Spender. 100 Millionen Dollar gab er zur Erhaltung des Central Park in New York, 400 Millionen seiner einstigen Universität Harvard. Der Mann meidet die Medien strikt, seine Krisengewinne 2007 waren jedoch Vorbild für das Buch und den Film »The Big Short« von Michael Lewis. Paulson ziert sich mit einem Beirat bekannter Ökonomen, dazu gehören Martin S. Feldstein von der Universität in Harvard und der ehemalige Chef der US-Notenbank, Alan Greenspan. Großes Geld umgibt sich gern mit großen Namen.

**Nachhaltigkeit** ✖ ✖ ✖ ✖ ✖
Paulson interessieren Renditen, keine $CO_2$-Werte.

**Unbestechlichkeit** ✖ ✖ ✖ ✖ ✖
Keine Korruptionsfälle nachweisbar.

**Steuerehrlichkeit** ✖ ✖ ✖ ✖ ✖
Paulson & Co. nutzt Steuerlücken über eine eigene Briefkastenfirma auf den Bermudas.

**Humanität** ✖ ✖ ✖ ✖ ✖
Kein Kriterium für Paulsons Investments. Rekordspende von 400 Millionen Dollar für die Ingenieursschule der Universität Harvard.

**Transparenz** ✖ ✖ ✖ ✖ ✖
Er habe Papiere in der Finanzkrise rund um toxische Hypotheken geschaffen und damit europäische Banken betrogen, kritisiert der Harvard-Ökonom Jeffrey Sachs. Die diffusen Geschäfte mit Papieren auf Immobilienkredite fielen rechtlich nicht auf Urheber Paulson zurück, sondern auf die Bank Goldman Sachs.

# Paul Elliott Singer
## Elliott Management

Dieser Mann treibt Staaten vor sich her, er entdeckt Unwuchten im System irgendwo in Südamerika und taucht Mitte 2016 plötzlich als Eigentümer einer kolumbianischen Airline auf: Paul Singer. Der berüchtigte Investor hat seine Firma »Elliott Management« genannt, nach seinem zweiten Vornamen Elliott. Das zeigt schon, hier ist jemand am Werk, in dessen kleiner Gestalt sich ein durchaus nicht verkümmertes Ego verbirgt. Es sei seit fast 40 Jahren die Strategie seiner Firma, »jederzeit Geld verdienen zu können«, sagt er: »Wir steigen da ein, wo wir Einfluss nehmen können.« Das Ergebnis ist eine durchschnittliche Jahresrendite von 13,5 Prozent.

Singer strahlt bei aller Freundlichkeit im persönlichen Gespräch eine gewisse Strenge aus. Wenn Singer (geb. 22. August 1944) sich einmal festgebissen hat, lässt er nicht mehr los. Oder vielmehr, er lässt dann seine Rechtsexperten auf seine Gegner los. Der in Harvard ausgebildete Jurist hat keine Angst, sich mit der Regierung eines anderen Landes anzulegen, wie sich im Fall von Argentinien zeigte. Hier erwarb er 2001 zum Niedrigstpreis für 617 Millionen Dollar Anleihen des damals insolventen Staats und drängte bei Fälligkeit auf Zahlung der angegebenen nominellen Summe. In Peru und im Kongo hat er ähnlich agiert. Die Staatspräsidenten Argentiniens, zuerst Néstor Kirchner und dann seine Frau Cristina Kirchner, weigerten sich, leisteten in Prozessen Widerstand und verschoben offenbar staatliche Besitztümer über die Kanzlei Mossack Fonseca in Panama in die US-Steueroase Nevada – bis 15 Jahre später die argentinische Nachfolgeregierung des Unternehmers Mauricio Macri einem Kompromiss zustimmte. Singer bekam 75 Prozent der nominell geschuldeten Summe und machte bei diesem Geschäft 369 Prozent Rendite beziehungsweise rund 1,7 Milliarden Dollar Profit. Die anderen Anleger hatten sich mit viel niedrigeren Prozentsätzen abspeisen lassen. »Schulden zu bezahlen heißt nicht nur, dass das Geld weg ist –, sondern es gibt auch ein Signal, dass man in dem Land investieren und als Unternehmer tätig sein kann«, sagt Singer.

Er vertritt seine Interessen eben mit einem unerschütterlichen Gerechtigkeitsgefühl, das in der Regel zu seinen Gunsten anschlägt. Die Kritik, ein Prozesshansl zu sein, lässt der New Yorker nicht gelten: »Prozesse zu führen, ist nie unsere erste Wahl. Sie sind zeitaufwendig, kostspielig und unsicher.« Aber man verfolge Investments, die kompliziert seien – und die manchmal nur funktionierten, »wenn man bereit ist, für seine Rechte vor Gericht einzustehen.«

Letztlich geht es Paul Singer, daraus macht er keinen Hehl, ums Geld. Mit den 27 Milliarden Dollar seiner Elliot Management lässt sich einiges bewegen. In Deutschland ist er aufgetaucht, nachdem der Vodafone-Konzern das börsennotierte Unternehmen Kabel Deutschland mit seinen TV-Kabelnetzen in zehn Bundesländern übernommen hatte. Den Aktionären von Kabel Deutschland sei ein viel zu niedriger Preis bezahlt worden, findet Singer, »der wahre Wert ist höher«. Er erreichte per Gerichtsurteil eine zweite Sonderprüfung: »Man braucht Geduld bei solchen Prozessen, aber Deutschland ist ein Land, in dem Gesetzestreue herrscht.« Als Kläger tritt Singer auch bei VW auf – wegen der versuchten Übernahme des Autokonzerns durch die Porsche SE. Elliott wollte ein kurzfristiges Han-

delsgeschäft mit moderatem Gewinn machen, erklärt der Eigentümer, aber dann habe der Staatsanwalt eine Manipulation des Aktienkurses festgestellt. Da habe man eben mit anderen Investoren geklagt. Die europäischen Geschäfte werden von London aus erledigt; 150 Mitarbeiter kümmern sich um Aktien wie SABMiller (und die erfolgte Fusion mit AB-InBev), Anleihen und Immobilien, aber auch Wagniskapitalchancen wie bei Sigfox, einem französischen Unternehmen für das Internet der Dinge.

Im Unterschied zu einigen seiner Kollegen hält Singer sich nicht für ein Genie. Er glaubt auch gar nicht, dass es Genies in seiner Branche gibt – sondern nur Leute, die Glück oder die Pech haben. Und diesem Wechselspiel von Glück oder Pech möchte er so weit wie möglich ausweichen. Deswegen betreibt Singer seit Jahrzehnten einen Hedgefonds im ganz ursprünglichen Sinn. Denn eigentlich ist, wie der Name sagt, die Aufgabe von Hedgefonds ja nicht primär, Geld zu scheffeln. Sondern sie sollen die Investoren vor Verlusten schützen wie eine Hecke den Vorgarten vor Nachbars Hund. Singer macht daher mit Vorliebe Geschäfte, die unabhängig von der wirtschaftlichen oder börsentechnischen Großwetterlage funktionieren. Damit bleiben immer noch Risiken. Aber es sind eben individuelle Risiken einer einzelnen Firma oder eines bestimmten Wertpapiers. Die großen Schwankungen der Börse und der Zinsen versucht er dagegen zu neutralisieren.

Kritikern gilt Singers Wirken als unmoralisch, weil er die Notlage eines geschwächten Staats wie Argentinien ausnutze oder sich aus der Insolvenzmasse einer gescheiterten Firma wie Lehman Brothers günstig bediene; seine Fonds wie NML Capital seien »Geier-Fonds«. In Wirklichkeit komme es danach nicht oft zu einer Liquidation, verteidigt sich Singer, meist würden Insolvenz-Investoren das Überleben der Unternehmen sichern. Es gehe um die Restrukturierung des Kapitals und des Geschäfts.

Singer geht auch Wetten am Markt ein, aber nur relative Wetten. Anfangs betätigte er sich vor allem im Geschäft mit Wandelschuldverschreibungen. Das sind

Anleihen, die in Aktien umgewandelt werden können. Wenn man die Kurse dieser Schuldverschreibungen mit denen der Aktien vergleicht, kann man zu dem Ergebnis kommen, dass sie sich annähern oder auseinanderlaufen werden. So etwas mag Singer. Wenn zum Beispiel die Kurse seiner Meinung nach zusammenlaufen, kauft er das billigere Papier und wettet auf den Kursrückgang des teuren Papiers. So lässt sich der Gewinn gegen die allgemeine Börsentendenz isolieren.

Juristische Mittel gehören bei Singer zum Repertoire. Sei es bei der Restrukturierung eines überschuldeten Unternehmens, oder aber, wenn es um Abfindungen von Minderheitsaktionären geht. Dieses Verfahren ist im Grund simpel und auch bei manchen deutschen Investoren beliebt. Man kauft Aktien eines von jemand anderem übernommenen Unternehmens billig auf und beschwert sich anschließend wie im Fall von Kabel Deutschland, dass diese Aktien vom Übernehmer zu niedrig bewertet werden. Wenn es dann gelingt, einen höheren Abfindungskurs durchzusetzen, gibt es eine hübsche Rendite, die nichts mit der allgemeinen Börsentendenz zu tun hat.

Anlagetechnisch ist Singers Ziel somit, eigene Vermögensklassen zu schaffen, die möglichst unabhängig von den großen Bereichen wie Aktien, Anleihen oder auch Immobilien funktionieren. Denn je unabhängiger die Anlageklassen in einem Portfolio voneinander sind, desto eher gelingt das, was eigentlich eine Quadratur des Kreises bedeutet: hohen Gewinn mit niedrigem Risiko zu verbinden. Im Vergleich zum US-Aktienmarkt sind Singers Anlagen viel weniger schwankungsanfällig und haben trotzdem über weite Strecken hinaus zweistellige Prozente eingebracht. Um das alles zu erreichen, braucht man Fleiß, Beharrlichkeit und Intelligenz. Alle drei Qualitäten besitzt Singer.

Privat beteiligt sich der Milliardär an der Spendeninitiative von Bill Gates und Warren Buffett. Das sei eine »geniale Idee«, sagt Singer, der Austausch über private Philanthropie sei sehr befruchtend. Der Republikaner konnte mit Donald Trump nie viel anfangen. Sein lakonischer Kommentar: »Ich habe eher Rückenschmerzen, wenn ich bestimmte Politiker im Fernsehen sehe.«

**Nachhaltigkeit** ✗ ✗ ✗ ✗ ✗
Umweltschutz ist kein Kriterium für Elliott Management.

**Unbestechlichkeit** ✗ ✗ ✗ ✗ ✗
Korruption ist schlecht für Singers Geschäft.

**Steuerehrlichkeit** ✗ ✗ ✗ ✗ ✗
Keine Auffälligkeiten.

**Humanität** ✗ ✗ ✗ ✗ ✗
Qualität der Arbeitsbeziehungen kein Anlagekriterium. Kritiker monieren, dass Singer Notlagen brutal ausnutze.

**Transparenz** ✗ ✗ ✗ ✗ ✗
Wenn es um seine Prozesse geht, ist Singer an Offenheit interessiert.

# FAMILIEN

*siehe Kapitel »Freizeit/Entertainment«

| | Land | Vermögen in Mrd. US$, Ende 2015 | Quelle des Reichtums |
|---|---|---|---|

**USA/NORDAMERIKA**

| | | Land | Vermögen | Quelle des Reichtums |
|---|---|---|---|---|
| 1 | Fam. Walton | USA | 122 | Walmart (Einzelhandel) |
| 2 | Fam. Koch | USA | 79,2 | Mischkonzern |
| 3 | Bill Gates | USA | 75 | Microsoft |
| 4 | Fam. Mars | USA | 70 | Süßwaren |
| 5 | Warren Buffett | USA | 60,8 | Berkshire Hathaway, Vermögensverwaltung |
| 6 | Carlos Slim Helú | USA | 50 | América Movil |
| 7 | Jeff Bezos | USA | 45,2 | Amazon |
| 8 | Mark Zuckerberg | USA | 44,6 | Facebook |
| 9 | Larry Ellison | USA | 43,6 | Oracle (Software) |
| 10 | Michael Bloomberg | USA | 40 | Bloomberg |
| 11 | Fam. Thomson | Kanada | 36,8 | Thomson Reuters |
| 12 | Larry Page | USA | 35,2 | Alphabet (Google) |
| 13 | Sergey Brin | USA | 34,4 | Alphabet (Google) |
| 14 | Fam. Cargill-MacMillan | USA | 33,6 | Nahrungs- und Futtermittel |

**SÜDAMERIKA**

| | | Land | Vermögen | Quelle des Reichtums |
|---|---|---|---|---|
| 1 | Joseph Safra | Brasilien | 17,3 | Bank |

**ASIEN**

| | | Land | Vermögen | Quelle des Reichtums |
|---|---|---|---|---|
| 1 | Wang Jianlin | China | 28,7 | Wanda (Immobilien) |
| 2 | Li Ka-Shing | Hongkong | 27,1 | Hutchison Whampoa (Mischkonzern) |
| 3 | Lee-Familie | Südkorea | 26,6 | Samsung |
| 4 | Lee Shau Kee | Hongkong | 21,5 | Immobilien |
| 5 | Jack Ma | China | 20,5 | Alibaba |
| 6 | Mukesh Ambani | Indien | 19,3 | Reliance (Petrochemie) |
| 7 | Dilip Shanghvi | Indien | 16,7 | Sun Pharmaceuticals |
| 8 | Ma Huateng | China | 16,6 | Tencent |
| 9 | Tadashi Yanai | Japan | 14,6 | Uniqlo (Einzelhandel) |
| 10 | Cheng Yu-tung | Hongkong | 14,5 | Immobilien |

**ARABISCHE LÄNDER**

| | | Land | Vermögen | Quelle des Reichtums |
|---|---|---|---|---|
| 1 | Prinz Al-Walid bin Talal Al Saud | Saudi-Arabien | 17,3 | |
| 2 | Mohammed Hussein Ali Al Amoudi | Saudi-Arabien | 10,8 | |

**ROYALS**

| | | Land | Vermögen | Quelle des Reichtums |
|---|---|---|---|---|
| 1 | König Bhumibol | Thailand | 30 | |
| 2 | Hassanal Bolkiah | Brunei | 20 | |

| | | Land | Vermögen<br>in Mrd. US$, Ende 2015 | Quelle des Reichtums |
|---|---|---|---|---|

## AFRIKA

| | | Land | Vermögen | Quelle des Reichtums |
|---|---|---|---|---|
| 1 | **Aliko Dangote** | Nigeria | 15,4 | Dangote Cement |

## AUSTRALIEN

| 1 | **Blair Parry-Okeden** | Australien | 9,7 | Cox Enterprises |
|---|---|---|---|---|
| 2 | **Gina Rinehart** | Australien | 8,8 | Hancook |

## EUROPA

| 1 | **Amancio Ortega** | Spanien | 67 | Zara |
|---|---|---|---|---|
| 2 | **Fam. Kamprad** | Schweden | 37,5 | Ikea |
| 3 | **Liliane Bettencourt** | Frankreich | 36,1 | L'Oréal |
| 4 | **Bernard Arnault** | Frankreich | 34 | LVMH |
| 5 | **Fam. Rausing** | Schweden | 29,3 | Tetra Laval |
| 6 | **Fam. Persson** | Schweden | 25,6 | H&M |
| 7 | **Maria Franca Fissolo** | Italien | 22,1 | Ferrero |
| 8 | **Leonardo Del Vecchio** | Italien | 18,7 | Luxottica |
| 9 | **Fam. Wallenberg** | Schweden | 17 | Beteiligungskonzern |

## DEUTSCHLAND

| 1 | **Familie Albrecht** | | 46,2 | Aldi |
|---|---|---|---|---|
| 2 | **Fam. Quandt/Klatten** | | 34,1 | BMW |
| 3 | **Fam. Schaeffler** | | 22,6 | Schaeffler/Conti |
| 4 | **Fam. Reimann** | | 18,6 | JAB (Reckitt Benckiser) |
| 5 | **Dieter Schwarz** | | 16,4 | Lidl |
| 6 | **Michael Otto** | | 15,4 | Otto |

## RUSSISCHE OLIGARCHEN

| 1 | **Leonid Michelson** | | 14,4 | Novatek, Sibur |
|---|---|---|---|---|
| 2 | **Michail Fridman** | | 13,3 | Alfa Group, TNK-BP |
| 3 | **Alischer Usmanow** | | 12,5 | Metalloinvest, MegaFon, Kommersant, Alibaba Group, Xiaomi |
| 4 | **Vladimir Potanin** | | 12,1 | Norilsk Nickel, Onexim Group, Polyus Gold, Interros |
| 5 | **Gennady Timchenko** | | 11,4 | Novatek, Sibur, Transoil, STG Group, Sogaz |
| 6 | **Alexey Mordashov** | | 10,9 | Severstal, Tele2 Russia, Bank Rossiya, Power Machines |
| 7 | **Viktor Vekselberg** | | 10,5 | Skolkovo Foundation, Renova Group |
| 8 | **Vladimir Lisin** | | 9,3 | Transworld Group, Novolipetsk Steel, UCL Holding |
| 9 | **Vagit Alekperov** | | 8,9 | Lukoil |
| 10 | **German Khan** | | 8,7 | Alfa Group, TNK-BP |

# Rob Walton

## Walmart

Kleine schmucke Läden in alten Ziegelsteingebäuden, das zweistöckige Rathaus mit Flaggenmast, ein Marktplatz mit Bäumen und Denkmal – Bentonville in Arkansas scheint eine typische Kleinstadt in Amerika zu sein. Allerdings wundert sich der Besucher über einige Dinge, die nicht so recht in die verschlafene Atmosphäre passen. Beispielsweise über das modern designte Museum am Stadtrand mit seinen Glaswänden, Wassergräben und Holzdecken. »Kristallbrücken« oder Crystal Bridges nennt es sich. Besucher können sich dort Meisterwerke der amerikanischen Kunst von Norman Rockwell bis Jasper Johns ansehen, der Eintritt ist frei.

Ein kleiner Laden im Ortskern verrät, was Bentonville von einem herkömmlichen Kaff unterscheidet: Hier eröffnete Sam Walton 1950 sein erstes Geschäft. Den ersten Walmart-Laden setzte er zusammen mit Bud Walton in Rogers, Arkansas, in die Landschaft. Die Brüder bauten die Firma zum weltgrößten Einzelhändler mit heute mehr als 11.500 Filialen auf. Und mit 482 Milliarden Dollar im Jahr ist sie das umsatzstärkste Unternehmen auf dem Globus. 2,3 Millionen Menschen auf der ganzen Welt, davon 1,5 Millionen in den USA, arbeiten hier.

Noch heute befinden sich mehr als die Hälfte der Aktien (52 Prozent) in den Händen der Walton-Familie. Ihr Vermögen wird zusammengenommen auf mehr als 120 Milliarden Dollar geschätzt. Darüber können sich die drei Kinder sowie eine Schwiegertochter von Sam Walton (zusammen mit dem Enkel) und zwei Töchter von Bud Walton freuen. Die Nachkommen der beiden Gründer sind die mit Abstand reichste Familie der Welt. Das Geld verwalten sie in einem kleinen Büro über dem Fahrradladen »Phat Tire« in Bentonville. Dort, in dem roten Backsteingebäude, sitzt die Walton Enterprise LLC. Wohl kaum jemand, der sich seine platten Reifen flicken lässt oder ein Fahrrad kauft, ahnt, dass über ihm so viel Geld und Macht sitzt wie sonst nirgendwo. Mit jeweils 33 bis 35 Milliarden Dollar verfügen Alice, Jim und Rob Walton – die drei Kinder von Sam Walton – über das größte Vermögen. Die gesamte Summe von erstaunlichen 100 Milliarden Dollar würde reichen, einen Swimming Pool mit Gold auszufüllen.

Die Familie ist kaum operativ in das von CEO Doug McMillon geleitete börsennotierte Unternehmen eingebunden. Die Augen aufs Geschäft halten drei Familienmitglieder, die im Verwaltungsrat sitzen. Samuel Robson Walton (geb. 28. Oktober 1944) war dort 23 Jahre lang der Vorsitzende, bevor er das Amt im Juni 2015 an Schwiegersohn Greg Penner (geb. 1970) übergab, der seit 15 Jahren für das Unternehmen tätig ist und zuvor als Analyst für Goldman Sachs gearbeitet hat. Vergeblich hatten Aktionäre einen familienunabhängigen Spitzenmann gefordert; die Idee scheiterte wie schon so viele Vorschläge aus dem Kreis der Nicht-Familien-Teilhaber. Rob Walton blieb im Gremium. Der promovierte Jurist, der zunächst bei einer Anwaltskanzlei in Tusla, Oklahoma, gewirkt hat, erscheint immer noch als Kraft hinter den Kulissen. Einmal machte er Schlagzeilen, als er bei einem Rennen mit seinem Shelby Daytona Cobra Coupé von der Strecke abkam und Schaden erlitt; das Auto, eines von sechs jemals gebauten Exemplaren, war 15 Millionen Dollar wert gewesen. Mitglied im Board ist auch Steuart Walton (geb. 1982), der Sohn von Jim Walton, der die Firma Game Composites gegründet hat.

Rob Walton

Lange Zeit war Walmart ein Selbstläufer. Bereits in den 1960er Jahren hatte Sam Walton wichtige Prinzipien des modernen Einzelhandels erkannt: Bequemlichkeit und niedrige Preise. Und frühzeitig setzte er Großrechner ein, um Logistik und Lieferanten zu managen. Auch baute er immer größere Läden, um die Lagerhaltung preiswert zu gestalten und den Kunden in riesigen »Supercenter« alles unter einem Dach zu bieten. Anders als Konkurrenten wie Kmart

Alice Walton

verzichtete Sam Walton auf Sonderangebote oder Preisaktionen. Seine Strategie war lange der Slogan von Walmart: »Everyday Low Price« – jeden Tag niedrige Preise. Noch heute ist Walmart dafür bekannt, dass seine Manager mit Lieferanten um jeden Cent feilschen, damit die Produktpreise niedrig bleiben.

Allerdings kämpft Walmart seit einigen Jahren mit Problemen. Die internationale Expansion stockt nach Erfolgen in Kanada oder Mexiko. Der Konzern holte sich eine blutige Nase in Südkorea und hat Probleme in China. In Deutschland erwarb Walmart 1997 und 1998 Wertkauf und Interspar – und zog sich 2006 wieder zurück. Die Konkurrenz war zu scharf. Auch litt das Image. Mitarbeiter konnten wenig mit der Unternehmenskultur anfangen. Das Verbot von Liebesbeziehungen innerhalb der Firma – was im puritanischen Amerika Standard ist – war den Deutschen nicht zu vermitteln.

Im wichtigen Heimatmarkt USA sind die Geschäfte ins Stocken geraten. 7000 Bürojobs wurden 2016 abgebaut. Immer mehr Amerikaner kaufen im Internet ein, Konkurrent Amazon baute ein dichtes Vertriebsnetz auf und verdrängte Walmart. Der Konzern der Waltons investierte früh in ein Online-Angebot, tat sich aber schwer mit der Umsetzung, weshalb er nun mit Uber und Lyft kooperiert, um Lebensmittel auszuliefern. Außerdem kaufte er für 3,3 Milliarden Dollar die erst 2014 entstandene Internetfirma Jet.com, deren E-Commerce-Software als leistungsfähig gilt. Jet.com-Gründer Marc Lore soll sich um den Online-Handel der Waltons kümmern. Hinzu kommt, dass Walmart unter einem schlechten Image leidet wegen niedriger Löhne oder Korruptionszahlungen in Mexiko und Indien. Die Waltons seien »moderne Pharaonen«, sagt eine Aktivistin. Die begehrten »Millennials«, die junge Generation Amerikas, gingen zuletzt lieber bei ökologisch angehauchten und freundlich designten Anbietern wie Whole Foods oder Trader Joe's einkaufen.

Trotz aller Probleme: Walmart ist noch immer ein Erfolg und eröffnet weiter Filialen, allerdings in langsamerem Tempo. Im Geschäftsjahr 2016 erzielte der Konzern rund 14,7 Milliarden Dollar Gewinn und zahlte knapp zwei Dollar je Aktie, eine Rendite von 2,8 Prozent.

Die Waltons werden immer reicher. Selbst Spenden wie die mehr als eine Milliarde Dollar für das Museum in Bentonville vermehren ihr Vermögen. Ihre Steuer- und Geldanlageberater sowie Rechtsanwälte über dem Fahrradladen in der Kleinstadt sorgen mit allen Tricks und Kniffen dafür. Beispielsweise mit Stiftungen wie »Jackie O«, benannt nach Jacqueline Kennedy Onassis. Die Frau des früheren Präsidenten John F. Kennedy und des griechischen Reederei-Magnaten Aristoteles Onassis hat die komplizierte Rechtsform als Erste genutzt. Damit umgehen reiche Familien die Erbschaftssteuer in Höhe von 40 Prozent für große Vermögen und senken ihre Einkommenssteuer.

**Nachhaltigkeit** ✖ ✖ ✖ ⬚ ⬚
Wal-Mart will führend in Sachen Nachhaltigkeit sein. Lieferketten wurden überprüft und gemeinsame Werte entwickelt.

**Unbestechlichkeit** ✖ ✖ ⬚ ⬚ ⬚
Ableger des Konzerns in Mexiko, China, Brasilien und Indien sollen in der Vergangenheit bestochen haben.

**Steuerehrlichkeit** ✖ ⬚ ⬚ ⬚ ⬚
Wal-Mart reduziert die Steuern extrem. So wurde 2015 bekannt, dass ein Vermögen von 76 Milliarden Dollar in Steueroasen außerhalb der USA liegt, vor allem in Luxemburg und in den Niederlanden. Das Netz umfasst 78 Töchter und Ableger, was die Steuerlast zwischen 2010 und 2015 um

3,5 Milliarden Dollar verringerte. Wal-Mart gibt an, sich legal zu verhalten.

**Humanität** ✖ ⬚ ⬚ ⬚ ⬚
Das Unternehmen ist bekannt für den Reichtum der eigenen Großaktionäre und die bescheidenden Löhne für die eigenen Mitarbeiter. Dagegen protestiert die Organisation OUR Wal-Mart. Das National Labor Relations Board enthüllte, dass der Konzern das Streikrecht der Arbeitnehmer missachte.

**Transparenz** ✖ ✖ ⬚ ⬚ ⬚
Walmart ist in Familienhand. Ein kleiner Kreis bestimmt die wesentlichen Entscheidungen. Ein stärker unabhängig agierender Verwaltungsrat ist unerwünscht.

# Charles und David Koch
## Koch Industries

Ein Fabelwesen verkörpert die Symbiose zwischen Geld und Macht in Washington: der »Kochtopus«. Mit seinen Tentakeln umschlingt dieses Weichtier das politische System, manipuliert Wahlen und verwischt die Grenze zwischen Wahrheit und Täuschung. So jedenfalls sehen es die vielen Kritiker der Koch-Dynastie. Die Brüder Charles (geb. 1. November 1935) und David Koch (geb. 3. Mai 1940) haben perfektioniert, was in der alten Bundesrepublik einst verharmlosend »Landschaftspflege« genannt wurde: die Beeinflussung von Politik mit Wahlkampfspenden.

Die Brüder teilen sich Platz neun im Ranking der Reichsten der Reichen, ihr Vermögen wird auf jeweils rund 40 Milliarden Dollar geschätzt; beide halten je 42 Prozent der Anteile an Koch Industries. Gemeinsam kontrollieren sie den Familienbetrieb, der es mit den größten Aktiengesellschaften der Welt aufnehmen kann. Ihre Brüder Frederick und Bill, die den Konzern per Machtkampf übernehmen wollten, zahlten sie 1983 mit einer Milliarde Dollar aus. Koch Industries mit Sitz in Wichita, Kansas, ist vor allem als Chemieproduzent und im Ölgeschäft in 60 Ländern aktiv. Unter den nicht-börsennotierten Familiengesellschaften der USA ist nur Cargill größer.

Fred C. Koch (1900–1967), der Vater der beiden jetzigen Besitzer, hatte sich in den 1920er Jahren unternehmerisch betätigt. Er musste bald die USA verlassen, das eigene Crackverfahren zur Gewinnung von Benzin aus Öl gefährdete die Position der arrivierten Ölkonzerne. Der Gründer ging in die Sowjetunion und baute dann Mitte der 1930er Jahre für die Nazis in Deutschland eine große Ölraffinerie auf. Mit neuen Partnern startete Koch 1940 jene Firma, aus der die heutigen Koch Industries wurden. Das Unternehmen soll rund 115 Milliarden Dollar pro anno umsetzen; Raffinerien in Minnesota, Texas und Alaska gehören dazu (Flint Hills Resources) sowie der Papierhersteller Georgia-Pacific. Wegen Diebstahl, Umweltvergehen und mangelhafter Sicherungsarbeiten wurde Koch Industries zwischen 1999 und 2011 fünfmal strafrechtlich verurteilt. Die Strafzahlungen zwischen 1999 und 2003 betrugen 400 Millionen Dollar.

Die Kochs gehören zur weniger schönen Seite des Kapitalismus. Mit goldgeränderten Bilanzen haben sie sich nie begnügt. Sie wollen vielmehr gestalten, den Staat zurechtstutzen, ihn aus der Wirtschaft zurückdrängen. Ihr Ideal ist die verabsolutierte Freiheit, der »Libertarismus«, mit möglichst niedrigen Steuern und möglichst wenig Vorschriften. Im Zweiparteiensystem der USA gilt die Präferenz des Clans klar den Republikanern; auch unterstützten sie die Tea-Party-Bewegung. Versuche, die Libertarian Party zu einer Alternative aufzubauen, haben

Charles Koch

David Koch

die Kochs längst aufgegeben; David wollte mit dieser Gruppierung im Rücken 1980 Vizepräsident der USA werden, doch sie erreichte nur ein Prozent der Stimmen. Da verlegten sich die Brüder lieber auf indirekte Beeinflussung. Ihre marktradikale Ideologie haben sie vom Vater übernommen, der durch seine Begegnung mit dem Stalinismus zum glühenden Antikommunisten geworden war. Sozialprogramme seien der Anfang vom Ende der Freiheit, hieß es in dem Unternehmerhaushalt.

Neben der Umverteilung stören sich die Geschwister vor allem an der Umweltpolitik. Zwar versuchen sie, sich als Förderer der Wissenschaften zu profilieren. So hat David Koch, der Vizepräsident, das New Yorker Museum of Natural History mit Millionensummen unterstützt, er träumt vom Aufbau »einer Republik der Wissenschaft«. Doch zugleich scheuen die beiden Brüder keine Kosten, wenn es darum geht, die Klimaforschung zu diskreditieren – zwischen 1997 und 2008 sind es laut Greenpeace mindestens 88 Millionen Dollar gewesen. Die Rendite fließt in Form von verhinderten Emissionsgesetzen, die ihr Geschäft bedrohen würden. Das unterscheidet die Kochs von Philanthropen: Spenden sind für sie auch Instrument zur Durchsetzung von Geschäftsinteressen, ihr Geben ist oft mit Nehmen verbunden. So förderten sie politische Kandidaten, die gelobten, bei einem Machtwechsel jene Klimavorschriften, die Barack Obama ohne Parlamentsbeschluss erlassen hat, schnellstmöglich wieder aufzuheben.

Die Kochs tarnen ihren Einfluss geschickt. Sie haben ein Netzwerk gleichgesinnter Großverdiener aufgebaut, das Wahlkampfgruppen, Think Tanks wie das Cato Institute und angeblich wohltätige Organisationen finanziert, zugleich aber die Spuren des Geldes verwischt und die Identität der Spender schützt. Daher der Name »Kochtopus«. Aktivisten, die gegen den verborgenen Einfluss der Geldelite kämpfen, ist es gelungen, das Netzwerk zumindest in Teilen aufzudecken und es auf die Brüder Koch zurückzuführen.

Hinweise darauf, dass die Kochs bei ihrer Lobbyarbeit Gesetze brechen, gibt es nicht. Sie müssen es auch gar nicht: Das Oberste Gericht der USA hat im Jahr 2010 geurteilt, dass politische Spenden unter den Schutz der Meinungsfreiheit fallen.

Megaspender können seither ungehindert politische Parallelstrukturen errichten. Allein im Wahlzyklus 2016 planten die Kochs und ihre Verbündeten frühzeitig fast 900 Millionen Dollar ein. Das ist mehr Geld, als sowohl die republikanische als auch die demokratische Partei im Wahljahr 2012 zur Verfügung hatten. »Das ist das Standard Oil der heutigen Zeit«, spielt Charles Lewis, Gründer des Centers for Public Integrity, auf den einstigen mächtigen Ölkonzern an, der zerschlagen wurde: »Ich bin seit Watergate in Washington. Und habe so etwas noch nie gesehen.«

Doch 2016 ist etwas Unvorhergesehenes geschehen: Die Wähler rebellierten gegen die Macht des Geldes, es schlug die Stunde der Populisten. Bei den Vorwahlen der Demokraten mobilisierte Bernie Sanders Scharen von Jungwählern. Und bei den Republikanern überrumpelte der Poltergeist Donald Trump die Konkurrenz. Beide zogen gegen ein »korruptes System der Wahlkampffinanzierung« zu Felde. Aus Sicht der Kochs ist Trump kaum wählbar. Er teilt ihre libertären Ideale nicht, er will keinen schlanken Staat, vielmehr flirtet er mit etwas, das die Brüder noch mehr fürchten als demokratischen Regulierungseifer: Autoritarismus. Was tun? Die Milliardäre stecken in einem Dilemma. Es sei zumindest »möglich«, dass Hillary Clinton für 2016 die bessere Wahl sei, erklärt Vorstandschef Charles Koch.

### Nachhaltigkeit ✖ ⊗ ⊗ ⊗
Eine Wirtschaftspolitik, die Gewinnstreben mit Umweltinteressen versöhnt, bekämpfen die Kochs mit aller Macht. Haben einen hohen Anteil daran, dass es in den USA keinen wissenschaftlichen Konsens über die von Menschen verursachte Erderwärmung gibt. Allerlei Umweltvergehen zwischen 1999 und 2003, die zu 400 Millionen Dollar Strafe führten.

### Unbestechlichkeit ✖ ⊗ ⊗ ⊗
Die Kochs werden nicht gekauft, sie kaufen: Allein 2016 wollten sie und ihre Mitstreiter 900 Millionen Dollar ausgeben, um Politiker zu unterstützen, die für weniger Staat und mehr individuelle Freiheit eintreten. 2008 wurde bekannt, dass Koch Industries Aufträge in Marokko, Algerien, Ägypten, Saudi-Arabien und Nigeria mit Schmiergeldern erlangt hatte.

### Steuerehrlichkeit ✖ ✖ ✖ ⊗
Keine Hinweise darauf, dass die Kochs Steuergesetze brechen.

### Humanität ✖ ✖ ✖ ⊗
Die Kochs zahlen in ihren Firmen gut, kümmern sich um soziale Absicherung und kooperieren mit Gewerkschaften. Die Brüder zählen zu den größten Philanthropen der USA. Sie fördern Kunst, Naturwissenschaften und medizinische Forschung und setzen sich für eine Liberalisierung des drakonischen Strafrechts in den USA ein.

### Transparenz ✖ ⊗ ⊗ ⊗
Keine wirtschaftlichen Kennzahlen. Kein Überblick über Zahlungen im politischen Meinungskampf.

# Bill Gates
## Microsoft

Der größte Einzelaktionär in seiner Firma ist er nicht mehr. Andererseits sind 190 Millionen Aktien von Microsoft auch nicht gerade eine Petitesse und machen 2,5 Prozent am Grundkapital aus. Dass der langjährige Konzernchef Steve Ballmer 333 Millionen Papiere besitzt, ändert nichts an der Vorzugsstellung von William Henry »Bill« Gates III. (geb. 28. Oktober 1955). Nach wie vor sitzt er im Verwaltungsrat des Softwarekonzerns aus Redmond im US-Staat Washington; als Berater in Technologiefragen wird er dort geführt. Die Großaktionäre Vanguard (Aktienanteil: 6,4 Prozent) sowie Blackrock (5,9 Prozent) und Capital Group (5,0 Prozent) wissen die Expertise des Gründers Gates zu schätzen.

Der Mann ist eine Legende. In der Schule als Computer-Programmierer aufgefallen, Studium in Harvard abgebrochen, die Firma Microsoft 1975 mit Paul Allen gegründet, wenige Jahre später das Betriebssystem MS-DOS an IBM geliefert, mit »Windows« den Standard der Bürokommunikation gesetzt, 1994 Ehe mit der Programmiererin Melinda French, 2000 als CEO zurückgetreten, 2008 raus aus dem Tagesgeschäft, danach Beteiligungen (unter anderem am Berliner Start-up Researchgate) und vor allem philanthropische Projekte, die er mit Millionenspenden in der Manier eines Konzern-CEOs in seinen besten Jahren hochzieht.

Niemand in der Welt ist, nach allen einschlägigen Listen, reicher als dieser Software-Spezialist, der innerhalb von 30 Jahren genau 17 Mal die Reichsten-Liste von »Forbes« anführte. Aktuell steht bei ihm ein Vermögen von 75 Milliarden Dollar zu Buche. Im Jahr 1995, bei seiner Premiere als reichster Mann der Welt, genügten für diese Position noch 12,9 Milliarden (inflationsbereinigt: 20,1 Milliarden). Die Steigerung von 480 Prozent zeigt, wie sehr innerhalb von 20 Jahren im Weltkapitalismus die Vermögen explodiert sind. Und Microsoft, Gates' Erfindung, befand sich all die Jahre in exponierter Position, weil Geschäfte rund um Computer das Wachstum vieler Firmen und Länder stimulierten – und damit natürlich auch das eigene Wohlergehen und die eigene Macht. Allein seit seinem Abgang hat Bill Gates 2,5 Milliarden Dollar Dividenden von Microsoft kassiert.

Heute ist Microsoft – trotz der Eroberungen von Google und Facebook, von Apple und Amazon – immer noch ein Kraftzentrum und Marktführer bei

Betriebssystemen. Hinzu kommen Produkte wie Xbox für Gaming oder Outlook für Terminplanung. Das Internet wurde von Gates lange unterschätzt, und seine Nachfolger scheiterten mit Handys von Nokia. Das ist die Schattenseite des Konzerns. Das von CEO Satya Nadella operativ geführte Unternehmen setzte im Geschäftsjahr 2016 (Ende Juni) mit 114.000 Mitarbeitern rund 85,3 Milliarden Dollar um und schafft regelmäßig hohe Umsatzrenditen von 25 Prozent und mehr. Microsoft macht nach wie vor Schlagzeilen: Im Juni 2016 wurde zum Beispiel der Kauf des Netzwerks LinkedIn für mehr als 26 Milliarden Dollar angekündigt, einer Karriereplattform mit global 450 Millionen Mitgliedern. Das Internet soll per Großeinkauf erobert werden. Natürlich redeten die beiden Firmengründer Gates und Reid Hoffman vor dem Deal über die Geschäftsperspektiven. Offiziell äußert sich Gates, der Sohn eines erfolgreichen Rechtsanwalts und einer Lehrerin, nicht mehr zu Microsoft-Themen. Er kümmert sich um Welt-Probleme.

Stadtzentrum Seattle: »Bill & Melinda Gates Foundation« ist in der Mauer eingemeißelt. Darüber ein fünfstöckiges Gebäude, viel Glas und Sandstein. Die Lobby ist kirchenhoch. Ein Recycling-Teppich des afrikanischen Künstlers El Anatsui schwebt über dem Raum. Menschen aller Hautfarben und Herkunft sitzen an Rundtischen und auf Designsofas, reden über Projekte, tippen in Laptops. Es geht um fast 4,2 Milliarden Dollar, die die Stiftung jährlich vergibt. Gates' Geld.

Aus der Chefetage schaut man auf das »Space Needle« (Weltraumnadel), das Wahrzeichen von Seattle: Ein futuristischer Turm, der gut zur Gates-Stiftung passt. Seit 1999 greift diese Organisation sozusagen nach den Sternen. Mit knapp 40 Milliarden Dollar Stiftungsvermögen, das sich vor allem aus dem Privatvermögen von Bill Gates und Zuwendungen der Investorenlegende Warren Buffett zusammensetzt, ist sie die weltweit größte Privatstiftung. Der Abstand zu anderen Stiftungen ist beträchtlich und wächst jedes Jahr: Buffett überweist jedes Jahr die meisten der B-Aktien seiner Holding Berkshire Hathaway; ihr Wert belief sich beispielsweise 2014 oder 2015 auf jeweils 2,1 Milliarden Dollar. Die engen Bindungen werden dadurch veranschaulicht, dass Gates im Verwaltungsrat von Berkshire Hathaway sitzt und rund drei Prozent der Aktien dieser Firma besitzt. Zusammen haben Buffet und er die Milliardärs-Initiative »The Giving Pledge« gestartet, bei der à la longe jeweils wenigstens 50 Prozent der Vermögen gestiftet werden. Mehr als 150 Spender sind dem Aufruf gefolgt.

Bei der Stiftung arbeiten fast 1400 Mitarbeiter am Hauptsitz in Seattle oder in einem der weltweit sieben Regionalbüros. Insgesamt gab die Organisation von 1999 bis 2015 rund 37 Milliarden Dollar aus. Das meiste Geld erhielt mit 2,6 Milliarden die Impf-Allianz Gavi mit Sitz in Genf, in der Pharmafirmen und Entwicklungsorganisationen das Impfen bedürftiger Menschen in der ganzen Welt organisieren. Mit 2,2 Milliarden Dollar steht die Weltgesundheitsorganisation WHO auf Platz zwei der Empfängerliste der Gates-Stiftung. Warren Buffett überwacht als

Treuhänder das Stiftungskapital, mischt sich aber nicht in die Stiftung ein. Dort führen Bill Gates und seine Frau Melinda Regie. Ihre Vorhaben sind ehrgeizig: Bis 2030 wollen sie Polio eliminieren, Malaria aus der Welt schaffen, das Aids-Virus zum »Umkipppunkt« drängen oder die weltweite Sterblichkeitsrate von Kindern unter fünf Jahren halbieren. In Afrika investierten sie von 2001 bis 2016 rund neun Milliarden Dollar, und für die fünf Jahre danach wurden fünf Milliarden eingeplant. Sie hätten bis jetzt 20 Millionen Menschenleben gerettet, sagt Gates.

Aber trotz der hehren Bestrebungen gibt es Kritik. Der britische Mediziner David McCoy kam 2014 in einer Studie zu dem Schluss, das Stiftungs-Geld werde »nicht immer effizient und kostensparend« eingesetzt. Die Organisation habe zu viel Einfluss, setze zu einseitig auf Technologie und die Bekämpfung weniger Krankheiten. »Andere dringende Probleme werden vernachlässigt«, sagt McCoy. Bill Gates gab sich in Reden 2015 überraschend kleinlaut, nahm viermal das Wort »naiv« in den Mund. Er habe zu sehr an bahnbrechende Techniken wie neue Impfstoffe oder Arzneien geglaubt. Leiterin der Stiftung ist seit 2014 die frühere Entwicklungs-Chefin des Biopharmakonzerns Genentech, Sue Desmond-Hellmann. Sie treibt einen Kulturwandel voran: Abläufe vereinfachen, Bürokratie abbauen, die Stiftung »offener für Feedback« machen, wie sie sagt.

Ein Rundgang durch die Gates-Stiftung ist spektakulär. Der Bau könnte ein Unternehmenssitz sein. Das will die Stiftung ausstrahlen: Professionalität, Fokus auf Resultate, rationale Entscheidungen. Aber die Bilanz fällt gemischt aus. Beispiel »thermostabile Impfstoffe«: Die Stiftung investierte in eine Technik, die ein grundlegendes Problem lösen sollte. Impfstoffe müssen oft gekühlt transportiert und gelagert werden, vor allem in tropischen Ländern ist das schwierig. Allerdings wurden grundlegende Fragen vernachlässigt. »Wir haben null vorzuweisen«, sagt Chris Wilson, Direktor des Programms Globale Gesundheit – Forschung und Praxis für die Entdeckung neuer Verfahren. »Das war eine harte Schule.« Jetzt arbeitet die Stiftung an neuen Kühlverfahren und mit Unternehmen wie Coca-Cola zusammen, um mehr über deren »kalten Lieferkette« zu erfahren, sagt Dana Hovig, Stiftungs-Leiterin Integrierter Auslieferung. Ähnlich will die Stiftung von anderen Unternehmen – wie Johnson & Johnson – lernen, auch in entlegenen Gebieten Frauen nach der Geburt mit Antibiotika zu versorgen. »Mit relativ einfachen Mitteln können wir die Kindersterblichkeit senken«, sagt Mariam Claeson, die sich um das Stiftungsprogramm zum Thema kümmert. Optimistisch ist Direktor Wilson für ein Programm in Australien, das Mücken durch ein Bakterium dazu bringen will, nicht mehr Dengue-Fieber und andere Krankheiten zu übertragen.

Eine enge Zusammenarbeit mit der Privatwirtschaft ist üblich. Die Stiftung hat dafür seit 2009 rund 1,5 Milliarden Dollar bereitgestellt. Davon wurde eine Milliarde Dollar für Abnahmegarantien, Beteiligungen oder Kredite verwendet. 2015 beteiligte sich die Stiftung mit 52 Millionen Dollar am deutschen Biotech-Start-up Curevac, das der SAP-Gründer Dietmar Hopp finanziert, um deren neue RNA-Technologie in Entwicklungsländern zu nutzen. Das ist mit Abstand die größte Summe, die die Gates-Organisation bislang in eine Firma investierte. Das 15-köpfige Investmentteam von Chefin Sunderland arbeitet wie eine Private-Equity-Firma. Ziel ist aber, nicht den Gewinn, sondern den Nutzen für das jeweilige Hilfsprogramm zu vergrößern. Insgesamt hat die Stiftung in 47 Firmen investiert, etwa 20 Millionen Dollar in Kymab. Das britische Start-up will eine Maus dazu bringen, das menschliche Immunsystem nachzuahmen. Elf Millionen Dollar flossen in die Firma bKash, die in Bangladesch per Handy Finanztransaktionen anbietet.

Privat haben Bill und Melinda Gates sich in der Nähe von Seattle für 120 Millionen Dollar eine 6100-Quadratmeter-Villa (»Xanadu 2«) eingerichtet, mit einer Garage für bis zu 23 Autos und einer Großbibliothek, in der der »Codex Leicester« zu sehen ist, eine wissenschaftliche Blattsammlung von Leonardo da Vinci. Während Bill Gates der »Zahlenmensch« sei, wie Stiftungs-Chefin Desmond-Hellmann sagte, folge seine Frau Melinda mehr ihrem Instinkt und versetze sich »wahrhaftig in den Zustand von Menschen«. »Aber sie sind sich einig in ihrer Großzügigkeit und ihrem Einsatz für Fairness.« Das Erbe der drei Kinder soll gering ausfallen.

### Nachhaltigkeit ✖ ✖ ✖ ▨ ▨

Gates hat eine Milliarde Dollar in die Forschung rund um Erneuerbare Energien gesteckt und eine weitere Milliarde mobilisiert. Seine Firma Terrapower entwickelt einen neuen Typus von Atomkraftwerken (Kernspaltung). Zahlreiche Microsoft-Initiativen, die für Greenpeace 2012 jedoch nicht ausreichend waren.

### Korruption ✖ ✖ ✖ ✖ ▨

Es ist nicht bekannt, dass Gates Schmiergeld einsetzt. In Brasilien verklagte die Gates-Stiftung den Ölkonzern Petrobas – das eigene Investment habe durch die Korruption der Staatsfirma an Wert verloren. Der US-Senat untersucht, ob die Hilfsorganisation Global Fund, die von Gates unterstützt wird, korruptiv vorgegangen ist.

### Steuerehrlichkeit ✖ ✖ ✖ ▨ ▨

Keine Unregelmäßigkeiten oder Steuertricks bekannt. In Großbritannien sparte sich Microsoft jährlich 100 Millionen Pfund Steuern, weil die Geschäfte über den Niedrigsteuerstaat Irland liefen.

### Humanität ✖ ✖ ▨ ▨ ▨

Microsoft setzte jahrelang bis 2013 auf ein System, das Mitarbeiter in Top-Kräfte, Normalsterbliche und Minderleister unterschied. Kritiker bemängeln, dass Großspender Gates das TRIPS-Abkommen zur Wahrung geistiger Eigentumsrechte stützt, was die Herstellung von Generika in armen Ländern behindere.

### Transparenz ✖ ✖ ✖ ▨ ▨

Microsoft hat Konditionen intransparent gestaltet. Die EU-Kommission verhängte zahlreiche Bußgelder wegen Wettbewerbsvergehen über insgesamt 1,6 Milliarden Euro. Für seine angeblich monopolistische Einstellung ist Gates von den europäischen Wettbewerbsschützern sowie vom US-Justizministerium bekämpft worden. Die Arbeit der Stiftung ist gut dokumentiert und transparent. Die NGO Global Justice Now glaubt, dass es in Wahrheit um knallharte Geschäfte gehe: Gates unterstütze multinationale Konzerninteressen.

# Victoria Mars

## Mars Incorporated

Ein rotes Plastikteil in einem Schokoriegel (Mini-Snickers) löste Anfang 2016 eine gigantische Aktion aus. Der Konzern Mars rief seine Produkte in 59 Ländern zurück, obwohl der Fremdkörper nur in Deutschland gefunden wurde. Alles »freiwillig«, wie es heißt. Aber Victoria Mars weiß genau, wie heikel die Sache ist. Denn es geht um die Marke. Und die Marke ist alles. Die Frau mit dem schmalen Gesicht, dem langen Hals und dem freundlichen Lächeln ist seit 2014 die Vorsitzende des Verwaltungsrates des amerikanischen Unternehmens und die Urenkelin des Gründers. Sie hütet das Familienerbe, obwohl ihr lange keine Anteile gehörten. Die teilten sich – zu je 33,3 Prozent – auf Forrest jr., Jacqueline und John Mars auf, die dritte Generation des Unternehmens. Offenbar war es ihnen verboten zu verkaufen. Zusammen kamen sie auf ein Vermögen von rund 70 Milliarden Dollar. Nach dem Tod von Victorias Vater Forrest jr. am 26. Juli 2016 im Alter von 84 Jahren entstand eine neue Situation.

Franklin Clarence Mars hatte die Firma 1911 in seiner Küche gegründet; sie entwickelte sich die ersten Jahre danach aber schlecht und war mehrmals pleite. Der Aufschwung kam erst durch eine Idee des Gründersohns Forrest, aus der der Legende nach Milky Way wurde. Heute hat der Konzern mehr als 80.000 Mitarbeiter und kommt auf 33 Milliarden Dollar Umsatz. Damit erwirtschaftet Mars mehr als US-Ikonen wie McDonald's oder Nike. Die Weltmarken beschränken sich nicht auf die berühmten Schokoriegel Mars oder Snickers. Egal, ob Reis, Soßen oder Fertiggerichte von Uncle Ben's, Tierfutter wie Whiskas und Pedigree oder die Kaugummis Orbit und Wrigley: Mars verfügt über allein elf Marken, die jährlich mehr als eine Milliarde Dollar umsetzen. Auch in Deutschland ist der Konzern seit 50 Jahren aktiv, besitzt mehrere Fabriken und erwirtschaftet 1,8 Milliarden Euro. In München sitzt die Europazentrale für Wrigley, im niedersächsischen Verden das wichtige globale Forschungszentrum für Nasstierfutter. »Wir wachsen in Deutschland in allen Bereichen«, erklärt Tom Albold, in Deutschland Chef von Mars Petcare.

Das Unternehmen gehört seit fast 100 Jahren der Mars-Familie, wobei Forrest Mars 1964 ausstehende Mitarbeiteranteile aufkaufte. So viel Kontrolle durch einen Clan über einen so langen Zeitraum, das ist eine Besonderheit unter den großen Weltkonzernen. Hier hat das globale Börsenkapital keinen Zugang. Das erlaubt den Eigentümern, weiter wie in all den Jahren das Licht der Öffentlichkeit zu scheuen. »Die Möglichkeit, verschwiegen zu sein, ist einer der besten Gründe, eine private Firma zu haben«, erklärte Forrest Mars jr. einmal.

Schon lange führen Familienmitglieder nicht mehr die Geschäfte des Unternehmens mit Sitz in McLean, Virginia, vor den Toren Washingtons. Vorstandschef ist seit 2014 Branchenveteran Grant Reid. In seinem Managementteam arbeitet Frank Mars, ältester Sohn des Drittel-Eigentümers John Mars. Insgesamt zehn Mars-Nachkommen gehören zu dieser vierten Generation. Sie ist es, die für Veränderung sorgt. Als Chefin des Verwaltungsrats achtet seine Kusine Victoria Mars auf die große Linie und strategische Ausrichtung; 2006 war sie bereits in das Board eingezogen. Eine ihrer Reformen: mehr Transparenz. Sie erkennt den Nachteil der Geheimniskrämerei, die junge Talente abstößt und Konsumenten verunsichert. Daher ging Victoria Mars öfter in die Offensive und pries in Reden die progressive Unternehmenskultur. Tatsächlich herrschen flache Hierarchien vor, alle Mitarbeiter werden »Associates« genannt. Es gibt bei Mars keine Einzelbüros. Egal, ob Vorstand oder Praktikant, alle sitzen an gleich großen Schreibtischen. Das Wort »Status« ist verpönt. Wer möchte, kann den Hund mitbringen. In den Fabriken tragen Marsianer schneeweiße Arbeitsanzüge.

Bezahlt wird bei Mars überdurchschnittlich. Das Gefühl, trotz mieser Imagewerte der zuckrigen Snacks für eine bessere Welt zu arbeiten, gibt's gratis obendrauf: Mars kümmert sich in zahlreichen Projekten um den Umweltschutz und forscht an gesunden Süßigkeiten. Zwei Deutsche spielen eine Schlüsselrolle: Der Ex-Goldman-Sachs-Sprecher David Kamenetzky sitzt als Chefstratege im Vorstand des Unternehmens, und in Brüssel wirbt Matthias Berninger als Cheflobbyist für den Konzern. Der Grünen-Politiker war von 2001 bis 2005 parlamentarischer Staatssekretär im bundesdeutschen Landwirtschaftsministerium.

Früher durfte kein Journalist die Fabriken betreten oder gar mit dem Management sprechen. Mit eiserner Hand führte noch Victorias Großvater die Firma aus einer fast schäbig anmutenden Fabrikzentrale in Virginia. Entsprechend blühten die Mythen um den heute drittgrößten Privatkonzern der USA. Skurrile Details drangen nach draußen, beispielsweise wie sich Forrest Mars jr. persönlich per Stempelkarte jeden Morgen ins Büro begab. Einst war er von seinem Vater geschurigelt worden, dem umtriebigen Forrest Mars senior. Der hatte in seiner Amtszeit verkündet: »Ich bin ein religiöser Mensch«, um dann im Konferenzraum zu knien und fortzufahren: »Ich bete für Milky Way, ich bete für Snickers.« Als er 1999 starb, wartete die Öffentlichkeit vergeblich auf eine Todesanzeige oder eine Presseerklärung. In diesem Klima eisigen Schweigens nach außen wurde die Firmenzentrale für viele zum »Kreml«. Andere lästerten, die nahe gelegene CIA-Zentrale sei kommunikativer.

Da pflegt Victoria Mars einen ganz anderen Stil, auch wenn sogar ihr Geburtsdatum nach wie vor Geheimsache ist. Sie gilt als »Mrs. Glasnost«, da sie schon mal über ihre Katzen plauderte, sich fotografieren lässt, öffentliche Reden hält (»Unternehmertum fließt in meinem Blut«), Frauen fördert sowie Nachhaltigkeit in der Kakao-Lieferung fordert. Von ihrem Vater Forrest jr. wurde sie auf die Karriere im Familienbetrieb vorbereitet. Ihr erster Job führte sie nach Frankreich, ins lothringische Haguenau: dort wurde sie 1978 Marketingassistentin von Milky Way. Nach ihrem Wirtschaftsstudium an der Eliteuniversität Yale baute Victoria Mars die damals kleine Eis-Marke Dove auf. Später zog sie sich dann für ein paar Jahre zurück, um ihre Kinder aufzuziehen, und wurde danach »Ombudsmann«. Victoria Mars: »Mir wurde klar, dass ich nicht Superwoman bin, dass ich nicht alles auf einmal schaffen kann.« Wichtiger dürfte ihr gewesen sein, die fünf Prinzipien von Mars zu erklären: Qualität, Verantwortung, Gemeinschaft, Effizienz, Freiheit. Jeder neue Angestellte erfährt darüber in einer 27-Seiten-Broschüre, die er am ersten Arbeitstag erhält.

Ein Talent zur Selbstkritik und Demut ist Victoria Mars geblieben, trotz des machtvollen Postens. Nach ihrer Berufung an die Spitze des Verwaltungsrats fragte sie sich: »Habe ich das aufgrund meiner Kompetenz erreicht? Oder wegen meines Nachnamens?« In dem Kontrollgremium sitzen nur Familienmitglieder.

**Nachhaltigkeit** ✖ ✖ ✖ ⊗ ⊗
Zusammenarbeit mit Zertifizierungsprogrammen für ökologisch korrekte Produkte. Verpflichtete sich, bis 2040 Rohstoffe zu 100 Prozent aus nachhaltiger Produktion zu beziehen. Unterstützt politische Kampagnen gegen Zucker. Foodwatch beklagt jedoch, dass Mars bei der Verpackungsgestaltung gezieltes Kindermarketing betreibt, und nennt neun Beispiele. Kein einziges dieser Produkte erfülle die Kriterien der WHO für gesunde Ernährung.

**Unbestechlichkeit** ✖ ✖ ✖ ✖ ⊗
Keine Hinweise auf Korruptionsfälle.

**Steuerehrlichkeit** ✖ ✖ ✖ ⊗ ⊗
Keine Vorfälle.

**Humanität** ✖ ✖ ✖ ⊗ ⊗
Der Verhaltenskodex von Mars spricht sich gegen Kinderarbeit aus. Kooperiert mit Fairtrade. Hohe Sozialleistungen für Mitarbeiter, in Deutschland 2016 zum besten Arbeitgeber gewählt. Die Organisation PETA kritisiert, dass Mars auf Tierversuche setze.

**Transparenz** ✖ ✖ ⊗ ⊗ ⊗
Nur vorsichtig öffnet sich der Konzern der Öffentlichkeit. Bis auf Victoria Mars sind die Familienmitglieder nicht präsent. Die Organisation Rank a brand hält Mars-Produkte für kaum empfehlenswert; 90 Prozent der Zulieferer würden vom Konzern nicht genannt, dessen Angaben seien nicht nachprüfbar.

# Warren Buffett

## Berkshire Hathaway

Warren Buffett hat sich nie um die Trends an der Wall Street geschert. Mit Aktien zocken wie im Kasino? Immer wieder die Kurse prüfen und verkaufen, bevor der Preis zu niedrig ist? Unternehmen übernehmen, sie aufspalten und bei nächster Gelegenheit mit Gewinn abstoßen? Nein. All das lehnt Buffett strikt ab.

Der Milliardär aus dem beschaulichen Omaha im US-Bundesstaat Nebraska steht für Geldanlage der alten Schule. Kein Wunder für einen Mann, der inzwischen als Investment-Legende gilt und immer noch so viel Spaß bei der Arbeit hat, dass er es strikt ablehnt, in den Ruhestand zu gehen. Mit seinem Ansatz des wertorientierten Anlegens – »Value Investing« – ist Buffett (geb. 30.August 1930) zu einem der reichsten Männer der Welt geworden. Mit einem geschätzten Vermögen von 66 Milliarden Dollar (2016) liegt er im Milliardärsranking von »Forbes« in der Spitzengruppe. Und obwohl Buffett sich den meisten Neuerungen verweigert, ist er für viele das große Vorbild eines berechenbaren, verantwortlichen Kapitalismus.

Er formte aus einem kleinen, provinziellen Textilunternehmen namens Berkshire Hathaway nach der Übernahme 1965 ein flottes Konglomerat, das mit einem Börsenwert von mehr als 350 Milliarden Dollar in die erste Wirtschaftsliga Amerikas gehört. Seit 1965 hat die Berkshire-Aktie sagenhafte 1.598.284 Prozent zugelegt.

Buffetts Erfolg hat ihm den Spitznamen »Orakel von Omaha« eingebracht. Dabei basiert seine Anlagephilosophie wenig geheimnisvoll auf einem Buch, das er im Jahr 1949 gekauft hat: »Intelligent investieren« von Benjamin Graham, dem Vater des wertorientierten Investierens. »Das Buch hat mein finanzielles Leben verändert«, sagt Buffett. Er hörte auf, Marktreaktionen anhand von Indikatoren vorauszusagen, und folgt stattdessen noch heute den fünf Graham'schen Grundregeln, wie er im Februar 2014 im jährlichen Brief an seine Aktionäre erläuterte. Eine Regel sagt: »Sie müssen kein Experte auf einem Gebiet sein, um passable Renditen zu erzielen. Aber wenn Sie keiner sind, dann müssen Sie das in Ihren Entscheidungen berücksichtigen. Wenn Ihnen jemand schnelle Gewinne verspricht, sagen Sie schnell Nein.« Oder: »Konzentrieren Sie sich auf die künftige Produktivität des Vermögenswertes, den Sie kaufen wollen. Wenn Sie die künftigen Gewinne nicht grob schätzen können, lassen Sie die Finger davon.« Oder: »Jene Sportler sind erfolgreich, die sich auf das Spiel konzentrieren und nicht ständig auf die Punkte-Tafel schauen. Wenn Sie samstags und sonntags nicht auf die Aktienkurse schauen müssen, dann probieren Sie das doch auch mal unter der Woche.«

Immer wieder hat Buffett mit seiner Methode ein gutes Händchen für Investments bewiesen – sowohl bei Zukäufen als auch bei Beteiligungen. 1972 übernahm Berkshire beispielsweise den familiengeführten Süßigkeitenhersteller See's Candy für 25 Millionen Dollar. Bis zum Jahr 2006 erwirtschaftete das Unternehmen, das vor allem im Mittleren Westen des Landes bekannt ist, eine Rendite von 2000 Prozent. Bis heute eines von Buffetts besten Investments, auch weil ihm dabei die Bedeutung starker Marken klar wurde. »Ohne See's hätten wir nie in Coca-Cola investiert«, sagte er auf der Hauptversammlung 2014.

Berkshire Hathaway stieg im Jahr 1988 bei dem Getränkehersteller, einem der größten der Welt, ein und ist mit gut neun Prozent größter Anteilseigner. Coca-Cola gehört zu einem gut 100 Milliarden Dollar schweren Aktienpaket, das Buffett gemeinsam mit seinen zwei Portfolio-Managern Ted Weschler und Todd Combs verwaltet. Auch ein Zehn-Prozent-Anteil an der US-Bank Wells Fargo, wo Buffett voll von dem Kursrückgang im Scheinkontenskandal erwischt wurde, sowie Anteile an American Express und IBM gehören dazu. Zudem hat Berkshire ein großes Rückversicherungsgeschäft, eine Energiesparte, ein Chemie- und ein Eisenbahnunternehmen, Anteile am Lebensmittelkonzern Heinz (zusammen mit 3 G Capital) sowie gut 80 kleine und mittelständische Firmen. 2015 baute Buffett den Konzern weiter aus. Im August tätigte er die größte Übernahme der Firmengeschichte – für 37,2 Milliarden Dollar kam der Industriekonzern Precision Castparts nach Omaha. Er soll einen wesentlichen Beitrag zu Berkshires Umsatz und Gewinn leisten.

Buffett ist stets auf der Suche nach Schnäppchen: Unterbewertete Aktien, die den wirklichen Wert des Unternehmens nicht korrekt widerspiegeln, sind seine bevorzugte Beute. Ob ein Unternehmen die von Analysten erwarteten Gewinne überbietet oder Erwartungen verfehlt, interessiert ihn nicht. Er will stabile Cashflows. Das schnelle Geld oder gar der Hochfrequenzhandel liegen ihm fern.

Seine Entscheidungen bespricht Buffett mit seinem treuen Weggefährten Charlie Munger (geb. 1. Januar 1924). Schon seit mehr als 50 Jahren machen die beiden zusammen Geschäfte. Munger ist der stellvertretende Vorsitzende in Berkshires Kontrollgremium und hatte lange Zeit sein eigenes Unternehmen. Beide kommen aus Omaha und haben sich im Jahr 1959 kennengelernt. Und weil ihre Investmentansätze so ähnlich waren, haben sie sich auf Anhieb gut verstanden. »Jeder von uns weiß, was der andere denkt«, sagte Munger im Mai 2014. Der Mann gilt als Genie mit Moral. »Gute Geschäfte sind ethische Geschäfte. Ein Geschäftsmodell, das auf Trickserei beruht, ist zum Scheitern verdammt.« Munger ist Buffetts Korrektiv. Immer wenn das Orakel mit einer Investment-Idee auf ihn zukomme, frage Charlie: »Was zur Hölle weißt du schon darüber?«, scherzte der Berkshire-Chef einmal. Das ist auch ein Grund, warum sich Buffett in der Vergangenheit von Technologieaktien meist ferngehalten hat.

Jedes Jahr bei der Hauptversammlung am Konzernsitz in Omaha zeigen die beiden aufs Neue, was für ein eingespieltes Team sie sind. Stundenlang sitzen sie auf der Bühne, um Fragen der eingeladenen Journalisten, Analysten und Aktionäre zu beantworten. Das Spektakel, das 2014 und 2015 jeweils rund 40.000 Anteilseigner aus aller Welt anzog, gilt als »Woodstock für Kapitalisten« mit fast religiösem Touch. Da spielt Buffett Ukulele zu »Over the Rainbow« oder tanzt mit Munger zum »Gangnam Style«.

Wer einmal zu Buffetts Imperium gehört, der bleibt es lange Zeit. Es ist eher eine Ausnahme, wenn sich der Amerikaner schon nach zehn Jahren wieder verabschiedet, wie 2016 als Großteilhaber aus dem Aktionärskreis von Munich Re – mit mehreren Hundert Millionen Dollar Gewinn. Bei deutschen Dynastien will es Buffett anders halten. »Wer ein Unternehmen, das viele Jahrzehnte im Familienbesitz war, an Berkshire verkauft, kann sich sicher sein: Wir verkaufen es nicht weiter«, sagte er Anfang 2015. Damals hatte er seinen ersten deutschen Mittelständler – den Hamburger Motorradfachhändler Louis – für 400 Millionen Euro übernommen. Wenn es nach Buffett geht, soll dies nur ein erster Schritt in Deutschland sein. Auch hier ist sein Ansatz ungewöhnlich: »Wir geben erfolgreichen Unternehmen freie Hand. Sie können ihre Geschäfte so weiterführen wie bisher. So sind sie schließlich erfolgreich geworden.«

Von der Finanzkrise 2008 ließ er sich als einer der wenigen nicht abschrecken. Im Gegenteil: Er nutzte die Kapitalnot der Banken, um lukrative Geschäfte zu machen. So lieh er unter anderem der Investmentbank Goldman Sachs fünf Milliarden Dollar. Mit einer Mischung aus Zinsen, Dividenden und dem Recht, Aktien zu günstigen Konditionen zu kaufen, erzielte er über fünf Jahre eine Rendite von 62 Prozent – und das zu einer Zeit, in der es an den Börsen weltweit vor allem abwärts ging.

Ähnlich unbeeindruckt ist Berkshire, wenn es um die Euro-Krise geht. Macht sich Buffett Sorgen um Deutschland? »Die kurze Antwort ist nein«, sagt sein Portfolio-Manager Weschler, der mit der Suche nach weiteren Übernahmezielen in Deutschland betraut ist. »Wir denken 50 Jahre voraus. Wenn wir etwas übernehmen, dann machen wir uns keine Sorgen darüber, was nächstes Jahr sein wird.«

Für Anleger, die ihr Geld gern einfach und mit wenig Risiko investieren, hatte Buffett zuletzt einen simplen Rat: »Legen Sie zehn Prozent in kurzfristige Staatsanleihen an und 90 Prozent in einen günstigen Index-Fonds des S&P 500«, schrieb er an seine Aktionäre und empfahl den Fonds des Vermögensverwalters

Vanguard. Diese Anweisung habe Buffett auch für einen Teil seines Nachlasses festgelegt.

Diese Bodenständigkeit ist es, die das »Orakel von Omaha« zu einer moralischen Instanz in Amerikas Geschäftswelt werden ließ. Buffett hat es immer abgelehnt, nach New York ins bedeutendste Finanzzentrum Amerikas zu ziehen. Stattdessen lebt er seit 1958 in einem unauffälligen Einfamilienhaus. Der Mann, der mal Ronald Reagans Golfpartner war und Arnold Schwarzenegger ins kalifornische Gouverneursamt verhalf, zahlt sich selbst ein Jahresgehalt von 100.000 Dollar. Exzessive Feiern, wie sie aus den goldenen Zeiten vor der Krise von Private-Equity- und Hedgefonds-Managern bekannt sind, lehnt er ab. Konservativ eben. Im besten Sinne.

Gemeinsam mit Microsoft-Gründer Bill Gates gründete er die Initiative »Giving Pledge«, die Milliardäre dazu auffordert, den Großteil ihres Vermögens zu spenden. »Ich bin ein Produkt dieses Landes und des Bildungssystems«, gibt er als Grund an. Der überwiegende Teil von Buffetts Vermögen wird nach seinem Tod in diesem Rahmen gestiftet. »Ich wäre nicht glücklicher, wenn ich sechs oder acht Häuser hätte«, versichert er. »Im Gegenteil. Ab einem gewissen Niveau schlägt es ins Negative um.«

So hat er auch seine drei Kinder erzogen, die heute jeweils eigene Stiftungen leiten. Über Buffetts Nachfolgeregelung ist nur so viel bekannt: Sollte er eines Tages den Konzern nicht mehr führen, wird seine Rolle auf vermutlich vier Manager verteilt. Den Posten des Chief Investment Officers sollen sich seine beiden Portfolio-Manager Weschler und Combs teilen. Den Vorstandsvorsitz wird ein interner Manager übernehmen – Beobachter gehen davon aus, dass dafür Ajit Jain, Chef der Versicherungssparte von Berkshire Hathaway und Cousin des früheren Deutsche-Bank-Chefs Anshu Jain, infrage kommt. Auch Greg Abel, Chef der Energiesparte, wird immer wieder ins Gespräch gebracht. Howard Graham Buffett, der ältere der beiden Söhne, soll wiederum den Verwaltungsrat als Non-Executive Chairman leiten und darüber wachen, dass die ethischen Standards des Vaters eingehalten werden. Bislang hat Warren Buffett alle diese Positionen auf sich vereint.

»Wahrscheinlich wird sich gar nicht so viel ändern, wenn Buffett eines Tages nicht mehr an der Spitze von Berkshire Hathaway ist«, sagt Jura-Professor Lawrence Cunningham und Autor des Buches »Berkshire Beyond Buffett«. »Ich gehe davon aus, dass sich Buffetts Nachfolger nicht so einfach vom Kurs abbringen lässt. Berkshire wird auch nach Buffett eine beständige Institution bleiben.« Warren Buffett ist dafür bekannt, dass er den gut 360.000 Mitarbeitern seines Konzerns freie Hand lässt. In der Zentrale in Omaha arbeiten gerade einmal 25 Mitarbeiter. Viele von Berkshires Top-Managern haben nicht einmal einen Arbeitsvertrag, lediglich Gehalt und Bonus habe Buffett handschriftlich festgelegt, erklärt Experte Cunningham. Die Unternehmenskultur werde dennoch bestehen bleiben. Viele Mitarbeiter glaubten, dass die Kultur zentral für Berkshires Erfolg sei, und das werde »für die Zukunft sehr wichtig sein«.

Mit seiner menschlichen Art des Investierens hat Buffett viele Aktionäre reich gemacht. Doch nach 50 Jahren an der Spitze von Berkshire läuft er Gefahr, Opfer seines eigenen Erfolgs zu werden. »Wir könnten an einen Punkt kommen, an dem wir nicht mehr wissen, wie wir unseren Cash intelligent investieren können«, warnte Buffett seine Investoren auf der Hauptversammlung 2014. Es sei immer schwieriger geworden, das Unternehmen auszubauen. Übernahmen müssten eine gewisse Größe haben, um sich in den Konzernergebnissen bemerkbar zu machen – damit aber wachsen Risiken. Einige Investoren haben daher immer wieder gefordert, das Imperium aufzuspalten. Doch das, stellte Buffett in seiner unmissverständlichen Art klar, komme überhaupt nicht infrage.

### Nachhaltigkeit ✗ ✗ ✗ ✗ ⊠

Buffett sieht die Gefahren des Klimawandels. Seine Firma hat 16 Milliarden Dollar in erneuerbare Energien investiert, und das eigene Portfolio rund um Energie besteht nach eigenen Angaben zu sieben Prozent aus Windkraft und zu sechs Prozent aus Solar-Kapazitäten. Er glaubt, Klimakatastrophen seien gut für Versicherungen – und damit fürs eigene Geschäft. Sein Enkel Howard Warren Buffett will eine Art »grünes Berkshire Hathaway« aufbauen.

### Unbestechlichkeit ✗ ✗ ✗ ✗ ⊠

Buffett ist der Typ des kauzigen, absolut integren Unternehmers.

### Steuerehrlichkeit ✗ ⊠ ⊠ ⊠ ⊠

Für 2010 hat Buffett öffentlich gemacht, dass er 6,9 Millionen Dollar auf ein zu versteuerndes Einkommen von 39,8 Millionen zahlte (niedrige 17,3 Prozent). Berkshire und Berkshire-Firmen tendieren zur Nichtzahlung von Dividenden (auf die Steuern fällig wären) und nutzen den Cash für Zukäufe. 2015 zahlte Berkshire Hathaway gerade mal 13 Prozent Steuern auf den Gewinn. Die Batterie-Division Duracell kaufte Buffett von Procter & Gamble mit der Abgabe von P&G-Aktien, was rund eine Milliarde Dollar Bundessteuern sparte.

### Humanität ✗ ✗ ✗ ⊠ ⊠

Weitgehend frei von Arbeitskonflikten, bis auf die Tochterfirma NetJets, deren Piloten 2015 das Management übler Machenschaften beschuldigten. Zusammen mit der Investmentfirma 3-G des Milliardärs Lehman schuf Buffett per Fusion den Konsumriesen Kraft Heinz, wo jeder zehnte Job entfiel.

### Transparenz ✗ ✗ ⊠ ⊠ ⊠

Wall Street kritisiert, dass die Finanzangaben von Berkshire Hathaway mit den Jahren diffuser geworden seien. Unklar sei, was Kerngeschäfte wie Versicherungen wirklich verdienten.

# Carlos Slim Helú
## América Movil

An Carlos Slim Helú kommt in Mexiko niemand vorbei. Jeder Mexikaner hat entweder einen Vertrag mit ihm oder zahlt ihm auf eine andere Weise Geld. Der Multi-Mogul hat sich mit seinem Firmenkonglomerat in das Leben seiner Landsleute geschlichen. Wem gehört Mexiko? Zum guten Teil dem Sohn libanesischer Einwanderer, der zielstrebig früh das Firmenimperium Grupo Carso aufgebaut hat.

Heute führen die Menschen ihre Telefonate über seine Anbieter, und für das Internet nutzen sie seine Provider. Sie gehen in den Restaurants seiner Ketten essen. Sie schlafen in Betten aus seinen Kaufhäusern. CDs, Konzertkarten, Flugtickets, Krankenhausaufenthalte – immer verdient Slim. Ja, die Mexikaner schauen auch die Spiele seiner Fußballmannschaften. Selbst das Geld dafür kommt aus den Geldautomaten seiner Banken. Es sind Unternehmen wie Sanborns oder der Autoteile-Hersteller Condumex, die man mit ihm verbindet. Das mexikanische Geschäft der US-Einzelhandelskette Sears steuert er auch. Slims Einnahmenmaschine ist gut geschmiert. Läuft es mal in einer Branche schlecht, dann boomt ganz sicher eine andere. Slim (geb. 28. Januar 1940) ist der Geldmeister Mexikos. Auf diese Weise hatte er es zeitweise zum reichsten Menschen der Welt gebracht mit einem Vermögen jenseits der 70 Milliarden Dollar. Heute liegt er bei 50 Milliarden.

Aber wie konnte er derart reich werden in einem Land, in dem rund die Hälfte der 120 Millionen Menschen in Armut lebt? Slims Aufstieg ist der eines Wirtschaftsgenies, das aus Krisen Kapital schlägt wie kein anderer. Es ist die Geschichte eines Besessenen, der auch im hohen Alter nicht von den Geschäften lassen kann: »Er denkt immer in Zahlen, er liest von morgens bis abends Berichte, er ist ein mathematisches Genie«, sagt sein Biograf Diego Osorno. Aber der Aufstieg von Slim ist eben auch eine Geschichte über Macht und Monopole, wie sie nur in Mexiko zum Erfolg führen kann. Hier teilen sich wenige Mächtige das Land auf, und es gab lange Zeit niemanden, der sie bremste. Slim zeichnete dabei immer ein besonders enges Verhältnis zur politischen Macht aus. »Darin gleicht er den russischen Oligarchen und nicht so sehr den großen Milliardären der Welt«, kommentiert Osorno. Slim hat erfolgreich spekuliert und von seinen guten Verbindungen zur Macht profitiert.

Diese verschlechterten sich erst in den vergangenen Jahren unter der Regierung von Präsident Enrique Peña Nieto (seit 2012), die mit Antimonopol-Gesetzen der Allmacht des Carlos Slim einige Grenzen zog. Unter anderem wurde das nationale Roaming abgeschafft; es hatte Slim jedes Jahr Millioneneinnahmen über

seinen Handyanbieter AMX gesichert. Wer zum Beispiel mit seinem Mobiltelefon aus der Hauptstadt Mexiko-Stadt in die Provinz reiste und dort angerufen wurde oder selbst telefonierte, musste Roaming-Gebühren bezahlen.

Carlos Slim Helú kam als fünftes von sechs Kindern auf die Welt. Sein maronitischer Vater war 1902 aus dem Libanon nach Mexiko eingewandert und hatte es hier mit einem Gemischtwarenladen zu einem kleinen Vermögen gebracht. Früh entdeckte Carlos sein Faible für Geld und Zockerei. Mit zehn Jahren eröffnete er sein erstes Konto und stellte fest, dass es kaum Zinsen abwarf. Er kaufte dann lieber Sparbriefe. Mit 15 brachte er es auf ein Vermögen von 5523 Pesos. Er begann zu spekulieren, kaufte seine ersten Aktien. Später studierte er an der Universität UNAM in Mexiko-Stadt Bauingenieurswesen. Mit 21 schloss er seine Studien ab, bis heute nennt ihn das ganze Land respektvoll »El Ingeniero«, den Ingenieur.

Carlos Slim arbeitete zunächst auch in seinem Beruf, ging aber nebenbei schon Firmen einkaufen. Er war 25, da gehörten ihm eine Abfüllanlage und ein Immobilien-Unternehmen; die erste Million hatte er verdient. Es folgten: ein Zigarettenhersteller mit den Rechten an Marlboro, eine Kupfermine, eine Druckerei. Während des Finanzcrashs zu Beginn der 1980er Jahre investierte Slim, als alle anderen aus Mexiko flohen. Er kaufte zu Billigpreisen eine Stahlfirma, einen Reifenhersteller, Baufirmen, Versicherungen und Hotels, sogar Bäckereien und Fahrradfabriken. Manche Unternehmen bekam Slim zu ein oder zwei Prozent des Buchwerts.

Den entscheidenden Schritt zum Superreichtum machte er 1990, als die mexikanische Regierung zahlreiche Staatsbetriebe privatisierte, darunter die Telefongesellschaft Teléfonos de México (Telmex). Slim erhielt an der Spitze eines Konsortiums den Zuschlag – für lächerliche 1,76 Milliarden Dollar. Obendrauf gab es auch noch das Festnetzmonopol für sieben Jahre. Der Deal war eine Lizenz zum Gelddrucken.

Heute sind Telmex und vor allem das im Jahr 2000 ausgegründete Mobilfunkunternehmen América Móvil (AMX) Slims Goldesel. Auch wenn die Firmen in den vergangenen Jahren zum Teil deutlich Marktanteile verloren haben, ist der Milliardär noch immer der ungekrönte König in Mexiko. In der Festnetztelefonie besitzt er 65 Prozent (von ehemals 87 Prozent), und mit einem Mobiltelefon von Slim sprechen in Mexiko immerhin 68 Prozent der Menschen. Hinzu kommt das Auslandsgeschäft: 287 Millionen Kunden in mehr als 20 Ländern machen AMX – Schwiegersohn Daniel Hajj Aboumrad ist übrigens CEO – zum drittgrößten Mobilfunkunternehmen der Welt nach Kunden. Nur China Mobile und Vodafone haben mehr Klienten. Rechnerisch hat sich Slims Vermögen 2015 um rund

20 Milliarden Dollar reduziert, weil AMX Kursverluste erlitt. Die Firma machte erstmals seit Langem wieder Verluste, vor allem durch Risiken in Südamerika.

Natürlich hat sich der Supermilliardär Slim nicht nur auf sein Heimatland und auf Lateinamerika beschränkt. Er will auch in den USA etwas gelten. So ist er am Verlag der »New York Times« mit knapp 17 Prozent beteiligt. Auch bei Saks, Office Max und der Altria Group besitzt er etliche Anteile. In Österreich kontrolliert seine AMX inzwischen 51 Prozent von Telekom Austria. Den Anteil von 21 Prozent am niederländischen Telefonkonzern KPN (»E-Plus«) stellte der Mexikaner im Frühjahr 2016 zum Verkauf, sein geplantes Take-over hatte sich erledigt, weil KPN mit Telefónica zusammenging. Am spanischen Fußballklub Real Oviedo hält Slim 35 Prozent. »Stelle deiner Schwäche deinen Willen entgegen«, ist sein Leitmotiv. Derzeit kontrolliert der »Ingenieur« noch jede Entscheidung seines riesigen Firmenkonglomerats. Aber wie geht es weiter, wenn er mal abtreten muss? Carlos Slim begleiten zwei Grundsätze, die ihn sein bewunderter Vater gelehrt hat. Erstens: Geld, welches das Unternehmen verlässt, verdunstet. Und zweitens: Die Familie ist das wichtigste im Leben und in der Wirtschaft. Der Patriarch hat drei Söhne und drei Töchter. Die Männer kontrollieren Unternehmen der Gruppe, die Frauen kümmern sich um kulturelle Aktivitäten. Deren Ehemänner sind auch hohe Manager in den Firmen, und deren Kinder – also Carlos Slims Enkel – sind ebenfalls schon aktiv. So gingen zwei Enkel in den Vorstand des Minenkonzerns Minera Frisco und der spanischen Immobiliengruppe Soinmob.

Offiziell ist die Nachfolge nicht geregelt, aber zunehmend tritt vor allem Marco Antonio, der zweite Sohn, in der Öffentlichkeit auf. »Er ist seinem Vater am ähnlichsten«, sagt Slim-Biograf Osorno. Und er bekleidet als CEO der familieneigenen Bank Inbursa einen sehr wichtigen Posten. Zudem wird Marco Antonio auffallend häufig vom Vater gelobt.

### Nachhaltigkeit ✖ ✖ ✖ ✖ ✖
Slims Stiftung gab 50 Millionen Dollar für ein Umweltprojekt mit dem WWF in Mexiko. Ansonsten kein Umweltakzent

### Unbestechlichkeit ✖ ✖ ✖ ✖ ✖
Enge Beziehung zwischen Politik und Wirtschaft in Mexiko, einem der korruptesten Staaten der Welt. Ermittlungen gegen Slim wurden 2011 eingestellt. Er gibt allen Parteien Geld, steht aber der konservativ-nationalen Partei der Nationalen Aktion nahe.

### Steuerehrlichkeit ✖ ✖ ✖ ✖ ✖
Honduras und Ecuador forderten erfolgreich Steuern von Slim-Firmen ein. Slims Konzern Telcel hat drei Offshore-Firmen.

### Humanität ✖ ✖ ✖ ✖ ✖
Slim erklärte, »kein Weihnachtsmann« zu sein, Wohltätigkeit löse das Problem der Armut nicht. Seine Stiftungen engagieren sich für Bildung und Jugendliche.

### Transparenz ✖ ✖ ✖ ✖ ✖
Unübersichtliches, weit verstreutes Firmenreich. 2011 verhängte Mexikos Kartellamt CFC eine Geldstrafe von umgerechnet 700 Millionen Euro gegen die Slim-Firma Telcel wegen monopolistischer Praktiken. Die US-Behörde FCC sprach eine Millionenstrafe gegen Slim aus, weil er im US-Gebiet Puerto Rico ohne Genehmigung zu viele Anteile an einem Telekommunikationsanbieter gekauft hatte.

# Jeff Bezos

## Amazon

Die Besucher der Boeing Seafair Airshow in Seattle erlebten am 5. August 2016 Geschichte: In wenigen Hundert Metern Höhe schwebte an diesem sonnigen Freitag eine Boeing 767 über den Lake Washington. »Prime Air« prangte in großen Lettern auf der Hülle des Frachtjets mit dem Namen »Amazon One«. Was der US-Präsident mit seiner »Air Force One« kann, das kann Jeff Bezos auch, war die Botschaft des Tages. Der Gründer und Vorstandschef des Online-Handelskonzerns Amazon nahm das erste von bald 40 Frachtflugzeugen offiziell in Betrieb. Die Luftfrachtbranche wird womöglich nie mehr so sein, wie sie bis zu diesem Tag war.

Jeff Bezos denkt in ganz großen Bildern und in kleinsten Details. Wer immer dem drittreichsten Menschen der Erde (Vermögen im August 2016: 66 Milliarden Dollar) eine E-Mail schicken will, der kann das gerne machen. Jedoch brauchen Journalisten, Analysten oder angebliche Daniel Düsentriebs, die nur mal eben mit ein paar Millionen von ihm eine Idee umsetzen wollen, nicht auf Antwort zu hoffen. Aber wer sich als Kunde ungerecht behandelt fühlt oder wer als Mitarbeiter Probleme hat, hat gute Chancen, eine Antwort zu bekommen.

Wer Jeff Bezos (geb. 12. Januar 1964) kennt, denkt zuerst an sein berühmtes Lachen: ein prustendes »Ha-Ha-Ha« aus voller Brust, den Oberkörper leicht nach vorne gebeugt. Für die einen Ausdruck unbändiger Lebensfreude, gepaart mit endlosem Optimismus – für die anderen das diabolische Lachen eines Aufsteigers, der gnadenlos alles niedermacht, wenn es um den eigenen Erfolg geht. Warren Buffett, selbst Multimilliardär, fasst seinen Respekt so zusammen: »Es gibt Leute, mit denen will man sich nicht auf deren Gebiet anlegen. Und Jeff Bezos ist die Nummer eins auf dieser Liste. Das ist, wie vor 40 Jahren gegen Bobby Fischer Schach zu spielen: Nach dem ersten Zug ist alles vorbei.« Mitte 2016 war Buffett in der Vermögensliste vom Amazon-Mann überholt worden, der seinen Reichtum innerhalb weniger Monate um 20 Milliarden Dollar gesteigert hatte. Das lag am steigenden Aktienkurs, Mitte 2016 war Amazon rund 340 Milliarden Dollar wert. Wie es ist, abgehängt zu werden, das haben einige Branchen erfahren. Der Buchhandel zum Beispiel, die CD- und DVD-Verkäufer, Elektronikhändler, Verlage oder Online-Konkurrenten wie der Windelhändler diaper.com. Wo Bezos angreift, gibt es nur einen Sieger: Amazon. Er ist ein bisschen wie Apple-Gründer Steven Jobs: gekleidet in Jeans und Shirt, manisch ins Micromanagement verliebt und noch mehr in den Erfolg, dazu immer veränderungsbereit. »Ich tanze ins Büro«, erklärt er zu seiner Arbeitseinstellung. Dabei verstand der als Jeffrey Preston Jorgensen in New Mexico geborene und später adoptierte Bezos es immer

wieder, einen Schritt schneller und kreativer als andere zu sein. Während der Buchhandel noch versuchte, Amazons Niedrigpreise zu kontern, führte er einen eigenen E-Book-Reader ein, den Kindle. Als die Verlage und Buchhändler diesem Kindle etwas entgegensetzten wie später den Tolino, startete Amazon eine Verlagsplattform für jedermann. Und als Apple mit dem iPad konterte, schraubte Bezos den Preis des Kindle auf immer neue Tiefststände.

Wo immer der Amazon-Gründer die Chance sah, etwas mitzunehmen, stieg er ein. So forderte er Netflix im Videostreaming mit Amazon Prime heraus. Der genialste Schachzug aber war AWS, das Cloud Computing für Unternehmen. Geboren aus der Idee, mit zeitweise brachliegenden Computer-Kapazitäten ein paar Dollar zu machen, erschuf Bezos unter den Augen von Microsoft, Oracle, SAP und IBM einen gigantischen neuen Markt – in dem er jetzt Marktführer ist. Der Summa-cum-laude-Absolvent der Princeton University hat ein Wort aus seinem Vokabular gestrichen: »Kernkompetenz.« Er probiert alles aus. Das wird mit »Amazon One« nun auch die Logistikbranche merken.

Einer der berühmtesten Bezos-Aussprüche ist: »Deine Marge ist meine Chance.« Er spielt darauf an, dass alte Marktführer alles versuchen, um ihre Gewinnmargen hoch zu halten – und so öffnen sich für Bezos mit seinen messerscharf kalkulierten Angeboten Tür und Tor. So geschah es in der Softwareindustrie, wo schon 50 Prozent eine schlechte Marge sind. Bezos, gestählt aus dem Einzelhandel, ist jedoch mit drei oder vier Prozent zufrieden. Oder er verzichtet ganz auf die Marge – so wie bei seinem Dienst Amazon Prime, der um die 60 Millionen Abonnenten weltweit haben soll. Bezos bietet kostenlose Lieferungen von Amazon-Einkäufen sowie Video- und Musikdiensten; Filme und TV-Serien produziert er auch.

Als Nächstes steht der Vorstoß in die künstliche Intelligenz an. Bezos: »Wir stehen am Anfang einer goldenen Epoche.« Wieder greifen alle Teile wie bei einem perfekt verzahnten Getriebe zusammen. Seine Cloud liefert die Rechenpower für den digitalen Assistenten Alexa, eine eigene Lautsprecher-Mikrofon-Kombination namens Echo steht im Wohnzimmer und in der Küche, nimmt die gesprochenen Einkaufswünsche entgegen, die dann aus Amazon-Warenlagern geliefert oder auf Amazons Kindle-Readern ausgeliefert werden. Oder die von Amazons TV-Stick Fire-TV auf dem Flachfernseher kommen oder per Amazons Kindle-Tablet über den eigenen Amazon App-Store.

Es geht um einen Totalanspruch: Bezos will das komplette Leben des Kunden beherrschen, und er ist bei diesem Plan weiter als jeder andere im Internet. Den

Businessplan für Amazon schrieb er nach eigenen Angaben auf einer Fahrt von der amerikanischen Ostküste an die Westküste – er hatte gerade einen gut dotierten Wall-Street-Job hingeschmissen, um seinem Traum vom Internet nachzugehen. 1994 startete er Amazon, also sozusagen in der Steinzeit des neuen Mediums.

Das Verhältnis zu seinen Aktionären war stets zwiespältig. Was immer Amazon seit der Gründung eingespielt hat, floss zurück ins Geschäft. Erst will er alle Märkte im Internet bis in den letzten Winkel erobern, gefeiert wird später. Aus 107 Milliarden Dollar Umsatz verblieben im Geschäftsjahr 2015 nur 596 Millionen Gewinn. Doch Bezos hat ein Gespür dafür, wann er den Bogen zu überspannen droht. Zum zweiten Mal in Folge legte er 2016 Quartalszahlen mit einem unerwartet hohen Profit vor. Im Übrigen verkauft Bezos regelmäßig Amazon-Aktien, zuletzt Anfang August 2016 rund eine Million Stück für 757 Millionen Dollar. Er hält noch 17,1 Prozent des Kapitals. Weitere größere Gesellschafter sind Capital Group mit 7,7 Prozent und Vanguard mit 4,8 Prozent.

Neben seinen geschäftlichen Aktivitäten engagiert sich Bezos, dessen »Blue Origin«-Weltraumfirma bereits Unterstützung von der NASA erhalten hat, auch politisch. Er ist laut »Washington Post« das bislang letzte Mitglied in Barack Obamas im März 2016 gegründeten Defense Innovation Advisory Board, das die geballte Macht der Technologie für das Verteidigungsministerium zugänglich machen soll. Die Zeitung wird es wissen: Bezos hatte die traditionsreiche und liberale »Washington Post« 2013 persönlich für lächerliche 250 Millionen Dollar von der alteingesessenen US-Verlegerfamilie Graham übernommen. Seit seinem Einstieg legten die Online-Zugriffszahlen zu, die Verluste blieben. Daneben gibt Bezos über einen Investmentarm (Bezos Expeditions) Geld in Internetfirmen wie Twitter, Airbnb, Uber, Juno Therapeutics, Workday und in Start-ups für Schulbildung.

### Nachhaltigkeit ✗✗✗✗✗
Einige Umweltschutz-Initiativen. Ende 2016 sollen 40 Prozent der genutzten Energie aus Solar- und Windenergie kommen. Kein Sustainability Report.

### Unbestechlichkeit ✗✗✗✗✗
Keine Vorfälle erkennbar. Strikter Anti-Korruptions-Code der Firma.

### Steuerehrlichkeit ✗✗✗✗✗
Jahrelang hat Amazon über eine Holding in Luxemburg die Steuern extrem heruntergerechnet – über ein kompliziertes 28-Stufen-System namens »Goldhähnchen«. Die US-Finanzbehörden wollen deshalb 1,5 Milliarden Dollar Steuern zurück. 2013 zahlte Amazon zum Beispiel in Großbritannien

bei sieben Milliarden Dollar Umsatz gerade mal 6,5 Millionen Dollar an Steuern. Im Frühjahr 2015 änderte Bezos die Praxis.

### Humanität ✗✗✗✗✗
Jeff Bezos und seine Frau MacKenzie sind eifrige Spender. Das Betriebsklima gilt als kühl und extrem effizienzgetrieben. Die International Trade Union Confederation zeichnete Bezos 2014 mit dem Schmähtitel »Schlechtester Arbeitgeber des Jahres« aus.

### Transparenz ✗✗✗✗✗
Amazon ist eine ruhige, fast verschlossene Firma, auch wenn sie börsennotiert ist. Nach einer Wertung von Euractiv war Amazon eines der am wenigsten transparenten Unternehmen der Welt.

# Mark Zuckerberg
## Facebook

Einen elektronischen Klub zu gründen, war schon 2004 keine besonders originelle Idee. So etwas gab es schon lange. Nur wurden in solchen Klubs Bücher und CDs verkauft. Mark Zuckerberg aber dachte zusammen mit drei Mitgründern an ein soziales Netzwerk für Freunde und Möchtegern-Freunde, vor allem auch für Möchtegern-Freundinnen. Eine Plattform also für Tratsch, Termine und Tiraden. Und er setzte die Idee in Harvard um, dem Hogwarts der amerikanischen Geisteselite. Langsam breitete sich seine Erfindung namens Facebook aus,

mithilfe von Investoren wie Sean Parker und dank Zuckerbergs Megalomanie, vor allem aber durch Mund-zu-Mund-Propaganda. Und je mehr Nutzer sich hier gegenseitig lockten, je hipper das längst nach Kalifornien umgezogene Ding wurde, umso besser wurden die Datenpakete, die Zuckerberg der Werbeindustrie verkaufen konnte.

Das System nährt sich quasi selbst. 1,6 Milliarden Menschen tauschten sich 2016 über Facebook aus, und der Preis, den sie zahlen, sind die Datenspuren, die sie hinterlassen. Die wahre Kunst des jungen Mark Zuckerberg (geb. 14. Mai 1984) besteht darin, dieses als Nicht-Geschäft erscheinende Geschäftsmodell zur Perfektion gebracht zu haben. Die Illusion der Gratiskultur hat für einen Börsenwert von 326 Milliarden Dollar (Mitte 2016) und 18 Milliarden Dollar Jahresumsatz (2015) gesorgt. Und Zuckerberg hat sich die Alleinmacht über diese riesige Datenverwurstungsmaschine mit Social Touch durch einen besonderen Kniff gesichert. Er führte einfach eine neue, dritte Klasse von Facebook-Aktien ein (»C-Shares«), die keinerlei Stimmrecht haben. Bis dahin gab es A-Aktien (eine Stimme pro Aktie) und B-Aktien (10 Stimmen pro Aktie), von denen der Vorstandschef Zuckerberg viele besitzt. Der Effekt der Konstruktion ist, dass er über rund 60 Prozent der Stimmrechte verfügt. Social Media ist Ego Media.

Kapitalmäßig hält der Superkapitalist aus Palo Alto, dessen Vermögen auf fast 45 Milliarden Dollar geschätzt wird, nur einige Prozent der Aktien. Es sind die üblichen Verdächtigen wie Fidelity (6,6 Prozent), Vanguard (5,9 Prozent), Blackrock (5,5 Prozent) und State Street (3,7 Prozent), die mehr Kapitalanteile besitzen. Aber auch der Investor und Facebook-Aufsichtsrat Peter Thiel ist dabei;

andere Investoren wie Parker hatten mit dem Shooting Star der Börsen schon ihren Schnitt gemacht. Weil sich das Social Network als Goldmine erwies, tat sich Zuckerberg leicht, anlässlich der Geburt von Tochter Max im Dezember 2015 die schrittweise Überführung von 99 Prozent seiner Facebook-Aktien – seines ganzen Besitzes – an eine Stiftung zu verkünden.

»Wie alle Eltern wollen wir, dass du in einer besseren Welt aufwächst, als es unsere heute ist«, schrieb er an Max – natürlich – auf seiner Facebook-Pinnwand. So ein persönliches Zuckerberg-Post erreicht mehr Menschen als die »New York Times«. Das ist die Währung, die ihn fasziniert. Geld aber hat ihn stets weniger interessiert als Einfluss und Macht. Seine neue Stiftung, die Chan Zuckerberg Initiative, LLC, werde sich der Förderung von »individualisiertem Lernen, der Krankheitsbekämpfung, dem Vernetzen von Menschen und dem Aufbau von Gemeinschaften mit starkem Zusammenhalt« widmen, teilte er mit.

Als Chef der Stiftung verpflichteten er und seine Frau Priscilla Chan den Experten James Shelton, einst Top-Mann beim U.S. Department of Education, der auch als Partner bei der Bill & Melinda Gates Foundation gearbeitet hatte. Zuckerberg folgt seinem Vorbild Bill Gates, der sein Geld ebenfalls dazu einsetzt, die gesellschaftlichen Verhältnisse zu ändern. Dahinter steckt die Auffassung, dass Politik und Regierung an den Problemen der Welt wenig ändern können. Gespendet hat das Ehepaar Chan-Zuckerberg auch früher schon, beispielsweise 25 Millionen Dollar für den Kampf gegen Ebola oder 75 Millionen für das San Francisco Hospital and Trauma Centre – ein Krankenhaus, das viele Menschen mit geringem Einkommen und schlechter Versicherung behandelt.

Was genau die neue Institution fördern soll, da bleibt der junge Vater so schwammig wie Facebook bei den Einstellungen zur Privatsphäre. Vernetzung und Gemeinschaftspflege, die betreibt Zuckerberg auch mit der eigenen Firma. Den Anfang bei den Stiftungsaktivitäten machte jedenfalls ein Start-up namens Andela, das in Afrika Software-Entwickler rekrutiert und ausbildet.

Die Chan Zuckerberg Initiative, LLC, entspricht in ihrer Rechtsform nicht einer Stiftung, sondern eher einer deutschen GmbH. Zuckerberg behält die volle Kontrolle über sein Vermögen. Das bestätigt auch das Schreiben der Firma an die Finanzaufsicht SEC: Er plane, »die Mehrheit der Stimmrechte in der absehbaren Zukunft zu behalten«. Die Rechtsform der LLC bietet mehr Freiheit als eine herkömmliche Stiftung. So könnte die Chan Zuckerberg Initiative etwa weiter tüchtig in Start-ups investieren oder sich für bestimmte Ziele einsetzen. Das Ganze klingt mehr nach Lobbyarbeit als nach Weltrettung.

Multimilliardär Zuckerberg, ein Zahnarztsohn aus dem Westchester County im US-Bundesstaat New York mit Hang zur Zen-Philosophie und grauen T-Shirts, hat mit seiner Datensammelei viel Kritik auf sich gezogen. Mit Zukäufen (Instagram, Whatsapp) hat er über die Jahre seine Macht weiter ausgebreitet. Junge

Menschen, denen Facebook nicht mehr cool vorkam, sind darüber nun Teil der Familie. In den USA bekommen 44 Prozent der Erwachsenen ihre Nachrichten über Facebook. Wenn Zuckerberg reist, wird er hofiert wie ein UN-Generalsekretär. In Deutschland führte ihm der Axel-Springer-Verlag den europäischen Parlamentspräsidenten Martin Schulz bei einer Feierlichkeit zu, und die Zeitungen berichteten im Umfeld groß. Zum Beispiel, wie der Gast im grauen T-Shirt bei Kälte durch Berlin joggte. Doch dass die Prominenz schnell in eine Anti-Facebook-Stimmung umschlagen kann, zeigt das Beispiel eines norwegischen Autors, der ein preisgekröntes Bild aus dem Vietnamkrieg mit einer flüchtenden nackten Neunjährigen postete. Facebook zensierte es, und der Protest war groß.

**Nachhaltigkeit** ✖ ✖ ✖ ▨ ▨
Kooperation mit Greenpeace, um beim Betrieb der eigenen Serverfarmen und Daten-Center auf mehr Ökostrom zu setzen. In der Vergangenheit war Facebook allerdings Mitglied im American Legislative Exchange Council, das sich gegen den Ausbau erneuerbarer Energien ausspricht.

**Korruption** ✖ ✖ ✖ ✖ ▨
Facebook bietet auch eine Anti-Korruptions-Plattform.

**Steuerehrlichkeit** ✖ ▨ ▨ ▨ ▨
Das Unternehmen drückt Steuerzahlungen über Aktivitäten in Irland, wo die Europa-Zentrale sitzt, extrem nach unten. In das System sind Briefkastenfirmen in den Niederlanden und auf den Cayman Islands eingebunden. In Großbritannien zahlte

Facebook 2014 gerade mal 4327 Pfund Steuern – und hat nach öffentlichem Protest Änderungen in seiner Steuerstruktur angekündigt.

**Humanität** ✖ ✖ ✖ ▨ ▨
Extrem gute Arbeitsbedingungen. Nur die Fahrer, die die Angestellten von San Francisco ins Silicon Valley brachten, meuterten wegen Unterbezahlung.

**Transparenz** ✖ ✖ ▨ ▨ ▨
2013 den ersten Transparenz-Report publiziert. Er zeigt Regierungsanfragen an Facebook. Der Geheimdienst NSA hat das Netzwerk angezapft. Unklare Kriterien, nach denen Hassparolen auf Facebook entfernt werden oder nicht. Facebook trackt mit Cookies auch Nicht-Nutzer des Netzwerks.

## Larry Ellison
### Oracle

Im Volksmund heißt es nur »Larryland«, das malerische Dörfchen aus zehn Häusern im japanischen Edo-Stil, mit eigenem kleinen See, zwei Wasserfällen und einem Teich für die berühmten japanischen Koi-Karpfen. Hunderte alte Bäume, importiert aus aller Welt, sorgen für eine paradiesische Ruhe. Ein kleines Vermögen hat »Larryland« in Woodside, Kalifornien, gekostet. 200 Millionen Dollar flossen in neun Jahren Bauzeit in das Anwesen, das selbst in den USA seinesgleichen sucht. Aber Oracle-Gründer Larry Ellison ist nie ein Preis zu hoch, und er zeigt auch gewöhnlichen Milliardären, wie man richtig lebt.

Lawrence Joseph »Larry« Ellison (geb. 17. August 1944) hatte immer nur ein Ziel: Er musste der Erste, der Beste, der Größte sein. Charmant und gut aussehend, mit asketischer Statur und vollem schwarzem Haar, war der Software-Unternehmer lange der Party-Löwe des Silicon Valley. Er hatte nicht irgendeine Yacht, er hatte die größte Privatyacht der Welt. Er flog keine einmotorige Cessna, er kaufte sich eine MIG-29 aus alten Armeebeständen. Während andere Superreiche auf Hawaii Urlaub machen, kauft er sich mit Lanai gleich eine ganze Insel auf dem Pazifik-Atoll. Mehrere Immobilien in Kalifornien oder im japanischen Kyoto werden ihm zugeschrieben. Der Vater zweier Kinder ist ein großer Fan der japanischen Kultur. Seine kompromisslose Art, das Geschäftsleben als eine Art Krieg zu betrachten, hat er von einem Besuch in Japan in den 1970er Jahren mitgebracht.

Sein Vermögen wird auf rund 52 Milliarden Dollar geschätzt, was ihn zum siebtreichsten Menschen der Welt macht und zum zweitreichsten der Tech-Branche; mit Facebooks Mark Zuckerberg liefert er sich ein ständiges Kopf-an-Kopf-Rennen. Wenn Ellison ein Ziel vor Augen hat, dann erreicht er es, koste es, was es wolle. Er holte mit Investitionen von Hunderten Millionen Dollar 2010 den America's Cup zurück in die USA. 2013 verteidigte er die Segeltrophäe in der Bucht von San Francisco. Zu diesem Zeitpunkt fand gerade die Openworld statt, eine gigantische Oracle-Veranstaltung, zu der Zehntausende Kunden und Entwickler kommen. Sie alle warteten auf Ellison, der eine Rede zur Strategie des Softwareunternehmens halten sollte. Doch weil ein vorentscheidendes Rennen anstand, ging er lieber zu seinem Segelteam und schickte Ersatz. Ein riesiger Eklat. Doch das ließ den Milliardär kalt.

Was ist das Geheimnis des Larry Ellison? Vielleicht seine Kindheit? Ellison erinnerte sich in einem TV-Interview mit Bloomberg daran, wie ihm sein Vater eines Tages eine schockierende Wahrheit präsentierte. Kurz vor dem Abendessen habe er dem damals 12-Jährigen mitgeteilt: »Du bist adoptiert, und es gibt Frikadellen heute Abend.« Er selbst sagt, er habe viele Jahre an der Enthüllung gearbeitet, ohne es richtig zu verstehen. Weggefährten glauben, diese Erfahrung habe zu seinem Lebensstil am Rand der Extreme beigetragen. Ellison brach seine Universitätsausbildung ab und zog 1966 nach Kalifornien, wo er auch mit Computern zu tun hatte.

Seinen Aufstieg verdankt er einer Eingebung. Der amerikanische Geheimdienst CIA suchte in den 1960er Jahren nach einer neuen Methode, um Daten zu speichern. Damals lagen Daten auf Magnetbändern, die vorwärts- und rückwärtsgespult werden mussten. Der junge Ellison arbeitete bei den Speicherfirmen Amdahl und später Ampex, die aber keine Lösung fanden. Ein wissenschaftliches Papier aus den Forschungslaboren von IBM brachte den Durchbruch: Es beschrieb die Theorie der »relationalen Datenbank«. Ellison war fasziniert und gründete 1977 mit zwei Mitstreitern seine eigene Softwarefirma, die später in Oracle umbenannt wurde – nach dem CIA-Codenamen für das Projekt. Die relationale Datenbank revolutionierte die gesamte IT-Industrie. Ohne sie kommt heute praktisch kein Unternehmen der Welt aus, und Oracle ist der Marktführer. Am 12. März 1986 erfolgte der Börsengang. Eine existenzielle Krise Anfang der 1990er Jahre wird auf Ellisons rücksichtslose Verkaufsstrategie (»Oracle Way«) zurückgeführt. Das Unternehmen konnte einfach nicht mehr liefern, was es versprochen und verkauft hatte, es musste Geschäftsberichte nachträglich korrigieren und schrammte hart an der Pleite vorbei. Nach einer kompletten Restrukturierung stieg Oracle wieder auf. Mehrere Akquisitionen sicherten der Firma starke Positionen im aufsteigenden Markt für Unternehmenssoftware.

2010 übernahm Larry Ellisons Schöpfung Sun Microsystems für 7,4 Milliarden Dollar und stieg damit in den Markt für Unternehmensrechner, speziell Server, ein. Angesichts des Aufstiegs der Cloud-Technik gilt diese Akquisition heute als zweifelhaft, große Firmenserver werden immer weniger nachgefragt. Den eigenen Einstieg in die Cloud hat Ellison dagegen lange hinausgezögert. Erst 2016 griff er mit dem Kauf der Cloud-Firma Netsuite für immerhin 9,3 Milliarden Dollar in das Rennen zwischen Amazon, Microsoft, IBM und Google aktiv ein. Das wird ihm von Analysten immer wieder als Fehler angekreidet. Bei dem Deal hat Larry Ellison gewissermaßen mit sich selbst verhandelt: Einerseits ist er mit einem Kapitalanteil von 10,6 Prozent und fast 25 Prozent der Stimmrechte nach wie vor größter Aktionär von Oracle, andererseits hält er zusammen mit Freunden rund 40 Prozent von Netsuite.

Der Umsatz lag im Finanzjahr 2016 (Ende: Mai) bei 37 Milliarden Dollar, was währungsbereinigt ein Minus von drei Prozent bedeutet. Das garantiert noch den zweiten Platz in der Rangliste der Softwareunternehmen hinter Microsoft. Ellison war immer ein Erzfeind von Bill Gates, den Aufstieg von dessen Firma an ihm vorbei konnte er kaum ertragen. Oracles Nettoergebnis im selben Finanzjahr lag mit 8,9 Milliarden Dollar zehn Prozent unter Vorjahr.

Ellisons aus Sicht der Anleger größter Fehler dürfte sein, dass er wohl nie wird loslassen können. Erst nach massivem Druck zog er sich im September 2014 aus dem Management zurück und verteilte seine Position als Vorstandschef auf gleich zwei Nachfolger, Safra Catz und Mark Hurd. Ellison ist noch immer ein sehr aktiver Chairman, und damit der oberste Kontrolleur des Vorstands, sowie Chief Technology Officer, und damit der oberste Softwarestratege des Hauses.

Der Gründer gilt – über seine Lebenszeit betrachtet – als bestbezahlter Manager aller Zeiten. Das »Wall Street Journal« schätzt seinen Verdienst von 2000 bis 2010 auf zusammengefasst 1,84 Milliarden Dollar. Die Aktionäre hielten still, solange der Aktienkurs stieg – doch als die Oracle-Aktie zurückfiel und das Umsatzwachstum ausblieb, wurde das Grollen unüberhörbar. Ellison kappte sein Basisgehalt auf einen symbolischen Dollar, doch der Großteil seines Gehalts besteht aus Aktienoptionen. Allein zwischen 2007 und 2013 erhielt er jedes Jahr sieben Millionen davon; seine gesamte Vergütung in 2014 summierte sich auf über 100 Millionen Dollar, je nachdem, wo der Kurs der Oracle-Aktie gerade steht. Drei Jahre hintereinander hatten die Aktionäre da schon gegen die Vorstandsvergütungen gestimmt.

Als »One-Dollar-Man« wird er dennoch seinen märchenhaften Lebenswandel weiterführen können. Alleine die Dividendenausschüttung auf seine 1,12 Milliarden Aktien (Stand Anfang 2016) sichert ihm jährlich über 670 Millionen Dollar. Außerdem hält er Anteile an weiteren Unternehmen, darunter der Cloud-Anbieter Salesforce.com, Quark Biotechnolgy Inc. und Astex Pharmaceuticals. Außerdem sicherte sich Ellison eine Tennisanlage sowie die Rechte an zwei Turnieren, den Indian Wells Masters sowie den BNP Paribas Open (50 Prozent).

### Nachhaltigkeit ✗ ✗ ✗ ✗ ✗
Oracle spricht von Green Business Operations. Man könne mit Software umweltschädliche Business-Reisen ersetzen.

### Unbestechlichkeit ✗ ✗ ✗ ✗ ✗
Oracle einigte sich mit der Börsenaufsicht SEC auf Zahlung von zwei Millionen Dollar. Mitarbeiter in Indien hatten bestochen.

### Steuerehrlichkeit ✗ ✗ ✗ ✗ ✗
Von Steuerzahlen hält Oracle wenig. Steuervermeidung über Transferpreise zwischen den vielen Oracle-Firmen auf der Welt.

### Humanität ✗ ✗ ✗ ✗ ✗
Der Firmengründer ist ein eifriger Spender und trat der Initiative Giving Pledge bei.

### Transparenz ✗ ✗ ✗ ✗ ✗
Der Staat Oregon und Oracle verklagten sich gegenseitig, nachdem eine von Ellisons Leuten konstruierte Online-Plattform für Gesundheitsversicherungen technisch scheiterte. Die Campaign for Clear Licensing kritisierte Oracle zu teure Lizenzierungen von Software.

# Michael Bloomberg
## Bloomberg LLP

Tritt an, tritt nicht an, tritt an, tritt nicht an ... So lief das immer in den ersten Wochen 2016. Bewirbt sich Michael Rubens Bloomberg um das Amt des US-Präsidenten? Oder doch nicht? Steigt er noch in die Vorwahlen ein? Das war den Zeitungen viel Papier wert, und im Internet jagte eine Spekulation die nächste. Es hätte ja auch so gut gepasst: Der einstige Matador der Wall Street, der mit seinen Computerterminals dem Gewerbe noch eng verbunden ist, zeigt der Nation, wie es geht. So, wie er als Bürgermeister New Yorks (2002–2013) die Stadt sanierte, die Kriminalität lahmlegte und Fahrradwege schuf, so sollte er die Vereinigten Staaten zu vereinigter Größe zurückführen. Allein: Mister Bloomberg (geb. 14. Februar 1942) sagte im März definitiv ab. Später unterstützte er auf dem Nominierungsparteitag der Demokraten Hillary Clinton.

Der Emporkömmling aus Boston bringt die Macht des Geldes mit politischem Sendungsbewusstsein zusammen, er kombiniert unternehmerisches Talent mit dem unbändigen Wunsch nach medialer Großakzeptanz, er steht für Medienmacht wie für digitalen Wandel. Sein Narzissmus ist sozial verträglich. »Ich stehe für Fortschritt«, sagt er, »nicht für Politik.«

Bloombergs Karriere ist von Brüchen gekennzeichnet. Zunächst machte er als Chef des Aktienhandels der einst höchst angesehenen New Yorker Investmentbank Salomon Brothers Karriere, wurde dann versetzt, um die Systementwicklung zu leiten. »Ich dachte, ich bleibe mein ganzes Leben bei dieser Firma«, offenbarte Bloomberg bei einer Rede an die Absolventen der Universität Michigan. »Es gab nur ein Problem: Sie haben mich gefeuert.« Salomon war verkauft worden. Die zehn Millionen Dollar Abfindung verdoppelten 1981 sein damaliges Vermögen – und einen Tag nach dem Abschied von Salomon nutzte Bloomberg vier Millionen davon für den Start eines Finanzinformationsdienstes namens Innovative Market Systems. Sechs Jahre später benannte der CEO seinen Betrieb in Bloomberg LLP um; 88 Prozent des Grundkapitals gehören ihm. Mit den Terminals, die finanzmarktrelevante Informationen in Echtzeit liefern, ist Bloomberg zu einem der wichtigsten Dienstleister der Wall Street und der Finanzhäuser in der Welt geworden.

Heute zählt das Unternehmen mehr als 325.000 Terminal-Abonnenten weltweit. Ein Abonnement kostet mehr als 20.000 Dollar pro Jahr; Branchenschätzungen zufolge werden damit rund 75 Prozent des Konzernumsatzes von rund neun Milliarden Dollar erzeugt. Auch eine Mediensparte mit der gleichnamigen Nachrichtenagentur, Radiokanälen, Fernsehsendungen sowie einem Veranstaltungsgeschäft gehören mittlerweile zum Konzern. Für fünf Millionen wurde die Zeitschrift »Business Week« akquiriert und in »Bloomberg Business Week« umgetauft. Insgesamt beschäftigt der Dienstleister 19.000 Mitarbeiter in 192 Standorten in aller Welt. Bloomberg ist der Informationsmakler der Globalisierung. Ein Mann, der dem »global village« Daten und Geschichten liefern will.

Weltweit bekannt wurde Bloomberg als Bürgermeister New Yorks. Das jahrelange Mitglied der Demokraten verließ die Partei im Wahlkampf 2000 und schloss sich bis 2007 den Republikanern an. Seitdem ist er politisch unabhängig. Anfang 2002 trat er sein Amt an, nur wenige Monate nach den Terroranschlägen vom 11. September. Er setzte eine ganze Reihe von Initiativen durch, die die Stadt geprägt haben. Gleich zu Amtsbeginn schuf er ein 1000 Mann starkes Anti-Terror-Büro, das gemeinsam mit dem New York Police Department relevante Informationen in Sachen Terrorismus und Sicherheit sammeln sollte. Er erhöhte die Anzahl der Sicherheitskameras und Nummernschild-Scanner in Manhattan und ließ Rucksäcke und große Taschen in der U-Bahn durchsuchen.

Obwohl Bloomberg zu den reichsten Amerikanern gehört, gab er sich als Bürgermeister volksnah. Jeden Tag nahm er die U-Bahn ins Rathaus. Sein Schreibtisch stand in der Mitte eines Großraumbüros, das er eigens entworfen hatte, um alle wichtigen Leute stets um sich zu haben – eine Idee, die aus seinen Tagen an der Wall Street stammt.

Nicht alle Ideen des ambitionierten Bürgermeisters waren beliebt. 2003 startete er eine groß angelegte Initiative, die das Rauchen in Restaurants und Bars verbot. Anfangs gab es viel Widerstand. »Die Leute haben mir zur Begrüßung den Finger gezeigt«, erinnert sich Bloomberg, der auch eine Autobiografie vorgelegt hat (»Bloomberg by Bloomberg«). Doch die Raucherquote ist deutlich zurückgegangen, und viele andere Städte haben die Initiative kopiert. Bloomberg ist bekannt für seine direkte, manchmal schroffe Art. Small Talk irritiert ihn. Er verschwendet ungern Zeit. »Mike sagt immer, was er denkt. Er würde nie etwas sagen, nur weil sein Gegenüber das gern hören möchte«, sagt einer seiner langjährigen Weggefährten.

Gescheitert ist Bloomberg mit seinem Vorstoß, Restaurants den Verkauf von Limonaden in großen Bechern zu verbieten. Auch eine Limonaden-Steuer konnte er nicht durchsetzen. Finanziell jedoch hat er die Stadt saniert. Mit harten Sparmaßnahmen hat der selbst ernannte »Fiskal-Konservative« ein Defizit von rund drei Milliarden Dollar in einen Überschuss von 2,4 Milliarden Dollar zum Ende seiner Amtszeit verwandelt. Dass er drei Amtszeiten lang über die Geschicke der Finanzmetropole walten konnte, war nur möglich, weil er das Gesetz über die Amtszeit von Bürgermeistern kurzerhand ändern ließ.

Nach dem Ausscheiden als Bürgermeister machte Bloomberg erst Pause und kehrte dann als CEO an die Spitze des nach ihm benannten Finanzdienstleisters zurück. Sein privates Vermögen von geschätzten rund 40 Milliarden Dollar sowie die Mittel seiner Stiftung werden von der eigens zu diesem Zweck gegründeten Vermögensverwaltung Willett Advisors überwacht; der Name ist eine Hommage an New Yorks ersten Bürgermeister Thomas Willett. Geleitet wird die Firma von Steve Rattner, einem legendären früheren Private-Equity-Manager. Er war auch Amerikas »Auto-Zar« – der nach der Finanzkrise von US-Präsident Barack Obama berufen wurde, um die Autoindustrie neu zu ordnen.

Die Finanzfirma Willett ist überaus verschwiegen. Wer die Webseite besuchen will, muss vorher einen Zugang beantragen. Rund 90 Prozent des Vermögens wird im Auftrag von Willett an externe Vermögensverwalter vergeben. Der Rest wird unter Rattners Führung selbst verwaltet und ist klassisch breit gestreut, von Immobilien über Öl- und Gas-Investments, bis hin zu Aktien und Private-Equity-Investitionen in vielen Teilen der Welt. 2015 wurde bekannt, dass die Firma eine Partnerschaft mit dem renommierten Inkubator »Y Combinator« eingegangen ist. Willett investiert in jedes Start-up, das dieses ambitionierte Programm durchläuft, und bekommt im Gegenzug Anteile an dem Unternehmen. Insgesamt 14 Immobilien gehören zu Bloombergs Vermögen, zum Beispiel ein historisches Gebäude in London, das dem Schriftsteller George Eliot gehört hat. Großbritannien sei »sein zweites Zuhause«, schwärmt der Amerikaner, der leidenschaftlich gegen den Brexit kämpfte.

Michael Bloomberg sieht die Dinge pragmatisch. »Ich folge dem Prinzip, alles Geld zu spenden, und habe immer gesagt: Die beste Vermögensplanung endet damit, die Rechnung beim Bestattungsinstitut zu begleichen.« Da war er gerade Warren Buffetts und Bill Gates' großer Spendeninitiative The Giving Pledge beigetreten. Bloomberg war schon früher einer der größten Wohltäter Amerikas. 2006 gründete er seine Stiftung Bloomberg Philanthropies, unter der sämtliche wohltätige Projekte zusammengefasst werden. Sie konzentriert sich auf Kultur, Bildung, Umwelt sowie auf Innovationen bei Behörden und Gesundheit. Auch die Initiative Bloomberg Associates gehört dazu, eine Nonprofit-Organisation, die Städte berät, wenn es um Themen wie Technologie, das Managen von Kulturgütern, Nachhaltigkeit und Stadtentwicklung geht. Ebenso die Initiative Global Cities, die seit 2013 Städte auf der ganzen Welt vernetzt, damit sie gemeinsam Probleme lösen können.

510 Millionen Dollar hat Bloomberg Philanthropies 2015 gespendet. Insgesamt hat der Stifter rund 4,3 Milliarden Dollar für philanthropische Zwecke aus-

gegeben – angefangen mit einem Scheck über fünf Dollar an seine Universität nach seinem Abschluss. Eines seiner großen Projekte ist der Klimawandel, den er gemeinsam mit dem Sierra Club bekämpft, der größten Naturschutzorganisation der USA. »Bislang haben wir dabei geholfen, 232 Kohlekraftwerke in den USA zu schließen«, schreibt die Chefin der Bloomberg-Stiftung Patricia Harris im jüngsten Jahresbericht. Insgesamt 80 Millionen Dollar hat ihre Organisation in das Projekt investiert. 125 Millionen Dollar gingen in Bemühungen rund um die Verkehrssicherheit auf der ganzen Welt. Verkehrsunfälle gelten als einer der wichtigsten Gründe für vermeidbare Todesfälle. Ebenfalls 125 Millionen Dollar gingen an ein neues Krebs-Zentrum der Johns Hopkins Universität.

Dieser Universität in Baltimore, seiner Alma Mater, hat Bloomberg bislang mehr als eine Milliarde Dollar gespendet. Für solche Projekte, die ihm persönlich besonders am Herzen liegen, hält er einen separaten Fonds bereit. An der Johns Hopkins hatte er 1964 seinen Abschluss als Elektroingenieur gemacht, bevor er für einen MBA an die Eliteuniversität nach Harvard wechselte. Was die Zukunft seiner Bloomberg LLP angeht, so hat er verkündet, auf keinen Fall seine beiden Töchter in die Firma zu holen. Man solle niemals Verwandte oder Freunde ins eigene Unternehmen bringen, denn man könne sie im Vergleich zu den anderen nicht fair behandeln. Er würde lieber jemanden einstellen, dessen Vater nie zu Hause und dessen Mutter im Drogenentzugsprogramm war und der drei Schichten bei McDonald's schuftete, um die Geschwister durchzubringen, offenbarte Bloomberg. Man müsse den Stier bei den Hörnern nehmen und in »sweat capital« investieren, für den Erfolg also richtig schwitzen.

### Nachhaltigkeit ✗✗✗✗⊠
In seiner Zeit als Bürgermeister legte Bloomberg Wert auf Parkprojekte und die Förderung des Fahrradverkehrs. Mit seiner Stiftung kämpft er für Umweltschutz. Er ist UN-Spezialbeauftragter für Städte und Klimawandel und Vorsitzender einer Task Force on Climate-related Financial Disclosures, die auf das Financial Stability Board der G20 zurückgeht. Es geht um einen freiwilligen Code der Finanzbranche zur Vermeidung von Umweltrisiken.

### Unbestechlichkeit ✗✗⊠⊠⊠
Bloomberg gab der Republikanischen Partei mehrere Millionen Dollar, als er für sie in New York politisch aktiv war. Für die letzte Wiederwahl 2009 gab Bloomberg 110 Millionen Dollar aus; 1,2 Millionen davon gingen an die Independence Party und von dort an einen Bloomberg-Freund, John Haggerty.

### Steuerehrlichkeit ✗✗✗✗⊠
Bei seiner politischen Kandidatur ist Michael Bloombergs Steuerverhalten geprüft worden, ohne Befund.

### Humanität ✗✗✗⊠⊠
Die Arbeitsbedingungen bei Bloomberg gelten als hart, Journalisten werden genaue Vorgaben gemacht.

### Transparenz ✗✗✗⊠⊠
Bloomberg handelt zwar mit Daten, stellt aber selbst keine Daten über die eigene Geschäftstätigkeit zur Verfügung.

# David Thomson
## Thomson Reuters

Er kann sich mit einem Adelstitel schmücken: »Third Baron Thomson of Fleet.« Den hat David Thomson, kanadischer Medienmogul und mit fast 37 Milliarden Dollar Vermögen eine der reichsten Personen der Welt, von seinem Großvater Roy Thomson geerbt. Der wiederum hatte ihn 1964 in London erhalten, zusammen mit dem Recht, im House of Lords sitzen zu dürfen. Aber in Kanada haben solche Titel wenig Wert, obwohl das Land Mitglied des Commonwealth ist. David Thomson ist in Kanada nur als David Thomson bekannt.

In Toronto, wo er als Chairman von Thomson Reuters residiert, trägt eines der markantesten Gebäude den Namen seines Großvaters: die Konzerthalle Roy Thomson Hall. Mit der Namensgebung für das 1982 errichtete Gebäude würdigte die Stadt die Millionenspende, mit der die Thomson-Familie zum Bau beigetragen hatte. David Thomson (geb. 12. Juni 1957) hat die Liebe zu den schönen Künsten von seinem Vater Kenneth geerbt. Wie dieser ist er ein Förderer der Art Gallery of Ontario und ein begeisterter Sammler von Gemälden. Er beschäftigte sich zudem intensiv mit moderner Fotografie und gründete in London das Archive of Modern Conflict, das auf die Geschichte des Krieges spezialisiert ist und mehr als vier Millionen Fotos beherbergt. In erster Linie aber ist Thomson bekannt als Lenker der Thomson Corporation; in diese Rolle gelangte er 2006 nach dem Tod des Vaters. 2008 wurde er – mit dem Zusammenschluss der Thomson Corporation und der Nachrichtenagentur Reuters – zum Verwaltungsratschef von Thomson Reuters.

Der reichste Mann Kanadas führt sein Imperium über das Holding-Unternehmen Woodbridge, wo er ebenfalls als Chairman agiert; sein Anteil hieran beträgt 14 Prozent. Dem Unternehmen gehört die Mehrheit an Thomson Reuters, es ist am Telekom-Unternehmen Bell Canada beteiligt sowie Eigentümer der kanadischen Tageszeitung »Globe and Mail«. Auch hier ist Thomson Chairman.

Der Konzern ist 1931 als Radio-Station entstanden. Großvater Roy Thomson wollte die neue Technologie verbreiten und expandierte zunächst in Kanada, dann in Großbritannien, wo er Zeitungen wie »The Times« (1981 wieder verkauft) und eine TV-Station erwarb. Auch Versicherungsfirmen, Reisebüros, Speditionen und Ölbohrtürme gehörten zum Konglomerat. Roy Thomson war besessen von Geld. Nach seinem Tod übernahm sein Sohn Kenneth. Kurzfristig schien auch er eine wilde Leidenschaft fürs Kaufen und Verkaufen von Firmen zu entwickeln (wie beim Handelsunternehmen Hudson Bay), doch dann entschloss er sich, den Konzern zu einem führenden Anbieter von Informationen und Software zu entwickeln, unter anderem für Juristen, Finanzdienstleister und das Gesundheitswesen. David Thomson sorgte durch die Fusion mit Reuters für die neue Stärke als internationales Medienunternehmen (Umsatz 2015: 12 Milliarden Dollar). Das Vorzeigeprodukt ist der Eikon, ein leistungsstarker Daten-Terminal für die Finanzindustrie. Es wird von rund 250.000 Abonnenten genutzt. Eine IT-Einheit (Intellectual Property & Science) verkaufte Thomson Reuters 2016 für rund 3,5 Milliarden Dollar.

Der Medien-Lord pflegt einen unkonventionellen, fast exzentrischen Stil: Er tritt schon mal mit Sneakers auf und beißt bei öffentlichen Veranstaltungen in Sandwiches. Vor dem Amtsantritt sagte er über seinen Job: »Das ist etwas, das verschiedene Verpflichtungen mit sich bringt, ich würde das gerne hinter mir lassen.« Am College hatte er gelernt, dass die Leute sich für ihn nicht interessierten, und »falls doch, dann wollten sie etwas von mir«. Das macht misstrauisch. Nach dem Studium der Geschichte in Cambridge arbeitete er viele Jahre im eigenen Unternehmen. Heute ist Thomson als aktiver Investor bekannt, der sein Geld über die persönliche Holdingfirma Osmington vor allem in Immobilien steckt, der aber auch im kanadischen Spitzensport präsent ist – etwa als Miteigentümer der Eishockey-Profiteams Winnipeg Jets und Montreal Canadians.

Thomson ist extrem zurückhaltend, der Medienmogul gibt so gut wie keine Interviews. Auch damit scheint er Vater und Großvater zu gleichen. Im Juli 2006, nachdem David Thomson – wie noch von seinem Großvater frühzeitig festgelegt – die Unternehmensführung übernommen hatte, schrieb die »New York Times«, die Thomson Corporation sei wohl »das größte Medienunternehmen, von dem die meisten Leute niemals gehört haben«.

**Nachhaltigkeit** ✗ ✗ ✗ ✗ ✗
Thomson Reuters erklärt, es sei Teil der eigenen Identität, verantwortlich und ethisch zu sein. Kooperation mit dem Umweltprogramm der UN. Entwickelte einen neuen ESG-Index, der zeigt, wie ökologisch, sozial und verantwortlich globale Unternehmen sind.

**Unbestechlichkeit** ✗ ✗ ✗ ✗ ✗
Keine Vorfälle bekannt.

**Steuerehrlichkeit** ✗ ✗ ✗ ✗ ✗
Keine Vorfälle bekannt.

**Humanität** ✗ ✗ ✗ ✗ ✗
Thomson Reuters setzt sich für faire Arbeitsbedingungen ein.

**Transparenz** ✗ ✗ ✗ ✗ ✗
Für den Think Tank Ethisphere ist die Thomson Reuters Foundation ein Vorbild, da sie weltweit für mehr Transparenz eintrete. Thomson Reuters als Börsenunternehmen ist transparent, das unternehmerische Wirken David Thomsons bleibt im Verborgenen.

## Joseph Safra
### Safra Group

Er ist der mächtigste Bankier Brasiliens und der reichste Bankier der Welt. Doch sein Wunsch, auch der diskreteste zu sein, hat sich inzwischen zerschlagen. Im März 2016 nahmen ihn die Staatsanwälte seines Landes aufs Korn. Joseph Safra habe, so der Vorwurf, davon gewusst, dass Manager seiner Bank Safra staatliche Steuerprüfer mit umgerechnet fast vier Millionen Euro bestachen. Das Dementi änderte nichts an der Publicity.

Chairman Safra (geb. 1939) hat in den letzten zehn Jahren die über die Welt verteilten Banken seines Familienclans geeint, erweitert und für die Übergabe an seine drei Söhne vorbereitet. Sein Privatvermögen beläuft sich auf immerhin 18 Milliarden Dollar. Safra wurde im syrischen Aleppo geboren, doch seine Familie zog wegen antijüdischer Ausschreitungen nach Gründung des Staates Israel 1949 bald darauf nach Beirut im Libanon, wo er aufwuchs. Die Safra-Dynastie hatte einst Kamelkarawanen finanziert und gilt als eine der Pioniere im »global banking«. Josephs Großonkel Ezra hatte das Unternehmen vor über einem Jahrhundert gegründet. Seine Bankerkarriere begann Safra erst in den 1960er Jahren in Brasilien. Mit seiner Familie gründete er die Banco Safra, benannt nach der arabischen Bezeichnung für Gold (»Safra«).

Während sich Joseph in Brasilien um die Bank kümmerte, baute sein Bruder Edmond auf eigene Faust in Europa und den USA eine weltweit agierende Bankengruppe auf. Nach dessen tragischem Tod in seiner Villa in Monte Carlo (er erstickte bei einem von seinem Leibwächter gelegten Zimmerbrand) brachte Joseph Safra von São Paulo aus die gesamte Safra-Gruppe unter seine Kontrolle. Er einigte sich mit der Witwe Edmonds, der schwerreichen Erbin einer Supermarktkette; 2006 zahlte er seinen Bruder Moise aus. Nunmehr kontrolliert Safra Finanzinstitute in 19 Ländern.

Nach der Übernahme der Basler Privatbank Sarasin im Jahr 2012 gehört Joseph Safra nun mit J. Safra Sarasin eine der größten Privatbanken der Schweiz (144 Milliarden Franken Einlagen). Über die noble Tochter bietet Safra als weltweit vertretener Vermögensverwalter seinen brasilianischen Kunden Zugang zu den wachsenden Finanzmärkten in Fernost an. Auch im Rohstoffhandel drängt der Finanz-Allgewaltige in die Welt. Vor zwei Jahren finanzierte Safra über seine Holding die Übernahme von Chiquita durch den brasilianischen Orangen-safthersteller Cutrale. Er blieb am Bananenmulti beteiligt. Schließlich fällt Safra überall auf der Welt als Immobilienkäufer auf. So erwarb er im Jahr 2014 für 726 Millionen Pfund »The Gherkin« (Gurke), den markantesten Wolkenkratzer Londons. Stararchitekt Norman Foster hatte es 2004 für die Versicherung SwissRe erstellt. Die Führung der Safra Group wird einer der drei Söhne von Joseph Safra übernehmen (er hat auch eine Tochter). Der zweitreichste Banker der Welt lässt sich »José« nennen und fiel mit einer besonderen Spende auf: Das Originalmanu-skript von Albert Einsteins Relativitätstheorie vermachte er dem Israel Museum in Jerusalem.

### Nachhaltigkeit ✘✘☒☒☒
Safras Schweizer Privatbank Sarasin wirbt mit sozial verantwortlichem Investment. Schon 1994 wurde ein Öko-Investment-fonds lanciert. Insgesamt dominiert in Safras Gruppe jedoch das ausschließliche Gewinnvermehrungsinteresse.

### Unbestechlichkeit ✘☒☒☒☒
Manager seiner Bank sollen Steuerprüfer bestochen – und Safra davon gewusst haben. Korruption ist in Brasilien weit verbreitet, wie Transparency International dokumentiert.

### Steuerehrlichkeit ✘☒☒☒☒
In der Affäre »Panama Papers« wurde deutlich, dass die Bank Sarasin über eine Kanzlei in Panama 963 Schattenfirmen registriert hat – nur eine Tochter der Banque Internationale à Luxembourg war noch agiler.

### Humanität ✘☒☒☒☒
Arbeitsbedingungen spielen bei Safras Investmententscheidungen keine Rolle.

### Transparenz ✘☒☒☒☒
Die Safra-Gruppe ist verschlossen. Keine Auskunft über aktuelle Finanzdaten.

# Wang Jianlin
## Dalian Wanda Group

Wang Jianlin hat so viele Hüte auf, dass man sich fragen kann, was will der reichste Mann Chinas eigentlich erreichen? Sein Führungsstil erinnert daran, dass er von der Militärakademie kommt. Von seinen Mitarbeitern fordert er vor allem Disziplin. Sie dürfen nicht zu spät kommen, sonst gibt es Strafpunkte. Doch die Bereiche, in denen der Milliardär (geb. 24. Oktober 1954) die Geschäfte seiner Wanda Group ausbaut, sind eher jung, dynamisch und modern: Vergnügungsparks, Filmstudios, Kinoketten, aber auch Resorts und Wohnkomplexe mit Shopping Malls sowie Fünf-Sterne-Hotels.

Wangs Jianlins Geschäftsmodell ist denkbar einfach. Er fragt sich, in welchem Bereich sind die Chinesen noch nicht so aktiv? Seine Antwort: Erholung, Sport und Unterhaltung. Dabei geht Wang mit extrem hohem Tempo vor. Der Unternehmer ist in den Wirren der Kulturevolution groß geworden. Nach der Öffnung Chinas arbeitete er erst in der Armee, machte sich später selbstständig und hatte Erfolg mit Immobilienprojekten, in denen er Wohnungen, Büros, Einkaufszentren und Kinos kombinierte. Der Trick besteht auch in China darin, an die guten Grundstücke zu kommen und geschickt zu finanzieren. Die Wohnungen baut Wang zuerst und finanziert mit dem Erlös aus deren Verkauf die Hotels und Einkaufszentren. Planungs- und Bauzeit hat er genau festgelegt: 22 Monate Maximum.

Nun rüstet Wang seinen Immobilienkonzern Wanda in den größten Unterhaltungskonzern Chinas um. In der Küstenstadt Qingdao baut er an einer chinesischen Version von Hollywood. Mit acht Milliarden Dollar wird es eines der größten Filmstudios der Welt. Zum Spatenstich 2013 kamen unter anderem Leonardo DiCaprio, John Travolta und Nicole Kidman. Nur Filme ab einem Budget von 50 Millionen Dollar sind zugelassen. Besitzer der weltweit meisten Kinosäle ist Wang mit dem Zukauf der US-Kette AMC bereits. Stolz verkündete er Anfang 2016 den Kauf des Mutterkonzerns des bekannten amerikanischen Filmstudios Legendary Pictures, in dem Werke wie »Jurassic Park« oder »Godzilla« entstanden. 3,5 Milliarden Dollar kostete der Eintritt in Hollywood.

Wang, Mitglied der Kommunistischen Partei (seit 1976), will die chinesische Kultur promoten und so das Softpower-Monopol des US-Konzerns Disney brechen. In Interviews zog er über das populäre erste Disneyland in China her, das im Juni 2016 seine Tore in Shanghai aufmachte. Er wolle »eine Welt ändern, in der die Regeln von Fremden gemacht werden«. Disney habe in China »nichts zu suchen«. Die Tage von Mickey Maus und Donald Duck seien längst vorbei, und sein Konzern werde Disney schon bald »besiegen«. Den Nationalisten in der chinesischen Politik hat das Gemecker sicherlich gefallen.

Wang hat allerdings auch sehr persönliche Gründe für seine Attacken: Er will den Markt der Vergnügungsparks selbst aufrollen. Bereits drei Vergnügungsressorts, die ähnlich groß sind wie das Disneyland in Shanghai, betreibt Wanda in China. Für die kommenden fünf Jahre plant er 15 weitere. »Ein Tiger kann niemals ein Wolfsrudel besiegen«, kommentiert er. Deshalb investiert der reichste Mann Chinas auch im Ausland.

Erst im Februar 2016 einigte er sich mit den Franzosen über den Bau von »EuropaCity«, einem drei Milliarden Dollar teuren Einkaufs- und Freizeitpark nahe Paris. Von 2024 an soll er EuroDisney Konkurrenz machen, das ebenfalls nahe der französischen Hauptstadt liegt. Dann tritt der Panda-Bär erstmals auf neutralem Gelände gegen Mickey Mouse an. Ein spannendes Duell – wirtschaftlich und kulturell.

Wang Jianlin aber ist schon dabei, die nächsten Pläne zu schmieden. Das größte Sportunternehmen der Welt soll entstehen. So hat er im Frühjahr 2015 die Sportmarketingfirma Infront Sports & Media dem Neffen des langjährigen Fifa-Chefs Joseph Blatter für 1,2 Milliarden Dollar abgekauft und Mitte 2015 die World Triathlon Corporation (»Ironman«) für 650 Millionen Dollar. Und 20 Prozent am Spitzenklub Atlético Madrid gehören ihm auch. Wang plante sogar, eine Konkurrenz zur Champions League des europäischen Fußballverbands UEFA aufzubauen. Fast logisch, dass der deutsche Sportkonzern Adidas eine Kooperation mit ihm einging.

Inzwischen expandiert Wanda auch im internationalen Immobilienmarkt mit Objekten in London, Madrid, Los Angeles und Brisbane. Ein Börsengang in Hongkong im Dezember 2014 brachte 3,7 Milliarden Dollar an Erlösen, doch ein gutes Jahr später kündigte Wang an, die Immobilienfirma Dalian Wanda Commercial Properties aus Hongkong ziehen zu lassen und sie lieber irgendwo in China an die Börse zu bringen. Zum Imperium in China gehörten Ende 2015 mehr als 130 Shopping-Center, 84 Luxushotels, mehr als 500 Kinos, fast 100 Läden sowie rund 50 Karaoke-Center. Insgesamt wird Wangs Vermögen auf rund 30 Milliarden Dollar geschätzt. Sein Sohn Wang Sicong sitzt im Board der Wanda Group und agiert mit seiner Firma Prometheus Capital im Markt der Wagnisfinanzierungen.

»Als China noch arm war«, sagt Wang, »waren die vielen Menschen eine Bürde. Jetzt sind sie ein großer Markt.« Und damit stieg ein Selfmade-Unternehmer wie er zu einer Art »Gatsby« dieser Tage auf, einer, der sich alles leisten kann und den

Aufstieg eines kommunistischen Landes in einer kapitalistischen Welt symbolisiert. Das wird durch das Detail deutlich, dass Wang für 500 Millionen Dollar den Luxusyachtenbauer Sunseeker kaufte. Seine Welt ist nun geschmückt mit lauter Trophäen. Seine Philosophie hat er in einem Büchlein verewigt, das es auch auf Englisch gibt: »The Wanda Way.« Wang ist der erste Chinese, der es unter die reichsten 20 der Welt geschafft hat (er ist 18.).

**Nachhaltigkeit** ✖ ✖ ✖ ⊠ ⊠
Wanda Group hat früh auf Prinzipien des nachhaltigen Bauens gesetzt.

**Unbestechlichkeit** ✖ ⊠ ⊠ ⊠ ⊠
Die »New York Times« deckte auf, dass die Schwester und der Schwager des chinesischen Staatspräsidenten Xi Jinping Anteile an Dalian Wanda Commercial Properties hielten, die sie vor dem Börsengang mit hohem Gewinn verkauften – womöglich an einen eigenen Angestellten. Mitte 2015 feuerte Wang 18 Manager wegen Korruption und verschärfte die Kontrollen.

**Steuerehrlichkeit** ✖ ✖ ✖ ⊠ ⊠
Wanda Group unterhält seit 2014 eine Briefkastenfirma auf den Seychellen, die von einer Kanzlei in Panama betreut wird.

**Humanität** ✖ ✖ ✖ ⊠ ⊠
Der Staatssender CCTV zeichnete Wanda als »Arbeitgeber des Jahres« aus. Häufige Proteste von Arbeitern auf Wanda-Bauprojekten wegen unbezahlter Löhne.

**Transparenz** ✖ ✖ ⊠ ⊠ ⊠
Meidet Kontakt mit Journalisten. Keine Gesamtbilanz für alle seine Geschäftstätigkeiten. Die Kernfirma Dalian Wanda Commercial Properties ist hoch verschuldet.

## Li Ka-Shing
### CK Hutchison Holdings

In Hongkong nennen sie ihn »Superman«: Der Handelsunternehmer Li Ka-Shing ist der größte Tycoon der ehemaligen Kronkolonie, ein Aufsteiger, der sich aus ärmsten Verhältnissen nach oben gearbeitet hat. Im Heimatort Chaozhou auf dem chinesischen Festland musste er sogar die Schule verlassen, weil das Geld nicht ausreichte. Heute beläuft sich sein Vermögen auf 27 Milliarden Dollar, und seine Firmen machen vier Prozent des Werts der Börse in Hongkong aus. Damit ist er der achtreichste Mann der Welt und der zweitreichste Asiens.

Das Geld hat er mit den Cheung Kong Holdings und dem Mischkonzern Hutchison Whampoa verdient. Mittlerweile wurden die beiden Unternehmen zusammengezogen und firmieren als CK Hutchison Holdings. Lange Zeit genoss Li Ka-Shing das Wohlwollen der Regierung in Peking, weil er zu den Ersten gehörte, die nach dem Massaker am Platz des Himmlischen Friedens auf dem Festland investierten. Zudem gründete er in seiner Heimatregion eine Universität. Die Harmonie wurde erst getrübt, als Li in den Jahren 2014 und 2015 etliche Immobilien in Peking und Shanghai verkaufte. Der Tycoon verlagerte seine Investments in den Westen, und die chinesische Regierung witterte Verrat. Nach einer Pressekampagne gegen den Milliardär legten sich die Spannungen wieder.

Li (geb. 1928) ist ein klassischer Macher. Einer, der seine 50-Dollar-Uhr eine halbe Stunde vorstellt, damit er im verkehrsreichen Hongkong bloß immer pünktlich ist. Vor allem mit Investitionen in Grundstücke und Immobilien hat er seinen Reichtum aufgebaut. Schon mit 22 Jahren gründete er die erste Firma: Cheung Kong (»Langer Fluss«); sie fertigte Plastikblumen für den US-Markt. 1972 brachte er das Unternehmen an die Börse. Dort ist es knapp 50 Milliarden Dollar wert (Mitte 2016).

Mittlerweile ist das Imperium breit aufgestellt: Neben Immobilien gehören ihm Elektrokonzerne, Banken, Flughäfen, der britische Eisenbahnkonzern Eversholt Rail, Handelsketten wie die ebenfalls britische A.S. Watson Group mit Töchtern wie Superdrug (Großbritannien), Marionnaud (Frankreich) und Kruidvat (Benelux). Li hält zudem Anteile an Containerhäfen in seiner Heimatstadt Hongkong sowie in China, Rotterdam, Panama und den Bahamas. In Deutschland ist er mit

40 Prozent bei der Drogeriekette Rossmann aktiv und mischt auch beim Duisburger Hafen mit.

Li ist ein Asset-Dealer, der immer wieder Anteile kauft und verkauft, meist mit großem Gewinn. So veräußerte er 1999 den britischen Mobilfunker Orange für 15,1 Milliarden Dollar an Mannesmann, bevor die Deutschen von Vodafone geschluckt wurden. Für Investoren aus seiner Altersklasse untypisch, hat er früh in Start-ups investiert, auch in Facebook und den Musikstreamingdienst Spotify. Heute investiert er immer öfter in die Start-up-Branche. Siri, Summly, Wibbitz, BitPay, Zoom Video lauten einige der Namen. Und er scheint ein Faible für deutsche Neugründungen zu haben. So ist er mit seinem Risikokapitalfonds Horizons Ventures an der Smartphone-Bank Number 26 beteiligt. Im Frühjahr 2016 hat er 15,3 Millionen Dollar in Friendsurance aus Berlin gesteckt. Beim Berliner Portal Jobspotting ist Li Ka-Shing mit einem sechsstelligen Betrag dabei.

Doch es gab auch heftige Rückschläge. Im Mai 2016 unterband die EU-Kommission einen großen Übernahmeversuch des Milliardärs: Hutchison Whampoa wollte die britische O2 kaufen und wäre die neue Nummer eins im britischen Mobilfunkgeschäft geworden; Hutchison Whampoa betreibt hier schon den Anbieter Three. Li hat ansonsten gute Erfahrungen mit Deals auf der Insel: So erwarb er 2011 für 3,9 Milliarden Dollar die Northumbrian Water Group.

Gesundheitlich ist Li angeschlagen. Im Frühjahr 2016 musste er der Hauptversammlung von Hutchinson krankheitsbedingt fernbleiben. Dennoch hält er im Hintergrund die Zügel fest in der Hand. Der eine Sohn, Victor Li, ist in den väterlichen CK Hutchison Holdings Co-Managing Director und Deputy Chairman, der andere, Richard Li, steuert PCCW, die größte Telekomfirma Hongkongs.

**Nachhaltigkeit** ✘ ✘ ✘ ⊗ ⊗
Gilt als größter Spender Asiens. Einige seiner Firmen und Organisationen nehmen Umweltstandards sehr ernst, zum Beispiel das mit einem Preis ausgezeichnete Li Ka-Shing Center an der US-Universität Berkeley.

**Unbestechlichkeit** ✘ ✘ ✘ ⊗ ⊗
Li Ka-Shing förderte den Sohn des früheren chinesischen Premiers Wen Jiabao, der bei ihm arbeitete.

**Steuerehrlichkeit** ✘ ✘ ⊗ ⊗ ⊗
Mindestens sechs Offshore-Firmen ließ Li von der Kanzlei Mossack Fonseca aus

Panama gründen. Je nach Fall kann es für ihn sinnvoll sein, seine Geschäfte unerkannt zu tätigen: Wenn klar ist, dass er eine Immobilie kaufen will, treibt das den Preis.

**Humanität** ✘ ⊗ ⊗ ⊗ ⊗
2013 streikten Dockarbeiter in Hongkong 40 Tage lang gegen Ausgründungen von Firmen durch die Hafenorganisation, die zu Li Ka-Shings Reich gehört. Der Kompromiss war eine Lohnsteigerung von knapp zehn Prozent.

**Transparenz** ✘ ✘ ⊗ ⊗ ⊗
Vielfache Aktivitäten, das Imperium ist sehr verschachtelt.

# Lee Jae-yong

## Samsung

Die Zukunft in Südkoreas Vorzeige-Unternehmen ist gesichert. »Lee Jae-yong ist das neue Gesicht von Samsung«, sagt ein Vertrauter. Der auch als »Jay Y. Lee« bekannte Enkel des Firmengründers Lee Byung-chul (1910–1987) ist am 12. September 2016 von Vice Chairman in den Board of Directors, den Verwaltungsrat, berufen worden. Allen ist klar: Er ist der neue Chef. Denn der offizielle Vorsitzende, sein Vater Lee-Kun-hee (geb. 9. Januar 1942), ist seit einer schweren Herzattacke im Jahr 2014 kaum mehr ansprechbar.

Das Erstaunliche: Viel weiß man nicht über den neuen Machthaber Lee junior (geb. 23. Juni 1968), der mit seinem Amt die Oberhoheit über die riesige Samsung-Gruppe hat – ein verflochtenes Firmenkonglomerat, das sage und schreibe 20 Prozent des südkoreanischen Bruttoinlandsprodukts erwirtschaftet. Versicherungen, Schiffbau, Baufirmen, Maschinenbau, Handelshäuser und ein Modegeschäft gehören dazu, vor allem aber Samsung Electronics. Die größte Firma im Verbund setzte 2015 rund 160 Milliarden Euro um und schaffte eine Gewinnmarge von 9,4 Prozent. Das Unternehmen ist der größte Rivale für Apples iPhone-Imperium, erlitt aber einen Rückschlag, als Handygeräte des Typs »Galaxy Note 7« aufgrund eines Kurzschlusses im Akku in Brand gerieten und 2,5 Millionen Exemplare zurückgerufen werden mussten. Lee junior ist extrem medienscheu und gibt so gut wie nichts von sich preis. Immerhin: Während sein Vater den Samsung-Verbund aus gottgleicher Position mit knallharter Hand vom Elektronikzulieferer zum größten Handyhersteller der Welt aufbaute, gilt der Kronprinz als milde und modern. Lee Jae-yong ist Teil des globalen IT-Jetsets. Er wurde ausgebildet in Korea, erlangte in Japan einen MBA von der Keio University und studierte an der Harvard Business School ohne Abschluss. Lee parliert sowohl auf Englisch als auch auf Japanisch. Der Koreaner wurde sogar zur Beerdigung von Apple-Gründer Steve Jobs eingeladen, obwohl die beiden Konzerne über die Gültigkeit von Patenten zerstritten waren.

Als Lee junior die Macht erlangt hatte, legte er sogleich eine Reihe von Streitigkeiten bei – mit Apple, mit Microsoft und sogar mit dem Lokalrivalen LG Electronics. Auch mit seinen zwei Schwestern scheint er sich zu verstehen. Lee Boo-jin ist Chefin der konzerneigenen Luxushotel-Kette Shilla, und auch Seo-hyun hält viele Anteile an der Gruppe. Ihr Vater hatte sich einst mit seinen Geschwistern vor Gericht erbittert um das Samsung-Erbe gezankt, die neue Generation hingegen teilt die Liegenschaften, bisher wenigstens, nach außen hin konfliktfrei auf. Nur privat half dem neuen Konzernlenker sein Hang zum Ausgleich nicht.

2009 wurde seine Scheidung von einer der reichsten Töchter des Landes vor Gericht ausgetragen. Mit Lim Se-ryeong, der ältesten Tochter des Gründers des Daesang-Konglomerats, hat der Allgewaltige von Samsung zwei Kinder.

In der Vergangenheit wurde Lee Jae-yong dafür kritisiert, sich während seiner Karriere nicht sichtbar in der Führung einer Firma bewährt zu haben. Während sein Großvater die Firma Samsung von einem 1938 gegründeten Fischexporteur zu einem Konglomerat aufgebaut hat, aus dem sein Vater dann von 1987 an einen Weltkonzern formte, weist der Lebenslauf von »Jay Y.« in der Cheffunktion bisher die Pleite von e-Samsung auf, einem Start-up-Versuch Ende der 1990er Jahre. Für ein »Unternehmergen« spricht das nicht. 2001 stieß der Junior offiziell zu Samsung und wurde systematisch zum Nachfolger des Konzernanführers aufgebaut. 2010 wurde der Kandidat schließlich Chief Operating Officer und 2012 dann Vizevorsitzender. Jedem war damit klar, dass er den Patriarchen beerben würde. Lee junior ist mit 17,2 Prozent an Samsung C & T beteiligt, die de facto als Dachgesellschaft von mehr als 80 Firmen auftritt; insgesamt hält die Familie hier rund 31 Prozent. Auch ist Lee mit einem Anteil von 9,2 Prozent ein Hauptaktionär der wichtigen Konzernfirma Samsung SDS, die IT-Dienste anbietet. Minderheitsaktionäre fühlen sich hier von der Familie Lee über den Tisch gezogen. Von Samsung Electronics gehören dem Konzernerben Lee junior rund 0,6 Prozent. Lee Jae-yong ist der drittreichste Südkoreaner mit rund 6,7 Milliarden Dollar Vermögen.

In dieser Ober-Position muss selbst ein Mangel an Führungserfahrung kein Hindernis sein. Denn Lee junior wird unterstützt vom Samsung-Veteranen Kwon Oh-hyun, der ebenfalls Vizevorsitzender und zudem Chief Executive Officer von Samsung Electronics ist. Das Duo hat versucht, durch eine Reorganisation der verschachtelten Gruppe nicht nur Samsung Electronics im Griff der Familie zu behalten, sondern auch genug Geld für die irgendwann fällige Erbschaftssteuer flüssig zu machen. Nahezu gleichzeitig mussten die zwei an der Spitze damit beginnen, Samsung wieder auf Wachstumskurs zu bringen. Mit dem Abebben des Smartphone-Booms und dem Angriff chinesischer Hersteller ist Samsungs mehrjährige Rekordjagd zu Ende gegangen. Die Profite der Mobilsparte, die in ihren besten Zeiten zu mehr als zwei Drittel zum Konzerngewinn beigetragen hat, fielen hinter die Ergebnisse der Chip-Sparte zurück. Samsung sanierte daraufhin die Display- und TV-Sparten – und vor allem das Smartphone-Geschäft. Das breite Handy-Angebot wurde reduziert und der Personalstand in China erheblich gekürzt. Gleichzeitig setzte man stärker aufs Design.

2016 führte dies zum Erfolg: Samsung überraschte durch unerwartet hohe Profite. Zwar hat sich die Suche nach neuen Gewinnmotoren bisher zäh gestaltet, Samsungs Ausflug in die Digitalkamerasparte musste Lee beispielsweise beenden. Dennoch sehen Analysten für die Zukunft wieder Wachstum. Samsungs Schwäche ist zugleich die größte Stärke: das sehr breite Angebot. Der Konzern muss massiv in die Chipherstellung investieren, um weiterhin das Feld anzuführen. Analysten erwarten in diesem sehr zyklischen Geschäft bald wieder einen Aufschwung. Darüber hinaus setzen die Smartphone-Hersteller inzwischen auf superdünne, flexible Oled-Displays, bei denen Samsung Weltmarktführer ist. Auch bei selbstfahrenden Autos will Lee Jae-yong mitmischen. Und dann ist da noch der Megatrend der Virtuellen Realität (VR). Samsung hat sich für die Förderung der VR-Brillen mit dem sozialen Netzwerk Facebook verbündet. Lee Jae-yong und Mark Zuckerberg – dieses Paar will gemeinsam die Zukunft besetzen.

Es darf darüber spekuliert werden, wie groß der Verdienst von Lee oder von Kwon am Aufschwung ist. Fest steht allerdings eines: Lee gewinnt an Statur. Er will nun eine kulturelle Parallelwelt bei Samsung einführen, aus der große Innovationen kommen. Es gibt keinen Konferenzzwang mehr, mehrere Hierarchiestufen wurden abgeschafft, und das Tragen von Shorts ist erlaubt. Wie sagte einst Lee Kun-hee, Vater des jetzigen Samsung-Chefs, seinen Mitarbeitern: »Verändern Sie alles – außer Ihre Kinder und Ihre Frau.«

**Nachhaltigkeit** ✖ ✖ ✖ ✖ ⊠
Firma sieht sich als »verantwortlicher Weltbürger«. Auszeichnung von der US-Umweltagentur EPA.

**Unbestechlichkeit** ✖ ⊠ ⊠ ⊠ ⊠
2005 flog durch den ehemaligen Samsung-Justiziar ein System schwarzer Kassen auf, mit denen die Firma Politiker und Staatsanwälte schmierte. Ein früherer Top-Manager des Petrobas-Konzerns musste im August 2015 in Brasilien für mehr als zwölf Jahre ins Gefängnis, weil er Bestechungsgelder von Samsung Heavy Industries für Schiffsaufträge organisiert hatte.

**Steuerehrlichkeit** ✖ ⊠ ⊠ ⊠ ⊠
2008 wurde Chairman Lee Kun-hee der Steuerflucht überführt. Er musste sein Amt aufgeben und 100 Millionen Dollar Strafe zahlen. Ein Jahr später begnadigte ihn der Staatspräsident. Das Korea Center of Investigative Journalism fand 2013 heraus, dass Top-Manager von Samsung zu einer

Gruppe von 245 Südkoreanern gehörten, die zwischen 1995 bis 2009 Briefkastenfirmen in Steuerparadiesen errichtet hatten.

**Humanität** ✖ ✖ ✖ ⊠ ⊠
Samsung will weltweit einer der zehnbesten Arbeitgeber sein. Griff 2014 wegen schlechter Arbeitsbedingungen in chinesischen Zuliefererbetrieben ein. Die NGO Clean IT monierte Arbeitsunfälle und Gesundheitsschädigungen in koreanischen Werken von Samsung und bei Zulieferern in China.

**Transparenz** ✖ ✖ ⊠ ⊠ ⊠
Undurchsichtige, verschachtelte Struktur. Eine Allianz von Bürgergruppen verklagt die Konzernführung, weil die Fusion von Cheil Industries mit Samsung C & T im Jahr 2015 nur dazu gedient habe, den Einfluss der Familie Lee auf das Kronjuwel Samsung Electronics zu stärken.

## Lee Shau Kee
### Henderson Land Development

»Hongkongs Warren Buffett« – so wird Lee Shau Kee (geb. 29. Januar 1928) genannt, der Verwaltungsratschef des Immobilienkonzerns Henderson Land Development. 1976 von ihm selbst gegründet, kaufte der Konzern vor allem Ackerland und verfallene Gebäude in Hongkong auf, wandelte beides in Bauland und Büros um und verkaufte es weiter. Henderson erwirtschaftet heute rund 70 Prozent seiner Umsätze durch den Verkauf von Grundstücken, 20 Prozent kommen aus der Vermietung an Shopping Malls. Das Unternehmen entwickelt nicht nur Bürogebäude und Malls, sondern auch Luxuswohnungen. Der Gewinn stieg 2015 um 12 Prozent auf 1,41 Milliarden Dollar.

Auch seine guten Verbindungen zu Peking haben Lee zu einem der reichsten Geschäftsmänner Hongkongs gemacht. Auf dem Festland ist er in Projekte wie das Pekinger World Financial Center involviert. Doch meist hat er sich in festlandchinesische Unternehmen eingekauft – vor deren Gang an die Börse in Hongkong. Die Gewinne aus den Investitionen hat er vor allem in Hongkong angelegt. Auf die Frage, ob er auch nach geeigneten Projekten im Ausland suche, antwortet der Milliardär scherzhaft, Englisch spreche er nicht so gut und zudem sei er kein großer Fan der westlichen Küche.

Lee hält die Hauptanteile an seinem Konglomerat, zu dem auch Hotels, Restaurants und Internetanbieter gehören. Mit einem Vermögen von 22 Milliarden Dollar ist er der Zweitreichste in Hongkong. Die Hauspreise dort haben sich seit 2009 mehr als verdoppelt. Immer mehr Kapital vom Festland suchte Halt auf der Insel. Die Wohnungspreise sind seit der Abkühlung der chinesischen Konjunktur zwar nicht mehr so stark gestiegen, aber die meisten Wohnungen finden aufgrund der hohen Nachfrage und des niedrigen Angebots sofort einen Käufer. Lee liegt mit Henderson dabei meist vor anderen Wettbewerbern. So besitzt Henderson mit 4,2 Millionen Quadratmetern die größte Landfläche in den sogenannten Neuen Territorien, den Gebieten rund um die Hongkong-Insel.

2010 hat der Milliardär zur Feier der Geburt seiner Drillings-Enkelsöhne mehr als vier Millionen Dollar gespendet. Umgerechnet waren es 33 Millionen Hongkong-Dollar, da die Zahl Drei auf Kantonesisch gleich klingt wie »Geburt«. Doch ganz so abergläubisch wird Lee nicht sein: Als Viertgeborener ist er trotz des verbreiteten Aberglaubens, die Zahl Vier (im Chinesischen ähnlich klingend wie der Tod) bringe Unglück, sehr weit gekommen. Für die Nachfolge als Konzernlenker bietet sich der älteste Sohn Peter Lee Ka-kit an, der seit 1993 als Vice Chairman, als stellvertretender Vorsitzender des Aufsichtsrats, agiert.

**Nachhaltigkeit** ✖ ✖ ✖ ▨ ▨
Umweltaspekte praktisch ohne große Bedeutung in Lees Investments. Seine Stiftung kümmert sich um Bildungsprojekte.

**Unbestechlichkeit** ✖ ✖ ✖ ✖ ▨
Keine Vorfälle bekannt.

**Steuerehrlichkeit** ✖ ✖ ▨ ▨ ▨
Lee hält seine Anteile an der Henderson Land Development Co. über zehn Firmen auf den Cayman Island und British Virgin Islands sowie in Panama.

**Humanität** ✖ ✖ ✖ ▨ ▨
Arbeitsbedingungen kein Thema.

**Transparenz** ✖ ✖ ✖ ▨ ▨
Eher undurchsichtig organisiert.

# Jack Ma
## Alibaba

Jack Ma (geb. 10. September 1964) beschränkt sich auf das Wesentliche, das ist das Geheimnis seines Erfolges. Mit Alibaba verfügt er über das Zentrum für die größten Online-Handelsplattformen Chinas. Für 2020 erwartet der Internet-Riese, dass sich das Warenvolumen von derzeit 450 Milliarden Dollar (Fiskaljahr 2016) auf 912 Milliarden verdoppeln wird. Alibaba ist die Antwort Chinas auf Amazon. Und Jack Mas Chefstratege sagte irgendwann: »Wir sind viel einflussreicher, als wir dachten.« Der Gründer selbst nennt als Richtschnur: »Customers first, employees second, investors third.« Zuerst kämen die Kunden, dann die Mitarbeiter, schließlich die Investoren. Was aber ist mit der Kommunistischen Partei, die ihm einen kometenhaften Aufstieg zum Quasi-Monopolisten erlaubte und mit deren (stillschweigendem) Einverständnis er die einflussreiche Zeitung »South China Morning Post« kaufte? Antwort: Alibaba ist eine chinesische Erfolgsgeschichte, mit der sich der Staat schmückt. Bewusst legte Staatspräsident Xi den ersten G20-Gipfel im eigenen Land nach Hangzhou, dem Standort von Alibaba.

Seine erste Geschäftsidee hatte Ma, ein früherer Englischlehrer, bei einem USA-Besuch 1995. Da lernte er das damals junge Internet kennen und merkte bei der Suche nach Begriffen, die mit China zu tun hatten, dass dieses Feld unentdeckt war. Und so tat er sich mit seiner Frau und einem Freund zusammen und gründete »China Yellow Pages«. Zudem baute er mit der Hilfe amerikanischer Freunde Websites für chinesische Firmen. 1999 gründete Ma, zusammen mit 17 Freunden, in seiner Wohnung in Hangzhou das heute riesengroße Alibaba, das 423 Millionen aktive Käufer in mehr als 190 Ländern hat. Sein Gründer wird mit einem Vermögen von 20,5 Milliarden Dollar geführt. Ausweis des Erfolgs sind zwei Schlösser als Teil seiner Weingüter in der Region Bordeaux.

Alibaba ist vor allem für seine Handelsplattformen Taobao und TMall bekannt. 2014 hatte Alibaba an der Börse von New York den größten Börsengang aller Zeiten hingelegt und dabei 25 Milliarden Dollar eingenommen. In China kommt Alibaba auf einen Marktanteil von 80 Prozent – aber sich einfach auf dem Ruhm auszuruhen, das ist nichts für Jack Ma. Sein Liebling ist seit April 2016 die Konzerntochter Ant Financial Services: Sie hatte in einer Finanzierungsrunde 4,5 Milliarden Dollar bei chinesischen Großkonzernen und Mittelständlern eingesammelt. In China ist das ein neuer Rekord, ein großer Fortschritt für das Mobile Banking, das Ant vorantreibt, und ein großes Angriffssignal auf das traditionelle Bankensystem. Ma zeigt also, dass er mal wieder als einer der Ersten einen Trend früh erkannt hat. Peking hat 2014 angefangen, Banklizenzen an private Unter-

nehmen zu vergeben, damit mehr Privatbanken entstehen. Aber auch, um die staatlichen Banken dazu zu zwingen, ihren Service zu verbessern.

Ma hat sich deshalb als Ziel gesetzt, eine Internet-Finanzplattform zu bauen. Unter dem Finanzarm Ant bringt er alle nötigen Bausteine zusammen. Ant ist ein privater Finanzdienstleister mit Online-Bezahlsystemen wie Alipay, aber auch mit der eigenen Internetbank Mybank. Die vergibt Kleinkredite vor allem an kleine und mittelständische Unternehmen sowie an Privatleute – eine Klientel, die von Staatsbanken nur schwer Geld bekommt. Als Ma vor zwei Jahren seine Idee vorstellte, sagte er: »Erfolg sollte nicht durch Monopole oder von Macht bestimmt sein, sondern von den Konsumenten.«

Jack Ma hat nicht nur Geld eingesammelt, sondern auch staatliche Unterstützer begeistert, die ihm dem Rücken stärken. Der Aufbau eines chinesischen Mittelstands steht bei den Reformen der chinesischen Regierung ganz oben. Deshalb liest sich die Liste der Investoren in Mas Finanzkonzern wie das Who's Who der größten chinesischen Staatsfirmen: China Life Insurance, China Development Bank und China Post Group. Allein der Staatsfonds CIC hat eine Milliarde Dollar in Ant investiert und ist damit der zweitgrößte Shareholder nach dem National Social Security Fund – Chinas größtem Pensionsfonds. Unklar blieb lange, was aus dem 15-Prozent-Anteil der kriselnden US-Internetfirma Yahoo wird, die einmal zum Verkauf standen. Der Wert belief sich Mitte 2016 auf immerhin 29 Milliarden Dollar. Auch im Ausland will Jack Ma wachsen, zum Beispiel in Brasilien oder in Russland. Als er im November 2015 in Manila auf einem Kongress mit US-Präsident Barack Obama diskutierte, hatte der Alibaba-Gründer eine einfache Idee, um Gründer zu unterstützen: »Regierung ist einfach – kürzen Sie einfach die Steuern oder verzichten Sie ganz darauf für diese Leute.«

**Nachhaltigkeit** ✖✖✖ ⊠ ⊠
Umweltschutz ist Jack Ma extrem wichtig. Er sitzt im Board von Nature Conservancy.

**Unbestechlichkeit** ✖✖✖ ⊠ ⊠
Jack Ma warnt vor den Gefahren der Korruption.

**Humanität** ✖✖✖ ⊠ ⊠
Alibaba-Angestellte wählen Vertreter, die mitentscheiden können. Jack Ma will zehn Prozent des Vermögens spenden.

**Steuerehrlichkeit** ✖✖✖ ⊠ ⊠
Keine Vorkommnisse.

**Transparenz** ✖✖✖ ⊠ ⊠
Ausführliches Zahlenwerk in dem börsennotierten Unternehmen. Westliche Aktionäre sind jedoch nur an einer Zweckgesellschaft auf den Cayman Islands beteiligt, die das Recht auf Gewinne aus den chinesischen Aktivitäten hat. Wiederholt inkonsequentes Vorgehen gegen Produktpiraten.

# Mukesh Ambani
## Reliance Industries

Eine Immobilie kann Status ebenso ausdrücken wie Macht über Medien und Kapital oder eine eigene Sportmannschaft. Mukesh Ambani, der reichste Inder, ist in all diesen Kategorien »top«. Mit seinem überaus pompösen Zuhause hat er sich in Mumbai selbst ein Denkmal geschaffen. Im Süden der Finanzmetropole bewohnt Ambani, der wie kein Zweiter die Geschäftswelt des indischen Subkontinents dominiert, zusammen mit Ehefrau Nita und seinen Kindern einen 173 Meter hohen Wolkenkratzer namens »Antilia«. 600 Angestellte arbeiten hier für ihn. Verteilt über 27 Etagen und 37.000 Quadratmeter gibt es drei Hubschrauberlandeplätze, Platz für mehr als 100 Fahrzeuge, einen Festsaal und mehrere Dachgärten.

Imposant sind nicht nur die privaten Besitztümer des Mukesh Ambani (geb. 19. April 1957). Als Chef und Hauptanteilseigner des von seinem Vater Dhirubhai gegründeten Konglomerats Reliance Industries kontrolliert er einen der wertvollsten Konzerne Indiens. Reliance fördert Öl und Erdgas, produziert synthetische Kunststoffe, betreibt Modeläden und Supermärkte, leistet sich das Cricket-Team von Mumbai sowie die größte Raffinerie der Welt. Und Ambani ist Medientycoon. Zum Imperium gehören die indischen Nachrichtensender CNBC-TV18 und CNN-IBN, der Jugendkanal MTV India sowie die Nachrichtenportale Moneycontrol und Firstpost. Logisch, dass so einer beste Kontakte zu Regierungschef Narendra Modi hat.

Das bisher ambitionierteste Projekt des Industriellen, der 2013 für 15 Prozent der indischen Exporte stand, ist der Aufbau der Mobilfunkfirma Jio. Ambani will in Indien landesweit mobiles Breitbandinternet anbieten. 22 Milliarden Dollar investierte er bereits vor dem Start. Mit dem neuen Geschäftsfeld kommt der studierte Chemieingenieur seinem jüngeren Bruder Anil wieder näher: Nach dem Tod ihres Vaters im Jahr 2002 hatten die beiden öffentlich um den Familienkonzern gestritten, den sie 2005 schließlich aufteilten. Mukesh bekam das Öl- und Gasgeschäft, Anil übernahm Telecom, Entertainment, Financial Services, Energie und Infrastruktur. Beim Aufbau von Jio geben sich die Brüder, die lange Zeit kaum miteinander sprachen, nunmehr als Partner: Sie wollen Mobilfunkfrequenzen künftig gemeinsam nutzen. Und den Standard G 4 etablieren. Ambani erklärt, er mache das Projekt, um die Jugend Indiens zu ermutigen und um zur Entwicklung der neuen, digitalen Welt beizutragen. Bei dieser Revolution könne Indien nicht zurückbleiben.

Im Stammgeschäft hat Reliance für seine Raffinerien 2015 stark vom fallenden Ölpreis profitiert. Der Aktienkurs stieg um 14 Prozent, was Großinvestoren wie Blackrock anzog. Die Firma sei eine »Exekutionsmaschine«, sagt Nita Ambani, die First Lady des Imperiums, die sich um Marketing kümmert: »Es gibt tägliche Ziele, und Deadlines sind sakrosankt.«

Wie der Kapitalist Mukesh Ambani denkt, macht die Antwort deutlich, die er einer 25-Jährigen gab, die über Social Media einen reichen Mann suchte. Das Hauptproblem sei ja, so der Milliardär, dass sein Einkommen von Jahr zu Jahr wachsen könne, sie aber schwerlich hübscher werde. Es handele sich also um eine ungünstige »trading position« (Ambani: »Der Ausdruck, den wir an der Wall Street verwenden«). Ihre Schönheit als Gut unterliege der Abschreibung, und alles, was stark abgeschrieben werden müsse, werde irgendwann verkauft. Conclusio: Sie solle lieber selbst reich werden, als sich einen reichen Mann zu suchen.

### Nachhaltigkeit ✖ ✖ ✖ ⬚ ⬚
Ambani hat seinen Wohnsitz als »green tower« angelegt. Seine Firma legt einen extern geprüften Nachhaltigkeitsbericht vor. Das Hauptgeschäft – Förderung von Öl und Gas – hat jedoch negative Umwelteffekte.

### Unbestechlichkeit ✖ ⬚ ⬚ ⬚ ⬚
Der Aktivist und Politiker Arvind Kejriwal hat Ambani in einer jahrelangen Kampagne beschuldigt, Geld im Ausland zu waschen, und initiierte eine Untersuchung, wie korrupt der Milliardär sei: Monatelang hatte Ambani Beratungshonorare an einen Politiker gezahlt, der in einer früheren indischen Regierung dann Medienminister wurde. Ambani bestreitet die Vorwürfe. Tatsache ist, dass er über seine TV-Kanäle Einfluss hat.

### Steuerehrlichkeit ✖ ✖ ⬚ ⬚ ⬚
Reliance Industrie war eine der indischen »zero tax companies«, die jahrelang (bis 1996) keine Körperschaftssteuer zahlten.

### Humanität ✖ ✖ ✖ ⬚
Keine Auffälligkeiten.

### Transparenz ✖ ⬚ ⬚ ⬚ ⬚
Im Aufsichtsrat von Reliance Industries sitzen auch unabhängige Mitglieder. Obwohl die Firma börsennotiert ist, gilt sie wegen komplizierter Finanzgeschäfte der Holding mit Tochterfirmen bei Kritikern und Aufsichtsbehörden als wenig transparent. Im Rahmen der Swissleaks-Affäre tauchte Mukesh Ambani mit einem Konto bei der Genfer Tochter der Großbank HSBC auf, Betrag: 26,6 Millionen Dollar.

# Tadashi Yanai
## Fast Retailing

Tadashi Yanai (geb. 7. Februar 1949) mag Japans reichster Mann sein, mit einem Vermögen von 16,5 Milliarden Dollar. Dennoch ist er ein Getriebener, gerade weil der Gründer der globalen Modemarke Uniqlo bereits in einem Alter ist, in dem andere die Rente genießen. Er sei bereits recht alt, sein Leben gehe zu Ende, verriet er dem britischen »Telegraph«: »Und bevor ich sterbe, habe ich noch etwas zu tun.« Er will der weltgrößte Kleiderhändler werden, derzeit ist er Nummer vier. Umsatzziel für 2020: 44 Milliarden Dollar. 2015 wurden 13,5 Milliarden Dollar erreicht.

Dabei hat der Mann, bei dem zu Hause zwei Van-Gogh-Bilder an der Wand hängen, schon etwas Großes geschaffen: Yanai baute die väterliche Schneiderei innerhalb einer Generation zum globalen Modekonzern Fast Retailing aus. Die Basis dazu war ein für Japan revolutionäres Geschäftsmodell: Im Land der Luxusmode schaffte er es, die Hauptmarke Uniqlo mit schlichtem Design, wenigen Modellen, aber vielen Varianten, sowie direktem Import aus China und billigen Preisen salonfähig zu machen. 1984 gestartet, gibt es inzwischen mehr als 1300 Uniqlo-Läden auf dem Globus. Japan ist mit mehr als 800 Läden noch immer klar die Nummer eins. Aber Yanai expandiert auch rasch in China, wo es bereits mehr als 400 Filialen gibt. Und er versucht – mit gemischtem Erfolg –, in Europa und den USA Fuß zu fassen. Auch die Labels Theory, Helmut Lang, Comptoir des Cotonniers sowie Princesse Tam-Tam gehören zu Fast Retailing.

Ein starker Antrieb ist Yanais Herkunft. Als Kind erlebte er, wie sein Heimatort, eine Bergarbeiterstadt, absank. Er wollte sich sein Leben selbst aufbauen und scheute sich dabei nicht vor Fehlschlägen. Die sind in Japan eigentlich verpönt. Seine erste Biografie nannte er »Ein Gewinn, neun Niederlagen«. 2001 eröffnete er in England 20 Läden – und schloss sie bald wieder. Analog zur zeitweisen Absetzung von Apple-Gründer Steve Jobs war auch Yanai danach für ein paar Jahre abgemeldet von der Firmenführung. Doch 2004 meldete er sich zurück mit einer »Globalen Qualitätserklärung«: Billig wolle er nicht mehr sein – stattdessen setze er auf die Zusammenarbeit mit Designern wie Jil Sander aus Deutschland. Yanai investierte in Innovation.

2015 hat er eine strategische Kooperation mit Toray, dem führenden Hersteller von Kohlenstofffasern, für innovative Textilien ausgebaut, die zum Beispiel im Winter wärmen und im Sommer kühlen. Bis 2020 sollen die Produkte umgerechnet acht Milliarden Euro Umsatz erzielen. Gleichzeitig investiert Yanai in den Ausbau einer globalen Produktion: Fabriken sollen in Echtzeit die Verkaufsdaten der Läden erhalten und rasch die Fertigung anpassen. Nach China liegt der Schwerpunkt der Expansion nun auf Südostasien. Auch die Türkei ist als Standort geplant – für den europäischen Markt. Der Eigentümer sieht seine Hauptmarke Uniqlo nicht einfach als Modeunternehmen – es sei ein Technologie-Unternehmen. Und wenn er doch einmal abtreten sollte, steht Sohn Koji Yanai als Nachfolger bereit: Er ist Group Senior Vice President von Fast Retailing und hält wie sein Bruder Kazumi 4,5 Prozent der Aktien.

**Nachhaltigkeit** ✖ ✖ ✖ ▨ ▨
Qualität und Umweltschutzzielen verpflichtet. Greenpeace bescheinigt Fortschritte, es gebe aber noch einiges zu tun.

**Unbestechlichkeit** ✖ ✖ ✖ ▨ ▨
Keine großen Korruptionsfälle bekannt.

**Steuerehrlichkeit** ✖ ✖ ✖ ▨ ▨
Yanai hat offenbar mehr als fünf Millionen Fast-Retailing-Aktien ins Steuerparadies Niederlande transferiert.

**Humanität** ✖ ✖ ▨ ▨ ▨
Nimmt an einem UN-Programm teil, bei dem Kleider für Flüchtlinge recycelt werden. Für seine Mitarbeiter gelten lange Arbeitszeiten, befristete Verträge und niedrige Löhne, aber hoher Stand der internen Weiterbildung. Die Aktivisten, Students and Scholars Against Corporate Misbehaviour und Human Rights Now deckten unwürdige Arbeitszustände bei Zulieferern in China auf. Fast Retailing brach den Dialog mit den Gruppen ab.

**Transparenz** ✖ ✖ ✖ ▨ ▨
Der Firmenkodex sieht große Transparenz vor. Struktur sehr auf Patriarch Yanai zugeschnitten.

## Prinz Al-Walid bin Talal Al Saud
### Kingdom Holding

Leger, sexy, mondän: So präsentiert sich der »Warren Buffett Arabiens« (»Time Magazine«) nebst Entourage beim Treffen im Pariser Nobelhotel George V. Prinz. Al-Walid bin Talal Al Saud, der milliardenschwere Spross der saudischen Königsfamilie, kommt im offenen khakifarbenen Cordhemd. Den sonst üblichen golddurchwobenen Umhang will er hier in der Modehauptstadt der Welt nicht tragen. Seine beiden Mitarbeiterinnen, von denen in der Heimat ein Hidschab verlangt wird, tragen hochhackige Pumps und kurze Röcke. Und die Edel-Unterkunft ist natürlich im Besitz der Kingdom Holding von Al-Walid (geb. 7. März 1955). Er sieht sich als »aufgeklärten Prinzen« und fordert im Gespräch für seine bisher in absoluter Monarchie regierte Heimat Demokratie: »An freien Wahlen führt auf Dauer kein Weg vorbei.« Ein Blaublut als Revolutionär.

Rebellisch war der Prinz, ein Enkel von Saudi-Arabiens Staatsgründer Abd al-Aziz ibn Saud, schon in jungen Jahren: Da flüchtete er für mehrere Tage von seiner Mutter – der Tochter von Libanons erstem Premierminister – und übernachtete in Autos. Sein Vater, Prinz Talal, war in den 1960er Jahren Saudi-Arabiens Finanzminister. Er forderte jedoch politische Reformen und musste danach mit Familie zeitweise ins Exil gehen. Die Ehe der Eltern wurde geschieden, als Al-Walid sieben Jahre alt war. Mit seiner Mutter ging er in den Libanon, den er 1975 nach Ausbruch des Bürgerkriegs wieder verließ. Auf Druck des Vaters musste er in Riad eine Militärschule besuchen. Immerhin ließ ihm das Familienoberhaupt 15.000 Dollar Startkapital und eine 1,5 Millionen Dollar teure Villa zukommen, nachdem Al-Walid 1979 seinen Betriebswirtschaftsabschluss am Menlo College in Kalifornien gemacht hatte. Noch während er bis 1985 an der Syracuse University in New York seinen Master in Politikwissenschaften machte, erwirtschaftete er bereits 450 Millionen Dollar Vermögen.

1980 hatte Al-Walid seine Kingdom Holding KHC mit Sitz in der saudischen Hauptstadt Riad gegründet. Das Unternehmen konzentrierte sich damals vor allem auf Bauaufträge und Immobiliengeschäfte. Heute ist es laut einem Sprecher der »führende Value Investor der Welt«. Vor allem zwei Anlagestrategien verfolgt die Holding: Investieren in Firmen mit leistungsstarken Weltmarken, denn die seien besser in der Lage, »Wert zu schaffen bei fortschreitender Globalisierung«. Und zum Zweiten hat KHC »strategische regionale Interessen«. Dabei nutzt Prinz Al-Walid nach Angaben seiner Firma sein »Netzwerk von Kontakten zu Staatsführern und Firmen-Führern im Mittleren Osten und global«. KHC ist Groß-Investor beim Kurznachrichtendienst Twitter, bei Rupert Murdochs

TV-Konzern 21th Century Fox (als zweitgrößter Aktionär), bei Time Warner, dem App-Entwickler Lyft (für selbstfahrende Autos), bei Apple, dem Handykonzern Motorola, dem Londoner Immobilienprojekt Canary Wharf sowie den Hotelketten Accor, Mövenpick und Fairmont Raffles. Am Hotel- und Resort-Unternehmen Four Seasons halten der Prinz und die Bill-Gates-Firma Cascade je 45 Prozent. Und beim New Yorker Luxuskaufhaus Saks, dem chinesischen Internethändler Jingdong, dem Internetauktionator eBay sowie dem Entertainmentpark Euro-Disney ist der unermüdliche Al-Walid ebenso dabei wie beim saudischen Petrochemie-Konzern Tasnee. Außer dem George V in Paris nennt Al-Walid das »The Plaza« in New York und das Savoy Hotel in London sein Eigen. Anteile bei Coca-Cola, Pepsi, Compaq, McDonald's, Ford, Walt Disney, Procter & Gamble, Hewlett-Packard und anderen bekannten Markenartiklern hat Al-Walid längst gewinnbringend abgestoßen.

»Uns geht es um Rendite. Unsere Vorgaben sind dabei sehr hoch: mindestens 20 bis 25 Prozent«, erklärt der Prinz als Investment-Strategie. Er ist Chairman der KHC, an der er 95 Prozent hält; fünf Prozent sind an der saudischen Börse Tadawul notiert. Besonders zugute hält sich die Holding den Kauf von Anteilen an Unternehmen, die bisher »unterbewertet sind oder underperformen«. Sie würden auf Wachstumskurs getrimmt. Am Anfang seiner Business-Karriere hat Al-Walid, den das Fachmagazin »Arabian Business« als »einflussreichster Geschäftsmann Arabiens« bezeichnet, die fast bankrotte United Saudi Commercial Bank wieder flott gemacht. Daraus formte er, im Verbund mit anderen Geldhäusern der Region, eines der bedeutendsten Bankkonglomerate am Golf. Durch seinen Einstieg bei der damals schwer angeschlagenen Citibank im Jahr 1991 und das Aufstocken seiner Anteile dort in der Weltfinanzkrise 2008/09 wurde er weltweit bekannt. Eher in den Hintergrund treten die erfolglosen Beteiligungen beim deutschen Privatfernseh-Zar Leo Kirch, dem Filmhersteller Eastman Kodak oder der US-Fluggesellschaft TWA.

In seiner Welt ist alles größer, glanzvoller, bedeutender als an anderen Stätten des Weltkapitalismus. Al-Walid verfügt über den Kingdom Palace, ein 317 Räume zählendes, mit 1500 Tonnen italienischem Marmor ausgekleidetes Privatanwesen im Zentrum von Riad sowie über eine 85,9 Meter lange Yacht, die der saudische Waffenhändler Adnan Khashoggi für sich hatte bauen lassen und die Klaus Maria Brandauer als Bösewicht im James-Bond-Film »Sag niemals nie« nutzte. Prinz Al-Walid kaufte sie 1991 von dem vor der Pleite stehenden Donald Trump. Der

US-Unternehmer hatte das Schiff zur »Trump Princess« umbauen lassen. Politisch empfindet Al-Walid seinen Geschäftspartner von einst nur noch als »Schande«. Der Kingdom Tower des Prinzen, ein nahe Dschidda in den Himmel wachsender Wolkenkratzer, soll mit mehr als einem Kilometer Höhe das höchste Gebäude der Welt werden. »Da geht es nur ums Ego«, räumt Al-Walid ein. Aber allein weil der Riesenturm gebaut werde, steige der Wert des Landes um ein Vielfaches. »Und wir besitzen in der Nähe des Turms viel Land.« Da geht es um die westliche Luxus- wohnstadt Kingdom City. Ego und Geschäft passen beim Prinzen gut zusammen.

Während andere Superreiche eher scheu sind, zeigt Al-Walid seinen Reichtum ungeniert. Er will mit Geld etwas gelten. 2013 klagte er wutentbrannt gegen das US-Magazin »Forbes«, das ihn nur auf Platz 26 der weltweit reichsten Menschen führte – und sein Vermögen deutlich zu niedrig angesetzt habe. Damals hatte die Kingdom Holding allerdings noch eine Marktkapitalisierung von 18 Milliarden Dollar. Mitte Juli 2016 hingegen waren es nur noch 10,7 Milliarden. Al-Walid soll jetzt 17,8 Milliarden Dollar Vermögen haben.

Im Juli 2015 kündigte er an, »in den nächsten Jahren« seine »Alwaleed Philan- throphies« zur weltgrößten Privatstiftung zu machen – mit der Spende seines Ver- mögens in Höhe von 32 Milliarden Dollar. Damit würde er die Stiftungen von Bill Gates (28 Milliarden) und von Warren Buffett (23 Milliarden) übertrumpfen. Ziel seien Projekte zur Bekämpfung von Armut, der Erforschung von Medikamenten gegen Seuchen, zum Bau von Schulen und für den Kampf für Frauenrechte. Al-Walid fordert für seine Heimat »Meinungs- und Pressefreiheit, die Gleich- heit zwischen Mann und Frau« und mahnt im Gespräch an, dass »die Menschen ihre Parlamente wählen können müssen. Und dann müssen die Parlamente auch wirklich das Sagen haben.« Das sind revolutionäre Ansagen in einem Land im Umbruch. Der neue König Salman will mit seinem Sohn, Vizekronprinz Moham- med bin Salman, frischen Wind durch sein Reich wehen lassen.

**Nachhaltigkeit** ✖ ⊠ ⊠ ⊠ ⊠
Kein Akzent auf Umweltfragen.

**Humanität** ✖ ✖ ✖ ⊠
Fällt mit extrem großen Spenden auf. Seine Stiftung unterstützt NGOs.

**Unbestechlichkeit** ✖ ✖ ✖ ⊠ ⊠
Keine Auffälligkeiten. Saudi-Arabien gilt als Land mit ziemlich hoher Korruption.

**Transparenz** ✖ ✖ ⊠ ⊠ ⊠
Ein weitverzweigtes Prinzenreich. Der Eigentümer äußert sich gern, ohne wirk- lich viel zu verraten.

**Steuerehrlichkeit** ✖ ✖ ✖ ⊠ ⊠
Keine Vorfälle bekannt.

# Mohammed Hussein Ali Al Amoudi

## Midroc

Der berühmteste Unternehmer seines Landes ist Mohammed Hussein Ali Al Amoudi nicht. Den Rang läuft ihm in Saudi-Arabien ganz sicher die Bin-Laden-Familie ab – wegen ihres 1994 aus der Familie ausgeschlossenen Mitglieds Osama bin Laden, dem Gründer des Terrornetzwerks al-Qaida. Doch in der an Familien-Konglomeraten reich gesegneten arabischen Welt sticht Al Amoudi (geb. 21. Juli 1946) nicht nur als zweitreichster saudischer Unternehmer hervor, sondern auch als einer der spendabelsten Stifter. Vor allem in seinen beiden Heimatländern, denn Scheich Al Amoudi ist als Sohn eines aus dem Jemen stammenden saudischen Vaters und einer äthiopischen Mutter im nordäthiopischen Dese geboren.

Im Alter von 19 Jahren ging er mit der Familie nach Saudi-Arabien und bekam die saudische Staatsbürgerschaft. In der Hafenstadt Dschidda am Roten Meer ist bis heute das Hauptquartier seiner wichtigsten Holding Midroc (Al Muwakaba for Industrial Development, Research and Overseas Commerce) angesiedelt. Das Startkapital hat Al Amoudi mit einem Bauauftrag erworben: 1988 sollte er die landesweiten unterirdischen Öllager errichten. 30 Milliarden Dollar umfasste der Auftrag. Den Gewinn von geschätzt einer Milliarde Dollar investierte er dann in vielversprechende Firmen und Märkte.

Heute ist Al Amoudi mit einem Vermögen von 8,7 Milliarden Dollar der drittreichste Schwarze auf der Welt. Er beschäftigt mehr als 70.000 Menschen vor allem im Mittleren Osten und in Afrika, aber auch in Europa – dort vor allem in Schweden, wo er von König Carl Gustaf als größter privater Investor aus dem Ausland ausgezeichnet wurde. 1994 hatte Al Amoudi die OK-Petroleum-Gruppe für angeblich 750 Millionen Dollar gekauft. Er baute die zwei Raffinerien und fast 600 Tankstellen aus und benannte die Gruppe in Preem um. Nach eigenen Angaben kontrolliert sie 80 Prozent der schwedischen und 30 Prozent der gesamten skandinavischen Raffinerie-Kapazitäten. Auch in Marokko steuert Al Amoudi zwei Raffinerien sowie ein großes Tankstellennetz. Ähnlich ist seine Geschäftsstruktur in Saudi-Arabien, im Libanon und natürlich in Äthiopien. Im Land seiner Mutter besitzt er auch 70 Prozent des Ölkonzerns National Oil Ethopia. Öl- und Gasförderprojekte verfolgt der Investor vor allem in Westafrika – über seine schwedische Svenska Petroleum Exploration. In Schweden hat er mit Granitor Invest auch einen Anlagenbauer in den Bereichen Umwelt und Leitungen.

Nicht nur Öl interessiert den Vater von acht Kindern. In Schweden investiert seine Midroc New Technology in Start-ups, und Metalock überholt Industrieanlagen. In Äthiopien hat die Midroc Holding mit Tossa die erste Stahlkocherei des Landes unter Kontrolle, und mit der Goldmine Lega Dembi ist sie Äthiopiens einziger Goldexporteur. Al Amoudis Anteil an Addis Tyre, Äthiopiens einzigem Reifenwerk, beträgt 69 Prozent; daneben besitzt er in dem Land eine Zementfabrik und mit dem Sheraton Addis in der Hauptstadt eines der besten Luxushotels Afrikas. In Saudi-Arabien wiederum besitzt Al Amoudi das Stahlwerk Yanbu Steel und kontrolliert etliche Firmen in den Sektoren Industrie, Maschinenbau, Bau, Tourismus, Sicherheit und Verteidigung, Handel und Immobilien. Seine Ethio-Agri CEFT sowie seine Saudi Star Agricultural Development verfügen über 500.000 Hektar Land. Hier werden Reis, Kaffee (Lieferungen an Starbucks), Tee (an Lipton) und Ölpflanzen angebaut. Vor allem in Äthiopiens Landwirtschaft beweist Al Amoudi seine Philosophie des »nachhaltigen und verantwortlichen Kapitalismus«: Er vergebe auch Land und Saatgut an örtliche Bauern und lasse sie durch Agrarexperten beraten, sagt er. »Dann kaufen wir zu Marktpreisen deren Ernte, um sie auf eigene Beine zu stellen.« Fairness und Respekt sei die oberste Devise seines Tuns. Seine Firmen strebten »die Nutzung lokaler Ressourcen« an und »die Unterstützung durch die lokale Bevölkerung«.

Während Kritiker ihm vorwerfen, in Äthiopien Land und die Goldmine weit unter Wert bekommen zu haben, verweist Al Amoudi darauf, dass er »keine Dividenden aus seinen Unternehmungen« ziehe, sondern die Gewinne reinvestiere – zwecks Schaffung immer neuer Jobs. Al Amoudi sieht sich als »einen der weltweit führenden Businessmen und Philanthropen«. So stiftete er in Äthiopien die Unity University, baute ein nach ihm benanntes Brustkrebs-Forschungszentrum an der saudischen King Abdulaziz University auf, finanziert einen Lehrstuhl für fortschrittliche Ölförderungsformen an der King Saud University und hat einen großen Anteil am Projekt der Universität Riad zum Bau des ersten eigenen saudischen Autos (»Gazal-1«).

**Nachhaltigkeit** ✖✖✖✖✖
Al Amoudi betont Fairness als Wert und arbeitet bei Projekten mit der lokalen Bevölkerung zusammen.

**Unbestechlichkeit** ✖✖✖✖✖
Keine Vorfälle von Korruption erkennbar. Al Amoudi wehrt sich gegen den oft gehörten Vorwurf, er habe Äthiopiens Unrechtsregime unterstützt.

**Steuerehrlichkeit** ✖✖✖✖✖
Keine Auffälligkeiten. Gewinne werden reinvestiert.

**Humanität** ✖✖✖✖✖
Zahlreiche Stiftungen und Förderungen wissenschaftlicher Projekte.

**Transparenz** ✖✖✖✖✖
Unübersichtliche Aktivitäten zwischen vier Ländern.

# König Bhumibol
## Thailand

70 Jahre König – kein Monarch hat so lange regiert wie Bhumibol Adulyadej in Thailand. Am 9. Juni 1946 bestieg er den Thron, gerade mal 18 Jahre alt, und entwickelte sich seitdem zur Integrationsfigur seines Landes, ungeachtet vieler Putsch-Aktionen des Militärs, aus denen er sich herausgehalten hat – bis auf ein einziges Mal 1973, als er protestierenden Demonstranten seinen Palast zum Schutz anbot. Wegen seiner schlechten Gesundheit hat sich das thailändische Staatsoberhaupt in den letzten Jahren nur noch selten in der Öffentlichkeit gezeigt; er starb im Oktober 2016. Und doch war und ist Bhumibol omnipräsent: Im ganzen Land zeigen große Plakate sein Konterfei, viele Ladenbesitzer hängen Bilder von ihm auf. Die Mehrheit der Thailänder verehrt Bhumibol wie einen Vater oder sogar wie einen Halbgott. Der neunte König der Chakri-Dynastie hatte dabei ein sehr irdisches Vermögen angehäuft. Schätzungen zufolge verfügt die thailändische Krone über rund 53 Milliarden Dollar. Damit war Bhumibol der reichste Monarch der Welt. Das Kapital ist über die königliche Vermögensverwaltung Crown Property Bureau (CPB) entstanden, die Bhumibol dirigierte. Er ernannte sechs von sieben Vorstandsmitgliedern; den siebten Platz nimmt der jeweils amtierende Finanzminister ein. Das CPB ist eine einmalige Mischung aus privatem Unternehmen, Stiftung und Regierungsbehörde. Es genießt mehrere Privilegien, beispielsweise ist es von Steuern befreit. Rechenschaft ist der König niemandem schuldig, Kritiker bemängeln die Intransparenz der Institution. Die Jahreseinnahmen stehen ihm nach Gusto zu. Das CPB veröffentlicht auch keinerlei Bilanzen, die jährlichen Berichte für die Öffentlichkeit enthalten hauptsächlich Informationen zu den sozialen Projekten der Institution.

Dabei verkörpert das CPB eine enorme wirtschaftliche Macht. Zu den wichtigsten Beteiligungen gehören das zweitgrößte thailändische Kreditinstitut, die Siam Commercial Bank (königlicher Anteil: 21 Prozent), sowie das größte Industrieunternehmen, Siam Cement (30 Prozent). Ein Viertel der jährlichen Einkünfte erhält das CPB zudem aus Mieteinnahmen. Das Vermögen umfasst große Ländereien, darunter Grundstücke in den besten Lagen Bangkoks. Auf ihnen stehen viele der luxuriösen Einkaufszentren und Hotels der Metropole – aber auch die amerikanische Botschaft. Viele Grundstücke sind für normale Wohnprojekte verpachtet, der Mietzins liegt in der Regel unter dem Marktpreis.

Mit seiner Reputation und dem gewaltigen Kapital stabilisierte der König (geb. 5. Dezember 1927 in Cambridge/USA) sein Land. Er galt früh als letzte vereinende Kraft in dem politisch tief gespaltenen Land, in dem sich liberale Königstreue (Gelbhemden) mit Republikanhängern (Rothemden) befehden. Verschiedene Machtblöcke in Palast, Militär und der restlichen Elite haben mit der Krankheit Bhumibols begonnen, für ihre Nachfolgekandidaten zu kämpfen. Vieles blieb im Dunkeln – Debatten über die Thronfolge waren genauso tabu wie eine Kritik am König. Als natürlicher Thronfolger brachte sich jedoch der einzige Sohn Bhumibols, Kronprinz Vajiralongkorn, in Stellung. Eskapaden und Frauengeschichten schadeten seinem Ruf. Im Jahr 2011 wurde Vajiralongkorns Flugzeug spektakulär auf dem Flughafen in München festgesetzt, weil Bangkok vor 25 Jahren bei Walter Bau die Rechnung für die Erstellung eines Autobahnabschnitts in Thailand nicht bezahlt hatte. Die Sache wurde dann geregelt.

Der 1952 geborene Kronprinz hält sich häufig in München auf, kaufte eine Villa am Starnberger See und wohnt gern im Hotel Vier Jahreszeiten. Die Unterkunft gehört der Kempinski-Gruppe – an der wiederum die CPB der Mehrheitseigentümer ist. Insgesamt hat Kempinski rund 22.500 Mitarbeiter in 30 Ländern und betreibt 70 Hotels.

**Nachhaltigkeit** ✘ ✘ ✘ ▩ ▩
Bhumibol forderte von seinen Bürgern, ein genügsames Leben zu leben. In der königlichen Vermögensverwaltung spielen Konzepte der Nachhaltigkeit keine größere Rolle.

**Unbestechlichkeit** ✘ ✘ ✘ ▩ ▩
Persönlich ohne Fehl und Tadel. Alle Bereiche Thailands jedoch würden an chronischer Korruption leiden, hält GAN Integrity Solutions fest, ein »Business Anti-Korruptions-Portal«.

**Steuerehrlichkeit** ✘ ▩ ▩ ▩ ▩
Die thailändische Schattenwirtschaft gilt als eine der größten auf der Welt. Sie soll 40 Prozent des offiziellen Bruttoinlandsprodukts ausmachen.

**Humanität** ✘ ▩ ▩ ▩ ▩
Vielfach katastrophale Arbeitsbedingungen in Thailand. Eine Studie der Menschenrechtsorganisation Verité über die Zulieferer der Fischindustrie berichtete von Menschenhandel, Kinderarbeit, Zwangsarbeit und Hungerlöhnen.

**Transparenz** ✘ ▩ ▩ ▩ ▩
In Thailand herrscht seit 2014 das Militär. Für die Organisation Freedom House hat die Freiheit im Land sehr gelitten. Die königliche Vermögensverwaltung ist völlig intransparent.

# Hassanal Bolkiah

## Brunei

Durch prunkvolle Feste macht Hassanal Bolkiah genauso Schlagzeilen wie durch strikte
Verbote. So währte die Hochzeit eines seiner
Söhne elf Tage, die Brautleute erschienen in
goldenen Gewändern, mit Smaragden und Dia-
manten besetzt. Dann nimmt alle Welt Notiz
vom Reichtum des Sultans von Brunei, dem der
größte Palast der Welt gehört: 200.000 Quadratmeter Wohnfläche, 1788 Zimmer, mehr als
250 Baderäume, eine Garage für 110 Autos, ein
Speisesaal für 5000 Gäste, sogar eine Rennstre-
cke gehört zu dem Areal – für seine 5000 Autos.

Eine Märchenwelt, die vom Aufstieg des Sultanats durch Öl- und Gasverkäufe
kündet. Sie wurde 2014 jäh erschüttert, als der überreiche Herrscher ein neues
Strafgesetzbuch einführte, das die Scharia besonders betont. Offiziell galt das
islamische Religionsgesetz seit der Unabhängigkeit Bruneis von Großbritannien
(1984). Nun wurde die Todesstrafe durch Steinigung eingeführt, Diebe verlieren
ihre Hand, Homosexualität ist geächtet. Das Weihnachtsfest 2015 durften explizit
nur Christen feiern – und zwar nicht-öffentlich.

Niemand kann sagen, dass die 420.000 Einwohner des Sultanats, davon zwei
Drittel malaiische Moslems, nicht streng geführt würden. Hassanal Bolkiah (geb.
15. Juli 1946) ist vieles in einer Person: Staatschef, Premier, Minister für Verteidigung, Äußeres, Handel und Finanzen sowie Wächter über die islamische Staatsre-
ligion. Die Medien sind gleichgeschaltet. Das Oberhaupt der 600-jährigen Dynastie ist einer der wenigen verbliebenen absoluten Herrscher der Welt. Demokratie
ist hier nur ein Wort. Aber die Untertanen haben mitgemacht, weil sie keine Steuern zahlen und Bildung sowie Gesundheitswesen gratis sind.

Als Finanzminister wacht der zweitreichste Monarch der Welt über den Staatsfonds Brunei Investment Agency: Er verwaltet Staatskapital sowie Teile des Privat-
vermögens des Sultans. Der Fonds speist sich größtenteils aus den Öleinnahmen,
die mehr als 90 Prozent der Staatseinkünfte Bruneis ausmachen. Brunei Shell
Petroleum, das mit Abstand wichtigste Öl- und Gasunternehmen des Landes,
gehört jeweils zur Hälfte dem Staat und der Shell-Gruppe. Kapitalgewinne des
Fonds sollen die massive Ölabhängigkeit verringern; schließlich dürften dem BP
World Energy Outlook 2016 zufolge die Reserven Bruneis im Jahr 2039 erschöpft

sein. Vorsichtshalber friert der Sultan den Staatsetat bei knapp sieben Milliarden Dollar ein. Das Innenleben des Fonds ist ein Staatsgeheimnis. Schätzungsweise hat er ein Volumen zwischen 30 und 40 Milliarden Dollar. Unter anderem ist Brunei Investment Agency an der Hotelkette Dorchester Collection beteiligt, zu der das berühmte Beverly Hills Hotel in Los Angeles zählt. Hier protestierten Hollywood-Stars gegen die Scharia in Brunei, manche drohten mit Boykott. Zum Portfolio gehören jedoch auch weniger glamouröse Projekte, beispielsweise Phosphatminen in Jordanien.

Aufsehen erregte der Skandal um Jefri, den Bruder des Sultans. Der »Playboy-Prinz« soll zwischen 1983 und 1998 rund sieben Milliarden Dollar veruntreut haben soll. Sein Baukonzern Amedeo krachte zusammen. Ihm hat der Herrscher inzwischen verziehen.

**Nachhaltigkeit** ✖✖▨▨▨
Macht sein Geld mit Öl und Gas, negative Umwelteffekte. Es gibt Fortschritte bei der Wasserkonservierung.

**Unbestechlichkeit** ✖✖✖▨▨
Der Sultan geht hart gegen Korruption vor mit neuen Gesetzen und Aktionen, zum Beispiel gegen die Polizei von Brunei. Zu einer Hochzeit der Sultansfamilie akzeptierte er ein Geschenk von Royal Dutch Shell, das eine halbe Million Dollar wert war.

**Steuerehrlichkeit** ✖✖✖▨▨
Fordert mehr Steuerehrlichkeit ein, etwa bei einer Gebäudesteuer, um die sich Reiche und hohe Beamte drückten.

**Humanität** ✖▨▨▨▨
In Brunei gelten die Gesetze der Scharia.

**Transparenz** ✖▨▨▨▨
Nicht vorhanden. Mehr oder weniger Willkürherrschaft.

# Aliko Dangote
## Dangote Group

Wer in Nigeria reich und mächtig ist, muss sein Geld nicht unbedingt mit Öl gemacht haben. Der mit Abstand reichste Mann Afrikas hat sein auf 14,4 Milliarden Dollar geschätztes Vermögen bislang jedenfalls auf andere Weise angehäuft: Der Aufstieg des Aliko Dangote (geb. 10. April 1957) begann Ende der 1970er Jahre mit dem Kauf von Importlizenzen für Zucker, Reis und vor allem für Zement. Inzwischen herrscht er über ein riesiges Firmenkonglomerat.

Die wichtigste Einheit Dangote Cement hat allein in Nigeria, dem mit 175 Millionen Menschen bevölkerungsreichsten Land des afrikanischen Kontinents, drei Werke und kommt auf einen Marktanteil von mehr als 60 Prozent. Noch 2010 war das Unternehmen lediglich hier präsent und verfügte über eine Kapazität von acht Millionen Tonnen; 2015 waren es bereits acht Länder mit 44 Millionen Tonnen. 2019 sollen es sogar 17 Länder bei einem Volumen von bis zu 77 Millionen Tonnen sein. Dabei fällt vor allem die enorme Rentabilität auf: Dangote Cement erwirtschaftet im Schnitt eine operative Marge von fast 60 Prozent. Westliche Unternehmen kommen weltweit im Schnitt auf etwa 20 Prozent.

Kein Wunder, dass Aliko Dangote, Sohn einer wohlhabenden muslimischen Familie aus Nordnigeria, seit Langem als Prototyp des afrikanischen Unternehmers angesehen wird. Schon der Großvater galt bis zu seinem Tod 1955 als reichster Mann Afrikas. Dabei gehört Aliko Dangote zur eher raren Spezies von Afrikanern, die ihren immensen Reichtum nicht ständig zur Schau tragen müssen. Natürlich besitzt auch er Privatjet und Luxuslimousinen, doch arbeitet Dangote unermüdlich. Sein Tag beginnt sehr früh und dauert nicht selten bis gegen Mitternacht.

Sein Rezept ist denkbar einfach: Bevor er in die Produktion einstieg, wurde Dangote in jedem von ihm besetzten Marktsegment zunächst ein führender Importeur. Der Durchbruch gelang ihm Anfang der Nuller Jahre mit dem Bau einer Zuckerraffinerie und eines Zementterminals im Wirtschaftszentrum Lagos. In der Hauptstadt Nigerias baut er nun eine Ölraffinerie mit einer Kapazität für täglich 650.000 Barrel – rund ein Drittel dessen, was das Land derzeit fördert. Die dann weltweit siebtgrößte Raffinerie soll bis 2018 fertig sein und das Land aus einer chronischen Notlage befreien: Seit Jahren sind Nigerias vier staatliche Raffinerien in einem maroden Zustand. Der Ölproduzent – weltweit auf Rang 13 – ist deshalb auf massive Benzineinfuhren angewiesen. Obwohl sie eigentlich insgesamt rund 450.000 Barrel am Tag verarbeiten sollten, schaffen die vier Raffinerien mit 100.000 Barrel insgesamt noch nicht einmal ein Viertel davon. »Zwischen Nigeria und dem Senegal im äußersten Westen Afrikas gibt es quasi keine funktionierenden Raffinerien. Wir werden hier ganz neue Maßstäbe setzen«, frohlockt Dangote, Präsident und CEO in einer Person.

Seine Bewunderer loben seinen Mut beim Aufbau einer industriellen Basis in Nigeria, zumal fast der gesamte Rest der Wirtschaft des Landes auf Importen beruht. So bietet Dangote Group – zusammen mit einem Konsortium – für die Mehrheit an der nigerianischen Tochter des französischen Autokonzerns Peugeot und etabliert mit dem Verband Deutscher Maschinen- und Anlagenbau ein berufliches Trainingszentrum. Hoch angerechnet wird ihm, dass er seinen Reichtum nicht wie so viele andere afrikanische Geschäftsleute im Ausland bunkert.

Kritiker werfen ihm allerdings nicht nur die Marktdominanz seiner Unternehmen vor, sondern auch seine große Nähe zur Politik. So hat Dangote stark von seinen engen Kontakten zu Nigerias langjährigem Staatschef Olusegun Obasasnjo profitiert, dessen zweite Amtszeit (1999 bis 2007) mit den ertragreichsten Jahren des Unternehmens zusammenfiel. Auch mit den Militär-Regimes, die Nigeria jahrelang geknebelt hatten, hielt er engen Kontakt. Er selbst hält gute Verbindungen zur Macht für völlig legitim: Wer in einem politisch derart unruhigen Umfeld wie in Nigeria so viel Geld wie er investiere, sei gezwungen, Einfluss zu nehmen: »Die hohen Renditen entschädigen für das mit Afrika verbundene hohe Risiko.« Ganz unrecht hat er damit nicht, wie die gegenwärtige Lage zeigt: Mit dem dramatischen Verfall der Rohölpreise und dem Wiederaufflammen schwerer Unruhen im ölreichen Nigerdelta glitt Afrikas größte Volkswirtschaft im Verlauf des Jahres 2016 in die schwerste Rezession seit 1987. Das Land produzierte Mitte 2016 mit 1,4 Millionen Barrel pro Tag rund ein Drittel Öl weniger als noch vor drei Jahren.

**Nachhaltigkeit** ✗ ⬚ ⬚ ⬚ ⬚
Dangotes Investitionen ins Ölgeschäft haben einen negativen Umwelteffekt.

**Korruption** ✗ ✗ ⬚ ⬚ ⬚
Nigeria gilt als sehr anfällig für Korruption. Dangote hat mit hohen Geldbeträgen die Regierungspartei unterstützt.

**Steuerehrlichkeit** ✗ ⬚ ⬚ ⬚ ⬚
Die »Panama Papers« haben gezeigt, dass Dangote über ein dicht geknüpftes Netz an Briefkastenfirmen auf den Seychellen herrscht. Die OECD hat herausgefunden, dass pro Jahr 150 Milliarden Dollar auf illegale Art Afrika verlassen.

**Humanität** ✗ ⬚ ⬚ ⬚ ⬚
Die Arbeitsbedingungen in Nigeria sind hart, Dangote macht da keine Ausnahme.

**Transparenz** ✗ ✗ ✗ ⬚ ⬚
Die Zement-Tochter ist an der Börse in London gelistet.

# Blair Parry-Okeden
## Cox Enterprises

Im Frühjahr 2016 forderte die Rohstoffbaisse in Australien ein prominentes Opfer. Gina Rinehart, Eisenerz-Mogulin und Erbin des Hancock-Imperiums, verlor ihre Krone als reichste Australierin an Blair Parry-Okeden (geb. 1950). »Blair who?«, fragte sich so mancher in der dicht vernetzten australischen Geschäftswelt. Kaum jemand hatte ihren Namen zuvor gehört. Eine Geheimnisvolle, die über ein Privatvermögen von neun Milliarden Dollar wacht.

Journalisten, die über Blair Parry-Okeden schreiben wollen, vergleichen die Suche nach Informationen mit der Jagd nach einem Geist. Die Erbin des amerikanischen Medienunternehmens Cox Enterprises lebt seit Jahrzehnten zurückgezogen auf einer Farm in der Nähe des Dörfchens Scone nördlich der australischen Stadt Sydney. Sie gewährt keine Interviews und gibt auch sonst keine Auskunft – weder über ihr Leben noch über ihre Geschäfte. Nicht einmal ihre philanthropische Tätigkeit soll Thema werden. Parry-Okeden lässt hier mal eine Million in eine Schule fließen, dort mal ein paar Hunderttausend Dollar in eine karitative Organisation. Alles ohne Publizität. Nur ein einziges Mal trat die Frau in der Öffentlichkeit in Erscheinung: Im Jahr 1989 publizierte sie ein Kinderbuch (»Down by the gate«). Es handelt von australischen Tieren, die sich auf eine von einer Gänsemutter aufgegebene Zeitungsanzeige für einen Job auf einer Farm melden.

Blair Parry-Okeden ist gebürtige Amerikanerin und in Hawaii aufgewachsen, zog aber schon in den 1970er Jahren mit ihrem damaligen Ehemann Simon in dessen Heimat Australien. 2007 erbte sie von ihrer Mutter Barbara Cox Anthony exakt 25 Prozent von Cox Enterprises. Das Medienkonglomerat war von ihrem Großvater James M. Cox gegründet worden, einem Schullehrer und Reporter. Der Demokrat war dreimal Gouverneur des US-Staats Ohio und kaufte 1898 die Dayton Daily News. Sie gehört neben etlichen TV- und Radiostationen sowie vielen anderen Zeitungen noch immer zum Konzern. Hauptgewinnbringer sind indes Aktivitäten in der Telekommunikationsbranche, viele Internet-Seiten wie Autotrader.com und eine große Dienstleistungsfirma für Autohandel. Die Firma ist eine Familienangelegenheit geblieben, im Board sind mit Anne Cox Chambers, Jim Kennedy, Alex Taylor und Jamie Kennedy drei Generationen vertreten. Parry-Okedens Bruder Jim Kennedy, der ebenfalls 25 Prozent von Cox kontrolliert, führt das Unternehmen. Ihre Tante Anne Cox Chambers sitzt noch im Aufsichtsrat, hat aber ihre 49 Prozent unter ihren drei Kindern aufgeteilt.

Parry-Okeden spielt keine aktive Rolle im Unternehmen. Längst hat sie sich in ihrer Wahlheimat Australien gut eingerichtet. Zu dem wenigen, was man über sie weiß, gehört, dass sie zwei Söhne hat, Andrew und Henry. Und dass sie jegliche Zurschaustellung ihres immensen Wohlstands verabscheut. Sie scheint allerdings eine gewisse Vorliebe für Immobilien zu haben. Laut der australischen Liegenschaften-Expertin Lucy Macken kontrolliert die Erbin ein halbes Dutzend Farmen und Strandhäuser, zum Teil in exklusiver Lage.

»Sie ist ruhig und reserviert«, haben Bekannte von Parry-Okeden zu Protokoll gegeben, sie sei eine Frau, die »im Hintergrund recht effektiv operiert, aber als zugänglich« erscheine. Eben nur nicht für Medien. In der australischen Ausgabe von »Forbes« bleibt in der jährlich publizierten Liste der reichsten Australier ein prominenter Platz gähnend leer – dort, wo das Foto von Blair Parry-Okeden gedruckt werden sollte.

### Nachhaltigkeit ✘✘☒☒☒
Spielt für Parry-Okeden persönlich keine Rolle. Cox Enterprises hat zwischen 2007 und 2016 rund 100 Millionen Dollar in Nachhaltigkeit investiert.

### Unbestechlichkeit ✘✘✘✘☒
Keine Befunde bei Gesellschafterin Parry-Okeden und bei Cox Enterprises.

### Steuerehrlichkeit ✘✘✘✘☒
Keine Befunde.

### Humanität ✘☒☒☒☒
2014 verdonnerte das US Department of Labour das Unternehmen Cox Enterprises dazu, den eigenen Angestellten zwei Millionen Dollar zu zahlen. Cox hatte Zahlungen für die jährliche Vorsorge gedeckelt.

### Transparenz ✘☒☒☒☒
Ist unerwünscht und auch bei Cox nur bedingt vorhanden.

# Gina Rinehart
## Hancock

Sie dürfte die am meisten gehasste Person Australiens sein. Auf jeden Fall ist sie die zweitreichste. Jahrelang hat sich die überaus taffe Geschäftsfrau gestritten – mit anderen Businessleuten, mit Umweltschützern und vor allem mit ihren eigenen Kindern. Das hat die Erbin des Hancock-Eisenerzimperiums ziemlich unpopulär gemacht. Dass Gina Rinehart (geb. 9. Februar 1954) auf dem Höhepunkt des australischen Rohstoffbooms 2011 zwischenzeitlich mit einem Privatvermögen von 18 Milliarden Dollar zur reichsten Frau auf dem Globus gekürt worden  war, änderte nichts an ihrem Ruf. Gina Rinehart soll geradezu manisch geizig sein. Und gelegentlich zeigt sie die emotionale Intelligenz eines Stücks Eisenerz: So lobte sie einst die Verhältnisse in afrikanischen Minen, »wo die Menschen willig sind, für zwei Dollar am Tag zu arbeiten«. Sie selbst wird jede halbe Stunde eine Million australische Dollar reicher.

Gina Rinehart ist eine der einflussreichsten Geschäftsfrauen Australiens. Das einzige Kind von Lang Hancock übernahm nach dem Tod des Vaters im Jahr 1992 die Mehrheit und den Vorsitz der Firma Hancock Prospecting. Viele hatten Zweifel, ob sie reüssieren würde – doch Rinehart baute das Unternehmen zu einem der erfolgreichsten Bergbaukonzerne des Landes aus. Hancock hält die Schürfrechte an einigen der größten Erzreserven der Welt. Selbstbewusst eröffnete Rinehart im Dezember 2015 die Eisenerzmine Roy Hill, an der sie 70 Prozent hält; zehn Milliarden Dollar waren über zwei Jahrzehnte hinweg in das gigantische Projekt im Norden des Landes geflossen. Aufgrund gefallener Eisenerzpreise machte Roy Hill erst einmal Verlust.

Schon als kleines Mädchen hatte Gina ihrem Vater über die Schulter geschaut und dabei viel gelernt. Lang Hancock war ein ebenso erfolgreicher wie rücksichtsloser Pionier der australischen Rohstoffindustrie, der die enormen Eisenerzvorkommen im Norden Westaustraliens entdeckt und erschlossen hatte. Gina Rinehart kontrolliert heute 50 Prozent der von Rio Tinto betriebenen Mine Hope Downs – ungefähr 30 Millionen Tonnen Eisenerz pumpt die Anlage jährlich auf die Weltmärkte. Sie sei eine Meisterin im Abschluss von Joint Ventures, erklärt ein Geschäftspartner, und kenne in Verhandlungen »keine Gnade«.

Gnadenlos ist sie auch, wenn es darum geht, Einfluss zu nehmen. Erzürnt über eine unbarmherzige komödiantische Miniserie (»The House of Hancock«), die ihr Familienleben nachspielte, ging die Unternehmerin gegen den TV-Sender Channel Nine vor; sie sei beispielsweise nicht in der Jugend »Elefantenbaby« genannt worden. Und sie pumpte Millionen in den PR-Kampf gegen eine geplante Bergbausteuer. Die Kampagne kostete den damaligen sozialdemokratischen Premierminister Kevin Rudd das Amt. Als virulente Gegnerin jeglicher Maßnahmen gegen den Klimawandel ist sie ein rotes Tuch für Umweltschützer. In der Hoffnung, die Berichterstattung zu diesem Thema beeinflussen zu können, kaufte sie sich sogar einen Anteil am Medienverlag Fairfax Holdings. Doch kritische Beiträge verhinderte sie damit nicht. Nachdem sie keinen Platz im Aufsichtsrat bekommen hatte, verkaufte die Minenkönigin ihren Anteil wieder, der zeitweise mehr als 18 Prozent betrug.

Scheitern ist ein Wort, das Rinehart erst in den letzten Jahren lernen musste. Nach einem jahrelangen Rechtsstreit gegen erst drei, dann zwei ihrer vier Kinder verlor sie im Mai 2015 die Kontrolle über einen Familien-Treuhandfonds, der ein Viertel der Anteile von Hancock Prospecting hält. Lang Hancock hatte den Fonds 1988 ins Leben gerufen, um seinen Enkeln die Zukunft zu sichern. Doch Gina Rinehart, die Verwalterin, hielt den Deckel drauf – bis nach dem Richterspruch Tochter Bianca die Kontrolle übernahm. Die Eiserne Lady hatte verloren, was sie noch mehr liebt als Geld: Macht.

**Nachhaltigkeit** ✘ ✕ ✕ ✕ ✕
Machte ihr Vermögen mit Kohle und Eisenerz. Ein erweiterter Hafen für den Abtransport dieser Güter soll schuld daran sein, dass das Great Barrier Reef abstirbt. Kämpfte mit zwischenzeitlichen Medienbeteiligungen dafür, dass Leugner des Klimawandels redaktionellen Platz bekommen.

**Unbestechlichkeit** ✘ ✕ ✕ ✕ ✕
Scheute sich nicht, Millionen in einen politischen Kampf gegen eine geplante Bergbausteuer zu stecken.

**Steuerehrlichkeit** ✘ ✘ ✘ ✕ ✕
Hancock Prospecting machte 2015 seine Steuerlast öffentlich. Danach zahlte die Firma 2013/14 rund 16,6 Prozent Steuern. 2012 schlug Rinehart für den Nordwesten Australiens – wo ihre Minen liegen – eine Sonderwirtschaftszone mit niedrigen Steuersätzen vor.

**Humanität** ✘ ✘ ✕ ✕ ✕
Diejenigen, die neidisch auf Vermögende seien, sollten härter arbeiten und weniger trinken, rauchen und mit Freunden herumhängen – mit solchen öffentlichen Aussagen hat sich Gina Rinehart in Australien unbeliebt gemacht. Auch schlug sie Lohnzurückhaltung für Australien vor. Dass Afrikaner für zwei Dollar in der Stunde arbeiten, könne Inspiration sein.

**Transparenz** ✘ ✕ ✕ ✕ ✕
Reinharts Unternehmen ist privat. Daten stehen nur selektiv zur Verfügung.

# Amancio Ortega
## Inditex


Glaubt man denen, die Armancio Ortega gut kennen, dann denkt der zweit-reichste Mann der Welt nicht in Kategorien von Euro oder Dollar. »Er lässt sich nicht von Geld motivieren«, sagt ein langjähriger Vertrauter des spanischen Unternehmers. Dabei ist Ortegas Konzern Inditex nach Marktkapitalisierung das größte Textilunternehmen der Welt. Es ist zwar seit 2001 an der Börse notiert, aber immer noch fest in Familienhand: 59,29 Prozent der Aktien gehören Ortega, weitere 5,05 Prozent seiner Tochter Marta, der Rest ist vor allem in den Händen von institutionellen Investoren, von denen niemand mehr als drei Prozent besitzt. Der Wert der Inditex-Papiere hat sich vom Börsengang bis zum Mai 2016 fast ver-zehnfacht und Ortega zum Multimilliardär gemacht. Das US-Magazin »Forbes« taxierte sein Vermögen im Mai 2016 auf 70,2 Milliarden Dollar.

Angesichts eines solchen Polsters fällt ein entspanntes Verhältnis zum Geld wohl nicht allzu schwer. Das war nicht immer so: Ortega (geb. 28. März 1936) stammt aus einfachen Verhältnissen. In ihrer Biografie über den Inditex-Grün-der erzählt Covadonga O'Shea von einem einschneidenden Erlebnis. Nach der Schule ging der damals zwölfjährige Amancio mit seiner Mutter einkaufen, doch sie kamen mit leeren Händen nach Hause. Der Verkäufer hatte erklärt, er könne der Mutter nicht noch mehr Kredit einräumen. Ortega fasste damals einen Ent-schluss. »Das sollte meiner Mutter nie wieder passieren«, zitiert ihn O'Shea. »Ich habe es ganz klar gesehen: Von diesem Tag an würde ich arbeiten gehen, um Geld zu verdienen und zu Hause zu helfen.«

Ortega fängt als Laufbursche in einem Bekleidungsgeschäft in seiner galizi-schen Heimatstadt La Coruña an. 1963 gründet er seine erste Firma und pro-duziert mit seiner späteren Frau Bademäntel. 1972 ruft er die Modelinie GOA ins Leben, aus der später Inditex hervorgeht – ein Modegigant mit Marken wie Zara, Massimo Dutti, Bershka und Uterqüe, der heute 7000 Läden in 88 Ländern betreibt. Mit seiner Hauptmarke Zara hat Ortega die Modewelt revolutioniert. Bis zur Gründung im Jahr 1975 war es in der Branche üblich, eine komplette Kollek-tion ein Jahr im Voraus zu entwerfen. Zara aber reagiert laufend auf Trends, pro-duziert Novitäten innerhalb von drei Wochen und bringt sie zu günstigen Preisen in die Läden. Diese Methode der »Fast Fashion« hat alles verändert.

Obwohl Senior Ortega im Jahr 2011 sämtliche Posten bei Inditex abgegeben hat, fährt er noch jeden Morgen in die Firmenzentrale in Arteixo, zehn Minuten von La Coruña entfernt. »Das Unternehmen ist sein Leben«, erklärt ein Vertrauter und versichert zugleich, dass der Patron ein hervorragendes Verhältnis zum CEO habe.

Dabei war Ortega als Chef alles andere als einfach. »Ich war nie zufrieden mit dem, was ich gemacht habe«, zitiert ihn seine Biografin. »Selbstgefälligkeit ist das Schlimmste, wenn man etwas Wichtiges erreichen will.« Ortega habe Inditex trotz des enormen Erfolgs stets so geführt, als befände sich das Unternehmen in einer permanenten Krise, heißt es aus seinem Umfeld: »Er hat ständig überlegt, was man noch vereinfachen und verbessern könnte.«

Ein eigenes Büro hat Ortega nie besessen – er teilt sich den Schreibtisch mit seiner Sekretärin und thront am Kopfende einer langen Reihe von Tischen, an denen sich Dutzende junge Country Manager gegenübersitzen. Die Hierarchien sind flach, der Gründer ist nahbar – allerdings nur für seine Mitarbeiter. Die Öffentlichkeit meidet Ortega seit jeher: Er hat noch nie ein Interview gegeben, die ersten Fotos von ihm gab es gezwungenermaßen erst zum Börsengang im Jahr 2001. Selbst den Hauptversammlungen des Konzerns bleibt er fern. Als Begründung heißt es, er wolle sein Privatleben schützen. Für einen Bruch mit dieser Tradition sorgte seine Tochter: Als Ortega an seinem 80. Geburtstag in die Firma kam, überraschte sie ihn mit der versammelten Belegschaft – und laufenden TV-Kameras. Die filmten den zu Tränen gerührten Patriarchen und sein Defilee durch die Reihen klatschender Mitarbeiter. Das Video kursierte später in allen spanischen Medien.

Über Ortegas wirkliches Privatleben ist nicht viel bekannt. Er trennte sich 1986 von seiner ersten Frau, mit der er eine Tochter und einen schwerbehinderten Sohn hat. Seine Passion sind Pferde und Yachten. Auf den meisten Bildern sieht man Ortega mit Tochter Marta aus seiner zweiten Ehe mit Flora Perez Marcote, einer Zara-Mitarbeiterin. Unweit der Inditex-Zentrale liegen die Büros von Pontegadea Inversiones, dem Unternehmen, in dem Ortega sein Vermögen gebündelt hat. Auch seine Anteile an Inditex werden dort betreut. Im neunköpfigen Verwaltungsrat von Inditex sitzen als Vertreter der Anteilseigner Eigentümer Ortega selbst sowie der Vizechef von Pontegadea Inversiones und Flora Pérez Marcote. Die Dividenden, die Ortega von Inditex bezieht, investiert er bis auf den letzten Cent in Pontegadea – alleine 2016 werden es 1,1 Milliarden Euro sein.

Der Immobilienzweig Pontegadea Inmobiliaria hat 40 Mitarbeiter. Für insgesamt acht Milliarden Euro haben sie in den vergangenen Jahren 145 Gebäude rund um den Globus gekauft – stets in den besten Shoppingmeilen. »10 bis 15 Prozent mehr« seien die Gebäude inzwischen wert, heißt es bei Pontegadea. »Aber wir messen dem aktuellen Wert keine Bedeutung bei. Es geht darum, stabile Mieteinnahmen zu generieren und eine langfristige Geldanlage zu haben.« Weniger als zehn Prozent der Gebäude vermietet Ortega an Inditex, seine Mieter sind vor allem externe Unternehmen, darunter auch Wettbewerber wie H&M oder Primark. So sichert er dem Immobilienzweig eine gewisse Unabhängigkeit.

Die Entscheidung, welches Gebäude gekauft wird, fällt der Patron selbst – bei Summen von jeweils mehreren Hundert Millionen Euro nicht verwunderlich. Er kennt die Flanier- und Shoppingmeilen der Metropolen wie kein anderer, weil auch bei Zara die Standorte eine zentrale Rolle spielen. Früher ist Ortega unablässig durch die großen Metropolen gereist, um die besten Standorte für seine Läden zu suchen. Die Firma zahlt stets bar – egal, ob es um 400 Millionen oder 600 Millionen Euro geht. »Bei solchen Größenordnungen ist es ein großer Vorteil, wenn der Käufer keine Bankfinanzierung braucht«, sagt Christopher Hütwohl, Gründer des Immobilien-Beraters Valid in Madrid. Er hat Pontegadea bereits zwei Gebäude verkauft.

Ortega hat stets versucht, ohne Bankkredite auszukommen. Auch Inditex hat so gut wie keine Schulden: Sie betragen elf Millionen Euro, verschwindend wenig angesichts eines Jahresumsatzes von zuletzt 20,1 Milliarden Euro.

Ortega selbst ist trotz seines rasanten Aufstiegs offenbar der Alte geblieben: Er wohnt bis heute in der Stadt La Coruña mit ihren 250.000 Einwohnern. Blickt der Milliardär von seinem Haus am Hafen aus dem Fenster, sieht er rechts Yachten und links Containerschiffe – und hat so doch einen Hauch von weiter Welt vor Augen. »Er ist ein bescheidener Mann«, sagt Jorge Espasandin, der die Bar neben Ortegas Haus besitzt. Manchmal trinkt Ortega dort mit seiner Frau einen Kaffee oder Tee. Was einmal aus Inditex wird, wenn der Gründer stirbt, weiß nur er selbst. Bei Inditex heißt es, der Fortbestand als Familienunternehmen sei gesichert: Der Ehemann von Ortegas erster Tochter Sandra arbeitet im Konzern, ebenso wie seine Tochter Marta aus zweiter Ehe. Viele sehen in ihr die Nachfolgerin Ortegas.

**Nachhaltigkeit** ✖✖✖✕✕
Bis 2020 sollen alle Zara-Läden ökoeffizient sein. 2015 verkündete Inditex, wegen skandalöser Zustände auf Farmen in China keine Angora-Produkte zu verkaufen. Greenpeace lobt für giftfreie Kleidung.

**Unbestechlichkeit** ✖✖✖✕✕
Keine Hinweise auf Korruption.

**Steuerehrlichkeit** ✖✖✕✕✕
2014 fiel auf, dass Inditex Gewinne in eine kleine Einheit verlagert, die für die Schweiz und die Niederlande zuständig ist. 0,1 Prozent des Geschäfts fallen dort an, aber 20 Prozent der Gewinne. 2013 wurden mit Steuertricks 100 Millionen Dollar gespart.

**Humanität** ✖✖✖✕✕
Trat einem Bündnis (»Bangladesh accord«) zum Schutz der Textilarbeiter in Fabriken bei. Kooperiert mit Gewerkschaften zwecks Einhaltung von Standards. Die brasilianische Regierung glaubt, Inditex halte sich nicht an ein Abkommen, Arbeiter gut zu behandeln.

**Transparenz** ✖✖✕✕✕
Viele Zahlen sind verfügbar. Ortega selbst ist pressescheu, seine Immobiliengesellschaft Pontegadea verschwiegen. Es bleibt ein Restzweifel über die Billigproduktion.

# Peter Kamprad

## IKEA

Über Peter Kamprad gibt es in der Öffentlichkeit so gut wie nichts. Der Schwede gewährt keine Interviews, hält sich von gesellschaftlichen Ereignissen fern und äußert sich auch nicht zum Lauf der Welt. Was existiert, ist ein auf »bitte, recht freundlich!« getrimmtes Foto für ein schwedisches Wirtschaftsblatt. Es zeigt ihn zusammen mit seinen Brüdern Jonas und Mathias.

Dabei ist dieser unscheinbare, schmale, leicht bärtige Peter Kamprad (geb. 1964) eine der wichtigeren Figuren der globalen Wirtschaft. Er ist so etwas wie der Stimmführer der zweiten IKEA-Eigentümer-Generation. Im Gesellschafterrat hat der älteste Sohn von Unternehmensgründer Ingvar Kamprad eine besondere Stellung: Wenn sich die drei Brüder nicht einigen können, dann gibt Peters Votum den Ausschlag. Er kümmert sich um den Privatbesitz der Familie, der aus Finanzfirmen, Versicherungen, Handelsunternehmen, einer Vermögensverwaltung und Immobilien besteht – die wiederum mehr umfassen als nur IKEA-Häuser und Einkaufszentren, zum Beispiel die Hotelkette Moxy. Operativ sind dagegen die Geschwister auffälliger: Jonas (geb. 1966) als Designer, Mathias (1969) als Manager.

Und Ingvar Kamprad (geb. 30. März 1926), der kauzig-knausrige Vater, der damit kokettiert, Textilien vom Flohmarkt zu tragen? Er hat schon 1986 die operative Führung abgegeben und inzwischen den allergrößten Teil seines Vermögens auf die Söhne übertragen. Erst 2014 kam er in seine alte Heimat zurück, nachdem er jahrzehntelang lieber in der Schweiz Steuern gespart hatte. Zum 90. Geburtstag im März 2016 gab der Senior noch einmal ein Interview und beschwor die »gemeinsame Entschlusskraft« der Familie Kamprad, deren gemeinsames Vermögen schätzungsweise rund 37,5 Milliarden Dollar beträgt.

Auch wenn der Gründer nun, zumal nach dem Tod seiner Frau Margaretha im Jahr 2011, ein einsamer, entmachteter Patriarch ist, so hat er doch den Konzern IKEA auf Jahre hinweg geprägt. Ingvar Kamprad stammt aus dem idyllischen Småland, wo die Menschen als die »Schotten Schwedens« gelten: fleißig, sparsam (manchmal geizig), gewitzt. Hier wuchs er auf dem väterlichen Hof Elmtaryd in Agunnaryd auf. Die Anfangsbuchstaben von Namen, Hof und Dorf ließ er im Juli 1943 im Handelsregister eintragen: IKEA. Mit dieser Handelsfirma verkaufte der Bauernsohn Fische, Saatgut und Papierwaren. Erst 1950 übernahm er eine kleine Möbelfabrik in Älmhult, der nächsten Kleinstadt, in die er auch den Sitz des noch jungen Unternehmens legte. Schnell merkte Kamprad, welche Produkte am besten liefen, und entschied sich für eine stärkere Konzentration auf Einrichtungsgegenstände. Diese sollten preiswert, stabil, funktionell und vor allem

leicht zu transportieren sein. Die
Idee der Regale, Sofas und Wand-
schränke aus dem Pappkarton war
geboren. Der Kunde durfte, ja sollte
mit anpacken. Allerdings mussten
die Schweden noch bis 1965 warten,
bis Kamprad außerhalb Stockholms
sein erstes großes Möbelhaus baute.

Heute ist der Konzern auf insgesamt 328 Filialen in 43 Ländern mit
insgesamt 155.000 Mitarbeitern angewachsen. Kamprad hatte allerdings nicht nur
früh seine Liebe zu preiswerten, aber pfiffigen Möbeln entdeckt, sondern auch zu
Steuerparadiesen. Trotz seines sozialen Anspruchs (»Wir wollen Möbel für die
breite Bevölkerungsmehrheit entwickeln«) wollte der Gründer dem Fiskus nicht
unnötig viel überweisen. Das gelang ihm mithilfe einer Heerschar aus Juristen
und einer komplizierten Konstruktion aus Holdinggesellschaften und Stiftungen.
Sie sitzen zumeist in steuerlich günstigen Staaten wie den Niederlanden, Liechtenstein, Luxemburg, Zypern und der Karibik-Insel Curaçao.

Für 770 Millionen IKEA-Kunden im Jahr ist ein kleiner Imbusschlüssel der
Garant zum Erfolg, für Ingvar Kamprad war ein dreiteiliger Organisationsplan
der Garant zum Steuerglück. Ein Pfeiler der Konstruktion ist die über eine nie-
derländische Stiftung geführte Ingka Holding (»blaue Gruppe«), die für die IKEA-
Märkte und etliche Shoppingmalls verantwortlich ist. Zum zweiten Pfeiler (»rote
Gruppe«) gehören die niederländische Inter IKEA Holding und die Schweizer
Interogo Holding, alles überdacht von der Interogo-Stiftung in Liechtenstein.
Inter IKEA besitzt seit 1982 die Rechte am Namen IKEA und an dem Konzept;
alle IKEA-Häuser müssen seitdem drei Prozent ihres Umsatzes an Lizenzgebühren überweisen. Das drückt bei den einen den Gewinn, und fördert ihn andererseits in der roten Gruppe, die von Mathias Kamprad geleitet wird. Seit September
2016 ist sein Einfluss gestiegen: Neben den Markenrechten wurden Inter IKEA
auch Einkauf, Sortimentsgestaltung und Logistik übertragen. Inter IKEA führt
einen Teil der Einnahmen an eine in Curaçao ansässige Holding ab. Im karibi-
schen Steuerparadies hat die Familie viel Vermögen ansammeln können. Von hier
aus – über die ICAF Antillen N.V. – laufen in der »grünen Gruppe« des neuen
Stammesoberhaupts Peter Kamprad die Verbindungen direkt zur Ikano Group in
Luxemburg, dem dritten Pfeiler von Ingvar Kamprads Plan.

Gemeinsam ist der gesamten IKEA-Gruppe, dass man sich nicht gern in die
Karten schauen lassen will. Das ist auch der Grund, warum man sich gegen einen
Börsengang entschieden hat. »Wären wir an der Börse notiert, könnten wir lang-
fristige Investitionen mit spektakulärerem Charakter nicht durchführen«, sagte

Ingvar Kamprad. Spektakulär? Damit meint er beispielsweise das Ikea-Engagement in Russland, das auch nach der Rubelabwertung vor einigen Jahren nicht infrage gestellt wurde. Mehrere Hundert Millionen Dollar hat der Konzern dort in Möbelhäuser und Sägewerke investiert. »Als börsennotiertes Unternehmen hätten wir das nie machen können«, erklärte Ex-Ikea-Chef Anders Dahlvig im Gespräch. Auch der Vorstoß in China sei mit dividendenverliebten Aktionären wohl nicht durchzusetzen gewesen.

Kamprads Chaos-Struktur, so betont er selbst immer wieder, hatte zum Ziel, den Konzern (Umsatz 2015/16 mehr als 34 Milliarden Euro) langfristig abzusichern. Der Umsatz soll 2020 bei 50 Milliarden liegen. Dass nebenbei mächtig Steuern gespart werden, ist mehr als ein Nebeneffekt. Tatsächlich bedrohen Möbelhäuser wie XXXL Lutz und das E-Commerce die Geschäfte. IKEA bietet deshalb nun auch ein Kaufhaus in der Innenstadt an (Hamburg-Altona) und ist in englischen Shoppingmalls (Leeds, Westfield Stratford City) gut vertreten. Es soll mehr Service und Produkte für wohlhabende Ältere geben.

Ingvar Kamprad bewies vor einiger Zeit seine legendäre Sparsamkeit, als er stolz die U-Bahn-Fahrkarte vorzeigte, mit der er zu einer Pressekonferenz gekommen war – Seniorenrabatt inklusive. Vor ein paar Jahren wäre er fast darüber gestolpert, dass ihm große Sympathien für eine nazistische schwedische Organisation in den 1950er Jahren nachgewiesen wurden. Der Alte entschuldigte sich bei Mitarbeitern und Öffentlichkeit für diese »Jugendsünde«.

**Nachhaltigkeit** ✖ ✖ ✖ ▨ ▨
Nach eigenen Angaben hat IKEA seit 2009 rund 1,5 Milliarden Euro in Wind- und Sonnenenergie investiert. Ziel des Konzerns ist es, bis 2020 genug Energie zu produzieren, um für den eigenen Verbrauch aufzukommen.

**Unbestechlichkeit** ✖ ✖ ▨ ▨ ▨
Mitte der 2000er Jahre flog auf, dass sich IKEA-Manager jahrzehntelang hatten von Baufirmen bestechen lassen. Inzwischen klare Normen und bessere Kontrollen. Aber in Russland gibt es mit den Behörden immer wieder Streit um Korruptionsvorgänge.

**Steuerehrlichkeit** ✖ ▨ ▨ ▨ ▨
Für die Grünen im Europaparlament errechnete ein Experte, dass IKEA durch Steuertricks zwischen 2009 und 2014 rund eine Milliarde Euro Steuern gespart hat. Das gelang über die Verrechnung von Lizenzgebühren und Kreditzinsen innerhalb des Konzerns. Viele Steueroasen wurden dabei genutzt.

**Humanität** ✖ ✖ ✖ ▨ ▨
Kinderarbeit wird nicht geduldet.

**Transparenz** ✖ ▨ ▨ ▨ ▨
Hunderte von Tochterfirmen und eine unklare Machtverteilung zwischen den drei Kamprad-Brüdern machen den Konzern undurchsichtig.

# Liliane Bettencourt
## L'Oréal

Die reichste Frau der Welt hat seit vielen Jahren niemand mehr in der Öffentlichkeit gesehen. Und die Frage ist auch, ob die greise Liliane Bettencourt (geb. 21. Oktober 1922) noch viel davon mitbekommt, wie sich ihr Vermögen von rund 36 Milliarden Dollar entwickelt. Es ist einsam um sie geworden. Und doch steht sie offiziell noch für einen Clan, den sie in Wahrheit nicht mehr beherrscht.

Die Geschichte der Bettencourts ist eine Geschichte um Geld und Gier, aber auch um Glanz und Elend der Öffentlichkeit. Der größte Teil des extrem großen Vermögens der Liliane Bettencourt besteht aus 33,1 Prozent der Aktien von L'Oréal, dem weltgrößten Kosmetikkonzern, der sich als Universalist in Sachen Schönheit begreift. Über ihre übrigen Besitztümer ist wenig bekannt: Sie werden – wie auch die L'Oréal-Wertpapiere – über mehrere, teils wechselnde Family Offices verwaltet: Téthys, Clymène, Eugène Schueller SARL, Financière de l'Arcouest, Société Immobilière Sebor. Alle sind unter identischen Adressen in der Pariser Rue Royale und im feinen Vorort Neuilly registriert. In dieser Phalanx hat Téthys besondere Bedeutung: Hier sind die meisten L'Oréal-Aktien geparkt, außerdem hält die Gesellschaft gut eine Milliarde Dollar an weiteren Investments. Lilianes einzige Tochter Françoise Bettencourt-Meyers (geb. 10. Juli 1953) leitet Téthys zusammen mit ihrem Mann Jean-Pierre Meyers, doch den Gewinn daraus zieht noch die Mutter.

Die Bettencourts legen wie andere Superreiche großen Wert auf Diskretion. Und doch haben sie es zu einer bemerkenswert breiten Berichterstattung in den Medien gebracht. Das liegt vor allem am Mutter-Tochter-Konflikt: Françoise gewann in den 2000er Jahren den Eindruck, ihre Mutter sei senil und werde seit dem Tod ihres Mannes von Personen aus ihrem Umfeld beeinflusst und ausgenutzt. Ende 2009 beantragte die Tochter sogar, Liliane unter Vormundschaft stellen zu lassen. Nach einigen Monaten versöhnten sich die beiden wieder, doch dann klagte Françoise erneut und erreichte, dass Liliane Bettencourt im Oktober 2011 unter die Vormundschaft ihres ältesten Enkels Jean-Victor Meyers gestellt wurde. Mittlerweile sollen sich Mutter und Tochter wiederum vertragen haben. Die Kontrolle der Geschäfte liegt nun bei Françoise, ihrem Mann Jean-Pierre (dem Enkel eines von den Nazis in Auschwitz ermordeten Rabbiners) sowie den beiden gemeinsamen Söhnen. Für Liquidität sorgte Liliane Bettencourt 2012, als sie die Seychellen-Insel D'Arros verkaufte.

Skandalträchtig waren die Bettencourts auch wegen der rechtsradikalen Gesinnung des Firmengründers Eugène Schueller, dem Vater von Liliane, sowie ihres Mannes André Bettencourt, der gegen Ende des Zweiten Weltkrieges zur Résistance gewechselt war. Schueller unterstützte vor dem Krieg die faschistische Geheimorganisation »Cagoule«, der auch André Bettencourt angehörte; während der Besatzungszeit zählte er zu den Kollaborateuren der Deutschen. Gleichzeitig soll er jüdische Angestellte geschützt haben – und half der Résistance. Deshalb entging er nach dem Krieg einer Verurteilung.

Zur medialen Präsenz der Bettencourts haben zahlreiche Prozesse beigetragen. Dabei ging es nicht nur um das Netz von Leuten, die von Lilianes Reichtum profitiert haben. Vor Gericht stand auch der Vermögensverwalter Patrice de Maistre, der Ende 2010 von seinen Aufgaben an der Spitze von Téthys entbunden worden war. Dabei spielten angeblich illegale Partei- und Wahlkampfspenden zugunsten von Nicolas Sarkozy, von 2007 bis 2012 französischer Staatspräsident, eine Rolle. Im Mai 2015 wurde de Maistre zu 30 Monaten Gefängnis verurteilt (ein Teil wurde zur Bewährung ausgesetzt). Er soll von der mentalen Schwäche Liliane Bettencourts profitiert haben. Überraschend wurde sein Nachfolger Pascal Wilhelm zu einer fast identischen Strafe verdonnert.

Am härtesten traf es den Fotografen François-Marie Banier, den Liliane Bettencourt mit Geschenken überhäuft hatte. Insgesamt soll er rund eine Milliarde Euro an Vergünstigungen erhalten haben. Der Dandy wurde zu drei Jahren Haft, einer hohen Geldstrafe und 125 Millionen Euro Entschädigung und Zinsen zugunsten von Liliane Bettencourt verurteilt. Dagegen wurde Eric Woerth, zur Zeit der ihm vorgeworfenen Taten Schatzmeister der Sarkozy-Partei, freigesprochen. Gegen Sarkozy war in einem anderen Verfahren ebenfalls Anklage wegen angeblichen Missbrauchs der geistigen Schwäche von Liliane Bettencourt erhoben worden, auch hier gab es einen Freispruch. Alles in allem eine reichlich bunte Familienstory mit einem Hauch politischer Verderbtheit – die den Autor Michel Vinaver dazu gebracht hat, sie im Théâtre National Populaire auf die Bühne zu bringen.

Der Umgang der Bettencourts mit ihrem Vermögen hat sich im Laufe der Generationen gewandelt. Eugène Schueller hatte 1907 den Grundstein mit der kleingewerblichen Produktion von Haarfärbetinkturen gelegt, eines davon hieß Auréole (Glorienschein). Nach eigenem Bekunden arbeitete er 6000 Stunden im Jahr. Den größten Luxus, den er sich leistete, war ein Rolls Royce, und der diente als fahrendes Büro. Liliane Bettencourt trug viele Jahre im Vorstand von L'Oréal zur Entwicklung der Gesellschaft bei. Sie konzentrierte sich im Wesentlichen auf die Geschicke des Kosmetikkonzerns und das Austarieren des Verhältnisses zum fast gleich großen Anteilseigner Nestlé.

Mit Françoise Bettencourt ändern sich die Dinge nunmehr. Sie legt Wert darauf, das Vermögen breit zu streuen. Im Januar 2016 gab die französische Privatbank Oddo bekannt, dass die Familie Bettencourt über Téthys einer ihrer größten Aktionäre geworden sei. Die Erben des Kosmetikkonzerns finanzierten den Erwerb der deutschen BHF-Bank durch Oddo teilweise. Noch augenfälliger für die veränderte Strategie ist eine Entscheidung aus dem Februar 2016: Da gründete Téthys einen eigenen Fonds (Téthys Invest). Dessen Aufgabe sind laut Françoise Bettencourt »Investments in verschiedenen Branchen, um unsere Anlagen zu diversifizieren«. Geführt wird der Fonds von Alexandre Benais, einem Investmentbanker; er hatte seit 2005 bei Lazard gearbeitet und war dort unter anderem für L'Oréal und Sanofi zuständig. Es gehe um langfristige Investments, macht die künftige L'Oréal-Erbin deutlich.

Die finanzielle Kraft von Téthys Invest ist erheblich. Allein durch die Dividenden von L'Oréal fließen der Firma Jahr für Jahr rund 500 Millionen Euro zu. Das schafft einen beträchtlichen Spielraum. Téthys Invest legt seine Mittel offenbar nicht nur direkt in Unternehmen an, sondern geht auch über französische Finanzinvestoren. Für das Jahr 2015 wird der Bettencourt-Ableger als einer der größten Finanziers aufstrebender französischer Anlagegesellschaften genannt.

Im Aufsichtsrat von L'Oréal sitzen Françoise Bettencourt (seit 1997), ihr Mann Jean-Pierre Meyers (bereits seit den 1980er Jahren) und ihr Sohn Jean-Victor. Meyers war einst bei der Großbank Société Générale und bei einer französischen Privatbank aktiv gewesen. Fragt man andere Mitglieder des Verwaltungsrates von L'Oréal oder Mitglieder des Managements danach, wie die Familie auf die Geschicke des Unternehmens einwirkt, erntet man entweder freundlich-nichtssagende Reaktionen, oder aber die Gesprächsteilnehmer erstarren in heiligem Schreck. Die Bettencourt-Meyers lieben es nicht, dass über ihr Wirken geredet wird. Françoise tritt in der Öffentlichkeit nur sehr selten in Erscheinung – meist dann, wenn die Schueller-Bettencourt-Stiftung ein mildtätiges Engagement vorstellt.

Ihr Einfluss auf L'Oréal scheint günstig gewesen zu sein, urteilt man nach der Entwicklung des Unternehmens: Die Bruttoumsatzrendite liegt seit Jahren bei über 17 Prozent, der Börsenkurs der Aktie hat sich seit Ende der 1990er Jahre mehr als verdreifacht. Vorstandschef Jean-Paul Agon sieht es als persönliche Beleidigung an, wenn der Konzern in einem Segment in einem Jahr nicht stärker wächst als der Markt. Globalisierung hat er als Chance begriffen, eine Milliarde neuer Konsumenten zu erreichen. Nur noch zehn Prozent des Geschäfts laufen in Frankreich, 75 Prozent fallen außerhalb der Euro-Zone an, zumeist in den USA, gefolgt von China. Man sei »eher eine Dollar-Company«, sagt Agon.

Marketing ist die große Stärke von L'Oréal (Gesamtumsatz: 25,3 Milliarden

Euro). Der Konzern setzt auf eine Armada bekannter Marken – von L'Oréal, Redken, Lancôme, Biotherm, Helena Rubinstein, Kiehl's, Vichy und Maybelline bis zu The Body Shop. Das Unternehmen erkennt sehr schnell neue Trends – sei es die Bedeutung von Teenie-Bloggern, von Instagram (für die erstaunliche Renaissance von Make-up), sei es die schüchterne Emanzipation muslimischer Frauen, die sich im wachsenden Konsum von Kosmetikartikeln ausdrückt, oder das neue Interesse an luxuriösen Friseursalons. Aufgrund seiner Finanzkraft kann L'Oréal es sich leisten, auf allen Kontinenten junge, erfolgreiche Firmen aufzukaufen.

Unter den Bettencourts und der Ägide Agons verfolgt das Unternehmen einen strikten Kurs der Konzentration auf Schönheitsprodukte. 2014 trennte es sich von seinem Anteil (50 Prozent) an Galderma, einem Joint Venture mit Nestlé, das dermatologische Erzeugnisse herstellt. Für den Erlös kaufte es eigene Aktien von Nestlé zurück, die vernichtet wurden; dadurch stieg der prozentuale Kapitalanteil der Bettencourts. Und die französische Regierung in Paris konnte beruhigt sein, dass der Schweizer Riese aus Vevey als möglicher neuer Haupteigentümer ausfiel.

**Nachhaltigkeit** ✗ ✗ ✗ ✗ ✗
Nach einer Studie des BUND waren 2013 bei L'Oréal rund 45 Prozent der getesteten Artikel mit hormonell wirksamen Chemikalien belastet. Greenpeace kritisierte, der Konzern verwende nicht-nachhaltiges Palmöl.

**Unbestechlichkeit** ✗ ✗ ✗ ✗ ✗
Finanzielle Unterstützung der Partei des einstigen Staatspräsidenten Nicolas Sarkozy. L'Oréal unterstützt die UN in ihrer »Zero-Tolerance«-Politik gegen Korruption.

**Steuerehrlichkeit** ✗ ✗ ✗ ✗ ✗
Jahrelang hielt Bettencourt den Besitz einer Seychellen-Insel geheim. Das flog genauso auf wie einige Konten, woraufhin der französische Staat rund 100 Millionen Euro für unbezahlte Steuern verlangte.

**Humanität** ✗ ✗ ✗ ✗ ✗
Es gibt bei L'Oréal eine eigene Ethik-Leitlinie für Mitarbeiter.

**Transparenz** ✗ ✗ ✗ ✗ ✗
Persönliche Vermögensverwaltung der Bettencourts im Dunkeln. L'Oréal als börsennotiertes Unternehmen transparent.

# Bernard Arnault

## Louis Vuitton – Moët Hennessy (LVMH)

Seit 2009 hält Bernard Arnault ohne Unterbrechung den Titel »größtes Vermögen Frankreichs«. Auf 34 Milliarden Dollar wurde Ende 2015 sein Hab und Gut geschätzt, das ist mehr als viermal so viel wie das jährliche Budget der Stadt Paris. Arnaults Reichtum beruht auf seiner Beteiligung von 46,6 Prozent am Luxusgüterkonzern LVMH (Louis Vuitton – Moët Hennessy), jenem Konglomerat, das er 1987 geschaffen hat und das mit Mode, Lederwaren, Kosmetika, Champagner, Wein und Cognac für französische Lebensart steht. 70 weltbekannte Marken, von Dior bis zu Château d'Yquem, finden sich unter dem Dach von LVMH.

Arnault (geb. 5. März 1949) ist nicht nur der wohlhabendste, sondern wohl auch der unbeliebteste unter den begüterten Franzosen. Das dürfte zumindest zum Teil daran liegen, dass er sich 2012 um die belgische Staatsangehörigkeit bemühte. Auch wenn er damit erfolglos blieb – das belgische Parlament verweigerte die Zustimmung –, wurde das als Versuch ausgelegt, sein Vermögen außer Landes zu schaffen. Im Februar 2016 kam die Satire »Merci patron« in die Kinos, in dem Arnault als gewissenloser Kapitalist dargestellt wird, der Produktionen ins Ausland verlagert und damit etliche Franzosen in die Arbeitslosigkeit stößt.

Arnaults Verhältnis zur Linken ist dabei vielschichtiger, als oft angenommen wird. »Ohne die Hilfe der Sozialisten hätte er nie das Fundament seiner Gruppe legen können«, sagt ein Luxusgüterhersteller, der Arnault für »unersättlich« hält. Völlig aus der Luft gegriffen ist die Behauptung nicht. Nachdem François Mitterrand 1981 die Präsidentschaftswahl gewonnen hatte und mit den ersten Verstaatlichungen begann, hielt der junge Arnault sein Heimatland nicht für das beste Pflaster. Der Spross einer nordfranzösischen Bauunternehmer-Familie ging in die USA und versuchte sich dort als Immobilienentwickler, hatte damit aber allenfalls begrenzten Erfolg. Immerhin machte er aus der elterlichen Firma Ferret-Savinel die neue Férinel, die sich auf Ferienhäuser spezialisierte. Zwei Jahre später stand Mitterrand vor den Trümmern seiner Politik, wechselte den Premierminister aus und verabschiedet sich vom »Sozialismus in den Farben Frankreichs«.

Bernard Arnault verfolgte das aus der Ferne. Was ihn noch mehr elektrisierte als Mitterrands Kurswechsel, war der Versuch des jungen Premierministers Laurent Fabius, die von der Pleite bedrohte Textilgruppe Boussac in Nordfrankreich zu retten. Deren Stofffabriken oder das Kaufhaus Conforama interessierten Arnault bestenfalls am Rande, aber zu Boussac gehörte ein Juwel, das Modehaus Dior. Arnault ahnte: Wenn er die Hand darauf legen konnte, stand ihm die Welt des Luxus offen. Die Regierung verlangte aber von einem Käufer eigene Mittel von mindestens 60 Millionen Euro, und Arnault hatte nur einen Bruchteil davon zur Verfügung. Sein Bekannter Antoine Bernheim, damals Chef der Banque Lazard, organisierte die Finanzierung – und stellte Kontakt zu Fabius her. Arnault musste zwar zusagen, die Gruppe Boussac zu erhalten, machte sich aber später mit Hinweis auf wirtschaftliche Zwänge davon frei und verkaufte große Teile.

Die Sozialisten, vor denen er 1981 geflohen war, griffen ihm drei Jahre später mit der Streichung von Schulden der Boussac-Gruppe unter die Arme. Ende 1984 war Arnault am Ziel seiner Wünsche: Dior gehörte ihm, der Grundstein eines Luxusimperiums war gelegt. Einige Jahre später machte er den sozialistischen Regionalpolitiker Marc-Antoine Jamet zum Generalsekretär von LVMH. Nach dem Startschuss 1984 kaufte Arnault immer neue Luxusmarken dazu. Anders als seine Konkurrenten setzte er nicht nur auf Mode oder Lederwaren, sondern nahm auch Wein, Champagner und Spirituosen mit auf. Der Vorteil: Ist ein Segment von Stagnation betroffen, wie etwa die teuren Cognacs und Champagner in China nach den Anti-Korruptionsmaßnahmen ab 2013, ziehen die anderen immer noch kräftig voran. Arnault denkt, dass sich sein Dom Perignon auch noch in 30 Jahren gut verkauft – »denn wir verkaufen ein Stück Geschichte«. In wenigen Jahren hat er die Kosmetika-Sparte aufgebaut und zu einer der wichtigsten seines Unternehmens gemacht.

2010 setzte Arnault zu einem seiner größten Coups an: Er versuchte, den – mittlerweile – kleineren, aber extrem profitablen Konkurrenten Hermès zu übernehmen. Arnault hatte inzwischen ein im wahrsten Sinn des Wortes Luxusproblem: Es gibt weltweit kaum noch lohnende und verfügbare Übernahmeziele. LVMH hielt eine Beteiligung an Hermès, doch Arnault wusste, dass die Inhaberfamilie auf keinen Fall vollständig verkaufen wollte. Er versuchte es mit der Taktik des »Anschleichens«: Heimlich kaufte er Finanzinstrumente, die mit Hermès-Aktien unterlegt waren. Als die Operation bekannt wurde, war Arnault fast am Ziel. Doch die düpierten Hermès-Eigner wehrten sich, es folgte eine Schlammschlacht. Am Ende zog sich der nun schon reichste Mann Frankreichs zurück. 2014 verkaufte er sein angesammeltes Hermès-Paket, was LVMH einen Milliardengewinn bescherte. Nach neuen Kaufobjekten, so schwierig das auch geworden ist, sucht der Investmentarm L Capital Asia in Singapur sowie L Catterton.

Ein Ausweis des Erfolgs ist in Frankeichs Unternehmertum oft das Besitzen einer Zeitung, und so hat Arnault gleich mehrere davon: die Wirtschaftszeitung »Les Echos« sowie die Tageszeitungen »Le Parisien« und »Aujourd'hui en France«. An der Börse war LVMH im Juli 2016 rund 70 Milliarden Euro wert. Die Gruppe zählt zu den rentabelsten Unternehmen der Welt. Das ist kein Wunder: Die Herstellungskosten ihrer Produkte – sei es eine Ledertasche von Louis Vuitton, eine Flasche Château d'Yquem oder ein Parfüm von Dior – sind sehr überschaubar, die Preise dagegen schweben in lichten Höhen. Die Umsatzrendite lag 2011 bei über zwölf Prozent. Seitdem aber ist sie gesunken. Gelegentlich muss sogar ein Verkauf für neue Erlöse sorgen: LVMH trennte sich für 650 Millionen Dollar vom angeblich defizitären Modehaus Donna Karan; der US-Bekleidungskonzern G III Apparel übernahm.

Beim Aktienkurs hält seit 2015 der frühere stabile Aufwärtstrend nicht mehr an. Obwohl 2015 ein Rekordjahr für die Gruppe war und der Umsatz im ersten Quartal 2016 um vier Prozent zugelegt hat, ging der Aktienkurs nach der Veröffentlichung der Zahlen in die Knie. Der Grund: Im ersten Vierteljahr stagnierte der Umsatz von Mode und Lederwaren. Diese Sparte ist nicht nur mit einem Anteil von 35 Prozent der größte einzelne Umsatzträger von LVMH, sie ist auch die rentabelste – 2015 steuerte sie 53 Prozent zum Ergebnis bei.

Bei Louis Vuitton hört für Bernard Arnault, der sich auch als Investor in Internetfirmen oder Yachten betätigt, der Spaß auf. »Louis Vuitton muss die am meisten begehrte Luxusmarke der Welt bleiben«, pflegt er zu dozieren. Dafür nimmt er viel Geld in die Hand. So kaufte er dem deutschen Familienunternehmer Dieter Morszeck für 640 Millionen Euro eine 80-Prozent-Beteiligung am Kofferhersteller Rimova ab. Bernard Arnaults Sohn Alexandr wurde Co-Chef. 2014 wurde in Paris im Bois de Boulogne das von Frank Gehry gebaute Gebäude der Fondation Louis Vuitton eröffnet, in der Arnault seine Kunstsammlung untergebracht hat. Der Bau soll 140 Millionen Euro gekostet haben. Anne Hidalgo, die sozialistische Bürgermeisterin von Paris, hatte Arnault den Baugrund verschafft, mitten im streng geschützten Bois de Boulogne. Egal, für Arnault werden Tabus gebrochen. Präsident François Hollande schwärmte in seiner Rede davon, dies sei einer »der seltenen Momente, in denen man ein Rendezvous mit der Geschichte hat«. Arnault lächelte still in sich hinein.

### Nachhaltigkeit ✖ ✖ ✖ ⊠ ⊠
Großes Bekenntnis zu Umweltzielen, Partnerschaft mit grünen Gruppen. Im Fashion Transparency Index zweier Umweltgruppen erlangt LVMH bei zwei von fünf Benotungen Tiefstwerte.

### Unbestechlichkeit ✖ ✖ ✖ ⊠ ⊠
Arnaults Produkte waren in China sehr beliebt – mit der Anti-Korruptionskampagne fiel der Absatz.

### Steuerehrlichkeit ✖ ✖ ⊠ ⊠ ⊠
2012 wollte Arnault seine Aktivitäten nach Belgien verlegen. Das habe nichts mit Steuervermeidung zu tun, sagt er. Das Tax Justice Network (TJN) ortete 2009 rund 140 LVMH-Firmen in Steuerparadiesen.

### Humanität ✖ ✖ ⊠ ⊠ ⊠
Immer wieder Streit mit Gewerkschaften. Drei Angestellte von Veuve Clicquot und ein Mitarbeiter von Krug wurden wegen sexueller Belästigung verklagt.

### Transparenz ✖ ✖ ✖ ⊠ ⊠
Solide Finanzberichte des börsennotierten Unternehmens. Bemühen um Offenheit.

## Stefan Persson

### H&M

September 2012: Ein grauer Herbsttag in Riga. Schon am frühen Samstagmorgen haben sich in der pittoresken Altstadt Hunderte, zumeist junge Menschen versammelt. Sie stehen vor einem Einkaufszentrum und warten ungeduldig. Die Eröffnung des ersten Geschäfts der schwedischen Modekette Hennes&Mauritz (H&M) in Lettland steht an. Hip-Hop-Musik schallt durch die mittelalterlichen Gassen, ein DJ versucht die Stimmung anzuheizen, konzerneigene Kameras halten den Augenblick fest. Als es dann endlich so weit ist, gibt es kein Halten mehr. Die jungen Kunden stürzen in das dreigeschossige Geschäft und reißen sich dabei fast selbst die Kleider vom Körper.

Es mag sein, dass sich die Menschen in der ehemaligen Sowjetrepublik besonders von dem westlichen Moderiesen angezogen fühlen. Doch ähnliche Bilder gab es auch aus New York, Tokio und Johannesburg. Fast jeden Tag eröffnet irgendwo auf der Welt ein neues H&M-Geschäft.

H&M ist eine schwedische Erfolgsgeschichte, die der des Möbelhauses IKEA in kaum etwas nachsteht. 1947 von Erling Persson gegründet, hat sich das Unternehmen zu einer der größten Modeketten der Welt entwickelt. Dabei hatte alles ganz klein angefangen: Persson eröffnete in der westlich von Stockholm gelegenen Kleinstadt Västerås ein Damenmode-Geschäft unter dem Namen »Hennes« (Für Sie). Die Kundinnen liebten das preisgünstige sportliche Sortiment. Angetrieben von dem auch für ihn unerwarteten Erfolg eröffnete der Firmengründer weitere Geschäfte – zunächst in Schweden, später in den anderen nordischen Ländern. Allerdings sollte es noch bis 1968 dauern, bis Persson sein Angebot auf Herrenmode ausweitete. Da übernahm er den schwedischen Outdoor- und Jagdbekleidungsspezialisten Mauritz Widforss. Unter dem neuen Namen Hennes & Mauritz bot das Unternehmen nun auch Herren-, später zusätzlich Kinderbekleidung an.

1982 zog sich der Firmengründer aus dem Tagesgeschäft zurück und übergab die operative Führung an seinen Sohn Stefan Persson (geb. 4. Oktober 1947). Mittlerweile war aus dem Damenbekleidungsladen in Västerås eine Modekette geworden, die in Skandinavien sowie in Großbritannien eigene Geschäfte betrieb. Stefan

Persson baute das Geschäft weiter aus, erschloss neue Märkte und setzte konsequent auf Expansion in allerbesten Geschäftslagen. Ein junges Publikum sollte mit hippen Textilien und raschen Kollektionswechseln bei günstigen Preisen gewonnen werden, Stars wie Katy Perry werben für H&M. Schick und billig sollte kein Widerspruch sein.

Stefan Persson wechselte 1998 in den Aufsichtsrat des Konzerns. Nach zwei von außen rekrutierten Chefs übernahm 2009 mit seinem Sohn Karl-Johan Persson (25. März 1975) wieder ein Familiensprössling die Leitung des Konzerns. »Als Aktionär sehe ich die Wahl von Karl-Johan als die absolut beste Lösung an, denn damit ist gewährleistet, dass nicht die Quartalsökonomie, sondern die langfristige Entwicklung im Vordergrund steht«, erklärte Stefan Persson. Der in London ausgebildete Ökonom Karl-Johan muss unter der Aufsicht seines Vaters arbeiten. »Das klappt gut«, sagt der Filius. Er war 2000 dabei, als Vater und Großvater in New York den ersten US-Laden eröffneten: »Mein Opa war schon beim Frühstück nervös. Er wurde erst ruhiger, als er die langen Schlangen vor dem Geschäft sah.« Mittlerweile hat Persson junior viele weitere erfolgreiche Geschäftseröffnungen hinter sich. Schon vor seiner Ernennung zum H&M-Chef war er verantwortlich für die Auslandsexpansion und hat die neuen, etwas luxuriösen COS-Läden (Collection Of Style) mitentwickelt. Sein Vermögen wird auf zwei Milliarden Euro geschätzt.

2016 betreibt H&M mehr als 4000 Geschäfte in 62 Ländern. Im vergangenen Jahr setzte der Konzern mit knapp 150 000 Mitarbeitern rund 210 Milliarden Kronen (22,1 Milliarden Euro) um. Der Gewinn nach Steuern lag 2015/16 bei knapp 3,2 Milliarden Euro. Bewertet wird das H&M-Reich mit knapp 50 Milliarden Euro. Stefan Perssons privates Vermögen wird auf 20 Milliarden geschätzt. Seine Familie mit Sohn Karl-Johan und Schwester Liselott Tham zählt zu den reichsten des Landes und kontrolliert das an der Börse notierte Unternehmen weiterhin, da sie rund 40 Prozent des Aktienkapitals und über 70 Prozent der Stimmrechte besitzt.

Kritiker haben immer wieder darauf hingewiesen, dass die Umsatzrendite des Konzerns mit seinen Marken H&M, H&M Home, COS, Monki, Weekday, & Other Stories und Cheap Monday seit einigen Jahren kontinuierlich sinkt. Außerdem hat der spanische Konkurrent Inditex (Zara, Massimo Duti) die Schweden längst überholt. Weitere Kritikpunkte: H&M habe den Online-Handel zu spät entwickelt, das familiengesteuerte Unternehmen agiere oftmals nicht schnell genug, um sich neuen Trends anzupassen. Tatsächlich ist der Konzern, der rund eine halbe Milliarde Kleidungsstücke jährlich unter die Leute bringt, nicht sonderlich schnell. Fällt ein Sommer kühler aus als erwartet oder bringt der Winter kaum Schnee, muss H&M mit breit angelegten Rabattaktionen für die Ladenhüter dennoch Käufer finden. Das Unternehmen lässt hauptsächlich in Asien produzieren, lange Lieferwege und Lieferzeiten sind unausweichlich. Konkurrent Zara hat es da leichter, fertigt der spanische Konzern doch nahezu ausschließlich in Europa, was die Logistik deutlich einfacher und die Produktionswege kürzer macht.

»Es ist ein Familienunternehmen – mit allen Vor- und Nachteilen«, urteilt ein Analyst in Stockholm. Zu den Nachteilen zählt, dass Impulse von außen nahezu fehlen, da fast sämtliche Management-Positionen intern besetzt werden. Außerdem beklagen Analysten immer wieder die fehlende Transparenz. Die öffentlichkeitsscheue Familie Persson gibt nur die unbedingt notwendigen Informationen preis. Zu den Quartalsberichten gibt es manchmal nicht einmal mehr Pressekonferenzen.

Dennoch hat H&M schon mehrere Generationen eingekleidet. Und geht es nach Karl-Johan Persson, wird sich das auch in Zukunft nicht ändern. Die Online-Präsenz werde ausgebaut und mancher Laden modernisiert, versprach er im Frühjahr 2016. Das Okay von seinem Vater hat er bereits, und die übrigen Teilhaber am Unternehmen können allenfalls ihre Meinung kundtun. Zu sagen haben sie nichts. Es handelt sich um eine reine Familienangelegenheit.

**Nachhaltigkeit** ✖✖✖✖✖
Versucht, sich als ethische Firma zu profilieren. Zulieferer von H&M verletzten chinesische Umweltgesetze. Greenpeace lobt H&M inzwischen für giftfreie Kleidung.

**Unbestechlichkeit** ✖✖✖✖✖
Null-Toleranz-Politik gegen Korruption. Keine Bestechungsfälle erkennbar.

**Steuerehrlichkeit** ✖✖✖✖✖
Wegen Holdings in Hongkong und Tochterfirmen in Türkei und Bulgarien sieht Ethical Consumer eine klare Steuervermeidungsstrategie.

**Humanität** ✖✖✖✖✖
In England zahlte H&M nicht den obligatorischen Mindestlohn. Die Firma wurde für die Art kritisiert, wie sie Arbeiter in Kambodscha beschäftigt. Hunderte kamen in einem Zulieferer-Betrieb in Bangladesch um. Der Konzern versprach im Mai 2016, zusammen mit NGOs die Arbeitsbedingungen in Indien und Kambodscha zu verbessern. Gewerkschaften werden verhindert.

**Transparenz** ✖✖✖✖✖
Nur unzureichende Informationen. Ein in sich geschlossenes Unternehmen.

# Maria Franca Fissolo
## Ferrero

53 Jahre waren sie verheiratet, Maria Franca Fissolo und Michele Ferrero. Kennengelernt hatten sie sich als Chef und Sekretärin. Als der Erfinder von Nutella im Februar 2015 mit 89 Jahren starb, hinterließ er seiner Frau ein Vermögen, das auf 22,1 Milliarden Dollar geschätzt wird. Das macht Signora Fissolo zur reichsten Frau Italiens. Schon lange lebt sie nicht mehr am Firmenstammsitz in Alba im Piemont, sondern in Monte-Carlo an der Côte d'Azur. Dahin war sie mit ihrem Mann aufgrund der Terrorbedrohung durch die »Roten Brigaden« gezogen. Zur Arbeit ging's mit dem Helikopter. Sie ist Chefin der Familienholding Ferrero International mit Sitz in Luxemburg, zu der 78 Gesellschaften weltweit und 22 Produktionsstätten zählen.

War Michele Ferrero ein Patriarch klassischer Prägung, der persönlich die neuen Produkte entwickelte, dann ist die Witwe (geb. 1917) mindestens ebenso eine Matriarchin. Als zurückhaltend, präzise und sehr fromm wird sie beschrieben. Maria Franca und Michele pilgerten jedes Jahr mit den Top-Managern nach Lourdes. »Kein Bling-Bling«, schreibt ein französisches Magazin. Schon Michele hielt von Publizität oder Ehrungen gar nichts. Preußischer Arbeitsstil war angesagt im Piemont. Tag und Nacht tüftelte Michele am Geschmack der neuen Süßigkeiten. Seine Erfindungen kennt jeder, vor allem Nutella, das es seit 1964 gibt. Er nutzte die Haselnüsse aus der Region, weil der importierte Kakao zu teuer geworden war – das Rezept wird bis heute gehütet. Dann erfand der Patron Kinder-Schokolade, das Überraschungs-Ei, Duplo, Hanuta, Raffaello, Tic Tac und Rocher. Heute gibt es 26 Ferrero-Marken.

Mon Chéri entstand 1957 und wird nur in den Wintermonaten angeboten, eine raffinierte künstliche Verknappung. Es war das erste Ferrero-Produkt, das in Deutschland produziert wurde, und zwar im hessischen Stadtallendorf. Noch heute werden jedes Jahr junge Frauen aus Sardinien als Saisonkräfte eingeflogen, die in firmeneigenen Heimen leben.

Verschwiegenheit ist das Charakteristikum der Familie, bis heute. Die Ferreros geben keine Interviews, zu den Zahlen gibt es nur dürre Kommentare. Die Firma ist komplett in Familienbesitz, ein Weltkonzern mit 9,5 Milliarden Euro Umsatz

(2015), dessen Produkte in 160 Ländern verkauft werden. Doch während der Umsatz zuletzt um 13,4 Prozent stieg, ging der Gewinn vor Steuern um zwei Prozent zurück und lag bei 889 Millionen Euro. Das habe mit den Wechselkursen zu tun, heißt es in einer Erklärung. Aber vielleicht auch mit dem Generationswechsel. Maria Francas zweiter Sohn Giovanni (geb. 21. September 1964) leitet jetzt das Unternehmen. Er ist in Brüssel aufgewachsen, hat Betriebswirtschaft studiert und sich in Pennsylvania auf Marketing spezialisiert. Und er hat drei Romane geschrieben. Sein ein Jahr älterer Bruder Pietro kam 2011 bei einem Unfall in Südafrika ums Leben.

Es wird schwer, in die Fußstapfen des Vaters zu treten. Kritiker bemängeln, Giovanni habe kein neues Produkt mehr auf den Markt gebracht. Doch dafür hat er investiert und zugekauft, was Michele lange Jahre nicht gemacht hat. 2015 wurde die Übernahme von Oltan abgeschlossen, des türkischen Marktführers für die Verarbeitung von Haselnüssen. Giovannis erste eigene Akquisition war im Juni 2015 der angeschlagene britische Schokoladenkonzern Thornton, also ein anderer Hersteller. Der Kaufpreis lag bei 156 Millionen Euro. Einen Kauf von Cadbury vor einigen Jahren hatte Patriarch Michele noch abgelehnt: Er überstimmte seine Söhne. Die neue englische Konzernmarke Thornton hat im Gegensatz zu den Italienern eigene Geschäfte, Cafés, einen Online-Shop und vergibt Lizenzen. Vielleicht will der neue Ferrero-Chef es bei der Vermarktung ähnlich wie Thornton halten. Zum 70. Firmengeburtstag im Mai 2016 schrieb er in 20 Sprachen an die 33.000 Angestellten und kündigte für die nächsten zehn Jahre an: »Unser Markt wird rascher denn je expandieren.«

### Nachhaltigkeit ✖✖✖☒☒
Im »Ferrero Code of Business Conduct« bekennt sich das Unternehmen zu hoher Qualität bei den Rohstoffen. Seit 2014 kauft Ferrero nach eigenen Angaben nur Palmöl aus nachhaltiger Produktion. Foodwatch fand im Juli Mineralölspuren in Kinder-Riegeln. Von 26 Produkten mit Kindermarketing, die Foodwatch testete, erfüllte keines die WHO-Kriterien für ausgewogene Lebensmittel. Chile verbietet Überraschungs-Eier, da die kleinen mitgelieferten Geschenke Kinder zum Süßigkeitenkonsum verführen.

### Unbestechlichkeit ✖✖✖☒☒
Harte Anti-Korruptionsregeln. In der Vergangenheit ist Ferrero mit Millionen-Spenden an die CDU aufgefallen.

### Steuerehrlichkeit ✖✖☒☒☒
Die Ferrero-Eigentümerin lebt im Steuerparadies Monaco. Die Familiengesellschaft für Ferrero International SA sitzt steuerschonend in Luxemburg. Enge Verzahnung mit anderen Konzernfirmen in Singapur, Schweiz und Hongkong.

### Humanität ✖✖✖☒☒
Die Familie Ferrero ist sehr dem katholischen Glauben verpflichtet. Viele Sozialleistungen für die Mitarbeiter im Piemont.

### Transparenz ✖☒☒☒☒
Nur wenige Zahlen. Kaum Interviews. Ein verschlossenes Familienunternehmen.

# Leonardo Del Vecchio
## Luxottica

Marmor in Carrara, Leder in Florenz, Süßes in Piemont – in Italien hat sich eine besondere Form der regionalen Konzentration von Firmen derselben Branche erhalten, die »distretti industriali«, Industriedistrikte. Es gibt davon rund 220, jede Gegend hat ihr spezielles Produkt. An der Spitze in puncto Wachstum und Rendite steht nach einer Studie der Großbank Intesa Sanpaolo vom Sommer 2016 die Region Belluno im Veneto. Ihr Produkt: Brillen. Dort hat der reichste Italiener (Vermögen rund 18,7 Milliarden Dollar) sein Imperium, Leonardo Del Vecchio.

Die Geschichte des »patron«, wie er im Veneto-Dialekt genannt wird, ist die des Tellerwäschers all'italiana: Del Vecchio (geb. 22. Mai 1935) wuchs in einem Mailänder Waisenhaus auf, da sein Vater fünf Monate vor der Geburt gestorben war und die Mutter sich überfordert fühlte. Zum Glück des Jungen handelte es sich um eine fortschrittliche Einrichtung, wo alle Kinder einen Beruf erlernten. Del Vecchio entscheidet sich für Graveur. 1961 gründete er in Agordo, einem 4000-Seelen-Dorf, das Unternehmen Luxottica. Am Anfang hatte er zehn Angestellte, heute sind es weltweit rund 79.000. Del Vecchio arbeitete zunächst als Zulieferer für andere, aber von 1971 an entwickelte er seine eigene Kollektion. Verstärkt arbeitete der Gründer mit Modeschöpfern. Der bekannteste unter ihnen ist Giorgio Armani, jede Armani-Brille wird von Luxottica hergestellt. Zu den bekannten Marken, die sich in Del Veccios Konzern ebenfalls versammeln, gehören Chanel, Bulgari, Moschino, Byblos und Ungaro.

Ende der 1990er Jahre entdeckte Del Vecchio die internationalen Möglichkeiten: Er kaufte Persol, Vogue und Ray Ban. Auch Ketten wie Lenscrafters und Sunglass Hut kamen in seinen Besitz. 1990 ging Luxottica an die Wall Street, 2000 an die Mailänder Börse.

Ein überdimensional großes Brillengestell einer klassischen Wayfarer steht als Monument in Agordo vor der Firmenzentrale. Del Vecchios Unternehmen hat einen Marktwert von mehr als 20 Milliarden Euro; es ist in mehr als 150 Ländern präsent und hat selbst weltweit 7200 eigene Geschäfte. Weltweit ist Luxottica mit fantastischen 80 Prozent Marktanteil der größte Brillenhersteller– und kann damit Preise nach oben ziehen. 2015 machte die Firma einen zukunftsträchtigen

Deal mit Google: Sie wird innerhalb einer strategischen Partnerschaft die neue Version der Google Glass herstellen.

2015 erzielte Luxottica einen Umsatz von neun Milliarden Euro, deutlich mehr als in den Jahren davor, und macht einen Gewinn nach Steuern von 807 Millionen Euro. Zum Imperium gehören viele weitere Besitztümer und Beteiligungen: die Immobiliengruppe Beni Stabili zum Beispiel sowie die beiden Finanzholdings Delfin und Aterno. Der Eigentümer selbst ist Vizepräsident von Foncière des Régions und sitzt im Verwaltungsrat von GiVi Holding, Gianni Versace und Kairos Julius Baer SIM. Außerdem ist er Großaktionär von Unicredit, ihm gehören rund zwei Prozent der Anteile – und es war Del Vecchio, der 2016 zum Sturz von Federico Ghizzoni aufrief, dem Vorstandschef der Unicredit. Der Brillenkönig hat auch angekündigt, seine Beteiligung am Versicherer Generali von 3,2 Prozent aufzustocken. Unruhe umgibt den norditalienischen Patriarchen, der ein gutes Händchen für günstige Gelegenheiten hat. Im Mai 2016 stieg er über seine Holding Delfin beim Stahlkonzern Ilva ein.

Del Vecchios Management-Stil ist umstritten: Alles reißt er an sich und feuert einen CEO nach dem anderen. 2014 verlor er Andrea Guerra, der Luxottica mehr als zehn Jahre lang erfolgreich geführt hatte; der Manager wechselte zu Eataly. Erst gab es eine Hauslösung mit Enrico Cavatorta und Massimo Vian, dann kam Adil Khan von außen, doch auch der musste nach einem Jahr gehen. Seit Anfang 2016 macht es der Alte wieder selbst, als »Executive Chairman« – und mithilfe des Vizepräsidenten Francesco Milleri. Der besitzt das Vertrauen des Eigentümers.

**Nachhaltigkeit** ✖ ✖ ✖ ⊠ ⊠
Ökonomische und ökologische Nachhaltigkeit seien eng miteinander verbunden, heißt es bei Luxottica.

**Unbestechlichkeit** ✖ ✖ ✖ ⊠ ⊠
Dezidiertes Anti-Korruptionsprogramm. Keine Vorfälle bekannt.

**Steuerehrlichkeit** ✖ ✖ ✖ ⊠ ⊠
2008 forderte das Finanzamt von Belluno den Unternehmer Del Vecchio auf, mehr

als 20 Millionen Euro nachzuzahlen. Es ging um Geschäfte, die über seine deutsche Holding Leofin liefen.

**Humanität** ✖ ✖ ✖ ⊠ ⊠
Stabile Beziehungen mit Gewerkschaften.

**Transparenz** ✖ ✖ ✖ ⊠ ⊠
Umfangreiche Finanzberichterstattung, schwierige Führungssysteme. Zu stark auf den egozentrischen Gründer ausgerichtet.

# Jacob, Peter jr. und Marcus Wallenberg
## Investor AB

Ein Büro, drei Männer, 160 Firmen, 600.000 Mitarbeiter – das sind die Wallenbergs. Es gibt keine Unternehmer-Familie in Europa, die mächtiger und vergleichsweise unauffälliger ist. Man findet ihre Vertreter auf keiner Reichen-Liste. Und doch haben die Firmen, die zur Einflusssphäre der schwedischen Dynastie zählen, einen Börsenwert von 250 Milliarden Euro. Das Bonmot in Schweden »Die halbe Börse gehört Wallenberg« ist nur leicht übertrieben: Es sind 35 bis 40 Prozent. Die Brüder Jacob und Peter jr. Wallenberg sowie ihr Cousin Marcus Wallenberg haben sich die Kontrolle über dieses Wirtschaftsreich genau aufgeteilt. Sie füllen etliche Posten in einer der 20 Familienstiftungen oder in einer der Holdinggesellschaften persönlich aus. Wichtige Dinge werden in ihrem Stockholmer Geschäftszimmer regelmäßig direkt besprochen. Der Kapitalismus hat hier ein soziales Gesicht, das zum schwedischen Modell passt. Kein Wunder, dass sich die Wallenbergs mit sozialdemokratischen Regierungen gut verstanden.

Macht ist hier nicht verdächtig, obwohl der Clan der Wallenbergs im Lauf der Jahrzehnte sehr viele Beteiligungen akkumuliert hat. Hierzu zählen der Schweizer Maschinenbauer ABB, der Arzneimittelkonzern Astra Zeneca, der Küchengeräthersteller Electrolux, das Bergbauunternehmen Atlas Copco, der Flugzeug- und Verteidigungsriese Saab, der Telekommunikationsausrüster Ericsson, die Papierfabrik Stora Enso, der Motoren- und Kraftwerkshersteller Wärtsilä und die Bank SEB. Es gibt in Schweden kaum ein namhaftes Unternehmen, an dem die Wallenbergs nicht direkt über ihre Holdings Investor AB und FAM, eine der Stiftungen oder indirekt über ihre Investmentgesellschaft EQT beteiligt sind. Im Ausland übernahm EQT zum Beispiel das profitable Bau- und Immobiliengeschäft des Mannheimer Konzerns Bilfinger. Sogar eine Beteiligung von 11,7 Prozent an der US-Technologiebörse Nasdaq gehört zum Wallenberg-Besitz.

Der Schlüssel zur Macht liegt bei vielen dieser Firmen in den A-Aktien, die im Vergleich zu B-Aktien ein bis zu zehn Mal höheres Stimmrecht haben. So hält Wallenbergs börsennotierte Dachfirma Investor AB beispielsweise bei Ericsson nur 5,3 Prozent des Kapitals, aber 21,5 Prozent der Stimmrechte. Das Geheimnis für den Erfolg der Familie beruht laut David Bartal, einem in Schweden lebenden amerikanischen Journalisten, auch in dem weltumspannenden Kontaktnetz. Bartal hat sich in seinem Buch »Das Imperium – Wie die Wallenbergs Europas mächtigste Familiendynastie aufbauten« intensiv mit der Familie auseinandergesetzt. Er spricht von dem »charmanten Anachronismus« eines modernen industriellen Imperiums mit feudalen Tendenzen: »Sie wollen Einfluss haben, sie setzen

Jacob Wallenberg

Peter jr. Wallenberg

nicht auf das schnelle Geld.« Und tatsächlich hat die Familie oftmals auch an Unternehmen festgehalten, deren Ertragssituation alles andere als rosig war. »Unser Instinkt sagt uns, nichts abzugeben, was nicht in Ordnung ist und kein Geld abwirft«, hat Peter Wallenberg vorgegeben. Es gilt das Prinzip »Buy to hold«, kaufen, um es zu pflegen und wachsen zu sehen. Das heißt aber nicht, dass sich die Wallenbergs nicht auch von Teilen ihres Imperiums trennen können, wenn es strategische Überlegungen oder der richtige Verkaufspreis nahelegen. So gaben sie die Macht über den Pharmahersteller Astra ab und ermöglichten die Fusion mit Zeneca. Den Lkw-Bauer Scania wiederum überließ man den Markensammlern von VW. Sentimentalität gehört nicht zu den Markenzeichen der Wallenbergs.

Bereits in der fünften Generation beherrscht die Familie die schwedische Industrie. Den Grundstein für das Imperium legte Mitte des 19. Jahrhunderts André Oscar Wallenberg. Der Vater von 21 Kindern gründete die Stockholms Enskilda Bank, aus der die heute noch existierende Großbank SEB hervorging. In der Folge bauten die Söhne Marcus sr. und Knut Wallenberg den industriellen Komplex mit den Maschinenbauern Asea und Atlas Copco auf. Bereits in der folgenden Generation bewiesen die Wallenbergs den richtigen Riecher: Für nur eine Krone kauften sie das nach damaligen Wert mit mehr als einer Million Kronen verschuldete Arzneimittelunternehmen Astra. Kurz danach kam der Kugellagerhersteller SKF hinzu.

Die Geschichte der Wallenbergs enthält auch düstere Kapitel: Während des Zweiten Weltkriegs spielte die dritte Generation eine bis heute nicht völlig geklärte Rolle. Marcus jr. und Jacob Wallenberg wird vorgeworfen, mit deutschen Firmen auch während des Kriegs Geschäfte betrieben zu haben. Und das Schicksal von Raoul Wallenberg, der als Diplomat in Budapest zwischen 20.000 und 100.000 Juden vor den Nazis rettete, dann aber vermutlich von Soldaten der Roten Armee verhaftet wurde und seitdem verschwunden ist, wirft Fragen auf. Steht sein Verschwinden im Zusammenhang mit den Handelsbeziehungen, die seine Vettern mit Adolf Hitler pflegten? Die Antwort ist in den vielen Büchern, Dokumenten und Studien nicht zu finden, die eine eigene Wallenberg-Stiftung archiviert hat. Aneinandergereiht ist die Papiermenge zwei Kilometer lang.

Als 1971 der von Marcus Wallenberg jr. zur Fortführung des Imperiums auserkorene Sohn Marc Selbstmord beging, glaubten viele, das Ende der Dynastie sei gekommen. Doch der zweite Sohn Peter – von seinem Vater für die Aufgabe als wenig geeignet angesehen – strafte alle Skeptiker Lügen. Unter seiner Ägide hat die Familie ihre Machtposition sogar noch ausbauen können. Schon vor seinem Tod im Jahr 2015 übernahmen dann seine pressescheuen Söhne Jacob und Peter jr. sowie Cousin Marcus die Leitung des Stiftungs- und Holdingverbunds. Die fünfte Wallenberg-Generation setzt stärker als bisher auf Informationstechnologie, Telekommunikation und Health Care. Einer der wichtigen Ratgeber ist Josef Ackermann: Der langjährige Chef der Deutschen Bank sitzt im Aufsichtsrat von Investor AB und preist die ergebnisorientierte, relativ bescheidene Firmenkultur.

Im Sommer 2015 gab das Führungstrio der »Financial Times« sogar gemeinsam ein Interview. Sie würden intern viel diskutieren, und zwar aus dem Gefühl heraus, »dass die Tradition darin bestand … aus dem Bestehenden etwas zu formen, das attraktiv und fruchtbar und gut für die Zukunft ist«, erklärte Marcus Wallenberg (geb. 2. September 1956), Aufsichtsratschef der Saab-Gruppe. Für Familien wie seine sei die Langfristperspektive sehr wichtig, es sei eine »Herausforderung«, etwas wieder neu zu erfinden, Chancen zu ergreifen, befand Jacob Wallenberg (geb. 13. Januar 1956). Der Aufsichtsrat bei ABB, Ericsson, SAS und Patricia Industries AB zeigte sich glücklich, in einer Weltfirma zu arbeiten, »ohne in die persönlichen Probleme mit persönlichem Reichtum zu geraten«. Peter jr. (geb. 8. Main 1959), Chairman der Knut und Alice Wallenberg Stiftung, erklärte: »Die nächste Generation hat so viel mehr Input in ihr Leben als wir je hatten. Wir konkurrieren mit so vielen anderen Interessen und Herausforderungen.«

Die Arbeiten an der Zukunft laufen nach Plan. Peter Wallenberg jr. kümmert sich um circa 30 junge Familienmitglieder, die in die Interna eingeweiht werden. Drei aus dem Kreis arbeiten bereits in einer der vielen Wallenberg-Firmen.

**Nachhaltigkeit** ✗✗✗✗✗
Langfristiges, nachhaltiges Eigentumskonzept. Investor AB glaubt, die Konzentration auf Nachhaltigkeitskonzepte schaffe attraktive Geschäftschancen.

**Unbestechlichkeit** ✗✗✗✗✗
Keine Vorfälle bekannt. Das Raoul Wallenberg Institute of Human Rights and Humanitarian Law setzt sich sehr gegen Korruption ein.

**Steuerehrlichkeit** ✗✗✗✗✗
Keine Vorfälle in einem Land, in dem die Steuererklärungen öffentlich sind. Keine Steuertricks über Offshore-Firmen.

**Humanität** ✗✗✗✗✗
Hohes Interesse an guten, stabilen Arbeitsbeziehungen.

**Transparenz** ✗✗✗✗✗
Große persönliche Zurückhaltung der Familie, aber akkurate Darstellung der Aktivitäten. Mustergültige Homepage. Die Wallenbergs üben in Firmen mehr Einfluss aus, als ihnen nach dem Kapitalbesitz zusteht.

# Theo Albrecht jr., Cäcilie Albrecht, Babette Albrecht, Peter Heister, Beate Albrecht, Peter Max Heister

## Aldi

Aldi ist ein deutscher Mythos, und die Albrecht-Brüder sind Ikonen des deutschen Wirtschaftsaufstiegs. Sie galten der Welt als Sinnbild für bienenfleißiges Erwerbsstreben und eine übergroße Bescheidenheitskultur. Fotos von den Brüdern Karl und Theo Albrecht gibt es so gut wie nicht, aber viele kennen ihre Geschichte. Wie sie aus dem eigenen Familienunternehmen, 1913 in Essen als Tante-Emma-Laden entstanden, einen Discount-Giganten formten. Wie die beiden Katholiken in selbstverordneter Anonymität lebten und doch die deutsche Alltagskultur veränderten. Und natürlich auch, wie Theo 1971 entführt wurde und nach 17 Tagen gegen Zahlung von sieben Millionen Mark Lösegeld, überreicht durch Bischof Franz Hengsbach, wieder freikam.

Ihr Albrecht-Diskont vermittelte den Deutschen, dass Marktwirtschaft Preiswirtschaft ist und dass niemand Musikberieselung, Verkaufshilfen und schicke Läden braucht, wenn er einfach nur billig Butter oder Zucker oder Fischkonserven kaufen will. Bis 1961 schafften sie ein Netz von 100 Filialen – dann trennten sich die Brüder geschäftlich. Womöglich, weil sie Angst vor Betriebsräten und Publizität hatten, oder, wie kolportiert wurde, weil sie sich nicht über Zigaretten im Sortiment einigen konnten, zergliederten die Albrechts ihren Besitz in viele Einzelfirmen und in zwei operativ strikt getrennte Hemisphären: Aldi-Süd in Mülheim an der Ruhr, beherrscht vom Familienstamm Karl Albrecht, sowie Aldi-Nord in Essen an der Ruhr, kontrolliert vom Stamm Theo Albrecht.

Damit fuhren sie so gut, dass ihre Familien heute ein Gesamtvermögen von 36 Milliarden Euro haben. Rund 28 Milliarden Euro setzen die Aldi-Läden jährlich in Deutschland um, weltweit sind es rund 61 Milliarden in 18 Ländern. Das Prinzip Aldi ist längst globalisiert. »Ich habe Glück gehabt, sehr viel Glück«, resümierte Karl Albrecht (1920–2014) kurz vor seinem Tod in der »Frankfurter Allgemeine«. In den 1950er Jahren noch hatten die Gebrüder mit Supermarktkonzepten Schiffbruch erlitten. »Unsere Werbung liegt im billigen Preis«, hatten sie 1953 philosophiert. In größeren Zusammenhängen dachte Theo Albrecht (1922–2010) beim Bonner Institut des Soziologen Meinhard Miegel, das er mit 25.000 Euro im Jahr unterstützte.

Die Familie investierte und investierte, externe Manager sorgten für Vollzug. Es gilt das »Harzburger Modell«: Verantwortung delegieren, Mitarbeiter kontrollieren. Wichtige Dinge besprachen die zwei Alten nach dem Kirchgang beim Mittagessen im Golfclub. Hier ging es all die Jahrzehnte in schönster Kargheit und in reinstem Katholizismus gesittet zu, Fotos dokumentieren Kaffeekränzchen mit Strickwestencharme. Doch nach dem Tod der Patriarchen zerbrach dieses Händler-Idyll schneller, als es sich der Clan und die Nicht-Aldi-Welt vorgestellt haben.

Das Problem lag in Essen, dort, wo das deutsche Geschäft nördlich der Ruhr sowie auch Trader Joe's in den USA und Geschäfte in Frankreich, Benelux, Spanien, Dänemark, Polen und Portugal verantwortet werden. Hier

Theo Albrecht junior

sitzt mit Theo Albrecht junior (geb. 1950) das einzige Mitglied der Dynastie im Management, und das hat die Angelegenheit eher schwerer als leichter gemacht. Sein Streit mit der Schwägerin Babette hat Schlaglichter auf internen Zwang und Zwist geworfen, auf Kabale ohne Liebe. Es geht um Macht, Geld und Stilfragen. Die rheinische Frohnatur Babette Albrecht aus Köln, Frau von Theos verstorbenem Bruder Berthold, passt mit ihrer Extrovertiertheit so gar nicht in das Essener Kaufmannsmilieu. Dass sich einst der passionierte Golfer Karl Albrecht ein Wellnesshotel bei Donaueschingen mit 27-Loch-Golfanlage gekauft hatte, gilt noch immer als Maximum der Extravaganz. Das Geld der Albrechts steckt im Unternehmen, zumeist in den Immobilien. Kredite in geringfügiger Höhe nimmt allenfalls Aldi-Süd auf, auf den Geldmarktfonds der Familie liegt genug, um auch größere Ausgaben zu finanzieren. Während andere Family Offices ihr Vermögen streuen, setzt die Dynastie Albrecht alles auf eine Karte, normalerweise jedenfalls.

Sehr zum Missfallen von Nord-Stammesführer Theo hatte sein gesundheitlich schwer angeschlagener Bruder, der an einer Lebererererkrankung litt, sein Geld zunehmend für teure Kunstwerke und Oldtimer ausgegeben. Er wollte – menschlich verständlich – das Leben noch einmal spüren und landete in der Talmi-Welt der Nouveaux riches, wo Kirchgänger Opfer werden. Der Düsseldorfer Kunsthändler Helge Achenbach zog ihn über den Tisch. Nach Bertholds Tod machte seine Frau die Gaunereien öffentlich, brachte Achenbach ins Gefängnis und löste so das Gesellschaftsdrama von Essen überhaupt erst aus. Sie habe »jegliche Sensibilität in Bezug auf unser Unternehmen vermissen lassen«, schalt Theo junior in einem Brief, »die Glaubwürdigkeit von Aldi hat großen Schaden genommen«. Und: »Du bist mit Deiner Einstellung und Deiner Lebensführung eine Belastung für unser Unternehmen.«

Es geht um eine komplizierte Gesellschafterstruktur bei Aldi-Nord. Die Gründerwitwe Cäcilie Albrecht und ihre Söhne Theo junior und Berthold hatten drei Stiftungen eingerichtet: die gemeinsame Markus-Stiftung (60 Prozent) sowie die

Lukas-Stiftung für Theo junior und die Jakobus-Stiftung für Berthold (jeweils 19,5 Prozent). Die drei Stiftungen entscheiden über Dividende und Investments gemeinsam. Ihr Stiftungszweck: »Förderung der Unternehmungsgruppe Aldi-Nord, insbesondere durch Sicherung und Fortentwicklung ihrer Vermögens- und Ertragskraft.« Auch die Begünstigten (»Destinatäre«), also die einzelnen Stammesmitglieder, sollen »durch laufende oder einmalige Zuwendungen gefördert werden«. Das sichert jedem der drei Akteure durchgerechnet den Zugriff auf ein Drittel von Aldi-Nord. Erfolgreich klagte Babette Albrecht vor dem Verwaltungsgericht gegen Satzungsänderungen in der wichtigen Jakobus-Stiftung, die ihr und ihren Kindern die Mehrheit genommen hätten. Einen Tag vor Heiligabend 2010 hatte ihr schwer kranker Mann, offenbar unter Medikamenteneinfluss stehend, ein entsprechendes Dokument unterzeichnet – auch für ein weiteres Vorstandsmitglied der Stiftung, das im Koma lag.

Nach dem Urteil, das dieses Schreiben für nichtig erklärte, war Babette Albrecht, Mutter von vier Mädchen und einem Jungen, bei Aldi-Nord wieder aktive Gesellschafterin – sehr zum Leidwesen von Theo Albrecht junior und seiner Mutter Cäcilie (»Cilly«). Babette Albrecht ersetzte den offiziellen Familienanwalt der Albrechts durch einen eigenen Juristen und genehmigte ihrem Stamm eine Ausschüttung von 75 Millionen Euro für drei Jahre. »Rechtlich haben sie das nicht gedurft«, sagt Theo Albrecht junior und warnt von »Selbstbedienung«. Babette Albrecht dagegen enthüllte, der Schwager habe ihr selbst 25 Millionen pro Jahr angeboten, allerdings unter der Voraussetzung, dass sie stets so abstimme wie Theo junior.

Der Familienkrieg entsetzt die Verwandtschaft im prosperierenden Distrikt Aldi-Süd, wo ein Team um Norbert Pidschlapp die Geschäfte (2015: 5300 Filialen, 104.400 Mitarbeitern, 45,5 Milliarden Euro Nettoumsatz) führt und ein Beirat nach dem Rechten sieht. Hier bestimmt Familiensprecher Peter Heister (geb. 1948) zusammen mit seiner Frau Beate Albrecht und Enkel Peter Max Heister; der kinderlos gebliebene Karl junior spielt keine Rolle. Peter Heister hatte anfangs noch versucht, im Konflikt bei den Nachbarn zu vermitteln. Er setzt auf Gemeinsamkeit und womöglich ein Zusammenwachsen der beiden Aldi-Hälften. 2016 wurde sogar, erstmals, ein gemeinsamer TV-Werbespot beschlossen. Bei den Externen von Aldi-Süd sind BASF-Chefaufseher Jürgen Hambrecht, Allensbach-Institutschefin Renate Köcher und ein Wirtschaftsprüfer dabei. Der Großteil des Vermögens liegt in der Siepmann-Stiftung, die die Anteile an Aldi-Süd hält. Hier hat Peter Max Heister das Sagen. Aldi-Süd fährt mit 633 Millionen Euro (2014) die höheren Gewinne ein (Aldi-Nord: 252 Millionen), auch weil die Kaffeeröstereien verbucht werden. Hier fallen hohe Umsätze in den USA (alles außer Trader Joe's) sowie in Großbritannien, Australien, Österreich (»Hofer«) an, auch in Irland, der Schweiz, Slowenien und Ungarn ist man sehr aktiv. Bei Aldi-Süd ist alles einfacher, hier gibt es keine zu teuer eingekauften Oldtimer, und hier wirkt auch nur eine Stiftung und nicht ein Bündel aus drei Stiftungen. Karl Albrecht hat seinen Bereich eindeutig besser geordnet hinterlassen als Bruder Theo, so viel ist klar.

Die Affäre Babette aber belastet das Gesamt-Image der Diskont-Könige, die inzwischen immer mehr Markenprodukte listen, sich in Richtung Supermarkt entwickeln und sogar Nachhaltigkeitskonzepte präsentieren. Das Management würde lieber über neue internationale Märkte reden als über den Kulturkampf in Essen, der permanent neue Überraschungen bringt. Als der zuständige »Handelsblatt«-Redakteur zwecks Recherche bei Aldi-Nord in Essen weilte, schlenderte tatsächlich der Handelsunternehmer Theo Albrecht junior in den Konferenzraum: »Guten Tag, ich bin der Herr Albrecht!« Das Interview durfte nicht aufgezeichnet werden, der Reporter schrieb alles mit.

Egal, wie der Streit bei Aldi-Nord ausgeht, zwei Dinge sind sicher: Das Albrecht-Imperium soll erstens in Familienbesitz und zweitens schuldenfrei bleiben.

**Nachhaltigkeit** ✘ ✘ ✘ ⊗ ⊗
Im Juli 2016 veröffentlichten Aldi-Nord und Aldi-Süd jeweils ihren ersten Nachhaltigkeitsbericht. Teams überprüfen die Standards der Zulieferer, etwa in Asien. Dialog mit NGOs, Detox-Kampagne von Greenpeace wird unterstützt, dem Bündnis für nachhaltige Textilien ist man beigetreten. Aldi-Süd verlangte im Februar 2016 von seinen Zulieferern erstmals, dass die Eigenmarken frei von Mineralölverunreinigungen sein sollen.

**Unbestechlichkeit** ✘ ✘ ✘ ⊗ ⊗
Bis 2006 unterstützte Aldi-Nord die Betriebsräte in der Arbeitsgemeinschaft Unabhängiger Betriebsangehöriger (AUB) mit insgesamt 350.000 Euro.

**Steuerehrlichkeit** ✘ ✘ ✘ ✘ ⊗
Keine Auffälligkeiten.

**Humanität** ✘ ✘ ✘ ⊗ ⊗
Mehr Kontrollen der Textilproduktion in Bangladesch. Erwartet wird Leistung und rigorose Führungsstärke. Liebesbeziehungen zu anderen Aldi-Angestellten unerwünscht.

**Transparenz** ✘ ✘ ⊗ ⊗ ⊗
Bemühen um mehr Offenheit ist erkennbar, es sind aber noch viele selbst gesteckte Grenzen zu überwinden. Aldi-Süd zeigt sich transparenter als Aldi-Nord.

## Susanne Klatten / Stefan Quandt
### BMW Group

7. März 2016, ein besonderer Tag für die Bayerischen Motoren-Werke (BMW). Es galt, das 100-jährige Bestehen zu feiern. Eine Vita voller Volten: Gegründet als Flugmotorenbauer in München, später ergänzt durch Motorräder und Autos, dann mühsamer Neustart nach dem Krieg, schließlich fast das Aus als autarker Automobilhersteller (Daimler stand auf Vermittlung der Deutschen Bank bereit). Und dann trat 1959 Herbert Quandt auf die Bühne und sicherte das Überleben.

Es hätte also genügend Gründe für seine Tochter Susanne Klatten und seinen Sohn Stefan Quandt gegeben, bei der Feierrunde in der Münchener Olympiahalle in Erscheinung zu treten. Aber: kein Bühnenauftritt, keine Grußworte, keine Rede. Die Geschwister mischten sich ins Publikum. Nur nicht auffallen, nur nicht in den Vordergrund drängen. Erst recht nicht angesichts eines Vermögens von zusammengerechnet 34 Milliarden Dollar. Allein für das Rekordjahr 2015 kassierten die Geschwister bei BMW, ihrer wichtigsten Beteiligung, rund eine Milliarde Euro Dividende. Seit 2000 sind rund sechs Milliarden angefallen.

»Wenn man Mittel in dieser Höhe hat, muss man sich auch darum kümmern. Das ist ja nichts, was man ausgeben kann«, sagte Susanne Klatten Mitte 2015 in einem ihrer raren Interviews dem Quandt-Biografen Rüdiger Jungbluth im »Stern«. Ihr Bruder erzählte demselben Autor, diesmal für die »Zeit«, er kenne sich zwar mittlerweile auch gut aus bei BMW, »aber nicht so gut wie ein CEO«. So begründete Quandt, dass ihm sein Posten als stellvertretender Aufsichtsratschef ausreiche. Nach dem Tod ihrer Mutter Johanna Quandt Mitte 2015 hatten sich die Geschwister offenbar zu öffentlichen Erklärungen gezwungen gesehen; alle Welt fragte nach der künftigen Linie der Dynastie. Die beiden Kinder aus der dritten Ehe des Industriellen Herbert Quandt wurden früh ausgewählt, das Erbe des Vaters bei BMW und dem Chemie- und Pharmaunternehmen Altana zu übernehmen; die Kinder aus der zweiten Ehe – Sonja, Sabina und Sven – bekamen dagegen 1979 die Aktienmehrheit an der Batteriefirma Varta übertragen. Im Jahr 2000 stieg dort die Deutsche Bank als Hauptinvestor ein. Sabina versilberte ihre Anteile für rund 40 Millionen Euro, Sonja und Sven blieben mit gut 20 Prozent beteiligt; bei Varta Micro sitzt Sven Quandt noch im Aufsichtsrat.

Herbert Quandt hatte seine jüngsten Kinder streng erzogen, preußisch streng. Die Quandts, die nach dem Krieg ihren Wohnsitz im hessischen Bad Homburg wählten, schätzten Pflichtbewusstsein und Selbstdisziplin, auch ein gewisses Standesbewusstsein. Abweichendes Verhalten war nicht vorgesehen. Für Jetset-Leben waren eher die Cousinen und Cousins bekannt, die Kinder von Harald Quandt, dem

1967 gestorbenen Bruder von Herbert Quandt. Doch Susanne Klatten und Stefan Quandt merkten schnell, dass diese Welt zu Hause nicht angesagt war. Angesagt war: Pflichterfüllung. Die Geschwister bereiteten sich systematisch auf ihr Erbe vor: Susanne Klatten (geb. 28.4.1962) lernte Werbekauffrau, studierte Betriebswirtschaft in London und Lausanne, sammelte Berufserfahrung bei der Dresdner Bank und arbeitete unter Pseudonym bei BMW. Der Wunsch, Gartenarchitektin zu werden, hatte da keine Chance. Ihr vier Jahre jüngerer Bruder Stefan (geb. 9.5.1966) studierte Wirtschaftsingenieurswesen, schnupperte bei der Tochterfirma Data Card Corporation Konzernluft und gründete eine Holding, um sein ererbtes Vermögen aktiv zu managen. So hielt es auch Susanne Klatten.

Susanne Klatten

Die Pflicht erreichte die Geschwister schneller, als ihnen lieb war. Als Herbert Quandt 1982 starb, war Stefan 16, Susanne 20. Zwar übernahm Mutter Johanna zunächst die Anteile an BMW und Altana. Doch schon 1997 gingen die Kinder in den BMW-Aufsichtsrat. Es war ein Sprung ins kalte Wasser: Mit der Übernahme des britischen

Stefan Quandt

Autobauers Rover hatte sich der damalige Nischenhersteller BMW total verhoben, es drohte der Verlust des Erbes. Die noch recht unerfahrenen Großaktionäre griffen durch: Rover wurde verkauft (nur der Mini blieb). Tausende Beschäftigte verloren ebenso wie die BMW-Führungsspitze um Bernd Pischetsrieder ihren Job. Die Rover-Krise hat die Quandt-Erben geprägt. Seitdem mischen sich die Geschwister im Aufsichtsrat aktiv in die Ausrichtung von BMW ein. Zwar haben sie die Führung des Kontrollgremiums hochgeschätzten Männern wie Joachim Milberg überlassen, einem akribischen Ingenieur, der über seine Professur an der Technischen Universität München die besten Talente zu BMW lotste. Aber allen ist klar: Die Quandts fordern vor allem eine langfristige Ausrichtung. Der Autobauer soll Zukunftsthemen besetzen und Schrittmacher der Branche sein, nur das sichert die Eigenständigkeit. So lautet die Überzeugung der Geschwister.

Ihr Modell, als Börsenfirma familiendominiert zu bleiben, gilt vielen in Deutschland als Vorbild. Stefan Quandt hält durchgerechnet 23,8 Prozent der BMW-Aktien, Susanne Klatten 19,2 Prozent; damit kann man eine Hauptversammlung leicht dominieren. So ließ sich im Frühjahr 2015 der direkte Wechsel des Vorstandschefs Norbert Reithofer an die Aufsichtsratsspitze durchsetzen, auch wenn die großen institutionellen Investoren so etwas nicht mögen.

Solange Gewinne und Dividende sprudeln, kann die BMW AG selbstbestimmt ihre Bahnen ziehen. Geradezu exemplarisch ist der Kurswechsel, den die Firma von 2006 an vollzog: Der damals frisch ernannte Vorstandschef Reithofer führte für alle Modelle Spritspartechniken ein, beendete das teure Formel-1-Engagement und ließ lieber Elektroautos entwickeln. Das »Project i« veränderte die Firmenkultur. Ein kleines Team von Ingenieuren (»grüne Gruppe«) entwickelte ein Auto, das erstmals aus Kohlefaser statt aus Stahl gebaut wird. Um das Projekt zu flankieren, sicherte sich Susanne Klatten persönlich eine Sperrminorität am Kohlefaser-Hersteller SGL Carbon, der gleichwohl in die Krise geriet und hohe Verluste machte. Als Aufsichtsratschefin musste sich Klatten persönlich um Sanierung mühen.

Für die beiden Familienvertreter bei BMW sind solche eigenen Investments mehr als bloße Geldanlage. Zu den »Reichsten« im Land zu gehören, empfinden sie eher als Belastung. Es geht um Bewährung, um unternehmerisches Talent, um den Nachweis, nicht nur »Erbe« zu sein. Lag nicht der Umsatz der Firma BMW beim Tod des Vaters erst bei umgerechnet fünf Milliarden Euro? Und hat er 2015 nicht 85 Milliarden Euro erreicht? Diese permanente Selbstbehauptung lässt die vierte Generation der Dynastie Quandt nicht ruhen. Susanne Klatten zum Beispiel besitzt die Chemiefirma Altana (den Pharma-Part hat sie verkauft) und hat sich über ihre Holding Skion einen Kranz stattlicher Beteiligungen an Ökofirmen geschaffen mit Themen wie Windenergie (Nordex), Wasser (Enviro) und Altölaufbereitung (Avista). Und sie finanziert ein Hofgut im bayerischen Oberland, in dem Menschen, vor allem Kinder, mit der Natur in Berührung kommen sollen. Öffentliches Profil gewinnt Susanne Klatten durch ihr Engagement für Firmengründungen an der TU München, wo sie Ehrensenatorin ist und einen Lehrstuhl finanziert. 15 bis 20 Börsengänge pro Jahr fordert sie für Deutschland. Das sei die einzige adäquate Antwort auf die Herausforderungen aus den USA und China. Sie hat Stiftungen und gemeinnützige GmbHs und empfindet sich als »Schirmherrin« oder »Ankeraktionärin«.

Schirm und Anker: Stefan Quandt nimmt öffentlich gegen den drohenden Monopolkapitalismus aus Silicon Valley Stellung – der irgendwann auch die Autoindustrie bedrohen könnte. Er gebietet über die Delton AG, zu der eine Logistikfirma und die Arzneimittelfirma Heel gehören; über die Aqton SE mischt er etwa bei der Ratingagentur Scope mit. Und Quandt ist Herr über Solarwatt in Dresden. Zwischenzeitlich wirkte er als Finanzier bei der BHF-Bank.

Die Beteiligungsfirmen der Geschwister werden am Familiensitz in Bad Homburg geführt, wo Johannes Fritz über Richtung und Rendite wacht. Der promovierte Steuerberater leitet die Seedamm Vermögensverwaltung GmbH, das Family Office, und sitzt in Aufsichtsräten. Zum 100. Firmengeburtstag von BMW fusionierten die Eberhard von Kuenheim Stiftung und die BMW Stiftung Herbert Quandt. Die Mittel wurden von 50 Millionen auf 100 Millionen Euro verdoppelt, Susanne Klatten und Stefan Quandt steuerten weitere 30 Millionen bei. Im April 2016 kündigte Susanne Klatten in ihrer Initiative Skala an, über fünf Jahre hinweg 100 Millionen Euro an kleinere Organisationen zu spenden.

Ihren Hauptbetrieb BMW organisieren Stefan Quandt und Susanne Klatten nach festen Regeln. Eine lautet: Mit 60 ist Schluss. Das Unternehmen soll im permanenten Wandel bleiben. So war es ein deutliches Signal des Wandels, als im Mai 2015 mit Harald Krüger (geb. 13. Oktober 1965) ein Jüngerer den Chefposten bei BMW übernahm. Die Großaktionäre der Dynastie Quandt sehen den Autokonzern nicht einfach als »Familienbetrieb«, sondern als eine Art ökonomischen Organismus, für den sie Verantwortung tragen. Das ist ihre Pflicht, und wenn Susanne Klatten das Leben spüren will, geht sie wie vor einigen Jahren den Jakobs-Weg oder sie wandert Berge hinauf. Jeder Fotograf, der die Ferienhäuser der BMW-Prinzipale fotografieren will, wird verklagt, man soll dort ungestört auftanken können, damit man besser die vorgesehenen Rollen spielen kann.

Ihre insgesamt fünf Kinder bereiten Susanne Klatten und Stefan Quandt in Gesprächen auf kommende Aufgaben vor; es gab auch schon Besuche bei anderen Unternehmerfamilien. Noch zeichnet sich keine künftige Struktur ab. Herbert Quandt hatte einst frühzeitig nach Absprache verfügt, dass Susanne Klatten Altana bekam, dafür weniger Anteile von BMW. Das war dann gleichgewichtig. Für beide Erben ist es im Übrigen wichtig, immer mit einer Stimme zu sprechen.

**Nachhaltigkeit** ✖ ✖ ✖ ⊠ ⊠
BMW verdient viel Geld mit spritschluckenden SUVs, setzte aber früh auf Elektroautos. Susanne Klatten, eine Anhängerin des Wachstumskritikers Hans Christoph Binswanger, und Stefan Quandt investieren in den Markt für alternative Energien.

**Unbestechlichkeit** ✖ ✖ ⊠ ⊠ ⊠
2013 sorgte eine Großspende der Quandt-Familie von 690.000 Euro an die CDU für Aufregung. In diesem Jahr setzte sich die von der CDU geführte Bundesregierung gegen härtere Abgasnormen der EU ein. Transparency International forderte daraufhin sogar eine Reform der Parteienfinanzierung.

**Steuerehrlichkeit** ✖ ✖ ✖ ⊠ ⊠
Weder bei BMW noch bei den Beteiligungen der Quandt-Erben sind Steuertricks oder Mauscheleien bekannt. Das große Vermögen der Mutter Johanna Quandt wurde (zu jeweiligen Marktwerten in Höhe von 2,8 Milliarden Euro) zwischen 2003 und 2008 in mehreren Teilschenkungen auf die Kinder übertragen – maximal steueroptimiert. Der effektive Steuersatz soll bei 18 Prozent gelegen haben.

**Humanität** ✖ ✖ ✖ ✖ ⊠
Der Betriebsrat tritt als Co-Manager auf, es gibt enge Abstimmungen. Nur Streichungen bezahlter Brotzeitpausen führten vor Jahren zum Streit.

**Transparenz** ✖ ✖ ✖ ✖ ⊠
Die börsennotierte BMW AG versorgt Aktionäre und Interessenten mit detaillierten Daten genauso wie SGL Carbon. Die Haupteigentümer halten sich zurück.

# Maria-Elisabeth Schaeffler-Thumann /
# Georg Schaeffler
## Schaeffler Group

Es gibt zwei Bilder und eine dramatische Geschichte dazwischen. Zwei Bilder, die vom Schicksal eines der großen deutschen Mittelständler handeln, der Schaeffler-Gruppe aus dem fränkischen Herzogenaurach. Es sind zwei Bilder, die die Eigentümerin zeigen, Maria-Elisabeth Schaeffler. Auf dem ersten Foto steht sie im Regen, umringt von Mitarbeitern und Gewerkschaftlern, die demonstrieren (»Auch wir sind Schaeffler«). Die Chefin weint. Alles scheint verloren an diesem 18. Februar 2009. 70 Millionen Euro musste ihr Unternehmen damals für Kredite bezahlen – im Monat. Die Banken waren nervös. Das zweite Bild jedoch präsentiert eine dynamische Aufsichtsrätin mit erhobener Glocke in der Hand, so, wie es bei Börsengängen üblich ist. Links daneben ihr einziger Sohn Georg Schaeffler, rechts der Mann, der die rettende Wende brachte: Finanzchef Klaus Rosenfeld. Dieser 9. Oktober 2015, der Tag des Initial Public Offering (IPO) der Schaeffler AG, ist vor allem sein Tag. Man könnte auch sagen: Financial Engineering brachte die Familienfirma in die Todeszone, Financial Engineering rettete sie. Dazwischen wurden ein paar Banken reicher.

In jenen Tagen, als nach all den Wundergeschichten aus der Finanzindustrie auch die sogenannte Realwirtschaft von Deals ganz anderer Art träumte, als das Wort Leveraging von ungemeiner Hebelkraft zu künden schien, da sann in Herzogenaurach auch Maria-Elisabeth Schaeffler (geb. 17. August 1941) auf ganz Großes. Sie hatte das Wälzlager-Unternehmen ihres 1996 verstorbenen Mannes Georg geerbt, eine der großen Aufbaufiguren des Landes. Dank des operativen Firmenchefs Jürgen Geißinger wuchs und wuchs die Firma, Rivalen wie der Kupplungshersteller LuK oder FAG Kugelfischer aus Schweinfurt wurden weggekauft, Märkte wie China erobert. Das fidele Paar Schaeffler-Geißinger träumte von der Systemführerschaft in der Autoindustrie, von der Zentralposition im anstehenden Wandel hin zu Elektronik und Digitalisierung – und beschloss die Übernahme der börsennotierten Continental AG in Hannover.

An diesem Plan störten von Anfang an drei Dinge: Conti war damals mit 20 Milliarden Euro Jahresumsatz ungefähr dreimal so groß wie Schaeffler; das Objekt der Begierde wollte sich nicht kaufen lassen; der Kaufpreis musste über Schulden finanziert werden. Schaeffler machte es trotzdem, auch wenn Linde-Manager Wolfgang Reitzle warnte: »Maria, dann verlierst du dein Vermögen.« So weit wäre es fast gekommen, weil die Bank Lehman Brothers in New York kurz nach der feindlichen Übernahme von Conti kollabierte, die Börsen der Welt nach unten rauschten und das Pflichtangebot der Schaefflers mit 69 Euro pro Aktie auf einmal so attraktiv war, dass alle es akzeptierten. Da saß die Eigentümerin nun auf zwölf Milliarden Euro Schulden und einem Paket von 90 Prozent der Conti-Aktien. Zudem brachte der Ehepartner selbst elf Milliarden Euro Verbindlichkeiten ein in die Liaison, die zur Zwangsehe geworden war – sowie einen fortgesetzten Widerstand gegen die Lümmel vom Land.

Zwischendurch hätte niemand – bei 23 Milliarden Euro Gesamtschulden – einen Cent auf die Familie gegeben. Aber ein paar Dinge entwickelten sich danach außergewöhnlich gut. Die operativen Geschäfte, vor allem in China, zogen an, was dem verantwortlichen CEO Geißinger dennoch nichts nützte, da er das Vertrauen der Eigentümerin verloren hatte. Allzeit-Manager Reitzle übernahm den Vorsitz des Aufsichtsrats von Conti, und vor allem strukturierte Finanzchef Rosenfeld all die vielen teuren Kredite um. Den Börsen-Höhenflug von Conti nutzten die Schaefflers zum Verkauf etlicher Aktienpakete, und am Ende erbrachten der Börsengang

Maria-Elisabeth Schaeffler-Thumann

Georg Schaeffler

und eine spätere Platzierung von Aktien insgesamt mit 1,24 Milliarden Euro eine schöne Summe. Mit Rosenfeld konnte erstmals in der Firmengeschichte ein Nicht-Techniker den Chefsessel einnehmen, so gut war die schier unglaubliche Rettungsaktion gelaufen. Ein bereits als neuer CEO von Knorr-Bremse in München verpflichteter Manager musste den Weg nach Franken gar nicht erst antreten. Das übernahm nun der Zahlenexperte, der vor Schaeffler bei der Dresdner Bank gearbeitet hatte. Erst im September 2016 fiel ein Schatten auf Rosenfeld, als klar wurde, dass er seit 2011 von fortgesetzter Korruption in der Türkei wusste, der Konzern aber nichts unternahm. Als er 2016 Schadenersatz von Ex-Chef Geißinger forderte, konnte Schaeffler ein Vergehen nicht nachweisen und der Fall war verjährt.

Das war also das große Abenteuer der Familie Schaeffler. Vor dem Zweiten Weltkrieg hatte Wilhelm Schaeffler in Oberschlesien ein Textilunternehmen übernommen, das später auch Metallprodukte fertigte. 1946 kamen er und sein Bruder Georg nach Herzogenaurach und kauften von der Stadt ein Grundstück unter der Zusage, innerhalb eines Jahres 120 Arbeitsplätze zu schaffen. Die Rechnung ging auf. Zunächst stellten die Schaefflers Holzartikel für den täglichen Bedarf her: Leiterwagen oder sogar Kinderroller. Bald kamen Metallprodukte hinzu wie Industrie-Nadellager. Die Firma hieß deshalb INA, von Georg Schaeffler als »Immer neue Aufgaben« übersetzt.

Heute setzt Conti (Schaeffler-Anteil: 46 Prozent) im Jahr rund 39,2 Milliarden Euro um, die Schaeffler KGaA (Familienanteil: 89 Prozent) kommt auf 13,2 Milliarden Euro; fast 300.000 Mitarbeiter sind in beiden Konzernen beschäftigt. Die Schulden in der Herzogenauracher Schaeffler-Gruppe sind auf knapp fünf Milliarden geschrumpft, was darstellbar ist. Das ganze Vermögen der Familie liegt in den Firmen. Maria-Elisabeth Schaeffler hält 20 Prozent an der Holding Schaeffler Verwaltungs GmbH, ihr Sohn Georg mit 80 Prozent das Gros. Zusammen werden sie mit fast 23 Milliarden Dollar taxiert. Es ist alles, wundersam genug, am Ende gut gegangen.

Georg F. W. Schaeffler (geb. 19. Oktober 1964), der als Jurist im amerikanischen Dallas gearbeitet hat, wächst immer stärker – mit Vorstandschef Rosenfeld an der Seite – in die Rolle des Unternehmers hinein. Er ist jetzt Aufsichtsratsvorsitzender. Seine Mutter, die seit August 2014 mit dem Industriellen Jürgen Thumann verheiratet ist, wurde von der »Bunten« gefragt, ob sie Angst habe, dass der Filius das Unternehmen mal verkaufen könnte. »Nein! Schon bei der Vorstellung schüttelt es mich.«

**Nachhaltigkeit** ✖✖✖✖☒
In den Unternehmensprinzipien von Schaeffler fest verankert. Conti ist Unterzeichner des Global Compacts der Vereinten Nationen.

**Unbestechlichkeit** ✖✖✖☒☒
2013 Überarbeitung des Compliance-Programms bei Schaeffler. Nach Korruptionsverdacht in China wurde das örtliche Management ausgewechselt. Bei Continental wurde der Repräsentant für Osteuropa, den Mittleren Osten und Afrika der Korruption bezichtigt.

**Steuerehrlichkeit** ✖✖☒☒☒
Staatsanwalt ermittelte gegen acht frühere Schaeffler-Mitarbeiter in der Türkei wegen Steuerbetrug, Korruption und Untreue. US-Finanzbehörden untersuchten nach dem Continental-Kauf die Steuerkonsequenzen des Deals für den damals in Dallas lebenden Georg Schaeffler.

**Humanität** ✖✖✖☒☒
Mittlerweile enge Bindung mit den Gewerkschaften bei Schaeffler.

**Transparenz** ✖✖✖☒☒
Mit dem Börsengang von Schaeffler erheblich gesteigert. 2014 musste der Konzern wegen Kartellvergehen der EU-Kommission 370 Millionen zahlen.

# Wolfgang Reimann, Renate Reimann-Haas, Matthias Reimann-Andersen, Stefan Reimann-Andersen

## JAB Holding

Für die Verhältnisse seiner öffentlichkeitsscheuen Familie war Albert Reimann ein extrovertierter Typ. Der Unternehmer feierte 1978 seinen 80. Geburtstag mit vielen Gästen und einer großen Gala, moderiert von Star-Moderator Frank Elstner. Da lief seine Ludwigshafener Chemiefirma Benckiser mit rund 450 Millionen Mark Jahresumsatz eher schlecht als recht. Nach seinem Tod 1984 erbten gleich neun Kinder den Besitz. Was sich damals als Himmelfahrtskommando ankündigte, ist heute eine späte Wirtschaftswundergeschichte. Die Reimanns kontrollieren eines der schillerndsten Imperien, das bei »fast moving consumer goods« vieles anbietet, was die Konsumenten im Shoppingtempel so begehren: Reinigungsmittel, Parfüms, Schuhe, Kaffee. Der Jahresumsatz all dieser Aktivitäten liegt bei schätzungsweise 30 Milliarden Euro, das Vermögen beläuft sich zusammengenommen auf 18,6 Milliarden.

Das ist eine ziemlich glückliche Fügung einer alten Unternehmergeschichte, die 1823 begann. Damals erwarb Johann Adam Benckiser eine Salmiakhütte; die Initialen des Gründers formen den Namen der heutigen Familienholding JAB. Der fidele Start-up-Unternehmer Benckiser hielt große Stücke auf seinen Mitarbeiter Ludwig Reimann, der später die Tochter des Gründers heiratete und die gemeinsam zur Blüte gebrachte Chemiefabrik in Ludwigshafen übernahm. Seine Nachkommen sind eine besondere Erscheinung: einerseits verschwiegen wie Howard Hughes, die Albrechts und Nessie aus Loch Ness zusammen, andererseits unternehmerisch so verwegen wie Elon Musk oder Warren Buffett. Dass es diese Familie so weit nach oben schaffte, liegt nicht zuletzt am Manager Peter Harf (geb. 9. Mai 1946), einem Harvard-Absolventen, der 1981 zu Benckiser gekommen war und den der Vater Albert den Seinen zur Mehrung des Vermögens empfohlen hatte. Harf führt als CEO und Präsident das Kommando in der Luxemburger Holding JAB, die 2015 rund 2,6 Milliarden Euro Gewinn nach Steuern machte. Wenn einer aus dem obersten Zirkel der Geheimnisträger spricht, dann ist er es, als »älterer Bruder« der Reimanns, wie er öffentlich kokettierte. Und Harf war es auch, der die Eigentümerfamilie davon überzeugte, amerikanisch-aggressiver aufzutreten als andere deutsche Dynastien wie die Haniels, die Quandts, die Mohns, die Henkels oder die Oetkers – und dabei doch verschwiegener zu sein.

Zum Imperium gehören vier Fürstentümer. Da ist ein noch verbliebener Anteil von 10,7 Prozent am Londoner Börsenkonzern Reckitt Benckiser, weltweit Nummer eins im Geschäft mit Reinigungsmitteln (Calgon, Sagrotan) und Kondomen (Durex). Hinzu kommen das ebenfalls börsengelistete Parfümunternehmen Coty (Davidoff, Joop), das 2015 für 12,5 Milliarden Dollar das Haarpflegeunternehmen Wella gekauft hat, sowie ein Finanzgeschäft und schließlich das zuletzt stark expandierende Kaffeegeschäft rund um Jacobs Douwe Egberts (Jacobs, Senseo). In diesem Segment kaufte der Clan innerhalb von zwei Jahren für 32 Milliarden Euro allerlei Unternehmen auf, im Mai 2016 zum Beispiel die US-Kette Krispy Kreme. Allein der US-Kaffeekapselhersteller Keurig hat knapp 14 Milliarden Dollar gekostet. Man ist jetzt, knapp hinter Nestlé, die Nummer zwei im Kaffeemarkt. »Unser Spielplatz ist die Welt«, sagte Harf der »WirtschaftsWoche«. Nur die Sache mit der Luxusholding Labelux (Jimmy Choo, Bally, Zagliani, Belstoff) lief nicht wie gedacht. Die Holding wurde aufgelöst, der verantwortliche Manager verließ das Haus, und die Verantwortlichen in der Finanzholding kümmern sich nun selbst um das Luxusproblem.

Von den einst neun Erbnehmern sind aber nur noch vier Unternehmungslustige dabei: die promovierten Chemiker Wolfgang Reimann und Renate Reimann-Haas sowie Matthias Reimann-Andersen und Stefan Reimann-Andersen. Sie alle sind leibliche Kinder des verstorbenen Patrons Albert Reimann; ausgetragen wurden sie von zwei Leihmüttern, da die eigene Mutter unfruchtbar war. Ihre Schwester Andrea Reimann-Ciardelli, eine Biologin, ließ sich mit einer Milliarde Euro auszahlen und lebt heute in den USA. Die anderen vier Erben von 1984 – die Kinder von Albert Reimanns Schwester Else Dubbers – hatten schon früher das sichere Geld der Abfindung der unsicheren Erwartung von Dividenden vorgezogen. Günter Reimann-Dubbers zog eine Vermögensverwaltung in Grünwald bei München, eine Stiftung in Heidelberg sowie eine Privatbank hoch, sein Bruder Volker fiel mit einer Stiftung für erneuerbare Energien auf.

Die Reimanns haben mit ihrem Vermögen eine Reihe von Vorschriften geerbt. So dürfen sie, laut Testament, Firmenanteile nicht nach außen verkaufen. Und die Unternehmensverfassung sieht die Ferne vom Tagesgeschäft und den völligen Verzicht auf Selbstdarstellung vor: kein Interview, keine Jetset-Partys, erst recht keine Home Stories. Da die Reimanns quasi unsichtbar sind, konnten Anekdoten reifen, sie würden weiter in der Kurpfalz wohnen und unerkannt das Glück der Provinz lieben. Dabei leben sie aus steuerlichen Gründen seit 2006 in Österreich, der Schweiz und Italien. Die Gesellschafter sind nicht einfach »Couponschneider«. Sie interessieren sich intensiv fürs Geschäft und inspirieren schon mal eine Kaffeeplantage in Brasilien oder die eigene Kaffeekette Peet's in Kalifornien. Stets reisen sie einzeln an und logieren in unterschiedlichen Hotels.

Das große Rad dreht für sie Chefmanager Harf, der an der JAB-Holdingspitze vom ehemaligen Mars-Finanzchef Olivier Goudet sowie dem früheren Reckitt-Benckiser-Chef Bart Becht begleitet wird. Die Maßgabe: den Wert der

Investitionen alle fünf Jahre verdoppeln. Die drei sitzen auch im Investmentkomitee der Reimanns und halten sogar kleine Anteile (zusammen rund zehn Prozent), auf die hübsche Gewinnbeteiligungen anfallen. Das Stimmrecht und die letztliche Entscheidung aber liegen bei den Reimanns. In ihrem Gesellschafterausschuss hat der Finanzfachmann und Vertraute Joachim Faber eine prägende Rolle, der Aufsichtsratschef der Deutschen Börse. Bei ihren Eroberungszügen hin zum Global Player haben die Reimanns die ganze finanzkapitalistische Klaviatur genutzt, von Börsengängen bis Private Equity, von Anleihen bis zum JAB Consumer Fund. Da hierbei stolze Preise gezahlt wurden, sind die Schulden enorm gewachsen. Aber die Geldgeber des Finanzkapitalismus sind gerne bei den Reimanns mit von der Partie, in den USA etwa Byron Trott mit seiner Firma BDT Capital: Er sorgt dafür, dass im eigenen Kaffee-Reich die Café-Kette Einstein Noah und Caribou Coffee harmonieren.

Die Reimanns haben vieles anders gemacht, als Vermögensberater es so vorschlagen. Weder kauften sie teure Kunst oder schmucke Immobilien, noch streuten sie ihr Geld weit in der Landschaft – sondern setzen stark auf Kaffee und Kosmetik. Sie haben nun ein Beteiligungsunternehmen mit 100 Marken. Die zehn Kinder der vier JAB-Gesellschafter sind über eine Gesellschaft namens Donata auch schon integriert. Hier liegt der Konzernbesitz Coty. Das Wichtigste aber ist, dass weiter kein Foto von ihnen existiert, dass sie unerkannt ins Café gehen oder ins Flugzeug steigen können.

**Nachhaltigkeit** ✖ ✖ ✖ ▨ ▨
Ein großes Thema bei den großen Beteiligungen, aber weniger in der JAB-Holding. Reckitt Benckiser will mit der Initiative »Carbon 20« bis 2020 rund 20 Prozent weniger $CO_2$ emittieren. Späte Entschuldigung für den Tod von mehr als 100 Südkoreanern, weil der Konzern das giftige Desinfektionsmittel Oxy für Luftbefeuchter verbreitet hatte.

**Unbestechlichkeit** ✖ ✖ ✖ ✖ ▨
Keine Vorfälle im Reich der Reimanns.

**Steuerehrlichkeit** ✖ ✖ ▨ ▨ ▨
Die Steuersätze sind – legal – bis an die mögliche Untergrenze gekappt worden. Die Reimanns zogen deshalb sogar um.

Geheime Steuerdeals mit Luxemburg. Coty arbeitete bei der Wella-Übernahme mit dem Steuertrick »Reverse Morris Trust«, der Milliarden Dollar einsparte.

**Humanität** ✖ ✖ ✖ ▨ ▨
Keine Auffälligkeiten.

**Transparenz** ✖ ✖ ▨ ▨ ▨
Die Hälfte der Dividende der JAB-Holding soll sozialen Zwecken zufließen. Das lässt sich ebenso wenig nachprüfen wie die genaue Verschuldung oder die genauen Verhältnisse und Geschäfte in der Eigentümerfamilie. 2010 stimmte Reckitt Benckiser einer Strafe von 10,2 Millionen Pfund für Kartellvergehen in Großbritannien zu.

# Dieter Schwarz
## Lidl

Wenn der Vater mit dem Sohne ... kann das Stress bedeuten. So war es in Heilbronn, wo Josef Schwarz schon 1930 in die Südfrüchte-Großhandlung Lidl & Co. eingestiegen war. Daraus ging nach dem Krieg eine Lebensmittel-Großhandlung hervor. Sohn Dieter wurde 1963 persönlich haftender Gesellschafter der Lidl & Schwarz KG. Doch bald war ihm das alles zu betulich, und so eröffnete er 1973 persönlich seinen ersten Discount-Laden, ganz nach dem Vorbild Aldi. Vater Josef hielt von dem jugendlichen Sturm und Drang wenig und hätte die Namensrechte wohl nicht abgegeben. Die kaufte Dieter Schwarz (geb. 24. September 1939) kurzerhand dem pensionierten Berufsschullehrer Ludwig Lidl ab, um seine Innovation nicht »Schwarz-Markt« nennen zu müssen – und machte im Laufe der Jahrzehnte daraus eine internationale Handelsgruppe mit 10.000 Filialen und 85,7 Milliarden Euro Umsatz. Auch Kaufland gehört dazu. Zwischenzeitlich war Schwarz beim Lebensmittelhändler Kathreiner sowie am Handelskonzern Spar beteiligt, machte Cash& Carry und ging mit der Marke Hauser ins boomende Geschäft der Baumärkte. Irgendwann jedoch konzentrierte er sich lieber auf seine Läden mit dem begrenzten Angebot und den niedrigen Preisen, die nicht billig wirken sollten.

»Ich habe früh erkannt, dass nur kompromissloses Wachstum den Bestand der Firma sichern kann«, sagt Dieter Schwarz. Diesen Geist hat er seinen Managern eingeimpft, allen voran dem Konzernchef Klaus Gehrig. Lidl-Chef Sven Seidel verkündet: »Unsere Expansion ist niemals zu Ende.« Auf die Frage, was die Chefs wach halte, antwortet der jugendlich wirkende Seidel: »Der Lidl in uns. Die Unruhe ist unser wertvollstes Gut.« Noch immer kommt der Alleineigentümer, der offiziell die operative Führung 1999 an Gehrig abgegeben hat, täglich ins Büro. Er hat alle Stimmrechte und redet bei der Strategie mit, bei den großen Fragen der Eroberung. In Europa wurden 2015 immerhin fünf Milliarden Euro in den Vertrieb investiert. 2018 steht dann der Gang in die USA an mit 50 Läden; Aldi ist dort schon lange aktiv. Vorher starten Gehrig & Co. in Serbien und Litauen. »Wer aufhört, besser zu sein, hört auf, gut zu sein«, ist in großen schwarzen Buchstaben im Foyer der Lidl-Zentrale in den Weinbergen von Neckarsulm zu lesen. Der Sinnspruch stammt vom Feldherrn Oliver Cromwell, der den Grundstein für Großbritanniens Aufstieg zur Weltmacht legte. Mitte 2016 stieg Lidl sogar zum beliebtesten Supermarkt Deutschlands auf. Nach einer Kundenumfrage von Servicebarometer AG war das Unternehmen mit Schulnoten von 2,12 erstmals besser als Aldi-Süd (2,19).

Dieter Schwarz gilt als umgänglicher Typ, der persönlich Pfandflaschen vom Boden vor seinen Märkten aufsammelt und alles andere als abgehoben ist, trotz seines offiziellen Vermögens von 14 Milliarden Euro – was natürlich Verbindlichkeiten von elf Milliarden Euro einschließt. Eigenkapital: rund 30 Prozent. Das Geld steckt in den Immobilien der vielen Läden. Fotos vom Patron gibt es so gut wie nicht. Und über sein Kapital und sein Leben hat der Gründer nie öffentlich geredet, erst recht nicht in seiner Heimatstadt Heilbronn, wo er als Großspender

aufgetreten ist, vom »Bildungscampus« bis zur Lernwelt »Experimenta«. Bildung hält er für den »wichtigsten Rohstoff«. Das Sozialste, was er tun könne, sei, »durch entsprechende Bildungsmaßnahmen die Leistungsfähigkeit der Bürger zu stärken und die Elitebildung zu fördern«, ließ sich der Vater zweier Töchter zitieren. Da war es fast eine Sensation, als der Geheimnisvolle im Jahr 2014 vor der Oberbürgermeisterwahl als Unterstützer des SPD-Kandidaten auftrat. Bekannt ist auch, dass er Mitglied in einer evangelischen freikirchlichen Gemeinde ist.

Im Schwarz-Unternehmen Lidl gelten seit Kurzem die Freundlichkeiten der digitalen Zeit: Es herrscht das kollektive »Du«. Man arbeitet am Betriebsklima, ohne dabei die urdeutschen Tugenden Disziplin und Fleiß zu vergessen. Mit diesen Mitteln soll 2020 die 100-Milliarden-Umsatz-Grenze erreicht werden. Vielleicht gibt Dieter Schwarz dann ja das erste Interview seines Lebens.

**Nachhaltigkeit** ✘✘✘☒☒
Sieht sich als nachhaltiges Unternehmen mit zertifizierten Produkten und viel Effizienz (wenig Lebensmittelvernichtung). Vom Unternehmen Rank a Brand bekam Lidl dennoch eine schlechte Bewertung.

**Unbestechlichkeit** ✘✘✘☒☒
Ein Ombudsmann soll Korruption verhindern.

**Steuerehrlichkeit** ✘✘✘☒☒
2008 entschied der Europäische Gerichtshof für den deutschen Fiskus: Lidl darf Verluste einer europäischen Tochterfirma

nicht vom Gewinn der deutschen Firma abziehen.

**Humanität** ✘✘✘☒☒
Großer Skandal 2008 und 2009 wegen der Überwachung und Bespitzelung des Personals. Inzwischen gibt es bei Lidl spezielle Mitarbeiter-Programme und Schulungen für ethisch korrektes Verhalten und moderne Mitarbeiterführung.

**Transparenz** ✘✘☒☒☒
Eigentümer Dieter Schwarz wirkt im Verborgenen. Seine Top-Manager öffnen sich. Immer noch eingeschränkte Publizität.

# Leonid Michelson
## Novatek

»Unangenehm« sei ihm der Aufstieg zum reichsten Russen, erzählt Leonid Michelson am Rande des St. Petersburger Wirtschaftsforums im Sommer 2016, richtig unangenehm. »Das zieht viel zu viele Fragen auf mich, zu viel Aufmerksamkeit«, sagt der mit blauer Krawatte zu blauem Hemd und blauem Anzug gekleidete Multimilliardär. Im Mai 2016 hatte er in der russischen Ausgabe des Wirtschaftsmagazins »Forbes« erstmals den Spitzenplatz in der Geldrangliste erobert: Auf 14,4 Milliarden Dollar Vermögen wird Michelson (geb. 11. August 1955) mittlerweile geschätzt – 2,7 Milliarden Dollar mehr als im Jahr zuvor und sechs Plätze höher. Die Geschäfte laufen gut für den ungekrönten Gaskönig Russlands, während viele Milliardärskollegen erheblich Federn lassen müssen angesichts westlicher Sanktionen, einer erheblichen Konjunkturdelle, des Rubel-Absturzes und des Ölpreisverfalls. Dabei sind Michelsons Geschäftsaktivitäten alles andere als konjunkturunabhängig – weder wirtschaftlich noch politisch.

Michelson stammt aus Dagestan am Kaspischen Meer. »Mein Vater hat mich immer zu seinen Baustellen mitgenommen. So bin ich früher auf Öl- und Gasfeldern gewesen als in der Schule«, erinnert sich der persönlich sehr zurückhaltend und eher scheu auftretende Unternehmer. Sein beruflicher Weg war damit vorbestimmt, auch wenn er selbst am liebsten Pilot geworden wäre: über das Studium des Bauingenieurs und eine Vorarbeiterstelle an der großen Pipeline im sibirischen Urengoj. Geschadet hat ihm das nicht: 1987, inmitten von Gorbatschows Perestrojka-Reformen, stand Michelson an der Spitze von Kujbischtschewtruboprowodstroj, dem Röhrenverleger in Sibirien mit dem fast unaussprechlichen Namen. Der Firma gelang 1991 als erster der Region die Umwandlung in eine Aktiengesellschaft – somit mutierte sie zu einer privaten Bauunternehmung. Als die kommunistische Sowjetunion das Zeitliche segnete, war Michelson, der nie an ein Leben ohne Kommunismus geglaubt hatte, also schon »Kapitalist«. Er hatte sein sowjetrussisches Auto versetzt, um die Anfangsinvestitionen zu finanzieren.

Es folgte der Start einer Anlagefirma (Nowafininvest) und 2003 der Sprung an die Spitze von Russlands zweitgrößtem Gaskonzern Novatek. Hier ist der Oligarch Chef des Vorstands und des Verwaltungsrats in einer Person und hält die meisten Anteile. Michelsons Aktien am privaten Rivalen Gazprom in Höhe von 24,8 Prozent sowie die 43,2 Prozent am größten russischen Petrochemiekonzern Sibur sind weitere Quellen seines Reichtums.

Richtig rund läuft es für Michelson seit dem Einstieg zweier Partner: Gennadi Timtschenko (mit 23,5 Prozent bei Novatek und 14,5 Prozent bei Sibur) und Kirill Schamanow (21,2 Prozent bei Sibur). Die beiden sind herausragende Beispiele für Wladimir Putins System der Neo-Oligarchen. Timtschenko, der mit 11,4 Milliarden Dollar fünftreichste Russe, stammt wie Staatspräsident Putin aus St. Petersburg und gründete den Judo-Klub »Jawara-Newa« mit, den Putin angeregt hatte und bei dem er Ehrenpräsident wurde. »Timtschenkos Aktivitäten im Energiesektor sind direkt mit Putin verbunden«, verkündete US-Präsident Barack Obama 2014 nach der Krim-Annexion und setzte den Russen auf die Sanktionsliste. Der andere enge Michelson-Gefährte, der 1982 geborene Nikolaj Kirill Schamalow, ist sogar Putins Schwiegersohn und Sohn von Putins Nachbar und Freund Nikolaj auf der Datschen-Siedlung »Osero« (See) bei St. Petersburg. Ebendort haben auch der inzwischen abgetretene Chef der russischen Staatsbahn RZD, Wladimir Jakunin, sowie der Großaktionär der Putin nahestehenden Bank »Rossija«, Juri Kowaltschuk, ihre luxuriösen Ferienvillen gebaut.

Da Putin inzwischen viel öfter die für ihn ausgebaute Staatsdatscha des früheren KPdSU-Generalsekretärs Leonid Breschnew im Naturreservat Waldai zwischen Moskau und St. Petersburg besucht, haben die meisten seiner Freunde nun eben auch dort ihre Villen errichtet. Eine der größten besitzt jener Mann, der den jungen Putin viele Jahre lang im Judo trainiert hat: Arkadij Rotenberg. Der Multimilliardär ist inzwischen Präsident des Judo-Klubs »Jawara-Newa«. Er und sein Bruder Boris wurden zu »Königen der Staatsaufträge« (»Forbes«). Der staatliche Gasgigant Gazprom und der Staat selbst vergaben 2015 Aufträge im Volumen von gut elf Milliarden Euro. Wie gewinnbringend so manche Staatsvergaben sind, erklärt »Esquire«: Für die Olympischen Winterspiele 2014 in Sotschi wurde demnach eine 48 Kilometer lange Straße für 5,9 Milliarden Dollar gebaut. Dafür, so das Blatt, hätte man die Trasse statt mit Asphalt getrost mit schwarzem Kaviar beschichten können. Arkadij Rotenberg begann 1991 mit einer Kooperative für Kampfsportarten, dann kam der undurchsichtige Barterhandel hinzu, schließlich fügten sich Sicherheitsfirmen, Immobilienentwickler und Beteiligungen an Spielhallenbetreibern zum Bild. 2001 gründete er die Moskauer SMP-Bank und bekam Zugang zum Staats-Alkoholmonopolisten Rosspirtprom. Mit seinem Bruder und einem weiteren engen Freunden Putins hat er auch die populäre russische Wodkamarke »Putinka« faktisch übernommen: Die Rotenberg-Brüder über ihre SMP-Bank und der in den »Panama-Papers« berühmt gewordene Cellist Sergej Rodulgin über den Fonds zur »Unterstützung des Kindersports«. Noch erfolgreicher als der Schnapshandel läuft Rotenbergs Baugeschäft: 2008 kaufte er über zypriotische Offshore-Firmen fünf Bau- und Pipelineverlegefirmen von Gazprom für gerade einmal 400 Millionen Dollar und fusionierte sie zum Baukonzern Strojgasmontasch (SMG).

Auch Putin-Kumpel Timtschenko ist mit Strojtransgas im Baugeschäft mit Staatsaufträgen groß engagiert – und eben bei Michelsons Konzernen. Im Fall von Michelsons Gasfirma Novatek und dem Petrochemie-Riesen Sibur fällt nicht nur die enge Verbandelung mit dem Kreis um Putin auf – sondern auch die perfekte Symbiose von Michelsons Firmenpolitik mit Putins Geopolitik, der Wende weg vom Westen und der Zuwendung hin zu China. Während die gewünschte enge Kooperation mit Peking bei den meisten russischen Firmen bisher weitgehend fehlschlug, gelang Michelson im Dezember 2015 der Verkauf von zehn Prozent der Sibur-Anteile für 1,3 Milliarden Dollar an den chinesischen Ölkonzern Sinopec. Und bei Novateks Investition in das größte russische Flüssiggasprojekt Yamal LNG (Gesamtvolumen: 27 Milliarden Dollar), das Michelson vorantreibt, ist die staatliche China National Petroleum Corporation ebenso wie Frankreichs Ölkonzern Total S.A. mit je 20 Prozent beteiligt. 9,9 Prozent soll der chinesische Infrastruktur-Investitionsfonds Silk Road bekommen. Das Projekt hat sich zum Ziel gesetzt, von 2019 an jährlich 16,5 Millionen Tonnen verflüssigtes Gas zu verschiffen – von der Halbinsel Jamal aus, wo der Fluss Ob in die Karasee mündet. Dort liegt Russlands bisher nördlichstes Gasfeld. Auch der russische Staat hat in Form des Wohlfahrtsfonds Novatek für das Projekt unter die Arme gegriffen – mit umgerechnet 2,8 Milliarden Dollar.

Leonid Michelson ist nicht nur auf der Reichen-Rangliste zu besonderer Bedeutung aufgestiegen. Sein Status zeigt sich auch in der Kultur. Der Russe beauftragte den Stararchitekten Renzo Piano mit einem besonderen Projekt: Er soll ein aufgegebenes Moskauer Kraftwerk aus dem Jahr 1907 bis 2019 in ein hippes Zentrum für zeitgenössische Kunst verwandeln – mit Galerien, einer Bücherei, Buchläden und Restaurants. Wie viele seiner neureichen Kollegen in Russland und anderen Ländern besitzt Michelson eine Superyacht: 86 Meter lang und 150 Millionen Dollar teuer ist seine Pacific, gebaut von der Bremer Lürssen-Werft. Hier kann ein Hubschrauber leicht landen.

Die westlichen Sanktionen gegen Putin umgeht der Milliardär geschickt: »Na ja, wir stehen zwar auf der Sanktionsliste«, sagt Jewgenij Kot, Generaldirektor von Yamal LNG. »Praktisch bekommen wir hier aber nichts zu spüren.« Im Gegenteil: Siemens und General Electric liefern Turbinen, Linde kooperiert laut Michelson mit Novatek, Vinci Construction sowie italienische Firmen sind involviert. Caterpillar liefert Baumaschinen, BASF Chemikalien. Alles wie immer.

Michelson gelang es mit Yamal, den im Winter 15 Meter dicken Eispanzer der baumlosen Taiga mit seinen Bohrmeißeln zu durchbrechen, um im Gestein in 3500 Metern Tiefe das Gas zur Verflüssigung zu erschließen. Und er schaffte es vor allem als Erster, Gazproms Exportmonopol zu durchbrechen: Auch Novatek darf sein verflüssigtes Gas exportieren. 2015 konnte das Unternehmen seinen Gewinn auf mehr als eine Milliarde Euro gegenüber dem Vorjahr verdoppeln, der Umsatz stieg um fast ein Drittel. »Als wir mit dem Yamal LNG-Projekt begannen, hat niemand in der Investment-Community daran geglaubt, dass wir das hinkriegen«, sagt Top-Manager Kot. Deshalb habe man zur Absicherung der Finanzierung bereits vorab 100 Prozent der Exportmengen verkaufen müssen. Damals war Timtschenko noch nicht mit an Bord. Michelsons Sibur wiederum erhielt nach dem Einstieg von Putins Schwiegersohn einen Großauftrag vom Staatskonzern Gazprom zum Bau einer 800 Fußballfelder großen Gasverarbeitungsanlage im fernöstlichen Amur-Gebiet.

Michelson ist zwar bei Novatek und Sibur der Steuermann, doch ganz ohne »a little help from my friends« der Neo-Oligarchen scheint es in Putins Russland nicht zu gehen. Der ins Ausland geflohene russische Privatbankier Sergej Pugatschow klagt inzwischen an: In Russland gebe es keine freien Unternehmer mehr, sondern »nur noch Leibeigene, die von Putin kommandiert werden«.

**Nachhaltigkeit** ✗ ✕ ✕ ✕
Umweltschutz und Kampf gegen den Klimawandel sind hier vernachlässigbare Kategorien.

**Unbestechlichkeit** ✗ ✕ ✕ ✕
Michelsons Geschäfte entstehen in einem Dunstkreis rund um Staatspräsident Putin. Geben und Nehmen ist oberstes Betriebsprinzip.

**Steuerehrlichkeit** ✗ ✗ ✕ ✕
Keine besonderen Vorfälle zu registrieren.

**Humanität** ✗ ✗ ✕ ✕
Michelson ist durch großzügige Unterstützung von Künstlern aufgefallen. Die Arbeitszustände in den Investitionsobjekten spielen keine große Rolle.

**Transparenz** ✗ ✕ ✕ ✕
Die wirklichen Einflüsse liegen nicht offen. Auch die Sanktionsliste der EU wird fast spielerisch umgangen.

# Michail Fridman
## Alfa Group

Als Überlebender einer besonderen Klasse hat
es Michail Fridman (geb. 21. April 1964) zu
zweifelhaftem Ruhm gebracht: »Postranstwo
Fridmana« – Fridmans Sphäre – nannte der
russische Kultautor Viktor Pelewin 2008 eine
seiner Erzählungen. Er machte Fridman damit
zum Inbegriff der Superreichen, Unantastba-
ren, von der Realität Abgeschnittenen. In dieser
Sphäre tauchen inzwischen immer öfter Regie-
rungsmitglieder und enge Freunde von Kreml-
chef Wladimir Putin auf. Fridman ist einer der
wenigen Oligarchen, die noch aus der Boris-Jel-
zin-Ära stammen. Diese Gruppe hat Putin durch die abschreckende Inhaftierung
des Ölbarons Michail Chodorkowskij (Yukos) dezimiert und domestiziert oder
sie wurde von Neo-Oligarchen beerbt – auch durch feindliche Übernahmen. Der
Jetset-Oligarch Roman Abramowitsch fand in London Zuflucht bei Fußball (FC
Chelsea) und Superyachten (die 163 Meter lange Eclipse).

Die Geschichte des Michail Maratowitsch Fridman ist die Geschichte der Kapi-
talismus-Werdung Russlands: Der im westukrainischen Lwiw (Lemberg) geborene Ingenieurssohn begann seine Karriere auf dem Schwarzmarkt, als »Farsowt-
schik«, wie die in der Perestrojka-Ära auftauchenden Händler von Mangelwaren
genannt wurden. Im Falle Fridmans waren dies unter anderem Konzerttickets
für einen von ihm gegründeten inoffiziellen Klub im Studentenwohnheim. 1986
schloss er das Studium am Moskauer Institut für Stahl und Legierungen ab und
wurde Ingenieur in einem Kombinat. Es folgte eine Karriere als »Kooperativt-
schik«, also als Gründer von unter Gorbatschow erlaubten Kooperativen-Pri-
vatbetrieben, in seinem Falle fürs Fensterwaschen. 1989 gründete Fridman mit
Partnern seine Alfa-Gruppe, die anfangs mit Fotomaterial, Immobilien, Zigaret-
ten- und Parfümimport sowie dem Züchten weißer Mäuse Geld verdiente. Ende
1990 legte er sich die Alfa-Bank zu.

Das Geldinstitut geriet 1996 ins Zentrum des Machtkampfs um Russland:
Damals schien die Wiederwahl von Präsident Boris Jelzin kaum möglich – bis die
»Semibankirschtschina« mit ihrem Geld und ihren Medien das schier Unmögliche
wahrmachte. Dahinter verbargen sich sieben Großbankiers, die in Anlehnung an
die »Semibojarschtschina«, einen mächtigen Rat aus sieben Adeligen von 1610–12,

so genannt wurden. Nach Angaben des inzwischen verstorbenen, einst obersten und später von Putin ins Londoner Exil gedrängten Oligarchen Boris Beresowskij kontrollierten sie mehr als die Hälfte der russischen Wirtschaft. Sie vereinbarten mit Jelzin einen teuflischen Pakt: Sie gewährten dem bankrotten Staat Kredite, die mit den Aktienpaketen fast aller der wichtigsten Industrie-Konglomerate des Landes besichert waren und die von der Regierung nie bedient werden konnten oder sollten. So fielen sie in den Besitz der »Semibankirschtschina«.

Michail Fridman war zusammen mit seinem Geschäftspartner Pjotr Awen als Alfa-Gruppe Teil dieser Bankerbande. Dazu zählten Beresowskij sowie der heute nach mehr als acht Jahren Lagerhaft im Schweizer Exil lebende Michail Chodorkowskij (Menatep-Bank/Rosprom), der ebenfalls verjagte Medienunternehmer Wladimir Gussinskij (Most-Bank), der heute den Metallgiganten Norilsk Nickel und die Industriegruppe Interros beherrschende Wladimir Potanin (Oneximbank, mit geschätzten 12,1 Milliarden Dollar Russlands viertreichster Mann), der unternehmerisch untergetauchte Alexander Smolenskij (SBS-Agro) und der 2008 im Alter von 52 Jahren verstorbene Wladimir Winogradow (Inkombank). Dies war die Brutstätte der Oligarchen und des Raubtier-Kapitalismus russischer Spielart.

In dem Konsortium Alfa Access Renova (AAR) sitzen neben Fridman noch German Chan (Alfa-Gruppe), die Multimilliardäre Len Blavatnik (Access Industries) und Viktor Vekselberg (Renova mit Sulzer in der Schweiz). Richtig in die Schlagzeilen gerieten die russischen Unternehmer mit einer Art Räuberpistole, bei der es tatsächlich um eine Pistole und einen Raub ging. Der Multi BP hatte sich mit ihnen für das Ölgeschäft auf das 50:50-Joint Venture TNK-BP eingelassen; im Laufe der Zeit verdrängten die Oligarchen im Dauerstreit mit den Briten den heutigen BP-Konzernchef Bob Dudley aus der Führung. Ein Beteiligter erinnert sich: »Bei Abendessen hatte German Chan auch mal eine Pistole dabei.« Am Ende übernahm der Staatsölkonzern Rosneft dann TNK-BP. Rosneft hatte sich zuvor nach oben katapultiert, indem man den bis dahin führenden Ölförderer Yukos von Chodorkowskij schluckte. Die Briten wurden mit einem Rosneft-Anteil bedacht, die Oligarchentruppe wiederum bekam 14 Milliarden Dollar. Friedman feierte den Erfolg auf einer dreitägigen Pilgerreise durch die israelische Wüste mit jüdischen Milliardärsfreunden und Kamelen.

Heute sieht sich Fridman, dessen Vermögen auf 13,3 Milliarden Dollar geschätzt wird, als großer globaler Investor. Er ist Gründer und Chairman der Letter One Group (L1 Group), die in Luxemburg sitzt. Die Investmentfirma will in Märkte für Telekom, Technologie und Energie hineingehen und engagierte Lord Mervyn Davies, den früheren britischen Handelsminister, als Vizechef des Verwaltungsrats. Als Berater fungiert der frühere schwedische Außenminister Carl Bildt. Die Luxemburger Gruppe ist ein Profiteur der Krise deutscher Energiekonzerne im Gefolge der Energiewende. Zunächst kaufte L1 Energy im März 2015 die RWE-Erdölfirma DEA für 5,1 Milliarden Euro – mit vielen Ölfeldern in der Nordsee vor der britischen Küste. DEA besitzt mehr als 160 Förderlizenzen in 14 Ländern; das Endkundengeschäft an Tankstellen ist schon vor einiger Zeit an Shell verkauft worden. Dann nahm Fridmans Investmenthaus dem notleidenden deutschen Eon-Konzern im Oktober 2015 dessen norwegisches Öl-und Gasgeschäft für 1,6 Milliarden Dollar ab. Unter Führung des Ex-Chefs des britischen Ölriesens BP, Lord Browne, soll aus L1 Energy ein Weltkonzern werden. Der Manager führt eine Kampagne für offen gelebte Homosexualität in der Wirtschaft und schrieb darüber ein Buch. In Großbritannien kommt das gut an, in Fridmans Heimat weniger, wo Staatspräsident Putin offen Gesetze gegen Schwule und Lesben initiiert hat.

Friedmans Alfa-Bank ist noch immer das größte private Geldhaus zwischen Kaliningrad und Kamtschatka. In seiner X5 Retail Group sind die Supermarktketten Pjatjorotschka (»Fünfer«), Perekrjostok (»Kreuzung«) und Karussell vereint. Und in Letter One hält er 47,9 Prozent am Mobilfunker Vimpelcom und 13,2 Prozent des türkischen Mobilfunkers Turkcell sowie eine 200 Millionen Dollar schwere Beteiligung am Taxi-Angreifer Uber.

Fridman hat den Russian Jewish Congress mitgegründet, wo er im Präsidium sitzt. Er tritt auch als Förderer von Buch- und Literaturinitiativen auf. Sein Vermögen will er nicht an seine Kinder übertragen. Sie sollen vielmehr selbstständig zu beruflichen Erfolgen kommen – so wie er selbst, erklärte der Unternehmer. Er wolle verhindern, dass seine Nachkommen die Aufmerksamkeit von Leuten erregen, »die verwerfliche Ziele verfolgen«.

**Nachhaltigkeit** ✘ ✗ ✗ ✗
Gegen die Ölbohrungen in der Nordsee durch Fridmans Neuakquisition DEA wettert Greenpeace seit einiger Zeit. Öko-Aspekte interessieren den Oligarchen nur am Rande.

**Unbestechlichkeit** ✘ ✗ ✗ ✗
Im Februar 2016 zahlte der niederländische Telekomkonzern Vimpelcom, an dem Fridman maßgeblich beteiligt ist, wegen Bestechung in Usbekistan 795 Millionen Dollar an den US-Staat. 2005 tauchte Fridman in einem russischen Privatisierungsskandal auf. Er hatte vom Staat weit unter Marktpreis ein Luxushaus übernommen, das er später zurückgeben musste.

**Steuerehrlichkeit** ✘ ✘ ✗ ✗
Fridman nutzt aggressiv Steuersparmodelle über Luxemburg und die British Virgin Islands.

**Humanität** ✘ ✘ ✘ ✗
Sein Vermögen will Fridman spenden. Humane Arbeitsbedingungen spielen bei seinen Investments keine Rolle.

**Transparenz** ✘ ✗ ✗ ✗
Allenfalls partielle Einblicke gewährt Fridman in sein expandierendes Firmenreich. Es entzieht sich einer Analyse.

## Alischer Usmanow
### USM Holdings

Als die Sowjetunion unterging, hatte ein bestimmter Menschenschlag ganz neue Chancen. »Kluge« Komsomolzen zum Beispiel, die das Vermögen der KPdSU, des Jugendverbandes Komsomol oder der sowjetischen Gewerkschaften »in Sicherheit« brachten. Oder raffgierige »rote« Direktoren, die die ihnen anvertrauten Betriebe hinterrücks privatisierten. Aber es gab auch Clanchefs der mörderischen Mafia, ein paar ehrliche Erfinder und unverdrossene Unternehmer, die die neue wirtschaftliche Führungsschicht bildeten. Wer nun wer war, will im  heutigen Russland der Superreichen keiner mehr wirklich wissen lassen. Alischer Usmanow (geb. 9. September 1953) jedenfalls wird in der russischen Presse oft mit dem zweifelhaften kriminellen Kampfnamen »Usbek« (der Usbeke) in Verbindung gebracht.

Allerdings ist der Unternehmer aus Usbekistan, das schon zu Sowjetzeiten wegen seiner Baumwoll-Mafia berüchtigt war, ein Mann des Rechts: Sein Vater war der Staatsanwalt der usbekischen Hauptstadt Taschkent. Das ermöglichte es dem Filius, am Moskauer Institut MGIMO, der Kaderschmiede sowjetischer Eliten, internationales Recht zu studieren. Es folgten eine Komsomol-Karriere in der usbekischen Heimat, KPdSU-Mitgliedschaft und Arbeit in der Akademie der Wissenschaften – und nach dem Ende der UdSSR offenbar sehr lukrative Beziehungen zum Gasgiganten Gazprom und Posten bei zwielichtigen Banken. Der frühere britische Außenminister Lord Owen entschuldigte sich für seine Mitarbeit bei Usmanows Middlesex Holding, deren zweifelhafter Ruf ihm erst später bekannt geworden sei. Heute ist der Usbeke mit russischem Pass Moskaus Medien- und Metall-Mogul, mit Beteiligung an internationalen Hightech- und Internet-Konzernen.

Zwischenzeitlich soll es der junge Usmanow mit dem Recht allerdings nicht ganz so ernst genommen haben: 1980 wurde er zusammen mit dem Sohn des usbekischen KGB-Vizechefs zu acht Jahren Lagerhaft wegen Schutzgelderpressung verurteilt. Er musste bis zur Entlassung wegen guter Führung und Reue nach sechs Jahren in einer Strafkolonie ausharren. Im Jahr 2000 wurde Usmanow von Usbekistans oberstem Gericht rehabilitiert. Doch Craig Murray, von 2002 bis

2004 britischer Botschafter in Usbekistan, hat für sein Buch »Murder in Samarkand« mögliche Mafia-Verstrickungen erforscht und nennt Usmanow weiter einen »Ganoven und Schutzgelderpresser«.

Deutsche Diplomaten drücken in dem autokratisch beherrschten Usbekistan manchmal beide Augen zu; der Staat war für die Bundeswehr ein wichtiges Transitland beim Afghanistan-Einsatz. In England indes gibt es großes Interesse an Usmanow und seiner historischen Heimat: Der heute in der südenglischen Grafschaft Surrey residierende Oligarch ist über seine Red & White Holding mit gut 30 Prozent am Londoner Fußballklub FC Arsenal beteiligt. Und er zeichnet als Präsident des internationalen Fechtverbandes FIE verantwortlich; als Aktiver soll er es einst fast in die Fecht-Juniorennationalmannschaft der UdSSR geschafft haben.

Mehr Säbel als Florett war Usmanows Aufstieg als Geschäftsmann. Die Bankrott- und Übernahmeschlachten in Russlands Metallindustrie mit ihm als Akteur füllen ganze Zeitungsarchive. Usmanow hatte in den wilden Umbruchsjahren eine Fabrikation für damals in Russland sehr gefragte Plastiktüten aufgebaut; ihm gelang es, mehrere Eisenerzkombinate und Metallfabriken zu einem der größten Metallkonzerne Europas zu fusionieren: Metalloinvest. Zuvor bereits hatte er die Gazprom-Investholding geleitet und auf undurchschaubaren Wegen vom Gasgiganten veräußerte Beteiligungen wieder zurück zum Kremlkonzern geholt.

Der Metallriese ist der »alte« Teil von Usmanows Wirtschaftsimperium, das heute von USM Holdings geführt wird. Anteilseigner sind Usmanow (60 Prozent), der Duma-Abgeordnete Andrej Skotsch (der 30 Prozent über seinen Vater hält) sowie der iranisch-britische Geschäftsmann Farhad Moshiri (zehn Prozent). Der frühere Wirtschaftsprüfer (Deloitte, Ernst&Young) fungiert als USM-Aufsichtsratschef und ist nach dem Verkauf seiner Arsenal-Anteile beim britischen Klub FC Everton eingestiegen. USM kontrolliert neben Metalloinvest noch den Kupferkonzern Baikal Mining, die kanadische Firma Nautilus Minerals, einen Anteil an Norilsk Nickel des Oligarchen Wladimir Potanin, den zweitgrößten russischen Mobilfunker Megafon, den größten russischen Internetkonzern Mail.ru und dessen Social-Media-Netzwerke (VKontakte, Odnoklassniki) sowie russische Zeitungen (»Kommersant«) und diverse russische TV-Kanäle. Alexej Nawalnyj, Russlands unverdrossener Oppositioneller und Anti-Korruptionskämpfer, geht davon aus, dass Usmanow von der Kremlführung mit der Übernahme von Firmen unliebsamer Geschäftsleute beauftragt wird. Das Vorstandsmitglied des russischen Industriellenverbandes RSPP verfügt zudem über den 1,3 Milliarden Dollar schweren Venture-Fonds USM Advisors.

International bekannt wurde Investor Usmanow durch seine Beteiligung an Facebook im Jahr 2009 – der Oligarch vervielfachte mit dem Börsengang 2012 seinen Einsatz. Ebenso war er an Apple beteiligt und bei den chinesischen Internetgiganten JD.com und Alibaba, wo er den Einsatz versechsfachte. »Beteiligungen in China und Indien machen den Großteil unseres Portfolios aus«, erklärt USM Advisors-Chef Iwan Streschinskij in einem Interview im Juni 2016. US-Tech-firmen seien inzwischen viel zu teuer. In Indien ist USM Advisors beim größten Internethändler Flipkart engagiert und beim Uber-Klon Ola Cabs, in China beim Smartphone-Hersteller Xiaomi und dem Fahrdienst Didi. In Amerika sei eine Beteiligung an einem Softwareentwickler für selbstfahrende Autos gekauft worden, erzählt Streschinskij – und spart sich die Namen. »Selbstfahrende Autos könnten 2022 einen Marktanteil von 50 Prozent haben«, meint er.

In den Jahren 2015 und 2016 hat Usmanow erheblich Federn lassen müssen. Der Verfall der Eisenerzpreise und die wachsende Mobilfunk-Konkurrenz haben die Gewinne geschmälert. Usmanow ist in der russischen »Forbes«-Milliardärs-rangliste mit einem geschätzten Vermögen von 12,5 Milliarden Dollar auf Platz drei abgerutscht; 2014 war er noch mit 18,6 Milliarden Dollar Erster. Äußeres Zeichen seiner Macht ist die 156-Meter-Yacht Dilbar. In Rottach-Egern am Tegernsee besitzt er eine Villa am See, die 1936 SS-General Karl Wolff hatte bauen lassen. Ab und an ist er mit fünf Leibwächtern am »Hundestrand« beim Spazierengehen zu sehen.

Der Unternehmer gibt auch gern den Philanthropen: Mal spendiert er eine Milliarde Rubel für den russischen Fußballverband, mal 70 Millionen Dollar für die gesammelten Kunstwerke des Star-Cellisten Mstislaw Rostropowitsch bei »Sotheby's«, mal für den für Wladimir Putin neu hergerichteten Konstantinow-Palast in St. Petersburg. Und als der Molekularbiologe und DNS-Entdecker James Watson seine Nobelpreis-Medaille 2014 bei Christie's versteigern lassen musste, schlug Usmanow ebenfalls zu. Am Ende schenkte er dem Amerikaner die Medaille aus Achtung vor dessen wissenschaftlicher Leistung.

**Nachhaltigkeit** ✖ ⬡ ⬡ ⬡
Der Kampf gegen den Klimawandel spielt hier keine Rolle.

**Unbestechlichkeit** ✖ ⬡ ⬡ ⬡
Vizepremier Igor Schuwalow lieh dem Unternehmer einmal 49,5 Millionen Dollar – und bekam das Geld zu fünf Prozent Zins plus einem Zuschlag von 119 Millionen zurück.

**Steuerehrlichkeit** ✖ ⬡ ⬡ ⬡
Usmanow wird in den »Panama Papers« als Anteilseigner mehrerer Offshore-Firmen

geführt, wie Cerdale Trading Limited von der Isle of Man. Sie hätten keine operative Funktion, sagen seine Vertreter.

**Humanität** ✖ ✖ ⬡ ⬡
In der Rolle als Mäzen fühlt sich Usmanow genauso wohl wie als Sport-funktionär.

**Transparenz** ✖ ⬡ ⬡ ⬡
Ein undurchsichtiges Unternehmen mit enger Anbindung an die Politik. Usmanow erfüllt mit seinen Zeitungen die medien-politischen Erwartungen des Kreml.

# BANKEN

| | | Gründung | Land | Bilanzsumme in Mrd. US$ am 31.12.2015 | Börsenwert in Mrd. US$ am 30.6.2016 | Größte Anteilseigner |
|---|---|---|---|---|---|---|
| 1 | **Industrial and Commercial Bank of China (ICBC)** Hi Huiman | 1984 | China | 3423 | 228,2 | Central Huijin: 34,7% Ministry of Finance: 34,6% Temasek: 2,4% |
| 2 | **China Construction Bank** Wang Hongzhang | 1954 | China | 2828 | 165,5 | Central Huijin: 57,3% Temasek: 5,7% Blackrock: 1,1% |
| 3 | **Agricultural Bank of China** Zhao Huan | 1951 | China | 2742 | 152,8 | Central Huijin: 40,4% Ministry of Finance: 39,2% Social Security Fund: 3% |
| 4 | **Bank of China** Tian Guoli | 1912 | China | 2592 | 135,1 | Central Huijin: 64,6% National Council for Social Security Fund: 2,6% China Securities Finance: 2,5% |
| 5 | **Mitsubishi UFJ** Nobuyuki Hirano | 1880 | Japan | 2461 | 63 | Government Pension Investment Fund: 7,72% Blackrock: 5,4% State Street: 4,1% |
| 6 | **HSBC** Stuart Gulliver | 1865 | GB | 2410 | 123,4 | Blackrock: 5,8% JP Morgan Chase: 4,8% Legal & General: 2,5% |
| 7 | **JP Morgan Chase** Jamie Dimon | 1799 | USA | 2352 | 228,5 | Blackrock: 6,3% Vanguard: 6% State Street: 4,2% |
| 8 | **BNP Paribas** Jean-Laurent Bonnafé | 1848 | F | 2167 | 55 | Staat Belgien: 10,3% Blackrock: 4,7% Vanguard: 2,3% |
| 9 | **Bank of America** Brian Moynihan | 1904 | USA | 2144 | 137,1 | Blackrock: 6% Vanguard: 5,9% State Street: 4,1% |
| 10 | **Wells Fargo** John Stumpf | 1852 | USA | 1788 | 240,3 | Berkshire Hathaway: 9,9% Blackrock: 5,6% Vanguard: 5,6% |
| 11 | **Deutsche Bank** Paul Achleitner | 1870 | D | 1770 | 19,2 | Al-Thani, Katar: 10% Blackrock: 6,2% Norges Invest: 2,3% |
| 26 | **Goldman Sachs** | 1869 | USA | 861 | 63,3 | Top-Management: 5,9% Blackrock: 5,8% Vanguard: 3,4% |

# Li Jiange
## Central Huijin Investment

Li Jiange lächelt. Er lächelt, wenn er sich freut, und er lächelt, wenn er sich ärgert. Er lächelt auch, wenn er kritisiert. Es ist kein unsicheres Lächeln, wie es in Asien oft zu beobachten ist, sondern in diesem Lächeln ruht Autorität. Li ist als stellvertretender Vorstandschef von Central Huijin Investment einer der wichtigsten Macher des Landes – einer, ohne den die chinesische Führung aufgeschmissen  wäre. Li Jiange, der Lächler, implementiert, was sich die Regierung und vor allem das Politbüro der Kommunistischen Partei – die noch immer wichtigste Instanz in China – ausgedacht haben. Und weil Li die alltägliche Wirtschaft so gut kennt, gibt er auch eigene Impulse und macht schon mal öffentlich deutlich, wo es klemmt. Das gibt seinen Worten mehr Gesicht, wie man es im Chinesischen formuliert.

Li Jiange (geb. 1949) reformiert aktuell das Finanzsystem und die Banken, doch das ist nicht seine erste Reform. Er ist beispielsweise der Vater der ersten Bauernkrankenversicherung in der Geschichte Chinas, die inzwischen knapp eine Milliarde Chinesen versichert. Dafür hat der Ökonom 2012 als erster Nichtmediziner den wichtigsten chinesischen Medizinpreis bekommen. Bis 2013 war Li zudem Chef der größten chinesischen Investmentbank China Capital Corporation (CICC). Seine offizielle Amtsbezeichnung als Vorstandsvize täuscht über die Realität bei Central Huijin Investment hinweg. Der als Vorstandsvorsitzender ausgewiesene Ding Xuedong – der Chef des Staatsfonds CIC – ist operativ nicht tätig. Ohnehin wacht über die ganze Konstruktion der chinesische Finanzminister Lou Jiwei. Mit ihm bespricht Li Jiange die wichtigsten Strategien.

Huijin ist eine höchst eigenartige Gesellschaft. Das Staatsunternehmen ist maßgeblich an immerhin 19 Finanzinstitutionen beteiligt, dazu gehören die größten Anteile an den vier größten Banken Chinas, die zugleich zur Weltspitze zählen. Die ICBC etwa, an der man ein 34,7-Prozent-Paket hält, ist sowohl nach Marktwert (rund 225 Milliarden Dollar) als auch nach Bilanzsumme (3,4 Billionen Dollar) die größte Bank der Welt. Weitere 34,6 Prozent von ICBC liegen beim Finanzministerium.

Jede der vier staatlichen Großbanken ist nach dem Bereich benannt, für den sie zuständig ist: Die Industrial and Commercial Bank (ICBC) kümmert sich um die Finanzierung im Maschinenbau und im Handel, die China Construction Bank (CCB) ist für die Baubranche zuständig, die Agricultural Bank of China (ABC) für die Bauern und die Bank of China (BOC) schließlich für die allgemeinen Belange der Partei. Central Huijin, die Muttergesellschaft dieser Banken, ist politisch dem Staatsrat unterstellt, also der Regierung unter Ministerpräsident Li Keqiang. Bilanztechnisch aber ist Huijin ein Tochterunternehmen der China Investment Corporation (CIC), dem wichtigen Staatsfonds Chinas, der umgerechnet rund 800 Milliarden Dollar verwaltet. Die Geschichte des mysteriösen Unternehmens – halb Mutter, halb Tochter – ist schnell erzählt: Als die vier Staatsbanken an die Börse gebracht werden sollten, brauchten sie genügend Kapital, um die Richtlinien des Baseler Protokolls einzuhalten. Die chinesische Regierung selbst hatte damals jedoch kein Geld. Und so musste die Nationalbank die vier Institute stützen. Flugs wurde 2003 Huijin Investment gegründet, um dieses Geld aufzunehmen und weiterzuleiten. Später entschloss sich Peking, die Gewinne aus den Exportüberschüssen nicht mehr in US-Staatsanleihen zu stecken. Deshalb entstand 2007 die CIC, mit Huijin als Tochterunternehmen.

Wie kann das sein, dass eine Tochter die starke Mutter von allem ist? Die Antwort: Der Staat will zwar den Einfluss auf die Banken behalten, sie aber nicht direkt besitzen. Deshalb die eigenartige Konstruktion. Der Staatsfonds CIC hat keinerlei Einfluss auf Huijin, der liegt direkt bei der Regierung. Sie sucht die CEOs der Banken aus, mischt sich allerdings nicht ins tägliche Geschäft ein. Aber sie gibt die Spielregeln vor und ist damit von großer Bedeutung für das Finanzsystem. Es gibt wohl kein Unternehmen auf der Welt, das so unbekannt ist und gleichzeitig so viel Finanzmacht hat wie Central Huijin. Zusammengenommen erreichen allein die vier Banken in ihrem Gehege einen Börsenwert von 680 Milliarden Dollar (Mitte 2016), also von fast einer Dreiviertel Billion. Die Bankchefs sind stets politisch zuverlässige Parteimitglieder. Ausländische Anleger können direkt nur in H-Aktien der großen chinesischen Banken investieren, die in Hongkong ausgegeben werden. Für die anderen gibt es die A-Titel auf dem Festland.

Wie sehen nun die einzelnen großen Staatsbanken im Detail aus? Worauf muss Li Jiange achten?

### Erstens: Industrial and Commercial Bank of China (ICBC)

Die größte Bank der Welt (gemessen an der Bilanzsumme) wurde 1984 gegründet. In mehr als 17.000 Filialen werden rund 5,3 Millionen Geschäftskunden und über 490 Millionen Privatkunden betreut. Die Zahl der Mitarbeiter liegt bei 466.000. Im Oktober 2006 ging ICBC mit einem Platzierungsvolumen von 22 Milliarden Dollar an die Börse. Der Singapur-Staatsfonds Temasek ist mit 2,4 Prozent beteiligt. ICBC ist international sehr aktiv – und erwarb zum Beispiel 60 Prozent der britischen Tochter der Standard Bank Group aus Südafrika. Die Bank ist in London und New York präsent und kaufte 75,5 Prozent der türkischen Tekstil Bankasi. ICBC setzt im Konzert der großen Vier zweifelslos die Standards und ist auch in Fragen der Digitalisierung führend. Vorsitzender ist seit Mitte 2016 Yi Huiman (geb. 1964), der mit mutigen Vorstößen für eine Bankenreform auffiel. Sein liberaler Vorgänger Jiang Jianqing war 16 Jahre im Amt und wurde in der internationalen Finanzszene geschätzt; er durfte sogar als Co-Chairman der jährlichen Davos-Treffen auftreten. Jiang schloss eine Partnerschaft mit dem VW-Konzern für Großkredite und internationale Betreuung.

**Zweitens: China Construction Bank Corporation**
Dieses Institut ist nach Bilanzsumme die zweitgrößte Bank in China. Die CCB wurde 1954 als People's Construction Bank of China gegründet und bekam erst 1996 den heutigen Namen. Lange Zeit litt das Haus an »faulen Krediten«, der chinesische Staat musste mit Finanzhilfen von 22,5 Milliarden Dollar zur Seite springen. Doch bei der Immobilien- und Infrastrukturfinanzierung ist es eine Marktgröße in China. Die US-Notenbank verdonnerte CCB, mehr gegen Geldwäsche zu tun. Als Vorsitzender fungiert seit 2012 der studierte Ökonom Wang Hongzhang (geb. 1954), der zuvor bei der Zentralbank gearbeitet hat. Central Huijin hält 57,3 Prozent, Temasek 5,7 Prozent und Blackrock 1,1 Prozent.

**Drittens: Agricultural Bank of China**
Sie ist die »Bank der Bauern«. Nach der Gründung 1951 ging es vor allem darum, Bauern Kredite für ihre Maschinen und ihr Saatgut zu finanzieren. Die ABC (500.000 Mitarbeiter) schaffte 2010 den bisher nach Alibaba zweitgrößten Börsengang aller Zeiten: Das Kreditinstitut sammelte mehr als 22 Milliarden Dollar von Investoren ein. Der kapitalistische Rekord ist bemerkenswert, denn ABC galt immer als sozialistischste unter den Staatsbanken. Vor wenigen Jahren noch war sie technisch insolvent. Vorsitzender ist seit März 2016 Zhao Huan (geb. 1963). Der Ökonom hat viele Jahre bei der China Construction Bank gearbeitet. Neben den Haupteignern Central Huijin (40,4 Prozent) und Finanzministerium (39,2 Prozent) tritt noch der Social Security Fund (3 Prozent) der chinesischen Regierung als nennenswerter Gesellschafter auf.

**Viertens: Bank of China**
Sie wurde 1912 gegründet, um Chinas älteste Bank Ta Ching Government Bank zu ersetzen. Der Börsengang 2006 hatte ein Emissionsvolumen von 11,2 Milliarden Dollar. Als Vorsitzender fungiert seit 2013 der Ökonom Tian Guoli (geb. 1960), der zuvor viele Jahren im chinesischen Finanzwesen tätig gewesen war, unter anderem bei der China Cinda Asset Management Corporation. Sein Institut musste im April 2016 verkünden, dass die bilanzielle Risikoabdeckungsquote mit

149,1 Prozent unter die Normgrenze von 150 Prozent gerutscht war. Das Geschäft soll in den USA wachsen mit Firmenfinanzierungen und Rohstoffabsicherung; man will den chinesischen Öl-Firmen nahe sein. Bankchef Tian Guoli redet von »Arterien des Finanzsystems«, die man auch in Asien, Mittel- und Osteuropa sowie in Nordafrika schaffen wolle. Die Bank of China ist die internationalste der vier Großbanken. Central Huijin hält 64,6 Prozent der Anteile. Hinter den Treuhändern der Hongkong Securities Clearing Company (HKSCC Nominees) verbirgt sich der National Council for Social Security Fund als größter Gesellschafter, der 2,6 Prozent an der Bank of China hält. Die staatliche China Securities Finance besitzt 2,9 Prozent. Zu den Gesellschaftern gehören hier etliche Börsen der Volksrepublik, die das Anleihegeschäft stärken wollen.

Das ist die Aufstellung der vier größten Banken Chinas und der Welt. Was immer die Regierung in Peking wirtschaftspolitisch erreichen will, mit diesen Finanzinstituten hat sie einen starken Hebel in der Hand. Vor dem Hintergrund, dass China seine Wirtschaft umbaut, ist es erstaunlich, dass sich die Banken trotz des langsameren Wirtschaftswachstums, der stagnierenden Firmengewinne, den Börsenturbulenzen und faulen Krediten profitabel zeigen. Das liegt vor allem an den immensen Sparanlagen, über die die Finanzinstitute verfügen können. Die Chinesen sparen mehr als 30 von 100 Yuan, die sie verdienen.

Li Jiange, der Macher von Central Huijin, der Herr des großen Geldes, schaut, ob die vier Bankchefs ihre Rolle ausfüllen und die internationale Ausrichtung trägt. Daneben beschäftigt er sich vor allem mit dem Devisenmarkt, aber auch mit der Internationalisierung des Renminbi, der in den Sonderziehungsrechte-Korb des Internationalen Währungsfonds (IWF) aufgenommen wurde. Der Wechselkurs des Renminbi wird immer mehr vom Markt bestimmt. Das war erst möglich, als sich China und die Welt von der Weltfinanzkrise 2008 erholt hatten. Damals trat China erstmals als globaler Konjunkturretter auf und lancierte ein Konjunkturprogramm. Mit den Folgen kämpft die chinesische Regierung noch heute. Die staatlichen Banken haben – im Auftrag der Regierung – in einigen Branchen mehr Kredite vergeben, als es sinnvoll war. Nun lasten zu viele faule Kredite auf der chinesischen Wirtschaft. Manche der betroffenen Firmen werden nie mehr in der Lage sein, das Geld zurückzahlen.

Für Li Jiange, den Reformer, gibt es nur eine Lösung: »Die von der Regierung geschaffenen sogenannten Zombiefirmen müssen geschlossen werden, oder man muss sie Konkurs gehen lassen.« Der Anteil der faulen Kredite in den Büchern der Banken ist noch relativ gering: Er liegt bei 1,75 Prozent. Die Finanzinstitute haben jedoch Rücklagen für diese Kreditausfälle, die bei 150 bis 200 Prozent der Summen liegen. Insofern können die Banken selbst einen Problemanteil von zwei Prozent stemmen. »Es ist also bei Weitem nicht so schlimm, wie die ausländischen

Medien es darstellen«, kommentiert Li, »und sollte das nicht reichen, haben die Banken ja auch noch den Staat im Rücken.« Auch das westliche Bankensystem sei ja »wahrlich nicht ohne Fehler«, merkt er an – und das, obwohl es viel entwickelter sei als das chinesische. »Wir können vom Westen in dieser Hinsicht noch viel lernen. Andererseits haben sich 2008 unsere Befürchtungen bestätigt, was die Nachteile eines Systems ohne Spielregeln betrifft. Und deshalb ist es für uns jetzt das Wichtigste, die Schwächen des Systems genau zu studieren.«

Seine Folgerungen: Finanzinstitutionen brauchen klare Spielregeln, weil sie sonst über die Stränge schlagen, und die Reform der Staatsbetriebe darf nicht länger aufgeschoben werden. Dagegen gibt es allerdings sehr großen Widerstand in den Provinzen. Die soziale Stabilität ist den dortigen Parteisekretären oft wichtiger als die Frage, wie viel Gewinn und Verlust die Unternehmen der jeweiligen Provinz machen. »Statt zu warten und weiterhin Zeit zu vergeuden«, betont Li, »sollen die Unternehmen sofort geschlossen werden.« Das ist eine neue politische Linie. Noch 2015 sollten die Subventionen, die an die Unternehmen flossen, benutzt werden, um die Firmen in Aktiengesellschaften umzuwandeln. Die Hoffnung war, dass die Aktien dann von Investoren gekauft würden und ihr Wert stiege. Dann wäre Geld für die Sanierung da gewesen. Chinas Bankensystem hätte sich gewissermaßen am eigenen Schopf aus dem Sumpf gezogen. Diese Politik hat nicht funktioniert. Die Investoren hätten allmählich gemerkt, dass die Aktien dieser Zombie-Unternehmen »etwa so funktionieren wie lebenserhaltende Geräte und künstliche Beatmung bei einem sterbenden Kranken«. resümiert Li: »Lebendig werden sie davon nicht mehr.«

Die neue Politik ist das Ergebnis der Lehren aus dem Problemjahr 2015. Mit staatlichem Geld aufgepumpt, stiegen die Aktienkurse in sehr kurzer Zeit in schwindelerregende Höhen. Der Fehler der Investoren war davon auszugehen, dass dieser Boommarkt staatlich gewollt war und sich daran nichts ändern würde. Li: »Eine gefährliche Einschätzung.« Heute warnt er, dass man wenigstens hinterher die Lehren aus dieser Krise ziehen muss: »Der Aktienmarkt, aber auch der Immobilienmarkt dürfen von der Regierung nicht dazu benutzt werden, die Wirtschaft anzukurbeln.« Die Entwicklungsrichtung könne jetzt nur »mehr Markt« sein und nicht etwa »weniger Markt«, wie manche konservative Kräfte in der chinesischen Führung fordern. Li ist überzeugt, dass der Staat die Aktienmärkte, aber auch die Banken, nicht mehr wie bisher drangsalieren sollte. Sie könnten sich an internationale Standards nur anpassen, »wenn wir ihnen weniger sagen, wo es langgeht. Sie müssen aus eigener Kraft stärker werden.«

Li, der auch als Wirtschaftsprofessor an der Tsinghua-Universität in Peking lehrt, ist fest davon überzeugt, dass sich die Dinge bereits in die richtige Richtung entwickeln. Ein großes Problem sieht er allerdings: Die Gehälter auf der Führungsebene der Banken werden auch 2016 noch gedeckelt. Der Chef der größten

Bank ICBC verdient weniger als umgerechnet 85.000 Euro pro Jahr. »Das limitiert unsere Wettbewerbsfähigkeit. Die niedrigen Gehaltsniveaus sind nicht interessant für internationale Manager.« Die brauche China jedoch dringend, um international wettbewerbsfähig zu bleiben: »Unser Problem ist derzeit nicht so sehr das System, sondern vor allem das Personal.« Traditionelle Kräfte in der Regierung sind hingegen überzeugt, dass die Topmanager einer Bank den Rang eines Ministers haben und entsprechend verdienen sollten. Li will jedoch den Markt entscheiden lassen: »Ein Bankchef, der fähig ist, soll auch viel verdienen.«

Ein anderes Problem betrifft die Regulatoren, vor allem die Bankenaufsicht. »Die Regulatoren sind Spieler und Schiedsrichter zugleich«, bemängelt Li. Und sie könnten fast täglich neue temporäre Regeln ausgegeben – Regeln müssten den Marktteilnehmern jedoch bekannt sein und Bestand haben. Normal sei: Bei einem Marktcrash springt überall auf der Welt die jeweilige Regierung ein. Dass aber Regulatoren versuchen, den Markt retten, »das habe ich außer in China noch nirgends beobachtet«, erklärt Li. Da sei der Schritt zum Insider-Trading nicht weit. »Deshalb haben wir so viele Verhaftungen in der Vergangenheit gesehen.« Sein Vorschlag: Wenn es zum finanzwirtschaftlichen Brand kommt, sollte der Staat einen Brandgürtel bilden, damit sich der Brand nicht weiter ausbreitet.

Das alles kann jedoch bedeuten, dass Peking schnell da hinkommt, wo der Westen schon ist: Der muss immer mehr Geld drucken, um die Wirtschaft am Laufen zu halten. Die chinesische Regierung will es besser machen. Geld zu drucken lohne sich nur, wenn es nicht nur im Finanzsystem zirkuliert, sondern in der Realwirtschaft einen Mehrwert schafft. Die Regierung sucht nun nach einem Weg, wie sie das »Geld in die Realwirtschaft kanalisieren kann«, kommentiert Li. Es sind allerdings sehr schwierige Zeiten für eine Reform des Finanzsystems. Die »neue Normalität« Pekings bedeutet, dass die Wirtschaft nur noch zwischen sechs und sieben Prozent wächst. Gleichzeitig ist China wegen der einbrechenden Exporte gezwungen, schnellstmöglich auf Binnenkonsum umzustellen. Li findet, jetzt sei der richtige Zeitpunkt, um die Probleme zu lösen, »jetzt ist der Handlungsdruck groß genug«. Das gelte zum Beispiel bei Unternehmensanleihen. Der Markt – und nicht der Staat – solle nun entscheiden, wer welche Anleihen bekommt. Li: »In schwierigen Zeiten trennt sich Spreu vom Weizen.«

Die Regierung müsse gleichzeitig dafür sorgen, dass sich die Privatunternehmer wieder sicherer fühlen. Viele hätten womöglich ihr Geld in der Vergangenheit nicht ganz sauber verdient. »Diese alten Rechnungen sollte man nunmehr ruhen lassen«, fordert Li. Doch Mitte 2016 war eine Amnestie nicht in Sicht. Insgesamt dürfe der Westen jedoch nicht vergessen, dass selbst wenn China langsamer wächst, es immer noch schneller als der Rest der Welt wächst, erklärt Li: »Es gibt also keinen Grund zur Panik.« Schon vor 30 Jahren habe die Führung gesehen, dass die Planwirtschaft ein Auslaufmodell ist, so Li. Aber bis die Reformen umgesetzt werden könnten, dauere es lange: »Die sozialistische Marktwirtschaft, wie wir sie seit 1992 in China nennen, ist ein sehr passendes Modell für uns«, resümiert Li. Dabei habe China viel von Deutschland gelernt. Soziale Stabilität sei wichtig, während der Markt gleichzeitig eine noch größere Rolle spielen soll. Man müsse den Armen helfen, ohne dass die Faulen zu sehr profitieren.

Wichtig für ein Finanzsystem sei aber auch eine stabile Währung, führt Li noch aus. Gold spiele wieder eine größere Rolle als Stabilisator des chinesischen Renminbi. China hat 2015 in Russland viel Gold gekauft, das gehöre zum Standardrepertoire aller Weltbanken. »Ein viel wichtigerer Faktor sind unsere Währungsreserven«, merkt Li an. Sie belaufen sich auf 3,19 Billionen Dollar, ein großer Teil ist in US-Staatsanleihen angelegt. China ist seit 2008 der größte Gläubiger der Amerikaner. Als Nächstes sei es für den Renminbi wichtig, »in naher Zukunft freier konvertierbar zu werden«. Wann das sein werde, darauf will sich Li nicht festlegen. Er hat zu viele Rückschläge erlebt in den vergangenen 20 Jahren. Für Stabilität steht ein modernes Bankensystem. Das chinesische ist jedoch nicht sehr mittelstandfreundlich. Mittlere und kleine Unternehmen kommen kaum an Kredite, das Gros fließt noch immer in die Staatsbetriebe. Für Li besteht das Problem auch darin, dass die kleinen Unternehmen nicht genügend Sicherheiten haben, wenn sie Kredite beantragen. »In solchen Fällen geben die Banken im Zweifel kein Geld, das muss sich ändern.«

Der Druck auf das Bankensystem ist groß. Die Regierung muss die Abhängigkeit von Exporten und Investitionen verringern und den Konsum ausbauen, ohne ein schnelles, stabiles und verlässliches Kreditsystem wird das schwierig. Wie schnell die Reformen auch vorankommen mögen: Li sieht in den kommenden Jahren keine Gefahr einer harten Landung: »Die chinesische Wirtschaft ist nicht nur flexibel, sondern inzwischen auch sehr zäh. Wenn sie steigt, steigt sie nun nicht mehr so stark. Aber wenn sie sinkt, sinkt sie ebenfalls nicht mehr so stark.«

**Nachhaltigkeit** ✖ ✖ ✖ ⊗ ⊗
Chinas Regierung setzt viel stärker als früher auf Umweltschutz. Die Agricultural Bank of China emittierte im Herbst 2015 ihren ersten Green Bond und sammelte mehr als eine Milliarde Dollar ein.

**Unbestechlichkeit** ✖ ✖ ✖ ⊗ ⊗
Geldwäschevorwürfe gegen ICBC in Spanien: Mehrere Top-Banker wurden verhaftet. Die spanische Bank-Tochter soll 40 Millionen Euro Schwarzgeld außer Landes nach China geschafft haben.

**Steuerehrlichkeit** ✖ ✖ ✖ ⊗ ⊗
Keine Auffälligkeiten.

**Humanität** ✖ ✖ ⊗ ⊗ ⊗
Arbeitsbedingungen spielen für Entscheidungen der großen Banken kaum eine Rolle.

**Transparenz** ✖ ⊗ ⊗ ⊗ ⊗
Undurchsichtiges Entscheidungssystem mit Reformstau. Letztlich bestimmen die Führer der Partei.

# Nobuyuki Hirano

## Mitsubishi UFJ

Der Weg von Nobuyuki Hirano (geb. 23. Oktober 1951) zum Chef der größten Finanzgruppe Japans, der Mitsubishi UFJ Financial Group (MUFG), begann mit einem Scheitern. Als Jura-Student an der Kyoto Universität fiel er durch die Aufnahmeprüfung zum Rechtsanwalt: »Ich war wie ein Schulversager, der es nicht noch einmal versuchte.« Doch er nutzte seine gute Ausbildung und orientierte sich kurzerhand um: Statt Rechtsanwalt wurde er Banker. Hirano trat 1974 in die Bank of Mitsubishi ein, einer der Vorläufer der Mitsubishi-Finanzgruppe, und machte eine Karriere, von der er vorher wohl selbst nicht geträumt hatte.

Ehrgeiz spiegelt sich in Hiranos Lebenslauf wider. 1983 ging er zur US-Bank Morgan Stanley, um dort ein Jahr lang internationale Erfahrung zu sammeln. 1984 verschlug es ihn bei der Bank of Mitsubishi nach Brüssel. 1996 kehrte er als Zweigstellenleiter nach New York zurück und war damit bereits für Größeres auserkoren. Der Globalist lernte viel im Ausland. Eine der wichtigsten Erfahrungen war für ihn, den Abkömmling einer nahezu puren Männergesellschaft, die Diversität – die Zusammenarbeit von Mann und Frau sowie von Menschen mit verschiedenen Hintergründen. 2001 kam Hirano in die Zentrale zurück.

Seit April 2012 ist Hirano als CEO und Präsident an der Spitze des bedeutenden Geldkonzerns (Einnahmen 2015: 40,1 Milliarden Dollar) und kann hier kulturell wirken. Ihm geht es um einen »dynamischen Flow«. Anders denkende Mitarbeiter sollen offen diskutieren und kreativ sein. Das Ziel ist klar: Die Mitsubishi-UFJ-Group soll von der – nach Bilanzsumme (2,5 Billionen Dollar) – fünftgrößten Bank der Welt zu einer wirklich globalen Bank werden. Diesen Kurs haben die Hauptgesellschafter gebilligt; über die größten Aktienpakete verfügen der Government Pension Investment Fund Japan (7,7 Prozent), Blackrock (5,4 Prozent) und State Street (4,1 Prozent). Gewachsen ist die Bank all die Jahrzehnte über Zukäufe und Fusionen. 2005 schlossen sich die Mitsubishi Tokyo Financial Group und die UFJ Holding zusammen, das war der Urknall. Der älteste Vorläufer der Mitsubishi Bank war 1880 von Yataro Iwasaki gegründet worden – neben einer Industrie- und Handelsgruppe. Das neue Finanzinstitut unterstützte zunächst nur die eigenen Unternehmen des Verbunds und später auch andere Firmen. Als Chef der Finanzgruppe und gleichzeitig Vorstandsvorsitzender der Bank of Tokyo-Mitsubishi UFJ, dem Herzstück der Gruppe, sitzt Hirano in der Schlüsselposition. Das globale Geschäft macht bereits 77 Prozent der Nettogewinne aus, 66.000 von insgesamt 140.000 Mitarbeitern sitzen jenseits der japanischen Landesgrenzen. Die harte Kernkapitalquote liegt bei imposanten 11,6 Prozent.

Hirano setzt vor allem auf die Expansion in Asien und Amerika. Unternehmenskredite und Projektfinanzierung sind die Schwerpunkte in Asien. In den USA ist die Gruppe stark im Privatkundengeschäft. Nach einer Fusion ihrer Landesgesellschaft mit der Union Bank of California rangiert die MUFG Union Bank unter den 20 größten US-Banken. In Japan will Hirano das Kreditgeschäft mit Normalbürgern und die Vermögensverwaltung ausbauen. Und bei allen Projekten soll die enge Partnerschaft mit der US-Bank Morgan Stanley helfen, der die Japaner 2008 mitten in der Finanzkrise mit einer Kapitalbeteiligung aus der Patsche geholfen hat. Mit 22,3 Prozent der Stimmrechte ist der Mitsubishi-Finanzkonzern nun größter Anteilseigner der Amerikaner. Hirano sitzt neben Ryosuke Tamakoshi, dem Senior Advisor der Bank of Tokyo-Mitsubishi, im Verwaltungsrat bei Morgan Stanley. In Japan unterhalten die beiden Partner zwei gemeinsame Firmen, für Wertpapiere und Investmentbanking.

Getrieben wird die Globalisierungsstrategie – zu der auch die thailändische Bank Krungsri (nun Bank of Ayudhya) als Tochterunternehmen gehört – vor allem von Japans Demografie. Die Kunden der Banken altern rapide, und wenn die Geldhäuser weiter wachsen wollen, müssen sie im Ausland nach Kunden suchen – oder auch nur nach Anlagemöglichkeiten für die Ersparnisse der Japaner. Es ist das amtliche Ziel, Tokio zum führenden Finanzplatz Asiens zu machen. Als Branchenprimus kommen der Mitsubishi-Finanzgruppe und ihrem international geprägten Chef Hirano dabei automatisch eine Führungsrolle zu.

Prinzipiell ist Hirano ein Fan des Premierministers Shinzo Abe und dessen Reformagenda. Aber die Niedrigzinspolitik müsse an ein Ende kommen. Für sein Haus befürchtete er einen Rückgang des Nettogewinns um 10,7 Prozent auf 6,8 Milliarden Euro im Geschäftsjahr 2016/17.

**Nachhaltigkeit** ✖ ✖ ✖ ⊠ ⊠
Größerer Investitionsschwerpunkt, aber kein starkes Engagement für die Umwelt.

**Unbestechlichkeit** ✖ ✖ ✖ ⊠ ⊠
Die japanischen Behörden prüfen von Zeit zu Zeit, ob eine Großbank wie Mitsubishi UFJ Financial Verbindungen zur Yakuza hat, dem organisierten Verbrechen.

**Steuerehrlichkeit** ✖ ✖ ✖ ⊠ ⊠
Keine Anzeichen für Steuervergehen.

**Humanität** ✖ ✖ ⊠ ⊠ ⊠
Auf Palmöl-Plantagen, die auch mit Geld der japanischen Kapitalgruppe finanziert werden, kommt es nach Erkenntnissen von NGOs zu brutaler Ausbeutung.

**Transparenz** ✖ ✖ ✖ ⊠ ⊠
Offene Information. Das liegt am Bestreben der börsennotierten Gesellschaft, auf den Weltmärkten Fuß zu fassen.

## Stuart Gulliver
### Hongkong and Shanghai Banking Corporation (HSBC)

Es hatte nur ein Intermezzo werden sollen: Stuart Gulliver plante, ein auf zwei Jahre angelegtes Trainingsprogramm bei der britischen Großbank Hongkong and Shanghai Banking Corporation (HSBC) zu absolvieren und dabei so viel Geld wie nur möglich zu sparen, um sich sein Studium zum Rechtsanwalt zu finanzieren. Doch die Arbeit im Handelssaal des Geldhauses gefiel ihm. »Man musste schnell sein, man war für seine eigenen Handlungen verantwortlich«, erzählte er der »Financial Times« in einem seiner seltenen Interviews. Es sei echte Begeisterung gewesen, die ihn gepackt habe.

Das Ganze hat sich 1980 abgespielt. Seitdem hat sich Gulliver bis ganz an die Spitze von Europas größter Bank vorgearbeitet, die auf eine Bilanzsumme von 2,6 Billionen Dollar (2015) kommt und 250.000 Mitarbeiter hat. Sie war 1865 von einem Schotten in Hongkong gegründet worden, um Handelsgeschäfte zu finanzieren. In Deutschland gehört das Düsseldorfer Institut Trinkaus & Burckhardt zum Imperium. 2011 ist Gulliver (geb. 9. März 1959) Vorstandsvorsitzender geworden. Am Ziel ist er damit aber noch nicht. HSBC sei wie ein Auto, das zwar zwölf Zylinder habe, aber nur auf acht Zylindern laufe, analysierte er bei Amtsantritt. Zwei weitere wolle er noch mindestens auf Touren bringen.

Doch die Konjunkturschwäche in einigen wichtigen Märkten der HSBC sowie strukturelle Probleme der Branche und die Brexit-Entscheidung sind ihm dazwischengekommen. Einige seiner Finanzziele hat er klar verpasst. Analysten zweifeln, ob er wie geplant einerseits die Bank kleiner, einfacher und effizienter machen und gleichzeitig vor allem in Asien wachsen kann; dort macht die Bank bereits 80 Prozent des Vorsteuergewinns. Zudem hat ein handfester Steuerskandal der Schweizer Tochter den Ruf beschädigt – es wurde bekannt, dass Gulliver der Nutznießer eines Schweizer HSBC-Kontos einer dubiosen Firma aus dem Steuerparadies Panama war. Die Bank hat auch einige teure Altsünden noch immer nicht ganz abgeschüttelt, zum Beispiel Verstöße gegen Anti-Geldwäschevorgaben in den USA. Sie steht unter erhöhter Beobachtung der Behörden.

Allzu viel Zeit bleibt Gulliver nicht mehr. Finanzkreisen zufolge drängt eine Reihe von Großinvestoren auf seine Ablösung, spätestens 2018. Nach einer

Umfrage unter Geldanlegern gibt es keinen CEO, dessen Abgang sie so sehr wünschen. Der Mann ist verhasst. Größte Teilhaber sind JP Morgan Chase (5,4 Prozent), Blackrock (5,2 Prozent) und Norges Invest (3,7 Prozent). Die Aktien haben ein Drittel an Wert eingebüßt, seit Gulliver HSBC-Chef ist.

Noch vor einigen Jahren genoss der Manager ein deutlich höheres Ansehen unter Investoren. Seine Vorahnung soll hauptsächlich dazu geführt haben, dass die HSBC die Finanzkrise 2008 vergleichsweise glimpflich überstanden hat. Als Chef der Investmentbanksparte hat er damals rechtzeitig das Engagement mit US-Banken wie dem späteren Pleite-Institut Lehman Brothers radikal zurückgefahren. Schon als Chef des Asiengeschäfts hatte er sich in den Krisenjahren 1997 und 1998 eine hohe Wertschätzung in der Branche erarbeitet. Als andere Banken und Hedgefonds darauf wetteten, dass einige asiatische Währungen überbewertet waren und daher bald abstürzen würden, machte Gulliver nicht mit. »Die HSBC hätte damals wie andere auch kurzfristig Gewinne machen können, hätte dabei aber die Wirtschaft einiger asiatischer Länder weiter geschwächt«, berichtet ein Investor der Bank, »doch kurzfristiges Handeln ist nicht Gullivers Sache.«

Er gilt als Mann mit langem Atem. Gulliver räumt allerdings ein, dass seine Geduld Grenzen hat. Wäre er nicht 2011 zum Vorstandsvorsitzenden berufen worden, »dann wäre das ein Signal dafür, dass es wohl niemals so weit gekommen wäre«. Dann hätte er einen eigenen Hedgefonds gegründet. »Doch wäre ich gegangen, ohne diesen Job zu bekommen, wäre da stets das Gefühl gewesen, es gibt da noch ein unerledigtes Geschäft.«

### Nachhaltigkeit ✖ ✖ ✖ ⬚ ⬚
Hohe Ansprüche. HSBC will dazu beitragen, dass $CO_2$-Emissionen sinken. Kooperation mit Earthwatch Institute. Vielfach dafür gelobt und ausgezeichnet. Greenpeace aber kritisierte, HSBC finanziere verdeckt doch die Palmölindustrie.

### Unbestechlichkeit ✖ ✖ ⬚ ⬚ ⬚
Strikte Anti-Korruptionsregeln. Wickelte aber Finanztransaktionen für die Firma Unaoil ab, die im Zentrum eines Korruptionsskandals steht.

### Steuerehrlichkeit ✖ ⬚ ⬚ ⬚ ⬚
Die Affäre »Swiss Leaks« enthüllte, dass die Genfer Tochter von HSBC Kunden half, Geld zu waschen und vor dem Fiskus zu verstecken. Zu den Begünstigten gehörten Diktatoren und Terror-Finanzierer. Vorstandschef Gulliver selbst versteckte bis 2003 seine Boni-Erlöse auf einem Schweizer Konto, das über eine Briefkastenfirma in Panama unsichtbar war. Es geht um fünf Millionen Pfund. Die Robin-Hood-Tax-Kampagne kritisierte 2014, dass die Top-Fünf-Verdiener der Bank insgesamt 29 Millionen Pfund bekamen.

### Humanität ✖ ✖ ✖ ⬚ ⬚
Betont Menschenrechte. Verlangt von Zulieferern, auf Sklavenarbeit zu verzichten. Gute Arbeitsbedingungen.

### Transparenz ✖ ⬚ ⬚ ⬚ ⬚
HSBC gilt einer Studie nach als geheimnisvollste Bank Großbritanniens. Sie einigte sich mit der US-Staatsanwaltschaft auf Zahlung von 1,9 Milliarden Dollar nach Geldwäsche-Vorgängen. 470 Millionen Dollar waren für das Fehlverhalten während der Finanzkrise fällig.

# Jamie Dimon
## JP Morgan Chase

Bei Jamie Dimon weiß man nicht, was schneller ist: die Gedanken oder die Worte. Das macht
ein Gespräch mit ihm zur höchst dynamischen,
zuweilen verwirrenden Abfolge von Meinun-
gen, Vorschlägen, Erklärungen. Und wenn dem
mächtigsten Banker der Welt etwas besonders
wichtig erscheint, ruft er einfach: »Schreiben Sie
das auf!«

Selbstzweifel kennt der Chef von JP Morgan
Chase nicht, der Mann, der für 2015 rund 27 Mil-
lionen Dollar Gehalt kassierte (plus 35 Prozent).
Sicher, es gab die Finanzkrise. Aber nun sei seine
Bank »so stark wie der Felsen von Gibraltar«, ergo: »Unsere Größe kommt unse-
ren Kunden weltweit zugute.« Natürlich, die 6,2 Milliarden Dollar teuren Fehlspe-
kulationen rund um den eigenen Händler in Großbritannien (»Wal von London«)
waren bedauerlich, »aber die Verluste haben unserem Unternehmen und unseren
Eigentümern geschadet, nicht den Kunden und auch nicht den Steuerzahlern«.
Und ja, klar, es hat Fehler gegeben, aber »JP Morgan hat in der Finanzkrise nie das
Geld der Regierung gebraucht«. Nun schaut Jamie Dimon lieber nach vorn – und
mit ihm die drei weltgrößten Vermögensverwalter Blackrock, Vanguard und State
Street, die zusammen knapp 15 Prozent des Kapitals halten.

Sehr eng ist JP Morgan Chase mit vielen Finanzinstituten verflochten, etwa
durch eine Überkreuzbeteiligung mit dem Vermögensverwalter T. Rowe Price.
Der hält 1,5 Prozent an der Bank, sie wiederum fünf Prozent an dem Asset-Unter-
nehmen. Zu den wichtigsten Beteiligungen von Dimons Finanzkraftzentrum
gehören die Großbank HSBC (4,8 Prozent), die chinesische Internetfirma Tencent (6,8 Prozent), Microsoft (1,5 Prozent) und Apple (1,1 Prozent). De facto ist JP
Morgan Chase (Nettogewinn 2015: 24,4 Milliarden Dollar) die mächtigste Bank
der Welt. Dazu haben einige Fusionen beigetragen, unter anderem die mit der
Chase Manhattan im Jahr 2000, einer Bank mit historischen Wurzeln bis ins Jahr
1799. Kein Geldmanager ist zugleich so stark im traditionellen Bankgeschäft und
im Investmentbanking aktiv wie Jamie Dimon – und dabei weltweit präsent. JP
Morgan lebt ein Prinzip, das in Verruf geraten ist: das der »Universalbank«. Und
die größte Gefahr dafür hat der muntere Antreiber Dimon früh erkannt: die politische Idee, das Geschäft mit Privatkunden vom Investmentbanking wieder zu

trennen. Genau das hatte Anfang der 1930er Jahre der Glass Steagall Act bewirkt, ehe der damalige US-Präsident Bill Clinton das Gesetz 1999 abschaffte.

Gegen die Idee des Trennbankensystems setzt Jamie Dimon (geb. 13. März 1956) all seine Mittel ein: Charme, Chuzpe, scharfer Sachverstand. Immer wieder weist er Vorschläge von Analysten zurück, den Konzern in mehrere Teile zu zerlegen. Auch die Kritik von Politikern und Aufsehern, die in der Größe vor allem ein großes Risiko sehen, lässt er nicht gelten. Seiner Meinung nach bringt gerade der Verbund verschiedener Geschäftsbereiche eine besondere Ertragskraft und einen guten Risikoausgleich mit sich. Insofern ist Dimon ein würdiger Nachfolger des Firmengründers John Pierpont Morgan, der Ende des 19./Anfang des 20. Jahrhunderts wertvolle Beteiligungen in den damaligen Boombranchen Eisenbahn, Stahl und Auto besaß und über seine Investmentbank zur gefürchteten Größe aufgestiegen war. Die Bank JP Morgan war es auch, die 1903 dem US-Präsidenten Theodore Roosevelt half, dessen Lieblingsprojekt zu verwirklichen: den Aufbau eines eigenen Staats Panama. Von ihr kamen die Kredite.

Jamie Dimon – ein Mann mit dem Flair eines Hollywood-Schauspielers – zeichnet inzwischen der Ruf aus, für die ganze Bankenbranche zu reden. Unvergessen, wie er sich im September 2011 bei einer Konferenz in Washington mit dem damaligen kanadischen Notenbankchef Mark Carney (heute Chef der Bank of England) anlegte. Die vorgeschlagenen Eigenkapital-Normen im Basel-III-Regelwerk nannte er mit lauter Stimme »Quatsch mit Soße« und »antiamerikanisch«, und als seine Suada gar nicht mehr enden wollte, verließ Carney konsterniert den Raum. Im Bewusstsein seiner Macht inszenierte Dimon mit Geldlegende Warren Buffett und elf Finanzfirmenchefs Geheimgespräche, um Kriterien für die richtige langfristige Strategie von Unternehmen zu finden. Ergebnis: weniger Quartalsdenken. Am liebsten aber redet Dimon über seine Bank und die 250 Milliarden Dollar Eigenkapital und langfristige Finanzierung – und vergisst dabei leicht die Derivategeschäfte in Höhe von 52 Billionen Dollar. Das könnte ein Sprengsatz der Bilanz sein. Auch verkauft JP Morgan wieder Anleihen, die etliche Hypotheken bündeln – jene Risikopapiere also, die den Crash 2008 auslösten.

Wer Dimon länger zuhört, soll lernen, dass der Banker zur Größe gezwungen worden sei. Und so ärgert er sich im Nachhinein öffentlich, im Krisenjahr 2008 auf Betreiben der US-Regierung die Investmentbank Bear Stearns und die Sparkasse Washington Mutuals übernommen zu haben – das brachte viel juristischen Ärger ein, »gegen uns wurde ein Verfahren nach dem anderen angestrengt«.

Seine Gegner sehen in ihm einen extrem größenbewussten, überehrgeizigen Manager mit einem persönlichen Vermögen von einer Milliarde Dollar, den sein Ego schon mal dazu hingerissen hat, im Büro den Baseballschläger zu schwingen oder einen unliebsamen Bankenlobbyvertreter als »Jerk«, als Trottel, zu diffamieren. In der Branche gilt als ausgemacht, dass Dimon bei seinem früheren

Arbeitgeber Citigroup zur Unzeit auf den Chefposten gedrängt hat und somit seinen Mentor Sanford (»Sandy«) Weill vergrätzte, dem er einst 1982 als Assistent zu American Express gefolgt war. Seinen Rauswurf bei Citi 1998 verklärt der gebürtige New Yorker: »Von einem Tag auf den anderen hatte ich nichts mehr zu tun, und es ging mir gut. Ich könnte auch gut ohne Macht auskommen.« Ein Jahr lang lernte er boxen und Gitarre spielen, reiste viel herum, meist in Europa. Dann heuerte er bei der Firma Bank One an, die vier Jahre später von JP Morgan gekauft wurde. Geld sei noch nie sein Antrieb gewesen, versichert Dimon: »Ich liebe, was ich tue.« Mit einer guten Bank sei doch allen geholfen, und im Übrigen fördere JP Morgan viele philanthropische Projekte, auch in Deutschland. 2011 hatte der erklärte Gefolgsmann der Demokratischen Partei für die Kritik von »Occupy Wall Street« null Verständnis gehabt, Ende 2015 aber hielt er fest: »Die wachsende Ungleichheit bei den Einkommen in den USA und überall auf der Welt ist furchtbar.«

Einer wie Dimon hat alle Stürme überstanden, auch die schweren Anfeindungen, er solle endlich seine Ämter als Vorstandsvorsitzender, President und Chairman trennen. Der Kehlkopfkrebs, den er 2014 besiegte, hat den Allmächtigen von JP Morgan offenbar auf eine andere Bahn gebracht: »Eine furchterregende Krankheit. Du glaubst nicht mehr, dass du unverwundbar bist. Wenn Leute fragen, was die Zukunft bringen wird, dann denke ich: Hoffentlich kann ich das erleben. Ich lebe bewusster.«

### Nachhaltigkeit ✗ ✗ ✗ ✗ ▨
JP Morgan fordert langfristige Konzepte unter Berücksichtigung von Umweltaspekten ein. Die Bank investiert weltweit nicht mehr in neue Minen und meidet Kohlekraftwerke in entwickelten Ländern.

### Unbestechlichkeit ✗ ✗ ▨ ▨ ▨
In Hongkong brachte JP Morgan chinesische Firmen an die Börse – und beschäftigte in drei von vier Fällen Familienmitglieder und Freunde der Klienten.

### Steuerehrlichkeit ✗ ▨ ▨ ▨ ▨
Frankreichs Justiz beschuldigt die Bank, als Komplize geholfen zu haben, dass 14 Topmanager der Investmentfirma Wendel in Paris Steuern hinterzogen. 2014 zahlte die JP-Morgan-Tochter in Großbritannien keine Steuern. Ein früherer JP-Angestellter gestand 2013, dass er reichen Argentiniern geholfen habe, Geld in Offshore-Konten zu verstecken.

### Humanität ✗ ✗ ✗ ▨ ▨
Keine Auffälligkeiten.

### Transparenz ✗ ✗ ▨ ▨ ▨
Liegt in der Liste von Transparency International nur auf Platz 67 von 124 (2014). Die Bank klärt nach Interventionen der Regulierer besser über ihr Privatkundengeschäft auf. Kritiker verweisen darauf, das Bernie Madoff ohne JP Morgan nie sein Betrugssystem hätte aufziehen können. Er nutzte Konten der Bank.

# Jean-Laurent Bonnafé

## BNP Paribas

Frankreichs größte Bank ist aus einer harten Übernahmeschlacht entstanden: Die Banque Nationale de Paris (BNP) – deren Vorläufer 1848 entstanden waren – und die Société Générale kämpften 1999 um die Kontrolle der 1982 unter Staatspräsident François Mitterrand verstaatlichten Paribas, die später wieder privatisiert wurde. Société Générale (Soc Gen) war zu diesem Zeitpunkt noch größer als BNP. Doch der damalige BNP-Chef Michel Pébereau ging aufs Ganze – und lancierte ein feindliches Gebot für seinen Gegner, für Soc Gen.

Am Ende behielt er die Oberhand bei Paribas, musste die Société Générale aber ziehen lassen. In den folgenden Jahren setzte das Institut die aggressive Wachstumspolitik fort. Der jetzige Vorstandschef Jean-Laurent Bonnafé (geb. 14. Juli 1961) hat an der École Polytechnique und der École des Mines studiert und seine Karriere im Industrieministerium begonnen; zu BNP wechselte er 1993.

Heute ist BNP Paribas (189.000 Mitarbeiter) eine der wenigen europäischen Banken, die auch weltweit eine wichtige Rolle spielen und die mit genug Kapital ausgestattet sind. Staatsfrei ist sie nicht. In der Finanzkrise schloss sie mit der belgischen Regierung eine Vereinbarung: BNP Paribas übernahm die angeschlagene belgische Fortis-Bank, dafür beteiligte sich der belgische Staat am Kapital der französischen Mutter. Heute liegt die Beteiligungshöhe bei 10,3 Prozent. Belgien ist damit größter Einzelaktionär vor Blackrock (4,7 Prozent) und Vanguard (2,3 Prozent). 2015 kam BNP auf Einnahmen von 42,9 Milliarden Euro, eine erhebliche Zunahme, die vor allem aus guten Ergebnissen des Investmentbankings und der internationalen Finanzdienstleistungen stammt. Das klassische Massengeschäft nahm kaum zu. Während viele andere Geldhäuser sich aus dem Investmentbanking zurückgezogen haben, weil es als riskant gilt und die Auflagen der Regulierer besonders zu Buche schlagen, baut BNP diesen Sektor aus. »Die Angelsachsen und wir haben regelmäßig Marktanteile gewonnen«, sagte der zuständige Vorstand Alain Papiasse im Februar 2016. Bei Global Markets (Anleihen, Wertpapierleihe, Beratung, Brokerage) konnte das französische Institut seinen Marktanteil von rund 5 Prozent (2013) über 5,6 Prozent (2014) auf 6,2 Prozent in 2015 steigern.

Zu BNP Paribas gehören – dank der fortgesetzten Zukaufstrategie – Institute wie die italienische Banca Nazionale del Lavoro (BNL), die belgische Fortis, die deutsche Direktbank Consors, die profitable US-Bank of the West aus San Francisco, die First Hawaiian Bank, die Autoleasingfirma Arval und 18,8 Prozent der chinesischen Nanjing City Commercial Bank. Im Digitalgeschäft expandiert die 2013 geschaffene Hello Bank, die in Deutschland die DAB-Bank von der Hypo-Vereinsbank übernahm. Als erste europäische Bank schloss BNP Paribas im Silicon Valley Partnerschaften – und zwar mit Google, Facebook, Twitter und Linkedin.

Das anhaltende Wachstum ist erstaunlich, denn 2014 musste BNP Paribas eine Rekord-Geldbuße verkraften, die manchen anderen das Genick gebrochen hätte. Die US-Behörden verhängten eine Strafe von 6,6 Milliarden Euro gegen die Bank, weil sie das US-Embargo gegen Iran, Sudan und Kuba unterlaufen habe. In Europa wären die Geschäfte nicht strafbar gewesen, stellte der damalige französische Notenbankchef Christian Noyer fest. Der französische Ableger von Transparency International kündigte hingegen sofort die Mitgliedschaft der Bank in der NGO.

Der Fall hat eine lange Vorgeschichte, offenbar waren die US-Behörden bereits 2007 auf Verstöße gegen Handelssanktionen aufmerksam geworden. Die USA betrachteten damals die Isolation von Staaten wie Sudan oder Iran als Teil ihrer Sicherheitsstrategie und reagierten sehr empfindlich, wenn sich Unternehmen nicht daran hielten. Die französische Bank hatte jahrelang Rohstoffgeschäfte in Dollar mit den genannten Ländern abgewickelt – ein Geschäft, das vor allem über die Genfer Filiale lief. Die Strafzahlung war höher als die, die gegen andere Banken in vergleichbaren Fällen verhängt wurden. Eine Rolle spielte dabei offenbar, dass BNP die Verstöße besonders trickreich getarnt hatte und auch dann noch weitermachte, als die US-Behörden ihr bereits auf die Schliche gekommen waren.

Bis zuletzt blieb der CEO Bonnafé in der Öffentlichkeit bei seiner Darstellung, die Spitze der Bank habe nichts von den Embargo-Verstößen gewusst. Der Forderung der Amerikaner, eine ganze Reihe von Spitzenmanagern aus dem Verkehr zu ziehen, kam die Bank zunächst nicht nach. Dann mussten aber doch Chief Operating Officer Georges Chodron de Courcel und Chairman Baudouin Prot gehen. In Genf blieb kaum ein Stein auf dem anderen. Die Bank lastete ihrer dortigen Filiale auch einen großen Teil der Buße auf. Heute ist sie nur noch ein Schatten dessen, was sie in den 2000er Jahren dargestellt hatte.

Die Rendite aufs eingesetzte Kapital erreicht 18,6 Prozent, bis 2019 soll sie um acht Prozentpunkte steigen. Die eingesetzten Aktiva will BNP um netto zehn Milliarden Euro verringern, die Kosten um eine Milliarde senken und die Einnahmen um mehr als zwei Milliarden Euro steigern. »Mittelfristig wollen wir zwei Drittel im Retailbanking und mit internationalen Finanzdienstleistungen verdienen und ein Drittel mit dem Investmentbanking«, erklärte Jean-Laurent Bonnafé.

In Deutschland hat die Pariser Großbank mittlerweile schon 1,6 Millionen Kunden: die Einnahmen in Deutschland, Österreich, Belgien, Luxemburg und Italien tragen neun Prozent zu den Gesamteinnahmen im Geschäft mit Privatkunden bei. BNP wird also immer stärker zur europäischen Großbank. Die Ansprüche der Kundschaft in Deutschland unterscheiden sich sehr von der französischen: So hat das Online-Banking bei ihnen eine viel größere Bedeutung als in Frankreich. In Deutschland ist dafür das Privatkunden-Geschäft härter und nicht so rentabel wie in Frankreich, wo BNP Paribas für ein simples Girokonto monatliche Gebühren von zehn Euro und mehr erhebt – ohne besonders guten Service zu bieten.

### Nachhaltigkeit ✗ ✗ ✗ ✗ ⍉
BNP Paribas entwickelt grüne Produkte und Services. 25 Kohlekraftwerke werden nicht mehr finanziert. Die Bank hat den Montreal Carbon Pledge unterschrieben und reichte sieben Milliarden Euro Kredit für erneuerbare Energien aus.

### Unbestechlichkeit ✗ ✗ ✗ ⍉ ⍉
Die Bank fühlt sich dem Kampf gegen Korruption verpflichtet. Die irakische Regierung beschuldigt sie allerdings, die Beamten des Diktators Saddam Hussein bestochen zu haben.

### Steuerehrlichkeit ✗ ✗ ⍉ ⍉ ⍉
Die Schweizer Tochter von BNP Paribas zahlte dem US-Staat 60 Millionen Dollar, weil sie US-Kunden bei der Steuerflucht geholfen hatte. Die »Offshore-Leaks«-Papiere zeigten, dass die Bank bis zum Ende der 2000er Jahre eine große Zahl dubioser Briefkastenfirmen auf den British Virgin Islands, in Samoa und Singapur unterhielt, um Kunden bei geheimen Steuerflucht-Aktionen zu helfen.

### Humanität ✗ ✗ ⍉ ⍉ ⍉
In der Praxis offenbar kein wichtiges Kriterium bei Finanzierungen.

### Transparenz ✗ ✗ ✗ ⍉ ⍉
Gute Darstellung der Aktivitäten. Transparency International warf 2014 die Bank als Mitglied raus, weil sie gegen die Transparenz-Gebote verstieß.

## Brian Moynihan
### Bank of America

17 Milliarden Dollar auf einmal, das ist eine beeindruckende Summe. Im August 2014 stimmte die Bank of America in Verhandlungen mit dem US-Justizministerium zu, so viel Geld zu bezahlen. Damit büßte sie für ihr Fehlverhalten beim Verkauf von verbrieften Immobiliendarlehen, die leichtsinnig vergeben wurden und später stark an Wert verloren. Anders gesagt: Die Bank wurde für die Art von Sünden zur Kasse gebeten, die mehr als alles andere die Finanzkrise des Jahres 2008 bestimmt hatten. Es war die größte derartige Zahlung im Zusam-

menhang mit der Krise und eine der höchsten Summen, die je ein Unternehmen aus rechtlichen Gründen aufwenden musste. Rechnet man alle Straf- und Schadenersatzzahlungen nach der Krise zusammen, so ergibt sich für die Bank of America der Rekordwert von 36 Milliarden Dollar. Einschließlich der freiwilligen Rückabwicklung von Verkäufen fauler Kredite erreicht die Summe sogar mehr als 60 Milliarden.

Die meisten Strafen und der überwiegende Teil zusätzlicher Milliardenabschreibungen kamen nicht aus dem Stammgeschäft der Bank – sondern sie hat sich massiv Probleme eingekauft. Einmal mit dem Erwerb des Kreditvermittlers Countrywide Anfang 2008, als die Finanzkrise schon zu erahnen, aber noch nicht voll ausgebrochen war. Countrywide war der bei Weitem größte Produzent fauler Immobilienkredite in den Jahren kurz vor der Finanzkrise. Im September 2008 übernahm die Bank of America dann auch noch die angeschlagene Investmentbank Merrill Lynch. Der Deal wurde zeitlich mit dem Kollaps der Investmentbank Lehman Brothers bekannt; er kam wohl auch auf Druck der US-Politik zustande, die Merrill Lynch retten wollte.

Alles in allem gibt es kein Kreditinstitut, das so stark wie die Bank of America – überwiegend selbst verschuldet – an den Folgen der Immobilienkrise gelitten hat. Sie musste zeitweise mit staatlichen Milliarden gestützt werden, die sie aber relativ schnell wieder zurückzahlen konnte. Keine andere Bank hat sich durch Zukäufe im selben Ausmaß zusätzliche Probleme aufgehalst; allenfalls JP Morgan hat eine ähnliche Dimension erreicht, aber von einer ungleich stärkeren Position aus. Dabei darf man nicht übersehen, dass zum Teil dieselben Aufsichtsbehörden, die zuvor tatenlos Fehlverhalten zugeschaut und freudig die Übernahme angeschlagener Geldhäuser unterstützt hatten, später umso eifriger Strafgelder einsammelten, die zum größten Teil aus Fehlverhalten der übernommenen Unternehmen herrührten.

Es ist kein Zufall, dass die Aufgabe, das riesige Durcheinander bei der Bank of America in Charlotte aufzuräumen, einem gelernten Historiker und Juristen zufiel, und nicht einem typischen Banker. Seit 2010 sitzt Brian Moynihan (geb. 9. Oktober 1959) im Chefsessel, Abkömmling einer irisch-katholischen Familie aus Marietta, Ohio, der seinen Dr. jur. an der katholischen Notre-Dame-Universität gemacht hat. Er war 2004 durch eine Fusion ins Haus gekommen. Moynihan ist es einigermaßen gelungen, die mächtige Bank (Bilanzsumme 2015: 2,1 Billionen Dollar, rund 213.000 Mitarbeiter, 47 Millionen Kunden in mehr als 35 Ländern) wieder in die Spur zu bringen, aber es war ein harter Ritt. Dazu gehörte der Verkauf von Unternehmensteilen im Wert von 60 Milliarden Dollar und der Abbau von 70.000 Jobs. Im Jahr 2015 baute der in Wellesley bei Boston lebende Manager den Vorstand um und feuerte überraschenderweise unter anderem den damaligen Finanzchef Bruce Thompson; möglicherweise, um einen Strich unter die Ära der Krisenbewältigung zu ziehen, vielleicht auch, um von eigenen Schwächen abzulenken. Moynihan ist in der Öffentlichkeit zurückhaltender als etwa Jamie Dimon, der Chef von JP Morgan. Aber er gilt als einer, der hinter den Kulissen mit sehr harter Lobby-Arbeit die Interessen seiner Branche vertritt. Sein Gehalt stieg 2015 um 23 Prozent auf 16 Millionen Dollar.

Die größten Aktionäre sind Blackrock (6,0 Prozent), Vanguard (5,9 Prozent) und State Street (4,1 Prozent). Warren Buffett investierte fünf Milliarden Dollar – eine Wette darauf, dass Moynihans Sanierung klappt.

**Nachhaltigkeit** ✖✖✖⊠⊠
Nimmt Umweltanliegen sehr ernst. Aber erst im Juli 2015 versicherte die Bank, ihre Investitionen in kohlearme Objekte bis 2025 von 50 Milliarden auf 125 Milliarden Dollar zu steigern. Greenpeace hatte jahrelang den Ausstieg aus der Kohle gefordert.

**Unbestechlichkeit** ✖✖⊠⊠⊠
War von den Folgen der Finanzkrise aufgrund ethischer und legaler Vergehen besonders betroffen.

**Steuerehrlichkeit** ✖✖⊠⊠⊠
Die Organisation Americans for Tax Fairness ermittelte, dass die Finanzfirma mit mehr als 300 Offshore-Firmen in Steueroasen arbeitet. 2012 seien dort beispielsweise 17,2 Milliarden Dollar Gewinne angelaufen.

**Humanität** ✖✖✖⊠⊠
Das US-Arbeitsministerium verordnete eine Strafe von 2,23 Millionen Dollar, weil die Bank of America zwischen 1993 und 2005 afro-amerikanische Jobkandidaten diskriminiert habe.

**Transparenz** ✖✖⊠⊠⊠
Sehr undurchsichtig. Zwei Pensionsfonds (CalPERS und Californian State Teachers' Retirement System) widersetzten sich vergeblich der Doppelbeauftragung Moynihans als CEO und Chairman.

# John Stumpf
## Wells Fargo

Man findet sie überall, in der Stadt, in den Vor-
orten, auf dem Land, an Autobahn-Raststät-
ten: die Filialen der US-Großbank Wells Fargo.
Sie ist in Amerika beinahe so sichtbar wie in
Deutschland die Sparkassen. Und damit stellt
Wells Fargo eine Ausnahme dar. Andere große
Geldhäuser konzentrieren sich auf die Städte.
Auf dem Land sind viele Amerikaner auf eine
der mehr als 6000 Kleinstbanken angewiesen.

97 Prozent der Erlöse von Wells Fargo fallen
in den USA an. Vom Geschäftsmodell her ist die
Bank eine Art Riesensparkasse. Sie stützt sich
vor allem auf Privatkunden sowie auf mittlere und kleinere Unternehmen. Sie bietet zum Beispiel Kredite, Spareinlagen und Kreditkarten. Die Bank bedient auch
Großunternehmen, ist aber sehr zurückhaltend mit komplizierten Geschäften am
Kapitalmarkt. Investmentbanking interessiert sie nur am Rande. So ist Wells Fargo
bei den großen Strafzahlungen, die Politiker und Aufseher den Banken nach der
Finanzkrise verpassten, glimpflich davongekommen. Auffällig oft gerät sie aber
mit Banküberfällen in die Schlagzeilen – kein Wunder bei der hohen Filialdichte.

Es ist vielleicht das einfache Geschäftsmodell, das Wells Fargo aus San Francisco
zur Gewinnmaschine gemacht hat, die im ersten und zweiten Quartal 2016 jeweils
rund fünf Milliarden Dollar und mehr verdiente. Das wertvollste Geldhaus der
Welt war die Bank in diesem Zeitraum auch – mit mehr als 200 Milliarden Dollar.
Das sind stolze Werte. Erst ein handfester Skandal brachte Wells Fargo in Miss-
kredit und die Kurse nach unten: Die Bank hatte systematisch neue Abschlüsse
für Kontenverträge erfunden und sich so viel besser präsentiert, als die Lage war.
Stumpf wurde im US-Senat des »Betrugs« beschuldigt und bekannte, versagt zu
haben. Immerhin lief die Sache seit 2011, und 5300 Mitarbeiter wurden gefeuert.
Verkaufsziele für einzelne Filialen gibt es nun nicht mehr.

Im Jahr 1852 gründeten Henry Wells und William Fargo eine Firma für Trans-
portdienste und Finanzdienstleistungen. Die ungemein bodenständige Bank
wirbt fast schon penetrant mit ihrer Tradition. Da man sich von einem Post-
kutschen-Unternehmen herleitet, stehen überall Kutschen herum, manchmal in
größeren Niederlassungen im Original; hundertfach sind sie bei Wells Fargo als
kleine Nachbildungen zu sehen. Dabei kann man fast übersehen, wie stark sich

das Haus beim mobilen Banking auf moderne Technik verlässt und zudem zahlreiche Tech-Firmen aus dem Silicon Valley als Kunden hat. Es ist diese Mischung aus Biedermeier und Hightech, die Warren Buffett schätzt, dessen Berkshire Hathaway mit knapp zehn Prozent der Aktien der größte Gesellschafter ist, gefolgt von Blackrock (5,6 Prozent) und Vanguard (5,6 Prozent).

Bodenständig gab sich auch der Chef. John Stumpf (geb. 15. September 1953) stammt aus einer Farmerfamilie mit zehn Kindern. Der hochgewachsene, weißhaarige Mann weiß, was es heißt, arm zu sein. Seine Eltern konnten ihn nicht auf ein teures Edel-College schicken. Am Anfang der Karriere in der Bank musste er Autos von säumigen Kreditnehmern einsammeln, ein riskanter Job, bei dem er Pseudonyme benutzte. Seit Kurzem besinnt er sich auf seine Familiengeschichte (die Vorfahren kamen aus dem Rheinland): »Stumpf, das ist deutsch, das Messer ist stumpf«, sagt er stolz auf Deutsch. Sein bescheidenes Auftreten und der abgetretene rote Teppichboden im Büro lassen vergessen, dass er zu den Top-Verdienern gehört: Das Gehalt für 2015 lag bei 19,3 Millionen Dollar. Und die gepflegte Atmosphäre in den Büros, die manche Mitarbeiter ausgiebig mit Kuscheltieren ausstaffieren, blendet aus, dass es hier um knallhartes Geschäft geht.

»Wir gehen keine großen Risiken ein und hatten immer hohe Kapitalreserven«, sagt Stumpf. Die anderen machten die riskanteren Geschäfte, doch bei einer Wirtschaftskrise habe der Solidere alle Mittel, zu einem niedrigeren Preis dazuzukaufen, das ist die Philosophie. So kaufte Wells Fargo 2008 die große US-Bank Wachovia. Stumpf räumt ein, dass es Wells Fargo schlecht gehe, wenn es Amerika schlecht gehe – langfristig aber sei die US-Wirtschaft stets eine gute Wette gewesen. Im Oktober 2016 musste er zurücktreten. Die Aussichten von Wells Fargo sieht der CEO, President und Chairman positiv, schließlich wuchs die Bilanzsumme in den Jahren 2013 bis 2015 um 264 Milliarden Dollar: »Wir bekommen tonnenweise neues Geschäft.«

**Nachhaltigkeit** ✘ ✘ ✘ ⊗ ⊗
Hohe Verpflichtung, sich umweltfreundlich zu verhalten. Der im Frühjahr 2016 erstellte Fünf-Jahres-Plan sieht neue Produkte und mehr Philanthropie vor.

**Unbestechlichkeit** ✘ ✘ ⊗ ⊗ ⊗
Die Bank zahlte dem US-Staat 1,2 Milliarden Dollar und gestand, vor der Finanzkrise Verträge von Immobilienkunden falsch aufgesetzt zu haben.

**Steuerehrlichkeit** ✘ ✘ ⊗ ⊗ ⊗
Es gab Ermittlungen, weil Wells Fargo mit der Bank First Caribbean eng kooperierte, um so Amerikanern bei der Steuerflucht zu helfen.

**Humanität**
Ein Mitarbeiter beklagte, die Bank verhindere die Bildung von Gewerkschaften.

**Transparenz** ✘ ✘ ✘ ⊗ ⊗
Gute, breite Berichterstattung. Der Staatsanwalt von Los Angeles klagte, weil die Bank ohne das Einverständnis der Kunden Unterkonten eröffnet habe, um die Verkaufszahlen in die Höhe zu treiben. Wells Fargo zahlte 185 Millionen Dollar.

# Paul Achleitner
## Deutsche Bank

Kaum einer in Deutschland kennt Gesetze, Gebote und Gepflogenheiten der Kapitalmärkte so gut wie Paul Achleitner (geb. 28. September 1956). Der Österreicher – Studium an der Hochschule St. Gallen und in Harvard, Berufsstart bei Bain & Co. – war schließlich Partner und Deutschland-Chef der US-Investmentbank Goldman Sachs. Deren Börsengang 1999 verwandelte auch seinen Anteilsbesitz in ein stattliches Vermögen, das durch gut elf Jahre Vorstandsarbeit bei der finanzwirtschaftlichen Großmacht Allianz vermehrt wurde. Achleitner war dort als Finanzchef zum Beispiel für den Verkauf der Dresdner Bank an die Commerzbank zuständig. Aber er entwickelte auch Modelle, wie mit privatem Kapital nötige öffentliche Investitionen zu »hebeln« seien.

Der Mann hatte jedenfalls alle Voraussetzungen für den Prestige-Job, den ihm Emissäre der Deutschen Bank im Herbst 2011 anboten. Im dortigen Management-Tollhaus sollte er Aufsichtsratschef werden – als Zeichen eines ruhigeren Neuanfangs. Der Umworbene willigte ein. Vier Jahre später sah die Lage eher desillusionierend aus. Nach minus 6,7 Milliarden Euro (2015) wurden 2016 wieder rote Zahlen erwartet. Rechtsstreitigkeiten haben das Haus fast 13 Milliarden Euro gekostet; weitere 5,4 Milliarden sind vorsorglich für noch kommende Lasten reserviert und werden kaum ausreichen, da allein die US-Behörden 14 Milliarden Dollar für den Verkauf betrügerischer Hypothekenanleihen forderten. Das Eigenkapital ist zu schwach, die Organisation von permanenten Umbesetzungen durchgerüttelt, der Aktienkurs zwischendurch unter zehn Euro gefallen, das Image beschädigt, die IT »lausig«, wie Vorstandschef John Cryan enthüllte. Die US-Tochter der Bank bestand zum zweiten Mal den Stresstest der Aufsichtsbehörden nicht, und der Internationale Währungsfonds schrieb Ende Juni 2016: »Die Deutsche Bank scheint der wichtigste Netto-Risikoträger für systemische Risiken im globalen Bankensystem zu sein.« Kein Wunder, dass die Kreditfähigkeit von den Ratingagenturen immer schlechter bewertet wurde.

Recht schnell nachdem Achleitner Ende Mai 2012 in Amt und Würden gelangt war, erkannte er die ganze Dimension des Problems, das Vorgänger Clemens Börsig hinterlassen hatte. Vor allem fand er eine mutig geschnittene CEO-Doppelspitze vor, mit dem in London als Investmentbanking-Chef sozialisierten Anshu Jain sowie dem als »Mr. Germany« bekannten Jürgen Fitschen, einem beliebten Ansprechpartner des Mittelstands. Auf Jain hatten Großaktionäre wie Larry Fink von Blackrock (Anteil: 6,2 Prozent) gehofft. In dessen Portfolio drohte die Deutsche Bank eine Art taube Nuss zu werden. Jain versprach in Gesprächen mit ihm und anderen Investoren eine baldige Wende des Aktienkurses. »Deswegen sind wir geholt worden«, bekannte der CEO intern. Das Ergebnis: Seit Achleitners Anfang fiel der Aktienkurs weiter. Lag der Börsenwert der Bank Ende Mai 2012 bei 27,1 Milliarden Euro, waren es Ende Juli 2016 gerade noch knapp 17 Milliarden Euro. Mitte 2016 war der Kurs so niedrig, dass die Deutsche Bank aus dem Index Stoxx Europe 50 flog, der die 50 größten Firmen Europas abbildet. Dass sich Vorstand und Top-Manager zwischen 2012 und 2015 rund 11,5 Milliarden Euro Boni gegönnt haben, macht das Trauerspiel rund um Deutschlands größte Bank nicht besser.

Jahrelang – bis zur Finanzkrise – hatten die Händler in London unter Jains Führung mit immer riskanteren Finanzprodukten hohe Gewinne herbeigezaubert. Sie waren die Stars, schließlich hatte sich die Bank 1999 mit dem Kauf des US-Instituts Bankers Trust mit Vollkraft dem Investmentbanking zugewandt; der Kaufpreis von 8,8 Milliarden Euro musste später zum guten Teil abgeschrieben werden. Oft waren es in Jains Revier nur irrsinnige Wetten, die Kunden ins Verderben stürzten. Hier entstand der Skandal um die Manipulation des Leitzinses Libor – bei dessen Aufklärung der Chefaufseher Achleitner seinem Top-Management unnötig früh einen Persilschein ausstellte. Die Hinwendung zu den Privatkunden, die der langjährige CEO Josef Ackermann in seiner Schlussphase mit dem Kauf der Postbank verwirklichte, strapazierte die Managementfähigkeiten der »Deutschen« zusätzlich.

Die größte Leistung des CEO Jain waren am Ende zwei geglückte Kapitalerhöhungen inklusive der Anwerbung der katarischen Herrscherfamilie Al-Thani. Der in London lebende Scheich Hamad bin Jassim bin Jaber (»HBJ«) kaufte sich über die Paramount Services Holding 3,05 Prozent, genauso wie sein Vetter Hamad bin Khalifa. Mitte 2016 stiegen sie über ihre Firmen Paramount Services und Supreme Universal sogar mit knapp zehn Prozent (inklusive Optionen) zum größten Einzelaktionär auf. Sie lancierten den Wirtschaftsanwalt Stefan Simon als neuen Aufsichtsrat, einen als eisenharten Vertreter seiner Zunft bekannten Mann. Simon ist Partner von Flick Gocke Schaumburg in Bonn und fiel als Anwalt des insolvent gegangenen Windenergie-Unternehmers Willi Balz auf. Die Shortlist mit anderen Namen für den Aufsichtsratsposten, die Achleitner vorbereitet hatte, war damit hinfällig. Die Katarer sind genau jene »Value«-Investoren, um die Vorstandschef Cryan überall gebuhlt hat: Langfristige Anleger, die dabei sein wollen, wenn sich Schneewittchen in eine Prinzessin verwandelt, wenn aus einer Lusche ein Star der Börse wird. Der Buchwert der Bank liegt ja, wissen die Al-Thanis, weit über dem Börsenwert. Das Eigenkapital beträgt immerhin 63 Milliarden Euro.

Schon im Frühjahr 2014 ahnte Achleitner, dass es nicht ausreichen würde, so weiterzumachen wie bisher, und am meisten fürchtete er die neue Macht der Regulierer mit ihren Vorgaben, mehr Eigenkapital zu bilden. Er, der als »dritter Mann« im Führungsteam hinter den Kulissen wirkte, brachte dann freilich nicht sich selbst, sondern den Engländer John Cryan als CEO ins Spiel. Im Mai 2013 hatte er ihn schon in den Aufsichtsrat geholt. Der Freund klassischer Musik und gehobener Gartenkunst führte sich mit der Erkenntnis ein: »Ich denke, dass die Leute in den Banken zu viel Geld bekommen.« Seit Mai 2016 regiert er allein. Sein größtes Kapital ist die operative Expertise, die er bei seinen Jobs als Vorstand der Großbank UBS und als Geschäftsführer des Singapur-Staatsfonds Temasek gesammelt hat. Er saniert, damit irgendwann etwas floriert. Das sieht dann so aus, dass zwei Jahre die Dividende ausfällt sowie 3000 Stellen und 188 Filialen verschwinden. Für den Verbleib der Postbank sprach nicht Cryans Logik, sondern die Last hoher Abschreibungen, die bei einem Verkauf nötig würden.

Achleitner bleibt die Hypothek, den Niedergang nicht entscheidend gestoppt zu haben. Die Talfahrt jenes Instituts, das einst die größte Bilanzsumme in der Branche hatte und dessen Vorstandschefs wie Hermann-Josef Abs oder Alfred Herrhausen politische Leitfiguren waren. Er selbst verweist darauf, dass die Kosten sehr wohl gekürzt wurden und die Kapitalquote stieg (im Jahr 2014). Aber dass die Aktionäre auf der Hauptversammlung 2015 den Vergütungs- und Bonus-Plan für die Top-Manager ablehnten, war auch ein Votum gegen Achleitner.

Dienstags, mittwochs, donnerstags wollte der Manager im Bankturm an der Frankfurter Taunusanlage arbeiten. Doch der Di-Mi-Do-Mann ist viel länger für seinen Arbeitgeber unterwegs, was mit mehr als 800.000 Euro im Jahr honoriert wird. Auch bei Bayer und Daimler-Benz ist der Österreicher im Aufsichtsrat, zudem wirkt er im Gesellschafterausschuss des Henkel-Konzerns. Er wird weithin geschätzt für Sachkenntnis und Humor, weniger allerdings für die Leistungen bei der Bank. Gezielt drang aus dem Umfeld von Blackrock, nach Ablauf seines Vertrags 2017 müsse ein Neuer her. In der Presse hieß es, auch Katar sei für den Wechsel. Als Nachfolgekandidat galt in der Branche ausgerechnet Blackrock-Vice-Chairman Philipp Hildebrand, der frühere Chef der Schweizer Nationalbank. Ein anderer Name, der immer wieder fiel, ist der von Ex-Bundesbank-Präsident Axel Weber, der 2012 Verwaltungsratspräsident von UBS wurde. Gegen die Unruhe im Markt setzte der sonst stille Gesellschafter aus Katar ein Statement, was für sich genommen schon eine Weltsensation war: Achleitners Führung bleibe ein »wichtiger Faktor« und begründe das eigene Vertrauen in die Deutsche Bank. Immerhin lassen Reiche, Fonds und Stiftungen nach wie vor fast 1,4 Milliarden Euro Vermögen von der Deutschen Bank verwalten.

Das einst stolze Geldhaus bleibt insgesamt ein Schatten seiner selbst, gefangen in den Sünden der Vergangenheit, überrollt von der Digitalisierung der Gegenwart. Und permanent auf der Suche nach Stolz, also nach sich selbst. Die Bank sei zu groß für eine Übernahme, beruhigt sich John Cryan selbst. Dennoch ist die Deutsche-Bank-Aktie zum Zockerpapier von Hedgefonds wie dem von George Soros oder von Discovery Capital Management geworden. Das beliebteste Ratespiel an der Wall Street lautet: Ist die Deutsche Bank das neue Lehman? Kann sie zusammenbrechen wie 2008 die US-Investmentbank? Das ist weit übertrieben, aber ein paar Grundaufgaben sind zu lösen. So vermissen deutsche Familienunternehmer noch immer konkrete Ansprechpartner im Vorstand oder darunter, die Probleme nicht nur bereden, sondern auch lösen können. Der verantwortliche Vorstand sitzt in New York, ein trauriger Außenposten einer Bank, die ein Grundgesetz der Globalisierung missachtet hat: »Think global, act local.«

Achleitner macht sich Mut, die Sache durchzustehen. Deutschland brauche eine große Bank, die die Wirtschaft international begleiten könne, lautet sein Mantra. Das sei ja auch der Grund für den Start der Deutschen Bank 1870 gewesen. Damals allerdings waren alle Teilhaber deutsch, heute stammen 44 Prozent der Aktionäre aus dem Ausland. Das Deutscheste an der Bank ist ihr Name. Und auch der Aufsichtsratschef steuert Bonmots gerne auf Englisch bei. Zum Beispiel »Horses for courses«, wenn es um die richtige Strategie geht: Für jeden Parcours das richtige Pferd.

### Nachhaltigkeit ✖ ✖ ✖ ⬚ ⬚
Ambitionierte Naturschutz- und Umweltziele. Greenpeace kritisierte 2014, dass die Bank dennoch den Börsengang des Fischereikonzerns China Tuna Industry begleitete, der die Regeln zum Schutz der Meere missachte. Beim »Fair Guidance Index« von Facing Finance, der die besten grünen Banken messen soll, bekam die Deutsche Bank nur 21 Prozent, weniger als Commerzbank (35 Prozent) und GLS Bank (92 Prozent). Die NGO Urgewald kritisiert, dass die Bank zwischen 2005 und 2014 großen Kohleunternehmen zur Finanzierung von fast 15 Milliarden Euro verholfen habe.

### Unbestechlichkeit ✖ ✖ ✖ ⬚ ⬚
Klare Anti-Korruptionsnormen der Bank. Mitarbeiter in Japan allerdings setzten Dinner und Reisen zur Kundenbetreuung ein.

### Steuerehrlichkeit ✖ ⬚ ⬚ ⬚ ⬚
Der englische Supreme Court urteilte im Frühjahr 2016 gegen die Deutsche Bank, die den Bonus für einige Manager steuergünstig über eine Offshore-Firma zahlte. Das Finanzinstitut bietet Kunden über Ableger in Steueroasen wie Mauritius »Asset Protection«. Ex-Mitarbeiter der Bank wurden wegen krimineller Steuervermeidungsgeschäfte im Emissionshandel verurteilt.

### Humanität ✖ ✖ ✖ ⬚ ⬚
Die Bank zog sich aus der Finanzierung von Streumunitionsherstellern zurück. Keine direkten Finanzierungen von Atomwaffen und Landminen mehr.

### Transparenz ✖ ✖ ✖ ⬚ ⬚
Die US-Justiz ermittelt wegen Immobiliengeschäften vor der Finanzkrise und Geldwäsche in Russland. Die Deutsche Bank war seit der Finanzkrise in etliche Prozesse verstrickt, zum Beispiel wegen Manipulation des Leitzinses Libor. Das Haus versuchte, mit einem »Kulturwandel« gegenzusteuern.

# Lloyd Blankfein

## Goldman Sachs

Selten ist ein Ausspruch eines Bankers so oft zitiert worden, wie der von Lloyd C. Blankfein während der Finanzkrise 2009: »Ich bin bloß ein Banker, der Gottes Werk verrichtet.« Seine Investmentbank Goldman Sachs meldete zu dieser Zeit weiter hohe Gewinne und Spitzenboni für die Manager, während die Branche darbte und kriselnde Institute mit hohen Staatsgeldern gerettet werden mussten.

Die Empörung über Blankfeins finanztheologischen Exkurs war so groß, dass er sein Interview in der britischen »Sunday Times« am liebsten wieder rückgängig gemacht hätte. Aber diese Macht hat selbst Lloyd Blankfein nicht. Er hat diesen lockeren Spruch immer bereut, nicht weil er nicht stimmt, sondern weil er dem Unternehmen schadete.

Der göttliche Fehltritt weist auf die besondere Stellung sowohl der Bank als auch ihres Chefs hin. Goldman Sachs mag von den Einnahmen her weit hinter den Größten der Branche liegen – der Einfluss des Hauses ist größer, als es eine Umsatzstatistik aussagt. Wann immer es um wichtige Börsengänge oder große Deals in der Wirtschaft geht, um Übernahmen und Fusionen, ist die New Yorker Bank als potenzieller Begleiter ein Kandidat. Es sind diese Aufträge und die eigenen Handelsgeschäfte, die Goldman Sachs außergewöhnlich hohe Profite beschert haben. Zwangsläufig stufte der Finanzstabilitätsrat FSB sie trotz einer vergleichsweise niedrigen Bilanzsumme von nur 861 Milliarden Dollar als systemrelevante Bank ein.

Wer an der Spitze dieser ganz besonderen Bank überleben will, muss so widerstandsfähig sein wie das Eisen und so fluide wie das Gas, mit dem Goldman Sachs in seinem Tochterunternehmen J. Aron handelt. Hier, in dieser Einheit, ist Blankfein (geb. 20. September 1954) groß geworden, hier bekam der Rechtsanwalt nach Anfangsjahren in einer Fachkanzlei den ersten lukrativen Job; Goldman Sachs hatte ihn zuvor bei einem Bewerbungsgespräch abgelehnt. Später kaufte die Bank den erfolgreichen Rohstoffhändler einfach, und Blankfein war doch am Ziel – der Sohn eines einfachen Postarbeiters aus der New Yorker Bronx, der als Erster seiner Familie studierte, der es von ganz unten nach ganz oben schaffte. Sein Vermögen liegt heute bei 1,1 Milliarden Dollar. Und selbst im Kampf gegen seinen

Lymphdrüsenkrebs bewies er öffentlich Stärke. So eine Chemotherapie sei wie »Napalm«, das viele vom Islamischen Staat (IS) erwische, aber auch ein paar Iraker und Kurden, erklärte Blankfein Anfang 2016.

Dass auch für Goldman Sachs die Geschäfte aufgrund der unsicheren und verunsicherten Weltwirtschaft nicht mehr so gut laufen, sieht der Bankchef als Zwischenetappe. Sein eigenes Gehalt ging 2015 um eine Million auf 23 Millionen Dollar zurück, aber auch dieses Vergütungsniveau erregte seine Kritiker – auf der Hauptversammlung stimmten 33 Prozent nicht dafür. Blankfeins Opposition beklagt die hohen Kosten zur Regulierung von Schäden durch zwielichtige Hypothekengeschäfte.

Die Bank versucht, dem Negativtrend fallender Gewinne mit neuen Geschäftsideen zu trotzen. Dazu gehört, dass bei ihr nun online jeder ein Sparkonto (Zins 1,05 Prozent) bekommen kann und sie auch Kredite an Privatleute ausleiht. Auch stieg Goldman Sachs mit dem Fonds West Street Capital Partners ins Private-Equity-Geschäft ein. Auf der anderen Seite versucht sich Blankfein als Sparkommissar. Reiseanträge wurden abgelehnt, Mitarbeiter entlassen und die Aufgaben von Experten, zum Beispiel in der Software-Entwicklung, in Niedriglohnländer verlagert. Im eigenen Hedgefondsgeschäft schließlich wurden Anteile an fünf Fonds verkauft. Das alles ist eine Zäsur für das Geldinstitut, das sich zur Elite zählt. 1869 war es vom deutsch-jüdischen Auswanderer Marcus Goldman gegründet worden, dem 13 Jahre später Samuel Sachs zur Seite sprang.

Für den besonderen Charakter des Hauses spricht, dass es stets sehr nahe an den Entscheidungszentren in Washington, New York und Brüssel gewesen ist. Das zeigt sich auch an ihren Mitarbeitern: Da ist Henry Paulson, der nach sieben Chefjahren in der Bank 2006 US-Finanzminister wurde und half, die US-Banken zu retten; oder Robert Rubin, auch er US-Finanzminister; ferner Mario Draghi, der zum Chef der Europäischen Zentralbank aufstieg; Robert Zoellick, der zwischenzeitliche Weltbank-Präsident; Mario Monti und Romano Prodi, beide italienische Premierminister; Mark Carney, Chef der Bank of England; Joshua Bolten, Stabschef im Weißen Haus unter George W. Bush. Die Entscheidungszirkel der westlichen Welt sehen manchmal so aus wie Alumni-Veranstaltungen von Goldman Sachs. Dieses Netzwerk ist noch bedeutender als das der Unternehmensberatung McKinsey. Beide eint der Glaube an die Rationalität des globalen Finanzkapitalismus, wozu es ein Zusammenspiel zwischen Banken, Konzernen und Politik brauche. Zum Bild passt, dass der langjährige EU-Kommissionspräsident José Manuel Barroso nur 18 Monate nach Amtsende als Berater und »Präsident ohne Geschäftsbereich« zu Goldman Sachs wechselte. Die Aufregung darüber konnten weder der Portugiese noch die Bank verstehen. Aus ihrer Sicht wirkt es kleinlich, darauf hinzuweisen, dass es doch die Spezialisten von Goldman Sachs waren, die mit Buchhaltungstricks über Währungsverrechnungen ihrem maroden Mandanten Griechenland Anfang der 2000er Jahre halfen, Mitglied der Euro-Zone werden zu können.

Im US-Wahlkampf 2016 hat sich Blankfein, der CEO und Chairman, rechtzeitig gemeldet. Die Kandidatur des linken Demokraten Bernie Sanders sei ein »gefährlicher Moment«. Er favorisierte, wie all die Jahre davor, Hillary Clinton. Allein 2013 hat der Goldman-Sachs-Vertreter der Politikerin und ihrem Mann Bill rund 875.000 Dollar für Reden bezahlt. An seinem Imageproblem arbeitet Blankfein inzwischen beharrlich. Auf einer internen Veranstaltung 2015 erzählte der Aufsteiger aus der Bronx vor jungen Bankern, dass er jeden Morgen als Erstes im Kühlschrank danach schaue, was vom Vorabendessen noch übrig sei. Das mache er so seit seiner Jugend. Die Bank stellte das Video von dem Auftritt ins Netz. 2016 riet Blankfein dem Nachwuchs, öfter mal zu chillen.

**Nachhaltigkeit** ✘✘✘✘☒
Tritt energisch für Umweltziele ein. Investiert viel Geld in grüne Energien.

**Unbestechlichkeit** ✘☒☒☒☒
Ein Manager der Bank trat zurück, als die Behörden drei Anleihe-Emissionen des malaysischen Staatsfonds durch Goldman Sachs untersuchten. Sie vermuten Korruption. In der Gaddafi-Zeit setzte Goldman Sachs Prostituierte, Privatjets und Luxushotels ein, um Aufträge vom libyschen Staatsfonds zu erhalten, enthüllte die Libyan Investment Authority vor Gericht in London.

**Steuerehrlichkeit** ✘☒☒☒☒
Die Bank verbarg von den 1990er Jahren an Bonuszahlungen an britische Manager über eine Firma auf den British Virgin Islands. Aus unerfindlichen Gründen erließ der Fiskus die festgesetzte Strafe von zehn Millionen Pfund. In England musste Goldman Sachs dank eigener Steuervermeidung nur ein Prozent Steuern zahlen.

**Humanität** ✘✘☒☒☒
Qualität der Arbeit kein Kriterium für Investments.

**Transparenz** ✘✘✘☒☒
Verspricht seit Jahren mehr Transparenz über Kundengeschäfte. Lobbying völlig intransparent. Die Bank zahlte dem US-Staat 5,1 Milliarden Dollar zur Beilegung von Streitigkeiten um dubiose Hypothekengeschäfte vor 2008. Insgesamt 86 Millionen Dollar Strafe waren für Schwächen in der internen Kontrolle bei einem Diebstahl vertraulicher Daten fällig.Breite Berichterstattung als Börsenunternehmen.

# VERSICHERUNGEN

| | Gründung | Land | Bilanzsumme in Mrd. US$, 31.12.2015 | Börsenwert in Mrd. US$ am 30.6.2016 | Größte Anteilseigner |
|---|---|---|---|---|---|
| **1** **Axa** Thomas Buberl | 1817/ 1985 | F | **964** | 48 | Mutuelles Axa: 14,1% Blackrock: 8,2% Mitarbeiter: 6,2% |
| **2** **Allianz** Oliver Bäte | 1980 | D | **922** | 65,3 | Blackrock: 6,4% Deutsche Bank: 3,7% Harris Associates: 3% |
| **3** **Metlife** Steven A. Kandarian | 1868 | US | **878** | 44,4 | Metlife Policy Holder Trust: 15,5% Blackrock: 6,1% Vanguard: 5,2% |
| **4** **Prudential Financial** John R. Strangfeld | 1875 | US | **757** | 31,7 | Blackrock: 7,5% Vanguard: 6,2% Wellington: 5,1% |
| **5** **Ping An** Ma Mingzhe | 1988 | China | **734** | 85 | Charoen Pokphand Group: 12,9% Shenzhen Investment: 5,2% JP Morgan Chase: 3,8% |
| **6** **Japan Post Insurance** Ishii Masami | 1916 | JP | **688** | 12,2 | Japan Post: 89% |
| **7** **Legal & General** Nigel Wilson | 1836 | GB | **585** | 15,2 | Invesco: 6,8% Blackrock: 6,6% Capital Group: 5,8% |
| **8** **Aviva** Mark Wilson | 1696 | GB | 571 | 21,4 | Blackrock: 5,4% Franklin Resources: 3,6% UBS: 3,4% |
| **9** **Prudential** Mike Wells | 1848 | GB | 570 | 43,3 | Capital Group: 10,1% Blackrock: 6,7% Norges Invest: 5,3% |
| **10** **Generali** Philippe Donnet | 1831 | IT | 544 | 18,3 | Mediobanca: 12,2% Blackrock: 2,4% People's Bank of China: 2% |

# Thomas Buberl

## Axa

Ein Deutscher an der Spitze eines der größten französischen Unternehmen – die Nachricht schlug hohe Wellen. Viele Mitarbeiter mussten im März 2016 erst einmal verarbeiten, dass der charismatische CEO des Pariser Versicherungs-Großkonzerns Axa, Henri de Castries (geb. 15. August 1954), vorzeitig zum September 2016 gehen würde – und ihm dann auch noch ein ziemlich Unbekannter nachfolgen sollte: Thomas Buberl (geb. 24. März 1973), zuvor Deutschland-Chef des Unternehmens. Auch wenn Frankreich und Deutschland seit Jahrzehnten

ihre Freundschaft beschwören: Übernimmt ein Manager aus dem Nachbarland die Leitung eines Großunternehmens, löst das noch immer Erstaunen aus.

Dabei handelt es sich bei der Axa um kein französisches Traditionshaus, sondern um eine sehr junge Marke. Erst 1985 hat Claude Bébéar die Firma gegründet, deren Vorläufer allerdings bis ins 19. Jahrhundert zurückreichen, als Firmen und Vereine in der Normandie landwirtschaftliche Risiken versicherten. Axa baute auf mehreren kleinen Versicherungsvereinen auf Gegenseitigkeit (»Mutuelles«) auf, teilweise sind diese Mutuelles heute noch Anteilseigner. Diese Organisationen beruhen auf den Versicherten; sie tragen und gestalten persönlich diese besonderen Vereine. Kern des Unternehmens Axa war die »Ancienne Mutuelle« aus Nordfrankreich, in der Gründer Bébéar Karriere gemacht hatte. Noch heute hält sie mehr als 14 Prozent der Aktien, sechs Prozent entfallen auf die 120.000 Festangestellten des Axa-Konzerns. Diese beiden stabilen Pakete sollen als Giftpille einen denkbaren Interessenten von einem feindlichen Übernahmeversuch abschrecken. Die größten externen Aktionäre sind Blackrock (8,2 Prozent) und Norges Invest (2,1 Prozent).

Die ursprüngliche Vision von Claude Bébéar war es, die ausschließlich auf den französischen Heimatmarkt konzentrierte Versicherung zu internationalisieren. Das verwirklichte er zunächst durch eine Übernahme in den USA, dann in Australien und Hongkong. In den folgenden Jahren wuchs Axa kontinuierlich durch Zukäufe in China, Japan, anderen asiatischen Ländern sowie in der Türkei, Marokko, der Schweiz und Mexiko. In Deutschland gehört die Deutsche Beamtenversicherung zu Axa, die dort durch die Übernahme von Colonia bekannt wurde.

Heute ist der französische Konzern mit Prämieneinnahmen von mehr als

98 Milliarden Euro weltweit die Nummer eins der Versicherungsbranche, noch vor der Allianz. Diese Führungsposition resultierte aus dem Kauf des französischen Versicherers UAP im Jahr 1997. Gemessen an der Bilanzsumme liegen die Franzosen mit 964 Milliarden Dollar sogar deutlich vor der Allianz (922 Milliarden). 24 Prozent des Geschäfts entfallen noch auf Frankreich, 28 Prozent auf das restliche Europa, jeweils 15 Prozent auf die Mittelmeerregion plus Lateinamerika beziehungsweise die USA und 9 Prozent auf Asien. Vom Gewinn in Höhe von 5,6 Milliarden Euro stammen 3,5 Milliarden Euro aus der Lebensversicherung und Sparprodukten, 2,2 Milliarden Euro aus der Schadens- und Krankenversicherung, die deutlich rentabler ist. Axa hat 2015 eine stolze (angepasste) Eigenkapitalrendite von 14,1 Prozent erreicht. Für die nächsten Jahre sind 12 bis 14 Prozent vorgesehen – eine Reaktion auf das Umfeld mit den niedrigen Zinsen.

1,36 Billionen Euro an verwaltetem Vermögen wiesen die Franzosen 2015 aus, davon gehen 42 Prozent auf fremde Rechnung. Absolut gesehen ist das im Auftrag Dritter verwaltete Vermögen weniger als halb so hoch wie das der Allianz. Erfolglos blieb Henri de Castries bei der US-Vermögensverwaltung Alliance-Bernstein. Der Adelsmann hat Axa seit dem Mai 2000 geleitet, und zwar nicht nur als CEO, sondern auch als Chairman. Buberl bekam »nur« den CEO-Posten, die andere Funktion ging auf Denis Duvern über. Der Deutsche wird das verwinden können. Seine berufliche Karriere hat der studierte Ökonom und passionierte Orgelspieler bei der Boston Consulting Group begonnen, ins Assekuranz-Geschäft schnupperte er bei der Schweizer Winterthur, die von Axa gekauft wurde.

Im Juni 2016 stellte Thomas Buberl bereits »Ambition 2020« vor, in fließendem Französisch. Das hat er in Rekordzeit gelernt: In Frankreich hat er vorher nur sechs Monate als Student während eines Semesters an der Universität Dauphine verbracht. Der Deutsche setzt den von seinem Mentor de Castries eingeschlagenen Weg fort, Axa auf die digitale Welt einzustellen. Doch zugleich macht er einen neuen Akzent deutlich: »Wir setzen auf selektives Wachstum, es gibt nicht mehr die Wachstumsländer und die reifen Länder.« Im Einzelnen sieht Buberl vier Wachstumsfelder: Schadensversicherung für Unternehmen, Krankenversicherung, neue Sparprodukte, die keine volle Kapitalgarantie mehr bieten, und den asiatischen Markt. »Wir wollen unser Modell weiterentwickeln, um von einem Anbieter von Versicherungen zu einem Partner zu werden, der seine Kunden vor Risiken schützt«, formuliert Buberl. Das erfordere mehr Innovation: »Wir können nicht mehr einfach nur die Rechnungen unserer Kunden bezahlen.« Die Klientel erwarte praktische Dienstleistungen, für die sie zu zahlen bereit sei. Eine Milliarde Euro will Axa investieren.

War bislang davon die Rede, Axa müsse sich durch frühzeitiges Erkennen neuer Trends vor einer Kannibalisierung durch die Internet-Konkurrenz schützen, gibt es nun Friedensangebote. »Es ist besser, wenn wir darüber nachdenken, wie wir zusammenarbeiten und deren Trümpfe nutzen können, um besser zu werden«, verkündet Buberl. Es sei »absolut vorstellbar, neue Versicherungsmodelle« mit den Apples und Googles dieser Welt zu entwerfen. Ökonomischer Erfolg ist fest eingeplant. Das Ergebnis je Aktie soll um jährlich drei bis sieben Prozent steigen – und der freie Cashflow von 2016 bis 2020 insgesamt 28 Milliarden bis 32 Milliarden Euro betragen. Ohne Einsparungen ist das ehrgeizige Gewinnziel nicht zu erreichen, 2,1 Milliarden Euro sollen es konzernweit sein. Davon betroffen werden besonders die Verwaltung, die Schadensabwicklung, aber auch die Vertreter sein. Durch hartes Kostenmanagement hat Buberl sich bereits profiliert, während er Axa Deutschland leitete.

Axa wiegt an der französischen Börse mehr als Airbus. Es ist der sechstgrößte Konzern des Landes und für die Vermögensbildung der Franzosen von zentraler Bedeutung. Einen Deutschen an die Spitze eines solchen Kolosses zu befördern, ist eine Premiere für das Land. Vielleicht konnte nur jemand wie Henri de Castries das entscheiden: Adliger, liberal, Reserveoffizier der Fallschirmjäger, überzeugter Europäer, fließend Deutsch sprechend – und zutiefst unzufrieden damit, dass Frankreich unter den eigenen Möglichkeiten bleibt. »Unser Vaterland ist Europa!«, deklariert de Castries. Innerhalb der »Meritokratie Axa« zählten »nur das Talent und die persönlichen Werte«. Und das alles habe Buberl: »Sein Mut und vor allem seine Integrität haben uns überzeugt.«

Dem Deutschen aus dem Dörfchen Haan im Rheinland geht der Ruf voraus, er sei umgänglich, neige aber zu harten Entscheidungen. In den wenigen Jahren, in denen er die deutsche Axa-Organisation leitete, mussten viele altgediente Manager gehen. Bei Amtsantritt erst 38 Jahre alt, trimmte er das Unternehmen auf Effizienz, aber auch auf Innovation. Der schlanke, hochgewachsene Mann trägt ein Fitness-Armband. Vielleicht soll ihn das vor den Verlockungen der Pariser Küche schützen: Axa hat einen eigenen Chefkoch für das Vorstands-Restaurant.

### Nachhaltigkeit ✗✗✗✗✗

Axa will raus aus der Kohle. Beteiligungen im Wert von 500 Millionen Euro wurden verkauft. Keine Finanzierung von Tabakkonzernen mehr. Investitionen in erneuerbare Energien sollen bis 2020 verdreifacht werden – auf drei Milliarden Euro.

### Unbestechlichkeit ✗✗✗✗✗

Eine Axa Group Fraud Control Policy wurde eingeführt sowie ein Whistleblowing-Prozess, der Informanten schützen soll. Keine Investition in Firmen, die durch Korruption aufgefallen sind.

### Steuerehrlichkeit ✗✗✗▨▨

1997 sollen über eine Luxemburger Axa-Tochter reiche Franzosen Geld vor den Steuerbehörden versteckt haben. Wegen einer Holding in Luxemburg und einer anderen in der Schweiz vergibt die Organisation Ethical Consumer in Sachen Steuern die schlechteste Bewertung.

### Humanität ✗✗✗✗▨

Klar positioniert gegen Kinderarbeit.

### Transparenz ✗✗✗✗▨

Absoluter Transparenz verpflichtet. Breite Information des Börsenunternehmens.

# Oliver Bäte

## Allianz

Wochenlang noch haben sie bei der Allianz über dieses Interview geredet. Auf YouTube findet es jeder ganz leicht – zwei Stunden lang, unverfälscht, direkt. Üblicherweise meiden Vorstandschefs Kameras, weil sie anschließend keine Kontrolle über die Bilder haben. Und Gesprächstexte werden »autorisiert«, also nach Gusto vom Presseverantwortlichen umgeschrieben. Aber bei diesem Interview des Allianz-Prinzipals Oliver Bäte ist alles anders. Er ist hier »der Olli«, er duzt seinen Befrager, einen jungen Blogger, er spricht schon mal von »Scheiß« und »Shit«, und die anwesende PR-Kraft greift nicht ein. Sind sie bei der Allianz mutig, lax oder verrückt geworden?

Jedenfalls lernt man: Eine »coole Company« soll die Allianz SE plötzlich sein, jenes 1890 gegründete Traditionshaus, das nach dem Zweiten Weltkrieg generalstabsmäßig geführt wurde wie eine militärische Kompanie. CEO Bäte dagegen, der auf der Hauptversammlung demonstrativ in roten Sneakers auftrat, schildert, in welchem Netz von Abhängigkeiten er agiert, wie er Aufsichtsräte für seine Ideen gewinnen muss – und vor allem, wie er die Aktionäre, also die großen Investoren, bearbeitet. Der angeblich Mächtige der Allianz offenbart, wie er Treiber und Getriebener in einer Person ist. Seine Chefkollegen erzählen sonst höchstens beim Kaminfeuer im Hintergrundgespräch, wie sie Politik und guten Wind bei den wichtigsten Großaktionären machen müssen.

Natürlich muss Bäte den in diesen Kreisen quasi unvermeidlichen Finanzriesen Blackrock beachten, der mit 6,4 Prozent Aktienanteil das Feld der Anteilseigner beim Münchener Versicherungsriesen anführt. Deutlich übrigens vor der Deutschen Bank, deren Anteil bei 3,7 Prozent liegt. Und dann ist da noch die Finanzfirma Harris Associates aus Chicago, die zur französischen Bankengruppe BPCE gehört, einem Zusammenschluss vieler Volksbanken und Sparkassen. Harris hält rund drei Prozent an der Allianz. Der norwegische Staatsfonds Norges Invest sowie der chinesische Staatsfonds CIC mischen bei der Allianz ebenfalls, laut Bäte, als größere Aktionäre (je rund drei Prozent) mit. Somit kontrollieren fünf Finanzfirmen fast ein Fünftel einer deutschen Institution. Bäte gibt an, sich regelmäßig mit den Hauptinvestoren zu treffen, um Feedback zu bekommen. Im

Augenblick sei man dort zufrieden, die Allianz komme im schwierigen Kapitalmarkt als sicheres Investment rüber. Sicher = langweilig? Ja, sagt der Assekuranz-Mann, »aber langweilig ist im Moment echt sexy«.

Vor Investoren will Oliver Bäte (geb. 1. März 1965) glänzen, und das geht der gelernte Bankkaufmann und Betriebswirt mit einer Haltung an, die leicht und locker wirken soll. Immerhin für fast 14 Jahre war er bei McKinsey angestellt und wurde 2007 vom »Institutional Investor Magazine« zum »Mister Efficiency« gekürt. Er war sogar mit dem Unglückskauf der Dresdner Bank durch die Allianz beschäftigt. Nach der McKinsey-Zeit ging Bäte 2008 in den Vorstand der Allianz, wo er von 2009 bis 2012 als Finanzchef die ganz tiefen Einblicke in die ganz tiefen Taschen des Systems bekam und vor seinem Chef-Debüt im Mai 2015 noch praktische Erfahrungen als Verantwortlicher für die Ländergeschäfte in Frankreich, Benelux, Italien, Griechenland und Türkei sammeln durfte.

Der Allianz nähert sich der Interessierte am besten, indem er sie als Kapitalanlagekonzern begreift, als Investorenriese, für dessen finanziellen Nachschub stets das traditionelle Versicherungsgeschäft sorgt. Eine gigantische Geldverteilungsmaschine mit integriertem Policenbetrieb also. Warren Buffett, Investorenidol aus den USA, hält es mit seiner Firma Berkshire Hathaway ja auch so; sie hat sich bei vielen Versicherungen engagiert. Die chinesische Firma Fosun verfolgt diesen Weg ebenfalls. Hinzu kommt, dass Bätes Konzern für Dritte Geld anlegt und Rendite sucht. Das Anlagevermögen der Allianz Asset Management (AAM) beträgt rund 1,8 Billionen Euro (Ende 2015); es verteilt sich auf die Pacific Investment Management Company (Pimco) im kalifornischen Newport Beach und auf Allianz Global Investors (AGI). Damit nehmen Bätes Spezialisten in der Hitparade der weltgrößten Vermögensverwalter Rang vier ein, hinter Blackrock, Vanguard und State Street. Im Grunde ist die Allianz so etwas wie Blackrock in klein oder eine »deutsche Blackrock«, ein Abbild des weltgrößten Vermögensverwalters.

In dieser Logik ist es selbstverständlich, dass mit Oliver Bäte erstmals in der Geschichte der Allianz jemand an die Spitze gelangt ist, der nicht mit dem Verkauf von Versicherungsverträgen an der Haustür seine Karriere begonnen hat. Stattdessen ist er ein Finanz-Generalist, der die Launen und Lieben der größten Investoren genau kennt. Für die Strategie, in der Vermögensverwaltung das Heil zu suchen, steht auch die Übernahme von Rogge Global Partners im Februar 2016. Die auf Rentenpapiere spezialisierte Londoner Firma verwaltet 34 Milliarden Euro Vermögen.

1,8 Billionen sind viel Geld, das sorgsam gemehrt sein will. Viele Jahre kümmerte sich bei Pimco mit Bill Gross ein Mann um diese Aufgabe, dem im Handel mit Anleihen ein magisches Händchen nachgesagt wurde. Deshalb hatte Allianz dessen Firma im Jahr 2000 gekauft. Doch Alt-Magier Gross, ein studierter Psychologe, musste die von ihm 1971 gegründete Firma im September 2014 verlassen und wechselte zu Janus Capital. Es hatte permanent Krach im Führungsgremium gegeben, unter anderem hatte der bei der Allianz sehr geschätzte CEO Mohamed El-Erian Reißaus genommen. Man stritt um die Strategie. Gross wehrte sich dagegen, in Hedgefonds zu investieren. Doch sein »Total Return Fund«, einst weltgrößter Rentenfonds, lieferte im flatternden Geschäft mit Staatsanleihen nicht mehr die erwarteten Renditen. Anleger zogen Geld ab. In der absoluten Hochphase, im April 2013, hatte Gross noch 293 Milliarden Dollar disponiert; daraus waren im März 2016 gerade mal 88 Milliarden geworden. Dass ein Fonds innerhalb von drei Jahren mehr als 200 Milliarden Dollar Anlagegeld verlor, stimmt manchen in der Allianz-Zentrale sehr nachdenklich. Vor allem, weil sich auch nach Gross' Abgang (gegen den er mit der Forderung nach 200 Millionen Dollar klagt) die Verhältnisse nicht entscheidend besserten. Emmanuel (»Manny«) Roman soll den Karren als neuer CEO aus dem Dreck ziehen. Er kommt – ausgerechnet – von einem Hedgefonds (Man Group). Konzern-CEO Bäte setzt zudem auf den neuen Chef-Investor Dan Ivascyn und auf Neu-Vorstandsmitglied Jacqueline (»Jackie«) Hunt, die er vom Versicherungskonzern Prudential holte. Sie wacht seit dem 1. Juli 2016 über Asset Management und das US-Lebensversicherungsgeschäft.

Eine Milliarde ist eine »normale« Einheit in diesem Geschäft. Knapp 500 Milliarden Euro eigene Gelder verwaltet die Allianz, weitaus das meiste davon entstammt dem Lebensversicherungsgeschäft. Der Kunde erwartet hier irgendwann im Alter stabile, hohe Zuflüsse, weshalb die Allianz in diesem Feld auf langfristige, sichere Einnahmen aus Staatsanleihen und Unternehmensanleihen setzen muss, die allerdings in Zeiten von Nullzinsen (und sogar Negativzinsen) immer weniger abwerfen. Besser laufende Anleihen aus Schwellenländern und aus Amerika helfen den Allianz-Kapitalprofis nur bedingt. Schon als er noch Finanzchef war, hatte Bäte sein Unternehmen »permanent in der Krise« gesehen.

Für viele Jahre ist Maximilian Zimmerer im Vorstand für Lebensversicherungen und Investments verantwortlich gewesen. »Wir haben unseren Kunden einen Garantiezins versprochen – da kann man nicht erklären, gar nichts zu tun. Mein Liebling sind alternative Investments«, sagt er. Das Volumen der Allianz lag hier 2015 bei schon 92 Milliarden, 2016 schoss es auf 110 Milliarden. Zum alternativen Milieu der Allianz gehören Private-Equity-Fonds, Kredite an Mittelständler und Großunternehmen sowie Investments in Infrastruktur. Hier geht es zum Beispiel um erneuerbare Energien: Drei Milliarden Euro hat die Allianz in Windkraftanlagen und Solarparks gesteckt, zuletzt vor allem in den USA. Zu den Aktivitäten gehören außerdem Parksysteme in Chicago, ein Abwasserkanal in London, Straßen in Barcelona und Madrid, aber auch die Mehrheit am Tankstellenbetreiber Tank und Rast für 3,5 Milliarden Euro. Selbst wenn 2,1 Milliarden Euro Schulden auf dem Objekt lasten, so versprechen doch Toilettengebühren und Essensverzehr an Autobahnraststätten das, was Allianz so liebt: langfristig konstante Einnahmen. »Zu kurzfristig zu denken, ist der größte Fehler, den man machen kann«, findet Bäte.

Sehr zum Bedauern des Konzerns kommen große öffentliche Infrastrukturprojekte durch politisches Klein-Klein nicht voran. Das gilt auch für eine Expertenkommission »zur Stärkung der Investitionen von Deutschland«, die Bundeswirtschaftsminister Sigmar Gabriel eingesetzt hat und Ökonomie-Professor Marcel Fratzscher vom DIW leitet. Die Allianz schickte Vorstandsfrau Helga Jung in die wenig produktive Kommission. »Es ist genügend Geld, ja fast zu viel Geld da, aber es fehlen attraktive Angebote«, analysiert Maximilian Zimmerer. Sein Gesamtblick: »Im Private-Equity-Geschäft machen wir zu wenig, und das ängstigt mich. Hier sind die Chancen am größten.«

Vor der permanenten Flaute mit Anleihen weicht die Allianz zunehmend auch in Immobilien aus. So gehören das Hindenburghaus in Hamburg, der Mailänder Palazzo Rougier, der Marina Harbor in Los Angeles oder die Medienfabrik in München dem Konzern mit dem Adler im Wappen. Der Wert eigener Häuser hat sich von 17 Milliarden Euro (2010) auf 42 Milliarden (2015) mehr als verdoppelt. Ziel sind 60 Milliarden. Gesucht werden Gewerbeimmobilien in Europa, Wohnhäuser finden kein Interesse. Bei Aktien sind die Allianz-Experten inzwischen so vorsichtig, dass sie den Börsenboom der vergangenen Jahre weitgehend verpasst haben; das Platzen der Dotcom-Blase zur Jahrtausendwende war ihnen eine Lehre. Da gingen sie bis an die gesetzlich erlaubte Obergrenze von 30 Prozent des Portfolios ran; heute sind es bei der Allianz deutlich unter zehn Prozent.

Im Jahr 2015 konnte die Allianz, trotz der widrigen Bedingungen, mit 125,2 Milliarden Euro Umsatz das zweitbeste Jahr in der Firmengeschichte melden. Der Überschuss stieg um 6,3 Prozent auf 6,6 Milliarden, auch wenn der Notfallpatient Pimco mit 1,8 Milliarden ein Fünftel weniger als im Vorjahr verdiente. Es war die letzte Bilanz des lang gedienten Vorstandschefs Michael Diekmann, der von 2018 an als Aufsichtsratschef des Konzerns wiederkehren dürfte. Bis dahin hat sich der von ihm mit kraftvoller Öffentlichkeitsscheu geführte Sprengel vermutlich völlig verändert. Nachfolger Bäte setzt im Altgeschäft der Versicherungen auf Runderneuerung, Digitalisierung ist das Zauberwort. Sie soll den Abschluss neuer Verträge erleichtern, Bürokratie abbauen und gleichzeitig Kosten sparen, vor allem im Heer der Vertriebsmitarbeiter. Undenkbar für den Chef, dass der Konzern weiterhin 100 Millionen Briefe im Jahr verschickt. Bäte sieht digitale Fabriken vor sich, in denen Mitarbeiter unentwegt daran tüfteln, wie sie mit Apps und Bots Kunden binden oder gewinnen.

Intern predigt Bäte Selbstverantwortung, Lust am Risiko und das Prinzip der relativen Preise. Wer zu teuer ist, muss wachsen oder weichen, das alte McKinsey-Prinzip. So wurde das Geschäft in Südkorea nach 17 Jahren verkauft und der Bestand an Lebensversicherungen in Italien abgestoßen. Es ist, als ob der Vorstandsvorsitzende nach Jahrzehnten des gesitteten Vor-sich-hin-Verdienens täglich weitere alte Zöpfe entdeckt, die es abzuschneiden gilt. Die Mitarbeiter sollen raus aus ihren Büros an die Front der Märkte, »Kaminkarrieren« sind Bäte verhasst. Gutes Unternehmertum, daran lässt er keinen Zweifel, ist gutes Portfoliomanagement plus Organisationskunst plus Kostendämpfen plus gesellschaftliche Akzeptanz. Jahrelang hatten NGOs auf Allianz-Hauptversammlungen Rabatz wegen heikler Investitionen gemacht, seit 2013 aber ist es ruhiger geworden. Man redet und einigt sich. Streubomben, Kinderarbeit und Atomkraftwerke sind tabu bei der Geldanlage der Allianzler. Intern wurde in Zusammenarbeit mit dem New Yorker Index-Spezialisten MSCI ein Ranking der Aktiengesellschaften nach ökologischen, sozialen und ethischen Kriterien erstellt; es kommt seit Mitte 2016 zum Einsatz. »Man muss immer den Kunden mitnehmen«, sagt Vorstand Zimmerer. »Es gibt keinen Weltmaßstab für ethisch korrektes Investieren. In den USA versteht zum Beispiel keiner, wenn Verteidigungsaktien ausgemustert werden.«

Der neue Kurs der Allianz muss natürlich im Land verstanden werden, deshalb brauchen solche Unternehmen Lobbyisten. Als der junge Blogger im Interview fragte, was denn die Allianz mit ihren fünf Bundestagsausweisen wolle, lobte Bäte den Austausch zwischen Politik und Wirtschaft. De facto hat die Allianz im Berliner Lobbying der Finanzindustrie längst jene Nummer-eins-Stellung eingenommen, die früher die Deutsche Bank innehatte. Das Geldinstitut hat die Politik mit seinen Skandalen im Investmentbanking über alle Maßen genervt, die Allianz gilt als weitaus seriöser. Wo Alt-Chef Diekmann im Gespräch mit Ministern oder Politikern noch spröde war, legt Bäte fast unbekümmert los. Im Interview kam ihm, einmal in Fahrt, die Idee, dass solche politischen Gespräche zwischen Allianz-Angestellten und Volksvertretern protokolliert werden sollten. Die Protokolle seien dann zu publizieren. Gehört hat man davon nichts mehr, aber das kann ja noch kommen.

**Nachhaltigkeit** ✗ ✗ ✗ ✗ ✗
Mit NGOs wie dem WWF gibt es seit 2012 enge Gespräche. Das führte dazu, dass Allianz aus Investments an Firmen aussteigt, die mehr als 30 Prozent ihres Umsatzes mit Kohle machen. Klare Orientierung an ökologischen und sozialen Kriterien.

**Unbestechlichkeit** ✗ ✗ ✗ ⊗ ⊗
Entschiedener Kampf gegen Korruption. 2012 zahlte die Allianz 12,3 Millionen Dollar an die US-Börsenaufsicht SEC wegen unsauberer Geschäfte in Indonesien.

**Steuerehrlichkeit** ✗ ✗ ✗ ✗ ⊗
Keine aktuellen Steuerskandale bekannt.

**Humanität** ✗ ✗ ✗ ✗ ⊗
Keine Investments in Firmen, die mit Kinderarbeit zu tun haben.

**Transparenz** ✗ ✗ ✗ ✗ ⊗
Breite Darstellung der Aktivitäten und der Finanzergebnisse. Kosten zuweilen unklar.

# Steven A. Kandarian
## Metlife

Es ist eine Ikone der New Yorker Architektur und zugleich eine der größten Bausünden der Stadt: das Metlife-Gebäude. Anfang der 1960er Jahre wurde es zunächst für Pan Am gebaut. Das wuchtige, flach gedrückte Achteck, an dessen Entwurf Walter Gropius beteiligt war, setzte einen nüchternen Bauhaus-Akzent in die Skyline. Ein Hubschrauberlandeplatz, der nach einem Unfall in den 1970er Jahren außer Betrieb genommen wurde, symbolisierte den Aufbruch in eine neue Zeit mit schrankenlosem Verkehr in allen drei Dimensionen. Doch das zu seiner Zeit

größte Bürogebäude der Welt zerteilt auch die Park Avenue und lässt benachbarte Häuser wie das ältere Helmsley-Building optisch fast verschwinden.

Größe und Modernität – das waren immer auch Merkmale der 1868 gegründeten Metlife-Versicherung. Sie hat das Gebäude inzwischen an eine Investorengruppe verkauft, residiert aber noch dort. Gegründet wurde die Firma aus einem schrecklichen Anlass, als National Union Life and Limb Insurance Company. Zunächst versicherte sie vor allem die »Limbs«, die Glieder der Soldaten des Bürgerkriegs der Jahre 1861 bis 1865, in dessen Verlauf es mangels medizinischer Alternativen zu zahlreichen Amputationen kam. Das war ein schlechtes Geschäft.

Chef der Metlife ist seit Mai 2011 Steve Kandarian (geb. 1953). Zuvor war er von 2005 an Chef-Investor des Konzerns und traf einige wichtige Entscheidungen. Im Jahr 2006 etwa, also vor der großen Finanz- und Immobilienkrise, verkaufte er »Stuyvesant Town« in Manhattan, einen riesigen Komplex alter Mietskasernen mit roten Ziegelfassaden, an die Immobiliengesellschaft Tishman Speyer und die Fondsgesellschaft Blackrock für einen Betrag von 5,4 Milliarden Dollar. Es handelte sich um mehr als 11.000 Apartments mit rund 25.000 Bewohnern, die sogar eine eigene Zeitung haben. Im Jahr 2010, nach der Krise, geriet der Gebäudekomplex in Zahlungsschwierigkeit. Es zeigte sich, dass der Kaufpreis viel zu hoch gewesen war, weil er von einer Verdreifachung der Mieten innerhalb weniger Jahre ausging. Aus 5,4 Milliarden wurde bis 2010 eine Bewertung von nur 1,9 Milliarden. Für Tishman und Blackrock war die Sache ein großer Rückschlag; die Church of England, die 2007 als kleiner Partner dazugekommen war, verlor 78 Millionen Dollar. Metlife-Chef Kandarian hatte dagegen, so zeigte sich, gerade im richtigen

Augenblick verkauft. Versicherer gehören zu den größten Investoren weltweit. Metlife hatte Ende 2015 rund 476 Milliarden Dollar im Kapitalmarkt angelegt. Der Löwenanteil von 266 Milliarden entfiel auf Anleihen, davon etwa die Hälfte auf Unternehmens-, der Rest hauptsächlich auf Staatsanleihen. Eine gewisse Rolle spielen noch Immobiliendarlehen. Aktien bilden nur einen verschwindend geringen Anteil. Zu den eigenen Anlagen kommen noch Fonds hinzu, die Metlife an die Kunden verkauft; außerdem tritt der Versicherer als Broker, also als Wertpapierhaus, auf.

Das Beispiel Metlife zeigt, dass Versicherer große Bedeutung für den Kapitalmarkt haben. Sie können sich aber nur wenig direkt in die Geschäftspolitik anderer Unternehmen einmischen, weil sie kaum als Aktionäre, also Eigentümer auftreten. Die Regierung von US-Präsident Barack Obama stufte 2014 die größte Versicherung des Landes (Nummer drei in der Welt) dennoch in die Kategorie »too big to fail« ein, sie sah Metlife also als systemrelevantes Institut. Dagegen opponierte Vorstandschef Kandarian, weil er eine stärkere Regulierung fürchtete – und brachte das Bundesgericht dazu, ihm Recht zu geben. Obama legt Revision ein.

Vorstandschef Kandarian mokiert sich über die übliche Weisheit von Konzernen, wonach größer gleich besser ist. Das sei die Ansicht von Managern, nicht von Eigentümern. Das eigene Ziel sei es, den Aktionären den höchsten Ertrag zu bringen – durch Investitionen, aber auch Verkäufe. So machte sich der CEO daran, Metlife zu verkleinern – ihm geht es um den Cashflow. Das werden die Investoren der Firma, die im Jahr 2000 an die Börse ging, gerne hören. Noch immer gehören den eigenen Versicherungsnehmern über den Metlife Policy Holder Trust 15,5 Prozent. Den Kunden hatte bis zum Jahr 2000 die gesamte Versicherung gehört. Das änderte sich erst mit dem Börsengang. Der jetzt noch vorhandene Minderheitsanteil der Policenkunden erinnert an die alte Zeit. Für die neue Zeit stehen institutionelle Investoren wie Blackrock (6,1 Prozent) und Vanguard (5,2 Prozent).

**Nachhaltigkeit ✗ ✗ ✗ ✗ ✗**
Nachhaltigkeitskriterien priorität. Wird als entscheidend in der Beziehung zu den 100 Millionen Kunden gesehen. Für »Newsweek« der »grünste« Versicherer.

**Unbestechlichkeit ✗ ✗ ✗ ✗ ⊠**
Keine Vorfälle bekannt.

**Steuerehrlichkeit ✗ ✗ ✗ ⊠ ⊠**
Metlife gehört nach Recherchen von Oxfam zu den 50 US-Firmen, die insgesamt 1,3 Billionen Dollar offshore in Steueroasen halten.

**Humanität ✗ ✗ ✗ ⊠ ⊠**
Tritt weltweit für die Rechte von Homosexuellen ein und riskierte Ärger mit Regierungen (Malaysia). Aktivisten protestierten gegen die Partnerschaft mit dem New York Blood Center, das nach Tierversuchen 60 Schimpansen ohne Versorgung auf einer Insel vor Liberia ausgesetzt hat.

**Transparenz ✗ ✗ ✗ ⊠ ⊠**
Ausführliches Zahlenwerk. Im Februar 2015 musste die Versicherung nach einer Einigung mit der US-Regierung rund 125 Millionen Dollar für Vergehen beim Verkauf von Hypotheken bezahlen.

# John R. Strangfeld
## Prudential Financial

Man nannte ihn den Vater der »Industrie-Versicherung«, also der gewerblichen Unfallversicherung. Er war der Erste in den USA, der gegen Ende des 19. Jahrhunderts Industriearbeitern günstige, bezahlbare Policen verkaufte. Dass ihm etwas Bleibendes gelungen war, konnte John F. Dryden 1873 natürlich noch gar nicht absehen: Damals gründete er in Newark, New Jersey, die Widows and Orphans Friendly Society, die im Todesfall gegen die Begräbniskosten versicherte. Daraus wurde Prudential Financial, heute mit einer Bilanzsumme von mehr als 750 Milliarden Dollar die viertgrößte Assekuranz der Welt, die zudem ein Vermögen von 1,1 Billionen Dollar verwaltet. Gründer Dryden (1839–1911) baute sein Unternehmen rasch aus und finanzierte zum Beispiel Straßenbahnen. Zusätzlich schlug das Mitglied der Republikaner eine politische Karriere ein und brachte es zum Senator von New Jersey. Nach seinem Tod übernahm sein Sohn Forrest F. Dryden die Geschäftsführung, der bis 1922 Präsident blieb.

Einst gehörte die Firma den Versicherten, seit 2001 ist sie an der New Yorker Börse, wo sie mit dem Kürzel »Pru« als Klassiker gilt. Schon im 19. Jahrhundert zeigte das Firmenlogo den Felsen von Gibraltar als Zeichen für Sicherheit und Solidität. Seit 2008 steht John R. Strangfeld (geb. 27.12.1953) dem Konzern vor, inzwischen in der Doppelfunktion als CEO und Chairman. In seiner Zeit hat sich »Pru« mit dem Kauf zweier japanischer Firmen aus dem Bestand des einstigen Weltmarktführers AIG gestärkt sowie durch die Akquisition des Lebensversicherungsgeschäfts von The Hartford.

Strangfeld machte seinen MBA an der Darden School of Business der University of Virginia und schloss dann Business Administration an der Susquehanna University ab. Früh schon, Mitte 1977, wurde er Mitarbeiter von Prudential Financial und ist seitdem immer im Unternehmen geblieben; er war vor allem mit der Vermögensverwaltung betraut. Strangfeld nennt »Talent« als wichtigste Größe, um im Konkurrenzkampf zu bestehen. Es gehe nicht nur um Fertigkeiten, sondern um Charakter, Integrität, Werte und die Fähigkeit zum Teamwork.

Den Großaktionären Blackrock (7,5 Prozent), Vanguard (6,2 Prozent) und Wellington (5,1 Prozent) gefällt die Leistung des Top-Managers offenbar so gut, dass es von ihrer Seite nie Widerstand gegen sein doch sehr stolzes Gehalt gab. Es lag 2015 bei 17,3 Millionen Dollar, wobei eine Summe von 1,8 Millionen gar nicht enthalten war – sie wurde steuerschonend in spätere Perioden verschoben. Prudential selbst bekam dicke Steuerreduktionen, weil die Versicherung in Chicago und Portland Luxushotels renovierte, die in Gegenden mit nicht so hohem Durchschnittseinkommen liegen, also bei Studenten beliebt sind. Der Assekuranzriese hat seine Gelder aus der Lebensversicherung breit gestreut, auch in Firmen wie Apple, Microsoft, Exxon Mobile und Johnson & Johnson investiert, wo man jeweils 0,2 Prozent hält.

**Nachhaltigkeit**  ✘ ⌧ ⌧ ⌧ ⌧
Keine auf Umweltaspekte ausgerichtete Investmentstrategie.

**Unbestechlichkeit**  ✘ ✘ ✘ ⌧ ⌧
Keine Korruptionsfälle erkennbar.

**Steuerehrlichkeit**  ✘ ✘ ⌧ ⌧ ⌧
CEO Strangfeld und seine Firma nutzen jegliche Steuerspielräume.

**Humanität**  ✘ ✘ ✘ ✘ ⌧
Sozialer Arbeitgeber, der seit 2003 regelmäßig mit einem 100-Prozent-Rating beim Corporate Equality Index der Human Rights Campaign ausgezeichnet wird.

**Transparenz**  ✘ ✘ ⌧ ⌧ ⌧
Der Konzern wurde in den 1980er und 1990er Jahren durch einen Riesenskandal bekannt, bei dem eine Tochter die Investoren um fast zwei Milliarden Dollar prellte. Prudential Financial verglich sich bei 330 Millionen und zahlte 41 Millionen Strafe. 1997 musste das Unternehmen vier Milliarden Dollar an Kunden zurückzahlen, denen man für sie völlig unnötige Policen verkauft hatte. Inzwischen hinreichend gute Transparenz.

# Ma Mingzhe
## Ping An

Ma Mingzhe (geb. 1955) ist ein Kämpfer. Unter ihm stieg die einst als Staatsbetrieb gegründete Versicherung Ping An zu einer der größten Gruppen der Branche weltweit auf. Der Mann mit den kurz geschorenen Haaren und der rauchigen Stimme erkannte schon früh, wie wichtig es für die wohlhabender werdenden Chinesen wird, sich gegen Risiken abzusichern. Ping An, seit 2004 börsennotiert, betreibt auch Bankgeschäfte und offeriert finanzielle Dienstleistungen. Heute ist der Konzern mit einer Bilanzsumme von 734 Milliarden Dollar die Nummer fünf im weltweiten Versicherungsgeschäft.

Der politisch geschickte, unternehmerisch begabte Ma stieg im Gründungsjahr 1988 bei Ping An ein. Damals nahm die wirtschaftliche Öffnung unter dem chinesischen Staatspräsidenten und Reformarchitekten Deng Xiaoping konkrete Formen an. Viele Staatsbetriebe wurden umgebaut oder aufgelöst. Die einst lebenslang zugesicherte Renten- und Gesundheitsversorgung für alle Mitarbeiter wurde zurückgefahren. Da sah der promovierte Finanzwissenschaftler Ma die Chance, Ping An als Vorreiter für ein chinesisches Versicherungssystem zu positionieren.

Ma wollte sich jedoch nicht von den großen chinesischen Staatsbanken in die Geschäfte reinreden lassen, wie dies bei anderen Versicherungen der Fall war. Deshalb warb er, nach dem Aufstieg zum Chairman 1994, die US-Banken Morgan Stanley und Goldman Sachs als Investoren an. Das Geschäft entwickelte sich zunächst rasant. Doch dann geriet China von 1997 an in den Sog der asiatischen Finanzkrise. Auch Gerüchte um eine Insolvenz von Ping An machten die Runde. Chinas neu eingerichtete Versicherungsaufsicht bereitete bereits die Zerschlagung der Versicherungsriesen vor, um systemische Risiken zu begrenzen. Ma, Mitglied der Kommunistischen Partei, wird nachgesagt, sich in dieser Zeit direkt an den damaligen Ministerpräsidenten Wen Jiabao gewandt zu haben, um das Unternehmen zu retten.

Die Hintergründe wurden nie ganz aufgeklärt. Sicher ist: Am Ende trennte Ma zwar verschiedene Geschäfte von Ping An in Tochterunternehmen ab, hielt alle Bereiche jedoch weiterhin in der neu gegründeten Ping-An-Gruppe zusammen. Die Zerschlagungspläne der Regulierer waren vom Tisch. Laut Recherchen der

»New York Times« sicherten sich anschließend Verwandte und Vertraute Wen Jiabaos Firmenanteile an Ping An. Ma, seit 2001 auch CEO, bestreitet das. Jedenfalls erholte sich die Ping-An-Gruppe schnell und konnte 2002 den nächsten Coup bekannt geben: Die Großbank HSBC sicherte sich für 600 Millionen Dollar einen mehr als zehnprozentigen Anteil an der Gruppe. Er ist inzwischen auf den thailändischen Mischkonzern Charoen Pokphand Group übergegangen.

Chinas Versicherungsmarkt wächst und wächst. Das generiert Ping An und dem größten Herausforderer China Life – beide absorbieren 60 Prozent des Marktes für Lebensversicherungen – sichere Einnahmen. Die eigene App »Good Doctor« lockte im Jahr nach dem Start im April 2015 rund 50.000 Ärzte und 77 Millionen Nutzer, der Wert liegt bei drei Milliarden Dollar. Das reine Versicherungsgeschäft reicht den beiden Branchenriesen seit einigen Jahren jedoch nicht mehr aus. So wurde Ping An strategischer Investor bei der Shenzhen Development Bank. Und auf der Suche nach neuen Anlagemöglichkeiten drängt die Firma in den Immobiliensektor. Seit 2012 erlaubt Peking chinesischen Versicherungen zudem, bis zu 15 Prozent ihres Vermögens im Ausland anzulegen. Diese Möglichkeiten hat Ma jedoch noch bei Weitem nicht ausgereizt. Bislang stecken nicht mal zwei Prozent der Investments von Ping An im Ausland. Der Policen-Gigant aus Shenzhen hat den Tower Palace im Londoner Finanzdistrikt gekauft sowie von der Commerzbank das Lloyd's-Gebäude übernommen. Und zusammen mit China Life steckte Ping An 500 Millionen Dollar in einen Bürokomplex in Boston.

Bei den internationalen Vorstößen von Ping-An-Chef Ma und seinem Gegenspieler, China-Life-Chairman Yang Mingsheng, mischt sich noch ein Dritter ein: Der Chef des zunächst wenig bedeutenden chinesischen Versicherers Anbang, Wu Xiaohui, hat 2016 mit spektakulären Deals auf sich aufmerksam gemacht. Innerhalb von zwölf Jahren baute Wu sein Unternehmen zu einem der mächtigsten Spieler auf Chinas Versicherungsmarkt aus. Versicherungen, Banken, Immobilienunternehmen und Hotelketten gehören zum Portfolio, darunter das Waldorf Astoria in New York. Damit verglichen ist Ping An sehr zurückhaltend.

**Nachhaltigkeit** ✗ ✗ ✗ ✗ ✗
Kein Kriterium der Unternehmensführung.

**Unbestechlichkeit** ✗ ✗ ✗ ✗ ✗
Xue Rongnian, einst Chef von Ping An Securities, wird verdächtigt, zwischen 2008 und 2011 in Verbindung mit zwei Zementfirmen manipuliert und Insiderhandel betrieben zu haben. Verwandte des früheren Ministerpräsidenten Wen Jiabao, der Ping An einst sehr half, besitzen nicht wenige Anteile der Versicherung.

**Steuerehrlichkeit** ✗ ✗ ✗ ✗ ✗
Gerüchte, es werde wegen Steuervergehen ermittelt, dementierte Ping An.

**Humanität** ✗ ✗ ✗ ✗ ✗
Integrität und Verpflichtung den Arbeitnehmern gegenüber sind für das Management wichtig.

**Transparenz** ✗ ✗ ✗ ✗ ✗
Nur partiell gewährleistet.

# Ishii Masami

## Japan Post Insurance

Der Auftritt Anfang Januar 2016 war bezeichnend für den Chef der frisch an der Börse notierten Versicherung der privatisierten japanischen Post. Ishii Masami (geb. 1953) erklärte der
Öffentlichkeit, wie er das verschlafene einstige
Staatsunternehmen erwecken wolle. Selbstbewusst stand der Manager auf einer großen Bühne, um eine massive Werbekampagne einzuläu-
ten – und zugleich die Bedeutung des Ganzen zu
überhöhen. »Unter dem Slogan ›Das Leben ist
voller Träume‹ haben wir eine Werbung produziert, die im ganzen Land die Botschaft präsen-

tiert, von Herzen wirklich gesund und munter zu werden«, sagte Ishii. Danach
übergab er eine Urkunde an das TV-Sternchen, das die Hauptrolle in dem Werbe-
film gespielt hatte.

Der Auftritt wie auch die Werbung sind wohlkalkuliert. Ishii weiß, dass er
bis zum Wirken seiner Strategie noch Zeit überbrücken muss. Denn Japan Post
Insurance ist ein gefesselter Riese. Mit 32 Millionen Versicherungsverträgen,
Prämieneinnahmen von 45 Milliarden Dollar (5414 Milliarden Yen) und einem
Bilanzvermögen von 725 Milliarden Dollar (81544 Milliarden Yen) im Jahr 2015
spielt die Firma zwar in der Spitzenliga der japanischen Lebensversicherer mit –
aber trotz des Börsengangs unterliegt das Management noch vielen Beschrän-
kungen.

Noch immer ist die staatliche Post-Holding mit 89 Prozent größter Eigner der
Versicherungstochter. Die übrigen elf Prozent der Aktien sind inzwischen breit
gestreut. Der Börsengang im November 2015 war gekoppelt mit anderen Börsengängen bei der Muttergesellschaft Japan Post und deren für Bankgeschäfte zuständigen Tochter. Der nur zum kleinen Teil in die Freiheit entlassene Assekuranz-
ableger legte gleich nach Börsenstart um 25 Prozent zu. Die Versicherungsfirma
muss das Gebot befolgen, die schrumpfende Bevölkerung auf dem Land mit einem
Grundangebot an Dienstleistungen zu versorgen. Vielerorts genießt das Postamt
fast ein Monopol bei Bank- und Versicherungsdiensten. Auch kann Japan Post
Insurance nicht frei über den Eintritt in neue Geschäftsbereiche oder über den
Start neuer Produkte entscheiden. Solange die Post-Holding noch 50 Prozent und
mehr hält, muss sich die Versicherung zuerst an verschiedene Stellen in der Regie-

rung wenden. Und wenn sich das einmal ändern sollte und der Staat nur Minderheitsaktionär ist, müssen die Ministerien weiter en detail informiert werden. Die Post-Versicherung muss Auswirkungen ihrer Aktionen auf Wettbewerber prüfen sowie das Post-Privatisierungskomitee benachrichtigen.

De facto wird das Unternehmen erst 2017 neue Produkte einführen, teilte Ishii im Frühjahr 2016 mit. Darüber hinaus muss er erst einmal die Mitarbeiter umerziehen. Aber dafür hatten sie den Mann im Jahr 2012 schließlich im Alter von 59 aus der Privatwirtschaft geholt. Ishii war Vize-Chef des einst zweitgrößten Schadens- und Unfallversicherers des Landes, Sompo Japan. Ehrgeiz ist dort Teil der Unternehmenskultur.

Konzernchef Ishii beschloss, die IT-Infrastruktur aufzupeppen und Geschäftsallianzen einzugehen. Die Post-Versicherung wird IBMs künstliche Intelligenz »Watson« einsetzen, um Ansprüche der Versicherten schneller zu bearbeiten. Doch der größte Wurf ist die strategische Allianz mit dem Versicherungsriesen Dai-Ichi-Life. Gemeinsam sollen Produkte entwickelt und ausländische Märkte erschlossen werden. Im ersten Schritt will sich die Post-Versicherung mit Knowhow und Kapital an der vietnamesischen Niederlassung von Dai-Ichi-Life beteiligen. Ishii: »Es ist eine gute Zeit, um unseren konservativen Ansatz beim Vermögensmanagement zu modifizieren.«

Hinter diesen Worten versteckt sich eine Kulturrevolution. Denn die Post war ursprünglich die Sparkasse der regierenden Liberaldemokraten und der Ministerien. Sie kaufte im großen Maßstab Staatsanleihen auf, die die Lieblingsprojekte der Politiker und Beamten finanzierten. Noch 2015 machten Anleihen 73 Prozent des Anlagevermögens aus, der Großteil davon waren Staatsanleihen. »Riskante« Werte wie Aktien oder ausländische Anleihen dümpelten bei 6,6 Prozent. Ishii will diesen Anteil bis März 2017 auf zehn Prozent erhöhen. Dies wäre früher als ursprünglich geplant.

**Nachhaltigkeit** ✖ ✖ ✖ ✖ ✖
Spielt beim Investment der Versichertengelder keine große Rolle. Die Abhängigkeit von japanischen Anleihen soll sinken.

**Unbestechlichkeit** ✖ ✖ ✖ ✖ ✖
Keine Erkenntnisse. Im Korruptionsindex von Transparency International rangiert Japan erst auf Rang 18.

**Steuerehrlichkeit** ✖ ✖ ✖ ✖ ✖
Kein Problem bei diesem Staatsunternehmen.

**Humanität** ✖ ✖ ✖ ✖ ✖
Keine Erkenntnisse.

**Transparenz** ✖ ✖ ✖ ✖ ✖
Enge Verflechtung mit dem Staat. Durch den Teil-Börsengang transparenter geworden.

# Nigel Wilson

## Legal & General

Wenn Nigel Wilson von seinem Berufsalltag erzählt, erinnert das an das Leben eines Politikers im Wahlkampf. Hier ein Auftritt auf einer Bürgerversammlung im Norden von England, dort eine Rede für den lokalen Unternehmerverband in Wales, ein paar Tage später ein Gespräch mit Stadtplanern am anderen Ende der Insel, bevor es wieder nach London zurückgeht.

Wilson reist regelmäßig durch Großbritannien, seitdem er Mitte 2012 seinen Job an der Spitze des britischen Versicherungs- und Finanzkonzerns Legal & General angetreten hat. Was wie bürgernaher Wahlkampf aussieht, ist Werbung für Wilsons Strategie: mehr Investitionen in die Erneuerung Großbritanniens, in den Bau von Häusern, in den Energiemarkt und den Gesundheitssektor – kurzum in Infrastruktur-Projekte. Sie sind auf längere Zeit angelegt und sollen helfen, langfristige Zusagen an Lebensversicherungskunden zu erfüllen. »Es braucht mehr langfristiges Denken und Handeln«, fordert Wilson, »und mehr Investitionen in Sachwerte.« Man müsse so wieder echte Jobs schaffen und echtes Wirtschaftswachstum – statt die Geldpolitik noch stärker zu lockern, wie einige Ökonomen fordern.

Legal & General (L & G) gehört zu den ältesten und größten Versicherern und Vermögensverwaltern auf der Insel, mit zuletzt knapp 750 Milliarden Pfund verwaltetem Vermögen. Die Firma ist größter Vermögensverwalter für Pensionsfonds des Landes und größter Investor am britischen Aktienmarkt. Es hat Gewicht, wenn sich L & G-Verantwortliche zu aktuellen Problemen äußern und etwa mit einer Studie die exzessive Bezahlung von Managern kritisieren.

Das Unternehmen, 1836 in einem Londoner Kaffeehaus gegründet, konzentrierte sich lange auf den britischen Markt. Doch Wilson baut das internationale Geschäft aus und hat vor allem die USA im Visier. Der Chef habe dem Unternehmen eine »Frischzellenkur« verordnet, lobt ein Fondsmanager, der Anteile an dem Versicherer hält. Innerhalb von vier Jahren, seit Wilsons Antritt als CEO, hat sich der Aktienkurs von Legal & General etwa verdoppelt, was die größten Aktionäre wie Invesco (6,8 Prozent), Blackrock (6,0 Prozent) und Capital Group (5,8 Prozent) freut. Die Eigenkapitalrendite stieg auf knapp 18 Prozent.

Wilson (geb. 17. November 1956), der nach Stationen unter anderem bei McKinsey und dem Medienkonzern UBM zu Legal & General gekommen ist, verfolgt aber noch ein anderes Ziel: Er wolle Großbritannien zu einem besseren Land machen. Das hört sich im ersten Moment abgehoben an. Doch Legal & General hat zum Beispiel jüngst ein Unternehmen gegründet, das energiesparende, »grüne« Fertighäuser produziert. »So helfen wir, den Mangel an bezahlbarem Wohnraum in Großbritannien zu lindern«, so Wilson. Und dank der hohen Nachfrage nach günstigen Immobilien profitiert gleichzeitig die Bilanz des Versicherers. Von der Regierung wolle er keinen Penny, »die Welt schwimmt im Geld«.

Insgesamt will Legal & General in den nächsten Jahren 30 Milliarden Pfund in Infrastrukturprojekte stecken. Einen Mangel an Investitionschancen sieht Wilson trotz steigender Konkurrenz nicht. »Nehmen Sie unsere Städte: Die sind marode und müssen in großem Stil erneuert werden. Wir haben in den vergangenen Jahren in den Städten nicht zu viel gebaut, wir haben viel zu wenig abgerissen.« Kritik übt er an der Politik auf nationaler Ebene: Oft liege es »an unklaren gesetzlichen Rahmenbedingungen, dass wir nicht so gut vorankommen, wie wir wollen – zum Beispiel bei der Energie und Wasserversorgung. In den vergangenen 15 Jahren hatte Großbritannien zu viele Energieminister und zu viele Politikänderungen.« Auf lokaler Ebene, wenn es um den Bau neuer Krankenhäuser oder Wohnviertel gehe, seien die Bedingungen häufig viel besser. Die Einstellung der Menschen und die Lokalpolitik habe sich deutlich verändert, schwärmt Wilson. Nun dominiere nicht mehr die Position »Not in my backyard« (Nicht in meinem Hinterhof), sondern die Leute wollten Innovation: »Please in my backyard.«

**Nachhaltigkeit** ✗✗✗✗✗
Vorbildliche Umweltorientierung. Legal & General sieht in der grünen Revolution neue Geschäftschancen.

**Unbestechlichkeit** ✗✗✗▨▨
Ausführlicher Ethik-Code.

**Steuerehrlichkeit** ✗✗✗▨▨
Keine Auffälligkeiten.

**Humanität** ✗✗✗✗▨
Arbeitet mit dem www.responsible100.com-Netzwerk der NGOs zusammen.

**Transparenz** ✗✗✗▨▨
Im Geschäftsbericht 2016 war das Jahresgehalt des CEO zunächst fälschlicherweise mit nur 4,7 Millionen Pfund angegeben. Es beträgt aber – inklusive aktueller Aktienoptionen – 5,5 Millionen Pfund.

# TEIL 2

## DAS KAPITAL UND SEINE MÄRKTE

# AUTOMOBILE

\* siehe Kapitel »Familien«

| | | Gründung | Land | Umsatz in Mrd. US$, 2015 | Ausgelieferte Fahrzeuge in Mio., 2015 | Größte Anteilseigner |
|---|---|---|---|---|---|---|
| 1 | **Toyota Motors** Akio Toyoda | 1937 | Japan | 249 | 10,2 | Toyota Group: 17,7% Sumitomo Mitsui Trust Holding: 11 Fam. Toyoda: 2% |
| 2 | **VW** Ferdinand Piëch / Wolfgang Porsche | 1937 | D | 236,8 | 9,9 | Fam. Porsche/Piëch: 52,2% Land Niedersachsen: 20,3% Qatar Investment Fonds: 17% |
| 3 | **Daimler** Dieter Zetsche | 1883 | D | 165,9 | 2,8 | Kuwait: 6,8% Blackrock: 5,2% Renault/Nissan: 3,1% |
| 4 | **General Motors** Mary Barra | 1908 | USA | 152,4 | 9,9* | UAW Retiree Medical Benefits: 9,1 Vanguard: 5,6% Harris Associates: 5,1% |
| 5 | **Renault/Nissan** Carlos Ghosn | 1933 | Japan/ F | 151,9 | 8,5 | Staat Frankreich: 19,7% Nissan: 15% Capital Group: 4,9% |
| 6 | **Ford** William Clay Ford jr. | 1903 | USA | 149,6 | 6,6 | Fam. Ford: 40% (der Stimmrechte Vanguard: 5,9% Evercore Trust Company: 5,6% |
| 7 | **Fiat Chrysler** John Elkann | 1899/ 1925 | Italien/ USA | 122,8 | 4,7 | Exor: 29,2% (Fam. Agnelli) Harris Associates: 5% Vanguard: 2,4% |
| 8 | **Honda** Takahiro Hachigo | 1948 | Japan | 115,6 | 4,6 | Government Pension Investment Fund: 7,1 % Mitsubishi UFJ Financial: 6,9% State Street: 6,3% |
| 9 | **BMW** Stefan Quandt | 1916 | D | 102,3 | 2,3 | Familie Quandt: 43% (davon Stefan Quandt 24%, Susanne Klatten 19%) Blackrock:3,2% Norges Invest: 3% |
| 10 | **SAIC** Chen Hong | 1955 | China | 105,8 | 2,0 | Staat China: 74,3% Yuejin Motor Corp: 3,8% |
| 11 | **Hyundai** Chung Mong-koo | 1967 | Süd- korea | 81,3 | 7,8** | Hyndai Mobil: 20,8% National Pension Service: 7% Chung Mong-koo: 5,2% |
| 12 | **PSA Peugeot Citroën** Carlos Tavares | 1810 | F | 60,7 | 3,0 | Staat Frankreich: 13,7% Dongfeng Motor: 13,7% Fam. Peugeot: 13,7% |

*inkl. SAIC Joint Venture
**inkl. Kia

## Akio Toyoda
### Toyota Motors

Akio Toyodas liebste Freizeitbekleidung ist der Rennanzug. Wann immer der Zeitplan es erlaubt, nimmt er mit Wagen seines Autobauers Toyota an Rennen teil. Den Supersportwagen Lexus LFA steuerte er unter seinem Rennfahrerpseudonym »Morizo Kinoshita« schon häufiger über den Nürburgring, Toyotas erstes großserientaugliches Brennstoffzellenauto »Mirai« dirigierte er persönlich über einen Rallykurs nahe dem Hauptquartier des Konzerns in Nagoya.

Toyoda sagt Sachen, die man selten hört im weltweit größten Konzern der Automobilindustrie, der 249 Milliarden Dollar umsetzt und 2015 fast 10,5 Millionen Autos baute. In einer Zeit, da Steueroptimierung global in Vorstandsetagen zum guten Ton gehört, freute er sich 2014 als Staatsbürger darüber, dass Toyota nach Jahren der Verluste daheim wieder schwarze Zahlen schrieb: Nun könne der Konzern endlich wieder Steuern zahlen und damit zur Gesellschaft beitragen. Und im Dezember 2011 sagte er auf der Tokyo Motor Show etwas, das man von ihm auch nicht erwartet hatte: »Wenn's keinen Spaß macht, ist es kein Auto!«

Tatsächlich ist es in den vergangenen Jahren fast nur noch bergauf gegangen, wenn man einmal von dem Dämpfer durch das Mega-Erdbeben 2011 absieht. Von 2013 an durchstieß Toyota als erster Hersteller die Marke von zehn Millionen verkauften Autos im Jahr und lieferte drei Jahre in Folge Bilanzrekorde. Toyoda gilt auf einmal als Erneuerer des Konzerns, als Visionär in der Autoindustrie. Ein ausländischer Zulieferer in Japan nannte ihn den kommenden »Steve Jobs der Autoindustrie«; das britische Automagazin »Autocar« wählte ihn 2012 zum Automanager des Jahres. Gleichzeitig gilt er als Wahrer der Familientradition, nachdem 14 Jahre lang externe Manager den Autoriesen geführt hatten. Die Gründerfamilie der Toyodas besitzt zwar nur rund zwei Prozent der Aktien, in personellen Fragen hat sie aber ein entscheidendes Wort mitzureden.

Bei Akio Toyodas Amtsantritt sah es allerdings nicht unbedingt danach aus, dass er die großen Schuhe seiner Vorfahren würde ausfüllen können. Der Konzernchef (geb. am 3. Mai 1956) ist ein Urenkel der japanischen Unternehmerlegende Sakichi Toyoda. Der hatte 1890 mit der Erfindung von Webstühlen den Grundstein für das Unternehmen gelegt, aus dem 1937 Toyota Motors hervorging.

Der leicht veränderte Name sollte den Gründern die Trennung von Job und Privatleben erleichtern. Gründer und erster Chef war Toyodas Großvater Kiichiro. Toyodas Vater Shoichiro wiederum leitete die Firma von 1982 bis 1992; er ist heute noch Ehrenvorsitzender und größter Anteilseigner innerhalb der Familie. Sein Sohn machte einen MBA am amerikanischen Babson College in Boston und arbeitete zwei Jahre bei einer US-Investmentbank. Von 1984 an machte Akio dann im Schnellverfahren Karriere bei Toyota. Ein Schlüsselerlebnis war der Kontakt mit dem Testfahrer Hiromu Naruse, der den Thronerben unverblümt aufforderte, gefälligst selbst hinter dem Steuer Platz zu nehmen, wenn er ein Autofan sein wolle. »Toyoda tauschte damals den Golfschläger mit dem Steuerrad«, erinnert sich ein Weggefährte des CEOs.

2000 erreichte Akio Toyoda den Vorstand und war zuständig für die IT-Entwicklung. 2005 wurde er Vizepräsident und 2009 CEO – auf dem Höhepunkt der schwersten Krise der Unternehmensgeschichte. Die Order: das Unternehmen zu sanieren. Zu Beginn erschien er unerfahren und medienscheu. Aber nach einer Feuertaufe, dem in den USA ausgelösten, bis dato größten Rückruf der Autoindustrie (wegen angeblich klemmender Gaspedale), übernahm er nach innen und außen die Führung. Er forderte die Organisation auf, emotionalere Autos zu bauen. Darüber hinaus will er durch den Aufbau eines extrem flexiblen Fabriksystems verhindern, dass sein Konzern wie in der Weltfinanzkrise von 2008 kalt erwischt wird. Damals stürzte Toyota binnen Jahresfrist von einem Rekordgewinn tief in die Verlustzone. 20 Milliarden Euro lagen zwischen Spitze und Tal. Schließlich versucht der Vorstandschef, Toyotas riesige, bürokratische Organisation auf das Tempo des Internetzeitalters und den bevorstehenden Umbruch in der Autoindustrie vorzubereiten.

Eine seiner ersten Maßnahmen war, Vorstandsmitgliedern das Wort »wir« zu verbieten. Anstatt sich hinter dem Kollektiv zu verstecken, sollten sie »ich« sagen und damit Verantwortung übernehmen. Im April 2016 folgte ein weiterer Schritt: die Aufgliederung des Unternehmens in sieben konzerninterne Firmen. Sie sollen schneller auf Veränderungen an den Märkten reagieren und damit »bessere Autos« bauen können. Bei allen Entscheidungen sucht der Konzern zudem den Ausgleich der verschiedenen Stakeholder.

Toyota sieht sich als ein Unternehmen, das zur Verbesserung der Gesellschaften, in denen es aktiv ist, beitragen will. Zum Konzern gehören auch die Kleinwagen von Daihatsu sowie die Lkw und Busse von Hino Motors. Mit 16,6 Prozent ist Toyota am Unternehmen Fuji Heavy Industries beteiligt, das Subaru-Autos baut und 2017 kurz und bündig Subaru heißen wird. Am Hersteller Isuzu gehören Toyota wiederum fast sechs Prozent. Und schließlich baut der Konzern seit 1975 auch noch Häuser. Toyota Houses liefert das energiefreundliche Eigenheim schlüsselfertig in einigen Monaten.

Die heimische Produktionskapazität von drei Millionen Autos will Toyota unter allen Umständen verteidigen. Nur so könne das Netz an Zulieferern und damit auch die Innovationskraft des Standorts Japan erhalten werden. In der Krise strich der Vorstand zuerst seine ohnehin im globalen Maßstab bescheidenen Gehälter. Inzwischen können sich auch die Aktionäre kaum mehr beklagen: 30 Prozent des Reingewinns zahlt das Unternehmen generell als Dividende aus. 2015 wurden – inklusive von Aktienrückkäufen – sogar 55 Prozent des Reingewinns an die Aktionäre weitergegeben.

Doch vor allem denkt Toyoda an das Unternehmen: Er investiert derzeit massiv in die Zukunft, neue Antriebe, selbstfahrende Autos, neue Fabriken. Auch sucht er die Nähe zu Internetkonzernen wie Salesforce.com und experimentiert mit sozialen Netzwerken fürs Auto. 2015 entstand das Toyota Research Institute in den USA. Es soll künstliche Intelligenz erforschen und in Produkte umsetzen – und zwar nicht nur für das Auto, sondern für alle Lebens- und Arbeitsbereiche. Akio Toyoda verglich die Bedeutung des Instituts mit nichts weniger als der Gründung der Autosparte durch seinen Urgroßvater. Er wolle dafür sorgen, dass Toyota auch eine Zukunft jenseits der Autoindustrie hat. Eine Robotersparte hält der Konzern sich schon seit zehn Jahren.

### Nachhaltigkeit ✗✗✗✗✗
Starke ethische Fundierung und Umweltorientierung. »Green Wave Project« gestartet.

### Unbestechlichkeit ✗✗✗✗✗
Seit 2012 neue Richtlinie, um Korruption total zu vermeiden. Ein chinesischer Offizieller und sein Sohn nahmen im Zusammenhang mit Toyota-Vertriebsaktivitäten Bestechungsgelder. Der verantwortliche Manager einer Zulieferertochter von Toyota wurde verhaftet.

### Steuerehrlichkeit ✗✗✗✗✗
Keine Steuervermeidung bekannt. Im Gegenteil: Toyota ist stolz, Steuern zu zahlen.

### Humanität ✗✗✗✗✗
Der Konzern wurde jahrelang durch eine Unfallserie und Klagewelle in den USA belastet. Der US-Staat verhängte 2014 eine Strafe über 1,2 Milliarden Dollar. Es sei eine »Schande«, dass Toyota zunächst versucht hatte, die Probleme zu verschweigen. Immer wieder gab es Probleme mit Unterbezahlung und Überstundenleistung von Arbeitern. In Indien streikten deshalb Mitarbeiter – und Toyota wollte, dass jeder eine Garantieerklärung unterscheibt, sich gut zu benehmen.

### Transparenz ✗✗✗✗✗
Der Konzern erreicht in der Produktion ein hohes Maß an Transparenz, inklusive der Lieferkette. Breite Darstellung der Aktivitäten und der Finanzergebnisse.

## Ferdinand Piëch / Wolfgang Porsche
### VW

In der Theorie ist ein Ankeraktionär eine feine Sache. Er gibt einer Firma Stabilität und Halt. Diese Rolle kann eine Familie, eine Stiftung, der Staat oder eine Investorengemeinschaft ausüben. Aber jede Theorie ist nur so gut wie die Praxis, in der sie sich bewähren muss. Anders gesagt: Sie ist nur so gut wie die Menschen, die sie tragen sollen. Damit ist man beim Volkswagen-Konzern im niedersächsischen Wolfsburg angelangt, dem größten europäischen Industrieunternehmen mit mehr als 200 Milliarden Euro Umsatz und 600.000 Mitarbeitern. Im Zentrum dort stehen immer stärker die Nachkommen des böhmischen Automobiltüftlers und »Käfer«-Erfinders Ferdinand Porsche, der von 1937 an unter dem Schutzschirm der Nationalsozialisten die verordnete »Volksmotorisierung« auf dem flachen Land vollenden durfte – mit einem Automobilwerk.

Unter den sechs noch lebenden Enkeln Porsches gaben über viele Jahre Ferdinand Piëch (geb. 17. April 1937) und Wolfgang Porsche (geb. 10. Mai 1943) den Ton an, zwei Clanführer, die sich in ihrer Rolle zunehmend gefordert und überfordert fühlen müssen – im gleißenden Licht einer kritischen Öffentlichkeit, die schöne oder preisgünstige Autos schätzt, aber auch funktionierende, skandalfreie Unternehmen, kurzum: die Abwesenheit von Chaos.

»Die Familie hat heute eine größere Verpflichtung denn je«, bekannte Wolfgang Porsche (»Wopo«) im Frühjahr 2013: »Wir reden schließlich nicht mehr von der kleinen Porsche AG mit 10.000 Beschäftigten, sondern von einem Konzern. Dafür tragen wir Verantwortung. Deshalb müssen wir an einem Strang ziehen.« Starke Worte, goldene Worte. Nur: Sie stammen aus einer Zeit, als alles friedlich war. Als noch nicht die größte Krise seines Enkellebens über die VW-Familie hereingebrochen war, mit einem gnadenlosen Machtkampf an der Spitze und unter den Eigentümern (April 2015). Als noch nicht die riesige Affäre um systematisch gefälschte Abgaswerte aufkam, die größer ist als der Siemens-Korruptionsskandal und für die sich das Wort »Dieselgate« in die Berichterstattung einschlich wie die Betrugssoftware (»Cheat Devices«) in all die Audis, Porsches, VWs, Seats und Skodas des Konzerns (September 2015). Als schließlich sich noch nicht Rechtsstreitigkeiten schlimmster Art um die »Dieselgate«-Schadensregulierung abzeichneten, deren Höhe auch ein elefantöses Unternehmen gefährden kann (Ende offen).

Das Geld der Porsches und Piëchs steckt in diesem Unternehmen, dessen Börsenwert sich von 120 Milliarden Euro im März 2015 auf 60 Milliarden Mitte 2016 halbiert hat – und das skandalbedingt für 2015 einen Verlust von 1,4 Milliarden Euro meldete und für 2016 wenig Besseres zu erwarten hatte. Die Talfahrt schlägt voll durch auf den Clan, der 52,2 Prozent der Stimmrechte kontrolliert und der 2014 noch eine halbe Milliarde Euro Dividende eingestrichen hat. Es herrscht der Zustand fortgesetzter Alarmbereitschaft unter 34 Cousins und Cousinen der vierten Generation, die angesichts des hohen Alters der Noch-Clanführer bald schon Macht übernehmen müssten. Doch es gibt weder einen detaillierten Plan noch einen strahlend-starken Repräsentanten. Es gab nur mit den Dokumentationsarbeiten der Kanzlei Jones Day immer mehr VW-Manager, deren Job aufgrund von »Dieselgate« in Gefahr geriet.

Ferdinand Piëch

»Die erste Generation baut auf, die zweite erhält, meine Generation ist die dritte. Und die ruiniert normalerweise«, äußerte Ferdinand Piëch vor ein paar Jahren spaßhaft auf dem Automobilsalon in Paris. Es war seine Variation des Buddenbrooks-Themas vom Verfall einer Familie. Den geordneten Generationenwechsel jedenfalls hat man in Deutschlands mächtigster Wirtschaftsfamilie, die die österreichische Staatsangehörigkeit liebt, genauso verpasst wie den Wechsel am Steuer des Konzerns, den frühzeitigen Einsatz eines 50-Jährigen.

Wolfgang Porsche

Es lief ja alles wie geölt. Das System war getrimmt auf Größe, auf das Ziel, spätestens 2018 die meisten Autos der Welt zu produzieren. Im Rausch der Benzindüfte legte man sich eine Marke nach der anderen zu: die Trucks von MAN und Scania, die Motorräder von Ducati, und liebend gern hätte man auch noch Alfa-Romeo vom italienischen Fiat-Konzern übernommen. Am Ende waren es zwölf Marken. Und es war Ferdinand Piëch, der die Gänge hochschaltete nach Belieben, der geniale Ingenieur, der einst bei Porsche in Stuttgart-Zuffenhausen im Management gearbeitet hatte und in der Familienfirma nicht richtig Karriere machen konnte, weil das eine Familienvereinbarung nicht hergab. Der dann Audi in Ingolstadt als Vorstandschef (1988–1993) rettete und dort eine sportive Klientel ansprach. Der schließlich erst als Vorstandschef (1993–2002), dann als Aufsichtsratsvorsitzender den Großkonzern Volkswagen dirigierte, anfangs als Brachialsanierer, der von Opel den berüchtigten Kostendrücker José Ignacio Lopéz loseiste. In Piëchs Gefolge stieg Martin Winterkorn (geb. 24. Mai 1947) auf, ebenfalls ein hochbegabter Ingenieur, der auch erst bei Audi, dann bei VW Vorstandschef war.

Der Männerpakt des Eigentümers und seines leitenden, auch leidenden Angestellten, des Herrn und seines obersten Knechts, sorgte für Dynamik und Disziplin. Winterkorn reiste mit kritischem Blick auf Motoren und Fugenmaß durch sein Reich, und die Mannschaft spurte. Irgendwelche Führungs-Nachfolgemodelle wurden in die Zukunft verschoben. Das ging bis zum 10. April 2015 gut. An diesem Tag machte einer dieser Piëch-Fallbeil-Sätze die Runde, gereicht dem »Spiegel« in Hamburg: »Ich bin auf Distanz zu Winterkorn.« Sechs Worte des damaligen Aufsichtsratschefs über den damaligen Vorstandschef, die eine Entfremdung im Herr-Knecht-Verhältnis offenbarten. Piëch hatte ganz offenbar seine eigene Zukunftslösung im Sinn. Sie sah für die kommenden Jahre im Aufsichtsrat nicht – wie es die anderen wollten – den treuen Martin Winterkorn in führender Rolle vor, sondern vielmehr ganz offenbar die eigene Ehefrau Ursula (geb. 19. Mai 1956). Sie war bereits 2012 in den VW-Aufsichtsrat eingerückt und saß in vielen Kontrollgremien anderer VW-Firmen. Die Eheleute haben für ihr Erbe Stiftungen organisiert. Als Nachlassverwalter tritt dabei der langjährige Audi-Chef Rupert Stadler auf, einer ihrer Angestellten.

Wenn die Eheleute Piëch im Vorfeld der Hauptversammlung durch die Hallen gingen und die dort vor den Aktionären ausgestellten neuen Fahrzeugtypen inspizierten, wirkte das stets so, als betrachte ein Fürstenpaar die Geschenke seiner Landeskinder. Das Problem: Ferdinand und »Uschi« Piëch halten zwar ein großes Aktienpaket, sie haben aber keinesfalls das Sagen. Sie müssen sich vielmehr mit dem eigenen Stamm der Piëchs und dem zweiten Stamm der Porsches arrangieren – und dann auch noch einen Konsens im Aufsichtsrat finden, wo die Familie nicht einmal die Mehrheit der Mitglieder stellt. Beide Hürden überwand das Ehepaar bei seiner Anti-Winterkorn-Aktion nicht. So traten beide »mit sofortiger Wirkung« im Kontrollgremium zurück.

Komplizierte Verhältnisse. VW ist eben ein Familienunternehmen und doch auch keins. Es ist auch ein bisschen Staatsunternehmen, das dem Land Niedersachsen 20 Prozent der Anteile und ein paar wichtige Sonderrechte gewährt – was zu einer eisernen Allianz zwischen der Politik und den VW-Arbeitnehmern in Gestalt der Industriegewerkschaft Metall führt; beide wollen statt Gewinnmaximierung Jobmaximierung. VW ist also auch ein bisschen Gewerkschaftsunternehmen. Und VW ist schließlich auch ein Börsenunternehmen, seit Wirtschaftsminister Ludwig Erhard 1961 für 360 Millionen D-Mark Aktien von Volkswagen ans Volk gab. Doch mit der Zeit kamen keine Bürger, sondern internationale Kapitalgruppen, die auf Einhaltung bestimmter Spielregeln drängen und weder Lust auf patriarchalische Alleingänge noch auf Gewerkschaftsmacht haben. Darauf machte im VW-Aufsichtsrat Akbar Al-Baker sehr grundsätzlich aufmerksam; er saß dort zwischenzeitlich für den katarischen Staatsfonds, bis ihn die Ingenieurin Hessa Al-Jaber ersetzte, die Informationsministerin des Landes. Der Wüstenstaat hält 17 Prozent der Stammaktien, mit denen Stimmrechte verbunden sind. An den Vorzugs- und Stammaktien wiederum ist der norwegische Staatsfonds mit insgesamt 1,6 Prozent beteiligt, was die Vertreter von Norges Invest nicht davon abhält, heftig Kritik am Wolfsburger Kapitalismus zu üben. Die vielen Klagen und Sammelklagen von insgesamt Zehntausenden Aktionären wegen »Dieselgate« sollen in einem Musterverfahren vor dem Oberlandesgericht Braunschweig geklärt werden. Es geht um Vermögensverluste und Schadensersatz, weil in der Abgas-Affäre der Kurs einbrach und das Management womöglich große Fehler gemacht hat und zu spät informierte. Es klagen unter anderem Blackrock, Norges Invest, eine Tochter der Allianz, der Sparkassenfonds und das Land Bayern, weil der Pensionsfonds der bayerischen Beamten einen Schaden in Höhe von maximal 700.000 Euro erlitten habe. Niedersachsen allerdings wollte von einer eigenen Klage nichts wissen; Ministerpräsident Stephan Weil sitzt ja im VW-Aufsichtsrat.

Denn natürlich verhalten sich die Stämme Piëch und Porsche so, als ob ihnen das Unternehmen gehört. Jahrelanger Abgasbetrug? Milliardenrisiken? Existenzgefahr? Im Topmanagement dürfen einfach jene weitermachen, die immer schon da waren und die als Vertraute der Familie gelten: Matthias Müller (geb. 9. Juni 1953), vom Porsche-Chef zum VW-Vorstandschef aufgestiegen, sowie Hans Dieter Pötsch (28. März 1951), vom Finanzchef zum Aufsichtsratsvorsitzenden erhoben gegen Zusicherung von 20 Millionen Euro Handgeld für den Wechsel. Als Finanzvorstand hatte er womöglich schon am 3. September 2015 darüber Kenntnis, dass VW die Vorwürfe der US-Umweltbehörden akzeptiert und somit sogar die Zulassung in den USA in Gefahr geriet, doch erst am 22. September 2015 ging die Ad-hoc-Mitteilung dazu heraus, vier Tage nach einer Mitteilung der US-Behörden. Wo ein Externer mit Kraft das Affären-Chaos ordnen und einen Neuanfang wagen könnte, greift im Hause Porsche-Piëch das Konzept des Unter-uns-Bleibens und des Auf-Zeit-Spielens. Das ist der kleinste Konsens einer in sich zerstrittenen Familie. So scheiterte der Plan der von Daimler geholten Compliance-Vorstandsfrau Christine Hohmann-Dennhardt, den früheren FBI-Chef Louis Freeh als Ermittler auftreten zu lassen.

Die Macht der Dynastie ist in der börsennotierten Porsche Automobil Holding SE konzentriert. Dieses Finanzvehikel hält die Anteile der Familie an VW in Höhe von 52,2 Prozent, seitdem eine Übernahmeschlacht um die Macht in Wolfsburg mit dem Rückzug des seinerzeitigen Porsche-Vorstandschefs Wendelin Wiedeking endete. Wer im Aufsichtsrat der Porsche SE sitzt, hat wirklich etwas zu melden. Neben Betriebsräten agiert hier Ex-Henkel-Chef Ulrich Lehner, der als gewiefter Strippenzieher die Probleme der Familie ausgleichen soll; außerdem der Jurist und Beteiligungsmanager Ferdinand Oliver Porsche, ein Enkel von Ferry Porsche, dem Gründer des Sportwagenbauers. Und natürlich fuhrwerken hier wie ehedem Wolfgang Porsche und Ferdinand Piëch. Auf der Aufsichtsratssitzung im

Juni 2016 war der Ex-Chef dabei, als eine Halbierung der Dividende beschlossen wurde. Der Vorstand unter Hans Dieter Pötsch (dem VW-Chefaufseher) hatte eine Reduzierung auf ein Zehntel vorgeschlagen, weil VW in der Krise ja weniger ausschütte. Doch so wurden es 308 Millionen Euro statt 17 Millionen, und die Familie konnte sich über 155 Millionen freuen.

Die Porsche Automobil Holding SE funktioniert mit ihren 32 Mitarbeitern wie ein Family Office, das jedoch nur eine Beteiligung hat. Von unabhängiger Arbeit kann bei einem wie dem Juristen Manfred Döss kaum die Rede sein: Er ist gleichzeitig im Vorstand von Porsche SE für Recht und Compliance zuständig und leitet das Rechtswesen des VW-Konzerns. »Wem fühlen Sie sich mehr verpflichtet: den österreichischen Oligarchen, der Porsche SE oder der Volkswagen AG?«, fragte ein unabhängiger Aktionär auf der Hauptversammlung. Die Familie hält übrigens noch 2,37 Prozent der VW-Aktien direkt; zwei Prozent davon sind Teil der Belegschaftsstiftung.

Porsche, das war nach dem Zweiten Weltkrieg die Keimzelle für den Wiederaufstieg der Familie, die sich zuvor im Inferno auf das »Schüttgut« im österreichischen Zell am See zurückgezogen hatte. Hier trifft sich die Familie am 3. September, des Gründers Geburtstag. Ein historischer Platz: Ferdinands Porsches Schwiegersohn Anton Piëch, der Werksleiter in Wolfsburg, war 1945 mit internen Unterlagen und der Firmenkasse angereist. Das war eine Basis für den Neuanfang. Im Herbst 1948 schlossen Vertreter der Dynastie dann mit VW-Generaldirektor Heinrich Nordhoff den »Vertrag von Bad Reichenhall«: Er räumte den Porsches einen finanziellen Anteil am Bruttoverkaufspreis jedes verkauften VW-Käfers ein, sprach ihnen den exklusiven Vertrieb von VW in Österreich zu (lange Zeit ein hochprofitables Geschäft) und gewährte das Recht, aus VW-Bauteilen den »Porsche 356« zu konstruieren. Das geschah dann in Stuttgart durch »Ferry« Porsche, den Sohn des »Käfer«-Gründers.

Und nun? Kann die Familie den Krisenkonzern retten? Oder zieht sie ihn weiter herunter? Wer kann in der vierten Generation Zeichen setzen? Viele Charaktere und Neigungen sind vertreten. Da ist der Mann, den sie »Nando« nennen, weil sein voller Name Ferdinand Piëch in diesen Kreisen so oft vorkommt. Nando gehört zu den größten Immobilienentwicklern in Stuttgart und besitzt den Feinkosthandel Böhm (Umsatz 2015: 8 Millionen Euro, 160 Mitarbeiter). Da ist Stefan Piëch, der das börsennotierte Medienunternehmen Your Familiy Entertainment führt, das mit Filmen (»Fix & Foxi«), Lizenzen und Produkten für Kinder handelt. Da sind der Unternehmensberater Florian Piëch und der Beteiligungsmanager Oliver Porsche, der 2011 die Schweizer Uhrenfirma Eterna an chinesische Investoren verkauft hat. Da ist Anton (»Toni«) Piëch, der in Peking als Journalist gearbeitet und etwa eine zwölfteilige Dokumentation über Daimler angefertigt hat, inzwischen aber seine Piëch Design AG am Wohnsitz Zürich promotet, die Autos entwirft. Da ist vor allem Peter Daniell Porsche, ein Waldorf-Schüler, der eine Schule in Salzburg aufgebaut hatte, ein Restaurant betreibt und 2012 ein Buch mit dem programmatischen Titel publizierte: »Es gibt noch mehr im Leben als Autos bauen.« Eines allerdings baute er dann doch selbst, einen elektrischen Skoda, den sie im Werk ausgiebig testeten. Daniell Porsche sitzt im Aufsichtsrat von Skoda, im Kuratorium der VW-Belegschaftsstiftung und im Beirat bei Porsche Design. Er wird einmal mit zwölf Prozent der Aktien größter Einzelaktionär sein, wenn ihm sein Vater Hans-Peter (der auch im Aufsichtsrat der Porsche SE sitzt) wie geplant bis 2020 die Aktien überträgt. Ansonsten betätigt sich das Einzelkind über die Holding PDP als Beteiligungsunternehmer: 70 Millionen Euro stecken in Unternehmen, die sozialen Nutzen stiften, also beispielsweise in einer Gesundheits-App oder in der Abfallwirtschaft.

Wer wird noch eine größere Rolle spielen? Louise Dorothee Kießling womöglich, die schon im VW-Aufsichtsrat sitzt? Sie ist die Tochter der verstorbenen Gründerenkelin Louise Daxer-Piëch. Oder Julia Kuhn-Piëch, die über MAN wacht und ein gutes Jahr auch VW beaufsichtigte, ehe sie Platz machen musste für den in der Not eingewechselten Finanzconsigliere Pötsch? Ihr Onkel Ferdinand Piëch, der Herrscher von gestern, hat die Nichten bei der Gelegenheit quasi als Nulllösungen bezeichnet. Und was ist mit Gregor Piëch, dem jüngsten Sohn von Ferdinand und Ursula, der ihr immer so schön die Unterlagen für Aufsichtsratssitzungen aufbereitet hat?

Streit kann in dieser Großfamilie jederzeit ausbrechen, auch wenn Wolfgang Porsche versucht, wie ein guter Mediator zu besänftigen. Alle haben den »Ernst-Fall« im Kopf, den Krach mit Ernst Piëch, dem einstigen Chef der Porsche-Holding, der Anfang der 1980er Jahre an einen arabischen Investor verkaufen wollte. Das wurde für den Rest der Familien teuer. Ein Konsortialvertrag regelt, dass solche Aktien erst intern angedient werden müssen.

Über die internen Vorkommnisse bekommen die Urenkel des Gründers Porsche nicht viel mit. Das meiste erfahren sie nicht aus erster Hand, sondern aus der Zeitung. Die Familie lebt rund um Stuttgart oder rund um das »Schüttgut« im Salzburger Land, hier, wo dem Clan so vieles gehört: das Schlosshotel Prielau am See, mehrere Almen (»Porschealm«), der Flugplatz, Bergbahnen, die Schifffahrtslinie. Porsche-Land. Doch es kommt keine Ruhe in Porsche-Land, weil Klage auf Klage in Sachen »Dieselgate« folgt. Die Staatsanwaltschaft Braunschweig ermittelt, die Finanzaufsichtsbehörde BaFin hat den gesamten alten VW-Vorstand angezeigt, Müller und Pötsch inklusive. Zwar hat sich VW mit US-Behörden geeinigt, 10,2 Milliarden Dollar Schadenersatz zu zahlen. Doch viele Fragen sind offen. Der New Yorker Generalstaatsanwalt Eric Schneiderman belangt mit den Staatsanwälten der US-Bundesstaaten Maryland und Massachusetts den VW-Konzern zivilrechtlich wegen Betrugs: »Keiner Firma sollte erlaubt sein, unsere Umweltgesetze zu umgehen oder unseren Verbrauchern falsche Produkteigenschaften zu verkaufen.«

Das alles müsste den Stolz einer Familienfirma schmerzlich treffen, die Verantwortung großschreibt. Von Monat zu Monat wurde unsicherer, ob der Konzern in seiner Struktur bestehen bleiben kann. Oder ob nicht die Holding für Nutzfahrzeuge vom Gesamtkonzern abzutrennen und separat an der Börse zu führen ist. Ob nicht das Massengeschäft von VW in Wolfsburg in einer gemeinsamen Firma mit chinesischen Teilhabern gut aufgehoben wäre, da ein guter Teil des vergangenen VW-Booms ja ohnehin auf Absatzzuwächse im Reich der Mitte zurückzuführen war. Und ob schließlich nicht Audi und Porsche ihr Glück als Premiumanbieter gemeinsam suchen sollten. Solche Szenarien sind in Wolfsburg schon durchgespielt worden. Was immer passiert, Wolfgang Porsche bleibt ein Mann ohne Fortüne, aber mit Ansprüchen: »Wir sind keine Finanzinvestoren, wir denken in Generationen.«

**Nachhaltigkeit** ✖ ✖ ⊠ ⊠ ⊠
Schwere Umweltschäden durch zu hohen Ausstoß von Stickoxid und Kohlendioxid der Autos des VW-Konzerns. Erst sehr späte Initiativen bei Elektromobilität.

**Unbestechlichkeit** ✖ ✖ ⊠ ⊠ ⊠
2005 kam heraus, dass Betriebsräte Prostituierten-Dienstleistungen mit Wissen des Vorstands abrechneten. Seitdem schärfere Richtlinien und Kontrollen. Im Oktober 2014 musste VW zwei Millionen Euro Bußgeld zahlen, weil der Konzern zu eng mit dem eigenen Fußballklub VfL Wolfsburg kooperierte. VW führte demnach 2010 einen Dienstleistungsvertrag mit T-Systems erst fort, nachdem die Telekom-Tochter avisiert hatte, einen Sponsorenvertrag mit dem VfL zu verlängern.

**Steuerehrlichkeit** ✖ ✖ ⊠ ⊠ ⊠
Wegen des Abgasskandals müssen Kfz-Steuern für die viel umweltschädlicheren Fahrzeuge nachgezahlt werden. VW will das übernehmen. Auch wegen Steuerbetrugs ermittelt die Staatsanwaltschaft.

**Humanität** ✖ ✖ ✖ ⊠ ⊠
Starke Teilhabe der Arbeitnehmer, deren Betriebsratchef als Co-Manager auftritt.

**Transparenz** ✖ ✖ ⊠ ⊠ ⊠
Die Vorgänge in der Eigentümerfamilie sind extrem intransparent. Der politische Einfluss durch Parteien und Gewerkschaften liegt ebenfalls nicht offen. Aufgrund vieler interner Verrechnungen sind die genauen Gewinne einzelner Marken schwer zu ermitteln.

# Dieter Zetsche
## Daimler

Die Chuzpe muss man erst einmal haben. Mit
Mühe hatte Daimler gerade erst die Finanzkrise
überstanden. Die Rendite war im Keller, die
Stimmung mies. Doch einer machte im Sommer 2010 in Optimismus. »Die beste Zeit des
Autos«, sagte der Chef Dieter Zetsche, »kommt
erst noch.« Er sollte recht behalten. Abgesehen
von dem Dieselskandal, der vor allem Volkswagen betrifft, ist die Stimmung im Sommer 2016
besser denn je. Und Daimler führt das Feld wieder an: Keiner verkauft mehr Autos in der Ober-
klasse, keiner baut weltweit mehr Lastwagen.

Galt das Unternehmen noch vor wenigen Jahren als Sanierungsfall, als Speku-
lationsziel von Hedgefonds und Heuschrecken, so ist es heute der Schrittmacher
einer Branche, die mit Elektro-Antrieben und selbstfahrenden Autos den Verkehr neu erfinden will. Dabei will der Stuttgarter Konzern selbst mit einer eigenen
Marke für Elektroautos glänzen. Immer vorneweg: Dieter Zetsche.

Der Mann mit dem markanten Schnauzbart hat alle Höhen und Tiefen mitgemacht. Er war dabei, als der CEO Edzard Reuter den integrierten Technologiekonzern schaffen wollte und sehr stark in Rüstungsfirmen investierte. Er war
ein führender Gestalter der »Welt AG« des Reuter-Nachfolgers Dieter Schrempp,
der Chrysler in den USA kaufte und sich an Mitsubishi in Japan beteiligte. Die
Auswirkungen solcher Strategien spüren die Chefs in Stuttgart stets stark – der
Autobauer ist den internationalen Kapitalmärkten voll ausgesetzt. Anders als
Volkswagen oder BMW hat Daimler keinen Ankeraktionär, der das Unternehmen vor Angriffen schützen kann. Schutz bieten nur die Performance, gute Zahlen und eine gute Story. Und die liefert Daimler seit Jahren wieder ab. 2015 wuchs
der Umsatz um 15 Prozent auf 166 Milliarden Euro, das Konzernergebnis fast um
20 Prozent. 13,2 Milliarden Euro Gewinn machte Zetsches Firma – keine andere
Firma in Europa verdiente unter dem Strich so viel. Das lange Zeit problematische
Rüstungsgeschäft, zuletzt bei Airbus gelagert, ist an die Bundesregierung verkauft.
Die besten Zeiten, so scheint es, haben gerade begonnen.

Das sah zunächst anders aus, als Dieter Zetsche (geb. 5. Mai 1953) im Januar
2006 Daimler-Chef wurde. Als Erstes musste er einen Scherbenhaufen wegräu-
men, den er selbst mit angerichtet hatte. Chrysler, die lange von ihm geführte

US-Tochter, wird für die Stuttgarter zum Klotz am Bein. Zetsche hat Glück: Wenige Tage vor Ausbruch der Finanzkrise finden sich Finanzinvestoren, die ihm die ungeliebte Tochter aus Detroit abnehmen. Doch nun rächt sich, dass Daimler jahrelang zu wenig in das Kerngeschäft investiert hat. BMW hat Mercedes bei den Verkaufszahlen abgehängt und seine Kosten früher gesenkt. Daimler fährt hingegen ungebremst in die Finanzkrise. Dieter Zetsche kümmert sich um den Neustart. Der Vorstand zieht von der grünen Wiese in Möhringen ins Stammwerk nach Untertürkheim. Die A-Klasse entsteht mit frechem Design. Aus dem Rentnerauto mit Hochdach wird ein Verkaufsschlager, der das Mercedes-Image dreht. Mit der Erweiterung der G-Klasse schließt Daimler seine Lücken bei den Geländewagen. Spektakulär lassen die Stuttgarter eine S-Klasse autonom durchs Schwabenland fahren. Auch in Fernost kommen die Dinge wieder ins Lot: Der Zetsche-Vertraute Hubertus Troska ordnet das China-Geschäft. Daimler ist wieder eine Erfolgsgeschichte: Erst wird Audi wieder eingeholt, dann BMW.

Neue Allianzen entstehen: Mit Renault/Nissan schließt man eine vielversprechende Produktions- und Entwicklungspartnerschaft, auch wenn die Zweckehe mit einem Fehlstart beginnt. Als der von Renault produzierte Kleinlaster Citan im Crashtest durchfällt, steht Zetsche in der Kritik. Doch unter dem Strich profitiert Daimler von den Milliardeneinsparungen, die sich aus der Partnerschaft mit den Franzosen ziehen lassen. Vor allem die japanische Renault-Tochter Nissan wird für Daimler immer interessanter: Gemeinsam mit ihr baut Daimler eine Fabrik in Mexiko und entwickelt einen Pick-up im Luxusformat.

Nur der Großaktionär, der schützende Anker, fehlt bis heute. Drei Prozent halten Renault und Nissan, knapp sieben Prozent das Emirat Kuwait. Der chinesische Joint-Venture-Partner BAIC hat die Übernahme eines signifikanten Anteils angekündigt, doch bislang nicht zugegriffen. Daimler wiederum hält 36 Prozent an BAIC. 70 Prozent der Daimler-Anteile liegen weiterhin bei institutionellen Investoren wie Blackrock (5,2 Prozent) und der Deutschen Bank (3,2 Prozent), die früher eine entscheidende Rolle spielte und in den 1920er Jahren zum Beispiel die Fusion von Daimler und Benz angeregt hatte. Von da an stellte sie stets den Aufsichtsratschef – bis die Bank ihr industriepolitisches Engagement aufgab und mit Hilmar Kopper 2007 die Tradition endete. 20 Prozent der Daimler-Aktien liegen bei Kleinanlegern.

In dieser Lage hat sich Zetsche vorgenommen, die Unabhängigkeit Daimlers selbst zu sichern. Deshalb muss die Story weiter stimmen. Massiv investiert das Unternehmen in Elektromobilität, autonomes Fahren und die Digitalisierung. Felder, die nach Meinung von Experten über die Zukunftsfähigkeit der Autoindustrie entscheiden. Daimler steuert über die Tochter Moovel die App MyTaxi sowie den mit Europcar geführten Carsharing-Anbieter Car2Go. Transformation ist in Stuttgart Chefsache. Immer wieder tourt der Daimler-Chef ins Silicon Valley, spricht mit Unternehmern und Vordenkern der Tech-Szene. Er war es, der sich früh einen Anteil von 9,1 Prozent am Elektroautobauer Tesla sicherte, den er mit viel Gewinn wieder verkaufte. Auf der Hauptversammlung 2015 ließ sich Zetsche seinen Kontrakt bis Ende 2019 verlängern. Seine herausgehobene Stellung unterstrich ein Gehalt von 8,5 Millionen Euro im Jahr 2015, so viel schaffte kein anderer Chef eines Dax-Konzerns. Und die Höhe der eigenen Pensionsanwartschaften liegt nach vier Jahrzehnten Daimler bei 40 Millionen Euro. Es ist ein offenes Geheimnis, dass sich »Dr. Z«, wie er aus seiner Zeit in den USA heißt, auch für die Nachfolge von Aufsichtsratschef Manfred Bischoff interessiert, der bis 2021 bestellt ist.

### Nachhaltigkeit ✖✖✖ ⚅⚅
Ausführliche Dokumentation der ökologischen, sozialen und politischen Auswirkungen der Daimler-Tätigkeiten. Verstärktes Interesse an Elektroautos. Nach einer Intervention der Deutschen Umwelthilfe musste Daimler den Nachhaltigkeitsbericht 2015 neu drucken: Die $CO_2$-Emissionen waren zu niedrig angegeben. Sammelklagen in den USA wegen Abgas-Manipulationen. Greenpeace lobte 2013 den Einsatz neuer Kälteschutzmittel.

### Unbestechlichkeit ✖✖ ⚅⚅⚅
185 Millionen Dollar zahlte Daimler an den US-Staat: Zwischen 1998 und 2008 hatte der Konzern Regierungsbeamte in mindestens 22 Ländern bestochen, um an Aufträge für Busse, Lastwagen und Pkw zu kommen. 2015 klagte die griechische Oberstaatsanwaltschaft Daimler-Manager wegen Korruption im einstigen Rüstungsgeschäft des Konzerns an. 2013 lobte Ex-FBI-Chef Freeh den Konzern wegen seines Kampfes gegen Korruption.

### Steuerehrlichkeit ✖✖ ⚅⚅⚅
Konzernübliche Steueroptimierung über Tochterfirmen in Luxemburg, Singapur, Schweiz und Hongkong.

### Humanität ✖✖✖ ⚅⚅
Mitarbeiter werden seit 2014 mit einem Spiel (»Monster Mission«) für Fragen der Integrität sensibilisiert. Lehrlinge wurden per Bluttest auf Drogenkonsum untersucht.

### Transparenz ✖✖ ⚅⚅⚅
Breite Darstellung der Zahlen und Aktivitäten, lebhafte, offene Kommunikation. In der Vergangenheit Kritik daran, dass Daimler-CEO Zetsche auch Leiter von Mercedes-Benz-Cars ist. Auch führte der Wechsel des Staatsministers Eckart von Klaeden auf die Top-Lobbyistenstelle von Daimler zu Diskussionen. Der Konzern musste der EU-Kommission eine Milliarde Euro für Kartellabsprachen bei Lkw zahlen. Der Staatsanwalt begann Ermittlungen wegen Preisabsprachen im Stahleinkauf.

# Mary Barra
General Motors

Der Aufstieg von Mary Barra (geb. 24. Dezember 1961) gleicht einem Märchen. Bislang hat noch keine Frau einen größeren Autokonzern geführt. Mit ihrer Berufung zum CEO im Januar 2014 und dann zur Vorsitzenden des Verwaltungsrats Anfang 2016 vereinigt die Managerin alle Macht in dem Unternehmen, das 2015 rund zehn Millionen Fahrzeuge verkaufte und 152 Milliarden Dollar erlöste – es gehört damit hinter Toyota und Volkswagen zur Spitze der Branche. Es ist eine amerikanische Geschichte, so wie der GM-Konzern immer eine amerikanische Ikone  war, dessen Präsident Charles E. Wilson im Kalten Krieg 1953 sogar US-Verteidigungsminister wurde. Dieser Wilson hatte im Zweiten Weltkrieg die Kriegsproduktion von Detroit aus gesteuert, und vor seinem Ministerengagement fragten ihn Abgeordnete im Kongress, ob er denn jetzt nicht seine GM-Aktien verkaufen müsse. Wilsons Antwort ist Teil des Zitatenschatzes der Welt: »Ich dachte immer, was gut ist für das Land, sei auch gut für General Motors, und umgekehrt.«

Das dachten Kunden, Mitarbeiter und Investoren auch und sahen GM als unzerstörbar an – bis die Firma im Juni 2009 nach der Finanzkrise Insolvenz anmeldete und vom Staat gerettet werden musste. Das geschah 101 Jahre, nachdem William C. Durant das Unternehmen gegründet hatte. In jenen frühen Jahren entstanden all die Marken, die in der Welt bekannt sind: Cadillac, Oldsmobile, Buick. Heute produziert GM in 37 Ländern und beschäftigt 215.000 Menschen.

Barra wuchs in der Nähe von Detroit auf, alles drehte sich in ihrer Familie um Autos. Ihr Vater war Werkzeugmacher und arbeitete 39 Jahre in der Pontiac-Fabrik, einer ehemaligen GM-Marke. General Motors bestimmte ihr Leben. Sie studierte Ingenieurswesen am GM Institute (heute Kettering University). 1988 finanzierte ihr der Konzern einen MBA an der Eliteuniversität Stanford. Zeit ihres Lebens arbeitete Barra bei GM, immer in der Produktion, leitete zeitweise eine Fabrik, wurde 2008 Vizepräsidentin für globale Herstellung. Mit der Finanzkrise und den GM-Turbulenzen gelangte Barra ganz nach oben. Dan Akerson, 2010 GM-Chef geworden, förderte sie nach Kräften und vertraute ihr 2011 die Leitung der globalen Produktentwicklung an. Dort zeigte die Frau, dass sie trotz ihrer ruhigen Art auch gnadenlos sein kann. Sie warf 20 leitende Ingenieure hinaus.

Aufräumen war überfällig. GM war nicht zuletzt aufgrund von zu wenigen und zu schwachen Modellen in die Krise geraten, hatte sich zu sehr auf die populären SUV und Pickups verlassen – die sich wegen der hohen Benzinpreise in der Finanzkrise nicht mehr verkauften. Barra weitete bis 2013 das Sortiment aus, beispielsweise produziert GM erstmals in seiner Geschichte auch Kleinwagen in den USA. Zahlreiche Mittelklasse-Modelle wie der Chevrolet Malibu, die sich glänzend verkaufen, wurden unter Barra ersonnen. Auch auf der Produktionsseite machte sich Barra verdient: Sie verringerte die Anzahl der Plattformen im Unternehmen. Damit können verschiedene Modelle in einer GM-Fabrik hergestellt werden, der Konzern kann schneller auf Marktveränderungen reagieren.

Als Barra zur Chefin von GM ernannt wurde, vermuteten nicht wenige in ihr ein Bauernopfer: Wenige Wochen nach ihrer Ernennung musste GM eingestehen, mehr als ein Jahrzehnt Probleme um ein Zündschloss vertuscht zu haben. Schwere Schlüssel setzen bei voller Fahrt die Servolenkung oder den Airbag außer Gefecht. Weit mehr als 100 Todesopfer sind darauf zurückzuführen. Aber Barra war nicht Chefin geworden, um gleich wieder abzudanken. Sie sagte mehrmals vor dem US-Kongress aus und konnte mit ihrer sympathischen Art sowie dem Rauswurf von 15 Managern die Gesetzeshüter besänftigen. Der frühere Staatsanwalt Kenneth Feinberg untersuchte die Sache unabhängig und entschädigte die Betroffenen. Das erwies sich als kluger Schachzug: Die US-Regierung bestrafte GM aufgrund ihres Entgegenkommens nur mit 900 Millionen Dollar.

Größter Aktionär ist übrigens mit 9,1 Prozent der UAW Retiree Social Benefits Trust – der Gesundheitsfonds der Gewerkschaft United Auto Workers. Er versorgt pensionierte Mitarbeiter von GM, Ford und Chrysler. Hinter diesem Gewerkschaftstrust rangieren in der Aktionärsliste jene finanzkapitalistischen Kräfte, die man hier erwartet hat: Vanguard (5,4 Prozent) und Harris Associates (5,25 Prozent). Die Investoren haben Barras Tatendrang nicht goutiert. Der Kurs von GM fiel seit Juni 2014 innerhalb von zwei Jahren um mehr als 20 Prozent. An der Wall Street herrscht die Angst vor, der Konzern sei zu schwach für eine Rezession.

**Nachhaltigkeit** ✗✗✗☒☒
GM setzt auf effizientere und elektrische Autos. Umweltkiller wie der »Hummer« wurden aufgegeben. Schon 2008 Grundsätze zum Schutz der Umwelt formuliert. Das Werk im spanischen Saragossa hat das größte Solarpaneeldach der Welt.

**Unbestechlichkeit** ✗✗☒☒☒
Die Staatsanwaltschaft von Südkorea untersucht Schmiergeldfall. Gewerkschafter und Manager sollen von Arbeitnehmern Kickbacks für Arbeitsverträge kassiert haben.

**Steuerehrlichkeit** ✗✗✗✗☒
Keine Auffälligkeiten.

**Humanität** ✗✗☒☒☒
Lange Zeit Probleme mit der Sicherheit der Autos, was zu deutlichen Strafen führte.

**Transparenz** ✗✗✗☒☒
Alle Zahlen verfügbar. Intensives Reportwesen.

## Carlos Ghosn
### Renault/Nissan

Die 1898 gegründete Renault S.A. ist einer der traditionsreichsten Autohersteller der Welt und zugleich einer mit besonders wechselvoller Geschichte. Die Familie Renault wurde nach dem Zweiten Weltkrieg enteignet, weil sie mit den deutschen Besatzern kollaboriert hatte. Der Staat zog sich in den folgenden Jahrzehnten schrittweise zurück und hielt Anfang 2015 nur noch 15 Prozent der Aktien. Diesen Anteil schraubte die Regierung dann plötzlich auf 19,7 Prozent hoch, was zu einem Konflikt mit Renault-Nissan-Chef Carlos Ghosn führte.

Ohne Ghosn (geb. 9. März 1954), den in Brasilien geborenen Ingenieur mit brasilianischem, französischem und libanesischem Pass, läuft seit einigen Jahren nichts mehr bei Renault und dem japanischen Partner Nissan. 2005 wurde er zum Chef der beiden Unternehmen ernannt. Begonnen hatte der Kosmopolit seine Karriere bei Michelin, wo er 18 Jahre arbeitete. 1996 wechselte er zu Renault. Der französische Konzern kaufte 1999, als es Nissan denkbar schlecht ging, eine Beteiligung von 37 Prozent an dem japanischen Hersteller, Nissan nahm im Gegenzug 15 Prozent an Renault. Heute liegt der Renault-Anteil an Nissan bei 43 Prozent. Die Franzosen waren die starke Seite der Allianz, die Japaner die schwache.

Dann schaffte Ghosn beim japanischen Autohersteller den Turnaround, und die Verhältnisse kehrten sich um. Nissan verkauft heute weltweit rund zwei Drittel, Renault ein Drittel der 8,5 Millionen Autos, die die Allianz insgesamt herstellt (2015). Damit nimmt sie – nach Stückzahlen – in der weltweiten Rangordnung Platz vier ein. Trotz der gegenseitigen Kapitalbeteiligung hat Ghosn anfangs großen Wert auf die Eigenständigkeit der beiden Unternehmen gelegt. Auf allen Seiten sollten die empfindlichen nationalen Psychen nicht belastet werden.

Der Erfolg kam für die Franzosen durch den Verkaufsstar Clio und die biederen Billigautos von Dacia, in Rumänien hergestellt. 2015 verkaufte Renault weltweit 2,8 Millionen Autos, davon entfielen 550.000 auf die Marke Dacia. Nach Clio und Sandero ist der Dacia Duster das am meisten verkaufte Auto der Franzosen im Geschäftsjahr 2015 gewesen. Nachdem die Renault-Modelle lange gesichtslos wirkten, hat ihnen der Chefdesigner Laurens van den Acker ein attraktiveres und einheitlicheres Aussehen verschafft. Gleichzeitig hat sich die Qualität verbessert und ein 2013 abgeschlossenes Abkommen mit den Gewerkschaften die Produktionskosten spürbar gesenkt. »Renault hat selbst während der Krise nie das Knie auf den Boden senken müssen«, sagt Ghosn stolz.

Von 2014 an bemühte er sich darum, Nissan und Renault enger zusammenzuführen: mehr gleiche Teile, gemeinsame Plattformen, mehr gemeinsamer Einkauf und Entwicklung. Der Renault-SUV Kadjar ist ein nur leicht abgewandelter Nissan Qashqai. Parallel dazu baute Ghosn die Kooperation mit dem deutschen Autokonzern Daimler aus. Deutlichstes Beispiel ist der neue Twingo/Smart, den Renault- und Mercedes-Ingenieure gemeinsam entwickelt haben. 13 Projekte gibt es mittlerweile in dieser Zusammenarbeit. Viele Mercedes-Diesel fahren mit Renault-Motoren.

Im ersten Halbjahr 2016 hat Renault zusammen mit Dacia weltweit erstmals mehr Autos verkauft als die Groupe PSA (Peugeot, Citroën und DS), der ewige Konkurrent, der seit langer Zeit den Titel »größter französischer Hersteller« trug. 2016 allerdings hat ein starker Rückschlag auf dem für PSA mittlerweile sehr wichtigen chinesischen Markt den Konzern auf Rang zwei zurückfallen lassen. Beim Konkurrenten ringen drei Gesellschafter um die Macht: der französische Staat, die Peugeot-Familie und der chinesische Teilhaber Dongfeng.

Für Renault dagegen läuft es gut. Im ersten Halbjahr 2016 konnte Ghosn eine operative Marge von 6,1 Prozent bekannt geben, was für das französische Unternehmen »einen Rekord« darstelle. Er hat sogar Luft und Lust für neue Abenteuer: Nissan kaufte sich für nur 2,2 Milliarden Dollar mit 34 Prozent beim japanischen Kleinautohersteller Mitsubishi ein, dem ein Skandal um jahrzehntelang dreist gefälschte Abgaswerte arg zusetzte. Zusammen mit der Mitsubishi-eigenen Bank kommt Eroberer Ghosn schon auf 52 Prozent und kann so den Aufsichtsrat kontrollieren. Gemeinsam mit Mitsubishi würde er jährlich 9,6 Millionen Autos herstellen. Den russischen Autobauer Awtowas (Lada) besitzt die Allianz Renault/Nissan seit 2012 mehrheitlich.

Im Verhältnis zu den Gesellschaftern kommt der Doppelchef, der seine Zeit zwischen Japan und Europa teilt, dagegen nicht aus Problemen heraus. Die Kapitalerhöhung des Staats, mit der die sozialistische Regierung sich auf der Hauptversammlung einen Beschluss über doppelte Stimmrechte sichern wollte, hat Carlos Ghosn mit harter Kritik beantwortet. Dieses Vorpreschen gefährde die Allianz mit Nissan: Die Japaner würden nicht länger einsehen, warum sie trotz einer Beteiligung von 15 Prozent an Renault überhaupt keine Stimmrechte haben, der französische Staat dagegen mit gut 19 Prozent Kapital künftig 28 Prozent der Stimmen kontrolliert. Die Lage ist kompliziert, weil Renault schon Nissan kontrolliert. Hätte der japanische Autobauer auch Stimmrechte an Renault, könnte das französische Unternehmen sich selber kontrollieren – und das ist nach dem französischen Recht verboten. Der Zwist wurde schließlich mit einer Neufassung des »Master Agreements« zwischen Nissan und Renault aus der Welt geschafft: Der Staat verspricht dabei, sich in operativen Fragen zurückzuhalten.

Frankreichs früherer Wirtschaftsminister Emmanuel Macron schlug vorher mit kaum verhüllter Kritik an Ghosn zurück: Der habe die Governance der Allianz allzu sehr auf sich persönlich zugeschnitten. Jeder gute Unternehmensführer treffe Vorsorge für den Fall, dass er seinen Job nicht mehr ausüben könne, doch Ghosn nicht. Tatsächlich gibt es keinen natürlichen Nachfolger. Der lange als Erbprinz angesehene Carlos Tavares wechselte 2014 als Chef zum Erzfeind PSA.

Der französische Staat reibt sich auch an den Bezügen von Ghosn, die aufgrund seines doppelten Chef-Daseins 15 Millionen Euro erreichen. Auf der Hauptversammlung von Renault im Mai 2016 stimmte die Mehrheit der Anteilseigner gegen Ghosns Renault-Gehalt von 7,2 Millionen Euro. Eine sofort einberufene Sitzung des Aufsichtsrats bestätigte das Salär aber. Sogar zwei Arbeitgeberverbände monierten, Ghosn verstoße gegen den Kodex für gute Governance, wenn er das Votum der Hauptversammlung ignoriere. Ein paar Wochen später verkündete der Vorstandschef, er wolle auf einen kleinen Teil seiner variablen Bezüge verzichten – es sei denn, Renault weise eine außergewöhnlich gute finanzielle Performance auf. Eine Million Euro des Gehalts gibt Ghosn nun jährlich einer Stiftung.

So sieht es 2016 ganz so aus, als könne Ghosns ungebrochene Macht noch einige Jahre anhalten. Solange sich Nissan und Renault weiter gut entwickeln, kann dem Doppelchef die Kritik an Governance und Vergütung wenig anhaben. Sogar die französische Regierung hat ihm bestätigt, dass die Allianz auf einem guten Weg ist. Gefährlich werden kann allenfalls die französische Variante des Dieselgates: Eine unabhängige Kommission hat im Juni 2016 festgestellt, dass vor allem Renault-Dieselautos durch krass überhöhte Abgaswerte auffallen. In den Fällen, in denen die offiziellen Werte in der Realität um ein Vielfaches übertroffen würden, müsse man die Zulassung zurücknehmen.

**Nachhaltigkeit** ✖ ✖ ⊗ ⊗ ⊗
Renault/Nissan ist Weltmarktführer bei Elektroautos. Eine unabhängige Expertenkommission ermittelte, dass die Renault-Modelle Captur und Talisman die zulässigen Stickoxid-Grenzwerte um mehr als das Zehnfache überschritten.

**Unbestechlichkeit** ✖ ✖ ✖ ⊗ ⊗
Drei leitende Manager wurden 2011 gefeuert, weil sie gegen Geld Betriebsgeheimnisse an Chinesen verraten haben sollten. Das Ganze erwies sich als manipuliert – von einem Informanten, der wiederum von Renault viel Geld bekam.

**Steuerehrlichkeit** ✖ ✖ ✖ ⊗ ⊗
Die britische Nissan-Tochter verkauft Autos über eine Schweizer Konzerngesellschaft – und spart so Millionen Pfund.

**Humanität** ✖ ✖ ✖ ⊗ ⊗
Immer wieder Unruhe im Arbeitnehmerlager des Konzerns wegen Werksschließungen und Entlassungen. Auf der anderen Seite hohe Identifikation des Personals.

**Transparenz** ✖ ✖ ⊗ ⊗ ⊗
Verschachtelte Konzernstruktur mit vielen Beteiligungen und Mitspielern. Den Überblick hat vermutlich nur CEO Ghosn selbst.

# William Clay Ford jr.
## Ford

Nicht sonderlich groß, nettes Gesicht, freund-
liches Lächeln – William Clay (»Bill«) Ford jr.
fällt nicht weiter auf. Doch seine Familie kontrolliert Ford. Ihr Vermögen wird auf rund zwei
Milliarden Dollar geschätzt. Viel Geld – aber
noch wichtiger ist die Macht, den ihre Ford-An-
teilscheine verleihen. Das 1903 gegründete
Unternehmen ging 1956 an die Börse; der Aktienanteil der Familie liegt heute bei weniger als
zwei Prozent. Aber das von Unternehmensgründer Henry und seinem Sohn Edsel Ford in den
1930er Jahren gezimmerte Konstrukt hält immer

noch. Ähnlich wie bei Googles Muttergesellschaft Alphabet oder anderen Gesellschaften gibt es zwei Arten von Aktien: Class A und B. Die Fords besitzen die
B-Anteilscheine, die mit besonders hohen Stimmrechten versehen sind – und
die ihnen 40 Prozent aller Stimmen verleihen. »Es ist eine Monarchie statt eine
Demokratie«, kritisiert Nell Minow, Expertin für Unternehmensführung.

So gesehen ist Bill Ford der König. Erst vor wenigen Jahren kaufte er von einem
ungenannten Familienmitglied 3,7 Millionen B-Aktien und verdoppelte damit auf
einen Schlag seinen Anteil. Mit 8,1 Millionen Aktien besitzt er nach seiner Kusine
Lynn Alandt so viele B-Aktien wie kein anderes Familienmitglied. Insgesamt gibt
es 71 Millionen B-Aktien. Seit 1999 führt Bill den Verwaltungsrat von Ford, von
2001 bis 2006 war er auch Vorstandsvorsitzender. In Verwaltungsrat sitzt auch seit
vielen Jahren sein Vetter Edsel Ford II.

Bill Ford, Urenkel des Gründers Henry Ford sowie (mütterlicherseits) des Rei-
fenpioniers Harvey S. Firestone, ist alles andere als ein Machiavellist. Der Erbe
(geb. 3. Mai 1957) mühte sich vielmehr Zeit seines Lebens mit seiner privilegier-
ten Herkunft ab. Bei seinen ersten Jobs im Konzern nannte er nur seine beiden
ersten Namen, Bill Clay, um nicht erkannt zu werden. Er studierte Geschichte in
Princeton, seine Abschlussarbeit hat den Titel: »Henry Ford und die Arbeiter:
Eine Neubewertung.« Der Urgroßvater ging mit dem Fahrzeug Model T und dem
Ausbau der Fließbandproduktion in die Wirtschaftsgeschichte ein. Doch er war
nicht nur ein genialer Unternehmer, der sich alles zutraute, er schrieb auch ein
antisemitisches Buch und kämpfte erbittert gegen Gewerkschaften. Zugleich hatte
er idealistische und fortschrittliche Züge. Henry Ford zahlte für damalige Ver-

hältnisse erstaunlich hohe Gehälter, nicht nur um die Fluktuation der Belegschaft zu senken – er sah es als seine Pflicht an, seine »besten« Arbeiter am Erfolg zu beteiligen.

Das Spannungsfeld zwischen Eigentümer und Arbeiter spielte für Bill Ford auch bei seinem Wirtschaftsstudium an der MIT Sloan School of Management in Cambridge eine zentrale Rolle. In Seminaren sprach er über »die Balance zwischen den legitimen Interessen von Gewerkschaften und Arbeitern mit denen von Aktionären«. Den Idealismus teilten nicht viele, als er 1999 Chef des Verwaltungsrats wurde. Insider berichteten von Brüllgefechten mit dem damaligen Vorstandschef Jacques Nasser. Der australische Manager pochte auf Gewinnmaximierung und den damals hoch im Kurs stehenden Shareholder Value. Bill Ford hingegen glaubt, wenn Mitarbeitern, Lieferanten oder der Umwelt gedient wird, profitieren auch die Anteilseigner.

Beispiel Benzinverbrauch. Der Pick-up F-150 ist in den USA seit vielen Jahren das mit Abstand am meisten verkaufte Auto. Unter der Führung von Bill Ford stellte das Unternehmen die Karosserie aus Aluminium und nicht mehr aus Stahl her. Ford musste seine gesamte Produktion umstellen, ein riskantes Unternehmen. Aber das 2014 auf den Markt gebrachte leichtere Fahrzeug ist ein großer Erfolg – und verbraucht bis zu 29 Prozent weniger Sprit.

Bill Ford ist kein grüner Träumer. Er kennt das Autogeschäft genau. Eingestellt wurde er mit 21 Jahren als Analyst für Produktionsplanung, später kümmerte er sich um die Markteinführung des Ford Escort und arbeitete auch einige Zeit in Europa. Mit 42 Jahren wurde er Chef des Verwaltungsrats. Eine seiner ersten Amtshandlungen war der Rauswurf von Nasser. Bill Ford übernahm 2001 dessen Position, führte das Unternehmen nach dem Platzen der Dotcom-Blase und den Terroranschlägen in den USA durch die Rezession. 2006 gab er die Position freiwillig auf und heuerte Alan Mulally an. Der Manager kam von Boeing, in Detroit damals ein Ding der Unmöglichkeit – ein Chef ohne Autoerfahrung. Mulally aber enttäuschte nicht. Er baute die Produktion von Ford erfolgreich um. Mit »One Ford« stellt das Unternehmen jetzt auf einer Plattform eine Vielzahl von Fahrzeugmodellen her. Das erhöht die Flexibilität in der Produktion: Ford kann schneller auf Verkaufstrends reagieren. Ein großer Vorteil in der Finanzkrise – als einziger Autobauer nahm das Unternehmen keine Staatshilfen in Anspruch.

Die Macht über Ford sitzt bei den Fords. Es gibt regelmäßige, »mythische Familientreffen«, sagt der frühere Autoanalyst und heutige Strategiechef der Investmentbank Silver Lane, Peter Nesvold. »Sie entscheiden gemeinsam über Sachfragen und stimmen mit ihren Aktien im Block ab.« Mythisch deswegen, weil keine Details dazu in die Außenwelt dringen. In diesem Kreis spielt Bill Ford die zentrale Rolle. Als Nachfolger des 1945 geborenen Mulally setzte sich Mark Fields durch. Braun gebrannt, gut aussehend, schwarzes volles Haar: Der 1961 geborene

Amerikaner legte eine steile Karriere hin, schon mit 38 Jahren führte er Mazda Motor, an der Ford damals einen großen Anteil besaß. Mit 45 Jahren leitete er das Amerikageschäft von Ford. Fields ist nicht nur ein »Data Guy«, der leidenschaftlich gern Zahlen studiert. Er kann gut mit der Ford-Familie.

Allerdings regt sich Widerstand gegen die Monarchie. Immer mehr Aktionäre stimmen für eine Abschaffung der Zwei-Klassen-Gesellschaft, also der B-Aktien, die die Fords begünstigen – auf der jüngsten Hauptversammlung im Mai 2016 waren es bereits weit mehr als die Hälfte aller »nicht-familiären« Aktionäre. Bill Ford verteidigt die Struktur mit den Vorteilen langjähriger Besitzverhältnisse für Aktionäre. »Sie wissen, dass wir durch dick und dünn gehen«, erzählte er dem »Wall Street Journal«. Damit meinte er nicht nur seine Familie in der Rolle als Aktionär, sondern auch als Teil des Managements. Etliche Familienmitglieder arbeiten im Konzern. Elena Ford (geb. 1966) ist am höchsten in der Hierarchie angesiedelt. Als globale Marketingchefin verantwortete sie die Einführung von One Ford, heute ist sie als Vorstandsmitglied für »Kundenerfahrung« und das weltweite Händlernetz zuständig. Alessandro Uzielli ist der Ururenkel von Henry Ford und globaler Marken- und Unterhaltungschef des Konzerns. Eine größere Zukunft hat wohl Henry Ford III., Sohn von Verwaltungsrat Edsel Ford II. Er fing vor zehn Jahren im Konzern an und ist heute Marketingchef von Ford Performance und kümmert sich beispielsweise um den Verkauf des Sport- und Rennwagens GT.

Bill Ford will seine Heimatstadt Detroit zum »Ground Zero« für die neue, moderne Autoindustrie machen, die zahlreiche digitale Dienstleistungen einsetzt. Das ist ihm lokalpatriotische Verpflichtung. Auch der örtliche Football-Klub Detroit Lions gehört dem Mann, der es nach eigenem Bekunden liebt, mal so richtig schnell über eine deutsche Autobahn zu fahren.

**Nachhaltigkeit** ✖ ✖ ✖ ✖ ⊗
Einsparung von Energie durch Leichtbau. Nachhaltigkeit ist ein großes Anliegen von Bill Ford, der zehn Initiativen dazu startete. Greenpeace hat seine einst heftige Kritik nicht wiederholt.

**Unbestechlichkeit** ✖ ✖ ⊗ ⊗ ⊗
Deutsche Staatsanwälte untersuchten mithilfe der US-Börsenaufsicht den Vorwurf, Ford habe Schmiergelder eingesetzt, um Waren schneller durch den russischen Zoll zu bekommen. Auch in Brasilien soll Ford bestochen haben.

**Steuerehrlichkeit** ✖ ✖ ✖ ⊗ ⊗
2015 ging der Staatsanwalt in Brasilien Vermutungen nach, Ford habe Steuerbetrug begangen. Der Konzern nutzt vier Steuerparadiese.

**Humanität** ✖ ✖ ⊗ ⊗ ⊗
Heute geordnete Beziehungen zu Gewerkschaften.

**Transparenz** ✖ ✖ ✖ ✖ ⊗
Hoher Wert intern. Alle Finanzzahlen im börsennotierten Unternehmen präsent. Lob von CorpWatch für Datenschutz.

# John Elkann

## Fiat

Der Großvater wollte ihn unbedingt als Thronfolger der Familiendynastie. Und was ein Giovanni (»Gianni«) Agnelli wollte, das wurde getan. Und so holte er John Elkann (»Jaki«) 1997 in den Verwaltungsrat seines Turiner Autokonzerns Fiat. Da war sein Enkel gerade 21. Der ursprünglich ausgewählte Thronfolger, Giannis Neffe Giovanni Alberto, war kurz zuvor mit 33 Jahren an einem Krebsleiden gestorben. Seit 2010 leitet »Jaki« nun das Gremium.

John Elkann (geb. 1. April 1976) verbrachte die erste Zeit seines Lebens in New York. Der Sohn eines amerikanischen Publizisten und von Margherita Agnelli ist das ganze Gegenteil seines berühmten Großvaters Agnelli, der mit den Kennedys, den Rothschilds und Henry Kissinger verkehrte und ein Womanizer war: stets elegant gekleidet und an den Schauplätzen der High Society anzutreffen. Zu seiner Beerdigung kamen 2003 mehr als 50.000 Menschen. Jaki dagegen ist extrem zurückhaltend, fast schüchtern, meidet das Scheinwerferlicht und gibt so gut wie keine Interviews. Er studierte in Paris und machte seinen Abschluss, natürlich als Ingenieur, am Polytechnikum von Turin – das verlangt die Tradition im Hause Agnelli. Er spricht vier Sprachen fließend: Italienisch, Englisch, Französisch und Portugiesisch. Das Privatleben des schlanken Agnelli-Sprosses ist unauffällig. Er ist seit 2004 mit der Adligen Lavinia Borromeo-Arese verheiratet und hat drei Kinder. Mehrere Monate im Jahr verbringt er in den USA, nicht am Traditionssitz Turin. Aber John Elkann ist ein Mann mit Wirkung.

Der junge Konzernchef macht aus einem italienischen Paradeunternehmen mit Schwerpunkt Auto einen internationalen Beteiligungskonzern mit vielen Interessen – von der Rückversicherung Partner Re (Sitz auf den Bermudas) bis zu den Landmaschinen CNH, von Finanzdienstleistungen (Banca Leonardo) bis Immobilien (Almacantar), von Medien bis Fußball. Elkanns größter Coup bislang: 2015 kaufte Exor den Anteil des Medienunternehmens Pearson an der britischen Wochenzeitschrift »The Economist«. Der Fiat-Clan erhöhte mit dieser Investition von 405 Millionen Euro seine Beteiligung von 4,7 auf 43,4 Prozent. In Italien stieß Exor dagegen im März 2016 die Mehrheitsbeteiligung an der Tageszeitung »La Stampa« ab und kaufte die Mediengruppe Espresso von Carlo De Benedetti. Auch die Beteiligung des Agnelli-Clans am »Corriere della sera« wurde heruntergefahren. John Elkann trete mit dem »Economist« aus dem langen Schatten der Familie, heißt es. Es gilt nun im Hause Agnelli eher das Händlerprinzip: schnell kaufen, schnell verkaufen. Die Beteiligung an der TV-Produktionsfirma Banijay schlug John Elkann jedenfalls rasch wieder los.

Die Autos von Fiat-Chrysler sind in dem großen Verbund auch dabei, aber strategisch nicht mehr als Hauptsache, sondern als interessantes Investment, für das ein großer Partner gesucht wird für eine neue Superfusion. Bei General Motors klopften die Italiener schon einmal an – und werden es wieder tun.

Die Macht des Erben John Elkann ist groß. Er balanciert dieses Perpetuum mobile des Kapitals aus. Das macht er im Besonderen als Vorstandschef und Verwaltungsratsvorsitzender der von der Familie Agnelli kontrollierten Finanzholding Exor; sie ist die Drehscheibe des Imperiums. Da ist es fast zweitrangig, dass Elkann auch Präsident von Fiat Chrysler Automobiles (FCA) ist. Exor hat einen Marktwert von neun Milliarden Euro und erzielte 2015 einen Gewinn von 744 Millionen Euro (323 Millionen waren es 2014). Stolz berichtete Elkann den Aktionären im Mai 2016 über 21,2 Prozent mehr Nettoinventarwert. Am meisten habe Fiat-Chrysler dazu beigetragen mit dem Börsengang von Ferrari. Exor und die Auto-Sparte sind eng verbunden: Die Holding hält 29,2 Prozent des Kapitals. Fiat-Chrysler setzt 123 Milliarden Dollar um und hat noch Mitgesellschafter wie Harris Associates (5,0 Prozent) aus Chicago, Vanguard (2,4 Prozent) oder Norges Invest (1,9 Prozent). Deshalb war es auch Elkann, der den Exor-Aktionären zu ihrer Beruhigung sagte, dass FCA-Chef Sergio Marchionne bis 2019 bleibt.

Den Auto-Manager im Pullover hatte Elkanns Großonkel Umberto Agnelli, Giannis Bruder, als Manager nach Turin geholt. Marchionne fädelte 2009 den Kauf von Chrysler ein. Seinem Kurs ist es zu verdanken, dass Fiat schwere Krisenzeiten hinter sich lassen konnte. Das Auto-Unternehmen ist in New York und Mailand an der Börse notiert und weltweit der siebtgrößte Autohersteller mit einem Jahresumsatz von 123 Milliarden Dollar. Marken wie Alfa Romeo, Abarth, Dodge, Jeep, Lancia oder Maserati sind den Autoliebhabern bekannt.

Fiat (Fabbrica Italiana Automobili Torino), die Agnellis und Turin – das alles gehört zusammen und ist gleichzeitig vergangener Glanz. Immerhin haben alle drei den Strukturwandel gut gemeistert. Der Autobauer ist international aufgestellt mit rechtlichem Sitz in den Niederlanden und dem operativen Hauptquartier in London. Die Holding Exor wiederum beschloss 2016, den Sitz von Italien ebenfalls ins Steuerparadies Niederlande zu verlegen. Der Wegzug sei weder symbolisch noch als steuerlicher Dreh zu werten, beteuert Elkann, es sei einfach »natürlicher Fortschritt«. Spätestens vor der Steuererklärung endet der Patriotismus. Die große Agnelli-Familie wiederum hat genug Geld und liefert immer wieder Schlagzeilen – vor allem Jakis jüngerer Bruder Lapo, der sich als schriller Designer in Mailand versucht und nach Drogenproblemen in der Jugend jetzt als Playboy wie sein Großvater auffällt. Und die Stadt Turin schließlich hat den Wandel von der Industriestadt zur Kunstmetropole geschafft und sticht Mailand und Rom an Lebensqualität aus. Das Lingotto, das alte Fiat-Werk von 1923 mit der über 1000 Meter langen ovalen Teststrecke auf dem Dach, ist heute nach dem Umbau durch Renzo Piano ein modernes Kultur- und Messezentrum.

Natürlich haben die Agnellis auch beim Fußball die Hand im Spiel. Der Präsident von Juventus Turin, dem italienischen Rekordmeister, ist Andrea Agnelli, der Sohn von Umberto Agnelli; er sitzt auch in den Verwaltungsräten von FCA und Exor. John Elkann ist sein Vetter und ernannte ihn 2010 zum Juventus-Präsidenten. Rund 250 Mitglieder machen heute die Dynastie Agnelli aus. Die wichtigsten sitzen im Exor-Verwaltungsrat, zum Beispiel John Elkanns Cousin Alessandro Nasi (als Vizechef und seine Schwester, die Museumsdirektorin und Regisseurin Ginevra Elkann. Als zentrale Figuren gelten daneben Tiberto Brandolini d'Adda (ein Neffe von Gianni Agnelli) sowie der langjährige Berater Gianluigi Gabetti, der Ehrenvorsitzende von Exor. Mehrheitsaktionärin der Exor-Holding wiederum ist die 1987 in Turin gegründete Gesellschaft Giovanni Agnelli e. C. Sapaz, die 90 Familienmitglieder umfasst. John Elkann ist selbstverständlich auch hier Präsident.

**Nachhaltigkeit** ✖ ✖ ✖ ✖ ✖
Wichtige Konzepte bei Fiat-Chrysler.

**Unbestechlichkeit** ✖ ✖ ✖ ✖ ✖
Der Agnelli-Konzern musste 2008 insgesamt 18 Millionen Dollar zahlen, weil Konzernfirmen die irakische Regierung unter Saddam Hussein bestochen hatten. Seitdem keine größeren Vorfälle, strikte Anti-Korruptionsnormen.

**Steuerehrlichkeit** ✖ ✖ ✖ ✖ ✖
15 Monate untersuchte die EU-Kommission, wie Fiat-Chrysler über Firmen in den Niederlanden und Luxemburg die Steuer

heruntertrickst. Saftige Strafen über Dutzende Millionen Euro wurden avisiert.

**Humanität** ✖ ✖ ✖ ✖ ✖
Starkes Bekenntnis zu Menschenrechten. Arbeitskonflikt in den USA mit einem Vier-Jahres-Agreement gelöst. Angeblich Unregelmäßigkeiten bei der eigenen Autoproduktion in der Türkei.

**Transparenz** ✖ ✖ ✖ ✖ ✖
Weitverzweigtes Familienimperium mit partieller Transparenz. Entscheidend sind die Vorgänge in der neuen Superholding Exor und der Gesellschaft dahinter.

# Takahiro Hachigo

## Honda

Als Takahiro Hachigo 2015 neuer Honda-Chef wurde, war die Überraschung groß. Er war zwar ein gestandener Konzernmann mit internationaler Erfahrung, hatte aber bis dahin in der zweiten Reihe gestanden. Sein Vorgänger Takanobu Ito machte jedoch klar, dass die Zeit zum Aufräumen gekommen sei. Bei Honda war zwar der Umsatz schnell gewachsen, nicht aber die Entwicklungs- und Kommunikationsfähigkeit. Es gab Qualitätsprobleme ausgerechnet beim wichtigsten Auto, dem Kompaktwagen Fit/Jazz. Also entschloss sich Hondas Führung, einem relativ jungen, unbelasteten Manager die Führungsrolle aufzuerlegen.

1948 hatte Soichiro Honda die Firma gegründet, um Motoren für Fahrräder nach vorne zu bringen. Sie wuchs dann mit Motoren aller Art, und ihre Motorräder erreichen in Deutschland fast 17 Prozent Marktanteil. Fast 180.000 Menschen arbeiten heute in dem Unternehmen, dessen zwei größte Aktionäre aus Japan kommen: Government Pension Investment Fund (7,1 Prozent) und Mitsubishi UFJ Financial (6,9 Prozent), gefolgt von State Street (6,3 Prozent). Der Umsatz liegt bei knapp 116 Milliarden Dollar.

Genügend technisches Verständnis bringt Hachigo (geb. 19. Mai 1959) mit: Er ist Ingenieur. 1982 war er in die Entwicklungsabteilung des Konzerns eingetreten. Allerdings eilte ihm nicht der Ruf voraus, ein starker Führer zu sein. Er sei ein guter Mann, heißt es bei Honda, gutmütig, authentisch und sehr beliebt. Die Zulieferer, die während seiner Zeit als Geschäftsführer im Einkauf mit ihm zu tun hatten, sollen ihn fast liebevoll als »Ha-Chan« tituliert haben. Aber genau dies hat Hondas Führung vielleicht gesucht: eine Art Fremden aus dem eigenen Haus, der nicht zu tief in die tägliche Arbeit in Hondas buchstäblicher Führungsetage verstrickt ist und daher einfacher alte Zöpfe abschneiden kann. Ein neuer Chef von außen würde bei Honda wahrscheinlich nicht viel bewegen. Um dies zu verstehen, ist ein Blick in die wohl einmalige Chefetage des Auto- und Motorradkonzerns hilfreich. Der Vorstand belegt ein einzelnes Geschoss im Tokioter Hauptquartier, genauer gesagt ein Großraumbüro. Einzelzimmer gibt es nicht. Stattdessen sitzen die operativen Vorstände in einer Ecke im Quadrat, den Rücken zueinander. In der Mitte ist ein Tisch, an dem sie sich schnell zusammensetzen können.

Hachigo biss sich in der Chefrolle durch. Führende Vorstände, die er quasi übersprang, hatte noch Vorgänger Takanobu Ito in Rente geschickt. Dieser allerdings blieb, wie es sich für Hondas kollektiven Führungsstil gehört, als Direktor und Berater im Vorstand. Radikale Schnitte im Management sind selten in Japan und kommen eigentlich nur nach großen Skandalen vor. Hachigo scharte ein Team »junger« Führungskräfte, also Manager rund um die 50, um sich, um die Organisation zu durchleuchten. Und 2016 setzte er die Lehren um – es geht eher um ein Zurück-zu-den Wurzeln als um einen Kulturwandel. Der CEO hat dabei freie Hand. Honda ist weit weniger mit dem politischen Establishment verbandelt als Erzrivale Toyota, der auch personell sehr eng mit dem Ministerium für Wirtschaft, Handel und Industrie verbunden ist. Während der Erzrivale die Unabhängigkeit der Regionen verstärkt, baut der Honda-Mann die Macht der Zentrale in der Autoentwicklung aus. So will er die Kommunikation verbessern und den Wildwuchs an lokalen Modellvarianten bereinigen. Auch sollen die Verkäufer stärker von der Autoentwicklung getrennt werden. Weitere Herausforderungen sind die Bewältigung des Airbag-Debakels beim Zulieferer Takata, an dem Honda beteiligt ist. Außerdem hat sein Vorgänger massive Überkapazitäten aufgebaut, besonders in Japan.

Auch beim Thema Allianzen bleibt Honda sich bisher treu und will weiter aus eigener Kraft am Markt bestehen. Einzig der US-Riese General Motors bietet sich als Partner an. Bisher entwickeln beide Unternehmen gemeinsam Brennstoffzellenautos.

**Nachhaltigkeit** ✖ ✖ ✖ ⊠ ⊠
Honda wurde als »Climate Change Transparency Leader« ausgezeichnet.

**Unbestechlichkeit** ✖ ✖ ✖ ⊠ ⊠
Korruptionsskandale in den 1990er Jahren. 2015 standen zwei Manager von Honda in China unter Korruptionsverdacht.

**Steuerehrlichkeit** ✖ ✖ ✖ ⊠ ⊠
Der Gründersohn wurde wegen Steuervergehen festgenommen. In Vietnam gehört Honda zu den größten Steuerzahlern.

**Humanität** ✖ ✖ ✖ ⊠ ⊠
Großer Anspruch, Arbeitnehmer einzubinden, jedoch gab es in Ländern wie China oder Mexiko Probleme mit Streikenden.

**Transparenz** ✖ ✖ ⊠ ⊠ ⊠
Transparency International kritisiert, dass Honda zu wenig Informationen über Geschäfte jenseits Japans liefert.

# Chen Hong

## SAIC

Auf der wichtigsten Automesse für den welt-größten Pkw-Markt China ist Chen Hong (geb. März 1961) gleich auf drei Ständen zu Hause. Egal ob bei Volkswagen, General Motors oder bei der Shanghai Automotive Industry Corporation (SAIC) – überall wird er in Peking hofiert. Denn der langjährige Präsident und heutige Verwaltungsratschef des nach Absatz-zahlen größten chinesischen Autobauers SAIC Motor Corporation Limited spielt überall eine Schlüsselrolle. Mit VW und GM hat das chinesi-sche Unternehmen Joint Ventures, die für rund 90 Prozent des Jahresumsatzes von insgesamt etwa 105 Milliarden Dollar sorgen.

Chens mächtige Position rührt zum Teil von seinem Geschick als Manager und den guten Kontakten in die Politik. Bei SAIC hält der Staat mehr als 74 Prozent der Anteile. Das Logistikgeschäft des Autokonzerns aber soll für 500 Millionen Dollar an die Börse. Die Regierung in Peking hat früh strategisch auf Pkws gesetzt. Als internationale Autohersteller in den 1980er Jahren das gewaltige Potenzial des Marktes mit seinen 1,4 Milliarden Menschen erkannten, machte die chinesi-sche Regierung für Ausländer Zwangshochzeiten mit chinesischen Partnern zur Bedingung für den Markteintritt. Volkswagen und GM wurden so zur Koopera-tion mit SAIC gedrängt.

Chinas staatliche Autobauer wie SAIC, FAW und Dongfeng waren zu jener Zeit mit ihrer Produktion weit von internationalen Standards entfernt. Die globalen Hersteller brachten das Fachwissen und die Technik ein, die chinesischen Partner durften die Hälfte der Gewinne einstecken. Dafür kümmerten sie sich um die Kontakte zur chinesischen Regierung. Es ist ein auskömmliches Geschäftsmodell: 2014 produzierte SAIC fast sechs Millionen Pkw.

Chen Hong ist der Prototyp einer ganzen Managergeneration in Chinas staat-lichen Autoproduzenten. Nach Abschluss seines Studiums als Elektroingenieur an der Tongji University in Shanghai 1984 stieg er bei SAIC ein; der Staatsbetrieb war damals direkt der Stadtregierung von Shanghai unterstellt. Ein Jahr später wechselte er in das neu gegründete Joint Venture mit VW. Für seinen Aufstieg war der Universitätsabschluss ebenso wichtig wie sein Parteibuch. Mit jedem Karrie-reschritt beim Joint Venture bekam Chen Hong neue Titel als zugeteilter Parteisekretär für das Unternehmen. Bis heute fungiert er als Postillion zwischen Partei und Konzern.

Eigentlich sollten die Partnerschaften die chinesischen Hersteller fit für den Weltmarkt machen. Sie sollten von den globalen Herstellern lernen, um dann eigenständig operieren zu können. Aber die Joint Ventures bescherten den chinesischen Akteuren vor allem leicht verdientes Geld. Wirkliche Innovationen mit globaler Strahlkraft aber hat keiner von ihnen bis heute hervorgebracht. SAIC übernahm Lizenzen für ausgelaufene Rover-Modelle, die jetzt als »Roewe« in den Markt kamen; nach der Übernahme der Nanjing Automotive Group 2007 gehört zudem die Marke MG zum Unternehmen. Erst zögerlich dehnt SAIC mit Übernahmen sein Auslandsgeschäft aus. In Malaysia ist das Unternehmen am Autobauer Weststar Maxus beteiligt, in Thailand will SAIC in einem Joint Venture mit der Unternehmensgruppe Charoen Pokphand Autos produzieren. Und im Inland setzt Chairman Cheng Hong auf eine Kooperation mit dem Onlinekonzern Alibaba, um neue Dienste für Autos zu entwickeln.

Aber eine neue Generation von chinesischen Autobauern ist angetreten, Fahrzeuge »Made in China« zu Weltruhm zu führen. Privatunternehmen wie Geely, BYD (»Built Your Dream«) oder Great Wall rufen zur neuen Aufholjagd. BYD ist bereits zum weltgrößten Hersteller von Elektroautos aufgestiegen, und die sportlichen Geländewagen von Great Wall haben genau den Geschmack von chinesischen Kunden getroffen. Ausgerechnet ihre Unabhängigkeit von Parteikadern und westlichen Autobauern könnte das Erfolgsrezept für die Herausforderer sein.

**Nachhaltigkeit** ✗ ✗ ⊗ ⊗ ⊗
Kein besonderer Akzent. Ideen hierzu kommen von den Partnern GM und VW.

**Unbestechlichkeit** ✗ ✗ ✗ ⊗ ⊗
Keine Anzeichen von Bestechung.

**Steuerehrlichkeit** ✗ ✗ ✗ ⊗ ⊗
Keine Auffälligkeiten.

**Humanität** ✗ ✗ ✗ ⊗ ⊗
SAIC bringt sich in den Joint Ventures vor allem bei Arbeitsfragen ein. Der Einfluss der Kommunistischen Partei ist stark.

**Transparenz** ✗ ⊗ ⊗ ⊗ ⊗
Was sich wirklich in den Joint Ventures mit westlichen Autokonzernen abspielt, bleibt Geheimsache.

# Chung Mong-Koo
## Hyundai

Chung Mong-Koo ist einer der letzten aktiven Manager, die Südkorea groß gemacht haben. Hart und kompromisslos mit der Belegschaft, der Familie und sich selbst, mitunter sozial engagiert, sich selbst nicht zu schade, auch die richtigen Stellrädchen im gesellschaftlichen Gefüge zu schmieren – und immer besessen von Qualität. Als der Chef des Vorstands und des Verwaltungsrats des südkoreanischen Autobauers Hyundai Motor & Kia Motors Corp. im Jahr 2012 das Ziel ausgab, qualitativ zu BMW und Mercedes aufzuschließen, brachte er den Kern seiner Philosophie auf den Punkt: »Wir haben den unbeugsamen Willen, Herausforderungen in Chancen zu verwandeln.« Der Patriarch (geb. 19. März 1938) arbeitet dafür noch immer von früh bis spät, auch wenn er ein Vermögen von rund 4,3 Milliarden Dollar angehäuft hat.

Seine Leistungsbilanz spiegelt diesen Willen wider. Er hat sich nicht nur einen Platz auf dem Management-Olymp gesichert, indem er den Konzern von einem kleinen Billighersteller zu einer der größten Autogruppen der Welt aufbaute. Vielmehr ist dank seines fordernden Managementstils auch die Hyundai-Hausgewerkschaft eine der streitbarsten und streikstärksten des Landes. Überdies schaffte es Chung in die Liste der zehn größten CEO-Skandale des US-Magazins »Time«. 2007 verurteilte ihn ein Gericht für Betrug und Untreue. Sein Unternehmen soll 100 Millionen Dollar in schwarze Kassen gelenkt haben, aus denen unter anderem Bestechungsgelder beglichen wurden. Doch ihm hat dieser Zwischenfall nicht dauerhaft geschadet. Seine Strafe wurde zur Bewährung ausgesetzt, und später begnadigte ihn der Staatspräsident Lee Myung-Bak.

Gewundert hat die Milde niemanden. In Südkorea ist die Verurteilung eines Konzernchefs so etwas wie ein Zeichen, dass er seinen Job richtig gemacht und seinen Beitrag zum Aufbau der Nation geleistet hat. Viele Patriarchen des Aufbaus wurden für irgendein Vergehen verhaftet, einige landeten sogar im Gefängnis. Chung galt jedoch wegen seiner Leistung bei Hyundai als unabkömmlich für die Korea AG. Sein »Chaebol«, sein Familienkonglomerat, ist offenbar etwas ganz Besonderes.

Der Unternehmer wurde während der japanischen Annexion des Landes in der Provinz Gangwon geboren, die heute im Nordosten Südkoreas liegt. Er ist der älteste Sohn von Chung Ju-Young, der es vom armen Bauernsohn zum Magnaten brachte. Nach dem Krieg gründete der Vater zunächst Hyundai als Baukonzern. Er schuf Autobahnen und die größte Werft der Welt in Ulsan. Dann folgte die Ausweitung in diverse Geschäfte, darunter 1967 die Autoproduktion. Chung

Mong-Koo übernahm ab den späten 1970er Jahren die Leitung einiger dieser Firmen – und später von Hyundai Motor.

Der Aufstieg verlief allerdings nicht ohne Unfälle. Chung übernahm von 1996 bis 1998 die Führung der gesamten Hyundai-Gruppe. Doch erst mussten im Überlebenskampf während der Asienkrise einige Unternehmen abgespalten werden, dann begann nach der Jahrhundertwende mit dem Siechtum des Vaters ein unversöhnlicher Kampf seiner Söhne um die Macht. Das Ergebnis: Der Gesamtkonzern wurde aufgespalten. Die Hyundai-Motor-Gruppe wurde zum eigenen Konglomerat, das mitsamt Kia (32,9 Prozent in Hyundai-Besitz), einigen Stahlunternehmen, dem Automobilzulieferer Hyundai Mobis (dessen Vorsitzender Chung ebenfalls ist) sowie mehr als 50 anderen Firmen jährlich rund 220 Milliarden Dollar umsetzt. Der Autokonzern selbst kommt auf 81,3 Milliarden Dollar Umsatz. Und das Sagen über dieses Imperium hat Chung, obwohl er direkt nur fünf Prozent der Aktien besitzt. Dank typisch koreanischer Überkreuz- und Schachtelbeteiligungen unter den Gruppenfirmen ist Hyundai fest in Familienhand. Der National Pension Service ist bei Hyundai Motor noch mit gut sieben Prozent dabei. Für die Autofirma war die Spaltung ein Glücksfall. Chung konzentrierte seine Energien voll auf sie. Dabei zeichnet ihn ein Talent aus, das einmalig unter Südkoreas Patriarchen ist: Er lockte reihenweise Top-Leute europäischer Firmen in das Land. Das Motto: Man setzt sich Ziele, von denen unklar ist, wie sie erreicht werden können.

Peter Schreyer, ein ehemaliger Audi-Designpapst, durfte erst die Marke Kia für den westlichen Geschmack zurechtmachen. Nun ist er Designchef für die gesamte Hyundai-Kia-Gruppe. 2015 holte Schreyer den BMW-Sportwageningenieur Albert Biermann als Vizepräsident nach. Er soll sportliches Fahrverhalten fördern. Rasch erfuhr Biermann von Chungs Qualitätsmantra. »Es hat mich überrascht, was wir hier für Zielwerte für Dauerhaltbarkeit haben, das kannte ich so nicht.« Und als der einstige VW-Chef Martin Winterkorn auf der Internationalen Automobilausstellung 2011 im Hyundai probesaß und das Lenkrad höher stellte, entfuhr selbst ihm: »Da scheppert nix! BMW kann's nicht, wir können's nicht. Warum kann's der?«

Doch auch die Zeit des Patriarchen Chung geht langsam zu Ende. Dass der Autobauer 2015 erstmals seit einiger Zeit ein Verkaufsziel verfehlte, ist ein erstes Zeichen. Wichtige Märkte wie China und Europa schwächeln. Überkapazitäten plagen die Branche. Die Hyundai-Gruppe hat reagiert. 2015 kündete der Konzern an, bis 2018 rund 45 Milliarden Dollar in neue Fabriken und knapp 35 Milliarden

Dollar in die Entwicklung zu investieren. Mit Werken in Mexiko und China soll der Anteil der vor Ort gefertigten Fahrzeuge erhöht werden, Hyundai will unabhängiger von Wechselkurskapriolen sein. Darüber hinaus soll Geld in Öko-Antriebe gesteckt werden. Bei der Brennstoffzelle, die Strom aus der Fusion von Wasser- und Sauerstoff gewinnt, gehört das Unternehmen sogar zu den Pionieren.

Hyundais Vorteil ist die Rasanz der internen Prozesse. Sobald die Führung entschieden habe, »geht es ab«, beschreibt Biermann die Chung-Kultur. Ein Problem könnte jedoch die Führungsstruktur werden. Chungs einziger Sohn Eui-sun (geb. 1970) ist zwar als Vizevorsitzender der Gruppe bereits als Thronerbe auserkoren. Sein Anteil wuchs von 0,0003 Prozent auf 2,3 Prozent. Er hat sich aber noch nicht groß auszeichnen können, da der Senior die Firma fest im Griff hat. Immerhin durfte er den neuen Luxuswagen Genesis öffentlich vorstellen.

**Nachhaltigkeit** ✖ ✖ ✖ ⊠ ⊠
Große Wichtigkeit im Konzern.

**Unbestechlichkeit** ✖ ✖ ⊠ ⊠ ⊠
Chung Mong-Koo wurde 2007 wegen Korruption zu drei Jahren auf Bewährung verurteilt und später begnadigt. Hyundai arbeitete mit der Dienstleistungsfirma Unaoil zusammen, die Politiker korrumpierte.

**Steuerehrlichkeit** ✖ ✖ ✖ ⊠ ⊠
Steueruntersuchung bei Hyundai Heavy Industries.

**Humanität** ✖ ✖ ✖ ⊠ ⊠
Initiative »Hope for wheels« gegen Krebs. Heftige Streitigkeiten zwischen Hyundai und Gewerkschaften.

**Transparenz** ✖ ⊠ ⊠ ⊠ ⊠
Sehr eingeschränkt. Sehr verschachtelte Struktur. Immerhin offenbarte Chung 2014 erstmals sein Gehalt: 13 Millionen Dollar. Attacken der politischen Opposition, schon Beteiligungen ab 20 Prozent (noch: 30 Prozent) offenzulegen.

# HANDEL

**Fam. Walton\*** 156
Walmart

**Jeffrey Brotman** 363
Costco

**Rodney McMullen** 365
Kroger

**Dieter Schwarz\*** 262
Schwarz Gruppe

**Dave Lewis** 367
Tesco

**Ginette Moulin\*** 369
Carrefour

**Fam. Albrecht\*** 248
Aldi

**Franz Markus Haniel** 371
Haniel

**Jeff Bezos\*** 177
Amazon

\* siehe Kapitel »Familien«

**Einzelhandelsumsätze**
in Mrd. US$, Juni 2015

**Gründung**

**Land**

**Größte Anteilseigner**

| # | Unternehmen / Person | Gründung | Land | Umsatz | Größte Anteilseigner |
|---|---|---|---|---|---|
| 1 | **Walmart Stores** Fam. Walton | 1962 | USA | **485,7** | Walton Enterprises: 44,2% Walton Family Holding Trust: 5,5% Vanguard: 3,2% |
| 2 | **Costco** Jeffrey Brotman | 1976 | USA | **112,6** | Vanguard: 6,7% Capital Group: 6,1% Blackrock: 5,7% |
| 3 | **Kroger** Rodney McMullen | 1883 | USA | **108,5** | Capital Group: 12,4% Blackrock: 7,1% Vanguard: 6% |
| 4 | **Schwarz Gruppe** Dieter Schwarz | 1930 | D | **102,7** | Dieter Schwarz Stiftung |
| 5 | **Tesco** Dave Lewis | 1919 | GB | **99,7** | Blackrock: 6,3% Norges Invest: 5,6% Schroder: 4,6% |
| 6 | **Carrefour** Fam. Moulin | 1959 | F | **98,5** | Familie Moulin: 11,5% Groupe Arnault: 8,9% Abilio Diniz: 8% |
| 7 | **Aldi** Fam. Albrecht | 1913 | D | **86,5** | Familie Albrecht |
| 8 | **Haniel** Franz M. Haniel | 1963 | D | **85,6** | Haniel: 25% Schmidt-Ruthenbeck: 15,8% Beisheim: 9,1% |
| 9 | **Home Depot** Frank Blake | 1978 | USA | 83,2 | Capital Group: 9,5% Blackrock: 6,3% Vanguard: 5,9% |
| 10 | **Target** Brian C. Cornell | 1902 | USA | 72,6 | State Street: 8,7% Vanguard: 6,6% Blackrock: 5,8% |
| 11 | **Amazon.com** Jeffrey Bezos | 1994 | USA | **70,1** | Jeff Bezos: 17,6% Capital Group: 7,7% Vanguard: 4,7% |

Weitere Online-Handelsunternehmen

| # | Unternehmen | Land | Umsatz |
|---|---|---|---|
| 42 | **Alibaba** | China | 12,3 |
| 47 | **eBay** | USA | 8,8 |

QUELLE: National Retail Federation

# Jeffrey Brotman

## Costco

Eigentlich wollte Jeffrey Brotman (geb. 1942) nichts mit Einzelhandel zu tun haben. Schon als Kind stand er in den Bekleidungsgeschäften seines Vaters im US-Bundesstaat Washington, faltete gemeinsam mit seinem Bruder Kisten zusammen und arbeitete als Verkäufer. Zum Abendessen waren oft Handelsreisende zu Gast. Nach seinem Jura-Abschluss an der University of Washington 1967 arbeitete Brotman zunächst als Anwalt – bevor ihn der Einzelhandel doch wieder einholte. Gemeinsam mit seinem Bruder eröffnete er einen Jeansladen für Frauen (»Bottoms«), und später Jeffrey Michael, eine Bekleidungskette für Herren. Doch es war sein Vater, der Jeffrey Brotman die Idee für ein neues Einzelhandelskonzept gab, das zu ungeahntem Erfolg führen sollte. Brotman ist Mitgründer und seit Ende 1994 Verwaltungsratschef von Costco, einem Großhändler ähnlich wie die deutsche Metro-Kette. Kunden müssen Mitglied werden, eine Mitgliedschaft gibt es ab 55 Dollar pro Jahr. Dafür bekommen die Kunden Zugang zu Lebensmitteln, Elektronik und Kleidung, die in großen Mengen und zu kleinen Preisen verkauft wird.

Das erste Unternehmen dieser Art war Price Club, das 1976 in San Diego eröffnete. »Dad hat mich nach San Diego geschleift, und ich konnte nicht fassen, dass so viele Leute dort eingekauft haben«, erinnert sich Brotman. Er zog los, um selbst etwas in dieser Art aufzubauen. Gemeinsam mit dem früheren Price-Club-Manager Jim Sinegal gründete er 1983 den ersten Costco in Seattle.

Das Konzept war so erfolgreich, dass Costco rasch expandierte, 1985 an die Börse ging und 1993 sogar Price Club übernahm. Heute hat Brotmans Imperium 705 Filialen; 493 davon befinden sich in den USA, der Rest in Kanada, Mexiko, Großbritannien, Australien, Japan, Korea, Taiwan und seit Neustem auch in Spanien. 114 Milliarden Dollar setzte Costco im Geschäftsjahr 2014/2015 (30. August) um. Der Konzern mit Sitz in Issaquah im Bundesstaat Washington ist der größte auf einer Mitgliedschaft basierende Großhändler der Welt und der zweitgrößte Einzelhändler hinter Walmart. Er beschäftigt 200.000 Voll- und Teilzeitangestellte.

Auch wenn Costco heute um ein Vielfaches größer ist als die Kette seines Vaters, immer noch gelten die Prinzipien von Brotman senior. Costco zahlt mit die besten Löhne der Branche, ist bekannt für seine gute Krankenversicherung und befördert

Manager nur von innen. »Mein Vater hatte Mitgefühl für seine Mitarbeiter, er hat sie so behandelt, als gehörten sie zur Familie, und wir haben das für Costco so übernommen«, erklärt Jeffrey Brotman. In den Medien wird Costco daher oft als »Anti-Walmart« gefeiert. Brotman weiß, dass seine wohltätige Haltung gegenüber Mitarbeitern und Lieferanten die Analysten der Wall Street irritiert. Doch steht er dazu: »Am Ende des Tages werden so auch die Aktionäre belohnt. Das ist eine sehr langfristige Sicht – eine, die es heute an der Wall Street nicht gibt.«

Costo hat deutlich geringere Margen als Walmart. Der Großteil des Gewinns kommt aus den Mitgliedsbeiträgen. Die Aktionäre mögen das Konzept. Seit dem Börsengang Ende 1985 hat das Papier um mehr als 9000 Prozent zugelegt. Die überwiegende Mehrheit der Costco-Aktien gehört heute institutionellen Investoren. Der Vermögensverwalter Vanguard ist größter Anteilseigner mit knapp sieben Prozent, gefolgt von Capital Group und Blackrock. Weniger als ein Prozent der Aktien gehört Insidern, zu denen neben Brotman auch Mitgründer Jim Sinegal gehört, der bis zur Pensionierung 2012 Costcos Vorstandschef war.

Über Brotmans Vermögen ist wenig bekannt. Im Geschäftsjahr 2014/2015 verdiente er knapp 6,3 Millionen Dollar. Brotman hat zudem früh in Starbucks investiert und saß lange Jahre im Verwaltungsrat der Kaffee-Kette. Warren Buffetts Geschäftspartner Charlie Munger sitzt seit 1997 im Costco-Verwaltungsrat und hält Aktien des Konzerns. »Ich glaube, Costco tut mehr für die Zivilisation als die Rockefeller-Stiftung«, schwärmte er 2010 bei einer Diskussion an der University of Michigan. Costco sei »eine der bewundernswertesten kapitalistischen Institutionen auf der Welt«, legte er ein Jahr später auf der Hauptversammlung von Buffetts Konzern Berkshire Hathaway nach. »Andere Unternehmen finden Wege, um Geld zu sparen, und wandeln die Ersparnisse in Gewinne um.« Costco dagegen gebe die Ersparnisse an die Kunden weiter, das sei »fast eine religiöse Pflicht«.

**Nachhaltigkeit** ✖✖☒☒☒
Greenpeace vergibt nur einen mittleren Wert. Costco engagiere sich zwar bei der Nachhaltigkeit, etwa was die Herkunft von Thunfisch angeht, es gebe aber viel zu tun. Eine Hühnerfarm, die Eier an Costco liefert, fiel mit übler Massentierhaltung auf.

**Unbestechlichkeit** ✖✖✖✖☒
Keine Hinweise auf Korruption.

**Steuerehrlichkeit** ✖✖☒☒☒
Costco taucht in den »Panama Papers« auf. 2013 erhöhte der Einzelhandelskonzern die Dividende, um so weniger Steuern zahlen zu müssen.

**Humanität** ✖✖✖☒☒
In den meisten Costco-Dependancen sind Gewerkschaften nicht vertreten. Gute Bezahlung und Absicherung des Personals.

**Transparenz** ✖✖☒☒☒
Einige Lieferketten sind unklar, sodass Kinderarbeit bei Fischzulieferern nicht ausgeschlossen werden kann.

# Rodney McMullen
## Kroger

Es ist eine Karriere, die Amerikaner so lieben: vom Regal-Einräumer zum Chef. Rodney McMullen hat das geschafft. Um sein Studium zu finanzieren, jobbte er im lokalen Supermarkt der Kette Kroger in Lexington im US-Bundesstaat Kentucky. Er füllte Regale, packte Einkaufstüten der Kunden, saß an der Kasse. Er kannte jede Abteilung und arbeitete in jeder Schicht. McMullen war der Erste in seiner Familie, der es aufs College geschafft hatte. Nach dem Master in Rechnungswesen wollte er dann bei einem Wirtschaftsprüfer arbeiten, doch seine Vorge-

setzten bei Kroger boten ihm einen Job an. Also zog er nach Charlotte in North Carolina und beaufsichtigte dort die Buchhaltungsabteilung. 1986 wurde er als Finanzanalyst in die Kroger-Zentrale nach Cincinnati, Ohio, beordert. Mitte der 1990er, im Alter von 35 Jahren, wurde McMullen Finanzchef, 2009 dann Vorstand fürs operative Geschäft und schließlich Vorstandsvorsitzender.

Kroger ist Amerikas größter Betreiber von Supermarktketten mit einem Umsatz von mehr als 100 Milliarden Dollar in 2015. Die Firma war 1883 in Cincinatti von Bernard Kroger gegründet worden, einem Sohn deutscher Einwanderer. Sie hatte über 5000 Läden, als der Gründer im Jahr 1927, kurz vor der Weltwirtschaftskrise, seine Anteile an die Bank Lehman Brothers verkaufte. Er genoss danach das Leben mit seiner jungen Braut, gab jedem seiner Kinder eine Million Dollar und zog sich nach Cape Cod zurück. Heute ist Kroger ein Konglomerat, das über die Jahrzehnte hinweg immer neue Supermarktketten hinzugekauft hat, um so seinen Einfluss gegenüber Lieferanten auszubauen. Rund 3000 Supermärkte und Kaufhäuser gehören mittlerweile zum Imperium. McMullen dirigiert auch Ketten wie King Soopers, Ralphs und seit Neuestem Roundy's, die vor allem in Chicago stark ist. Hinzu kommen mehr als 300 Juweliere, 36 Verteilungszentren und knapp 40 Lebensmittelwerke. Insgesamt beschäftigt Kroger 430.000 Mitarbeiter.

McMullen ist ein Manager der alten Schule. »Der Kunde kommt an erster Stelle«, lautet sein Mantra. »Wenn wir uns um die Kunden kümmern, um unsere Mitarbeiter und um die Viertel, in denen unsere Supermärkte sind, dann geben die Kunden mehr Geld in unseren Läden aus, und dann profitieren auch die Aktionäre davon«, erklärt er seine Philosophie. »Sich direkt an den Bedürfnissen der Aktionäre auszurichten, funktioniert vielleicht kurzfristig, aber das ist nicht besonders nachhaltig.«

Dennoch genießt McMullen das Vertrauen der Aktionäre. In den ersten zweieinhalb Jahren seiner Amtszeit ist der Aktienkurs um rund 80 Prozent gestiegen. Der breit gefasste S&P 500 Index dagegen legte in der gleichen Zeit nur um elf Prozent zu. Kroger zahlt seit zehn Jahren kontinuierlich Dividenden und kann kontinuierliches Wachstum vorweisen. 50 Quartale in Folge stiegen die Supermarkt-Umsätze, zwischen 2005 und 2016 wuchs der Marktanteil. Damit ist Kroger ein Darling der Wall Street. Zu den größten institutionellen Anlegern gehören The Capital Group (12,4 Prozent), Blackrock (7,1 Prozent), Vanguard (5,9 Prozent) und State Street (4,3 Prozent). Auch die Allianz Asset Management ist mit knapp einem Prozent beteiligt.

Dass McMullen einer der mächtigsten Supermanager Amerikas ist, lässt er sich nicht anmerken. Bescheiden, ruhig und freundlich tritt er auf, spricht mit weicher Stimme. »Wer ihn nur beiläufig kennt, würde nie wissen, was für ein Talent in ihm steckt«, sagte sein früherer Mentor Bill Sinkula, der Finanzchef bei Kroger war: »Er gehört nicht zu der Sorte Manager, die gern prahlt oder aggressiv ist.« Mit ruhiger Hand will McMullen den Konzern ins digitale Zeitalter führen. Er gehört zwar nicht zur Generation der Digital Natives, hat aber längst verstanden, dass es den Kunden nicht nur um ein gutes Einkaufserlebnis in den Supermärkten geht. Auch Apps, mit denen sich schnell noch ein paar Lebensmittel bestellen lassen, die Rezeptvorschläge liefern und Rabatt-Punkte sammeln, gehören zum zeitgemäßen Supermarkt dazu. Kroger gründete 2015 eine eigene Analyse-Einheit, die Einkaufspräferenzen von Millionen Kunden untersucht – online wie offline in den Supermärkten. McMullen sieht das als »deutlichen Wettbewerbsvorteil«.

**Nachhaltigkeit** ✘✘✕✕✕
Greenpeace meint, Kroger verkaufe mehr gefährdete Fischarten als andere. PETA kritisiert die Hühneraufzucht. Die Ohio Citizen Action protestierte gegen die Nutzung der Chemikalie Bisphenol A bei der Konservierung von Nahrung. Das Unternehmen hat gleichwohl viele Initiativen für mehr Nachhaltigkeit gestartet.

**Unbestechlichkeit** ✘✘✘✕✕
Keine Hinweise auf Korruption.

**Steuerehrlichkeit** ✘✘✕✕✕
Ein Mitarbeiter war 2002 in ein Steuervermeidungssystem verstrickt. Das führte rechnerisch zu Steuerverlusten. Kroger half bei der Aufklärung.

**Humanität** ✘✘✘✕✕
Kroger warnte die früheren und heutigen Angestellten rechtzeitig, dass persönliche Daten gehackt worden seien.

**Transparenz** ✘✘✘✘✕
Hohe Ansprüche, die in dem börsennotierten Unternehmen erfüllt werden.

# Dave Lewis
## Tesco

Es ist eine Zahl, die kein Vorstandschef gerne vorträgt. Doch Dave Lewis weiß, dass er keine Wahl hat. Die Stimme des seit Herbst 2014 amtierenden Vorstandschefs des britischen Handelsriesen Tesco ist fest, als er auf seiner ersten Jahrespressekonferenz die Ziffer des Vorsteuerverlusts aussprechen muss: 10,3 Milliarden Dollar! Der angeschlagene Einzelhandelskonzern, 1919 gegründet, schreibt damit das größte Minus seiner Geschichte – und einen der größten Verluste, die ein britisches Unternehmen jemals verbucht hat. Das ist bitter für den Konzern, der 2014/15 noch knapp 93 Milliarden Dollar umgesetzt hat und ein Jahr später nur noch gut 82 Milliarden und der von großen institutionellen Investoren kritisch beäugt wird: von Blackrock (6,3 Prozent), Norges Invest (5,6 Prozent) und der Asset-Management-Firma Schroders PLC (4,6 Prozent). Sie setzen auch auf den eingewechselten Chefaufseher John Allan, vorher Aufsichtsratschef des britischen Händlers Dixon und Finanzvorstand der Deutschen Post AG.

Falls sich Lewis noch Illusionen über die Größe seiner neuen Aufgabe gemacht haben sollte, sind sie spätestens mit diesem Moment zerstoben. Der Konzern mit seinen weltweit mehr als 470.000 Beschäftigten steckt seit mehreren Jahren in der Krise. Tesco, das ist der traurige Abstieg einer Ikone. Der Konzern galt über Jahrzehnte als Branchenvorbild und wuchs stetig, doch die Führung konzentrierte sich am Ende zu sehr auf die Expansion im Ausland und vernachlässigte den wichtigen Heimatmarkt. Nun muss Lewis den drittgrößten Einzelhandels-Konzern der Welt wieder auf Kurs bringen – und die Rivalen Aldi und Lidl auf Abstand. Es ist ein schwieriger Feuerwehreinsatz für den neuen Chef, der vom Markenartikel-Hersteller Unilever kam. Doch er gibt den Abwehrkampf auf der britischen Insel gegen die beiden deutschen Discount-Riesen nicht verloren. Bei seinem früheren Arbeitgeber erwarb sich der Mann aus Yorkshire den Spitznamen »Drastic Dave«, »drastischer Dave«. Er hatte die britische Unilever-Sparte 2007 auch mithilfe Hunderter Entlassungen erfolgreich saniert. Ein Vorgehen, das er nun auch bei Tesco anwendet. So hat er dem fünftgrößten Supermarktkonzern der Welt ein massives Sparprogramm und einen Umbau verordnet.

43 unprofitable Geschäfte wurden geschlossen, der Firmensitz in Chesnut ent-

fiel, die Investitionen wurden um die Hälfte gestrichen, und ein neuer Preiskampf mit der Konkurrenz setzte ein. Um sich finanziell Luft zu verschaffen, begann Tesco damit, Randgeschäfte zu verkaufen. 2015 waren das die Supermärkte in Südkorea. Es ist ein Maßnahmenpaket, das erste Wirkungen hatte. Denn das wichtige Weihnachtsgeschäft zur Jahreswende 2015/2016 auf der Insel lief für den schwächelnden Giganten besser als erwartet. Mit 245 Millionen Dollar kehrte Tesco im gesamten Geschäftsjahr in die schwarzen Zahlen zurück.

Das war ein dringend ersehntes Lebenszeichen. Seit Jahren laufen den großen britischen Ketten wie Asda, Sainsbury und Marktführer Tesco zunehmend die Kunden davon, weil viele von ihnen verstärkt bei den Discountern einkaufen. Tesco wurde zudem noch von einem imageschädigenden Bilanzskandal erschüttert, als aufflog, dass die Halbjahreszahlen des Konzerns vor gut zwei Jahren nicht stimmten. Nun schöpft Tesco wieder Hoffnung. »Es gibt noch eine Menge zu tun, aber wir haben gute Fortschritte gemacht und bewegen uns innerhalb der Gewinnprognosen für das gesamte Jahr«, erklärte Lewis.

Die Not ist weiterhin groß. Der Slogan des Handelsriesen lautet zwar: »Jede Kleinigkeit hilft.« Doch mit Kleinigkeiten ist es für den Topmanager längst nicht mehr getan. So hatte der Konzern im Februar 2016 Schulden von 24 Milliarden Dollar angehäuft. Die Anmutung der Märkte soll jetzt mehr Kunden locken: mit niedrigeren Preisen, besserem Service und einem überzeugenderen Sortiment. Doch auch die Discounter haben ihr Sortiment teilweise sehr geschickt erweitert – etwa durch edle Weine, Hummer und Champagner zu Weihnachten – und so ganz neue Kunden aus der Mittelschicht angezogen. »Viele Kunden haben die Discounter in der Krise kennengelernt – und entdeckt, dass sie Angebot und Preise mögen«, analysiert Einzelhandelsexperte Fraser Mc Kevitt vom Brancheninstitut Kantar Worldpanel. Für Lewis sind das keine ermutigenden Nachrichten.

**Nachhaltigkeit** ✗ ✗ ✗ ✗ ✗
Großes Bekenntnis zu weniger Umweltbelastung und einer sauberen Lieferkette. Nach Protesten entschloss sich Tesco, auf Eier von Legehennen von 2025 an ganz zu verzichten. Der Konzern listet Thunfischprodukte aus, die nicht mit einer nachhaltigen Methode gefangen werden.

**Unbestechlichkeit** ✗ ✗ ✗ ✗ ✗
Keine aktuellen Korruptionsfälle bekannt.

**Steuerehrlichkeit** ✗ ✗ ✗ ✗ ✗
Tesco ist nach einer Untersuchung von 2013 großer Nutzer von Steueroasen.

**Humanität** ✗ ✗ ✗ ✗ ✗
Proteste der Labour Party gegen den Einsatz superbilliger Arbeitskräfte aus Osteuropa. In Irland empfahl das Arbeitsgericht einen Bonus und eine Gehaltserhöhung für das Personal.

**Transparenz** ✗ ✗ ✗ ✗ ✗
Neues Management um mehr Offenheit bemüht. Ärger wegen erfundener Farm-Namen, mit denen Tesco wirbt. Dubiose Buchhaltung 2014.

# Ginette Moulin
## Carrefour

In Paris gilt sie als »Lady aus Eisen«. Tatsächlich ist Ginette Moulin (geb. 7.2.1927) auch im Alter eine überaus aktive Unternehmerin geblieben. So hat die Enkelin von Théophile Bader, Gründer der Galeries Lafayette, nicht eher geruht, bis sie die bestimmende Kraft im französischen Handelsunternehmen Carrefour war. Hier hatte sich die Besitzerstruktur sehr häufig verändert. Die weltweite Nummer sechs unter den Einzelhändlern, gegründet 1960, wurde bis 1999 erst von der Gründerfamilie Fournier, dann von der Familie Halley bestimmt. Von 2007 an verstärkte Bernard Arnault, Patron des Luxuskonzerns LVMH, seine Anteile. Und kaum ein Jahr später übernahm er die Rolle des wichtigsten Aktionärs, als der Aktionärspakt der Familie Halley zerbrach, und nur noch viele Kleinaktionäre übrig blieben. Robert Halley trat als Präsident des Aufsichtsrats zurück.

Heute ist die Moulin-Familie mit einem Kapitalanteil von mehr als 11,51 Prozent (Stimmrechte: 10,14 Prozent) die größte Macht. Der Clan der eisernen Lady war im April 2014 überraschend mit 6,1 Prozent eingestiegen und hat seitdem immer wieder aufgestockt. Im Februar 2016 erklärten die Moulins, sie würden weitere Aktien kaufen – kontrollieren wollten sie den Konzern aber nicht. Co-Gesellschafter sind Arnault (Anteil: 8,95 Prozent), der brasilianische Geschäftsmann Abilio Diniz (acht Prozent) und der US-Investor Colony Capital (fünf Prozent). Aber je stärker Ginette Moulin wurde, desto lauter wurden Gerüchte, Arnault oder Colony Capital würden sich zurückziehen.

Jeder weiß, wie einflussreich Ginette Moulin und die Ihrigen sind, schließlich besitzen sie in vierter Generation die Kaufhauskette Galeries Lafayette. Seit Juni 2015 hält die Familie zwei Sitze im Verwaltungsrat von Carrefour: Ginettes Schwiegersohn Philippe Houzé, Präsident des Direktoriums von Galeries Lafayette, sowie ihre Tochter Patricia Lemoine sind hier aktiv. Als ein Grund für den Einstieg der Familie gilt eine alte Freundschaft von Philippe Houzé mit Georges Plassat, dem Chef von Carrefour. Die Moulin-Familie hatte vorher Anteile der Supermarktkette Monoprix an den Rivalen Casino verkauft und wollte eigentlich das Kaufhaus Printemps kaufen – doch da kamen ihr Investoren aus Katar zuvor. Es verblieb Carrefour.

Der Konzern mit fast 400.000 Mitarbeitern setzt auf Erneuerung. 2015 legte der Betriebsgewinn in einer bereinigten Konzernrechnung gut zu, nun soll Geld für Renovierungen in Frankreich bereitgestellt werden; hier laufen die Geschäfte nicht so gut, steuern aber immer noch die Hälfte zum Geschäft bei. In ganz Europa werden drei Viertel verdient. In Deutschland ist Carrefour nicht vertreten. Brasilien ist nach Frankreich der wichtigste Markt für das Unternehmen, das in rund 35 Ländern, darunter auch China, aktiv ist. Das Einflussgebiet wurde auch mehr nach Osteuropa ausgeweitet, so kaufte Carrefour Rewe-Filialen in Rumänien. Zur Strategie gehört, sich aus Ländern zurückzuziehen, in denen die Kette nicht einer der Hauptanbieter ist.

Jahrelang litt Carrefour unter der Konkurrenz der Discounter. Doch Vorstandschef Plassat hat den Laden umgekrempelt; er gab untergeordneten Managern mehr Freiheiten. Unter dem Hin und Her der Besitzer und einem schwierigen Umfeld nach der Finanzkrise litt die Carrefour-Aktie. Analysten sehen sie unterbewertet und halten einen Anstieg für wahrscheinlich, weil der Konzern heute stabiler aufgestellt ist als noch vor einigen Jahren. Ginette Moulin leitet auch einen Familienfonds für zeitgenössische Kunst. Und der Clan kontrolliert Flexico, eine Firma für Plastiktüten.

**Nachhaltigkeit** ✖ ✖ ✖ ⊗ ⊗
Carrefour sieht sich als Vorreiter. Einmal im Jahr müssen Zulieferer einen detaillierten Fragebogen zu Nachhaltigkeit ausfüllen. Vorbildliche Firmen werden ausgezeichnet. Das Portal Wegreen bewertet Carrefour dennoch nur als »mittelmäßig«.

**Unbestechlichkeit** ✖ ✖ ✖ ⊗ ⊗
Schwerer Korruptionsfall in China 2007: 20 Einkaufsleiter und Lieferanten wurden festgenommen. Danach rief Carrefour zum Kampf gegen Korruption auf.

**Steuerehrlichkeit** ✖ ✖ ✖ ⊗ ⊗
Die griechische Tochter der Supermarktkette betrog den Staat um die Mehrwertsteuer.

**Humanität** ✖ ✖ ✖ ⊗ ⊗
Nach Angaben der Organisation achACT aus Brüssel weigerte sich Carrefour lange Zeit, in einen Entschädigungsfonds für eine 2013 eingestürzte Textilfabrik in Bangladesch zu zahlen.

**Transparenz** ✖ ✖ ✖ ⊗ ⊗
Börsennotiertes Unternehmen, das seine sozialen Aktivitäten genau auflistet.

# Franz Markus Haniel
## Haniel

Franz Markus Haniel (geb. 1. April 1955) ist ein Mann, der Familienwerte gar nicht hoch genug bewerten kann. Er lebt in München und reist öfter im Jahr nach Duisburg-Ruhrort, dorthin, wo die Vorfahren im Jahre 1756 wirtschaftlich tätig wurden. Jedes Frühjahr trifft sich die ganze Familie dort und entscheidet per Stimmenpool über wichtige Fragen. Persönlich ist »FMH« (oder auch »Franzi«) – ein studierter Maschinenbauer, der in der Geschäftsführung des Banknotendruckers Giesecke & Devrient gearbeitet hat – sehr umgänglich und höflich. Auch wenn es im Kreis der 1400 Familienmitglieder, davon 680 Anteilseigner der Franz Haniel & Cie., viele Jahre knarzte und rumorte, bewahrte der Sprecher der Dynastie doch stets Contenance. Das war schwierig genug. Geht es doch darum, das ganze Unternehmen »enkelfähig« zu halten, wie es bei Haniel heißt. Unter diesem Titel erscheint sogar ein Magazin, das sich mit Nachhaltigkeit in der Holding beschäftigt. Darin erklärt Franz Markus Haniel: »Haniel hat eine Kultur des Anstands, die über Jahrhunderte eingeübt wurde. Und die sich an allgemein akzeptierten Werten festmacht, wie dem des ehrbaren Kaufmanns.«

Ehrbarer Kaufmann ja, aber auch fehlbarer Kaufmann? Allen war ein Schock in die Glieder gefahren, als 2013 angesichts von 1,9 Milliarden Euro Verlust die Dividende ausfallen musste. An Aufsichtsratchef Franz Markus Haniel hielten sie dennoch fest. Einige Familienmitglieder haben all die Jahre von der Zuweisung gelebt, es war ihr Einkommen. Anteilsscheine können auch nicht gegen höchstes Gebot am Markt verkauft werden, sondern sind der Familie anzudienen – zunächst dem eigenen Stamm, dann dem nächstentfernten und schließlich anderen, ferneren Verwandten. Die angestellten Top-Manager hatten sich damals richtig verkalkuliert, was zu etlichen abrupten Führungswechseln führte. Hauptfehler war die Aufstockung des Anteils am Handelskonzern Metro von 18,5 auf 30,01 Prozent von 2005 an. Das geschah für drei Milliarden Euro auf Pump, großzügig gewährt beispielsweise von der BayernLB. Das Unternehmen Metro hatten die Haniels einst mit den Familien Schmidt-Ruthenbeck und Otto Beisheim gegründet, nun aber wollten die Duisburger den Handelskonzern erst ganz übernehmen und dann zerschlagen. Das war der Masterplan des früheren Daimler-Managers Eckhardt Cordes, der zeitweise sowohl bei Metro als auch bei Haniel Vorstandschef war. Die Metro-Aktien allerdings wurden zu Höchstpreisen von bis zu 60 Euro und mehr eingekauft, die nie wieder erreicht wurden. Die Finanzkrise zertrümmerte Kurswerte. Der Klotz Metro bremste den ganzen Familienkonzern und die Familienmitglieder, und irgendwann war Cordes weg und der zwischen-

zeitlich sehr unglücklich agierende Jürgen Kluge als Haniel-Chef auch.

Die Neuen im Top-Management verhökerten einen Teil der Aktien im Mai 2015 mit Verlust wieder, und Franz Markus Haniel gab den viele Jahre lang gehaltenen Metro-Aufsichtsratsvorsitz ab. Das Debakel mussten der Verkauf des Pharmagroßhändlers Celesio an den US-Konzern McKesson für rund zwei Milliarden Euro sowie später der Verkauf der Metro-Tochter Kaufhof an die kanadische Handelsgesellschaft Hudson Bay Company ausgleichen. Misslich auch, dass die politischen Probleme in Russland den geplanten Börsengang des Cash & Carry-Geschäfts von Metro im Land verhinderten und dass Dauerstreitigkeiten bei den Elektronikhäusern Media-Saturn mit dem Minderheitsgesellschafter Erich Kellerhals die Stimmung drückten.

Inzwischen haben Haniel-Chef Stephan Gemkow, einst Finanzchef bei Lufthansa, und Metro-Chef Olaf Koch, vorher Finanzchef im Unternehmen, die dauernde Dividendenfähigkeit wieder erreicht. Die Nettofinanzschulden der Holding sanken von 2,2 Milliarden Euro auf 445 Millionen. Umsatz: 3,8 Milliarden Euro. Der neue Plan sieht vor, als Family-Equity-Unternehmen aufzutreten. Die Duisburger denken an ganz viele Beteiligungen über jeweils 100 Millionen Euro Umsatz, hatten aber lange Zeit nur die belgische Matratzenfirma Bekaerts Textiles als Neuerwerbung vorzuzeigen. Zu den Altbeteiligungen gehören CWS-Boco (Berufskleidung), Takkt (Büroausstattung) und ELG (Edelstahlhandel). Die betreuten Firmen sollen über zehn Jahre und mehr entwickelt und gegebenenfalls einer für Haniel rentablen Weiterreichung zugeführt werden. Bloß kein »Klumpenrisiko« mehr wie bei Metro, sagen sie sich in Duisburg. Mancher denkt nostalgisch an die alte Zeit, als die firmeneigene Segelyacht Diana Kunden und wichtige Mitarbeiter von Mallorca aus übers Mittelmeer schipperte. Sie ist verkauft.

Über die Geschicke bei Haniel bestimmt ein Beirat. Dessen rund 30 Mitglieder werden nach einem sorgsam erstellten Schlüssel aus den einzelnen Familienstämmen gewonnen. Entscheidend war früher ein »Kleiner Kreis«(KK) aus neun Personen. Inzwischen wird er aus vier Familienmitgliedern und zwei Externen gebildet. Und es gibt alle zwei Jahre ein »Jugendtreffen« für alle unter 40. Zu dieser illustren Familie, die künftig stärker an den Segnungen der Marktwirtschaft Anteil haben will, gehören zum Beispiel Ex-Banker Georg F. Baur, heute Kirschenzüchter, Designer Christoph Böninger, Christan Graf von Dürckheim-Ketelhodt, der sich mit der Dom-Brauerei in Köln versuchte, sowie der argentinische Pferdekutschenmeisterfahrer Baron Wolf von Buchholtz.

Die Gesamtkonstruktion, das haben die letzten Jahre gezeigt, führt nicht zu besonderer Dynamik. Familienfirmen wie Henkel oder BMW oder Beiersdorf haben das besser gelöst. Immerhin stimulieren seit 2012 zwei Externe den »Kleinen Kreis«: Dort sitzen inzwischen Ex-Henkel-Vorstand Thomas Geitner und Burda-Vorstandschef Paul-Bernhard Kallen. Von der Aufnahme fremder stiller Gesellschafter oder sogar einem Börsengang von Franz Haniel & Cie. (13.000 Mitarbeiter) ist nicht die Rede. Ganz oben bei den aktuellen Projekten steht die Beteiligung und Förderung von Start-ups, über die Digitaleinheit »Schacht One« auf der Zeche Zollverein in Essen. Alles natürlich voll und ganz »enkelfähig«.

**Nachhaltigkeit** ✗ ✗ ✗ ✗ ✗
Motto ist »Werte steigern, Werte leben«. Der UN-Initiative Global Compact beigetreten.

**Unbestechlichkeit** ✗ ✗ ✗ ✗ ✗
Bei der Metro-Tochter Media-Saturn gab es 2011 fünf Korruptionsfälle. Ein Manager und ein Bauträger mussten für mehrere Jahre ins Gefängnis.

**Steuerehrlichkeit** ✗ ✗ ✗ ✗ ✗
Mitarbeiter der Media-Saturn-Firma Redcoon sollen Umsatzsteuer hinterzogen haben. Metro sieht sich als Geschädigter.

**Humanität** ✗ ✗ ✗ ✗ ✗
Bildungsprojekte der Haniel-Stiftung.

**Transparenz** ✗ ✗ ✗ ✗ ✗
Vorgänge rund um die Metro-Beteiligung waren undurchsichtig. Größeres Bemühen der Familie um Offenheit erkennbar.

# CHEMIE/PHARMA

*siehe Kapitel »Energie/Rohstoffe«

## Umsatz*
in Mrd. US$, 2014

| | CHEMIE (inkl. Petrochemie) | Gründung | Land | Umsatz* | Größte Anteilseigner |
|---|---|---|---|---|---|
| 1 | **Dow Chemical\*\*** <br> Andrew N. Liveris | 1802 | USA | **92,9** | Capital Group: Dow 4,7%, DuPont 11,6% <br> Vanguard: Dow 6,4%, DuPont 6,4% <br> Blackrock: Dow 5,9%, DuPont 6,4% |
| 2 | **BASF** <br> Kurt Bock | 1865 | D | **90** | Blackrock: 6% <br> Norges Invest: 3% <br> Vanguard: 2,5% |
| 3 | **Sinopec** <br> Wang Yupu | 2000 | China | **68,9** | China Petrochemical Corp. (Staatsbesitz): 72,5% <br> HKSCC Nominees Limited: 21,5% |
| 4 | **ChemChina\*\*\*** <br> Re Jianxin | 1984 | China | 60,1 | Staat China |
| 5 | **ExxonMobil** <br> Rex Tillerson | 1866 | USA | **56,4** | Vanguard: 6,4% <br> Blackrock: 5,8% <br> State Street: 4,3% |
| 6 | **Sabic** <br> Saud bin Thenayan Abdullah bin Al-Saud | 1976 | Saudi-Arabien | **50,1** | Public Investment Fund: 70% <br> General Org. Social Insurance: 5,7% <br> HSBC Saudi Arabia: 0,1% |
| 7 | **LyondellBasell** <br> Bhavesh V. (Bob) Patel | 1966 | Niederlande | 45,6 | Access Industries: 18% <br> FMR: 6,9% <br> Blackrock: 5,2% |
| 8 | **Mitsubishi Chemical** <br> Hitoshi Ochi | 1934 | Japan | 30,5 | Master Trust Bank of Japan: 5,6% <br> Sumitomo Mitsui Trust: 5,4% <br> Meiji Yasuda Life Insurance: 4,3% |
| 9 | **Ineos** <br> Jim Ratcliffo | 1998 | Schweiz | 27 | Jim Ratcliffe: 60% <br> Andy Currie: 20% <br> John Reece: 20% |
| 10 | **Bayer\*\*\*\*** <br> Werner Baumann | 1863 | D | 27 | Blackrock: 6,6% <br> Capital Group: 5% <br> Sun Life Financial: 3% |

*nur Chemie-Umsatz der Konzerne
**vorbehaltlich der Zustimmung der Kartell- und Aufsichtsbehörden
***inkl. Syngenta
****ohne Monsanto

Gründung

## PHARMA

| | | Gründung | Land | Umsatz* | Größte Anteilseigner |
|---|---|---|---|---|---|
| 1 | **Novartis**<br>Jörg Reinhardt | 1758 | Schweiz | 51,3 | Novartis: 6,2%<br>Emasan (Familie Sandoz): 3,3%<br>Blackrock: 3% |
| 2 | **Pfizer**<br>Ian Read | 1849 | USA | 44,9 | Blackrock: 7,6%<br>Vanguard: 6,1%<br>State Street: 5,3% |
| 3 | **Sanofi**<br>Olivier Brandicourt | 1718 | F | 40 | L'Oréal: 9,2%<br>Blackrock: 5,5%<br>Vanguard: 2% |
| 4 | **Roche**<br>André Hoffmann | 1896 | Schweiz | 37,6 | Fam. Oeri-Hoffmann:<br>45% der Stimmrechte |
| 5 | **Merck & Co**<br>Kenneth Frazier | 1654 | USA | 36,6 | Blackrock: 6,7%<br>Wellington: 6,4%<br>Vanguard: 6,3% |

## GESUNDHEITSWESEN

**Umsatz**
in Mrd. US$, 2015

| | | Gründung | Land | Umsatz | Größte Anteilseigner |
|---|---|---|---|---|---|
| 1 | **McKesson**<br>John Hammergren | 1833 | USA | 190,9 | Wellington: 6,7%<br>Blackrock: 6,6%<br>Vanguard: 6,1% |
| 2 | **Unitedhealth**<br>Stephen J. Hemsley | 1977 | USA | 157,1 | Blackrock: 7,1%<br>Capital Group: 7,1%<br>FMR: 6,0% |
| 3 | **CVS**<br>Larry Merlo | 1963 | USA | 153,3 | Blackrock: 6,4%<br>Vanguard: 6,3%<br>FMR: 5,3% |
| 4 | **AmerisourceBergen**<br>Steven Collis | 1878 | USA | 136 | Blackrock: 8%<br>Vanguard: 7,6%<br>WAB Holding: 5,6% |
| 5 | **Walgreens Boots Alliance**<br>Stefano Pessina | 1849 | USA | 103,3 | Stefano Pessina: 13,1%<br>Vanguard: 5,2%<br>KKR: 4,9% |

*nur Pharma-Umsatz der Konzerne
QUELLE: ICIS, IMS Health, Bloomberg

## Andrew N. Liveris
### Dow Chemical

Man würde es Andrew Liveris (geb. 5. Mai 1954) ohne Weiteres zutrauen, dass sein Aufstieg an die Spitze der Weltchemie einem konsequent umgesetzten Plan folgte. Der Chef von Dow Chemical ist ein energiegeladener, zielstrebiger Manager. 40 Jahre hat er sich in dem amerikanischen Chemieriesen hochgearbeitet. Wenn er dessen Strategie präsentiert, schimmert das südländische Temperament seiner griechischen Vorfahren durch. Am 11. Dezember 2015 überraschte der gebürtige Australier dann alle Branchenkenner und Beobachter mit einem Deal, den vor wenigen Jahren noch kaum jemand für möglich gehalten hätte: die Fusion der beiden größten US-Chemiekonzerne Dow und DuPont. Letztes Hindernis ist die EU-Kommission, die sich den Deal noch einmal genau anschauen will. Es sei entscheidend, was er für die Bauern bedeute, die Saatgut und Pflanzenschutzmittel kaufen müssen. Ein gemeinsamer Konzern bringt 75 Milliarden Dollar Umsatz und 120 Milliarden Dollar Börsenwert auf die Waage – und überrundet damit den bisherigen Branchenführer BASF in jeder Hinsicht.

Sowohl Liveris als auch sein neuer Partner, der DuPont-Vorstandschef Edward Breen (geb. 1956), waren bei dem Coup jedoch gleichermaßen Treiber wie Getriebene. Liveris hat den Investor Daniel Loeb mit dessen Fonds Third Point im Nacken, Kollege Breen, der CEO von Dow DuPont werden soll, wiederum den Finanzier Nelson Peltz mit dessen Gesellschaft Trian Fund Management. Beide auf Krawall gebürstete Finanzinvestoren haben seit Jahren auf Einschnitte und eine Reorganisation der Chemieriesen gedrängt. An der größten Chemiefusion aller Zeiten dürften sie damit mindestens ebenso hohen Anteil haben wie die beiden CEOs. Bei DuPont hatte Peltz 2015 Ellen Kullman von der Führungsspitze verjagt, die in fünf Jahren alles Mögliche versucht hatte, auch den Rückkauf eigener Aktien.

Die Finanzinvestoren sorgen zugleich dafür, dass der neue Chemieriese nur eine Zwischenstation bleiben wird. Denn ganz im Sinne der Aktivisten, die gegen Konglomerate agieren und fokussierte Firmen schätzen, soll Dow DuPont möglichst zügig nach der Fusion in drei neue Firmen aufgespalten werden – einen großen Kunststoffproduzenten am Dow-Chemical-Standort in Midland, Michigan, sowie eine Firma für Agrochemie und einen neuen Spezialchemie-Konzern am alten DuPont-Standort in Delaware.

Selbst Konzernchef Liveris lässt am enormen Einfluss der Investoren wenig Zweifel. »Wir haben sehr laute Aktionäre in den USA, und die spielen selbst dann eine Rolle, wenn das Geschäft gut läuft«, räumte er ein. Ein breites Angebot mit vielen Produkten, so wie bei der BASF, sei nur möglich mit einer Aktionärsstruktur, wie sie die Rivalen in Ludwigshafen haben – »aber amerikanische Investoren sind sehr ungeduldig, sie verlangen hohe Renditen in jedem Geschäftsfeld«. Daraus folgt für ihn als Chef: »Sie müssen zeigen, dass Sie besser als der Markt abschneiden.« Die geplante Großfusion wird, so ist es geplant, nicht zu einem neuen Riesenkonzern führen, sondern zum grundlegenden Umbau von zwei traditionsreichen Ikonen der amerikanischen Industrie.

The Dow Chemical Company, wie sich Dow offiziell nach wie vor nennt, wurde 1897 von Herbert Henry Dow als Hersteller von Bleichmitteln gegründet. Später diversifizierte der Konzern in zahlreiche Bereiche der Chemie und wurde von den 1930er Jahren an zum größten Kunststoffhersteller der USA. Dow hat auch Napalm und Agent Orange für den Vietnamkrieg produziert. Die Akquisition von Union Carbide (1999) erweiterte das Sortiment noch einmal enorm. Der DuPont-Konzern wiederum startete 1802 als Produzent von Schießpulver. Im 20. Jahrhundert galt er mit Erfindungen wie Nylon, Teflon, Lycra oder Neopren lange Zeit als führender Chemiekonzern der Welt. Bereits seit dem vierten Quartal 1904 zahlt der Konzern eine regelmäßige Dividende aus und trägt bis heute den Namen des Gründers Éleuthère Irénée du Pont de Nemours im offiziellen Firmennamen. Dessen Familie war vor der Französischen Revolution in die USA geflüchtet. Der Letzte aus der Dynastie, der den CEO-Posten im Konzern innehatte, war Lammot du Pont Copeland, der 1971 abgelöst wurde. Das gesamte Familienvermögen der du Ponts betrug 2016 rund 14 Milliarden Dollar und verteilt sich auf mehr als 3500 Cousinen und Cousins.

Bereits im zurückliegenden Jahrzehnt betrieben beide Konzerne eine umfangreiche Bereinigung mit vielen Käufen, Verkäufen und Fusionen. Das Ziel war, ihr Geschäft stärker auf höherwertige Chemieprodukte zu verlagern. DuPont etwa erwarb den dänischen Enzymhersteller Danisco und trennte sich unter anderem vom Geschäft mit Fasern, Lacken und Farben. Zuletzt brachte der Konzern seine Sparte Performance-Chemikalien unter dem Namen Chemours an die Börse. Dow übernahm 2008 unter der Führung von Liveris den Spezialchemiehersteller Rohm & Haas – und geriet dadurch während der Finanzkrise an den Rand des Zusammenbruchs; inzwischen hat sich der Konzern erholt. Mit dem arabischen Partner Saudi Aramco errichtete Dow in den letzten Jahren den riesigen Chemiekomplex Sadara am Persischen Golf. Im Gegenzug trennte sich Liveris vom Geschäft mit Standardprodukten wie Polypropylen und Chlor.

In die Ehe mit DuPont bringt Dow Chemical knapp 49 Milliarden Dollar Umsatz und einen um Sonderfaktoren bereinigten Nettogewinn von rund vier Milliarden Dollar ein. DuPont liefert gut 25 Milliarden Dollar Umsatz und knapp zwei Milliarden Dollar Gewinn. Das Geschäft war im Jahr 2015 um 11,5 Prozent und der Gewinn um fast 50 Prozent eingebrochen. Die Aktionärsstruktur beider Konzerne ist ähnlich: Die größten Einzelanteile halten jeweils die Vermögensverwalter Vanguard, Blackrock und Capital Group mit Positionen zwischen fünf und elf Prozent. Das hat die von den Aktivisten angestoßene Fusion kolossal erleichtert. Loebs Third Point ist bei Dow mit 1,8 Prozent engagiert. Trian Fund Management hält bei DuPont rund 2,2 Prozent. DuPont hat selbst ein Investmentgeschäft, das sich aus der Pensionskasse für Mitarbeiter entwickelt hat. DuPont Capital Management ist an Firmen wie Delta Airlines, Texas Instruments oder Schlumberger zu geringen Prozentsätzen beteiligt.

Als Geheimnis seines Erfolgs nennt Liveris, sich pausenlos neu zu erfinden. Er sei gerade bei der »vierten Version seiner selbst«, spöttelt er. Mitte 2017 will sich der Manager, der zum Ratgeberkreis von US-Präsident Barack Obama gehört, voraussichtlich in seine australische Heimat zurückziehen – nach Sydney, wo er und seine Frau ein 8,5-Millionen-Dollar-Objekt gekauft haben.

### Nachhaltigkeit ✘ ✘ ⊠ ⊠ ⊠
Dow Chemical musste eine Dioxin-Verseuchung am Tittabawassee River einräumen und dafür zahlen. Das Unternehmen hat ambitionierte Ziele bei Klimaschutz und Energieeinsparung. Das Political Economy Research Institute stufte DuPont 2013 als drittgrößten Luftverschmutzer der USA ein. Der Konzern stieg aus der Produktion von klimaschädlichen Fluorkohlenwasserstoffen aus, die er selbst erfunden hatte.

### Unbestechlichkeit ✘ ✘ ✘ ⊠ ⊠
Wegen Korruptionsvorgängen in der indischen Tochter musste Dow 2007 rund 325.000 Dollar Strafe zahlen.

### Steuerehrlichkeit ✘ ⊠ ⊠ ⊠ ⊠
Das US-Bundesgericht urteilte 2013 gegen zwei Steuermodelle von Dow, die zwischen 1993 und 2003 zu einer Steuerverkürzung von einer Milliarde Dollar geführt hatten. DuPont nutzt Steuervergünstigungen exzessiv. 2010 konnte der Konzern vom US-Staat sogar einen Steuervorteil von

109 Millionen Dollar nutzen. Zwischen 2001 und 2010 zahlte die Chemiefirma laut Tax Justice Network im Schnitt nur 17,7 Prozent Steuern.

### Humanität ✘ ✘ ⊠ ⊠ ⊠
Es gibt 350 Klagen gegen DuPont, weil der Konzern durch die Ableitung von Schadstoffen in die Ohio River Trinkwasser verunreinigt hatte. Dow hat einen strikten Ethik Code. Die erworbene Tochter Union Carbide war für den Chemie-Unfall im indischen Bhopal verantwortlich. Kritiker fordern von Dow, das Firmengelände zu sanieren, was die Konzernleitung ablehnt.

### Transparenz ✘ ✘ ⊠ ⊠ ⊠
Im Juni 2015 prüfte die Börsenaufsicht SEC, ob Dow-Chef Liveris Firmengelder privat genutzt hat. Der Konzern leitete einer Organisation diskret zwei Millionen Dollar zu, damit sie eine Gewerkschaftsaktion bekämpfte. Greenpeace verlor vor Gericht eine Klage wegen Spionage durch Dow.

# Kurt Bock
## BASF

Auf einen Sprung kam die Kanzlerin vorbei, zwischen Terminen in Berlin und Brüssel. Angela Merkel hielt eine mäßig inspirierte Geburtstagsrede. Sie erwähnte, dass die Firma leider ja auch Zyklon B für die Gaskammern der KZs produziert habe. Die rheinland-pfälzische Ministerpräsidentin Malu Dreyer betonte nach ihr die große Bedeutung als Arbeitgeber für die Region. Auch Altkanzler Helmut Kohl fehlte an diesem Apriltag 2015 bei der großen 150-Jahr-Feier im Ludwigshafener Feierabendhaus nicht, er hatte in jungen Jahren bei dem Vorzeigeunternehmen seines Heimatorts gearbeitet. Dann redete Kurt Bock (geb. 3. Juli 1958), der Vorstandschef der an diesem Tag gefeierten BASF SE. Ein Einspielfilm zeigte Videosequenzen mit Glückwunschideen von Mitarbeitern überall auf der Welt. Schließlich arbeiten von 112.000 Beschäftigten des Chemieriesen BASF 52 Prozent außerhalb Deutschlands. Der Konzern ist in 390 Produktionsstandorten in 80 Ländern aktiv – und in China der größte ausländische Chemie-Investor.

Es wirkte, als ob der Konzernchef am Jubeltag das deutsche, solide Kontrastprogramm bieten wollte zu der aufgeheizten Stimmung da draußen im Markt, wo munter fusioniert oder abgespalten wird. »Wir halten uns für außerordentlich diszipliniert in einer Welt des billigen Geldes, wo wir relativ hohe Verkaufspreise derzeit sehen«, kommentierte Vorstandschef Bock trocken im Mai 2016 auf der Hauptversammlung: »Wenn sich Wettbewerber aus welchen Motiven auch immer zusammenschließen und sich anschließend wieder teilen, kann ich das durchaus nachvollziehen, wir müssen das deshalb aber nicht verfolgen.« In all dem Trubel erscheint BASF aus Ludwigshafen wie ein Symbol der Kontinuität, ein eifriger Laborarbeiter ohne Selbstverliebtheit, der es auch so zwischenzeitlich mit 100 Milliarden Dollar Jahresumsatz zur Weltmarktführerschaft gebracht hat. Das ist die Botschaft an die eigenen institutionellen Investoren, die auch in Ludwigshafen die Kapitalmacht übernommen haben, mit Blackrock (6,0 Prozent), Norges Invest (3,0 Prozent) und Vanguard (2,5 Prozent) an der Spitze.

Tatsächlich hat der Chemiekonzern seit Gründung 1865 schon viele Produkte in den Wirtschaftskreislauf gebracht, die das Leben vieler Menschen verändert haben – vom Jeans-Farbstoff und Babywindel-Kunststoff über Styropor bis zu

Düngemitteln oder Magnetbändern. Wichtigster Kunde ist die Automobilindustrie, die mit dem Kauf von Lacken, Kunststoffen und Katalysatoren 13 Prozent zum BASF-Umsatz beiträgt. Das Geheimnis des Erfolgs sind die »Verbundstandorte«. Damit ist ein Netzwerk von Betrieben gemeint, die über Produktions- und Energieströme verbunden sind – mit einer Riesenanlage im Mittelpunkt, die etwa Rohbenzin in die wichtigen Grundstoffe Propylen und Ethylen zerlegt, aus denen dann wiederum andere Petrochemikalien entstehen. Dabei fällt so gut wie kein Abfall an. Es ist ein kostensparendes System, das in sechs Verbundstandorten auf drei Kontinenten eingesetzt wird.

Alles begann mit dem Leuchtgasfabrikanten Friedrich Engelhorn, der die Badische Anilin- & Sodafabrik in Mannheim-Jungbusch gründete. Schon eine Woche später zog das Start-up nach Ludwigshafen in die Rheinpfalz um, die damals zu Bayern gehörte – der bayerische König Maximilian II. subventionierte Firmenneugründungen, in Engelhorns Fall mit 1,5 Millionen Gulden. Seine Idee: aus Teer synthetische Farben zu gewinnen. Die Hilfsstoffe hierzu produzierte er gleich mit. Damit drängte Großchemie aus Deutschland auf den Weltmarkt. Schon 1900 zeigte sich die Firma als größte chemische Fabrik der Welt auf der Internationalen Weltausstellung in Paris. Die Entwicklung des Haber-Bosch-Verfahrens zur Ammoniaksynthese sorgte für weiteren Aufschwung, wobei BASF dadurch im Ersten Weltkrieg mit ihren Schwefelwerken in die Rüstungswirtschaft integriert war. 1925 nahm BASF bisherige Rivalen wie Bayer, Farbwerke Hoechst oder Agfa auf, das Ganze nannte sich IG Farben und zog nach Frankfurt/Main. Nach dem Zweiten Weltkrieg lösten die Alliierten diesen Monopolbetrieb wieder auf, und im Januar 1952 startete BASF neu. Zu den bedeutendsten Übernahmen seitdem zählen die Wintershall AG (1969) aus Kassel und die amerikanische Engelhard Corporation, die 2006 für 4,8 Milliarden Dollar gekauft wurde, sowie die Schweizer Spezialchemiefirma Ciba (2008) und Cognis (2010 für 3,1 Milliarden Euro). 400 Firmen gehören heute zum Ludwigshafener Reich.

BASF ist ein reines Chemieunternehmen, das sich auf Chemikalien, Kunststoffe, Veredelungsprodukte wie Pigmente und Polymere, »Functional Solutions« (zum Beispiel Katalysatoren), Pflanzenschutz sowie Öl und Gas konzentriert. Die Ausflüge in den Konsumgütermarkt – Mitte der 1960er Jahre begonnen – sind lange vergessen. Das Geschäft mit Tonbändern, Textilfasern und Arzneimitteln hatte nicht die erhofften höheren Renditen gebracht. Mit dem Pharmaverkauf 2001 gab BASF auch einen attraktiven Anti-Rheuma-Wirkstoff weg; für die nötigen Forschungsaufgaben fühlte man sich zu klein.

Der promovierte Betriebswirt Kurt Bock hat sein ganzes Berufsleben – bis auf eine sechsjährige Unterbrechung bei Bosch – im BASF-Konzern verbracht. Viele Jahre war er für Finanzen zuständig, was letztlich nach der Finanzkrise seiner Karriere aufhalf. 2011 wurde er CEO und verspricht inzwischen, dass die Dividende jedes Jahr steigen soll; sein Vertrag wurde vorzeitig bis 2021 verlängert. Er ist einer, der Investoren versteht und mit nüchternen, faktenreichen Analysen überzeugt. Bock hat den Auftrag, die BASF unabhängiger von der Konjunktur zu machen. Das einstige Umsatzziel von 115 Milliarden Euro im Jahr 2020 wurde bereits 2015 gestrichen; jetzt gibt es kein nummerisches Ziel mehr, es geht nur noch um qualitatives Wachstum. 2015 schafften die Ludwigshafener 70,5 Milliarden Euro. Für 2016 wird es einen deutlichen Rückgang geben (mehr als zehn Prozent), was an den gesunkenen Öl- und Gaspreisen lag sowie an der Weggabe des Gashandelsgeschäfts an Gazprom, wofür man Förderlizenzen in Sibirien bekam. Gazprom ist seit 1990 ein wichtiger Kooperationspartner. Der Preisverfall treibt die arabischen Ölproduzenten zudem verstärkt dazu, sich selbst der Chemie zuzuwenden. Es gibt Überkapazitäten im Markt, der Preisdruck ist enorm, Grundchemikalien sind extrem billig geworden. Womöglich wird Bock doch im größeren Stil zukaufen müssen, zum Beispiel im Pflanzenschutz. Vielleicht wartet er auch einfach nur auf bessere Kaufpreise, denn Übernahmepläne für die Schweizer Firma Syngenta hatte er auch. Chem China machte den Deal.

Jedenfalls steht Bock unter genauer Beobachtung der Öffentlichkeit und seines Personals, dessen Betriebsratsvorsitzender sich schon über zu wenig Kommunikation beklagte, sowie insbesondere des Aufsichtsratsvorsitzenden Jürgen Hambrecht. Der promovierte Chemiker war selbst von 2003 bis 2011 Vorstandschef und hatte ehrgeizige Wachstumsziele gesetzt. Hambrecht ist sehr gut vernetzt und gilt als eine Art deutscher Vorzeigemanager, der anders als Bock auch in Talkshows ging. Seine Expertise nutzen sehr viele Aufsichtsräte (Daimler, Trumpf-Gruppe, Aldi-Süd, Fuchs Petrolub SE), er sitzt auch im Gesellschafterrat von Bosch.

### Nachhaltigkeit ✖ ✖ ⊠ ⊠ ⊠
Der BUND wies immer wieder darauf hin, dass BASF zu den größten Pestizidproduzenten der Welt gehöre. Viele BASF-Pestizide enthielten krebserregende Stoffe. BASF und Shell zahlten 2013 eine Entschädigung von 316 Millionen Dollar für Umweltlasten durch ein brasilianisches Werk.

### Unbestechlichkeit ✖ ✖ ✖ ✖ ⊠
BASF trat der NGO Transparency International bei.

### Steuerehrlichkeit ✖ ✖ ✖ ⊠ ⊠
Die EU-Kommission wies den belgischen Staat an, von mehreren Firmen (darunter BASF) insgesamt 700 Millionen Euro an Steuervergünstigungen zurückzufordern.

### Humanität ✖ ✖ ✖ ⊠ ⊠
Der Verband Kritischer Aktionäre kritisiert die Beziehung von BASF zum südafrikanischen Platinlieferanten Lonmin. Der sei für das Marikana-Massaker mit 34 Toten verantwortlich. Vor einem US-Gericht in Philadelphia muss sich BASF gegen Vorwürfe wehren, man habe Asbestrisiken bei einem Talk-Produkt bewusst verschwiegen.

### Transparenz ✖ ✖ ✖ ⊠ ⊠
Breite Finanzdarstellung und Dialogbereitschaft, aber kommunikative Schwächen des Vorstandschefs unverkennbar. Oxfam kritisiert, dass der Staat BASF und Bayer für deren Mitwirken bei German Food Partnership in Afrika und Asien mit 20 Millionen Euro unterstütze.

# Saud bin Abdullah bin Thenayan Al-Saud
## Sabic

Der Kronprinz rief, und die beiden wichtigsten Unternehmen Saudi-Arabiens reagierten sofort. Muhammad bin Salman Al-Saud hatte gerade seine Vision für das Jahr 2030 vorgestellt, wenn Reformen das Land in einen modernen Industriestaat verwandelt haben, da verkündeten die Chefs des Ölkonzerns Aramco und des Chemieunternehmens Sabic schon: Sie wollten jetzt ganz eng zusammenarbeiten, um aus Erdöl noch bessere Chemieprodukte zu machen. Eine Studie soll ermitteln, wie man einen gemeinsamen Komplex am besten gestalten kann.

Wortführer war dabei ein Mitglied des Herrscherhauses, Scheich Saud bin Abdullah bin Thenayan Al-Saud. Er ist seit 2003 Verwaltungsratschef von Sabic. Das Agreement mit Aramco helfe der eigenen Wachstumsstrategie, führte er aus, man wolle der Weltmarktführer der chemischen Industrie werden. Seinen Konzern Sabic, und damit Saudi-Arabien, sieht er in einer Pionierrolle. Chemie, so der Chairman, sei entscheidend für künftige Generationen des Landes. Leitsätze dieser Art sagt er seit Jahren.

Noch fehlt ein bisschen Umsatz, um das ehrgeizige Ziel Wirklichkeit werden zu lassen. Mit 39,5 Milliarden Dollar im Jahr 2015 ist Sabic nur halb so groß wie die deutsche BASF. Der Umsatz fiel zuletzt sogar, nachdem das Geschäft seit 2011 stagnierte; davor hatte Sabic Jahre des stürmischen Wachstums hinter sich. 2015 gab es immerhin einen Gewinn von fünf Milliarden Dollar; der Börsenwert von Sabic – das Unternehmen ist in Riad notiert – liegt bei erstaunlichen 65 Milliarden Dollar, das ist im Vergleich zu BASF (71 Milliarden Dollar) und Bayer (87 Milliarden Dollar) vorzeigbar. Wie entschlossen der Scheich auf dem Weg zur Spitze ist, zeigte die Übernahme des Plastikgeschäfts von General Electric 2007. Hierdurch stieg der Umsatz um 30 Prozent. Die GE-Einheit war den Saudis immerhin zwölf Milliarden Dollar wert. Sie produziert Kunststoffdächer oder das Material für die Gehäuse von Handys. Bei GE hatte Plastik einst als unverkäuflich gegolten. Für weitere Deals steht Abdullah bin Thenayan Al-Saud bereit. Die Aktien des Konzerns gehören zu 70 Prozent dem Staatsfonds Public Investment Fund (PIF), also der saudi-arabischen Regierung. Den Rest teilen sich Investoren aus Saudi-Arabien und anderen Golfstaaten auf. Die staatliche General Organization Social Insurance (5,7 Prozent) ist zum Beispiel dabei oder HSBC Saudi-Arabia. Nur Bürger der Golfstaaten können überhaupt Sabic-Aktien kaufen.

Westliche Kapitalgruppen oder Partner sind auf der Arabischen Halbinsel kaum im großen Stil zu finden. In Saudi-Arabien können Investoren nicht als Alleineigentümer auftreten, sondern brauchen Partner. Das dämpft die Lust mancher Konzernmanager. Es gibt einige Joint Ventures von Sabic, beispielsweise mit Exxon Mobil: In einem gemeinsamen US-Werk will man Ethylen herstellen. Weitere Partner bei anderen Projekten sind Shell und der chinesische Konzern Sinopec. Mit dem Münchner Unternehmen Süd-Chemie, das in dem Konzern Clariant aufgegangen ist, hatte Sabic in den USA an neuen Katalysatoren gearbeitet.

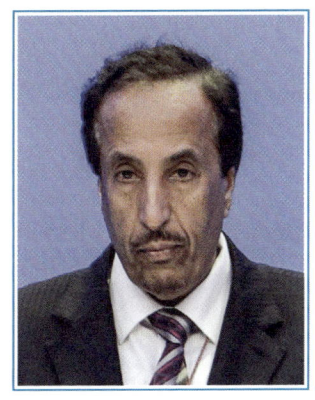

Die allgemeine Zurückhaltung vieler potenzieller Investoren liegt auch am politischen Umfeld: Saudi-Arabien gilt als Vertreter eines extrem konservativen Islams. Da wollen viele abwarten, bis sich erste Konturen des ehrgeizigen Modernisierungskurses des Kronprinzen zeigen. Klar ist jedenfalls, dass Aramco und Sabic die beiden Leistungsunternehmen der saudischen Ökonomie sind. Jenseits der zwei Konzerne ist das Königtum noch immer eher als ein reifes Entwicklungsland einzustufen. Es hat die größten Erdölvorräte der Welt, muss sich aber auf eine Welt einstellen, in der diese Vorräte zur Neige gehen und neue Energieformen dominieren. Und in der Saudi-Arabien zum Beispiel eine florierende, zeichensetzende Chemieindustrie braucht.

Es war ein königlicher Erlass – wie so oft in Saudi-Arabien –, der den Weg frei gemacht hatte für die Saudi Basic Industries Corporation, wie Sabic mit vollem Namen heißt. Das war im Jahr 1976. Heute agiert die Gesellschaft in 50 Ländern und beschäftigt 40.000 Mitarbeiter. Saud bin Abdullah bin Thenayan Al-Saud ist als Chairman ein ambitionierter Antreiber, auch wenn die Produktion mengenmäßig seit 2011 ein wenig ins Stocken geraten ist. Er hat sein Ingenieurstudium 1977 an der König-Saud-Universität abgeschlossen und danach als Manager in der Stadtverwaltung von Riad gearbeitet. 1989 übernahm er eine führende Funktion als Untersekretär im Ministerium für Stadt- und Landentwicklung. Der Öl-Experte ist auch Verwaltungsratschef der Utility of Water and Electricity Company in Al-Jubail and Yanbu.

Bei Sabic wacht er über fünf einzelne Divisionen: Chemikalien, Plastik, Agrarstoffe, Metalle und Spezialstoffe. Die Zentrale sitzt in Riad, nahe dem internationalen Flughafen. Das imposante Doppelhochhaus, 2002 eingeweiht und oft auf Schmuckfotos gezeigt, wirkt wie ein Triumphbogen; drinnen vermittelt schwarzer Marmor den Eindruck größter Eleganz und Werthaltigkeit. Ganz oben im 16. Stock sitzt Yousef Abdullah Al-Benyan, der Vorstandschef des königlichen Konzerns. Die Produktion ist in Al-Jubail am Arabischen Golf sowie in Yanbu am Roten Meer anzutreffen; einst waren das kleine Fischer- oder Hafenstädtchen, ehe der damalige Herrscher Chalid die Idee hatte, das in der Wüste gepumpte Öl nicht einfach nur nach Europa oder in die USA zu exportieren, sondern das Geschäft mit der Weiterverarbeitung selbst zu machen. Nun entstanden Kunststoff- und Kunstdüngerfabriken neben den Ölquellen. Heute sind Al-Jubail und Yanbu eindrucksvolle Industriestädte, sie zeigen ein Gewirr von Rohren mit Laboren dazwischen und in den Himmel ragenden Schloten. Sabic-Chef Abdullah bin Thenayan Al-Saud ist als Chef einer königlichen Kommission auch für das weitere Wohlergehen der beiden Städte verantwortlich.

Insgesamt 19 Technologie- und Forschungszentren unterhält Sabic auf der Welt, unter anderem im indischen Bangalore. Das Land sei »ein wichtiger Markt für uns«, unterstreicht Abdullah bin Thenayan Al-Saud. Der rasante Aufstieg von Sabic aus dem Nichts hat natürlich auch damit zu tun, dass die Firma das saudische Rohöl mit einem Rabatt von rund 30 Prozent einkaufen kann und Erdgas für sie noch viel billiger als für die Konkurrenz ist. Der Bezugspreis soll nur einen Bruchteil des Weltmarktpreises ausmachen. Immer wieder hat der europäische Chemieverband das Thema auf die Tagesordnung des Welthandelsverbands (WTO) gebracht. Solche Einwände werden in Riad in Zeiten gesunkener Rohstoffpreise weder geschätzt noch verstanden.

**Nachhaltigkeit** ✖ ✖ ✖ ✖ ✖
Wachstum steht im Vordergrund, ökologische Kriterien spielen de facto so gut wie keine Rolle.

**Unbestechlichkeit** ✖ ✖ ✖ ✖ ✖
Seit Jahren unternimmt Sabic hier große Anstrengungen in einem Land, in dem Korruption nach wie vor ein Problem ist.

**Steuerehrlichkeit** ✖ ✖ ✖ ✖ ✖
Die Gewinne von Sabic fließen dem Staat zu.

**Humanität** ✖ ✖ ✖ ✖ ✖
Human Rights Watch beklagt, dass auch nach dem Führungswechsel 2015 Menschenrechte in Saudi-Arabien gering geachtet würden.

**Transparenz** ✖ ✖ ✖ ✖ ✖
Trotz Börsennotierung in Riad nur partiell gewährleistet. Sabic ist für Investoren jenseits der Golfstaaten ein »closed shop«.

# Jörg Reinhardt

## Novartis

Die größte Firmenfusion Mitte der 1990er Jahre war der Bund zweier Schweizer Chemie- und Pharmakonzerne: Ciba-Geigy und Sandoz. Die Vorläufer der beiden Firmen waren im 18. beziehungsweise 19. Jahrhundert in Basel am Rhein entstanden, der Fluss wurde für die Herstellung von Anilinfarben aus Teer genutzt. Die fusionierten Unternehmen ersannen den Namen Novartis (neue Künste). Ihre Chemieaktivitäten wurden weitgehend verselbstständigt und die Agrosparte vier Jahre später in die neue Firma Syngenta abgespalten. Mit Novartis entstand ein Konzern, der auf Pharma pur setzt und 2015 rund 50 Milliarden Dollar umsetzte. Damit sind die Schweizer Weltmarktführer. Mit Anteilen von jeweils zwei bis drei Prozent sind US-Finanzfirmen wie Blackrock, Capital Group und Vanguard aktiv, die Novartis-Mitarbeiterbeteiligungsstiftung hält fünf Prozent.

Auf die früheren Familiengesellschafter verweist heute nur noch die Sandoz-Familienstiftung: Sie hält über die Emasan AG noch rund 3,3 Prozent der Aktien von Novartis und ist somit größter Einzelaktionär. Aufgabe der Stiftung ist unter anderem, den Nachkommen »in besonderen Lebenslagen« zu helfen. Sie wurde vom Künstler Edouard-Marcel Sandoz ins Leben gerufen, dem Sohn von Eduoard Constant Sandoz, dem Gründer der Sandoz AG. Operativ wird die Stiftung von Pierre Landolt als Vertreter der Dynastie geleitet; er ist der Enkel des Stiftungsgründers und sitzt seit 1986 im Verwaltungsrat der Novartis AG und wird bis 2017 in dem Gremium bleiben. Der mächtige Kontrolleur hatte 1973 als Mittzwanziger im armen Nordosten Brasiliens eine Farm aufgebaut, um den Leuten dort Bio-Produkte nahezubringen. Er erklärte von sich selbst in der »Basler Zeitung«, ein »Low-Profile«-Leben zu führen. Die meiste Zeit verbringt er in Brasilien.

Die Landolt-Sandoz-Familie zählt zu den zehn reichsten der Schweiz. Das Kapital steckt in der Landwirtschaft, in Hotels wie dem Beau-Rivage Place in Lausanne, der Uhren-Industrie (Vaucher Manufacture in Fleurier, Marke Parmigiani), der Telekommunikation sowie in Internet-Firmen wie Interoute. Zahlreiche kulturelle Projekte werden unterstützt wie zum Beispiel das Béjart-Ballett. Dem Familien-Oberhaupt Landolt geht es darum, »schweizerisches Savoir-faire zu erhalten und weiterzuentwickeln«. Wichtig, auch bei Novartis, sei die Langfristigkeit. Der Anteil soll auf keinen Fall abgeschmolzen werden. Viermal im Jahr trifft sich der Clan, um solche Dinge zu besprechen.

Die Akteure von Novartis hatten alle Mühe, die Folgen der Regentschaft von Daniel Vasella zu verarbeiten. Der prägte von 1996 bis 2010 das Geschehen; er vereinigte die Posten des Vorstandschefs und des Verwaltungsratspräsidenten auf sich. Vasella hatte den Sektor Gesundheit durch etliche Zukäufe wie Hexal (Generika), Chiron (Diagnostik, Impfstoffe) und vor allem Alcon (Kontaktlinsen, Augenheilkunde) verbreitert. Als er sich dann mit einem Salär von 72 Millionen Schweizer Franken für mehrere Jahre auf den Verwaltungsrat konzentrieren sollte, war die Empörung in der Schweiz über die ihm gewährten Finanzzuwendungen riesengroß. Das gab der Diskussion über Volksabstimmungen neue Nahrung. Von dem teuren Manager-Potentaten trennten sich Landolt und die anderen Akteure dann 2013.

In die Lücke Vasella stießen zwei gehobene Fachkräfte: der Deutsche Jörg Reinhardt, der lange bei Novartis arbeitete, als Verwaltungsratchef und der Amerikaner Joseph Jiminez (geb. 1959) in der Rolle des CEO. Erst sah es so aus, als könne sich Jiminez à la Vasella als neuer Alleinherrscher im Konzern etablieren. Der macht- und kostenbewusste Stratege mit familiären Wurzeln in Spanien und Italien hatte zunächst in der Konsumgüterindustrie bei den US-Firmen Clorox und Heinz Karriere gemacht, war dann vorrübergehend für die Private-Equity-Firma Blackstone tätig, bevor er 2007 als Leiter der Sparte Consumer Health bei Novartis begann. Im Rennen um den CEO-Posten setzte sich der frühere Leistungsschwimmer gegen den Novartis-Pharmachef Thomas Ebeling (inzwischen Chef von ProSiebenSat.1 Media SE) und gegen den damals für Operatives und Organisatorisches zuständigen Novartis-Veteranen Reinhardt durch, der daraufhin zu Bayer wechselte. Nach der Vasella-Demission holte ihn der Verwaltungsrat dann überraschend als neuen Ober-Aufseher zurück. Gesellschafter Landolt hatte sich sehr für ihn eingesetzt. Das war ein Dämpfer für Jiminez. Er kümmert sich jetzt ums Tagesgeschäft, und der gelernte Pharmazeut Reinhardt (geb. 11. März 1956) besorgt das große Strategische. Das Duo bemüht sich um Exzellenz, der Betriebsgewinn lag 2015 bei 8,3 Milliarden Euro.

Unter der Ägide Reinhardts hat Novartis den Kurs Vasellas, Risiken breit zu streuen, korrigiert. Tierarzneien, Impfstoffe und Diagnostika wurden wieder verabschiedet. Das Consumer-Health-Geschäft (rezeptfreie Arzneien) wanderte in ein Joint Venture mit dem britischen Konkurrenten GlaxoSmithKline (GSK), im Gegenzug kaufte Novartis die Onkologie-Sparte von GSK. Auch ein Verkauf der 33-Prozent-Beteiligung am stimmberechtigten Kapital des Schweizer Rivalen Roche wird vom Novartis-Vorstand inzwischen nicht mehr ausgeschlossen. Aus einer einst angedachten Fusion wird nichts mehr, Roche-Erbe André Hoffmann blockt. Mit ihm versteht sich Sandoz-Familiengesellschafter Landolt gut. Die beiden haben sogar eine gemeinsame Firma gegründet, Amazentis, die Nahrungsergänzungsmittel kreiert, etwa auf Basis von Granatäpfeln. Im Jargon der Branche heißt das »Functional Food«.

### Nachhaltigkeit ✘✘✘✘☒

Hat eine Stiftung für nachhaltige Entwicklung. Betont hohe ethische Standards. Projekte in Kenia, Vietnam und Äthiopien, die Armen Zugang zu teuren Arzneien und Generika eröffnen sollen.

### Unbestechlichkeit ✘✘☒☒☒

Im Oktober 2010 einigte sich Novartis mit dem US-Justizministerium auf eine Strafzahlung von 426 Millionen Dollar. Mehrere Mitarbeiter hatten als Whistleblower bestätigt, dass die US-Tochter mit Schmiergeld versuchte, die Verschreibung bestimmter Arzneien zu pushen. 2016 aktuelle Fälle in den USA, China und Türkei.

### Steuerehrlichkeit ✘✘✘☒☒

Novartis nutzt einige Steueroasen und musste sich vor dem australischen Senat verantworten. Keine Skandale.

### Humanität ✘✘☒☒☒

2007 gab es den Big Brother Award für die Bespitzelung des Personals. 2010 verglich sich der Konzern in einem Gerichtsverfahren wegen Diskriminierung von Frauen mit den Klägerinnen auf 153 Millionen Dollar. 2015 erneuter Fall in den USA wegen angeblich sexueller Diskriminierung von Mitarbeiterinnen. Mithilfe von Ärzten soll Novartis 2012 Patientendaten ausspioniert haben.

### Transparenz ✘✘✘☒☒

Novartis betont die Wichtigkeit von Transparenz bei sich und in der Pharmabranche. Als Börsenunternehmen sehr offen.

# Ian Read

Pfizer

Selten ist ein Chef eines US-Großkonzerns mit derart scharfen Worten vom Präsidenten des Landes zurechtgewiesen worden wie Ian Read. Es sei »hinterlistig«, wenn ein Unternehmen Steuerschlupflöcher nutzt, um in den USA weniger Abgaben zahlen zu müssen, schimpfte Barack Obama im April 2016. Damit werde der »hart arbeitende Amerikaner« vor den Kopf gestoßen. Obamas Wut, Reads Scheitern: Der Chef des größten US-Arzneiherstellers Pfizer hatte zuvor die größte Fusion in der Geschichte der Pharmaindustrie eingefädelt. Doch nach den harschen Worten des Präsidenten war klar: Die Pläne zum Zusammenschluss mit dem irischen Konkurrenten Allergan – ein 160-Milliarden-Dollar-Projekt – gehörten in die Mülltonne. Pfizer, mit einem Jahresumsatz von 49 Milliarden Dollar (2015) die weltweite Nummer zwei im Pharmabusiness, hatte durch die Fusion seinen Sitz ins Steuerparadies Dublin verlegen wollen.

Bis heute ist Read überzeugt: Amerika hat ein zutiefst unfaires System zur Unternehmensbesteuerung – und das muss man der Politik vor die Nase halten. Ihm werde dies jedes Mal von Neuem klar, wenn er zu seinen Forschern nach Cambridge im US-Bundestaat Massachusetts fährt: »Wir sind dort umgeben von den Labors ausländischer Pharmakonzerne.« Wenn die dort investierten, könnten sie das bis zu 30 Prozent billiger tun als Pfizer. Read (geb. 1953) wollte es als Segen für die US-Wirtschaft verstanden wissen, wenn er per Sitzverlagerung dem Staat ein Steuer-Schnippchen schlägt: Die eingesparten Milliarden würden schließlich wieder in der Heimat investiert. Doch statt Verständnis erntete er nur Zorn: Pfizer, der Steuerflüchtling. Da mussten auch die Hauptgesellschafter einsehen, dass sich die Hoffnung auf Kostenentlastung, Kursgewinne und Dividendenerhöhung nicht erfüllen würde: Blackrock (7,0 Prozent), Vanguard (6,1 Prozent) und State Street (5,0 Prozent) verzichteten notgedrungen auf Gewinn, den eine Verlagerung gebracht hätte.

Ian Read wird in die Geschichtsbücher als Manager eingehen, der für das endgültige Aus der »Tax Inversion« gesorgt hat. Jahrelang hatten US-Konzerne mit Milliardenbeträgen im Ausland, vornehmlich in Europa, Firmen eingekauft und ihren steuerlichen Sitz dorthin verlagert. 12,5 statt 35 Prozent Steuern – so lautete die verlockende Rechnung, wenn man von New York nach Dublin zog. Bis die US-Politik im April 2016 endgültig den regulatorischen Riegel vorschob.

Mit Großfusionen kennt man sich bei Pfizer aus. Das Unternehmen, 1849 von dem Deutschen Carl Pfizer gegründet, hat seit dem Jahr 2000 mehr als 250 Milliarden Dollar in Zukäufe gesteckt. Jedes Mal, wenn der eigene Nachschub an neuen Medikamenten versiegte, wurde er per Fusion mit attraktiven Konkurrenten wieder angekurbelt. Den aggressiven Kurs hielten viele Beobachter für beendet, als Ende 2010 Read CEO wurde. Er galt als Gegenteil seiner Vorgänger: ruhig, besonnen, bodenständig. Mehr als 30 Jahre hatte sich gelernte Chemieingenieur zuvor durch die Hierarchie von Pfizer durchgekämpft: Er startete 1978 als Buchprüfer, war Landeschef in Mexiko sowie in Brasilien und führte bis 2010 das globale Pharmageschäft. Der Mann ist durch und durch international: geboren in Schottland, aufgewachsen im heutigen Zimbabwe, eingebürgert in den USA. Unter ihm, so die Erwartung, sollten die eigene Forschung und das eigene Wachstum wieder etwas zählen. Zu den bekanntesten Produkten gehört Viagra.

Aber auch Read brachte Pfizer nicht zu neuer Blüte. Der Umsatz sinkt durch Patentabläufe seit 2010 beständig. In der Not griff der Erwählte auch wieder zum altbewährten Mittel der Expansion: der Megaübernahme. Im Frühjahr 2014 wandte sich der CEO mit einer Kaufofferte an Astra-Zeneca: 118 Milliarden Dollar wollte er für die Briten hinlegen. Pfizer hätte seinen Sitz nach London verlagert, Hauptsache weg aus der Heimat mit ihrem Steuerknebel. Read kämpfte fünf Wochen, ließ sich im britischen Parlament grillen und wurde am Ende – Cool Britannia – vom Astra-Zeneca-Management knapp abgefertigt. Politik und Öffentlichkeit waren gegen ihn und seine Pläne. Er scheiterte. Zwei Jahre später hatte sich Read bei Allergan die Finger ein zweites Mal verbrannt. Er sann nun auf kleinere Übernahmen, etwa der Firma Anacor, des Biotech-Spezialisten Medivation und der Antibiotika-Einheit von Astra-Zeneca.

**Nachhaltigkeit** ✘ ✘ ✘ ⊗ ⊗
Sieht sich dem Kampf gegen den Klimawandel verpflichtet.

**Unbestechlichkeit** ✘ ✘ ⊗ ⊗ ⊗
2012 zahlte Pfizer 60 Millionen Dollar an die US-Regierung wegen Korruptionsfällen in acht Ländern.

**Steuerehrlichkeit** ✘ ✘ ⊗ ⊗ ⊗
Immer wieder Versuche, mit Auslandsdeals dem US-Fiskus zu entkommen.

**Humanität** ✘ ✘ ⊗ ⊗ ⊗
Pfizer testete das Meningitis-Medikament Trovan in Nigeria und schmierte dabei den Generalstaatsanwalt. Bei einem Vergleich mit den US-Behörden zahlte der Konzern 75 Millionen Dollar. Lange Zeit viel Kritik an hohen Preisen, etwa bei Aids-Medikamenten.

**Transparenz** ✘ ✘ ✘ ⊗ ⊗
Erklärtes Ziel des Konzerns, aber noch viel Luft nach oben.

# Olivier Brandicourt

## Sanofi

Hoechst, Cassella, Roussel-Uclaf, Rhône-Poulenc, Marion Merrel Dow, Syntélabo, Rorer, Genzyme – allesamt Vorgängerfirmen des französischen Pharmariesen Sanofi. Deren Wurzeln reichen zum Teil bis weit ins 18. Jahrhundert zurück. Die Firma Sanofi selbst wurde erst in den frühen 1970er Jahren als Tochter des Erdöl-Konzerns Elf Aquitaine gegründet. Durch Dutzende von Übernahmen und Fusionen im Verlauf von drei Jahrzehnten formte der langjährige Firmenchef Jean François Dehecq aus der unscheinbaren Tochter den drittgrößten Pharmakonzern Europas. Der spektakulärste Einzelschritt auf dem Weg nach oben gelang dabei 2004 mit der Übernahme des deutlich größeren Konkurrenten Aventis, der zuvor aus dem Zusammenschluss von Hoechst und Rhône-Poulenc entstanden war.

Mit zuletzt 39 Milliarden Dollar Umsatz rangiert Sanofi weltweit auf Rang sechs in der Pharmawelt. Gemessen am Börsenwert von 90 Milliarden Euro gehört der Pariser Konzern derzeit aber nicht mehr zu den Top 10 der Branche. Ähnlich wie bei etlichen Konkurrenten ist auch für Sanofi nach dem großen Fusionsschub des letzten Jahrzehnts die Luft dünner geworden. Fehlschläge in der Forschung, das Auslaufen von Patenten und ein härterer Rabattwettbewerb in den USA bremsten die Umsatz- und Ertragsentwicklung. Vor allem das wichtige Diabetesgeschäft, das 20 Prozent des Umsatzes liefert, zeigt Schwächen aufgrund härterer Konkurrenz und Preisdruck. Hinzu kamen Führungsquerelen, die im Herbst 2014 zum abrupten Rauswurf des Firmenchefs Christopher Viehbacher führten.

Viehbacher hatte, ohne Absprache mit dem Aufsichtsrat, versucht, ein Paket verschiedener Arzneimittel für acht Milliarden Dollar loszuschlagen (Projekt »Phoenix«). Da war er ganz in seinem Element, Viehbacher verhielt sich wie ein Händler. Für 20 Milliarden Dollar hatte er die US-Biotechfirma Genzyme akquiriert. Die Kontrolleure aber waren ohnehin ungehalten über einen CEO, der nicht kommunizierte und das Gremium noch nicht einmal mit Strategiepapieren und dergleichen versorgte. Auch wollte Viehbacher nicht über die Nachfolgeplanung reden, sondern spielte offenbar immer wieder Interna an die Presse. Da entschloss sich der Aufsichtsrat zum Handeln und schickte Chairman Serge Weinberg zur kommissarischen Betreuung der Firma. Der selbstherrliche Viehbacher landete nach seiner Demission an der Spitze des Anlagefonds Gurnet Point Capital. Die Großaktionäre von Sanofi haben die Kabale wenig goutiert. Allen voran der französische Kosmetik- und Lifestylekonzern L'Oréal, der 9,2 Prozent der Aktien hält und mit Laurent Attal und Christian Mulliez zwei Vertreter im Aufsichtsrat hat. Weitere bedeutende Anteilseigner sind Blackrock (5,5 Prozent) und Vanguard (2,0 Prozent).

Die Aufgabe, Sanofi wieder auf Expansionskurs zu bringen, übernahm im April 2015 Olivier Brandicourt (geb. 13. Februar 1956). Er gehört zu den Veteranen der Branche und ist mit dem globalen Pharmageschäft bestens vertraut. Brandicourt arbeitete als Arzt und Forscher einige Jahre am Pariser Tropeninstitut sowie in Afrika, bevor er 1987 seine Industriekarriere beim US-Konzern Warner-Lambert startete.

Später folgten 13 Jahre im Topmanagement von Pfizer und ein knapp zweijähriges Intermezzo als Chef der Bayer-Gesundheitssparte, eines Teilkonzerns von Bayer, der zwar kleiner ist als Sanofi, aber eine ähnliche Geschäftsstruktur aufweist wie der französische Konzern. Dass er nach dem Abschied von Bayer Health Care von seinem neuen Arbeitgeber mit 4,5 Millionen Dollar Begrüßungsgeld bedacht wurde, hat die französischen Minister Stéphane Le-Foll und Ségolène Royal zu öffentlichem Protest veranlasst. Sanofi erklärte, der CEO habe ja auf etliche Ansprüche aus dem Bayer-Vertrag verzichtet.

Als Chef von Sanofi hat sich Brandicourt das Ziel gesetzt, die Medikamentenentwicklung wieder auf Vordermann zu bringen und den Konzern auf einen stabileren Aufwärtskurs zurückzuführen. Dazu hat er die Geschäftsbereiche neu geordnet und diverse Allianzen mit Biotechfirmen und akademischen Forschungsinstituten geschmiedet. Mit der voraussichtlich fast neun Milliarden Euro teuren und heftig umkämpften Übernahme der US-Firma Medivation will der Manager Sanofis Produktprogramm in der Krebstherapie zusätzlich stärken. Ansonsten setzt er darauf, das breit gefächerte Geschäft wieder stärker auf wenige Kernbereiche zu konzentrieren. Die Sparte Tiermedizin will Brandicourt an den deutschen Pharmakonzern Boehringer veräußern, um im Gegenzug dessen Geschäft mit frei verkäuflichen Arzneien zu übernehmen. Auch von der vergleichsweisen kleinen Generikasparte, dem Geschäft mit patentfreien Nachahmer-Medikamenten, will sich Brandicourt trennen.

Rund 1,5 Milliarden Euro Kostensenkung und ein größerer Arbeitsplatzabbau, vor allem in Frankreich, sollen die schwache Umsatzentwicklung kompensieren. Dessen ungeachtet stellt Brandicourt den Aktionären eine Durststrecke ohne Gewinnwachstum bis 2018 in Aussicht. Auch in den vergangenen Jahren hatten die Anteilseigner nicht die allergrößte Freude an der Sanofi-Aktie: Seit Mitte 2015 hat sie ein Viertel an Wert verloren und ist damit wieder auf das Niveau von Anfang 2013 zurückgefallen. Wettbewerber wie Bayer, Roche und Novartis haben in diesem Zeitraum durchweg um 40 Prozent und mehr zugelegt. Und wie es aussieht, müssen sich die Sanofi-Aktionäre noch weiter gedulden. Brandicourts Medizin schlägt erst in einigen Jahren an – bestenfalls.

**Nachhaltigkeit** ✘✘✘✘✕
Sanofi trat der Initiative »Together for Sustainability« bei.

**Unbestechlichkeit** ✘✕✕✕✕
Sanofi berichtete den US-Behörden über interne Korruptionsvorgänge in Ostafrika und im Mittleren Osten. Zwei frühere Sanofi-Manager wurden im deutschen Verden wegen Korruption mit umgerechnet 39 Millionen Dollar Strafe belegt. Sanofi soll mit fast 280.000 Dollar mehr als 500 Ärzte in China bestochen haben. In den USA musste der Konzern 109 Millionen Dollar zahlen, weil er einigen Ärzten Freidosen des Präparats Hyalgan gegeben hatte, anstatt sie zu verkaufen.

**Steuerehrlichkeit** ✘✘✕✕✕
Tax Justice Network fand vor Jahren heraus, dass 18 Konzernfirmen in Steueroasen sitzen.

**Humanität** ✘✘✕✕✕
Sanofi musste im Zusammenhang mit Bestechungsvorwürfen als Nebenbeteiligter eine Geldstrafe von 28 Millionen Euro zahlen. Es ging um die Praxis, Sanofi-Arzneien mit nahendem Verfallsdatum über Zwischenhändler zu Billigpreisen in den Markt zu bringen. Erst als die Sache ruchbar wurde, stellte Sanofi Strafanzeige gegen den ehemaligen Partner.

**Transparenz** ✘✘✕✕✕
Gute Grundinformation durch Sanofi. Aber sehr undurchsichtige Gemengelage beim Rauswurf des alten CEO Viehbacher 2014. Und Sanofi Österreich versuchte, Informationen über Risiken des Präparats Novalgin aus einer Datenbank von Diagnosia gerichtlich entfernen zu lassen.

# André Hoffmann
## Roche

Wer erbt, muss leiden können. Muss den Vorwurf ertragen, Einfluss zu haben, ohne Leistung zeigen zu müssen. Also eine leistungslose Macht in einer Leistungsgesellschaft zu haben. André Hoffmann kennt solche Vorwürfe. Er repräsentiert die vierte Unternehmergeneration im Weltkonzern Roche aus Basel. Es ist von geradezu schillernder Einzigartigkeit, dass unter den Pharmariesen dieser Schweizer Betrieb noch ein Familienunternehmen ist, die ökonomisch wie machtpolitisch uneinnehmbar scheinende Festung der Nachkommen von Fritz Hoffmann-La Roche, der 1896 Arzneien industriell fertigen wollte.

Wenn er Erdung braucht oder Inspiration, je nachdem, denkt sein Urenkel André Hoffmann (geb. 31. Mai 1958) an die erste Zeit der Firma, damals, als Roche auch ein Start-up war, so wie die jungen Firmen, die der Erbe heute fördert, zum Beispiel bei »Venture Kick«, einer Organisation, die Spin-offs Schweizer Universitäten finanziell unterstützt. Oder bei dem amerikanischen Gesundheitsdaten-Spezialisten Inovalon, den er früh entdeckte; heute hält Hoffmann an dem börsennotierten Unternehmen 20 Prozent der Stimmrechte. Dieser ganze Nahkontakt zu unternehmerischen Machern ist auch ein Gegenmittel gegen die Macht- und Marktspiele, die Hoffmann als stellvertretender Vorsitzender des Verwaltungsrats im Roche-Konzern erlebt. Seit 1996 schon sitzt der an der Universität St. Gallen sowie an Insead in Fontainebleau ausgebildete Ökonom in dem Kontrollgremium, genauso lange wie sein Cousin Andreas Oeri. Sie sind die Galionsfiguren einer Dynastie, die über spezielle Inhaberaktien und die damit verbundenen Stimmrechte jede Hauptversammlung kontrollieren können. Und das ist bei einem Konzern, der Mitte 2016 an der Börse mehr als 200 Milliarden Dollar wert war, eine ganze Menge. Zusammengenommen sind die Hoffmann-Oeris die drittreichste Schweizer Familie. Die nur gut zehn Prozent, die sie nominell am gesamten Eigenkapital von Roche halten, sagen über die wahren Verhältnisse nichts aus.

Das Konstrukt der Inhaberaktie legt nahe, dass nichts nach draußen dringt, weder die Höhe von Dividenden noch irgendwelche Eigentümerverschiebungen. Die Hoffmanns und Oeris gelten als diskret bis verschlossen, aber im März 2011 wurde offenbar, dass die Kunstsammlerin Maja Oeri ihre acht Millionen Aktien nicht länger mit den Papieren ihrer Verwandten poolen wollte, sondern aus dem »Aktionärsbindungsvertrag« der Roche-Holding ausstieg. Damit verfügten die anderen nur noch über 45,01 Prozent der Stimmen, aber das Manöver hat an der Dominanz der beiden Verwaltungsratsmitglieder sowie von Vera Michalski-Hoffmann, Maja Hoffmann, Sabine Duschmalé-Oeri, Catherine Oeri, Jörg Duschmalé und Lukas Duschmalé nichts geändert. Das haben seitdem auch alle verstanden, die an eine Schweizer Riesenpharmafusion zwischen Roche und Novartis dachten – nur weil der Baseler Lokalrivale bereits 33,3 Prozent der Aktien besaß. Hoffmann lehnte ab. Novartis jedenfalls kündigte im April 2016 an, die Papiere über die Börse platzieren zu wollen. Es war ja gewissermaßen totes Kapital, was sie da in den Händen hielten.

Gemessen an Umsatz, Gewinn und Börsenwert ist Roche in der Spitzenklasse der Branche, ungefähr auf einer Höhe mit Novartis. Knapp vier Fünftel des Geschäfts macht Roche mit Arzneimitteln, ein Fünftel mit Diagnostika. Alles andere wurde mit den Jahren verkauft, etwa das Geschäft mit Vitaminen oder mit Feinchemikalien. In der operativen Führung hält sich die Gründerfamilie seit Jahrzehnten komplett zurück. Den Chef-Posten überlässt sie familienfremden Spezialisten, seit 2008 amtiert der Österreicher Severin Schwan als CEO. Im Verwaltungsrat aber hat der Einfluss der Familie in den letzten Jahren zugenommen, da man seit 2008 auf die Personalunion von CEO und Verwaltungsratspräsident verzichtet. Mit dem früheren Lufthansa-Chef Christoph Franz steht seit 2014 erstmals jemand an der Spitze des Verwaltungsrates, der zuvor nicht CEO bei Roche war. Dessen Vorgänger Franz Humer merkt mit einer gewissen Ironie an, dass sich Franz gewisse Grundkenntnisse angeeignet habe, man aber 40 Jahre Erfahrung im Geschäft nicht ersetzen könne.

Operativ läuft es bei Roche alles in allem rund, was der Konzern auch einigen mutigen Akquisitions- und Forschungsentscheidungen in fernerer Vergangenheit zu verdanken hat. Wegweisend war die Mehrheitsübernahme der US-Biotechfirma Genentech im Jahr 1990 für damals erstaunliche zwei Milliarden Dollar. Aus der Forschung von Genentech kamen später etliche innovative Biotech-Wirkstoffe, die Roche zum führenden Anbieter von Krebsmedikamenten und zum größten Biotechproduzenten der Welt machten. Für die ausstehenden 44 Prozent von Genentech zahlte der Schweizer Konzern dann 2009 rund 47 Milliarden Dollar. Mit dem Erfolg von Genentech und deren Pharmaforschung im Rücken hat das Roche-Management den Konzern zuletzt noch stärker auf innovative Medikamente und Diagnostika getrimmt. Mit umgerechnet rund neun Milliarden Euro leistet sich Roche heute den mit Abstand branchenweit größten Etat für Forschung und Entwicklung. Und nach weiteren Zulassungen in den letzten beiden Jahren hat der Konzern gute Chancen, den moderaten Wachstumskurs fortzusetzen.

André Hoffmann ist keiner, der im Verwaltungsrat schweigt, sondern er will die Überlegenheit des Modells Familienunternehmen durch Aktion beweisen. Den Pool-Vertrag der Familie hat er mit den anderen im Jahr 2014 so gefasst, dass eine Fremdübernahme unmöglich bleibt. Für ein Unternehmen der Pharma-Branche, das von langfristiger Forschung lebt, sei eine stabile Aktionärsstruktur ein fundamentales Element, meint Hoffmann. Die gut 90.000 Mitarbeiter schätzen das offenbar auch. So etwas wie einen Umzug der Gruppe kann er sich nicht vorstellen, das hieße ja, 120 Jahre Geschichte in den Mülleimer zu werfen.

Entspannt also kann er den Geschäften in Morges am Genfer See nachgehen, dort, wo auch die Vermögensverwaltungsfirma der Familie sitzt, La Massellaz SA. Hoffmann ist auch als Multiaufsichtsrat in vielen Firmen tätig und kann sich als Vizepräsident des WWF oder als Mitglied des Vereins Cleantech für sein Lieblingsthema einsetzen, die Schonung natürlicher Ressourcen. Die Kritik an seiner angeblich fehlenden unternehmerischen Praxis kann er mit Verweis auf die Zeit beim Londoner Broker James Capel (1985–1989) sowie vor allem bei Nestlé UK kontern. Dort gründete er ein Start-up für das Recycling von Weinflaschen, war mit der Idee aber seiner Zeit voraus. Nach seiner Zeit an der Business School Insead hatte er mit der Neugründung New Covent Garden Soup Company Erfolg, die frische Suppen in Tetrapackungen verkaufte.

Manchmal kann man André Hoffmann auf dem Fahrrad zwischen Morges und dem Weiler Vaux-sur-Morges sehen, wo er und seine Familie auf einem Hofgut leben. Er nimmt, wie jeder gute Schweizer, an Gemeindeversammlungen teil und lud nach der Renovierung das ganze Dorf (rund 170 Einwohner) zu sich ein. Weil der Mann von Roche hier lebt und seine Steuern zahlt (2012 waren es mehr als 4,5 Millionen Schweizer Franken), ist Vaux-sur-Morges übrigens seit Langem relativ die reichste Gemeinde der Schweiz.

**Nachhaltigkeit** ✗ ✗ ✗ ✗ ⊠
Große Umweltorientierung des Großaktionärs Hoffmann. Roche wurde mehrmals als Sustainability Leader ausgezeichnet.

**Unbestechlichkeit** ✗ ✗ ✗ ⊠ ⊠
Klares Anti-Korruptionsbekenntnis. Vorwürfe der irakischen Regierung 2008, Roche und andere Firmen hätten zu Zeiten der Saddam-Hussein-Diktatur mit Bestechungen hohe Schäden verursacht. Staatliche Untersuchungen in Rumänien, ob Roche und andere Firmen im großen Stil Ärzte bestochen haben. Auch der chinesische Staat ging Korruptionsvorwürfen nach.

**Steuerehrlichkeit** ✗ ✗ ✗ ⊠ ⊠
Der Konzern nutzt die niedrigen Schweizer Steuersätze.

**Humanität** ✗ ✗ ⊠ ⊠ ⊠
Roche verurteilt alle Formen von Kinderarbeit und Arbeitszwang. Die Organisation IndustriALL Global Union kritisiert, Roche würde in seinen türkischen Werken keine Gewerkschaft zulassen.

**Transparenz** ✗ ✗ ✗ ⊠ ⊠
Der börsennotierte Konzern Roche ist transparent, die Abläufe der dominierenden Eigentümerfamilie sind es nicht.

# Kenneth C. Frazier

## Merck & Co.

Als Kenneth Frazier (geb. 17. Dezember 1954) im Januar 2011 den Chefposten bei Merck & Co. übernahm, hatte er zwei strategische Optionen für den amerikanischen Pharmariesen: Die nächste Großakquisition vorbereiten oder doch den Versuch wagen, Merck & Co. von innen heraus zur alten Leistungsfähigkeit zurückzuführen. Der Manager entschied sich für den zweiten, den mühsameren Weg. Ob er ihn erfolgreich bewältigen wird, ist auch fast sechs Jahre nach Amtsantritt unklar. Der Konzern machte zwar Fortschritte in der Produktentwicklung, aber von seinen Glanzzeiten ist er immer noch ein gutes Stück entfernt. Die Umsätze sind seit 2011 rückläufig. Einige erfolgreiche Neuentwicklungen reichten bisher nicht aus, um den ausgelaufenen Patentschutz bei einigen Altprodukten zu kompensieren.

In den 1990er Jahren war Merck & Co. noch der größte und wohl auch innovativste Pharmakonzern der Welt gewesen. Kein anderes Unternehmen der Branche brachte so viele innovative Medikamente hervor wie der Marktführer aus New Jersey. Das war die Zeit des Vorstandschefs P. Roy Vagelos, der 1994 aufhörte. Es folgte eine Phase des Niedergangs mit etlichen Flops in der Forschung und wachsender Konkurrenz bei den Altprodukten. Heute ist Merck & Co. zwar immer noch ein Schwergewicht der Branche, rangiert mit knapp 40 Milliarden Dollar Umsatz und gut 170 Milliarden Dollar Börsenwert aber nur noch auf mittleren Plätzen hinter dem US-Konkurrenten Pfizer sowie dem Schweizer Duo Roche und Novartis. Und selbst diese Position konnte der Konzern nur verteidigen, weil Fraziers Vorgänger Richard Clark 2009 im großen Fusionsreigen der Pharmawelt mitspielte und den amerikanischen Konkurrenten Schering-Plough übernahm. Wichtigste Umsatzträger für Merck & Co. sind heute Diabetes-, Rheuma- und Krebsmedikamente sowie eine Reihe von Impfstoffen.

Vorstandschef Frazier ist in mehrfacher Hinsicht ein Exot unter den Topmanagern der Pharmawelt. Er gehört einmal zu den wenigen Juristen an der Spitze eines Pharmakonzerns – und zählt zu den ganz wenigen Afroamerikanern im Topmanagement einer Branche, die traditionell von weißen Kaufleuten und Wissenschaftlern gesteuert wurde und die darauf spezialisiert war, »weiße Pillen für westliche Märkte« zu produzieren. Der Merck-Chef kommt aus kleinen Verhältnissen: der Vater Hausmeister, die Mutter früh gestorben. Er selbst zog Kaulquappen und Wassermolche auf und verkaufte sie an Geschäfte. Als Absolvent der Harvard Law School war Frazier zunächst einige Jahre bei einer Kanzlei in Philadelphia tätig, bevor er Anfang der 1990er Jahre bei Merck & Co. einstieg. Nach und nach rückte er in der Rechtsabteilung nach oben. Seine größte Bewährungsprobe kam 2004 mit dem Vioxx-Skandal: Eine von Merck & Co. selbst durchgeführte Studie über das umsatzstarke Schmerzmittel offenbarte, dass damit ein deutlich erhöhtes Risiko für Herzinfarkte einherging. Der US-Konzern musste das Produkt vom Markt nehmen und sich anschließend gegen eine Flut von Vorwürfen und Schadensersatzklagen verteidigen. Auf bis zu 50 Milliarden Dollar schätzten Analysten den Schadensersatzaufwand in diesem größten Rückruf der Pharmageschichte. Jurist Frazier entschloss sich zu einer unnachgiebigen Verteidigung und entschied zahlreiche Prozesse zugunsten des Konzerns. Für die verbleibenden Klagen konnte er schließlich 2007 einen Vergleich im relativ bescheidenen Rahmen von 4,9 Milliarden Dollar abschließen. Das war ein Bruchteil der zunächst befürchteten Belastung.

Der damalige Firmenchef Richard T. Clark machte Frazier daraufhin zum Vertriebschef und ebnete ihm den Weg auf den CEO-Posten. Neun Monate vor seinem Amtsantritt besuchte er den letzten wirklich erfolgreichen Merck-Chef Vagelos. Frazier versucht nun, Merck & Co. mit neuen Leuten, externen Allianzen und kleineren Akquisitionen zur alten Stärke in der Pharmaforschung zurückzuführen. Ein schwieriges Unterfangen: Um die versprochenen Synergien aus der Fusion mit Schering-Plough herauszuholen, musste Frazier zunächst harte Einschnitte durchziehen und mehrere Zehntausend Stellen streichen. Und für die Wiederbelebung der Innovationskraft ist der Jurist Frazier letztlich auf seine Topmanager in den Forschungsabteilungen angewiesen. »Ich bin kein Anhänger der Denkschule, die im CEO den großen Helden sieht«, bekannte er einmal, wohlwissend, dass es in der Forschung vor allem darauf ankommt, die richtigen Talente anzuziehen und zu halten. Alles, was Frazier tun könne, sei, die richtige Umgebung für diese Leute zu schaffen. Dafür wurde er 2015 mit 20 Millionen Dollar belohnt.

Vieles erinnert an die Strategie, mit der Georg Wilhelm Merck die Firma in den 1930er und 1940er Jahren nach und nach zu einem der größten Arzneimittelhersteller Amerikas machte. Er holte damals gezielt junge Wissenschaftler und Professoren von den Universitäten, um mit ihrer Hilfe Produkte wie Vitamine, Kortison oder Penicillin zu produzieren. Gegründet wurde Merck & Co. von dessen Vater Georg Merck, den die Darmstädter Unternehmerfamilie Merck 1891 als jungen Mann nach New York entsandt hatte, um das aufblühende USA-Geschäft zu führen. Zusammen mit dem Niederlassungsleiter Theodore Weicker etablierte er Merck & Co. als eigenständiges Unternehmen mit 80-prozentiger Kapitalbeteilung des Darmstädter Mutterhauses. Dieser Anteil wurde gegen Ende des Ersten Weltkriegs vom amerikanischen Staat konfisziert. Seit fast 100 Jahren sind daher alle gesellschaftsrechtlichen Verbindungen zwischen den beiden Unternehmen gekappt. Merck & Co. darf grundsätzlich den Namen Merck in den USA und Kanada nutzen, die Darmstädter Merck-Gruppe im Rest der Welt. Dort sind die Amerikaner als MSD unterwegs (für Merck, Sharp & Dohme). Genau darüber aber ist Streit entstanden, nachdem die deutsche Merck-Gruppe 2015 ihr Logo änderte. Die Deutschen erreichten ein Urteil des britischen High Court of Justice, wonach MSD in Großbritannien zu sehr als »Merck« aufgetreten sei und Markenrechte verletzt habe. Da schlugen die Amerikaner im Januar 2016 mit einer Gegenklage zurück: Die Darmstädter würden sich in den USA und in den sozialen Medien fälschlicherweise als »Merck KGaA« oder »MERCK« präsentieren.

Georg Merck, der die amerikanische Staatsbürgerschaft angenommen hatte, gelang es, das Unternehmen schon 1919 – mit Unterstützung von Goldman Sachs und Lehman Brothers – aus dem Staatsbesitz zurückzukaufen. Später übergab er die Führung an seinen Sohn Georg Wilhelm Merck, der das Unternehmen von 1925 bis 1957 als CEO und Chairman maßgeblich prägte. Die Anteile seiner Familie an der Firma indessen wurden schon ab den 1920er Jahren durch diverse Fusionen verwässert. Unter den wichtigsten Aktionären von Merck & Co. tauchen daher heute weder einzelne Mitglieder der Gründerfamilie noch die von Georg Wilhelm Merck etablierte Familienstiftung auf. Das Kapital ist vielmehr breit gestreut und befindet sich zu rund drei Vierteln im Besitz zahlreicher institutioneller Investoren, darunter die Vermögensverwalter Blackrock, Wellington Management und Vanguard, die jeweils gut sechs Prozent halten.

**Nachhaltigkeit** ✖ ✖ ✖ ▨ ▨
Bekenntnis zu nachhaltigem Wirtschaften.

**Unbestechlichkeit** ✖ ✖ ✖ ▨ ▨
Das US-Justizministerium stellte Ermittlungen gegen Merck & Co. ein. Es ging Informationen nach, dass der Konzern im Ausland für die Erlangung von Aufträgen besteche.

**Steuerehrlichkeit** ✖ ✖ ✖ ✖ ▨
Vorstandschef Frazier zufolge lohnt es sich nicht, Konzern-Headquarters durch Fusion ins Ausland zu verlagern, um der US-Steuer zu entgehen.

**Humanität** ✖ ✖ ▨ ▨ ▨
Von 2010 bis 2015 mussten 30.000 Mitarbeiter den Konzern verlassen. 2008 willigte Merck & Co. ein, 650 Millionen Dollar zu zahlen, weil man von der staatlichen Gesundheitsfürsorge Medicaid zu viel Geld für Medikamente verlangt habe.

**Transparenz** ✖ ✖ ✖ ▨ ▨
Merck verpflichtete sich zu mehr Transparenz bei Studien-Veröffentlichungen. Ausführliche Finanzberichterstattung.

# John Hammergren

## McKesson

Was ist ein einzelner Wert? Welchen Unterschied macht es, einfacher Mitarbeiter oder CEO zu sein? Das sind Standardthemen der Wirtschaftsfeuilletons – und Gegenstände der Leit- und Neiddebatte bei jeder Hauptversammlung des US-Pharmagroßhändlers McKesson. Im Juli 2016 kam die Frage wieder auf, weil sich der Konzern in den Vereinigten Staaten von 1600 Mitarbeitern trennt, was rund 300 Millionen Dollar kostet. Würde aber die Einzelperson an der Spitze gehen, etwa bei einer Fremdübernahme, wären 187 Millionen fällig. So viel Geld verdiente John Hammergren inklusive der Pensionszusagen. Die Summe entspricht den Abschiedskosten von 1000 Mitarbeitern.

Es ist also eine besondere Aura um den Manager, der 2014 sogar nach wütenden Protesten von Aktionären auf 45 Millionen Dollar seiner Pensionsansprüche verzichtet hatte – mit der niedlichen Begründung, sie lenkten vom eigentlichen Geschäft ab. Nunmehr gibt es bei McKesson eine Obergrenze von 114 Millionen Dollar. Analysten schreiben dennoch weiter von einer der noch immer üppigsten Altersvorsorgeregelungen in den USA. Die institutionellen Investoren machten die Manager-Selbstbedienung mit. Zu den größten Aktionären gehören Wellington (6,7 Prozent), Blackrock (6,6 Prozent) und Vanguard (6,1 Prozent).

McKesson agiert meist abseits der Öffentlichkeit, ist aber mit 76.000 Angestellten eine richtige Wirtschaftsmacht. Jedes zweite Krankenhaus in den USA wird von der Firma aus San Francisco beliefert, jedes dritte Pharmaprodukt geht durch ihre Vertriebskette. Die Firma ist schon 1833 gegründet worden, von John McKesson und einem Partner. Vorstandschef Hammergreen hat in den vergangenen Jahren eine Reihe kleinerer Firmen übernommen. So hat er unter anderem das Geschäft mit Krebs-Medikamenten gestärkt. Überall auf der Welt hält er Ausschau, vor allem in Asien und Europa. Seit 2014 gehören McKesson 76 Prozent des Stuttgarter Pharmagroßhändlers Celesio; Hammergren ist dort Aufsichtsratschef.

Gleich zu Beginn seiner Amtszeit im Jahr 2001 musste er McKesson aus einer großen Krise führen. Der Pharma-Grossist hatte 1998 das Software-Unternehmen HBO aus Atlanta für 14 Milliarden Dollar erstanden, doch offenbar waren Zahlen in der Bilanz gefälscht. Hammergreen, der seit 1996 intern Karriere gemacht hatte, wurde als neuer Vorstandsvorsitzender installiert, um wieder Ruhe in den Konzern zu bringen. Er setzte stärker auf Software und Technologie-Lösungen; das macht die Verteilung von Medikamenten effizienter. »Es wäre einfacher gewesen zu sagen: Wisst ihr was? Wir haben einen großen Fehler gemacht, und wir verkaufen jetzt das Unternehmen wieder«, sagte Hammergreen (geb. 20. Februar 1959). Doch eine Zukunft ohne Technologie-Know-how kam für ihn nicht infrage. Es gab sogar Überlegungen, den Konzern in einen Pharmahandelsteil und einen IT-Teil aufzuspalten. Hammergrens jüngster Coup war 2016 ein Joint Venture mit der Change Healthcare Holdings, um das Geschäft mit Medizindaten zu erschließen. McKesson gebietet über 70 Prozent, der Rest ist bei dem Ableger des Finanzkonzerns Blackstone, der auf raschen Börsengang drängt.

Rückblickend war es für die Aktionäre die richtige Entscheidung, Hammergren eingewechselt zu haben. Der Umsatz hat sich unter seiner Führung auf 191 Milliarden Dollar vervierfacht. Mit weitem Abstand liegt McKesson vor den Konkurrenten. Der Aktienkurs ist um mehr als 400 Prozent gestiegen.

Früh schon hatte der Manager Einblick ins US-Gesundheitssystem bekommen. Als Kind begleitete Hammergren seinen Vater, einen Pharmavertreter, in den Sommerferien bei der Arbeit. Damals habe er gelernt, wie wichtig gute Kundenbeziehungen sind – etwas, was ihn noch heute begleitet. »Wir wollen, dass der Kunde uns als einen Freund und Partner ansieht und nicht als einen Gegner, mit dem er verhandeln muss«, so Hammergren. Er wuchs im US-Bundesstaat Minnesota auf, studierte Betriebswirtschaft an der University of Minnesota und machte seinen MBA in Cincinnati. »Harvard Business Review« zählte ihn 2014 und 2015 zu den 100 Vorstandsvorsitzenden mit der besten Performance. 2011 war er der bestbezahlte Vorstandschef des Landes mit einem Verdienst von 145 Millionen Dollar (das meiste davon in Aktien-Optionen). Die Veränderungen im Gesundheitssystem der USA, aber auch in anderen Teilen der Welt, beobachtet Hammergren mit Sorge. Das System sei nicht für die derzeitigen Lebenserwartungen der Menschen ausgerichtet.

**Nachhaltigkeit** ✖ ✖ ✖ ⬚ ⬚
Ausgezeichnet für starke Umweltorientierung. Partnerschaft mit IBM für nachhaltige Lieferketten. Musste der US-Regierung 18 Millionen Dollar zahlen, da Impfstoffe unsachgemäß transportiert worden waren.

**Unbestechlichkeit** ✖ ✖ ✖ ✖ ⬚
Keine Korruptions-Vorfälle bekannt.

**Steuerehrlichkeit** ✖ ✖ ⬚ ⬚ ⬚
Das Steuergericht in Kanada entschied gegen den McKesson-Konzern, weil er Forderungen, letztlich steuersparend, an eine Tochter in Luxemburg übertragen hatte.

**Humanität** ✖ ✖ ⬚ ⬚ ⬚
Ein Mitarbeiter, der auf der Hauptversammlung den Vorstand kritisierte, wurde entlassen. Regelmäßige Auseinandersetzungen mit den Gewerkschaften über die Vorstandsvergütung.

**Transparenz** ✖ ✖ ✖ ✖ ⬚
Gute Finanzreports des Börsenunternehmens. Tritt auch für Preistransparenz ein.

# FREIZEIT/ ENTERTAINMENT

\* siehe Kapitel »Familien« ab Seite 156

| MEDIEN | Gründung | Land | Umsatz in Mrd. US$, 2015 | Größte Anteilseigner |
|---|---|---|---|---|
| **1** **Google (Alphabet)** Larry Page / Sergey Brin | 1998 | USA | **75** | Larry Page, Sergey Brin und Eric Schmidt: 58,5 % der Stimmrechte |
| **2** **Comcast** Brian L. Roberts | 1963 | USA | **74,5** | Brian L. Roberts: 33,3 % der Stimmrechte |
| **3** **Disney** Robert A. Iger | 1923 | USA | **52,5** | Laurene Powell Jobs Trust: 7,9 % Vanguard: 5,5 % Blackrock: 4,9 % |
| **4** **News Corp. / 21st Century Fox** Rupert Murdoch | 1979 | USA | **29** | Murdoch-Familie: 39,1 % der Stimmrechte Valueact Holding: 5,9 % Prinz Al-Walid bin Talal Al Saud: 5 % |
| **5** **Time Warner** Jeffrey M. Bewkes | 1922 | USA | 28,1 | Blackrock: 5,6 % Vanguard: 5,6 % JP Morgan: 5,5 % |
| **6** **Bertelsmann** Liz Mohn | 1835 | D | 19,1 | Familie Mohn: 100 % |
| **7** **WPP** Martin Sorrell | 1971 | GB | 18,7 | Sun Life Financial: 6,6 % Blackrock: 5 % Vanguard: 2,9 % |
| **8** **Liberty Global** John Malone | 1989 | USA | 18,3 | John Malone: 25,2 % der Stimmrechte Artisan Partners: 9,3 % Capital Group: 6,4 % |
| **9** **Facebook** Mark Zuckerberg | 2004 | USA | **17,9** | Marc Zuckerberg: 59,9 % der Stimmrechte Dustin Moskowitz: 6,3 % Eduardo Saverin: 6 % |

| | | Gründung | Land | Umsatz in Mrd. US$, 2015 | Größte Anteilseigner |
|---|---|---|---|---|---|
| **REISE** | | | | | |
| 1 | **TUI** Friedrich Joussen | 1847 | D | **23** | Alexey Mordashov: 15 % Blackrock: 8,1 % Goldman Sachs: 5,4 % |
| 2 | **Carnival** Micky Arison | 1972 | USA | **15,7** | Micky Arison: 16,1 % Suntrust: 6,9 % Northern Trust: 5,7 % |
| 3 | **Marriott** J. W. Bill Marriott | 1927 | USA | **14,5** | Familie Marriott: 25,3 % T Rowe Price: 8,3 % Jennison Ass.: 6,1 % |
| 4 | **Thomas Cook** Peter Fankhauser | 1841 | GB | **12,1** | Invesco: 22,4 % Standard Life: 13,2 % Guanchang Guo: 8,2 % |
| 5 | **Las Vegas Sands** Sheldon Adelson | 1979 | USA | 11,7 | Sheldon Adelson: 49,7 % Capital Group: 6,3 % Northern Cross: 4,5 % |
| 6 | **Hilton** Christopher J. Nassetta | 1919 | USA | 11,3 | Blackstone: 45,9 % T Rowe Price: 6,5 % Norges Invest: 4,7 % |
| **RESTAURANT** | | | | | |
| 1 | **Compass** Richard Cousins | 1941 | GB | **27,2** | Massachusetts Financial Services Company: 10,1 % der Stimmrechte Blackrock: 10 % Invesco: 5 % |
| 2 | **McDonald's** Steve Easterbrook | 1940 | USA | **25,4** | Vanguard: 7,2 % Blackrock: 6,7 % Capital Group: 5,8 % |
| 3 | **Sodexo** Sophie Bellon | 1966 | F | **23** | Fam. Bellon: 51,8 % (der Stimmrechte) |
| 4 | **Starbucks** Howard Schultz | 1971 | USA | **19,2** | FMR: 6,6 % Vanguard: 5,7 % Blackrock: 5,7 % |
| 5 | **Aramark** Joseph Neubauer | 1936 | USA | 14,3 | FMR: 7,8 % Vanguard: 6,3 % Joseph Neubauer: 5,3 % |
| **SPORT** | | | | | |
| 1 | **Nike** Phil Knight | 1972 | USA | **30,6** | Phil Knight (über Swoosh): 17,3 % Vanguard: 5,1 % FMP: 4,9 % |
| 2 | **Adidas** Kasper Rorsted | 1924 | D | **18,8** | Sawiris: 10 % (inkl. Hawkins: 2,9 %) Groupe Bruxelles Lambert / Albert Frère: 7,2 % Blackrock: 6,1 % |

## Larry Page, Sergey Brin
### Google (Alphabet)

Larry Page

Eines der größten Geldvermögen der digitalen Neuzeit schuf der Zufall. Eigentlich sollte der damals 21-jährige Sergey Brin den 22-jährigen Neuling Larry Page 1995 nur über den Campus der kalifornischen Universität Stanford führen und ihm zeigen, wie man sich zurechtfindet. Doch die beiden freundeten sich schnell an. Ein Jahr später arbeiteten sie im Schlafraum am Projekt »Backrub«, einer Suchmaschine für das Internet, über die Page jahrelang nachgedacht hatte. Aus »Backrub« entstand Google, die weltgrößte Internetsuchmaschine mit einem Marktanteil im Kerngeschäft von rund 70 Prozent.

Der Gigant aus dem kalifornischen Mountain View setzte 2015 mit 62.000 Mitarbeitern rund 75 Milliarden Dollar um, aus denen 16,3 Milliarden Dollar Nettogewinn gezogen wurden. Und die beiden Gründer gehören mit 39,2 Milliarden Dollar (Page) und 38,3 Milliarden Dollar (Brin) zu den zehn reichsten Menschen der Welt (Stand Mitte 2016). Dieser Reichtum entstammt dem globalen Online-Werbemarkt, den sie allein zu schätzungsweise einem Drittel beherrschen. So stieg Google mit der 2015 eingerichteten Holdingfirma Alphabet zum größten Medienkonzern der Welt auf. In vielen Ländern haben Brin (geb. 21. August 1973), der im Alter von fünf Jahren mit seinen Eltern aus Moskau in die USA kam, und Page (geb. 26. März 1973), Sohn eines Professors für Computerwissenschaften, sogar ein Monopol, so wie in Deutschland, dessen Suchmaschinengeschäft Google zu 95 Prozent dominiert.

Zu den großen Gewinnern der ersten Stunde gehörten beim Börsengang 2004 neben den Gründern auch eine Handvoll Risikokapitalanleger, die sich heute alle im »Who's Who« des Silicon Valley wiederfinden. Andy Bechtoltsheim, Mitgründer von Sun Microsystems, schrieb im August 1998 als Anreiz für Page und Brin den legendären ersten Scheck über 100.000 Dollar auf den Empfänger »Google Inc.« aus, als das Unternehmen noch gar nicht gegründet war. Später kamen Amazon-Gründer Jeff Bezos, Ram Shriram und andere Investoren dazu. Aber die großen Risikoträger und damit auch Gewinner kamen 1999 an Bord. Michael Moritz (privates Vermögen rund 3,1 Milliarden Dollar) von Sequoia Capital und John Doerr (privates Vermögen rund fünf Milliarden Dollar) von Kleiner Perkins warfen im Juni 1999 zusammen mit anderen Anlegern insgesamt 25 Millionen Dollar in den Ring. Arrangiert hatte das Ron Conway, den alle im Valley nur »Midas« nennen. Ein Angel-Investor, der alles in Gold verwandelt, was er anfasst. Conway sagte 2010, »wer damals eingestiegen ist, der hat für jeden eingesetzten Dollar 400 Dollar zurückbekommen«. Sequoia und Kleiner Perkins investierten weiter in Google, und zum Börsengang wiesen beide je 23,9 Millionen Aktien aus.

Google fand einen genialen Schlüssel, um mit Internet-Suchen Geld zu verdienen: Passend zu den Suchbegriffen der Nutzer wurden Werbeplätze versteigert – über das Programm Adwords. Das passiert bis heute milliardenfach pro Tag jeweils in Sekundenbruchteilen. Google nimmt dann immer ein paar Cents oder ein paar Dollar ein. Wird nach »Autohändler in Hamburg« gesucht, können sich die Computer der werbenden Unternehmen bei BMW, Audi, VW oder wo auch immer entscheiden, wie viel sie bieten wollen, damit ihre Anzeige platziert wird. Noch heute bringt Suchmaschinen-Werbung den Löwenanteil des Umsatzes bei.

»Es war schnell klar, wie mächtig dieses Geschäftsmodell ist«, erinnert sich Conway. Sherly Sandbergs erste Amtshandlung bei Google Ende 2001 sei gewesen, ihn anzurufen und »schnelles Geld« zu organisieren. Google fürchtete, bald nicht mehr liquide zu sein. »Traurigerweise«, so Conway, rief Sandberg (heute Nummer zwei bei Facebook) zehn Tage später wieder an und blies alles ab, mit dem Kommentar »Adwords funktioniert.« Googles Börsengang 2004 zu 85 Dollar pro Aktie war eine Sensation, schon alleine wegen der Aktienausgabe im Auktionsverfahren. Während sonst die großen Banken mit Top-Investoren die Emissionspreise aushandeln und Aktienpakete ausgeben, konnte sich für die Google-Papiere jeder bewerben und einen Kaufpreis vorschlagen. Der niedrigste Preis, bei dem alle verfügbaren Aktien verkauft werden konnten, wurde gewählt. Ein Affront, der die großen Emissionsbanken schäumen ließ vor Wut. Der nächste Affront kam mit dem Börsenprospekt: »Wir sind kein gewöhnliches Unternehmen«, heißt es da, »und wir wollen auch keines werden.« Google werde eine Gesellschaftsstruktur aus mehreren Aktiengattungen errichten, die die Macht bei den Gründern konzentriere und Einfluss von außen limitiere. Außerdem habe man kein Interesse, die langfristigen Ziele für kurzfristige Gewinne zu opfern, und werde den Aktionären reinen Wein einschenken, statt die Quartale zu »überzuckern«. Kurz gesagt: Die Aktionäre interessieren uns nicht.

Und trotzdem, nur drei Jahre nach dem Dot.com-Crash, der das halbe Silicon Valley ausradiert hatte, waren die Investoren bereit, das zu schlucken. Die Google-Aktie kannte mit wenigen Rückschlägen nur einen Weg: nach oben. Das lag auch an Eric Schmidt, einem routinierten Silicon-Valley-Manager, der lange als Vorstandschef fungierte, sozusagen als Kindermädchen, bis Brin und Page in der Lage waren, ein Milliardenunternehmen zu führen. 2006 sorgten Berichte für Unruhe an der Wall Street, wonach die Gründer sich darüber zerstritten hatten, wie groß die Betten in ihrem neuen Firmenjet, einer Boeing 767, sein sollten, den Schmidt nur als »party plane«, Party-Flieger, bezeichnete. Schmidt sprach ein Machtwort, und die Google-Führungsspitze kehrte zur Tagesordnung zurück. So war es neben den Kurssteigerungen nicht zuletzt er, der dafür sorgte, dass die Wall Street die Machtfülle der Gründer lange akzeptiert hat. Es ist auch Schmidt, der enge Verbindungen zur US-Regierung unterhielt und der inzwischen das Pentagon, also das US-Verteidigungsministerium, in Informationsfragen berät.

Unter den unzähligen kleineren und größeren Firmenkäufen und neuen Angeboten seit dem Börsengang stachen zwei heraus: YouTube und Android. YouTube, für 1,6 Milliarden Dollar im Jahr 2006 gekauft, ist heute Weltmarktführer unter den Videoplattformen. Android wiederum, 2005 für 50 Millionen Dollar gekauft, ist Weltmarktführer bei Smartphones mit über 80 Prozent Marktanteil. Ein Flop war dagegen die Übernahme des Handyherstellers Motorola Mobility (2012) für 12,5 Milliarden Dollar, der nach nicht einmal zwei Jahren für drei Milliarden beim chinesischen Lenovo-Konzern entsorgt wurde. Auch der Kauf von acht Roboterherstellern stand unter keinem guten Stern: Für Boston Dynamics wurde 2016 ein Käufer gesucht.

2014 nahm das Grummeln bei Aktionären und Analysten bedenklich zu. Brin und Page, die mittlerweile das Management übernommen und Schmidt auf den Chefposten des Verwaltungsrats abgeschoben hatten, häuften mit ihren Geheimprojekten (»Moonshots«) wie selbstfahrenden Autos, vernetzten Wohnzimmer-Thermostaten oder Datenbrillen immer höhere Verluste an. Die Strategie wurde im Grunde akzeptiert, Google musste neue Wachstumsfelder erschließen. Aber »Killerprodukte« blieben aus. Zudem wurde ein massives Problem offensichtlich: Google hatte den Aufstieg der sozialen Netzwerke wie Facebook, Twitter, Instagram oder Snapchat zuerst unterschätzt und dann eigene Ansätze wie »Google +« grandios in den Sand gesetzt. Damit sind Brin und Page angreifbar geworden, besonders durch Facebook. Gleichzeitig kommt der E-Commerce nur langsam in Schwung. Und Amazon dringt sogar mit E-Book-Readern, Tablets und eigener künstlicher Intelligenz immer stärker in Googles Kernbereich, die Suche, vor. Amazon-Kunden brauchen kein Google mehr, um etwas zu bestellen.

Die Antwort war im zweiten Halbjahr 2015 die Umstrukturierung in eine Holding, die Alphabet genannt wurde. Jetzt sind alle Gewinnbringer und Kostgänger klar erkennbar. Für Geschäft sorgt derzeit nur Google, wo auch YouTube, Android und Cloud Computing angesiedelt sind: 99,54 Prozent des Umsatzes fällt hier an. Zu den Experimentalunternehmen gehören Nest (vernetztes Heim), Calico (Biotechnologie), Verily (Gesundheit), Fiber (Glasfasernetz) oder »X« (selbstfahrende Autos). Dazu gibt es Google Ventures, ein Fonds, der etwa in Uber, Jet.com oder Udacity investiert hat. Die Nicht-Google-Firmen machten im ersten Halbjahr fast fünfmal so viel Verlust (1637 Millionen Dollar) wie Umsatz (350 Millionen).

Managementwechsel waren an der Tagesordnung. Das Projekt der Datenlese-brille Google Glass, das nur schwerfällig gestartet war und dessen Verkauf 2015 gestoppt wurde, lag zuletzt in einer eigenen Abteilung bei Nest. Beim Projekt der selbstfahrenden Autos ging Alphabet eine Kooperation mit Fiat-Chrysler ein, bei Bioelektronik mit dem Pharmakonzerns GlaxoSmithKline. Mit der Holdingidee becircen die Google-Chefs den Kapitalmarkt, eine Maßnahme, die auf die von Morgan Stanley gekommene Finanzchefin Ruth Porat zurückgeht. Die eigenen Kapitalreserven betragen immerhin knapp 80 Milliarden Dollar, in solchen Fällen kommen Aktionäre schon mal auf die Idee, höhere Dividenden zu verlangen. In drei Jahren sollen die »other bets« von Google, die anderen Wetten auf Zukunfts-geschäft, mehr Erfolg versprechen oder abgeschaltet werden.

Nur eines ist noch immer so wie früher: Drei Aktiengattungen sorgen weiterhin dafür, dass die Gründer Brin und Page die ganze Macht behalten. Alphabet C-Ak-tien haben kein Stimmrecht, Alphabet A-Aktien haben einfaches und Alphabet B zehnfaches Stimmrecht. Von den 46,9 Millionen B-Aktien hielten Mitte 2016 Page 20,9 und Brin 20,4 Millionen Stück, Alphabet-Chairman Schmidt 4,4 Mil-lionen. Sicher ist sicher. Die Wall Street macht das Spiel dennoch mit, zu stark ist Googles Kerngeschäft der digitalen Suche. Page und Brin haben neben Google und Alphabet persönlich viele Millionen in Projekte gesteckt, zum Beispiel in das Elektroauto Tesla oder in fliegende Autos.

**Nachhaltigkeit** ✗✗✗✗⊠
Das wahre Interesse der Google-Grün-der liegt in Künstlicher Intelligenz. Die Menschen sollen über Google-Produkte zu »richtigem« Verhalten angeleitet werden, auch zur Ressourcenschonung. Über den philanthropischen Arm Google.org und persönlich haben Page und Brin viel Geld in erneuerbare Energien investiert.

**Unbestechlichkeit** ✗✗✗⊠⊠
Großer Lobbyeinsatz in Washington und rege Verbindungen zur Demokratischen Partei. Auch in Deutschland wurden Lobbyausgaben erhöht. In China verwei-gerte sich Google der geforderten Selbst-zensur und verließ den Markt.

**Steuerehrlichkeit** ✗⊠⊠⊠⊠
Jahrelang war Google mithilfe der Steuerparadiese Irland, Niederlande und Bermuda einer der aggressivsten Steuer-vermeider. In Großbritannien zahlte der Konzern nach einer Einigung mit der Regierung 185 Millionen Dollar Steuern zurück. Frankreich will 1,6 Milliarden Euro zurück. Indonesien fordert allein für 2015 eine Steuernachzahlung von 418 Millionen Dollar. Offiziell hat Google Inc. seinen Sitz im US-Steuerparadies Delaware.

**Humanität** ✗✗⊠⊠⊠
Eigene Firmenkultur in der Zentrale (Googleplex) mit sozialen Wohltaten. Anspruch, die Welt zu verbessern. Der Konzern will absolute Transparenz in der Gesellschaft.

**Transparenz**
Aufgrund des großen Einflusses der Grün-der nur mäßig transparent. Die EU-Kom-mission untersucht die große Macht des Konzerns, der zum Beispiel bei der Suche eigene Produkte bevorzugt und über die dominante Software Android viele weitere Geschäfte beherrscht.

# Brian L. Roberts
## Comcast

Der Wandel zeigte sich 2009 für jeden sichtbar. Damals eröffnete Comcast seinen neuen
Konzernsitz – ein schick verspiegelter Wolkenkratzer, mit fast 60 Stockwerken das höchste
Gebäude Philadelphias. Dort sitzt Brian Roberts
(geb. 28. Juni 1959) im 46. Stock mit unverstell-
tem Blick auf die fünftgrößte Stadt Amerikas.
Roberts ist nicht nur der Chef des Unternehmens, sondern auch einflussreichster Aktionär
und Sohn des Gründers Ralph Roberts. Die
Zeitungen mögen viel über Medienbarone wie
Rupert Murdoch oder John Malone schreiben –

Roberts steht so gut wie nie in den Schlagzeilen. Dabei hat er im vergangenen
Jahrzehnt den mit 75 Milliarden Dollar Jahresumsatz und 160 Milliarden Dollar
Börsenwert zweitgrößten Medienkonzern der Welt aufgebaut. »Comcast ist der
König«, schrieb Richard Greenfield, Analyst von Branchendienst BTIG.

Roberts' Firma ist Marktführer im amerikanischen Kabelgeschäft. Knapp
23 Millionen Amerikaner bekommen ihr Internet von Comcast, ein Marktanteil
von rund einem Viertel. Nimmt man nur die schnellen Breitband-Verbindun-
gen, die für das Anschauen von Filmen unerlässlich sind, steigt der Anteil auf
mehr als ein Drittel. Aber Comcast überträgt nicht nur Internet und Fernsehen,
es produziert auch viele Inhalte. 2011 kaufte das Unternehmen NBC Universal,
das Fernseh- und Filmgeschäft von General Electric. Damit gehören ihm der landesweite Fernsehsender NBC und zahlreiche Kabelkanäle wie der Börsensender
CNBC, der Wetterdienst The Weather Channel oder Unterhaltungsprogramme
wie Bravo und E!. Auch Universal Studios wird von Comcast kontrolliert, das
Hollywood-Studio produzierte viele Kassenschlager wie »ET«, »Jurassic Park«
oder jüngst »Pets«. Mitte 2016 kündigte Comcast zudem den Kauf von Dream-
works Animation für 3,8 Milliarden Dollar an.

Brian Roberts' Familie gehören bei Comcast alle sogenannten B-Aktien, die
mit besonderen Stimmrechten versehen sind. Auf diese Weise kontrolliert sie ein
Drittel aller Stimmen, ausreichend, um alles im Konzern zu bestimmen. Roberts
fungiert als CEO und Chairman des Verwaltungsrats, der vor allem mit alten
Mitkämpfern bestückt ist. Die größten familienfremden Investoren sind Capital
Group (6,7 Prozent), Blackrock (6,4 Prozent) und Vanguard (5,9 Prozent).

Der Legende nach hörte Roberts Vater Ralph Roberts 1963 beim Pokerspiel, dass ein kleines Kabelunternehmen in Mississippi zu haben sei. Mit zwei Partnern stieg er ein – Comcast war geboren. Einer der Partner war Daniel Aaron, dessen Familie 1937 vor den Nazis in die USA geflohen war. Kurze Zeit später brachten sich beide Eltern um, Aaron wuchs im Waisenheim auf. Sein Leben verlaufe »im Schatten des Holocaust«, sagte er einmal. Von Ralph Roberts' fünf Kindern zeigte nur Brian Interesse am Geschäft. Schon mit 13 Jahren besuchte er seinen Vater im Büro, las Geschäftsberichte oder interne Dokumente. Nach seinem Wirtschaftsstudium an der elitären Wharton School of the University of Pennsylvania stieg Brian Roberts ins Unternehmen ein. Sein Vater ließ ihn anfangs Abos verkaufen und Telefonmasten hochklettern, um Leitungen zu reparieren.

Den Ehrgeiz des Jungen bremste das nicht, schon mit 30 Jahren wurde er 1990 Vorstandschef. Damals erlöste Comcast gut eine halbe Milliarde Dollar, heute ist es deutlich mehr. Roberts nutzte die Dot-com-Krise für wichtige Akquisitionen. 2001 übernahm er die Kabelsparte von AT&T für fast 45 Milliarden Dollar – auf einen Schlag war Comcast der größte Anbieter in den USA. Mit zahlreichen kleineren Zukäufen gab Comcast laut Finanzdienst Bloomberg insgesamt mehr als 60 Milliarden Dollar für Übernahmen aus. Allerdings stößt Comcast langsam an seine Grenzen. Die Übernahme von Time Warner Cable im Wert von 45 Milliarden Dollar scheiterte 2015. Die Kartellbehörden senkten den Daumen, Konkurrent Charter konnte stattdessen das Unternehmen kaufen.

Seine Ambitionen lebt Brian Roberts nicht nur im Büro aus. Er spielt so gut Squash, dass er mehrere Medaillen mit dem US-Team bei den Maccabiah Games gewann; das »jüdische Olympia« ist eine der weltweit größten Sportveranstaltungen. Squash ist ein intensiver und schneller Sport, der Kraft und Geschicklichkeit erfordert. Das sind genau die Talente von Brian Roberts.

**Nachhaltigkeit** ✗ ✗ ✗ ✗ ⬚
Fordert mehr Nachhaltigkeit in der Kabelindustrie und ökologisches Bauen.

**Unbestechlichkeit** ✗ ✗ ⬚ ⬚ ⬚
Meredith Attwell Baker erlaubte 2011 zunächst als Kommissarin der US-Kartellbehörde den Kauf von NBC Universal durch Comcast – und wurde vier Monate danach Cheflobbyistin des neuen Kolosses. Ein paar Jahre später beriet ein Comcast-Anwalt die Kommunikationsbehörde FCC.

**Steuerehrlichkeit** ✗ ✗ ✗ ⬚ ⬚
Comcast nutzt Chancen der Steuergestaltung über Delaware und eine Passive Investment Company.

**Humanität** ✗ ✗ ✗ ⬚ ⬚
2012 klagten Mitarbeiter gegen Comcast und NBC Universal vor dem Los Angeles Superior Court wegen angeblicher Unterbezahlung.

**Transparenz** ✗ ✗ ✗ ✗ ⬚
Comcast legte 2014 und 2015 offen, wie viele Datenabfragen es durch die US-Regierung gab. Breite Finanzberichterstattung als Börsenunternehmen.

# Robert A. Iger

## Disney

Von den beiden Brüdern, die Micky Maus in die Welt brachten, war Roy O. Disney (1893–1971) der unauffälligere, unternehmerisch aber der wirkungsvollere. Er kümmerte sich um die Organisation, um den Aufbau und die Kosten der 1923 gegründeten Firma Disney Brothers Cartoon Studio, während sein Bruder Walt (1901–1966) das kreative Genie war, dessen Zeichentrickfilme einen neuen Standard setzten; 1940 war er mit dem Film »Fantasia« auf dem Gipfel seines Könnens angelangt. Durch seine Zusammenarbeit mit dem FBI wurde der manische Antikommunist Walt Disney in Hollywood jedoch zur umstrittenen, auch verhassten Figur.

Disney ist eine Art amerikanisches Kulturgut, dessen Figuren und Filme überall auf der Welt bekannt sind. »Hier zu herrschen, das ist, als ob man über ein ganzes Land herrscht«, sagt ein Manager einer Konkurrenzfirma. Früh begann sich das Unterhaltungsunternehmen in jene Bereiche auszudehnen, die es heute charakterisieren: Unterhaltungsparks, Merchandising-Produkte, Spielfilme, Fernsehen. In den 1980er Jahren wurde das Studio Touchstone Pictures gegründet, das vornehmlich Filme für Erwachsene produziert.

In der zweiten Generation war es Roy E. Disney, der Sohn von Roy, der sich um das Erbe kümmerte. Er pochte darauf, dass der Konzern seine Wurzeln nicht vergaß, die geliebten Cartoon-Filme. Dank seiner Initiative kam im Jahr 2000 ein Remake von »Fantasia« in die Kinos. Der Disney-Erbe besaß zwar nur noch wenige Aktien in dem börsennotierten Unternehmen, aber er hatte Sitz und Stimme im Verwaltungsrat, was in der öffentlichen Wahrnehmung einen großen Unterschied machte. Als er in den frühen 1990er Jahren plakativ das Management kritisierte, weil es selbstherrlich und abgehoben sei (und den Zeichentrick vernachlässigte), hatte das seine Wirkung. Er konnte Michael Eisner als CEO durchsetzen, doch wie immer bei Disney wuchsen Egos so schnell, wie Tom Jerry nachjagt, und es brannten Machtkämpfe auf. Die beiden Bündnispartner von einst entfremdeten sich und verkehrten am Ende ausschließlich über E-Mails. In einer letzten Kraftaktion machte Roy E. Disney noch einmal mobil. Er paktierte mit dem Rechtsanwalt Stanley Gold, gab spektakulär 2003 sein Aufsichtsratsmandat ab und inszenierte die Kampagne »Save Disney«. Und er schaffte es tatsächlich, dass auf der Hauptversammlung 45 Prozent gegen den CEO stimmten. Da war der große Michael Eisner, der sich schon als der neue Walt Disney gesehen hatte, in Burbank bei Los Angeles Geschichte.

Er wurde 2005 durch Robert A. Iger (geb. 10. Februar 1951) ersetzt, der ganz das Wohlwollen von Roy E. Disney hatte. Der letzte Disney bei Disney zog als Director Emeritus wieder aufs Studiogelände und blieb ein lebendes Mahnmal der Disney-Tradition. Aber auch Chefmanager Iger entfaltete Disney-typisch großes Machtbewusstsein; nun gibt es nach dem Tod von Roy E. Disney im Dezember 2009 (er wurde 79 Jahre alt) niemanden mehr, der erfolgreich Widerstand leisten und eine Gegenposition bilden könnte. Die vier Kinder von Roy E. Disney sowie die zehn Kinder der zwei Töchter von Walt Disney treten nicht in Erschei-

nung, weder mit Ideen noch mit nennenswerten Aktienpaketen. Das Kapital teilt sich vornehmlich auf große Vermögensverwalter wie Vanguard (5,5 Prozent) und Blackrock (4,9 Prozent) auf. Den größten Anteil mit acht Prozent aber hält der Laurene Powell Jobs Trust der Witwe von Apple-Legende Steve Jobs. Dieser hatte im Jahr 2006 sein Animationsstudio Pixar (»Findet Nemo«) an Disney verkauft und war durch diese Transaktion (Volumen: 7,4 Milliarden Dollar) größter Gesellschafter geworden. Im Verwaltungsrat, der die Interessen der Aktionäre wahrt, gilt die Facebook-Managerin Sheryl Sandberg noch als eine der aktiven Kräfte.

Nach und nach hat sich der Konzern unter Iger wichtige Filmfirmen dazugekauft, neben Pixar noch Marvel und Lucasfilm (»Star Wars«); das Studio Miramax gab er wieder ab. Im Fernsehen tut sich Disney, durch Produktionen groß geworden, branchentypisch schwer, neue Internetkonkurrenz nimmt Zuschauer weg und lockt Werbekunden. Auch Disneys Senderkette ABC, eines der vier großen Networks der USA, erleidet Ratingverluste. Zum Besitz gehören auch der schwächelnde Sportsender ESPN sowie zahlreiche Beteiligungen an internationalen Sendern wie dem deutschen Super RTL (Disney-Quote: 50 Prozent). Walt Disney Parks & Resorts unterhält weltweit zwölf Themenparks und 50 Resorts. Eine der letzten großen Errungenschaften war die Eröffnung des Disney Resorts in Shanghai: Das Symbol amerikanischer Konsumlust hatte es ins Zentrum der chinesischen staatskapitalistischen Kultur geschafft.

Das bunte Potpourri macht Disney mit insgesamt 52,5 Milliarden Dollar Umsatz und Aktivitäten in mehr als 40 Ländern zur Nummer drei der Medienwelt. Robert Iger hat in seiner Amtszeit als Vorstandschef den Börsenwert von 50 Milliarden auf rund 140 Milliarden Dollar in der Spitze gesteigert. Seine Karriere hatte er als Wettermoderator bei einem lokalen Radiosender begonnen, war aber schnell ins Management der ABC gewechselt, die später zu Disney kam. Sein Vertrag läuft zwar im Juni 2018 aus, aber eine – zumindest interimistische – Verlängerung scheint gut möglich, nachdem im April 2016 Thomas Staggs seinen

Abschied verkündet hat; er war erst 14 Monate vorher zur Nummer zwei ausgerufen worden. Der Chief Operating Officer galt für den Sprung nach oben als gesetzt, schließlich hat Disney die CEO-Position traditionell von innen besetzt. Vor Staggs' Abgang hatte der Verwaltungsrat von Disney jedoch erklärt, die Suche nach einem neuen Vorstandsvorsitzenden ausdehnen zu wollen – was der Kronprinz als Misstrauenserklärung verstand.

Es gibt Anzeichen, dass Iger, der auch President ist, in Wahrheit nicht von der Macht lassen will und die Beförderung von Saggs hintertrieb. Der Vorstandschef fühlt sich fit, er wirkt jugendlich und lebt im Bewusstsein, dass seine Jahresvergütung von fast 45 Millionen Dollar (2015) die gerechte Kompensation für die geleistete Arbeit ist. Damit liegt er unter den Chefs großer Konzerne an der Spitze – auch wenn Martin Sorrell, Chef der britischen WPP-Gruppe, für 2015 sogar rund 100 Millionen Dollar kassierte. Sorrells Werbekonzern schaltet die Spots, von denen auch Iger lebt.

### Nachhaltigkeit ✘✘✘✘✗
Man spricht im 185.000-Mitarbeiter-Konzern von »Disney Citizenship«, wenn man verantwortliches Handeln beschreibt. Ein spezielles Programm kümmert sich um die globale Lieferkette. 2006 erhielt der Konzern den Negativpreis Public Eye Award, weil er nicht darüber informiert, wo in China er das Disney-Spielzeug produzieren lässt.

### Unbestechlichkeit ✘✘✘✗✗
Großes Compliance-Programm. In China hat CEO Iger der Kommunistischen Partei ganz untypisch zugestanden, beim Management des Freizeitparks in Shanghai mitzumischen.

### Steuerehrlichkeit ✘✗✗✗✗
Dank eines Finanzarms namens Wedco Participations in Luxemburg zahlte Disney einen effektiven Steuersatz von 0,3 Prozent auf eine Milliarde Euro Gewinn. Damit vermied man den Zugriff des Fiskus in Frankreich und Deutschland.

### Humanität ✘✘✘✗✗
Der US-Politiker Bernie Sanders warf Disney vor, die Mitarbeiter zu schlecht zu bezahlen.

### Transparenz ✘✘✘✗✗
Kommunikation läuft strikt nach den Disney-Regeln. Der Konzern ist so weit offen, wie es die eigene straffe Kultur erlaubt.

## Rupert Murdoch
### News Corp./21st Century Fox

Ein Außenseiter ist Keith Rupert Murdoch bei allen weltweiten Erfolgen geblieben. Schon als der gebürtige Australier im englischen Oxford studierte, schockte er seine Umgebung mit einer Lenin-Büste auf dem Schreibtisch. Er genoss früh das Image des Enfant terrible. Das hat ihn härter, unberechenbarer, auch ungenierter gemacht. Murdoch (geb. 11. März 1931) war ein Globalisierer der Medienmärkte zu einer Zeit, als sie Binnenschutz zu haben schienen. Und er hatte keine Skrupel, Medienmacht einzusetzen. Im Gegenteil: Murdoch hält es für naiv, Politik und Medien zu trennen. Nur direkt als Unternehmer im Parlament aktiv zu werden, wie sein italienischer Geschäftsfreund Silvio Berlusconi, erschien ihm immer als viel zu plump. Heute setzen seine Medien rund 29 Milliarden Dollar im Jahr um.

Als sein Vater 1953 starb, erbte der 22-jährige Murdoch in Australien die Tageszeitung »Adelaide News« und einen kleinen Radiosender. Nach zahlreichen Zukäufen beträgt sein Marktanteil bei Zeitungen dort heute 60 Prozent. Aber schon Ende der 1960er Jahre wollte er seiner Familienfirma ein starkes Tochterunternehmen in Großbritannien hinzufügen. Er kaufte das Boulevardblatt »The Sun« und die seriösere »The Times« sowie das wöchentliche Krawalljournal »News of the World« – das 2011 eingestellt werden musste, nachdem Murdochs Journalisten quasi systematisch die Handys von Prominenten abgehört hatten. Der Fall wurde vor Gericht und Parlamentsausschüssen behandelt. Zwischenzeitlich musste Murdoch handfeste Nachteile für sein hochrentables britisches Pay-TV-Geschäft von BSkyB befürchten, das er 1990 mit viel Verlust und Abenteuerlust gestartet hatte; es hat inzwischen auf der Insel mehr als zwölf Millionen Abonnenten, in Europa sind es insgesamt 21 Millionen. Im Jahr 2015 ließ Murdoch das Geschäft von BSkyB, wo er noch Mitaktionäre hatte, mit seinen ihm zu 100 Prozent gehörenden Konzernablegern in Italien und Deutschland verschmelzen. In Deutschland versuchte sich Murdoch in den 1990er Jahren auch mit der Zeitung »Super« (mit Hubert Burda) sowie als Großgesellschafter der TV-Station Vox.

Aber das waren sehr kleine Fische im Vergleich zu seinen Vorstößen in den USA, seinem heutigen Haupteinsatzgebiet. In den 1980er Jahren erkannte Murdoch, dass elektronische Märkte, vor allem das Fernsehen, auf Kosten von Print zulegen würden. »Money follows eyeballs«, das Branchengesetz begriff er schnell. Und so kaufte er 1985 das berühmte Hollywood-Filmstudio 20th Century Fox. Dann baute er das Fernsehnetwork Fox auf, auch um produzierte Filme und Serien auszustrahlen. Die »New York Post«, eine Straßenverkaufszeitung aus der Metropole, in der Murdoch längst lebt, war lange Zeit seine einzige Printaktivität in den USA. Dann erstand er 2007 von der Familie Bancroft mit der Nachrichtenagentur Dow Jones das altehrwürdige Wirtschaftsblatt »Wall Street Journal« und formte es anschließend mit eigenem Lokalteil zu einer täglichen Attacke gegen die ihm verhasste, weil linksliberale »New York Times«.

Es ist ein Phänomen, dass ein knorriger, erzkonservativer, mit journalistischem Spürsinn und Humor ausgestatteter Firmenerbe aus Australien sechs Jahrzehnte lang persönlich die Geschicke der Medienwelt so stark beeinflusst hat. Mehrmals stand Murdoch am Rande des finanziellen, zumindest aber moralischen Bankrotts. Heute ist sein Imperium in zwei jeweils börsennotierte Teile gespalten. Da ist einmal bei der News Corporation (das ist der alte Name des Konzerns) das gedruckte Geschäft mit den Zeitungen sowie dem Buchverlag HarperCollins, und da ist zum anderen der expansive elektronische Sektor bei 21st Century Fox. Mit ihren Aktien dominiert Murdochs Familie jede Hauptversammlung. Zwar hält sie bei der News Corporation nur 14 Prozent des Kapitals, doch sie kommt auf 40 Prozent der Stimmrechte. Das liegt an ihren »Class B«-Papieren. Nur noch ein Prozent der News-Corp.-Aktien hält der saudische Prinz Al-Walid, der bei 21st Century Fox mit 6,6 Prozent dabeibleibt. Knapp sechs Prozent hält dort der Hedgefonds Valueact des aktivistischen Investors Jeffrey Ubben, den die Murdochs in den Aufsichtsrat aufnahmen. Bedingung: keine Kampagne gegen die spezielle Aktienkultur der Murdochs.

Rupert Murdoch beschloss, sich mit der Rolle des Chairman zu begnügen – falls möglich. Bei 21st Century Fox darf sich sein Sohn James (geb. 13. Dezember 1972) bewähren, der in London lebt und dort nach dem »Phonehacking-Skandal« von seinen operativen Ämtern zurückgetreten war, zum Beispiel als Europa- und Asien-Chef des Konzerns. Das British Office of Communications (Ofcom) resümierte, James' Führungsleistung habe wiederholt nicht den Erwartungen entsprochen, die man an einen CEO und Chairman habe. Als Executive Chairman schaut ihm bei 21st Century Fox neben seinem Vater auch sein älterer Bruder Lachlan (geb. 8. September 1971) über die Schulter. Der Australier hatte sich zwischenzeitlich aus dem nach den Launen des Alt-Patrons ausgerichteten Imperium zurückgezogen und sich in Australien mit der Investmentfirma Illyria versucht. Weiter auf Distanz zum Imperium ist seine Schwester Elisabeth (22. August 1968), eine erfolgreiche Filmproduzentin und Geschäftsfrau (Vertical Networks), die auch als Non-Executive Director für die Luxusschuhmarke Jimmy Choo der deutschen Familie Reimann arbeitet. Sie gilt als aufrechte liberale Intellektuelle, die zum Beispiel Barack Obama ein Dinner ausrichtete. Das Zeitungsgeschäft bei News Corp. dirigiert Murdochs australischer Vertrauter Robert Thomson, ein begnadeter Journalist, der viel freie Zeit mit seinem Verleger verbringt.

Murdoch macht den Eindruck, als könnte er nicht nur die Gesetze des Wettbewerbs ignorieren, sondern auch die des biologischen Alterns. (Seine Mutter starb mit 103 Jahren.) Mit einer persönlichen Fitnesstrainerin und mit zunehmendem Spaß am Showgetriebe hält er sich jung. Er ist zum vierten Mal verheiratet, diesmal mit Jerry Hall, der Ex-Frau des Rockstars Mick Jagger. Somit nimmt Murdoch im Jetset eine ebenso prägende Rolle ein wie in der Politik, wo er in den USA mit dem lärmend-konservativen Sender Fox News innenpolitischen Einfluss gewann. Als dort sein Freund und publizistischer Büchsenspanner Roger Ailes nach Sexskandalen im Juli 2016 gehen musste, übernahm Murdoch kurzfristig kommissarisch die Chefrolle. Er ist ein freier Radikaler, ein Anwalt unregulierter Märkte, der Margaret Thatcher und Ronald Reagan schätzte, John Mayor, Barack Obama, David Cameron und ein vereintes Europa aber nicht. Nicht nur ideologische Präferenz spielt dabei eine Rolle, sondern auch unternehmerisches Kalkül: Politiker sind wegen Lizenzvergaben und Gesetzesregelungen für Mediengewaltige wichtig. So können auch sozialdemokratische Führer die Gunst Murdochs erringen, wie 1994 der damalige britische Oppositionsführer Tony Blair. Der Mann, für den die »Sun« trommelte, wurde tatsächlich Premier.

Manches ist dem Mann fürchterlich misslungen, zum Beispiel die Internetplattform MySpace (verkauft) oder die Online-Zeitung »The Daily« (eingestellt). Aber Murdoch bleibt davon überzeugt, dass westliche Werte Geltung haben müssen auf der Welt und dass Hollywood ein positives Bild davon verbreitet. Seine ideale Staatsform ist die einer gelenkten Demokratie analog zu Singapur. Man könnte auch denken, dass es ihm das Leitbild vom gerechten Diktator angetan hat.

**Nachhaltigkeit** ✘✘✘✕✕
Bekenntnisse zum nachhaltigen Wirtschaften. Persönlich relativiert Murdoch die Klimarisiken.

**Unbestechlichkeit** ✘✘✕✕✕
Im Skandal um gehackte Telefone gestand eine Verantwortliche, Polizisten Geld gezahlt zu haben. Es gab keine Verurteilung wegen Korruption.

**Steuerehrlichkeit** ✘✘✕✕✕
News Corp. wurde nach dem Wechsel von Australien im Steuerparadies Delaware angesiedelt und nutzt Steuerparadiese wie Bermuda. Das Tax Justice Network

fand 2014 heraus, dass 21st Century Fox in Australien nur ein Prozent Steuern zahlt. Ein Wissenschaftler kam bei der Einkommensteuer auf einen Satz von fünf Prozent.

**Humanität** ✘✘✕✕✕
Weltweite Arbeitsbedingungen kein Schwerpunktthema für Murdoch.

**Transparenz** ✘✘✕✕✕
Offene Finanzberichterstattung in zwei börsennotierten Unternehmen. Die wahre Macht wird durch besondere Stimmrechtsaktien kaschiert.

# Friedrich Joussen

## TUI

Wenn die Tochtergesellschaft mehr wert ist als der Mutterkonzern, dann liegt einiges im Argen. So war die Lage, als der zuvor bei Vodafone Deutschland kampferprobte Friedrich »Fritz« Joussen (geb. 19. April 1963) im Oktober 2012 Chef des deutschen Reisekonzerns Touristik Union International (TUI) wurde. Das einst von der WestLB und Preussag gesteuerte Unternehmen kämpfte mit eigenen Schwierigkeiten, einem niedrigen Börsenkurs und Hedgefonds, die ihre spekulativen Spielchen mit der Aktie machten, während die 54-Prozent-Beteiligung TUI Travel plc in London bei Investoren recht beliebt war. Die hatte mit Peter Long (geb. 4. Juni 1952) zudem einen zupackenden Manager an der Spitze, der am liebsten TUI in Hannover gekauft hätte. War ja billig zu haben. Der Zwei-Meter-Mann Joussen, den die Aura größten Pragmatismus umgibt, hat dann erst einmal die Kosten seiner Unternehmung gekappt, die Gewinne erhöht – und vor allem das Gespräch mit Long gesucht. Am Ende stand im Dezember 2014 der Zusammenschluss der Deutschen und der Briten per Aktientausch. Dafür wurde TUI-Travel-Matador Long zunächst mit dem Job des Ko-Vorstandsvorsitzenden und 2016 mit einem Aufsichtsratsposten bedacht.

Der Brite sammelt solche Positionen inzwischen, er ist zum Beispiel Chairman von Countrywide, eines großen britischen Immobilienmaklers, und der Postgesellschaft Royal Mail. Im Geschäftsjahr 2013/14 war er mit einem Gehalt von 19 Millionen Euro einer der Spitzenverdiener deutscher Konzerne. Joussen verdiente damals ein Fünftel. Aber er hat die Fähigkeit des Wartens – und stets die Aussicht, weiter den operativen Maestro als CEO geben zu können. Im Geschäftsjahr 2014/15, das im September endete, ist Joussen denn auch im Vergütungsbericht mit 11,9 Millionen Euro als der Bestverdiener der TUI-Gruppe ausgewiesen, der deutlich vor Peter Long liegt (5,7 Millionen). Mit der Fusion galten neue Arbeitsverträge. Allerdings erhielt der Brite aufgrund alter Verpflichtungen von TUI Travel plc noch 19,5 Millionen Euro für Boni und »Vergütungskomponenten mit langfristiger Wirkung«, wie der Vergütungsbericht erklärt. Die TUI-Aktie wird seit der Eheschließung nicht mehr in Frankfurt, sondern nur noch in London geführt – was internationale Investoren locken soll. Ihnen verspricht TUI eine zehnprozentige Ergebnissteigerung pro Jahr.

Der neue Konzern bringt es auf 20 Milliarden Euro Umsatz und vor allem eine Milliarde Euro operativen Gewinn. Der Aktienkurs hat sich seit Joussens Einstieg um 140 Prozent auf 12 Euro gesteigert. 2014 floss erstmals nach sieben Jahren wieder eine Dividende. TUI mit seinen 76.000 Mitarbeitern ist jetzt 7,8 Milliar-

den Dollar wert, was die Aktionäre goutieren.
Statt Hedgefonds sind nun die ersten Adressen
des Kapitalmarkts an Bord – Blackrock (8,1 Prozent), Goldman Sachs (5,4 Prozent) und Standard Life (5,1 Prozent) zum Beispiel. Die spanische Familie Riu, die von Palma de Mallorca aus
ein florierendes Reiseunternehmen betreibt, hält
drei Prozent. Die Mallorquiner kooperieren eng
mit TUI, es gibt die gemeinsame Firma Riusa II.
Mit-Geschäftsführerin Carmen Riu Güell sitzt
im Aufsichtsrat von TUI. Und da ist natürlich
noch der größte Aktionär der TUI-Gruppe, der

russische Milliardär Alexey Mordashov, der derzeit mehr als 15 Prozent hält. Der
Eigentümer und Chairman der Severstal-Gruppe (Stahl, Kohle, Minen), dessen
Vermögen auf knapp elf Milliarden Dollar geschätzt wird, war Ende 2007 bei TUI
eingestiegen. Damals tobte ein sehr grundsätzlicher Streit um die Neuausrichtung,
bei dem der norwegische Großreeder John Fredriksen lautstark mitmischte und
eine Aufsplittung des Konzerns sowie die Entlassung des damaligen Vorstandschefs Michael Frenzel forderte. Es ging ihm wohl vor allem um die Frachttochter
Hapag-Lloyd, von der sich TUI inzwischen bis auf einen Anteil von 12,3 Prozent
getrennt hat – der aber auch zur Disposition steht, womöglich per Börsengang.

Fredriksen ist inzwischen von der Bühne verschwunden, Mordashov aber blieb
und erhöhte seine Anteile sukzessive. Erst die Kapitalerhöhung anlässlich der
Fusion mit TUI Travel senkte seine Beteiligungsquote deutlich unter die Sperrminorität von 25 Prozent. Der Oligarch kauft seitdem über zwei Briefkastenfirmen – Unifirm auf Zypern und Sungrebe Investments von den British Virgin
Islands – Aktien dazu, manchmal verkauft Sungrebe auch einfach an Unifirm. Im
Februar zog Mordashov zusammen mit Ex-TUI-Travel-Chef Long als neues Mitglied in den TUI-Aufsichtsrat ein, der von Klaus Mangold geleitet wird, dem langjährigen Vorsitzenden des Ost-Ausschusses der deutschen Wirtschaft. Mordashov
ist eine der mächtigsten Figuren der russischen Wirtschaft, zudem tritt er in
seinem Heimatland als großzügiger Spender auf, etwa für das Bolschoi-Ballett
in Moskau oder das Marrinski-Theater in St. Petersburg. Dafür wurde er von
Staatspräsident Wladimir Putin offiziell belobigt. Der TUI-Großaktionär gilt als
Freund des russischen Präsidenten. Mordashov taucht in den »Panama Papers«
mit Überweisungen an Firmen des Cellisten Sergej Roldugin auf, eines noch engeren Putin-Freundes, der in Offshore-Firmen ein Milliarden-Vermögen angesammelt hat.

Das Unternehmen TUI war 1968 über den Zusammenschluss von Touropa,
Scharnow-Reisen, Hummel Reisen und Dr.-Tigges-Fahrten entstanden; Unter-

nehmer wie Carl Degener und Willy Scharnow hatten sich zusammengetan. Heute zeigt sich ein durchgegliederter Konzern, der alle Geschäfte rund um Touristik abdeckt, aber damit auch die Haftung für die eigenen Leistungen übernimmt. Zum Imperium gehören 300 eigene Hotels (Riu, Robinson) mit 210.000 Betten, 136 Flugzeuge (TUI Airlines), 14 Kreuzfahrtschiffe (TUI Cruises, Thomson Cruises, Hapag Lloyd) und via TUI Travel 1800 Reisebüros. Im toskanischen Castelfalfi hat TUI sogar ein italienisches Dorf als Hotel-Resort rekonstruiert. Das Firmenmotto: vom Reisevermittler zum Hotel-und Kreuzfahrtkonzern. In dem Komplett-Angebot sieht Konzernchef Joussen den Hauptvorteil gegenüber Konkurrenten wie Booking.com, dessen Mutter Priceline an der Börse mit 69 Milliarden Dollar bewertet wird, also etwa neunmal höher als TUI. Das seien reine Vermittlungsplattformen, sagt Joussen.

Der studierte Elektrotechniker ist finanziell unabhängig. Er hält mehrere Patente, zum Beispiel für die Twin-Card. Nach dem Berufsstart bei Tektronix in Oregon begann er 1988 bei der Mannesmann AG in Düsseldorf und half als Marketingchef mit, die Mobilfunktochter zu entwickeln – und stieg nach der Übernahme durch den britischen Vodafone-Konzern weiter auf. In der damaligen Konzernzentrale in Newbury leitete er das Global Product Management und kehrte 2003 nach Düsseldorf zu Vodafone Deutschland zurück, wo er 2005 Geschäftsführer wurde. Trotz Terror in Tunesien, der Türkei, Ägypten und Paris oder der Flüchtlingskrise in Griechenland gibt er sich für seine Branche optimistisch: »Statt Massentourismus werden wir einen massenhaften Individualtourismus haben.«

**Nachhaltigkeit** ✖ ✖ ✖ ⊗ ⊗
TUI betont die Verpflichtung zu Nachhaltigkeit –und forderte 2015 entschiedenere Maßnahmen für den Klimaschutz.

**Unbestechlichkeit** ✖ ✖ ✖ ✖ ⊗
Strenge Anti-Korruptionsklausel vorhanden. TUI Travel wurde als erstes Reiseunternehmen als Mitglied des Business Integrity Forum von Transparency International akzeptiert.

**Steuerehrlichkeit** ✖ ✖ ✖ ⊗ ⊗
2014 zahlte TUI nach einem Streit mit den spanischen Steuerbehörden 50 Millionen Euro nach.

**Humanität** ✖ ✖ ✖ ⊗ ⊗
TUI einigte sich mit den Gewerkschaften über einen Haustarifvertrag.

**Transparenz** ✖ ✖ ✖ ⊗ ⊗
Offene Kommunikation durch den Vorstandschef, breite Finanzberichterstattung. Unruhige Aktionärsstruktur.

# Micky Arison
## Carnival Corporation

Es war eine Katastrophe, die den Konzern Carnival Corporation einer großen Öffentlichkeit bekannt gemacht hat. Im Januar 2012 hatte der abgelenkte Kapitän die Costa Concordia, eines der vielen Schiffe von Carnival, auf eine Klippe vor der italienischen Insel Giglio gesetzt. Es wurde regelrecht aufgeschlitzt, 32 Menschen starben. Die Bilder von der Suche nach den Toten in dem versunkenen Schiff gingen um die Welt. »Heute Nacht sind unsere Gedanken und Gebete bei den Passagieren und der Besatzung der Costa Concordia«, twitterte rasch nach dem Fiasko Micky Arison, der Eigentümer und Chairman von Carnival. Es sollte seine einzige Äußerung in dem Fall bleiben, Interviews lehnte er ab. Zu gefährlich war die Sache für das Image und Wohlergehen eines Konzerns, der im Geschäft mit Kreuzfahrten einen Marktanteil von 50 Prozent hat – also der wahre Herr der Meere ist.

Viele Menschen werden kaum etwas über Carnival wissen – aber sie kennen die Marken, Schiffe und Tochterfirmen, die zu diesem Verbund gehören. Da sind zum Beispiel die Queen Mary 2, die Queen Elizabeth und die Queen Victoria, die bei Hafeneinfahrten in Hamburg oder anderswo stets Entzücken auslösen und bei der Konzerntochter Cunard Line geführt werden. Da sind die Aida-Vergnügungsdampfer, erwachsen aus der Deutschen Seereederei in Rostock, die nun in der Costa Crociere von Genua aus betreut werden. Und da sind die Schiffe der Holland America Line (MS Amsterdam) und die Princess-Schiffe von Princess Cruises. Auf mehr als 15 Milliarden Dollar Umsatz und auf fast 1,8 Milliarden Dollar Gewinn bringt es das börsennotierte Gesamtunternehmen, das mit 101 Schiffen rund 700 Häfen ansteuert. Größter Konkurrent ist das Unternehmen Royal Caribbean, an dem die israelische Familie Ofer einen großen Anteil hält.

Es ist alles Arison, was bei Carnival zu erleben ist. Der Hauptaktionär (Anteil: 16,5 Prozent) setzt fort, was sein Vater Ted Arison (1924–1999) begonnen hat. Der israelische Geschäftsmann, der 1966 die Norwegian Cruise Line mitgegründet hatte, ließ 1972 für seine neue Firma Carnival Cruise Lines das erste Boot vom Stapel, einen ausrangierten Liniendampfer, der zum Kreuzfahrtschiff Mardi Gras umfunktioniert worden war. Bei der Jungfernfahrt lief Mardi Gras mit dem rot-blauen Schornstein vor Miami auf eine Sandbank, doch es konnte sich freikämpfen und die Fahrt nach San Juan auf der Karibikinsel Puerto Rico fortsetzen. Das sei »natürlich schrecklich« gewesen, erzählte Micky Arison später, aber die Stimmung sei gut geblieben, und danach sei »Partytime« gewesen. Der damals 22-jährige Sohn des Firmengründers war mit an Bord gewesen. Obwohl Mardi Gras nie Gewinn machte, hatte es dem Jungen die Partytime offenbar so sehr angetan, dass er das Studium an der University of Miami aufgab und sich lieber ums Geldverdienen in der Familienfirma kümmerte. Schon 1979, im Alter von 30 Jahren, wurde er Vorstandschef und bastelte eifrig an dem größer werdenden Unternehmen. 1987 brachte der ehrgeizige Junior rund 20 Prozent der Fima an die Börse – und der Emissionserlös stärkte seinen Wunsch, über Aufkäufe von Konkurrenten die Nummer eins zu werden. Und so kam es auch: Holland America Line (1989), Seaborn Cruise Line (1992), die Costa-Reederei (1997), Cunard (1998), P & O Princess mit Aida (2003). Kritiker nennen Carnival »Carnivore«, also Fleischfresser.

Ted Arison, der Gründer, zog sich 1990 nach Tel Aviv in Israel zurück, wo er geboren worden war, als das Land unter britischer Verwaltung stand. Auf die US-Staatsbürgerschaft verzichtete er, wohl auch aus steuerlichen Gründen. Als Vater Arison im Alter von 75 an einem Herzinfarkt starb, war sein Nettovermögen mit 5,6 Milliarden Dollar so groß, dass er als einer der reichsten Männer der Welt galt. Er war schließlich Hauptaktionär der größten Bank Israels, Hapoalim, die er bei der Privatisierung vom Staat Israel bekommen hatte. Und er steckte als Gesellschafter in Dutzenden anderen Firmen, die mit Computern, Immobilien, Bauwesen oder Telefonen zu tun hatten. Die »New York Times« würdigte ihn als »Paten der modernen Kreuzfahrtindustrie«. 35 Prozent des Vermögens, vor allem die wertvollen Aktien der Bank Hapoalim, erbte die Tochter Shari Arison, die mit ihrem Vater von den USA nach Israel gegangen war.

Ihr Bruder Micky tritt im beruflichen Leben etwas kürzer. Den CEO-Job bei Carnival übertrug er 2013 dem Manager Arnold W. Donald. Liquiditätsbedürfnisse hat er in den letzten Jahren über erhebliche Aktienverkäufe befriedigt. Die größten Mitgesellschafter sind der US-Finanzdienstleister Suntrust aus Atlanta (6,9 Prozent) und der Vermögensverwalter Northern Trust aus Chicago (5,7 Prozent). Am liebsten redet Micky Arison heute über Sport. Er wandelt auch hier in den Spuren des Vaters, der 1988 zusammen mit anderen die Basketball-Mannschaft der Miami Heats gegründet und finanziert hatte. Nun gehört der Verein dem Sohn, der sich bis 2014 freute, wenn der Star LeBron James groß aufspielte oder wenn es das Team in die Finalserie der nationalen Basketball-Liga brachte. Soll ein Topspieler wie Tyler Johnson abgeworben werden, kümmert er sich persönlich um die Sache – das Scheckbuch hilft. 2011 kam die dritte Generation der Familie in Verantwortung: Micky Arisons Sohn Nick wurde mit 30 Jahren Vorstandsvorsitzender der Miami Heats.

Arison besitzt mehrere Häuser in New York und natürlich eine Riesenyacht, Mylin IV. Richtig Misserfolg hatte er mit seiner Idee, auch ein Charterfluggeschäft aufzuziehen. Der Kauf der Pacific Interstate Airlines, die in Carnival Air Lines umbenannt wurde, lohnte sich nie. Man flog zwischen San Juan, Miami, New York und Orlando hin und her und in die roten Zahlen. Nach dem Verkauf an Pan Am gingen Anfang 1998 beide Firmen bankrott – die kaufende und die gekaufte.

**Nachhaltigkeit** ✘✘✘ ⌘ ⌘
Große Anstrengungen in Sachen Nachhaltigkeit. 2002 musste Carnival 18 Millionen Dollar Strafe zahlen, weil Schiffe Öl ins Wasser abgelassen hatten.

**Unbestechlichkeit** ✘✘✘ ⌘ ⌘
Keine konkreten Korruptionsfälle bekannt.

**Steuerehrlichkeit** ✘ ⌘ ⌘ ⌘ ⌘
Carnival Corporation ist in Panama-Stadt registriert und muss nach dem Rechtssystem Panamas keine Steuern auf Auslandsgewinne zahlen. Die Carnival plc in London dagegen muss Steuern nach britischem Recht abführen. US-Politiker kritisierten immer wieder, dass Carnival nur rund ein Prozent Steuern zahlt, aber umfangreiche Dienste der amerikanischen Küstenwache nutzt.

**Humanität** ✘✘ ⌘ ⌘ ⌘
Carnival musste 400.000 Dollar Strafe zahlen, weil Schiffe nicht behindertengerecht gestaltet waren. Für die Katastrophe 2012 vor der Insel Giglio musste der Konzern eine Million Dollar Strafe zahlen.

**Transparenz** ✘✘✘ ⌘ ⌘
Gute Finanzberichterstattung, aber dubiose Organisation zwischen Miami, London und Panama. Im Fall Giglio war wenig von unternehmerischer Verantwortung zu sehen.

# Bill Marriott

## Marriott International

Er reist immer noch durch seine Weltlandschaft mit 5500 Hotels in mehr als 100 Ländern. Operativer Chef ist er jetzt nicht mehr, seine Jobbeschreibung ist Executive Chairman. Aber er ist der Vertreter der Familie, die diesen Konzern geprägt hat und mit dem Besitz von 14 Prozent der Aktien größter Gesellschafter ist. Und es ist ja sein Verdienst, über mehr als 50 Jahre hinweg, dass dieses amerikanische Unternehmen größer und größer wurde. Also feiern die Mitarbeiter ihren John Willard (»Bill«) Marriott jr. wie einen Rockstar, wenn er mit dem Firmenjet wieder an irgendeinem Standort des Imperiums gelandet ist und im Hotel auftaucht.

Marriott (geb. 25. März 1932) ist eine Legende. Der gläubige Mormone reist wie ehedem mit einer abgewetzten Stofftragetasche umher, erzählt die gleichen alten Witze, liebt Junk-Food (Hamburger), mag alte Musik, fährt schnelle Autos und ist doch der große Kümmerer aus der Zentrale von Marriott International in Bethesda, Maryland, nahe der Hauptstadt Washington. Seine Sprüche variiert er nur leicht. Sie lauten: »Erfolg ist niemals endgültig« oder »Die logische Entscheidung ist die richtige Entscheidung«. Der Unterstützer der Republikaner predigt Familienwerte, die er in Büchern erklärt. Die 127.000 Mitarbeiter sollen sich wohlfühlen – denn dann fühle sich auch der Hotelgast wohl und komme wieder, so einfach sieht seine Philosophie aus. Gerne erzählt Marriott, wie Dwight (»Ike«) Eisenhower an einem kalten Wintertag das Haus der Eltern besuchte und sich eine Debatte darüber entwickelte, ob man draußen Wachteln schießen oder drinnen am Kamin reden solle. »Was würdest du tun?«, wandte sich der US-Präsident plötzlich an den Unternehmersohn. Der durchschaute das Prinzip, den Rangniedrigsten um seine Meinung zu fragen, und übernahm es fortan. Eisenhower antwortete er, es sei draußen zu kalt.

Bill Marriott hat sich harte Kämpfe geliefert mit seinem Vater J. Willard Marriott, einem unzugänglichen, fordernden Menschen, der das Unternehmen 1927 zusammen mit seiner Frau Alice gegründet hatte – mit einem Bierstand in Washington. 1953 kam die Firma an die Börse. Der Vater wollte mit Restaurants expandieren, der Filius aber, der an der University of Utah studiert hatte, präferierte Hotels und setzte sich am Ende durch. Auch als Marriott junior von 1956 an in der Firma agierte – von 1964 an als President und von 1972 an als CEO –, gab es im Management permanent Reibereien. Der älteste Sohn John nahm 2006 Reißaus und kümmerte sich lieber im Family Office um Investments. Der jüngste Sohn David immerhin ist als Chief Operating Officer für den Ostteil der USA zuständig.

Patriarch Marriott beklagte die Riesenegos vieler seiner Top-Angestellten und trat erst 2012 im Alter von 80 Jahren als CEO zurück. Arne Sorenson übernahm das Tagesgeschäft – der erste externe Manager an der Spitze. Ihm vertraut der »Alte« durch und durch. Es war Sorenson – mit der Unterstützung von Bill Marriott –, der in einer monatelangen Bieterschlacht mit der chinesischen Versicherungsgruppe Anbang Insurance die Oberhand behielt und am Ende für mehr als zwölf Milliarden Dollar das Unternehmen Starwood Hotels and Resorts kaufte.

Damit gehören jetzt die feinen St. Regis Hotels oder Le Méridien, Sheraton, Aloft und Westin Hotels zum Familienkonzern. Das Unternehmen Ritz-Carlton hatte Marriott schon früher erworben. Touristen, die sich einen gehobenen Standard gönnen wollen, kommen somit genauso wenig an einer der Herbergen des Konzerns vorbei wie Geschäftsreisende, denen es nicht so auf Luxus ankommt. Das rote Wort »Marriott« an den Häuserwänden kündet von Washington bis China von einem stabilen Faktor der Globalisierung. Moral gehört hier zum Inventar. In allen Zimmern liegen die Bibel und das Buch der Mormonen. Der Gesamtumsatz des Unternehmens liegt bei rund 14 Milliarden Dollar, Mitte 2016 war es an der Börse 18 Milliarden Dollar wert. Größte Gesellschafter neben Familie Marriott sind T. Rowe Price (8,3 Prozent) und Jennison Associates (6,1 Prozent).

**Nachhaltigkeit** ✗ ✗ ✗ ✗ ✗
Große Anstrengungen in den Hotels, umweltbewusst zu handeln. Viele Initiativen, auch um jüngere Gäste (Millennials) zu locken.

**Unbestechlichkeit** ✗ ✗ ✗ ✗ ✗
Enge Verbindungen zur Republikanischen Partei.

**Steuerehrlichkeit** ✗ ✗ ✗ ✗ ✗
Marriott hat jahrelang über Konstruktionen in Luxemburg und über andere Manöver die Steuerlast auf 6,8 Prozent reduziert. Das warf Fragen auf, als Mitt Romney, Freund der Familie Marriott und langjähriger Aufsichtsrat, 2012 US-Präsident werden wollte. Razzia in Rumänien

Mitte 2016: Die Ermittler prüfen, ob Marriott 1,7 Millionen Euro Steuern nachzahlen muss.

**Humanität** ✗ ✗ ✗ ✗ ✗
Menschenbild und Glaube der Mormonen sind allgegenwärtig. Kritiker erklärten, der Konzern solle den Mitarbeitern lieber mehr zahlen, als in einer Kampagne darauf hinzuweisen, dass der Gast bei Abreise doch bitte einen Umschlag mit Trinkgeld im Zimmer lassen solle.

**Transparenz** ✗ ✗ ✗ ✗ ✗
Börsennotiertes Unternehmen, das unangenehm auffiel, weil es die Gäste mit 13 bis 15 Dollar am Tag für Wi-Fi-Verbindungen belastete.

## Peter Fankhauser
### Thomas Cook

Ein gelungener Start sieht anders aus. Als Peter Fankhauser Ende 2014 überraschend zum neuen Chef des Tourismuskonzerns Thomas Cook berufen wird, ist die Reaktion der Investoren ebenso knapp wie vernichtend: Der Aktienkurs des Unternehmens stürzt erst mal kräftig in die Tiefe. Es ist eine Ohrfeige der Anleger, die allerdings weniger der Person des Schweizer Managers gilt. Vielmehr hat die Ablösung der bisherigen Vorstandschefin Chefin Harriet Green die Anleger völlig unvorbereitet getroffen, viele gehen auf Distanz. Fankhauser (geb. November 1960) weiß auch ohne die deutliche Reaktion der internationalen Finanzinvestoren, dass verdammt viel Arbeit vor ihm liegt.

Schon Harriet Green hatte zusammen mit Fankhauser, der als Chief Operating Officer das Tagesgeschäft führte, dem hochverschuldeten Konzern ein hartes Sanierungsprogramm verordnet. Zuvor war Thomas Cook vor allem wegen seines holpernden Geschäfts auf dem Heimatmarkt Großbritannien in die schwerste Krise seiner Geschichte geraten; im Juli 2016 feierte das Unternehmen den 175. Geburtstag. 2011 hielt nur noch ein Notkredit den Reisekonzern am Leben. Greens harter Sparkurs trug zwar Früchte, im November 2014 verkündete die Britin dennoch ihren Abschied.

Fankhauser soll nun den Umbau des zweitgrößten Reisekonzerns Europas vollenden – und Cook wieder dividendenfähig werden. Professionell, aber nicht innig soll das Verhältnis zwischen Green und ihm gewesen sein. Man werde durch überzeugende Resultate dafür sorgen, dass der Aktienkurs wieder steigt und die Investoren dem Unternehmen vertrauen, hat Fankhauser nach seiner Berufung versprochen. Darauf vertrauen Hauptaktionär Invesco (Anteil: 22,4 Prozent) sowie Standard Life (13,2 Prozent) und Guo Guangchang von der chinesischen Finanzfirma Fosun (8,2 Prozent). Guos Manager haben die Beteiligung ihrer Freizeitsparte zugeordnet, die sie »happiness« (Glück) nennen. Einfach wird die Steuerung von Thomas Cook allerdings nicht. Der britische Konzern spürt die Reisezurückhaltung vieler Kunden nach den Terroranschlägen.

Doch der begeisterte Skifahrer und leidenschaftliche Jogger Fankhauser ist für Zähigkeit und Ausdauer bekannt. Als er vor einigen Jahren das Deutschland-

Geschäft des Konzerns führte, nutzte er Mittagspausen gern zum Fitnesstraining. Auch in London erwartet ihn ein strammes Programm. Doch der Manager aus Bern, der nach Studium und Promotion an der Universität in St. Gallen zunächst beim Reiseveranstalter Kuoni in Zürich einstieg, ist ein Routinier in der Branche. 2001 war er zum Thomas-Cook-Vorgänger C&N Touristic gekommen. Dort übertrug man ihm zunächst die Verantwortung für die deutsche Konzernmarke Neckermann Reisen und den Zukauf Öger Tours. Nach der Fusion von C&N mit dem britischen Wettbewerber MyTravel zu Thomas Cook wurde Fankhauser 2008 Chef der deutschen Konzerntochter. Vier Jahre später wechselte er nach London. Insbesondere die schwierige Sanierung des maroden Reisegeschäfts in Großbritannien, heißt es in Insiderkreisen, sei sein Verdienst gewesen. Es ist eine erfolgreiche Wende, die von dem Schweizer nun auch auf Konzernebene erhofft wird.

**Nachhaltigkeit** ✖✖✖☒☒
Die Firmenkultur soll daran ausgerichtet werden. Hoher Energieverbrauch durch Flugreisen, Biotreibstoff soll helfen. Mithilfe von Big Data will Thomas Cook grüner werden.

**Unbestechlichkeit** ✖✖✖✖☒
Keine Vorfälle bekannt.

**Steuerehrlichkeit** ✖✖✖☒☒
Keine Vorfälle bekannt.

**Humanität** ✖✖✖☒☒
Erst 2015 entschuldigte sich Thomas Cook bei den Eltern zweier Kinder, die 2006 in einem gebuchten Hotel auf Korfu an einer Kohlenstoffmonoxid-Vergiftung starben. Nach Boykott-Aufrufen spendete die Firma 1,5 Millionen Pfund an UNICEF.

**Transparenz** ✖✖✖☒☒
Börsennotiert, ausführliche Finanzberichterstattung.

# Richard Cousins

## Compass

Die Kundenliste umfasst illustre Namen: Google, Continental, FC Chelsea, Weltbank oder das Bundeskanzleramt. In drastischem Kontrast dazu steht jedoch der Name des Konzerns, der all diese Institutionen zu seiner Klientel zählt: Wer bitte schön ist die Compass Group?

Mit dieser Ignoranz kann Richard Cousins, Vorstandschef des britischen Cateringunternehmens, gut leben: »Wir müssen als Marke nicht bekannt sein.« Der Manager mit dem entschlossenen Blick gibt sich gerne so wie das Geschäft mit Kantinenessen: handfest und bodenständig.

»Wenn man es vernünftig macht, ist dies ein großartiges Geschäft«, sagt Cousins (geb. 29. März 1959), der den Konzern seit 2006 leitet. So ist die Firma aus dem kleinen, unscheinbaren Ort Chertsey nahe London zu einem heimlichen Giganten der Wirtschaftswelt geworden. Jahr für Jahr liefert sie weltweit über vier Milliarden Mahlzeiten im Jahr aus, was Compass zum größten Cateringunternehmen der Welt macht.

Mehr als 27 Milliarden Dollar Umsatz liefen 2015 auf, eine halbe Million Mitarbeiter beschäftigt Compass. Vom Geschäftsmodell globales Essen hält die Massachusetts Financial Services Company (MFS) sehr viel, die 10,1 Prozent der Aktien hält. Der Vermögensverwalter managt 450 Milliarden Dollar, sitzt in Boston und gehört zum kanadischen Lebensversicherer Sun Life. Die nächstgrößeren Aktionäre bei Compass sind Blackrock (zehn Prozent) und Invesvo (fünf Prozent).

Doch ganz so einfach, wie Cousins es darstellt, ist das Geschäft nicht. Compass bewegt sich in einer Branche mit großem Volumen, aber niedrigen Margen – und wachsenden Ansprüchen. »Die Leute wollen nicht einmal am Tag zu Hause ordentlich essen und in der Schule oder bei der Arbeit dann Dreck serviert bekommen«, erklärt Cousins. Die Budgets, die Schulen und viele Unternehmen für die Verpflegung ihrer Belegschaft haben, sind jedoch eng begrenzt. Ausgeklügelte Computerprogramme helfen Compass deshalb dabei, so günstig wie möglich einzukaufen – und die Konkurrenz wirtschaftlich hinter sich zu lassen.

Dabei sah es längst nicht immer gut aus für das Unternehmen. Ende der 1980er Jahre expandierte es zu schnell – innerhalb weniger Jahre in knapp 100 Länder.

Doch das Tempo war höher als die Qualität. Ein Bestechungsskandal zog den Catering-Spezialisten weiter nach unten. Nicht nur das Management, sondern das gesamte Geschäft kam infolgedessen auf den Prüfstand. Aus rund 100 Ländern wurden 50, in denen Compass weiter tätig ist. Knapp die Hälfte der Zeit verbringt Firmenchef Cousins darum weiter im Ausland – oft, um wichtige Kunden zu treffen. Privat greift der Herr über vier Milliarden Mahlzeiten kaum zum Kochlöffel. Seine nüchterne Erkenntnis: »Ich kann mit Zahlen umgehen, aber nicht mit Zutaten.«

**Nachhaltigkeit** ✘✘✘⊠⊠
Setzt auf bewusste Ernährung, nachhaltigen Einkauf, Umweltschutz.

**Unbestechlichkeit** ✘✘⊠⊠⊠
Klare interne Regeln. Eine Tochter von Compass zahlte bis 2011 Offiziellen der Regierung von Kasachstan Geld. Sie soll auch einen UN-Mitarbeiter geschmiert haben, um an Aufträge zu kommen. In diesem Fall hat sich Compass mit 40 Millionen Dollar verglichen.

**Steuerehrlichkeit** ✘✘✘✘⊠
Keine Auffälligkeiten.

**Humanität** ✘✘⊠⊠⊠
Im April 2015 wurde Compass beschuldigt, die Küchenmitarbeiter im US-Senat zu gering zu bezahlen.

**Transparenz** ✘✘✘⊠⊠
Compass ist an der London Stock Exchange gelistet. Klare Finanzberichterstattung.

# Steve Easterbrook
## McDonald's

McJobs, McJournalismus, McDoof – immer, wenn etwas billig oder wenig ambitioniert erscheint, wird die Verbindung zu McDonald's gesucht. Auch verfiel die britische Zeitschrift »The Economist« darauf, die Kaufkraft von Währungen anhand der Hamburgerpreise aufzuzeigen: dem »Big Mac Index«. Die amerikanische Fastfood-Kette kennt jeder. Alle haben schon einmal Hamburger, Cheeseburger oder Hühnchenteile dort gegessen oder auch Salate oder Kuchen in einem der McCafés. Das Unternehmen ist zu einem Symbol der Globalisierung geworden – einschließlich ihrer Schattenseiten. Es steht für fettes, ungesundes Essen, für eine Gewinnmaschine, die nicht mehr ganz auf der Höhe der Zeit scheint. Zum ersten Mal in der langen Firmengeschichte wurden 2015 im Stammland USA mehr McDonald's-Restaurants geschlossen als eröffnet. Das zeigt die Schwierigkeit der Aufgabe an, vor der der im März 2015 eingewechselte President und Vorstandschef Stephen Easterbrook (geb. August 1967) steht.

Der Siegeszug von McDonald's begann mit einem wagemutigen Handelsmann aus Oak Park. Der verkaufte Milchshake-Apparate und interessierte sich dafür, wie acht davon im Burgerladen der Brüder Richard und Maurice McDonald in Kalifornien genutzt wurden. So stieß Ray Kroc auf deren erfolgreiches Selbstbedienungskonzept – und sicherte sich die Vertriebsrechte für die USA außerhalb Kaliforniens. Der frühere Pianist gründete 1955 die McDonald's System und das erste eigene Restaurant in Des Plaines, Illinois. Tatsächlich florierte die Geschäftsidee überall, und Kroc kaufte den Brüdern 1961 für 2,7 Millionen Dollar ihr Unternehmen ab. Das Konzept pflanzte sich zuerst in den USA und dann auf internationalen Märkten fort, und es gab am Hauptort plötzlich eine »Hamburger University« für Franchisepartner. Alles ganz nach Krocs Lieblingsmotto: »Nichts auf der Welt kann Ausdauer ersetzen.« Den späten Erfolg – er war bei McDonald's erst in seinen Fünfzigern eingestiegen – genoss der Präsident Kroc; auch leistete er sich ein Baseballteam (San Diego Padres). Als er 1984 im Alter von 81 Jahren starb, vermachte er seiner Frau ein Vermögen von 500 Millionen Dollar, das Joan Croc in den nächsten Jahren großzügigst spendete. Nach ihrem Tod wurden die Heilsarmee mit 1,5 Milliarden Dollar und das National Public Radio mit 200 Millionen Dollar bedacht.

Bereits 1965 hatte Kroc das Food-Unternehmen an die Börse gebracht. Es wurde schnell ein Liebling der Investoren. Daran hat sich wenig geändert. Fast 40 Jahre hintereinander erhöhte McDonald's die Dividende. Der Umsatz lag 2015 bei 25,4 Milliarden Dollar, der Betriebsgewinn bei stolzen 7,4 Milliarden. Fast

100 Milliarden war der Konzern 2016 Wert, sehr zur Freude der institutionellen Investoren, die heute den Platz einnehmen, den Ray Kroc einst innehatte. Mit Vanguard (7,2 Prozent), Blackrock (6,7 Prozent) und Capital Group (5,8 Prozent) führt die erste Liga der großen US-Vermögensverwalter auch die Reihen der Großaktionäre an. Allein die Immobilien von McDonald's sind bis zu 20 Milliarden Dollar wert. Und die Restaurants sind überall zu finden, im Keller des Louvre genauso wie in China, Israel oder Russland. Das Geschäftsmodell besteht in erster Linie darin, den Franchisenehmern Gebühren für den Namen und das Franchising sowie Mieten für die Räume abzunehmen. Der Hamburgerverkauf macht den kleineren Teil des Geschäfts aus, von 36.500 Restaurants betreibt der Konzern selbst nur 6400. 420.000 Menschen beschäftigte er direkt, insgesamt arbeiten – die Franchise-Betriebe mitgezählt – rund 1,9 Millionen im Zeichen des goldenen »M«. Das erklärt, warum der Konzern gerne das Objekt von Demonstrationen der Gewerkschaften ist. 2014 traten sie an, um einen Mindestlohn von 15 Dollar zu fordern – der Durchschnitt 2016 lag bei knapp zehn Dollar. Gescheitert sind alle Versuche, neben McDonald's andere Geschäfte aufzubauen. Beteiligungen an Chipotle Mexican Grill, Donatos Pizza oder Boston Market wurden nach kurzer Zeit wieder verkauft. McDonald's kann nur eine Sache – und das ist McDonald's.

Konzernchef Easterbrook ist im englischen Watford aufgewachsen und hat nach dem naturwissenschaftlichen Studium an der Durham University als Wirtschaftsprüfer bei Price Waterhouse gearbeitet, ehe er 1993 bei McDonald's anfing. 18 Jahre später verließ er das Unternehmen, um CEO von Pizza Express und Wagamama zu werden, kehrte jedoch 2013 zurück und wurde schon zwei Jahre später der Anführer des gesamten Unternehmens. In der Öffentlichkeit ist Easterbrook kaum profiliert; er selbst sieht sich als pragmatischer Manager. Auf der Hauptversammlung 2016 sah er sich unter anderem Befürchtungen ausgesetzt, Roboter könnten bald die McJobs übernehmen. »Ich sehe kein Risiko, dass Jobs eliminiert werden«, verkündete Easterbrook: »Letztendlich sind wir im Service-Geschäft. Wir werden immer ein wichtiges menschliches Element haben.«

Mit Rabattaktionen und einem ganztägigen Frühstücksangebot lockte der Brite zuletzt erfolgreich Kunden an. Zu seinen neuen Lieblingsthemen gehört die Personalisierung des Angebots. In Australien wurde das Programm »Create your Taste« eingeführt, das auch in den USA, Kanada und Neuseeland übernommen wurde. Die Bestellung individueller Burger ist überhaupt erst möglich, weil es jetzt digitale Bestellkioske in den Restaurants gibt. Easterbrook will mit Schwung in die neue Zeit. »Wir wollen uns modernisieren und progressiver in unserer gesellschaftlichen Verantwortung sein.«

**Nachhaltigkeit** ✖✖✖☒☒
McDonald's arbeitet seit einigen Jahren an grünen Konzepten.

**Unbestechlichkeit** ✖✖✖☒☒
Im Korruptionsskandal um den Weltfußballverband FIFA forderte McDonald's schnell eine Ablösung des Präsidenten Sepp Blatter. Klare Anti-Korruptions-Richtlinien.

**Steuerehrlichkeit** ✖☒☒☒☒
Attac kritisiert, wie McDonalds's über eine Tochter in Luxemburg extrem Steuern spart – auch in den USA. An die Luxemburger Firma mussten Betreiber vieler Restaurants Lizenzgebühren zahlen. Die EU-Kommission prüft, ob McDonald's in Luxemburg entgegen dem Unionsrecht Steuervorteile gewährt wurden. 2013 verbuchte das Unternehmen rund eine Milliarde Dollar Einnahmen aus Franchisegebühren – 640 Millionen davon wurden gleich ans Ausland weitergeleitet.

**Humanität** ✖✖☒☒☒
Arbeitsbedingungen und Löhne bei McDonald's waren schon unter Gründer Kroc ein Dauerthema. Der Konzern schiebt die Verantwortung auf die Franchise-Nehmer ab.

**Transparenz** ✖✖✖☒☒
Oft diffuse Beziehung zwischen McDonald's und den Franchisepartnern. Regelmäßige gute Finanzkommunikation.

# Sophie Bellon

## Sodexo

Seit 1987 existiert in Frankeich der CAC 40, der Börsenindex der 40 wichtigsten Unternehmen. All die Jahrzehnte wurden die aufgeführten Konzerne stets von Männern geführt. Seit dem Januar 2016 ist dieses Monopol gefallen. Da wurde Sophie Bellon (geb. 19. August 1961) Präsidentin des Sodexo-Konzerns, einem Weltunternehmen für Catering, Gemeinschaftsverpflegung und Hausdienste. Die erfahrene Geschäftsfrau ist die älteste Tochter des Gründers Pierre Bellon (geb. 24. Januar 1930).

Selbstverständlich war das nicht. Der Patron hatte die Firma 1966 in einer Lagerhalle in Marseille gegründet, energisch vergrößert und seinen drei Töchtern und dem Sohn immer wieder klargemacht: Wenn sie im Unternehmen Karriere machen wollten, müssten sie sich beweisen. »Man soll Stammbaum und Organigramm nicht vermischen«, lautet die Ansage von Pierre Bellon, der ein jovialer Mensch ist, wovon seine 2006 erschienene Biografie »Je me suis bien amusé« (Ich habe mich gut amüsiert) zeugt.

Als Sophie Bellon ihre Studien an der renommierten Business School EDHEC in Roubaix abgeschlossen hatte, wollte sie keinesfalls – wie vom Vater vorgeschlagen – ins Familienunternehmen, sondern lieber in den USA eigene Erfahrungen machen. Von 1984 an arbeitete sie bei der Großbank Crédit Lyonnais in New York im Bereich Mergers & Acquisitions, ging anschließend in den Modesektor und kehrte erst zehn Jahre später nach Frankreich zurück. Jetzt überlegte der Vater. Schließlich erklärte er: »Wenn du gut bist, steigst du auf. Wenn dir das aber nicht gelingt, bleibst du nicht.« Sie begann in der Finanzabteilung und begleitete die Globalisierung des Unternehmens. Der Konzern sitzt auf jedem Kontinent und vergrößerte sich 2000 durch die Fusion mit Universal Ogden Services. Von einem Tochter-Bonus will Sophie Bellon nichts wissen, sie machte Karriere, weil sie ihre jeweiligen Chefs überzeugte. Kontakt zum Patron gab es im Konzern kaum. 2008 wurde sie Frankreich-Chefin von Sodexo. Damals gab es keine Frau im Führungskreis, heute sind immerhin fünf von 13 Regionalbüros mit Chefinnen besetzt. Sophie Bellon fand dennoch Zeit für ihre vier Kinder und Yoga. An der Seite des CEO Michel Landel lernte sie das Geschäft genau kennen, das für einen Jahresumsatz von 20 Milliarden Euro sorgt und fast 430.000 Menschen Arbeit gibt. Sodexo gehört zu den 20 größten Arbeitgebern der Welt. Einstimmig wurde Sophie von einem Moderator und einem Komitee für die Nachfolge von Pierre Bellon vorgeschlagen. Sie sei sehr fleißig, anspruchsvoll gegen sich selbst und sympathisch, lobt der Vater. Die Familie besitzt 37,7 Prozent des Kapitals und 51,8 Prozent der Stimmrechte. Das Unternehmen ist an der NYSE in New York, Euronext in Paris und in Frankfurt am Main gelistet. Zu den Aktivitäten gehört auch die Abrechnung von Gutscheinen für Asylbewerber.

**Nachhaltigkeit** ✗✗✗✗
Der 2009 entwickelte Better-Tomorrow-Plan setzt auf gute Ernährung und werthaltige Lieferketten sowie geringen Wasser- und Energieverbrauch.

**Unbestechlichkeit** ✗✗✗
Klare Anti-Korruptionspolitik. In den USA schloss Sodexo bis 2009 Verträge mit Zulieferern weniger nach Qualitätsaspekten, sondern gegen einen maximalen Cash-Nachlass. Nach Ermittlungen musste Sodexo 20 Millionen Dollar an Schulen und die State University of New York zahlen.

**Steuerehrlichkeit** ✗✗✗
Keine bekannten Vorfälle von Steuermissbrauch.

**Humanität** ✗✗✗
Viele ethische Normen. Soziales Engagement in Gemeinden (Kampf gegen Hunger). Streit mit Gewerkschaften wurde 2011 gelöst. Kritische Berichte in England über die Arbeit von Sodexo an Einwanderungsstellen.

**Transparenz** ✗✗✗
Ausführliche Finanzberichterstattung im börsennotierten Konzern. Entscheidend sind die Familienverhältnisse.

# Howard Schultz
## Starbucks

Wer mag schon den Geruch von verbranntem Käse? Howard Schultz brachte er aus der Fassung. Und das in seinem eigenen Laden, seiner Kaffee-Kette, die er 1987 in Seattle gekauft und seitdem zur weltweiten Wohlfühlmaschine aufgebaut hatte. Die Sandwiches, die ihm die Mitarbeiter zum Frühstück verkauft hatten, zerstörten mit ihrem Gestank die Kaffeehaus-Atmosphäre. »Ich konnte es nicht ertragen. Wo ist die Magie in verbranntem Käse?«, schrieb Schultz 2011 in einem Buch. Er erkannte, dass das Unternehmen zu schnell gewachsen war, die Qualität hat-

ten die Macher aus den Augen verloren. Schultz nahm die Dinge wieder selbst in die Hand. Nach acht Jahren Pause im Verwaltungsrat kehrte er Anfang 2008 als Vorstandsvorsitzender von Starbucks zurück. Heute ist der Konzern erfolgreicher als je zuvor. Und Schultz mit einem Vermögen von drei Milliarden Dollar einer der reichsten Amerikaner, der sich zudem gern in die Politik einmischt. Führungsschwäche ortet er in Washington, es fehle am sozialen Bewusstsein. Und wahrscheinlich hielt ihn nur die Tatsache, dass es in den USA noch nie einen jüdischen Präsidenten gab, von einer Kandidatur fürs höchste Amt ab.

Howard Schultz (geb. 19. Juli 1953) ist ein Marketinggenie, das auch das eigene Leben als Verkaufsstoff ausbeutet. Ärmliche Verhältnisse zu Hause im New Yorker Stadtteil Brooklyn, frühe Krankheit des Vaters, eine verpasste Football-Karriere an der Uni, Abhängen nach dem Examen auf einer Ski-Lodge, Verkäufer-Karriere bei Xerox und beim schwedischen Hausgeräutehersteller Hammarplast, schließlich die Anstellung im Kaffeeladen Starbucks in Seattle, der immer so viele Kaffeefilter aus Plastik bei ihm bestellt hatte – und dann natürlich das große Erweckungserlebnis in Mailand, als Schultz die italienische Espressokultur kennenlernte. Immer wieder hat er die Anekdoten in Interviews und Büchern verbreitet. »Il Giornale« taufte der Mann seine erste eigene Kaffeebar – und kaufte später von seinem Ex-Arbeitgeber kurzerhand Starbucks. 1992 brachte Schultz die Firma an die Börse, wo heute Fidelity (6,6 Prozent), Vanguard und Blackrock (je 5,7 Prozent) die größten Aktionäre sind. Der CEO selbst hält rund 30 Millionen Aktien, was einem Anteil von rund zwei Prozent entspricht.

In einer Zeit, in der sich die meisten Amerikaner damit begnügten, bitteren

Filterkaffee für 50 Cent zu trinken, setzte Schultz ein neues Konzept durch: Guter Kaffee zu stolzen Preisen in gemütlicher amerikanischer Umgebung, also mit ausladenden Sofas. Der Espresso wurde mit Schlagsahne, Sirup und Milch ergänzt. Für einen »Grande White Chocolate Mocca« etwa zahlen Kunden 4,45 Dollar. »Wir füllen keine Bäuche. Wir füllen Herzen«, ist das Motto des Unternehmens. Damit traf Schultz den Nerv der Kaffeetrinker weltweit. 24.000 Kaffeehäuser in 73 Ländern zählte Starbucks Mitte Mai 2016. In seiner zweiten Amtszeit startete Schultz eine breit angelegte Expansionsstrategie. Starbucks ist nicht mehr nur die größte Kaffeehaus-Kette der Welt – der Konzern aus Seattle wird zu einem Konsumgüterkonzern. Neben Kaffee von der Bohne über Kapseln bis hin zum fertigen Eiskaffee verkauft er auch Tees, Säfte und Energie-Drinks in Supermärkten. Weitere Produkte sollen folgen. Schultz entweicht der Tagesarbeit, um sich um Röstereien und eine italienische Bäckereikette zu kümmern.

Starbucks bietet seinen 300.000 Mitarbeitern und deren Familien eine Krankenversicherung und übernimmt auf Wunsch die Kosten für ein Fernstudium. Das übrig gebliebene Gebäck aus den Kaffeehäusern spendet der Konzern regelmäßig an Bedürftige. Außerdem wirbt er mit umweltfreundlichen und nachhaltigen Initiativen, die das Wohlfühl-Image fördern. »Wir sind ein leistungsgetriebenes Unternehmen mit einer menschlichen Perspektive«, betont Schultz.

Doch es gab immer wieder Proteste gegen Ausbeutung und fehlerhafte Abrechnung von Überstunden. Und gegen die überaus kreative Steuergestaltung in Europa mithilfe von internen, grenzüberschreitenden Verrechnungen von Lizenzgebühren und Handelsprovisionen etlicher Tochterfirmen. Arrangements mit Luxemburg und den Niederlanden seien illegal gewesen, schimpfte die EU-Kommission. Starbucks musste nachzahlen und versicherte, in Großbritannien für zwei Jahre auf die Tricks zu verzichten. Schultz ist im Zweifel eher knallharter Geschäftsmann als Menschenfreund. »Wenn Starbucks nicht die nötige Leistung erbringen und wir keine Werte für unsere Aktionäre schaffen würden, dann könnten wir viele Dinge nicht machen«, philosophiert er. Künftiges Wachstum soll aus Asien kommen. Auch Chinesen sollen Frappuccino lieben lernen.

**Nachhaltigkeit** ✖ ✖ ✖ ✖ ⊗
Hohe Standards. Starbucks begab sogar eine Anleihe für ökologisch korrekte Kaffeeproduktion.

**Unbestechlichkeit** ✖ ✖ ✖ ✖ ⊗
Keine Vorfälle bekannt.

**Steuerehrlichkeit** ✖ ⊗ ⊗ ⊗ ⊗
Extremes Herunterrechnen der Steuerlast über Tochterfirmen in Europa. Das alarmierte die EU-Kommission. Nach

Protesten verzichtete Starbucks in Großbritannien auf die Tricks.

**Humanität** ✖ ✖ ⊗ ⊗ ⊗
Einerseits Krankenversicherung für das Personal, andererseits hoher Leistungsdruck mit Überstunden.

**Transparenz** ✖ ✖ ✖ ⊗ ⊗
Die Finanzdaten sind transparent, unklar ist, wie viel der Konzern genau für grüne Produktion von Kaffee zahlt.

# Phil Knight

## Nike

Als Nike noch Blue Ribbon Sports hieß, stand Phil Knight (geb. 24. Februar 1938) mehrmals kurz vor dem Bankrott. In den 1960er und 1970er Jahren wusste der Jungunternehmer häufig abends nicht, wie er am nächsten Morgen seine Rechnungen bezahlen sollte. Erst mit dem Börsengang 1978 war der passionierte Läufer seine Geldsorgen ein für alle Mal los.

Heute ist Nike mit knapp 30 Milliarden Dollar Umsatz die größte und bekannteste Sportmarke der Welt. Darauf deutete zunächst nichts hin, als Gründer Knight aus Portland im US-Staat Oregon vor einem halben Jahrhundert mit dem Import japanischer Turnschuhe ganz unten anfing. Nach einem Streit mit seinem Lieferanten ließ er eher aus der Not heraus Schuhe unter dem Namen Nike herstellen. Der Rest der Geschichte ist längst fester Bestandteil der amerikanischen Management-Literatur: Knight überholte in den 1980er Jahren die bis dahin unangefochtenen Branchenführer Adidas und Puma aus Herzogenaurach. Das gelang dem schüchternen Athleten aus den USA auch deshalb, weil er mutiger war. So ließ er Luftpolster in die Sohlen einbauen. Das wurde zum Welterfolg. Von der Technik hatte Adidas zuvor nichts wissen wollen.

Aus dem Tagesgeschäft hat sich Knight schon Mitte der Nullerjahre verabschiedet. Als Chef des Verwaltungsrats allerdings behielt er anschließend die Entwicklung seines Unternehmens stets im Blick. Doch im Juni 2016 zog er sich vollends ins Private zurück. Nachfolger als Oberaufseher ist Mark Parker, seit 2006 Vorstandschef von Nike. In das Kontrollgremium ist als Vertreter der Familie Knights Sohn Travis eingezogen.

Mit knapp 24 Milliarden Dollar Vermögen zählt Mister Nike zu den reichsten Männern der Welt. Noch immer besitzt er rund 15 Prozent aller Aktien. Wichtiger noch: Ihm gehören die meisten der wichtigen »Class A«-Aktien. Die Inhaber dieser Papiere dürfen neun von zwölf Mitgliedern im Verwaltungsrat ernennen. De facto bestimmt der Gründer damit nach wie vor die Richtung des Konzerns. Die Papiere liegen inzwischen in einer eigenen Gesellschaft, der Swoosh LLC, die Knight wiederum mit einem hochkarätigen Aufsichtsrat besetzt hat. Dazu zählen John Donahoe, der Chef von eBay, oder Alan Graf, der Finanzvorstand von Fedex.

Knight gehört zu den bekanntesten Spendern Amerikas; jedes Jahr verteilt er eigenen Angaben zufolge etwa 100 Millionen Dollar. Profiteure sind vor allem die beiden Universitäten, an denen er seine Ausbildung genossen hat: die University of Oregon und die Stanford School of Business. Beide erhielten bereits Schecks über mehrere Hundert Millionen Dollar. In seiner im Frühjahr 2016 erschienenen Biografie »Shoe Dog« kündigte Knight darüber hinaus an, dass nach seinem Tod und dem seiner Frau Penelope der größte Teil des Vermögens gespendet werde. An den Tag nach dem Börsengang erinnert er sich darin so: »Die Welt war dieselbe wie am Tag zuvor. Nichts hatte sich verändert, am allerwenigsten ich selbst. Und doch war ich 178 Millionen Dollar wert.«

### Nachhaltigkeit ✘ ✘ ✘ ✘ ⊗
Richtet Lieferkette nach Geboten der Nachhaltigkeit aus. Problematische Materialien seien gebannt worden.

### Steuerehrlichkeit ✘ ✘ ⊗ ⊗ ⊗
Nike gehört zu den drei größten Steuervermeidern in der Wirtschaft, kritisieren Citizens for Tax Justice und U.S. PIRG Education Fund. Als Nike Anteile am Fußballklub an Manchester United verkaufte, sparte der Konzern zwei Millionen Pfund Steuern. Die Rechte waren auf eine niederländische Tochter übergegangen.

### Unbestechlichkeit ✘ ⊗ ⊗ ⊗ ⊗
In Kenia fiel auf, dass Nike dem Athletenverband 100.000 Dollar zahlte – und einen Bonus von 500.000 Dollar, der sogleich aus den Büchern verschwand. Die Behörden untersuchten den dubiosen Deal. In den USA untersuchte das Justizministerium, ob Nike 1996 verdeckt Schmiergelder an brasilianische Fußballfunktionäre gezahlt hat, um einen Marketingvertrag zu bekommen. 100.000 Dollar für den Leichtathletikverbandschef Sebastian Coe sorgten ebenfalls für Debatten.

### Humanität ✘ ✘ ⊗ ⊗ ⊗
Dem Worker Rights Consortium, von 200 US-Colleges bestückt, wurde der Zugang zur Nike-Produktionsstätte in Vietnam verweigert. Dort waren Arbeiter wegen schlechter Arbeitsbedingungen in Streik getreten. In den 1990er Jahren hatte es zahlreiche Proteste gegen die Zustände bei Nike-Zulieferern gegeben. Nike arbeitet mit der Fair Labour Organisation zusammen.

### Transparenz ✘ ⊗ ⊗ ⊗ ⊗
Keine Aufklärung über Verträge mit Prominenten. Finanzen transparent, Nike ist börsennotiert.

# Kasper Rorsted

## Adidas

Adidas ist international und wirkt doch deutsch. Man spürt die fränkischen Wurzeln des Sportkonzerns, der im August 1949 vom Schuhmachermeister Adolf (»Adi«) Dassler in Herzogenaurach erschaffen wurde – immer in herzlicher Konkurrenz zu Bruder Rudolf, der am gleichen Ort schon 1948 mit Puma losgelegt hatte. Dabei haben die Nachkommen des Gründers die Firma Adidas bereits 1990 verkauft, damals an den schillernden französischen Unternehmer Bernard Tapie. Der deutsche Touch ging auch danach nicht verloren. Das lag in den anderthalb Jahrzehnten nach 2001 zum Teil daran, dass Adidas fest in der Hand des Vorstandschefs Herbert Hainer war. Der Niederbayer konnte schalten und walten, wie er wollte: Die Zahlen waren meistens gut, einen Großaktionär hatte er nicht. Während der Fußball-Europameisterschaft 2016 durfte Hainer als eine seiner letzten großen Amtshandlungen noch verkünden, dass Adidas die deutsche Nationalmannschaft für jährlich 50 Millionen Euro weitere vier Jahre ausstatten darf. Doch das ist alles Geschichte, das Jahr 2016 markiert eine Zeitenwende. Die altfränkische Harmonie weicht dem rauen Klima des internationalen Finanzkapitalismus. Hainer trat im Oktober als dienstältester Chef eines Dax-Konzerns ab und wurde durch Ex-Henkel-Chef Kasper Rorsted ersetzt. Und schon vorher waren zwei mächtige neue Anteilseigner in den Aufsichtsrat eingezogen. Sie haben jetzt das Sagen.

Da ist zum einen der Ägypter Nassef Sawiris (geb. 1961), der 2015 über sein Investmentvehikel NNS Holding bei Adidas einstieg und inzwischen rund sieben Prozent der Stimmrechts-Anteile hält. Er stellte sich auf der Hauptversammlung brav auf Deutsch vor. Der Mann wurde auf der German International School in Kairo erzogen und kümmert sich im familieneigenen Bau-Unternehmen Orascom ums Zementgeschäft. Er sitzt auch in den Aufsichtsgremien von Besix in Belgien und des Zementriesen Lafarge-Holcim, an dem er Anteile hält. Sawiris ist mit einem Vier-Milliarden-Dollar-Vermögen ausgestattet. Für das Abenteuer Adidas paktiert er, wie beim Projekt Lafarge, mit der 1975 gegründeten Southeastern Asset Management des US-Investors Mason Hawkins. Der hält 2,9 Prozent von Adidas und hat es in seiner neuen Einheit Southeastern Concentrated Value auf gleich zehn europäische Firmen abgesehen, die er für unterbewertet hält.

Zweiter neuer Adidas-Aufseher ist Ian Gallienne, Gründer der Ergon Capital Partners und Co-Chef der Groupe Bruxelles Lambert des Milliardärs Albert Frère. Der Belgier Frère ist ebenfalls seit 2015 bei Adidas engagiert und verfügt über offiziell sieben Prozent. Sowohl Frère als auch Sawiris sind dafür bekannt, der Unternehmensführung genau auf die Finger zu schauen. Die beiden stehen für höhere Profite, höhere Aktienkurse und höhere Wiederverkaufspreise. Den Lafarge-Konzern haben Frère (Anteil einst 21 Prozent) und Sawiris (Anteile einst 17 Prozent) gemeinsam in die Fusion mit Holcim aus der Schweiz geführt. Das könnte ein Muster für die Zukunft von Adidas sein. Dort summiert sich der Block ihrer Aktien, zusammen mit dem Kapitalanteil von Hawkins, auf mindestens 13 Prozent; nach Stimmrechten kommen knapp 17 Prozent zusammen.

Adidas ist in die Fänge der Dealmaker gekommen. Der Vollstrecker des neuen Gesellschafter-Triumvirats Sawiris-Haswkins-Frère ist Kasper Rorsted (geb. 24. Februar 1962), der bei Henkel in Düsseldorf die Rendite auf Rekordwerte getrimmt hat. Nun soll dem Dänen ein ähnliches Kunststück bei Adidas gelingen. Der ehemalige Handball-Juniorennationalspieler seines Landes bringt die nötige Sportbegeisterung für solche Projekte mit. Er ist ein manischer Läufer und Fan des FC Bayern München, an dem Adidas acht Prozent der Anteile hält. Bei seinem neuen Arbeitgeber Adidas ist eine Rosskur bitter nötig: Weltmarktführer Nike verdient in einem einzigen Quartal so viel wie die Drei-Streifen-Marke im ganzen Jahr. Vor allem in den USA muss Rorsted aufholen; dort ist Adidas inzwischen nur Nummer drei hinter Nike und Under Armour. Die Adidas-Tochter Reebok ist auch zehn Jahre nach der Akquisition noch außer Form. So war vor Rorsteds Start eines klar: dass er genügend Streichmasse vorfinden wird.

**Nachhaltigkeit** ✗ ✗ ✗ ✗ ⬚
Produkte sollen auf nachhaltige Weise hergestellt werden. Nach Protesten von Greenpeace – es ging um die Zusammenarbeit mit der indonesischen PT Gitex Gruppe, die einen Fluss verseuchte – legte Adidas einen Entgiftungsplan vor.

**Unbestechlichkeit** ✗ ✗ ✗ ⬚ ⬚
Historisch in die Mauscheleien des Welt-Fußballverbands FIFA verstrickt. Adidas gründete einst die Agentur ISL, die mit Bestechung im großen Stil auffiel und pleite machte. Der vormalige Vorstandschef und Großaktionär Robert Louis-Dreyfus reichte sowohl für das deutsche WM-Turnier 2006 als auch für FC-Bayern-Manager Uli Hoeneß dubiose Kredite aus. Die NGO Global Witness

warnt Adidas, ihre Geschäfte mit dem in Kambodscha autoritär regierenden Clan von Machthaber Hun Sen fortzusetzen.

**Steuerehrlichkeit** ✗ ✗ ✗ ⬚ ⬚
Extreme legale Ausnutzung von Steuersparchancen.

**Humanität** ✗ ✗ ✗ ⬚ ⬚
Mitglied der Fair Labor Association. Weigerte sich lange, das Gebäude- und Brandschutzabkommen für Bangladesch zu unterzeichnen.

**Transparenz** ✗ ✗ ✗ ⬚
Unklare Gesellschaftermacht. Ausreichende Finanzinformation in dem Börsenunternehmen. Bis 2020 sollen die Produktionsbedingungen völlig transparent sein.

# ENERGIE/ ROHSTOFFE

| | | Gründung | Land | Umsatz in Mrd. US$, 2015 | Größte Anteilseigner |
|---|---|---|---|---|---|

**ÖL UND GAS**

| Nr. | Unternehmen | Gründung | Land | Umsatz | Größte Anteilseigner |
|---|---|---|---|---|---|
| 1 | **Sinopec** Wang Yupu | 2000 | China | **314,6** | Staat China über China Petrochemical Corp.: 72,5% Staat China über HKSCC Nominees Limited: 21,5% |
| 2 | **China National Petroleum (PetroChina)** Wang Yilin | 1988 | China | **287,9** | Staat China über Assets Supervision and Administration Commission: 100% |
| 3 | **Royal Dutch Shell** Ben van Beurden | 1833 | GB, NL | **265** | Blackrock: 9,2% Legal & General: 3,6% Vanguard: 3,2% |
| 4 | **ExxonMobil** Rex W. Tillerson | 1870 | USA | **236,8** | Vanguard: 6,6% Blackrock: 5,9% State Street: 4,5% |
| 5 | **BP** Robert Dudley | 1908 | GB | **222,9** | Blackrock: 5,7% Legal & General: 3,2% Vanguard: 2,4% |
| 6 | **Total** Patrick Pouyanné | 1924 | F | **143,4** | Amundi: 8,3% Blackrock: 5,1% Total: 4,8% |
| 7 | **Chevron** John S. Watson | 1879 | USA | 122,6 | Vanguard: 6,3% Blackrock: 6,0% State Street: 5,6% |
| 8 | **Gazprom** Alexej Miller | 1989 | Russland | **100,2** | Staat Russland: 50,2% Bank of New York Mellon: 28,4% Vanguard: 0,9% |

**ANDERE ROHSTOFFE**

| Nr. | Unternehmen | Gründung | Land | Umsatz | Größte Anteilseigner |
|---|---|---|---|---|---|
| 1 | **Arcelor-Mittal** Lakshmi Mittal | | burg | | Capital Research: 3,6% Vanguard: 1,5% |
| 2 | **Posco** Kwon Oh-joon | 1968 | Südkorea | **51,4** | Citibank: 14,8% National Pension Service: 8,5% Posco: 8,3% |
| 3 | **BHP Billiton** Andrew Mackenzie | 1851 | GB/ Australien | **44,6** | PLC: Blackrock: 10,1% Limited: Blackrock: 5,1% |
| 4 | **Nippon Steel & Sumitomo Metal** Kosei Shindo | 1897 | Japan | **40,9** | Nippon Steel: 6,9% Government Pension Investment Fund: 6,6% Nippon Life: 2,6% |
| 5 | **Rio Tinto** Jan du Plessis | 1873 | GB/ Australien | **34,8** | Shining Prospect Pte: 13,3% Blackrock: 7,6% Capital Group: 3,4% |

| | Gründung | Land | Umsatz in Mrd. US$, 2015 | Größte Anteilseigner |
|---|---|---|---|---|

**ROHSTOFFHANDEL**

**1 Glencore** — 1974 — Schweiz — **170,5** — Qatar Holding: 9%
Ivan Glasenberg — Ivan Glasenberg: 8,4%
Harris Associates: 8,0%

**VERSORGER**

**1 Eon** — 1923 — D — **129** — Blackrock: 6,8%
Johannes Teyssen / — Deutsche Bank: 2,4%
Klaus Schäfer — Vanguard: 2,3%

**2 Enel** — 1962 — Italien — **83,4** — Staat Italien: 25,5%
Maria Patrizia — Blackrock: 5%
Grieco — CNP Assurances: 2,7%

**3 Engie** — 1834 — F — **77,6** — Staat Frankreich: 32,8%
Isabelle Kocher / — Groupe Bruxelles: 2,4%
Gérard Mestrallet — CDC: 1,9%

**4 EdF** — 1946 — F — **83,3** — Staat Frankreich: 81%
Jean-Bernard Lévy — Thornburg: 1,1%
Norges Invest: 0,6%

**5 RWE** — 1898 — D — 51,5 — RWE Beteiligung: 16,2%
Peter Terium / — Blackrock: 4,9%
Rolf Martin Schmitz — Mondrian Investment: 3%

**6 Tepco** — 1951 — Japan — **50,6** — Staat Japan: 54,7%
Naomi Hirose — Master Trust Bank of Japan: 1,3%
Tokyo Metropolitan Government: 1,2%

# Wang Yupu
## Sinopec

Chinas Ölgigant (Umsatz 2015: 315 Milliarden Dollar) steckte jahrelang in einer ähnlich dramatischen Krise wie der große Rivale CNPC. Aber die Aufräumarbeiten kamen bei der staatlichen China Petroleum and Chemical Corporation in Peking, besser bekannt als Sinopec, weitaus besser voran; das Unternehmen erschließt Vorkommen von Erdöl und Erdgas weltweit und beherrscht einen großen Petroche-

mie-Bereich. Dabei war der jüngste Chefwechsel zunächst als Fehlentscheidung kritisiert worden. Anders als bei CNPC übernahm bei Sinopec mit Wang Yupu im Mai 2015 ein Ingenieur den Chefposten, der in der Ölbranche weitgehend unbekannt war.

Wang Yupu (geb. 1956) hatte einen großen Teil seiner Karriere auf dem Ölfeld Daqing in der Grenzregion zu Sibirien verbracht. 2010 wechselte er als Vizechef zu Chinas Staatsgewerkschaft, dem Chinesischen Gewerkschaftsbund. Anschließend zog es ihn zur Chinesischen Akademie für Ingenieurwissenschaften, bevor er zu Sinopec geholt wurde. Seine geringe Vernetzung innerhalb der Führungsriege der Ölindustrie scheint sich jedoch als Vorteil für ihn zu entwickeln. Sein erstes Jahr im Amt hat er weitgehend damit verbracht, die Standorte von Sinopec zu besuchen, die über mehr als zehn Provinzen innerhalb Chinas verteilt sind. Mitarbeiter tauften ihn intern bereits den »fliegenden Mann«, weil er im Land so viel auf Reisen war.

Sein Vorgänger Fu Chengyu hat sich hingegen einen Namen als ambitionierter Einkäufer gemacht. Noch bei seinem vorherigen Job bei CNOOC fädelte Fu die 15 Milliarden Dollar schwere Übernahme des kanadischen Ölproduzenten Nexen ein, die bis dahin größte Auslandsakquisition eines chinesischen Staatskonzerns. Bei Sinopec setzte er die Beteiligung an Petrogal Brasil um, der brasilianischen Öltochter des portugiesischen Energiekonzerns Galp Energia. Und er investierte mehr als zwei Milliarden Dollar in Angola und erwarb 55 Prozent am dortigen Ölförderer Sonangol.

Unter Wang Yupu stockt die internationale Expansion jedoch. Große Deals hat es bis Mitte 2016 nicht mehr gegeben, nur die Ankündigung, Anteile an zwei Ablegern des russischen Konzerns Rosneft kaufen zu wollen. Aber es entwickelte sich der Plan, mehr aus den Joint Ventures des Konzerns zu machen, etwa aus der Verbindung mit dem saudi-arabischen Ölkonzern Aramco. Für dessen geplanten Börsengang brachte sich Wang als möglicher Aktionär ins Spiel.

Seine Reisen innerhalb Chinas sind ein deutliches Signal, dass er sich auf Reformen in der Heimat konzentrieren will. Schon im Mai 2015 setzten in chinesischen Medien Spekulationen über Massenentlassungen bei Sinopec und CNPC ein. In den Monaten zuvor hatten sich mehrfach ehemalige Mitarbeiter von Sinopec und CNPC beklagt, dass nach dem Ausscheiden in den Ruhestand Positionen nicht nachbesetzt worden seien. Ein möglichst sozialverträglicher Stellenabbau scheint also bereits begonnen zu haben. Sinopec hat rund 350.000 Mitarbeiter (2016).

Der im Hang-Seng-Index gelistete Konzern ist auch weltweit der größte Charterer von Öl-Tankern. 2015 begann er, über das Internet verschiedene Dienstleistungen anzubieten, zum Beispiel Gourmet-Nahrung. Im selben Jahr machte Sinopec rund fünf Milliarden Dollar Gewinn, deutlich weniger als 2014. Im ersten Halbjahr brach der Gewinn aufgrund gefallener Ölpreise um 21,6 Prozent auf fast drei Milliarden Dollar ein. Sinopec ist im Hang Seng Index sowie Shanghai und New York gelistet.

**Nachhaltigkeit** ✗✗✗▨▨
Negative Umwelteffekte durch Öl. Eigenes ambitioniertes Nachhaltigkeitsprogramm.

**Steuerehrlichkeit** ✗✗▨▨▨
Das Journalisten-Netzwerk wies enge Verbindung zu Steuer-Oasen nach.

**Unbestechlichkeit** ✗▨▨▨▨
Der Gouverneur der Provinz Fujian und einstige Sinopec-Chef Su Shulin wurde der Korruption verdächtigt. Ex-Chairman Fu Chengyu warf ihm vor, die Unternehmenskultur der Ölindustrie unterminiert zu haben. Ein Online-Forum enthüllte, Sinopec habe einmal für fast 400.000 Dollar Hunderte Flaschen Rotwein und Spirituosen bestellt.

**Humanität** ✗✗▨▨▨
Proteste wegen ungenügender Absicherung nach Stellenabbau.

**Transparenz** ✗✗✗▨▨
Leicht verbessert, aber hohe politische Einflussnahme.

# Wang Yilin

## China National Petroleum Corporation (CNPC)

Knapp 288 Milliarden Dollar Umsatz – so viel machte 2015 der zweitgrößte Öl-konzern der Welt. 1,6 Millionen Mitarbeiter stehen auf der Pay-Roll. Doch der op-tisch so gigantische staatliche Ölkonzern China National Petroleum Corporation (CNPC) ist in Schockstarre. Das liegt weniger am Rückgang der Gewinne, die 2015 um etwa 50 Prozent auf umgerechnet 6,4 Milliarden Euro einbrachen. Vielmehr alarmieren Top-Personalien. Jiang Jiemin, der das Unternehmen sieben Jahre als Chairman geleitet hat, ist wegen Korruption und Machtmissbrauch zu 16 Jahren Gefängnis verurteilt worden. Verfahren gegen Dutzende weitere Mitarbeiter von CNPC und des an der Börse gelisteten Tochterunternehmens PetroChina laufen.

Von einem Tag auf den anderen hatten die Chefs von CNPC und des zwei-ten chinesischen Ölriesen Sinopec vergangenes Jahr ihre Posten räumen müssen. Mit Wang Yilin (geb. 1956) wurde der Chef des dritten staatlichen Ölkonzerns CNOOC kurzerhand an die Spitze des Großkonzerns CNPC beordert, der von der staatlichen Assets Supervision and Administration Commission gesteuert wird. Die staatskapitalistische Rochade war als Befreiungsschlag gedacht.

Wang Yilin wird der »Feuerlöscher« genannt. Bei Chinas Ölgiganten gibt es so viele akute Probleme, dass der neue Chairman völlig ausgelastet ist. Der Posten des stärker auf das Tagesgeschäft ausgerichteten Präsidenten ist unbesetzt, an ein Management ist nicht zu denken. Die gefürchtete Parteipolizei der Disziplinar-kommission nimmt regelmäßig alle Geschäfte des Konzerns unter die Lupe. Und der niedrige Ölpreis bringt zusätzliche Schwierigkeiten, stellt er doch das klassi-sche Geschäftsmodell infrage. Seit Staatspräsident Xi Jinping im Jahr 2012 eine Anti-Korruptionskampagne angestoßen hat, schwärmen die Ermittler landesweit aus. Aber nur in wenigen Branchen haben ihre Festnahmen solche Schockwellen ausgelöst wie in der Ölindustrie. Im Zuge der Ermittlungen wurde – erstmals seit der Kulturrevolution – mit Zhou Yongkang ein ehemaliges Mitglied des höchs-ten chinesischen Führungszirkels, des Ständigen Ausschusses des Politbüros der Partei, wegen Korruption zu lebenslanger Haft verurteilt. Zhou hatte 32 Jahre in der Ölindustrie gearbeitet, seitdem die beiden staatlichen Ölkonzerne Ende der 1980er Jahre aus dem Ölministerium hervorgegangen waren.

Der Ingenieur Wang hat selbst 30 Jahre seiner Karriere in der Ölindustrie ver-bracht. Deshalb wird ihm nachgesagt, zu eng in den Netzwerken der Branche verflochten zu sein, um wirklich aufräumen zu können. Er hat früher schon bei CNPC gearbeitet, bevor er den Chefsessel bei der China National Offshore Oil Corporation (CNOOC) übernahm. CNOOC war 1982 gegründet worden, um

Chinas Offshore-Ölfelder gemeinsam mit internationalen Konzernen auszubeuten. Das Unternehmen hat den Ruf, effizienter als CNPC und Sinopec geführt zu werden. Was bislang über CNPC nach außen gesickert ist, lässt nichts Gutes vermuten. Berichte in Staatsmedien zeichnen ihn als von Grund auf korruptes Unternehmen, bei dem Aufträge und Posten nach persönlichen Kontakten vergeben wurden. In Chinas eigentlich streng kontrollierten Staatsmedien sind vernichtende Berichte über die Ölfirmen des Landes an der Tagesordnung. Spekulationen

über eine Fusion der beiden größten Konzerne CNPC und Sinopec kursieren.

Die geplante internationale Expansion von CNPC war nach Beginn der ersten Ermittlungen 2013 fast vollständig zum Erliegen gekommen. Dabei war CNPC einst Vorreiter bei internationalen Übernahmen. CNPC und die anderen chinesischen Ölfirmen wählten neue Wege. Sie setzten auf politisch heikle Regionen wie Venezuela, Iran und Sudan – und sprangen früh auf den Trend zur Ausbeutung von Schiefergasvorkommen in Nordamerika auf. Als letzten großen Erfolg sicherte sich CNPC 2013 einen Teil an einem Ölfeld im Kaspischen Meer vom kasachischen staatlichen Ölkonzern KazMunayGas National Co. für fünf Milliarden Dollar.

Im März 2016 immerhin verkündete Chairman Wang eine Kooperation mit BP, um Schieferöl-Felder in China auszubeuten. Und im Juni kündigte er an, den kleinen Anteil seines Konzerns am russischen Ölgiganten Rosneft nach Möglichkeit aufstocken zu wollen. Die Tochter PetroChina wiederum (CNPC-Anteil: 90 Prozent) ist an den Börsen von Shanghai, Hongkong und New York gelistet, leidet aber stark am Ölpreisverfall. Nach einem Quartalsverlust stand Mitte 2016 auf einmal im Raum, ob das Unternehmen weiter wie gehabt Dividenden zahlen kann. Schulden von mehr als 160 Milliarden Dollar drückten auf die Bilanz.

**Nachhaltigkeit** ✘✘✕✕✕
Umweltschäden durch Öl. Das Staatsunternehmen hat den Anspruch, sich um Leute und um Umwelt zu kümmern.

**Unbestechlichkeit** ✘✘✕✕✕
Der frühere Chairman wurde wegen Korruption zu 16 Jahren Gefängnis verurteilt.

**Steuerehrlichkeit** ✘✘✕✕✕
Dokumente, die das Journalistennetzwerk ICIJ enthüllte, zeigen enge Verbindungen

zwischen Offshore-Briefkastenfirmen auf den British Virgin Islands oder den Cook Islands mit CNPC.

**Humanität** ✘✘✘✕✕
Mit 1,6 Millionen Mitarbeitern hoffnungslos übersetzt.

**Transparenz** ✘✘✕✕✕
Ein riesiger Verbund mit einer börsennotierten Tochter (PetroChina). Schwer, den Überblick zu gewinnen.

# Ben van Beurden

## Royal Dutch Shell

Die Erwartungen sind hoch, doch Ben van Beurden zeigt keine Nervosität. Seine Stimme ist ruhig, die Gestik behutsam, als der neue Vorstandschef Anfang 2014 in London erstmals die Zukunft der britisch-niederländischen Royal Dutch Shell plc skizziert. Van Beurden (geb. 23. April 1958) weiß, dass es auf jedes Wort ankommt. Gleich zu seinem Start hat der Ölkonzern mit einer massiven Gewinnwarnung erschreckt. Nun verspricht van Beurden den versammelten Analysten und Investoren eine grundlegende Kurskorrektur. »Wir haben nicht immer die richtigen Investitionsentscheidungen getroffen, und wir müssen in Zukunft schneller reagieren.«

Die Ansage wird auch im niederländischen Königshaus aufmerksam registriert. Prinzessin Beatrix hält noch rund 2,5 Prozent an dem Konzern, ein Anteil, der fünf Milliarden Dollar wert ist. Ihr verstorbener Vater Prinz Bernhard hatte das Aktienpaket diplomatisch-ironisch mit »nur 0,000 Prozent und etwas mehr« angegeben und hinzugefügt: »Ich wollte, es wäre mehr.« Über mehr Shareholder-Value bei Shell freuen sich außer Beatrix auch der US-Großaktionär Blackrock (9,2 Prozent) und Legal & General aus Großbritannien (3,6 Prozent). Der heutige Konzern geht auf die Fusion zurück, die sich der niederländische Kaufmann Henri Deterding ausgedacht hatte: Er schloss 1907 seine Ölfirma in Den Haag mit der Londoner Shell Transport and Trading Company von Marcus Samuel jr. zusammen, und zwar im Verhältnis 60:40. Die beiden Firmen bündelten das Geschäft, blieben juristisch aber unabhängig. 2005 entstand daraus die Royal Dutch Shell plc, eine Aktiengesellschaft nach englischem Recht, die primär in London an der Börse gelistet ist, aber auch in Amsterdam und New York. Unternehmenssitz ist Den Haag.

Eine nicht ganz einfache Struktur. Konzernchef van Beurden hielt dennoch sein Versprechen und steuerte um – mit der im Frühjahr 2016 besiegelten Übernahme des britischen Gaskonzerns BG Group. Günstigerweise weisen beide Unternehmen eine ähnliche Aktionärsstruktur auf. Die institutionellen Investoren erhofften sich von der Ehe nun endlich eine Belebung des Aktienkurses in einem schwierigen Markt, der nach Konsolidierung schreit. Tatsächlich kündigte

Shell nach der größten Übernahme in der globalen Ölindustrie seit 2000 einen Abbau von 2800 Stellen an. Das Tempo ist flott geworden, der Ton keck, und das in einem durch und durch konservativen Unternehmen. Bei der letzten großen Fusionswelle in der Ölindustrie vor mehr als anderthalb Jahrzehnten war Shell noch der einzige Ölmulti, der beim Monopoly nicht mitmischte – was nachfolgende Manager-Generationen bereuten.

Schon lange vor dem Preissturz am Ölmarkt haben viele Shell-Großaktionäre über Strategie und Erfolgsbilanz des Vorstandes gemurrt: Der Konzern pumpe zu viel Geld in die immer teurere Suche nach neuen Öl- und Gasquellen. Mit dem Kauf von BG soll Shell dynamischer werden – obwohl der Öl-Gigant durch die Akquisition noch mal wächst. 2015 erwirtschaftete Shell mit 265 Milliarden Dollar einen Jahresumsatz, der größer ist als das Bruttoinlandsprodukt von Chile oder Venezuela.

Van Beurden, der Chemieingenieurwesen an der Technischen Universität Delft studierte, will sich auf weniger, aber größere Projekte konzentrieren. Große Hoffnungen setzt er auf Flüssiggas: »Dieses Unternehmen muss zum Ende des Jahrzehnts anders aussehen als heute.« Der hochgewachsene Manager mit dem korrekten Seitenscheitel richtet Shell damit grundlegend neu aus. Dass der Niederländer überhaupt das Rennen um den Chefposten bei Shell machen würde, hatte außerhalb des inneren Führungszirkels praktisch niemand erwartet. Er arbeitet zwar seit mehr als 30 Jahren für Shell, war vor seiner Berufung aber selbst in der Branche kaum bekannt. Doch mit der geglückten Sanierung des Chemiegeschäfts hat er sich empfohlen. »Wäre van Beurden nicht über mehrere Jahre die Wende gelungen, gäbe es den Chemie-Geschäftsbereich bei Shell wohl nicht mehr«, sagt ein Mitarbeiter. Eine Wende, die er nun für den ganzen Konzern wiederholen soll.

**Nachhaltigkeit** ✘ ✘ ✘ ⬚ ⬚
Shell stieg aus dem Projekt aus, in der Arktis nach Öl zu suchen. Massive Umweltschäden durch den Konzern im Niger-Delta. 2015 musste er 70 Millionen Euro Schadenersatz zahlen. Van Burden setzt stärker auf nachhaltige Energien, fossile Energien sieht er als wichtige Übergangslösung. Hohe Investments in Elektroautos und Wasserkraftstoff-Tankstellen.

**Unbestechlichkeit** ✘ ✘ ⬚ ⬚ ⬚
Die italienische Justiz untersucht, ob beim Erwerb eines großen Ölfelds durch Shell und Eni in Nigeria Bestechung im Spiel war. Es gab auch eine Razzia in Den Haag in der Zentrale.

**Steuerehrlichkeit** ✘ ✘ ⬚ ⬚ ⬚
Großes Netz mit Töchtern in der Schweiz, auf den Bermudas, den Cayman Islands und den Bahamas.

**Humanität** ✘ ✘ ⬚ ⬚ ⬚
Lebensraum der Ogoni wurde durch Shell-Investitionen in Nigeria zerstört, Zehntausende wurden vertrieben.

**Transparenz** ✘ ✘ ⬚ ⬚ ⬚
Noch einiges zu verbessern. Immerhin gibt es eine Extractive Industries Transparency Initiative (EITI), von der Branche selbst angestoßen.

# Rex W. Tillerson
## ExxonMobil

Der Name Rockefeller hat nicht nur in den USA einen fast magischen Klang. Er erinnert an den Reichtum durch die Industrialisierung Ende des 19. Jahrhunderts, an die Pioniertaten des John D. Rockefeller, der 1863 seine erste Ölraffinerie in Cleveland baute. Daraus wurde Standard Oil, der Koloss der amerikanischen Wirtschaftsgeschichte, der 1890 ein Anti-Monopolgesetz (»Sherman Antitrust Act«) provozierte, auf dessen Basis die Regierung von Theodore Roosevelt gegen Rockefeller vorging. Nach einem Urteil des Obersten Gerichtshofs 1911 wurde der Konzern in 34 Einzelunternehmen aufgeteilt, die später in unterschiedlichen Konstellationen wieder zusammenfanden, viele davon in dem 1998 durch Fusion entstandenen Giganten ExxonMobil. Zu diesem Zeitpunkt war es die größte Firmenfusion der Welt, das Volumen lag bei 76 Milliarden Dollar.

Vor diesem Hintergrund ist es mehr als eine Fußnote, dass die Nachkommen des Gründers Rockefeller im März 2016 ankündigten, ihre Anteile an Exxon Mobil, dem Nachkommen des Gründungsunternehmens, und anderen Öl- und Gasfirmen zu verkaufen. Mehrere Stiftungen verwalten das Rockefeller-Vermögen von 1,1 Milliarden Dollar, darunter der Rockefeller Family Fund. Die von ihm herausgegebene Erklärung hatte es in sich: »Es macht finanziell und ethisch keinen Sinn, weiter in diese Unternehmen zu investieren, während die globale Gemeinschaft die Abkehr von fossilen Brennstoffen betreibt.« Die Vorräte müssten in der Erde bleiben, also nicht von ExxonMobil und anderen gefördert werden, »sollte es überhaupt Hoffnung geben, dass menschliche und natürliche Ökosysteme die kommenden Jahrzehnte überleben«. Der Patriarch David Rockefeller (geb. 12. Juni 1915) hatte seine Meinung grundlegend geändert. Bereits im Jahr 2014 hatte sich der Rockefeller Brothers Fund aus dem Stiftungsverbund der Dynastie von Finanzanlagen von fossiler Energie getrennt. Und im Februar 2016 übereignete Neva Goodwin, die Tochter David Rockefellers, ihre Exxon-Papiere im Wert von 400.000 Dollar an das Umweltprogramm des Familienfonds, der sie verkaufte und mit dem Geld Umweltaktivisten im Kampf gegen den Klimawandel unterstützte.

Die Rockefeller-Abkanzlung lässt einen Konzern dunkel wie Erdöl erscheinen, der lange Zeit zu den umsatzstärksten, wertvollsten und profitabelsten Unternehmen der Welt gehört hat, der aber auch durch die Havarie des eigenen Tankschiffs Exxon Valdez vor Alaska mitsamt den entstandenen Umweltschäden bekannt wurde. Immerhin setzte ExxonMobil 2015 trotz des Ölpreis-Verfalls fast 240 Milliarden Dollar um und verdiente unter dem Strich 16 Milliarden. Der Börsenwert lag im August 2016 noch bei 364 Milliarden Dollar, doch die Kurven und Prognosen im größten Raffinerie-Betrieb der Welt zeigten nach unten. Das ist noch einmal eine letzte Herausforderung für Rex Tillerson (geb. 23. März 1952), der bereits 1975 bei Exxon angefangen und sich geradlinig nach oben gearbeitet hat. 2006 wurde er mit dem CEO-Posten belohnt, der machtsichernd mit den Titeln Chairman und President dekoriert wurde. Von so einem wie ihm erwarten die Großaktionäre Vanguard (6,6 Prozent), Blackrock (5,9 Prozent) und State Street (4,5 Prozent) wegweisende Antworten in einer Zeit, in der Big Oil für viele zum Synonym für Gestrigkeit geworden ist. Das ergibt sich quasi zwangsläufig aus der politischen Großeinigung von 195 Staaten auf der Pariser Klimakonferenz im Dezember 2015.

In dieser Bredouille scheint dem texanischen Konzernlenker Tillerson wenig mehr einzufallen als taktieren, tarnen und täuschen. Jahrelang hat er erfolgreich Kurspflege mit dem einfachsten Mittel betrieben: dem Rückkauf eigener Aktien. Von 2006 bis 2015 erwarb der CEO Papiere von ExxonMobil in Höhe von 200 Milliarden Dollar. Das ließ den Konzern optisch stärker aussehen, als er war. Zum Hauptproblem aber wurde ein Dossier aus dem eigenen Hause, das die von den Rockefellers mitfinanzierte Öko-Website »Inside Climate News« und die »Los Angeles Times« im Herbst 2015 veröffentlicht hatten. Demnach haben Konzernforscher schon von 1977 an intern davor gewarnt, dass ein fortgesetzter Verbrauch fossiler Energie einen zerstörerischen Einfluss auf das Klima habe. Dennoch finanzierte ExxonMobil all die Jahre Wissenschaftler und Politiker, die den Klimawandel verneinten. Weil der Konzern damit womöglich bewusst die Öffentlichkeit über mögliche Umweltrisiken angelogen hat, begann der New Yorker Staatsanwalt Eric Schneiderman mit Ermittlungen. Noch auf der Hauptversammlung 2015 bürstete Tillerson Kritiker, die eine starke Verlagerung des Portfolios hin zu erneuerbaren Energien forderten, sarkastisch ab: »Wir haben uns dazu entschlossen, nicht absichtlich Geld zu verlieren.« Gegen den Rockefeller-Ausstieg aus dem Öl ging ExxonMobil wütend in Stellung: Schon die Berichte der von den Rockefellers unterstützten »Inside Climate News« seien »gezielt irreführend« gewesen, erklärte ein Konzernsprecher: »Die finanzieren ja bereits eine Verschwörung gegen uns.«

Als die US-Regierung 2009 unter dem neu gewählten Präsidenten Barack Obama einen Emissionshandel für Verschmutzungsrechte wie in Europa diskutierte – eine Lösung, die ExxonMobil fürchtete –, kam Tillerson auf die Idee, eine $CO_2$-Steuer zu fordern. Die sei besser geeignet als das europäische Modell.

Zugleich aber finanzierte der Konzern bevorzugt jene Politiker, die gegen eine Karbonsteuer sind. Diese Steuer gibt es bis jetzt in den USA genauso wenig wie den Emissionshandel. Die Winkelzüge sind für Externe kaum zu durchschauen. Plastischer war da schon, wie sich der ExxonMobil-Chef an seinem Heimatort gegen jene Fracking-Methoden wehrte, die seinem Arbeitgeber Umsätze bringen. Die Tillersons leben, 50 Kilometer von Dallas entfernt, auf dem Land nahe Bartonville auf einem 73.000-Quadratmeter-Areal, eine große Pferderanch gehört auch dazu. In diesem Idyll suchen Firmen per Frackingverfahren nach Öl und Gas, inklusive der Exxon-Tochter XTO Energy, die Tillerson für 25 Milliarden Dollar gekauft hatte. Doch der Konzernchef störte sich in seinem Heimatort an einem 49 Meter hohen Wasserturm, der fürs Fracking gebraucht wird. Im Stadtrat stellte er sich auf die Seite der Kritiker und bezweifelte das Recht von ExxonMobil, den Turm zu bauen und den Immobilienbesitzern damit zu schaden. Diese Doppelmoral hat Tillersons Image geschadet, zumal er selbst immer von »Integrität« als »unersetzbare Wertkombination« redet. Betriebswirtschaftlich hat der Manager mit Sparmaßnahmen der neuen Gefahrenwelt getrotzt. Zudem prüfte er die Errichtung eines neuen Petrochemiekomplexes an der US-Golfküste zusammen mit der saudi-arabischen Chemiefirma Sabic und den Kauf einer Gasgesellschaft in Papua-Neuguinea.

Da spätestens im März 2017 mit Erreichen der Konzernaltersgrenze von 65 der Abgang von CEO Tillerson ansteht, bereitet der größte Energieproduzent der Welt die Nachfolge vor. Darren Woods wurde zum President erhoben – ein klares Zeichen, dass für ihn die anderen Chefposten auch infrage kommen. Woods ist mit 50 der Jüngste im Führungsgremium. Aber auch er dürfte Probleme haben, die Rockefellers zu überzeugen.

**Nachhaltigkeit** ✖✖⊗⊗⊗
Exzessives Lobbying durch ExxonMobil: So sollten Zweifler am Klimawandel bestärkt werden. Gegen die unveränderte Konzernpolitik, die auf Öl setzt, mobilisieren Umweltschützer wie Greenpeace.

**Unbestechlichkeit** ✖✖⊗⊗⊗
Einkommenstransparenz kann Korruption bekämpfen, glaubt ExxonMobil. Das Land Nigeria untersuchte, wie es ExxonMobil gelang, strategisch wichtige Ölvorräte für sich zu sichern.

**Steuerehrlichkeit** ✖✖⊗⊗⊗
ExxonMobil arbeitet mit Steuerparadiesen wie Singapur, Delaware, Hongkong, Nevada, Bermuda, Luxemburg und Cayman Islands. Aufgrund der hohen Gewinne fallen dennoch hohe Beträge an, 31 Milliarden Dollar für 2013 beispielsweise.

**Humanität** ✖✖⊗⊗⊗
Kritiker wie der Autor Steve Coll führen aus, dass Exxon Mobil zunehmend dort bohrt, wo autoritäre Regimes das erlauben.

**Transparenz** ✖✖⊗⊗⊗
Breite Finanzberichterstattung. Massiver Einfluss auf politische Entscheidungsträger.

# Bob Dudley

## BP

Bob Dudley ist anzusehen, wie sehr ihm die schwere Ölkrise zusetzt. Die dünnen Haare des BP-Vorstandschefs, die vor Kurzem noch blond strahlten, sind in den vergangenen 18 Monaten ergraut. Zu seinem Leidwesen und dem der Investoren hinterließ der tiefe Fall der Ölpreise hässliche Spuren in der Bilanz des britischen Ölgiganten. »Es ist ein turbulentes Jahr für unsere Industrie«, räumt Dudley (geb. 14. September 1955) in der Londoner Zentrale ein: »Der Konzern muss sich rasch dem veränderten Marktumfeld anpassen.«

Doch ein Blick auf die Zahlen zeigt, wie schwer das BP fällt. Mit 6,5 Milliarden Dollar fuhr der Konzern 2015 den höchsten Jahresverlust seit 30 Jahren ein. Selbst 2010, als er Belastungen aus der verheerenden Ölkatastrophe im Golf von Mexiko tragen musste, war das Ergebnis nicht so schlecht. Anders als viele jüngere Top-Manager erlebt Dudley solche Probleme jedoch nicht zum ersten Mal: Der Amerikaner kennt die Krise der 1980er Jahre noch aus eigener Anschauung. 2015 warnte er vor einem »tosenden Sturm«, der angesichts des Ölpreisverfalls auf die Branche zusteuere. BP ächzt nicht nur darunter, sondern auch unter einem selbst geschaffenen Problem: den Altlasten aus der Öl-Katastrophe im Golf von Mexiko. Hierfür muss BP auch Jahre später noch hohe Entschädigungen in den Büchern verbuchen. Elf Menschen starben 2010, und die Folgen für die Umwelt sind noch nicht in Gänze absehbar. BP hat die Gesamtkosten inzwischen auf 62 Milliarden Dollar taxiert.

Bob Dudley, der 2010 für den glücklosen Tony Hayward an die Spitze rückte, hat auf die Malaise vorerst nur eine Antwort: Kostensenkungen und Investitionskürzungen. Von 2016 bis Ende 2017 will das Unternehmen, das zu den größten privaten Ölkonzernen zählt, weltweit mindestens 7000 Stellen streichen. So unbarmherzig der BP-Boss auch seine Geschäftseinheiten nach Einsparungspotenzialen durchforstet, so großzügig bleibt er gegenüber seinen Aktionären. Das Unternehmen werde trotz der Verluste seine Dividende nicht kürzen. Das freut den größten Aktionär Blackrock (5,7 Prozent) sowie Legal & General (3,2 Prozent) und Vanguard (2,4 Prozent).

Dudley hält die Krise nicht für einen Dauerzustand. Der Ölpreis werde zwar noch länger niedrig bleiben, »aber nicht für immer«. Mag sein, aber sind sein Können und sein Optimismus wirklich ein Jahressalär von 19,6 Millionen Dollar wert? Ist ein Plus von 20 Prozent adäquat angesichts von Milliardenverlusten und Massenentlassungen? Das fragten sich die Aktionäre auf der 2016er Hauptversammlung von BP auch – und stimmten mit 59 Prozent gegen die Gehaltsaufbesserung. Die Beratungsfirma Glass Lewis hatte die Revolte angeführt. Der Widerstand gehört zu dem Ungewöhnlichsten, was der Finanzkapitalismus jüngst zu bieten hatte.

### Nachhaltigkeit ✘✘✕✕✕
Verursachte die Öl-Katastrophe Deepwater Horizon im Golf von Mexiko. Umweltschützer kritisieren, BP beziehe den Klimawandel nicht richtig in die Prognosen ein. Ausführliche Sustainability-Reports. Im März 2015 kündigte BP als einer der letzten Konzerne an, den American Legislative Exchange Council zu verlassen, der den Klimawandel leugnet.

### Unbestechlichkeit ✘✘✕✕✕
BP hat 2014 für Arbeiten an Ölfeldern im nordirakischen Kirkuk die Firma Unaoil engagiert, die Mittelpunkt von Bestechungsskandalen war. Bei der Begleichung von Schadensansprüchen der Opfer von Deepwater Horizon kam es zu Korruptionsfällen.

### Steuerehrlichkeit ✘✘✘✕✕
Die International Transport Workers Federation behauptete im Mai 2016, die großen Öl-Gesellschaften würden Steuern auf ihre hohen Einnahmen aus Nordsee-Öl vermeiden. Eine BP-Sprecherin sagt, ihre Firma habe in den sechs Jahren bis dahin fast zwei Milliarden Pfund Steuern bezahlt. BP hat Duzende Offshore-Firmen, oft in Luxemburg und auf den Bermudas.

### Humanität ✘✘✘✕✕
BP will die Rechte und die Würde aller Menschen achten. Nachdem Verhandlungen über Arbeitssicherheit gescheitert waren, traten BP-Arbeiter in den USA in den Streik. UN-Richtlinien zur Arbeit integriert.

### Transparenz ✘✘✕✕✕
BP versprach 2015 mehr Transparenz bei Fragen des Klimawandels. Arbeitet mit 1000 verbundenen Unternehmen.

# Patrick Pouyanné
## Total

Er kam mitten in einer schweren Firmenkrise an die Macht. Patrick Pouyanné (geb. 24. Juni 1963), ein dunkelhaariger Franzose mit schmaler Drahtgestellbrille, übernahm Total S. A. im Oktober 2014, als die Ölpreise sanken und sich der Konzern in einem Schockzustand befand. Christophe de Margerie, langjähriger Vorstandschef, war bei einem Flugzeug-Unglück in Russland gestorben; der charismatische Manager mit dem riesigen Schnauzbart, den alle nur »Big Moustache« nannten, hatte den französischen Energieriesen geprägt und für ein stabiles politisches

Umfeld gesorgt. Es gab in Frankreich wenige, die den stets zu Scherzen aufgelegten Unternehmensführer nicht mochten.

Total gehört zu den sechs größten Erdölkonzernen der Welt, ist in 130 Ländern aktiv und hat knapp 100.000 Mitarbeiter; gefördert wurden Öl und Gas in 30 Ländern. Das Unternehmen ist ein Stolz der französischen Wirtschaft – wann immer ein Vergleich gezogen wird mit dem wirtschaftlich stärkeren Nachbarn Deutschland, kommt rasch die Sprache auf den 1924 entstandenen Konzern, der rund 143 Milliarden Dollar umsetzt. Die Gründung geht auf den französischen Ministerpräsidenten Raymond Poincaré zurück, der eine Zusammenarbeit mit Royal Dutch Shell abgelehnt hatte und lieber eine nationale Lösung für die Ölversorgung wollte. Ernest Mercier startete mithilfe von 90 Banken und Unternehmen die Compagnie Française des Pétroles (CFP). Seit dem Börsengang 1991 in New York fungiert die Firma nur noch als Total. Damals hatte der Staat noch einen Anteil von 30 Prozent, der aber innerhalb von fünf Jahren auf nur ein Prozent abschmolz.

Auf dem westeuropäischen Markt hat Total im Jahr 1999 den belgischen Rivalen Petrofina übernommen, der daraus entstandene Konzern Totalfina verschmolz mit Elf Aquitaine. Der wiederum hatte in Deutschland gleich nach der Wende das ostdeutsche Tankstellennetz Minol übernommen. Am russischen Energieunternehmen Novatek sind die Franzosen mit knapp 19 Prozent beteiligt. Größter Gesellschafter bei Total wiederum ist die Pariser Vermögensverwaltung Amundi (8,3 Prozent), ein Ableger der Genossenschaftsbankengruppe Credit Agricole, gefolgt von Blackrock (5,1 Prozent). Total ist an der New York Stock Exchange und bei Euronext in Paris notiert.

Anders als viele Chef-Kollegen in französischen Groß-Unternehmen kann Pouyanné frei schalten; der Staat spielt keine Rolle mehr. 24 Stunden nach dem Tod von de Margerie stand fest, dass er den Job übernimmt. Im achtgrößten Industrieunternehmen der Welt war Pouyanné lange Zeit fürs Petrochemie- und Raffinerie-Geschäft zuständig und spielte eine Schlüsselrolle bei der Zusammenführung beider Sparten. Vorher hat er in Angola und Katar in leitenden Positionen viel Erfahrung gewonnen. Das ist für den Total-Konzern, der im Nahen Osten und vor allem in Afrika besonders aktiv ist, ein Vorteil im Wettbewerb mit anderen großen Ölkonzernen. Nicht zu vergessen ist, dass Total über seine kalifornische Tochter Sun Power das zweitgrößte Solarenergieunternehmen der Welt besitzt. Pouyanné setzt auf Gas und erneuerbare Energien, um auf ein schwindendes Angebot an fossilen Energien von 2019 an zu reagieren. Total solle ein verantwortlicher Energieriese sein, formuliert Pouyanné, es sei wichtig, sich auf die Zukunft vorzubereiten: »Der Klimawandel ist für die Industrie eine richtige Herausforderung, für mich ist er aber eine große Chance.« Dem diente auch der Kauf des Batterieherstellers Saft. In Deutschland stellte Total das Spezialchemieunternehmen Atotech zum Verkauf.

Auch in der Politik kennt sich der soft und jugendlich wirkende CEO und Chairman (seit Dezember 2015) aus. Nach dem Studium ging Pouyanné 1989 in das Industrieministerium und beriet vier Jahre später Premier Edouard Balladur sowie danach Technologieminister François Fillon. Zu Total kam er 1997. Der begeisterte Rugby- und Tennisspieler ist trotz erschwerter Bedingungen überzeugt, dass Total die Lage meistern wird. Er hat es sich zum Ziel gesetzt, die guten Kontakte seines Vorgängers zu Russland und anderen wichtigen Förderländern in Südamerika, Asien und dem Nahen Osten zu festigen.

**Nachhaltigkeit** ✗✗ ✕✕✕
Total versucht, sich aus der Ölabhängigkeit zu lösen und neue, saubere Energieformen zu fördern. Greenpeace und andere NGOs machen den Konzern für eine Ölpest in Westsibirien verantwortlich. 2014 zog sich Total aus einem umstrittenen Fracking-Projekt in der kanadischen Region Alberta zurück.

**Unbestechlichkeit** ✗✕✕✕✕
Fast 400 Millionen Dollar musste Total an den US-Staat zahlen. Die Franzosen sollen einen einflussreichen iranischen Offiziellen zwischen 1995 und 2004 mit insgesamt rund 60 Millionen Dollar bestochen haben, um Förderlizenzen für Öl- und Gasfelder zu erhalten. Die NGO Earth Rights fordert Total auf, die Bestechungsgelder während 18 Jahre Militärdiktatur in Myanmar offenzulegen.

**Steuerehrlichkeit** ✗✗✗✕✕
Keine Hinweise auf Steuervergehen.

**Humanität** ✗✗✕✕✕
Total wird für schwere ökologische Probleme im Niger-Delta mitverantwortlich gemacht. Inzwischen hat sich der Konzern von seinem 20-Prozent-Anteil an dem Projekt dort getrennt.

**Transparenz** ✗✗✗✕✕
Der Konzern ist mit 900 Tochterfirmen unübersichtlich. Ökologische Risiken sind nicht immer offengelegt.

# Alexej Miller

## Gazprom

Er wurde vom Jäger zum Gejagten: Gazprom – der Konzern, an den alle immer zuerst denken, wenn es um Russland geht. Und nicht nur wegen der weltweit größten Gasvorkommen, über die dieses Unternehmen verfügt. Sondern auch, weil der mehrheitlich vom Kreml kontrollierte Konzern mit seiner Zuckerbrot-und-Peitsche-Politik der Gasverkäufe – verbilligt an ausgesuchte Partner, prohibitiv teuer an abtrünnige ehemalige Sowjetrepubliken – immer mehr zum Vehikel russischer geostrategischer Interessenpolitik geworden ist. Das dritte Energiepaket der EU, das Europas Energiemärkte diversifizieren sowie Produzenten, Transporteure und Verkäufer trennen soll, sieht der Moskauer Riese als unfreundlichen Akt an: Es sei gegen Gazprom und seine Vormachtstellung bei der europäischen Gasversorgung sowie seine Vormachtstellung bei den Pipelines gerichtet.

Doch gejagt wird Gazprom inzwischen nicht nur von außen, sondern auch in Russland selbst: Der Anteil der Gasförderung des Giganten, dessen Hauptquartier in Moskau bald in Putins Heimatstadt St. Petersburg an der Newa umziehen soll, ist auf 63,9 Prozent der russischen Gesamtproduktion gefallen. 2015 holte Gazprom nur noch 418,5 Milliarden Kubikmeter Erdgas aus Sibiriens Permafrostböden, 2011 waren es 513,17 Milliarden. Zahlreiche attraktive Gasfelder sind auf dubiosen Wegen von Gazprom in die Hände zweifelhafter privater russischer Firmen gewandert, haben Untersuchungen des Hermitage Capital Fonds ergeben, der dem in Russland zur Persona non grata erklärten US-Fondsmanager Bill Browder gehört. Die Finanzfirma hat in Gazprom investiert. Ebenso seien Aufträge überteuert an Servicefirmen vergeben worden, die nach heutigem Stand der Dinge engen Freunden des russischen Staatschefs Wladimir Putin gehören – etwa den Bauunternehmern Arkadij Rotenberg und Gennadij Timtschenko.

Dass die Praxis der zweifelhaften Auftragsvergabe weiterhin existiert, bestätigt ein Gazprom-Insider am Beispiel der von Putin aus geopolitischen Gründen gewollten Mega-Pipeline nach China: »Gazprom bringt die Pipeline mit dem Namen Kraft Sibiriens nur Verluste. Davon profitieren die Chinesen und die russischen Pipelinebauer, die alle enge Freunde Putins sind.« Interessanterweise ist ein Besitzer der Pipelinebauer, der Unternehmer Timtschenko, auch Großaktionär beim Gazprom-Rivalen Novatek, der dem Kremlkonzern immer mehr Marktanteile abjagt.

Dass Gazproms Gesamtbilanz nicht ganz so bitter ausfällt, ist der gestiegenen Erdölproduktion zu verdanken, auch durch die Öltochter Gazprom Neft. Sie ging aus dem vom Oligarchen Roman Abramowitsch (FC Chelsea) übernommenen Ölkonzern Sibneft hervor. Mehr als 2,9 Milliarden Barrel Öläquivalent (also Öl, Gas und andere Kohlenwasserstoffe) pumpte Gazprom 2015 (2011: fast 3,4 Milliarden Barrel). Finanziell ist die Tendenz ähnlich: Konnte Gazprom 2011 umgerechnet noch 45 Milliarden Dollar Gewinn erzielen, so waren es 2015 noch 13 Milliarden Dollar; der Umsatz ist im gleichen Zeitraum von 158 Milliarden Dollar auf 100 Milliarden Dollar zurückgegangen. Die Eigenkapitalrendite sank mithin von 19 auf 8 Prozent. Allerdings lag der durchschnittliche Ölpreis für ein Fass der Nordsee-Marke Brent 2011 bei 111 Dollar, 2015 aber bei nur noch bei 52 Dollar. Weil der Rubel wegen der Krimkrise massiv abgestürzt ist, ergeben sich positive Bilanz-Effekte: Sie kalkuliert mit Dollareinnahmen und Rubelkosten.

Einen Mann ficht das nicht an: Alexej Miller (geb. 31. Januar 1962). Seit immerhin schon 2001 steht der bullige Wirtschaftsführer an der Spitze des Gasriesen. Der Konzern ist an der Börse notiert und gehört zu 50 Prozent und einer Aktie dem russischen Staat, der sich die Mehrheit der Sitze im Aufsichtsrat gesichert hat. Mit 28,4 Prozent ist die Bank of New York Mellon dabei und mit 0,9 Prozent die US-Fondsfirma Vanguard. Im Juli 2016 hat Gazprom ein Paket über 3,59 Prozent Gazprom-Aktien selbst gekauft, von dem sich die staatliche Entwicklungsbank VEB trennen musste. Das trieb den Aktienkurs zum Wohlgefallen Millers und des Staatspräsidenten Wladimir Putin. Der Börsenwert lag Mitte 2016 bei rund 50 Milliarden Dollar. Das weltgrößte Erdgasförderunternehmen agiert nicht nur als Staat im Staat, sondern erbringt als größter Steuerzahler auch mehr Staatseinnahmen als alle mittelständischen Firmen Russlands zusammen.

Miller ist promovierter Ökonom und Fan des Fußballklubs Zenit St. Petersburg, der mehrheitlich der konzerneigenen Gazprombank gehört und Gazproms Logo auf den Trikots in die Champions League trägt. Doch nicht wirtschaftswissenschaftliche Exzellenz brachte ihn an die Spitze des Konzerns. Den Ausschlag gaben seine engen Beziehungen zum ersten Mann im Staat: Als Wladimir Putin noch Vizebürgermeister in St. Petersburg war (1991–1996), hatte Miller ihm als Abteilungsleiter für Außenwirtschaft zugearbeitet. Nach der Abwahl des Bürgermeisters Anatoli Sobtschak und Putins Weggang nach Moskau, wurde Miller 1996 Direktor bei St. Petersburgs Hafengesellschaft und 1999 Generaldirektor des Baltischen Pipelinekonsortiums BTS. 2000, nach seiner Wahl zum Präsidenten, machte Putin seinen Vertrauten dann zum Vize-Energieminister und ein Jahr später zum Gazprom-Chef.

Miller macht mit seiner Bündnisstrategie – mal umgarnt er die Griechen, mal die Chinesen, mal droht er den Deutschen mit höheren Energiepreisen – im Grunde eine Neben-Außenpolitik. Zusammen mit den deutschen Konzernen Eon und BASF hat er über das Nordstream-Konsortium eine wichtige Ostsee-Pipeline nach Deutschland gelegt; im Aufsichtsrat sitzt der Altkanzler und Putin-Freund Gerhard Schröder. Am serbischen Energiekonzern Naftna industrija Srbije (NIS) ist Gazprom auch mehrheitlich beteiligt, das kostete Putins Konzern 400 Millionen Euro.

Sein Vollstrecker Miller stammt aus einer Familien von Russlanddeutschen wie ein anderer enger Vertrauter des Deutschland-Freunds Putin auch: Herman Gref, der Putin schon im Petersburger Rathaus zuarbeitete und heute der Sberbank als Vorstandschef vorsteht, dem größten Geldhaus Osteuropas. Der Kreml herrscht über weit mehr als die Hälfte des Banksektors. Fast drei Viertel des Transportwesens sind in Staatshand, und der Anteil an der Ölindustrie ist unter Putin von zehn Prozent auf deutlich über die Hälfte gestiegen.

Immerhin hat Alexej Miller inzwischen zwei persönliche Erfolge zu verbuchen: Trotz lang anhaltender Diskussion über seinen angeblich schlechten Gesundheitszustand wurde sein Vertrag als Vorstandschef bis 2021 verlängert. Und seit 2015 ist er mit 27 Millionen Dollar Jahreseinkommen erstmals Russlands bestbezahlter Manager.

**Nachhaltigkeit** ✗✗☒☒☒
Gazprom erklärt, die natürlichen Ressourcen der Erde erhalten zu wollen. Greenpeace kritisiert den Konzern, weil er in der Arktis nach Öl bohrt. Schon die Sicherheitsbilanz auf dem Land sei sehr schlecht.

**Unbestechlichkeit** ✗☒☒☒☒
Es gibt viele Behauptungen über einen Korruptionssumpf bei Gazprom, konkret bewiesen ist wenig. Der US-Think-tank Peterson Institute for International Economics ermittelte für 2011 einen Verlust von 40 Milliarden Dollar durch Korruption und Ineffizienz. Weil der Konzern Politiker bestochen haben soll, führte die EU-Kommission Ende 2011 Razzien in Gazprom-Büros in Mittel- und Osteuropa durch. Die Schweiz verklagte zwei frühere Gazprom-Verantwortliche, die Geld im Zusammenhang mit einer Pipeline genommen haben sollen.

**Steuerehrlichkeit** ✗✗✗✗☒
Die Staatsfirma ist als sehr guter Steuerzahler beliebt.

**Humanität** ✗✗✗☒☒
Immer wieder Unfälle auf Gasfeldern von Gazprom. Als Arbeitgeber mit 490.000 Mitarbeitern ein großer Faktor für die russische Sozialpolitik.

**Transparenz** ✗✗☒☒☒
Enormer politischer Einfluss hinter den Kulissen. Das Börsenunternehmen zeigt nur die politisch abgesicherte Wahrheit. Wenige Informationen über innerrussische Projekte.

# Lakshmi Mittal
## Arcelor-Mittal

Es war die Krönung des Lakshmi Niwas Mittal (geb. 15. Juni 1950). Fünf Monate lang hatte sich der indische Unternehmer eine erbitterte Übernahmeschlacht geliefert, dann war er endlich am Ziel: Sein Unternehmen Mittal Steel konnte den luxemburgischen Stahlkocher Arcelor für 26,9 Milliarden Euro übernehmen. Selbst das zunächst entsetzte Großherzogtum Luxemburg als größter Einzelaktionär war befriedet. Es entstand der bis heute mit Abstand weltgrößte Stahlhersteller. Das war am 1. August 2006.

Die Hoffnungen nach der feindlichen Übernahme waren groß: Das neue Super-Unternehmen sollte die Zukunft der globalen Stahlindustrie prägen. Mittal wollte die Schwankungen im Markt genau abpassen und mittelfristig weiter wachsen. Krise? Nicht hier. Doch die Welt des Stahls entwickelte sich anders, als dies Mittal kalkuliert hatte. Im ersten vollen Geschäftsjahr nach der Fusion legte Arcelor-Mittal noch Rekordzahlen vor: 10,4 Milliarden Dollar Überschuss, gut 105 Milliarden Dollar Umsatz, 110 Millionen Tonnen Stahl und 320.000 Beschäftigte. Da boomte es noch in Südeuropa, und China versprach großartige Zuwächse. Die Stahlnachfrage übertraf das Angebot. Wer viel produzierte, verdiente auch viel.

Doch es kamen die Finanz-, Wirtschafts- und Schuldenkrise. Bis heute hat sich die Stahlbranche davon nicht erholt. Allein in Europa liegt die Rohstahlerzeugung immer noch 20 bis 25 Prozent unter den Normalwerten vor der Krise. Die Preise stehen unter Druck, zumal China begann, seine Überproduktion zu Billigpreisen auf den Weltmarkt zu werfen. Das alles hinterließ tiefe Spuren bei Arcelor-Mittal. Der Konzern hat vier seiner 25 europäischen Hochöfen geschlossen, ganze Sparten wie den Edelstahlbereich ausgliedert und weltweit Zehntausende Arbeitsplätze gestrichen. Immer wieder musste Lakshmi Mittal, der bei Arcelor-Mittal als Vorstandschef und Chairman agiert, hohe Abschreibungen und Kapitalerhöhungen vornehmen. Auch der Ausbau der eigenen Rohstoffförderung hat sich kaum gelohnt, die Erzpreise sind ebenfalls eingebrochen. So machte Arcelor-Mittal 2015 einen Rekordverlust von fast acht Milliarden Dollar. Für Aufsehen sorgte, dass der Sanierer und Südafrika-Chef Paul O'Flaherty nach zwei Jahren bei Arcelor-Mittal schon wieder Reißaus nahm. Derzeit arbeiten noch knapp 210.000 Menschen im

Konzern, der Umsatz ist auf 64 Milliarden Dollar abgesackt. Als vergleichsweise stabile Stütze gelten dabei die vier deutschen Werke Bremen, Duisburg, Eisenhüttenstadt und Hamburg mit ihren zusammen gut 9300 Beschäftigten.

Das also ist die bittere Geschichte des Lakshmi Mittal, der sich schon am Ziel seiner Träume sah, auf dem Gipfel einer eindrucksvollen Aufsteigergeschichte. Seine Familie gehört einer indischen kaufmännischen Kaste an. Ins Stahlgeschäft war sie 1971 gekommen, da hatte Vater Mohan Mittal eine kleine Stahlschmelze gekauft. Für den Sohn empfahl sich ein Studium der Betriebswirtschaftslehre am St. Xaviers College in Kalkutta, und mit dem Abschluss als Bachelor of Commerce kehrte er zurück in den väterlichen Betrieb. Hier brachte sich Lakshmi 1976 mit der Sanierung eines dazugekauften indonesischen Stahlwerks ein. Von da an folgte Deal auf Deal, in Kasachstan, Mexiko, Trinidad, Kanada, Südafrika und anderen Staaten. Mittal Steel, von London aus geleitet, wurde zum Weltunternehmen. Am neuen Riesen Arcelor-Mittal, der in Luxemburg residiert, hält Familie Mittal 38 Prozent der Aktien.

Lakshmi Mittal ist ein gesuchter Mann, der als Direktor in der indischen Bank ICICI saß, als Verwaltungsrat der Kellogg School of Management auftauchte sowie im Board of Directors von Goldman Sachs und Airbus mitmacht. Er hielt Anteile am Fußballklub Queens Park Rangers, so wie sein Freund Bernie Ecclestone. Von dem Formel-1-Chef hatte er auch dessen Anwesen übernommen, eine Residenz in Kensington Palace Gardens. Fast zwangsläufig, dass die Hochzeit seiner Tochter Vanisha 2004 mit einem Londoner Finanzmann im französischen Schloss Versailles gefeiert wurde. Angebliche Kosten: 64 Millionen Euro. Vanisha ist Direktorin von Arcelor-Mittal, ihr Bruder Aditya wiederum Finanzvorstand des Konzerns und CEO von Arcelor-Mittal Europe. Dessen Frau Megha Mittal erwarb im November 2009 die Münchner Modefirma Escada, die in die Insolvenz gerutscht war. Die neue Eigentümerin tritt als Chefin des Verwaltungsrats auf und musste zahlreiche Chefwechsel und Krisen durchstehen. Mode ist auch nicht einfacher als Stahl.

Sein Reich hat sich Mittal auf Pump zusammengekauft. Nun drücken zwölf Milliarden Dollar Schulden, auch wenn der Inder zum Beispiel einen 35-Prozent-Anteil am spanischen Autozulieferer Gestamp für eine Milliarde Dollar verkauft hat. »Ich kaufe Unternehmen, fusioniere, konsolidiere sie, reduziere ihre Kosten, mache sie sehr effizient«, beschrieb der Unternehmer einmal sein Geschäftsmodell. Sein Meisterwerk sollte schließlich die Übernahme von Arcelor sein – einem Konzern, der erst wenige Jahre zuvor aus dem Zusammenschluss dreier europäischer Stahlfirmen entstanden war. An den Kapitalmärkten ist man inzwischen skeptisch gegenüber Arcelor-Mittal geworden. Der Aktienkurs ist seit dem Höchststand Mitte 2008 um 90 Prozent eingebrochen. Am allgemeinen Misstrauen hat auch eine Kapitalerhöhung von Mitte 2016 nichts geändert, die rund drei Milliarden Dollar einbrachte. Es war bereits die dritte Kapitalmaßnahme für den Konzern seit 2009. Und dabei musste die Familie Mittal selbst immer wieder frisches Geld aus dem eigenen Vermögen zuschießen, das für Lakshmi Mittal auf 13,5 Milliarden Dollar taxiert wird. Nun soll ein neues Sparprogramm helfen. Vom Massenstahl aber will Arcelor-Mittal nicht lassen. Die Luxemburger nahmen sich sogar vor, das einst größte europäische Stahlwerk im süditalienischen Tarent zu übernehmen. Die Anlage gilt als marode und befindet sich derzeit unter staatlicher Kontrolle.

Auch den Optimismus hat Lakshmi Mittal nicht verloren. »Unsere Zukunft sieht sehr vielversprechend aus«, gibt er zu Protokoll: »Unsere Zukunft hängt nicht vom Schicksal der Stahlindustrie ab.«

### Nachhaltigkeit ✖✖☒☒☒
Mittal fordert von der Politik »realistische« Emissions-Grenzwerte für in Europa produzierten Stahl – und meint damit eher laxe. In einer Studie der Dutch Association of Investors for Sustainable Development rangiert Arcelor-Mittal als Neunter unter 52 Firmen.

### Unbestechlichkeit ✖☒☒☒☒
2010 wurde Arcelor-Mittal von der EU-Wettbewerbsbehörde wegen verbotener Kartellabsprachen mit 276 Millionen Euro Bußgeld belegt. In Polen wurde Marek Dochnal wegen Bestechung verhaftet. Er hatte für Mittal bei der Privatisierung der PHS-Stahlgruppe geholfen. Als Rumäniens Stahlindustrie privatisiert wurde, setzte sich der englische Premier Tony Blair 2002 in einem Brief für seinen »Freund« Mittal ein. Der gab Blairs Labour Partei eine großzügige Spende.

### Steuerehrlichkeit ✖☒☒☒☒
Mittals Zentralfirma sitzt im Steuerparadies Luxemburg. Auch gibt es Ableger auf den Niederländischen Antillen.

### Humanität ✖✖☒☒☒
Mittal spendete dem Great Ormond Street Hospital in London 15 Millionen Pfund. In Mittals Minen in Kasachstan starben 2004 bei Unfällen 64 Arbeiter.

### Transparenz ✖✖☒☒☒
In Südafrika musste Arcelor-Mittal 2013 Dokumente über den Umwelteinfluss von zwei Stahlwerken herausgeben. Die Familie Mittal greift gleich mit mehreren Vertretern in das Management ein.

# Kwon Oh-joon

### Posco

An der Spitze des Raums im Hauptquartier von Posco in Pohang, einem der größten Stahlkonzerne der Welt, hängen Porträts der sieben ehemaligen Konzernchefs. Die aktuelle Nummer acht, Kwon Oh-joon, sitzt an einem ovalen Konferenztisch, Sakko über der Sessellehne, vor sich eine Schachtel mit koreanischen Häppchen zum Mittagessen. Eine Gruppe von Führungstalenten lauscht ihm. Es ist eines jener Treffen, die bezeichnend für Kwons Führungsstil sind. Das Gesprächsthema diesmal: die Erfahrungen der Mitarbeiter in der Golfregion, einem strategischen Markt des südkoreanischen Unternehmens. »Erfolg im Auslandsgeschäft hängt von den Personen ab«, erklärt Kwon, vom interkulturellen Verständnis.

Seit seiner Beförderung vom Präsidenten zum Verwaltungsratchef im Jahr 2014 lädt Kwon regelmäßig zu CEO-Kommunikationstreffen mit Mitarbeitern aller Hierarchiestufen. Er trifft Wissenschaftler und geht an Arbeitsplätze. Der Posco-Chef glaubt, dass die Wahrheit am Ort der Produktion zu finden ist. Zusätzlich hat er die konzerninternen Fortbildungsinstitute in der Posco Group University zusammengeführt, das soll die immer globalere Belegschaft besser schulen.

Kwon (geb. 1950) studierte Metallurgical Engineering an der Seoul National University, einer der drei Eliteuniversitäten des Landes. Später machte er seinen Master im gleichen Fach an der University of Windsor. Zu Posco kam er erst im Alter von 36 Jahren. Den Großteil seiner Laufbahn verbrachte er in der Forschung. Nach einem Ausflug als Europachef übernahm er die Leitung des Posco Technology Research Institute und dann des von Posco gegründeten Research Institute for Science & Technology. Nur an der ebenfalls von Posco aufgebauten PosTech, einer der renommiertesten Technikuniversitäten Asiens, hat er nicht gewirkt. Die PosTech spielt eine wichtige Rolle in der Grundlagenforschung des Konzerns. 2011 wurde Kwon Chief Technology Officer, 2012 President, bevor er ab 2014 als Vorstandschef die von ihm mitentworfene Strategie umsetzen durfte. Seine Aufgabe: Er sollte den erfolgsverwöhnten Konzern, der seit Jahren als wettbewerbsfähigster Stahlhersteller gilt, neu ausrichten und globalisieren. Poscos Stahlgeschäft ist zu 40 Prozent abhängig vom Binnenmarkt, also von Industrien wie dem krisengeschüttelten Schiffsbau. Zu allem Übel wird Posco von chinesischen Billigherstel lern und japanischen Qualitätsanbietern in die Zange genommen. Poscos Stahlwerke blieben 2015 zwar profitabel, aber die Gruppe insgesamt verbuchte erstmals einen Reinverlust.

Das sind Alarmzeichen für die südkoreanische Regierung. In den 1960er Jahren hatte Präsident Park Chung-hee die Idee von einer autonomen Stahlproduktion. Die Folge war 1972 der Start des Staatsbetriebs Posco mit 39 Mitarbeitern. Schon in den 1980er Jahren war der Neuling mit zwölf Millionen Tonnen Stahl per annum eine Macht. Von 1987 an gab der Staat im Zuge seiner Privatisierungspolitik sukzessive Anteile ab, 1994 wurde Posco als erstes südkoreanisches Unternehmen an der Wall Street gelistet, 1995 folgte der Börsenauftritt in London, 2005 der in Tokio. Heute ist Posco mit 51,4 Milliarden Dollar Jahresumsatz die Nummer zwei in der Stahlwelt. Größter Gesellschafter mit 14,8 Prozent ist die amerikanische Citibank, gefolgt vom koreanischen Pensionsfonds National Pension Service (8,5 Prozent). Auch Berkshire Hathaway ist unter den Gesellschaftern, der Anteil lag 2014 bei fünf Prozent. Der saudi-arabische Staatsfonds Public Investment Fund kaufte 38 Prozent von Posco Engineering & Construction für 1,1 Milliarden Dollar.

Kwons Antwort auf die Krise ist ein Vier-Punkte-Plan (»Innovation Posco 2.0«). Einige sieche Gruppenfirmen sollen saniert, andere Firmen verkauft werden. Statt wie angekündigt 19 Tochterfirmen zu restrukturieren, verkaufte Posco gleich 34 Unternehmen und senkte die Aktienanteile an anderen, darunter an Japans Nippon Steel & Sumitomo Metal. Südkoreas Stahlriese braucht Kapital. Wachsen soll Posco bei Brennstoffzellen und in der Lithiumgewinnung.

Über allem steht die Verpflichtung auf ethische Geschäftspraktiken: Als erste koreanische Firma schrieb Posco 2014 den Respekt vor Menschenrechten in seinen Verhaltenskodex. Zudem verschärfte CEO Kwon die Anti-Korruptionsrichtlinien. Die 37.000 Mitarbeiter dürfen bei Hochzeiten oder Beerdigungen keine Geldgeschenke von Zulieferern, Geschäftspartnern oder Kunden mehr annehmen. Damit greift er eine Tradition der Gesellschaft an.

### Nachhaltigkeit ✘ ✘ ✘ ▨ ▨
Posco schaffte es 2016 auf Rang 40 der Liste der nachhaltigsten Firmen, die das Magazin »Corporate Knights« erstellt.

### Unbestechlichkeit ✘ ✘ ✘ ✘ ▨
Harte Richtlinien, strikte Kontrollen. Der frühere Posco-Chairman Chung Joon-yang (2009–2014) wird der Korruption bezichtigt, 2015 gab es eine Razzia.

### Steuerehrlichkeit ✘ ✘ ✘ ▨ ▨
Der indische Staat ging wegen angeblicher Steuervergehen gegen Posco vor.

### Humanität ✘ ✘ ✘ ▨ ▨
Achtung der Menschenrechte ist Teil der Unternehmensprinzipien. Kritik an der Posco-Tochter Daewoo International, auf deren Baumwollfarmen in Usbekistan auch Kinder arbeiten sollen

### Transparenz ✘ ✘ ✘ ✘ ▨
Südkorea unternimmt größte Anstrengungen für mehr Transparenz. Posco ist dafür ein gutes Beispiel.

# Andrew Mackenzie
## BHP Billiton

Kenntnisreiche Manager zu finden, die auch gute Führungskräfte sind, ist eine schwierige Aufgabe. BHP Billiton, mit mehr als 77 Milliarden Dollar Börsenwert der weltgrößte Bergbaukonzern, scheint dies gelungen zu sein. Der gebürtige Schotte Andrew Mackenzie hält nicht nur Doktortitel in Geologie und Chemie, er kennt auch die Praxis aus langjähriger Erfahrung. Als Petrochemie-Experte arbeitete er in vielen globalen Unternehmen, vom BHP-Konkurrenten Rio Tinto bis zu BP. Ein Mann, der sich nicht scheut, Schmutz unter den Fingernägeln zu haben.

Auch wenn BHP seit der Fusion mit der britisch-niederländischen Billiton im Jahr 2001 kein rein australischer Konzern mehr ist – die Bedeutung dieser 1885 gegründeten Urmutter der australischen Rohstoffindustrie geht weit über das wirtschaftliche hinaus. BHP ist eine australische Ikone, BHP ist Australien. Jeder Rentenfonds hält den Titel, Millionen von Einzelanlegern haben ihn im Portefeuille. Wer an der Spitze von BHP steht, habe mehr Macht als der Premierminister, sagen die Australier.

BHP-Chef Mackenzie (geb. 20. Dezember 1956) übernahm das Steuer im Jahr 2013, da hatte der Rückgang in der globalen Rohstoffindustrie längst begonnen. Seither legte der Schotte den Rotstift seines Vorgängers Marius Kloppers nicht aus der Hand: die Produktionskosten wurden um bis zu 40 Prozent reduziert, Aktiva im Umfang von sieben Milliarden Dollar verkauft. Lagen die Kapitalaufwendungen zur Hoch-Zeit des Rohstoffbooms noch bei 20 Milliarden Dollar pro Jahr, sind für 2017 gerade mal fünf Milliarden Dollar budgetiert.

Mackenzies Job ist damit nicht getan. Nach dem spektakulären Fall des Aktienpreises im Jahr 2015 zeigen die Kernprodukte des Giganten – Eisenerz, Kohle, Kupfer, Erdöl – erste Symptome der Erholung. Trotzdem verlässt sich der CEO nicht auf einen raschen Aufschwung. »Ob die Märkte wieder steigen oder ob es zu einem weiteren Fall kommt – wir müssen bereit sein«, erklärte er im Frühjahr 2016. Abgeschrieben hat er einen 50-Prozent-Anteil an Samarco, einem Gemeinschaftsunternehmen mit dem Vale-Konzern. Es ist für den Dammbruch im brasilianischen Bento Rodrigues verantwortlich, eine der schlimmsten Umweltkatastrophen des Landes. 19 Menschen starben. Haftung und eine mögliche Zahlung an die Regierung in Brasilia müssen noch gerichtlich geklärt werden. Wegen des brasilianischen Desasters und dem damit verbundenen Jahresverlust von 6,4 Milliarden Dollar – ein Rekordwert – erhielt Vorstandschef MacKenzie keinen Bonus. Größter Aktionär ist Blackrock (7,5 Prozent) vor Legal & General (3 Prozent) und Vanguard (2,6 Prozent).

### Nachhaltigkeit ✘✘☒☒☒
Greenpeace Australia, die Organisation Get Up! und das Mineral Policy Institute verlangen mehr Geld und Engagement zur Regulierung von Schäden in Brasilien: Dort brach bei einem Konzernprojekt ein Staudamm. Aber starkes Bekenntnis von BHP zu Nachhaltigkeit. Partnerschaft mit Program for Appropriate Technology in Health sowie Hilfe für Water Aid in Mozambique.

### Unbestechlichkeit ✘☒☒☒☒
Die US-Börsenaufsicht SEC sieht den Foreign Corrupt Practices Act verletzt: BHP Billiton hatte zu den Olympischen Spielen 2008 in Peking 176 Regierungsvertreter und Mitarbeiter von Staatsfirmen eingeladen und finanziert. Der Konzern zahlte im Mai 2015 eine Strafe von 25 Millionen Dollar.

### Steuerehrlichkeit ✘✘☒☒☒
Taucht in den »Panama Papers« auf. Der australische Fiskus fordert knapp 400 Millionen Dollar nach, weil BHP über eine Marketing-Tochter in Singapur trickreich Steuern vermieden habe.

### Humanität ✘✘✘☒☒
Häufig attackiert für inhumane Bedingungen. BHP widerspricht. Der Konzern lässt Kinderarbeit bei Zulieferern nicht gelten. 2015 den Abbau von 15.000 Jobs angekündigt.

### Transparenz ✘✘☒☒☒
Transparency International vergab eine durchschnittliche Bewertung.

# Kosei Shindo
## Nippon Steel & Sumitomo Metal

Die Amtszeit von Kosei Shindo als Chef des größten japanischen Stahlherstellers Nippon Steel & Sumitomo Metal (NSSMC) begann mit einem großen Lob. »Er ist ein richtiger Rugby-Player«, begründete Verwaltungsratschef Shoji Muneoka seine Berufung im Jahr 2014: »Teamwork prägt ihn bis auf die Knochen.«

Tatsächlich sind die Rugby-Clubs japanischer Universitäten eine der Kaderschmieden der Japan AG. Dort gewöhnte sich auch Shindo Anfang der 1970er Jahre an der renommierten Hitotsubashi-Universität Härte und Sinn für Fairness an, schloss Freundschaften fürs Leben und sammelte Führungserfahrung. Er brachte es zum Teamkapitän. Sein Motto: »Ein guter Führer war zuerst ein guter Gefolgsmann.« Mit diesem Hintergrund nimmt es wenig Wunder, dass Nippon Steel ihn auf die Karrierespur setzte. Shindo wurde in die USA geschickt, um an der Harvard Business School seinen MBA zu machen. Doch danach deutete zu Beginn nichts darauf hin, dass er es nach ganz oben schaffen würde.

Der Teamplayer arbeitete zuerst in der Personalabteilung, dann in der Planungsabteilung. Die Präsidenten rekrutierte Nippon Steel jedoch meist aus dem Vertrieb. In Shindos Fall halfen allerdings Stahlkrisen, die traditionellen Barrieren zu durchbrechen. In den 1990er Jahren musste der Konzern ein Viertel seiner Arbeitsplätze streichen. Und Kosei Shindo war dafür zuständig, neue Jobs für die Arbeiter zu finden. Ein Jahrzehnt später spielte er in der Planungsabteilung eine Schlüsselrolle bei der schrittweisen Annäherung von Nippon Steel und Sumitomo Metal, die 2012 fusionierten. Danach war er für die Integration von Werken zuständig, was ihm auch im Management von Sumitomo Metal den Ruf eines fairen Chefs einbrachte. Er zeichnete sich nach Ansicht von Weggefährten dadurch aus, dass er zuhören konnte, aber nicht die Richtung verlor.

Seit 2014 lenkt Shindo den drittgrößten Stahlkonzern der Welt (Jahresumsatz: 40,9 Milliarden Dollar, 84.800 Mitarbeiter), der auch eine Zierde der Japan AG sein soll. Heimische Kapitalgruppen haben die meisten Aktien gezeichnet. Es sind der Government Pension Fund (6,6 Prozent) und Nippon Life (2,6 Prozent). NSSMC selbst hält 6,9 Prozent des Kapitals. Strategisch setzt Präsident Shindo die Marschrichtung seiner Vorgänger grundsätzlich fort: Man will der »beste Stahlhersteller« der Welt werden. Daheim soll jeweils die neueste Technik ausprobiert werden, Wachstum soll das Ausland bringen. Als attraktive Geschäftsfelder gelten Autoindustrie, Energiebranche und Infrastruktur. Dem Chef hilft dabei, dass sein Konzern im Stahlkrisenjahr 2015, als viele Rivalen in die Verluste rutschten, auch dank des schwachen Yens Gewinne einfuhr. Shindo setzt auch auf Reformen. Eine seiner ersten Initiativen war, den schlechten Ruf von NSSMC bei Aktionären zu verbessern. Er führte Eigenkapitalrendite als prominentes Managementziel ein. Darüber hinaus reduzierte er den NSSMC-Anteil an Südkoreas Stahlriesen Posco, um mehr Geld für die globale Expansion zu haben. Die Partnerschaft aber soll bestehen bleiben; dem diente auch die Beilegung eines Rechtsstreits, bei der Posco den Japanern 250 Millionen Dollar zahlte. Nippon Steel hatte den Südkoreanern den Diebstahl von Patenten und Handelsgeheimnissen vorgeworfen. 2016 begann Shindo zudem als Großaktionär einen erbitterten Kampf um den sanierungsbedürftigen brasilianischen Stahlhersteller Usiminas. Dessen größter Miteigentümer will Unternehmensteile verkaufen, Shindo aber das Kapital erhöhen. Zur Weltverflechtung des Japaners gehört, dass er zusammen mit Weltmarktführer Arcelor-Mittal den Deutschen von Thyssen-Krupp ihr zu groß und zu teuer geratenes US-Stahlwerk in Calvert, Alabama, abkaufte. Auch mit den Franzosen von Vallourec S.A. besteht eine Kooperation, die mit einem Kapitalanteil der Japaner unterlegt ist. Und in Indonesien gibt es ein Joint Venture mit drei lokalen Stahlherstellern, wobei Nippon Steel 30 Prozent am PT IndoJapan Steel Center hält.

Vor allem stärkte Konzernchef Shindo mitten in der globalen Stahlkrise die heimische Basis. Im Februar kündigte er an, den eigenen Anteil von acht Prozent an der japanischen Nisshin Steel Co Ltd. bis spätestens März 2017 auf 51 Prozent bis 66 Prozent zu erhöhen; das Kaufobjekt wird dann eine Abteilung von NSSMC. Beide zusammen haben einen Umsatz von knapp 50 Milliarden Dollar. Damit verschwindet ein Wettbewerber. Neben Shindos Riesenkonzern kämpfen dann nur noch JFE Holdings und Kobe Steel in Japan um Kunden. Bei all diesen Aktionen demonstriert Shindo alten Rugby-Geist: Draufhalten, auch wenn es wehtut.

**Nachhaltigkeit** ✖✖✖☒☒
Nippon Steel recycelt Plastikmüll in Koks und untersucht in einem Pilotprojekt, wie sich aus Lebensmittelmüll Ethanol machen lässt.

**Unbestechlichkeit** ✖✖✖☒☒
Keine konkreten Korruptionsfälle bekannt.

**Steuerehrlichkeit** ✖✖✖✖☒
Nippon Steel gilt als korrekter Steuerzahler.

**Humanität** ✖✖✖☒☒
Ein südkoreanisches Gericht verurteile Nippon Steel zur Zahlung von jeweils 88.000 Dollar an vier Kläger wegen der Zwangsarbeit in der japanischen Besatzungszeit.

**Transparenz** ✖✖✖☒☒
Gute Börsenberichterstattung, aber angesichts der vielen Schauplätze fehlen oft Hintergrundinformationen. Die Firma hat sich selbst maximale Transparenz verordnet.

# Jan du Plessis
## Rio Tinto

Eines muss man Jan Petrus du Plessis lassen: der Mann denkt antizyklisch. Während selbst Ikonen der globalen Kohleindustrie wie die amerikanische Peabody Energy Konkurs anmelden und der Preis für den Rohstoff in den Keller sinkt, setzt der Chairman von Rio Tinto weiter darauf. Die Welt verlasse sich noch »lange Zeit« auf Kohle, sagt du Plessis. Deshalb werde sein Konzern Rio Tinto keine einzige ihrer kosteneffizienten australischen Kohleminen verkaufen, versicherte er Anfang 2016. Das »schwarze Gold« bleibe ein »entscheidender Teil« im Portefeuille des Konzerns. Sollen die anderen doch sagen, was sie wollen über den angeblichen »Klimakiller«. Tatsächlich schlug er im Juli 2016 eine Kohlemine im australischen Queensland los.

Über kaum eine Spitzenführungskraft ist in Australien so wenig bekannt wie über den gebürtigen Südafrikaner du Plessis (geb. 22 Januar 1954). Und dies, obwohl er über ein imposantes Unternehmen herrscht: Marktwert mehr als 60 Milliarden Dollar, weltweit 55.000 Angestellte. Doch selbst Insider können kaum etwas über den Mann ganz oben bei Rio Tinto erzählen. »Man sieht ihn hier selten«, sagt ein Analyst, »außer über Video.« Seit die Rio-Tinto-Zentrale nach London gewechselt ist, muss der Chef den langen Weg nach Australien weniger häufig auf sich nehmen als seine Vorgänger. Er lebt in Großbritannien.

Rio Tinto ist für den Manager ein Job von vielen. Er saß zum Beispiel im Aufsichtsrat der Lloyds Banking Group sowie von Marks & Spencer. Erfahrung und Ausbildung bringt der Ökonom, Jurist und Buchhalter mit. Unter anderem war er Finanzchef von Compagnie Financiere Richemont SA, der Firma das südafrikanischen Tycoons Johann Rupert. Auch im Tabakkonzern Rothmans fungierte er als Finanzchef, nach der Fusion mit BAT arbeitete er als Direktor. Der Nichtraucher streckte dort die Hand zur Versöhnung mit seinen Kritikern aus, hatte damit aber wenig Erfolg. Man setze sich nicht mit einer Industrie zusammen, die für den vorzeitigen Tod von weltweit 750.000 Menschen verantwortlich sei, so Anti-Tabak-Organisationen.

Du Plessis gilt als kritikresistent. So wurde Rio Tinto 2015 für den globalen Preiskollaps beim Eisenerz verantwortlich gemacht. Gemeinsam mit BHP Billiton habe der Gigant einen ohnehin schon übersättigten Markt überflutet, monierten kleinere Hersteller. Kommentatoren fürchten, Rio Tinto könnte wegen der Liebe zur Kohle selbst bald Probleme bekommen. 2015 fiel ein Nettoverlust von 900 Millionen Dollar an, 2016 und 2017 sollten zwei Milliarden eingespart werden. Eine Dividendenkürzung droht. Dessen ungeachtet setzt Rio Tinto auf Wachstum und erschließt eine riesige Kupfermine in der Mongolei für 5,3 Milliarden Dollar. Im politisch schwierigen Papua-Neuguinea gab der Konzern Mitte 2016 eine wertvolle Kupfermine auf.

Immer mehr australische Kohlefirmen finden sich im Fadenkreuz der global rasant wachsenden Anti-Kohle-Bewegung, die einen Ausstieg fordert. Rio Tinto als einer der wichtigsten Förderer der Welt steht ganz oben auf der Abschussliste. Auf der Hauptversammlung machte eine Kritiker-Gruppe unter Führung der Britain's Church Investors Group Front gegen die Kohlepolitik und verlangte Auskunft über die geplanten Emissionen. Größter Anteilseigner ist mit 13,37 Prozent die in Singapur geführte Shining Prospect Pte, die wiederum zum chinesischen Staatskonzern Chinalco (Aluminum Corporation of China) gehört. Blackrock hält 7,6 Prozent, die Capital Group 3,4 Prozent. Unter den Aktionären sind auch UBS sowie Fonds von Franklin Templeton (USA) vertreten.

**Nachhaltigkeit** ✖✖⸙⸙⸙
Großer Protest von Umweltgruppen wegen Luft- und Wasserverschmutzung.

**Unbestechlichkeit** ✖✖⸙⸙⸙
Teil des Maritime Anti-Corruption Networks. Vier Angestellte wurden 2010 in China verurteilt, Bestechungsgelder von Stahlkonzernen genommen zu haben.

**Steuerehrlichkeit** ✖✖⸙⸙⸙
Rio Tinto nutzte Briefkastenfirmen in Offshore-Zentren. Die australische Steuerbehörde untersuchte vor allem die Beziehungen zu Singapur. Nach öffentlichem

Protest verkündete der Konzern Mitte 2016, weniger Steuern zu vermeiden.

**Humanität** ✖✖⸙⸙⸙
Hoher ethischer Anspruch. Die International Longshore and Warehouse Union jedoch dokumentierte etliche Fälle des rüden Umgangs mit Minenmitarbeitern überall auf der Welt.

**Transparenz** ✖✖⸙⸙⸙
Verästelte Struktur in dem englisch-australischen Konzern erlaubt nur bedingten Einblick.

# Glencore
## Ivan Glasenberg

Wer Ivan Glasenberg trifft, merkt schnell: Der Mann hat gerne recht. Mit leicht näselnder Stimme und viel Leidenschaft erklärt der Vorstandschef des Rohstoffriesen Glencore seinem Gegenüber, warum der Vorwurf Unsinn sei, sein Unternehmen beute arme Förderländer aus. Tatsächlich investiere Glencore Milliarden in Ländern wie Kongo und baue Schulen, Krankenhäuser sowie die Wasserversorgung auf.

Glencore ist Glasenbergs Lebenswerk. Aus einem verschwiegenen Rohstoffhändler, bei dem der Mann aus dem südafrikanischen Johannesburg mit 27 Jahren als Kohlehändler angefangen hatte, machte er mit seinen Partnern einen Giganten, der fast 160.000 Menschen auf der ganzen Welt beschäftigt und der mit dem Handel und der Förderung von Kupfer, Zink, Kohle, Öl und Agrarprodukten jährlich 170 Milliarden Dollar umsetzt. Seit 2002 führt der studierte Wirtschaftsprüfer den in der Schweiz angesiedelten Rohstoffkonzern. Jahrelang zeigte die Kurve für Glasenberg (geb. 7. Januar 1957) nur aufwärts. Im Mai 2011, auf dem Höhepunkt des Rohstoffzyklus, brachte der Mitgründer dann Glencore an die Börse. Mit einem Schlag war er Milliardär, sein Aktienpaket war damals mehr als sieben Milliarden Dollar wert. 2013 der nächste Streich: Per Aktientausch im Wert von 30 Milliarden Dollar schluckte Glencore den Bergbau-Konzern Xstrata. Als die Fusionsgespräche in London schwierig wurden, engagierte Glasenberg den früheren britischen Premier Tony Blair als Mediator. Der telefonierte, redete mit Beteiligten in einem Luxushotel und kassierte: eine Million Dollar. Glasenberg wollte mit dieser Übernahme einen Konzern schmieden, der unabhängig vom Rohstoff-Zyklus immer gutes Geld verdient. »In der Presse wurde er als jemand dargestellt, dem alles gelingt«, so ein Insider, »und mit der Zeit hat er es selbst geglaubt.«

2015 aber fielen Glasenberg die beiden großen Entscheidungen seines Wirtschaftslebens wieder vor die Füße. Durch die Übernahme Xstratas war die Verschuldung des Konzerns auf 30 Milliarden Dollar angeschwollen. Im grellen Licht der Finanzmärkte machte das Anleger und Rating-Agenturen zunehmend nervös. Und China schwächelte – seitdem sanken die Rohwarenpreise kontinuierlich. Als die Bank Investec in einer Studie mutmaßte, Glencore müsse seine Gewinne möglicherweise vollständig für den Schuldendienst aufwenden, brach die Aktie an einem Tag rund 30 Prozent ein. Glasenberg tat etwas, was er hasst: Er gab nach. Der Großaktionär erhöhte das Kapital, strich die Dividenden und verkaufte Unternehmensteile. So will er die Schulden bis 2017 halbieren. Als börsennotierte Gesellschaft könne Glencore halt nicht so hohe Schulden haben wie als private Gesellschaft, meint Glasenberg nüchtern: »Diese Lektion haben wir gelernt.«

Aus Industriekreisen heißt es allerdings: »Glasenberg hat lange nicht wahrhaben wollen, dass die Rohstoffpreise dauerhaft sinken werden, daher hat er zu spät reagiert und viel Geld vernichtet.« Nach der Ankündigung der Rosskur hat sich der Kurs vom Tiefstkurs von 70 Pence erholt. Er ist aber noch Lichtjahre vom Einführungspreis von 530 Pence entfernt. Doch niemand macht Glasenberg seinen Job streitig. Wie auch. Mit 8,4 Prozent Beteiligung ist der Vorstandschef nach wie vor einer der wichtigsten Aktionäre Glencores, auch wenn ihn der Staatsfonds Qatar Investment Authority überholt hat und neun Prozent hält. »Letztlich macht es keine Differenz, ob Ihr Vermögen eine Milliarde beträgt oder sechs«, sagte er 2013 in einem Interview, Geld sei ihm nicht so wichtig. Er wolle einfach nur immer der Beste sein. Großen Wert dagegen legt er darauf, dass seine Manager und Angestellten ebenfalls ihre Anteile behalten. »Wer Aktien verkaufen will, muss sich den Vorwurf anhören, illoyal zu sein«, berichtet ein Insider.

Glasenberg gilt als knallharter Arbeiter. Für seine Leute sei er rund um die Uhr erreichbar, heißt es. Diesen Einsatz fordert er auch von ihnen. Von Dingen wie Work-Life-Balance hält der Top-Manager nicht viel, der sich mit Laufen, Radfahren und Schwimmen fit hält und mittlerweile in der Schweiz eingebürgert ist. 1984 hätte er als südafrikanischer Landesmeister im Gehen fast an den Olympischen Spielen teilgenommen. Doch sein Heimatland wurde wegen des Apartheid-Regimes von den Spielen ausgeschlossen.

## Nachhaltigkeit ✖ ✖ ✖ ⬚ ⬚

Glencore produziert 132 Millionen Tonnen Kohle im Jahr. Veröffentlichung eines ausführlichen Sustainability Reports. Beitritt zum International Council on Mining and Metals, das für mehr Nachhaltigkeit in diesen Industrien eintritt.

## Korruption ✖ ✖ ✖ ⬚ ⬚

Die NGO Corruption Watch lobt Glencore für die Anti-Korruptionspolitik. Die Kampagnengruppe Global Witness kritisierte den Kauf von Kupferminen in der Demokratischen Republik Kongo. Glencore zahlte viel Geld an einen Freund des Präsidenten Kabila.

## Steuerehrlichkeit ✖ ✖ ✖ ⬚ ⬚

Glasenberg profitiert von den Niedrigsätzen der Schweiz. Als er 200 Millionen Franken Dividende in 2014 einstrich, waren 36 Millionen Steuer fällig.

## Humanität ✖ ✖ ⬚ ⬚ ⬚

Gewerkschaften in Kolumbien kritisieren überharte Arbeitsbedingungen im Steinkohlebergbau bei einer Glencore-Tochter. Der Konzern verklagt das Land, die Kohleabbau-Lizenz wurde teilweise widerrufen.

## Transparenz ✖ ✖ ⬚ ⬚

Weil die Kritik an dem Konzern wegen rabiater Geschäftsmethoden zunahm, stellte sich Glasenberg einigen Debatten.

# Johannes Teyssen
## Eon

»Disruption« ist ein hässliches Wort. Noch hässlicher ist es, wenn jemand davon redet, dass seine Industrie gerade »disrupted« wird. Man kann es aber auch so machen wie Eon-Vorstandschef Johannes Teyssen (geb. 9. Oktober 1959), zieht sich eine Lederjacke an, lässt das Hemd etwas offener als früher und nimmt 30 Kilogramm ab. Dann versteht auch jeder, was die Stunde geschlagen hat, dass aus der alten einträglichen Energiewirtschaft der Monopole die Anarchie des Wettbewerbs geworden ist – und aus Giganten neue Kunstgebilde, für die jeder Tag eine Art Survivaltraining ist. »Wenn sich Eon spaltet, muss ich mich selbst auch mitspalten«, philosophierte der verschlankte Teyssen öffentlich.

Der Volkswirt und promovierte Jurist entstammt einer Welt, in der Energie – der Verkauf von Strom und Wärme – eine autoritär geregelte Veranstaltung war, in der ein Riesenkonzern Preise setzte und der Kunde zahlte. Teyssens Konzern Eon, in dem er seine Karriere bis zum Vorstandschef gemacht hat, ist ja das Mischungsprodukt von Unternehmen, die ihren Ursprung in der Staatswirtschaft hatten, so wie das bei anderen internationalen Energieversorgern heute noch der Fall ist. Da war also die Viag aus München mit dem einst staatlichen Bayernwerk, da war die Veba aus Düsseldorf mit ihrer einst staatlichen Tochter Preussen Elektra, und aus all dem wurde im Jahr 2000 die große Eon AG. Das Geschäftsmodell war, in großen, meist schon abgeschriebenen Kraftwerken (Atom, Kohle, Gas) Energie zentral zu produzieren und zu verkaufen. Doch erst kam Rot-Grün mit dem Atomausstieg, dann 2011 Fukushima und die Wende hin zu erneuerbaren Energien aus Wind und Sonne. Das hat Teyssen am Ende zum Rocker werden lassen, ihn, der noch 2010 mit anderen Managern erfolgreich Druck auf die Kanzlerin gemacht hatte, die Atomreaktoren bloß länger laufen zu lassen.

Noch immer führte Teyssen 2016 formal den mit 129 Milliarden Euro Jahresumsatz größten Energieversorger der Welt an, einen Moloch mit 56.000 Mitarbeitern und 46 Gigawatt Kraftwerksleistung. Aber in der neuen Welt der Energie, in der Strompreise am Terminmarkt bei 27 Euro pro Megawattstunde liegen und nicht mehr bei 60 Euro (wie 2011), und sich der Kunde selbst Sonnenstrom holen, ihn sammeln und verteilen kann, ist eine solche Zentralbewirtschaftungsmaschine energetisch ein Fall für die Generalüberholung. Also beschlossen der Aufsichtsrat und der Vorstand unter Teyssen im Dezember 2014 die große Zellteilung: Aus eins mach zwei. Die Hauptversammlung genehmigte den Plan im Juni 2016 mit 99,7 Prozent. Das alte Geschäft mit den großen Kraftwerken (bis auf Atom) übernahm eine neue Einheit namens Uniper SE mit 14.000 Mitarbeitern und dem

Finanzchef Klaus Schäfer an der Spitze, das neue Eon mit Teyssen an der Spitze zog von Düsseldorf nach Essen und forcierte das Geschäft mit neuen Energien, das zuvor zehn Prozent des Gesamtumsatzes ausgemacht hatte. Partner werden jetzt gesucht, beispielsweise Pensionsfonds oder Versicherungen. »Wir wollen nicht wie ein Gorilla Gigawatt addieren, sondern Werte schaffen«, verkündete Teyssen. Neben Ökostrom ist Eon auch für Netzmanagement und Vertrieb zuständig. An der Uniper, die im September 2016 an die Börse ging, blieb Eon mit 47 Prozent beteiligt. Technisch sah das Manöver so aus, dass Eon-Aktionäre für zehn ihrer Wertpapiere eine Uniper-Aktie erhielten.

Die institutionellen Investoren sind treu dabeigeblieben, nachdem Eon die Revolution im eigenen Haus verkündet hat. Blackrock hält zum Beispiel 6,8 Prozent und Vanguard 2,3 Prozent. Auf jeden Fall ist die neue Eon AG auch für jene umweltbewussten Fonds attraktiv, die Teyssens Aktie wegen eines zu hohen Anteils des Klimakillers Kohle gemieden haben, wie der norwegische Staatsfonds Norges Invest. Misslich nur, dass die alten Anlagen nach wie vor mit irrsinnig hohen Beträgen in der Bilanz stehen – und nach dem für September 2016 angesetzten Uniper-Börsengang riesige Abschreibungen und Wertberichtigungen unvermeidlich wurden. Im »Spaltungsbericht« der Eon wird der Wert Unipers mit sage und schreibe 15,5 Milliarden Euro angegeben – realistisch sind fünf Milliarden. Wegen Teyssens 47-Prozent-Beteiligung an dem Dinosaurier-Kraftwerkspark schlagen die Abschreibungen auch auf die Eon-Bilanz durch.

Schon 2015 hat Teyssens Konzern aufgrund der Abschreibungen 6,4 Milliarden Euro Verlust gemacht. Was waren das für Zeiten, als Eon noch 6,3 Milliarden (2010) verdiente oder an der Börse 100 Milliarden Euro (2008) wert war – Mitte 2016 waren es gerade mal 18 Milliarden. Auch auf die Gerichte kann Teyssen kaum mehr hoffen, nachdem er mit einer Klage vor dem Landgericht Hannover gescheitert ist. Der Konzern erinnerte dabei noch einmal an die ganze Selbstherrlichkeit früherer Jahre und wollte die Folgen der Energiewende neutralisieren. Wegen der Zwangsabschaltung der Atommeiler Unterweser und Isar 1 im Jahr 2011 verlangte er 380 Millionen Euro Schadensersatz vom Bund und von den Ländern Niedersachsen und Bayern. Die Abschaltung sei ohne rechtliche Handhabe erfolgt und einer Enteignung gleichgekommen, argumentierte Eon. Vorstandschef Teyssen erwartete sich Gerechtigkeit von diesem Verfahren, wie er sagte. Doch die Richter in Hannover wiesen das zurück. Auch die Aussichten vor dem Bundesverfassungsgericht, wo Eon weiter klagt, sehen schlecht aus.

Viel Aufräumarbeit musste Teyssen im Auslandsgeschäft leisten, das ihm einst große Inspiration war. Mit der Expansion der Schwellenländer wollte auch er expandieren, geriet jedoch mit deren Problemen ebenfalls ins Straucheln. Das zeigte sich in Brasilien, wo Teyssen sich auf eine Partnerschaft mit dem stets omnipotent auftretenden Unternehmer Eike Batista einließ. Doch der Milliardär war ein Aufschneider, der pleite machte, und Eon musste immer mehr Geld in die Firma Eneva einschießen. Am Ende war man mit 43 Prozent beteiligt und hatte Hunderte Millionen Euro Verlust gemacht. 2016 war das Engagement auf zwölf Prozent reduziert, und Eon stand vor dem Totalausstieg aus einer Firma, die selbst Gläubigerschutz beantragt hat.

Eon, das ist eben auch eine Chronik des Missmanagements. Konzernchef Teyssen hat in seiner Kapitalnot eine Reihe von Beteiligungen verkauft, zum Beispiel 3,5 Prozent an Gazprom, 100 Prozent an Central Networks in Großbritannien oder 24,5 Prozent am slowakischen Unternehmen Slovenský Plynárenský Priemysel. Die lukrative Beteiligung an Nord Stream übernahm zunächst Uniper, dann holte Eon sie zurück, während das Russland-Geschäft auf die Schwestergesellschaft in Düsseldorf überging. Die attraktiven Windparks in Großbritannien blieben bei Eon.

**Nachhaltigkeit** ✘✘✘◻◻
Der Konzern wurde durch die Aufspaltung auf alternative Energien ausgerichtet. Das umweltschädliche Geschäft wanderte zu Uniper.

**Unbestechlichkeit** ✘✘✘◻◻
Klarer Verhaltenskodex gegen Korruption. 2006 kam heraus, dass Eon Ratsherren und Politiker systematisch zu Reisen eingeladen hatte.

**Steuerehrlichkeit** ✘◻◻◻◻
Extreme Steuertricks durch die Luxemburger Finanztochter Dutchdelta: Sie vergab an Eon-Landesgesellschaften hohe Kredite zu hohen Zinsen, was bei den Bedachten zu mageren Ergebnissen und Steuern führte. Dutchdelta aber transferierte die üppigen Gewinne an andere Offshore-Gesellschaften.

**Humanität** ✘✘◻◻◻
Umweltschützer und Menschenrechtsaktivisten protestieren seit Jahren, dass der Konzern Kohle aus Kolumbien, Russland und Südafrika importiert. In den Minen dort zählten Menschenrechte nichts.

**Transparenz** ✘✘✘◻◻
Ausführliche Darstellung der Umbaupläne. Die wahren Werte der eigenen Anlagen und Beteiligungen blieben lange im Dunkeln.

# Maria Patrizia Grieco
Enel

Im Mai 2014 war die neue italienische Regierung gerade drei Monate im Amt, da kam der Anruf vom Premierminister. Matteo Renzi fragte die Mailänderin Maria Patrizia Grieco (geb. 1. Februar 1952), ob sie Präsidentin des Energieriesen Enel werden wolle. Dann rief auch noch Wirtschafts- und Finanzminister Pier Carlo Padoan an. Da der Staat noch immer mit 23,5 Prozent der Aktien die meisten Anteile hält, entscheidet die Politik über die Top-Personalie. Die Umworbene sagte zu und ist jetzt Herrin beim größten Stromversorger Italiens, der weltweit 61 Millionen Kunden hat und mehr als 83 Milliarden Dollar umsetzt.

Die Enel-Chefin mit dem gepflegten blonden Schopf ist eine Rarität in Italien: Sie hat viel Managementerfahrung und ist eine Frau. Nur noch der Erdölkonzern Eni wird von einer ebenso mächtigen Frau geführt, von Emma Marcegaglia. Griecos Unternehmen ist riesig und betreibt Wasser-, Thermal-, Kern-, Wind- und Solarkraftwerke in mehr als 30 Ländern auf vier Kontinenten. So gibt es aussichtsreiche Projekte in Indonesien, den USA, Brasilien oder in Israel. In großen Städten wie dem kolumbianischen Bogota betreiben die Italiener das ganze Energienetz. Aus Rumäniens Stromversorgung stieg der Konzern nach Erreichen des Ziels, die Schulden zu reduzieren, dann doch nicht aus – anders als beim größten slowakischen Energieversorger Slovenske Elektrarne; die Italiener hatten 66 Prozent der Anteile gehalten. Insgesamt müssen in Griecos Konzern die Schulden deutlich runter. Fast 68.000 Menschen arbeiten für Enel, CEO ist Francesco Starace. Und der fragt: »Wem gehört die Sonne, wem gehört der Wind?« Bei beiden Energieträgern sieht er große Chancen.

Juristin Grieco hatte ihre Karriere 1977 bei Italtel begonnen, jener Kommunikationsgesellschaft, die die Telefonie in Italien digitalisierte. Dort legte sie einen steilen Aufstieg hin. Nach der Übernahme Italtels durch den Siemens-Konzern war sie von 2003 bis 2006 Vorsitzende des Verwaltungsrats von Siemens Informatica, 2011 wurde sie Präsidentin von Olivetti. »Die Rolle des Präsidenten einer börsennotierten Gesellschaft darf nicht unterschätzt werden«, kommentierte sie nach dem Amtsantritt bei Enel: »Das ist ein Vorsitz als Garantie für große und kleine Aktionäre, für Transparenz und für das korrekte Funktionieren der Gesellschaft und des Marktes. Das ist kein ›bequemer Sessel‹.«

Enel steht für »Ente nazionale per l'energia elettrica«. Das Unternehmen wurde 1962 gegründet und war bis in die 1990er Jahre mehrheitlich im staatlichen Besitz, in der »Amphibien«-Gruppe, wie das in Italien genannt wird. Institutionelle Investoren wie Blackrock (5 Prozent) und CNP Assurances (2,7 Prozent) halten knapp die Mehrheit aller Anteile, Einzelaktionäre kommen auf rund 24 Prozent. Griecos Aufgabe ist die Umwandlung des Kolosses in ein umweltfreundliches Unternehmen. Seit April 2016 gehört die 2010 ausgegliederte Tochtergesellschaft Enel Green Power wieder zur Gruppe. Sie betreibt in Europa und Amerika Kraftwerke auf Basis von Wasser, Wind, Geothermie, Solarkraft und Biomasse; in Italien hat für Enel der Ausbau des Breitbands strategisch Vorrang (Enel Open Fiber). Schon vor einigen Jahren hat der Konzern bei allen inländischen Kunden

die traditionellen elektromechanischen Messgeräte durch verbrauchsorientierte Smart-Meters ersetzt. In Spanien wiederum ist Enel seit 2007 Mehrheitsaktionär bei Endesa, dem größten spanischen Energieerzeugungs- und -versorgungsunternehmen. Persönlich am Herzen liegt der resoluten Präsidentin die Hilfsorganisation »Save the children« – dort sitzt sie im Aufsichtsrat.

**Nachhaltigkeit** ✗ ✗ ✗ ✗ ⌧
Explizite Governance-Regeln. Große Enabling-Electricity-Initiative, die dem Kampf gegen Klimawandel gilt. Starke Förderung erneuerbarer Energien.

**Unbestechlichkeit** ✗ ✗ ✗ ✗ ✗
Null Toleranz gegen Korruption. Eine Studie von Transparency International bescheinigt dem Konzern, hier besser als andere zu sein.

**Steuerehrlichkeit** ✗ ✗ ✗ ✗ ⌧
Keine Auffälligkeiten.

**Humanität** ✗ ✗ ⌧ ⌧ ⌧
Als im Mai 2016 das Gesetz über die Anerkennung gleichgeschlechtlicher Partnerschaften im Parlament in Rom verabschiedet wurde, hat Enel die Regelungen und Vergünstigungen bei Eheschließungen sofort übertragen.

**Transparenz** ✗ ✗ ✗ ✗ ⌧
Erklärtes Ziel der Unternehmensführung, um Investoren stärker anzuziehen.

## Gérard Mestrallet
### Engie

Seine Karriere führt mitten hinein in den französischen Patriotenkapitalismus, in ein System,
das staatliche Industriepolitik für eine Konstante
von Regierungskunst hält. Nach der Promotion
an der Elite-Hochschule ENA fiel Gérard Mestrallet (geb. 1. 4. 1949) zwischen 1982 und 1984 als
Berater für das Wirtschafts- und Finanzministerium auf. Danach arbeitete er für die Energie-
und Wasserfirma Suez, die auf eine Gesellschaft
zur Finanzierung des ägyptischen Sues-Kanals
zurückgeht – und half im Jahr 2007 der französischen Republik als Suez-Chef, den Mischkon-

zern mit dem staatlichen Gasversorger Gaz de France zu fusionieren. Mestrallet wurde Präsident der neuen Gruppierung, die heute Engie (früher GDF Suez)
heißt. Sie gehört noch zu 33,3 Prozent (der Stimmrechte) dem Staat und ist auch in
Deutschland und Großbritannien aktiv. In seiner Funktion wirkte Mestrallet als
einer der einflussreichsten Chefs in Frankreich.

So einer tritt nicht einfach zurück, auch wenn es angekündigt wurde. Und so
blieb Mestrallet auch nach dem Mai 2016 in der Führung – nachdem offiziell die
energische Isabelle Kocher (geb. 9. 12. 1966) als neue Generaldirektorin des Strom-
und Gasversorgers mit seinen rund 155.000 Mitarbeitern inthronisiert worden
war. Doch Mestrallet blieb für zwei Jahre weiter Präsident – zwar »nicht-opera-
tiv«, aber doch einflussreich. Die Regierung wollte diese Lösung, die Umweltmi-
nisterin Ségolène Royal zuerst vorstellte; extra für ihn wurde die Altersgrenze für
Verrentung von 67 auf 69 Jahre hochgesetzt. Es gehe darum, die Beschlüsse der
internationalen Klimakonferenz von Paris aus dem Dezember 2015 umzusetzen,
da bräuchte man ein besonderes Kaliber. Einen, der sich wie Mestrallet bei Engie
um Dekarbonisierung kümmert, um Anti-Kohle-Politik. »Chef auf Lebenszeit?«,
fragten Frankreichs Medien. Isabelle Kocher war verstimmt.

Mestrallet (Jahresgehalt 2015: 3,1 Millionen Euro) präsentiert sich Journalisten
gegenüber gern locker, ohne Jackett und nur im Streifenhemd. Die Steuerung
durch den Staat ist offenbar ganz in seinem Sinne. Kurz bevor die Verlängerung
seiner Dienste publik wurde, hatte er den damaligen Wirtschaftsminister Emmanuel Macron getroffen. Immer wieder hat sich der Staat als Großgesellschafter in
die Geschäfte von Engie (Umsatz 2015: 77,6 Milliarden Dollar) eingemischt. Schon

die Fusion von Gaz de France und Suez hatte er eingefädelt, um die drohende Übernahme von Suez durch die italienische Enel zu verhindern. Drittgrößter Gesellschafter (mit 1,88 Prozent) ist denn auch eine staatliche Finanzfirma, die Caisse des Dépôts. Knapp 2,4 Prozent hält noch der belgische Bankier Albert Frére (Groupe Bruxelles Lambert). Er war einst bei GDF Suez sehr aktiv und gilt neben dem Ex-Staatspräsidenten Nicolas Sarkozy als Architekt des neuen Riesen.

**Nachhaltigkeit** ✘✘✘✘✗
Engie setzt jetzt auf erneuerbare Energie. Von 2016 bis 2019 sollen für 15 Milliarden Euro etliche Produktionsflächen, Kohlekraftwerke sowie US-Gaswerke verkauft werden. Aufgebaut wird zum Beispiel ein Solarwerk in Südafrika. Und die Firma übernahm eine Batteriespeicherfirma in Kalifornien.

**Unbestechlichkeit** ✘✘✗✗✗
Die Firma hat einen strammen Anti-Korruptions-Katalog entwickelt. In Brasilien prüft eine Kommission, ob es bei Staudammprojekten zu Bestechung gekommen ist; Engie ist hier Teil eines Konsortiums.

**Steuerehrlichkeit** ✘✘✘✘✘
Engie verpflichtet sich, stets steuerehrlich zu sein. Die EU-Kommission ging in die Prüfung, ob vier Firmen des Energievorgängers GDF Suez von Steuersparmodellen in Luxemburg über Gebühr profitiert hat.

**Humanität** ✘✘✘✘✗
Es gibt eine aktualisierte Vereinbarung über Arbeitsbedingungen mit den Gewerkschaften.

**Transparenz** ✘✘✘✘✗
Die Firma gibt an, maximale Offenheit zu wollen. In Ostdeutschland gibt es Proteste gegen Gasförderpläne.

# Jean-Bernard Lévy
## EdF

Frankreichs großer staatlicher Versorger Électricité de France (EdF) ist ein Kind der Nachkriegszeit. 1946 gründete die provisorische Regierung das Unternehmen als staatliches Monopol. Der Tradition entsprach das nicht: Vor dem Krieg hatten sich 1450 einzelne Firmen die Elektrizitätsversorgung geteilt. Vermutlich spielte der Wunsch von General Charles de Gaulle eine Rolle, den zivilen und den militärischen Atomzweig gleichzeitig zu entwickeln. Per Monopol, so glaubte man, ließ sich die heikle Nukleartechnologie besser kontrollieren. Offiziell verzichtete Frankreich damals noch auf die Atombombe, während die zivile Nutzung kräftig vorangetrieben wurde. 1956 lief der erste große Versuchsreaktor, von 1962 an gingen die Atomkraftwerke ans Netz. 1960 zündete die Armee die erste A-Bombe auf einem Gelände in Algerien.

Heute ist EdF mit 58 Atommeilern – darunter auch der weltweit stärkste Reaktor – die Nummer eins unter den Erzeugern von Atomstrom. Mehr als ein Zehntel der weltweit funktionierenden Kernreaktoren läuft in Frankreich. Die von de Gaulle gewollte Energie-Unabhängigkeit hat das Land damit erreicht – sieht man einmal vom Uran ab, das importiert werden muss aus Niger, Kasachstan und Kanada. Lange sicherte das staatliche Monopol der französischen Wirtschaft und den Verbrauchern niedrige Strompreise, doch die Zeiten sind vorbei. EdF ist heute ein bedrohtes Unternehmen. Wie Vorstandschef Jean-Bernard Lévy (geb. 18. März 1955) bei einer Anhörung im Senat im April 2016 sagte, liegen die Großhandelspreise unter den Entstehungskosten von EdF – und das, obwohl einige der Kernkraftwerke abgeschrieben sind. Das Unternehmen kann deshalb, wie die Ratingagentur Moody's im August 2016 feststellte, nicht mehr die für Investitionen nötigen Mittel schöpfen. Die Nettoschulden entsprechen ungefähr dem Eigenkapital von rund 40 Milliarden Euro. Eine Verschuldungsfalle droht.

Der französische Staat hat lange Zeit prächtig verdient an den Dividenden des Versorgers, die 1,5 bis zwei Milliarden Euro jährlich erreichten. Er hält 81 Prozent der Anteile an dem börsennotierten Unternehmen, das 159.000 Mitarbeiter hat und im Jahr 83 Milliarden Dollar umsetzt. 13,1 Prozent der Aktien werden frei gehandelt. Norges Invest ist mit 0,6 Prozent dabei. In der Not musste der französische Staat mit 5 Milliarden Euro Kapital aushelfen. EdF ist in der Schweiz und in den Niederlanden an Energiefirmen beteiligt, 45,01 Prozent am baden-württembergischen Energieversorger EnBW wurden im Dezember 2010 für 4,7 Milliarden Euro an das Land verkauft. Die Umstände des von Ministerpräsident Stefan Mappus, mit Beratung durch Morgan Stanley, abgewickelten Deals sorgten für eine handfeste politische Affäre.

Die Erneuerung des Kraftwerkparks von EdF wurde jedoch über das jahrelange Abkassieren des Staates vernachlässigt. Nun hat das Unternehmen keine andere Möglichkeit mehr, als die in die Jahre gekommenen Atommeiler weiter zu nutzen. Die Laufzeit wurde von 40 auf 50 Jahre hochgesetzt. Der Nebeneffekt ist, dass EdF die jährlichen Abschreibungen verringern kann. Doch das Unternehmen muss die Meiler modernisieren. Vorstandschef Lévy schätzt die Kosten dafür auf 45 Milliarden Euro, der französische Rechnungshof sogar auf 55 Milliarden. Levy sind die Mechanismen öffentlicher Verwaltung gut vertraut. Nach seinem Berufsstart bei der damals staatlichen France Telecom arbeitete er für zwei Jahre im Ministerium für Post und Telekommunikation und danach noch ein paar Jahre für den Staat, ehe sich Spitzenjobs bei Konzernen wie Vivendi oder Thales anschlossen. 2015 gelangte er zu EdF.

Ein weiterer Unsicherheitsfaktor in der Zukunftsplanung des Energiekonzerns ist die Investitionsentscheidung über zwei neue Atomkraftwerke in Hinkley Point in Großbritannien. Hier hat EdF 2008 für 15,8 Milliarden Euro den Atomkraftwerkbetreiber British Energy übernommen. Ende Juli stimmte der Verwaltungsrat von EdF dem Projekt Hinkley Point endgültig zu, mit 10:7 Stimmen. Ein Mitglied des Kontrollgremiums war aus Protest zurückgetreten. Chairman Levy wusste zu diesem Zeitpunkt schon, was eine Stunde später offiziell wurde: Die britische Regierung kündigte eine erneute Prüfung des rund 21,5 Milliarden Euro teuren Projektes an. Am Ende gab Premierministerin Theresa May ihr Plazet – mit Einschränkungen. EdF muss zwei Drittel der Kosten stemmen, der chinesische Partner Chinese General Nuclear ein Drittel. Die Beteiligung der Chinesen ist einer der Aspekte, die die neue britische Regierung unter Theresa May stören, neben den hohen Subventionen.

Mays Vorgänger David Cameron hatte den Franzosen eine sehr hohe Preisgarantie gegeben: Sie beläuft sich auf 109 Euro pro Megawattstunde in den ersten 35 Jahren, das ist mehr als das Dreifache des aktuellen Großhandelspreises für eine Megawattstunde. Der britische Rechnungshof hatte vor hohen Folgekosten für die Steuerzahler gewarnt, die könnten mit bis zu 30 Milliarden Euro belastet werden, um die Stromkunden zu schonen.

Die französische Regierung hatte starken Druck aufgebaut, damit Lévy das Neubauprojekt vorantreibt. Von der gebotenen Unabhängigkeit einer börsennotierten Firma, die viele Mitgesellschafter hat, war wenig zu spüren. Für Staatspräsident Francois Hollande ist Hinkley Point offenbar eine Prestigefrage, bei der es um die Zuverlässigkeit Frankreichs und das Ansehen seines Nuklearsektors geht. Die EdF-Gewerkschaften sehen das völlig anders. Sie fürchten, dass die britischen Atom-Träume die bereits sehr hohe Verschuldung von EdF so weit steigern könnte, dass der Konzern in eine Existenzkrise gerät. Sie haben die Zustimmung zu Hinkley Point verweigert. EdF-Finanzchef Thomas Piquemal war im März aus Protest gegen die Neubauten zurückgetreten. Reaktoren des geplanten Typs EPR (Europäischer Druckwasserreaktor) funktionieren übrigens noch nirgendwo auf der Welt im Dauerbetrieb. Moody's droht mit einer Herabstufung des EdF-Ratings, sollte Hinkley Point tatsächlich gebaut werden. »Wir sind Unternehmer und Erbauer«, verteidigt sich Lévy.

Voraussichtlich 2017 will Frankreich mit einem ersten – kleinen – Ausstieg aus der Atomkraft beginnen, dann soll ein Reaktor in Fessenheim an der deutschen Grenze stillgelegt werden. Der Staat hat dem Unternehmen dafür eine Entschädigung bis 2041 zugesagt, um deren Höhe mit EdF gestritten wird. Seine finanzielle Lage will der Konzern durch den Verkauf von Vermögenswerten aufbessern. Wertvoll ist vor allem der Stromnetzbetreiber RTE, von dem EdF bis zu 50 Prozent abgeben will. Eine Stärke des Unternehmens sind die hochrentablen Wasserkraftwerke in Frankreich und die graduell zunehmende Bedeutung der erneuerbaren Energien im Ausland. So beteiligte sich EdF in China mit 80 Prozent an der Windkraftprojektgesellschaft UPS Asia Wind Management. Die Leistung der erneuerbaren Energien macht bei EDF bereits so viel aus wie vier Atomkraftwerke. Wäre der Staat nicht so zögerlich gewesen, könnte das bereits viel mehr sein, kritisiert der französische Rechnungshof. Man bleibe der erste Investor in Frankreich, kommentiert Vorstandschef Levy, »aber das Ende der Monopole ist Wirklichkeit«.

**Nachhaltigkeit** ✖ ✖ ✖ ⌂ ⌂
EdF investierte spät in erneuerbare Energien. Der Konzern hat zu lange auf Atomkraft gesetzt.

**Unbestechlichkeit** ✖ ⌂ ⌂ ⌂ ⌂
2014 fiel auf, dass auf dem Konto der Frau des damaligen EdF-Chefs Henri Proglio 1,8 Millionen Euro bewegt wurden. Die Komödiantin bekam unter anderem Geld vom Verband Electra, der von der EdF finanziert wird. Proglio will sofort 60.000 Euro aus eigener Tasche bezahlt haben, als ihm die Überweisung auffiel. 2014 wurden 24 Angestellte befragt, weil bei Aufträgen Schmiergeld gezahlt worden sein soll.

**Steuerehrlichkeit** ✖ ✖ ⌂ ⌂ ⌂
Die EU-Kommission verdonnerte EdF 2015 zu einer Strafe von 1,37 Milliarden Euro wegen illegaler Steuervergünstigungen. Es ging um steuerfreie 889 Millionen Euro aus dem Jahr 1997.

**Humanität** ✖ ⌂ ⌂ ⌂ ⌂
EdF musste 1,5 Millionen Euro Strafe zahlen, und der Ex-Sicherheitschef bekam eine dreijährige Haftstrafe, weil man Mitte der 2000er Jahre Greenpeace ausspioniert hatte.

**Transparenz** ✖ ⌂ ⌂ ⌂ ⌂
EdF ist zwar börsennotiert, hängt aber ganz vom politischen Wohlwollen des übermächtigen Großaktionärs Staat ab.

# Naomi Hirose
## Tepco

Naomi Hirose war früh ein Kandidat für höhere Aufgaben. Aber die Umstände des Aufstiegs an die Spitze seines Unternehmens waren genauso wenig ideal wie der Job selbst. 2012, im Jahr nach der Atomkatastrophe im Atomkraftwerk Fukushima 1, fiel ihm mangels anderer Aspiranten die Aufgabe in den Schoß, Tokyo Electric Power (Tepco) weiterzuführen, den Betreiber der Atomruinen an der Ostküste.

An sich war Hirose (geb. 1953) keine schlechte Wahl. Im Gespräch wirkt der japanische Krisenmanager jovial und kommunikativ. Immerhin ist er in seiner Schulzeit Sänger einer Rockband gewesen. Er studierte Sozialwissenschaften an der renommierten Hitotsubashi-Universität und wurde nach seinem Firmeneintritt 1976 früh als High Potential entdeckt. Zur geistigen Veredelung schickte ihn Tepco in die USA. Nach einem MBA in Yale wurde er 1984 persönlicher Sekretär und Redenschreiber des damaligen Verwaltungsratschefs Gaishi Hiraiwa und blieb für acht Jahre in dieser Position. Da Hiraiwa später auch den Vorsitz des Unternehmensverbands Keidanren übernahm, ist Hirose extrem gut in der Japan AG vernetzt. Er selbst sammelte Führungserfahrung in etlichen Positionen bei Tepco, von der Planungs- über die Vertriebsabteilung bis hin zur Geschäftseinheit für atomaren Brennstoff. 2010 rückte er in den Vorstand auf und wurde 2011 Vizechef des Krisenstabs für das AKW in Fukushima. Nach einem Erdbeben der Stärke 9 hatte ein Tsunami die Reaktoren beschädigt und die Stromversorgung unterbrochen, woraufhin in drei der sechs Meiler die Reaktorkerne schmolzen.

Seine Berufung sollte eine Art Befreiungsschlag werden. Aber auch in Japan sind Atomkatastrophen schwer zu verkaufen, insbesondere wenn immer weitere Versäumnisse und Vertuschungen des Tepco-Konzerns (Umsatz: 50,6 Milliarden Dollar) aufgedeckt werden. Immerhin: Die Sanierung der Atomruinen macht Fortschritte. Tepco ist wieder profitabel und stellt sich nach der Liberalisierung des Strommarkts im April 2016 auch im Großraum Tokio der Konkurrenz anderer japanischer Stromkonzerne. In der Hauptstadt ist Tepco Quasi-Monopolist.

Konzernchef Hirose arbeitet daran, die Bindung zum Hauptaktionär Staat wieder zu lösen. Ihm wurde in Aussicht gestellt, dass dessen Anteil im börsennotierten Unternehmen wieder auf unter 50 Prozent sinkt, wenn er die wirtschaftlichen Ziele erfüllt und erstmals nach sechs Jahren wieder eine Firmenanleihe am Kapitalmarkt platziert. Das alles soll im März 2017 geprüft werden. Der japanische Staat hatte im Juli 2012 nach einer Kapitalerhöhung seinen Anteil von vorher 2,7 Prozent auf über 50 Prozent gesteigert. Mitte 2016 lag der Besitz der Nuclear Damage Compensation and Decommissioning Faciliation Corporation bei 54,7 Prozent. Unter den zehn größten Aktionären waren nur japanische Institutionen wie The Master Trust Bank of Japan (1,3 Prozent), Tokyo Metropolitan Government (1,2 Prozent) oder Sumitomo Mitsui Banking Corporation (1 Prozent) zu finden. Der Skandalkonzern Tepco gab für seine Verstaatlichung 2012 neue Aktien im Wert von umgerechnet zwölf Milliarden Dollar aus – nur so war die Insolvenz zu verhindern. Danach hat er von einer Erhöhung der Strompreise um rund 8,5 Prozent profitiert, die die Regierung genehmigte. Auch in den Jahren danach gab es Milliarden vom Staat für die Entschädigung der evakuierten Anwohner in der Region des AKW Fukushima.

Er sei nicht optimistisch, aber die Lage sei auch nicht desaströs, kommentiert Hirose. Er setzt weiter auf Nuklearenergie und will unverdrossen Atomkraftwerke neu anlaufen lassen; nach Fukushima wurden sie erst einmal abgeschaltet. Ohne Atomkraft seien nachhaltige Gewinne nicht möglich, erklärt der Firmenchef. Eine der finanziell wichtigsten Missionen des CEO ist die Wiederinbetriebnahme von wenigstens einem Teil des weltgrößten AKWs Kashiwazaki-Kariwa. Das würde Tepcos Bilanz guttun und mehr Geld für die Entschädigungen an die Atomflüchtlinge sowie für Investitionen in alternative Energien einbringen. Dennoch bleibt Hirose ein Manager im Krisenmodus. Die Sanierung der Atomruinen wird noch Jahrzehnte weitergehen.

**Nachhaltigkeit** ✖✖✖✖✖
Tepco gehört zu den 30 Unternehmen, die am meisten Kohlendioxid ausstoßen.

**Unbestechlichkeit** ✖✖✖✖✖
Der Buchautor Tomohiko Suzuki enthüllte, wie sehr die japanische Gangsterorganisation Yakuza mit der Nuklearindustrie verwoben ist und bei den Fukushima-Aufräumarbeiten half. Das Citizens' Nuclear Information Center in Tokio spricht von »bodenlosen Tiefen der Korruption«.

**Steuerehrlichkeit** ✖✖✖✖✖
Abhängig von Staatsgeldern.

**Humanität** ✖✖✖✖✖
Aktivisten kritisierten mangelnden Schutz und schlechte Vorbereitung der Fukushima-Hilfskräfte. 50.000 Menschen und 800 Firmen wurden eingesetzt.

**Transparenz** ✖✖✖✖✖
Völlig undurchsichtiger Konzern. 2002 wurde bekannt, dass Tepco 16 Jahre lang Unfälle verschwieg und Reparaturen verzögert hatte. Informierte 2011 nicht korrekt über die Kernschmelze im AKW Fukushima – und verschwieg zwei Jahre danach, dass radioaktiv verseuchtes Wasser in den Ozean floss.

# KONSUMGÜTER

\* siehe Kapitel »Familien«

**Umsatz**
in Mrd. US$, 2015

**Gründung**

NAHRUNG | **Land** | | **Größte Anteilseigner**

| # | Unternehmen | Gründung | Land | Umsatz | Größte Anteilseigner |
|---|---|---|---|---|---|
| 1 | **Nestlé** Paul Bulcke | 1866 | Schweiz | **92,6** | Dimensional Fund: 4,6% Blackrock: 3,8% Norges Invest: 2,5% |
| 2 | **Archer Daniels Midland** Juan Ricardo Lucioano | 1902 | USA | **67,7** | State Farm: 9,7% Vanguard: 6,9% Blackrock: 5,8% |
| 3 | **PepsiCo** Indra Nooyi | 1898 | USA | **63,1** | Vanguard: 6,9% Blackrock: 5,8% State Street: 3,9% |
| 4 | **JBS** Joesley und Wesley Batista | 1953 | Brasilien | **49,6** | FB Participações: Familie Batista, 41,1% Staatliche Entwicklungsbank BNDES: 24,6% Caixa: 10,1% |
| 5 | **Coca-Cola Company** Muhtar Kent | 1886 | USA | **44,3** | Berkshire Hathaway: 9,2% Vanguard: 6,3% Capital Group: 6,2% |
| 6 | **AB InBev** Jorge Paulo Lemann | 1366 | Belgien | **43,6** | Stichting Anheuser-Busch (Jorge Paulo Lemann): 41,23% EPS: 8,1% Blackrock: 2,9% |
| 7 | **Bunge** Alberto Weisser | 1818 | Bermuda | 43,5 | Vanguard: 8% T. Rowe Price: 7,1% Blackrock: 6% |
| 8 | **Tyson Foods** John H. Tyson | 1935 | USA | 41,4 | Familie Tyson: 70,6% (der Stimmrechte) |
| | **Oetker-Gruppe** Richard Oetker | 1891 | D | 13,5 | Familie Oetker |

**Umsatz**
in Mrd. US$, 2015

**Gründung**

LIFESTYLE, KONSUM
UND GENUSS

**Land**

**Größte Anteilseigner**

| | | Gründung | Land | Umsatz | Größte Anteilseigner |
|---|---|---|---|---|---|
| 1 | **Procter & Gamble** David S. Taylor | 1837 | USA | **76,3** | Vanguard: 6,3% Blackrock: 5,8% State Street: 4,3% |
| 2 | **Unilever** Paul Polman | 1929/ 1930 | NL / GB | **59,1** | Blackrock: 5,9% Unilever: 4,7% Vanguard: 2% |
| 3 | **LVMH, Christian Dior** Bernard Arnault | 1987 | F | **42,2** | Familie Arnault: 46,6% Blackrock: 1,8% Norges Invest: 1,4% |
| 4 | **L'Oréal** Liliane Bettencourt | 1909 | D | **28** | Familie Bettencourt: 33,1% Nestlé: 23,1% Norges Invest: 1,3% |
| 5 | **Philip Morris International** André Calantzopolous | 1847 | USA | **26,8** | Capital Group: 11,6% Vanguard: 6,4% Blackrock: 5,6% |
| 6 | **Henkel** Simone Bagel-Trah | 1876 | D | **20,1** | Familie Henkel: 61% (der Stammaktien) |
| 7 | **British American Tobacco** Nicandro Durante | 1902 | GB | 20 | Blackrock: 7,1% Johann Rupert: 4,1% Capital Group: 4% |
| 8 | **Japan Tobacco** Mitsuomi Koizumi | 1984 | Japan | 18,6 | Staat Japan: 33,4% Japan Tobacco: 10,5% State Street: 5,1% |

# Paul Bulcke

Nestlé

Die Show war gigantisch: Bunte Leuchten tauchten den abgedunkelten Konferenzraum in ein unwirkliches Licht, aus den Lautsprechern tönten sphärische Klänge. Sogar der Schweizer Innenminister Alain Berset war aus Bern angereist, um mit der Konzern-Führung das neue Nestlé Institute of Health Sciences auf dem Gelände der Elite-Hochschule ETH Lausanne einzuweihen.

Bei solchen Gelegenheiten redet Paul Bulcke (geb. 8. September 1954) gern und schnell. Der Belgier ist der starke Mann bei Nestlé in Vevey, bis Ende 2016 noch als Vorstandsvorsitzender, dann als Verwaltungsratschef. Er dirigiert einen Weltkonzern, dessen Marken auf allen Kontinenten bekannt sind – von After Eight bis zur Wagner-Pizza, von Buitoni bis Smarties, von San Pellegrino bis Nescafé, von Mövenpick bis Maggi. Das macht Nestlé zu einem Lieblingsgegner von Globalisierungskritikern und Umweltschützern.

Für Bulcke sind Abwehrstrategien gegen die Kritikerkampagnen in den sozialen Netzen fast so wichtig wie die Gespräche mit den internationalen Großaktionären wie der US-Finanzfirma Dimensional Fund (4,6 Prozent), Blackrock (Anteil: 3,8 Prozent) oder Norges Invest (2,5 Prozent). Blackrock und Norges Invest sind überall in der Wirtschaftswelt dabei. Nestlé gilt als Blue Chip der Aktienmärkte, nach dem Motto: Getrunken und gegessen wird immer. Und mit Trinken und Essen macht Nestlé sein Geschäft, aber nicht nur. Wird Bulcke auf die Perspektiven des neuen Geschäftsbereichs Health Science angesprochen, kommt er so richtig in Fahrt. »Gute Nahrungsmittel sind die beste Medizin«, das hätten schon die Chinesen gewusst. Für Bulcke verschwimmen die Grenzen.

Ein 2012 gegründetes eigenes Forschungsinstitut soll Nestlés Wende hin zu einem Gesundheitskonzern betonen. Die Sparte Health Science soll Nahrung entwickeln, die Alzheimer oder Demenz verhindert. Vor Kurzem hat der Konzern auch eine eigene Hautpflege-Tochter, Nestlé Skin Health, gegründet. Und Schritt für Schritt will sich Nestlé die Kontrolle der britischen Medizingerätefirma Phagenesis sichern, die ein Gerät für Dysphagie entwickelt hat: Damit können Schluckbeschwerden bei Schlaganfallpatienten behandelt werden. In diese Strategie passt die Berufung von Ulf Mark Schneider zum neuen CEO. Der Mann mit einem deutschen und einem amerikanischen Pass hat entsprechende Expertise an der Spitze des deutschen Gesundheitskonzerns Fresenius gewonnen; der Börsenwert der Firma aus Bad Homburg macht allerdings gerade einmal ein Sechstel des Nestlé-Werts aus. Ein Quereinsteiger als Chef, das ist für die Verhältnisse in Vevey am Genfer See geradezu eine Sensation. Fast ein Jahrhundert lang wurden sie intern bestellt.

Der Schwenk zum pharma-nahen Geschäft gilt als gewagte Langfrist-Wette von Nestlé. Bulckes Problem: Er hat zwar seit 2008 als Vorstandschef den wertvollsten Konzern der Schweiz gelenkt, mit dem Strategieschwenk aber wird sein Vorgänger, Verwaltungsratspräsident Peter Brabeck-Letmathe, in Verbindung gebracht. Bulcke stand stets in seinem Schatten. Dafür repräsentiert der Noch-CEO mit seiner Laufbahn exemplarisch ein Kernelement der Nestlé-Unternehmenskultur: Treue. Wenn ein Topmanager des Konzerns in Ruhestand geht, hat er im Schnitt 27 Jahre hier gearbeitet. Bulcke steht seit 1979 in Diensten Nestlés. Auf die Frage, wie sich diese langen Karriere erklärt, sagte er einmal lakonisch: »Das geschieht quasi von selbst.« Denn Nestlé sei ein global agierender Konzern, der Tausende Produkte anbiete. »Wir können unseren Mitarbeitern also immer wieder neue und spannende Aufgaben geben.«

So hat Bulcke etliche Stationen im Nestlé-Universum hinter sich: Am Anfang seiner Karriere tourte er durch Südamerika und arbeitete im Marketing. Anfang 2000 übernahm er die Leitung des für Nestlé wichtigen Deutschland-Geschäfts und räumte dort auf. 2004 bekam er die Leitung des gesamten Amerika-Geschäfts übertragen und zog in den Vorstand ein. Dennoch hatten die wenigsten Beobachter den Namen des Belgiers auf dem Zettel, als Nestlé 2008 einen neuen CEO bekam.

In Paul Bulckes Amtszeit ist der Konzern schneller geworden: 2012 leitete er eine umfassende Bereinigung des Portfolios ein. Bisher ließ Nestlé seinen Produkten und Marken oft Jahrzehnte Zeit, um sich zu entwickeln. Bulcke jedoch trennt sich konsequent von Leistungsschwachen wie dem Fitness-Riegel Powerbar. Zuletzt wurde das europäische Geschäft mit Speiseeis in ein Joint Venture mit dem Konkurrenten R&R eingebracht. Gleichzeitig stärkte Bulcke das Kerngeschäft und griff dazu tief ins Portemonnaie, wie 2012 mit dem Zukauf der Babynahrungssparte Wyeth von Pfizer – mit knapp zwölf Milliarden Dollar war der Deal der bis dato größte Zukauf der Unternehmensgeschichte.

Bulckes Umbauarbeiten konnten nicht verhindern, dass der Konzern mittlerweile das dritte Jahr in Folge sein selbst gestecktes Ziel eines organischen Wachstums von fünf bis sechs Prozent verfehlt hat. Die deutsche Unternehmerfamilie Reimann attackiert über ihre JAB-Holding das Nespresso-Geschäft der Schweizer, und die amerikanische Private-Equity-Gruppe 3 G hält nach den Käufen von Heinz und Kraft Ausschau nach weiteren Gelegenheiten. Doch Bulcke weigert sich, von seinem »Mittelfrist-Ziel« abzuweichen: »Das Ziel dient als Ansporn für die eigene Organisation.« Beobachter halten das für mutig. »Bulcke versteckt sich damit nicht einfach hinter dem wirtschaftlichen Umfeld«, meint ein Branchenkenner. Sein CEO-Jahresgehalt von fast zwölf Millionen Franken wird in der neuen Rolle um einiges sinken – aber dafür ist mit dem Amt noch mehr Macht verbunden.

**Nachhaltigkeit** ✗ ✗ ⊠ ⊠ ⊠
Fester Teil der Nestlé-Grundsätze. Kaffee, Kakao und Palmöl sollen inzwischen komplett aus nachhaltigen Quellen stammen, die unabhängige Stiftung UTZ Certified prüft. Immer wieder Streit (wie im hitzegeplagten Kalifornien) um lokale Wasserentnahmen durch Nestlé, den weltgrößten Wasserkonzern. Umweltproblem mit Aluminium-Kapseln für Kaffee.

**Unbestechlichkeit** ✗ ✗ ✗ ⊠ ⊠
Eine Studie wollte 2011 beweisen, dass Süßigkeiten bei Kindern zu Gewichtsabnahme führten – sie wurde von einem Verband gesponsert, der von Nestlé maßgeblich getragen wird. Keine großen Korruptionsfälle.

**Steuerehrlichkeit** ✗ ✗ ✗ ✗ ⊠
Auf den Philippinen wurde eine lokale Vertriebsfirma von Nestlé des Steuerbetrugs bezichtigt. Sonst keine Vorfälle.

**Humanität** ✗ ✗ ✗ ⊠ ⊠
Eine Managerin, die Nestlé bei der WHO abgeworben hatte, beklagt öffentlich ein »Klima der Angst« im Konzern. Immer wieder Streit um Kinderarbeit auf afrikanischen Kakao-Farmen. Fair Labor Association monierte 2012, Nestlé verletze eigene Normen.

**Transparenz** ✗ ✗ ✗ ✗ ⊠
Mehr Transparenz ist erklärtes Ziel des Konzerns. Nestlé beendete das Sponsoring des Welt-Leichtathletikverbands wegen vieler Dopingfälle. Foodwatch kritisiert, von 42 Produkten für Kinder erfüllten nur 11 die WHO-Kriterien für ausgewogene Lebensmittel.

# Juan Luciano
## Archer Daniels Midland

Es hilft, Landwirtschaft zu lieben, wenn man einen der Riesen im weltweiten Agrarwirtschaftsgeschäft leitet. Juan Luciano (geb. 1961) muss in seinem Job öfter an seine Jugend in Argentinien denken, an die Tage auf der Farm, weit weg von Buenos Aires, wo er später studierte. Der Großvater baute Getreide im großen Stil an, und mit seiner Mutter hat er sich viele Jahre über so spannende Dinge wie die Entwicklung der Sojabohnenpreise an der Börse in Chicago unterhalten. Da war Luciano schon längst Chef von Archer Daniels Midland (ADM), einem Konzern, der im globalen Nahrungsmittelmarkt mit 67,7 Milliarden Dollar Umsatz die Nummer zwei ist und mehr als 32.000 Menschen in 160 Ländern beschäftigt.

Als Marke taucht ADM so gut wie nicht auf, viele Konsumenten werden nie von der Firma gehört haben, deren Produkte sie täglich nutzen. Die Erzeugnisse des Weltkonzerns sind Ölsaaten, Kakaobohnen, Getreidemengen und Geschmacksstoffe, aus denen Lebensmittel werden, und das in mehr als 270 Produktionsstätten weltweit. Der Geschmack und der Hunger von aktuell 7,4 Milliarden Menschen auf der Welt sind im Grunde das Geschäft des Konzerns aus Chicago, der in eine leichte Schieflage kam, als er zu stark auf Ethanol und Biokraftstoffe für Autos setzte. ADM kontrolliert in den USA ein Viertel des Ethanol-Markts. Der Boom aber blieb aus, Werke mussten geschlossen werden. Und es kam die Zeit des zuvor über 25 Jahre im Chemiekonzern Dow Chemical bewährten Managers Luciano. 2011 ging er zu ADM, im Januar 2015 ersetzte er die einst unbestrittene Konzernchefin Patricia Woertz als CEO, im Januar 2016 dann auch als Chairman.

Begonnen hatte die Firma 1902. Damals taten sich George A. Archer und John W. Daniels zusammen und pressten Leinöl. Nach dem Kauf der Midland Linseed Products Company wurde der Firmenname in Archers Daniels Midland umgewandelt. Selten geriet die Firma in die Schlagzeilen, sie expandierte in aller Stille. Nur 1996 wurde es unangenehm, als sie wegen Kartellvergehen beim Vertrieb von Lysin 100 Millionen Dollar zahlen musste. ADM war im Übrigen die erste US-Gesellschaft, die nach Verabschiedung des Handelsembargos wieder einen Vertrag mit Kuba abschloss. Zu den Republikanern und Demokraten hatte man immer ein gutes Verhältnis, das durch Spenden bestärkt wurde, aber Politik kann niemals den merkantilen Geist dieses US-Unternehmens kleinhalten.

Gegen schwieriger gewordene Verkäufe im Markt und den andauernden Druck auf die Gewinne setzt Konzernchef Luciano eine Strategie der weiteren weltweiten Expansion, was er Destination Marketing nennt. Dazu gehören ein Joint Venture in Ägypten, Kornmühlen in Marokko oder eine Sojabohnen-Verarbeitung im deutschen Straubing. Viel profitables Geschäft erhofft er sich von der Schweizer Firma Wild Flavors GmbH, die er im Juli 2014 für 3,1 Milliarden Dollar vom deutschen Mittelständler Hans-Peter Wild (Capri-Sonne) und der Private-Equity-Firma KKR gekauft hatte. Es geht hier um Fruchtsaftkonzentrate, Getränkegrundstoffe, Extrakte, Aromen, Süßungslösungen, Minzöle und natürliche Farben. Für solche Stoffe interessieren sich Anbieter von Fertiggerichten, Snacks, Cornflakes, Molkereiprodukten, Backwaren und Getränken.

Luciano geht es erkennbar um eine Steigerung des Börsenwerts von ADM, was ganz im Sinne des größten Gesellschafters State Farm (9,5 Prozent) ist, der bedeutendsten Autoversicherungsgruppe der USA. Vanguard (6,9 Prozent) und Blackrock (5,7 Prozent) sind andere nennenswerte Teilhaber. Der Konzernchef investierte außerdem in Hafenkapazitäten in Europa und Südamerika, die er flexibel nutzen will. In Brasilien, China und im amerikanischen Decatur nahe bei Chicago entstanden neue Werke. Auch bei Tierfutter fühlt sich ADM kompetent.

CEO Luciano erkennt einen Bedarf nach neuen Geschmacksrichtungen und Gesundheitsprodukten bei jungen Zielgruppen und den Wunsch nach Diät-Stoffen. Das will er liefern. Auch Menschen über 80, die golfen, wandern und Fahrrad fahren, dabei aber genau darauf achten, was sie essen, sind eine der Lieblingszielgruppen von ADM. Sein Unternehmen habe die besten Proteine und Ballaststoffe, erklärt CEO Luciano, aber was zum Verkauf gefehlt habe, seien Geschmacksstoffe gewesen: »Wir brauchen sie, um schneller verkaufen zu können.« Um hier weiter aufzuholen, kaufte er im November 2014 die Firma Specialty Commodities, im Juni 2015 eine Fertigungsstätte in Kalifornien, später im Jahr Eastern Foods Co. und stockte im Mai 2016 bei Amazon Flavors in Brasilien von 40 auf 100 Prozent auf. Seine Vision ist, die größte Zutaten-Firma der Welt zu erbauen. Damit habe man ja erst am 1. Januar 2015 begonnen und schon 2,5 Milliarden Dollar Umsatz erreicht.

**Nachhaltigkeit** ✗ ✗ ✗ ☒ ☒
Klares Bekenntnis zu Nachhaltigkeit und gegen das Abholzen von Wäldern. ADM gibt eine Art Garantie für Qualität über die ganze Lieferkette hinweg.

**Unbestechlichkeit** ✗ ☒ ☒ ☒ ☒
US-Börsenaufsicht und Justizministerium belegten ADM im Dezember 2013 mit Strafen von fast 38 Millionen Dollar. Der Konzern hatte über Töchter in Deutschland und in der Ukraine Bestechungsgelder gezahlt.

**Steuerehrlichkeit** ✗ ☒ ☒ ☒ ☒
Argentinien beschuldigte ADM 2011, seinen Steuerpflichten nicht nachzukommen. Zusammen mit Cargill hat ADM den Staat Mexiko juristisch daran gehindert, eine Zuckersteuer auf Softdrinks einzuführen.

**Humanität** ✗ ✗ ☒ ☒ ☒
Bekenntnis zu Menschenrechten. Gegen Vorwürfe, es komme zu Kinderarbeit in Produktionsbetrieben der ADM-Kette, wehrt sich der Konzern. Im Werk Decatur verhinderte ADM den Beitritt zu Gewerkschaften.

**Transparenz** ✗ ✗ ✗ ☒ ☒
Regelmäßige Berichte über Finanzen und Strategien. Großer Einfluss auf die Politik.

# Indra Nooyi

## PepsiCo

In ihrer Jugend hat Indra Nooyi (geb. 28. Oktober 1955) eine Menge verrückte Dinge getan. Verrückt jedenfalls für ihre indische Heimatstadt Madras. Sie kletterte auf Bäume und spielte in einer Rockband. Ihre Motivation war, Stereotype zu brechen, Stereotype einer formierten Gesellschaft, in der klar war, was man tut und was nicht. Da sie eine gute Schülerin war, hatte die wilde Phase keine

weiteren Auswirkungen. Sie studierte Physik, Chemie und Mathematik in Madras und schloss 1976 eine Managementschule in Kalkutta ab. Erste Jobs folgten – aber der entscheidende Schritt war, an die Yale School of Management in den USA zu gehen, wo sie 1978 ihren Abschluss machte. Anschließend arbeitete sie bei Boston Consulting, Motorola und ABB. Ihre wirkliche Erfüllung fand sie von 1994 an bei einem Klassiker der amerikanischen Wirtschaft, bei PepsiCo. Ihre Karriere führte über den Finanzvorstandsjob schließlich 2006 an die Spitze. Zehn Jahre CEO bei einem genau beobachteten Unternehmen mit sehr bekannten Marken wie Pepsi, Tropicana oder Gatorade, das allein ist schon bemerkenswert.

Stereotype brechen kann Indra Nooyi jetzt nicht mehr – sie muss Erwartungen erfüllen, die sie selbst geweckt hat. Ihre Strategie lautet, die Abhängigkeit von kohlesäurehaltigen Getränken zu mindern und sich mehr in Richtung gesunder Produkte zu entwickeln. Im Kreise der Investoren war das anfangs umstritten. Der Aktivist Nelson Peltz und sein Trian Fund profilierten sich als Oberkritiker, sahen eine amerikanische Legende gefährdet und wollten den Konzern in zwei Teile splitten. Am Ende ließ sich Peltz mit einem Platz im Verwaltungsrat für einen Vertrauten besänftigen. Das Kontrollgremium ist mit früheren und aktuellen Chefs erfolgreicher Konzerne wie Novartis, Bunge, Colgate-Palmolive, 3M oder NBC Universal sehr gut besetzt; auch das mag zum Erfolg des Konzerns beigetragen haben, der mit 53,1 Milliarden Dollar Umsatz hinter Nestlé die Nummer zwei im Nahrungsmittelgeschäft mit Konsumenten ist.

Längst überholt ist der ewige Rivale Coca-Cola, der gerade einmal 44 Milliarden Dollar umsetzt, allerdings auf einen Börsenwert von rund 190 Milliarden Dollar kommt; Nooyis Konzern ist lediglich rund 157 Milliarden Dollar wert. Für Vanguard (6,9 Prozent), Blackrock (5,8 Prozent) und State Street (3,9 Prozent) ist

PepsiCo dennoch ein Blue Chip, eine sichere Bank. Und das hat auch mit Indra Nooyis Führungskünsten und strategischen Verführungskünsten zu tun. In einer sich rasch ändernden Welt sei die Frage, wie Firmen Gewinn machen, genauso wichtig wie die Frage, wie viel Gewinn sie machen, glaubt sie: »Die erfolgreiche Firma des 21. Jahrhunderts verbindet die Bedürfnisse ihres Geschäfts mit den Bedürfnissen der Welt um sie herum.« Zu Beginn ihrer CEO-Zeit hatte sie in zahlreichen Townhall-Meetings bei der Belegschaft den Wunsch nach besseren Produkten gespürt, und so setzte sie früh konsequent auf Nachhaltigkeit. PepsiCo soll eine »gute« Firma sein, in der junge Leute gerne arbeiten. Nooyi ließ den Gehalt von Salz, Fett und Zucker in den Hauptprodukten reduzieren, vermarktete Diätprodukte, entfernte 2015 den Süßstoff Aspartam aus Diet Pepsi und hat in Nordamerika mit neu eingeführten Obst- und Gemüsesäften sowie Lay's Kartoffelchips Erfolg. In der Produktion setzte Nooyi auf Wasserkonservierung, Energieeffizienz und weniger Abfall. Ihre Waren wurden in »fun for you« (im Klartext: schädlich), »better for you« (nicht so schädlich) und »good for you« (unschädlich) klassifiziert. Sie erfand den Konzern noch einmal neu, zumindest sah es nach außen so aus.

Seine Wurzeln hat dieser Konzern in einem Getränk, das der Apotheker Caleb Bradham erfunden hatte. Er nannte es zunächst wenig originell Brad's Drink, ehe er 1898 auf den Namen Pepsi-Cola verfiel, weil Pepsin und Kolanüsse verwendet wurden. Das war unter Marketing-Gesichtspunkten eine durchschlagende Idee, und Marketing, Werbung und Design sind später immer 50 Prozent des Erfolgs der Marke gewesen. Bradhams The Pepsi-Cola Company entwickelte sich prächtig, bis die Zuckerpreise so stark stiegen, dass er 1923 verkaufen musste. Zweimal ging Pepsi pleite, ehe der Süßigkeiten-Produzent Charles Guth die Getränkemarke mit Billigstrategien rettete. In den 1960er Jahren stand sie für die »Pepsi Generation«. 1965 kam es zur großen Ehe mit dem Snackhersteller Frito-Lay, die intern als Geburt des neuen Pepsi-Konzerns gefeiert wird. Das Unternehmen hat dann munter weiter im Markt eingekauft, zum Beispiel 7Up International (1986), das Fruchtsafthaus Tropicana (1998), die Quaker Oats Company mit ihren Haferflocken und Weizenprodukten (2001) und die Saftmarke Punica (2005); die Restaurants von Taco Bell und Pizza Hut gehörten zwischenzeitlich auch zum Konzern, der von 1997 an mit Aquafina systematisch den Wassermarkt eroberte. Mit diesem Equipment fielen internationale Vorstöße leicht. PepsiCo ging zum Beispiel 1989 in den indischen Markt. Dort ist der Konzern aus Purchase bei New York heute einer der größten Getränke- und Nahrungskonzerne.

Die Angst vor neuen Kampagnen gegen Süßgetränke und neue Abstürze hat Indra Nooyi in immer neue Felder getrieben. Seit 2004 ist der Absatz sowohl von Pepsi als auch von Coca-Cola zurückgegangen, die beiden Getränke wirken wie aus der Zeit gefallen. Ein Wunsch Nooyis blieb unerfüllt: der Aufbau eines Zweigs mit Milchprodukten. Das Joint Venture mit dem deutschen Molkereikönig Theo Müller in Amerika scheiterte kläglich, das eröffnete Joghurtwerk war nicht ausgelastet. Und aus dem Plan, die Milchfirma White Wave zu kaufen, wurde Mitte 2016 auch nichts. Danone setzte mehr Geld ein und griff sich das Übernahmeobjekt für 12,5 Milliarden Dollar.

Ihr Gefühl für den Markt behält Nooyi eigenen Erzählungen nach, indem sie einmal pro Woche lange durch einen Supermarkt streift und die Pepsi-Präsentation begutachtet. »Welches Produkt spricht mich an?«, fragt sich die Mutter zweier Töchter, die in Greenwich, Connecticut, lebt. »Performance with Purpose« lautet das Firmenmotto ihrer Regentschaft, »Leistung mit Sinn und Verstand«. Angesichts der stärkeren Digitalisierung und der rapiden Sprünge der Märkte hält sie es nicht mehr für weise, einen stark dezentralisierten Konzern zu haben. Man brauche Koordinierung und damit eine starke Zentrale, sagt die Managerin, die 2015 mit 26,4 Millionen Dollar belohnt wurde.

Institutionen und Zeitschriften haben Indra Nooyi viele Male geehrt und ausgezeichnet. Immer noch sieht sie sich als eine kleine Rebellin, wie sie der »Harvard Business Review« anvertraute. Sie sage immer, man dürfe nicht still sitzen bleiben – wer in dieser Welt gewinnen will, müsse sich schneller ändern und agiler sein als jeder andere.

### Nachhaltigkeit ✖✖✖⍉⍉
Konsequente Strategie über Produktion und Produkte hinweg. Mit diesem Schwerpunkt habe PepsiCo 375 Millionen Dollar Kosten gespart, errechneten Experten. Kritik kommt von Foodwatch: Bei einem Test von 20 Pepsi-Produkten habe kein einziges die WHO-Kriterien für gesunde Ernährung erfüllt.

### Unbestechlichkeit ✖✖✖✖⍉
Klarer Kodex gegen Korruption. Deswegen stieg der Konzern aus dem Sponsoring der indischen Cricket-Liga aus. 2009 wurde er in China der Bestechung beschuldigt.

### Steuerehrlichkeit ✖⍉⍉⍉⍉
Pepsi gehört zu den 340 Firmen, die über Luxemburg die Steuerlast extrem herunterschleusten. Die Pepsi Bottling Group in New York nutzte Ableger im Großherzogtum, um Kredite unter Schwesterfirmen zu arrangieren. Das senkte die Steuerlast auf den 1,4-Milliarden-Dollar-Kauf eines russischen Saftherstellers enorm, wobei auch eine PepsiCo-Einheit in Bermuda ins Spiel kam.

### Humanität ✖✖⍉⍉⍉
PepsiCo vermarktet sich als »gute Firma«. Strafgebühren für Raucher und ungesund Lebende kamen beim US-Personal nicht gut an.

### Transparenz ✖✖✖⍉⍉
Offene Kommunikation, breite Darstellung. Weniger transparent war, wie PepsiCo 17 Millionen Dollar für Lobbying und Werbung ausgab, um 30 US-Staaten von der Einführung einer Zuckersteuer auf Softdrinks abzubringen.

# Joesley und Wesley Batista

Wesley Mendonca Batista

Es begann mit einer kleinen Ranch in Anápolis im Westen Brasiliens. Dort, wo Rinderweiden und Sojafelder bis an den Horizont reichen. Hier schlachtete José Batista Sobrinho 1953 täglich einen oder zwei Ochsen und belieferte den örtlichen Metzger. Der Aufstieg seiner Firma JBS (benannt nach seinen Initialen) begann 1956, als Batista die vielen Arbeiter beim Bau der Hauptstadt Brasília mit Fleisch aus seinem Schlachthaus belieferte. Heute ist der Gründer nur noch Ratgeber – beim mit Abstand größten Fleischproduzenten der Welt.

Seine Söhne Júnior, Joesley und Wesley sowie die Töchter Vanessa und Vivianne haben JBS innerhalb von zehn Jahren dazu gemacht. Die Anteile der Finanzholding J&F Investimentos SA sind in gleicher Höhe auf sie übertragen; über die Holding kontrollieren sie auch die Banco Original, die im Firmengeschäft, im Agrarbusiness und Online-Banking stark ist. JBS verkauft jährlich Steaks, Hühnerschlegel und Schweinerippen für 50 Milliarden Dollar; 200.000 Mitarbeiter verarbeiten täglich weltweit mehr als 50.000 Rinder in 150 Schlachthäusern. Inzwischen machen die Batistas sogar mehr als 80 Prozent ihres Umsatzes außerhalb Brasiliens. In den USA kauften sie den Traditionskonzern Swift, dann schluckten sie Pilgrim's Pride, den zweitgrößten Geflügelverarbeiter. In Russland ist JBS der größte Zulieferer für McDonald's. In Australien wiederum kontrolliert der Konzern den Rindfleischmarkt – und beliefert von dort China, Südkorea und Japan. Die Arbeitsteilung beim Aufbau von JBS war klar: Wesley sondiert, Júnior verhandelt, Joesley bezahlt. Mit dem Börsengang 2007 hat Finanzmann Joesley die Basis für die internationale Expansion gelegt. Heute ist er Board-Vorsitzender, und Wesley fungiert als CEO. Júnior hat 2013 seine Anteile verkauft und den Konzern verlassen. Mit der Globalisierung haben die Batistas neben der Produktion auch eigene Vertriebskanäle aufgebaut. Dadurch steigt die Rendite. JBS verkauft die eigenen Produkte einfach direkt dem Verbraucher und streicht die Gewinne des Handels und der Verarbeitung ein.

Neue Standorte auf dem Globus sind wichtig für die Expansion zum Weltkonzern: Viele Fleischmärkte sind geschützt – vor allem die der Industrieländer. Dadurch konnte JBS nur auf Märkte mit niedrigerem Pro-Kopf-Einkommen (wie

Russland, Iran oder Ägypten) verkaufen. Firmen aus Uruguay oder Australien dagegen dürfen in die USA oder Japan exportieren. Deswegen hat JBS dort Schlachthäuser und Marken gekauft. Für die Tonne Filet Mignon aus Uruguay bezahlen europäische Restaurantketten 33.000 Dollar, doch für die Tonne Rinderfilet aus Brasilien bekommt JBS in Hongkong nur ein Drittel des Preises.

Ein anderer Vorteil der geografischen Verteilung ist das sinkende Unternehmensrisiko: Wegen plötzlich ausbrechender Krankheiten wie Maul- und Klauenseuche können in der Fleischbranche Märkte über Nacht kollabieren. Politischer Druck nationaler Agrarlobbys ist ähnlich unberechenbar. Auch hat JBS nach anfänglichem Zögern Hühner- und Schweinefleisch ins Angebot genommen. Bricht der Markt für Rindfleisch ein, wie vor einigen Jahren beim Rinderwahnsinn in Europa, profitieren die Hühnerzüchter von der explodierenden Nachfrage.

Im Mai 2016 kündigte Wesley Batista eine Änderung an, die angeblich einen besseren Zugang zu Kapital ermöglicht. Zwei Drittel der Erlöse kommen aus den USA, doch im Krisenland Brasilien muss der Fleischbaron hohe Zinsen für Anleihen zahlen. Der Hauptsitz von JBS soll deshalb von Brasilien nach Europa wechseln, vermutlich ins steuerfreundliche Irland. Aktien sollen in den USA ausgegeben werden. Die einstige Haupteinheit Brasilien wird eine Tochterfirma.

Die Investoren sorgen sich wegen der Nähe der Batistas zur brasilianischen Regierung: Ein Viertel der JBS-Aktien gehört der staatlichen Entwicklungsbank BNDES, welche die Übernahmen im Ausland finanziert hat. Gleichzeitig ist der Fleischkonzern der wichtigste private Wahlspender des Landes. Nach offiziellen Angaben finanzierte die Schlachthauskette 2014 mit 25 Millionen Dollar die Wahlkämpfe um das Präsidentenamt und für den Kongress.

### Nachhaltigkeit ✗✗�☆☆
Die Batista-Familie bremste Mitte 2015 ihr Engagement in der Elektromobilität. Greenpeace monierte, dass JBS sein Fleisch vor Farmern kauft, die die Wälder des Amazonas-Gebietes abholzen.

### Unbestechlichkeit ✗☆☆☆☆
JBS zahlte mehr als 300.000 Dollar auf zwei Konten einer Firma ein, die im großen Korruptionsskandal Brasiliens eine Rolle spielte. Die Polizei durchsuchte aufgrund von Korruptionsvorwürfen das Haus des Miteigentümers Joesley Batista.

### Steuerehrlichkeit ✗☆☆☆☆
Steuerbehörden beschuldigten JBS im Februar 2016, bei der Fusion mit der Bertin Group (2009) seien 750 Millionen Dollar

Steuern nicht gezahlt und Kleinaktionäre betrogen worden.

### Humanität ✗☆☆☆☆
In den USA ging das Arbeitsministerium 2014 gegen die US-Tochter von JBS vor. Frauen und Afro-Amerikaner hätten schlechtere Chancen gehabt, Jobs zu bekommen.

### Transparenz ✗✗☆☆☆
JBS ist börsennotiert, die Bilanz transparent. Im Januar 2016 wurde bekannt, dass brasilianische Staatsanwälte gegen Joesley Batista ermitteln. Es geht um dunkle Dreiecksgeschäfte der Batista-Holding J&F Investimentos SA mit der später fallierten Banco Rural.

# Muhtar Kent

## Coca-Cola

Konzerne, die amerikanischer sind als amerikanisch, Konzerne wie The Coca-Cola Company also, lieben Typen, die das Geschäft von der Pike auf gelernt haben, die Streetworker im Dienst des Umsatzes waren. Typen wie Ahmet Muhtar Kent (geb. 1952). Der Mann aus New York City, dessen Vater dort türkischer General-konsul war, hatte sich nach seinem Studium im türkischen Tarsin und in London auf eine Zeitungsannonce hin 1978 bei Coca-Cola Türkei beworben und anfangs die braune Limonade vom Lkw herunter in Atlanta, Massachusetts und Texas ver-kauft. Das »Hard-Selling« beherrschte er so gut, dass Kent sieben Jahre später General Manager der Firma für Türkei und Zentralasien wurde und mit weite-ren Vertriebserfolgen noch höher aufstieg. Nach 20 Jahren aber stieg er aus, um Chef der Efes Beverage Group zu werden, des größten Aktionärs des türkischen Coca-Cola-Franchisegeschäfts, ehe er schließlich 2005 zurückkehrte und zum Vorstandschef (seit 2008) und Chairman (seit 2009) avancierte. Dafür hat er 2015 rund 25 Millionen Dollar kassiert.

Amerikanische Investoren lieben die Firma aus Atlanta, Georgia. Zum einen, weil Coca-Cola viele Jahrzehnte ein Nationalgetränk war, ein Symbol für sportli-che Leistungsfähigkeit, das mit einem riesigen Werbebudget Großereignisse wie Olympische Spiele, Fußball-Weltmeisterschaften oder Golfturniere bewirbt. Zum anderen, weil das Unternehmen es schaffte, Jahr für Jahr die Dividende zu stei-gern. Vier Jahrzehnte lief das so. Das imponierte Warren Buffett und seiner Invest-mentgesellschaft Berkshire Hathaway, die mit einem Anteil von neun Prozent größter Gesellschafter ist. Schon Ende der 1980er Jahre war Buffett bei Coca-Cola eingestiegen. Er ist so etwas wie der Schutzpatron der Firma, die er qua Dasein gegen mögliche Angreifer von außen und Take-over-Versuche behütet. Sein Sohn Howard G. Buffett, auch er unter anderem Director bei Berkshire Hathaway, sitzt seit Dezember 2010 im Aufsichtsrat des Getränkekonzerns; elf Jahre lang, von 1993 bis 2004, hatte er selbst als Direktor von Coca-Cola Enterprises gewirkt, wo die weltweit größten Coca-Cola-Abfüller vereinigt sind. In dem mächtigen Aufsichtsrat sind auch Ana Botin, Chefin des spanischen Banco Santander, der mediengewaltige Barry Diller, der Ex-Marks & Spencer Chef Marc Bolland sowie der Topberater Herbert A. Allen vertreten. Weitere große Aktionäre neben Berk-shire Hathaway sind Vanguard (6,3 Prozent) und Capital Group (6,2 Prozent). Der Börsenwert der Coca-Cola Company hat sich extrem gesteigert, von 144 Milliar-den Dollar 2000 auf nunmehr 190 Milliarden Dollar.

Am Anfang des Unternehmens 1892 stand im Grunde eine Gaunerei: Der

Firmengründer Asa Griggs Chandler, ein Apothekengroßhändler, hatte die Rechte an Coca-Cola dem morphiumsüchtigen Erfinder und Pharmazeuten John Stith Pemberton mehr oder weniger trickreich abgeschwatzt. Sein Sohn Howard Chandler verkaufte die Firma dann 1919 am Vater vorbei für 25 Millionen Dollar an ein Konsortium mit Ernest Woodruff weiter, dessen Sohn Robert wiederum das Cola-Getränk zu Amerikas großer Spaßbrause machte, auf die die GIs weder im Zweiten Weltkrieg noch im Irakkrieg verzichten wollten. Der Konzern lie-

ferte patriotisch und geschäftstüchtig an die Front. Schon 1920 war Coca-Cola an die Börse gegangen. Heute gehören zahlreiche Getränkemarken zu dem Giganten aus Atlanta: die Wasseranbieter Bonaqua und Apollinaris, die Limonaden Fanta, Sprite, Mezzo Mix und Lift, die Eistees von Nestea, die Sportlergetränke Powerade, Relentless und Glaceau, der Kokosnusswasser-Spezialist Zico und die Energydrink-Gruppe Monster Beverage (Anteil: 16,7 Prozent). Insgesamt werden in 200 Ländern mehr als 350 Marken offeriert. Das Stammgetränk Coca-Cola gibt es in allen möglichen Ausprägungen, von Diet Coke bis Coke Zero. In Brasilien ist der Konzern sogar zur Eroberung des Frühstückstischs übergegangen: Man übernahm die Molkerei Verdee Campo und verkauft auch Bohnenkaffee (Café Leao). Es muss ein Leben nach der Cola geben.

Denn die Globalisierungs-Erfolgsgeschichte von dem Lifestyle-Getränk, das überall begehrt ist und das knapp zwei Drittel des Geschäfts jenseits der USA macht, bekommt Risse. Der Umsatz geht zurück. Ein Mythos verblasst. Insbesondere Amerikas Jugend scheint es leid zu sein, immer wieder zur zuckerhaltigen Coca-Cola-Mixtur zu greifen; im Trend sind gesündere Drinks, die potenziell weniger dick machen. Die kann Konzernchef Muhtar Kent zwar auch anbieten, doch der Geschäftsanteil der Stammmarke Coca-Cola ist zu hoch, als dass er leicht auszugleichen wäre. So sank der Umsatz 2015 um vier Prozent auf 44,3 Milliarden Dollar. Der starke Dollar sowie die abflauende Nachfrage in China und Russland störten das Geschäft zusätzlich. Der Nettogewinn stieg dennoch leicht von 7,1 Milliarden auf 7,4 Milliarden Dollar, weil das Management unter Kent die Kosten stark reduzierte. Der türkisch-amerikanische Geschäftsmann setzt zudem auf Preiserhöhungen – und auf ein kühnes Modell, bei dem der Anteil eigener Abfüllbetriebe von noch 18 Prozent in 2015 auf magere drei Prozent sinkt. Und 84.000 von 123.000 Arbeitnehmern in den USA werden dann nicht mehr zu Coca-Cola gehören. Sie sollen bis spätestens Ende 2017 an externe Abfüllbetriebe transferiert werden, wie interne Papiere zeigen. Der Umsatz sinkt gemäß der

Planung von 44 Milliarden auf 28,5 Milliarden Dollar, doch die Betriebsrendite geht von 23 Prozent auf 34 Prozent hoch. Coca-Cola entkernt sich selbst, um noch profitabler zu sein. Das ist die neue Dividendenstory. Man wird dann generell nur noch das Sirupkonzentrat herstellen und an Partner (»Bottlers«) verkaufen sowie Lizenzen teuer verkaufen. Coca-Cola wird also zu einem Rechte- und Rohstoffhändler, wobei der Markt der Franchisefirmen inzwischen sehr konzentriert ist.

Wenn Muhtar Kent nach dem Geheimnis seines Erfolgs gefragt wird, antwortet er ein wenig belustigt: »Ich esse niemals allein.« Immerfort ist er auf der Suche, wie sich Konsumgewohnheiten ändern und was die Verbraucher wollen. Kent sorgt sich, dass seine Industrie bald ähnlich reguliert werden könnte wie die Tabakindustrie. Schon hat die Millionenstadt Philadelphia eine Sondersteuer auf Süßgetränke verabschiedet, die Cola trifft. Vier von zehn Amerikanern leiden an Fettleibigkeit und neun Prozent an Diabetes, das bekümmert die Politik. Die Wirklichkeit ist eben nicht annähernd so schön wie ein Coca-Cola-Werbespot.

### Nachhaltigkeit ✘✘⍻⍻⍻
Umweltschützer stören sich am großen Wasserverbrauch des Konzerns; für einen Liter Coca-Cola sind demnach rund drei Liter Wasser nötig. Eine indische Coca-Cola-Abfüllanlage musste geschlossen werden, nachdem das Grundwasser stark abgesunken war. 2004 fiel auf, dass die Konzernmarke Dasani in Großbritannien aufbereitetes Themse-Wasser zu einem hohen Preis angeboten hatte. Anders als der Konzern behauptet, wende er sich sehr wohl mit viel zu süßen Produkten an Kinder unter zwölf, kritisiert Foodwatch.

### Unbestechlichkeit ✘✘✘✘⍻
Große Anstrengungen gegen Korruption, sei es in Ländern wie Myanmar oder Kambodscha, sei es als Sponsor des Weltfußballverbands FIFA.

### Steuerehrlichkeit ✘⍻⍻⍻⍻
Der Internal Revenue Service der USA fordert bis zu 3,5 Milliarden Dollar nach.

Coca-Cola hatte in den USA entstandene Gewinne über Transfer von Markenrechten in Steueroasen zu viel geringer besteuertem Foreign Income umdeklariert.

### Humanität ✘✘⍻⍻⍻
Menschenrechtler kritisieren die Ausbeutung der Zuckerrohrarbeiter in Swasiland, deren Produkte Cola-Cola nutzt. Der Konzern unterstütze den autokratisch regierenden König Mswati III., was Coca-Cola bestreitet. Man helfe nur den Aidszentren und bei der lokalen Wasseraufbereitung. Erfolgreiches Frauenförderprogramm.

### Transparenz ✘✘✘⍻⍻
Coca-Cola förderte heimlich eine NGO namens Global Energy Balance Network, die in Sachen Übergewicht mehr Sport forderte und keine Umstellung der Ess- und Trinkgewohnheiten. Breite Darstellung der Zahlen und Marketingaktivitäten.

# Jorge Paulo Lemann

## AB InBev

Wie der König des weltweiten Biermarktes sieht Jorge Paulo Lemann nicht aus. Der großgewachsene Brasilianer (geb. 26. August 1939) mit dem Schweizer Pass wirkt wie ein Asket. Alkohol meidet er strikt. Auf den Festen der brasilianischen Hautevolée ist der Milliardär (Nummer 26 auf der »Forbes«-Reichenliste) nie zu sehen; nur für die Biografie der brasilianischen Autorin Christina Correa (»Dream Big«) hat er sich ein wenig geöffnet. Seinen Hauptwohnsitz hat Lemann in Rapperswil-Jona am Zürichsee. Dort lebt der reichste Mann Brasiliens, nachdem man versucht hatte, seine drei jüngeren Kinder auf dem Schulweg in São Paulo zu entführen, was nur an der Geschicklichkeit des Fahrers scheiterte. In einem einfachen »Gol«, dem brasilianischen Billig-Volkswagen, soll Lemann damals zur Arbeit in seiner Investmentbank Garantia gefahren sein.

Schon zu diesem Zeitpunkt war der an der Harvard University ausgebildete Ökonom ein geachtetes, ja auch gefürchtetes Mitglied der Elite. Sein Vater war aus der Deutsch-Schweiz (Emmental) nach Brasilien ausgewandert und in Bahia durch Kakao-Anbau wohlhabend geworden. Der Sohn brillierte als Starbörsenhändler, angestellt bei Invesco; zeitweise soll er die Hälfte des Umsatzes der Börse in Rio de Janeiro gemacht haben. Nebenbei schrieb er eine Börsenkolumne in der Sonntagsausgabe der Zeitung »Jornal do Brasil«. 1966, mit 27 Jahren, verspekulierte er sich. Doch Lemann fing sich wieder.

Die 1971 mit zwei weiteren Investoren gegründete Garantia-Bank war nichts anders als eine brasilianische Kopie von Goldman Sachs. Als Lemann sie während der Asienkrise Ende der 1990er Jahre an die Schweizer Großbank Credit Suisse (hier war er 1962/63 Praktikant gewesen) verkaufen musste, blieb die zuvor von Garantia gehaltene Brauerei Brahma im Besitz der Ursprungs-Investoren. Vom Banker zum Brauer?, fragten viele Kollegen erstaunt. Lemann hatte erkannt, dass die reichsten Unternehmerclans in Lateinamerika auch durch Bier aufgestiegen waren: »Bier in den Tropen scheint ein lukratives Geschäft zu sein.«

Die Brauerei führte Lemann kurzerhand wie eine Investmentbank. Drei seiner besten Partner gelangten an die Schaltstellen, der Laden wurde eisern auf Rendite getrimmt. Und wurde der Kern für eine globale Expansion. 1999 folgte die

Übernahme des größeren Konkurrenten Antarctica und der Zusammenschluss zu AmBev. Schon damals erzählte Lemann Vertrauten, er wolle den weltweit führenden Getränkekonzern schaffen. Immer größer wurden die Akquisitionen: 2004 fusionierte AmBev mit der belgischen Interbrew zu InBev, nur vier Jahre später kaufte Lemann den US-Marktführer Anheuser-Busch; er überzeugte persönlich den Clanführer August Busch IV. im Juli 2008 bei einem Treffen in Tampa/Florida, nicht zuletzt mit einer 52-Milliarden-Dollar-Offerte. Aber das war es immer noch nicht: AB InBev mit Lemann als wichtigstem Einzelaktionär kaufte 2015 für 108 Milliarden Dollar den britisch-südafrikanischen Konzern SAB Miller. Die Nummer eins nahm sich die Nummer zwei.

Lemann ist nun tatsächlich unbestrittener König, er kontrolliert ein Drittel des Weltmarktes. Seine Stiftung (Stichting Anheuser-Busch) hält 41,2 Prozent an dem Getränkegiganten, der Marken wie Stella Artois, Budweiser, Spaten, Franziskaner, Löwenbräu oder Beck's im Angebot hat. Das Bier, das auf dem Münchener Oktoberfest fließt, stammt zum guten Teil aus Lemanns Reich. Dessen weitere Ziele sind groß: Bis 2020 soll der Konzern rund 100 Milliarden Dollar umsetzen, mehr als doppelt so viel wie heute.

Zwei Jahrzehnte hat die Welttournee der Brauereizukäufe gedauert. Und immer noch bestehen die wichtigsten Einzelinvestoren und fast das komplette Topmanagement aus den gleichen brasilianischen Mitstreitern, die unter Lemann schon Brahma auf Rendite getrimmt haben. Dazu gehört der aktuelle Vorstandschef Carlos Brito; noch als Praktikant hatte ihm Mentor Lemann ein Studium in Stanford finanziert. Die Helden des globalen Kapitalismus können sehr anhänglich sein, wenn es dem Return on Investment nutzt.

Mega-Investor Warren Buffett ist voll des Lobes: »Ich kenne niemanden, der so effizient Konzerne leitet wie Lemann und seine Truppe.« Der Amerikaner ist auf seine Art Teil des Imperiums – weil aus dem Bierkonzern inzwischen ein Food-Spezialist geworden ist. Wie das kam? Zunächst hatte Lemann mit seinen brasilianischen Partnern Marcel Herrmann Telles und Carlos Alberto Sicupira über ihr US-Investmentvehikel 3G Capital die Mehrheit an Burger King erworben, beraten von Buffett – um dann zusammen mit dessen Firma Berkshire Hathaway wiederum die H. J. Heinz Company für 28 Milliarden Dollar zu kaufen. Das Kaufobjekt fusionierte im März 2015 mit der Kraft Foods Group. Nun ist alles vereinigt: Fleisch, Ketchup, Bier, Nudeln. Nebenbei hat Lemann mit der Eismarke Diletto Brasilien überrollt. Alles ziemlich ungewöhnlich für einen Asketen, der im Rio de Janeiro der 1960er Jahre sogar mehrmals Brasilienmeister im Tennis wurde und als Surfchampion gefiel.

Ist er in São Paulo, dann hält sich Lemann durch tägliches Tennisspielen morgens um sechs Uhr auf seinem privaten Court fit. Er hat sechs Kinder, ist in zweiter Ehe mit einer Züricherin verheiratet und hält engen Kontakt zum Brasilianer

Denis Minze, dem CEO der Lemann Stiftung, die das Schulwesen in Brasilien verbessern will. Beraten wird der Bierkönig vom Schweizer Wirtschaftsanwalt Peter Nobel. Dessen Rat ist wichtig: Ein neues Geschäft steht praktisch immer an.

## Nachhaltigkeit ✘✘✘❋❋
AB InBev erklärt, die eigenen Öko-Ziele für 2017 schon 2015 erreicht zu haben. Unterstützt die Global Walk for Water Initiative.

## Unbestechlichkeit ✘✘✘✘❋
Keine Vorfälle. Dubiose Insiderdeals, bevor 3G die Firma Heinz kaufte, führten dazu, dass die US-Börsenaufsicht ein Schweizer Konto einfrieren ließ.

## Steuerehrlichkeit ✘✘❋❋❋
Die EU-Kommission beendete einen in Belgien bei 35 Firmen beliebten Steuertrick. AB InBev hatte rund 140 Millionen Euro aus offiziellen Büchern auf eine Holding verlagert und dabei einen »excess profit« geltend gemacht – für den weniger Steuern zu zahlen waren.

## Humanität ✘✘✘❋❋
In vielen Ländern Agreements mit Gewerkschaften.

## Transparenz ✘✘❋❋❋
Für Transparency International ist unklar, wie viele Gewinne – und damit Steuerzahlungen – in ausländischen Tochterfirmen von AB InBev entstehen. Untersuchungen durch das US-Justizministerium, ob AB InBev in den USA den Wettbewerb durch populäre Craft-Biere verhindert. Zahlen des Bierkonzerns und der 3G-Investments sind transparent.

# David S. Taylor
## Procter & Gamble

Mit seinen langen Koteletten und dem leicht geröteten Gesicht sieht David S. Taylor (geb. 1959) ein bisschen wie ein Engländer aus. Aber sobald er den Mund öffnet, weiß man, woher er kommt: Der Chef von Procter & Gamble spricht Englisch mit einem Südstaatenakzent, er wuchs im Bundesstaat North Carolina auf. Meistens spricht Taylor nicht, er hört lieber zu. Als er 2015 Vorstandschef und President des amerikanischen Konsumgüterkonzerns wurde, machte er sich in aller Ruhe mit dem Geschäft und seinen Problemen vertraut. Ein ganzes Jahr dauerte es, bis er im Sommer 2016 erstmals an der Telefonkonferenz mit Analysten teilnahm, um die Quartalsergebnisse zu besprechen. »Procter & Gamble kann sich anpassen, entwickeln und verändern, wo immer es zum Erfolg nötig ist«, sagte Taylor den neugierigen Zuhörern.

Das hört sich zurückhaltend an, und soll es auch sein. David S. Taylor steht für eine neue Philosophie. Noch vor wenigen Jahren glaubte Procter & Gamble an seine Allmacht. Der Konzern aus Cincinatti, Ohio, besaß 180 Marken, darunter Produkte wie Batterien oder Tierfutter, die wenig mit dem Kerngeschäft von Körperpflege und Hygiene zu tun hatten. Das Resultat: schwaches Wachstum. Procter & Gamble feuerte 2013 den Vorstandschef und holte den früheren CEO A.G. Lafley aus dem Ruhestand zurück. Er baute das Unternehmen gewaltig um und setzte 2015 Taylor als seinen Statthalter ein. Er selbst blieb im Board of Directors. Von den 180 Marken blieben nur noch die größten 60 bis 70. So veräußerte Procter & Gamble 2015 für 13 Milliarden Dollar allein 43 Marken im Schönheitsgeschäft, darunter Wella oder Cover Girl, an Coty, den Parfümkonzern der deutschen Unternehmerfamilie Reimann.

Nicht, dass Taylor jetzt ein kleines Unternehmen führt. Selbst nach den Verkäufen ist Procter & Gamble ein Riese. Der Börsenwert beläuft sich auf rund 230 Milliarden Dollar, der Umsatz soll 2016 bei 66 Milliarden Dollar liegen. Dazu tragen 21 sogenannte Milliarden-Marken bei wie Pampers, Ariel oder Gilette, die jährlich mehr als eine Milliarde Dollar umsetzen und in ihrer Kategorie wie Windeln, Waschmittel oder Rasierklingen den Markt mit anführen. Das Unternehmen gehört zu rund 60 Prozent institutionellen Anlegern. Größter Anteilseigner davon ist Vanguard mit 6,3 Prozent, gefolgt von Blackrock mit 5,8 Prozent und State Street mit 4,3 Prozent. Sie wissen es zu schätzen, dass die Firma seit 1890 immer eine Dividende gezahlt hat und diese seit 1956 sogar stets gestiegen ist. Gegründet wurde der Konsumgüterriese schon 1837 von zwei Westeuropäern, dem englischen Kerzenmacher William Procter und dem irischen Seifenmacher James Gamble. Bereits in den 1930er Jahren entdeckte die Firma die internationalen Märkte. Später machten Windeln (Pampers) und Shampoos (Head & Shoulders) Furore. Es folgten zahlreiche Akquisitionen, zum Beispiel von Richardson-Vicks, Old Spice oder Pantene. 2005 ging Gilette ins Netz (mit Braun und Oral B) – damit war Procter & Gamble die Nummer eins der weltweiten Konsummärkte und hatte Unilever überholt. Niemand gibt in den USA mehr für Werbung aus – 2015 waren es 4,3 Milliarden Dollar. Im Übrigen sind die Strategen aus Cincinatti die Ersten gewesen, die eigene

Sendungen für Radio und Fernsehen produzierten – schäumende Unterhaltung, für die sich der Begriff Soap Opera eingebürgert hat.

Taylor arbeitet seit 1980 im Unternehmen und stieg schnell auf; nach elf Jahren leitete er eine Fabrik. Doch dann fällte er eine auf den ersten Blick seltsame Entscheidung: Mit 34 Jahren fing er als Assistent Brand Manager an. Statt seinen Dienstwagen auf den eigenen Parkplatz zu fahren und 1300 Leuten zu sagen, was sie zu tun haben, saß er neben frischgebackenen College-Abgängern in einem Großraumbüro, um das ABC der Waschmittel und Windeln zu lernen. »Das war eine fabulöse Erfahrung in Demut«, sagte Taylor. Der vermeintliche Rückschritt erwies sich als Karrieresprung – nichts zählt bei Procter & Gamble mehr als die »Brands«. 1998 vertraute ihm das Unternehmen das Hongkong-Geschäft und das Haarpflegegeschäft in China an. »Ich kannte weder China, noch Hongkong, noch das Haarpflegegeschäft«, erzählt Taylor. Der Erfolg sei ganz seinem Team zu verdanken gewesen.

Eine typische Äußerung des Vorstandschefs. In Hongkong lernte er viel über die »Macht des Teams« und das Zuhören. Nichts ist ihm mehr verhasst als Selbstdarsteller: »Hören Sie zu oder warten Sie darauf, etwas zu sagen?«, sagt er gerne. Meinungsverschiedenheiten seien wichtig, er schätze »Messy Meetings«, also chaotische Konferenzen. Denn nur so könnten wahrer Konsens aufgebaut und Leute motiviert werden, nicht durch »Befehle und Kontrolle«.

Seine Leidenschaft für Teambuilding entdeckte Taylor mit 24, als er einen Sommerjob bei Carowinds hatte, einem Vergnügungspark in North Carolina. Dort betreute er Besucher, was ihm einen Riesenspaß machte. Eigentlich studierte er Elektroingenieurwesen, hatte Angebote von IBM und HP. Aber er ging lieber zu Procter & Gamble – damit er Leute führen konnte. Noch heute gilt das Unternehmen als Kaderschmiede der USA, zahlreiche dort ausgebildete Manager führen andere Firmen, beispielsweise Fabrizio Freda, Chef des Kosmetikkonzerns Estée Lauder. Karriere um jeden Preis ist nichts für Taylor. Als ihm Procter & Gamble vor einigen Jahren eine Beförderung anbot, lehnte er ab. Er wollte nicht wegziehen, seine drei Kinder waren dabei, die Highschool zu beenden. »Es ist entscheidend zu wissen, wo für einen die Grenzen liegen«, sagt er.

Das gefiel dem ehemaligen Vorstandschef A.G. Lafley, der Taylor förderte und dem Verwaltungsrat als Nachfolger empfahl. Lafley ging es genau darum: Nicht mehr um jeden Preis zu wachsen. Aber man sollte sich nicht vertun: »Taylor hegt enorme Ambitionen für Procter & Gamble«, sagt William Boulding, Dekan der Business-School von der Universität Dukem, der Taylor seit vielen Jahren persönlich kennt. Aber sein Ehrgeiz habe wenig mit seinem Ego zu tun: »Er scheint nicht im Geringsten an sich selbst zu denken.«

**Nachhaltigkeit** ✖✖✗✗✗
Greenpeace beschuldigt P & G, mit Palmöl-Zulieferern aus Indonesien zusammenzuarbeiten. Man solle sich lieber einer Politik gegen die Abholzung von Palmenwäldern anschließen. Der Konzern überprüfte daraufhin die Lieferketten.

**Unbestechlichkeit** ✖✖✖✗✗
Keine Korruptionsfälle sind aktenkundig geworden.

**Steuerehrlichkeit** ✖✖✗✗✗
Argentinien beschuldigt P & G der Steuervergehen. Auch Mexiko wurde

vorstellig. Und Italien ermittelt wegen Steuerfragen.

**Humanität** ✖✖✖✗✗
Der Konzern spricht sich für gleichgeschlechtliche Ehen aus.

**Transparenz** ✖✖✗✗✗
P & G wurde 2011 von der EU-Kommission zu 211 Millionen Euro Strafe verurteilt – man hatte mit Unilever ein Preiskartell für Waschpulver gebildet. China belangte den Konzern mit einer Million Dollar Strafe für irreführende Zahnpasta-Werbung.

# Paul Polman
## Unilever

Paul Polman fällt auf – in mehrfacher Hinsicht. Der 1,90-Meter-Hüne, der seit 2009 den Konsumgüterriesen Unilever führt, sticht allein durch seine Größe hervor, wenn er das Besprechungszimmer in der Londoner Konzernzentrale betritt. Doch der Vater von drei Kindern unterscheidet sich auch in anderer Hinsicht von vielen Kollegen: Polman (geb. 11. Juli 1956) nimmt in politischen Fragen kein Blatt vor den Mund. Dass er damit immer wieder aneckt – geschenkt. Sein eigenes Managergehalt? Viel zu hoch. Nachhaltigkeit und Klimaschutz? Von vielen Unternehmen immer noch sträflich vernachlässigt zugunsten kurzfristiger Renditegedanken. Schon als Jugendlicher war er aufmüpfig. Es ist ein Charakterzug, den der Niederländer auch auf dem Weg an die Spitze nicht mehr abgelegt hat.

Bis heute gibt Polman gerne den Messias unter den Konzernvorständen. Er will nicht nur die Margen bei Unilever verbessern, er hat eine größere Mission: die Welt zu verbessern, Hunger zu bekämpfen und dabei – eher als Nebeneffekt – den Umsatz zu verdoppeln. Polman ist überzeugt, dass sich Nachhaltigkeit auf Dauer für die Konzerne auszahlt. »Wenn wir zum Beispiel weniger Verpackungsmaterial oder Energie einsetzen, senken wir ja direkt unsere Kosten«, argumentiert er. Und er findet, Vorstandschefs könnten »nicht Sklaven ihrer Aktionäre sein«. Blackrock (5,3 Prozent) und Vanguard (2,0 Prozent) sind die größten Fremdaktionäre; 4,7 Prozent der gesamten Aktien gehören dem 1929/30 gegründeten Unilever-Konzern selbst. Damals ehelichten die niederländische Margarine Unie und die englische Lever Brothers Ltd. Noch heute ist der Gesamtkonzern in zwei börsennotierte Teile aufgesplittet, ähnlich wie Royal Dutch Shell: Unilever plc in London und Unilever N.V. in Rotterdam. An der niederländischen Notierung halten die beiden heimischen Versicherungskonzerne Nationale Nederlanden (NN Group), eine Tochter der ING-Finanzgruppe, sowie ASR Nederland mehr als zehn Prozent der Stimmrechte.

Noch ist Polman mit seiner Haltung ein Unikum, dessen Wort jedoch Gewicht hat. Schließlich lenkt er einen der größten Lebensmittel- und Konsumgüterkonzerne der Welt. Zwei Milliarden Menschen nutzen täglich dessen Produkte. Bekannte Marken wie Lätta, Dove, Knorr, Langnese, Lipton, Magnum oder Rexona gehören zu der Firma, die 2015 mit rund 170.000 Mitarbeitern fast 50 Milliarden Euro Umsatz gemacht hat. Mitte 2016 begann Unilever mit einer US-Offensive und erwarb Dollar Shave Club, einen Abo-Service für Rasierklingen. Der Chef verpasste dem Konzern eine ehrgeizige Zukunftsstrategie: den Unilever Sustainable Living Plan (USLP). Er schwor das komplette Unternehmen auf Nachhaltigkeit ein.

2003 wurde Polman vom »Wall Street Journal« zum European Business Leader of the Year gekürt. Diese Karriere ist ihm nicht in die Wiege gelegt worden. Er wuchs mit drei Brüdern und zwei Schwestern in Enschede im Osten der Niederlande auf. Um sein Studium zu finanzieren, jobbte er bei Procter & Gamble in Ohio – und blieb dort für Jahrzehnte. Zunächst als Controller im Hauptquartier, am Ende als Chef des Europageschäfts mit rund 15 Milliarden Euro Umsatz. In den USA lernte Polman seine Ehefrau Kim kennen, eine Cellistin, mit der er drei Söhne hat. 2006 holte ihn Nestlé-Chef Peter Brabeck als Finanzvorstand in die Schweiz. Knapp drei Jahre später kam es zum Showdown mit Nestlé-Manager Paul Bulcke: Die beiden rangen um die Nachfolge Brabecks, Polman verlor. Ein Jahr später wurde der Niederländer dennoch Chef – beim Konkurrenten Unilever.

Seit er die Leitung des Konzerns übernommen hat, ist der Kurs der Unilever-Aktie deutlich gestiegen. Auch die Dividende wurde mehrfach erhöht. Doch in diesen Kategorien will Polman später nicht gemessen werden. »Sehen Sie, manch ein CEO scheint davon zu träumen, dass es auf seiner Beerdigung heißt: Er hat noch schnell den Umsatz gesteigert, bevor dieser Planet unbewohnbar wurde«, sagt er im Interview: »Ich hoffe, dass der Pfarrer bei mir zumindest sagen kann, dass ich versucht habe, die Welt zu einem besseren Ort zu machen. Das ist mir wichtiger als ein halber Punkt mehr Marktanteil bei Rexona.«

**Nachhaltigkeit** ✖ ✖ ✖ ✖ ✖
Setzt konsequent auf grüne Strategien. Polman sitzt in UN-Gremien und im Board des Consumer Goods Forum.

**Unbestechlichkeit** ✖ ✖ ✖ ✖ ✖
Scharfer Kampf gegen Korruption. Polman forderte mit anderen Unternehmern härtere Schritte von der britischen Regierung.

**Steuerehrlichkeit** ✖ ✖ ✖ ✖ ✖
Ethical Consumer enthüllte 2012, dass von knapp 700 Töchtern des Konzerns 26 Prozent in Steueroasen liegen.

**Humanität** ✖ ✖ ✖ ✖ ✖
2011 Berichte über Korruption und sexuellen Missbrauch auf der eigenen Tee-Plantage in Kenia. Oxfam enthüllte 2013 unhaltbare Zustände in Unilever-Fabriken in Vietnam. Der Konzern gelobte Besserung und kooperiert mit NGOs.

**Transparenz** ✖ ✖ ✖ ✖ ✖
Ausführliche Darstellung der Bilanzen und der Umweltaktivitäten.

# André Calantzopoulos
## Philip Morris International

Früh hat André Calantzopoulos (geb. 1957) in einer richtigen Zukunftsbranche gearbeitet. Nach seinem Elektro-Ingenieurstudium an der École Polytechnique in Lausanne beschäftigte sich der Bankersohn mit Robotik. Aber nach einem weiteren Studium an der französischen Business School Insead ging er in eine Industrie, die schon seit einiger Zeit als Geschäft von gestern erscheint: die Tabakindustrie. In Deutschland beispielsweise ging der Zigarettenverkauf 2015 auf 81 Milliarden Stück zurück, 13 Jahre vorher waren es noch 145 Milliarden gewesen. Aber noch werden sechs Billionen Zigaretten pro Jahr weltweit verkauft.

Calantzopoulos hat bisher den Gewinn gesteigert, indem er Preise erhöhte und der Konkurrenz Marktanteile abnahm. Nun redet er von der »gesunden Zigarette«. Der gebürtige Grieche wechselte 1985 zu Philip Morris International, einem Zigarettenkonzern, der stets vor allem durch kräftiges Marketing auf sich aufmerksam gemacht hat. Calantzopoulos durchlief in fast drei Dekaden planmäßig alle möglichen Stationen, die das global ausgerichtete Unternehmen zu bieten hat, ehe er im Mai 2013 Vorstandvorsitzender wurde. Dem Mann wird Intellekt, Ehrgeiz und ein Händchen für die Aktie nachgesagt; der Börsenwert stieg seit seinem CEO-Start von 140 Milliarden auf 155 Milliarden Dollar.

Und doch bleibt es ein schwieriger Job in einem Markt, wo Werbung nur sehr begrenzt erlaubt ist, und das auch nur mit großen Warnhinweisen zur Gesundheitsschädlichkeit. Auf den Packungen dominieren Schockbilder. Der Konzern versucht, zum Beispiel mit dem Sponsoring des Ferrari-Formel-1-Teams dagegenzuhalten. Dennoch lässt sich mit Zigaretten, bei allen Abwärtstendenzen, noch gutes Geld verdienen. Philip Morris International, formal in New York ansässig, bedient 180 Länder und hat einen Markanteil von ungefähr 15 Prozent. 2015 hat Calantzopoulos' Firma weltweit 850 Milliarden Zigaretten verkauft, der Umsatz lag bei 26,8 Milliarden Dollar, deutlich mehr als die 19 Milliarden Dollar der Altria Group (früher Philip Morris Companies). Philip Morris International (PMI) hatte sich 2008 von dieser Altria Group abgespalten, die sich fortan auf die USA beschränkte. Die Altria-Aktionäre bekamen Aktien der Philip-Morris-Firma, die in New York an der Börse notiert ist. Unter den Teilhabern fallen die amerikanischen

Vermögensverwalter Capital Group (11,6 Prozent), Vanguard (6,4 Prozent) und Blackrock (5,6 Prozent) auf. Das operative Hauptquartier von PMI sitzt in Lausanne. Das Unternehmen geht im Übrigen zurück auf einen Laden, der 1847 in der Londoner Bond Street eröffnete und Tabak sowie Zigaretten verkaufte. Bekannter als der Konzernname sind die einzelnen Marken: L & M beispielsweise, 1953 in den USA lanciert, oder Marlboro, 1904 gestartet, sowie Longbeach für Australien und Indonesien, Dji Sa Soe für Indonesien, aber auch Chesterfield, Muratti, Benson & Hedges (mit British American Tobacco BAT, Gallaher Group und Japan Tobacco), John Player und Peter Stuyvesant (jeweils mit BAT und Imperial Tobacco) oder Gauloises (mit Imperial).

In seiner Not, die erfinderisch machen muss, setzt Calantzopoulos auf neue Produkte, zum Beispiel iQos für 65 Euro. Das ist eine Art E-Zigarette mit Ladegerät und Reiniger. Tabaksticks werden bei 300 Grad erhitzt und nicht verbrannt, was mittels iQos Dampf erzeugt, der irgendwie nach Tabak schmeckt. Die Sticks sind ähnlich teuer wie Zigaretten. In die iQos-Entwicklung investierte der Konzern immerhin rund zwei Milliarden Dollar und zehn Jahre Zeit. Calantzopoulos glaubt an einen Verkauf von 30 Milliarden Stück und lässt einen Werbespruch der Superlative verbreiten: »Das ändert alles.« Angeblich enthält der iQos-Dampf weniger krebserregende Stoffe. Der Konzernchef ist davon überzeugt, dass diese neuen Waren für die öffentliche Gesundheit den größten Nutzen innerhalb kurzer Zeit bringen. Er selbst sei schnell von Zigarettenpackungen auf das neue System umgestiegen, das in Tokio, Deutschland und der Schweiz bereits am Start ist. Zudem verkauft Philip Moris E-Zigaretten in Spanien (Solaris) und England (Nicocig).

Aber der jugendlich und sportlich wirkende Chef von Philip Morris erinnert sich auch, was seine Freunde fragten, als er in den 1980er Jahren zum Zigarettenkonzern ging: »Was willst du in einer Industrie, die keine Zukunft hat?«

**Nachhaltigkeit** ✘✘✕✕✕
Nachhaltige Landwirtschaft in Tansania und Wassereinsparung bei der Produktion sind Vorzeigeprojekte von Philip Morris International. Es bleibt die Gesundheitsschädlichkeit der Produkte.

**Unbestechlichkeit** ✘✕✕✕✕
Der Zigarettenkonzern setzte sage und schreibe 161 Leute ein, um eine Tabakrichtlinie der EU-Kommission zu verzögern. Für Treffen mit Europaparlamentariern wurden zwei Millionen Dollar ausgegeben.

**Steuerehrlichkeit** ✘✘✘✘✕
PMI ist ein extrem guter Steuerzahler. 2015 fielen 48,8 Milliarden Dollar für den Fiskus

an. In Thailand droht PMI eine Strafe über 2,2 Millionen Dollar wegen nicht gezahlter Steuern auf importierte Zigaretten.

**Humanität** ✘✘✕✕✕
PMI spendet im Jahr rund 30 Millionen Dollar. Es gab kritische Berichte über die Ausbeutung von Tabakarbeitern in Kasachstan und anderen Ländern.

**Transparenz** ✘✘✘✕✕
Kontinuierliche Wirtschaftsberichterstattung. 13 Jahre lang stritt Philip Morris mit Anwälten von Rauchern in Arkansas über das angeblich inkorrekte Marketing für Silver- und Gold-Zigaretten. Man einigte sich bei 45 Millionen Dollar.

## Simone Bagel-Trah
### Henkel

Dynastien leben von Ritualen, Symbolen und ihrer Mission. Die drückt sich oft in einem Satz aus, und dieser eine Satz wird Programm. Bei den Besitzern des Düsseldorfer Industriekonzerns Henkel lautet er: »Firma geht vor Familie.« Das haben sie oft gesagt in der langen Geschichte des 1876 gegründeten Unternehmens. Auch Simone Bagel-Trah (geb. 10. Januar 1969) hat diesen Satz immer wieder gesagt, seit sie 2009 zur Nummer eins der Familie Henkel aufrückte, die 61 Prozent der stimmberechtigten Stammaktien der börsennotierten Henkel AG KGaA besitzt, die

also unangefochten das Sagen hat. Der Aktienbindungsvertrag der Clanmitglieder wurde 2014 vorzeitig bis zum Jahr 2033 verlängert, was ihr Verdienst war. Die Botschaft: Keiner aus der 129-Personen-Schar büxt aus.

Bagel-Trah leitet den Aufsichtsrat – und vor allem den viermal im Jahr tagenden Gesellschafterausschuss. Er ist das eigentliche Machtzentrum des Unternehmens, hier fallen die wichtigen strategischen Entscheidungen, hier debattieren fünf Familiengesandte mit fünf externen Wirtschaftsgrößen (etwa Paul Achleitner und Norbert Reithofer). Im Jahr 2015 setzte der Konzern 18,1 Milliarden Euro um und brachte den Henkels 350 Millionen Dividende. Bagel-Trah pflegt einen sportiv-nüchternen Stil. Ihre Zielstrebigkeit verband sich für einige Jahre gut mit dem Renditeehrgeiz von Kasper Rorsted, der als Vorstandschef von 2008 bis 2016 half, dass Henkel gut aus der Finanzkrise kam und der Aktienkurs auf das Dreifache steigen konnte. Die alte Gemütlichkeit war unter dem Eindruck des lässig-fordernden amerikanischen Stils dahin, aber irgendwann waren die Akquisitionsmöglichkeiten zu klein, als dass das Spitzen-Duo hätte weiter funktionieren können. Die von den beiden für Ende 2016 angepeilte Umsatzmarke von 20 Milliarden Euro ist möglich – weil Rorstedts Nachfolger Hans van Bylen sich mit Zukäufen einführte. Der langjährige Henkel-Mann akquirierte als Erstes die US-Waschmittelfirma Sun, die 1,4 Milliarden Euro umsetzt.

Die Machtbalance in der Eigentümerfamilie ist bei solchen Fragen eine sensible Angelegenheit. Die drei handelnden Stämme gehen zurück auf die Kinder des Gründers Fritz Henkel, dessen Bildporträt oder Büste an manchen Orten dieser Industriewelt zu erleben ist. Die derzeitige Familiensprecherin Bagel-Trah steht in der internen Nomenklatura für den Stamm Fritz Henkel junior, der genauso wie die Nachkommen von Hugo Henkel über 40 Prozent der Stimmrechte verfügt. Dritter im Bunde (mit 20 Prozent der Stimmrechte) sind die Nachkommen von Emmy Lüps. Hierzu gehört der Patriarch Albrecht Woeste, der als Mentor von Simone Bagel-Trah gewirkt hat.

Über Jahre hinweg wurde sie auf die Führungsaufgabe vorbereitet, immer in Konkurrenz zu Kandidaten aus den anderen Stämmen. Es begann 1999 mit einem Aufsichtsratsjob bei der damaligen Tochter Cognis. »Ich war oft die Jüngste und nicht selten die einzige Frau«, erinnert sie sich. Als Favorit für die Familienführung galt lange Christoph Henkel, Vize-Chef des Gesellschafterausschusses vom Stamm, der auf Hugo Henkel zurückgeht. Er ist größter Einzelaktionär und bekannte einmal: »Wir sind von Kindesbeinen darauf getrimmt, worauf es ankommt.« Aber der Investor (Canyon Equity LLC) schätzt wie seine Frau Katrin Bellinger, eine bekannte Kunsthändlerin, London als Wohnort und hat sich im Westen der USA, in den Rocky Mountains, das Gelände der alten Goldgräberstadt Dunton Hot Springs gekauft, auf dem ein edles Luxushotelrefugium nach dem anderen entsteht. Der Sohn Konrad Henkels ist also weit vom Schuss – anders als Bagel-Trah.

Sie lebt mit ihrem Mann, einem bekannten Personalberater, und zwei Kindern in Düsseldorf und kümmert sich in Rheinbach bei Bonn auch noch um ihre eigene Firma, Antiinfectives Intelligence, wo sie als Partner in der Geschäftsleitung sitzt. Ihr Doktorvater hatte die Biologin auf die Idee gebracht, mit anderen Gleichgesinnten ein solches Start-up zu gründen. Das alles und die Aufsichtsratsmandate bei Bayer und in der Heraeus-Holding sowie Beiratsposten bei der Commerzbank und HSBC Trinkaus & Burkhardt reichen für ein ausgefülltes Leben. Ihre größte Herausforderung ist, die verzweigte Familie offen genug zu informieren, Alleingänge sind in diesem Milieu verpönt. Nachhaltigkeit, Wertschätzung des Personals und Qualität hat Simone Bagel-Trah früh als zentrale Werte des weltweit agierenden Persil-Pritt-Pattex-Konzerns genannt.

Die Gesellschafter schauen bang, ob der Boom bei Klebstoffen anhält, wo es Henkel zum Weltmarktführer gebracht hat. Die meisten Autos in Deutschland werden von Bagel-Trahs Mitarbeitern geklebt. In den anderen beiden Divisionen – Kosmetik und Reinigung – sind die Renditen kleiner und die Namen größer, angefangen von Schwarzkopf bis zum Routinier Persil, das frühere Bleich-Soda. Den Grundstock zur Globalisierung hatte der legendäre Konrad Henkel gelegt, der die Firma 1985 an die Börse brachte; ein bestimmt auftretender Industrieführer, dessen Frau Gabriele die Kunst- und Partyszene bei Laune hielt. Auf ihn geht auch der »Informationskreis für die Jugend« zurück, der die Kinder und Angeheirateten mit der Firma, die immer vor der Familie kommt, vertraut macht. Simone Bagel-Trah schwört auf das Modell Henkel. Sie sagt, es biete das Beste aus beiden Welten – das Soziale und Wertbeständige der Familie sowie die Effizienz-Orientierung der Börse.

**Nachhaltigkeit** ✗✗✗✗✗
Schon 1992 den ersten Umweltbericht publiziert. Gründungsmitglied des World Business Council for Sustainable Development. Im Jahr 2030 sollen alle Produkte und Prozesse dreimal effizienter sein. Bei Produkten wie Persil, Schwarzkopf oder Terra Aktiv wird Palmöl verwendet, bei dem Greenpeace zufolge niemand eine umweltverträgliche Lösung garantieren kann.

**Unbestechlichkeit** ✗✗✗✗✗
Der Anspruch: alle Geschäfte ethisch und rechtlich einwandfrei zu tätigen. Keine Korruptionsfälle erkennbar. Dass der damalige Leiter Sport Sponsoring vor Jahren faule Geschäfte inszenierte, die zu 45 Millionen Euro Schaden und Verurteilungen führten, gilt als peinlicher Unfall.

**Steuerehrlichkeit** ✗✗✗✗✗
Keine Auffälligkeiten. Sehr korrekt.

**Humanität** ✗✗✗✗✗
Soziale Partnerschaft und offener Führungsstil betont. Aber hoher Druck auf Mitarbeiter aufgrund permanenter Effizienzprogramme mit vereinzelten Werksschließungen.

**Transparenz** ✗✗✗✗✗
Ausführliche Erklärung der Ziele, Strategien und Zahlen. Familie selbst weniger transparent. 2011 verurteilte das französische Kartellamt die Firma wegen Kartellabsprachen zu 92 Millionen Euro Bußgeld.

# INDUSTRIE

|  |  | Gründung | Land | Umsatz<br>in Mrd. US$ 2015 | Größte Anteilseigner |
|---|---|---|---|---|---|
| 1 | **Foxconn**<br>Tai-Ming (»Terry«)<br>Gou | 1974 | Taiwan | **141,2** | Terry Gou: 12,6%<br>Vanguard: 2,7%<br>Blackrock: 2,4% |
| 2 | **China State<br>Construction<br>Engeneering<br>Corp.**<br>Guan Qing | 1957 | China | **135,1** | Staat China: ca. 60% |
| 3 | **General Electric**<br>Jeffrey Immelt | 1892 | USA | **115,2** | Vanguard: 5,9%<br>Blackrock: 5,7%<br>State Street: 3,9% |
| 4 | **Boeing**<br>Dennis A.<br>Muilenburg | 1916 | USA | **96,1** | Capital Group: 11%<br>Evercore: 6,9%<br>Vanguard: 6,2% |
| 5 | **China Railway<br>Group**<br>Li Changjin | 1950 | China | **95,5** | China Railway Engineering<br>Corp.: 53,7%<br>China Universal Asset<br>Management: 2,8%<br>China Securities Financial<br>Corp.: 2,8% |
| 6 | **China Railway<br>Construction<br>Corp.**<br>Meng Fengchao | 1948 | China | **92,7** | Staat China: 100% |
| 7 | **Siemens**<br>Joe Kaeser | 1847 | D | **86,9** | Siemens-Familie: ca. 6,5%<br>Blackrock: 5,6%<br>Siemens AG: 4,8% |
| 8 | **Airbus**<br>Thomas (»Tom«)<br>Enders | 1970 | F | **71,5** | Staat Frankreich: 11%<br>Staat Deutschland: 11%<br>Capital Group: 5,1% |
| 9 | **Marubeni**<br>Fumiya Kokubu | 1858 | Japan | **60,9** | Government Pension Investment<br>Fund Japan: 7,6%<br>Sumitomo Mitsui: 4,5%<br>Capital Group: 4,4% |

# Tai-Ming (»Terry«) Gou
## Foxconn

Terry Gou (geb. 8. Oktober 1950) lässt nie locker, egal, ob er etwas verkaufen oder etwas kaufen will. Im Frühjahr 2016 zahlte sich dieser Charakterzug aus: Sein Unternehmen Foxconn übernahm den angeschlagenen Elektronikkonzern Sharp aus Japan. Gou will ihn wieder rasch auf die Beine bringen – und dann soll Sharp ganz vorn bei der Entwicklung des »Internets der Dinge« mitspielen, so der Plan. Dazu gehören alle Geräte, die über das Internet miteinander kommunizieren und zum Beispiel gewährleisten, dass der Kunde im Urlaub die Heizung daheim hoch-
stellen kann. Sharp soll die dafür benötigten computerisierten Haushaltsgeräte auf den Markt bringen. Neue Technik sorgt dafür, dass die Geräte nicht mehr so viel Strom fressen.

Auch wenn Gou sonst nicht gern auffällt, weil Publizität ja nur der Konkurrenz helfe, hat er einen Hang zum Drama: »Wenn wir den Umbau bei Sharp nicht schaffen, werden uns unsere globalen Wettbewerber bei lebendigem Leib verspeisen«, sagte er nach der Übernahme im Wert von 3,5 Milliarden Dollar. Der Herrscher über das größte Industrieunternehmen der Welt (Umsatz 2015: 141,2 Milliarden Dollar) ist auch bekannt für seine cholerischen Anfälle. In Shenzhen kündigte er zwei Mitarbeitern auf der Stelle, weil sie das Rauchverbot auf dem Werksgelände missachteten. Es handelt sich um die größte Fabrik des Taiwanesen, der 1988 auf das Festland gegangen ist. Zudem ist Gou gefürchtet für seine Verhandlungsmarathons, die schon mal zwölf Stunden dauern können.

Der Industrielle hat seine Firma 1974 als Hon Hai Precision in einem Vorort der taiwanischen Hauptstadt Taipeh gegründet – als Hersteller von Bedienungsknöpfen aus Plastik für TV-Apparate. Mittlerweile ist Foxconn der größte Auftragshersteller für Elektronikgeräte in China mit Kunden wie Apple, HP, Sony und Nokia. Gou produziert die meisten iPhones auf der Welt. Er ist der Zulieferer per se der Globalisierung. 1,2 Millionen Menschen arbeiten für ihn, verteilt auf rund zwei Dutzend Fabriken. Der Mann zerlegt und organisiert Produktionsketten wie sonst keiner. Er macht das, was der Ökonom Frederick Taylor und der Industrielle Henry Ford Anfang des 20. Jahrhunderts dem kapitalistischen System im Westen verordneten: extreme Arbeitsteilung und hohe Spezialisierung.

In der Vergangenheit sind menschenunwürdige Zustände in seinen Fabriken publik geworden, vor allem nach einer Serie von Selbstmorden im Jahr 2010. Damals kam heraus, dass die Mitarbeiter monatlich im Schnitt 83,2 Überstunden machten. Die Plackerei ist ein Grund, weshalb Konzerne wie Apple hohe Profite machen. Nach den Todesfällen erhöhte Foxconn die Gehälter, engagierte 1200 Sozialarbeiter und spannte Netze rund ums Gebäude. Terry Gou mag über sein Vermögen keine Auskunft geben: »Mir fehlt der Überblick.« 2015 soll es bei 5,6 Milliarden Dollar gelegen haben. Seine Holding Hon Hai Precision hatte Gou 1991 an Taiwans Börse gebracht. Heute ist er bei Foxconn mit 12,6 Prozent der größte Gesellschafter, gefolgt von Vanguard (2,7 Prozent) und Blackrock (2,2 Prozent).

Dass Gou viel mehr will, als nur für andere zu produzieren, hat er mit der Übernahme von Sharp jedem klargemacht. Schon vorher hat er Patente erworben, auf eigene Faust Notebooks produziert und Zehntausende Werkzeugmacher sowie rund 2000 Designer beschäftigt. Im Verbraucherendgeschäft fallen, wenn es gut geht, die höheren Margen an. Nun muss Gou nur noch beweisen, dass seine Wette auch aufgeht. Sharp machte zuletzt 2,1 Milliarden Dollar Verlust. Bei seinen Zukäufen hat sich Gou schon mehrfach verspekuliert: So hat er 2009 über die Tochter Innolux Display den Flachbildschirmhersteller Chi Mei Optoelectronics für mehr als fünf Milliarden Dollar übernommen. Chi Mei dümpelt vor sich hin; der Kurs von Innolux ist seit dem Zusammenschluss um 80 Prozent eingebrochen. Auch Investitionen in die Solar- und Technologiebranche haben sich noch nicht ausgezahlt.

Gous Eltern waren 1949 in den Revolutionswirren aus der chinesischen Provinz Shanxi nach Taiwan geflohen. Ihr Sohn ist inzwischen ein Nationalheld auf Taiwan geworden, sein Privatleben ist öffentliches Thema. Nach dem Krebstod seiner ersten Frau heiratete er eine 24 Jahre jüngere Tanzlehrerin und machte beim Hochzeitsfest demonstrativ 30 Liegestützen, um seine Fitness zu beweisen. Der Unternehmer ist in Tschechien – wo er produzieren lässt – auch Schlossherr. Sein Anwesen nahe der Stadt Kutná Hora wird auf 30 Millionen Dollar geschätzt.

### Nachhaltigkeit ✘✘✖✖✖
Nachhaltigkeit sei ein »Muss«; mit Apple will man in Solarkraftwerke investieren.

### Unbestechlichkeit ✘✘✖✖✖
Konzernchef Gou ist erpicht darauf, keine Korruption zuzulassen. Umso schlimmer, dass einige Top-Manager sich mit rund fünf Millionen Dollar bestechen ließen.

### Steuerehrlichkeit ✘✘✖✖✖
In den »Panama Papers« taucht Foxconn auf und hat es angeblich geschafft, sich vor 22 Milliarden Dollar Steuern zu drücken.

### Humanität ✘✖✖✖✖
Jahrelang skandalös schlechte Arbeitsbedingungen in den Massenfabriken von Foxconn. Leichte Verbesserung in den letzten Jahren – aber nicht so gut, wie PR-Geschichten suggerieren. 2015 protestierten 50 Angestellte in Shenzhen, weil die Firma obligatorische Versicherungsbeiträge nicht zahle – 16 wurden gefeuert.

### Transparenz ✘✘✖✖✖
Ganz auf den Gründer abgestellt. Als Börsenunternehmen halbwegs transparent.

# Guan Qing
## China State Construction Engineering Corporation (CSCEC)

China State Construction ist mit 135 Milliarden Dollar Jahresumsatz das größte staatliche Bauunternehmen. Niemand sonst tritt auf ausländischen Märkten so stark als Generalunternehmer auf. Dem 1957 gegründeten Unternehmen (mehr als 240.000 Mitarbeiter) gelangen seit Mitte 2015 viele Deals, vor allem im Ausland. Gerade der gefallene Ölpreis hat die Beteiligung bei öffentlich-privaten Projekten erhöht, in denen CSCEC langjährige Erfahrungen vorweisen kann.

Gelenkt wird der Staatsriese seit einigen Jahren von Qing Guan, seit September 2011 in der Rolle des Präsidenten, sei Mai 2015 als Chairman; der promovierte Ingenieur ist auch Sekretär des Parteikommitees bei CSCEC. Zuvor leitete er das China Southwest Architectural Design & Research Institute. Der Top-Manager ist dabei, wenn Staatspräsident Xi Jinping irgendwo auf der Welt lukrative Projekte vereinbart, so wie im Januar 2016 in Ägypten beim Treffen mit dem Staatspräsidenten Sisi. Dort darf der Konzern nun für 2,7 Milliarden Dollar vier Regierungsgebäude bauen.

Schon 1970 hatte CSCEC sein erstes Auslandsbüro in Kuwait eröffnet, in den USA ist man seit Mitte der 1980er Jahre tätig. Der Konzern ist mittlerweile an mehr als 70 Bauprojekten im Ausland im Wert von mindestens 100 Millionen Dollar beteiligt. Die Projekte reichen von der öffentlichen Infrastruktur bis zur privaten Wohnanlage. Dabei hat CSCEC Standards für die gesamte Branche gesetzt. In China hält der Konzern das Monopol, wenn es um Bauten für Flughäfen oder Botschaftsgebäude geht. 85 Prozent der mittleren bis großen Flughäfen sowie 90 Prozent der höheren Gebäude sind von Tochterfirmen der CSCEC-Gruppe erbaut. Zudem ist das Unternehmen der größte Bauunternehmer für Sozialwohnungen. Es darf Nuklearanlagen erstellen und hält eine von fünf Lizenzen, um Hochgeschwindigkeitslinien in China zu errichten.

Die Umsätze in der Baubranche sind trotz der allgemeinen Schwäche am Immobilienmarkt 2015 bei der Konzerntochter China State Construction Engineering Corporation LTD (CSCECL) um neun Prozent gestiegen. Der Bausektor selbst wuchs nur mit zwei Prozent.

In den Anfangsjahren hat CSCEC viel Rückendeckung von der chinesischen Regierung und den Staatsbanken bekommen. 2009 sammelte das Unternehmen dann durch einen Börsengang in Shanghai rund 7,3 Milliarden Dollar von Investoren ein. Das war damals der größte Börsengang seit mehr als einem Jahr. Der Staat hält noch 60 Prozent.

Berühmt sind Chinas Bauunternehmen dadurch geworden, dass sie Projekte früher als angesetzt fertiggestellt haben. Das hat ihnen einen guten Ruf eingebracht. Im ersten Halbjahr 2016 hat CSCEC den Zuschlag für Infrastrukturprojekte in Indien sowie für den Ausbau des China-Pakistan-Wirtschaftskorridors als Teil zur Revitalisierung des Seidenstraßenprojekts von Präsident Xi Jinping bekommen. Auch baut CSCEC für 580 Millionen Dollar eine Universitätsstadt in Kuwait.

Nur auf den Bahamas gab es Ärger. Dort ging der verantwortliche Projektentwickler für das Baha-Mar-Ferienresort (vier Hotels, Golf, 40 Restaurants) in die Insolvenz und beschuldigte CSCEC, nicht pünktlich gearbeitet zu haben. Mit einer Klage in London forderte er 192 Millionen Dollar Schadenersatz. Die Chinesen sind nicht nur Generalunternehmer, sondern auch Finanzpartner, 2,4 Milliarden Dollar wurden von der Export-Import Bank of China finanziert. CSCEC sieht die Verantwortung allein beim Entwickler – der habe komplett versagt.

**Nachhaltigkeit** ✗ ✗ ✗ ✗ ✗
Konzern will grüne Konzepte ins Bauen integrieren. Noch wenige Referenzmodelle.

**Unbestechlichkeit** ✗ ✗ ✗ ✗ ✗
Die Weltbank wirft CSCEC vor, auf den Philippinen bei Straßenbauaufträgen geschmiert zu haben, und schließt die Firma für einige Jahre von Projekten aus. CSCEC bestreitet die Vorwürfe mit Verweis auf eigene Anti-Korruptionsnormen. Der chinesische Staat beschloss Mitte 2015, den Konzern auf Korruptionsvorgänge zu untersuchen.

**Steuerehrlichkeit** ✗ ✗ ✗ ✗ ✗
Chinesische Regierung geht gegen Steuervermeidung über Offshore-Zentren vor.

CSCES hat eine Tochter auf den Bahamas, geführt über Panama.

**Humanität** ✗ ✗ ✗ ✗ ✗
Gelegentlich Klagen über zu wenige Pausen für Arbeiter des Konzerns bei Auslandsprojekten, zum Beispiel auf der Arabischen Halbinsel. Das Centre for Development Policy and Research ermittelte 2014 in einer Studie unhaltbare Zustände bei Baukonzernen wie CSCEC in China: Fremdarbeiter zum Beispiel bekämen keinen Vertrag.

**Transparenz** ✗ ✗ ✗ ✗ ✗
Undurchsichtige Organisation mit mehreren Staatsfirmen, die auch Anteile halten.

# Jeffrey Immelt
## General Electric

Die globale Wirtschaft hatte Ende der 1990er Jahre einen Helden, dem man die größte Härte und den dümmsten Spruch verzieh. Er dirigierte das wertvollste Unternehmen Amerikas, das einzige, das vom Anfang 1896 an im Börsenindex Dow Jones gelistet ist: General Electric (GE). Seinen Managementstil verewigte dieser Konzernchef in Büchern, und alles schien darauf hinzudeuten, dass die Beziehung zwischen Jack Welch und GE eine Traumpaarung sei. Daran änderte auch sein Abgang nach 20 Jahren an der Spitze im September 2001 nichts. Welch (geb. 19. November 1935) hatte den Börsenwert der Firma um 2600 Prozent gesteigert und wurde mit einer Abschiedsgabe von 417 Millionen Dollar in den Feierabend geschickt. Er hatte einfach jedes Jahr die seiner Meinung nach schlechtesten zehn Prozent seiner Manager gefeuert und wurde »Neutron-Jack« genannt – nach jener berüchtigten Neutronen-Bombe, die Menschen tötet, aber Gebäude stehen lässt. Welch kaufte und verkaufte Firmen wie der Portfolio-Manager einer Investmentbank, alles diente dem Aktienkurs.

Heute ist vom Erbe des »Managers des Jahrhunderts« (»Fortune«) nicht mehr viel zu sehen. GEs Fernsehsender NBC, in dessen Wirtschaftsableger CNBC der Vorstandschef so gerne aufgetreten war, wurde an das Kabelnetzunternehmen Comcast verkauft. Die eigene Rückversicherung verschwand. Das Kunststoffgeschäft stieß GE 2007 ab. Und vor allem befindet sich der Finanzarm GE Capital in der Auflösung, große Teile sind bereits verkauft. Während der großen Deregulierung der Finanzmärkte in den 1980er und 1990er Jahren waren die Geschäfte von GE Capital explodiert; man machte einfach alles, vom Konsumentenkredit bis zu Gewerbeimmobiliengeschäften, und die Wucht der »money people« sorgte für extrem hohe Gewinnbeiträge. In Welchs Welt erinnerte immer weniger an die Glühbirnen des Firmengründers Thomas Alva Edison.

Doch mit der Finanzkrise 2008 hatte sich der Spuk der Gelddealer erledigt, GE Capital galt jetzt mit seiner Bilanzsumme von fast 700 Milliarden Dollar als eine der gefährlichsten Banken überhaupt. Die US-Regierung entschloss sich zur schärferen Regulierung der Branche, auch von GE Capital. Eine Goldader versiegte. GE musste zwischenzeitlich um Notkredite anhalten, etwa bei Warren Buffett. Es war fast eine Erlösung, als der Welch-Nachfolger Jeffrey Immelt im April 2015 den völligen Ausstieg aus den Finanzgeschäften verkündete. Die Investoren glaubten nicht mehr an das Heil des Geldmachens mit Geld, so wenig wie an die einst strahlende Vision vom großen Konglomerat, das breit Risiken streut und an möglichst vielen Stellen zu finden ist.

CEO und Chairman Immelt (geb. 19. Februar 1956) hatte fast zu lange gebraucht, um die neuen Zeichen an der Wand zu verstehen. Der Aktienkurs der Industrie-Ikone GE fiel von 2005 bis 2015 um alarmierende 15 Prozent, während der Index S&P 500 um fast 70 Prozent zulegte. Ganz von alleine ist Immelt wohl nicht darauf gekommen umzusteuern, offensichtlich halfen von 2013 an die Gespräche mit Nelson Peltz nach, einem fast noch charmanten Vertreter jener aktivistischen Investoren, die schwächelnde Unternehmen aufzumischen drohen. 2013 lag der GE-Aktienkurs bei durchschnittlich 24 Dollar, Mitte 2016 dann bei 31 Dollar, und für Ende 2017 sind 40 Dollar fest eingeplant. Sogar bis zu 45 Dollar erwartet Peltz, der im Jahr 2015 rund 2,5 Milliarden Dollar in GE investierte. Er hält jetzt knapp ein Prozent der Aktien. Das ist viel weniger als Vanguard (6,4 Prozent), Blackrock (5,9 Prozent) und State Street (3,9 Prozent) haben – aber von diesen Großaktionären ist auch bei Weitem nicht so viel Zunder zu erwarten. Peltz, ein Freibeuter des Kapitals, fragte intern bei GE permanent nach Kosten und Nutzen des Bereichs Corporate, wohinter sich das aufwendige Räderwerk des Headquarters von GE befindet. Das lief so lange, bis die GE-Manager Kosten kappten.

Das Team um GE-Chef Jeffrey Immelt entschloss sich, den Gegner qua Umarmung unschädlich zu machen. Er kenne Peltz seit Mitte der 2000er Jahre, erklärt Immelt, und habe ihn »quasi eingeladen, bei uns zu investieren«. Es gebe einen Wettkampf zwischen aktiven und passiven Investoren, und die aktiven würden in den nächsten Jahren »noch mehr Einfluss nehmen müssen, um Stärke zu demonstrieren«. Peltz brüstete sich in einem internen Papier vom 5. Oktober 2015: »Trian hatte einen konstruktiven Dialog mit dem Management«, die Chefs von GE würden mutige Schritte gehen, um die Firma in Form zu bringen.

Selbstverständlich empfahl Peltz dem GE-Management, kurspflegend die eigenen Aktien zu kaufen und schöne Dividendenzahlungen zu veranlassen; das werde den Investoren insgesamt rund 85 Milliarden Dollar bringen. Genau so wird die Politik von GE vermutlich aussehen. Dass der Aktivist unter anderem ein diffuses Portfolio an Industriebeteiligungen sowie viel zu hohe Kosten und Komplexität anprangerte, hätte man auch als Generalabrechnung mit der Ära Immelt interpretieren können. Der CEO sah es lieber – ganz pragmatisch – als Denkanstoß und Hilfe beim angestrebten Umbau des 330.000-Mitarbeiter-Konzerns.

Für die Neuerfindung besinnt sich die 1892 gegründete Industrie-Ikone auf ältere Tugenden, auf das intelligente Produzieren von Turbinen, Windparks, Blockheizkraftwerken, Kühlschränken, Röntgengeräten, Generatoren, Lokomotiven, Lampen und dergleichen sowie auf das Geschäft mit der Wartung der Maschinen – und in der Hauptsache auf die Digitalisierung. Sie verändere alles, hat Jeffrey Immelt erkannt, der seit 1982 im Unternehmen ist. Er kann nun weltweit per Internet Ingenieure vernetzen und für Projekte pitchen lassen, und selbstverständlich ist es dank Big Data möglich, näher auf Kundenwünsche eingehen. Es gilt das Silicon-Valley-Prinzip. Der Anteil des verarbeitenden Gewerbes am Bruttoinlandsprodukt liegt in den USA bei nur noch zwölf Prozent, aber in der Welt, wie Immelt sie sieht, ist neues Wachstum möglich. Und den Infrastruktur-Bedarf der aufstrebenden neuen Industrieländer überall auf der Welt betrachtet er ohnehin als Einladung, dort zu investieren.

Für 12,4 Milliarden Euro kaufte GE 2014 die Energiesparte des französischen Alstom-Konzerns und bereitete sich eine gute Basis für weitere Taten in Europa. Hier sah Immelt die deutsche Energiewende als Beschleuniger des eigenen Zukunftsplans Ecomagination, der Wachstum mit umweltfreundlichen Produkten vorsieht. Deutschland ist für GE von höchster Priorität, und wenn Immelt in Berlin ist, trifft er schon mal Angela Merkel im Kanzleramt. Wie ein Venture-Capital-Arm akquiriert GE im deutschen Mittelstand und in der Start-up-Szene. Obwohl sich Immelt mit GE (Umsatz 2015: 115 Milliarden Dollar) immer breiter macht auf der Erdkugel und sein Vize-Chef das Auslandsgeschäft von Hongkong aus steuert, sieht das Mitglied der Republikanischen Partei GE inzwischen als »amerikanisches Unternehmen«. Er habe erkannt, »dass man als globales Unternehmen keine Wurzeln hat und auch keine Verantwortung übernimmt – man steht über den Dingen. Man koppelt sich ab. Und das ist nicht gut.«

### Nachhaltigkeit ✖ ✖ ✖ ✖ ▨
Umweltschonende Produkte, alternative Energieformen und Energieeffizienz sieht GE als große Chance.

### Unbestechlichkeit ✖ ✖ ✖ ▨ ▨
Strenge Anti-Korruptionsregeln. GE zahlte 2010 rund 23 Millionen Dollar, weil der Konzern im Irak Saddam Husseins bestochen haben soll. Ein Ex-Manager des brasilianischen Skandalkonzerns Petrobas beschuldigt GE, einst bestochen zu haben.

### Steuerehrlichkeit ✖ ▨ ▨ ▨ ▨
Die Organisation Citizens for Tax Justice berechnete die Bundessteuerrate von GE in den vergangenen 15 Jahren auf 5,2 Prozent. Oxfam zufolge hat der Konzern 119 Milliarden Dollar in 18 Steueroasen

liegen. Der Politiker Bernie Sanders wiederum hält GE für den größten Steuervermeider des Landes. Der Umzug der Zentrale von Fairfield, Connecticut, nach Boston wird von der Stadt mit 150 Millionen Dollar gefördert, auch über Steuererleichterungen.

### Humanität ✖ ✖ ▨ ▨ ▨
Gilt als harter, sehr leistungsorientierter Arbeitgeber. In jeder Division von GE gibt es einen verantwortlichen Human Rights Champion. Starkes Woman's Network.

### Transparenz ✖ ✖ ✖ ▨ ▨
Konzern fordert seit 2009 mehr Transparenz ein. Für einen an vielen Stellen handelnden Weltkonzern sehr offene Kommunikation.

# Dennis A. Muilenburg

## Boeing

Wer kennt die Flugzeuge nicht: Bomber B-17, die »fliegende Festung«. Oder DC-3, der »Rosinenbomber« von Berlin. Auf der Luftfahrtmesse Farnborough 2016 zeigte Boeing zum 100. Geburtstag seine Star-Produkte. In einem Pavillon erzählte das Unternehmen seine Geschichte: Wie man anfangs Wasserflugzeuge aus Holz herstellte und heute den Dreamliner 787 aus Faserverbundstoffen baut. Tausende Besucher feierten mit Boeing. Pflichttermin für President, Chairman und CEO Dennis Muilenburg (geb. 1964). In erster Linie geht es für ihn bei solchen Messen  ums Geschäft: 20 747-8 Frachtflugzeuge an die Russen, ein Dreamliner und zehn 737 Max an TUI. Aber der Amerikaner fand Zeit für einen Besuch im Pavillon: »Ich spüre Demut. Was alles in den vergangenen 100 Jahren passiert ist«, sagte er. »Wir haben Pferde geritten, heute fliegen wir mit Flugzeugen und Raumschiffen.«

Kein anderes Unternehmen hat so sehr vom Aufstieg in den Himmel profitiert wie Boeing. Mit 96 Milliarden Dollar Umsatz war es 2015 das mit Abstand größte Flugzeug- und Rüstungsunternehmen der Welt, rund ein Drittel größer als Airbus. Die beiden Konzerne bilden ein lukratives Duopol, erst allmählich formieren sich Konkurrenten in China, Kanada oder Russland. Mit 66 Milliarden Dollar ist die zivile Luftfahrt für Boeing der mit Abstand wichtigste Geschäftsbereich. Immer mehr Menschen wollen fliegen. Laut einer internen Prognose werden bis 2036 knapp 40.000 neue Flugzeuge im Wert von 5,6 Billionen Dollar benötigt. Die Bestellbücher von Boeing sind entsprechend gut gefüllt: 5800 Flugzeuge im Wert von 432 Milliarden Dollar sind geordert, ob von ANA aus Japan, Etihad aus dem Mittleren Osten oder Lufthansa aus Deutschland. Allein um die Aufträge abzuarbeiten, wird Boeing ganze sieben Jahren beschäftigt sein.

Die Familie Boeing ist nicht mehr im Konzern vertreten. Als die US-Regierung 1934 das Unternehmen zwang, sich in drei Teile zu gliedern, verkaufte Gründer William Boeing alle Anteile. Durch den Air Mail Act entstanden damals neben dem heutigen Boeing-Konzern die Fluggesellschaft United Airlines sowie United Aircraft Corporation, der Vorgänger von United Technologies. Zu United Technologies gehört Pratt & Whitney, einer der wichtigsten Flugzeugmotorhersteller. Heute gehört Boeing den Fonds. Die Aktien sind zu rund 78 Prozent in Händen von institutionellen Investoren aus den USA. Die Fondgesellschaften Capital Group (elf Prozent), T. Rowe Price (5,9 Prozent) und Vanguard (2,2 Prozent) sowie die Investmentbank Evercore (6,9 Prozent) sind stark vertreten.

Rüstung und Raumfahrt sind das zweite Geschäftsfeld von Boeing. Zwar steigt der Umsatz mit mehr als 30 Milliarden Dollar nicht so stark wie bei zivilen Flugzeugen, dafür wird mehr Geld verdient. Während die operative Gewinnmarge bei 10,8 Prozent liegt, erwirtschaften Commercial Airplanes nur 7,8 Prozent. Hier helfen steigende Waffenexporte der USA, die sich jährlich auf mehr als 40 Milliarden Dollar belaufen. Eine große Wachstumszone ist für Boeing die Raumfahrt. »Wir bauen die Rakete, die den ersten Menschen zum Mars bringen wird«, sagt Muilenburg. Bald werde sich ein Markt für Touristen im Weltall entwickeln, »wir wollen dort vorne mitspielen.« Muilenburg ist seit drei Dekaden im Konzern. Als er 2015 sein Amt antrat, hieß es: Endlich wieder einer aus den eigenen Reihen. Sein Vorgänger Jim McNerney war kein gelernter Ingenieur, sondern besaß einen MBA und kam vom Mischkonzern General Electric. McNerney setzte von 2005 an einige unangenehme Entscheidungen bei Boeing durch. Schon sein Vorgänger Phil Condit hatte den Konzernsitz aus der Gründungsstadt Seattle nach Chicago verlegt, um der Rüstungssparte mehr Gewicht zu geben. In Seattle werden die zivilen Jets gebaut, während das Kampfflugzeug F-15 in St. Louis mitten in den USA produziert wird. McNerney wollte Teile der kommerziellen Produktion aus Seattle nach Charleston in South Carolina verlagern und stieß auf erbitterten internen Widerstand. Die bei Boeing starken Gewerkschaften befürchteten einen Machtverlust, im US-Süden gibt es so gut wie keine Arbeitnehmervertretung. Trotzdem werden dort seit 2011 Dreamliner hergestellt.

Muilenburg kommt aus der Rüstungssparte. Dort erwarb er sich den Ruf als Kostenkürzer: Die Mitarbeiterzahl sank in vier Jahren von 72.000 auf 58.000. Dem Verwaltungsrat gefiel, dass er die Gewinnmarge konstant hielt. Ähnliches soll Muilenburg jetzt bei der zivilen Luftfahrt vollbringen. Sein Gehalt stieg 2015 um zwölf Prozent auf 13,2 Millionen Dollar.

**Nachhaltigkeit** ✖✖✖✖✖
Zusammenarbeit mit Organisationen, Regierungen und Kunden für mehr Umweltschutz. Forschung an einem nachhaltigen Bio-Treibstoff.

**Unbestechlichkeit** ✖✖✖✖✖
Strikte Richtlinien gegen Korruption. 2004 bekannte sich der Finanzchef schuldig, der Nummer zwei des Kunden Air Force zu einem Job bei Boeing verholfen zu haben.

**Steuerehrlichkeit** ✖✖✖✖✖
Aggressive Nutzung von Steueroasen. Boeing habe so 800 Millionen Dollar dem Fiskus entzogen, analysierte Oxfam.

**Humanität** ✖✖✖✖✖
Über viele Jahre hinweg äußerst angespannte Beziehung zu den Gewerkschaften.

**Transparenz** ✖✖✖✖✖
Durchschnittlich gute Finanzberichterstattung. Geschäft mit politischen Auftraggebern oft undurchsichtig.

# Li Changjin
## China Railway Group

Nehmen wir Bangladesch. Das Projekt dort ist ein schönes Beispiel, wie die staatliche China Railway Group und mit ihr die Volksrepublik expandiert. Die Bahnlinie, die bis 2022 fertig gebaut sein soll, umfasst auf dem Weg von der Hauptstadt Dhaka nach Jessore 66 große und 244 kleine Brücken sowie 14 Bahnhöfe. Den lukrativen Auftrag hat Li Changjin, der Chairman der China Railway Group, aber nicht in einer der üblichen Ausschreibungsschlachten gewonnen, sondern seine Firma ist von der Regierung in Peking ausgesucht worden. Schließlich finanziert die ja auch über Darlehen zu zwei Prozent Zins der Regierung in Bangladesch die 4,5 Milliarden Dollar Kosten für die Bahn – damit die wiederum die chinesische Baufirma mit rund 3,1 Milliarden Dollar bezahlen kann.

So wie in Bangladesch läuft es auch in anderen Ländern Südostasiens oder in Afrika. Nur in Thailand büxte der Ministerpräsident bei einem gemeinsamen Eisenbahnprojekt aus und wollte die Finanzierung am Ende dann doch lieber selbst tragen. Für die China Railway Group Limited (CREC) ist die Grundkonstruktion mit Bauen und Finanzieren genauso schön wie für die staatliche China Railway Engineering Corporation (CRECG), die mit einem Aktienbesitz von 53,7 Prozent der große Eigentümer hinter der Firma ist. Seit November 2007 werden »A Shares« (für Chinesen) und »H Shares« (für Direktinvestitionen von Ausländern sowie Kleinanleger) in Shanghai und Hongkong gehandelt. Mitgesellschafter sind China Universal Asset Management und China Securities Financial Corporation mit jeweils 2,8 Prozent. Mit 95,5 Milliarden Dollar Jahresumsatz ist der CREC-Konzern die Nummer zwei der weltweiten Bauindustrie und das sechstgrößte Unternehmen Chinas (ohne Banken). 290.000 Menschen arbeiten hier. Zu vier Fünfteln macht die China Railway Group ihren Umsatz mit Infrastrukturprojekten wie in Bangladesch. Aber sie baut nicht nur – sie designt, wartet, überwacht, konstruiert, installiert, produziert, berät, forscht und besorgt Finanzierungen.

Eisenbahnen spielen für die Regierung in Peking eine zentrale Rolle. Flankiert wird das internationale Geschäft der China Railway Group und der davon unabhängig agierenden China Railway Construction Corporation von einem weiteren Spieler. Aus der Fusion zweier Konzerne hat Peking 2015 mit der China Railway Rolling Stock Corporation den weltgrößten Schienenfahrzeug-Hersteller geschaffen; schon vor ihrer Zusammenlegung brachten es die CRRC-Vorgänger 2013 auf jeweils etwa zwölf Milliarden Euro Umsatz. Bombardier, Alstom und Siemens bringen es in ihren Bahnsparten auf rund die Hälfte. Erklärtes Ziel des Bahnriesen ist es, Chinas Rolle auf dem globalen Zug-Markt zu stärken.

Die Geschichte der China Railway Group reicht 100 Jahre zurück. Den großen Aufschwung nahm sie nach 1950, da wurde sie als Projekt des Eisenbahnministeriums etabliert. 2000 entkam die expandierende Firma den Fängen des Minis-teriums, 2003 wurde sie der staatlichen Assets Supervision and Administration Commission (SASAC) zugeordnet. Insgesamt hat die Railway Group schon 1000 Eisenbahnstrecken konstru-iert und Tausende Kilometer Autobahn in China

sowie etliche Stadtverkehrssysteme gebaut. Das ist eine steile Entwicklung für ein Unternehmen, das im Ausland in den 1970er Jahren mit dem Bau der 1861 Kilome-ter langen Eisenbahn zwischen Tansania und Sambia begonnen hat. Inzwischen machen die internationalen Geschäfte fünf Prozent des Gesamtumsatzes aus. Die Quote soll nach dem Willen von Chairman Li bis 2020 auf mehr als zehn Pro-zent ansteigen. Eine andere mutige Unternehmung ist der Bau einer 5300-Kilome-ter-Bahn von Brasilien nach Peru, die den Atlantischen mit dem Pazifischen Ozean verbinden soll.

China Railway International Group ist mittlerweile in mehr als 20 Ländern aktiv. Ein Problem gab es in Polen, ausgerechnet zur Fußball-Europameisterschaft 2012. Die China Overseas Engineering Group (Covec), eine Tochter der China Railway Group, konnte ein knapp 50 Kilometer langes Autobahnteilstück nicht pünktlich fertigstellen. Die aufwändige Planung und rigide Vorschriften hatten das Team offenbar überfordert, und die Chinesen waren aus der Sache raus. In Schottland wiederum geriet ein vereinbartes Eisenbahnprojekt in die politische Diskussion, nachdem Amnesty International der Congo International Mining Corporation (CIMCO) eine Verletzung der Menschenrechte vorgeworfen hatte. CIMCO ist eine der vielen Tochterfirmen der China Railway Group und hat offensichtlich im Kongo 300 Dorfbewohner rüde verdrängt, um schürfen zu kön-nen. Der norwegische Staatsfonds Norges Invest überlegt, die Chinesen wegen Korruption auszulisten. Unangenehm für Konzernchef Li ist, dass ein geplantes Joint Venture für den Bau einer Schnellbahn zwischen Las Vegas und Los Ange-les platzte – Präsident Xi Jinping hatte das Projekt bei einer USA-Reise als vor-bildlich gelobt. China Railway Group war als Teil eines Konsortiums chinesischer Staatsfirmen daran beteiligt. Der US-Partner XpressWest machte im Juni 2016 einen Rückzieher, gut acht Monate nach dem Grundsatzbeschluss. Die Chinesen sprachen von einer »unverantwortlichen Entscheidung« und erwogen juristische Schritte. Man wolle jetzt »aggressiv« nach einem neuen Partner suchen.

Chairman Li (1959) muss solche Herausforderungen mit demonstrativer Gelassenheit nehmen. Er ist im Sinne Pekings absolut verlässlich. Studiert hat er am Changsha Railway Institute, wo er 1982 abschloss und danach an der Southwest Jiaotong University Ingenieur wurde. Schon 1996 begann seine Karriere in einem Vorläuferinstitut der China Railway Group. Li gilt als exzellenter Repräsentant der »Eisenbahn-Diplomatie« Pekings; mit rund 220.000 Dollar war er 2013 für chinesische Verhältnisse gut bezahlt; 2015 verdiente er 147.000 Dollar. Auf der Liste der am besten verdienenden Manager von Staatsfirmen taucht er auf Rang zehn auf. Der Chairman hatte im März 2014 einen schwierigen Job anzutreten, nachdem sich Anfang 2014 der langjährige Präsident Bai Zhongren umgebracht hatte. Der Suizid hing offenbar mit den strengen Anti-Korruptionsmaßnahmen der Staatsregierung unter Präsident Xi Jinping zusammen – und mit dem Abstieg des früheren chinesischen Eisenbahnministers Liu Zhijun. Peking vermutet, es habe zu viel Korruption im Eisenbahnwesen gegeben. Ökonomisch nimmt Li den Preisverfall in seinem Markt bedauernd zur Kenntnis. Der Gewinn der Firma stieg 2015 dennoch um 14 Prozent auf 1,9 Milliarden Dollar.

Besonders mit japanischen Firmen kämpft Lis Baukonzern um Aufträge. Nachdem er bei einem Großprojekt in Indonesien siegte, geht es nun um eine Hochgeschwindigkeits-Zugverbindung zwischen Malaysia und Singapur. Die Chinesen haben auch hier eine gute Chance, ihre geostrategische Initiative fortzuführen – eine Highspeedbahn von der chinesischen Stadt Kunming aus quer durch Südostasien. Li kündigte an, für zwei Milliarden Dollar eine kleine Stadt rund um den neuen Hauptbahnhof der malaysischen Hauptstadt Kuala Lumpur zu bauen. Das neue regionale Hauptquartier des Konzerns soll hier angesiedelt werden. Aufmerksam registrierten Manager japanischer Baufirmen, dass die China Railway Group vom malaysischen Staatsfonds 1MBD für eine Milliarde Dollar Assets kaufte – womöglich über Marktwert. Das könnte malaysische Entscheider beim Singapur-Projekt gewogen stimmen.

**Nachhaltigkeit** ✗✗ ☒ ☒ ☒
Ökologische Aspekte spielen für die China Railway Group eine geringe Rolle. Es geht um technologisch anspruchsvolle Projekte.

**Unbestechlichkeit** ✗✗ ☒ ☒ ☒
Die chinesische Staatsführung geht von Korruption im Eisenbahnwesen aus. Norges Invest überlegt, wegen Korruption die Finger von der Aktie zu lassen.

**Steuerehrlichkeit** ✗✗ ☒ ☒ ☒
Kein Thema bei dem Staatsunternehmen.

**Humanität** ✗ ☒ ☒ ☒ ☒
Amnesty International rügt, dass der Konzern im Kongo bei Minenprojekten Einheimischen ihren Lebensraum nahm.

**Transparenz** ✗ ☒ ☒ ☒ ☒
Obwohl das Unternehmen an der Börse ist, weiß man wenig über Hintergründe und Zusammenhänge. Entscheidend ist der Staat als Haupteigentümer.

# Meng Fengchao
## China Railway Construction Corporation (CRCC)

Es ist ein Projekt, dessen Volumen auch die zweitgrößte Volkswirtschaft der Welt in Erstaunen versetzt: Fast 1400 Kilometer neue Bahnstrecke an der Küste Nigerias, zwölf Milliarden Dollar Kosten und eine Verbindung der Hauptstadt Lagos im Westen mit der Hafenstadt Calabar im Südosten des Landes. Der Auftrag ließ Meng Fengchao jubeln, den Chairman der China Railway Construction Corporation (CRCC): »Das Projekt wird direkt und indirekt 200.000 Arbeitsplätze in der Region schaffen.« Der von ihm gelenkte Staatskonzern darf das bislang größte Auslandsprojekt der Volksrepublik verwirklichen – was gleichermaßen Stolz wie Verpflichtung ist.

China hatte 2014 beschlossen, rund um seine Bahn- und Baukonzerne eine Globalisierungsstrategie zu vollenden, die über den Ausbau von Zugverbindungen und Infrastrukturprojekten in eine neue Gesellschaft führt – mit florierenden Geschäften, innigen Beziehungen und außenpolitischen Verflechtungen. Beim langen Marsch in die Handels- und Wirtschaftszentren der Welt spielt auch CRCC eine wichtige Rolle. Mit einem Umsatz von 92,7 Milliarden Dollar ist das Unternehmen zu einem Faktor der Globalökonomie geworden, dessen Aktien zwar an den Börsen von Shanghai und Hongkong gehalten werden, wo aber dennoch Staatskapitalismus pur zu spüren ist. Die Firma wird von der staatlichen Assets Supervision and Administration Commission (Sasac) überwacht, das Sagen hat der Staatsrat der Volksrepublik. Transparenz ist hier Mangelware.

Der Geschäftsbericht der Mutterfirma CRCC wird erst gar nicht publiziert, nur die Tochtergesellschaft gleichen Namens ist freigebiger mit Informationen, zum Beispiel über eine Umsatzrendite von kargen zwei Prozent. Die enge Bindung an die Politik rührt aus der Geschichte: Letztlich ist die CRCC 1948 nach der chinesischen Revolution aus dem Eisenbahn-Arm der Volksarmee hervorgegangen. Bis zum Jahr 2000 blieb die Firma Teil des Eisenbahnministeriums, in den letzten Jahren in enger Abstimmung mit der China Civil Engineering Construction Company. Die wurde danach zur Muttergesellschaft und übertrug vor dem Börsengang der Tochter noch allerlei Vermögen, nicht aber einige wichtige Projekte wie den Nanjing Yangtze River Tunnel. 2007 stand CRCC, die neue Gesellschaft. Mit einem Erlös von 5,7 Milliarden Dollar war der Aktienverkauf dann schwächer als erwartet, der Zeitpunkt – Februar 2008 – war ausgerechnet in die dunkle Phase der Finanzkrise gefallen.

Nun konnte jedenfalls, mit dem Geld der Börse, die Internationalisierung starten – und sie wurde das Thema von Meng Fengchao, der 2010 zum Chairman ausgerufen wurde. Der getreue Genosse ist gleichzeitig der Vertreter der Kommunistischen Partei in dem Unternehmen. An der Southwest Jiaotong University als Ingenieur ausgebildet, hat er einige Jahre im Eisenbahnministerium gearbeitet und in einem Vierteljahrhundert allerlei Erfahrungen mit Infrastrukturprojekten gemacht, meist an der Spitze von China Communications Construction, aber auch als President der China Harbour Engineering Company, also als Chef der Hafen-Infrastruktur. Meng Fengchao soll in seinem Konzern Ernsthaftigkeit, Innovation, Qualität und Charakter vorleben, die vier Kernwerte von CRCC. Das Ziel ist kein geringeres, als »Chinas Führer im Baugeschäft« zu werden sowie die wettbewerbsfähigste Baugruppe der Welt.

Wünschen kann man sich alles, aber näher lag die Aufgabe, aus einer Firma, die Ende der 2000er Jahre zumeist in Algerien, Nigeria, Libyen, Saudi-Arabien und Angola tätig gewesen war, ein breiter agierendes Unternehmen zu machen. Das ist schwerer getan als postuliert, denn noch immer kommen viele Aufträge aus Afrika. Mal geht es um eine 2200 Kilometer lange Autobahn in Tansania, mal um den Flughafen in Dschibuti, dann wieder um eine Bahnlinie zwischen Mali und Senegal für 1,5 Milliarden Dollar. Am Anfang der globalen Expansion von CRCC hatte ja auch der Bau der Eisenbahnlinie zwischen Tansania und Sambia seit den 1970er Jahren gestanden.

Immerhin lassen sich die Geschäfte auf der Arabischen Halbinsel gut an. Hier wurden sechs Großprojekte im Wert von fünf Milliarden Dollar vereinbart, darunter der Bau eines Ministeriumsgebäudes für innere Sicherheit, die Erneuerung von Bahnlinien oder der Weiterbau einer Wohnsiedlung. Als Vorzeigeprojekt dient die Installierung einer Metrolinie in Mekka über mehr als 18 Kilometer zwischen 2010 und 2014. Die Züge können die vielen Pilger aufnehmen.

In Asien bekam CRCC beispielsweise beim Autobahnbau in Pakistan den Zuschlag. In Indien sieht Meng Fengchao bei einem ähnlichen Projekt gute Chancen. Als Schreckensbeispiel fehlgeschlagener Bemühungen gilt intern ein Projekt in Mexiko aus dem Jahr 2014, bei dem die Chinesen ein Konsortium zum Bau einer Hochgeschwindigkeitsbahn angeführt hatten. Die mexikanische Regierung sagte das Projekt in letzter Minute wieder ab – mit der Begründung, man wolle mehr Transparenz im Bieterprozess schaffen. Bestehungsvorwürfe tauchten auf. Ein lokaler Partner soll der Frau eines Managers von CRCC ein Haus geschenkt haben. Ein 2012 diskutierter Deal, der CRCC viel dauerhafte Aufmerksamkeit beschert hatte, zerschlug sich zunächst: der Kauf von 15 Prozent des Fußballklubs Inter Mailand.

Der unter Staatsaufsicht expandierende Konzern des Chairman Meng Fengchao ist inzwischen die Nummer acht unter den 500 größten Firmen Chinas, rangiert als 79. bei »Fortune Global 500« und schließt die meisten Verträge über

Ingenieursprojekte in Chinas Wirtschaft ab. Auch Design, Logistik, Beratung und Kapitaldienste sind Geschäftsfelder, vor allem aber die sich rasant entwickelnde Immobilientochter. Hier wird der Bau von Apartmenthäusern am internationalen Flughafen von Peking betreut oder die Shanyu Town in Changsha und die New China Railway Town in Xuzhou.

**Nachhaltigkeit** ✘✘☒☒☒
Es geht um Aufträge, nicht um Umwelt-aspekte.

**Unbestechlichkeit** ✘☒☒☒☒
Chinas Regierung räumt im Eisenbahn-wesen auf – aus gutem Grund. CRCC hatte 2012 rund 135 Millionen Dollar für Gästebetreuung ausgegeben.

**Steuerehrlichkeit** ✘✘✘☒☒
Keine Auffälligkeiten.

**Humanität** ✘✘☒☒☒
Die Arbeitsbedingungen für Arbeiter bei Auslandsgeschäften gelten als hart. Menschenrechtsaktivisten sehen einen »neuen Kolonialismus«.

**Transparenz** ✘✘☒☒☒
Das Treiben der CRCC-Mutter bleibt weitgehend im Dunkeln. Es regiert in Wahrheit die hohe Politik.

# Joe Kaeser

## Siemens

Anonyme Kapitalgesellschaften haben ein Problem: Ihnen fehlt das Gesicht des Eigentümers. Sie haben Manager, aber keine Patrons, keine Zukunftsgaranten. Niemand steht persönlich für den Unternehmenszweck. Auch Siemens ist kein klassisches Familienunternehmen mehr, aber es gibt sie noch in den eigenen Reihen, die Nachkommen des Werner von Siemens, der 1847 in einem Berliner Hinterhof als Start-up losgelegt hat, wie man am heutigen Konzernsitz in München so gerne betont. Siemens ist Siemens, weil alle eine große Familie sind (die früheren Haupteigentümer inklusive), das ist die Botschaft. Vor allem einer verkündet sie: Vorstandschef Joe Kaeser (geb. 23. Juni 1957). Der Arbeitersohn aus Niederbayern ist seit 1980 im Haus und hat es inzwischen operativ ziemlich auf seine Ideen und Pläne zugeschnitten. Selbst der letzte verbliebene Rivale im Vorstand, Technikchef Siegfried Russwurm, beschloss im Herbst 2016 zu gehen.

Der Siemens-Clan ist mit einem Aktienbesitz von 6,5 Prozent noch immer der größte Gesellschafter. Aber das sechsfache Stimmrecht, das einst mit seinen Aktien verbunden war, ist seit 1999 weg. 2001 ließ sich Siemens, unter viel Brimborium, an der Börse in New York listen. Ein Sonderrecht für die Altvorderen war da nicht zu erklären. Schon 13 Jahre später beendete Siemens die Reise zur Wall Street wieder, die Kosten waren zu hoch, der Nutzen war gering. Die Degradierung der Familie blieb.

Dabei war es der langjährige Aufsichtsrat Peter C. von Siemens gewesen, der in den 1990er Jahren aus dem Off den Vorstand unter Heinrich von Pierer kritisierte: Für die von Siemens erreichten Renditen würde »kein Milchmann den Laden aufsperren«. Die Hinwendung zum Shareholder-Value wurde im Konzern auch durch diese Fundamentalkritik beschleunigt. Aufseher Siemens zog sich 2008, mit 70, nach 15 Jahren aus dem Aufsichtsrat zurück. Davor war er für sechs Jahre im Vorstand gewesen. Sein Vater Peter von Siemens hatte sogar von 1971 bis 1981 als Vorsitzender des Aufsichtsrats fungiert. In früheren Jahren hatte die Familie Siemens mit zwei Sitzen in dem Gremium eine weitaus stärkere Stellung als heute. Auch die Grundstruktur einer modernen, managergeführten Firma mit der Familie als kontrollierendem Begleiter geht auf Ernst von Siemens zurück, den Enkel des Firmengründers. Er baute 1966 die Organisation entsprechend um.

Heute sitzt für die Dynastie mit Nathalie von Siemens die Ururenkelin des Gründers im Aufsichtsrat. Die promovierte Philosophin, die bei Siemens unter anderem in der Strategieabteilung gewirkt hat, kümmert sich seit Januar 2013 um die gemeinnützige Siemens-Stiftung. Dort lobt sie unternehmerischen Mut,

Innovationskraft und soziales Engagement aus. Es geht ihr um Nachhaltigkeit. In der Aufsichtsratsrolle folgte sie ihrem Vetter Gerd von Brandenstein. Auch ist sie eine vor vier Geschäftsführern der Siemens-Vermögensverwaltung, die wiederum einige der Familienaktien hält. Bei der internen Wahl für den Aufsichtsratsposten hatte sich Nathalie von Siemens gegen den Juristen Oliver von Seidel durchgesetzt, der wie Brandenstein der Linie von Carl von Siemens entstammt, dem Bruder von Firmengründer Werner. Der achtköpfige Familienrat (»Komitee«) votierte für die Geisteswissenschaftlerin, die auch im Aufsichtsrat der Messer Group und im Kuratorium der Haniel Stiftung aktiv ist.

Einmal im Jahr, vor der Hauptversammlung, treffen sich die 150 Familienmitglieder aus drei Stämmen in München, etwa alle drei Jahre geht es nach Goslar – in die Grubenstadt im Harz, in der Werner von Siemens geboren wurde. Der »Familienbindungsvertrag« aus dem Jahr 1897 garantiert, dass der illustre Kreis nur mit einer Stimme spricht. Tradition zählt, aber sie bewegt nicht mehr viel. Sie ist wie ein Zierstrauch vor einem futuristischen Gebäude. Immerhin können sich die Erben über jährlich mehr als 160 Millionen Euro Dividende freuen.

Unter CEO Kaeser geht es um andere, größere Dinge. Die Folgen von Digitalisierung und Energiewende sollen in Deutschlands größtem Industrieunternehmen (Umsatz 2015: 75,6 Milliarden Euro, 348.000 Mitarbeiter) in neue Geschäftsdynamik umgewandelt werden. Dafür hat er den Konzern grundlegend umgebaut, den US-Öldienstleister Dresser Rand gekauft, eine Windkraft-Allianz mit dem spanischen Konzern Gamesa geschlossen und den Lichtkonzern Osram an die Börse gebracht. Beglückt jubelte Kaeser über einen Erfolg gegen den amerikanischen Erzrivalen General Electric (GE), dem er in Ägypten einen Rekordauftrag von bis zu acht Milliarden Euro für Gaskraftwerke, Windparks und Umspannwerke wegschnappte. Er redete intern davon, dass für GE sogar US-Außenminister John Kerry als eine Art oberster Verkäufer gewirkt habe, Siemens aber die Oberhand behielt.

Das Einzige, was der unermüdliche Kaeser derzeit fürchten muss, ist das Auftauchen eines jener aktivistischen Investoren, die Bilanzen von Zielobjekten auseinandernehmen und einen radikalen Umbau fordern. Im vertrauten Kreis äußert sich Kaeser regelmäßig in diese Richtung. Es laufen ja genug potenzielle Störenfriede herum, der Ton wird härter. Aufsichtsratschef Gerhard Cromme hat sich 2008 sogar öffentlich dazu geäußert. Damals steckte der Konzern noch im Korruptionsskandal, die Staatsanwaltschaft erforschte, wie Siemens mithilfe schwarzer Kassen und Bargeld an Aufträge gekommen war. Der Aktienkurs sank, was die Gefahr eines unfreundlichen Eindringens durch aggressive Aktienkäufer erhöhte. Ein Jahr zuvor hatte es sogar noch übler ausgesehen, als der Vorstandschef Klaus Kleinfeld schon entmachtet und sein Nachfolger noch nicht präsent war. Da wollten Angreifer offenbar das Chaos im Konzern und den fallenden Aktienkurs zum Take-over nutzen. Die Deutsche Bank gab einen sachdienlichen Hinweis, und die Siemensianer um den damals neuen Chefaufseher Cromme entwarfen die Verteidigungsstrategie. Das exotische Projekt hieß »Senegal«.

Ein neues »Senegal« soll es nicht geben. Gegen die immer noch bestehende Gefahr hat sich Kaeser ein ganz eigenes Bollwerk ausgedacht. Es besteht aus allerlei Paketen von Siemens-Aktien: vier Prozent, die sich der Konzern bis 2018 für insgesamt rund drei Milliarden Euro selbst kaufen will, mehr als fünf Prozent, die Mitarbeiter jetzt schon halten, sowie schließlich die 6,5 Prozent der Familie. Das sind zusammengenommen mehr als 15 Prozent. Gegen diesen Block eine Mehrheit auf der Hauptversammlung zu organisieren, wird schwer. Das weiß der Kapitalmarktprofi Kaeser, der mit seinem Wir-sind-Siemens-Trick auf Langfristigkeit in einem Kapitalmarkt setzt, der oft von Quartalslaunen lebt.

Unter den institutionellen Investoren bei Siemens fällt Blackrock mit 5,6 Prozent auf, und auch der Investmentfonds von Katar hält drei Prozent. Ein wenig störend ist da nur, dass sich gleich zwei Mitarbeiteraktionärsvereine auf der Bühne breitmachen. Da ist der renitente »Verein von Belegschaftsaktionären in der Siemens AG«, da ist aber auch der für Kaeser viel angenehmere Mitarbeiteraktionärsklub »Wir für Siemens«. Er entstand im Herbst 2015 aus den Reihen von leitenden Angestellten, IG Metall und Gesamtbetriebsrat. Zentraler Punkt der Selbstsicht ist, Ankeraktionär zu sein, wo kein Ankeraktionär ist – wozu bei »Wir für Siemens« die Mitgliedschaft dreier Siemens-Aufsichtsräte positiv beitragen dürfte. Die Zahl der Belegschaftsaktionäre soll übrigens um mindestens die Hälfte auf 200.000 zunehmen. Es werden unter gewissen Voraussetzungen Aktien verschenkt. Und wer außergewöhnliche Leistungen vollbringt, wird mit Aktien bedacht – so wie Vorstände, die ihr Soll und mehr erfüllt haben. Alles macht den Siemens-Block stärker.

Sieg oder Senegal – das also ist die Welt des Joe Kaeser. Nathalie von Siemens wird darin aller Wahrscheinlichkeit nach keine größere Rolle spielen, auch nicht, wie zunächst spekuliert wurde, an der Spitze der Kontrolleure. Für 2018, also die Zeit nach Cromme, ist für den Aufsichtsratsvorsitz der frühere Bayer-Vorstandschef Werner Wenning fest eingeplant. Er ist neben Siemens auch bei Bayer und Henkel als Aufsichtsrat aktiv, ein Multikontrolleur in Corporate Germany. Wenn Wenning bei Siemens nach fünf Jahren als Ober-Aufseher wieder abgibt, wäre Joe Kaeser bereit zur Übernahme. Seinen zweiten Vertrag als CEO hätte er dann ebenso hinter sich wie die zweijährige Ruhezeit (Cooling-off).

Den großen amerikanischen Investoren wird er diese Zukunftsplanung vermutlich leicht erklären können. Er hat eine »Vision 2020« ausgerufen, da wird man ihn kaum vorher, zur Vertragsverlängerung 2018, aus den Sitzgurten zerren. Der Mann ist ohnehin der beste Kommunikationschef in eigener Sache. Das »Manager Magazin« beschrieb, wie Kaeser im Juni 2016 rund 200 Fondsmanager und Investoren im New Yorker Hotel Waldorf Astoria heißmachte, mit lauter selbstkritischen Fragen, die er prompt positiv beantwortete, gefolgt von der Conclusio: »Der Beste möge gewinnen.« Jahrelang hatte er sich als Finanzchef genau auf die Bedürfnisse von Investoren und Analysten eingestellt. Kaeser lieferte, was er sich errechnet hatte. Dem guten Verhältnis zur Wall Street und zu den anderen Investoren dienten auch gemeinsame Präsentationsreisen mit seinem Aufsichtsratschef Cromme, sogenannte Corporate Government Roadshows. Hier wurden die großen Linien der Strategie und das kleine Karo der Macht besprochen. Nur die Umstände des Sturzes seines glücklosen Vorgängers Peter Löscher im Juli 2013 hinterließen kurzzeitig auch bei seinen finanzgetriebenen Fans leichte Zweifel. Mancher sah es als Putsch durch die Hintertür oder als Brutus-Nummer der bayerischen Art. »Uns als Familie liegt daran, dass wieder Ruhe einkehrt«, ließ sich Nathalie von Siemens damals vernehmen.

### Nachhaltigkeit ✖ ✖ ✖ ▨
Siemens setzt zunehmend auf alternative Energie. Allerdings betätigt sich der Konzern noch stark als Dienstleister für die Öl-Industrie. Das Unternehmen zahlte der Siemens-Stiftung knapp 400 Millionen Euro, dort liegt der Fokus auf Nachhaltigkeit. Greenpeace warnt Siemens vor einer Beteiligung an einem Staudammprojekt in Brasilien.

### Unbestechlichkeit ✖ ✖ ✖ ▨ ▨
2006 flog ein großes Korruptionsnetz bei Siemens auf, es gab mehr als eine Milliarde Euro Schmiergelder. Immer noch sind kleine Nachbeben der Affäre zu beobachten, beispielsweise in Griechenland. Und ein ehemaliger Manager flog mit Konten in Panama auf, die dazu dienten, gebunkerte Millionen aus schwarzen Kassen zu verschleiern. Seit 2006 wurden die Compliance-Systeme geschärft und vorbildliche Strukturen eingeführt.

### Steuerehrlichkeit ✖ ✖ ✖ ✖ ▨
Keine Unregelmäßigkeiten.

### Humanität ✖ ✖ ▨ ▨ ▨
Großer Druck auf die Belegschaft durch permanenten Umbau, wiederholt Jobabbau.

### Transparenz ✖ ✖ ✖ ✖ ▨
Volle Transparenz eines Börsenunternehmens, ausgiebige Information.

## Thomas (»Tom«) Enders
### Airbus

Cowboystiefel, offenes Hemd, Pilotenbrille.
Wenn Thomas Enders irgendwie kann, entledigt
er sich gern der konventionellen Kleider. Und
das tut er immer öfter. Denn der Vorstandschef
der Airbus Group, Europas großem Luft- und
Raumfahrtkonzern, hat sich freigeschwommen
von den Zwängen der Politik – obwohl der französische und der deutsche Staat mit jeweils elf
Prozent noch größte Gesellschafter sind, vor der
Capital Group (5,1 Prozent).

Seit mehr als 15 Jahren arbeitet der Manager
(geb. 21. Dezember 1958) in Spitzenfunktionen
in Europas wichtigstem Gemeinschaftsunternehmen. 2012 wurde der gebürtige
Westerwälder alleiniger Airbus-Chef und soll das mindestens bis 2019 bleiben.
Geht alles gut, ist Airbus dann auf dem Weg zu einem 100-Milliarden-Euro-Un-
ternehmen; 2015 erwirtschaftete die Gruppe 71,5 Milliarden Dollar. Die Welt ist im
Aufbruch, in den kommenden 20 Jahren dürfte sich der Flugverkehr verdoppeln,
sagen Experten. Bestellt wird schon jetzt. Mit mehr als einer Billion Euro hat Airbus das größte Auftragsbuch der Welt abzuarbeiten. Damit ist der Flugzeugbauer
auch der schlagkräftige Beweis dafür, dass Europa immer dann am stärksten ist,
wenn es sich zusammenschließt.

Wie zäh und schmerzhaft das sein kann, weiß Enders nur zu gut. Von Juni 2005
bis Juli 2007 war der Major der Reserve der Bundeswehr, den alle »Major Tom«
nennen, bereits einmal Co-Chef des Vorläuferunternehmens EADS. Damals
scheiterte Airbus bei der Verkabelung des Riesenfliegers A380, Deutsche und
Franzosen überhäuften sich mit Schuldvorwürfen. Enders machte einen überra-
schenden Schritt: Er wechselte 2007 aus der Holding in München an die Spitze der
Zivilsparte nach Toulouse und brachte den Flugzeugbauer wieder auf Kurs. Als er
2012 die Konzernführung übernahm, schockte er die deutsche Politik und verlegte
den Sitz der Holding von München nach Südfrankreich. Wenig später überraschte
er die europäischen Regierungen mit dem waghalsigen Vorstoß, Airbus und den
britischen Rüstungskonzern BAE Systems zu fusionieren. Ein Vorhaben, das nicht
zuletzt am Widerstand der deutschen Regierung scheiterte.

Die Niederlage wurde zu einem Sieg, Enders und sein Ziehvater Manfred Bischoff im Verwaltungsrat drängten erfolgreich auf eine Reform des Unternehmens

und auf weniger Staatseinfluss. Die Rüstungsaktivitäten wurden teilweise zum Verkauf gestellt. Zwar hat die Bundesregierung gemeinsam mit Frankreich und Spanien noch eine Sperrminorität – in den Verwaltungsrat dürfen die Regierungen aber keine Vertreter senden. Die Mehrheit an der Airbus Group halten freie Aktionäre, beispielsweise Asset Manager sowie Pensionsfonds aus England und den USA.

Diese Klientel will Rendite sehen. Eine Disziplin, mit der sich Airbus erkennbar schwertut. Denn die riesigen Aufträge, vor allem für zivile Flugzeugprogramme, kann Enders nicht recht in Profit umsetzen. Von dem ursprünglichen Versprechen, dauerhaft eine Gewinnmarge von zehn Prozent (vor Zins und Steuern) zu erwirtschaften, ist kaum noch die Rede. Die Stückzahlen steigen jedes Jahr, mittlerweile baut Airbus auch Flugzeuge in China und den USA. Doch immer wieder geht etwas schief: Mal passen die Toilettentüren im neuen A350 nicht oder werden zu spät geliefert, dann lähmen Kinderkrankheiten der Triebwerke den A320 neo. Als Milliardengrab erweist sich die A400M, ein völlig verkorkstes Rüstungsprojekt.

Und doch: Die Vision des CSU-Politikers Franz Josef Strauß erfüllt sich. Er war es, der in den 1960er Jahren den Grundstock für das Unternehmen Airbus legte. Heute ist Europa im Flugzeugbau und in der Weltraumtechnik deshalb auf Augenhöhe mit den USA und hat noch viel Vorsprung auf die neue Supermacht China. Es gibt nicht mehr viele Branchen in Europas Industrie, die das noch von sich behaupten können.

### Nachhaltigkeit ✖✖✗✗✗
Hohe Schadstoff-Emissionen durch Flugzeuge. Airbus präsentierte zusammen mit der Heinrich-Böll-Stiftung Ideen für »nachhaltiges Fliegen«. Enge Zusammenarbeit mit dem Deutschen Zentrum für Luft- und Raumfahrt sowie mit Siemens für elektrisches Fliegen.

### Unbestechlichkeit ✖✗✗✗✗
Die britische Antikorruptionsbehörde Serious Fraud Office ermittelt gegen Airbus wegen Unregelmäßigkeiten bei der Beratung durch Dritte. Transparency International publizierte 2015 einen Bericht, in dem von Schmiergeldzahlungen in Österreich, Rumänien und Saudi-Arabien die Rede ist. Es gab in einigen Fällen Razzien und Verhaftungen. Indien hatte 2007 die Bestellung von knapp 200 Helikoptern wegen angeblicher Korruption storniert. Im selben Jahr wurden drei deutsche Mitarbeiter wegen Bestechlichkeit zu Gefängnisstrafen verurteilt.

### Steuerehrlichkeit ✖✖✗✗✗
Airbus sitzt mit einigen Firmen und sehr wenigen Mitarbeitern aus steuerlichen Gründen im niederländischen Leiden.

### Humanität ✖✖✖✗✗
Durchweg gute Arbeitsbedingungen, viel Bürokratie.

### Transparenz ✖✖✖✗✗
Finanzreports in dem börsennotierten Unternehmen sind ausführlich. Komplexe Struktur mit vielen Standorten. 2011 wurde bekannt, dass Bundespolizisten in Saudi-Arabien Sicherheitskräften halfen, mit den vom Airbus-Vorgänger EADS gelieferten Geräten und Systemen zurechtzukommen, auch bei Demonstrationen.

# Fumiya Kokubu
## Marubeni

Manchen Managern verschaffen kleine Freuden große Genugtuung. Fumiya Kokubu, Präsident des japanischen Industrieriesen Marubeni, ist einer davon. »Schuhe polieren« nennt er als Hobby. Aber auch sein Handelshaus, das mit anderen Giganten wie Mitsubishi, Mitsui und Sumitomo das Land Japan traditionell mit Rohstoffen versorgt, hat er seit Amtsantritt im Jahr 2013 auf Hochglanz gebracht, zur Freude der Hauptgesellschafter. Das sind der Government Pension Investment Fund Japan (7,6 Prozent), Sumitomo Mitsui (4,5 Prozent) und Capital Group (4,4 Prozent). Die börsennotierte Marubeni Corporation (knapp 40.000 Mitarbeiter) besteht in der heutigen Form seit 1949, die Wurzeln reichen aber bis 1858 zurück.

Nicht nur holte das bis vor Kurzem fünftgrößte Handelshaus des Landes mit einem Handelsvolumen von 101,8 Milliarden Dollar (Stand 2015) die größten Rivalen ein – es schloss das Jahr auch im Plus ab, wenn auch mit weniger Gewinn. Zwei Konkurrenten mussten dagegen wegen des Kollapses der Rohstoffpreise erstmals in der Nachkriegsgeschichte Verluste erleiden.

Wenn man Kokubu (geb. 6. Oktober 1952) nach seinem Führungsrezept fragt, fällt ihm ein prägendes Erlebnis seiner Managementjugend ein: Kurz nach Eintritt in das ehrwürdige Handelshaus wurde er nach New York geschickt, um mit Öl zu handeln. »Ich war frech und hörte nicht auf Anweisungen«, erinnert er sich in einem Interview mit der japanischen Zeitschrift »President«. Gemeinsam mit Amerikanern gründete er eine Firma, die später pleiteging. Daraus zog er Lehren für seinen Managementstil: Kokubu will westlich-analytisches Denken und japanischer Fürsorglichkeit verbinden. Japaner vermieden gerne kontroverse Diskussionen, während Amerikaner kühl analysierten und rascher reagierten, meint er. Dies versucht er heute auch mit seinem Unternehmen zu tun. Gleichzeitig spürte er die soziale Bürde einer japanischen Führungskraft. Er bemühte sich, für alle Beschäftigten neue Jobs zu finden. Seine Lehre drückt er mit einem Schriftzeichenspiel aus: Er denke, dass im »Sha« des »Sha-cho« (Präsident) auch »Sha« (entschuldigen) stehe.

In Marubenis Fall führte die kühle Analyse 2013 zum Bruch mit der Tradition. Herkömmlicherweise investieren die japanischen Handelshäuser weltweit in Bergwerke, Öl- und Gasfelder, um die Versorgung der rohstoffarmen Industrienation mit Metallen und Brennstoffen aller Art zu sichern. Darüber hinaus handeln sie auch mit Maschinen, Lebensmitteln und betätigen sich neuerdings als Venture-Kapitalisten. Doch Marubenis Führung definierte darüber hinaus den Getreidehandel als potenziell profitables Wachstumsfeld. Das Unternehmen kaufte daher 2013 den amerikanischen Spezialisten Gavilon, wodurch der Umsatz von einem auf das andere Jahr um 44 Prozent in die Höhe schnellte. Die Verschuldung stieg ebenfalls, was die Kreditbewertung Marubenis unter Druck bringt.

44 Prozent seines Handelsvolumens erzielte Marubeni 2015 mit Nahrungsmitteln und Konsumgütern, 22 Prozent mit Brennstoffen und Metallen, 4 Prozent mit Kraftwerksprojekten, 19 Prozent mit Chemie und forstwirtschaftlichen Produkten sowie 7 Prozent mit Transport- und Industriemaschinen. Nach seinen ersten drei Jahren als Chef läutete Kokubu im Jahr 2016 mit dem Geschäftsplan »Global Challenge 2018« eine neue Epoche ein. Sein Unternehmen stehe erneut an einem Wendepunkt, meint er gewohnt ambitioniert. »Marubenis Wettbewerber werden nicht andere japanische Handelshäuser sein, sondern Top-Player in jedem der Geschäftsfelder, in denen wir operieren.« Die Eigenkapitalrendite soll von vier auf mehr als zehn Prozent steigen, der Reingewinn sich bei über zwei Milliarden Dollar einpendeln. Als strategische Regionen definiert das Unternehmen die USA, Südostasien mit seiner wachsenden Mittelschicht und Afrika südlich der Sahara.

Neun Milliarden Euro sind in dieser Zeit für Investitionen eingeplant – der Angriff erfolgt auf breiter Front. Aber eine Lehre aus seiner Zeit in Amerika hat Kokubu dabei nicht vergessen: Kapital muss effizient eingesetzt werden und Geld verdienen. Gleichzeitig will sich sein Handelshaus aus Engagements zurückziehen, die weder zum Kern gehören noch Wachstumspotenzial wie Rendite versprechen.

**Nachhaltigkeit** ✖ ✖ ✖ ⊠ ⊠
Zahlreiche ehrgeizige Ziele formuliert.

**Unbestechlichkeit** ✖ ⊠ ⊠ ⊠ ⊠
2012 zahlte das Handelshaus rund 55 Millionen Dollar Strafe an die US-Behörden. Marubeni hatte für Energiefirmen, die Gasfelder erschließen wollten, Regierungsstellen in Nigeria bestochen. 2014 fiel Marubeni wieder mit Bestechung auf, diesmal für Alstom und in Indonesien. Strafe: 88 Millionen Dollar.

**Steuerehrlichkeit** ✖ ✖ ⊠ ⊠ ⊠
Marubeni hält Aktien an Firmen im Steuerparadies British Virgin Islands.

**Humanität** ✖ ✖ ✖ ⊠ ⊠
In Japan ausgezeichnet, weil Marubeni im Verhältnis viele Behinderte beschäftigt.

**Transparenz** ✖ ✖ ✖ ⊠ ⊠
Weitverzweigtes börsennotiertes Unternehmen, das sich in fünf Gruppen organisiert.

# HIGHTECH

*siehe Kapitel »Familien«

| | Umsatz in Mrd. US$, 2015 | | | |
|---|---|---|---|---|

**Umsatz**
in Mrd. US$, 2015

**Gründung**

TECHNOLOGIE · **Land** · **Größte Anteilseigner**

| # | TECHNOLOGIE | Gründung | Land | Umsatz | Größte Anteilseigner |
|---|---|---|---|---|---|
| 1 | **Apple**<br>Tim Cook | 1976 | USA | **233,7** | Vanguard: 6,2 %<br>Blackrock: 5,8 %<br>State Street: 3,9 % |
| 2 | **Samsung**<br>Lee Jae-yong | 1938 | Südkorea | **177,4** | Familie Lee (direkt und u.a. über<br>   Samsung Life): 15,9 %<br>Samsung Electronics: 13,7 %<br>National Pension Service: 8,7 % |
| 3 | **Hewlett-Packard**<br>Meg Whitman | 1939 | USA | **103,4** | HP Enterprises: Dodge & Cox:<br>   13 %<br>Vanguard: 6,2 %<br>Blackrock: 5,3 % |
| 4 | **Microsoft**<br>Bill Gates | 1975 | USA | **93,6** | Vanguard: 6,4 %<br>Blackrock: 5,9 %<br>Capital Group: 5 % |
| 5 | **Hitachi**<br>Hiroaki Nakanishi | 1910 | Japan | **83,7** | Master Trust Bank of Japan: 6,1 %<br>Japan Trustee Services Bank:<br>   5,9 %<br>State Street: 3 % |
| 6 | **IBM**<br>Virginia Rometty | 1896 | USA | **81,7** | Berkshire Hathaway: 8,4 %<br>Vanguard: 6,1 %<br>Blackrock: 5,1 % |
| 7 | **Sony**<br>Kazuo Hirai | 1946 | Japan | **67,6** | Citibank: 9,4 %<br>State Street: 5,9 %<br>Blackrock: 5,7 % |
| 8 | **Panasonic**<br>Kazuhiro Tsuga | 1918 | Japan | **63,0** | Sumitomo Mitsui (5,5 %)<br>Panasonic: 5,4 %<br>Blackrock: 5,1 % |
| 9 | **Intel**<br>Andy D. Bryant | 1968 | USA | **55,4** | Blackrock: 6,2 %<br>Vanguard: 6,2 %<br>Capital Group: 5,5 % |
| 10 | **LG Electronics**<br>Koo Bon-Joon | 1958 | Südkorea | 50,0 | LG Corp.: 33,7 %<br>National Pension Service: 6,4 %<br>Blackrock: 1,4 % |
| 34 | **SAP**<br>Bill McDermott | 1972 | D | 23,1 | Erben Klaus Tschira: 7,5 %<br>Hasso Plattner: 7,1 %<br>Blackrock: 5,6 %<br>Dietmar Hopp: 5,3 % |

**Gründung**

| TELEKOMMUNIKATION | Gründung | Land | Umsatz | Größte Anteilseigner |
|---|---|---|---|---|
| **1** **AT&T** Randall L. Stephenson | 1885 | USA | **146,8** | Vanguard: 6,2% Blackrock: 5,4% State Street: 4,1% |
| **2** **Verizon** Lowell McAdam | 1918 | USA | **131,6** | Capital Group: 7% Vanguard: 6,3% Blackrock: 6,1% |
| **3** **China Mobile** Shang Bing | 1997 | China | **106,4** | Staat China: 72,7% Blackrock: 0,8% Vanguard: 0,8% |
| **4** **NTT Group** Hiroo Unoura | 1952 | Japan | **96,2** | Staat Japan: 35,2% Government Pension Investment Fund: 5,4% NTT: 9,7% |
| **5** **Deutsche Telekom** Tim Höttges | 1995 | D | **76,8** | Staat Deutschland: 32 % (davon 17,5% über KfW) Blackrock: 4,6% Deutsche Bank: 1,5% |
| **6** **SoftBank** Masayoshi Son | 1981 | Japan | **76,3** | Masayoshi Son: 19% Capital Group: 6,7% Government Pension Investment Fund: 5,7% |
| **7** **Vodafone** Vittorio Colao | 1982 | GB | 61,8 | Blackrock: 6,9% Norges Invest: 4,2% Franklin: 4,2% |
| **8** **América Movil** Carlos Slim | 1947 | Mexiko | **56,5** | Slim Familiy Trust: 25% Inmobiliaria Carso: 14,2% Carlos Slim: 7,3% |
| **9** **China Telecom** Yang Jie | 2002 | China | 52,7 | Franklin: 11,2% JP Morgan: 10,8% Blackrock: 7,9% |
| **10** **Telefónica** César Alierta | 1924 | Spanien | 52,4 | Blackrock: 8,7% BBVA: 5,9% Caixa: 4,2% |

QUELLE: Bloomberg

# Tim Cook

## Apple

Lange Zeit blieb im Büro im vierten Stock, 1 Infinite Loop, Cupertino, alles so, wie es bei Steve Jobs war. Selbst der Name des Apple-Gründers prangte an der Tür. Er denke jeden Tag an Steve, sagte Tim Cook, wenn Journalisten nach seinem verstorbenen Freund und ehemaligen Chef fragten. Wie könnte er auch anders! Seitdem er im August 2011 Jobs' Nachfolge angetreten hat, muss sich Cook mit ihm vergleichen lassen. Der legendäre Steve Jobs hatte Apple 1976 mit zwei Partnern als Garagenfirma gegründet – in der Steinzeit der Technik-Ära – und war nach einem Intermezzo 1997 glorreich zurückgekehrt in sein Unternehmen, das damals kurz vor der Insolvenz stand. Seine Produkt-Inszenierungen feierte die halbe Welt. Als Tim Cook (geb. 1. November 1960) die Bühne betrat, wollten alle in ihm das Abziehbild sehen, den ewigen Stellvertreter. Apples Zukunft, so schien es, war mit Jobs gestorben. Das leere Zimmer in 1 Infinite Loop, Cupertino – ein Symbol für den Raum, den Cook nie würde ausfüllen können.

Doch längst hat sich das geändert. Nicht nur, weil Cook eine neue Zentrale bauen ließ in Cupertino – nach dem so ehrgeizigen wie übersteigerten Entwurf in Gestalt eines Raumschiffs –, sondern auch, weil er seinen Kritikern bewiesen hat, dass es gut sein kann, vieles anders zu machen als der Vorgänger. Der Sohn eines Werftarbeiters aus Alabama ist weniger schillernd als Jobs, und sein Geheimnis ist: Er weiß das auch. »Ich wollte nie wie Steve sein«, sagt der Apple-Chef: »Ich versuche immer, der beste Tim Cook zu sein, der ich sein kann.«

Unter dem neuen Chef ist der Einfluss von Apple zunächst gewachsen. Der Konzern ist seit 2011 mit einigen Unterbrechungen das wertvollste Unternehmen der Welt gewesen – Mitte 2016 lag die Börsenkapitalisierung bei 525 Milliarden Dollar –, dicht gefolgt von Alphabet (ehemals Google). 2015 war ein Rekordjahr für Apple. So eine Firma ist Liebling der größten Investoren der Welt: Vanguard (6,9 Prozent), Blackrock (5,8 Prozent) und State Street (3,9 Prozent) geben sich ein Stelldichein. Warren Buffett preist sie als Substanzwert.

Was aber macht eine hochprofitable Firma, die seit Jahren auf mehr als 200 Milliarden Dollar Liquidität sitzt? Die das Geld nicht nutzt, um sich zum Beispiel in neue Märkte einzukaufen oder die Arbeiter in Zuliefererbetrieben wie Foxconn in China besser zu bezahlen? Die diese ganzen Finanzreserven trickreich vor dem Fiskus verborgen hat? Solche Fälle der Ratlosigkeit aus eigenem Erfolg ziehen die Freischärler des Finanzkapitalismus an. Die Forderung drängt sich geradezu auf, entweder eine höhere Dividende zu zahlen, also alle Aktionäre teilhaben zu lassen am Erfolg, oder aber eigene Aktien am Markt aufzukaufen – was für Aktionäre genauso schön ist, da der Kurs steigt. Carl Icahn (geb. 16. Februar 1936), einer der Reichsten der Wall Street, hat diese Chance erspäht wie der Greifvogel die Maus am Boden. Der einstige Broker hatte Ende der 1970er Jahre begonnen, Unternehmen wie die Fluggesellschaft TWA anzugreifen, um sie nach geglückter Übernahme zu zerlegen und die Einzelteile teuer zu verkaufen. Für ihn hat sich der Begriff des Corporate Raider eingebürgert, des Firmenplünderers, und die Attacke auf den braven Tim Cook aus der Welt der Techies begann der gierige Carl Icahn aus der Welt des Geldes im Jahr 2013. Apple sei nun mal keine Bank, stellte Icahn fest – und handelte. Der aktivistische Investor pries öffentlich Apple als »narrensicheren Kauf« und stockte, narrensicher, seinen Aktienbesitz auf. In der Spitze hielt er mehr als 53 Millionen Apple-Papiere im Wert von sieben Milliarden Dollar; Icahn war nun der siebtgrößte Aktionär. Und seine Kampagne zeigte Wirkung: Cook startete 2014 ein Aktienrückkaufprogramm über 90 Milliarden Dollar, das er ein Jahr später auf 140 Milliarden anhob; auch die Dividende stieg. Als sei das noch nicht genug, schwadronierte Icahn im Mai 2015 davon, dass der Wert der Apple-Aktien um 85 Prozent höher sei als ihr Börsenkurs, der Konzern also 1,4 Billionen Dollar wert sei. Icahn forderte den CEO erneut auf: Buy! Kaufe! Der Kurs stieg weiter. Ein Jahr später hielt Icahn den Erfolg des Unternehmens dann plötzlich für nicht mehr garantiert und stieg aus. Sein Gewinn bei diesem Manöver: zwei Milliarden Dollar. Insgesamt wird Cook den Investoren von 2015 bis 2017 rund 200 Milliarden über Kursgewinne und höhere Dividenden ausgekehrt haben.

Gegen solche Erfolgszahlen, quasi aus dem Nichts gezaubert, verblassten selbst die zwischendurch hohen Verkaufszahlen von iPhone 6 und iPhone 6 Plus. Unter der Führung von Tim Cook hat Apple bei seinen Produkten bestehende Gewissheiten überdacht. Jobs' Mantra hatte stets gelautet: »Niemand will ein großes Smartphone.« Und Cook? Er hat ausgerechnet mit der Einführung von iPhone 6 und iPhone 6 Plus, die größere Displays haben, mehr Geräte verkauft als je zuvor. Diese Entscheidung ermöglichte Apple den Eintritt in den so wichtigen chinesischen Markt, wo Apple zum erfolgreichen Smartphone-Verkäufer avancierte.

Soweit der Erfolg. Er ist allerdings gefährdet, und auch das hat der Raider Icahn wohl gespürt. Erstmals seit der Einführung im Jahr 2007 verkaufte Apple im ersten Quartal 2016 weniger iPhones als im gleichen Vorjahreszeitraum. Nur 51,2 Millionen Stück waren es dieses Mal – ein Minus von 16,3 Prozent im Vorjahresvergleich. Der erste Umsatzrückgang seit mehr als einem Jahrzehnt begann, sich abzuzeichnen, was die Aktie nach all den Icahn-Aufwärtseffekten belastet.

Die Gründe dafür sind klar: In den USA und Europa ist der Smartphone-Markt mit einem Anteil von bis zu 70 bis 80 Prozent gesättigt, und in den neuen, digital weniger erschlossenen Ländern kann sich selbst ein Milliarden-Unternehmen nicht ohne Weiteres ausbreiten.

In Indien verzeichnete Apple zwar Anfang 2016 ein Plus von 56 Prozent. Doch das Wachstum geht langsamer voran als erhofft, besonders aufgrund mangelhafter LTE-Infrastruktur. Zudem ist der Vertrieb aufwendig, weil Apple seine Produkte anders als in den USA nicht zentral über Telekommunikationsanbieter verkaufen kann. Immerhin wurden Apple-Stores erlaubt. Auch in China hat Apple Probleme. Hier fielen die Verkaufszahlen des iPhones im Verlauf des ersten Halbjahrs 2016 um 26 Prozent. Apple hat sich in eine gefährliche Abhängigkeit gebracht, inzwischen hängen zwei Drittel der Umsätze am iPhone. Solange die Nachfrage hoch ist wie 2015, ist das kein Problem. Anders hingegen, wenn das Wachstum schwächelt. Und neue Bestseller nach dem iPhone sind erst mal nicht in Sicht. Die Kurven für die Verkäufe von iPads und Mac-Rechnern zeigen nach unten; konkrete Zahlen zu seinem neuen Produkt, der Apple Watch, gab Cook nicht preis. Es ist offenbar kein Renner. Stattdessen investierte Apple Milliarden in den Aufbau einer eigenen Autoflotte (Projekt Titan), eine kostspielige Idee. Dazu gehört auch das Investment in Höhe von einer Milliarde Dollar in den chinesischen Uber-Konkurrenten Didi. Die Auto-Revolution soll Apples Wunderding werden. Man arbeitet an einem Unternehmen für grünen Strom (Apple Energy) und an einem eigenen Kartensystem.

Bislang lässt der Beweis also noch auf sich warten, dass Cook wirklich an die Tradition der grandiosen Produkte von Steve Jobs anknüpfen kann. Doch er verändert die Unternehmensphilosophie. Unter ihm öffnet sich der Monolith, zumindest teilweise, und geht Partnerschaften ein. Die Firma will nicht länger perfekt und unnahbar sein. Ausgerechnet mit Apples Ex-Intimfeind IBM schloss Cook eine Allianz. Das Geschäft über den Einsatz von Apple-Geräten im Unternehmensumfeld mag auf den ersten Blick unattraktiv wirken; der gleichen Logik folgt die Zusammenarbeit mit dem deutschen Software-Konzern SAP. Die Deals werden Apple jedoch langfristig Milliarden einbringen und die Art der Büroarbeit fundamental ändern. Selbst die Konzern-DNA, zu der die Musikbibliothek iTunes zählt, lässt Cook nicht unangetastet. 2014 investierte er drei Milliarden Dollar in den Kauf von Beats, dem kompletten Gegenmodell zu iTunes, und stieg als Spotify-Konkurrent somit ins Geschäft mit Musik-Streaming ein. Nach dem Zusammenbruch des CD-Geschäfts befinden sich die Einkünfte aus den Downloads im freien Fall.

Cook hat erkannt, dass die Musik woanders spielt. Zum Beispiel auch im Finanzgeschäft, wo Apple mit dem elektronischen Zahlungssystem Apple Pay aktiv ist und Mitte 2016 Gerüchte über einen Kauf von American Express auftauchten. Die immer noch hohen Barbestände in Cooks Konzern machten alles möglich. Die

Öffnung für Neues, die der passionierte Wanderer Cook seinem Konzern verordnet hat, betrifft auch die Kommunikation. Der CEO twittert jetzt – zumindest ein wenig. Jobs hätte ihn dafür ausgelacht. War es doch immer nur er allein, der alle Fäden in der Hand hielt und entschied, was wo und zu welchem Zeitpunkt nach außen dringt. Kommunikation funktionierte für Jobs nur in eine Richtung. Doch in einer Zeit, in der Kunden ihre Meinung überall im Internet artikulieren, sieht sich Apple zum Antworten gezwungen. Unter Cook nimmt der Konzern erstmals das gewisse Maß an Kontrollverlust in Kauf, das soziale Medien mit sich bringen.

Die neue Strategie lebt auch der Chef. Er äußerte sich in einem Zeitungsbeitrag im Oktober 2014 erstmals öffentlich über seine Homosexualität: »Ich bin stolz, schwul zu sein, und ich sehe das Schwulsein als eines der größten Geschenke an, die Gott mir gegeben hat.« Ob er mit der Botschaft nur eine Marketingstrategie verfolgte oder ob es ihm ein Bedürfnis war, ist da schon zweitrangig, zumal das Ganze im regenbogenfreundlichen Silicon Valley ohnehin keine Rolle spielt. Cook gefällt sich zunehmend in der Rolle des Politikers. Stellvertretend für die Branche legte er sich mit dem FBI an, der geradezu historische Streit bestimmte wochenlang die Agenda. Die Behörde wollte den Konzern dazu zwingen, Zugang zum Dienst-iPhone eines der toten Attentäter von San Bernadino zu gewähren. Der Konzernchef erklärte die Anfrage zum Präzedenzfall für Hintertüren in Software und widersetzte sich hartnäckig. Fast die gesamte Branche solidarisierte sich mit ihm – bis das FBI erklärte, das iPhone des Attentäters doch selbst knacken zu können.

### Nachhaltigkeit ✖ ✖ ✖ ☒ ☒
Strom für die Rechenzentren stammt seit 2013 zu 100 Prozent aus erneuerbaren Energien. Apple dokumentiert Umweltschutz-Fortschritte in eigener Sache auf seiner Website. Lob von Greenpeace für Fortschritte in »grünes Internet«.

### Unbestechlichkeit ✖ ✖ ☒ ☒ ☒
Apple verpflichtet sich, seine Geschäfte ethisch sauber zu machen. In Singapur wurden drei Manager der Firma Fastening Technology zu jeweils einem halben Jahr Gefängnis verurteilt, weil sie einen Apple-Manager mit mehr als 300.000 Dollar bestochen hatten.

### Steuerehrlichkeit ✖ ☒ ☒ ☒ ☒
Apple war Pionier in aggressiven Steuervermeidungsstrategien mit Firmen in Irland, Luxemburg, den Niederlanden und der Karibik. Auf die boomenden internationalen Geschäfte zahlt der Konzern so nur rund zwei Prozent Steuern.

### Humanität ✖ ☒ ☒ ☒ ☒
Jahrelang Zielobjekt für harte Kritik wegen inhumaner Arbeitsbedingungen bei den Zulieferern in China, vor allem bei Foxconn. Die NGO China Labor Watch beklagte sich für 2015 und 2016 über Lohndumping beim Zulieferer Pegatron. Bekannt für Knebelverträge mit Partnern.

### Transparenz ✖ ✖ ☒ ☒ ☒
Greenpeace beklagte anfangs mangelnde Transparenz in der Veröffentlichung von Umweltschäden; inzwischen gibt es Bestnoten. Apple veröffentlicht selbst einen »Transparency Report«.

# Meg Whitman

Hewlett-Packard

Sie ist eine der mächtigsten Frauen der USA. Sie führt den Technologiekonzern Hewlett Packard Enterprise, sie ist Mitglied der Republikanischen Partei, sie vergleicht Donald Trump mit Adolf Hitler und spendete im August 2016 für die demokratische Kandidatin Hillary Clinton. Margaret C. Whitman (geb. 4. August 1956) ist also schon auf den ersten Blick eine außergewöhnliche Erscheinung. Die in Huntington, New York, geborene Managerin ist mit geschätzten 2,2 Milliarden Dollar Vermögen zudem eine der reichsten Selfmade-Frauen in den USA.

Whitman lässt sich nicht gerne in Schubladen stecken und setzt sich eisern durch, wenn sie der Meinung ist, dass es sein muss. Und durchsetzen musste sie sich oft in der jüngsten Zeit: Nachdem Whitman das Online-Auktionshaus eBay von 1998 bis 2008 geleitet hatte, übernahm die Absolventin der Universität Princeton und der Harvard Business School die Rolle der Vorstandschefin beim strauchelnden IT-Riesen Hewlett-Packard (HP).

Der Abstieg des Konzerns war tragisch, schließlich handelt es sich um das erste Start-up des Silicon Valley. Schon 1939 war es gegründet worden – in einer Garage des Verwaltungsfachmanns David Packard (1912–1996) in Palo Alto. Packard machte als stellvertretender Verteidigungsminister (1969–1971) unter Präsident Richard Nixon kurzfristig sogar politisch Furore. Technischer Antreiber in dem Unternehmen war sein Partner William Hewlett (1913–2001), der langjährige Präsident und Vorstandsvorsitzende, der noch bis 1987 im Management saß. Zunächst wurde Hewlett-Packard weltgrößter Hersteller von elektronischen Mess- und Testinstrumenten, später wuchs der Konzern mit der Produktion von Personal Computern, Laser- und Tintenstahldruckern sowie Taschenrechnern.

Doch von dieser frühen Silicon-Valley-Wundergeschichte ist nichts übrig geblieben. Das war schon 2001/2002 zu erahnen. Damals wollte Walter B. Hewlett, ältester Sohn des Firmengründers und Mitglied im Verwaltungsrat, unbedingt den Kauf des PC-Herstellers Compaq verhindern. Der Gegner des Computerprogrammexperten und Musikprofessors, der zehn Instrumente spielt, war die damalige Konzernchefin Cara Carleton (»Carly«) Fiorina. Es wurde einer der schmutzigsten und teuersten Kämpfe der Börsengeschichte, in dem Hewlett vom eigenen

Konzern als »Musiker und Akademiker« geschmäht wurde. Am Ende konnte der Junior die 22 Milliarden Dollar teure Fusion mit Compaq nicht verhindern, verließ das Aufsichtsgremium und trennte sich von HP-Aktien. Seine Familie und die Hewlett Foundation hatten sechs Prozent des Kapitals gehalten. Nun fehlte die Gegenstimme gegen die institutionellen Anleger, die jahrelang vor allem eines interessiert hatte: Größe.

Der Konzern wurde nach Hewletts Abgang gebeutelt von Skandalen, permanenten Wechseln in der Unternehmensführung (Fiorina ging 2005), einem zerfallenden Geschäftsmodell und wütenden Aktionärsaktivisten. Der Weltmarktführer bei PCs fand einfach keine Antwort auf einen andauernden Absatzrückgang, der Einstieg ins Smartphone-Geschäft misslang komplett. Zum Schluss begann im Zeitalter des Internets auch noch der Niedergang des lukrativen Geschäfts mit Druckertinte und Papier. Dessen Gewinne hatten bis zum Schluss die Probleme des Rests überdeckt.

Im Prinzip setzte Whitman dann nach einer Schamfrist fort, was ihr glückloser Vorgänger, der Ex-SAP-Chef Léo Apotheker, eingefädelt hatte: Die Aufspaltung des Konzerns in zwei separate Bereiche. Im November 2015 startete Hewlett Packard Enterprise mit Whitman als Präsidentin und Vorstandsvorsitzender. Die Firma beschäftigt sich mit Servern und Netzwerkprodukten, setzte zuletzt rund 52 Milliarden Dollar um und hat 250.000 Mitarbeiter. Bei HP Inc. blieben 50.000 Mitarbeiter und das alte Stammgeschäft mit Druckern, das für einen Umsatz von knapp 53 Milliarden Dollar sorgte. Whitman ist hier Chefin des Verwaltungsrats, während das operative Geschäft beim Vorstandschef und Präsidenten Dion Weisler liegt. Der ganze HP-Komplex setzt mithin mehr als 100 Milliarden Dollar um. Mitte 2016 ging die muntere Zellteilung weiter. Hewlett Packard Enterprise spaltete das Servicegeschäft ab und verband es mit der Firma Computer Sciences Corporation (CSC). Wenig später verkaufte Meg Whitman weite Teile der Software-Aktivitäten für 2,5 Milliarden Dollar an die britische Firma Micro Focus. Dazu gehören teuer akquirierte Firmen wie Mercury Interactive, ArcSight und Autonomy. An dem mit Micro Focus neu gebildeten Gemeinschaftsunternehmen hielt HP Enterprises zunächst 50,1 Prozent. Das Joint Venture wird jedoch Aktien für 2,5 Milliarden Dollar herausgeben. Das Motto bei HP sei: »Wir rennen zum Feuer«, erklärt Whitman, man müsse bereit sein, »wirklich wichtige Dinge zu tun.« Viele würden es mögen, große Dinge zu verwalten, es sei aber »wesentlich einfacher, zwei kleine Firmen zu steuern«. Was hier im Prinzip stattfindet, ist die Rückabwicklung des gewaltigen Kaufrauschs ihrer vielen Vorgänger seit Anfang der 1980er Jahre. Das hat 40.000 bis 50.000 Arbeitsplätze gekostet. Whitman selbst redet heute von »the frozen middle« – 20.000 bis 30.000 Mitarbeitern, die noch in der Vergangenheit lebten und sich nicht anpassen wollten.

Das Verhältnis zwischen dem Management und den Verwaltungsräten von

HP einerseits und Aktionärsvertretern und Aktivisten andererseits kann nur als unterirdisch bezeichnet werden. Mehr als einmal drohten Großaktionäre auf den Hauptversammlungen mit Kampfabstimmungen. Eine Forderung war, Verwaltungsrat und Vorstand rauszuwerfen. An Hewlett Packard Enterprise ist die kalifornische Investmentfirma Dodge & Cox mit 13,0 Prozent beteiligt. Die Fondsfirmen Vanguard und Blackrock haben 6,2 Prozent beziehungsweise 5,3 Prozent. An HP Inc. wiederum sind Dodge & Cox (11,4 Prozent), Vanguard (6,7 Prozent) und Blackrock (5,6 Prozent) ebenfalls als größte Aktionäre beteiligt.

Whitman selbst ist im elitären weiblichen Führungszirkel von Wirtschaft und Politik gut vernetzt. Zusammen mit der Facebook-Top-Managerin Sheryl Sandberg sitzt sie im Aufsichtsrat von Survey Monkey, auch beim Konsumgüterriesen Procter & Gamble ist sie Aufseherin. 2009 verkündete Whitman ihre Kandidatur als Gouverneurin von Kalifornien für die Republikaner und gewann auch die Vorwahlen. Ein Jahr später unterlag sie aber dem demokratischen Gegenkandidaten Jerry Brown, der Nachfolger von Arnold Schwarzenegger wurde.

**Nachhaltigkeit** ✗✗✗✗✗
Hewlett Packard Enterprise will mit Software den Kunden zu mehr Nachhaltigkeit verhelfen. Die Server von Living Progress (LP) gelten als sehr energiesparend.

**Unbestechlichkeit** ✗✗✗✗✗
Für Bestechungsfälle in Polen, Russland und Mexiko musste Hewlett-Packard 2014 nach einer Einigung mit der Börsenaufsicht SEC und dem US-Justizministerium 108 Millionen Dollar zahlen. Es fehle an internen Kontrollen, sagte die SEC-Verantwortliche.

**Steuerehrlichkeit** ✗✗✗✗✗
Über interne Kredite durch Tochterfirmen in Belgien und den Niederlanden an HP-Einheiten in Großbritannien brachte der Konzern dort die Steuerlast extrem herunter. Auch wurden die Steuerparadiese Singapur, Luxemburg, Niederländische Antillen und Cayman Islands ausgiebig genutzt. Der US-Senat kritisierte HP 2012 für seine Steuervermeidungspolitik.

**Humanität** ✗✗✗✗✗
Viele Entlassungen mit dem Umbau des Konzerns. Verkaufsleute wurden monatelang nicht korrekt bezahlt.

**Transparenz** ✗✗✗✗✗
Permanenter Umbau im HP-Verbund. Zahlreiche Querverbindungen der getrennten Bereiche. Oracle verklagt Hewlett Packard Enterprise, da die Firma unerlaubterweise Dienstleistungen für Oracle-Software anbiete. HP wiederum verklagte in London die Verantwortlichen der 2011 gekauften britischen Softwarefirma Autonomy auf fünf Milliarden Dollar. Sie hätten die Geschäftszahlen geschönt.

# Hiroaki Nakanishi
## Hitachi

Japaner gelten als zurückhaltend. Doch ein Manager hat sich nicht gescheut, sich im britischen Wahlkampf um das Brexit-Referendum zum Sprecher der Japan AG aufzuschwingen: Hiroaki Nakanishi, Aufsichtsratschef und CEO des 1910 gegründeten japanischen Technikkonzerns Hitachi. In der »Financial Times« und im »Daily Mirror« erklärte er in Gastkommentaren dem Londoner Establishment sowie dem Volk sehr direkt, dass ein Brexit negative Folgen auf Investitionen, die Wirtschaft und Jobs haben werde. »Erpresser«, kommentierten die Online-Leser des »Mirror« daraufhin.

Doch der Vorwurf dürfte an Nakanishi (geb. 14. März 1946) abgeperlt sein. Er ist einer jener Macher in Japan, die Konflikten nicht aus dem Weg gehen. Deshalb wurde er 2010 auch zum Firmenchef befördert. Der Job galt als Himmelfahrtskommando, nach der Weltwirtschaftskrise hatte Hitachi die höchsten Verluste eines japanischen Industrieunternehmens seit Ende des Zweiten Weltkriegs verbucht. Nakanishi erfüllte seine Aufgabe: das Imperium aus Hunderten von Tochtergesellschaften zu restrukturieren. Das Portfolio wurde ausgedünnt, der Konzern auf Wachstumsbereiche konzentriert und globalisiert, ein Kulturwandel eingeleitet. Dabei trennte sich Nakanishi sogar von einst als unantastbar angesehenen Geschäften. Die Sparte für konventionelle Kraftwerke legte er ausgerechnet mit der Kraftwerkssparte von Mitsubishi Heavy in einem Joint Venture zusammen, der Erzrivale durfte die Mehrheit halten.

Das Geld wird nun in andere Bereiche gelenkt, darunter Atomkraft- und Windkraftwerke, Infrastrukturtechnik wie die Wasserversorgung, den Ausbau der Rolle als Autozulieferer und vor allem in die globale Ausdehnung von Software- und Systemlösungen. Globalisierung soll Hitachi (Umsatz 2015: fast 84 Milliarden Dollar) stärker machen. Das Konglomerat setzt stark auf künstliche Intelligenz – und auf das Eisenbahngeschäft. Für den stolzen Preis von 800 Millionen Euro kauften die Japaner das Zug- und Signalgeschäft der italienischen Rüstungsfirma Leonardo-Finmeccanica. Das globale Hauptquartier von Hitachi Rail siedelte Nakanishi ausgerechnet in London an, was seinen lautstarken Aufruf gegen den Brexit erklärt.

Diese Politik der Reformen kommt bei den Gesellschaftern gut an. Unter den drei größten sind zwei japanische Institutionen: Master Trust Bank of Japan (6,1 Prozent), ein Ableger der Mitsubishi UFJ Financial Group, und Japan Trustee Services Bank (4,7 Prozent), ein Joint Venture von Sumitomo Mitsui und Resona Bank. Blackrock hält 5,9 Prozent, State Street 3,0 Prozent an Hitachi.

Den Mut zum Handeln hat der Japaner an der Konzernspitze wohl in den USA kultiviert. Nach seinem Start bei Hitachi studierte Nakanishi in den 1970er Jahren an der renommierten Stanford-Universität Computer-Engineering. In den 2000er Jahren leitete er das Nordamerikageschäft sowie Hitachi Global Storage Technologies, ein in den USA beheimatetes Unternehmen. 2014 wurde er hier Aufsichtsratschef und gab damit die Leitung des Tagesgeschäfts an Toshiaki Higashihara ab. Aber als CEO fordert er weiter Veränderungsbereitschaft: »Um mehr Wachstum zu erzielen, werden wir weiterhin unser Portfolio überprüfen.«

**Nachhaltigkeit** ✗✗✗✗☒
Hohe Ansprüche. Hitachi setzt auf soziale Innovation, mit IT-Lösungen und dem Internet der Dinge sollen gesellschaftliche Bedürfnisse wie Umweltschutz befriedigt werden.

**Unbestechlichkeit** ✗✗☒☒☒
Zahlte an die südafrikanische Regierungspartei ANC, um zwei Kraftwerke bauen zu können. Einigte sich mit der US-Börsenaufsicht SEC, 19 Millionen Dollar zu zahlen, und übernahm schon vorher einen Anteil des ANC an Hitachi Power Africa Ltd.

**Steuerehrlichkeit** ✗✗✗☒☒
Hitachi nutzt das Steuerparadies Niederlande sehr intensiv.

**Humanität** ✗✗☒☒☒
Die US-Initiative Know-The-Chain beschuldigt Hitachi, illegale Kinderarbeit bei Zulieferern nicht genügend zu erfassen. Die Initiative Good Electronics beklagte miese Arbeitsbedingungen bei einem Zulieferer in Malaysia. 2014 feuerte Hitachi Metal im chinesischen Guangzhou eine Mitarbeiterin, die für die Gründung einer Gewerkschaft kämpfte.

**Transparenz** ✗✗✗✗☒
Mit der Generalreform mehr Klarheit im börsennotierten Konzern.

# Virginia Rometty

## IBM

Virginia (»Ginni«) Rometty (geb. 29. Juli 1958) ist die erste Frau an der Spitze von IBM. Ihre Karriere im Unternehmen begann sie 1981, nachdem sie an der Northwestern University Abschlüsse in Informatik und Elektrotechnik erworben und kurzzeitig bei General Motors gearbeitet hatte. Sie durchlief mehrere Managementfunktionen, darunter Senior Vice President und Group Executive IBM Sales, Marketing und Strategie. Im Januar 2012 erreichte sie den Gipfel ihrer Karriere – ihr Vorgänger Samuel J. Palmisano war überraschend und vorzeitig als President und  CEO zurückgetreten. Er blieb zunächst in der Zentrale in Armonk, New York, noch Chairman, am 1. Oktober 2012 übernahm Rometty auch diese Position.

Der unplanmäßige Wechsel an der Führungsspitze sorgte für erheblichen Wirbel. Rometty ist erst der neunte Vorstandschef in einem Unternehmen, das in der Führung auf Kontinuität bedacht ist. Gestartet war die Ursprungsfirma 1896. Im Jahr 1911 taten sich dann vier Unternehmer, darunter Herman Hollerith, zusammen und gründeten die Computing-Tabulating-Recording Company (CTR). 1924 taufte sich die nun vom dynamischen Thomas Watson geführte Firma in Industry Business Maschines (IBM) um. Der Manager trat erst 1955 nach mehr als 40 Jahren an der Spitze zurück und wurde von seinem Sohn Thomas Watson jr. ersetzt. Ständiger Wandel sorgte dafür, dass IBM von Schreibmaschinen und Lochkarten zum Top-Anbieter für Großrechner und Datenspeicher wurde – und zu einem der größten Beratungsunternehmen der Welt. Die Integration der 2002 gekauften Wirtschaftsprüfer- und Beratungsfirma PricewaterhouseCoopers (PwC) war Ginni Romettys erster Ritterschlag und ebnete ihren Weg in die Top-Etage. Schlagzeilen machte IBM zum Beispiel, als es sich 2005 konsequent von seinem PC-Geschäft trennte und es an Lenovo in China verkaufte. Der Abschied von Vorstandschef Palmisano leitete eine neue Phase für IBM ein: Das Geschäft mit Großrechnern und Speichersystemen, Software und Dienstleistungen brach in dem Maße weg, wie Unternehmen und Behörden ihre IT in die Cloud auslagerten und Verträge mit Amazon, Microsoft oder Google schlossen.

Rometty nahm die Aufholjagd unverzüglich auf. Sie investierte rund zwei Milliarden Dollar in die Cloudfirma Softlayer, stieß das margenschwache Geschäft mit Standard-Servern ab und baute mit »Watson« einen selbstlernenden Computer, dessen künstliche Intelligenz Managern helfen soll. Befreit vom PC-Geschäft und ohne Optionen im boomenden Smartphone-Markt, sprang Rometty über ihren Schatten und kooperiert seit 2015 mit dem früheren Erzfeind Apple. IBM-Dienste kommen so auf iPhones und das iPad. Es gibt noch viele andere Partnerschaften, etwa mit Twitter, Facebook, Tencent oder Microsoft. Heute gilt das gesamte Augenmerk den »strategischen Imperativen«, wie Rometty die größten Wachstumsfelder nennt: Datenanalyse, Cloud, mobiles Internet, Sicherheit und Social Media. Sie lieferten 2015 zusammen bereits 29 Milliarden Dollar Umsatz, 26 Prozent mehr als im Vorjahr. Der Computerservice Watson soll in der Cloud Kunden locken, etwa für ein Gesundheitsangebot (Watson Health). Doch das ist noch nicht genug. Geräuschlos verlief der Modernisierungsprozess nicht – mehrere Entlassungswellen erschütterten den alten Riesen, der 380.000 Menschen beschäftigt und noch immer das weltgrößte Forschungslabor eines Konzerns unterhält.

Das Verhältnis zu den Investoren ist gespalten. Würde nicht Warren Buffett, Staranleger aus Omaha, eisern an seiner IBM-Position festhalten, hätte sich angesichts der seit über zwei Jahren im Vorjahresvergleich fallenden Quartalsumsätze sicherlich schon längst mehr Widerstand formiert. Buffett ist mit 8,5 Prozent größter Aktionär von IBM. Vielleicht imponiert es ihm, dass schon fünf IBM-Wissenschaftler mit Nobelpreisen ausgezeichnet wurden. Der Chef von Berkshire Hathaway nahm es jedenfalls hin, dass sich seit 2011, dem Jahr des Chefwechsels, der IBM-Umsatz von 107 Milliarden auf nur noch 81,7 Milliarden Dollar verkleinert hat. Weitere Großaktionäre sind Vanguard (5,8 Prozent) und Blackrock (5,2 Prozent). Im Aktionärskreis wurde allerdings laut gemurrt, als der IBM-Verwaltungsrat der Vorstandschefin Rometty für 2015 einen noch höheren Bonus (4,5 Millionen Dollar) als 2014 (3,6 Millionen) zubilligte, obwohl keinerlei Verbesserung in den Zahlen sichtbar wurde. Anfang 2016 machte der Verwaltungsrat dann nachdrücklich klar, dass er von Rometty steigende Aktienkurse erwartet, und zwar schnell. Sie bekam Optionen auf 1,5 Millionen Aktien, die in vier Tranchen ab 2019 fällig werden. Die Ausübungspreise steigen dabei kontinuierlich – von fünf Prozent oberhalb des Basiskurses von 123 Dollar bis auf 25 Prozent über diesen Grundwert. Romettys Vergütungspaket für 2016 ist 19,9 Millionen Dollar wert.

Auch außerhalb von IBM (Spitzname Big Blue) hat sich Rometty einen Namen gemacht. Seit 2004 ist sie Dauergast in der »Forbes«-Liste der 100 mächtigsten Frauen mit der höchsten Platzierung Nummer zehn. »Fortune« listet sie als Nummer drei der mächtigsten Frauen in der US-Wirtschaft. Wie man sich durchsetzt, hat die IBM-Chefin als Älteste von vier Geschwistern, aufgewachsen mit einer alleinerziehenden Mutter, früh gelernt. Dazu gehört eine große Portion Geduld. IBM-Vorstandschefs waren lange gern gesehene und eingeladene Mitglieder des exklusiven Augusta National Golfklubs. Doch der akzeptiert nur Männer als Mitglieder – und war offenbar 2011 nicht gewillt, Rometty einzuladen. Da half auch der Druck von Frauenrechtlerinnen erst einmal nicht. Im November 2014 wurde die IBM-Chefin dann auf dem berühmten Grün gesehen, wie sie ein paar Bälle abschlug. Der Golfklub oder IBM wollten »persönliche Mitgliedschaften« nicht kommentieren. Aber Rometty, so die Botschaft, hat's am Ende mal wieder geschafft. Genau das hoffen die IBM-Aktionäre, an der Spitze Warren Buffett.

### Nachhaltigkeit ✖✖✖☒☒

IBM setzt auf »grüne« Strategien und gründete mit dem World Environment Center ein neues Umweltgremium für Konzerne. Intelligente Computer könnten in Sachen Ökologie entscheidend helfen.

### Unbestechlichkeit ✖☒☒☒☒

Drei IBM-Mitarbeiter wurden im März 2015 von der kanadischen Polizei verhaftet, weil der Konzern bei einem Großauftrag bestochen haben soll. 2011 zahlte er zehn Millionen Dollar wegen Bestechung in China.

### Steuerehrlichkeit ✖☒☒☒☒

IBM gilt wegen seiner Tochterfirmen in Steueroasen wie den Niederlanden als einer der aggressivsten Steuervermeider. Die Verkaufserlöse aus Asien, Europa, Mittler Osten, Afrika und teilweise sogar aus den USA laufen hierüber. Der Steuersatz lag am Ende bei 15,6 Prozent.

### Humanität ✖✖✖☒☒

Viele Entlassungen und Arbeiterproteste, zum Beispiel in China. IBM setzt sich für die Rechte von Homosexuellen ein.

### Transparenz ✖✖✖☒☒

Permanente Kommunikation über den Umbau.

# Kazuo Hirai

## Sony

 Ein Ausländer sollte den japanischen Elektronik- und Unterhaltungskonzern Sony sanieren: Sir Howard Stringer. Der britisch-amerikanische Manager regierte dort von 2005 bis 2012. Doch der Erfolg blieb seinem japanischen Nachfolger vorbehalten: Kazuo »Kaz« Hirai. Nach Jahren der Krise führte er Sony 2015 mit radikalen Reformen wieder in die Gewinnzone zurück. Mitte 2016 erklärte er, Sony von nun an wieder zum hochprofitablen Unternehmen aufbauen zu wollen – die Krise sei beendet. Plötzlich gilt Hirai als Visionär. Und mit ihm freuen sich die Großaktionäre aus den USA, Citibank (8,8 Prozent), Capital Group (7,5 Prozent) und State Street (6,5 Prozent). Sie halten zusammen mehr als 22 Prozent an der Firma, die der legendäre langjährige Vorstandschef Akio Morita (1921–1999) und Masaru Ibuka 1946 im zerstörten Tokio gegründet hatten. Sony ist durch etliche innovative Produkte weltbekannt geworden: durch den Walkman und die Mini-Disc beispielsweise. Zum Konzern gehören auch Aiwa sowie das Hollywood-Studio Columbia Pictures (heute Sony Pictures Entertainment), das mit der chinesischen Wanda-Gruppe eine »strategische Allianz« einging. Ein Konsortium unter Sony-Führung erwarb auch Metro-Goldwyn-Mayer (MGM) mit der Tochter United Artists. Im Musikgeschäft schluckte Sony zunächst CBS Records, später die Bertelsmann Music Group.

Eine Erklärung für Hirais Erfolg im Großkonzern (Umsatz 2015: knapp 68 Milliarden Dollar) ist ein Faktor, den er mit so manchem japanischen Sanierer teilt: Er ist ein Fremder im eigenen Land. Viele Reformer der Japan AG haben einen großen Teil ihrer Erfahrung in den USA gesammelt – und konnten daher westliches Effizienzdenken besser in ihren japanischen Organisationen umsetzen. Aber kaum jemand ist so westlich geprägt wie Hirai (geb. 22. Dezember 1960). Die Jugend verbrachte er meist in Nordamerika. Auch in Japan ging er auf die amerikanische Schule und später auf eine englischsprachige Universität. Seine Karriere verbrachte er dann lange in den USA bei Sony Computer Entertainment, der Videospielsparte des Konzerns; deren Chef wurde er vor seiner Beförderung in den Vorstand.

Das hohe Tempo in der Welt der Videospiele versucht Hirai auch auf den Konzern und seine strategische Wandlungsfähigkeit zu übertragen. Nach seinem Start als Vorstandschef degradierte er Sonys einstiges Königsprodukt, die Fernseher, zum Mitläufer; die Sparte machte Verluste. Stattdessen konzentrierte er die kargen Ressourcen auf drei Wachstumspfeiler, um so einen »Wow-Faktor« (Hirai) zu haben. Das Problem: Zwei der drei Pfeiler bröckelten von Beginn an. Mobile Geräte, vor allem Smartphones, leiden unter der Konkurrenz aus China. Doch der Sony-Chef hält an ihnen fest, um beim nächsten Technologiesprung dabei zu sein. Bei Kameras wiederum, dem zweiten Wachstumspfeiler, zahlt sich Hirais Technikoffensive aus – aber die Bildsensoren leiden, weil der Smartphone-Boom abebbt. Bleibt als Wachstumsmotor nur die Spielesparte. Mit der Virtual-Reality-Brille »PlayStation VR« will er im neuen Megatrend der Virtuellen Realität die Führung übernehmen. Sonys Film- und Musikstudios sollen helfen. Hirai belebt sogar eine Sparte neu, die sein Vorgänger Stringer 2006 eingeschläfert hatte: die Entwicklung von Robotern für den Hausgebrauch.

### Nachhaltigkeit ✖✖✖✖⊗

Spricht sich für »Go Green Environmental Policy« aus. Mehrere Initiativen. Kämpft mit 113 anderen Firmen für weniger $CO_2$-Emissionen. Wird von Greenpeace im »Guide to Greener Electronics« auf Platz acht von 15, also im Mittelfeld, gelistet.

### Unbestechlichkeit ✖✖✖⊗⊗

Straffes Anti-Korruptionsprogramm. Staatsanwalt untersucht in Indien, ob das Joint Venture mit Disney Regierungsstellen bestochen hat. Im Skandal rund um die möglicherweise manipulierte Fußball-WM-Vergabe nach Katar und Russland beendete Sony schnell seine Sponsoring-Aktivitäten für die FIFA.

### Steuerehrlichkeit ✖✖✖⊗⊗

Steuerverkürzung über Hongkong, Singapur, Luxemburg und die Schweiz.

### Humanität ✖✖✖⊗⊗

Amnesty International beschuldigt Sony: Kinder arbeiteten in Kobaltminen in der Demokratischen Republik Kongo – das Material werde später in Sony-Produkten eingesetzt. Der Konzern sagt, er habe eine Null-Toleranz-Politik bei Kinderarbeit. Man arbeite mit Zulieferern an der Lösung solcher Fragen.

### Transparenz ✖✖✖✖⊗

In dem börsennotierten Unternehmen voll gegeben. Ein Dauerproblem sind Hackerangriffe.

# Kazuhiro Tsuga
## Panasonic

Panasonic-Chef Kazuhiro Tsuga (geb. 1956) ist so etwas wie ein Computer-Nerd des Analogzeitalters. Als er klein war, gab es noch keine Computer zum Auseinanderbauen. Aber dafür machte er sich schon in seiner Grundschule im Radio-Club über Radios her. In der Mittelschule wurde er Vorsitzender dieses Clubs. Da lag es nahe, dass Tsuga an der Universität Osaka später Bioingenieurwesen studierte und 1979 in einem der führenden Elektronikkonzerne anheuerte: Matsushita Electric Industrial, dem heutigen Panasonic. Die Firma schickte den Technik-

freak 1984 an die University of California, wo er in zwei Jahren seinen Master of Science in Computerwissenschaften machte und seinem anderen Hobby, dem Auto, frönte. Im Cabrio kreuzte er durch die amerikanische Landschaft.

Wieder in Japan, machte Tsuga im Konzern Karriere. Er war in Verhandlungen über DVD- und Blu-ray-Disc-Standards involviert. Doch für Höheres qualifizierte er sich, als er ab 2008 als Chef der Sparte für Automobile Systeme das Segment für Autoelektronik wiederbelebte, das nun einer der wichtigsten Wachstumsmotoren werden soll. Die Leitung der notleidenden audiovisuellen Sparte war dann nur eine Durchgangsstation. 2012 wurde er von seinem Vorgänger Fumio Ohtsubo zum Chef auserkoren. Der Auftrag: Tsuga sollte den Konzern neu aufbauen, nachdem der Ausstieg aus der TV-Display-Produktion ihn mit mehreren Milliarden Euro in die Verlustzone gestürzt hatte. Immerhin war die Richtung vorgegeben: Panasonic sollte von einem Elektronikkonzern zu einem Systemanbieter für Energiemanagement und die Automobilindustrie werden. Tsuga fühlte sich anfangs unwohl. Er ist kein harter Sanierer, sondern wird als freundlicher Mann beschrieben. »Nicht in Wut geraten, nicht belehren«, lautet eines seiner Leitmotive. Dann baute Tsuga erneut zehn Prozent der Arbeitsplätze ab und gab eine neue Marschrichtung aus. Mit den Kernkompetenzen in Unterhaltungselektronik, Haushaltsgeräten, Kühlanlagen, Batterietechnik und elektronischen Bauteilen sollte der Konzern vor allem im profitableren Unternehmenskundengeschäft neue Absatzmärkte erschließen. Geschäftsbereiche wurden verkleinert.

Größter Aktionär mit 5,6 Prozent ist die Sumitomo Mitsui Financial Group, die drittgrößte japanische Bank, gefolgt von Blackrock (5,1 Prozent). 5,4 Prozent des

Aktienkapitals besitzt Panasonic (für die Mitarbeiter) selbst. Als Kleinaktionär ist auch Masayuki Matsushita dabei, Spross der früheren Eigentümerfamilie, der seit 2000 als Vice Chairman im Board von Panasonic wirkt. Er ist der Sohn von Masaharu Matsushita (1912–2012), dem Schwiegersohn von Matsushita Konosuke (1894–1989). Der wiederum hatte 1918 eine Elektrogerätefabrik in Kadoma, einem Vorort von Osaka, gegründet, woraus der Konzern erwuchs. Nach dem Krieg sorgten 15.000 Angestellte mit einer Petition dafür, dass Matsushita als Firmenpräsident bleiben konnte. Der Konzern florierte mit Waschmaschinen, Kühlschränken und Fernsehern, neben Panasonic wurden die Marken JVC und Technics genutzt.

Tsuga beschrieb den Konzern einmal als eine Gruppe von Mittelständlern, und teilweise hatte er mit dieser Philosophie auch Erfolg. Mittlerweile fallen wieder Gewinne an. Da der Umbau lange dauert und organisch bisher kein Wachstum gebracht hat, stellte der Panasonic-Chef acht Milliarden Euro für Firmenkäufe zu Verfügung. Und er forcierte Allianzen mit chinesischen Autobauern und mit dem US-Unternehmen Tesla, um Elektro-Autos zu fördern. Panasonic soll, so formuliert Tsuga, weniger Japan-zentriert sein.

### Nachhaltigkeit ✖✖✖⊠⊠
Panasonic legt großen Wert auf Nachhaltigkeit, was in vielen Initiativen und Berichten dokumentiert wird. Greenpeace listete die Firma 2013 nur auf Platz elf von 16 Elektroherstellern. Neuerdings starke Hinwendung zu Elektromobilität.

### Unbestechlichkeit ✖✖⊠⊠⊠
Klare interne Anti-Korruptionsnormen. In den USA gab es 2013 Untersuchungen, ob Panasonic Avionics (spezialisiert auf Entertainmentprogramme für Flugzeuge) Mitglieder von Flugzeugbauern oder Regierungen bestochen habe.

### Steuerehrlichkeit ✖✖✖✖⊠
Keine Befunde.

### Humanität ✖⊠⊠⊠⊠
In Mexiko musste sich Panasonic Vorwürfen erwehren, die Firma setze Arbeiter giftigen Dämpfen aus. Im US-Staat New Jersey musste sie nach einem juristischen Streit den Mitarbeitern mehr Rechte einräumen, sich über ihrer Ansicht nach missliche interne Vorgänge zu äußern und rechtlichen Rat zu suchen.

### Transparenz ✖✖⊠⊠⊠
Börsennotiert. 2013 zahlten Panasonic und die Tochter Sanyo mehr als 56 Millionen Dollar, weil Preise für Batterien abgesprochen wurden. Und Anfang 2014 waren 4,7 Millionen Dollar Strafe fällig, diesmal wegen Manipulationen bei Ausschreibungen von Autozulieferern.

# Andy D. Bryant
Intel

Als Andy D. Bryant im Mai 2012 zum Vorsitzenden des Verwaltungsrats der Intel Corp. gewählt wurde, war klar: Das ist nicht der bequeme Sessel eines Frühstücksdirektors. Die Kür des leisen Mannes aus Missouri, der sich nie in die Öffentlichkeit drängt, rief zunächst viel Unverständnis hervor. In der US-Wirtschaft ist es ungewöhnlich, die Rolle des CEO praktisch zu überspringen und direkt zum obersten Kontrolleur aufzusteigen. Intel (Umsatz 2015: 55 Milliarden Dollar) ist in einer schweren Wachstumskrise. Der neue Chairman Bryant (geb. 1950), selbst seit 1981 im Halbleiter-Unternehmen, hatte harte Wahrheiten zur Kenntnis zu nehmen: Der Smartphone-Markt war verloren, auch iPads und Android-Tablets kommen sehr gut ohne »Intel Inside« aus, der PC-Markt schrumpft und schrumpft. Kurzum: Das Unternehmen und seine Prozessoren sind weit entfernt von der Blütezeit, als Firmenlenker Andrew Grove (1936–2016) noch in der Rolle des heimlichen Branchen-Vaters auftrat. Sein Bestseller heißt: »Nur die Paranoiden werden überleben«, aber das mit dem Überleben ist bei Intel nicht mehr so sicher.

Erst kurz im Amt, musste Bryant den vorzeitig zurückgetretenen Vorstandschef Paul Otellini ersetzen, Brian Krzanich übernahm. Nun muss Bryant dafür geradestehen, dass er wieder einen langjährigen Intel-Insider auf den Chefsessel gehoben hat, statt einen kulturellen Neuanfang zu wagen. Die »einzigartige Unternehmenskultur« des Konzerns mache das Einstellen eines Seiteneinsteigers »fast unmöglich«, findet Bryant, der intern selbst viele Management-Positionen bekleidet hat. Vor seiner Zeit bei Intel arbeitete er unter anderem bei den Autofirmen Ford und Chrysler. Der aus kleinen Verhältnissen stammende Manager hält einen Bachelor-Abschluss in Wirtschaft der Universität Missouri und einen MBA von der Universität Kansas.

Im April 2016 versetzte die Ankündigung einer Restrukturierung die Finanzmärkte in Schockzustand: 12.000 Mitarbeiter, elf Prozent der Belegschaft, sollen abgebaut werden. Das ist der stärkste Arbeitsplatzabbau in einem Jahrzehnt. Unter den institutionellen Investoren sind Blackrock und Vanguard (je 6,1 Prozent) die größten, gefolgt von Capital Group (5,3 Prozent). Bryant kennt diese Klientel genau, immerhin war er jahrelang Finanzchef. Im Top-Management ist der Chairman größter Aktionär mit 386.731 Aktien. Aufsehen erregte er mit dem Verkauf von 185.740 Aktien am 21. April 2016 für fast sechs Millionen Dollar; bereits im Januar hatte er 207.110 Aktien verkauft. Von 2013 bis 2015 summierten sich seine Gesamtbezüge laut Intel-Bekanntmachung bei der Börsenaufsicht SEC auf 20,943 Millionen Dollar.

Eine Art Befreiungsschlag versuchte Bryant mit dem Verkauf von Intel Security. Dahinter verbirgt sich die Konzerneinheit, die Software zur Abwehr von Computerviren herstellt. Intel hatte sie mühsam aufgebaut, verbunden mit größten Hoffnungen, nachdem das Unternehmen 2010 den Spezialisten McAfee für 7,7 Milliarden Dollar erstanden hatte. Die Idee war, den Virenschutz in die eigenen Chips zu integrieren, was aber offensichtlich ein technisch sehr anspruchsvolles Projekt ist. Bryant muss konstatieren, dass man nicht so weit ist, wie geplant.

### Nachhaltigkeit ✗✗✗✗✗

Das Projekt »eARTh« versucht, die Umweltkosten so gering wie möglich zu halten und das Personal dabei mitzunehmen.

### Unbestechlichkeit ✗✗✗✗✗

Scharfe Anti-Korruptionsregeln.

### Steuerehrlichkeit ✗✗✗✗✗

2009 zahlte Intel den dänischen Behörden 643 Millionen Dollar, weil der Konzern die akquirierte Technologiefirma Giga weit unter Marktwert an eine eigene Tochterfirma verkauft hatte und so Steuern sparte.

### Humanität ✗✗✗✗✗

Intel ist ein großzügiger Spender. 2015 stellte das Unternehmen 300 Millionen Dollar für Tech-Projekte in Aussicht.

### Transparenz ✗✗✗✗✗

Gute Börsenberichterstattung, ansprechbares Management. Ein Fundraising-Essen des Intel-CEO für Donald Trump wurde sofort abgesagt, nachdem die Presse davon Wind bekam.

# Randall L. Stephenson
## AT&T

Wenn Randall L. Stephenson nicht gerade als Präsident des amerikanischen Pfadfinderverbands unterwegs ist, hat er einen weiteren Job, der ihm alles abverlangt. Er ist Chef des Telekommunikationskonzerns AT&T, der 2015 rund 147 Milliarden Dollar umsetzte. Das ist fast doppelt so viel wie der Umsatz der Deutschen Telekom AG im selben Jahr und macht AT&T zur Nummer eins im Telekommunikationsgeschäft.

Als Stephenson den Posten im Juni 2007 antrat, hatte er den richtigen Riecher und sicherte sich den Alleinvertrieb des revolutionären iPhones in den USA. Er katapultierte AT&T damit aus dem Zeitalter des verstaubten Kupferkabelriesen in das Mobilfunkzeitalter. Doch der Glanz ist verblasst. Heute kämpft der Telekom-Konzern nicht mehr nur um neue Mobilfunkverträge und Kabel-TV-Kunden. Der Vorstandschef muss ihn wettbewerbsfähig machen in einer Welt, in der die Internet-Cloud über Erfolg und Misserfolg bestimmt. Einer der Hauptgegner ist Amazon. Der Internetkonzern bietet seinen Premium-Kunden Online-Video an und gefährdet so Stephensons 49 Milliarden Dollar teure Akquisition des Satelliten-TV-Anbieters Direct TV.

Als Chairman und CEO in einer Person ist Stephenson frei in der Wahl der strategischen Mittel. Bis 2020 will er 75 Prozent des Netzwerks »virtualisiert« haben. Statt mit mechanischen oder elektronischen Schaltstellen oder Netzwerk-Routern werden dann alle Funktionen digitalisiert ausgeführt. Der aus Oklahoma City stammende Stephenson (geb. 22. April 1960) ist mit einer Vergütung von 25,2 Millionen Dollar für 2015, davon 1,74 Millionen Dollar Basisgehalt, in den USA Spitzenverdiener der Branche. Im Zeitraum von 2011 bis Ende 2015 verdiente er insgesamt 117 Millionen Dollar. Das ist viel Geld für fünf Jahre Arbeit, in denen die Aktie kaum gestiegen ist. Die Aktionäre haben bislang stillgehalten. Größter institutioneller Investor ist Vanguard mit 6,2 Prozent, gefolgt von Blackrock mit 5,4 Prozent und State Street mit 4,1 Prozent. Die Zurückhaltung erklärt sich aus der Tatsache, dass AT&T seit 32 Jahren kontinuierlich die Dividende angehoben hat. Rund 70 Prozent des freien Cashflows fließen pro Jahr an die Aktionäre zurück.

Stephensons größter Fehler war nach Ansicht vieler Beobachter die unprofessionell eingefädelte und letztlich blamabel fehlgeschlagene Akquisition von T-Mobile

USA im Jahr 2011, die AT&T drei Milliarden Dollar Strafzahlungen an die Tochter der Deutschen Telekom sowie die Übergabe von Mobilfunkfrequenzen im Wert von damals einer Milliarde Dollar kostete. Der totgeglaubte »Telekom-Zombie« T-Mobile USA erwachte durch diese Infusion zu neuem Leben und zettelte einen branchenweiten Preiskrieg an, den auch AT&T durch kontinuierliche Kundenabwanderungen massiv zu spüren bekam. Doch Stephensons Machtfülle durch seine Doppelrolle half offenbar, weitreichende persönliche Konsequenzen zu verhindern. Er ist auch Mitglied des Board of Directors beim Flugzeugbauer Boeing.

Die Geschichte von AT&T ist eine Geschichte von Macht und Monopolen. 1885 von Alexander Graham Bell gegründet, wuchs der Konzern zum Monopolanbieter für Telefonie in den USA heran. 1982 erfolgte die Zerschlagung in mehrere kleine Telekom-Unternehmen (Baby Bells), von denen eines, die Southwestern Bell Corporation (SBC), 2005 die AT&T Corp. kaufte und das Gemeinschaftsunternehmen als AT&T Inc. fortführte. Mit diesem Deal kam auch Stephenson ins Haus, der bei SBC Karriere gemacht hatte. Geblieben aus der alten Monopolzeit ist vor allem die Regierungsnähe. Symbol dafür ist der »Room 641A« in der Datenzentrale von AT&T in San Francisco. Durch diesen hermetisch versiegelten Raum wurde von 2003 bis 2006 der gesamte Internetverkehr der Region geleitet und angeblich der NSA zugänglich gemacht.

Mit 16,4 Millionen Dollar lagen die Ausgaben von AT&T für Lobbyarbeit in Washington 2015 auf dem 13. Platz in der Liste der größten Lobbyisten und nur unwesentlich hinter der Google-Mutter Alphabet. Der Telekomkonzern gehört damit zu den einflussreichsten Unternehmen der USA. Die politischen Spenden summierten sich 2016 auf knapp fünf Millionen Dollar.

### Nachhaltigkeit ✖✖✖✖✖
AT&T glaubt, durch Technik die Amerikaner zu einem umweltbewussten Verhalten zu bringen.

### Unbestechlichkeit ✖✖✖✖✖
Enge Beziehungen des Konzerns zu politischen Entscheidungsträgern. Zwischen 2004 und 2016 hat AT&T rund 230 Millionen Dollar für politisches Lobbying ausgegeben. Im Board of Directors sitzt der frühere US-Botschafter bei der EU, William E. Kennard.

### Steuerehrlichkeit ✖✖✖✖✖
Die NGO Citizens for Tax Justice errechnete für 2012 einen Steuersatz von fünf Prozent. Das liegt an Steuervergünstigungen.

### Humanität ✖✖✖✖✖
Politische Auseinandersetzungen um 16.000 Jobs in Kalifornien und Nevada.

### Transparenz ✖✖✖✖✖
2013 versuchten Aktionärsaktivisten, AT&T dazu zu zwingen, Transparenzberichte herauszugeben. 2015 verdonnerte die US-Behörde FCC den Konzern zu 100 Millionen Dollar Strafe, weil er den Datenverkehr bei Kunden verlangsamt hatte, die unbegrenzte Dienste bestellt hatten.

# Lowell McAdam
## Verizon

Lowell McAdam (geb. 28. Mai 1954) wollte immer schon hoch hinaus. Und das nicht erst, seit er als junger Mann nach dem Studium bei der US-Marine in San Diego mithalf, Kulissen für das Kampfpiloten-Epos »Top Gun« zu bauen. Damit begann die Filmkarriere von Tom Cruise und offenbar auch die Karriere von Lowell McAdam aus dem ländlichen Barker im Bundesstaat New York. Seit August 2011 ist er Vorstandschef und seit 2012 Chairman von Verizon, dem größten Mobilfunkanbieter der USA, mit mehr als 100 Millionen Kunden. Und McAdam will noch höher hinaus, gemäß seinem Motto: »There's always a higher gear« – man kann immer noch einen Gang hochschalten.

Genau das hat er mit Verizon vor. Die Übernahme von zuerst AOL und 2016 von Yahoo für zusammen rund neun Milliarden Dollar ist der Grundstein für einen Medien- und Kommunikationskonzern des 21. Jahrhunderts. Leisten kann sich McAdam die Deals, schließlich war Verizon im August 2016 rund 220 Milliarden Dollar wert. Beide Neu-Akquisitionen sind alte Marken des Internets, Veteranen eines Geschäfts, das schnelllebig ist und längst neue Helden hat. AOL stammt sogar aus dem Jahr 1985 und wurde von Steve Case groß gemacht; 2000 fusionierte Cases Konzern mit dem Pressekonzern Time Warner, doch die Liaison hielt nicht lange. Zu AOL gehört auch die Online-Publikation »Huffington Post«. Yahoo wiederum war 1994 gestartet und hatte sich mit Suchfunktionen, Mails und Nachrichten eine gute Ausgangsposition für die Internetwelt geschaffen, ließ es aber an Innovationsdrang missen, woran auch die von Google geholte Vorstandschefin Marissa Mayer nichts änderte. Das Kreativste – und Teuerste – war noch der Kauf von Tumblr. Nun werden die Dinosaurier der Internetbranche beim heutigen Mobilfunk- und Kabel-TV-Riesen Verizon gesammelt. Das Ziel ist der Aufstieg zum drittgrößten Anbieter von Online-Werbung hinter Google und Facebook. Werbung auf Mobilgeräten und Videos sind die Schwerpunkte, kündigte CEO McAdam an. Im August 2016 übernahm Verizon dann auch noch die auf Fuhrparkmanagement spezialisierte Softwarefirma Fleetmatics für 2,4 Milliarden Dollar.

Der Ausgang des Projekts »Erfolg durch Zukauf« wird zum Lackmustest für McAdam. Die Aktionäre werden nervös. Verizon-Aktien liegen zu 64,5 Prozent bei institutionellen Investoren; die größten Anteile halten Capital Group (7,0 Prozent), Vanguard (6,3 Prozent) und Blackrock (6,1 Prozent). McAdams Versuch, mit Verizon Fios – einem Angebot für Telefonie, Kabelfernsehen und Internetzugang – den Kabelgiganten Comcast und Time Warner Cable Konkurrenz zu machen, darf als gescheitert gelten. Noch stehen die Aktionäre hinter dem Voll-

blut-Manager McAdam, der in einer früheren Position bei Airtouch in den 1990er
Jahren auch in Europa gearbeitet hat. Um
Verizon komplett umzubauen, gewähren die Teilhaber ihm eines der höchsten
Gehaltspakete in der Telekombranche:
Von 2013 bis 2015 kassierte er zusammengenommen 52,5 Millionen Dollar; alleine
2015 fielen rund 18 Millionen Dollar an.

Verizon Communications mit Haupt-
sitz in New York entstand Mitte 2000 aus der Fusion der Telekomfirmen Bell At-
lantic Corp und GTE Corp. 2014 ging McAdam die größte Wette seiner bisherigen
Karriere ein: Für 130 Milliarden Dollar in bar und Aktien kaufte er einen 45-pro-
zentigen Verizon-Anteil vom britischen Konzern Vodafone zurück. Die Folge war
ein hoher Schuldenberg. Insgesamt liegen die langfristigen Verbindlichkeiten,
Stand Mitte 2016, bei rund 92 Milliarden Dollar. Das schränkt die Handlungsfähigkeit des CEOs und Chairmans spürbar ein. Ein heftiger Konkurrenzkampf,
angezettelt vor allem durch T-Mobile USA, schwächt das Kerngeschäft und belastet den Umsatz. Im Geschäftsjahr 2015 lag der bei 131,6 Milliarden Dollar, nach
127,1 Milliarden in 2014.

McAdam machte seinen Abschluss als Ingenieur an der Cornell University und
besitzt ein Diplom in Betriebswirtschaft von der Universität San Diego. Er sitzt
im Verwaltungsrat von General Electric und im Beirat der Cornell University und
war Vorsitzender des Verwaltungsrats des US-amerikanischen Mobilfunk-Bran-
chenverbands CTIA.

**Nachhaltigkeit** ✖ ✖ ✖ ✖ ✖
Großes Bewusstsein für Nachhaltigkeit.
»Grünes« Programm für die Energiegewin-
nung durch Photovoltaik.

**Unbestechlichkeit** ✖ ✖ ✖ ✖ ✖
Keine konkreten Korruptionsfälle bekannt.

**Steuerehrlichkeit** ✖ ✖ ✖ ✖ ✖
In den USA hat Verizon zwischen 2001
und 2015 auf 121 Milliarden Dollar Gewinn
gerade mal durchschnittlich 12,5 Prozent
Steuern gezahlt, errechnete die NGO Tax
Justice.

**Humanität** ✖ ✖ ✖ ✖ ✖
Der demokratische Politiker Bernie Sanders kritisierte die Behandlung von Arbeit-

nehmern durch Verizon. Weil Verizon und
Sprint unberechtigterweise Kunden mit
Gebühren belastet hatten, mussten sie insgesamt 160 Millionen Dollar zahlen. 2016
gab es bei Verizon einen 45-Tage-Streik,
der 10,5 Prozent mehr Lohn auf vier Jahre
brachte.

**Transparenz** ✖ ✖ ✖ ✖ ✖
Im NSA-Skandal 2013 hatte die US-Regierung eine Liste, die genau auswies, wen
Verizon-Kunden anriefen und wer sie
anrief. Der Konzern zahlte den Behörden 1,35 Millionen Dollar für den Einsatz
von Super-Cookies, die dem Kunden
gegenüber nicht offen genug ausgewiesen
waren.

# Shang Bing
## China Mobile

Eine gigantische Zahl: 835 Millionen Kunden. So viele Klienten hat China Mobile – und ist damit der mit Abstand größte Mobilfunkkonzern der Welt, wenn es um die Kundenbasis geht. Wer so viel Größe gewohnt ist, will auch andere Sektoren dominieren: So begann der Staatsableger, vehement in die chinesische Versicherungsbranche zu investieren. Jeweils etwas mehr als 150 Millionen Dollar will das Unternehmen für je 20 Prozent der Anteile an CMG Renhe Property und an CMG Renhe Life Insurance ausgeben. Der insgesamt 305 Millionen Dollar schwere Zukauf  würde China Mobile zu einem der größten Anteilseigner in diesen Versicherungen machen, die beide zur China Merchants Group (CMG) gehören.

Ein gewaltiges Programm hat sich die Mannschaft um Chairman Shang Bing (geb. 1955) vorgenommen. Der vormalige Vizeminister im Staatsministerium für Industrie und Informationstechnologie ist erst im August 2015 an die Spitze des Unternehmens gekommen, das viel Geschäft an Internetdienste abgeben musste. Shang Bing studierte am Shenyang Institute of Chemical Industry, machte seinen MBA an der State University of New York und promovierte an der Hongkong Polytechnic University. Auf dem Mobilfunkkongress in Barcelona im Februar 2016 bekannte er in Harmonie mit anderen Mobilfunkchefs, die Entwicklung des Standards 5G voranzutreiben, »um ein neues Zeitalter zu erreichen, in dem alles vernetzt ist«. Der Staat fördert den Ausbau eines Festnetzbreitbands mit viel Geld.

Shang Bings Unternehmen ist mit einem Umsatz von fast 106 Milliarden Dollar (2015) die Nummer drei in der Welt der Telekommunikation. Der Marktanteil in China liegt bei mehr als 60 Prozent. China Mobile ist an den Börsen in New York und Hongkong gelistet und entstand aus der Auflösung von China Telecom. Der Staat hält über seine Holding China Mobile Hongkong Limited mit 73 Prozent noch immer den Löwenanteil, Blackrock (0,8 Prozent) und Vanguard (0,7 Prozent) müssen sich mit kleineren Stücken begnügen. Die Liquidität war Ende 2015 mit 65 Milliarden Dollar sehr hoch. In Pakistan erstand China Mobile 2017 die Firma Paktel.

Der harte Wettbewerb innerhalb der Telekommunikationsbranche, die sich rasant verändernde Internetlandschaft (mit Konkurrenz wie WeChat des chinesischen Konzerns Tencent) sowie die sich ständig ändernden Gesetze in der Branche zwingen China Mobile, sein Portfolio auszuweiten. Bisher geschah dies hauptsächlich innerhalb des eigenen Sektors. So hat das Unternehmen etwa 2015 das größte 4G-Netzwerk mit 1,1 Millionen Stationen weltweit aufgebaut, das 1,2 Milliarden Menschen nutzen können; dadurch gewann China Mobile mehr als 200 Millionen Nutzer für sein 4G-Datensystem.

Die chinesischen Kunden wollen schnelleres Internet auf ihren Smartphones. In den Metropolen des Landes haben mittlerweile 99 Prozent aller Bürger ein Smartphone. Seinen großen Kundenstamm sieht China Mobile als Basis für den Erfolg in der Versicherungsbranche. Immer mehr Chinesen nutzen das Telefon für die Bestellung von Essen und Taxi, aber auch für andere Serviceleistungen. Da ist es naheliegend, nicht nur Finanzgeschäfte, sondern auch Versicherungen per Telefon abzuschließen. Es sei von einem »hohen strategischen Wert«, das Zusammenspiel von Internetgeschäft und Internetversicherungen zu entwickeln, erklärt China Mobile. Die Deutsche Telekom ist – zum Vergleich – mit der DeTeAssekuranz bisher nur Versicherungsvermittler für 65.000 Kunden.

**Nachhaltigkeit** ✖ ✖ ⊗ ⊗ ⊗
Erkennbar kein wichtiges Thema bei China Mobile.

**Unbestechlichkeit** ✖ ✖ ✖ ⊗ ⊗
2015 untersuchte der Staat, ob mehrere Mitarbeiter von China Mobile korrupt seien.

**Steuerehrlichkeit** ✖ ✖ ✖ ✖ ⊗
Keine Unregelmäßigkeiten feststellbar.

**Humanität** ✖ ✖ ✖ ✖ ⊗
Keine Auffälligkeiten.

**Transparenz** ✖ ✖ ⊗ ⊗ ⊗
Investoren kritisieren, China Mobile sei eher eine Sammlung von Büros als eine effiziente Firma. Der New Yorker Hedgefonds Indus Capital Partners drängt beim Management auf Reformen und mehr Dividende. Dicke Bilanzposten wie für »andere Ausgaben« sind erklärungsbedürftig. Die Hoheit über das Thema hat die staatliche Assets Supervision and Administration Commission. Peking selbst hat Reformen in Staatsfirmen angekündigt.

# Hiroo Unoura
## NTT Group

NTT ist im Ausland kein großer Name. Aber in Japan ist der Nachfolger des ehemaligen staatlichen Telefonmonopols Nippon Telegraph & Telephone (1952 gegründet) noch immer das zweitwertvollste Unternehmen; nach Umsatz gerechnet ist es Nummer vier. Seit 2012 versucht ein Mann, das überlieferte Selbstverständnis eines starken, aber lahmen Riesen zu nehmen, um lieber Angriffsgeist zu wecken: Hiroo Unoura, Vorstandschef der Firma, bei der der Staat auch nach der Privatisierung von 1985 mit 35,2 Prozent größter Aktionär ist. Es gibt aber viele andere Anteilseigner wie den Government Pension Investment Fund (5,4 Prozent), die von Unoura Erfolge erwarten.

NTT (Umsatz 2015: 96,2 Milliarden Dollar) sei nicht länger der Hauptakteur, hämmert der Manager seiner Belegschaft ein: »Wir sind einer von vielen.« Sein Ziel ist klar: Der japanische Festnetzriese aus dem Analogzeitalter soll in der vollvernetzten Welt von morgen zum globalen und agilen Angreifer werden. Der Reformer ist in der eher schillernden Welt der Digitalökonomie alles andere als ein Selbstdarsteller. In Interviews gibt er nicht viel Privates preis, stets ist er freundlich und leise. Der NTT-Chef hat eine für Japan typische Karriere gemacht: Jura-Studium an der Universität Tokio, Wechsel zum Konzern, geduldiges Nach-oben-Arbeiten. Aber deswegen ist der Mann nicht weniger entschlossen. Im Gegenteil: Ihn hat geprägt, dass er Anfang des Jahrhunderts die Scherben des erstens Versuchs einer Globalisierung auffegen musste. Damals hatten NTT und vor allem der Mobilnetzbetreiber NTT Docomo viele Milliarden Dollar im Ausland investiert und waren jäh gescheitert. Unouras Lehre: Man dürfe der kommenden Generation keine Hausaufgaben überlassen.

Diese Einstellung drückt sich im Anspruch an sich selbst aus. Unoura (geb. 13. Januar 1949) will, dass die nächste Führungsgeneration über ihn sagt: »Es ist gut, dass er den Kurs bestimmt hat.« Er hält es für entscheidend, »im Angesicht von Veränderung und Widerstand mit Überzeugung den Kurs zu bestimmen«. Seiner Durchsetzungskraft in der NTT Group mit ihren gut 240.000 Mitarbeitern kommt zugute, dass der Vorstandschef jeglicher Günstlings-und Cliquenwirtschaft abgeneigt ist und immer seine Unabhängigkeit bewahrt hat. Er könne deshalb mutige Entschlüsse fassen, weil er sich nicht mit den Mitgliedern einer Seilschaft umgebe, sagt ein NTT-Manager.

Mutig ist der Umbauplan allemal. NTT soll zum globalen Player des Cloud-computing heranwachsen, der für internationale Anleger immer attraktiver wird. Das Auslandsgeschäft soll im Bilanzjahr 2017 rund 22 Milliarden Dollar Umsatz und 1,5 Milliarden Dollar Gewinn einbringen. Die Kosten sollen stark sinken, der Gewinn pro Aktie steigen. Dafür muss Unoura an mehreren Fronten kämpfen. Daheim lastet das Erbe auf dem Konzern, Monopolist für klassische Telefonver-bindungen zu sein. Sein Unternehmen unterliegt daher zum großen Teil noch der Aufsicht des Innenministeriums. Es kann nicht einfach unprofitable Dienste einstellen, sondern muss die landesweite Versorgung mit Festnetzanschlüssen und öffentlichen Telefonen sicherstellen. Die nächste Front liegt im Unternehmen selbst: Der CEO will das Kommunikationsgeschäft in Japan umbauen – weg vom Endkundengeschäft, hin zum Infrastruktur-Anbieter, der für Lösungen sorgt.

Eine weitere Baustelle ist das Mobilnetz NTT Docomo. Der einstige Markt-führer hat den Smartphone-Boom verschlafen, weil er dem Rivalen Softbank den Vertrieb von Apples iPhone überließ. Inzwischen ist Docomos Marktanteil auf unter 50 Prozent abgerutscht. Das kostet Gewinn – und Unoura rüffelte die NTT-Tochter öffentlich. Im Ausland wiederum sind die Konzernableger wie NTT Communications oder NTT Data nur Neuankömmlinge, die auch noch mit anderen japanischen Anbietern wie Fujitsu um Kunden kämpfen müssen. Und der Erwerb des südafrikanischen IT-Dienstleisters Dimension Data war zwar ein wichtiger Schritt in der Globalisierung, doch die Tochter musste erst einmal auf Sanierungskurs geschickt werden. Gewinne würden sich nicht über Nacht ein-stellen, wurden Investoren gewarnt. Gleichwohl sind weitere Zukäufe vorgesehen.

Darüber hinaus versucht NTT-Chef Unoura, die Welt über den Umweg USA zu erschließen. Dies sei der Leitmarkt auch für Schwellenländer. Um dem Vor-stoß in Nordamerika mehr Durchschlagskraft zu verschaffen, hat Unoura ein Cloud-Research-Center eröffnet – mitten im Silicon Valley.

**Nachhaltigkeit** ✗ ✗ ✗ ✗ ✗
Zahlen werden gemäß des GRI-Indexes für nachhaltiges Wirtschaften publiziert. Wurde von der Organisation CDP (Climate Disclosure Project) ausgezeichnet für Klimaanstrengungen.

**Unbestechlichkeit** ✗ ✗ ✗ ✗ ✗
Null-Toleranz-Politik.

**Steuerehrlichkeit** ✗ ✗ ✗ ✗ ✗
2013 und 2014 zahlte die NTT Group in Australien keine Steuern, ermittelte das Australian Taxation Office.

**Humanität** ✗ ✗ ✗ ✗ ✗
Keine Vorfälle.

**Transparenz** ✗ ✗ ✗ ✗ ✗
Gute Erklärung der Zahlen und der Strate-gie im börsennotierten Unternehmen.

# Tim Höttges

## Deutsche Telekom

Noch bevor er seinen Job antrat, machte Timotheus (»Tim«) Höttges das, was alle Manager machen, die in der digitalen Wirtschaft à jour sein wollen: Er fuhr in die USA und besuchte das Silicon Valley. Höttges informierte sich bei Google und anderen Firmen, er traf alte Freunde und junge Experten, und am Ende war ihm klar, dass die Internet-Riesen von der Westküste bei ihrem Drang nach der Weltherrschaft sich bestimmt nicht nach einer Telekommunikationsfirma aus Deutschland richten. Für ihn sind das gefährliche Tendenzen, und der Betriebswirt beschloss, dass die Deutsche Telekom einen anderen Weg gehen müsse. So werde es im Übrigen gelingen, dass ihr Wert endlich wieder steigt.

Seit Januar 2014 ist der Silicon-Valley-Reisende nun Vorstandschef der Telekom und hat den 225.000 Mitarbeitern einen neuen Kurs verordnet. Höttges (geb. 18. September 1962) will der Herr der Netze werden, zuständig für Mobilfunk, Festnetz, Internet und IPTV. Überall in Deutschland werden die Kupferkabel aufgerüstet oder Glasfasernetze verlegt, damit das Internet schneller wird. Bei Europas Konsolidierung plant Höttges – jenseits des deutschen Heimatmarkts –, überall Firmen zu kaufen. Bisher ist das Bonner Unternehmen nennenswert vor allem in Großbritannien mit einer Beteiligung von zwölf Prozent an der BT Group aktiv; hierzu kam es, nachdem die Briten den Mobilfunker EE kauften, den die Telekom zusammen mit der französischen Gesellschaft Orange betrieben hatte. Es handelt sich also um das Ergebnis eines Tauschgeschäfts. Von geringerer Bedeutung sind die Töchter in Ländern wie Tschechien, Ungarn, Griechenland, Mazedonien, Niederlande oder Österreich.

In den USA besitzt Höttges noch T-Mobile USA, eine Enkeltochterfirma, die zunächst verkauft werden sollte. Weil die Fusion mit dem amerikanischen Unternehmen AT&T kartellrechtlich untersagt wurde, machte T-Mobile unter John Legere erst mal weiter. Legere setzte auf eine aggressive Vermarktungspolitik, um die Zahl der Kunden zu steigern. So erhalten Vertragskunden eine Aktie gratis und können bis zu 100 weitere ergattern, wenn sie Kunden werben. T-Mobile USA macht alleine fast 29 Milliarden Euro Umsatz (42 Prozent des Gesamtgeschäfts der Telekom); die Rendite ist magerer. Zu dem voluminösen US-Geschäft war die Telekom durch Übernahme der Firma VoiceStream gekommen. In Deutschland dagegen schwinden die Umsätze, die Geschäftskundensparte T-Systems steht offenbar zum Verkauf.

CEO Höttges gebietet über einen Konzern mit knapp 70 Milliarden Euro Umsatz. Dieses Unternehmen – das größte seiner Art in Europa – steht unter besonderer Beobachtung der Bundesregierung. Das liegt auch daran, dass die Telekom beim Börsengang 1996 der Musterfall einer »Volksaktie« werden sollte. Der Schauspieler Manfred Krug warb in TV-Spots für das vormalige Staatsunternehmen, eine Abspaltung der Behörde Deutsche Bundespost, die der Ex-Sony-Mann Ron Sommer leitete. Doch wer die Aktie beim IPO zum Kurs von 28,50 Mark zeichnete und sie bis heute gehalten hat, machte damit 50 Cent Kursgewinn und kassierte insgesamt elf Euro Dividende. Aus dem Plan des Vermögensaufbaus über die Börse

ist also nichts geworden; der Flop hat viele Bürger nachdrücklich von der Aktie distanziert. Vor allem die Börsenkrise 2001 und Abschreibungen am eigenen Immobilienvermögen hatten den Kurs nach unten gebracht. Heute hält der Bund, der in drei Tranchen verkaufte und dabei 34 Milliarden Euro erlöste, direkt noch 14,5 Prozent an der Deutschen Telekom AG; weitere 17,5 Prozent liegen bei der öffentlichen Bankengruppe KfW. Während der Staat bei der Deutschen Post auf stufenweisen Ausstieg setzte, blieb das Engagement bei der Telekom unverändert stark. Als jahrelanger Finanzchef der Firma (März 2009 bis Dezember 2013) weiß Höttges genau Bescheid über die Nervosität der Aktionäre. Die versucht er mit guten Dividendenzahlungen zu beruhigen.

Weil der Bonner Konzern eine entscheidende Rolle bei der Digitalisierung des Landes und der Wirtschaft spielt, bleiben Höttges und seine Mitarbeiter eine wichtige Größe für die Bundesregierung. Im Mittelpunkt steht das Ziel, nationaler Champion zu sein; zwischenzeitlich ließ sich bei der Telekom mit gleich drei Vorstandsfrauen demonstrieren, dass in der Wirtschaft in der Geschlechterfrage eine neue Zeit angebrochen ist. Die Telekom war das erste Unternehmen, das verbindlich eine Frauenquote von 30 Prozent für das Top-Management einführte. Für das Bundesfinanzministerium sitzt Staatssekretär Johannes Geismann im Aufsichtsrat, für die KfW deren Vorstandchef Ulrich Schröder. Als Aufsichtsratschef fungiert der frühere Henkel-Chef Ulrich Lehner. Weitere Gesellschafter sind Blackrock (4,6 Prozent) sowie Deutsche Bank und Norges Invest (je 1,5 Prozent).

Opfer der strategischen Neuausrichtung wurden etliche Geschäfte, mit denen die Vorgänger an der Konzernspitze brillieren wollten. Vom einstigen Anspruch, auch Inhalte zu produzieren, blieb nichts übrig. Der börsennotierte Veteran T-Online ging an den Vermarkter Ströer, die Scout-Gruppe für Anzeigenportale wiederum übernahm für 1,5 Milliarden Euro zu 70 Prozent der Finanzinvestor Hellman & Friedman. Kleinere Akteure sind das Digital-TV-Produkt Entertain und die Download-Plattform Videoload. Über die Tochter Deutsche Telekom

Capital Partners ist der Konzern zudem an mehr als 70 Firmen beteiligt. Zwei Milliarden Dollar Euro stehen dem Ableger bei Private-Equity-Geschäften sowie Wachstumsfinanzierungen zur Verfügung. Bis zu 1500 Firmen werden im Jahr geprüft. Ex-Vorstandschef René Obermann wollte hier so etwas wie das neue Google finden, heute geht es ganz unsentimental um die Strategie »billig kaufen, teuer verkaufen«. Know-how sollen Kooperationen mit Huawei, Cisco und Spotify bringen.

Mitte 2016 lag der Börsenwert der Telekom bei respektablen 75 Milliarden Euro. Damit war sie das viertwertvollste Unternehmen in Deutschland und hatte den Vorsprung zur spanischen Telefónica, der britischen Vodafone und Orange ausgebaut.

Höttges hat Ruhe in das Unternehmen gebracht. Seine Besorgnis über Silicon Valley blieb. Google, Amazon, Facebook und Apple – in deutschen Konzernen gerne »Gafa« genannt – seien mehr wert als alle 30 Dax-Unternehmen, rechnete er vor, und Google plus Apple könnten mit ihren Barbeständen die drei deutschen Konzerne Bayer, SAP und Daimler kaufen. Das Internet sei kein Spielzeug mehr, »das ist richtiges Big Business«. Für Industrie 4.0 sollten die Deutschen weiter die Standards setzen, findet er, offenkundig am liebsten mit der Telekom und Tim Höttges. Einen Erfolg kann er bereits verbuchen: Er habe die verständlichste Rede auf der Hauptversammlung einer deutschen Firma gehalten, lobte die Universität Hohenheim.

**Nachhaltigkeit** ✘ ✘ ✘ ⊠ ⊠
Wichtiger Grundsatz der Konzernphilosophie. Man schone das Klima, so die Wahrnehmung.

**Unbestechlichkeit** ✘ ✘ ✘ ⊠ ⊠
Strikte Normen. Die Telekom sei am besten in der Branche gegen Korruption geschützt, erklärt Transparency International. Ein Mitarbeiter soll gegen 150.000 Euro dem chinesischen Konzern ZTE Geheimnisse verraten haben. Die Telekom erstattete Strafanzeige. Wegen Bestechungsfällen in Mazedonien und Montenegro zahlten die Bonner 95 Millionen Dollar.

**Steuerehrlichkeit** ✘ ✘ ✘ ⊠ ⊠
Aktuell keine Auffälligkeiten.

**Humanität** ✘ ✘ ✘ ⊠ ⊠
Interne Kritiker aus der Gewerkschaft sehen Willkür der Chefs, Einschüchterungen und ein Klima der Angst bei T-Mobile USA.

**Transparenz** ✘ ✘ ✘ ⊠ ⊠
Die Telekom lässt die Wirtschaftsprüfer nicht durch den Aufsichtsrat bestimmen, sondern durch CEO Höttges selbst. Drosselung der Daten bei Überschreiten eines Limits ist undurchsichtig. Breite, offene Kommunikation.

# Masayoshi Son
## SoftBank

Der Mann, den sie »Masa« nennen, ist Japans zweitreichster Unternehmer und immer wieder einmal dabei, sein Imperium neu zu erfinden. Auf der Aktionärsversammlung 2016 kündigte Masayoshi Son an, dass sein globaler Mobilnetzbetreiber und IT-Investor SoftBank künftig eines der führenden Unternehmen in Künstlicher Intelligenz (KI) und Robotik werden soll: »Wenn man auf die nächsten 30 Jahre schaut, wird unser Fokus zweifellos auf KI, smarten Robotern und dem Internet der Dinge liegen.« Naheliegend war da ein Großverkauf von Aktien, um die Kasse zu füllen. Für acht Milliarden Dollar gab Son einen Teil seiner Alibaba-Papiere (neuer Anteil: 32 Prozent) weg, und für 8,6 Milliarden Dollar veräußerte er die Mehrheit an der Spiele-Firma Supercell – der chinesische Konzern Tencent übernahm.

Die Aktionäre sind schon viel gewohnt von dem wendigen, einfallsreichen Unternehmer. Immerhin hat er ihnen 2010 einen 300-Jahres-Plan aufgetischt. 2013 kaufte Son (geb. 11. August 1957) dann für 21,6 Milliarden Dollar auf Pump das US-Mobilnetz Sprint, bis dato die größte Firmenübernahme durch ein japanisches Unternehmen. 2014 wiederum warb er Google den Vorstand Nikesh Arora ab, der sich einen Spaß daraus machte, seinen Arbeitsvertrag jedes Jahr neu mit immer astronomischeren Summen abzuschließen. Bei SoftBank begann er tatsächlich mit einem Einstiegsgehalt von 135 Millionen Dollar pro Jahr und galt fortan als Nachfolger Sons. Doch just einen Tag vor der Aktionärsversammlung im Juni 2016 trennte sich Masayoshi Son wieder von dem Inder. Der für 2017 geplante Wachwechsel zum 60. Geburtstag von Masayoshi Son fällt aus. Er wollte eigentlich an der Spitze keinen alten Mann als Flaschenhals einer auf Wachstum ausgerichteten Firma, erklärte Son, »aber dann wurde ich gierig und erkannte, dass ich noch nicht genug habe«. Die Aktionäre applaudierten, und einige meinten sogar, er solle erst mit 200 Jahren aufhören. Der Großaktionär (Anteil 19 Prozent) macht jetzt bei SoftBank (Umsatz: 76,3 Milliarden Dollar) einfach noch ein Weilchen weiter, alles nach dem »Highlander«-Motto: Es kann nur einen geben. Wenn schon Arora nicht gut genug war, ihn zu ersetzen, wer soll es sonst sein? Die aktuelle Vision ist jetzt die einer globalen Investment-Management-Firma.

Die Investoren machen das alles mit. Die amerikanische Capital Group (Anteil: 6,7 Prozent) und der japanische Government Pension Investment Fund (5,7 Prozent) sind die nächstgrößeren Aktionäre; Kurzzeit-Vorstand Arora hatte sich für gepumpte 500 Millionen Dollar eingekauft und das Aktienpaket nach seinem Abgang rasch wieder verkauft. Son, dessen Vermögen auf rund 15 Milliarden Dollar geschätzt wird, hat sich in seiner langen Erfolgs- und Misserfolgsgeschichte immer durch zwei Charakterzüge hervorgetan: Er ging hohes Risiko ein und machte seine Träume wahr. Wagemut sei für seinen Konzern überlebenswichtig, erklärte er bei der Ankündigung des Sprint-Deals. »Uns nicht herauszufordern, ist wahrscheinlich ein noch größeres Risiko.« Freilich hielt er das teure Engagement – nachdem in den USA die geplante Fusion mit der Telekom-Tochter T-Mobile geplatzt war – für einen schweren Fehler.

Früh schon zeigte der älteste Sohn koreanischer Einwanderer Mut. Die Diskriminierung als Migrant während seiner Kindheit prägte ihn und seinen jüngeren Bruder Taizo, der selbst ein erfolgreicher Start-up-Investor wurde. Geschenkt wurde den beiden nichts. Gleichzeitig konnten sie es sich als Außenseiter erlauben, hin und wieder gegen Konventionen zu verstoßen. Niemand war darin so gut wie Masayoshi. Im Alter von 16 Jahren offenbarte er seinen Eltern, in den USA studieren zu wollen, um Karriere zu machen. Und er ging dorthin, lernte die Sprache, absolvierte in zwei Wochen die notwendigen Oberschulexamen, besuchte das College und studierte anschließend Computerwissenschaften und Wirtschaft am Berkeley Campus der University of California. Damals begann er, Geschäftsideen und Produkte zu erfinden. Eine Innovation am Tag war sein Ziel, erinnerte er sich später. Und 1979 trommelte Masayoshi Son für die Idee eines elektronischen Wörterbuchs einige Professoren zusammen, entwickelte das Konzept und verkaufte das Patent für 100 Millionen Yen, damals 500.000 Dollar, an den japanischen Elektronikkonzern Sharp.

Danach studierte er, mit welcher Idee er wohl am ehesten das große Geld machen könnte. Das Ergebnis: SoftBank, ein Softwarevertrieb. Im Dienste der Karriere zog der Innovator zurück und nahm 1990 sogar die japanische Staatsbürgerschaft an. Der Grund für den Umzug: In seiner Heimat seien die Angestellten loyaler und aufopferungsvoller der Firma gegenüber als in den USA, erklärte er 1992 in der »Harvard Business Review«, als er bereits Japans größter Softwarehändler geworden den war. Außerdem konnte der Selfmade-Unternehmer im von Konventionen geprägten Japan seine Außenseiterrolle besser ausspielen und Dinge machen, die sich Japaner nicht trauten. Immer wieder gelang es ihm, ohne Expertise und Sicherheiten Banken und Großkunden zu finden, die in ihn investierten. Er zahlte das Vertrauen mit spektakulärem Wachstum und immer neuen Ideen zurück.

Die zweite Entwicklungsstufe SoftBanks war Sons Rolle als IT-Investor. Er steckte Geld in Hunderte vielversprechende Firmen, darunter Yahoo. In der Dotcom-Bubble-Ära Ende der 1990er Jahre schoss SoftBanks Aktie in stratosphäri-sche Höhen, um danach wieder genauso schnell abzustürzen. 70 Milliarden Dollar lösten sich in Luft auf. Doch Son machte weiter und hatte einen Megahit im Portfolio: die chinesische Online-Handelsplattform Alibaba. Sie feierte 2014 den größten Börsengang der Welt.

2006 begann SoftBanks Ära als Mobilnetzbetreiber. Erst kaufte Son dem bri-tischen Konzern Vodafone dessen siechendes Netz ab, dann sicherte er sich die exklusiven Vertriebsrechte für Apples iPhone in Japan, dem die großen Rivalen keine Chance einräumten – und wuchs damit weiter. Als nächster Schritt folgte Sprint. Die Robotik-Idee setzte er gewohnt rasch in die Tat um. 2011 fasste er den Entschluss, die »Singularität« mitzuerschaffen, also den Zeitpunkt, an dem die Maschine den Menschen in Sachen Intelligenz übertrifft. 2012 kaufte Son den französischen Roboterentwickler Aldebaran und präsentierte 2014 zusammen mit Foxconn, dem größten Auftragsfertiger der Welt, den humanoiden Roboter Pepper. Es war der erste in Serie hergestellte, vernetzte, redende und fühlende Partnerroboter der Welt. Gewinn machen diese Roboter noch nicht, aber Soft-Bank verkauft pro Monat immerhin 1000 Pepper. Ein erster Schritt in die nächste Epoche. Und da will Son lieber selbst gestalten, anstatt einem Manager wie Arora das Ruder zu überlassen. Der Eigentümer übernahm von seinem Ex-Vize die Ver-antwortung für das Investment-Center in Silicon Valley. »Ich habe noch unerle-digte Geschäfte, was die Singularität betrifft«, erklärte »Masa« seinen Aktionären. »Ich will noch wenigstens fünf bis zehn Jahre weitermachen.«

**Nachhaltigkeit** ✖ ✖ ✖ ✖ ▨
Son investiert in Japan und in Indien in ein Solarenergie-Netzwerk.

**Unbestechlichkeit** ✖ ✖ ✖ ✖ ▨
Keine Vorkommnisse.

**Steuerehrlichkeit** ✖ ✖ ✖ ▨ ▨
Intern heftige Debatten über Steuerspar-modelle. Der Plan einer neuen Holding in London wurde verworfen. Dafür kaufte Son nach dem Brexit für 24 Milliarden Pfund den britischen Chipentwickler ARM.

**Humanität** ✖ ✖ ✖ ▨ ▨
120 Millionen Dollar sowie sein bis zum Ruhestand bezogenes Gehalt spendete Son für die Opfer der Tsunami-Fukushima-Katastrophe von 2011.

**Transparenz** ✖ ✖ ✖ ▨ ▨
Konzern sehr auf Großaktionär Son fixiert. Nach dem Weggang seines Kronprinzen Arora leitete die US-Börsenaufsicht SEC Ermittlungen ein. Es geht um Interessen-konflikte Aroras, der auch als Senior Advisor der Private-Equity-Firma Silver Lake auftrat.

# LOGISTIK

| | | Gründung | Land | Umsatz in Mrd. US$, 2015 | Größte Anteilseigner |
|---|---|---|---|---|---|
| 1 | **Deutsche Post DHL** Frank Appel | 1995 (Privatisierung), Vorläufer 1871 | D | **65,8** | Staat Deutschland: 20,9% (über KfW) Blackrock: 5,9% Deutsche Bank: 3,1% |
| 2 | **UPS** David Abney | 1907 | USA | **58,4** | Vanguard: 6,3% Blackrock: 6,3% Wellington: 4,3% |
| 3 | **FedEx** Frederick W. Smith | 1971 | USA | **47,5** | Frederick W. Smith: 7,1% Blackrock: 6,4% Vanguard: 6,1% |
| 4 | **Maersk** Ane Mærsk Mc-Kinney Uggla | 1904 | Dänemark | **40,3** | AP Moeller McKinney-Familie: 53% (der Stimmrechte) Franklin: 3,9% |
| 5 | **DB Mobility** Rüdiger Grube | 1808 (Stinnes) | D | 22,4 | Staat Deutschland: 100% |
| 6 | **Union Pacific** Lance M. Fritz | 1862 | USA | 21,8 | Capital Group: 9,3% Blackrock: 6,2% Vanguard: 5,9% |
| 7 | **Kuehne + Nagel** Klaus-Michael Kühne | 1890 | Schweiz | 17,4 | Klaus-Michael Kühne: 53,3% Kühne-Stiftung: 4,6% Blackrock: 3% |

FLUG

| | | Gründung | Land | Umsatz in Mrd. US$, 2015 | Größte Anteilseigner |
|---|---|---|---|---|---|
| 1 | **American Airlines** Doug Parker | 1929 | USA | **41,0** | T. Rowe Price: 17,8% Vanguard: 6,6% Primecap Management: 6,4% |
| 2 | **Delta** Richard H. Anderson | 1924 | USA | 40,7 | Vanguard: 5,6% Blackrock: 5,3% JPMorgan: 5,3% |
| 3 | **United Continental** Oscar Munoz | 1926 | USA | 37,9 | JPMorgan: 7,1% Vanguard: 6,9% Blackrock: 6,3% |
| 4 | **Deutsche Lufthansa** Carsten Spohr | 1926 | D | **35,6** | Franklin: 10,1% Deutsche Bank: 3,9% Capital Group: 2,9% |
| 5 | **Air France-KLM** Jean-Marc Janaillac | 1919 | F | 28,9 | Staat Frankreich: 15,9% Donald Smith: 5,8% Rothschild: 5,0% |

# Frank Appel
## Deutsche Post DHL

Der deutsche Staat hat dem Mann, der später spektakulär sein Gegner werden sollte, viel zu verdanken. Es war der Manager Klaus Zumwinkel, der frühere Chef von Quelle, der 2000 die Deutsche Post an die Börse brachte. Aus dem gigantischen Beamtenladen, dem Kern der früheren Deutschen Bundespost, war ein Unternehmen geworden, das von den Aktionären 6,6 Milliarden Euro einsammelte. 31 Prozent des Kapitals waren am Ende unter Investoren verteilt. Zumwinkel (geb. 15. Dezember 1943), seit 1995 der Vorstandsvorsitzende, war mit der geglückten Privatisierung ein Held der Bundesregierung geworden. Der Manager durfte als Aufsichtsratschef auch bei der Postbank und der Deutschen Telekom nach dem Rechten sehen. Doch am 14. Februar 2008 war der anerkannte Wirtschaftsmann auf einmal zur Persona non grata geworden, vorgeführt im frühen Morgenlicht von einem Team des ZDF, das filmte, wie die Oberstaatsanwältin und ein Trupp von Beamten den großen Postchef aus dem Kölner Eigenheim abführten. Zumwinkel war mit Stiftungen in Liechtenstein aufgefallen, wo er Geld vor dem Zugriff des Fiskus gebunkert hatte. Später wurde er zu zwei Jahren auf Bewährung und einer Million Euro Geldstrafe verurteilt. Und mit dem Zugriff der Justiz wurde Frank Appel neuer CEO; er war schon 2002 Vorstand geworden.

Heute sitzt Zumwinkel in einem Schloss oberhalb des Nordufers des italienischen Gardasees, ist als Investor in London aktiv und tritt nur selten in Deutschland auf, meist in seiner Funktion als Präsident des Bonner Instituts zur Zukunft der Arbeit, das zur Deutschen Post-Stiftung seines alten Arbeitgebers gehört. Zumwinkels Werk aber besteht fort, ein auf den Weltmarkt ausgerichteter Konzern, der alles Mögliche auf den fünf Kontinenten verschickt, der überall Firmen unterhält und bei dem wenig an die alte »Schneckenpost« mit Posthorn erinnert. Auch wichtige Personalentscheidungen Zumwinkels wirken bei der Deutschen Post DHL Group nach. Der frühere McKinsey-Mann hatte zum Beispiel von der großen Unternehmensberatung auch Appel geholt, einen Chemiker, der über ein Thema der Neurobiologie promoviert hat und der den Konzern unter Dampf hält – manche sagen, unter zu viel Dampf.

Appels Ankeraktionär heißt weiter Bundesrepublik Deutschland. 21 Prozent der

Aktien liegen bei der staatlichen Bankengruppe KfW, was eine kommode Absicherung gegen mögliche Attacken von außen und Übernahmegelüste ist. Für den Großaktionär sitzen KfW-Chef Ulrich Schröder und Finanzstaatssekretär Werner Gatzer im Aufsichtsrat, wohlwollende Begleiter der Firmenpolitik, die mit großen Beiträgen oder gar Vorgaben nicht auffallen. Seit Börsengang hat der Staat mehr als vier Milliarden Euro Dividende kassiert, und das Abschmelzen des KfW-Anteils von einst 30 Prozent sowie der Verkauf weiterer Aktien brachten noch einmal viel Geld. Als Aufsichtsratschef fungiert Wulf von Schimmelmann, einst Vorstandsvorsitzender der Postbank, die auch mal zum Postkonzern gehörte und 2004 per Börsengang abgetrennt wurde; 2008 landete sie für knapp fünf Milliarden Euro bei der Deutschen Bank. Das Ganze ist so konstruiert, dass CEO Appel ziemlich viel Gestaltungsfreiheit hat – mit dem Börsenkurs als Kontrolle. Hier erwarten die internationalen Gesellschafter Bestätigung. Zu ihnen gehören Capital Group (2,9 Prozent), Norges Invest (2,7 Prozent) und Invesco (1,8 Prozent).

»Ich will, dass jeder auf der Welt zuerst an DHL denkt, wenn es um Logistik geht«, sagt Frank Appel ganz oben im Post Tower in Bonn, der früheren Bundeshauptstadt. Rund 30 Prozent des gesamten Konzernumsatzes von gut 59 Milliarden Euro fallen hier an. Der CEO hat das einst von Vorgänger Zumwinkel in wilder Vorwärtsmanier zusammengekaufte Sammelsurium neu ausgerichtet, das Firmen wie Exel, Danzas, DHL und Airborne beinhaltet. Vor allem in den USA, wo hohe Verluste anfielen, korrigierte Appel den Kurs und gab das inneramerikanische Expressgeschäft erst einmal auf; der Rivale UPS übernahm die Zustellung an den Endkunden. Zumwinkels cäsarischer Plan, UPS und Fedex ausgerechnet in ihrem Stammgebiet USA anzugreifen, war damit zunächst abgeräumt. Mitte 2013 reiste Appel dann zur Eröffnung eines »Super Hubs« in die USA: der Konzern expandierte im Land der Millionäre und Tellerwäscher wieder. Die Vorliebe des Post-Chefs galt den Wachstumsländern Asiens, er verlegte sogar Vorstandssitzungen ins chinesische Shanghai. Appel profilierte sich als der Intellektuelle unter Deutschlands Vorstandsmanagern, der immer wieder Debatten anstieß, sei es zu Europa, der Flüchtlingsfrage oder einer Steuer auf Roboter. Vielen Mitarbeitern aber bleibt er fremd. Am Wochenende ist Appel eigenen Erzählungen zufolge komplett offline, Personalangelegenheiten erledigt er nie per E-Mail, und auf Online-Banking verzichtet er. In der digitalen Welt will er so wenig Spuren wie möglich hinterlassen.

Der Clou ist, dass im Postvorstand ein weiterer höchst unkonventioneller Typ arbeitet: Jürgen Gerdes. Der für Briefpost, Pakete und E-Commerce zuständige Manager hat sich in vielen Jahren bei der Post hochgearbeitet, unterbrochen von einem Studium der Betriebswirtschaft. Er profitiert von einem De-facto-Monopol bei der Briefzustellung in Deutschland sowie von regelmäßigen Portoerhöhungen. Die staatliche Bundesnetzagentur erlaubte der Staatsbeteiligung Deutsche

Post für 2016 sogar eine Erhöhung von 62 auf 70 Cent, was die privaten Konkurrenten ärgert. Gerdes ließ Elektrotransportfahrzeuge (»E-Scooter«) entwickeln und setzte sich in einem harten Tarifkampf gegen die bei der Post traditionell starke Gewerkschaft durch. Es gibt jetzt Ausgründungen für die Postzustellung, in denen der hohe Haustarif nicht gilt.

Die monatelange Auseinandersetzung mit etlichen Spontanstreiks hat die Post 2015 allerdings 100 Millionen Euro gekostet. Zudem scheiterte nach zehnjähriger Arbeit ein neues IT-System für den Frachtbereich, der zuständige Vorstand Roger Crook wurde aussortiert, und der frühere Logistik-Vorstand Appel musste zusätzlich zu seinen CEO-Pflichten persönlich übernehmen. 345 Millionen Euro waren abzuschreiben. Die hohen Kosten drückten auf die Bilanz und die kühne Gewinnplanung. 2015 musste Appel gleich zweimal die Gewinnprognose zurücknehmen, fürs ganze Jahr blieben 2,4 Milliarden Euro Betriebsgewinn. Für 2015 bis 2020 hat der Vorstandschef vollmundig eine Verdopplung des Konzernprofits auf fünf Milliarden Euro in Aussicht gestellt. Der Kapitalmarkt liebt solche Ansagen wie die »Strategie 2020« –, noch mehr aber liebt er es, wenn sie auch eingehalten werden. Auch stellt der Vorstandschef in einigen Jahren 100.000 neue Jobs in Aussicht. Ökonomisch richtig gut läuft es in Appels Konzern nur bei den deutschen Briefen mit einem wahrscheinlichen Milliardengewinn sowie bei DHL Express, dessen Kunden meist Firmen sind. Auf den Angriff des Internetkonzerns Amazon, der eigene Zustelldienste gründet, antwortet die Deutsche Post mit Zustelldiensten in Ländern wie Großbritannien und Frankreich. Eigene Postbusse gab man nach drei Jahren schon wieder auf. Die Verluste waren zu hoch.

Appel ist von beidem abhängig: vom Wohlwollen des Staates und von der Gunst der finanzkapitalistischen Aktionäre. Jede Vertragsverlängerung (der alte läuft am 31. Oktober 2017 aus) ist eine Überprüfung, ob die Balance noch stimmt. Kursfördernd wirkte auf jeden Fall der Kauf eigener Post-Aktien für eine Milliarde Euro. Der ökonomische Sinn der Maßnahme darf bezweifelt werden.

**Nachhaltigkeit** ✗ ✗ ✗ ☒ ☒
E-Autos sollen bei der Auslieferung weniger Schadstoffe ausstoßen. Der Konzern rückte 2015 in den Dow Jones Sustainability Index World auf.

**Bestechlichkeit** ✗ ✗ ☒ ☒ ☒
2011 fiel auf, dass Betrüger den Konzern mittels überhöhter Rechnungen schädigten – und ein Mitarbeiter der Post mitmachte.

**Steuerehrlichkeit** ✗ ✗ ☒ ☒ ☒
Keine Auffälligkeiten. Die Steuerprobleme des früheren Konzernchefs waren eine Zäsur.

**Humanität** ✗ ✗ ✗ ☒
Gestörtes Betriebsklima nach hartem Tarifstreit.

**Transparenz** ✗ ✗ ✗ ☒ ☒
Gute, offene Darstellung des Konzerns. Unklare Gewinnentstehung in einzelnen Teilen des Konzerns.

## David Abney

UPS

Das Wahljahr 2016 war in den USA ein Jahr des Klagens über die Globalisierung. Politiker wie Donald Trump entdeckten den Freihandel als Thema. Er sei schuld, dass viele Amerikaner in Armut und ohne Jobs leben müssten. Bei United Parcel Service (UPS) wurden solche Debatten mit wachsendem Groll registriert: Sie gefährden das eigene Geschäft. Denn es ist ja die Vernetzung der Welt, die für eigenen Umsatz sorgt, für das möglichst rasche Verschicken von Briefen und Fracht über den Globus. So wurde UPS mit einem Umsatz von 58 Milliarden Dollar zur Nummer zwei der Branche. »Wir wissen, Freihandel ist gut«, sagt Mark Wallace, Chef des operativen Weltgeschäfts. Das erklärten er und seine Mitstreiter immer wieder bei öffentlichen Veranstaltungen, auf denen Trumps Gefolgsleute Stimmung machten gegen offene Wirtschaftsgrenzen – gerade auch in Atlanta, dem Sitz von UPS.

Jedes Freihandelsabkommen mindert Kosten und Zölle und vereinfacht das Geschäft der Unternehmen – davon profitiert UPS mit seinen 440.000 Mitarbeitern in 220 Ländern. Egal, ob TTP (Agreement zwischen Amerika und Asien) oder TTIP (Amerika und Europa), für UPS bedeutet das immer mehr Geschäft und mehr Börsenwert. Vorstandschef David Abney (geb. 1955), der sogar im »Export-Beirat« des US-Präsidenten Barack Obama sitzt, macht sich deshalb Mut: »Wir sind entschlossen wie eh und je.« Die Ausgaben für Lobbyarbeit wurden im Jahr 2015 auf mehr als acht Millionen Dollar erhöht – das ist dreimal so viel wie 2007. Protektionismus soll verhindert werden.

Die Großaktionäre schauen voller Spannung, was das permanente Antichambrieren bringt. Sie selbst profitieren ja auch von einer globalisierten Wirtschaft. Vanguard (6,4 Prozent), Blackrock (6,3 Prozent) und Wellington (4,3 Prozent) sind die größten Teilhaber. Hier registriert man mit Wohlwollen, dass UPS sehr stark auf Innovationen setzt, um noch schneller und effizienter zu werden – und sei es mit Drohnen. Der Etat hierfür liegt bei einer Milliarde Dollar. Die Automatisierung der zentralen Drehscheibe in Kentucky ist der ganze Stolz des Konzerns; alle 90 Sekunden starten Maschinen mit Ladung in die Luft. Nach diesem Modell sollen acht weitere Orte modernisiert werden. 60 Prozent aller US-Pakete laufen bis 2020 durch vollautomatisierte Netze. In Deutschland, am Flughafen Köln-Bonn, ist das zweitgrößte Drehkreuz der UPS-Welt bereits modernisiert, 190.000 Pakete pro Stunde werden hier verarbeitet.

Gegründet wurde UPS 1907 von James E. Casey in Seattle als American Messenger Company. 1919 erschien den Verantwortlichen der heutige Name attraktiver, 80 Jahre später erfolgte der Börsengang. Seine Fracht verteilt der Konzern über Lastzüge, Kleinwagen und Motorroller, in Städten wie Venedig auch mit Booten. Die Tochter UPS Airlines wiederum verfügt über 237 eigene Flugzeuge sowie 413 geleaste Maschinen. Das ist eine der weltweit größten Luftfrachtflotten. Konzernchef Abney hat 1974 als Paketpacker im Unternehmen begonnen. Er war später unter anderem mit den Zukäufen von Fritz Companies, Stolica, Lynxs und Sinotrans in China beschäftigt; einige Jahre zeichnete er als Präsident der Tochter Sonic Air verantwortlich. Sein Gehalt wuchs 2015 um 35 Prozent auf 11,3 Millionen. Abney ist erst der elfte CEO in der langen Geschichte von UPS und fungiert seit 2016 auch als Chairman des Verwaltungsrats. Alles soll in seinem Unternehmen korrekt und akkurat wirken. In Deutschland warten und reparieren sogar mehr als 180 Automechaniker die braunen Laster des Konzerns. Und wer hier Führungskraft werden will, der muss erst einmal am besten selbst eine Weile Päckchen ausliefern.

**Nachhaltigkeit** ✖✖✖✖✖
UPS sagt, dass sei eine Priorität und mit Big Data gut zu erreichen.

**Unbestechlichkeit** ✖✖✖✖✖
Keine Korruptionsvorgänge bekannt.

**Steuerehrlichkeit** ✖✖✖✖✖
Keine Auffälligkeiten.

**Humanität** ✖✖✖✖✖
UPS zahlt gut, hat aber auch scharfe Regeln: Tattoos, Ringe durch die Nase oder umgedrehte Baseballkappen sind untersagt. Beschäftigt weniger Subunternehmer als die Konkurrenz.

**Transparenz** ✖✖✖✖✖
Ausführliche Darstellung von Zahlen durch das Börsenunternehmen. UPS zahlte 40 Millionen Dollar, weil sie Waren illegaler Online-Apotheken transportiert hat. Zwischen 2004 und 2014 verdeckte die Firma, dass sie öffentliche Aufträge nicht wie versprochen am nächsten Tag auslieferte, und zahlte 25 Millionen Dollar.

# Frederick W. Smith

## FedEx

Bruderschaften und Geheimbünde regen die Fantasie an, und im besonderen Maße gilt das für zwei Organisationen der amerikanischen Yale-Universität: die Delta Kappa Epsilon Fraternity und die noch klandestinerere Vereinigung Skulls and Bones. Sie haben schon immer Persönlichkeiten angezogen, die später die Vereinigten Staaten prägen sollten. Der Unternehmersohn Frederick W. Smith (geb. 11. August 1944) hat von 1962 bis 1966 in Yale studiert und in den beiden Organisationen auch George W. Bush zum Freund gewonnen. Als der republikanische Politiker 2000 und 2004 zum Präsidenten gewählt wurde, wollte er jedes Mal seinen alten Kumpel Smith zum Verteidigungsminister machen. Der Umworbene lehnte jedoch ab, mal aus beruflichen, mal aus privaten Gründen. Auch mit dem Demokraten John Kerry ist Smith seit der Yale-Zeit eng befreundet. Die beiden teilen die Leidenschaft zum Fliegen, der Frederick W. Smith nach dem Studium in seiner Zeit bei der US-Marine drei Jahre nachgehen konnte. Er flog auch bei Vietnam-Einsätzen mit.

Smith hat es geschafft, mit einer für eine Hausarbeit im Ökonomie-Studium entwickelten Idee großen Erfolg zu haben: dem Übernacht-Kurier. Im entwickelten Kapitalismus mit seinen vermachteten Märkten schuf er mit dem Verschicken von Post und Fracht spät ein eigenes Wirtschaftsreich, das es zu 47,5 Milliarden Dollar Umsatz bringt und zu den Großen im Logistikgeschäft zählt: die Federal Express Corporation, kurz FedEx. Der Name war Smith bei der Firmengründung im August 1971 wichtig gewesen, glaubte er doch, so besser an öffentliche Aufträge heranzukommen. Beteiligt war der Staat nie. Heute sorgt der staatliche Kunde U.S. Postal Service bei FedEx für einen Jahresumsatz von mehr als einer Milliarde Dollar.

Der Gründer setzte einige Millionen aus dem väterlichen Erbe ein. Erstaunlicherweise warb er zudem rund 91 Millionen Dollar Wagniskapital ein, was sich für die Investoren nach langer Durststrecke 1978 mit dem Börsengang lohnen sollte. Anfangs gab es hohe Verluste, und der Legende nach zockte Smith mit noch verbliebenen 5000 Dollar in Las Vegas und machte daraus 27.000 Dollar, mit denen er eine wichtige Rechnung bezahlen konnte. Jedenfalls gelang es ihm mit der Zeit, in mehr und mehr Flugzeugen Briefe und Pakete transportieren zu lassen. Die Übernahmen von Flying Tigers in Asien (1989) und des Druck-, Kopier- und Bindeunternehmens Kinko's (2004) verschlangen viel Geld, waren aber für die globale und inhaltliche Ausrichtung entscheidend. 2015 kaufte Smith dann für 4,4 Milliarden Euro den europäischen Rivalen TNT Express.

Heute gehören 643 Flugzeuge zum Bestand des Konzerns aus Memphis, der mehr als 340.000 Mitarbeiter hat und für das Geschäftsjahr 2015/16 einen stolzen Gewinn von 1,82 Milliarden Dollar meldete. FedEx ist in mehr als 220 Ländern aktiv und bewegt täglich 11,5 Millionen Sendungen. Smith ist CEO, Chairman, President und Großaktionär (7,1 Prozent) in einem. Große Mitgesellschafter sind Blackrock (6,4 Prozent) und Vanguard (6,1 Prozent). Seit 45 Jahren führt Smith sein Unternehmen nun – eine wundersame Erfolgsgeschichte nach harten

Kindheitsjahren: Mit vier verlor er den Vater, der eine Restaurantkette und ein Reisebusunternehmen besaß, und der Junior litt an einer Knochenkrankheit, von der er erst mit zehn Jahren kuriert war.

Der Selfmade-Man aus Tennessee hat sich zu einem Tycoon mit vielen Interessen entwickelt. Er kümmert sich um ein eigenes Football-Team, die Washington Redskins, und besitzt zwei Filmfirmen, Dream Image Productions und Alcon Films. Im Hollywood-Film »Cast Away« mit Tom Hanks, den er mit finanziert hat, taucht Smith in einer Szene auf – der Film handelt davon, wie ein FedEx-Pilot nach dem Flugzeugabsturz auf einer einsamen Insel überlebt. Der vielfach geehrte Unternehmer Smith sitzt in vielen Gremien, unter anderem leitet er das French American Business Council. Sein Vermögen wird auf 3,7 Milliarden Dollar geschätzt. Eines Tages wird es auf seine zehn Kinder übergehen, von denen es Arthur Smith zu einiger Bekanntheit als Assistenz-Coach der Washington Redskins gebracht hat. Dass ihn zwei Halbschwestern 1975 erfolglos verklagten, weil er Aktien aus dem Familienbesitz verkauft und Dokumente gefälscht haben soll, zählt zu den unerfreulichen Dingen dieses Unternehmerlebens.

**Nachhaltigkeit** ✗✗✗✗✗
Große Anstrengungen, die Umweltbelastungen zu minimieren.

**Unbestechlichkeit** ✗✗✗✗✗
Es gab Vorwürfe in Kenia, Mitarbeiter hätten bestochen, um an Aufträge zu gelangen.

**Steuerehrlichkeit** ✗✗✗✗✗
2011 gab es eine hohe Steuerrückerstattung von 135 Millionen Dollar – mitten in einem Jahr mit hohen Gewinnen für FedEx.

**Humanität** ✗✗✗✗✗
Pionier Smith hat es immer als Ziel angesehen, seine Mitarbeiter gut zu bezahlen, aber das Unternehmen gewerkschaftsfrei zu halten.

**Transparenz** ✗✗✗✗✗
Ausführliche Selbstdarstellung. FedEx betreibt hohen Lobbyaufwand und ist in der US-Politik sehr präsent. Der Prozess rund um Vorwürfe, FedEx habe wider besseres Wissen illegale Produkte von Online-Pharmafirmen transportiert, fiel in sich zusammen.

# Ane Mærsk Mc-Kinney Uggla

Maersk

In den Häfen der Welt sind sie allgegenwärtig, die Container mit dem großen Stern auf
hellblauem Untergrund und dem Schriftzug
MAERSK. Rund 15 Prozent sämtlicher Container
auf der Welt transportiert das dänische Konglomerat A. P. Møller-Mærsk, zu dem die weltgrößte Container-Reederei Mærsk Line gehört. Über
diesen Besitz wacht eine der reichsten und mächtigsten Frauen Dänemarks: Ane Mærsk Mc-Kinney Uggla (geb. 3. Juli 1948). Sie steht seit dem
Tod ihres Vaters 2012 der A.P. Møller Foundation
vor, die 53 Prozent der Stimmrechte kontrolliert.
Und seit Februar 2010 fungiert die Großaktionärin als Vice-Chairman der Holding
A.P. Møller-Mærsk, auf die 43,9 Prozent des Kapitals entfallen. Die Familie selbst
hält direkt 9 Prozent, die Finanzfirma Franklin Templeton ist mit 3,9 Prozent dabei.

Die Eigentümerin lebt in Stockholm, schaut aber ab und an am Konzernsitz
in Kopenhagen vorbei. Dort wurde im September 2016 ihr Sohn Robert Mærsk
Uggla (geb. 28. März 1978) als CEO der Holding installiert, der zuvor die Schlep-
per-Tochterfirma Svitzer geführt hatte. Es sei der richtige Zeitpunkt, um die Organisation zu stärken, kommentierte Ane Mærsk Mc-Kinney Uggla. Die Firma habe
einen ganz eigenen Charakter, hatte sie ein paar Jahre zuvor gesagt, der müsse
»erhalten werden, und ich bin stolz darauf, ein wichtiger Teil davon zu sein«. Viele
Jahre hat sie ehrenamtlich für das Rote Kreuz gearbeitet. Ihre Schwestern Leise
Mærsk Mc-Kinney Møller und Kirsten Mc-Kinney Møller Olufsen traten weniger
in Erscheinung.

Mehr als 600 Frachter fahren täglich über die Weltmeere und verbinden die
großen Handelszentren. Ob Autos, Kühlschränke oder Fernsehgeräte, ob Bauma-
terial, Kohle oder Rohöl – Mærsk Line ist der verschiffende Logistiker der Glo-
balisierung. Doch Dänemarks mit Abstand größter Konzern ist noch mehr: Mit
seinen rund 90.000 Mitarbeitern in mehr als 130 Ländern betreibt er Häfen, eine
Tankerflotte, mehrere Service-Unternehmen für die Logistikbranche, Firmen für
Ölförderung sowie Firmen für das Erschließen neuer Ölfelder, und er ist über die
A.P. Møller-Holding mit 20 Prozent Großaktionär der größten dänischen Bank,
Danske Bank. Zu den Assets zählt eine Beteiligung von 19 Prozent an der Dansk
Supermarked Group (Bilka, Foetex, Salling, Netto).

Gegründet wurde das Unternehmen 1904 vom Kapitän Peter Mærsk Møller und seinem Sohn Arnold Peter. Ende der 1920er Jahre nahm sie einen Fracht-Liniendienst zwischen den USA und Asien auf. Während des Zweiten Weltkriegs wurde die Hälfte aller Mærsk-Schiffe der US-Marine unterstellt. Doch schon kurz nach Kriegsende fuhren schon wieder so viele Schiffe unter der Mærsk-Flagge wie vor Kriegsausbruch. Entscheidend für die Entwicklung des Unternehmens war Arnold Mærsk Mc-Kinney Møller, der 1965 nach dem Tod seines Vaters die Konzernleitung übernahm. Er erkannte das Potenzial der Container-Schifffahrt und baute diesen Bereich konsequent aus. »Wir haben vielleicht das meiste zu gewinnen, indem wir unbeobachtet bleiben«, sagte er einmal. Der Opern-Liebhaber, der 2012 im Alter von 98 Jahren starb, ist im kleinen Königreich noch immer eine Ikone. Zu Lebzeiten nahm der meist brummig auftretende Patriarch massiven Einfluss auf die Politik. Seine Tochter Ane bevorzugt einen feineren Stil.

Heute gehören dem Konzern die größten Containerschiffe der Welt, darunter die knapp 400 Meter lange Emma Mærsk und ihre sieben Schwesterschiffe, die jeweils bis zu 14.700 Standardcontainer transportieren können. Durch die Übernahme des niederländischen Konkurrenten Royal P&O Nedlloyd 2005 wurde Mærsk zur mit Abstand größten Container-Reederei der Welt. Doch nicht alles läuft rund am Konzernsitz unweit des königlichen Schlosses in Kopenhagen: Nach dem Scheitern der geplanten Reederei-Allianz P3, an der sich neben Mærsk auch die beiden größten Rivalen (MSC und CMA CGM) beteiligen wollten, machten dem dänischen Riesen zuletzt die wegen der globalen Konjunkturschwäche gesunkenen Frachtraten sowie der niedrige Ölpreis zu schaffen. Der Umsatz sank 2015 von 47,6 Milliarden auf 40,3 Milliarden Dollar. Im Sommer 2016 übernahm deshalb der bisherige Chef der Container-Reederei Mærsk Line, Søren Skou, die operative Führung. Die Aktie machte einen gewaltigen Sprung nach oben. Das Ölgeschäft wurde abgetrennt und für einen Verkauf vorbereitet.

**Nachhaltigkeit** ✖ ✖ ✖ ⊗ ⊗
Maersk fühlt sich der Energieeffizienz verpflichtet und propagiert nachhaltige Lieferketten.

**Unbestechlichkeit** ✖ ✖ ✖ ⊗ ⊗
Null-Toleranz-Politik seit 2010, Kampf gegen Korruption wird von Transparency International gewürdigt. Whistleblower werden intern zur Aussagen ermuntert. Ein Manager des Konzerns Petrobas sagte aus, Geld von Maersk bekommen zu haben.

**Steuerehrlichkeit** ✖ ✖ ✖ ✖ ⊗
Keine Vorfälle erkennbar.

**Humanität** ✖ ✖ ✖ ⊗ ⊗
Partnerschaft mit dem UN World Food Programme. Globalization Monitor kritisierte eine Ausbeutung der chinesischen Maersk-Arbeiter in Dongguan und Qingdao.

**Transparenz** ✖ ✖ ✖ ⊗ ⊗
Eigene Transparenz-Offensive im stark verästelten Konzern. Aber zuweilen unklare Preisgestaltung. Wegen angeblicher Wucherei bei Truppentransporten nach Irak und Afghanistan verklagte die US-Regierung den Konzern. Man einigte sich auf eine Zahlung von 32 Millionen Dollar.

# Doug Parker

## American Airlines

Mittwoch, der 31. Januar 2007, war nicht der beste Tag für Doug Parker. Erst wehrte Konkurrent Delta die Übernahme durch die von ihm geführte Fluggesellschaft US Airways ab. Dann erwischte ihn ein Polizist kurz vor Mitternacht betrunken am Steuer seines BMW. Mit einer Nacht im Gefängnis, einer Geldstrafe von 1646 Dollar und einer Entschuldigung an die Aktionäre kam der Vorstandschef davon. Von ganz unten nach ganz oben: Heute führt Parker (geb. 31. Oktober 1962) als CEO und Chairman die Geschäfte von American Airlines, nach der Fusion von US Airways und American Airlines die weltgrößte Fluggesellschaft. Der Amerikaner ist der am längsten dienende Vorstandschef der US-Flugbranche. 2001 war er auf den Vorstandssitz von American West gekommen, die wiederum 2005 mit US Airways zusammenging. Als CEO der neuen Gesellschaft versuchte er nicht nur vergeblich eine Fusion mit Delta, sondern 2008 und 2010 auch mit United Airlines. Im dritten Anlauf klappte es 2013 mit American Airlines. Parker gelang bei jeder Fusion das Kunststück, sich als Chef der kleineren Airline an die Spitze des Gesamtunternehmens zu setzen. Er und sein Team galten als hervorragende Manager, seine Verhandlungen mit den Gewerkschaften seien »meisterlich« gewesen, sagte Bill Swelbar, Luftfahrtexperte am MIT: »Auch das Streckennetz haben sie sehr gut gemanagt.«

Der einst wilde Wettbewerb in den USA ist inzwischen eine Sache von Oligopolen. Heute kontrollieren vier Fluggesellschaften – American, Southwest, Delta und United – rund 75 Prozent des Marktes. American sticht unter den Riesen heraus: Mit 947 Flugzeugen besitzt es die größte Flotte, mit knapp 41 Milliarden Dollar setzt es etwas mehr um als Delta und befördert jährlich rund 147 Millionen Passagiere, mehr als die Lufthansa mit ihren 108 Millionen Fluggästen. Dennoch ist das Geld immer knapp. Mitte 2016 musste Parker einen Auftrag an Flugzeugbauer Airbus zeitlich strecken, sonst wäre er in Zahlungsprobleme gekommen. Der CEO, ein ausgebildeter Ökonom, sann noch auf eine ganz andere Maßnahme: Er änderte seinen Vertrag. Nun wird er nur noch erfolgsorientiert in Aktien bezahlt. Einen besonderen Schutz – etwa bei einem Gesellschafterwechsel – gibt es nicht.

American Airlines ist wie alle großen US-Airlines ein Kunstgebilde. Wer sich die historische Struktur des texanischen Unternehmens anschaut, fühlt sich ein bisschen an einen Ahnenstamm mit seinen vielen Abzweigungen erinnert. Schon die Vorgängergesellschaft American Airways hatte sich 1930 aus einem Zusammenschluss von 82 kleinen Firmen gebildet, die in allen Winkeln der USA Post zustellten – damals das Brot-und-Butter-Geschäft von Airlines. Alles änderte sich

1934, als der Autobaron Errett Lobban Cord das Unternehmen kaufte und Cyrus Rowlett »C. R.« Smith einstellte, heute eine Legende der Flugge- schichte. Smith hatte eine Vision: Statt Post oder andere Fracht zu verteilen, sollte die Firma mit Passagieren Geld verdienen und ein landesweites Flugnetz anbieten. In einem stundenlangen Tele- fonat überredete er den Unternehmer und Inge- nieur Donald Douglas, ein Flugzeug zu bauen, das breit genug war, um Fluggästen einen Schlaf- platz zu bieten. Douglas willigte erst ein, als Smith eine Abnahmegarantie von 20 Stück gab.

Douglas baute die heute berühmte DC-3, Jungfernflug war der Dezember 1935. Mit dem Propellerflugzeug konzentrierte sich Smith ganz auf das Passagiergeschäft. Die aus der Taufe gehobene »American Airlines« arbeitete hier als erste US-Ge- sellschaft profitabel. Reisende konnten in damals unerhörten 15 Stunden von Los Angeles nach New York fliegen, mit nur drei Zwischenlandungen zum Auftanken. Seine DC-3 nannte American »Flaggschiffe«, die Passagiere waren »Admirale« – weswegen noch heute ihre Flughafenklubs »Admirals Lounge« heißen.

Der Rest ist Geschichte. Nach dem Zweiten Weltkrieg brach das Jet-Zeitalter an. American führte viele, heute selbstverständliche Neuerungen als Erstes ein: Meilen-Sammelprogramme, elektronische Tickets. Zusammen mit den internati- onalen Fluggesellschaften British Airways, Cathay Pacific, Canadian Airlines und Qantas gründete es 1999 die »Oneworld«-Allianz, zu der heute auch Air Berlin ge- hört. Durch die vielen Fusionen gibt es keine Gründerfamilie, die einen größeren Anteil am Unternehmen besitzt. Die Aktien liegen zu knapp 80 Prozent in den Händen von institutionellen Anlegern. Die Fondsgesellschaft T. Rowe Price sticht hervor: Sie hält rund 18 Prozent vom Konzern.

**Nachhaltigkeit** ✖✖✖☒☒
Gilt als »grüne« Airline. Startete die »Fuel Smart Initiative«, um Kerosin zu sparen.

**Unbestechlichkeit** ✖✖✖☒☒
Hoher Wert in der Firma. Keine Vor- kommnisse.

**Steuergerechtigkeit** ✖✖✖☒☒
Eine Behörde in Chicago verklagte American Airlines wegen Steuerbetrugs. Der Konzern hatte fälschlicherweise angegeben, Kraftstoff von einer kleinen Gemeinde auf dem Land zu beziehen, um so Steuern zu sparen.

**Humanität** ✖✖✖☒☒
Gewerkschaften fürchten eine Rückkehr schwieriger Arbeitsbedingungen, nachdem CEO Parker die Mitarbeiter zu besserem Arbeitsverhalten aufgefordert hatte.

**Transparenz** ✖✖☒☒☒
Risiken erscheinen nicht immer klar ausgewiesen. Das US-Verkehrsministerium bestrafte die Firma, weil sie die Zahl über- buchter Flüge nicht korrekt auswies.

## Carsten Spohr
### Deutsche Lufthansa

Die neue Macht der internationalen Finanzinvestoren zeigte sich 2013 bei der Lufthansa.
Die Hauptversammlung der deutschen Fluggesellschaft war für einen Dienstag im Mai angesetzt, und am Montagmorgen stand die Firma
ohne den vorgesehenen Aufsichtsratschef da.
Wolfgang Mayrhuber (geb. 22. März 1947) zog
seine Kandidatur überraschend zurück. Eine
entsprechende Ad-hoc-Meldung publizierte die
Abteilung Investor Relations. Die einflussreiche
US-Beratungsfirma Institutional Shareholder
Services (ISS), die wichtige Aktionäre vertritt,

hatte zuvor empfohlen, nicht für den Österreicher zu stimmen, der 40 Jahre seines Berufslebens bei der Lufthansa verbracht und sie von 2003 bis 2010 als Vorstandschef geleitet hatte. Ein Affront. Mayrhuber fürchtete, durchzufallen. Die
ISS-Experten störten sich daran, dass der Manager bereits viermal Kontrolleur bei
deutschen Konzernen war und den Aufsichtsratsvorsitz bei Infineon in München
bekleidete. Die Ablehnung dieses »Overboarding« hatte ISS der Konzernspitze in
einem Report bereits Mitte April 2013 mitgeteilt – ohne dass etwas geschah. Am
Montagabend trat Mayrhuber dann vom Rücktritt zurück, nachdem die Oberen
der Lufthansa sich der Unterstützung wichtiger Aktionäre versichert hatten. Am
Ende wurde Multiaufsichtsrat Mayrhuber mit flügellahmen 63,2 Prozent der Stimmen gewählt. Der altgediente Lufthanseat Jürgen Weber, der bei dieser Hauptversammlung seine Abschiedsvorstellung als Aufsichtsratschef gab, wetterte gegen
»ein trotziges Beratungsunternehmen« und dessen »rein formalistische Kriterien
einer blinden Corporate-Governance-Auslegung«.

Es klang, als sei Lufthansa noch nicht im modernen Kapitalmarkt gelandet,
sondern als wirke der alte Geist eines Staatsunternehmens nach, das die Kölner
Flugfirma bis 1962 tatsächlich war. Dann begann die Teilprivatisierung, 1966 wurden erste Aktien an der Börse gehandelt, bis 1994 hatte der Staat die Mehrheit, 1997
war dann das gesamte Kapital privatisiert. Gerade Weber als CEO steuerte diesen
Kurs, der den Konzern mit seinen 120.000 Mitarbeitern zu einem der wichtigen
Player im Markt gemacht hat, heute mit 35,6 Milliarden Dollar Umsatz, einer Million Flügen im Jahr und einer Spitzenstellung als Nummer vier im Markt. Zukäufe
in rascher Folge haben den Aufstieg der Lufthansa möglich gemacht: Swiss Air

(März 2005), Austrian Airlines (Dezember 2008) und Eurowings Luftverkehrs AG (September 2011). Der Firma gehören 45 Prozent an Brussels Airlines (mit der Option auf 100 Prozent) und 50 Prozent am Ferienflieger Sunexpress (mit Turkish Airways, einem in Erdogan-Zeiten schwierigen Partner).

Über dieses Imperium herrscht seit Mai 2014 der Diplom-Wirtschaftsingenieur Carsten Spohr (geb. 16. Dezember 1966), ein ausgebildeter Verkehrspilot mit Lizenz, der gleichwohl für die Streiks seiner Ex-Kollegen im Cockpit so wenig Verständnis wie Geld hatte. Seine Konzernkarriere hat er 1994 begonnen, 2007 stieg Spohr zum Chef der Lufthansa Cargo AG auf, und 2011 rückte er in den Konzernvorstand ein. Für das Krisenmanagement nach dem erweiterten Selbstmord eines Piloten der Tochter Germanwings wurde er gelobt, allerdings war das Unternehmen mit der Depressions-Erkrankung des Täters offenkundig nicht sorgsam genug umgegangen. Spohrs Chef-Zeit hatte mit wenig ermunternden Aussichten begonnen. Er strich für 2014 erst einmal die Dividende, weil nach deutschem HGB ein Verlust von 732 Millionen Euro entstanden war, während nach internationalen IFRS-Standards ein kleiner Gewinn von 55 Millionen bei 30 Milliarden Euro Umsatz anfiel. Der Überschuss von 2015 war dann aufgehübscht durch den Verkauf einer Beteiligung von 19 Prozent am US-Carrier Jetblue.

Mitte 2016 brachen die Gewinne sowohl bei Lufthansa Cargo – Spohrs alter Firma – als auch bei Lufthansa Technik ein. Eine Gewinnwarnung war nötig. Nun zeigte sich, dass aufgrund der flauen Weltwirtschaft nicht so viele Waren wie früher hin und her geflogen werden. Die Flotte von Cargo musste verkleinert werden. Nur gesunkene Treibstoffkosten und die gut ausgelasteten Drehkreuze in Frankfurt und München retteten den Gesamtgewinn für 2016. Freude wollte sich im Konzern nicht einstellen. Zu ungewiss ist der Ausgang eines Experiments, das Spohr verordnet hat: Die Billigsparte Eurowings soll den Wettbewerb mit aggressiven Airlines aus dem Ausland aufnehmen, doch im ersten Halbjahr 2016 fielen bei 922 Millionen Euro Umsatz fast 90 Millionen Verlust an. Wegen der gestiegenen Unsicherheiten (Terror, Brexit) wollte Spohr keine Gewinnprognose mehr abgeben. Eine Reduktion der Preise war unvermeidlich. Langfristig schwebt Spohr vor, so etwas wie ein treuer Reisebegleiter seiner Kunden zu werden, die digital vor, während und nach der Flugreise betreut werden.

Der Mythos Lufthansa soll weiterleben, der Mythos einer pünktlichen, zuverlässigen, leistungsstarken Airline – diesen Mythos pflegt der frühere Ruderer Spohr inständig. Politisch ist er eng mit dem Bundesverkehrsministerium verbunden, um einen Angriff ausländischer Konkurrenten auf deutsche Start- und Landerechte zu verhindern. Die Notlage des Konkurrenten Air Berlin mit dem Gesellschafter Etihad Airways aus Dubai kam ihm zupass, da ein Erwerb vieler Strecken, unter anderem nach Mallorca, zur Diskussion stand. Aber auch auf Condor aus dem Hause Thomas Cook hatte Lufthansa früh ein Auge geworfen.

An dem Ferienflieger war der Konzern früher beteiligt gewesen. Bei ihren Aktivitäten müssen die Verantwortlichen die Aktionärsstruktur genau beobachten. Der Anteil ausländischer Teilhaber darf 50 Prozent nicht übersteigen, sonst sind die Betriebsgenehmigung und wichtige internationale Luftverkehrsrechte in Gefahr. Mitte 2016 lag die Quote der Auslandsaktionäre bei 34,8 Prozent. Die Liste der Aktionäre führt die US-Fondsfirma Franklin Resources mit 10,1 Prozent an. Auch die Deutsche Bank (3,9 Prozent) und Capital Group (2,9 Prozent) halten größere Anteile. Firmen wie Axa, die zwischenzeitlich mehr als zehn Prozent hielten, haben sich wieder verabschiedet.

Und Wolfgang Mayrhuber, der Aufsichtsratschef? Große Akzente konnte er nicht setzen, das Verhältnis zu Spohr gilt als angespannt. Der neue Chef krempelte die Firma um und machte vieles anders, als es Mayrhuber gehalten hatte. Debatten kochten hoch, weil der Chefaufseher trotz des allgemeinen Sparprogramms eine Gehaltserhöhung für den Vorstand durchsetzte. Es gibt Gerüchte über seinen Gesundheitszustand. Ende 2015 zeigte Lufthansa-Aufsichtsratsmitglied Karl-Ludwig Kley öffentlich Interesse an dem Chefposten: »Würde ich gefragt, wäre es mir eine Ehre, Ja zu sagen«, sagte er dem »Manager Magazin«. Offiziell steht die Frage erst 2018 an. Kley war von 1998 bis 2006 Finanzvorstand der Fluglinie gewesen, ehe er die Darmstädter Pharmafirma Merck leitete. Er sitzt bereits im Präsidium des Lufthansa-Aufsichtsrats. Sicher ist, dass Mayrhuber recht behält mit einer Analys aus dem Jahr 2011: »Die Konsolidierung in der europäischen Luftfahrt geht weiter.«

**Nachhaltigkeit** ✖ ✖ ✖ ⊠ ⊠
Zwischenzeitlich wurde die Lufthansa in den Dow Jones Sustainability Index aufgenommen – 2010 aber wieder ausgeschlossen. Die Lufthansa plädiert für einen einheitlichen europäischen Lufttraum, das soll $CO_2$-Emissionen absenken. Teile des Treibstoffs sollen künftig aus Pflanzen gewonnen werden. Greenpeace kritisiert: Die Umweltlösung könne nur weniger Flugverkehr sein. Als das International Council on Clean Transportation untersuchte, wer am effizientesten über den Nordatlantik fliegt, landete die Lufthansa mit British Airways auf dem letzten Platz.

**Unbestechlichkeit** ✖ ✖ ⊠ ⊠ ⊠
Die Staatsanwaltschaft Frankfurt ermittelte wegen Korruption bei der Cargo-Tochter. Der Vorstand soll Hinweisen nicht nachgegangen sein. Es gab Razzien. 2013 verurteilte ein US-Gericht zwei Mitarbeiter zu acht Monaten Hausarrest. Sie hatten geschmiert, um an Wartungsaufträge heranzukommen.

**Steuerehrlichkeit** ✖ ✖ ✖ ⊠ ⊠
Zehn Jahre lang wurde beim Ableger Sunexpress eine schwarze Kasse geführt. Einnahmen wurden nachversteuert.

**Humanität** ✖ ✖ ⊠ ⊠ ⊠
Im Nazi-Reich arbeiteten mehr als 7000 Zwangsarbeiter für die Lufthansa. Die Forschungsergebnisse eines Historikers hat der Konzern nicht als Buch veröffentlicht. Harte Tarifauseinandersetzungen.

**Transparenz** ✖ ✖ ✖ ✖ ⊠
Ausführliche Darstellung der Zahlen und der Strategien.

# TEIL III

## WEM DIE WELT WIRKLICH GEHÖRT, UND WIE WIR SIE ZURÜCKGEWINNEN KÖNNEN

## Kampf der Giganten:
## Wie »alter Geldadel«, angelsächsischer
## Finanzkapitalismus und Staatsfonds um
## die Weltherrschaft ringen

Der Neokapitalismus ist meistens unsichtbar. Unsichtbar wie Ozon. Man sieht, fühlt und hört ihn nicht. Da sitzt eine gesellige Runde in Bayern und trinkt Löwenbräu oder Franziskaner, altehrwürdige Münchner Getränkemarken, und füllt damit die Kassen eines ehemaligen brasilianischen Börsenstars, der es, nun in der Schweiz wohnend, zum Bierkönig der Welt gebracht hat. Da quartiert sich der anspruchsvolle Reisende in einem Kempinski-Hotel ein, sagen wir im Adlon in Berlin, im Palais Hansen in Wien oder im Grand Hotel des Bains in St. Moritz und fördert so die Geschäfte des thailändischen Königshauses, dem die Kempinski-Gruppe gehört. Da versorgt sich der deutsche Konsument in den Drogeriemärkten von Rossmann mit Zahnpasta, Toilettenpapier und Deo und erfreut so auch den reichsten Mann von Hongkong und mittelbar einen Staatsfonds aus Singapur; die beiden asiatischen Investoren sind an der Einzelhandelskette aus dem niedersächsischen Burgwedel mit immerhin 40 Prozent beteiligt. Da ist KTM aus Österreich, einer der bekanntesten Motorradhersteller, der zu 48 Prozent einer indischen Industriellenfamilie gehört, die mit ihrem »global money« die Marke vor dem Ruin gerettet hat. Über Telekom Austria wiederum herrscht der mexikanische Milliardär Carlos Slim. Bei der Schweizer Großbank UBS ist GIC, der Staatsfonds aus Singapur, zweitgrößter Aktionär. Und da sind schließlich die bekannten Schweizer Uhren von Eterna und Rotary, die heute zum chinesischen Investor Citychamp gehören, oder die Trinkflaschen von Sigg, die von der Firma Zhejiang Haers Vacuum Containers akquiriert wurden.

Es gibt viele solcher Beispiele. Im modernen Kapitalismus fließt das Geld machtvoll zwischen Staaten und Kontinenten hin und her, zwischen Firmen und Börsen, und hat so eine neue Form der Globalisierung geschaffen. Wie ein großes Netz liegt dieses Geflecht an Beteiligungen, Allianzen und Tochterfirmen über den nationalen Ökonomien und definiert eine ganz eigene Infrastruktur. Ohne globales Kapital kein Geschäft, und deshalb hat sich zum Beispiel die größte japanische Bank Mitsubishi UFJ Financial Group mit der amerikanischen Investmentbank Morgan Stanley zusammengetan und ist dort größter Teilhaber. Deshalb hat der zum französischen Bankenreich Crédit Agricole gehörende Vermögensverwalter Amundi eine der vier größten Banken Chinas (und damit der Welt) als Aktionär aufgenommen. Deshalb betreiben Firmen wie Volkswagen oder Daimler Joint Ventures mit chinesischen Staatsfirmen in Shanghai oder in Peking. Die Kapitalisten der Welt verbrüdern sich, doch die Brüder im Westen da draußen, die Arbeitnehmer, die zur Sonne und zur Freiheit wollten, werden abgehängt: Sie müssen draußen bleiben.

Je intensiver sich diese Form der kapitalistischen Arbeitsteilung entwickelte, je differenzierter und feinmaschiger das globale Netz gegenseitiger Beteiligungen wurde, desto unheimlicher wurde dieser neue Weltkapitalismus den Bürgern der westlichen Welt. Sie haben einen Verdacht. Ein System, in dem die Milliarden frei fließen – länderüberwindend, sektorübergreifend – und täglich höchsten Druck auf Unternehmen, ja auf Volkswirtschaften erzeugen, ist den Menschen auf der Straße zunehmend suspekt. Eine neue Internationale des Kapitals, die weder Hautfarbe noch Religion kennt, sondern nur Mindestrenditen und Return on Investment, erscheint ihnen als zerstörerische, unheilvolle Kraft. Das liegt auch an unfairen Handelsbedingungen und an Umweltverschmutzung in der Produktion, an prekären Löhnen und miesen Sozialstandards, inzwischen aber vor allem an den Millionen von Migranten. Die Globalisierung des Faktors Arbeit folgte der Globalisierung des Faktors Kapital.

Das alles hat in den entwickelten Industriestaaten eine gefährliche Stimmung entstehen lassen. Im Sog der Proteste in Frankreich, Großbritannien, USA und auch Deutschland entsteht eine Form des Neo-Merkantilismus. Er wettert gegen Freihandel und Weltkapitalismus, will Grenzen dichtmachen vor einem Ansturm von Flüchtlingen, aber auch vor einem viel reelleren Ansturm ausländischen Kapitals. Nichts ist in der Weltwirtschaft so beweglich wie Kapital und Daten, und nichts bestimmt die Macht von Konzernen und damit die Macht ihrer Standortländer so sehr wie die Frage, wer über dieses Kapital und wer über diese Daten verfügt. Das macht die Frage nach dem »Wem gehört die Welt?« so brisant und aktuell. Die Entscheidung der Briten für den Austritt aus der Europäischen Union (Brexit), der Zulauf zum Front National der Marine Le Pen in Frankreich, der US-Wahlkampf des sich als Wut-Milliardär inszenierenden Donald Trump, aber auch der linke »Populismus« des demokratischen Kandidaten Bernie Sanders sowie der Erfolg der Alternative für Deutschland, die Bedeutung von FPÖ für Österreich und der SVP des Christoph Blocher für die Schweiz sind ein Misstrauensvotum jener großen Bevölkerungsgruppen, die für sich ein Gefühl definiert haben: dass ihnen die Welt nicht gehört. Dass sie die Verlierer einer rasanten Entwicklung sind, die kleine Gruppen reicher macht, die alte Werte umdeutet und die bisherige Wirtschaftsordnung umstürzt. Dass die Macht des Geldes längst die Politik bestimmt, und dass sich das alle vier Jahre bei einer Wahl kaum ändern lässt.

Was wir beobachten, ist eine Renationalisierung der Politik – nicht nur in den Ostländern der EU. Der neue Trend im Westen heißt »national meets sozial«, zugespitzt: »national-sozialistisch« wird schick. Eine Renationalisierung der Wirtschaft könnte folgen. Es gibt erste Warnzeichen. Was ist davon zu halten, wenn der polnische Entwicklungsminister Mateusz Morawiecki für eine »Re-Polonisie-

# DIE MÄRKTE

**Branchenvergleich**
Gesamtvolumen in Milliarden US$

● Umsatz ● Vermögen ● Bilanzsumme

**HANDEL**
24000

**CHEMIE**

5000

**ÖL/GAS**
5000

**LOGISTIK**

4000

**VERSORGER**

3676

**KONSUMGÜTER**

3100

**TECHNOLOGIE**
2810

**RESTAURANTS**

2700

**TOURISTIK**
2400

**ROHSTOFFE**

2380

**AUTOMOBIL**

2000

**MEDIEN**

1900

**PRIVATE EQUITY**

1200

**VERMÖGENSVERWALTER**

78000

**HEDGEFONDS**

2900

**TELEKOM-MUNIKATION**

1140

**PHARMA**
1000

**STAATSFONDS**

7250

**AIRLINES**

727

**SPORT-ARTIKEL**
200

**BANKEN**

142000

**PENSIONSKASSEN**

36100

**VERSICHERUNGEN**

29100

QUELLE: HRI, Bloomberg, Branchenangaben

# WELTFINANZVERMÖGEN VS. WELTPRODUKTION

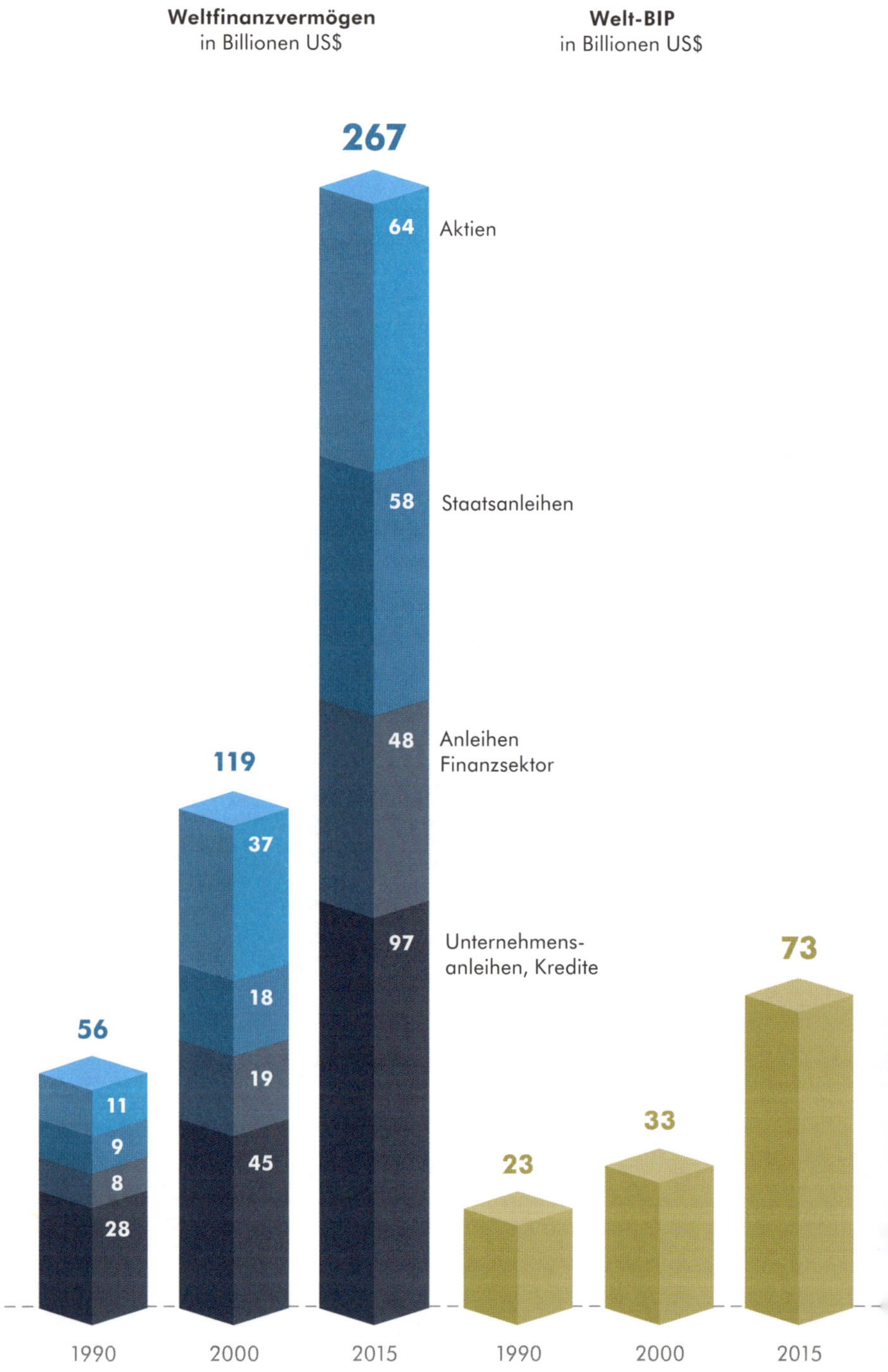

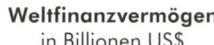

**Weltfinanzvermögen**
in Billionen US$

**Welt-BIP**
in Billionen US$

## 267

64 — Aktien

58 — Staatsanleihen

48 — Anleihen Finanzsektor

97 — Unternehmens-anleihen, Kredite

## 119

37

18

19

45

## 56

11

9

8

28

## 73

## 33

## 23

| 1990 | 2000 | 2015 | 1990 | 2000 | 2015 |

QUELLE: McKinsey, IWF

rung« der Banken eintritt? 2015 noch hatte er die polnischen Geschäfte der spanischen Bank Santander verantwortet. Morawiecki, der Premierminister werden will, war Führungskraft des internationalen Großkapitals, der »Märkte«, wie das immer so schön heißt. Nun kritisiert er das Modell des Wirtschaftsliberalismus und der Globalisierung und sieht sein Land in einer »Falle«, man sei leider zu einem hohen Grad abhängig von Ausländern: »Heute sehen wir mehr und mehr, dass die unsichtbare Hand des Marktes uns viele, viele Jahre geschwächt hat. Wir sollten den Staat als das höchste Gut wahrnehmen.« Das wird Jeff Immelt, Chef des Konzerns General Electric (GE), vermutlich anders sehen. Aber auch er begreift GE nicht mehr – wie noch vor Jahren – als multinationalen Konzern, sondern spricht nun von einem »amerikanischen Unternehmen«. Seine Begründung: Sonst habe man keine Wurzeln. Die Welt ist keine Heimat mehr. Nationalgefühl macht Rendite.

Tatsächlich ist wenig in der globalen Ökonomie so eindrucksvoll gewesen wie die Expansion des Finanzwesens. Im Jahr 1970, als die USA gegen Vietnam und die UdSSR hochrüsteten und Deutschland mehr Demokratie, auch in der Wirtschaft, wagte, lag das Weltfinanzvermögen auf dem Niveau der Produktion von Gütern und Dienstleistungen auf der Erde. Dann fiel 1971 unter US-Präsident Richard Nixon die Bindung des Dollars an die vorhandenen Goldreserven (Goldstandard), die Staaten konnten sich frei verschulden, und das Geschäft mit dem Geld explodierte. Für 1980 weist die Statistik noch ein Weltfinanzvermögen von zwölf Billionen Dollar auf, bei einer Weltgüterproduktion von elf Billionen. 1990 wies der Finanzsektor dann schon 56 Billionen Dollar auf und war somit mehr als doppelt so groß wie die sogenannte Realwirtschaft mit 23,3 Billionen Dollar, was aber immer noch einigermaßen vernünftig und plausibel zu sein schien. Der »Ostblock« war bezwungen, der Kommunismus besiegt, und der Kapitalismus begann, seine letzten Fesseln abzustreifen und Deregulierung als ultimative Glücksnorm zu formulieren. Nun explodierten die Finanzgeschäfte. 119 Billionen zu 33,3 Billionen lautete das Verhältnis im Jahr 2000. Im Verhältnis war das Volumen der Finanzmärkte auf fast das Dreifache der Güter- und Dienstleistungsmärkte angeschwollen.

Und heute? Heute machen Finanzgeschäfte fast das Vierfache der Gütermärkte aus, stehen Anleihen, Aktien und Kredite in Höhe von fast 270 Billionen Dollar einer mehr oder weniger stagnierenden realen Weltwirtschaft von mehr als 73 Billionen Dollar gegenüber. Rechnet man Derivate ein, also spekulative Zukunftsgeschäfte in Höhe von rund 500 Billionen Dollar, kommt man auf eine noch viel höhere Summe. Niemals in der Wirtschaftsgeschichte ist der Finanzmarkt so dominant gewesen.

Die Finanzkrise hat daran nichts geändert, im Gegenteil: Seitdem ist die Überlegenheit der Finanzgewaltigen noch größer geworden. Anders gesagt: Diejeni-

# TOP 4 MARKTANTEILE

Anteil der Top-4-Unternehmen an ihrem Markt

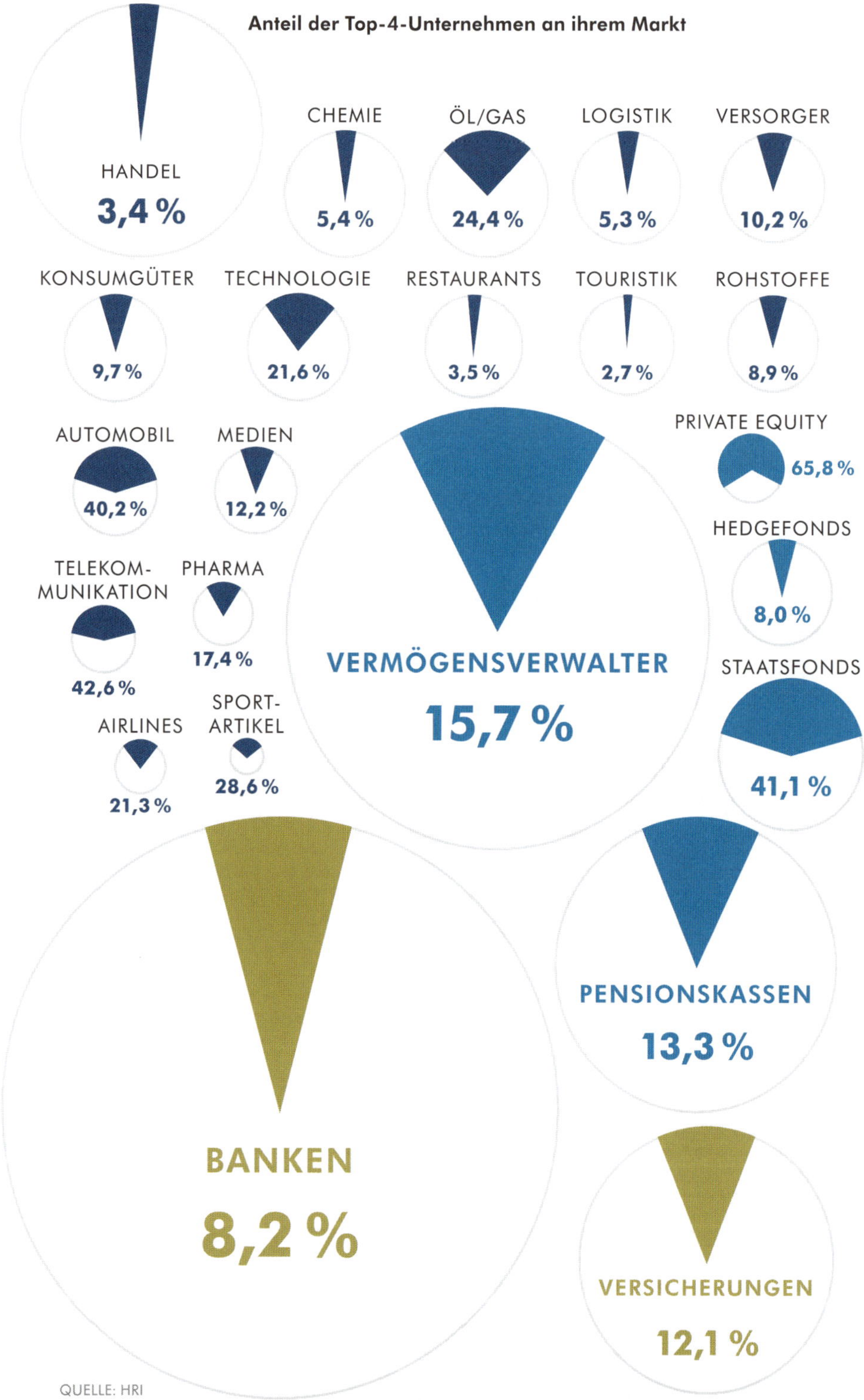

**HANDEL**
**3,4 %**

**CHEMIE**
**5,4 %**

**ÖL/GAS**
**24,4 %**

**LOGISTIK**
**5,3 %**

**VERSORGER**
**10,2 %**

**KONSUMGÜTER**
**9,7 %**

**TECHNOLOGIE**
**21,6 %**

**RESTAURANTS**
**3,5 %**

**TOURISTIK**
**2,7 %**

**ROHSTOFFE**
**8,9 %**

**AUTOMOBIL**
**40,2 %**

**MEDIEN**
**12,2 %**

**PRIVATE EQUITY**
**65,8 %**

**TELEKOM-MUNIKATION**
**42,6 %**

**PHARMA**
**17,4 %**

**HEDGEFONDS**
**8,0 %**

**VERMÖGENSVERWALTER**
**15,7 %**

**AIRLINES**
**21,3 %**

**SPORT-ARTIKEL**
**28,6 %**

**STAATSFONDS**
**41,1 %**

**PENSIONSKASSEN**
**13,3 %**

**BANKEN**
**8,2 %**

**VERSICHERUNGEN**
**12,1 %**

QUELLE: HRI

gen, denen die Welt gehört, schwimmen im Geld. Und mit jeder expansiven Maßnahme der Geldpolitiker in den wichtigen Notenbanken – mit jeder Zinssenkung, mit jedem Anleihekauf – vergrößert sich diese ohnehin überdimensionierte Summe der finanziellen Mittel noch einmal.

Nur zu oft aber bleibt der Verdacht, dieses Geld zirkuliere lediglich innerhalb des Finanzwesens, nähre also die Kapitalbranche in sich, die in den letzten 25 Jahren zugelegt hat wie keine andere. Und wenn das Kapital dann doch der Realwirtschaft zufließt, werden damit immer häufiger Käufe eigener Aktien an der Börse finanziert, was den Aktienkurs in die Höhe schießen lässt, oder aber es werden Fusionen und Übernahmen initiiert, die die Unternehmenskonzentration im weltweiten Kapitalismus weiter steigern und nicht etwa neue Unternehmungen. Großbeispiel des Jahres 2016 ist der Kauf der US-Firma Monsanto durch den deutschen Bayer-Konzern für 66 Milliarden Dollar. Schon heute beherrscht der Bierkonzern AB InBev circa 30 Prozent des weltweiten Marktes, kontrolliert Monsanto 26 Prozent des Saatguts (mit Bayer 30 Prozent), kommen Nestlé und Jacobs Douwe Egberts auf 40 Prozent des Kaffeemarkts, vereinigt Glencore 60 Prozent des weltweiten Rohstoffhandels auf sich, teilen sich gerade mal vier Konzerne (KPMG, PricewaterhouseCoopers, Deloitte, Ernst & Young) die Wirtschaftsprüfung großer Unternehmen, besitzt der Marriott-Konzern fast die Hälfte der wichtigsten Hotelgruppen der Welt, fertigt eine einzige Firma (Luxottica) die meisten Brillengestelle. Die schrankenlose Geldvermehrung führt zu einer Unternehmenskonzentration, wie sie die Welt noch nicht gesehen hat.

Wenn vom Siegeszug der Finanzwelt die Rede ist, geht es immer weniger um offizielle Banken, die seit der Finanzkrise 2008 von Regulierern auf das Genaueste beobachtet werden und die selbst Globalisierungskritikern inzwischen nicht mehr als Schreckenskammern der Weltbeherrschung dienen können. Es geht vielmehr um das wuchernde Biotop der »Schattenbanken« – all jener Finanzinstitute also, die jetzt das machen, was früher Banken gemacht haben. Also zum Beispiel Kredite verleihen, Immobilien finanzieren oder Firmendeals auskungeln. Der wilden Welt des Neokapitalismus erscheint der klassische Bankangestellte – zumal in Europa – als eine Art Bankbeamter, der so viele Vorschriften beachten muss, dass ihm darüber das Geschäft verloren geht. Er muss Eigenkapital für seine Bank organisieren, damit Zocken wie bei Lehman Brothers oder der Deutschen Bank unmöglich wird – und überlässt die Zockerei und den Kasinokapitalismus all jenen, die weit weniger reguliert werden.

Die Welt gehört einem wie Larry Fink, der mit Blackrock fast fünf Billionen Dollar anlegt (s. Seite 21), viel eher als einem John Cryan, dessen Deutsche Bank chronisch unterfinanziert ist und der zudem noch vom Wohlwollen von Blackrock, einem seiner größten Aktionäre, direkt abhängig ist. Cryan scheint das verinnerlicht zu haben, als er Fink auf einer Investorenkonferenz im Frühjahr 2016 als »letzte Instanz« der weltweiten Versorgung mit Liquidität bezeichnete – über die Zentralbanken hinaus. Die Welt gehört einem wie Stephen A. Schwarzman, dessen Finanzfirma Blackstone (s. Seite 105) zum größten Immobilienbesitzer weltweit aufgestiegen ist, viel mehr als einem Lloyd Blankfein, dem sagenumwobenen Chef der Bank Goldman Sachs, die statt zweistellige nur noch einstellige Renditen schafft.

Und immer geht es diesem Finanzkapitalismus darum, mehr zu erzielen als der lädierte Markt, der unter Null-Zinsen, ja sogar Minus-Zinsen leidet, was Anlagen in Staatsanleihen zum Glücksspiel macht. »Alpha« nennen die Spezialisten alles, was besser ist als der Marktdurchschnitt. Die Suche nach möglichst viel »Alpha« hat viele in der Branche gleichermaßen manisch wie nervös gemacht. »Der Druck kommt immer vom Investor«, sagt ein wichtiger Aufsichtsrat der deutschen Wirtschaft, und der frage nun einmal bei der Suche nach »Alpha« zunehmend: »Ist das Management richtig? Muss es ausgewechselt werden? Brauchen wir Fusionen?« Wer will, kann im globalen Kapitalismus dieser Tage viel Einfluss ausüben, ohne an einer Firma die Mehrheit zu besitzen.

270 Billionen Dollar Weltfinanzvermögen – das ist die eindrucksvollste Zahl der Globalisierung. Mit ihr sind zunehmend Risiken verbunden, die nach dem New-Economy-Crash (2000) und der Lehman-Kernschmelze (2008) einen weiteren Kollaps des Systems in nicht allzu ferner Zeit wahrscheinlich machen. Zumindest gibt es ein paar Trends, die nachdenklich stimmen.

- Um mehr als 300 Prozent ist das Kapital der großen Vermögensverwalter zwischen 1995 und 2015 gewachsen. Insgesamt 74 Billionen Dollar steht dieser Branche (Asset Management) zur Verfügung – das allein ist so viel, wie die gesamte Produktion von Waren und Dienstleistungen auf der Welt ausmacht. Die zehn Größten dieser Branche verfügen über mehr als 20 Billionen Dollar, was sogar den Börsenwert der größten 500 US-Unternehmen leicht übersteigt und erst recht das Bruttoinlandsprodukt der EU, das nur bei 16 Billionen Dollar liegt. Es sind immer dieselben wenigen großen Vermögensverwalter aus den USA, die bei den großen Kapitalgesellschaften dieser Welt als Aktionäre auftauchen, häufig sogar als größte Teilhaber. Das ist das neue Monopol, und das ist auch die neue Monotonie des Kapitalismus.

- Die Bedeutung des öffentlichen Kapitals im Weltfinanzmarkt ist rapide gestiegen und wird weiter anwachsen. So nahm das Anlagevermögen der meist staatlichen Pensionsfonds innerhalb von 20 Jahren von gut 8 Billionen auf 36 Billionen Dollar zu, eine Vervierfachung. Die Staatsfonds wiederum legten in diesem Zeitraum von 500 Milliarden auf 7,25 Billionen Dollar zu. Aus diesen Quellen kommen immense finanzielle Mittel für die kühnsten politischen Ziele. Die Geldmanager der Staaten versuchen, strategische Ziele zu erreichen, mit ihren

## ANTEIL DES TOP 1% AM VERMÖGEN

Wie viel Prozent des Gesamtvermögens seines Landes
besitzt das reichste Prozent ganz oben an der Spitze.
Veränderung von 2000 bis 2015 in Prozentpunkten

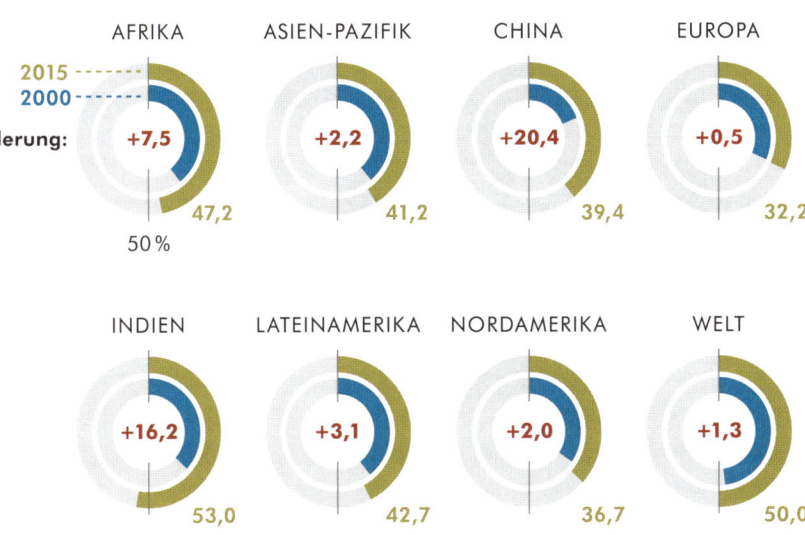

QUELLE: UN/Credit Suisse

Investments das Vermögen der Bürger zu steigern und zumeist Reserven für ihr Rentenalter zu schaffen – sie erzielen jedoch oft nur im Entferntesten jene Gewinne, wie sie Millionäre und Milliardäre mit ihren Geldern machen, jene Klientel also, die im Jargon »High Net Worth Individuals« (ab eine Million Dollar) oder auch »Ultra High Net Worth Individuals (ab 30 Millionen Dollar) genannt wird.

- Die ungleiche Verteilung des Vermögens ist vor allem in Afrika und Indien auffällig, wo das obere eine Prozent der Gesellschaft 47,2 Prozent beziehungsweise 53 Prozent des Gesamtvermögens besitzt. Nicht ganz so hoch, aber hoch genug sind die Werte für Nordamerika (36,7 Prozent) und Europa (32,2 Prozent). Die größte Steigerungsrate wiederum weist China auf, wo die Superreichen seit 2000 über 20 Prozentpunkte mehr Reichtum angehäuft haben. Auf 39,4 Prozent beläuft sich hier der Anteil des oberen Prozents. Die kommunistische Volksrepublik hat mit 251 Milliardären inzwischen mehr als doppelt so viele wie Deutschland und fünfmal so viele wie Großbritannien. Nur die USA liegen mit ihren 540 Milliardären noch weit entfernt.

# WELTKARTE DER MILLIARDÄRE

ANZAHL DER DOLLAR-MILLIARDÄRE PRO LAND

NORDAMERIKA

USA
**540**
MILLIARDÄRE

Kanada
**33**

Mexiko
**14**

Venezuela
**3**

LATEINAMERIKA

Peru
**3**

Brasilien
**31**

**1810**
MILLIARDÄRE
WELTWEIT

Chile
**10**

**4**
Argentinien

**1011**

**691**

**470**

2016  2010  2005  2000

QUELLE: International Monetary Fund, World Economic Outlook Database, April 2016

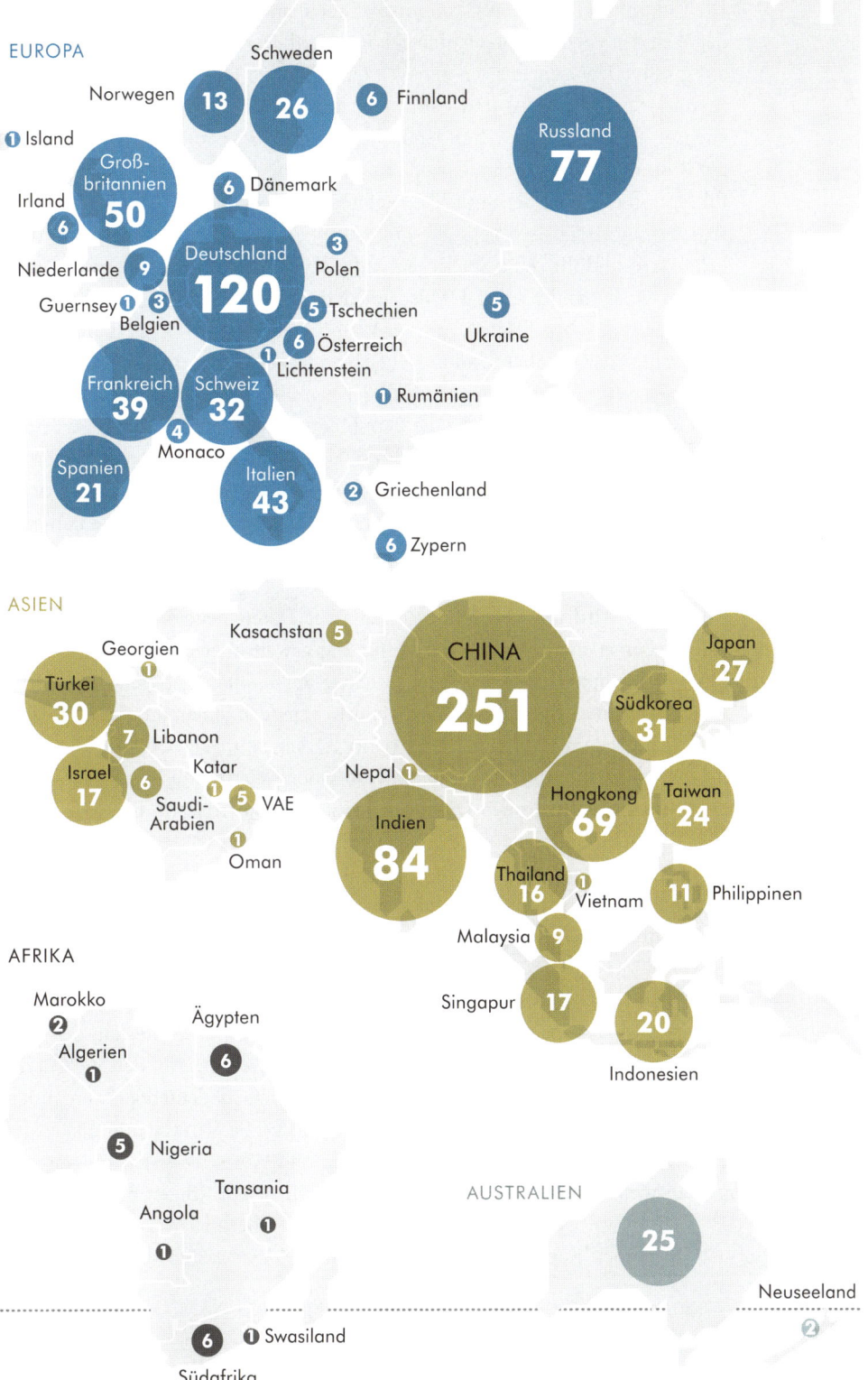

EUROPA

Norwegen 13 Schweden 26 6 Finnland

1 Island

Groß-britannien 50 6 Dänemark

Irland 6 Russland 77

Niederlande 9 Deutschland 120 3 Polen

Guernsey 1 3 Belgien 5 Tschechien 5 Ukraine

6 Österreich

1 Lichtenstein

Frankreich 39 Schweiz 32 1 Rumänien

4 Monaco

Spanien 21 Italien 43 2 Griechenland

6 Zypern

ASIEN

Kasachstan 5 CHINA 251 Japan 27

Georgien 1 Südkorea 31

Türkei 30

7 Libanon

Israel 17 6 Katar Nepal 1 Hongkong 69 Taiwan 24

Saudi-Arabien 5 VAE

1 Oman Indien 84 Thailand 16 1 Vietnam 11 Philippinen

Malaysia 9

AFRIKA Singapur 17

Marokko 2 Ägypten Indonesien 20

Algerien 1 6

5 Nigeria

Tansania

Angola 1

1 AUSTRALIEN 25

Neuseeland

6 1 Swasiland 2

Südafrika

- Die Zukunft der globalen Ökonomie ist auch eine Frage danach, wie viel von der Welt der Volksrepublik China gehören wird. Derzeit hat das Land die weitaus größten Devisenreserven der Welt (3,2 Billionen Dollar), die größte Bevölkerung (1,4 Milliarden) und damit den größten Binnenmarkt, zugleich aber auch eine extrem hohe Schuldenquote: Alle Staatsverbindlichkeiten machen 237 Prozent des Bruttoinlandsprodukts aus (Europa: 87 Prozent). Die USA sind führend in der Welt der kurzfristig agierenden Hegdefonds – ein Symbol, wie sehr der angelsächsisch geprägte Finanzkapitalismus die wirtschaftliche Welt beherrscht und ihr seine Spielregeln aufgedrückt hat. Im Kampf der Systeme, bei der Auseinandersetzung zwischen dem Staatskapitalismus Chinas, aber auch der arabischen Staaten, mit der Wall-Street-Macht USA, ist Europa eher Beobachter als Gestalter. Und in Deutschland stellt sich in diesem Systemstreit die Frage, was aus dem Erfolgsmodell der Familienunternehmer und der Sozialen Marktwirtschaft wird, die die Republik nach 1945 auf besondere Art stark gemacht hat. Auch in der Schweiz, das sich aufgrund niedriger Steuersätze vielen internationalen Milliardären als neue Heimat anbietet, sind Familien noch eine starke Kraft der Wirtschaft, während sich in Österreich früh eine Politisierung gemäß der konservativen Partei ÖVP und der sozialdemokratischen SPÖ auf die Ökonomie übertragen hat.
- Schließlich wird die Verfügungsgewalt über Daten neue Machtsysteme auf Dauer ebenso etablieren wie die Verfügungsgewalt über Geld. Daten sind im modernen Kapitalismus längst an die Seite des Kapitals getreten, ja, sie sind sogar das »neue« Kapital. Die Welt gehört eben auch jenen, die – wie die großen Vier aus dem Westen der USA (Google, Amazon, Facebook und Apple) – die digitale Ökonomie und die damit verbundene Wertschöpfung beherrschen. Oder die – wie die großen Drei aus China (Alibaba, Tencent, Baidu) – gegen solche Hegemonialpläne antreten und eigene Standards setzen, die sie ebenfalls in die Welt tragen wollen. Zum Prinzipal in dieser Welt steigt auf, wer beides verbindet, wer mit Daten Kapital anzieht. Wall Street und Silicon Valley sind die Chiffren dieser Kategorien.

Motor dieses angelsächsischen Finanzkapitalismus sind die Milliarden und Abermilliarden an Vorsorgegeldern von Arbeitnehmern und Versicherten, die über Pensionsfonds und Versicherungskonzerne angelegt werden. Auf den Weltmärkten trifft dieser »Vorsorgekapitalismus« auf die immer bedeutender werdenden Staatsfonds und Staatsbeteiligungen sowie auf das große Vermögen industrieller Dynastien. Alle haben verschiedene Interessen und Werte. Was sich vor unseren Augen abspielt, ist ein globaler Verteilungskampf, ist ein Ringen um die besten Positionen im weltweiten Wettbewerb. Denn es geht beispielsweise auch darum, ob der Blackrock-Kapitalismus die besten Stücke des Kuchens bekommt, oder ob auf Dauer der chinesisch geprägte Geldkollektivismus mit seinen Staatsfonds, Staatsfirmen und tolerierten privaten Unternehmen erfolgreich ausgreift und angreift.

Stellvertretend für diese Machtkämpfe, für diesen ökonomischen Clash of Cultures, steht der Streit um den in Schwierigkeiten geratenen Volkswagenkonzern, das größte europäische Industrieunternehmen. Hier treffen all jene Kräfte aufeinander, die darum ringen, dass ihnen die Welt gehört: eine Familie (die Erben des Käfer-Erfinders Ferdinand Porsche), strategisches Staatskapital (hier das Land Niedersachsen) in Verbindung mit Gewerkschaften sowie Investmentfonds wie Norges Invest aus Norwegen oder Qatar Investment Authority aus Katar und Vermögensverwalter wie Blackrock und Allianz Global Investors. Das Drama von Wolfsburg wird zur Lehrgeschichte des modernen Kapitalismus.

## Wie alles begann

Wem gehört die Welt? Historisch waren es vordergründig militärische Eroberer wie der Perserkönig Darius I. um 500 v. Chr. oder der Makedonier Alexander der Große (356 v. Chr. – 323 v. Chr.), die Macht schufen. Sie annektierten fremde Gebiete und beuteten sie wirtschaftlich aus, sie schufen effiziente Verwaltungen und verbreiteten ihre Kultur. Zu enormem Wohlstand brachte es auch der römische Feldherr Julius Cäsar, der sich eine eigene Privatarmee hielt und dessen Besitz zum Höhepunkt seiner Macht rund fünf Prozent der damaligen weltweiten Wirtschaftsleistung ausmachte. Mit der militärischen Macht wuchsen Handelsbeziehungen, die Kaufleute reich machten. Krieg und Ökonomie waren Bündnispartner. In Rom entwickelte sich eine lebendige Marktwirtschaft. Die Welt gehörte somit auch jenen Emporkömmlingen, die wie Marcus Licinius Crassus reich genug waren, Kriege zu finanzieren. Später war es die Beherrschung von Seewegen über starke Flotten, die Imperien entstehen ließ. Auch aus diesem Grund brachte es das chinesische Reich der Song-Kaiser um das Jahr 1000 zum höchsten Pro-Kopf-Einkommen der Welt. Chinesische Kaufleute reisten bis nach Indien, Arabien und Ostafrika, sie verkauften Seide und Porzellan und kauften Gewürze, Edelsteine und Pferde. Später stiegen Seemächte wie Venedig, Genua, England, Spanien oder Portugal auf. Familien wie die Medici in Florenz oder der Clan von Jakob Fugger (»der Reiche«) in Augsburg organisierten den Handel im großen Stil und schufen so ihre Reichtümer. Und sie betätigten sich immer stärker als Geldverleiher. Fürsten und Könige und die Kirche wurden mit der Zeit abhängig von solchen Finanziers, zumal wenn sie Kriege oder teure Ausgaben zu bezahlen hatten. Jakob Fugger konnte es sich leisten, dem Kaiser Karl V. einen Mahnbrief zu schreiben, weil der Mächtige endlich seine Schulden tilgen sollte, »zusammen mit den allfälligen Zinsen und ohne weiteren Aufschub«. Der Augsburger Geldeintreiber gilt als der reichste Mann aller Zeiten. Sein Vermögen soll in heutiger Kaufkraft rund 400 Milliarden Dollar betragen haben.

In der Familie Fugger kümmert sich inzwischen die 18. Generation um die Familienstiftungen, zu denen Wohnsiedlungen gehören, und um 3200 Hektar Wald, die über Holzverkauf gute Erträge liefern. Der letzte Großfürst der Medicis starb zwar 1737, aber die Nachfahren können noch gut vom Familienvermögen leben. Viele der reichen Florentiner Familien von damals sind auch heute noch reich, fand die italienische Notenbank bei einer Analyse heraus. Die Vorfahren der fünf Spitzenverdiener 2011 in Florenz gehörten einst zur Gilde der Schuh-, Wolle- und Seidenhändler oder zu den Juristen – und waren allesamt wohlhabend.

Historisch entstanden große Vermögen aus Handel, Geldverleih und Landbesitz, was Landwirtschaft oder die Ausbeutung von Bodenschätzen zur Folge hatte. Ein Beispiel ist die adlige Florentiner Familie Frescobaldi, die jahrhundertelang Großgrundbesitzer war und bis heute Wein produziert. Sie gewährte einst englischen Königen wie Heinrich VIII. ebenso Kredit wie Kirchenfürsten. Als reichster Aristokrat der Neuzeit galt bis zu seinem Tod im August 2016 Gerald Cavendish Grosvenor, der sechste Herzog von Westminster, dessen Vorfahr Sir Thomas Grosvenor 1677 durch Heirat in den Besitz großer Ländereien im Westen der alten Stadt London gelangt war. Daraus wurden die hochfeinen Stadtviertel Mayfair und Belgravia, wo die Grosvenors heute noch ganze Straßenzüge besitzen, aber auch in Schottland, Liverpool, Spanien, Shanghai, Tokio, Stockholm, Vancouver besitzen sie Immobilien – insgesamt mehr als 1500. Den umfangreichen Besitz im Wert von mehr als zehn Milliarden Euro übernahm nach dem Tod des Herzogs von Westminster sein Sohn Hugh Grosvenor im Alter von 25 Jahren; er ist Pate von Prinz George, einem Urenkel der Königin Elisabeth II. Gegen das geerbte Vermögen des jungen Herzogs fällt sogar – wenn auch knapp – der Immobilienbesitz der englischen Krone (»Crown Estate«) selbst ab, der sich auf die Londoner Stadtviertel Mayfair und St. James konzentriert. Zum Crown Estate gehören beispielsweise die meisten Häuser in der Regent Street. Altes Vermögen entstand mit der Zeit nicht nur durch Landbesitz, Handel und Geldgeschäfte, sondern zunehmend auch durch neue Produkte, etwa Anfang des 18. Jahrhunderts durch Bleistifte. In der Nähe von Nürnberg zog die Familie Faber ihre Produktion hoch, woraus die bis heute größte Bleistiftfabrik der Welt wurde, gegenwärtig gelenkt von Mary Gräfin von Faber-Castell.

Die Eroberer des 19. Jahrhunderts waren dann die Industriepioniere. Sie siedelten sich zum Beispiel an einem Fluss wie dem Rhein an, dessen Wasser sich bei der Herstellung von Arzneien gut nutzen ließ; so hielten es in Basel die Familien Hoffmann, Roche, Sandoz, Geigy und Clavel. Vorzugsweise waren die neuen Pioniere aber in den USA ansässig. Der Aufstieg der USA zur Führungsmacht des

Westens begann zu dieser Zeit. Am 17. April 1837 wurde John Pierpont Morgan in Hartford im Bundesstaat Connecticut geboren. Er steht zusammen mit Großindustriellen wie John D. Rockefeller, Andrew Carnegie und Cornelius Vanderbilt für den Aufbau großer Konglomerate, die die Wirtschaft beherrschten, und somit auch für den Aufstieg der USA zur globalen Wirtschaftsmacht. Und sie repräsentieren das »Gilded Age«, ein vergoldetes Zeitalter, wie Mark Twain die Ära nach dem amerikanischen Bürgerkrieg bis zur Jahrhundertwende nannte, in der Amerikas neue Tycoons ihren Reichtum mit prunkvollen Häusern und teuren Kunstwerken zur Schau stellten, breite Bevölkerungsschichten aber unter Armut litten. Vanderbilt legte Eisenbahnlinien, Carnegie schmolz Stahl, und Rockefeller schuf mit Standard Oil ein Energieunternehmen riesigen Ausmaßes, das später aufgrund neuer Kartellgesetze zerschlagen wurde.

JP Morgan, wie er meist abgekürzt wird, hinterließ der Stadt New York und Amerika die Banken JP Morgan, Morgan Stanley und eine Kunstsammlung mit großen Namen wie Tizian, die heute überwiegend in der Frick Collection, direkt am New Yorker Central Park, zu besichtigen ist. Morgan hatte zu seiner Zeit eine Macht, die selbst die Größten der heutigen Finanzbranche nicht mehr besitzen. Seine Versicherungen legten viele Dollar im Jahr an. »Sie kontrollierten die Leute durch das eigene Geld der Leute«, schrieb der bekannte US-Richter Louis Brandeis. Morgan war es, der Carnegies Stahlwerk kaufte und so US Steel schuf. Die Panik des Jahres 1907 (Knickerbocker-Crisis) überwand der Magnat, indem er selbst hohe Summen seines privaten Geldes in das Finanzsystem pumpte und andere Banker dazu animierte mitzumachen. Einige Jahre später wurde die Federal Reserve, die Notenbank mit privaten Eigentümern, gegründet, weil klar war, dass ein solcher Einsatz von privatem Geld bei ähnlichen Krisen nicht noch einmal zu erwarten war. Die Fed ist als Erinnerung an diese Talmi-Gold-Ära genauso geblieben wie das kleine Buch »The Gospel of Wealth«, das Andrew Carnegie schrieb, nachdem er seine Firmen verkauft und Büchereien sowie das Erziehungssystem unterstützt hatte. In dem Werk preist er niedrige Steuern, flexible Arbeitsmärkte, softe Gesetze – und die Verpflichtung zu philanthropischen Taten. Das müsse schon zu Lebzeiten passieren, formulierte Carnegie: »The man who dies thus rich dies disgraced.« Wer reich stirbt, stirbt in Schande. Das scheinen sich einige der lebenden reichen Superunternehmer Amerikas zu Herzen genommen zu haben, auch wenn es selbst mit ihrer Macht nicht mehr ganz so bestellt ist wie zu Carnegies Zeiten. Immer noch besser, große Vermögen zu spenden, als in der öffentlichen Diskussion wie damals Ende des 19. Jahrhunderts »robber baron« genannt zu werden, Räuberbaron.

# Der Blackrock-Kapitalismus

Extreme Figuren wie Rockefeller oder Morgan, Cäsarenfiguren des Kapitalismus, gibt es heute nicht mehr. Wettbewerbsgesetze und politische Kontrollen verhindern zumindest in den entwickelten westlichen Ländern, dass sie wiederkehren. Reichtum und Macht entstehen, indem ein Unternehmer Produkte oder Dienstleistungen anbietet oder eine marktfähige Firma erbt, indem ein Finanzkundiger wie George Soros besonders erfolgreich investiert oder jemand im Umfeld der Politik mit Privatisierungen oder Lizenzvergaben sein Glück macht. Am ehesten ähnelt hier das russische System der Oligarchen dem alten Reich der US-Räuberbarone.

Es gibt im weltweiten Kapitalismus jedoch eine neue, wahre Macht. Sie liegt heute bei den Kapitalsammelstellen oder Pools of Capital, wie das in der Finanzbranche heißt. Sie bringen Milliarden um Milliarden, Billionen um Billionen auf, an denen keiner in der Weltwirtschaft vorbeigehen kann. »Who's the closest to the money, makes the most money«, lautet ein Lehrsatz, den Studenten an der amerikanischen Harvard University jahrelang hörten: Wer am nächsten beim Geld ist, macht das meiste Geld. Niemand ist näher am Geld als die Vermögensverwalter, die Asset Manager, die von reichen Personen, Family Offices, Stiftungen, vor allem aber von Versicherungen, Pensionsfonds und Staatsfonds mit der Anlage hoher Summen betraut werden. Niemand hat mehr Geld, um Märkte zu beeinflussen. Und in ihrem Gewerbe gibt es eine oberste Regel: »The winner takes it all.« Wer viel hat und verdient, bekommt auch viel. Von einem »Zeitalter der Vermögensverwaltung«, sprach Andrew Haldane, Chefvolkswirt der Bank of England.

Jene fast 80 Billionen Dollar, über die die hohe Kaste des Finanzkapitalismus verfügt, bedeuten zwangsläufig Macht – eine Summe, die nach einer Studie der Beratungsfirma PricewaterhouseCoopers bis 2020 auf fast 102 Billionen steigen wird. Allein die global fünf größten Vermögensverwalter (s. Seite 627) pumpen fast 15 Billionen Dollar in die weltweiten Märkte, jeder von ihnen mindestens 1,4 Billionen. Damit setzt man Zeichen. Damit formt man Märkte und Unternehmen, egal, ob es die politisch oder operativ Verantwortlichen anstreben oder nicht. Was sich nicht finanziert, existiert nicht. Was finanziert wird, kann zur florierenden Firma werden. Und die Händler, die über die kurzfristige Geldanlage entscheiden, sind bemerkenswerterweise oft Mathematiker aus Indien, Russland oder Frankreich. 70 bis 80 Prozent des weltweiten Wertpapierhandels läuft über Computeralgorithmen, die auf bestimmte Begriffe in Medien und Analystenberichten reagieren. Wird dort zum Beispiel über die Deutsche Bank als das »neue Lehman« spekuliert, gibt es automatisch eine Order: Sell! Verkauft!

Die größte Lüge in diesem System ist die Geschichte vom »Streubesitz«. So heißt es, wenn sich die Aktien auf viele Gruppen und Individuen aufteilen. Doch

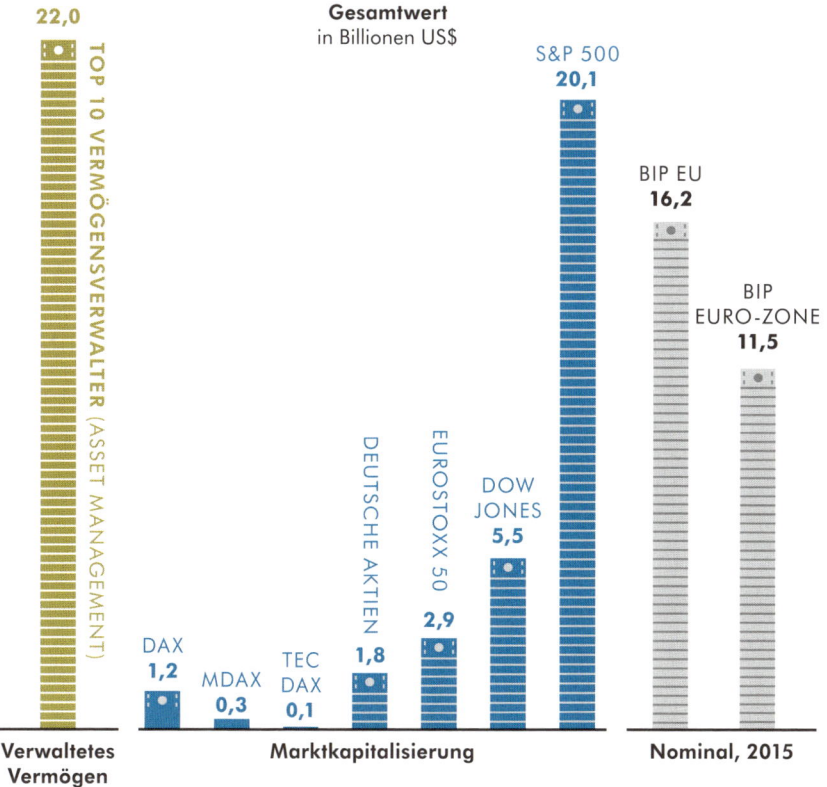

## VERMÖGENSVERWALTER IM VERGLEICH

**Gesamtwert**
in Billionen US$

**22,0**

TOP 10 VERMÖGENSVERWALTER (ASSET MANAGEMENT)

**S&P 500**
**20,1**

**BIP EU**
**16,2**

**BIP EURO-ZONE**
**11,5**

DEUTSCHE AKTIEN

EUROSTOXX 50

**DOW JONES**
**5,5**

**DAX**
**1,2**

**MDAX**
**0,3**

**TEC DAX**
**0,1**

**1,8**

**2,9**

**Verwaltetes Vermögen**

**Marktkapitalisierung**

**Nominal, 2015**

QUELLE: Bloomberg, IWF, HRI, Towers Watson

diese klassische Annahme eines breit gestreuten Eigentums stimmt nicht mehr. Die Realität ist Blockbildung. Irgendwo gibt es immer eine Macht, jemand, der gleicher ist als andere. Eine »enorme Konzentration wirtschaftlicher Macht« sieht Eric Weber, Professor der IESE Business School. Es sei nur die Frage, ob das zu mehr Wachstum führt oder ob sich das Geld lediglich in eigenen Kreisen bewegt: »Das Geld fließt nicht in die Produktion von Gütern, sondern in Finanzprodukte, hinter denen keine Güter stehen.« Er erzählt die Geschichte des Russen, der sich in einem Hotel ein Zimmer anschaut und 100 Dollar hinterlegt. Der Hotelier bezahlt damit im Dorf die Schulden bei dem Schreiner, der einen Schrank für das Hotel hergestellt hat, der wiederum seinen Holzlieferanten bezahlt, der schließlich seine Schulden beim Lebensmittelhändler begleicht – der davon den Bauern entlohnt. So hat das ganze Dorf keine Schulden mehr, nur der Russe will das Zimmer am Ende doch nicht und will seine 100 Dollar zurück. Die muss sich der Hotelier von einem anderen leihen.

Was die Geschichte sagen will: Finanzvermögen auf der einen Seite bedeutet Verbindlichkeiten auf der anderen Seite. Schulden sind das Blut des Kapitalismus. Das hohe Finanzvermögen von 270 Billionen Dollar erklärt sich aus der hohen Verschuldung auf der Welt. Sie ist derzeit so hoch wie bei Ende des Zweiten Weltkriegs. Um Schulden zu bedienen, werden immer neue Finanzprodukte kreiert. Das hat den Finanzsektor in den USA so anschwellen lassen, dass 25 Prozent der amerikanischen Firmengewinne dort entstehen, aber nur vier Prozent aller Jobs, wie Rana Foroohar in ihrem Buch »Makers and Takers« über »Financialization« schreibt, über die »Finanzialisierung« des Wirtschaftssystems. Das hat den weltweiten Kapitalismus in die Hände von immer weniger Vermögensverwaltern und Kapitalsammelstellen gespielt, die über immer mehr Geld verfügen. Und mit denen sich die Chefs von Unternehmen gut stellen müssen. »Finanzinvestoren werden gepampert«, sagt der langjährige Vorstandschef eines Dax-Konzerns freimütig. Kein Wunder, dass die Kapitalmarktkommunikation in fast jedem zweiten börsennotierten Unternehmen Deutschlands Chefsache ist – der Vorstandsvorsitzende persönlich übernimmt die Verantwortung. Manchmal bauen sie die Firma kurzerhand um, weil es die Investoren so wollen. So bekamen die Energiekonzerne Eon und RWE von umweltbewussten Investoren wie Norges Invest, ABP oder Allianz kein Geld mehr, weil sie einen guten Teil des Geschäfts mit dem Klimakiller Kohle machen – folglich bildeten Eon und RWE nach einer Aufspaltung eigene Teile, die sich mit alternativer, »sauberer« Energie beschäftigen. Prompt floss das Kapital wieder. Und in den Firmen, in denen nicht der CEO nach dem Rechten sieht, kümmert sich der Finanzvorstand in enger Abstimmung um die wichtige Klientel. Es ist auch kein Zufall, dass viele wichtige Konzerne inzwischen von langjährigen Finanzchefs geleitet werden. Beispiele in Deutschland sind Joe Kaeser (Siemens), Tim Höttges (Telekom), Werner Baumann (Bayer), Kurt Bock (BASF), Stephan Sturm (Fresenius) oder Klaus Schäfer (Uniper). In Österreich war Wolfgang Leitner, Chef der Andritz AG, vorher Finanzvorstand, und in der Schweiz hat Credit-Suisse-Chef Tidjane Thiam einst als Finanzchef bei der Versicherung Prudential in London gewirkt, ehe er dort zum CEO aufstieg.

»Große Vermögensverwalter wie Blackrock sind ein Globalisierungsphänomen«, sagt Gerd Häusler, Aufsichtsratschef der Bayerischen Landesbank: »Das sind inzwischen Giganten, die aber gleichwohl allesamt am Kunden hängen. Damit ist aber auch klar, dass zum Beispiel Blackrock nicht gleich Blackrock ist. Eine solche Firma bedient Klienten, die sehr unterschiedliche Investmentstrategien verfolgen.« Der Finanzexperte, der einst für den Internationalen Währungsfonds (IWF) in Washington die Kapitalmarktabteilung leitete, fährt fort: »In den USA und in Großbritannien gibt es schon länger eine Ära der Vermögensverwalter. In Deutschland geht dieser Trend sehr viel langsamer voran.«

Die übergroße Mehrheit der Asset Manager sitzt in den USA. In dieser Phalanx

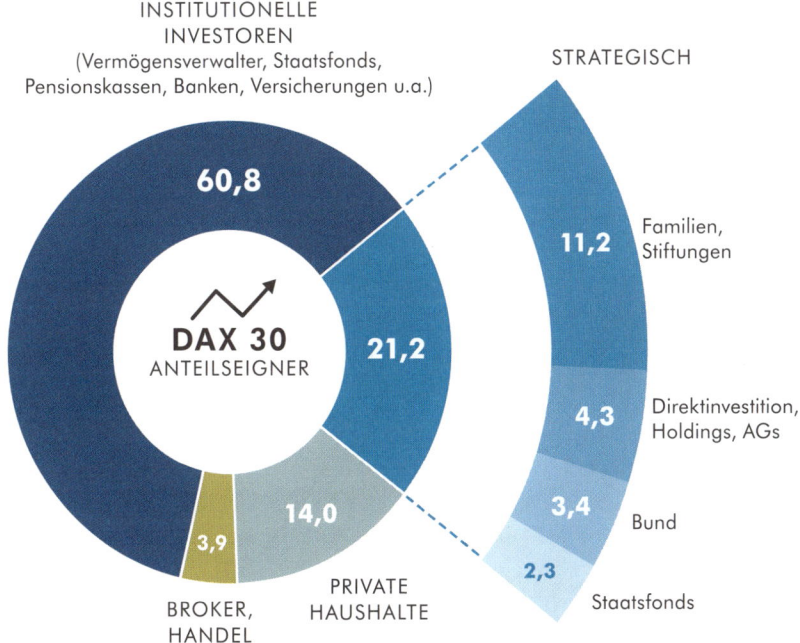

## WEM GEHÖRT DER DAX?

AKTIONÄRSSTRUKTUR DER DAX-30-ANTEILSEIGNER
2015, in Prozent

INSTITUTIONELLE
INVESTOREN
(Vermögensverwalter, Staatsfonds,
Pensionskassen, Banken, Versicherungen u.a.)

STRATEGISCH

**60,8**

DAX 30
ANTEILSEIGNER

**21,2**

**11,2** Familien,
Stiftungen

**4,3** Direktinvestition,
Holdings, AGs

**3,4** Bund

**2,3** Staatsfonds

**3,9**

**14,0**

BROKER,
HANDEL

PRIVATE
HAUSHALTE

QUELLE: Ipreo

erscheint die Position des Primus, der erst 30 Jahre alten New Yorker Firma Blackrock, geradezu widernatürlich – wenn man davon ausgeht, dass eine gesunde Marktwirtschaft eigentlich für das Austarieren von Kräften sorgen sollte. Bei Blackrock hat sich aber über die Jahre immer mehr Kapital akkumuliert, erstaunlich viel Kapital. Larry Fink, der Chairman und CEO, steuert inzwischen Investments von rund 4,9 Billionen Dollar. »Es ist ein Grundproblem, dass wir eine große Ansammlung von Geld an wenigen Stellen haben«, sagt Gerhard Schick, Finanzexperte der Grünen und Buchautor (»Machtwirtschaft – nein danke!«): »Wenn Fink sich bei Bloomberg äußert, bewegt das die Märkte.« Dessen kleines Ungeheuer mit dem nicht gerade Wärme vermittelnden Namen Blackrock ist an fast allen wichtigen Großunternehmen der Welt beteiligt, natürlich auch an allen 30 Konzernen, die im Deutschen Aktienindex (Dax) die Beletage der deutschen Wirtschaft ausmachen, genauso wie an den Firmen des Swiss Market Index (SMI) oder am Austrian Traded Index (ATX) in Österreich. Bei vier von fünf Dax-Firmen ist Blackrock unter

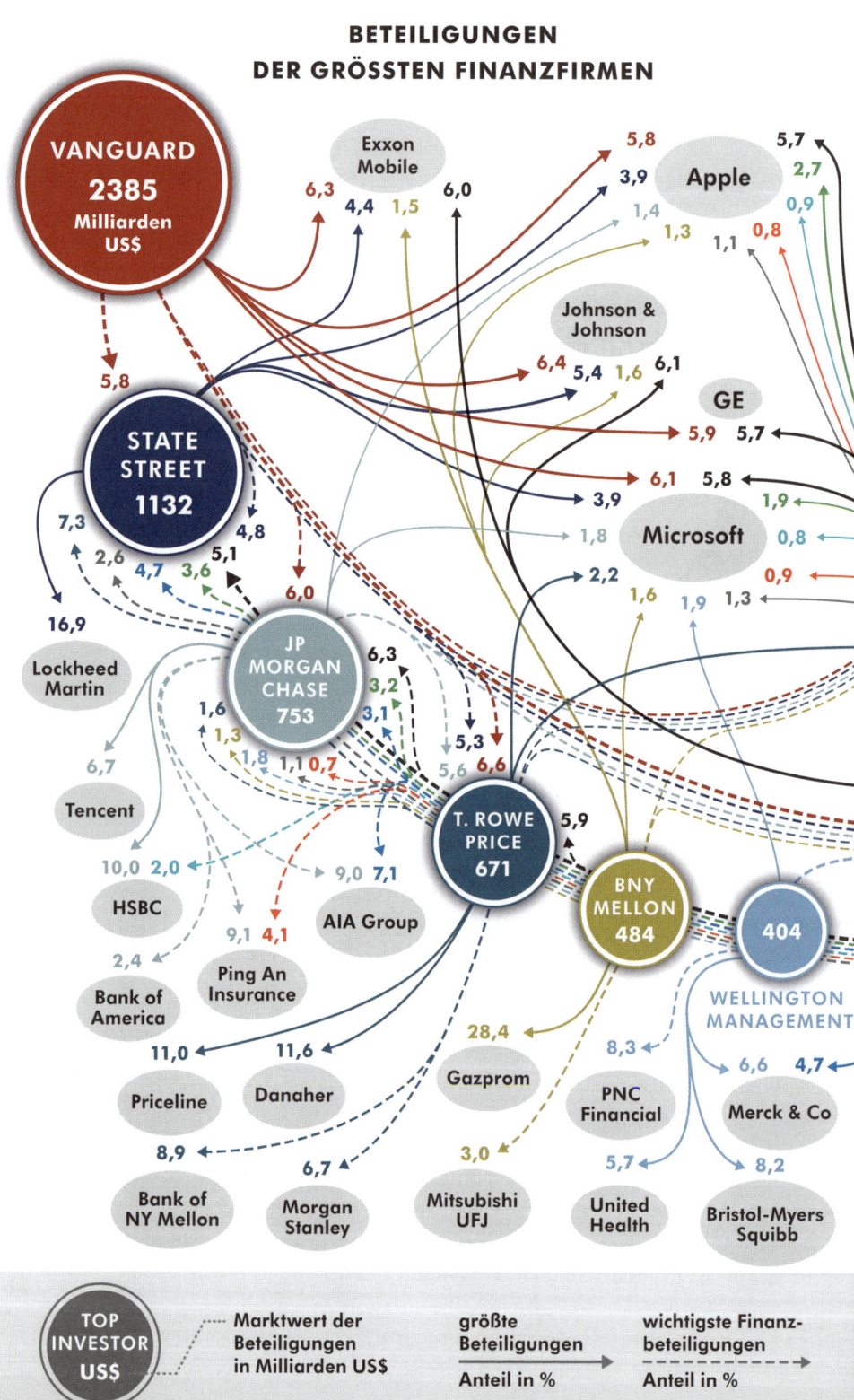

# BETEILIGUNGEN DER GRÖSSTEN FINANZFIRMEN

VANGUARD
2385
Milliarden
US$

STATE STREET
1132

JP MORGAN CHASE
753

T. ROWE PRICE
671

BNY MELLON
484

404
WELLINGTON MANAGEMENT

Exxon Mobile — 6,3 · 4,4 · 1,5 · 6,0

Apple — 5,8 · 3,9 · 1,4 · 1,3 · 1,1 · 0,8 · 5,7 · 2,7 · 0,9

Johnson & Johnson — 6,4 · 5,4 · 1,6 · 6,1

GE — 5,9 · 5,7

Microsoft — 6,1 · 3,9 · 1,8 · 2,2 · 5,8 · 1,9 · 0,8 · 0,9 · 1,6 · 1,9 · 1,3

Lockheed Martin — 7,3 · 2,6 · 4,7 · 3,6 · 5,1 · 16,9

JP MORGAN CHASE — 6,0 · 6,3 · 3,2 · 3,1 · 5,3 · 5,6 · 6,6

Tencent — 1,6 · 1,3 · 1,8 · 1,1 · 0,7 · 6,7

HSBC — 10,0 · 2,0

AIA Group — 9,0 · 7,1

Bank of America — 2,4

Ping An Insurance — 9,1 · 4,1

Priceline — 11,0

Danaher — 11,6

T. ROWE PRICE — 5,9

Gazprom — 28,4

PNC Financial — 8,3

Merck & Co — 6,6 · 4,7

Bank of NY Mellon — 8,9

Morgan Stanley — 6,7

Mitsubishi UFJ — 3,0

United Health — 5,7

Bristol-Myers Squibb — 8,2

State Street — 5,8 · 4,8

TOP INVESTOR US$ ···· Marktwert der Beteiligungen in Milliarden US$

größte Beteiligungen
Anteil in % →

wichtigste Finanzbeteiligungen
Anteil in % ⇢

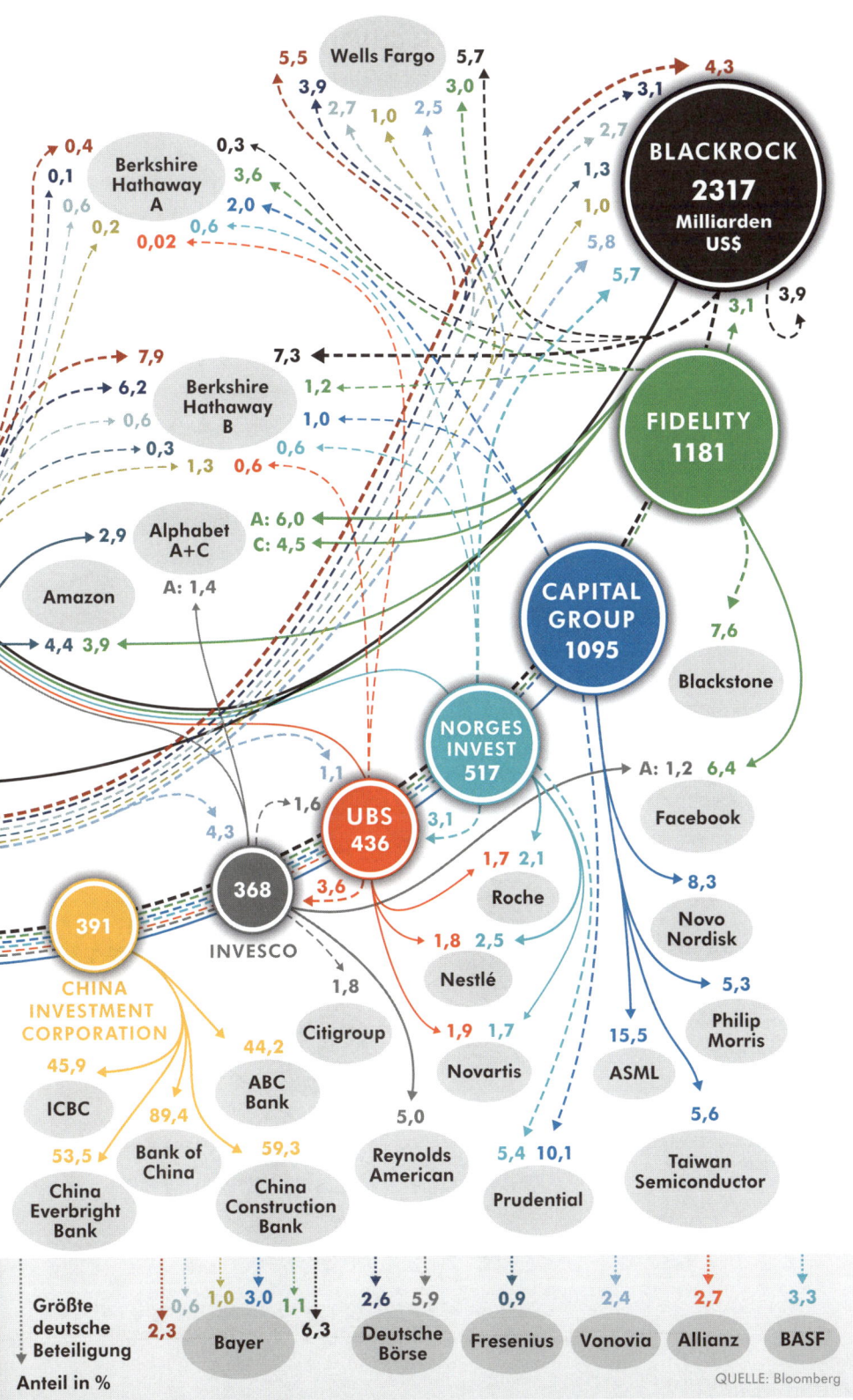

**Wells Fargo** 5,7
5,5
3,9
2,7  1,0  2,5
3,0

**BLACKROCK 2317 Milliarden US$**
4,3
3,1
2,7
1,3
1,0
5,8
5,7
3,1
3,9

0,4
0,1
0,6
0,2
0,02
0,6
0,3

**Berkshire Hathaway A**
3,6
2,0
0,6

7,9
6,2
0,6
0,3
1,3  0,6

**Berkshire Hathaway B**
7,3
1,2
1,0
0,6

**FIDELITY 1181**
3,1

2,9

**Alphabet A+C**
A: 6,0
C: 4,5
A: 1,4

**Amazon**
4,4  3,9

**CAPITAL GROUP 1095**

**Blackstone**
7,6

**NORGES INVEST 517**

A: 1,2  6,4

**Facebook**

**UBS 436**
1,1
1,6
3,1
4,3

1,7  2,1
**Roche**

**368** INVESCO
3,6

8,3
**Novo Nordisk**

5,3

1,8  2,5
**Nestlé**

**391**

**CHINA INVESTMENT CORPORATION**
45,9

1,8
**Citigroup**

1,9  1,7
**Novartis**

15,5
**ASML**

**Philip Morris**

44,2

5,6

**ICBC**
53,5

89,4

**ABC Bank**

59,3

5,0

**Taiwan Semiconductor**

**Bank of China**

**China Construction Bank**

**Reynolds American**

5,4  10,1
**Prudential**

**China Everbright Bank**

**Größte deutsche Beteiligung**

Anteil in %

0,6  1,0  3,0  1,1
2,3                    6,3
**Bayer**

2,6  5,9
**Deutsche Börse**

0,9
**Fresenius**

2,4
**Vonovia**

2,7
**Allianz**

3,3
**BASF**

QUELLE: Bloomberg

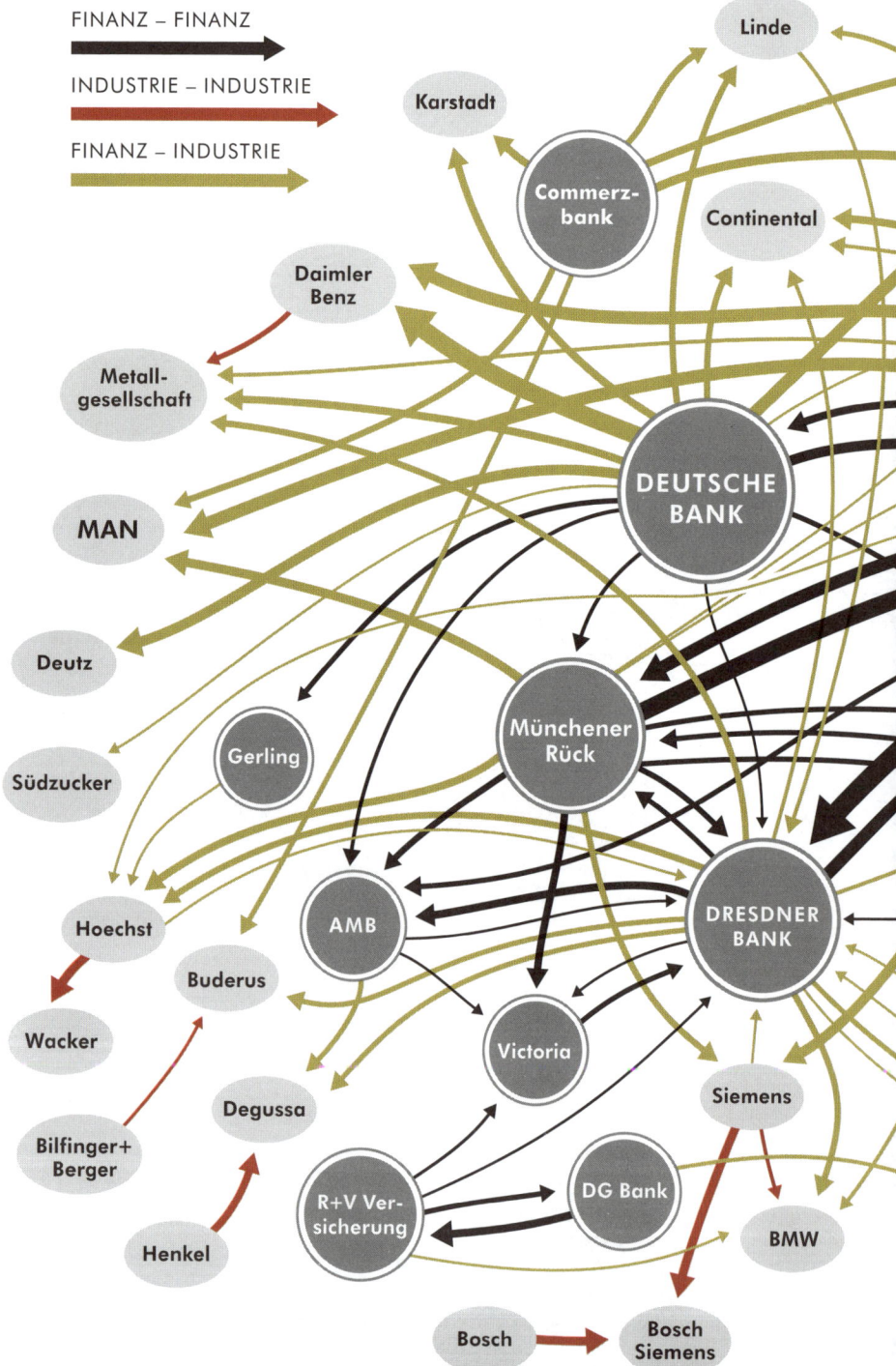

# ALTE DEUTSCHLAND AG

KAPITALBETEILIGUNGEN

FINANZ – FINANZ

INDUSTRIE – INDUSTRIE

FINANZ – INDUSTRIE

Linde

Karstadt

Commerz-
bank

Continental

Daimler
Benz

Metall-
gesellschaft

DEUTSCHE
BANK

MAN

Deutz

Münchener
Rück

Gerling

Südzucker

DRESDNER
BANK

Hoechst

AMB

Buderus

Wacker

Victoria

Siemens

Degussa

Bilfinger+
Berger

R+V Ver-
sicherung

DG Bank

BMW

Henkel

Bosch

Bosch
Siemens

QUELLE: Lothar Krempel, Max-Planck-Institut für Gesellschaftsordnung, Köln

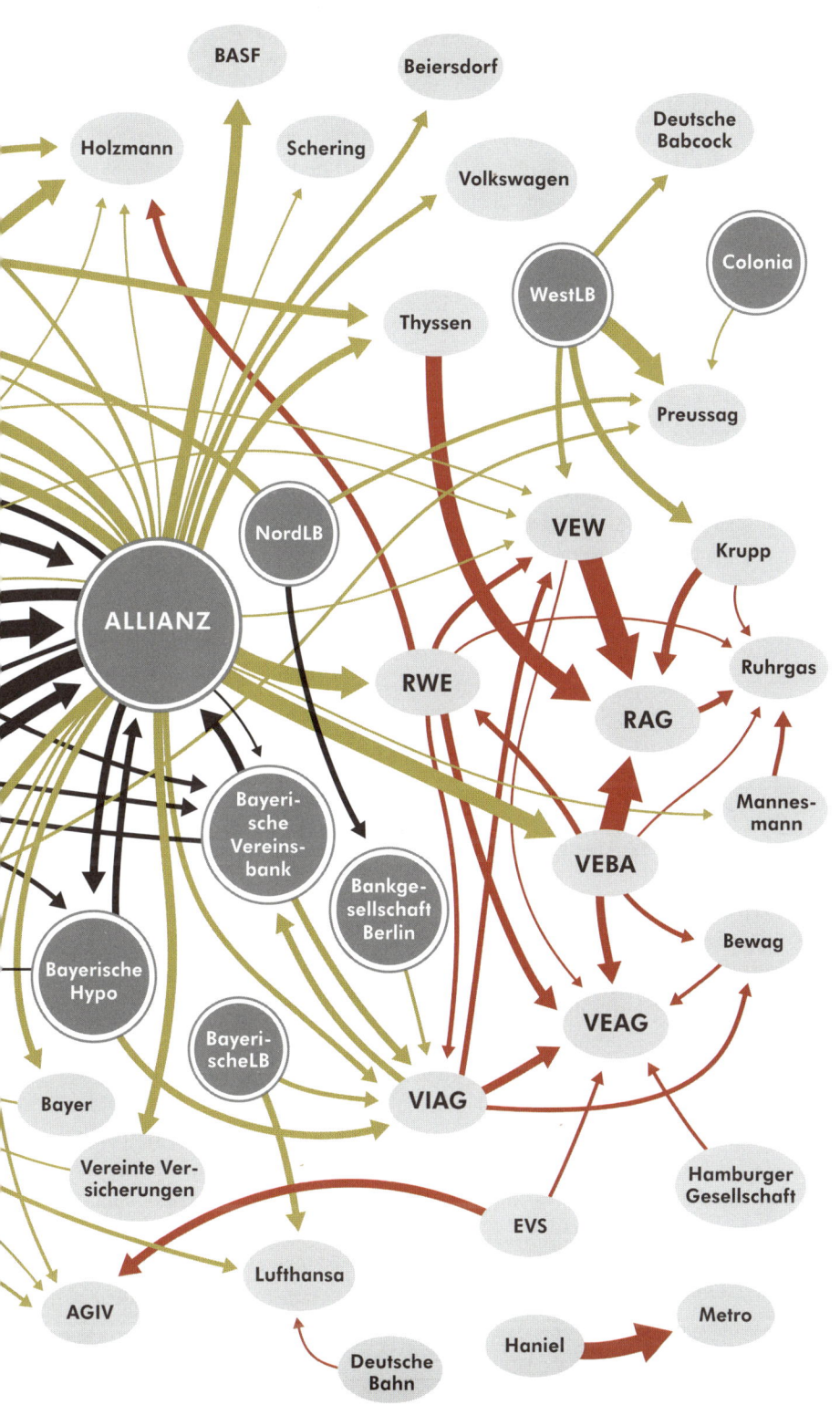

den drei größten Gesellschaftern zu finden. Die gesamte Gruppe kommt nach einer Auswertung des Deutschen Investor Relation Verbands und der Analysefirma Ipreo auf einen Dax-Anteil von stolzen 10,7 Prozent; jede zehnte Aktie im deutschen Spitzenindex wird somit von den Amerikanern gehalten. Der Vermögensverwalter State Street aus Boston (4,3 Prozent) und der norwegische Staatsfonds Norges Invest (4,1 Prozent) bleiben hinter Blackrocks Besitz weit zurück. Wobei man bedenken muss, dass Norges Invest wiederum mit 5,7 Prozent drittgrößter Gesellschafter von Blackrock ist hinter der Fondsgesellschaft Wellington (6,0 Prozent). Größter Aktionär der mächtigsten Finanzgruppe der Welt ist seit deren Anfangstagen die PNC Financial Services Group aus Pittsburgh, an der wiederum – welch Zufall – Blackrock inzwischen mit fünf Prozent beteiligt ist. Auf solche Art gehört die Finanzindustrie ganz sich selbst, als ein in sich geschlossenes System.

Das von New York aus gesteuerte Netzwerk hat hierzulande das alte System der »Deutschland AG« abgelöst. In diesem alten Machtzentrum hatten die Chefs von Deutscher Bank, Allianz und Münchener Rückversicherung (heute Munich Re) das Sagen. Die drei Finanzriesen waren wechselseitig aneinander beteiligt, hielten maßgebliche Aktienpakete an den bedeutendsten deutschen Unternehmen und stellten wichtige Aufsichtsräte. 60 Firmen waren involviert, das Who's Who der heimischen Wirtschaft. Doch dann kamen die 1990er Jahre mit ihren neuen »Werten« – Shareholder-Value, Investmentbanking und Globalisierung – sowie 2002 die entsprechende Reformidee der sozialdemokratischen Regierung von Kanzler Gerhard Schröder, die den Verkauf von Firmenanteilen steuerfrei stellte. Entsprechend schnell trennten sich die großen Drei der deutschen Finanzszene von ihrem Besitz. So wurde der Weg frei für den Neokapitalismus in deutschen Landen. In Österreich und in der Schweiz gab es eine so enge Verflechtung wie die Deutsche-Bank-Allianz-Connection nicht.

Nun führt die Spur des Geldes – und damit zur Macht – neben den Staats- und Pensionsfonds zu Larry Fink, der bei den alten Großspinnen im Netz der Deutschland AG – Deutsche Bank und Allianz – jeweils zu den Top-Gesellschaftern gehört. Blackrock ist das, was die Deutsche Bank einmal war. Kein Wunder, dass der Amerikaner Larry Fink ein sehr begehrter Gesprächspartner der Top-Verantwortlichen in deutschen Unternehmen ist. Man bleibt in Kontakt, sieht sich auf Roadshows und Kongressen. »Das ist nichts anderes, als ob der Manager eines mittelständischen Unternehmens den Familienbeirat trifft«, erzählt das langjährige Vorstandsmitglied einer großen deutschen Bank. Man habe es in solchen Gesprächen mit festen Erwartungen zu tun, sagt der Finanzmann weiter, mit der »policy«.

Dieses Wort spricht er mit besonderem Nachdruck aus. Diese »policy« von Finanzriesen wie Blackrock und anderen institutionellen Investoren muss man sich wie eine ungeschriebene Magna Charta der Billionenbranche vorstellen. Es ist eine Handlungsanleitung, die über Krieg und Frieden entscheidet. »Krieg« heißt

Gegenstimmen auf der Hauptversammlung, womöglich Verkauf von Aktienpaketen, unliebsame Äußerungen in der Öffentlichkeit mit Kampagneneffekt. »Frieden« heißt Harmonie auf der Hauptversammlung, Aufstocken des Anteilbesitzes und Schweigen den Journalisten oder Bankanalysten gegenüber.

Weil die dominierenden Kapitalsammelstellen an Zehntausenden Unternehmen weltweit beteiligt sind, verlieren sie schon mal den Überblick. Gleich mit neun Fonds ist Blackrock im Dax vertreten. Die Bankenaufsichtsbehörde BaFin sprach 2015 mit drei Millionen Euro die höchste Einzelstrafe gegen den Mega-Aktionär aus New York aus, weil eine Aktienbeteiligung über die gesetzliche Meldeschwelle geraten war, Blackrock das aber nicht anzeigte. (Als Blackrock Gesellschafter der Frankfurter BHF-Bank werden wollte, verlangte die BaFin absolute Transparenz über die Fondsstruktur der Amerikaner – ein Ansinnen, dem Blackrock nicht nachkommen wollte oder konnte.) Vermögensverwalter bedienen sich in dieser Situation der Überforderung sogenannter Proxy Advisors, also idealer Treuhänder, die bei Aktionärsversammlungen entsprechend für Stimmen und Stimmungen sorgen. Zu den bekannten Meinungsführern dieser Branche gehören ISS, Glass Lewis und Hermes EOS.

Was aber macht im Blackrock-Kapitalismus die »policy« dieser machtvollen Vermögensverwalter aus? Es sind im Grunde einige handfeste Regeln, die unternehmerische Verantwortung verdeutlichen sollen. Dazu gehört, dass ein Vorstand nicht entlastet werden kann, der vor Gericht steht. Das betraf den seinerzeitigen Deutsche-Bank-Chef Jürgen Fitschen bei der Hauptversammlung 2015. Er wurde mit mageren 61 Prozent entlastet; die Fonds und Vermögensverwalter hatten einen Prozess in München im Blick, bei dem Fitschen später vom Verdacht des Prozessbetrugs freigesprochen wurde. Zu der »policy« gehört auch, dass ein Vorstandsvorsitzender nicht unmittelbar nach Amtsende an die Spitze des Aufsichtsrats wechseln soll, eine beliebte Übung, mit der Manager die Kontrolle und Deutungsmacht über ihr operatives Erbe behalten wollen. Auch ein durchsetzungsstarker Manager wie Wolfgang Reitzle musste die Norm akzeptieren und wechselte im Münchner Gaskonzern Linde erst nach zwei Jahren Pause (Cooling-off) an die Spitze des Kontrollgremiums. Eine weitere Vorschrift besagt, dass ein Einzelner nicht zu viele Aufsichtsmandate halten dürfe (overboarding), weshalb Wolfgang Mayrhuber 2013 beinahe nicht in den Aufsichtsrat der Lufthansa gekommen wäre. Natürlich sollen unter den Aufsehern genügend Unabhängige agieren sowie genügend Frauen und internationale Vertreter (Gebot der Diversity), und die Kontrolleure dürfen auch nicht zu lange ihres Amtes walten, was laut Analyse der einflussreichen Berater von ISS bei 25 Prozent der US-Börsenunternehmen der Fall ist, selbst bei Alphabet (Google) und bei der einflussreichen Beteiligungsgesellschaft Berkshire Hathaway des Starinvestors Warren Buffett. Die »policy« der Investoren sieht aber auch eine leistungsadäquate, tendenziell eher moderate Bezahlung der

Top-Führungskräfte vor. Denn was die an überhöhten Boni oder Festeinkommen oder Pensionsansprüchen kassieren, kann nicht mehr an die Aktionäre – also an sie selbst – ausgeschüttet werden.

Die Regeln an sich sind vernünftig. Das Problem ist, dass sie eine Verantwortung simulieren, wo bloße Akkumulation von Kapital sitzt. Dass es ein mühseliges Surrogat einer Wirtschaftsordnung ist, in der einst Unternehmer persönlich hafteten und für ihre Risikofreude belohnt wurden oder auch nicht. Nun verschwindet die Kontrolle über Unternehmen in einem undurchschaubaren System. Vielen Aktionären, die auf Hauptversammlungen abstimmen, dürften die wahren Machtverhältnisse kaum bewusst sein. Und vielen Kunden dürfte auch nicht klar sein, wer Einfluss auf die Produkte hat, die sie konsumieren.

Larry Fink von Blackrock, Bill McNabb III. von Vanguard, Joseph Hooley von State Street und all die anderen haben so ein perfektes Normensystem geschaffen, das ihnen Einfluss sichert. Sie tauchen in den Firmen, an denen sie beteiligt sind, nie offiziell auf. Nie ziert ihr Name die Liste eines Aufsichtsrats, ja selbst die genaue Höhe der Beteiligung ist oft ein Geheimnis. Angezeigt werden müssen nur Aktienbestände ab einer bestimmten Höhe, in Deutschland sind es drei Prozent. Da aber der Besitz über verschiedene Firmen gestückelt wird, wie die Spende eines Großindustriellen an eine Partei, ist das Ausmaß der Beteiligungsmacht selten transparent. Zu ihrer Macht gehört auch, dass alle Publikumsgesellschaften der Welt inzwischen nach dem US-Rechnungssystem bilanzieren. Es ist ein amerikanisches Machtsystem, das sich über die Kapitalmärkte gelegt hat.

Larry Fink und andere Vertreter der Kapitalsammelstellen spielen die Bedeutung ihrer Billionen herunter. Zu den Hauptbefestigungsanlagen ihrer intellektuellen Maginot-Verteidigungslinie gehört, dass ein Großteil des Geldes von den eigenen Spezialisten ja gar nicht aktiv investiert wird. Man greife ja nicht gezielt nach bestimmten Aktien oder Anleihen und beeinflusse so das Geschehen, nein, das meiste Geld stecke – quasi unschuldig – in sogenannten Indexfonds, die in die Abbildung gesamter Börsen investieren. Die eigenen Computerprogramme organisieren also automatisch den Kauf einzelner Aktienwerte gemäß ihrer Präsenz beispielsweise im Dax, im Tech-Dax, MSCI oder S&P 500, der Sammlung der 500 größten US-Firmen. Das geschehe aus der Erkenntnis heraus, dass ein Einzelner schwerlich schlauer als der gesamte Markt sein könne. Mit der Theorie hierzu hat der US-Ökonom Eugene Fama den Nobelpreis gewonnen.

Es ist unter dem Strich jedoch ziemlich unerheblich, ob Großkapital aus »aktiven« oder »passiven« Gründen investiert wird. Es bleiben astronomisch hohe Summen. Es bleibt die Verfügungsgewalt, die bei wenigen dominanten Vermögensverwaltern liegt. Daran ändert auch die Tatsache nichts, dass sie nicht eigenes Geld einsetzen, sondern das ihrer Kunden. Larry Fink & Co. sind Eigentümer, ohne Eigentümer zu sein. Ihnen gehört die Welt, ohne dass ihnen etwas gehört.

Sie machen Geld mit anderer Leute Geld, und das war – wie bei JP Morgan in New York – schon immer das Prinzip des Finanzkapitalismus.

Was heißt aber überhaupt »passiv«? Damit wird eine Harmlosigkeit suggeriert, die mit der Wirklichkeit nichts zu tun hat. Denn schon das Auswählen der einzelnen Börsenindizes ist eine Grundsatzentscheidung, die Druck erzeugt. Milliarden in die französische, deutsche oder japanische Börse? Spezialaktien oder erste Börsenliga? Investments in den ATX oder SMI? Und wie sollen überhaupt die Milliarden aufgeteilt werden? Alles Entscheidungen, die massiv Märkte beeinflussen können. Ohnehin hat das System eine Tendenz zur Selbstverstärkung von Trends. Wenn zum Beispiel der Dax gut läuft, wird ein stark repräsentierter Wert wie VW besonders stark nachgekauft, unabhängig von irgendwelchen Problemen. Der Dividende oder dem Aktienkurs ist die Unterscheidung in »aktiv« oder »passiv« egal. Real ist die Höhe des Investments. »Passive Investoren, nicht passive Eigentümer«, überschreiben die Wissenschaftler Ian R. Appel, Todd A. Gormley und Donald B. Keim ihre Untersuchung der Verhältnisse. Es gebe eine ganze Reihe von Gründen, warum passive Investoren eine große Rolle bei Firmen spielten, zum Beispiel weil die Größe ihres Aktienanteils den Ausgang von Abstimmungen beeinflussen könne und weil, wenn sie nichts täten, aktivistische Investoren leichtes Spiel hätten.

»Ich werde skeptisch, wenn jemand sagt: Wir beherrschen alle Risiken und sind nur passiv unterwegs. Solche Aussagen kenne ich aus der Zeit vor der Krise von 2008«, sagt ein Top-Bundesbanker. Mit am stärksten besorgt Beobachter, dass das viele Kapital wie auf Kommando in eine Richtung fließt, am Ende in die falsche. Dass es zu einem »gleichgerichteten Verhalten« kommt, zum Verhalten der Herde, die alarmiert von Blitz und Donner den ersten Tieren an der Spitze folgt und in einen reißenden Strom rast oder in einen Abgrund. »Was wäre, wenn die Wichtigsten der Finanzgemeinde beispielsweise Gefahren in Indien entdecken und ihr Geld von dort abziehen?«, fragt sich ein Top-Banker: »Welche Effekte hätte das?« Kurzfristig gebe es keine Gefahr einer Implosion der weltweiten Finanzwirtschaft, sagt BayernLB-Chefaufseher Häusler, möglicherweise aber langfristig: »Die Gefahr ist sehr real, dass sich die großen Vermögensverwalter alle gleichgerichtet verhalten und somit Krisen verstärken. Schon heute ist dies zu beobachten.«

Was ist vor allem mit kurzfristig angelegten Geldern? Niemand weiß, wie es mit den Haltefristen aussieht, wie stark Kapital nur kurzfristig gebunden ist. Wenn viele Milliarden rasch abgezogen werden können, schafft das im jeweilig betroffenen Land größte Probleme. Schon seit geraumer Zeit bereitet die hohe Liquidität im Markt, das stetig nachdrängende Kapital, vielen Beobachtern und Experten Probleme. Das Überangebot an Geld drängt auf zunehmend gesättigte Gütermärkte, andererseits aber auf einen Finanzmarkt, auf dem frühere Güteklassen der Geldanlage verschwunden sind. Die dauerhaft niedrige Zinspolitik, die

# BLACKROCK

## VERWALTETES VERMÖGEN
### in Milliarden US$

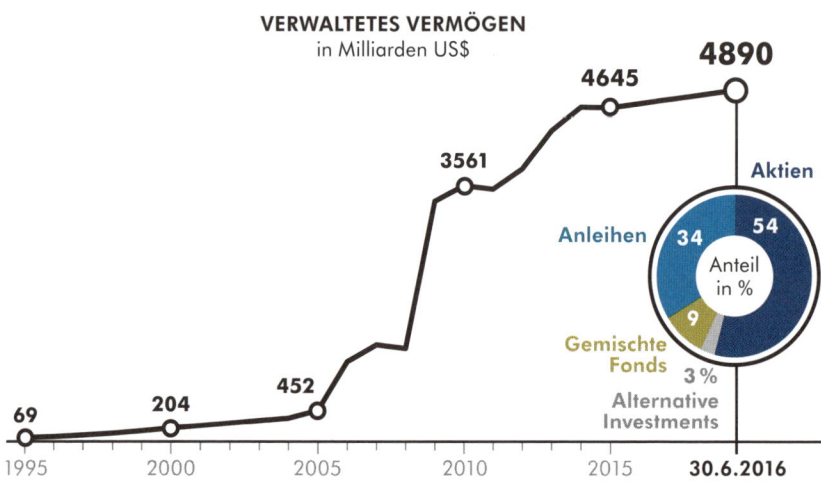

**4890**

4645

3561

Aktien

Anleihen **34** **54**

Anteil
in %

Gemischte
Fonds
**9**
3 %
Alternative
Investments

452

**69** **204**

1995  2000  2005  2010  2015  **30.6.2016**

## GRÖßTE BETEILIGUNGEN AN BÖRSENNOTIERTEN UNTERNEHMEN

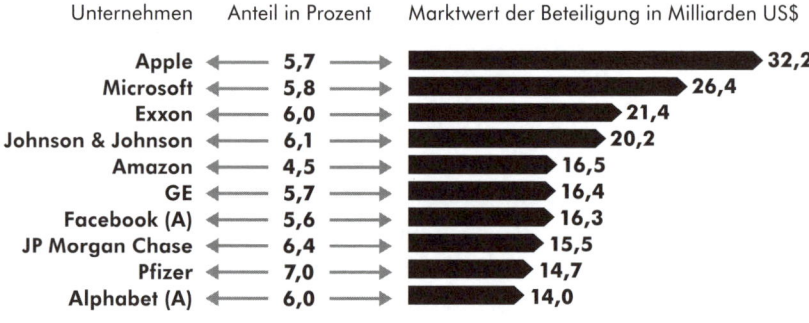

| Unternehmen | Anteil in Prozent | Marktwert der Beteiligung in Milliarden US$ |
|---|---|---|
| Apple | 5,7 | 32,2 |
| Microsoft | 5,8 | 26,4 |
| Exxon | 6,0 | 21,4 |
| Johnson & Johnson | 6,1 | 20,2 |
| Amazon | 4,5 | 16,5 |
| GE | 5,7 | 16,4 |
| Facebook (A) | 5,6 | 16,3 |
| JP Morgan Chase | 6,4 | 15,5 |
| Pfizer | 7,0 | 14,7 |
| Alphabet (A) | 6,0 | 14,0 |

## MARKTFÜHRER BEI INDEXFONDS
### Verwaltetes Vermögen im ETF-Sektor in Billionen US$

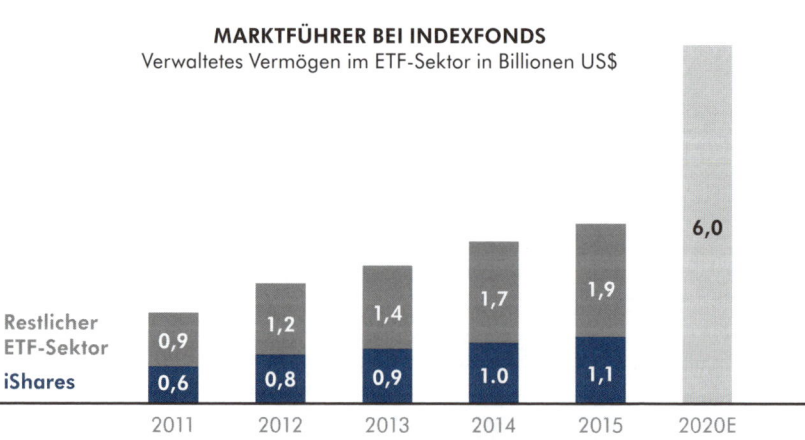

Restlicher
ETF-Sektor

**iShares**

| | 2011 | 2012 | 2013 | 2014 | 2015 | 2020E |
|---|---|---|---|---|---|---|
| Restlicher ETF-Sektor | 0,9 | 1,2 | 1,4 | 1,7 | 1,9 | 6,0 |
| iShares | 0,6 | 0,8 | 0,9 | 1,0 | 1,1 | |

QUELLEN: Unternehmensangaben, Bloomberg

# BLACKSTONE

## VERWALTETES VERMÖGEN
in Milliarden US$

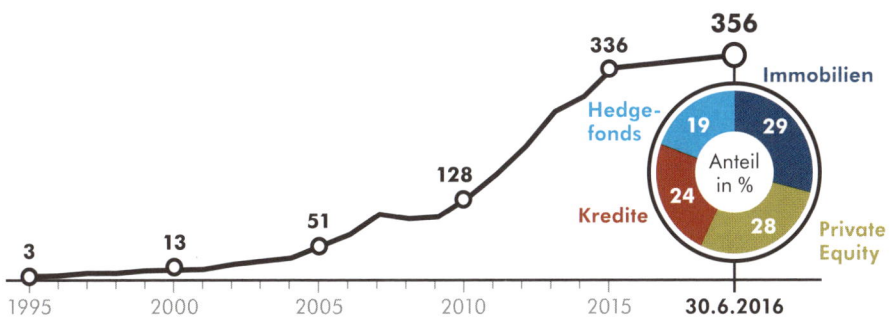

| | |
|---|---|
| 356 | Immobilien |
| 336 | Hedge-fonds 19 | 29 |
| | Anteil in % |
| 128 | Kredite 24 | 28 Private Equity |
| 51 | |
| 3 | 13 | |
| 1995 | 2000 | 2005 | 2010 | 2015 | 30.6.2016 |

## GRÖSSTE BETEILIGUNGEN AN BÖRSENNOTIERTEN UNTERNEHMEN

| Unternehmen | Anteil in Prozent | Marktwert der Beteiligung in Milliarden US$ |
|---|---|---|
| Hilton Worldwide | 45,7 | 10,8 |
| Michaels Cos | 24,4 | 1,2 |
| Performance Food | 45,1 | 1,2 |
| NXP Semiconductors | 3,5 | 1 |
| Intertrust | 46,3 | 0,9 |

## GROSSE ZUKÄUFE VON BLACKSTONE
Dealvolumen in Milliarden US$

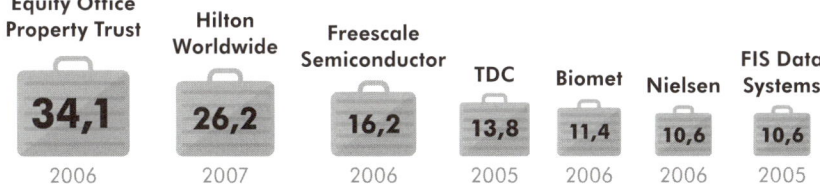

| Equity Office Property Trust | Hilton Worldwide | Freescale Semiconductor | TDC | Biomet | Nielsen | FIS Data Systems |
|---|---|---|---|---|---|---|
| 34,1 | 26,2 | 16,2 | 13,8 | 11,4 | 10,6 | 10,6 |
| 2006 | 2007 | 2006 | 2005 | 2006 | 2006 | 2005 |

## NUMMER 1 IM IMMOBILIENSEKTOR
**103 Milliarden US$**
Anlagevermögen

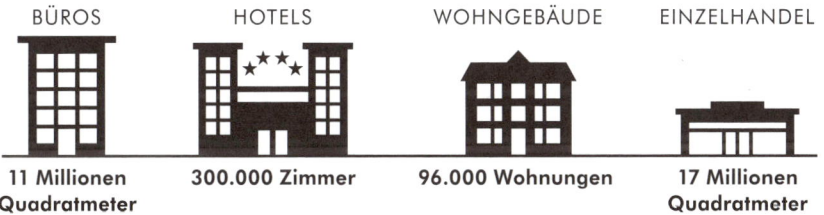

| BÜROS | HOTELS | WOHNGEBÄUDE | EINZELHANDEL |
|---|---|---|---|
| 11 Millionen Quadratmeter | 300.000 Zimmer | 96.000 Wohnungen | 17 Millionen Quadratmeter |

# BERKSHIRE HATHAWAY

## BILANZSUMME
in Milliarden US$

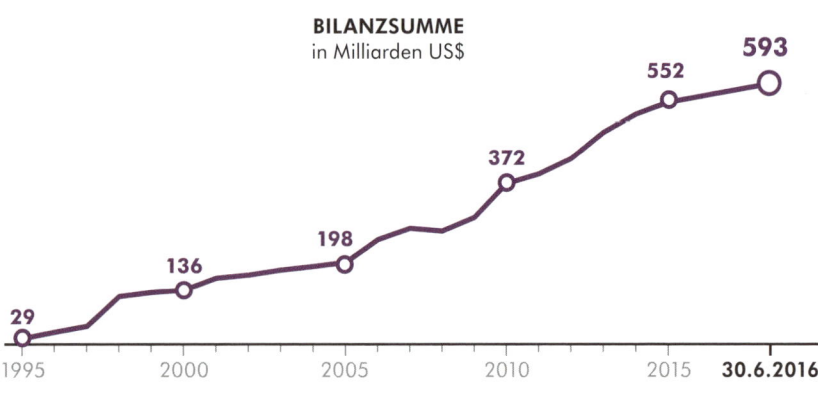

| | | | | | |
|---|---|---|---|---|---|
| 29 | 136 | 198 | 372 | 552 | 593 |
| 1995 | 2000 | 2005 | 2010 | 2015 | 30.6.2016 |

## ANTEIL AN BIG 4 UND AN WEITEREN UNTERNEHMEN

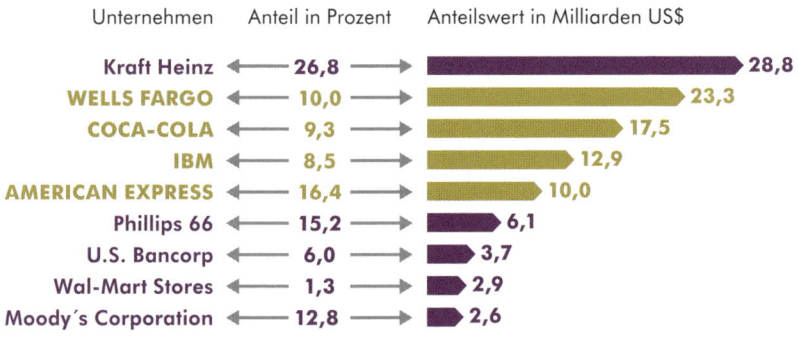

| Unternehmen | Anteil in Prozent | Anteilswert in Milliarden US$ |
|---|---|---|
| Kraft Heinz | 26,8 | 28,8 |
| WELLS FARGO | 10,0 | 23,3 |
| COCA-COLA | 9,3 | 17,5 |
| IBM | 8,5 | 12,9 |
| AMERICAN EXPRESS | 16,4 | 10,0 |
| Phillips 66 | 15,2 | 6,1 |
| U.S. Bancorp | 6,0 | 3,7 |
| Wal-Mart Stores | 1,3 | 2,9 |
| Moody´s Corporation | 12,8 | 2,6 |

## US-AKTIENBETEILIGUNGEN
Anteil in Prozent

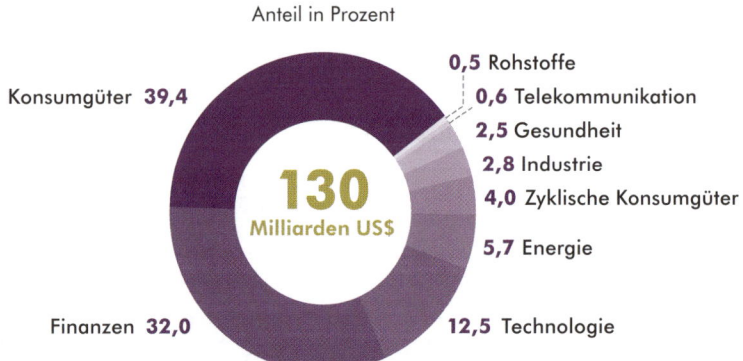

Konsumgüter **39,4**

**0,5** Rohstoffe
**0,6** Telekommunikation
**2,5** Gesundheit
**2,8** Industrie
**4,0** Zyklische Konsumgüter
**5,7** Energie
**12,5** Technologie

**130** Milliarden US$

Finanzen **32,0**

QUELLEN: Unternehmensangaben, Bloomberg

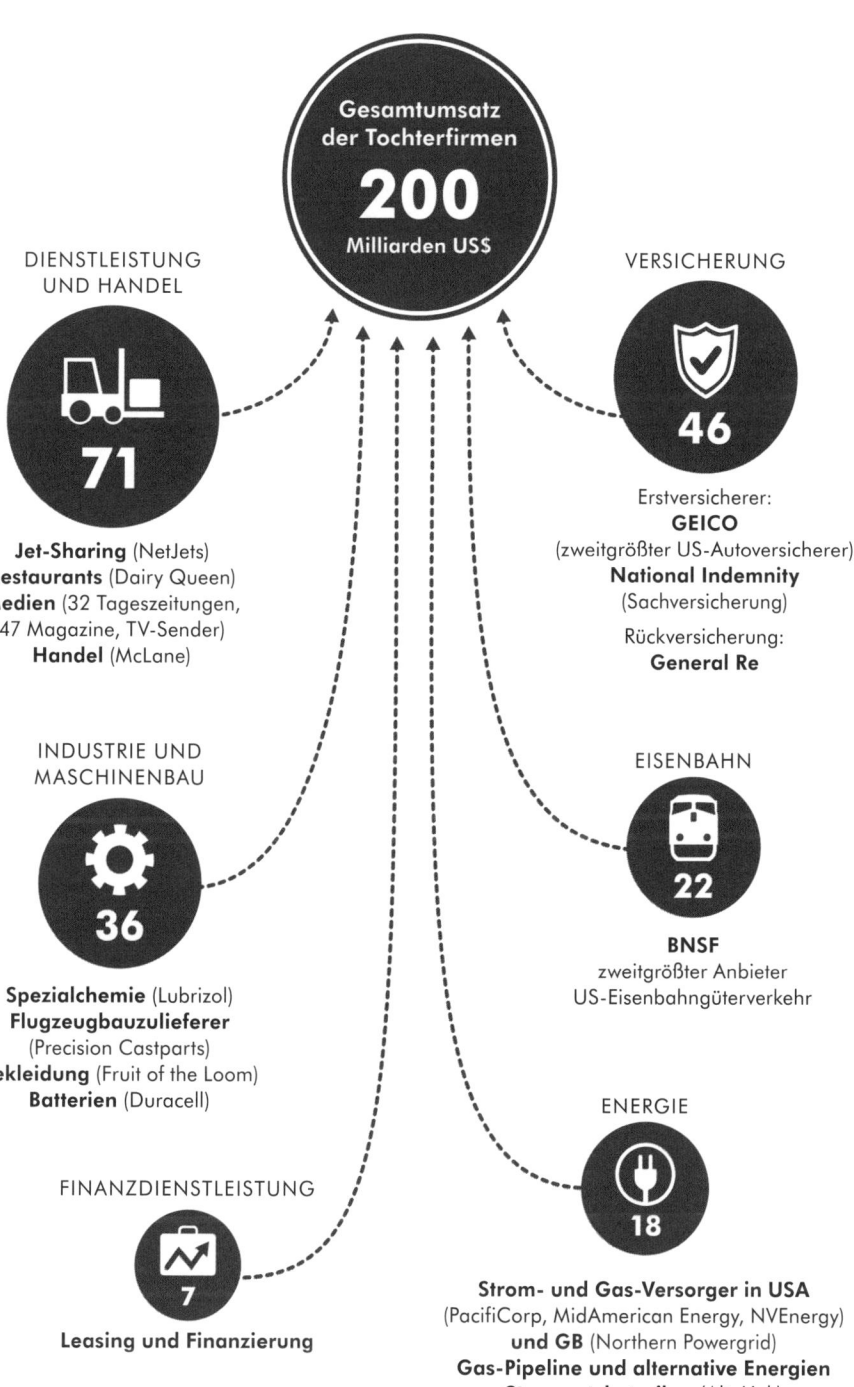

**BERKSHIRE HATHAWAYS TOCHTERFIRMEN**
Umsatz in Milliarden US$

Gesamtumsatz
der Tochterfirmen
**200**
Milliarden US$

DIENSTLEISTUNG
UND HANDEL

**71**

**Jet-Sharing** (NetJets)
**Restaurants** (Dairy Queen)
**Medien** (32 Tageszeitungen,
47 Magazine, TV-Sender)
**Handel** (McLane)

VERSICHERUNG

**46**

Erstversicherer:
**GEICO**
(zweitgrößter US-Autoversicherer)
**National Indemnity**
(Sachversicherung)

Rückversicherung:
**General Re**

INDUSTRIE UND
MASCHINENBAU

**36**

**Spezialchemie** (Lubrizol)
**Flugzeugbauzulieferer**
(Precision Castparts)
**Bekleidung** (Fruit of the Loom)
**Batterien** (Duracell)

EISENBAHN

**22**

**BNSF**
zweitgrößter Anbieter
US-Eisenbahngüterverkehr

FINANZDIENSTLEISTUNG

**7**

**Leasing und Finanzierung**

ENERGIE

**18**

**Strom- und Gas-Versorger in USA**
(PacifiCorp, MidAmerican Energy, NVEnergy)
**und GB** (Northern Powergrid)
**Gas-Pipeline und alternative Energien**
**Stromnetzbetreiber** (AltaLink)

sogar zu negativen Zinsen geführt hat, hat für einen eklatanten Anlagenotstand gesorgt, den vor allem Versicherungen beklagen. Staatsanleihen sind unattraktiv geworden. Das treibt die Großanleger zwangsläufig ins Risiko. Das lässt sie jetzt verstärkt »alternative Investments« wagen, von denen sie in normalen Zeiten die Finger lassen. Das sorgt für Angst vor dem Verlust. Es ist für viele nicht mehr das größte Problem, Geld zu verdienen, sondern es zu erhalten.

Im internationalen Kapitalmarkt hätten sich die Risiken konzentriert, da einige wenige Asset-Manager über viel Kapital entschieden, das verändere die Märkte, konstatiert Charles-Édouard Bouée, Chef der Unternehmensberatung Roland Berger: »Die Vermögensverwalter halten jede Menge Aktien und Anleihen. Wenn es aber irgendwo zu einem Event kommt, zu einem Zahlungsausfall, sind sie in einer schlechten Verfassung. Anders als Banken müssen sie keine Reserven vorhalten. Sie könnten erhebliche Probleme bekommen, wenn plötzlich bei ihren Kunden Liquidität gefragt ist.«

Was der einflussreiche Top-Berater meint: Das Geld steckt ja irgendwo, in Beteiligungen und Krediten. Und wenn dann verkauft werden muss, weil Cash gefragt ist, könnte sich eine Verkaufswelle, ja Ausverkaufswelle rasch ausbreiten, kommt es zum »Investor's Run«. Dann wirkt das engmaschige Beteiligungsnetz, das die Vermögensverwalter, Banken und Versicherungen global geknüpft haben, wie ein System von Ansteckungskanälen. Wie Blutbahnen, in denen Viren rasch transportiert werden. Weil beispielsweise die Staatengemeinschaft G20 die Gefahr sah, dass kurzfristige Geldmarktpapiere mit einem Schlag durch die wenigen große Player abgezogen werden könnten, diskutierte man 2013 Mindestlaufzeiten für Geldmarktfonds. Daraus ist nichts geworden – wie so oft, wenn supranationale Maßnahmen gegen die Gefahr des Neokapitalismus diskutiert werden.

Tatsächlich zeigt ein Blick auf die Verflechtungen der Weltwirtschaft, dass sich Blackrock & Co. mit gegenseitigen Beteiligungen eng aneinander gebunden haben. Die Finanzszene gehört, wir sagten es, sich selbst. Und sie mischt bei den bedeutendsten Konzernen mit. Überall auf den Weltmärkten finden sich die gleichen Namen als Großaktionäre: Blackrock, State Street, Vanguard, Wellington, Capital Group, T. Rowe Price, Fidelity. Nicht mehr die Banken regieren die Welt, sondern diese Geldgeber dahinter. Schaut man auf die großen US-Banken, entdeckt man Larry Finks Unternehmen bei JP Morgan Chase, Bank of America, Citigroup, Wells Fargo und Berkshire Hathaway unter den größten Aktionären; eng verflochten ist man auch zum Beispiel mit State Street oder T. Rowe Price, einem anderen großen Vermögensverwalter. Insgesamt ist Blackrock bei jedem fünften börsennotierten US-Unternehmen der größte Aktionär. Gemeinsam sind dann alle an den großen Konzernen beteiligt, die die USA bekannt gemacht haben, von ExxonMobil bis Microsoft. Das Phänomen ist in der wissenschaftlichen Literatur als »common ownership« bekannt.

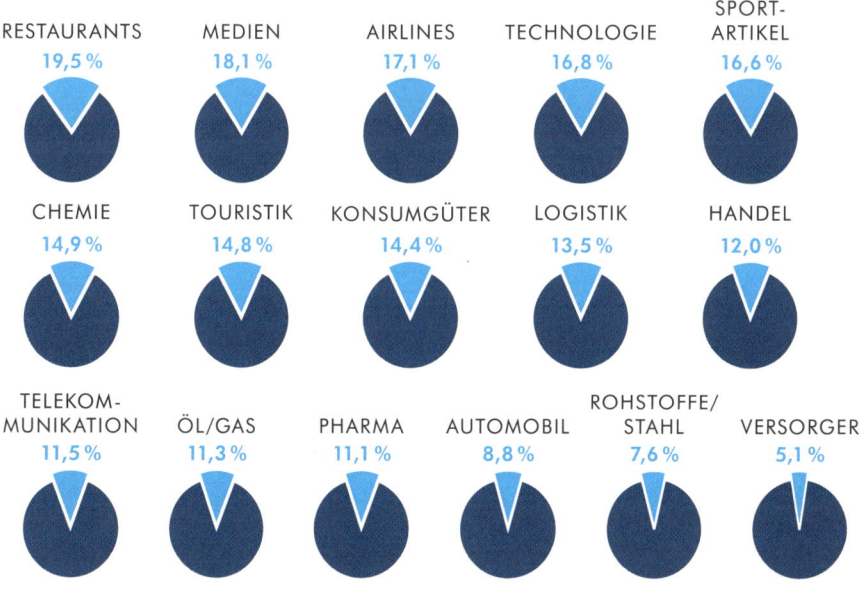

**Anteil der 5 größten Vermögensverwalter\***
**am Marktwert der Top 4**

| RESTAURANTS | MEDIEN | AIRLINES | TECHNOLOGIE | SPORT-ARTIKEL |
|:---:|:---:|:---:|:---:|:---:|
| 19,5 % | 18,1 % | 17,1 % | 16,8 % | 16,6 % |

| CHEMIE | TOURISTIK | KONSUMGÜTER | LOGISTIK | HANDEL |
|:---:|:---:|:---:|:---:|:---:|
| 14,9 % | 14,8 % | 14,4 % | 13,5 % | 12,0 % |

| TELEKOM-MUNIKATION | ÖL/GAS | PHARMA | AUTOMOBIL | ROHSTOFFE/STAHL | VERSORGER |
|:---:|:---:|:---:|:---:|:---:|:---:|
| 11,5 % | 11,3 % | 11,1 % | 8,8 % | 7,6 % | 5,1 % |

QUELLE: HRI
\*Blackrock, Vanguard, Fidelity, State Street, Capital Group

Unsere Auswertung zeigt, wie stark die fünf größten Vermögensverwalter der Welt – Blackrock, Vanguard, State Street, Fidelity und Capital Group – die Gütermärkte beherrschen. Der Anteil des Quintetts liegt meistens über zehn Prozent des Gesamtmarktwerts der vier größten Unternehmen in einem Markt. Egal, ob Restaurants (19,5 Prozent), Medien (18 Prozent), Airlines (17,1 Prozent), Technologie (16,8 Prozent), Chemie (14,9 Prozent), Konsumgüter (14,4 Prozent), Logistik (13,5 Prozent) oder Handel (12 Prozent) – ohne die Milliarden der Vermögensverwalter läuft nichts.

Die Vermutung liegt nahe, dass dieser kleine Kreis der Super-Kapitalisten ähnlichen Ideen folgt. Im Grunde folgt der Blackrock-Kapitalismus dem alten Muster der Deutschland AG. Da hatten sich Finanzkonzerne wie Deutsche Bank, Allianz und Münchener Rück mit ihren Beteiligungen und Verflechtungen ja eher als kooperierende denn als heftig konkurrierende »Spieler« gezeigt und ein System der Stabilität geschaffen, einen »organisierten Kapitalismus«, wie das in der politischen Ökonomie heißt. Dieses Wesen ähnelte Beschreibungen im Buch »Das Finanzkapital« (1910) des sozialdemokratischen Politikers Rudolf Hilferding, der ein »Generalkartell« voraussah. Wettbewerb werde durch Absprachen oder Rücksichten ersetzt.

Den neu entstandenen Blackrock-Kapitalismus analysierten der Kölner Volkswirtschaftsprofessor Axel Ockenfels und Martin Schmalz, Assistenzprofessor an der University of Michigan, in einem Gastbeitrag für die »Frankfurter Allgemeine«. Sie erblickten eine »stille Gefahr für den Wettbewerb«. Ihr Urteil fußt auf Studien des Ökonomen Schmalz. Der fand heraus, dass in Banken, in denen die identischen Fondsgesellschaften viele Aktien hielten, die Guthabenzinsen für Sparer niedriger waren als in Banken mit unterschiedlichen Eigentümern, die also ohne den Einfluss der überall präsenten großen Vermögensverwalter agierten. Und bei Flugreisen ermittelte Schmalz, dass die Preise für die Tickets bei Gesellschaften mit Fondsfirmen als Großaktionäre um rund zehn Prozent höher waren als bei Firmen mit anderen Eigentümerstrukturen, die man im traditionellen Wettbewerbsmodell erwarten würde. Auch so funktioniert die Umverteilung vom kleinen Sparer und Konsumenten zu den Großen der Finanzwirtschaft. Die im internationalen Vergleich hohen Gewinnraten der US-Konzerne sind durch beides zu erklären: die hohe Konzentration und den organisierten Fonds-Kapitalismus.

Es gehört zu den Merkwürdigkeiten des Systems, dass die ökonomischen Folgen der Monopol- und Kumpaneiwirtschaft der großen Vermögensverwalter wissenschaftlich noch kaum aufgearbeitet ist. Die Schmalz-Studien legen nahe, dass es zu einer unternehmerischen Politik kommt, die Verständigung sucht und nicht die Konfrontation, die eine ruhige Entfaltung von Größenvorteilen (Economies of Scale) mehr schätzt als wilde Preiskämpfe. Anders gesagt: Was wir als Wettbewerb gekannt und geschätzt haben, wird ersetzt durch ein enges Oligopol der privaten Finanzwirtschaft. Es bleibt ja nicht nur bei direkten Folgen für Konsumenten über unflexible Preise. Betroffen ist die Struktur. Es war ein Kreis weitgehend identischer Aktionäre, beherrscht von Fondsfirmen, der eine Fusion von Royal Dutch Shell mit der BG Group zu einem Öl-Gas-Multi förderte. Dieser kombinierte Riese mit Zugriff auf zwei Energiearten erlaubt einen höheren Gewinn. Auch im Fall der angestrebten Fusion der Deutschen Börse AG mit der London Stock Exchange war eine besondere Blockbildung zu beobachten: Gleich fünf Finanzfirmen – Credit Suisse, Blackrock, State Street, Vanguard und Invesco – besaßen Anteile von zusammengerechnet 20 Prozent an jeder der beiden Holdings. Bei der verkündeten Übernahme von Monsanto durch Bayer ist die Capital Group jeweils drittgrößter Aktionär, Blackrock ist mit sieben Prozent bei Bayer Primus und mit 5,8 Prozent Zweitgrößter bei den Amerikanern, während Vanguard, der Primus bei Monsanto (7,0 Prozent) im Kreis der Bayer-Gesellschafter Nummer vier ist. Und schließlich waren es wieder die gut bekannten Vermögensverwalter wie Blackrock & Co., als identische Gesellschafter die Ehe der US-Chemiekonzerne Dow Chemical und DuPont am Ende begrüßten; aus der Fusion sollen danach durch Zellteilung drei Unternehmen entstehen, die alle in ihren Segmenten führend sein werden. Das Banker-Wort von »too big to fail« hat hier ganz neue Bedeutung. Im Fall Dow

DuPont hatten kleine, »aktivistische« Investoren den Anstoß gegeben, die großen Kapitalsammelstellen waren später dem Reformkurs gefolgt. Solche »Aktivisten«, meist Hedgefonds, sind die Störenfriede des Blackrock-Kapitalismus, weil sie auf kurzfristige, schnelle, hohe Gewinne spekulieren. Dafür setzen sie Aktienpakete von rund zwei Prozent oder weniger ein. Bald schon würden Vermögensverwalter wie Blackrock oder Vanguard mit ihren Indexfonds ganz Corporate America kontrollieren und die Konzerne vieler anderer Länder, befürchtet Bill Ackman von Pershing Square Capital Management, einem der bekanntesten aktivistischen Investoren. Womöglich komme es zu Lähmungen wie in der ökonomisch maladen Japan AG mit ihren vielen Überkreuz-Verflechtungen der wichtigsten Akteure innerhalb der »Keiretsu« – so nennen die Japaner ihre Netzwerke. Die Aufsichtsbehörden werden bereits nervös aufgrund der Lage bei den Vermögensverwaltern. So wies die Financial Conduct Authority die Fondsgesellschaft Aberdeen Asset Management an, ihren Kapitalpuffer zu erhöhen.

Zum vollständigen Bild gehört, dass Blackrock-Chef Larry Fink sich auch gar nicht mit der bloßen Nachbildung von Börsen und Aktienfonds begnügt. Er kauft auch direkt Schulden auf und verleiht über einen Kreditfonds viel Geld. Und er hat einen Hedgefonds, der aggressiv vorgeht und mit kurzfristigen, spekulativen Käufen auf den Plan tritt. Fink ist auch selbst Aktivist. Das alles geschieht im Namen von Kunden, die in einer Zeit der Zinsarmut ordentliche Renditen wollen. Die aber auch in dem einen oder anderen Fall an der Erfolgsgarantie und der hohen Gebührenstaffel der großen Vermögensverwaltungen zu zweifeln beginnen: In Europa zogen Kunden im ersten Quartal 16 Milliarden Euro Anlagegelder von Vermögensverwaltern ab. Es ist eben ein gewaltiges Spiel mit »other people's money«, bei dem eine Firma wie Blackrock zu einem starken Mittler wird, der es sich leisten kann, dem CEO und Vorstandschef Fink die exorbitante Summe von 26 Millionen Dollar im Jahr zu bezahlen. Was wiederum viele der Aktionäre, in deren Namen das ganze Zirkulationsspiel der Milliarden ja stattfindet, wenig lustig finden. Diese Proteste verhallen im Blackrock-Kapitalismus. Bisher.

## Die im Schatten – die nächste Krise kommt bestimmt

Was am schnellsten wächst in der Finanzwelt, und zwar mit beängstigender Geschwindigkeit, ist das Reich der Schattenbanken. Das gesamte Volumen von fast 80 Billionen Dollar bedeutet einen Anteil von rund 25 Prozent an allen Bankgeschäften. 60 Prozent der weltweiten Kredite laufen mittlerweile außerhalb des offiziellen Bankensystems. Kurzum: Hier ist eine Parallelwelt entstanden, über die immer mehr Spargelder in den Wirtschaftskreislauf gelangen. Kritiker sehen eine ähnlich unheilvolle Entwicklung wie 2008 im offiziellen Bankengeschäft. Vieles, was Vermögensverwalter, Private-Equity-Fonds, Geldmarktfonds oder Hedgefonds tun, ist von den Aktivitäten einer »normalen« Bank nicht mehr zu unterscheiden. »Wenn die Blase einmal aufplatzt, wird das einen großen, weitverzweigten Einfluss auf den gesamten Finanzsektor haben«, warnte Eugene Ludwig im März 2016. Der Gründer der Promontory Financial Group hat als Mitarbeiter in der Administration von US-Präsident Bill Clinton 1998 erlebt, wie gefährlich der Niedergang eines einzigen Hedgefonds – Long Term Capital Management (LTCM) – war. Diese Gesellschaft, in deren Direktorium die 1997 mit dem Wirtschaftsnobelpreis ausgezeichneten Myron S. Scholes und Robert C. Merton saßen, verkaufte am Ende Vermögensbesitz zu Schleuderpreisen und musste in einer Notaktion von Banken und Politik gerettet werden. Damals begann eine erste Wendung in Richtung Niedrigzinsen. Nun befürchten Experten wie Ludwig, dass sich die Risiken von den Banken weg in dieses Schattenreich verschoben haben. Ihn ängstigt, dass 60 Prozent der US-Staatsanleihen von kleinen privaten Fonds gehandelt werden – und die würden sich nach den Vorgaben von Computeralgorithmen richten. Auch das riesige Feld der chinesischen Schattenbanken gilt als große Gefahrenquelle. Selbst Jack Ma, der chinesische Vorzeigeunternehmer des Internetkonzerns Alibaba, ist Teil des Geschäfts: Der Geldmarktfonds seiner Gruppe namens Yu'e Bao hat circa 100 Milliarden Dollar angesammelt. Die Staatsregierung in Peking versucht, gegen die Auswüchse des Schattensystems anzusteuern, aber niemand weiß, wie groß die Risiken noch sind.

An Warnungen vor den neuen Realitäten fehlt es nicht, wohl aber an adäquaten politischen Gegenmaßnahmen. Vítor Constâncio, Vizechef der Europäischen Zentralbank, befand bereits im Februar 2015, mit dem schnellen Wachstum und der Vernetzung des Schattensektors, vor allem der Investmentfonds, sei es »wahrscheinlicher, dass sich Anfälligkeiten unterhalb der Oberfläche aufbauen«. Schattenbanken könnten eine »Quelle systemischer Risiken« sein, glaubt der Financial Stability Board, der öffentliche Finanzstabilitätsrat, der für die G20-Staaten und große Institutionen wie die Weltbank den internationalen Finanzmarkt beobachtet und Empfehlungen ausspricht. Die Gefahr sei desto größer, je stärker die Quasi-Banken mit dem offiziellen Bankensystem verbunden sind.

»Wir erzeugen eine hohe Regulierung für Banken, die wir für die bösen Buben halten, aber der Schattensektor bleibt außen vor«, ärgert sich Theodor Weimer, Chef der HypoVereinsbank in München und Vorstand der Großbank UniCredit: »Dahinter stecken Private-Equity-Fonds, Hedgefonds, Vermögensverwalter, die Geld von Leuten einsammeln, die zu viel Geld haben. Das sind nicht irgendwelche bösen Buben oder Reiche, das sind normale Menschen. Die Fonds müssen aber Erträge generieren. Denken Sie an Blackrock: Larry Fink hat bei mir gesessen und gesagt: Ich weiß gar nicht mehr, wohin mit dem Geld. Das ist die Situation.« Am größten ist demnach nicht das Vermögen, am größten ist die Verzweiflung darüber, dass man aus Vermögen derzeit nicht einfach mehr Vermögen machen kann. Diese Verzweiflung treibt das Risiko.

So viel scheint sicher: Die nächste Finanzkrise wird nicht bei den Banken entstehen. Sie entsteht bei den Schattenbanken. Sie entsteht irgendwo zwischen der Angst und der Gier, den beiden Polen der Kapitalmärkte. Gegenwärtig hätten wir eine »fear crisis«, eine Angstkrise, analysiert der Roland-Berger-Chef Bouée: »Gier führt zum Aufschwung, Angst zum Abschwung.« Oder anders gesagt: Gier bringt die Aktien hoch, Angst bringt sie wieder herunter. Die Angst dieser Tage bringt Wohlhabende dazu, Geld und Gold im eigenen Safe im eigenen Heim zu lagern. Zu den aktuellen Boombranchen gehört die Tresorindustrie.

Wenn man eine Stunde im Büro von Maximilian Zimmerer verbringt, dem langjährigen Investmentvorstand des Münchener Versicherungskonzerns Allianz, ist immer wieder ein Satz zu hören: »Da würde ich gerne mehr machen.« Private Equity zum Beispiel, also Beteiligungen an Unternehmen. Oder Investitionen in Infrastruktur. Überall würde der Verantwortliche des größten europäischen Investors am liebsten richtig aufstocken. »Die Kasse ist mein Feind, da verdiene ich nichts«, sagt Zimmerer: »Wir haben unseren Kunden einen Garantiezins versprochen – da kann man nicht erklären, gar nichts zu tun. Mein Liebling sind alternative Investments.«

So wie der Mann von der Allianz, die mit Allianz Global Investors und PIMCO eine eigene Vermögensverwaltung für Dritte hat, denken alle. Sie wollen »alternativ« sein, alternativ zum herkömmlichen Geschäft mit Aktien und Anleihen. Hier gibt es noch Aussichten auf stattliche Renditen, wenn alles gut geht, hier spielt die Musik nach der Melodie: »High risk, high return.« Genau diese Stimmung lässt eine Sonderzone für Schattenbanken entstehen, die nichts für Angsthasen ist. Neben Infrastruktur und Private Equity gehören noch Kreditvergabe (»private debt«) und Hedgefonds zu dieser so beliebten Alternativsparte. Von einem »reifen Trend« spricht Florian Kreitmeier, Chef der Investitionsplattform SwanCap in München.

Der Weltmeister der »Alternativen« ist Stephen A. Schwarzman aus New York mit seiner Blackstone-Gruppe, der mit Private-Equity-Deals groß geworden ist (S. Seite 105). 2015 aber hatte er mit drei anderen Geschäftsfeldern mehr Umsatzvolumen erreicht: mit Immobilien, mit Hedgefonds und mit der Kreditvergabe. In den vergangenen Monaten haben sich solche Kreditfonds (»private debt funds«) rasant ausgebreitet. Sie nutzen die Probleme der unter Regulierung und Dauerstresstest leidenden Banken rigoros aus. Anders als die Geldinstitute agieren Verleiher wie Schwarzman oder die Kollegen von Blackrock, KKR, Bain Capital, EQT oder CVC jenseits der öffentlichen Wahrnehmung. Es gibt viel weniger gesetzliche Bestimmungen, die zu beachten sind. Im Jahr 2016 wuchs der Markt bis

Ende Juli weltweit auf imposante 560 Milliarden Dollar; im gesamten Jahr 2015 standen nur 440 Milliarden zu Buche. In Deutschland hat die Finanzaufsichtsbehörde BaFin den Weg frei gemacht und den Kreditfonds die Darlehensvergabe direkt an Mittelständler erlaubt. Vor allem Pensionsfonds lieben diese Nicht-Banken. Jeder dritte Euro, den Kreditfonds vergeben, stammt von ihnen.

Auch bei großen öffentlichen Infrastrukturprojekten soll das Geld privater mächtiger Gläubiger fließen. Doch es geht politisch wenig voran. Auf der einen Seite steht das Kapital, das nach sicheren, langfristigen Anlagen dürstet, auf der anderen Seite stehen Regierungen, die eine Debatte darüber scheuen, ob man beim Bau von Autobahnen, Schiffskanälen oder Brücken wirklich große Privatkonzerne ein gutes Geschäft machen lassen soll. Der Plan des EU-Kommissionspräsidenten Jean-Claude Juncker, ein Investitionsprogramm über 315 Milliarden Euro aufzulegen, ist de facto genauso bedeutungslos geworden wie eine von Wirtschaftsminister Sigmar Gabriel angeregte Kommission, die in Deutschland nach Projekten Ausschau halten sollte. »Leider entwickeln sich die staatlichen Infrastrukturprojekte in Deutschland nicht so gut wie erhofft«, sagt Allianz-Vorstand Zimmerer: »Es ist genügend Geld, ja fast zu viel Geld da, aber es fehlen attraktive Angebote.« International zeichnet sich zudem ein Trend ab, dass nicht mehr Versicherungskonzerne oder Vermögensverwalter, sondern öffentliche Pensionsfonds große staatliche Infrastrukturprojekte finanzieren und betreiben. So plant es jedenfalls die Caisse de dépôt et placement du Québec, die Pensionskasse des Staates Québec, bei einem neuen elektrischen Zugsystem in Montreal. Angedacht ist sogar ein landesweites E-Zug-System, in das auch der Canada Pension Plan Investment Board investieren würde, der Pensionsfonds der kanadischen Staatsbediensteten.

In ihrer Not bei der Suche nach »Alpha« richten Investoren immer verzweifelter ihren Blick auf attraktive Immobilien. Der Run führt auch hier zur Vermögenspreisinflation – und zu Überlastungen im System. Schon heißt es: Wegen Überfüllung geschlossen. Die Deutsche Bank jedenfalls stoppte Zuflüsse in ihren größten offenen Immobilienfonds »Grundbesitz Europa«. Die Liquidität sei zu hoch. Der Allianz-Vorstand Zimmerer denkt bereits daran, »selektiv Immobilien zu verkaufen, um die Wertsteigerung mitzunehmen«. Und dann? Dann kommt es in solchen Fällen zum Phänomen des »dry powder«, wie das in der Branche heißt: Es sind genügend Finanzmittel vorhanden, das Pulver ist trocken, aber es fehlt an Chancen, das Geld auch wieder gut zu investieren. Allein Blackstone, der Marktführer im alternativen Finanzgeschäft, hat an die 100 Milliarden Dollar Trockenpulver.

## Öffentliches Geld als Waffe im globalen Verteilungskampf

Die politisch bedeutsamste Entwicklung – noch vor den Risiken durch Black-rock-Kapitalismus und Schattenbanken – ist die schleichende Expansion öffentlichen Geldes auf dem internationalen Kapitalmarkt. Staatsfonds und staatliche Pensionskassen haben über die Jahre einen immer größeren Teil der zirkulierenden Finanzsummen für sich in Anspruch genommen. Mit diesen Institutionen und über die Finanzmärkte finanzieren Machthaber ihre Budgets und Ausgaben, hier versuchen sie auch, den Kapitalismus nach ihren Werten und ethischen Kriterien zu verändern. Und hier wollen sie schließlich jene Geldmittel erwirtschaften, die Rentenansprüche von Hunderten Millionen Menschen erfüllen können. Geld ist so direkt zur politischen Waffe geworden, zu einem Instrument, um Macht zu vergrößern und Wohlfahrt zu organisieren. Diese Tendenz wird sich in den nächsten Jahren verstärken. Selbst ein Staat wie Algerien hat 200 Milliarden Dollar Pensionsgelder anzulegen.

Die Initiative zum ersten Staatsfonds ging 1953 von Kuwait aus. Es waren die arabischen Feudalherrscher, die ihre sprudelnden Öl-Einnahmen in beständige Aktien und Anleihen verwandelten und somit ein Modell schufen. Die Kuwaitis waren auch unter denjenigen, die in Infineon investierten, und sie sind nach wie vor die größten Aktionäre bei Daimler. Erst in den 1970er Jahren folgten Singapur und Abu Dhabi mit eigenen Staatsfonds. Heute sind die Fonds aus den Vereinigten Arabischen Emiraten, aus Saudi-Arabien, Katar und Kuwait eine Top-Adresse des Weltkapitalismus und im Grunde nichts anderes als die Monetarisierung von Familienmacht (s. Seite 69 ff.). Es sind weitverzweigte Herrscherdynastien, die sich hier finanzieren und im Gefolge Arbeitsplätze oder öl- und gasunabhängige Erlöse für das eigene Volk schaffen, das so teilhaben soll am Erfolg – und dafür von allzu radikalen demokratischen Forderungen Abstand zu nehmen hat. Ohne die Herrscherfamilien aus dem Morgenland wären wichtige Teile des westlichen Wirtschaftssystems ohne Stabilität. Das zeigt sich am Beispiel der Al-Thanis aus Katar, die bei gleich zwei deutschen Prestigeunternehmen – Deutsche Bank und Volkswagen – als Großaktionäre in vorderster Front mitmischen. Oder die in Luxemburg die Gruppe KBL European Private Bankers besitzen, mit neun Banken wie Merck Finck & Co. in München. In der Schweiz ist der Clan aus Katar beim Rohstoffhändler Glencore und bei der Großbank Credit Suisse gut vertreten.

Der Umbau eines Ölstaats mithilfe von gut angelegten Ölmilliarden in einen modernen Dienstleistungsstaat – das ist das Programm, das alle arabischen Gestalter von Politik bewegt. Hier gilt die »Vision 2030« Katars als Vorbild. Sportliche Großereignisse wie die Weltmeisterschaften der Fußballer, Handballer und

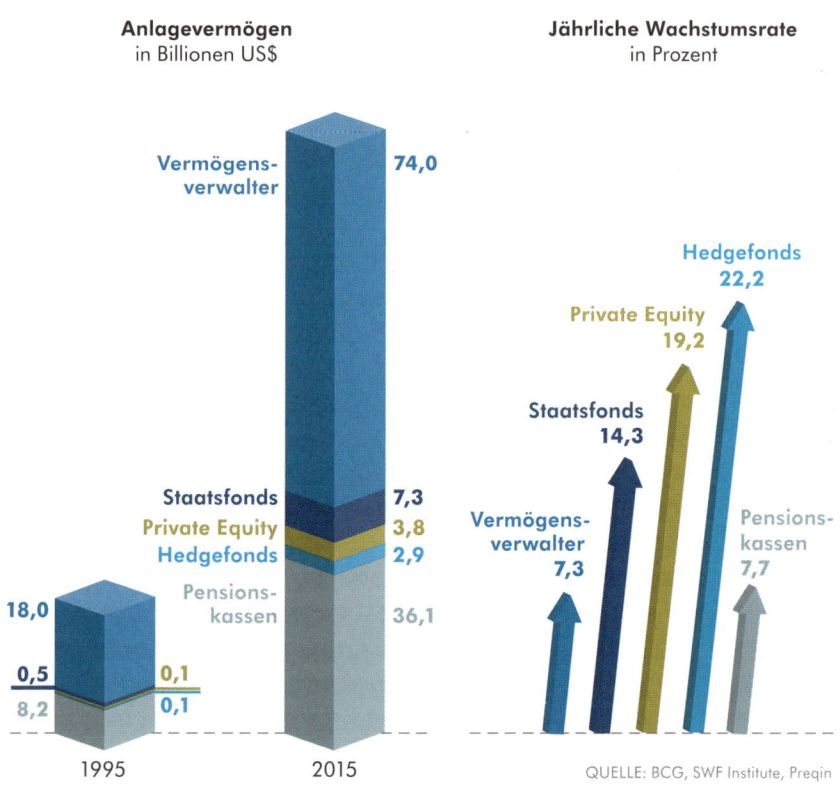

## DIE KAPITALKLASSEN

**Anlagevermögen**
in Billionen US$

**Jährliche Wachstumsrate**
in Prozent

Vermögens-
verwalter — 74,0

Hedgefonds
22,2

Private Equity
19,2

Staatsfonds
14,3

Staatsfonds — 7,3
Private Equity — 3,8
Hedgefonds — 2,9

Vermögens-
verwalter
7,3

Pensions-
kassen
7,7

Pensions-
kassen — 36,1

18,0

0,5
8,2

0,1
0,1

1995          2015

QUELLE: BCG, SWF Institute, Preqin

Leichtathleten wurden an den Golf geholt, um den Wandel zu beschleunigen, die Fluglinie Qatar Airways sowie der Flughafen in Doha wurden zu massentouristischen Attraktionen ausgebaut.

In dieser Logik werden arabische Staatsfonds systematisch zu noch größeren Kapitalsammelstellen umfunktioniert. Hier baut sich eine neue Geldmacht auf, die den Anspruch erhebt, dass möglichst viel auf der Welt ihr gehören soll. Maßstäbe will der Public Investment Fund (PIF) in Saudi-Arabien setzen. Noch ist er eine kleine Kapitalsammelstelle und nennt eine Beteiligung am südkoreanischen Stahlkonzern Posco als großen Besitz; doch mit den erhofften zwei Billionen Dollar aus dem geplanten Börsengang des saudischen Ölriesen Aramco soll aus PIF der weitaus größte Staatsfonds der Welt werden. Er wäre ein steter Quell für kühne Eroberungszüge durch Märkte und Länder. Allein für Deutschland ist eine dreistellige Milliardensumme eingeplant, mindestens 100 Milliarden Euro wolle der Staat im Führungsland der Europäischen Union einsetzen, ist aus regierungsnahen Quellen zu erfahren. Das ist der kühne Plan des saudischen Kronprinzen Mohammed bin Salman, eines prowestlichen Reformers, dessen fantastische Geldschöpfung wie aus Tausendundeiner Nacht natürlich auch die eigene Macht dauerhaft in einem Land sichern soll, das zwischen der Moderne und der konservativen Islam-Auslegung des Wahhabismus hin- und hergerissen wird. In Saudi-Arabien soll nach deutschem Vorbild Mittelstand entstehen. »Mittelstand« ist überall in den neuen Wachstumszonen der Welt eine magische Größe.

Dem Beispiel arabischer Fonds sind mit den Jahren andere Regierungen gefolgt. In Singapur hat sich das Ministerpräsidentenpaar seit Jahren um zwei Fonds persönlich gekümmert, um GIC und Temasek. In China wagten die Kommunisten mit ihrem Staatsfonds CIC den Marsch durch die Institutionen des Kapitalismus. SAFE, der zweite große Staatsfonds aus dem Reich der Mitte, ist im Dax mit 1,6 Prozent vertreten. Der japanische staatliche Rentenfonds investiert dagegen vor allem in japanische Staatsanleihen und japanische Konzerne – das ist das Geheimnis, warum der Staat dort trotz einer hohen Schuldenquote von 240 Prozent von internationalen Finanzierungskrisen verschont geblieben ist. In jüngster Zeit hat einfach die japanische Notenbank Aktien der heimischen Unternehmen gekauft und besitzt jetzt 1,6 Prozent des Aktienbestands. Dagegen ist die Deutsche Bundesbank noch zurückhaltend geblieben. Sie hielt 2016 aber auch schon ein Viertel aller Bundeswertpapiere, das maximal Erlaubte. Die Deutschen sind Ausführende einer Geldpolitik, die in ihrer Not dem japanischen Modell nacheifert und ebenfalls mit dem Kauf immer weiterer Staatsanleihen – und neuerdings auch Firmenanleihen – die Wirtschaft stimulieren will. Verantwortlich dafür ist die Europäische Zentralbank mit ihrem Präsidenten Mario Draghi, aus deren Umfeld früh drang, dass sogar der Kauf von Aktien durchaus eine gute Maßnahme sein könnte. Die »Japanisierung« ist der scheinbar bequeme Weg, mit Wachstumsschwächen umzugehen, wenn man den Mut zu wirklichen Reformen nicht aufbringen will. Diese Politik hält die Kurse an den Börsen künstlich hoch und die Zinsen für Anleger dramatisch niedrig. Sie lässt »Geld drucken« und schafft bisher doch keine allgemein höhere Inflation, da sich der Finanzsektor sozusagen unentwegt selbst befeuert bei gleichzeitigem Leiden großer Teile der normalen Sparer.

Unter den Staatsfonds hat einer aus Europa eine ganz besondere Stellung: Norges Invest (s. Seite 71). Er hat sich eine ganz eigene Konstruktion einfallen lassen, um die Gewinne aus der eigenen Ölförderung in der Nordsee zu vermehren und zugleich den Kapitalismus »grüner« werden zu lassen. Kaum einer in der Finanzwelt legt so viel Wert auf korrektes Verhalten in Bezug auf die Kriterien »environmental« (ökologisch), »social« (gesellschaftlich) und »governmental« (firmenpolitisch). Der Maßstab ist als »ESG« verbindlich für die Geldstrategen aus Oslo sowie andere Staatsfonds und Investoren mit ähnlichen Ansprüchen. Da die Norweger über den global größten Staatsfonds (knapp eine Billion Dollar) bestimmen und sie sich sehr ehrgeizige Ziele setzen wie das Verbannen von Dieselautos in ein

## DER NORWEGISCHE STAATSFONDS IM PORTRAIT

Der norwegische Staatsfonds,
derzeit **814 Milliarden Euro** schwer, …

*… könnte mit 40 % seines Vermögens sämtliche griechische Staatsschulden auf einen Streich begleichen.*

*… könnte achtmal alle Aktien von BASF kaufen.*

*… verwaltet fast dreimal so viel Geld wie der deutsche Bundesfinanzminister pro Jahr ausgeben kann.*

*… hält 1,3 % aller weltweit gehandelten Aktien.*

*… verwaltet halb so viel Geld wie der weltweit größte Vesicherer Allianz.*

QUELLE: Bundesregierung, Geschäfts- und Presseberichte

## WO DIE NORWEGISCHEN STAATSFONDS DRINHÄNGEN

Beteiligungen der Staatsfonds bei deutschen
Dax- und MDax-Konzernen, in Milliarden Euro

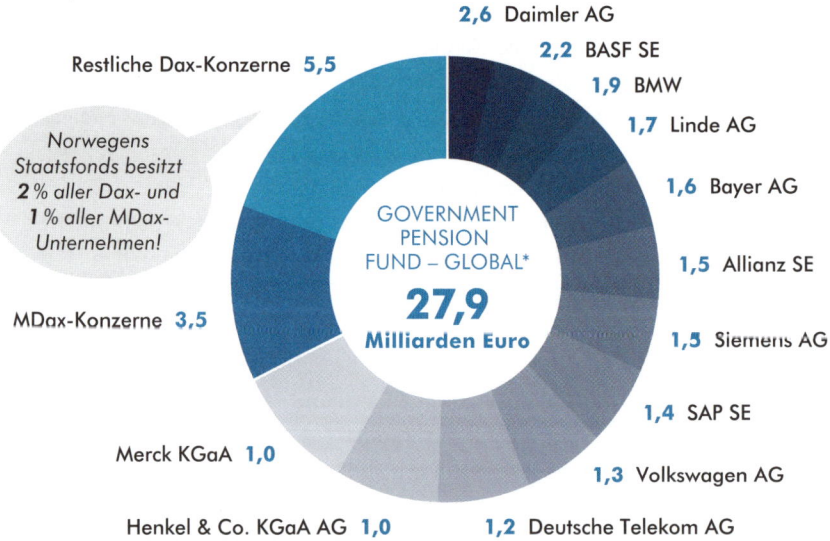

2,6 Daimler AG
2,2 BASF SE
1,9 BMW
1,7 Linde AG
1,6 Bayer AG
1,5 Allianz SE
1,5 Siemens AG
1,4 SAP SE
1,3 Volkswagen AG
1,2 Deutsche Telekom AG
Henkel & Co. KGaA AG 1,0
Merck KGaA 1,0
MDax-Konzerne 3,5
Restliche Dax-Konzerne 5,5

*Norwegens Staatsfonds besitzt 2 % aller Dax- und 1 % aller MDax-Unternehmen!*

GOVERNMENT PENSION FUND – GLOBAL*
**27,9**
**Milliarden Euro**

** Beteiligungen an sämtlichen 30 Dax-Konzernen und mindestens 40 MDax-Konzernen

QUELLE: Bafin, Thomson Reuters, Bloomberg, Eigene Berechnungen,
Schätzungen, Handelsblatt Research Institute

# MACHT VON NORGES

## WIE ERFOLGREICH DIE NORWEGER IHR VERMÖGEN VERWALTEN

Norwegischer Staatsfonds,
jährliche Rendite in Prozent

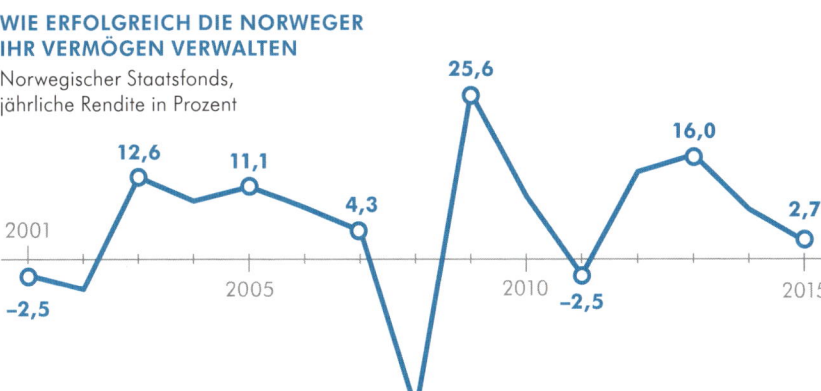

2001 · −2,5 · 12,6 · 11,1 · 4,3 · −23,3 · 25,6 · 2005 · 2010 · −2,5 · 16,0 · 2,7 · 2015

## WAS DER NORWEGISCHE STAAT SEINEN EINWOHNERN KAUFEN KÖNNTE

Staatsfonds-Vermögen pro Kopf

| **158 600** | **1,6** | **4,9 kg** |
|---|---|---|
| EURO | PORSCHE 911 CARRERA* | GOLD* |

\* zu Preisen Ende November 2015

## OFFENHEIT IM NORDEN

**Transparenz-Index:** Je höher der Wert, desto offener ist ein Fonds mit seinen Daten
(z.B. Ergebnisse, Bilanzen, Investitionen …)

SEHR TRANSPARENT · **Staatsfonds**

| | | |
|---|---|---|
| **Norwegen** | | Government Pension Fund - Global |
| **Singapur** | **10** | Temasek Holdings |
| **Australien** | | Australian Future Fund |
| **Korea** | **9** | Korea Investment Corporation |
| **China** | | China Investment Corporation |
| **Hongkong** | **8** | Hong Kong Monetary Authority Investment Portfolio |
| **V.A.E.** | | Abu Dhabi Investment Authority |
| **Kuwait** | **6** | Kuwait Investment Authority |
| **Singapur** | | Government of Singapore Investment Corporation |
| **Katar** | | Qatar Investment Authority |
| **China** | **5** | National Social Security Fund |
| **V.A.E.** | | Investment Corporation of Dubai |
| **Saudi-Arabien** | | SAMA Foreign Holdings |
| **China** | **4** | SAFE Investment Company |

SEHR INTRANSPARENT

paar Jahren, ist mit dem Norges-Ansatz einige Wirkung verbunden. Entnahmen aus dem Fonds helfen der Regierung in Oslo, ihr Programm zu finanzieren, das viele soziale Projekte vorsieht. Geld ist auch in einer Demokratie erstes Mittel, um Macht zu legitimieren. Da unterscheidet sich ein skandinavisches System nicht von einem arabischen.

Als der Ölpreis pro Barrel noch bei 100 Dollar und mehr lag, hatten Staatsfonds wie Norges Invest das Problem, jeden Tag eine Milliarde Euro anlegen zu müssen. Ein fallender Ölpreis entfaltet eben ganz unterschiedliche Wirkungen, je nachdem, wen er betrifft. »Wir zahlen weniger an der Tankstelle und freuen uns, für Vermögensverwalter und Staatsfonds aber kann es einen empfindlichen Wertverlust bedeuten«, sagt Ex-Commerzbank-Chef Martin Blessing, der inzwischen Vorstand bei der Schweizer Bank UBS ist: »Vielleicht ist ein Aktienrückgang an der Börse manchmal einfach damit zu begründen, dass sich diese Gruppen zurückgezogen haben.« Die staatlichen Ölfonds brauchen dann einfach Geld, das sie sich über den Verkauf von Aktien holen.

Natürlich entsteht mit den stetig wachsenden politischen Ansprüchen an das internationale Finanzwesen ständig neuer Druck. Geld soll noch viel mehr Geld als in der Vergangenheit bringen, und das auch noch auf anständige Weise. Dazu kann gehören, dass der texanische Pensionsfonds bei einem Börsenunternehmen anruft und mitteilt, wenn wirklich in Myanmar investiert wird, »ist das keine Aktie für uns«. Myanmar war lange ein K.-o.-Kriterium für die Texaner. Im Falle der Norweger bedeutet Ethik, ohne Gewinne von Unternehmen auszukommen, die Tabak verkaufen, Streubomben herstellen oder mit Kohle zu tun haben. Norges Invest ist die Staatsfonds gewordene Umweltprotestgruppe.

Nirgendwo aber zeigt sich das Dilemma eines exzessiven Wunschkapitalismus so sehr wie bei den großen Pensionsfonds für öffentliche Angestellte und Beamte. Egal, ob in Korea, den USA oder den Niederlanden – überall reicht das Geld im besten Fall gerade, die versprochene Rente zu bezahlen. Mitunter reicht es aber nicht. In den Niederlanden mussten Betriebsrenten schon gekürzt werden. Auch in Deutschland sind die Renditen der staatlichen Pensionsfonds der Bundesländer regelrecht eingebrochen; 2015 haben sie sich im Vergleich zu 2014 auf unter zwei Prozent halbiert. Im ersten Halbjahr 2016 erwirtschaftete beispielsweise der Fonds von Sachsen-Anhalt nach einer Umfrage der »Süddeutschen Zeitung« nur noch ein kleines Plus von 0,16 Prozent; auch andere Länder lagen unter einem Prozent. Die Geldmanager beschlossen, den Kauf von mehr Aktien zu wagen.

Es gibt – wir haben es schon angesprochen – zwei Schulen, wie diesem überall schwelenden Problem mangelnder Rendite zu begegnen ist. Die eine ist die der Gier, die andere die der Angst. Sie besagt, dass man in dieser Lage besser abwartet und Kasse hält, sich also für jenen Moment wappnet, in dem Aktienkurse und Anleihenkurse abstürzen, um dann richtig zuzuschlagen. So verhält sich der australische Pensionsfonds unter Peter Costello, dem früheren Schatzkanzler in Canberra. Die »Schule der Gier« besagt, dass man nun einfach mehr Risiko eingehen muss, um die gewünschte Rendite zu erreichen. Das ist die Position, die Marcie Frost einnimmt, die neue Chefin des einflussreichen kalifornischen Pensionsfonds CalPERS. Mit »Risiko« meint sie konkret »Private Equity«, also das Kaufen und Verkaufen von Unternehmensbeteiligungen. Wenn es klappt, ist dieses Geschäft höchst einträglich; es gibt allerdings inzwischen Fälle, bei denen eine Firma fünfmal und mehr von Private-Equity-Firma zu Private-Equity-Firma verkauft wird, weil sich sonst keiner findet. Der Preis steigt und steigt, die finale Verwertung bleibt ungewiss. Dieses Dilemma müssen alle beachten, Lehrerfonds aus Ontario oder Ohio genauso wie irgendwelche Firemen's Funds, die ganz am Anfang der kapitalistischen Nahrungskette stehen und Geld brauchen für ihre Mitglieder.

»Das Aufkommen der Pensionsfonds war die Geburtsstunde des angelsächsischen Finanzkapitalismus«, analysiert Philippe Tibi, Professor der École Polytechnique in Paris und früher Frankreich-Chef der Großbank UBS. Tatsächlich war es beispielsweise eine in Europa wenig beachtete Umstellung des amerikanischen Steuersystems, die Schwung in die Angelegenheit brachte. Demnach können US-Arbeitnehmer Sparbeiträge für die Altersvorsorge von ihrem Einkommen abziehen und müssen darauf keine Steuern zahlen. In diesem »Modell 401 (k)« wird die Steuerzahlung verlagert – auf den Moment, in dem der Sparer Rentner geworden ist. »401 (k)« hat den Effekt, dass der Arbeitnehmer unter dem Strich netto mehr Geld zur Verfügung hat und vor allem der Fondsindustrie unentwegt Mittel zufließen. Solche Alterssicherungsmodelle sind eine Steilvorlage für Vermögensverwalter wie Larry Fink. Denn oft beauftragen Pensionsfonds solche Spezialisten – auch wenn immer mehr dazu übergehen, lieber eigene Spezialisten anzuheuern, anstatt hohe Gebühren an Finanzvermittler zu zahlen. Wenn Renditen immer schwieriger zu erwirtschaften sind, wenn das Risiko steigt, hält man sich an die Kosten – und versucht, sie zu kürzen.

So ist also unter den großen Anlegern der einzelnen Klassen, wie wir sie im ersten Teil dieses Buches ad personam kennengelernt haben, ein erbitterter Konkurrenzkampf um die besten Anlagemöglichkeiten und Renditen entstanden – und das, obwohl sie selbst untereinander vielfach verflochten sind. Da konkurrieren Vermögensverwalter mit Pensionsfonds, Private-Equity-Firmen mit Staatsfonds. Die Ansprüche an das Finanzsystem sind riesig geworden. Die Realität ist eine Überhitzung, die Gefahren in sich birgt. Es kommt aber darauf an, die Realwirtschaft auszubauen, neue Produkte und Firmen zu schaffen, Start-up-Unternehmern aufzuhelfen und Traditionsbetriebe zu reformieren, Wachstum also wirklich nachhaltig zu stärken. Das ist der schwierige, aber unverzichtbare Weg. Auf lange Sicht ist »easy money«, der mühelose Gewinn aus Finanzbeteiligungen für alle, eine Illusion.

## In der Angst und in der Not:
## Die Rolle der Aktivisten im Neokapitalismus –
## und was man dagegen tun kann

Kaum einer kennt die Finanzmärkte so gut wie Joe Kaeser. Fünf Jahre war er Finanzvorstand der Siemens AG, und seit August 2013 leitet er als Vorstandschef den Münchener Industriekonzern. Er kann gut mit Investoren, das gilt als seine Stärke, aber ein paar unter ihnen sind ihm suspekt. Seine Abneigung gilt »aktivistischen Investoren«, die in – ihrer Meinung nach – unterbewertete Unternehmen einsteigen und sie zu irgendetwas treiben, was den Aktienkurs ansteigen lässt: Austausch von Chefs, eine neue Struktur, eine Aufspaltung, Rückkauf eigener Aktien, mehr Dividende, irgendetwas davon. »Sie sind eine nicht ungefährliche Spezies, weil sie versuchen, mit kleinen Anteilen einen großen Hebel zu betätigen. Auf diese Weise haben sie schon erfolgreich Managementwechsel und Aufspaltungen bewirkt«, sagt der mächtige Manager von Siemens: »Der Ton wird rauer, die Gangart härter. Wer nicht liefert, bekommt mehr Druck. Die Aufgabe ist, das Wertsteigerungspotenzial der Aktivistenvorschläge so minimal zu halten, dass das Risiko, das Aktivisten eingehen, höher ist. Also selbst die Dinge angehen.« In dieser Diktion heißt »nicht liefern«: Man kann Investoren nicht einfach immer nur die Karotte oder Banane hinhalten, sondern muss sie ab und an kräftig zubeißen lassen.

Auch den Aktivisten unter den Aktionären gehört ein Stück der Welt. Sie leben vom Krawall, den sie inszenieren, damit alle von der Firma wissen, die sie für unterbewertet halten und in die sie deshalb investiert haben. Oder sie machen lautstark auf Probleme aufmerksam, erwarten einen Rückgang des Aktienkurses und verkaufen die Wertpapiere auf Termin zum besseren alten Preis (shortselling). Wo der konventionelle aktive Geldgeber sich vielleicht auf Capital Markets Day meldet oder auf der Hauptversammlung reden lässt, rückt der aktivistische Störer des Systems mit PR-Agentur, Anwälten und einem Schlachtplan an. Er will Öffentlichkeit, weil das womöglich im Verbund mit anderen Kritikern den eigenen Lästigkeitswert treibt und damit vielleicht den Preis. Er verwandelt Kapitalismus in ein Theaterstück. Das hat auch Hartmut Retzlaff einsehen müssen, seit 1993 Vorstandschef beim deutschen Pharmahersteller Stada, der selbstherrlich wie ein Sonnenkönig regierte, es freilich an eindrucksvollen Geschäftszahlen missen ließ. Resigniert legte er im August 2016 sein Amt nieder, nachdem der aktivistische Investor Active Ownership Capital (AOC) aus Frankfurt sieben Prozent der Aktien aufkaufte und erfolgreich auf Austausch von Mitgliedern des Aufsichtsrats drängte. Der Konzern mache bei 2,1 Milliarden Euro Umsatz nur 110 Millionen Nettogewinn, monierten die Kritiker von AOC. Sie bekamen in ihrer Rolle

Beistand vom altgedienten US-Investor Guy Wyser-Pratte, der schon in der Vergangenheit in einigen anderen Fällen (Rheinmetall, IWKA/Kuka, Vossloh) aktiv geworden war; der einstige Captain des US-Marine Corps begegnet Vorständen gern mit dem Schlachtruf: »Wacht auf und riecht das Napalm!«

Napalm roch auch die Führung von Ströer in Köln. Hinter den Attacken auf den Kölner Werbespezialisten steckte diesmal der US-Hedgefonds Muddy Waters Capital des Aktivisten Carson Block. Er kritisierte all jene, die Ströer zu optimistisch sahen, und lieferte hierzu eine eigene Studie, die alle Schwächen des Unternehmens sezierte. Insiderkäufe seien beispielsweise nicht korrekt gemeldet worden. Der Aktienkurs fiel danach um 30 Prozent und erholte sich in den Wochen danach nicht mehr richtig. Der bedrängte Vorstandschef Udo Müller, der zusammen mit Gründersohn Dirk Ströer rund 43 Prozent der Aktien hält, sann in dieser Lage auf ein Aktienrückkaufprogramm. Der Angreifer-Block aber hatte mit dem rechtzeitigen Verkauf von Ströer-Aktien Gewinn gemacht. »Wir betreiben kein Aktienresearch für wohltätige Zwecke«, erklärte der Amerikaner und führte vermeintlich selbstlos aus: »Wir konzentrieren uns auf Unternehmen, in denen das Management Unsicherheit schafft, um sich zu bereichern.«

Das Geschäft der aktivistischen Fonds ist eine Wachstumsbranche und zugleich Ausdruck der Angst im Blackrock-Kapitalismus. Wenn auf konventionellem Wege schwerer Gewinne mit Finanzanlagen zu machen sind, dann erscheinen plötzlich auch andere, extremere Wege attraktiv. In den USA sind solche Raubtierfonds schon länger im Markt, und nun sucht rund ein Dutzend dieser Finanzfirmen bei deutschen Börsengesellschaften nach Schwächen in der Bilanz. Im ersten Halbjahr 2016 habe es hierzulande 94 solcher Attacken gegeben, zählte der Informationsdienst Activist Insight, das sei fast so viel wie im gesamten Jahr 2015. Insgesamt haben sich Aktivisten weltweit in mehr als 470 Unternehmen eingekauft, zu mehr als 75 Prozent in amerikanische Firmen. Doch nur in zwei Jahren – 2010 und 2012 – haben die Rebellen in den USA besser abgeschnitten als der Markt.

Dennoch haben es gerade in den USA einige der größten Aktivisten zu einem gewissen Prominentenstatus gebracht. Da ist zum Beispiel der Einzelkämpfer Carl Icahn, der monatelang erfolgreich den großen Apple-Konzern vor sich hertrieb mit der Forderung nach Aktienrückkäufen und höherer Dividende. Da ist der Investor Nelson Peltz, der mit seinem Trian Fonds den Chemieriesen DuPont bedrängte und die Vorstandschefin zum Rücktritt brachte und der nun bei General Electric Aktionär ist. Da ist der Investor Paul Singer mit seinem Hedgefonds Elliott, der in Deutschland beim Verkauf des Pharmahändlers Celesio an den US-Konzern McKesson auffiel, und da sind Daniel Loeb und sein Fonds Third Point, der eine Abspaltung des Unterhaltungsgeschäfts inklusive des Hollywood-Filmstudios vom japanischen Sony-Konzern forderte, sowie Jeff Ubben von Value Act, der im Aufsichtsrat von Rupert Murdochs 21st Century Fox sitzt und der Investmentbank

Morgan Stanley zusetzte. Und da ist schließlich Bill Ackman, der dem Pharmakonzern Valeant spektakulär zur Übernahme des Botox-Herstellers Allergan verhelfen wollte, damit zwar scheiterte, aber durch Kursgewinne in dieser Sache doch sein Schnäppchen machte.

Auch Family Offices oder bodenständige Investoren üben sich vermehrt in Widerspruchsgeist. So forderte die private Firma Wildcat Capital Management des Private-Equity-Milliardärs David Bonderman die Firma Sorrento Therapeutics auf, den Chef auszuwechseln und von einem Finanzierungsgeschäft zu lassen. Bondermans Familie besitzt 6,5 Prozent der Sorrent-Aktien.

Der Vormarsch dieser Wutaktionäre ist auch eine späte Reaktion auf die Tristesse früherer Jahre, als Manager weitgehend ungestört von Aktionären ihre Unternehmenspolitik durchsetzten und dabei für gutes Gehalt und hohe Pensionszusagen in eigener Sache sorgten. Dass Aktivisten zumeist kurzfristig vorgehen und schnellen Gewinn wollen, stört wiederum die großen institutionellen Investoren, die auf langfristige Wertsteigerung in Unternehmen pochen und inzwischen sogar häufig das Quartalsdenken ablehnen – eine Forderung, mit der der ehemalige Porsche-Chef Wendelin Wiedeking Investoren erschreckte. Diese Haltung eint heute Granden der Finanzindustrie wie die Vermögensverwaltung Blackrock, die Großbank JP Morgan und die Beteiligungsgesellschaft Berkshire Hathaway des Milliardärs Warren Buffett. Sie formulierten Kriterien für die richtige Unternehmensführung und veröffentlichten sie. Man hat auch in diesen Kreisen wiederentdeckt, dass Eigentum verpflichtet. Auswüchse eines schnellen Raubrittertums will Hillary Clinton in den USA per Gesetz begrenzen.

In Deutschland hat sich Cevian Capital einen gewissen Ruf als Aktivist erworben. Die Kreation der beiden Schweden Christer Gardell und Lars Föberg hat seit Gründung 2002 in circa 16 Firmen investiert und gilt amerikanischen Medien wahlweise als »Europas bester aktivistischer Investor« (»Fortune«) oder als »Hedgefonds, der einen ganzen Kontinent aufmischt« (»Business Insider«) Auch Carl Icahn, der Aktivist aus den USA, der Gordon Gekko im Film »Wall Street« als Vorbild diente, ist einer der Geldgeber von Cevian Capital. Tatsächlich ist Cevian irgendetwas zwischen Private Equity und Hedgefonds, auf jeden Fall ein Aktivist, der sein Investment innerhalb von drei Jahren verdoppeln will, am liebsten irgendwo größter Gesellschafter ist, gerne im Aufsichtsrat sitzt und auf keinen Fall viel Lärm macht. So haben es die Schweden zum größten Gesellschafter beim Lastwagenbauer Volvo gebracht. In der Schweiz machen sie als Fünf-Prozent-Aktionär Druck auf den Konzern ABB, der sich in einen Teil für Fabrikautomation sowie einen für Stromerzeugung und Stromverteilung aufspalten soll. Die schwedische Wallenberg-Familie ist hier einer der Großaktionäre.

Nur in Deutschland gibt es Probleme. Der Mannheimer Baukonzern Bilfinger verschliss auch mit Cevian als Gesellschafter Vorstandschefs wie den früheren hessischen Ministerpräsidenten Roland Koch. »Unser zurzeit schlechtestes Investment aller Zeiten«, erklärte Gründer Förberg im »Manager Magazin«. Bei Thyssen-Krupp in Essen ist Cevian nach verdeckten Aktienkäufen mit 19 Prozent der Anteile mittlerweile knapp hinter der Krupp-Stiftung (23 Prozent) zweitgrößter Aktionär und fordert hinter den Kulissen eine neue Struktur für das Konglomerat mit seinen Geschäftsfeldern Stahl, Automobilzulieferungen, Aufzüge, Services. Ein Cevian-Manager sagt, ein Vorstandsvorsitzender müsse »keine Angst haben, wenn er wirklich auch Wertsteigerungen wolle und sich auf einen Dialog darüber einlässt«. Einer wie Thyssen-Krupp-Chef Heinrich Hiesinger oder wie Siemens-Chef Kaeser aber will sich auf eine solche Form des Drucks lieber nicht einlassen. Mit wem habe man es im Kapitalmarkt zu tun, wollen solche Manager wissen und erklären, dass bei den vielen Aktien, die überall auf der Welt gehalten werden, schnell die Frage aufkomme, wer hier Eigentümer sei. Bei einer Familie als Eigentümer ist der Zweck klar, weil das Unternehmen über Generationen weitergegeben werden soll. Wenn es Investoren aber nur um die Mehrung des Vermögens geht, dann wird der Unternehmenszweck zum Mittel, dieses Ziel zu erreichen. »Den wenigsten im Kapitalmarkt geht es um eine langfristige Orientierung. Viele, wie zum Beispiel die Hedgefonds, sind eventgetrieben und schauen eher auf die kurzfristige Wertoptimierung«, sagt Joe Kaeser von Siemens.

Bei der deutschen Industrie-Ikone setzt der Vorstandschef den Wirren des Finanzmarkts eine Eigentümerkultur entgegen, das sei seine »persönliche Mission«: Er will beispielsweise das Personal – so wie Manager – mit Aktien für gute Resultate bedenken, ein »spannendes Thema für unsere Mitarbeiter«, wie er findet. Und weiter: »Eigentümerkultur spielt für die Motivation der Mitarbeiter eine große Rolle und gibt dem Unternehmen einen Zweck. Das ist eine mentale Integration.« Dazu gehört auch eine eigene Holding für Jung-Unternehmer namens Next47, die der eigenen Firmengründung von Siemens 1847 als Start-up nachspürt und bei der ein, zwei Mitarbeiter täglich eigene Ideen präsentieren sollen; die werden dann gegebenenfalls mit Geld aus einem Eine-Milliarde-Euro-Fonds finanziert. Nicht nur der Wall Street, auch Silicon Valley sagt Kaeser den Kampf an: »Wir glauben, dass unser Ansatz vielversprechender ist, als mal 1500 Leute ins Silicon Valley zu setzen und dann Dinge zu kopieren, die andere viel besser können.« Viele große Konzerne glaubten, »im Silicon Valley was machen zu müssen«, würden dann viel Geld ausgeben, zweitklassige Leute anheuern und nach ein paar Jahren merken, dass sie zum Beispiel das bisschen Know-how, das sie im »Internet of Things« mitgebracht haben, auch noch verlieren, weil die Mitarbeiter dann woanders hingingen.

Schon heute halten die Mitarbeiter von Siemens insgesamt mehr als fünf Prozent des Kapitals. Da der Münchener Industriekonzern dazu übergegangen ist, eigene Aktien an der Börse aufzukaufen, und schon rund vier Prozent besitzt,

# TOP 10 INVESTOREN IN DEUTSCHLAND

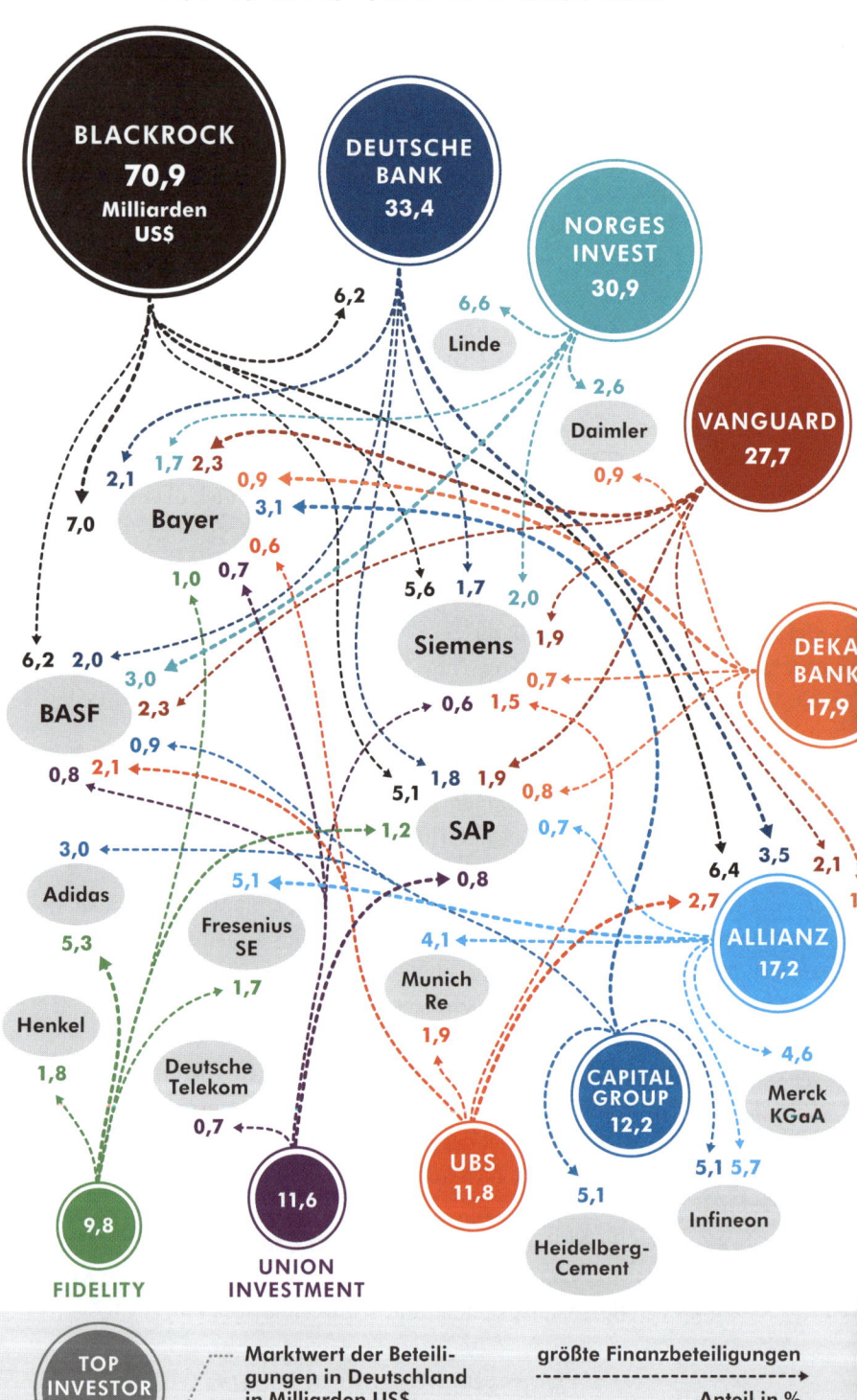

**BLACKROCK 70,9** Milliarden US$

**DEUTSCHE BANK 33,4**

**NORGES INVEST 30,9**

**VANGUARD 27,7**

**DEKA BANK 17,9**

**ALLIANZ 17,2**

**CAPITAL GROUP 12,2**

**UBS 11,8**

**UNION INVESTMENT 11,6**

**FIDELITY 9,8**

Linde  6,6

Daimler  2,6  0,9

Bayer  6,2  2,1  1,7  2,3  0,9  3,1  0,6  1,0  0,7

Siemens  5,6  1,7  2,0  1,9  0,7

BASF  6,2  2,0  3,0  2,3  0,9

SAP  0,8  2,1  1,2  0,6  1,5  5,1  1,8  1,9  0,8  0,7

Adidas  3,0

Fresenius SE  5,1

Munich Re  4,1  1,9

Henkel  5,3

Deutsche Telekom  1,7  1,8

Allianz  6,4  3,5  2,1  1  2,7  0,8

Merck KGaA  4,6

Infineon  5,1  5,7

Heidelberg-Cement  5,1

0,7

TOP INVESTOR US$ ........ Marktwert der Beteili-gungen in Deutschland in Milliarden US$

größte Finanzbeteiligungen

Anteil in %

QUELLE: Bloomberg

sowie zudem die Nachkommen des Firmengründers Werner von Siemens 6,5 Prozent halten, kommt der gesamte Siemens-Block auf weit mehr als 15 Prozent. Siemens soll Siemens gehören. Das ist die Botschaft. Das ist ein Thema für die Motivation der eigenen Belegschaft und praktischerweise auch Bollwerk gegen alle da draußen, die es nicht so gut mit dem Konzern und seinem Vorstandsvorsitzenden meinen. Gegen 15 Prozent und mehr auf einer Hauptversammlung eine Mehrheit zu organisieren, das dürfte auch einem hartgesottenen Aktivisten schwerfallen. Was das für die gesetzliche Mitbestimmung bedeutet, wenn die Arbeitnehmer im Aufsichtsrat nicht nur die Hälfte der Sitze besetzen, sondern auch auf der Kapitalseite vertreten sind, wartet noch auf exakte betriebswirtschaftliche Erkundung und Einordnung, ist aber auf jeden Fall ein Thema. Der Manager Kaeser führt bei Siemens jedenfalls auf seine Art ein, was selbst Sahra Wagenknecht in Teilen gut finden dürfte: den Konzern als Kooperative, der teilweise Mitarbeitern gehört.

## Daten als neues Kapital und die Supermacht Silicon Valley

Globalisierung bedeutet vor allem Globalisierung des Kapitals und der Daten. Weil das so ist, kommt ein amerikanischer Präsident oder Vizepräsident oder respektabler Minister, der etwas auf sich hält, an Silicon Valley in Kalifornien nicht vorbei. Das Silicon Valley ist die neue Machtbasis der USA, Wall Street ist die alte. Al Gore beispielsweise, der 2000 gegen George W. Bush um das Weiße Haus gekämpft hat, arbeitet seit 2007 für Kleiner Perkins Caufield & Byers – das ist eine der Firmen mit magischem Namen im magischen Tal bei San Francisco, in dem solche Finanzierungsgesellschaften das nächste Google oder das nächste Facebook oder das nächste Twitter suchen, je nachdem. Venture Capital heißt das Instrument hierzu, im Deutschen mit Risikokapital oder Wagniskapital übersetzt. Das Geschäftsmodell lautet ganz einfach: »The next big thing«, das nächste große Ding soll es sein. Entsprechend konnte sich Barack Obama Mitte 2016 eine Aktivität als Investor oder Berater im amerikanischen Hightech-Zentrum an der Westküste für die Zeit nach seinem Präsidentenabgang im Januar 2017 vorstellen: »Die Unterhaltungen, die ich mit Silicon Valley und mit Venture Capital habe, bündeln meine Interessen in Wissenschaft und Organisation auf eine wirklich befriedigende Art.« Der Politiker, der sich von Steve Case beraten lässt, dem Gründer von America Online (AOL), hatte seine Wahlkämpfe und Spenden erfolgreich über das Internet organisiert. Ihn fasziniert: Wo ist der neue Mark Zuckerberg? Wo wächst das neue Google heran? »Wir müssen das ganze Potenzial jedes Amerikaners freisetzen«, sagt Obama, »und nicht die Hälfte des Teams auf der Bank lassen. Man weiß nie, wer die nächste große Idee hat oder welcher Weg dorthin führen wird.

Der nächste Steve Jobs heißt vielleicht Stephanie oder Estevan. Und sie haben womöglich noch nie einen Fuß ins Silicon Valley gesetzt.«

Wem gehört diese Welt von Morgen? Das Stephanie-oder-Estevan-Spiel beschäftigt viele spezialisierte Venture-Capital-Firmen. Sie suchen im Wettstreit mit Hedgefonds, vermögenden Familien oder Private-Equity-Firmen den neuen Superstar der Digitalökonomie. Und Venture-Tochterfirmen großer Konzerne wie Comcast, General Electric oder Google recherchieren mit. Sie hoffen ebenfalls auf Erleuchtung und gegebenenfalls auf Umsatzauffrischung. Sie sind auch Investor. Es ist diese Kultur, die 20.000 Deutsche zum Arbeiten sowie Minister und Manager zum Schau-Staunen ins Silicon Valley lockt. Kein Wort vereinigt die Mischung aus Fantasy und Business so sehr wie das Wort »Unicorn« (»Einhorn«): Start-ups mit mehr als einer Milliarde Dollar Firmenwert. Eine solche Summe entsteht, anders als noch zu den Anfangszeiten von Facebook und Google vor ein paar Jahren, nicht mehr an der Börse, wo auch Kleinaktionäre profitieren könnten, sie entsteht inzwischen im kleinen erlauchten Kreis von Finanzierungsrunden, wenn Geld für neue Investments fließt und dabei der Wert des Objekts immer wieder neu taxiert wird (und meist auf bizarre Art erhöht). Es ist dieser vergoldete Mechanismus, der den Taxi-Dienst Uber Mitte 2016 mit sage und schreibe 68 Milliarden Dollar Firmenwert zum Fabelwesen der Einhorn-Landschaft gemacht hat. Uber hat seit 2014 mehr als 16 Milliarden Dollar Startkapital kassiert; dabei darf das Unternehmen in einigen Staaten wie Deutschland aus rechtlichen Gründen noch gar nicht richtig an den Start gehen. Gegen diese Uber-Welt kommt selbst die beliebte Zimmervermittlungs-Organisation Airbnb mit 30 Milliarden Dollar Wert nicht an. Von Runde zu Runde steigen diese Firmenwerte der Stars der Sharing Economy. Es sind solche Zaubervorstellungen, die Risikokapitalgeber im ersten Halbjahr 2016 rund 40 Milliarden Dollar investieren ließen; im ganzen Jahr 2015 waren es 79 Milliarden. Wer denkt in dieser Euphorie noch an Flops wie den Börsengang des Bezahldiensts Square? Der hatte im November 2015 rund 100 Millionen weniger als gedacht erlöst – und war plötzlich nur 2,9 Milliarden Dollar wert. Und nicht, wie vorher gemutmaßt, sechs Milliarden. Was eine Firma wirklich wert ist, darüber entscheiden am Ende nicht Finanzinvestoren, sondern ganz reale Kunden, die Produkte und Dienstleistungen kaufen oder nicht. Das ist der Moment der Wahrheit. Die neuen Finanzmächte verstehen sich darauf, diesen Moment weit nach hinten zu verschieben und auf dem Weg dorthin mit Hoffnungen und Spekulationen zu handeln. Wirtschaft ist hier eine Wette. Und ein »Wert« kann auch nichts wert sein.

Aber es geht nicht nur um Zahlen und Rendite. Es geht auch um Überlegenheit, amerikanische Überlegenheit in einer Welt, die mit schlaffer Güternachfrage und geringer Produktivität kämpft, mit Überkapazitäten und einer riesigen Geldschwemme. Keiner hat die neuen wirtschaftsimperialen Überlegungen so klar formuliert wie Marc Andreesen, der legendäre Investor und Mitgründer des Browsers Netscape. Er führt heute zusammen mit seinem Partner Ben Horowitz eine der großen Venture-Capital-Gesellschaften im Valley und sitzt im Aufsichtsrat vieler Firmen wie Facebook. Im August 2011 schrieb Andreesen im »Wall Street Journal« einen Artikel mit dem Titel »Why Software is Eating the World«. Darin heißt es: »Mehr und mehr Geschäfte und Industrien werden auf Basis von Software geführt und als Online-Services ausgeliefert – von Kinos über die Landwirtschaft bis zur nationalen Verteidigung. Viele der Gewinner sind unternehmensfreudige Technologiefirmen im Stil des Silicon Valley, die etablierte Industriestrukturen erobern und hinter sich lassen. In den nächsten zehn Jahren erwarte ich viele weitere Industrien, die durch Software radikal umgekrempelt werden, und neue, die Welt schlagende Silicon-Valley-Firmen.«

Die Gegenwart ist geprägt von den vier großen Internet-Unternehmen Alphabet (Google), Apple, Facebook und Amazon, die die digitale Ökonomie weltweit beherrschen – abgesehen von China und Russland, deren autokratische Regierungen den US-Eroberern etliche Sperren vorgeschoben haben und lieber einheimische Firmen fördern. Das waren politische Entscheidungen; in China sind so Alibaba des Unternehmers Jack Ma, Tencent von Ma Huateng (Pony Ma) und Baidu von Robin Li zu Giganten geworden. Gegen Staatsprotektionismus dieser Art kann auch der höchste Börsenwert nichts ausrichten.

Zusammengenommen sind Alphabet, Apple, Facebook und Amazon an der Börse immerhin rund 1,8 Billionen Dollar wert. Das ist mehr, als Russland in einem Jahr erwirtschaftet. Das ist mehr, als der Deutsche Aktienindex schafft. Die großen Vier beanspruchen drei Viertel des globalen Datenverkehrs und fast 50 Prozent der Zeit, die Menschen online verbringen. Facebook hat circa 20-mal mehr Nutzer als Deutschland Einwohner. Google beantwortet in Deutschland rund 140 Millionen Suchanfragen pro Tag. Wenn es um Big Data geht, um das Erfassen, Einordnen, Archivieren und Auswerten von Daten, kommt in der westlichen Welt an dem amerikanischen Quartett keiner vorbei. Und doch: Wer Apps bei Apple lancieren will, muss sich das mühselig dort genehmigen lassen.

Wir alle leben mit diesen neuen Weltmächten. Alphabet hat mit Google die Internetsuche in vielen Ländern monopolisiert, in den USA liegt der Marktanteil bei 70 Prozent, in Deutschland bei 95 Prozent. Der Konzern besitzt den dominierenden Browser Chrome, die führende Handy-Software Android sowie YouTube, die Nummer eins der Video-Plattformen. Facebook gelang es, das größte soziale Netzwerk der Welt aufzuziehen, gestärkt durch Zukäufe wie Instagram und WhatsApp; immer mehr Kundendaten heizen somit das eigene Vermarktungsgeschäft an. Apple hat mit iPhones und iPads eine Infrastruktur der neuen Daten- und Informationswelt geschaffen, das Serviceunternehmen Amazon organisiert einen Weltvertrieb von Waren. Nimmt man noch den Microsoft-Konzern mit Skype und LinkedIn hinzu, ergibt sich ein Bild fast vollkommener Stärke. Deutschland und Europa haben im Geschäft mit den Endkunden nichts entgegenzusetzen. »Die Leute wollen das nächste Ding«, verkündet Apple-Chef Tim Cook knapp und bündig. Es soll ein amerikanisches sein.

Das nächste Ding, das Bürger in den USA und in Europa aber erwarten, ist, dass die digitalen Riesen endlich Steuern zahlen. Apple hält Barreserven von erstaunlichen 230 Milliarden Dollar, zumeist auf Auslandskonten, die durch Steuertricksereien entstanden sind. Auf Auslandsgewinne verlangt der US-Staat erstaunlicherweise keine Steuern, weil so vor Jahrzehnten die globale Expansion von Firmen erleichtert werden sollte. Produktwettbewerb ist in Wahrheit eben auch Staatenwettbewerb. Die Gewinne in Europa wiederum manipuliert Apple genau wie Google oder Amazon systematisch nach unten. Es werden einfach viele Lizenz- oder Kreditgeschäfte mit Tochterfirmen in Steuerparadiesen wie Irland, Niederlande oder Luxemburg erschaffen und Gewinne an ein künstliches Head Office abgeführt. Im Ergebnis wurden nach den Berechnungen der EU-Kommission 2014 nur 0,005 Prozent Steuern auf die üppigen Gewinne gezahlt. Diese dreiste Form globaler Steuerflucht hat dazu geführt, dass die EU-Kommission für Wettbewerb Verfahren gegen die beteiligten drei Länder eröffnet hat – und die Konzerne sich auf saftige Nachzahlungen einstellen müssen. Apple solle in Irland 13 Milliarden Euro Steuern nachzahlen, forderte Wettbewerbskommissarin Margrethe Vestager. Der US-Konzern Apple kündigte eine Klage dagegen an – und mit ihm der Staat Irland, der sich von Investitionen der Amerikaner in seinem Land abhängig gemacht hat. Wütend protestierte die US-Regierung gegen den »unerwünschten Präzedenzfall«. Wenn schon, will sie selbst das Steuergeld dieser US-Konzerne. Einer wie Apple-Chef Tim Cook aber erscheint als der eigentliche Hauptdarsteller in diesem Spiel, als der wahre Machthaber. Seine Möglichkeiten sind ihm bewusst geworden: So setzt sich Cook mit anderen Managern offensiv gegen Gesetze in US-Bundesstaaten wie North Carolina ein, die Homosexuelle diskriminieren. Das zeigt Wirkung.

Wie machtbewusst er ist, hat Mark Zuckerberg beim Börsengang seines Unternehmens Facebook im Jahr 2012 bewiesen. Er verfügte, nicht nur weiter das Management und die Geschäfte des Unternehmens selbst zu kontrollieren, sondern reklamierte auch das Recht, vor seinem Tod einen Nachfolger zu bestimmen. Inzwischen ist diese Klausel geändert worden. Aber es bleibt dabei, dass Zuckerberg über die Einführung von Aktien mit besonders vielen Stimmrechten den Konzern geradezu beliebig beherrschen kann. Auch seine Imperatoren-Kollegen Larry Page und Sergey Brin von Google haben sich umfangreiche Sonderstimmrechte eingeräumt.

Schaden können sich die vier, denen die digitale Welt weitgehend gehört, nur selbst durch übertriebenes Lobbying und zu forsches Auftreten. In Indien jedenfalls hat es der ehrgeizige Mark Zuckerberg übertrieben. Er behauptete, mit seinem Projekt Free Basics Millionen von Indern das Internet gratis zu bieten, und meinte damit doch nur, Internet mit Facebook gleichzusetzen. Zuckerberg hätte am Ende alle Zugänge kontrolliert – was Aktivisten und Regulierungsbehörden aufmerksam machte. Da half auch eine 45 Millionen Dollar schwere PR-Kampagne nichts mehr. Facebook musste seine Pläne für den Subkontinent zurückziehen. Google wiederum versucht mit einer Charme- und PR-Offensive in Europa, dem Misstrauen der Wettbewerbsbehörden etwas entgegenzusetzen. Die EU-Kommission vermutet Machtmissbrauch und hat ein Kartellverfahren eingeleitet. Auch das ist, wie die Steueraktion rund um Apple, eine Art Notbremse gegen die Hegemonialmächte aus den USA.

Im Machtsystem des Silicon Valley wiederum sind Firmen wie Sequoia Capital eine erste Adresse. Diesen Geldgebern sind zum Beispiel die Google-Gründer zu Beginn ihrer Tätigkeit mit größter Ehrfurcht gegenübergetreten. Wer von Sequoia finanziert wird, gilt als aussichtsreich. Die Wagniskapitalfirma entstand bereits 1972. Allein beim Verkauf von WhatsApp an Facebook hat sie mit ihrem 20-Prozent-Anteil rund 3,5 Milliarden Dollar erlöst – und fast 6000 Prozent Rendite erzielt. Sequoia hatte sich früh an einstigen Garagenfirmen wie Apple, Atari und Cisco beteiligt.

Die größte Finanzierungsgesellschaft im Valley allerdings ist kaum bekannt und steht selten im Mittelpunkt der plauderfreudigen Szene: Es ist die 1977 gegründete Firma New Enterprise Associates. Gründer C. Richard Kramlich war ebenfalls einer der Ersten, die in Apple investiert hatten. Zu den erfolgreichen Beteiligungen gehören die Firmen Diapers, Salesforce und Groupon, mit deren Börsengang allein der Anteil von Kramlichs Firma 150-mal mehr wert war und nun 2,3 Milliarden Dollar betrug.

Deutsche, die solche Geschichten hören, reiben sich die Augen, verfluchen die Trägheit im eigenen Land oder halten das alles für blanken Wahnsinn, je nach Temperament. Tatsache ist, dass die Weltbank die Bundesrepublik in einem Ranking, das die Gründungsaktivitäten erfasst, nur auf Rang 114 von 189 Ländern gesetzt hat – eine Demütigung. Gerade mal mikroskopische 0,02 Prozent der Jahreswirtschaftsleistung werden in Start-ups investiert. Österreich befindet sich mit 0,03 Prozent auf Rang 106, die Schweiz mit 0,04 Prozent auf Platz 69. Die Strategen aus Israel leisten sich im Vergleich zu den Deutschen das Zwanzigfache, die USA das Zehnfache.

Fraglich ist, wie lange der Silicon-Valley-Boom anhält. Immer neue Rekordmeldungen tragen versteckt die Nachricht in sich, dass es damit bald auch wieder vorbei sein könnte. Die globale Überversorgung mit Geld hat auch den Run auf die Börsen der Technologieaktien extrem verstärkt. So meldete die Nasdaq in New York, wo die Tech-Firmen gelistet sind, im August 2016 ein neues Allzeithoch.

Manche denken bei solchen Jubelmeldungen an die Dotcom-Blase der 1990er Jahre und den Börsensturz des Jahres 2000, als die amerikanischen Tech-Werte binnen zweier Jahre um 70 Prozent nach unten rauschten und in Deutschland der »Neue Markt« plötzlich Geschichte war. Börsenbeobachter vergleichen in solchen Fällen oft das Verhältnis von Aktienkurs und Gewinn. Diese einfache Rechnung ergab für den Konzern Amazon 2015 das atemberaubende Ergebnis, dass der Kurs den Profit 538-mal überstieg. Mit Firmengründer Jeff Bezos wetten die Anleger darauf, dass die hohen Investitionen des Online-Kaufhauses mit angeschlossener Logistik zur endgültigen globalen Marktbeherrschung führen werden: Das Monopol bittet dann zur Kasse. Alphabet und Microsoft sind dagegen mit Kurs-Gewinn-Verhältniswerten (KGV) von 35 und 28 moderat. Siemens beispielsweise hat ein KGV von 16, die österreichische voestalpine von 13 und die Schweizer Nestlé von 28.

## Der chinesische Tiger und sein Sprung in die Weltwirtschaft

Politisch fürchtete man früher im Westen, in Zeiten des Kalten Krieges, die Sowjetunion oder verkürzt: »den Russen«. Er war für alles Schlechte gut: für die Annexion eines unabhängigen Landes, teure Raumfahrtexpeditionen, Spitzeldienste oder Behinderungen des freien Warenverkehrs. Die Rolle der Russen haben in der Wirtschaft von heute die Chinesen übernommen. Für viele ist es die aus Peking gesteuerte Volksrepublik, die der westlichen Marktwirtschaft mit nicht-marktwirtschaftlichen Mitteln zusetzt und sie bedroht. Am produktivsten bei der Ausführung dieser These ist der amerikanische Ökonom Peter Navarro, der in drei Büchern sowie in einer TV-Dokumentation (»Death by China«) vor dem Reich der Mitte warnt und zum Souffleur des chinaphoben, überhaupt xenophoben US-Politikers Donald Trump aufgestiegen ist.

An den Indizien, dass China mit größerem Wohlstand größere Anteile der Weltwirtschaft für sich fordert, kann keiner vorbeigehen. Es ist eine logische Folge langjähriger Handelserfolge und einer ehrgeizigen Modernisierungspolitik. Es ist eine Folge aus der Tatsache, dass China mit 1,4 Milliarden Menschen den mit Abstand größten Binnenmarkt der Welt hat. Und es ist eine Folge der Globalisierung, die nicht nur die einen (die im Westen) reicher machen kann, sondern überall zu mehr Wohlstand führen muss, wenn das Modell Bestand haben soll. Dieses Modell ist im Grunde eine Sharing Economy, in der auf dem Globus Informationen, Ideen, Produkte, Dienstleistungen geteilt werden – und auch Einkommen. Über Erfolg oder Misserfolg entscheidet das Detail: Wer bekommt wie viel? Wie lange müssen frühere Agrargesellschaften wie China warten, bis sie das

Niveau der alten Industrieländer erreicht haben? Oder auch, anders gewendet: Wie viel sind wir bereit abzugeben?

China ist jedenfalls kein teilnehmender Beobachter der Weltwirtschaft mehr, kein einseitig Abhängiger des westlichen Blackrock-Kapitalismus, sondern inzwischen ein selbstbewusster Mitgestalter. Es handelt sich um nichts weniger als um einen Epochenwandel. Kein Ereignis hat das so klar gezeigt wie der G20-Gipfel am ersten Septemberwochenende 2016. Zum ersten Mal trafen sich die Regierungs- und Staatschefs der mächtigsten 20 Staaten der Welt in China, und die Macher der Volksrepublik hatten sich symbolisch den Ort Hangzhou ausgesucht, in dem die Zentrale des Internetriesen Alibaba sitzt, der an der New Yorker Börse notiert ist. Zahlreiche Politiker machten hier ihre Aufwartung. Und in Hangzhou hatte sich 1972 der damalige chinesische Ministerpräsident Zhou Enlai mit dem US-Präsidenten Richard Nixon getroffen, der zuvor in Peking bei Mao Tse-tung, dem großen Vorsitzenden nach der kommunistischen Revolution von 1949, gewesen war. Mit der Nixon-Visite begann die Öffnung des riesigen Landes. Das war ein Zeichen dafür, dass der größte Staat der Erde mit dem mächtigsten Land die gemeinsame Bühne sucht. Seitdem ist China zu einer aufstrebenden Weltmacht geworden, deren innerer Selbstzweifel mit dem nach außen getragenen Selbstbewusstsein korrespondiert. Die Amerikaner sind inzwischen eher verhasst, die Deutschen äußerst beliebt. Und all denen, die auf der Welt ebenfalls nach mehr Wohlstand und einem Entrinnen aus der Armut streben, bietet China die Hilfe als Führungsmacht an – in einem Vakuum, das die USA hinterlassen haben. In einigen Ländern Afrikas baut nun China mit Baufirmen, Eisenbahngesellschaften und eigenen Wanderarbeitern die Volkswirtschaft auf, und selbstverständlich lud der amtierende Staatspräsident Xi Jinping auch einige afrikanische Staatsführer nach Hangzhou zum G20-Gipfel. Er setzte hier die Regeln.

Zu einer erfolgreichen Planwirtschaft à la Xi Jinping gehören eigene Konzerne, die sich auf den Weltmärkten erfolgreich schlagen. Das sind weniger Staatsbetriebe als vielmehr Privatunternehmen, die im Zuge der Öffnung Chinas unter dem Reformer Deng Xiaoping seit Ende der 1970er Jahre entstanden und die gleichwohl unter Beobachtung und Beeinflussung der Kommunistischen Partei stehen, die ein Monopol auf politische Meinung hat.

2016 ist keine Woche vergangen, in der chinesische Firmen nicht mindestens einmal als Aufkäufer von Unternehmen auf den Weltmärkten auffielen. Oft tauchten sie völlig überraschend in Branchen auf, die gar nichts mit ihrem Stammrevier zu tun hatten. Das spektakulärste Beispiel lieferte die Versicherungsgruppe Anbang. Sie buhlte wochenlang mit stolzen Geldbeträgen um die große US-Hotelgruppe Starwood mit all deren Sheraton- oder Westin-Häusern und ließ am Ende doch dem amerikanischen Marriott-Konzern den Vortritt. Der chinesische Versicherungsregulator hatte wohl Bedenken, Anbang könne sich mit diesem Deal

# USA, EUROPA UND CHINA IM VERGLEICH

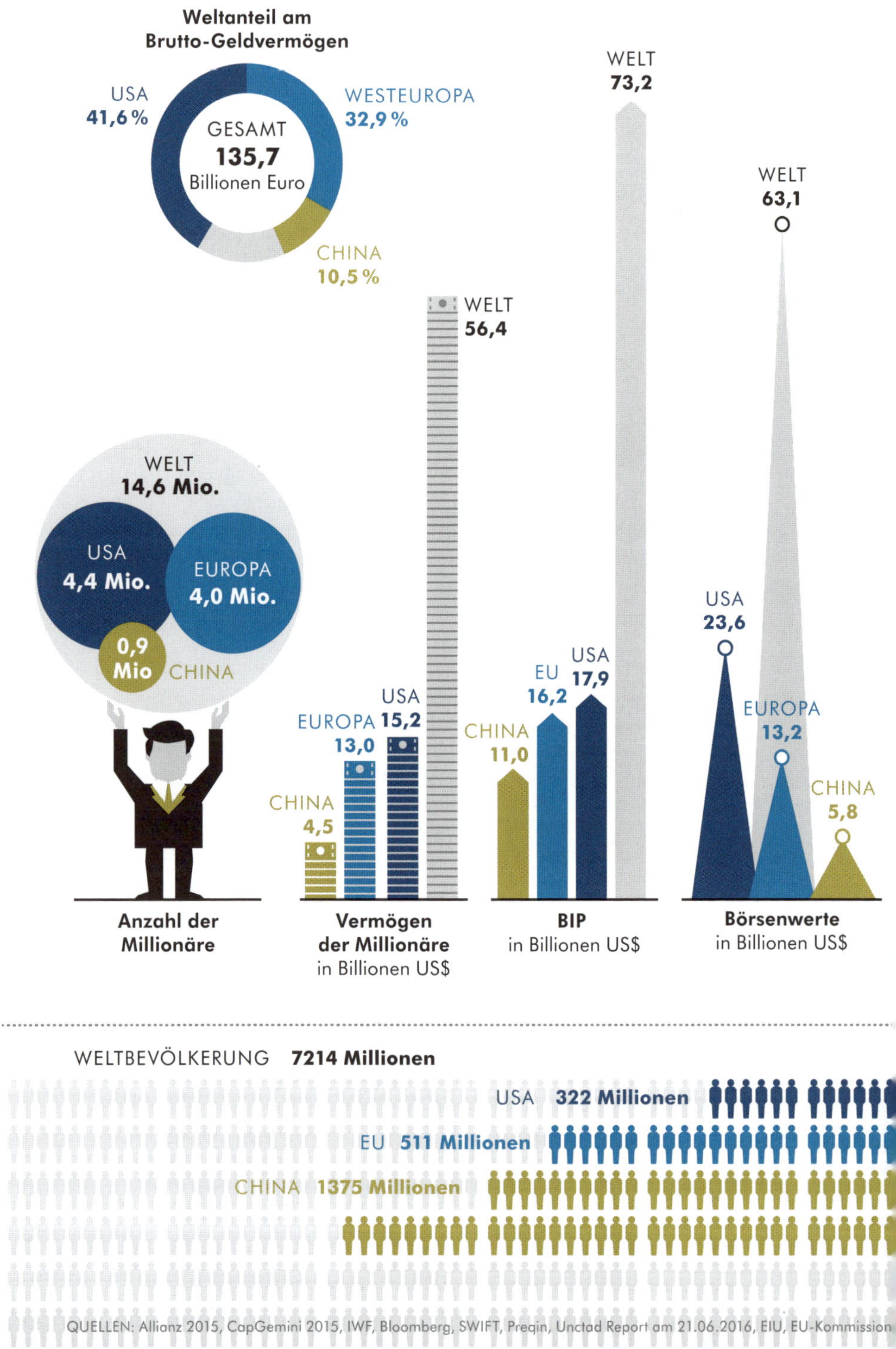

## Weltanteil am Brutto-Geldvermögen

USA
**41,6 %**

WESTEUROPA
**32,9 %**

GESAMT
**135,7**
Billionen Euro

CHINA
**10,5 %**

## Anzahl der Millionäre

WELT
**14,6 Mio.**

USA
**4,4 Mio.**

EUROPA
**4,0 Mio.**

**0,9 Mio** CHINA

## Vermögen der Millionäre
in Billionen US$

CHINA
**4,5**

EUROPA **13,0**

USA
**15,2**

WELT
**56,4**

## BIP
in Billionen US$

CHINA
**11,0**

EU
**16,2**

USA
**17,9**

WELT
**73,2**

## Börsenwerte
in Billionen US$

USA
**23,6**

EUROPA
**13,2**

CHINA
**5,8**

WELT
**63,1**

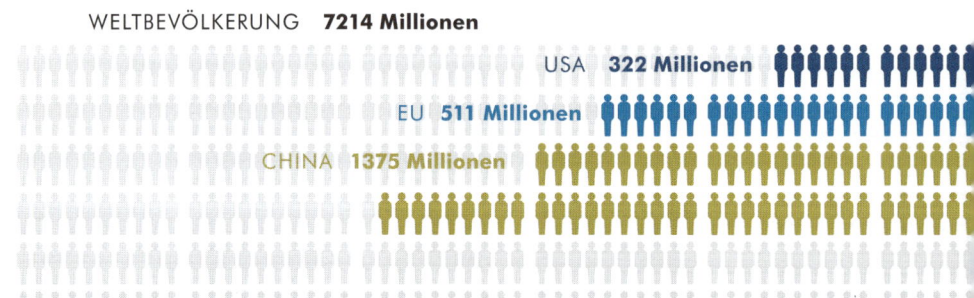

WELTBEVÖLKERUNG **7214 Millionen**

USA **322 Millionen**

EU **511 Millionen**

CHINA **1375 Millionen**

QUELLEN: Allianz 2015, CapGemini 2015, IWF, Bloomberg, SWIFT, Preqin, Unctad Report am 21.06.2016, EIU, EU-Kommission

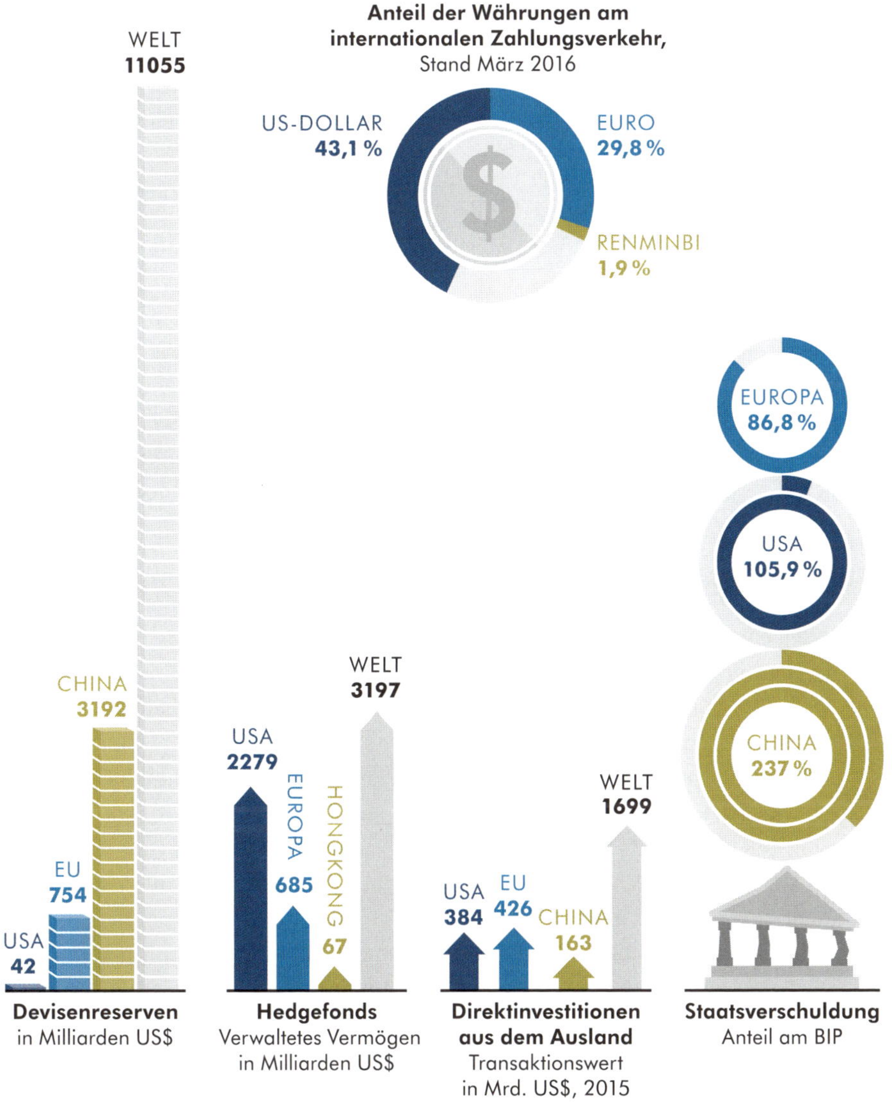

**WELT**
**11055**

## Anteil der Währungen am internationalen Zahlungsverkehr,
### Stand März 2016

US-DOLLAR
**43,1 %**

EURO
**29,8 %**

RENMINBI
**1,9 %**

EUROPA
**86,8 %**

USA
**105,9 %**

CHINA
**237 %**

CHINA
**3192**

EU
**754**

USA
**42**

**Devisenreserven**
in Milliarden US$

**WELT**
**3197**

USA
**2279**

EUROPA
**685**

HONGKONG
**67**

**Hedgefonds**
Verwaltetes Vermögen
in Milliarden US$

**WELT**
**1699**

USA
**384**

EU
**426**

CHINA
**163**

**Direktinvestitionen**
**aus dem Ausland**
Transaktionswert
in Mrd. US$, 2015

**Staatsverschuldung**
Anteil am BIP

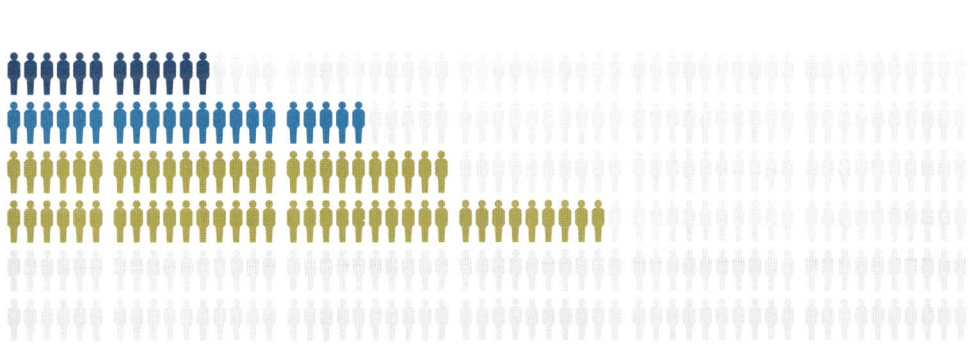

übernehmen. Der Konzern, der schon für fast zwei Milliarden Dollar das New Yorker Luxushotel Waldorf Astoria kaufte, hat mit generösen Versprechen von jährlich fünf Prozent Verzinsung viele Kunden gewonnen, von Januar bis Mai 2016 stiegen die Prämieneinnahmen um das Achtfache auf 34 Milliarden Dollar. Solche Wachstumszahlen ließen auch den Internationalen Währungsfonds (IWF) vorsichtig werden: 2015 hätten die Chinesen insgesamt umgerechnet sechs Billionen Dollar in hochverzinsliche Produkte im Schattenkreditgeschäft gesteckt, das sei eine Zunahme um 50 Prozent. Was an Chinas phänomenalem Aufstieg ist solide und nachhaltig, was bloße Illusionistenkunst? Diese Frage beschäftigt viele Beobachter. Und diese Frage ist entscheidend für die Zukunft der Weltwirtschaft.

Als Aufkäufer in Serie fällt auch der Beteiligungskonzern Fosun aus Shanghai auf: Er übernahm die Frankfurter Privatbank Hauck & Aufhäuser, den Fußballklub Wolverhampton Wanderers, Cirque du Soleil und den französischen Ferienklub-Anbieter Club Med. Man zahle immer zu viel für Firmen, weil 100 Prozent abgegeben würden, Fosun wolle aber vielmehr Partnerschaften, klagt ein Manager in der Zentrale in Shanghai. Wie sei überhaupt das Misstrauen gegen chinesische Investoren in Deutschland zu erklären, beschwert er sich, es sei doch eine schöne Summe Geld, das Firmen wie Fosun investierten. Der HNA-Konzern wiederum schluckte die Hotelbetreiber NH Hotels und Carlson. Für die dicksten Schlagzeilen sorgte der reichste Chinese Wang Jianlin, der sich mit seiner Dalian-Wanda-Immobiliengruppe in Hollywood sowie im globalen Fußball einkaufte. Der Milliardär schloss eine »strategische Allianz« mit Sony Pictures beteiligte sich an der Sportrechtefirma Infront, wurde Großsponsor der Fußball-WM und erwarb 20 Prozent am Spitzenklub Atlético Madrid. Dass er seine Immobilien-Tochter von der Börse in Hongkong nahm, da dort die Bewertungen nicht so hoch sind, ließ hier und da Skepsis aufkommen. Andere chinesische Investoren kamen bei weiteren europäischen Fußballspitzenklubs zum Zug: So kaufte eine vorher nicht aufgefallene Organisation namens Sino-Europe Investment Management Changxing dem italienischen Unternehmer und früheren Staatspräsidenten Silvio Berlusconi dessen AC Milan für 520 Millionen Euro ab, assistiert vom chinesischen Staatsfonds Haixia Capital Management. Suning Commerce, ein straff organisierter Elektrogeräte-Händler aus Nanjing mit vielen roten Fahnen im eigenen Museum im Untergeschoss, erwarb Inter Mailand. Und ein Konsortium unter Führung der chinesischen Investmentgruppe Everbright buhlte schließlich um den FC Liverpool. Jeder weiß, dass Staatspräsident Xi Jinping sich hohe Ziele gesetzt hat: »Ich habe drei Wünsche: China soll sich für eine WM qualifizieren, China soll eine WM austragen, und China soll eine WM gewinnen«, verkündete er 2011. »Ein Aufleben des Fußballs ist entscheidend auf dem Weg Chinas zu einer Sportnation«, schrieb die Regierung im März 2015 in eine Direktive. Das populäre Beispiel Fußball illustriert gut, wie das Land die eigene Erneuerung angeht. Aus der einstigen »Werkbank der Welt« soll ein Innovationsland und eine Soft Power werden, die sich einem »modernisierten Marxismus« verschreibt. Die der westlichen Welt mit ihren Sportevents und Hollywoodfilmen, die der Medienmogul Rupert Murdoch als Vermittler von Leitbildern für die ganze Welt begreift, eine eigene Kultur mit eigenen Filmen und selbst geschaffenem Fußballerfolg entgegensetzt. »Soft power« ist »real power«. Der moderne Weltkrieg um Macht beginnt im Portemonnaie und endet in den Köpfen.

Die Volksrepublik China verfolgt das Modell einer gemilderten Zentralwirtschaft oder, anders gewendet, einer gelenkten Marktwirtschaft. Die Kommunistische Partei und ihre Regierung nutzen die Mechanismen der Märkte durchaus geschickt und aggressiv, um das selbst auferlegte Wachstum von 6,5 Prozent zu erreichen. Es entsteht so ein weltweiter Systemstreit, ein Wettbewerb zwischen dem westlichen Finanzkapitalismus und dem chinesischen Geld-Kommunismus. Jahrzehntelang glaubten wir an ein Modell der Freiheit, das Politik und Wirtschaft einschließt, das alle auswählen lässt zwischen Gütern, Dienstleistungen und Parteien, und das so für maximale Dynamik sorgt. Der gelebte Individualismus galt als Grundbedingung für das größte Glück aller. Nun aber bietet sich ein System als Alternative an, das freie Wahlen nicht kennt, das eine Partei den Staat beherrschen lässt, das über Staatsunternehmen die Wirtschaft dominiert (bei Banken, Baukonzernen und im Rohstoffmarkt sind sie in der Weltspitze), und das doch auch freies Unternehmertum in Grenzen zulässt. Dem westlichen Kapitalismus tut solche Konkurrenz gut, denn nie war das amerikanische Wirtschaftssystem sozial besser und bei den Bürgern angesehener als in jenen Zeiten, in der die Sowjetunion mit ihrem Kommunismus stark war. Erst mit dem Machtverfall der UdSSR und dem Chaos der GUS-Staaten entwickelte sich eine neue Brutalität und Zockerqualität des US-Kapitalismus. In Russland ist der westliche Kapitalismus nach dem Fall des »Eisernen Vorhangs« in den 1990er Jahren, in der Vor-Putin-Zeit, gescheitert; dort existiert jetzt eine Oligarchen-Ökonomie. In China und den Entwicklungsländern jedoch ist womöglich ein Modell länger lebensfähig, als viele sich das gedacht haben, ein Modell zwischen dem Kapitalismus und Kommunismus, wie wir sie kannten, ein Modell, das früher »dritter Weg« hieß. Die Frage ist nur, wie lange die chinesische Bevölkerung bereit ist, auf politische Freiheit zu verzichten und die Privilegien der kommunistischen Eliten zu akzeptieren.

Man darf nicht vergessen, dass wir es auf der Welt selten mit der reinen Lehre zu tun haben, dass es auch anderswo »gemischte Systeme« aus Markt- und Planelementen gibt, beispielsweise in Frankreich, wo der Staat an vielen Unternehmen beteiligt ist. Das chinesische Modell ist allerdings ausgefeilter, rigoroser und verpflichtender. Ein Fünf-Jahresplan gibt die Leitplanken für die Entwicklung vor; er wird von einer Staatlichen Kommission für Entwicklung und Reform in

Koordination mit dem Staatsrat ausformuliert. Gleichzeitig existieren längerfristige Pläne, wie etwa »Made in China 2025« (für Produkte höherer Qualität), und sehr konkrete Anweisungen für einzelne Sektoren. Das alles soll eine künftige Spitzenstellung auf dem Weltmarkt sichern, obwohl die Firmen im internationalen Vergleich derzeit noch wenig produktiv sind, von Erfolgskonzernen wie Huawei oder Haier einmal abgesehen. Noch liegt der Schwerpunkt auf Öl, Stahl und Zement. 65 Prozent der weltweiten Stahlüberkapazitäten seien in China anzutreffen, ermittelten die Branchenverbände World Steel und Wirtschaftsvereinigung Stahl.

Besonders stark ist der Einfluss Pekings naturgemäß bei Staatsbetrieben. Viele der größten Konzerne werden von der Kommission zur Kontrolle und Verwaltung von Staatsvermögen verwaltet und beaufsichtigt. Eine besondere Rolle kommt den vier größten Banken des Landes zu, die es zusammengenommen auf eine Bilanzsumme von 11,5 Billionen Dollar bringen. Das ist ein Riesenbrocken, verglichen etwa mit den Ausgaben aller öffentlichen Haushalte in Deutschland, die bei 1,5 Billionen Dollar liegen, also nur 13 Prozent davon ausmachen. Mehrheitsaktionär der großen vier chinesischen Staatsbanken ist jeweils der Staat mit der machtvollen Holding Central Huijin, die dem Finanzminister unterstellt und organisatorisch wiederum dem Staatsfonds CIC zugeordnet ist. Über diese Verbindungen lassen sich Kredite, Investitionen und damit die Wirtschaftsstruktur des Landes steuern. 80 Prozent der »ökonomischen Gewinne« (inklusive der Kapitalkosten) kämen in China aus dem Finanzsektor, schätzt das McKinsey Global Institute. Unter chinesischer Führung startete die Asian Infrastructure Investment Bank (AIIB), eine Art Weltbank aus Asien. Sie ist ein weiterer Beleg für Chinas Anspruch, Weltpolitik mitzugestalten. AIIB-Präsident Jin Liqun versteht das neue globale Finanzinstitut als Plattform nach internationalen Standards; Deutschland und Großbritannien wurden Gesellschafter, die USA begreifen AIIB als Provokation und verzichteten. »Wir haben die Europäer eingeladen, weil wir glauben, sie können zum Erfolg und zur Qualität des Unternehmens viel beitragen. Sie sind die besseren Wächter unserer Bank«, sagt Jin Liqun. Die Welt gehört auch denen, die sich auf Allianzen verstehen.

Von großer strategischer Bedeutung für die chinesische Entwicklung sind die drei Baukonzerne China State Construction Engineering, China Railway Group und China Railway Construction. Hierüber läuft, im Verbund mit Finanzzusagen und anderen Deals wie dem Verkauf eigener Eisenbahnen, die Exportoffensive des Landes in Afrika und Südostasien. China legt so in Afrika und Asien die Eisenbahnstrecken der Globalisierung.

Bei Privatfirmen wie Alibaba und Tencent im Internetgeschäft oder wie bei Midea und Suning im Hausgerätemarkt erfolgt der Einfluss des chinesischen Staats eher auf indirektem Weg. Zum einen gibt es Parteibüros in großen Unternehmen, die oft an wichtigen Firmenentscheidungen beteiligt werden; keine größere Investitionsentscheidung läuft damit ohne das Plazet der Kommunistischen Partei. Zum anderen sind für viele Schritte – wie etwa Investitionen im Ausland – Genehmigungen nötig. Will eine chinesische Firma eine größere Summe in Europa investieren, braucht sie dafür eine Genehmigung von der Staatlichen Kommission für Entwicklung und Reform, dem Handelsministerium und dem chinesischen Devisenamt. Diese Genehmigungsverfahren laufen heute wesentlich schneller als früher ab, sodass chinesische Investoren bei internationalen Bieterverfahren bessere Chancen haben. Die ganze Konstellation zielt erkennbar auf die Strategie, dass möglichst viele wichtige Märkte auf der Welt chinesischen Investoren gehören sollen.

Zu den in Peking begehrten Branchen gehört alles, was mit Industrie 4.0 und Innovation zu tun hat. Diese Präferenz zeigte sich, als der Konsumgüterhersteller Midea aus Foshan den Augsburger Roboterhersteller Kuka kaufte. Der vom Käufer gebotene Preis war so hoch gesetzt, dass kein anderer Investor mitbot. Innerhalb weniger Wochen hatten die Chinesen die hochgerühmte Firma für gut vier Milliarden Euro erworben. Nie zuvor gaben Aufkäufer aus der Volksrepublik in Deutschland so viel Geld für eine einzige Firma aus. Die bisherigen Akquisitionen waren alle auf einem weitaus niedrigeren Level abgelaufen. Dazu gehörten der Kauf von Putzmeister durch den Betonpumpenkonzern Sany (525 Millionen Euro), von Osram Ledvance durch ein Konsortium (400 Millionen Euro), von Aixtron durch einen Investmentfonds (500 Millionen), von der Krauss-Maffei-Gruppe durch ein Konsortium mit ChemChina (925 Millionen), von EEW Energy from Waste durch die Beijing Enterprises Group (1,4 Milliarden) sowie von Kion durch Weichai Power. Insgesamt gaben Chinesen im ersten Halbjahr 2016 mehr als 35 Milliarden Dollar in Deutschland aus – und absorbierten somit fast 40 Prozent aller Investitionen aus dem Ausland. In Österreich und der Schweiz fielen Chinesen dagegen als Akquisiteure nicht auf. Weltweit steckten chinesische Firmen zwischen Januar und Ende Juni 2016 knapp 170 Milliarden Dollar in Zukäufe – das ist mehr als im gesamten Jahr 2015 (120 Milliarden). Während sich Konkurrenten aus anderen Ländern zurückhielten – insgesamt ging das Volumen der Firmenverkäufe um vier Prozent zurück –, sind die Eroberer aus Fernost so richtig auf den Geschmack gekommen. Im eigenen Land sind für ausländische Investoren bei wichtigen, größeren Unternehmen Chinas jedoch nur kleinere Beteiligungen möglich. Kontrollverlust ist dort nicht eingeplant.

Der Fall Kuka/Midea hat grundsätzliche Fragen aufgeworfen. Die Transaktion konnte die politisch Verantwortlichen in Deutschland nicht beglücken. Sie ringen noch um die richtige Positionierung des Landes in der digitalen Zukunft. Nachdem das Geschäft mit den Daten und die digitalen Endkundengeschäfte in der westlichen Hemisphäre in den Händen amerikanischer Unternehmen liegen, hoffen Politiker, Berater und Manager in der Bundesrepublik auf die Verknüpfung von Maschinen, Anlagen und Robotern in den Fabriken (Industrie 4.0) – und auf die intelligente, computergesteuerte Verzahnung zwischen Bestellung, Produktion und Verkauf. Im Modell einer integrierten, automatischen Fabrik hat Kuka mit seinen Robotern sehr wohl eine wichtige Funktion. Ein Alternativangebot für Kuka sei »angemessen«, befand Bundeswirtschaftsminister Sigmar Gabriel, und auch EU-Digitalkommissar Günther Oettinger problematisierte den Deal mit den Chinesen. Die zwei an Kuka beteiligten deutschen Mittelständler aber machten lieber mit dem Verkauf ihrer Anteile von zusammengerechnet 35 Prozent ordentlich Kasse und einen Gewinn von insgesamt 800 Millionen Euro, der dem aggressivsten New Yorker Hedgefonds gut angestanden hätte. Auch wenn heute viel von Renationalisierung die Rede ist – und auch hier schon war –, das Kapital denkt nicht national. Was zu beweisen war.

Mondpreise, also bewusst sehr hoch angesetzte Preise, können Wettbewerb ausschalten. Im Umfeld von Kuka heißt es, Midea habe aus Peking die Anweisung gehabt, zu jedem Preis solche Firmen zu kaufen, an denen US-Investoren auch Interesse haben könnten. Kuka hatte auf der Hannover Messe 2016 sogar dem US-Präsidenten Barack Obama imponiert. Midea selbst präsentiert sich treuherzig als »unabhängiges börsennotiertes Unternehmen, das im Sinne seiner Aktionäre handelt«. Aber die Dynamik der Ereignisse rund um China-Investitionen weist darauf hin, dass es aus Sicht der Planer in Peking um das Besetzen von wichtigen Spielfeldern des weltweiten Kapitalismus geht, um das Abstecken von Claims, die für Umsätze der Zukunft sorgen werden. Das ist ein legitimes Verhalten. Man kann niemandem Lust am Wettbewerb vorhalten. Man kann nur ankreiden, dass es bei allem Gerede über Industrie 4.0 in Europa an einem umfassenden industriepolitischen Konzept hierfür fehlt.

Wenn künftig noch mehr Geschäfte à la Kuka durchgezogen werden und Produktion sowie Know-how langfristig nach China abwandern, droht eine Schwächung des Standorts. Dann erwartet deutsche und europäische Firmen eine unangenehme Sandwich-Position zwischen cashstarken, eroberungslustigen US-Unternehmen und weitblickenden, staatlich unterstützten Konzernen aus China – von den arabischen Staatsfonds und ihren Ambitionen war schon die Rede. Deutschland ist im Tiefschlaf. Österreich und die Schweiz sind es auch.

Aber nicht überall ist man so unbekümmert. In Großbritannien zum Beispiel ließ die frisch gewählte Premierministerin Theresa May den geplanten Bau eines Atomkraftwerks im Projekt Hinkley Point C neu überprüfen, weil dabei die China General Nuclear Power Corp. mitmischt, und gab das Projekt erst unter Auflagen frei. In den USA wiederum überprüft das Committee on Foreign Investment ganz genau, was sich chinesische Aufkäufer leisten wollen. Im Februar 2016 gab die Tsinghua Unigroup die geplante Übernahme von Western Digital (Festplattenlaufwerke, Speicherprodukte) für fast vier Milliarden Dollar auf, weil das Committee eine genaue Überprüfung angekündigt hatte. Anbang wiederum ließ von der Versicherung Fidelity & Guaranty Life sofort ab, nachdem der US-Regulierer einige Nachfragen angekündigt hatte. Und der amerikanische Halbleiterfabrikant Fairchild ließ sich lieber zu einem niedrigeren Preis durch einen US-Rivalen kaufen als für 2,5 Milliarden Dollar durch China Resources Microelectronics und Hua Capital.

Was niemand braucht, ist eine globale Verdächtigung des »Chinesen«, so wie einst des »Russen«. Was nötig ist, sind sachliche Einschätzungen. Was noch nötiger ist, sind eigene Zielbeschreibungen. Nach dem Kuka-Verkauf machten sich denn auch die Beamten im Bundeswirtschaftsministerium daran, ein schärferes Außenwirtschaftsgesetz zu formulieren. Es soll den Verkauf wichtiger sensibler Firmen blockieren.

Roland-Berger-Chef Bouée hat lange in China gelebt und weiß, dass die Leute die Vorstellung lieben, dass hinter der chinesischen Investitionsoffensive ein großer Plan, ein »Grand Design«, stehe: »Sie vergessen, dass China aus sich heraus stark ist. Die Republik erfindet sich neu, zum Beispiel mit Hochgeschwindigkeitszügen, sie ist stark im Service, und sie hat einen Massenmarkt im geschlossenen Raum.« Das Land wird nicht aufhören, die alte westliche Welt herauszufordern, deren wirtschaftliche Vorherrschaft auf dem Globus definitiv zu Ende gegangen ist. Aber dieser Bruch muss nichts Schlechtes sein. Er provoziert zu eigener Neubesinnung. Er darf nicht zu neuem Protektionismus provozieren.

China sei ein »Spezialfall«, sagt ein ranghohes Mitglied der Deutschen Bundesbank, »vieles dort hat nichts zu tun mit klassischem Marktverständnis«. Er empfiehlt jedoch, »den Ball flach zu halten«, schließlich hätten auch die Deutschen einen gewissen Teil ihres Exports über den Staat gefördert. »Und warum«, fragt der Finanzmann noch, »schaut man auf China mit einer anderen Brille als auf die USA?«

Die Grundfrage – über solche philosophischen Erwägungen hinweg – ist, ob Deutschland und Europa die Herausforderungen des neuen Weltkapitalismus bestehen können. Werden wir nicht eher zerrieben werden zwischen dem angloamerikanischen Blackrock-Kapitalismus, dem kalifornischen Datenkapitalismus und den Interessen der chinesischen und arabischen Staatsfonds? Bleibt uns womöglich in 30, 40 Jahren die Rolle, die heute Griechenland für die EU spielt, wo wir alle uns fragen, wann die nächste Krisenmeldung kommt, der nächste Alarm vor einem drohenden Zusammenbruch? Wo alle das Geschäftsmodell suchen, das Arbeitsplätze und Wohlstand bringt, jenseits von erschwindelten Transfers und politischen Almosen?

## Auf die Familie kommt es an

Alfred DuPont Chandler jr. (1918–2007) war ein anerkannter Wirtschaftshistoriker, der sich früh mit großen Betriebsorganisationen beschäftigte. Seine Urgroßmutter war von der Industriellenfamilie Du Pont aufgezogen worden, weshalb die Familienmitglieder der Chandlers den Namen der Dynastie tragen durften. Der Wirtschaftsprofessor untersuchte Konzerne wie Standard Oil, General Motors und natürlich die Chemiefirma E. I. du Pont de Nemours and Company. 1977 beschrieb er im Standardwerk »The Visible Hand« die Segnungen der Manager-Revolution, die eine höhere Produktivität und niedrigere Kosten mit sich führte. Chandler pries die Klasse der Manager in den USA – und sah Familienunternehmen als Relikt einer vergangenen Epoche an. Sie würden in der modernen Ära verdrängt werden, da börsennotierte, von Managern geführte Unternehmen einen besseren Zugang zu Kapital und Talenten hätten.

Ganz so, wie es der Harvard-Professor und Doyen der Wirtschaftshistorie prophezeit hat, ist es sogar im Blackrock-Kapitalismus nicht gekommen. Familien haben noch immer in der globalen Ökonomie Einfluss, zumal in Asien und im Mittleren Osten, den neuen Wachstumszonen. Auch in den europäischen Kernländern Deutschland, Frankreich und Italien hält sich das Familienmodell hartnäckig. Dass neun von zehn Firmen auf der Welt Familien gehören, ist nicht weiter verwunderlich, schließlich zählt hier statistisch jeder Krämerladen und jede Schraubenhandlung. Ihnen gehört nicht wirklich die Welt. Relevanter ist schon, dass auch von den größeren Unternehmen mit mehr als einer Milliarde Dollar Umsatz ein nennenswerter Teil von Familien kontrolliert wird. In Indien liegt diese Familienquote laut einer Studie der Unternehmensberatung Boston Consulting Group bei 56 Prozent, in Südostasien bei 54 Prozent, in Brasilien bei 46 Prozent sowie in Deutschland und Frankreich bei jeweils 40 Prozent. Extrem ist die Macht von Dynastien in Südkorea, wo 20 Familienkonglomerate (»Chaebol«) die Mehrheit der Exporte auf sich vereinigen; der Samsung-Komplex der Familie Lee ist der bekannteste. In der Bundesrepublik wiederum hat die Zahl der Umsatzmilliardäre unter den Familienunternehmern die Zahl 100 inzwischen überschritten und steigt weiter. Selbst in Chandlers Managerparadies USA wird jedes dritte Milliardenunternehmen noch von einer Familie geleitet. Dafür stehen Marktgrößen wie Walmart, Mars oder die Koch Industries. Und sogar in der Phalanx der zehn größten Vermögensverwalter der Welt werden vier amerikanische Unternehmen von Familien dominiert, und zwar in der zweiten oder dritten Generation: Abigail Johnson steuert Fidelity, Rob Lovelace ist im Management der Capital Group aktiv, David H. B. Smith wirkt bei Northern Trust, und schließlich kümmert sich Greg Johnson um Franklin.

Chandlers Prophezeiung ist hingegen dort wahr geworden, wo besonders viel Geld bewegt wird oder die technischen Anforderungen hoch sind: Bei Airlines, Telekommunikation, Hightech, Industrie, Energie, Rohstoffe, Chemie, Pharma, Versicherungen oder Banken spielen Dynastien in der Spitze der jeweils branchengrößten Unternehmen so gut wie keine Rolle, von Ausnahmen wie dem indischen Stahlunternehmer Lakshmi Mittal, dem Schweizer Roche-Mitbesitzer André Hoffmann oder dem japanischen Telekom-Strategen Masayoshi Son abgesehen. Dafür ist der Anteil von Familienmacht in den Märkten Auto und Handel noch relativ groß, von Toyota bis VW, von Aldi bis Carrefour. »Global betrachtet sind Familien immer noch eine große Macht«, bilanziert der Pariser Wirtschaftsprofessor Tibi: »Schauen Sie einmal, wie viele Familien die Wirtschaft in Ländern wie Indien oder Indonesien beherrschen.« In Schweden beherrscht eine einzige Familie – die Wallenbergs – mit ihren Beteiligungen bis zu 40 Prozent des gesamten Börsenwertes, in Italien kommt der Clan der Agnellis, der längst stärker international investiert, auf 10,4 Prozent Anteil an der gesamten italienischen Marktkapitalisierung. Hier allerdings zeigen sich in Deutschland klare Unterschiede. Im Land des Mittelstands muss man schon den Aktienbesitz der zehn größten deutschen Familien heranziehen, um auf einen Börsenanteil von 10,4 Prozent zu kommen. Die großen deutschen Dynastien können mit den Gesetzen des Kapitalmarkts eben wenig anfangen. Maria-Elisabeth Schaeffler-Thumann beispielsweise ist mit ihrem fränkischen Wälz- und Kugellager-Imperium nach dem Fehltritt des zu teuren Kaufs von Continental eher unfreiwillig zur Publikumsgesellschaft geworden, weil sie über Börsenerlöse die zu hohen Schulden besser finanzieren konnte. Am Ende hat die Unternehmerin dann sogar – zum ersten Mal in der Firmengeschichte – keinen Ingenieur zum Chef gemacht, sondern ihren langjährigen Finanzvorstand, der ihr mit »financial engineering« die Firma gerettet hat.

Dem Blackrock-Kapitalismus und dem chinesischen Staatskapitalismus haben die Deutschen, aber auch die Österreicher und Schweizer, vor allem viele erfolgreiche Familienbetriebe entgegenzusetzen. Sie sind oft in Nischen Weltmarktführer. »Familienunternehmer sind der Stolz des Standorts Deutschland«, sagt Stefan Heidbreder, Geschäftsführer der Stiftung Familienunternehmer: »Die USA haben nur halb so viele Hidden Champions wie Deutschland. Die Stärke liegt in der absoluten Fokussierung auf Nischen und eine starke Kundenorientierung.« Er sei davon überzeugt, dass sich Familienunternehmen im Markt halten, vor allem in Deutschland, erklärt auch Professor Hermann Simon, Chef der Bonner Beratungsgesellschaft Simon-Kucher & Partners: »Das liegt an vielen Gründen, zum Beispiel an der im internationalen Vergleich niedrigen Erbschaftsteuer und der fehlenden Vermögenssteuer, aber auch an der starken internationalen Orientierung.« Ein gestandener Deutschbanker sagt: »Es gibt immer noch ein paar sehr reiche Familien in Deutschland, die keiner kennt.«

Der typisch deutsche Familienunternehmer ist lange Zeit – prototypisch – so gewesen wie Theo Albrecht, der Handelsunternehmer aus Essen. Er gab keine Interviews, lehnte Luxus ab, arbeitete viel, rechnete mit spitzem Bleistift, mied Kredite, konnte mit den Schnöseln vom Investmentbanking wenig anfangen, erst recht nicht mit Briefkastenfirmen in Panama, und steckte alles in die Firma. Es sollte ja alles in der Familie bleiben. »Unter den Familienunternehmern nennen 99 Prozent als oberstes Ziel Unabhängigkeit«, erklärt Experte Heidbreder: »Viele wollen selbstbestimmt leben und nicht in den Medien.« Für sie ist das Modell der in der Öffentlichkeit gänzlich unbekannten Milliardärsfamilie Reimann, die an Reckitt Benckiser (Reinigungsmittel, Kondome, Pflegemittel) und Coty (Parfüms, Kosmetik) und vielen anderen Firmen beteiligt ist, viel attraktiver als das Modell der Quandt-Familie, die coram publico für unternehmerische Verantwortung bei BMW steht und dies in den Medien erklärt, also unter Dauerbeobachtung steht. Wobei am Ende jeder – wie bei den Quandts – für seine Leistung geliebt werden will und nicht für das Geld, das damit gemacht wurde.

Mit der Grundgesetznorm, dass Eigentum verpflichtet, hat das Familienunternehmertum von 1949 an eine besondere Wendung genommen. Kapitalistische Übergröße, wie in der Nazizeit durch die Imperien von Alfred Hugenberg und Alfried Krupp von Bohlen und Halbach verkörpert, war nun verdächtig. Es galt fortan das Leitbild einer sozial verankerten Marktwirtschaft. »Der Kapitalismus musste sich im Wettstreit mit dem Sozialismus nach dem Krieg erst wieder Vertrauen erwerben«, analysiert der Anwalt und Berater Peter May: »In der Provinz ersetzte Familienkapitalismus nach 1945 oft den frühen Feudalismus. Familienunternehmer sind dann die neuen Grafen.«

Manchmal leben sie sogar in einem Schloss, so wie der Gips-Unternehmer Nikolaus Knauf, dessen im fränkischen Iphofen angesiedelte Firma weltweit Baustoffe verkauft und zum Beispiel in Russland stark vertreten ist. Der Familienunternehmer, der für die CSU politisch aktiv war, erklärt, stolz darauf zu sein, »dass unsere Arbeiter mehr bekommen als andere und dass wir die besten Steuerzahler in einem Bezirk sind: Mehr brauchen Sie nicht, um Vorbild für Ihr Umfeld zu sein.« Es gibt viele solcher »Wirtschaftsgrafen« in der sogenannten Provinz, Leute wie Walter Mennekes aus dem Sauerland mit seinen weltweit benutzten Industriesteckern oder wie Hans Georg Näder, den Inhaber der auf Prothesen spezialisierten Ottobock-Gruppe aus dem niedersächsischen Duderstadt, oder Martin Herrenknecht, den Tunnelbau-Weltmarktführer aus dem badischen Lahr. Er bohrt überall, mit einer Einschränkung, wie er sagt: »Nach Nordkorea geht der Herrenknecht nicht.« Diesem Unternehmertyp gehört die Welt der Nischen. In Österreich ist die Familie Doppelmayr mit ihren Seilbahnen Weltmarktführer, sie baute in London 2012 anlässlich der Olympischen Spiele die erste Stadtseilbahn Großbritanniens genauso wie in China die höchste und in Vietnam die längste

Seilbahn der Welt. Und in der Schweiz ist die Familie Ganzoni mit ihrem Unternehmen Sigvaris aus dem Kanton St. Gallen beispielsweise der weltgrößte Anbieter von medizinischen Stützstrümpfen.

Kurze Entscheidungswege, persönliche Ansprache und Verlässlichkeit der Köpfe über Generationen hinweg nennt Clemens Tönnies, Fleischgroßunternehmer aus dem ostwestfälischen Rheda-Wiedenbrück, als Hauptvorteile von Familienunternehmen. Aber er kennt auch die Nachteile, die höhere Anfälligkeit für Streit, bedingt durch Eitelkeit und Empfindsamkeit. Tönnies hat Jahre des Streits um die Macht mit seinem Neffen Robert hinter sich, mit gegenseitigen Klagen und Verdächtigungen, und insgesamt sind in diesem Rechtsstreit schätzungsweise 200.000 Seiten Papier produziert worden. Angeblich steht der Finanzinvestor BC Partners bereit, um bei einem eskalierenden Streit Anteile zu übernehmen. Löst Finanzkapital Familienbesitz hier ab? Interner Zoff zwischen Stämmen und Unklarheiten in der Nachfolgeregelung sind die größten Gefahren für solche Familienreiche. Das gilt für Aldi-Nord genauso wie für die Oetkers in Bielefeld oder für den Dübel-König Klaus Fischer im badischen Waldachtal.

In den USA hat der Fall des greisen US-Medientycoons Sumner Redstone (Paramount Pictures, CBS, MTV) Aufsehen erregt. Er warf überraschend zwei langjährige Vertraute aus der Führung der Familienholding und setzte ganz auf seine Tochter, mit der er einst arg zerstritten war. Shari Redstone habe den Vater manipuliert, klagten die geschassten Manager des Medienkonzerns Viacom. Unter den Familienunternehmern der USA ist ein Mann in breiten Kreisen anerkannt, der sein Glück – typisch für den neuen Kapitalismus – mit Finanzdeals gemacht hat: Warren Buffett. Seine Beteiligungsgesellschaft Berkshire Hathaway mischt überall in Corporate America (Coca-Cola, American Express, Wells Fargo, IBM) mit; seinen Sohn Howard hat er für Nachfolgejobs in Stellung gebracht. Die Liebe zu Buffett spiegelt auch die Sehnsucht nach dem früheren Zustand der Wirtschaft wieder, als der Kapitalist noch ein persönlichkeitsstarker Patron war. Buffett verkörpert diese Wärme in einer Zeit der Börsenalgorithmen, von denen er selbst auch profitiert. Er predigt eine größere Verteilungsgerechtigkeit und lässt vergessen, dass er sich selbst auch jahrelang erfolgreich ums Steuerzahlen gedrückt hat. Wirtschaftsprofessor Simon sieht in dem Milliardär ein Symbol für den erheblich gewachsenen Einfluss der Finanzinvestoren: »Die Frage ist, wer nächste Warren Buffett wird.« Das fragen sich viele. Die bedeutenden amerikanischen Finanzfirmen werden oft von Männern geleitet, die auf die 70 zugehen oder diese Lebensmarke überschritten haben. Diese Einzelunternehmer haben in den 1970er und 1980er Jahren rechtzeitig vor der einsetzenden Finanzökonomisierung der Gesellschaft ihre Firmen gegründet.

Buffett steht auch für den um sich greifenden »Philanthrokapitalismus« der amerikanischen Milliardäre. George Soros hatte Märkte noch als »Ego-Vernichtungsmaschinen« bezeichnet, für Buffett aber ist die Weltwirtschaft offenbar eine riesige Ego-Entwicklungsmaschine. Sein Vermögen spendet er im Verbund mit Bill Gates, dem großen Microsoft-Mitgründer, der sein riesiges 120-Millionen-Dollar-Anwesen Xanadu 2.0 nennt und in der Hauptsache mit seinen Stiftungen Polio, Aids und Malaria in der Welt eliminieren will, was in afrikanischen Ländern Ärzte zum Teil aus anderen wichtigen Einsatzgebieten abzieht. Gates will Philanthropie so effizient fördern wie ein neues Softwareprogramm und betreibt die Spendentätigkeit letztlich wie einen Konzern, nur dass kein Aktionär und erst recht auch kein Wähler über seine Wetten auf die Zukunft abstimmt. Zuckerberg von Facebook wiederum will maßgeblich helfen, dass bis 2100 alle Krankheiten besiegt sind; als erste Rate in diesem Kampf kündigte er an, drei Milliarden Dollar bis 2026 zu spenden. Wem die Welt gehört, verändert sie. Machbar ist dann nicht nur wirtschaftlicher Erfolg, sondern auch soziale Wohltat in größerer Dimension. Man will nicht in der »Schande« des übergroßen Reichtums sterben, was der Magnat Andrew Carnegie so gegeißelt hat, sondern lieber in der Gewissheit, dass die Nachwelt gut von einem spricht.

Malaria beseitigen? Polo auf null bringen? Aids bekämpfen? Alle Krankheiten verschwinden lassen? Ein Schuss Wahnsinn zeichnete Personen, denen die Welt gehört, schon immer aus. Der Dynamit-Unternehmer Alfred Nobel nahm sich vor, den Krieg für immer abzuschaffen, und Auto-Pionier Henry Ford glaubte, eine typische amerikanische Autostadt im brasilianischen Regenwald in Amazonas-Nähe nachbauen zu können; er scheiterte mit seinen Regeln, dass nur amerikanisch gegessen und Square Dance getanzt werden sollte. Die leicht spleenigen Unternehmer-Milliardäre von heute schießen Tourismusraketen ins All wie Richard Branson, bauen Expressröhren für Menschen zwischen Los Angeles und San Francisco wie Elon Musk oder lassen nach pharmazeutischen Mitteln für die Ewigkeit forschen wie Oracle-Gründer Larry Ellison. Science-Fiction als Geschäftsplan scheint ihnen allemal smarter als das Ringen um Trophäenkäufe in der Kunst oder im Fußballgeschäft, mit denen sich die Superreichen sonst gerne beschäftigen. Wenn es schon um den möglichst hohen Platz in der Rangliste geht, dann doch lieber eine Spitzenleistung beim Versuch, Unmögliches zu erreichen, Grenzen zu überwinden. Ruhm gebührt, wer in neue Sphären vorstößt, und mancher aus der Riege der Milliardäre arbeitet mit innerlicher Beharrlichkeit am Bild, das der Nachwelt bleiben soll. Unvergesslich zu werden für viele, ist vermutlich das größte Kompliment für jemanden, dem mehr an der Welt gehört als anderen.

Die Finanzelite von Manhattan (Steve Cohen, Leon Black, Stephen Schwarzman) hält es erkennbar mit 100-Millionen-Kunstwerken; dagegen bevorzugen arabische Scheichs, russische Oligarchen und chinesische Tycoons bekannte europäische Fußballklubs, die sie gewissermaßen als Stammeszeichen für ihren Aufstieg in der Globalisierung herzeigen können. Hier handeln die Repräsentanten eines globalen Kapitalismus, der den Wert von allem als Preis definiert und die Mittel liefert, auch höchste Preise zu zahlen. Es ist eine Welt, in der Staatsfonds und Vermögensverwalter eine immer größere Rolle spielen, und Familienunternehmertum dann am besten überlebensfähig scheint, wenn es sich intelligent mit Finanzkapitalisten verbindet, ohne die Kontrolle über das Eigentum aufzugeben. Das ist ihre eigene Zähmung des Raubtierkapitalismus. In Deutschland gelten die börsennotierten Firmen der Düsseldorfer Familie Henkel und des Quandt-Clans in dieser Hinsicht als Vorbild, als geglückte Symbiose aus persönlicher Verantwortung und finanzieller Mobilisierung. Doch es kann – ohne die richtige Familienverfassung – so unglücklich enden wie bei den Familien Porsche und Piëch im VW-Konzern.

In Europas größtem Industrieunternehmen liegt die Dynastie in einem offenen Stellungskrieg mit anderen Gesellschaftern, und die gesamte Welt schaut zu. Es gilt die Devise: Jeder gegen jeden. Gestritten wird darüber, wer die Unternehmenskultur und die Machtpositionen bestimmen darf. Bleibt der Einfluss der in sich zerstrittenen Familie so groß wie bisher? Die Stuttgart-Salzburger Dynastie möchte am liebsten den 20-Prozent-Gesellschafter Niedersachsen rasch loswerden. Die zwei Aufsichtsratsvertreter des Bundeslandes – egal, ob sie konservativ oder sozialdemokratisch ausgerichtet sind – paktieren traditionell mit den VW-Arbeitnehmern.

Die Konfliktlinien wurden in voller Schärfe im Frühjahr 2016 deutlich, als es um die Zahlung einer Dividende für das Krisenjahr 2015 ging. Eine Aussetzung wäre aufgrund der hohen Rückstellungen ökonomisch erklärbar gewesen. Doch die Porsches und Piëchs hatten eher die Klausel im Sinn, wonach im Fall von zwei dividendenlosen Jahren die bislang stimmrechtslosen Vorzugsaktien stimmberechtigt würden. Der Anteil des Landes Niedersachsen würde sich auf diesem Weg auf zehn Prozent halbieren, die politische Vetomacht wäre weg. Im Aufsichtsrat des VW-Konzerns stimmten die Familienvertreter zusammen mit den zwei von Katar geschickten Aufsichtsräten tatsächlich gegen die Dividende, wurden aber von der Arbeitnehmerbank und den zwei Niedersachsen-Vertretern überstimmt. Die Idee, dann eben mit der Familienmehrheit der Stammaktien in der Hauptversammlung gegen die Dividende zu stimmen, wurde am Ende abgeblasen. Der Familienvertreter Wolfgang Porsche soll den offenen Konflikt gescheut haben. Geradezu skurril ist es, dass dieselbe auf Null-Dividende setzende Eigentümerfamilie dann wenige Wochen später bei der VW-Muttergesellschaft Porsche SE gegen das Ansinnen des Managements eine deutlich erhöhte Dividende durchsetzte. Der dünne Geldfluss aus Wolfsburg sollte so besser verwunden werden. Das Chaos der Firma beginnt mit dem Chaos der Eigentümer. Unter unternehmerischem Erfolg verstehen alle etwas Unterschiedliches. Stephan Weil (SPD), der niedersächsische Ministerpräsident, will politische Mitsprache und Sicherung von Arbeitsplätzen, die Familie möchte Kontrolle über Generationen hinweg, und die institutionellen Investoren wollen einen ethisch einwandfreien Konzern, der verlässlich Rendite liefert – so viele unterschiedliche Ziele auf einmal werden auf Dauer nicht zu befriedigen sein. Deshalb wird das System VW implodieren. Deshalb wird mit dem Untergang der langjährigen Machthaber Ferdinand Piëch und Martin Winterkorn auch ihr Werk zerfallen. Und die Frage »Wem gehört VW?« wird auch zur Schlüsselfrage darüber, wem die Wirtschaft gehört.

Auch in Frankreich gibt es solche handfesten Systemkämpfe wie in Wolfsburg. Sie spielen sich ebenfalls in der Automobilindustrie ab – und zwar in zwei Konzernen, an denen der Staat maßgeblich beteiligt ist. So stimmte bei Peugeot der Staat (Anteil: 13,7 Prozent) gegen die Vergütung des Vorstandsvorsitzenden Carlos Tavares, der für 2015 mit 5,24 Millionen Euro Gehalt belohnt wurde. Im Jahr zuvor hatte er nur 2,75 Millionen erhalten. Die Regierung findet, alle müssten Opfer bringen, nachdem sie 2014 mit drei Milliarden Euro den Konzern gerettet hat, an dem der chinesische Staatskonzern Dongfeng Motor und die Gründerfamilie Peugeot ebenfalls mit jeweils 13,7 Prozent beteiligt sind. Bei Peugeot bedauerte der Staat am Ende, nicht die Mehrzahl der Aktien zu halten, um so Tevares' Tarifsprung zu verhindern. Noch dramatischer ist die Lage bei Renault, wo der französische Staat knapp 20 Prozent hält und zusammen mit Investoren mehrheitlich auf der Hauptversammlung stolze 7,3 Millionen Euro Gehalt für den Vorstandschef Carlos Ghosn ablehnte. Die Opposition, die zur Mehrheit wurde, verwies darauf, dass Ghosn als Chef des Renault-Partners Nissan noch einmal fürstlich entlohnt werde und so insgesamt auf 15 Millionen komme. Das Votum war jedoch unverbindlich und wurde vom Aufsichtsrat nicht umgesetzt.

Staat gegen Familie gegen Finanzinvestoren – an diese Konstellation wird man sich gewöhnen müssen. Über den Ausgang solcher Konflikte macht sich Professor May, erfahrener Berater von Familienunternehmen, keine Illusionen: »Kapitalsammelstellen sind mit den Jahren wichtiger geworden, der Familienkapitalismus hat da schlechte Karten. Familien wollen Kontrolle ausüben und Verantwortung beweisen, sie sind skeptisch gegen Kapital von außen.« Der erfahrene Berater Hermann Simon ergänzt: »Ab einer gewissen Größe muss ein Familienunternehmen an die Börse. Vermutlich hätte Aldi-Nord nicht diese internen Probleme, wenn es mit Aldi-Süd in einem gemeinsamen Konzern an der Börse notiert wäre.«

Die Pointe ist, dass immer mehr Familienfirmen sich inzwischen selbst als Finanzinvestor betätigen. Man ist nicht mehr Unternehmer, man ist Investor. Man ist nicht mehr nur Produzent oder Händler, sondern auch Bank. Man baut keine Firma auf, man lässt Geld zirkulieren. Das ist die zwangsläufige Folge, wenn mit steigendem Betriebsalter eines Unternehmens die Zahl der Familienmitglieder immer größer wird, so wie beim Haniel-Clan, der 650 Anteilseigner im engeren Sinne umfasst. Da leben einige nur von Dividende und wollen Geld sehen. In Deutschland gibt es inzwischen rund 400 bedeutende Family Offices, die nur eine

Familie bedienen, sowie 50 Multi Family Offices, die auch für andere Familien arbeiten. Alle zusammen dürften schätzungsweise fast 200 Milliarden Euro anlegen. Dabei halten sie peinlich genau die alte Bankerweisheit ein, ein »Klumpenrisiko« zu meiden und das Vermögen breit zu streuen, bevorzugt in Unternehmen. Schon JP Morgan hat es am Ende seiner Tage so gehalten: Da schuf er das erste Family Office der Welt. Jetzt geht es vielen Familienunternehmern um den eigenen »Superreturn« aufs Investment. Alle wollen Warren Buffett sein. Man weiß, dass die Dorniers beim Investment viel von Forst und Ackerland halten oder die Töchter von Harald Quandt (»HQ Trust«) viel von Private Equity. Mit Biotech- und Gesundheitsfirmen beschäftigen sich Andreas und Thomas Strüngmann, die ihr Geld mit dem Verkauf der Pharmafirma Hexal machten. Tengelmann-Unternehmer Karl-Erivan Haub wiederum investierte in E-Commerce-Firmen wie Zalando. Es gebe inzwischen eine ganze Family-Office-Industrie in Deutschland, hat Experte May beobachtet: »Bedrohlich wird es, wenn der Gedanke der Risikostreuung durch solche Family Offices so stark zunimmt, dass kaum mehr Vermögen selbst erschaffen wird. Dann fehlt es an der sozialen Rückkopplung. Kapitalismus muss sich rechtfertigen.«

## Was tun, wenn im Neokapitalismus Vermögensverwalter und Staatsfonds die Welt unter sich aufteilen?

Globalisierung polarisiert. Die Befürworter versprachen Wohlstand für alle, Ludwig Erhard worldwide sozusagen. Gegner dagegen befürchteten, dass Reiche reicher und Arme ärmer würden. Jetzt schaut man auf gut 25 Jahre Globalisierung und stellt verblüfft fest: Nichts davon stimmt. Aber das Problem ist dennoch größer geworden. Und das hat mit dem Aufkommen einer ganz neuen Finanzklasse zu tun.

Die gegenwärtige Stimmung gegen Globalisierung geht im Wesentlichen von den westlichen entwickelten Industrieländern aus. Die untere Klasse ist hier tatsächlich in den vergangenen 25 Jahren abgehängt worden, die Mittelschicht hat bestenfalls ihre Position gehalten und steht mit der Digitalisierung möglicherweise ebenfalls vor dem Abstieg. Es stimmt, was der bekannte US-Ökonom Andrew McAfee als »the great decoupling« beschreibt: Drei Jahrzehnte lang entwickelten sich im kapitalistischen Musterland USA nach dem Zweiten Weltkrieg das Pro-Kopf-Bruttoinlandsprodukt, die Arbeitsproduktivität, die Anzahl der Jobs und das durchschnittliche Einkommen der Haushalte im Gleichklang nach oben. In den 1980er Jahren aber brach dieser Trend jäh ab: Jobs und Haushaltseinkommen blieben zurück, sogar dann, wenn die Wirtschaft wuchs. Die Folge davon:

Das obere eine Prozent der Bevölkerung hat durchweg immer stärker zugelegt. In den USA hielten die Reichsten in den 1970er noch acht Prozent des Volkseinkommens, Anfang der Nuller Jahre waren es dann schon 16 Prozent, und heute stehen 20 Prozent zu Buche. Und dieses eine Prozent hält knapp 49 Prozent aller Aktien und Anteile von Investmentfonds. Ein Unternehmenschef kassiert 280-mal so viel wie ein durchschnittlicher Angestellter, vor 50 Jahren hatte er nur 20-mal so viel. Es sind solche Zahlen, die viele Bürger unzufrieden machen. Dass aufgrund des Welthandels viele Produkte im eigenen Land billiger und überhaupt erhältlich geworden sind, vergessen sie.

In Ländern wie Indien, China, Indonesien, Vietnam dagegen findet man Globalisierung gut. Sie erlaubt den eigenen Firmen und den eigenen Menschen gute Geschäfte und damit steigende Einkommen. Insgesamt sind seit 1991 mehr als eine Milliarde Menschen in Asien der Armut entwachsen, allein 700 Millionen im Vielvölkerreich China, das ist der größte Erfolg der Globalisierung. Dass zugleich die Ungleichheit in diesen Ländern größer geworden ist, weil die Reichen überproportional zulegten, wird hingenommen, solange sich insgesamt Wachstum einstellt. Und solange ausreichend Arbeitsplätze in neuen Märkten entstehen, die einen Gutteil jener auffangen können, die ihre Stellung in übersetzten Stahl-, Öl- oder Baufirmen verlieren. Das gehört, so die Sicht, zum rapiden Übergang von der Agrar- zur Industriegesellschaft, und der nächste Übergang – hin zur Dienstleistungsgesellschaft – ist in manchen Regionen China jedenfalls auch schon im Gange. Es sind die neuen Milliardäre Asiens wie Wang Jianlin aus der chinesischen Volksrepublik, die Themen setzen.

Bei allen asiatischen Aufwärtsentwicklungen gilt aber weiterhin, dass vor allem Amerikaner und Europäer zum reichsten Prozent der Weltbevölkerung zählen. Dieses eine Prozent, also 74 Millionen Menschen, hat statistisch im Jahr ein Einkommen von 34.000 Dollar, wie der Ökonom Branko Milanovic in seinem Buch »Global Inequality: A New Approach for the Age of Globalization« errechnet hat. Diese Zahl erscheint uns im Westen nicht hoch, ist aber für Entwicklungsländer eindrucksvoll, in denen man schon nicht mehr als arm gilt, wenn man, anders als früher, nicht mehr als 1,90 Dollar am Tag verdient, sondern vier bis fünf Dollar. Dass fünf Prozent der Reichsten rund 50 Prozent der Einkommen auf der Welt beziehen, die ärmsten zehn Prozent aber nur 0,7 Prozent, erscheint auch uns imposant. Es ist diese Ungleichheit, die ihre Ursachen im völlig aufgeblähten Finanzsektor hat. Er bringt seit geraumer Zeit viel mehr Geld hervor, als sinnvoll investiert werden kann. Die extremen Zinssenkungen durch die Notenbanken haben diesen Notstand noch verstärkt. Normale Sparanlagen und Staatsanleihen – jahrzehntelang das Grundrauschen der Vermögensplanung – lohnen nicht mehr. Sie sind aber nach wie vor die Hauptzielobjekte vieler Normalbürger. Sie können sich nicht, wie Reichere, die extrem teuer gewordenen Immobilien oder irgendwelche Firmenanteile leisten. In Deutschland, wo knapp zehn Prozent des Einkommens gespart wurden, kommt hinzu, dass die Bürger eine regelrechte Phobie vor Aktien haben. Nur sieben Prozent der Deutschen halten diese Wertpapiere, in Österreich sind es sogar nur vier Prozent, in der reichen Schweiz dagegen 18 Prozent. All dies führt im Ergebnis zu mehr Ungleichheit und zur Enteignung des herkömmlichen Sparers – zugunsten derer, die beim Spiel des Neokapitalismus mit am Tisch sitzen. Auch sind die Vorsorgeleistungen großer Gruppen – über private Versicherungen oder beispielsweise öffentliche Pensionsfonds und Pensionskassen – zunehmend bedroht. Reiche Leute können sich im Gegensatz hierzu komplexe Finanzprodukte leisten. Ihre Strafe besteht darin, so der Nationalökonom Adam Smith süffisant, mit reichen Leuten verkehren zu müssen.

Die Ungleichheit nährt die Ungleichheit. Die einen haben ein Online-Konto, die anderen einen Vermögensverwalter. Die einen warten auf die Zinswende, die anderen spielen mit erhöhten Beträgen Risiko. Die wirklichen Großverdiener in diesem Spiel sind in den letzten Jahren große Asset-Management-Firmen, Private-Equity-Spezialisten und Geldverleiher im Shadow-Banking gewesen, in einer Parallelwelt jenseits der streng regulierten Banken und Versicherungen. In diesem Umfeld gewannen Plutokraten an Bedeutung, eine überschaubare Schar von Reichen, für die der Globus das Spielfeld ist und die auf digitale Technologien setzen. Der Wechsel vom Arbeitseinkommen zum Kapitaleinkommen habe es leider noch nicht in die öffentliche Debatte geschafft, befindet der Ökonomie-Nobelpreisträger Paul Krugman, aber dafür sei es höchste Zeit, »bevor Roboter und Räuberbarone diese Gesellschaft in etwas Nichtwiedererkennbares verwandeln«. Tatsächlich ist es auffallend, wie stark in den entwickelten Industrieländern die Lohnquote gefallen ist, also der Anteil von Einkommen aus abhängiger Beschäftigung am gesamten jeweiligen Volkseinkommen; umgekehrt wuchs der Anteil der Einkommen aus Vermögen und selbstständiger Tätigkeit rasant. In Deutschland sank die Lohnquote von 63,7 Prozent im Jahr 1980 auf 58,8 im Jahr 2000 und auf 56,6 Prozent im Jahr 2015, in den USA von 62,1 (1980) über 61,5 (2000) auf 57,6 Prozent, in Großbritannien von 62,8 Prozent im Jahr 1980 auf 56,3 Prozent in 2015, in Frankreich in diesem Zeitraum von 65,6 auf 58,2 Prozent sowie in Österreich von 63,9 auf 55,6 Prozent. Es ist ein einheitlicher Trend. Dahinter steht zum einen eine größere Arbeitslosigkeit, zum Beispiel durch den Ersatz von menschlicher Arbeit durch Maschinen, zum anderen aber die Zurückhaltung bei Lohnforderungen und das Ausbreiten von Niedriglohnsektoren. Nur die Schweiz fällt aus dem Rahmen: Hier stieg die Lohnquote sogar von 59 Prozent in 1980 auf nunmehr stolze 67 Prozent. Es herrscht Vollbeschäftigung, und die gesuchten Arbeitskräfte können viel verlangen.

Wenn diese in sich alles andere als stabile Wirtschaftswelt – so wie 2007/2008 – wieder in Gefahr geraten würde, dann würde ein kleines privates Treffen von sechs wichtigen Finanzmagnaten reichen, um die drängendsten Probleme fürs

Erste zu lösen – eine Art »G 6« der Weltfinanzwirtschaft. Zu diesen sechs würden derzeit gehören: Larry Fink von Blackrock, der Herr über 4,9 Billionen Dollar; Stephen Schwarzman von Blackstone, der König aller »alternativen Investments« und größter Immobilienbesitzer der Welt; Warren Buffett von Berkshire Hathaway, bedeutendster Einzelaktionär des Weltkapitalismus und Meinungsmacher; Jamie Dimon von JP Morgan, Chef der wichtigsten amerikanischen Bank; Lou Jiwei, Chinas Finanzminister und Herr über zwei große Staatsfonds sowie die vier größten Banken der Welt; Khalifa bin Zayed al Nahyan, Scheich von Abu Dhabi und quasi oberster Repräsentant arabischer Staatsfonds. Wenn es darum geht, wem im Sinne von Macht die Welt wirklich gehört, wären das die sechs Namen, die einem zuerst einfallen. Das ist ein imaginäres Machtzentrum. Ein Europäer fehlt auf dieser Liste. Wer sollte es auch sein? Für den Allianz-Konzern reicht es nicht ganz für einen Platz am Sechsertisch, und einst global mächtige Kreditinstitute wie Deutsche Bank und Barclays haben an Geltung eingebüßt. Und Politiker westlicher demokratischer Staaten, gleich welcher Größe und Couleur, braucht man in einer solchen Aufzählung ebenfalls nicht. Auch die Konzepte zur Rettung der Wirtschaft nach dem Debakel von 2008 sind in den USA im Übrigen nicht von der Regierung des Präsidenten Barack Obama geschrieben worden oder von einem Think-Tank aus klugen Ökonomen, Politikwissenschaftlern und Statistikern, sondern in Wahrheit maßgeblich von Blackrock, Goldman Sachs und JP Morgan.

Was sind nun aber die politischen Konsequenzen aus einer so aufgestellten Weltwirtschaft, die neue Phänomene wie den Blackrock-Kapitalismus und überaus ehrgeizige Staatsfonds und Pensionsfonds geschaffen hat, die für Ungleichheit an der falschen Stelle sorgt und die für die teils aggressive Abkehr der Bevölkerung von der einstigen Zauberformel verantwortlich ist, nach der die Globalisierung zum Wohl aller sei und jeder davon profitieren würde?

Zuallererst: Eine neue Kultur der Bescheidenheit ist unvermeidbar. Die Organisation des Finanzkapitalismus hat überhöhte Betriebstemperatur. Renditeerwartungen von acht bis zehn Prozent, wie sie viele noch haben, seien komplett unrealistisch, sagt zu recht Yves Perrier, Chef der größten europäischen Vermögensverwaltung Amundi, man müsse die Kunden anders erziehen. Alle müssen lernen, mit drei bis vier Prozent auszukommen. Reeducation als wirtschaftliches Programm.

Wenn man dann die wachsende Ungleichheit bei Vermögen und Einkommen betrachtet, ist zu sagen: Verteilungsfragen sind Machtfragen. Jeder Staat hat es selbst in der Hand, über Steuern, Transfers und Anreize Fehlentwicklungen zu korrigieren, die sich aus der Globalisierung ergeben. Die Vereinigten Staaten zum Beispiel müssen die 40 Prozent am US-Vermögen und die 20 Prozent am gesamten US-Einkommen des obersten Prozents keinesfalls als gottgegebenes Resultat des Marktes akzeptieren, sondern könnten dagegensteuern. Vor allem ergibt sich die Pflicht für alle Staaten mit Verteilungsproblemen, über ein besseres Schul- und Bildungssystem für den möglichen Aufstieg von Bürgern aus der Unterschicht oder der Mittelschicht zu sorgen. Soziale Durchlässigkeit ist ein Grundversprechen der liberalen Gesellschaft. Der Weg muss von oben nach unten, aber vor allem von unten nach oben führen können. Es ist der vermutlich größte Fehler, dies vergessen zu haben.

Was die Fragen der Einnahmen des Fiskus angeht, so ist die internationale Staatengemeinschaft gefordert, der Globalisierung des Steuervermeidens eine Globalisierung der Steuerbescheide gegenüberzustellen. Oberster Grundsatz: Dort, wo Einkommen am Markt entsteht, wird besteuert. Es darf nicht sein, dass große Industrieführer über globale Steuertricks auf Kosten der Allgemeinheit Extragewinne herausholen, die sie dann als Gönner ganz nach eigenem Gusto bestimmten Gruppen der Allgemeinheit wieder zukommen lassen. Interne Verrechnungen von Konzernen dürfen keine Auswirkungen auf die realen Gewinne haben. Steuerschlupflöcher sind zu schließen.

21 bis 32 Billionen Euro liegen derzeit auf Konten in Offshore-Zentren, meist gehalten über Briefkastenfirmen, hat das Tax Justice Network errechnet, zu dem sich Ökonomen, Anwälte, Steuerexperten und Finanzkenner zusammengeschlossen haben. Angesichts dieses Volumens ist dringend ein großes öffentliches Transparenzregister fällig. Es muss anzeigen, welcher Konzern an welchen Plätzen Tochtergesellschaften mit Einnahmen hat; die faktische Eigentümerschaft darf sich nicht hinter Treuhandgesellschaften verstecken. Zwischen Staaten muss ein automatischer Informationsaustausch der Normalfall werden. Zu einer wirklichen Globalisierung gehört Offenheit, gehört die Enttarnung von Steuerfluchtzentren wie Panama, Cayman Islands, British Virgin Islands, aber auch von Irland, Niederlanden und Luxemburg sowie von Delaware, Wyoming und Nevada. Der öffentliche Protest nach der Enthüllung der weltweiten Steuerfluchtindustrie (»Panama Papers«) war glücklicherweise groß; jetzt muss die Öffentlichkeit zum Beispiel mit der gleichen Leidenschaft darauf achten, dass der Bericht einer in Panama eingesetzten Untersuchungskommission auch öffentlich wird und nicht im Panzerschrank des Präsidenten der Bananenrepublik verschwindet; zwei Mitglieder, der Ökonomieprofesssor Joseph Stiglitz und der Basler Rechtsprofessor Mark Pieth, verließen aus Protest bereits die Kommission.

Die Debatte über die Steuerflüchtlinge hat erst begonnen. Sie gewinnt Fahrt mit jeder neuen Enthüllung, jüngst des Steuerfluchtpunkts Bahamas. Hier wie in Panama sammelt sich schmutziges Geld – und der Widerstand gegen internationale Vorwürfe, als »Steuerparadies« diskreditiert zu werden. Dazu gehört die Erkenntnis, dass die größten Helfer der Steuervermeider und Steuersünder oftmals die größten Staaten selbst sind. In den USA sind die genannten Staaten Delaware,

Wyoming und Nevada gesuchte Adressen; auch deutsche Konzerne nutzen sie gerne. Und mitten in Europa hat der langjährige luxemburgische Finanzminister Jean-Claude Juncker in seinem kleinen Land ein großes System von Steuergeschenken geschaffen, mit dem er multinationale Konzerne, vorzugsweise aus den USA, in sein Großherzogtum lockte, über das er später auch als Ministerpräsident wachen durfte. Diese Vergangenheit hat ihn als Präsident einer EU-Kommission, die dem Steuerfluchtkapital den Kampf angesagt hat, unmöglich gemacht. Noch empörender als die Konstruktion eines solchen unmoralischen Systems ist die Unfähigkeit, politische Verantwortung hierfür zu tragen. Stattdessen werden diejenigen, die dieses System öffentlich gemacht und beschrieben haben, juristisch verfolgt.

Was wäre konkret zu tun? Ein Fortschritt wäre es, die Steuereinnahmen jedes Einzelnen konsequent zu erfassen. Ein Vorbild sind dabei die USA: Jeder amerikanische Staatsbürger muss dort für jedes Einkommen, das er irgendwo in der Welt kassiert, in seiner Heimat Steuern zahlen. Wer seinen Pass abgibt, muss auch noch zehn Jahre danach bei der US-Finanzverwaltung seiner Steuerpflicht nachkommen. Leider gilt diese Regelung nicht für amerikanische Firmen. Deren Auslandsgewinne sind, wie gesagt, in den USA steuerfrei; diese Regelung wurde vor vielen Jahren gesetzt, um amerikanischen Unternehmenschefs die Expansion auf den Weltmärkten zu erleichtern. Globalisierung ist eben auch, wie wir vielfach gesehen haben, ein Verteilungskampf um die besten Stücke.

Das Problem der Finanzexzesse und der ständigen Ausdehnung des Kapitalsektors, und das zu möglichst minimalen Steuersätzen, ist effektiv nur auf einer weltweiten Ebene zu lösen. Dafür ist eine Weltschuldenkonferenz oder ein Weltfinanzgipfel aller wichtigen Staaten nötig, in Erweiterung der G20-Gipfel, die diese Themen unter der verstärkten Beteiligung Chinas adressieren. Besser, eine solche Konferenz kommt vor der nächsten Krise – die Akteure können so mögliche Gefahren antizipieren. So wie beim Klimagipfel »Cop 21« in Paris im Dezember 2015 ist eine grundlegende Wegbestimmung erforderlich. Die »neue Normalität« mit Null-Zinsen und Geldschwemme ist in Wirklichkeit die neue Zerbrechlichkeit; diese Realität wird an ihr Ende kommen. Es fehlt an Investitionsmöglichkeiten, in die das viele Geld fließen könnte. Es fehlt an genügend Chancen für die Realwirtschaft, die im Verhältnis zur Finanzbranche endlich wieder anwachsen muss. Den schädlichen $CO_2$-Emissionen der Kohleindustrie, die nach den Pariser Beschlüssen eingedämmt werden, entsprechen Geschäfte mit Zockerpapieren sowie Kredite auf unsicherer Grundlage. Ein wichtiger Schritt wäre ein einheitlicher Standard, mit dem Staaten automatisch Informationen über Finanzkonten austauschen, so wie es die Staaten der OECD, der G-20 und der Europäischen Kommission angeregt haben.

Die Neubetrachtung unserer Welt ist auch deshalb nötig, weil wir die Wirtschaftskrise 2007/08 im Grunde noch überhaupt nicht verarbeitet haben. Die staatlichen Institutionen schalteten sofort nach dem Ausfall von Immobilienkrediten in den Krisenmodus, um mithilfe von Branchenfirmen wie Blackrock und Goldman Sachs nach dem Crash der Lehman-Bank Schlimmeres zu verhindern. Aber eine genaue Ursachenanalyse mit anschließenden Gegenmaßnahmen, die dieses Etikett auch verdienen, ist unterblieben. Wir sind ja noch einmal davongekommen, so die Stimmung. Doch die Schulden haben seitdem weiter zugenommen, und zwar in einem dramatischen Ausmaß. Das Ende der Reparaturarbeiten am Kapitalismus mit dem Mörtel immer neuer Kredite ist abzusehen. Die Agenda einer solchen Weltfinanzkonferenz müsste Vorschläge zur gezielten Reduktion von Schulden und zur besseren Sicherung von Geldgeschäften beinhalten, sie müsste Mindesthaltefristen für bestimmte Finanzprodukte vorsehen, beispielsweise für Geldmarktfonds, sowie die verbindliche Einführung einer weltweiten und ausnahmslosen Finanztransaktionssteuer von bis zu einem Prozent.

Finanztransaktionssteuer? Ja, die Sache mit dieser Finanzsteuer ist ein alter Hut. 1972 bereits hat der Ökonom James Tobin eine derartige Steuer auf Devisengeschäfte gefordert; Tobins Idee führte zur Gründung der Protestorganisation Attac. Und selbst wenn die Idee alt ist und die Politik mit der Verwirklichung regelmäßig scheitert, so bleibt nicht einzusehen, warum auf den Verkauf aller Produkte Umsatzsteuer entfällt, nur auf den Verkauf von Finanzpapieren nicht. Eine solche Maßnahme würde Spekulanten das Geschäft erschweren beziehungsweise neue Einnahmequellen für Staaten schaffen. In Großbritannien werden Aktienkäufe seit Langem über eine »Stempelsteuer« in Höhe von bis zu 1,5 Prozent erfasst. Die EU-Pläne – 0,1 Prozent für Aktien und Anleihen sowie 0,01 Prozent für den Derivatehandel – müssen revitalisiert werden, nachdem sie in langen Verhandlungen versandet sind. Es ist auch eine Frage der Glaubwürdigkeit, die nach der Finanzkrise 2008 von EU-Politikern als Lösung propagierte Steuer endlich durchzusetzen; eigentlich hätte diese Finanzsteuer demnach schon 2014 Realität sein müssen. Es sind solche Leistungsenttäuschungen, die globalisierungskritische Bürger in Rage bringen. Die Ausnahmen für Pensionsfonds oder Versicherungen, die von Lobbyisten gefordert werden, verletzen die Systematik. Wie in Brüssel einst geplant, sollte bei der Reform das »Ansässigkeitsprinzip« angewandt werden – danach zahlt ein deutscher Staatsbürger auch beim Kauf eines Wertpapiers in New York oder Kapstadt die Finanztransaktionssteuer. Dieses Instrument wird umso wirksamer, je genauer die Finanzbeziehungen zu Offshore-Plätzen und Steuerparadiesen bekannt sind. Die richtige Reihenfolge wäre, Tobins erweiterte Steuer zuerst in Europa einzusetzen und dann für die Einführung auf globaler Ebene zu werben, die von Bundesfinanzminister Wolfgang Schäuble mittlerweile propagiert wird.

Es ist in diesem Fall so wie in vielen Fragen der Globalisierung: Eine gemeinsame Antwort der Europäer wäre Voraussetzung dafür, im künftigen Kampf um Wachstum, Wohlstand und Wertschöpfung eine starke Rolle spielen zu können.

Es müsste also genau jene selbstbewusste Europäische Union entstehen, wie sie sich die Gründungsväter Jean Monnet und Robert Schumann vorgestellt haben. Eine, die eine klare Entscheidungsstruktur aufweist und demokratisch voll legitimiert ist. Eine, die im Sinne Monnets die unterschiedlichen Interessen in Europa nicht nur austariert, sondern gemeinsame Interessen verfolgt. Was wir aber derzeit erleben, ist eine Union, die sich von innen und von außen auflöst. Eine Union, die nicht einmal mehr die Mehrheit der Briten überzeugt, deren Land sich aus der Gemeinschaft verabschiedet, deren übrig bleibende 27 Staatenmitglieder weiter nach einer Überlebensformel suchen, während sich die Bürger frustriert von den alten Idealen verabschiedet haben. Die technologische Herausforderung durch die USA mit ihren vier Internet-Supermächten Google, Amazon, Facebook und Apple und der Macht der amerikanischen Vermögensverwalter, dazu der Weltmachtanspruch Chinas mit einer aufstrebenden Mittelschicht und einer weiter expandierenden Wirtschaft sowie die Strategie der arabischen Ölstaaten erfordern aber eine Politik, die in Vergessenheit gerät: eine einheitliche europäische Industriestrategie mit wirklichen Binnenmärkten und wettbewerbsfähigen Konzernen. Europa beschäftigt sich stattdessen mit Eifersüchteleien und Intrigen zwischen Kommission, Regierungen, Institutionen und Parlament. Und auch die personalen »Symbole« in Europas Führung sind die falschen: Was soll die Öffentlichkeit davon halten, wenn ein Kommissionspräsident wie Juncker – wir sagten es – ein politisches Leben lang davon profitierte, Steuervermeidung zu organisieren, und EZB-Präsident Mario Draghi an der Schuldenspirale ebenso dreht wie an der Flutung der Märkte mit Geld, ein globaler Experte, der sein Handwerk auch für die Investmentbanker von Goldman Sachs gewinnbringend eingesetzt hat?

Die nach wie vor vorhandenen Stärken Europas im Vergleich mit den USA und China geraten aus dem Blickfeld: die im Durchschnitt viel niedrigere Verschuldung, der soziale Friede, das erhebliche Know-how, die Qualifikation der Arbeitnehmer, die bei allen Mängeln gute Infrastruktur. Wie wichtig Europas Stärke ist, zeigt sich an der Wettbewerbsbehörde in Brüssel. Es ist die Kartellkommissarin Margrethe Vestager, die bisher am effizientesten den Daten-Imperialismus der US-Riesen blockiert – mit ihren Untersuchungen über den Marktmissbrauch von Google und mit ihren Steuervorstößen gegen Apple. Man stelle sich einmal vor, das alles fiele weg und nur das Bundeskartellamt in Bonn müsste sich mit Larry Page, Mark Zuckerberg, Jeff Bezos und Tim Cook auseinandersetzen. Das hat ungefähr den Effekt, als ob ein Hund den Vollmond anbellt. Europa darf nicht wehrlos werden.

Eine starke Stimme Europas wäre auch nötig, um endlich das wuchernde Shadow-Banking zu regulieren, jenes Gebilde der Schattenbanken, das zur größten Bedrohung der Weltwirtschaftsordnung geworden ist. Es ist unlogisch, Banken und Nicht-Banken, die dasselbe machen, gesetzlich unterschiedlich zu behandeln. Genau das geschieht im Augenblick: Die einen erfreuen sich einer regelrechten Manndeckung durch Gesetzgeber und Aufsichtsbehörden, die anderen haben noch immer viele Freiheiten, ihre Geschäfte auszudehnen. Es ist zum Beispiel richtig, dass Banken immer mehr Eigenkapital für ihre riskanten Geldgeschäfte bilden müssen. Warum aber gibt es vergleichbare Regelungen auf dem gleichen Niveau nicht auch für die anderen, die auch Geld verleihen? Selbst Larry Fink, der Chef von Blackrock, sagt, er könne sich eine härtere Regulierung vorstellen. Härtere Regulierung heißt dabei nicht notwendigerweise kompliziertere Regulierung. Unter dem Einfluss von Finanzlobbyisten sind Gesetzestexte inzwischen zu Monsterpapieren geworden, die außer den Anwälten kaum einer versteht. Dem Autor Luigi Zingales (»A Capitalism for People«) ist zuzustimmen, wenn er eine radikale Vereinfachung dieser Regulierung fordert.

Was aber ist mit Deutschland? Gibt es eigene Antworten auf die Dominanz des großen Finanzkapitals, auf den Blackrock-Kapitalismus? Es ist schon seltsam, dass in den Ranglisten der Staatsfonds und Pensionsfonds jede Menge amerikanische, chinesische und arabische Akteure an der Spitze auftauchen, auch Mitspieler aus Norwegen, den Niederlanden, aus Singapur oder Japan, aber niemand aus Deutschland. Auf die Gesetzmäßigkeiten dieses Finanzkapitalismus hat hierzulande niemand Einfluss, auch wenn sich der Staat mit öffentlichen Pensionsfonds am Kapitalmarkt betätigt oder an Börsenunternehmen der Telekommunikation, der Logistik und des Bankenwesens beteiligt ist. Aus den Anteilen des Bundes, unmittelbar und mittelbar gehalten, könnte ein eigener Deutschland-Fonds entstehen, der mit professionellen, am Gemeinwohl orientierten Fondsmanagern wie in Norwegen bei Norges Invest arbeitet. Die Erträge aus den Einnahmen der börsenrelevanten Bundesbeteiligungen Deutsche Post, Deutsche Telekom und Commerzbank würden die Basis bilden – zusammen mit den Geldern einer »Deutschland-Rente«, wie sie in Hessen von drei Ministern der schwarz-grünen Koalition vorgeschlagen wird. Dabei würden die Arbeitgeber einen bestimmten Prozentsatz der Lohneinkommen an den Deutschland-Fonds abführen. Dieser Fonds müsste eigenständig arbeiten und würde der Organisation der Deutschen Bundesbank zugeschlagen. Provisionen für Versicherungsvertreter, so wie im Modell der Riesterrente, entfielen. Ziel einer solchen Innovation ist es, über einen längeren Zeitraum das Geld von Experten anlegen zu lassen, inklusive einer besseren Nutzung von Aktien. Der Staatsfonds würde über seine Beteiligungen – so wie Norges Invest oder ABP aus den Niederlanden – Einfluss auf die Ethik von Unternehmen nehmen können. Hier spielt es eine Rolle, jenen Firmen Geld zu entziehen, die noch immer zu einem großen Teil auf Kohle setzen oder in Sweatshops Arbeitnehmer in Zuliefererbetrieben ausbeuten lassen. Diese ESG-Bewegung für ein nachhaltigeres Wirtschaften – ESG steht für Environment, Social, Governance – ist seit 2010 bedeutender geworden. Was wie eine Politisierung der Wirtschaft wirken könnte, ist im Grunde ein Mitmachprogramm an einem sich selbst erneuernden Kapitalismus. »Soll Revolution sein, so wollen wir sie lieber machen als erleiden«, befand Reichskanzler Otto von Bismarck einst mit Recht.

Die Verantwortlichen spüren selbst, angesichts der jahrelangen Proteste von Nichtregierungsorganisationen und aufgebrachten Aktionären, dass es auf die alte Art mit einem anonymen, selbstsüchtigen Weltkapitalismus so nicht weitergeht, dessen ganze Legitimation das quartalsweise Vorzeigen von Margen ist und der das langfristige Wohl von Firmen, Branchen, Regionen und Mitarbeitern aus den Augen verliert, diesen Stakeholder Value also außer Acht lässt. Dessen ungebremste Boni-Habgier die verantwortlichen Manager – wie bei der US-Bank Wells Fargo geschehen – einfach mehr als zwei Millionen neue Bankkonten erfinden lässt, weil es für solche Vertriebserfolge Prämien gibt.

Der Finanzkapitalismus, den wir Neokapitalismus genannt haben, ist in einer Legitimationskrise. Deshalb berücksichtigen kluge Investoren immer stärker ESG-Kriterien. Deshalb haben Meinungsmacher der Zunft wie Warren Buffett und Jamie Dimon in New York in Geheimsitzungen versucht, Kriterien für eine langfristig gute Unternehmensführung zu finden. Die Superkapitalisten des globalen Kapitalismus wollen das System – rechtzeitig, hoffen sie – in ihrem Sinne verbessern. Sie wollen jene Rolle besser ausfüllen, die in einem traditionellen Familienunternehmen den Eigentümern zukommt.

Aber vielleicht muss die Konsequenz einfach sein, solche Familienunternehmen zu fördern, die soziale Verantwortung übernehmen, sowie Start-ups besser zu helfen, die neuen Familienunternehmer zu werden. In China gilt der deutsche Mittelstand und die Soziale Marktwirtschaft als großes Vorbild. Unter staatlicher Ägide soll so etwas in dem Land entstehen, das noch die Nummer zwei der Welt hinter den USA ist, in einigen Jahren aber schon die Nummer eins sein dürfte.

Wo das nicht hilft, wo der Blackrock-Kapitalismus zu stark ist, müsste in solchen börsennotierten Unternehmen selbst ein Bewusstsein für eine Eigentümerkultur entstehen. Vielleicht hat ja Siemens-Vorstandschef Joe Kaeser mit seiner Idee recht, auch mithilfe von Mitarbeiteraktien dem Unternehmen einen neuen Zweck geben zu wollen. Der Konzern Siemens würde in seinem Modell den Nachkommen des Gründers, dem Management und dem Personal gehören – ein Akt der Selbstfindung, bevor man zum Spielball von aktivistischen Finanzinvestoren wird. Am besten ist am Ende, man gehört sich selbst und nicht anderen. Es sind Ideen, wie sie Ende des 19. Jahrhunderts / Anfang des 20. Jahrhunderts der zum Alleinherrscher über die Firma Carl Zeiss in Jena aufgestiegene Physiker und Optiker Ernst Abbe verfolgte, der eine bis heute existierende Stiftung schuf. Damit bewirkte er sozialen Ausgleich und einen lange anhaltenden Betriebsfrieden.

»Wem gehört die Welt«, war die Frage, die dieses Buch gestellt hat und die es mit 200 Porträts der Wichtigsten aus der Welt des Finanzkapitalismus und vielen

Überlegungen zum Zustand der Welt in der Globalisierung versucht hat zu beantworten. Wir haben die Machtfrage gestellt und mussten erkennen, dass unsere Macht in dieser Welt geschwunden ist, dass die Wirtschaft und unser Wohlstand nicht von uns abhängen, nicht von unseren Chefs – und seien sie vermeintlich mächtige CEOs –, auch nicht von unseren gewählten Parlamenten oder gipfelsüchtigen Regierungspolitikern, agieren sie nun national oder auf europäischer Ebene. Sie hängen vielmehr ab von all jenen, die in unvorstellbarer Dimension Vermögen verwalten und ihre Milliarden um den Globus kreisen und jagen lassen. Die Welt gehört denen, die mit dem Geld anderer arbeiten und so eine eigene Kunstwelt geschaffen haben. Dieses Geld der anderen, das können die von Reichen anvertrauten Rücklagen oder Vorsorgegelder für das Alter, die Erhaltung der Gesundheit und Schutz bei Unfällen sein oder Steuergelder der Bürger und andere Staatseinnahmen. Damit machen Vermögensverwalter, Fondschefs und all die anderen neuen Herren des Geldes ihr Glück. Die neue Illusion, dass dies uns am Ende alle reicher machen wird, ist in Wahrheit die neue Gefahr, dass die Welt schon bald ihre nächste große Weltwirtschaftskrise erfährt. Schon mehren sich die Anzeichen eines nahenden Crashs; im Schattenbankensektor haben sich enorme Risiken gebildet. Die Frage ist, was einen solchen Crash auslöst. Die hohen Wertverluste bei der Förderung von Schieferöl und Schiefergas in den USA (»Fracking«)? Kursverluste oder Kreditausfälle im Korruptionsstaat Brasilien? Die ins Astronomische entglittenen Bewertungen von US-Internet-Firmen? Oder doch versteckte Risiken in China, mit Städten und Wohnblocks, die leer stehen, sowie mit Staatsbanken und Schattengeldinstituten, deren Kredite nicht mehr im erforderlichen Volumen bedient werden? Schon sehen manche ein »Cash out«, eine Flucht von Vermögen, das außerhalb des Landes gebracht wird, bevor sich der Markt gewaltig korrigiert.

Denn am Ende gehört auch das zum Neokapitalismus: dass nicht nur die regieren, die das viele Geld der anderen bewegen und einsetzen, sondern dass es auch darauf ankommt, Geld rechtzeitig zu tauschen in wirkliche Besitztümer, in »real assets« wie Häuser, Hotels, Gewerbeparks, Häfen, Flughäfen, Einkaufszentren, Gold, Kunstwerke oder Anteile an gestandenen Firmen.

Die Macher des Neokapitalismus haben es in ihrer Gier hoffnungslos übertrieben. Die Antwort des Marktes darauf ist der Abschwung und die Baisse, von der aus das ganze Spiel aus Gier und Angst noch einmal neu beginnt. Die Antwort der Menschen muss eine Politik sein, die den neuen Weltverhältnissen gilt und die nicht den Rückzug ins eigene Land oder ins private Idyll preist. Hoffnungslos ist das nicht, es kommt auf unsere Haltung an. Zauderern sei der liberale Ökonom und Philosoph John Stuart Mill empfohlen: »Ein Mann mit einer Überzeugung ist stärker als 99 Leute mit Interessen.«

## Dank

Die besten Gedanken kommen beim Spazierengehen. Hauptsache, man macht den ersten Schritt. So möchte ich zunächst an dieser Stelle meinem Verleger Wolfgang Ferchl danken für die Ermutigung zu diesem Buch auf einer kleinen Wanderung durch den Nordteil des Englischen Gartens in München. Wir hatten an diesem Herbsttag 2013 ähnliche Ideen, aber ein solches Projekt wie die Kartografierung des weltweiten Kapitals erschien mir damals noch übermächtig groß zu sein. Dass es am Ende doch verwirklicht wird, ist seiner Beharrlichkeit, nicht zuletzt seinem Charme zuzuschreiben. Danken möchte ich vorweg auch dem zweiten Verleger bei diesem Projekt, dem »Handelsblatt«-Herausgeber Gabor Steingart. Er hat mir die Freiheit ermöglicht, mich diesem Buch viele, viele Monate zu widmen.

Am Ende ist es immer eine Teamleistung, die entscheidet, und ein solches Buch ist erst recht ohne das Wissen, die Erfahrung, den Input vieler Experten einer Wirtschaftszeitung kaum denkbar. An erster Stelle möchte ich Gudrun Matthee-Will und Cornelia Zoglauer vom Handelsblatt Research Institute nennen, die mit mir in vielen Gesprächen um Details, Einordnung und Folgerungen rangen, in nicht wenigen Fällen mehrmals am Tag. Der Tabellen- und Statistikteil wäre ohne ihre Akribie nicht vorstellbar gewesen. Auch hat Jörg Lichter wichtige Hinweise gegeben. Viele Auslandskorrespondenten und Fachredakteure des »Handelsblatts« haben zum Gelingen wesentlich beigetragen; sie beobachten und begleiten die porträtierten, oft pressescheuen Macher des globalen Kapitalismus seit Jahren. Ihre Expertise und Einschätzung war ungemein wertvoll. Stellvertretend möchte ich Frank Wiebe in New York und Frank Sieren in Peking nennen. Wichtige Erkenntnisse haben mir auch der kontinuierliche Austausch über Gedanken und Beobachtungen mit den Kollegen im Münchener Redaktionsbüro gebracht sowie die intensiven Gespräche mit Daniel Schäfer aus der Frankfurter Finanzredaktion.

Eine besondere Anerkennung gebührt Juliane Richter von Illuteam 43, die den »Zahlensalat« in sehr anschauliche und gut anzuschauende Grafiken übersetzt hat. Dankbar bin ich für die vielen Gespräche, die ich bei der Recherche zu diesem Buch führen konnte und die mir noch einmal ein ganz anderes Verständnis für Vorgänge auf dem Finanzmarkt und in der Weltwirtschaft eröffneten. Ich hoffe, den Erwartungen auf eine sachliche Darstellung der Hintergründe und auf eine Entmystifizierung des Faktors Kapital gerecht geworden zu sein.

Ein solches Buch prägt das Denken und den Alltag des Schreibenden notwendigerweise über eine lange Zeit. Meiner Frau Birgit Jakobs gebührt von daher größter Dank für das Verständnis und die inspirierende Unterstützung dieses Projekts, auch meine Kinder Yara und Annalea haben mit ihrer Toleranz zum Entstehen des Buchs beigetragen.

# Bildnachweis

S. 21, 28, 31 Bloomberg/Getty Images | S. 35 Reuters | S. 37 David Zaitz/Capital Group | S. 39 Magalie Delporte/Amundi | S. 45 ddp images | S. 49 Getty Images | S. 51 Bloomberg/Getty Images | S. 54, 58 picture-alliance/dpa | S. 62 AFP/Getty Images | S. 64 ddp images | S. 67 laif | S. 68 picture-alliance/dpa | S. 71 Bloomberg/Getty Images | S. 74, 77, 80 picture-alliance/dpa | S. 83 imago | S. 85 Bloomberg/Getty Images | S. 87, 89 picture-alliance/dpa | S. 92 Reuters | S. 94 ddp images | S. 96 Caro Fotoagentur | S. 98 Bloomberg/Getty Images | S. 100 picture-alliance/dpa | S. 107 Bloomberg/Getty Images | S. 110 The Washington Post/Getty Images | S. 115, 116 picture-alliance/dpa | S. 119 Bert Bostelmann | S. 122, 125 Bloomberg/Getty Images | S. 127 Getty Images | S. 131, 134, 136, 139, 141 Bloomberg/Getty Images | S. 145 picture-alliance/dpa | S. 148 The Boston Globe/Getty Images | S. 151 picture-alliance/dpa | S. 157 Bloomberg/Getty Images | S. 160 picture-alliance/dpa, Getty Images | S. 162 Photothek/Getty Images | S. 166 Bloomberg/Getty Images | S. 169 Getty Images | S. 175 AFP/Getty Images | S. 178 Bloomberg/Getty Images | S. 180, 185 picture-alliance/dpa | S. 186 Getty Images | S. 191 Reuters | S. 192, 195 picture-alliance/dpa | S. 197 AFP/Getty Images | S. 200, 202 Bloomberg/Getty Images | S. 205 picture-alliance/dpa | S. 206 Getty Images | S. 208 Bloomberg/Getty Images | S. 211 picture-alliance/dpa | S. 213 dana press photo | S. 215 action press | S. 217 Getty Images | S. 219 Bloomberg/Getty Images | S. 223 Getty Images | S. 226, 229 picture-alliance/dpa | S. 231 Getty Images | S. 237 ddp images | S. 238 action press | S. 241 ROPI Pressefoto | S. 243 ddp images | S. 246 picture-alliance/dpa, Imago | S. 249 Manager Magazin | S. 253, 257 picture-alliance/dpa (2) | S. 263 WirtschaftsWoche | S. 264 Getty Images | S. 268 picture-alliance/dpa | S. 271, 277, 284, 286, 288 Bloomberg/Getty Images | S. 291 Paris Match/Getty images | S. 294 picture-alliance/dpa | S. 296 Bloomberg/Getty Images | S. 298, 302 Getty Images | S. 307 AFP/Getty Images | S. 310 Andreas Pohlmann/Allianz | S. 315, 317 Bloomberg/Getty Images | S. 319 ullstein bild | S. 321, 323 Bloomberg/Getty Images | S. 329 picture-alliance/dpa | S. 333 AFP/Getty Images, ullstein bild | S. 339, 342 Getty Images | S. 345 ddp images | S. 347 picture-alliance/dpa | S. 350 Getty Images | S. 353, 355 Bloomberg/Getty Images | S. 358 picture-alliance/dpa | S. 363 Bloomberg/Getty Images | S. 365 Getty Images | S. 367, 369, 372 picture-alliance/dpa | S. 378 Bloomberg/Getty Images | S. 381 picture-alliance/dpa | S. 385 Bloomberg/Getty Images | S. 390 Getty Images | S. 393 AFP/Getty Images | S. 395 Tina Sturzenegger | S. 399 Getty Images | S. 401 Bloomberg/Getty Images | S. 406 picture-alliance/dpa | S. 410, 413, 415 Getty Images | S. 419 picture-alliance/dpa | S. 421 Reuters | S. 425 The Washington Post/Getty Images | S. 426 Claus Brechenmacher & Reiner Baumann/Thomas Cook | S. 428 picture-alliance/dpa | S. 431 ddp images | S. 433 AFP/Getty Images | S. 435 Getty Images | S. 437, 439, 444, 447, 448, 450, 453, 455 Bloomberg/Getty Images | S. 457 AFP/Getty Images | S. 460 Getty Images | S. 463 picture-alliance/dpa | S. 465, 467 Bloomberg/Getty Images | S. 469 picture-alliance/dpa | S. 471, 474 Bloomberg/Getty Images | S. 477 laif | S. 478 picture-alliance/dpa | S. 480 AFP/Getty Images | S. 483, 488 Bloomberg/Getty Images | S. 493 Getty Images | S. 496, 499 Bloomberg/Getty Images | S. 501 picture-alliance/dpa | S. 505 Procter & Gamble | S. 507 Bloomberg/Getty Images | S. 509 Prisma | S. 511 Henkel AG/picture-alliance/dpa | S. 517 Bloomberg/Getty Images | S. 519 Imaginechina | S. 522 Getty Images | S. 524, 527 Bloomberg/Getty Images | S. 533, 536, 539 picture-alliance/dpa | S. 554 Bloomberg/Getty Images | S. 548 laif | S. 551 Bloomberg/Getty Images | S. 553 laif | S. 556, 558 Bloomberg/Getty Images | S. 560 ullstein bild | S. 562, 565 ddp images | S. 566, 568 Bloomberg/Getty Images | S. 571 ddp images | S. 573 Reuters | S. 579 picture-alliance/dpa | S. 582 Bloomberg/Getty Images | S. 585 ddp images | S. 586 action press | S. 589, 590 Bloomberg/Getty Images